24 years

24年匠心沉淀，虔诚如一

只 为 您 轻 松 过 关

1998-2022

轻松过关成长史

再升级 2022

《轻一》开创「解释区」阅读体验，匠心独运！

飞跃 2016-2021

连续6年蝉联“天猫双11”图书考试行业销量冠军。

2020~2021年，连续2年登顶天猫教育行业榜首，“双11”销量破亿。

驰名 2001-2007

2001年《轻一》发行超千万册，被考生奉为「备考圣经」。

2007年东奥网校上线，书课同频，受百万考生热追。

诞生 1998

东奥诞生。

“轻松过关”品牌图书面世。

历经雕琢，方有绽放

这本《轻一》是如何诞生的？

STEP1

初稿研磨

每年考试结束，名师们就迅速围绕命题和趋势、时事热点，开启为期150余天的研讨，撰写。

STEP2

深度优化

初稿落成后，编著团队结合学员反馈与市场调研，优化内容和体验，迭代超30稿。

STEP3

融入变化

围绕教材变化，名师精解、精编新题。1道紧扣变化的好题，至少需投入6小时。

STEP4

三审三校

融入新变化的书稿，将历经教务团队再次严苛的校对、审核，终成定稿。

翻开这本《轻一》

名师就在您身边

名师将多年的教学经验灌注其中，
让您的备考之旅不再孤单。

「五大模块」

带您跨越沟坎，轻松过关。

1 方法： *学习指南区*

——「开篇」分析最新考纲考情，
明确目标，制定规划。

2 重点： *考点精讲区*

——「正文」全面渗透考点，
通过图、表、例题等形式，深入解读。

3 独创： *点睛解释区*

——「解释区」精妙点拨，
绘制图解，力破症结，应变自如。

4 做题： *同步练习区*

——精编「同步练习」，
巩固考点，查漏补缺，高效提升。

5 复盘： *章节“导图课”*

——每章结尾处，凝练重点，
「导图」总结，视频讲解，及时复盘。

轻松过关® 1

2022年注册会计师考试
应试指导及全真模拟测试

财务成本管理

（上册）

闫华红　主编
东奥会计在线　编

北京科学技术出版社

本书封面具有正版标识，请认真识别

（1）本书封面附有一枚防伪标签，上有二维码，扫描并激活账户即可获赠正版图书超值专享服务。
（2）本书防伪标签为正版标识，若无此标识即盗版，请广大读者拒绝购买。
（3）盗版举报电话：400-627-5599。

“轻松过关”小程序

扫描右侧的二维码进入“图书伴学”小程序，开启名师课堂、精编试题在线学习。更有轻松拍考点、看解析、图书笔记一键收藏，马上扫码开启“轻松过关”图书伴学之旅。

图书在版编目（CIP）数据

2022年注册会计师考试应试指导及全真模拟测试．财务成本管理：上中下册 / 闫华红主编；东奥会计在线编．—北京：北京科学技术出版社，2022.3
（轻松过关．1）
ISBN 978-7-5714-2065-9

Ⅰ．①2…　Ⅱ．①闫…　②东…　Ⅲ．①企业管理—成本管理—资格考试—自学参考资料　Ⅳ．①F23

中国版本图书馆CIP数据核字（2022）第015435号

责任编辑：李　鹏
责任校对：贾　荣
装帧设计：韩文静　晓　莉
责任印制：张　良
出 版 人：曾庆宇
出版发行：北京科学技术出版社
社　　址：北京西直门南大街16号
邮政编码：100035
电　　话：0431-87635566（编辑部）
010-66135495（总编室）
网　　址：www. bkydw. cn
印　　刷：唐山市润丰印务有限公司
开　　本：787 mm × 1092 mm　1/16
字　　数：970千字
印　　张：54
版　　次：2022年3月第1版
印　　次：2022年3月第1次印刷

ISBN 978-7-5714-2065-9

定　　价：128.00元（上中下册）

编 委 会

目录
CONTENTS

上册

第一部分　命题规律总结及趋势预测

第二部分　考点精讲及同步训练

中册

下册

第三部分　跨章节主观题演练

01

第一部分
命题规律总结及趋势预测

命题规律总结及趋势预测

一、2022 年重要考试政策

《财务成本管理》是基础阶段六门考试科目中较难的一门科目，自 1991 年实行注册会计师全国统一考试制度以来，注册会计师考试已举行了三十一届。作为该考试重要组成内容之一的《财务成本管理》这门课程包括三部分内容，第一部分是财务管理（第 1~12 章），第二部分是成本计算（第 13~15 章），第三部分是管理会计（第 16~20 章）。从历年考试可以看出，财务成本管理的考试具有考核全面、计算量大、试题灵活、结合实际等特点。从 2012 年开始实行计算机考试模式，2022 年是实行计算机考试模式的第 11 年，从去年考试情况来看，考试难度有所降低，计算量有所下降，但需要记忆和运用的公式还是比较多。由于考生较多，受应试环境的限制，近两年财务成本管理考试要分两批进行，通常安排在周六上、下午。注册会计师考试分基础阶段和综合阶段，基础阶段含六门考试科目，考试科目及时间安排如下表所示：

日期	时间	科目
2022 年 8 月 26 日	08 ：30—11 ：30	会计（第一场）
	13 ：00—15 ：00	税法（第一场）
	17 ：00—19 ：00	经济法（第一场）
2022 年 8 月 27 日	08 ：30—11 ：00	审计
	08 ：30—11 ：00	财务成本管理（第一场）
	13 ：00—15 ：30	财务成本管理（第二场）
	17 ：00—19 ：00	公司战略与风险管理
2022 年 8 月 28 日	08 ：30—11 ：30	会计（第二场）
	13 ：00—15 ：00	税法（第二场）
	17 ：00—19 ：00	经济法（第二场）

二、2022 年教材基本情况

熟悉教材是应试的最基本要求，因此，建立知识网络，从总体上把握《财务成本管理》的知识结构及各章节之间的联系是十分必要的。《财务成本管理》由财务管理、成本计算和管理会计三大内容构成。全书共 20 章，可分为 6 个部分，总览如下：

- 第一部分：财务管理基础
  - 第 1 章　财务管理基本原理
  - 第 2 章　财务报表分析和财务预测
  - 第 3 章　价值评估基础
- 第二部分：长期投资决策
  - 第 4 章　资本成本
  - 第 5 章　投资项目资本预算
  - 第 6 章　债券、股票价值评估
  - 第 7 章　期权价值评估
  - 第 8 章　企业价值评估
- 第三部分：长期筹资决策
  - 第 9 章　资本结构
  - 第 10 章　长期筹资
  - 第 11 章　股利分配、股票分割与股票回购
- 第四部分：营运资本管理
  - 第 12 章　营运资本管理
- 第五部分：成本计算
  - 第 13 章　产品成本计算
  - 第 14 章　标准成本法
  - 第 15 章　作业成本法
- 第六部分：管理会计
  - 第 16 章　本量利分析
  - 第 17 章　短期经营决策
  - 第 18 章　全面预算
  - 第 19 章　责任会计
  - 第 20 章　业绩评价

三、近几年财务成本管理考试命题规律总结

考生有必要借鉴以前年度试题，因为任何一门学科都有其知识的重点和易考点，且其知识考核具有连续性，有效地借鉴以前年度试题，会达到意想不到的效果。在对历年试题进行研究和分析时，考生要注意了解教材中的知识考查点和例题是怎样转化为考题的，从而掌握出题规律，对 2022 年的试题作出预测。此外要注意了解财务成本管理考试的特点，以便于在全面学习的基础上，更好地把握考点和难点，制订好学习计划，有效地准备财务成本管理的考试。

（一）题目类型及分数

最近 3 年题型、题量分析表

年度		客观题			主观题			总计
		单项选择题	多项选择题	合计	计算分析题	综合题	合计	
2019 年	题量 分数	14 题 ×1.5 分 / 题 =21 分	12 题 ×2 分 / 题 =24 分	26 题 45 分	5 题 ×8 分 / 题 =40 分	1 题 ×15 分 / 题 =15 分	6 题 55 分	32 题 100 分
2020 年	题量 分数	14 题 ×1.5 分 / 题 =21 分	12 题 ×2 分 / 题 =24 分	26 题 45 分	5 题 ×8 分 / 题 =40 分	1 题 ×15 分 / 题 =15 分	6 题 55 分	32 题 100 分
2021 年	题量 分数	13 题 ×2 分 / 题 =26 分	12 题 ×2 分 / 题 =24 分	25 题 50 分	4 题 ×9 分 / 题 =36 分	1 题 ×14 分 / 题 =14 分	5 题 50 分	30 题 100 分

（二）命题规律总结

1. 全面考核

历年试题的命题范围以考试大纲为依据，基本覆盖了考试大纲所规定的考试内容。考生要在规定的考试时间内，完成大量的试题，不仅要求考生牢固掌握专业知识，而且要对教材内容达到相当熟悉的程度。这么多题目分布在 20 章的教材中，可以说教材中的每一章都有考题，因此考生一定要按大纲规定范围全面学习，放弃盲目猜题、押题的侥幸心理。

2. 主观题计算分析量有所下降

从 2021 年的出题情况看，财务成本管理试题的计算分析题和综合题的分值比重为 50%，比以往的主观题分值减少 5 分，计算分析题的题量也减少了一道题目。但是单项选择题中有很多需要通过计算来解答，因此计算量仍然比较大。特别是部分考生由于运用公式不熟练或计算能力差，加之计算机操作不熟练，导致无法在规定时间内完成题目成为失分的一个重要原因。因此，考生在牢固、熟练掌握教材内容的同时，要善于归纳，分题型加强练习，适应机考的答题模式。尤其是对计算分析题和综合题，要做到有所准备，能快速地作出判断和处理，这是能否通过这门考试的关键。

计算分析题主要考查考生实务操作能力，要求考生平时学习时，要熟记公式和例题，教材中的每一道例题都要弄懂弄会，真正理解并能熟练灵活运用。为了提高解题速度，平时一定要多做练习。一方面可以多见识一些不同类型的试题，另一方面，可以锻炼解题思路，提高解题技巧。综合题主要考查考生对知识全面综合和熟练运用能力。综合题由于涉及的内容多，一般要分成若干个步骤，因此，必须认真审题，仔细阅读题目中给出的资料、数据和具体要求，通过分析找出解题的思路。综合题一般分成几问，这往往是一种提示，因此，一定要按照题目所问的顺序答题。这类试题一般不是只考核某一个问题，往往要把几个知识点联系起来考查，因此，思路要开阔，将各知识点联系起来归纳和分析，要注意答题的系统性。

客观题是全面考核的具体体现，主要考查考生对知识点的全面理解及分析判断能力。客观题的得分多少是能否顺利通过考试的基本点。如果客观题失分太多，也很难过关。因此建议考生一定要熟悉教材、理解教材的基本知识、基本理论与基本方法。考生在解题时，首先要仔细看清楚题意和所有备选答案。解题时常用的方法一般有以下三种：①直接挑选法。这类试题一般属于法规、制度和规定性的“应知应会”内容，或者计算性的试题。考生只要掌握教材中相应知识点，就能直接做出正确的选择，或者通过计算选择正确的答案。②排除法。即将备选答案中不正确或不符合题意的选项排除，从剩余选项中选出正确答案。③猜测法。遇到确实不会的题目可选用猜测法，因为单选题和多选题选错并不倒扣分，其选择结果与不选是一样的。

3. 理论结合实际、重点突出

财务成本管理科目以现代财务管理观念为核心，以公司为背景，系统阐述财务成本管理的基本观念和决策方法。试题重点突出，着重于测试考生作为一名执业注册会计师应具备的业务知识和技能，财务成本管理考试的重点可归纳为以下三点：

（1）本学科核心内容。

（2）与注册会计师业务联系紧密的内容。

（3）有变化或新增内容。

对这些内容，应给予更多关注，考生应有针对性地加强练习。

（三）近几年主观题的主要考点

章节	主要考点	链接的历年试题
第2章　财务报表分析和财务预测	基本财务比率的计算与分析、杜邦分析体系、销售百分比法、内含增长率及可持续增长率的确定及应用、管理用财务报表体系	2012年考题 2013年考题 2014年考题（试卷Ⅰ、试卷Ⅱ） 2015年考题（试卷Ⅰ、试卷Ⅱ） 2016年考题（试卷Ⅰ、试卷Ⅱ） 2017年考题（试卷Ⅰ） 2018年考题（试卷Ⅰ、试卷Ⅱ） 2019年考题（试卷Ⅰ、试卷Ⅱ） 2020年考题（试卷Ⅰ、试卷Ⅱ） 2021年考题（试卷Ⅰ、试卷Ⅱ、试卷Ⅲ）
第3章　价值评估基础	货币时间价值计算的灵活运用	2016年考题（试卷Ⅰ、试卷Ⅱ）
第4章　资本成本	资本成本的计算	2013年考题 2014年考题（试卷Ⅰ、试卷Ⅱ） 2015年考题（试卷Ⅰ） 2016年考题（试卷Ⅰ、试卷Ⅱ） 2017年考题（试卷Ⅰ、试卷Ⅱ） 2019年考题（试卷Ⅰ、试卷Ⅱ） 2020年考题（试卷Ⅰ、试卷Ⅱ） 2021年考题（试卷Ⅱ、试卷Ⅲ）

章节	主要考点	链接的历年试题
第 5 章　投资项目资本预算	可比公司法确定项目资本成本、项目投资决策、敏感分析法、独立项目的评价方法、互斥项目的优选问题、固定资产的平均年成本	2012 年考题 2013 年考题 2015 年考题（试卷Ⅰ、试卷Ⅱ） 2016 年考题（试卷Ⅰ、试卷Ⅱ） 2018 年考题（试卷Ⅰ、试卷Ⅱ） 2019 年考题（试卷Ⅰ、试卷Ⅱ） 2020 年考题（试卷Ⅰ、试卷Ⅱ） 2021 年考题（试卷Ⅰ、试卷Ⅱ、试卷Ⅲ、试卷Ⅳ）
第 6 章　债券、股票价值评估	债券价值及期望报酬率的估算、普通股价值的评估方法	2012 年考题 2014 年考题（试卷Ⅰ） 2015 年考题（试卷Ⅰ） 2016 年考题（试卷Ⅰ、试卷Ⅱ） 2018 年考题（试卷Ⅰ、试卷Ⅱ）
第 7 章　期权价值评估	期权投资策略、期权估值的套期保值原理、风险中性原理、平价定理、期权的类型	2015 年考题（试卷Ⅰ、试卷Ⅱ） 2016 年考题（试卷Ⅰ、试卷Ⅱ） 2018 年考题（试卷Ⅰ、试卷Ⅱ） 2021 年考题（试卷Ⅱ、试卷Ⅳ）
第 8 章　企业价值评估	现金流量折现法下企业价值估算、相对价值法下企业价值估算、控股权溢价的计算	2012 年考题 2013 年考题 2014 年考题（试卷Ⅰ、试卷Ⅱ） 2017 年考题（试卷Ⅱ） 2019 年考题（试卷Ⅰ、试卷Ⅱ） 2020 年考题（试卷Ⅰ、试卷Ⅱ） 2021 年考题（试卷Ⅰ）
第 9 章　资本结构	杠杆系数的计算、资本结构决策的分析方法	2015 年考题（试卷Ⅰ、试卷Ⅱ） 2017 年考题（试卷Ⅱ） 2018 年考题（试卷Ⅰ） 2019 年考题（试卷Ⅱ）
第 10 章　长期筹资	债券筹资、股权再融资需要满足的条件、增发新股、可转换债券筹资成本的确定、附认股权证债券筹资成本的确定、租赁决策	2012 年考题 2013 年考题 2014 年考题（试卷Ⅰ、试卷Ⅱ） 2017 年考题（试卷Ⅰ、试卷Ⅱ） 2018 年考题（试卷Ⅱ） 2019 年考题（试卷Ⅰ、试卷Ⅱ） 2020 年考题（试卷Ⅰ、试卷Ⅱ） 2021 年考题（试卷Ⅰ、试卷Ⅱ）
第 11 章　股利分配、股票分割与股票回购	股利政策的类型、股利支付方式、股票分割与股票回购	2019 年考题（试卷Ⅰ、试卷Ⅱ）

章节	主要考点	链接的历年试题
第12章　营运资本管理	易变现率的确定、应收账款信用政策决策、存货管理、有效年利率的确定	2012年考题 2013年考题 2014年考题（试卷Ⅰ、试卷Ⅱ） 2020年考题（试卷Ⅰ、试卷Ⅱ） 2021年考题（试卷Ⅲ、试卷Ⅳ）
第13章　产品成本计算	辅助生产成本的计算、完工在产的费用分配、品种法下计算产品成本、分批法下计算产品成本、分步法下计算产品成本、联产品和副产品加工成本的分配	2012年考题 2013年考题 2014年考题（试卷Ⅰ、试卷Ⅱ） 2015年考题（试卷Ⅰ、试卷Ⅱ） 2016年考题（试卷Ⅰ） 2017年考题（试卷Ⅰ、试卷Ⅱ） 2018年考题（试卷Ⅰ、试卷Ⅱ） 2019年考题（试卷Ⅰ） 2020年考题（试卷Ⅰ、试卷Ⅱ） 2021年考题（试卷Ⅰ、试卷Ⅱ）
第14章　标准成本法	标准成本的差异分析	2016年考题（试卷Ⅱ） 2019年考题（试卷Ⅱ） 2021年考题（试卷Ⅳ）
第15章　作业成本法	作业成本的计算	2018年考题（试卷Ⅰ、试卷Ⅱ） 2019年考题（试卷Ⅰ） 2021年考题（试卷Ⅰ、试卷Ⅲ）
第16章　本量利分析	边际贡献、保本点、保利点、安全边际的计算、利润敏感分析	2012年考题 2015年考题（试卷Ⅰ、试卷Ⅱ） 2016年考题（试卷Ⅰ、试卷Ⅱ） 2017年考题（试卷Ⅰ、试卷Ⅱ） 2019年考题（试卷Ⅰ、试卷Ⅱ） 2020年考题（试卷Ⅰ、试卷Ⅱ） 2021年考题（试卷Ⅱ、试卷Ⅳ）
第17章　短期经营决策	生产决策	2017年考题（试卷Ⅰ） 2018年考题（试卷Ⅰ、试卷Ⅱ） 2019年考题（试卷Ⅰ） 2020年考题（试卷Ⅰ、试卷Ⅱ） 2021年考题（试卷Ⅰ、试卷Ⅱ）
第18章　全面预算	现金预算的编制、固定预算法与弹性预算法	2012年考题 2017年考题（试卷Ⅰ） 2018年考题（试卷Ⅰ、试卷Ⅱ） 2021年考题（试卷Ⅲ、试卷Ⅳ）

章节	主要考点	链接的历年试题
第 19 章　责任会计	利润中心的考核指标、投资中心的考核指标、内部转移价格	2017 年考题（试卷Ⅱ） 2019 年考题（试卷Ⅱ） 2020 年考题（试卷Ⅱ） 2021 年考题（试卷Ⅳ）
第 20 章　业绩评价	经济增加值的计算、关键绩效指标法的优点和缺点	2015 年考题（试卷Ⅰ） 2021 年考题（试卷Ⅱ、试卷Ⅲ）

（四）2022 年财务成本管理考试命题趋势预测

1. 题型、题量预测

预计 2022 年题型仍为单项选择题、多项选择题、计算分析题及综合题四种。客观题占 50% 左右，主观题占 50% 左右。其中，计算分析题应在 4 题左右，综合题在 1 题左右。

2. 试题难度预测

财务成本管理考试近几年试题难度不大，由于去年难度较低，预计 2022 年难度会略有提升。

3. 重点考点预测

财务成本管理的关键工作环节和基本内容以及近年教材增加和变动的内容将是考试的重点。由于近三年考试都是多套题，为了准备考试应该全面复习，2022 年财务成本管理考核的重点内容仍为投资项目资本预算、资本成本和资本结构、长期筹资、财务报表分析与财务预测、企业价值评估和营运资本管理等内容；对于成本计算考核的重点应放在产品成本计算方面，对于管理会计考核的重点应放在本量利分析、全面预算、短期经营决策和业绩评价上。

四、本年教材的主要变化

本年教材与 2021 年相比的变化如下表：

第一章	（1）调整了股价最大化与股东财富最大化等价的前提 （2）增加了我国场内市场与场外市场的举例
第二章	没有实质性变化
第三章	没有实质性变化
第四章	对债务的真实资本成本的表述增加了前提

第五章	对总量有限时的资本分配的原则剔除了按现值指数排序的前提
第六章	没有实质性变化
第七章	没有实质性变化
第八章	没有实质性变化
第九章	没有实质性变化
第十章	没有实质性变化，主要是从教材的内容完整性方面补充了中国证监会关于主板上市公司首发股票的有关发行人不得有影响持续盈利能力的具体情形，属于经济法的相关内容
第十一章	没有实质性变化
第十二章	没有实质性变化
第十三章	没有实质性变化，只是增加了比例分配法和扣除分配法的称谓
第十四章	没有实质性变化，只是将“能量”改为“能力”（如，“能量差异”改为“能力差异”）
第十五章	没有实质性变化
第十六章	增加了变动成本计算法与完全成本计算法下损益计算的相关例题与特点的比较
第十七章	没有实质性变化
第十八章	没有实质性变化
第十九章	没有实质性变化
第二十章	删除了特殊的经济增加值和真实的经济增加值的有关表述

五、高效复习技巧

计算机考试系统决定了考试要出至少两套试卷，这样考试试题涉及面广，必须做到全面复习。此外，由于采用机考模式，考生考试答题速度明显下降，考生必须加强平时机考模式下的答题练习。

财务成本管理从考试角度来说并不是很难，只要搞清原理，把握正确的复习方法和应试技巧，是能够顺利通过这门考试的。具体来说，首先应按考试大纲规定的范围和指定的辅导教材进行全面、系统地学习。然后抓住重点章节和重点内容强化学习，要有针对性地多做一些练习，以掌握答题思路和技巧，同时加深对重点、难点的理解和把握。最后要注意平时做题要习惯用计算机输入的方法进行解答,加强计算机操作训练。单项选择题答题时，考生直接用鼠标点击备选项中认为正确的一个选项。如果需要修改答案，用鼠标点击其他备选项即可。且机考系统只允许考生在所有备选项中选择一个备选项作为答案。多项选择题答题时，考生直接用鼠标点击备选项中认为正确的所有选项。如果需要撤销已经选中的选项，再次点击该选项即可；且机考系统允许考生在所有备选项中选择任意多个备选项作为答案。对于主观题，当资料区内容较多时，可以用鼠标上下拖动右侧的纵向滚动条来阅读全部内容，通常一道主观题会包括多个答题要求，当答题区上有多个标签页时，务必逐一点击标签查看并回答所有问题，以免漏答。作答时考生应直接将答案录入指定的答题区域中，在草稿纸上书写的所有答案无效。考生可以直接通过工具栏上的放大窗口按钮，将资料区或答题区进行最大化显示，方便阅读或答题。在考生答题过程中，机考系统会自动为考生保存答案。

几分耕耘，几分收获，只要能全面理解教材，把握重点、难点，加强应试训练，一定会顺利通过考试的。

注：本书涉及的真题均为学员回忆版。

第二部分

考点精讲及同步训练

第一章　财务管理基本原理

CHAPTER-1

本章学习指南

一、考情分析

本章主要内容是财务管理的基本理论和基础知识。从考试情况看，本章属于非重点章节，最近 3 年的分值一般在 2 分左右。本章的考试题型均为选择题，难度不大。

最近 3 年题型、题量分析表

题型	2019 年		2020 年		2021 年	
	试卷Ⅰ	试卷Ⅱ	试卷Ⅰ	试卷Ⅱ	试卷Ⅰ	试卷Ⅱ
单项选择题	1 题 1.5 分	1 题 1.5 分	1 题 1.5 分	—	1 题 2 分	—
多项选择题	—	—	—	1 题 2 分	—	1 题 2 分
计算分析题	—	—	—	—	—	—
综合题	—	—	—	—	—	—
合计	1 题 1.5 分	1 题 1.5 分	1 题 1.5 分	1 题 2 分	1 题 2 分	1 题 2 分

二、教材变化

本章与 2021 年的教材相比，主要变化有：（1）调整了股价最大化与股东财富最大化等价的前提；（2）增加了我国场内市场与场外市场的举例。

三、考点框架

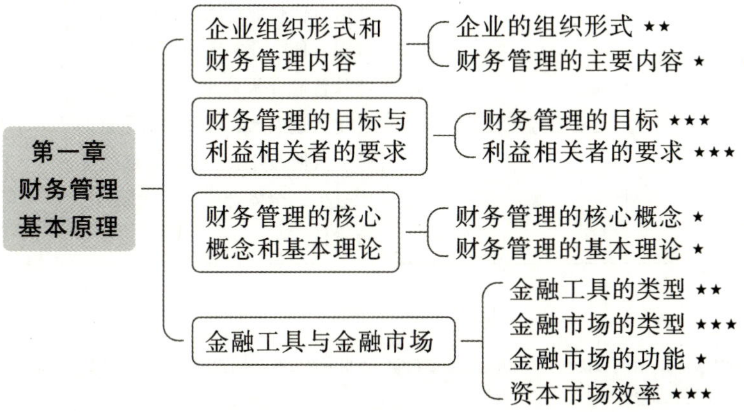

核心考点精讲

第一节　企业组织形式和财务管理内容

使用“会计云课堂”App 或“微信”扫码查看本节视频，快速 GET 知识点。

财务管理与经济价值或财富的保值增值有关，是关于财富创造的决策。简言之，财务管理就是组织作出的以创造财富为目标的各种投资和筹资决策。

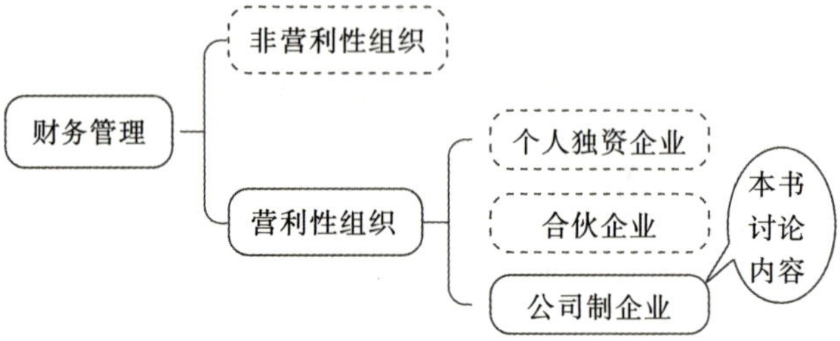

一、企业的组织形式★★[1]

典型的企业组织形式有三类：个人独资企业、合伙企业以及公司制企业。

比较项目	个人独资企业	合伙企业	公司制企业
法人主体	非法人	非法人	法人
投资人	一个自然人	两个或两个以上的自然人，有时也包括法人或其他组织	有限责任公司：1~50 人 股份有限公司：2~200 人（发起人）
投资人承担的债务责任	无限债务责任	（1）普通合伙企业：无限连带责任 （2）有限合伙企业：无限 + 有限 （3）特殊普通合伙企业：①故意或者重大过失人：无限或无限连带 + 其他人有限；②非故意或重大过失，全体合伙人：无限连带责任	有限债务责任

[1] 为方便您在学习中可以快速了解知识点的重要程度，本书中将知识点进行分类。★★★代表重要知识点，★★代表次重要知识点，★代表非重要知识点。

比较项目	个人独资企业	合伙企业	公司制企业
企业寿命	受制于业主的寿命（如果无继承人或继承人决定放弃继承权，应当解散）	【扩展】当合伙人不具备法定人数（2人）满 30 天，应当解散	无限存续
权益转让	较难	较难	股权可以转让
从外部获得大量资本的难易度	难	较难	容易
纳税	一次课税	一次课税	双重课税
所有者与经营者之间的代理问题	不太突出	不太突出	存在（较突出）
组建成本	低	居中	高

要点小贴士

（1）公司制企业是独立法人，要交企业所得税，同时投资人收到收益也要交所得税；

（2）个人独资企业和合伙企业不是法人，企业不交所得税，只是投资人收到收益要交所得税。

【提示】特殊普通合伙企业。

特点	①律师事务所、会计师事务所、设计师事务所等专业服务机构可以设立为特殊普通合伙企业，其特点是修正了合伙企业的无限连带责任制度
	②一个合伙人或数个合伙人在执业活动中因故意或者重大过失造成合伙企业债务的，应当承担无限责任或者无限连带责任，其他合伙人则仅以其在合伙企业中的财产份额为限承担责任（理解：责任到人）

【易错易混点】公司制企业的特点。

要点	优点		缺点
	对投资人的影响	对资本的影响	
无限存续	降低了投资人的风险	公司容易从资本市场上筹集资金	双重课税
有限责任			组建成本高
股权可以转让	提高了投资人资产的流动性		存在代理问题

经典题解

【真题 1 · 单选题】下列有关有限合伙企业与公司制企业共同点的说法中，正确的是（　　）。（2021 年卷Ⅰ）

A. 都是独立法人

B. 都需要缴纳企业所得税

C. 都需要两个或两个以上出资人

D. 都可以有法人作为企业的出资人

【解析】合伙企业本身不是独立法人，其合伙人通常是两个或两个以上的自然人，有时也有法人或其他组织；而公司制企业是独立法人，出资人既可以是自然人也可以是法人。所以选项 A 错误、选项 D 正确。合伙企业本身不缴纳企业所得税，合伙人分得利润后各自缴纳所得税；公司制企业需要缴纳企业所得税。所以选项 B 错误。公司制企业分为有限责任公司和股份有限公司，有限责任公司的股东人数可以为 1 人或 50 人以下，所以选项 C 错误。

【答案】D

【真题 2 · 多选题】下列关于公司制企业的说法中，正确的有（　　）。（2021 年卷Ⅱ）

A. 公司债务独立于所有者的债务

B. 公司在最初投资者退出后仍然可以继续存在

C. 公司是独立法人

D. 公司股权可以转让

【解析】由于公司是独立法人，相对于个人独资企业和合伙企业，具有以下优点：

（1）无限存续。一个公司在最初的所有者和经营者退出后仍然可以继续存在。

（2）股权可以转让。公司的所有者权益被划分为若干股权份额，每个份额可以单独转让，无须经过其他股东同意。

（3）有限责任。公司债务是法人的债务，不是所有者的债务。所有者对公司债务的责任以其出资额为限。所以选项 A、B、C、D 正确。

【答案】ABCD

【真题 3·多选题】与个人独资企业相比，公司制企业的特点有（　　）。（2020 年卷Ⅱ）

A. 不存在双重课税

B. 容易从资本市场筹集资金

C. 以出资额为限承担有限责任

D. 存续年限受制于发起人的寿命

【解析】公司制企业的优点：（1）无限存续；（2）股权可以转让；（3）有限责任。公司制企业的缺点：（1）双重课税；（2）组建成本高；（3）存在代理问题。

【答案】BC

二、财务管理的主要内容★

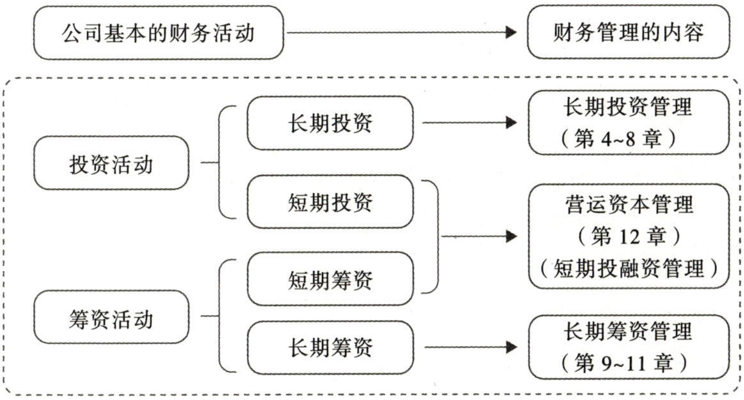

1. 长期投资

项目	财务管理所谈的长期投资的特征	不属于财务管理所谈的长期投资的特征
投资的主体	公司	个人或专业投资机构
投资的对象	经营性长期资产	（1）流动资产 （2）金融资产（债券、股票、各种衍生金融工具）
投资的方式	直接投资	间接投资
投资的目的	获得实物资源	再出售获利（金融资产投资以赚取利息、股利或差价为目的）

要点小贴士

对子公司、合营企业、联营企业的长期股权投资，都属于经营性投资。

经典题解

【例题 4·多选题】下列活动中，属于企业财务管理中长期资产投资的有（　　）。

A. 购买衍生金融工具　　B. 购买机器设备

C. 对子公司的长期股权投资　　D. 对联营企业进行增资

【解析】公司对于子公司、合营企业、联营企业的长期股权投资是经营性投资，目的是控制其经营，而不是期待再出售收益。

【答案】BCD

2. 长期筹资

筹资的主体	公司（公司是在法律形式上独立于股东的法人）
筹资的方式	（1）可以直接筹资 （2）可以通过金融机构间接融资
筹资的对象	长期资本 长期资本是指企业可长期使用的资本，包括权益资本和长期债务资本，两者的组合称为资本结构
筹资决策的主题	长期筹资决策的主题是资本结构决策（第 9 章）和股利分配决策（第 11 章），其中资本结构决策是最重要的筹资决策

要点小贴士

在投资活动中，直接投资和间接投资的主要区别为投资对象不同；
在筹资活动中，直接筹资和间接筹资的主要区别为是否通过金融中介机构。

【易错易混点】在投资和筹资活动中，直接方式和间接方式的区分。

投资	**直接投资**	公司直接投资于生产经营性资产，直接控制投资回报
	间接投资	公司投资于金融性资产，通过契约或者更换代理人间接控制投资回报，如证券投资
筹资	**直接筹资**	不通过金融中介机构，在资本市场上向潜在的投资人直接筹资，如发行股票、债券
	间接筹资	指通过金融中介机构（尤其是银行）进行的融资，如银行借款

经典题解

【例题 5·多选题】下列有关企业财务管理的投资和筹资表述正确的有（　　）。

A. 企业财务管理中的长期投资活动既包括直接投资活动也包括间接投资活动

B. 企业财务管理中的长期投资活动仅指直接投资活动

C. 企业财务管理中的长期筹资方式既包括直接筹资也包括间接筹资

D. 企业财务管理中的长期筹资方式仅指直接筹资方式

【解析】按投资的对象不同可将投资活动分为直接投资活动和间接投资活动，间接投资是证券投资，不属于企业财务管理的投资活动，选项 A 错误、选项 B 正确。

按是否借助于金融机构为媒介，可将筹资方式分为直接筹资和间接筹资。直接筹资方式主要有发行股票、发行债券等，间接筹资方式主要有银行借款等，企业都可以采用，选项 C 正确、选项 D 错误。

【答案】BC

3. 营运资本管理

内容	**营运资本投资管理**	制定营运资本投资政策 决定分配多少资本用于应收账款和存货、决定保留多少现金以备支付，以及对这些资产进行日常管理
	营运资本筹资管理	制定营运资本筹资政策 决定向谁借入短期资本，借入多少短期资本，是否需要采用赊购融资等

第二节 财务管理的目标与利益相关者的要求

使用“会计云课堂”App或“微信”扫码查看本节视频，快速GET知识点。

一、财务管理的目标★★★

公司财务管理的目标与公司的目标是一致的。实践中，公司采取什么样的财务目标与公司的资本结构、治理结构以及经济社会政策等多种因素有关。

（一）利润最大化目标

理由	缺点
利润代表企业新创财富，利润越多，则企业财富增加越多，越接近企业的目标	（1）没有考虑利润的取得时间 （2）没有考虑所获利润和投入资本额的关系 （3）没有考虑获取利润和所承担风险的关系

【提示】如果投入资本相同、利润取得的时间相同、相关的风险相同，利润最大化是一个可以接受的观念。

（二）每股收益最大化目标

理由	缺点
把利润和股东投入的资本联系起来	（1）没有考虑每股收益取得的时间 （2）没有考虑风险

【提示】如果风险相同、每股收益取得的时间相同，每股收益最大化也是一个可以接受的观念。

（三）股东财富最大化目标

1. 增加股东财富是财务管理的基本目标

理论依据	股东创办公司的目的是增加财富。如果企业不能为股东创造价值，他们就不会为企业提供资本。没有了权益资本，企业也就不复存在了，股东权益的市场增加值是企业为股东创造的价值
衡量	股东财富的增加 = 股东权益的市场增加值 = 股东权益的市场价值 − 股东投资资本

要点小贴士

（1）股东财富最大化目标是本书的观点。

（2）利润最大化和每股收益最大化目标如果能把未考虑的因素设定为“相同因素”，也是可以接受的观点。

（3）股价最大化和企业价值最大化必须在特定前提下才能与增加股东财富具有相同意义。

2. 其他表述形式

（1）股价最大化。

优点	①以每股价格最大化为目标，反映了资本和获利之间的关系 ②该目标受预期每股收益的影响，反映了每股收益的大小和取得时间 ③该目标受企业风险的影响，反映了每股收益的风险
问题	企业与股东之间的交易也会影响股价，但不影响股东财富（例如分派现金股利时虽然股价下跌，但是股东获得了现金回报）

（2）企业价值最大化。

企业价值 = 债务市场价值 + 股权市场价值

股东投入资本 + 股东权益市场增加值

【结论】

股价最大化	假设资本市场有效，股东投资资本不变的前提下，股价最大化与增加股东财富具有同等意义
企业价值最大化	假设股东投资资本和债务价值不变，企业价值最大化与增加股东财富具有相同的意义

【易错易混点1】股东财富最大化与股价最大化的区分。

股东财富的增加 = 股东权益的市场增加值 = 股东权益的市场价值（每股价格 × 股数）– 股东投资资本。只有在资本市场有效，股东投资资本不变的前提下，股价上涨才与增加股东财富具有同等意义，即股东财富最大化可以表述为股价最大化。

【易错易混点2】企业财务管理目标之间的区别。

目标	利润取得的时间	风险	投入资本和获利之间的关系
利润最大化	×	×	×
每股收益最大化	×	×	考虑
股东财富最大化	考虑	考虑	考虑
每股股价最大化	考虑	考虑	考虑
企业价值最大化	考虑	考虑	考虑

要点小贴士

股东财富 = 股东权益的市场价值 = 股价 × 股数，而股价受未来收益和风险的影响，即股东财富最大化考虑了利润取得的时间和风险。

经典题解

【例题6·多选题】下列有关企业财务管理目标的说法中，正确的有（　　）。

A. 在资本市场有效的情况下，假设股东投资资本不变，财务管理目标的实现程度可以用股价来衡量

B. 增加借款可以增加债务价值以及企业价值，但不一定增加股东财富，因此企业价值最大化不是财务管理目标的准确描述

C. 追加投资资本可以增加企业的股东权益市场价值，但不一定增加股东财富，因此股东权益市场价值最大化不是财务管理目标的准确描述

D. 财务管理目标的实现程度可以用股东权益的市场增加值度量

【解析】在资本市场有效的情况下，假设股东投资资本不变，则股价上升反映股东财富的增加，股价下跌反映股东财富的减损。股价的升降，代表了投资者对公司股权价值的客观评价，所以，选项 A 正确。

财务管理目标的准确表述是股东财富最大化，企业价值 = 权益价值 + 债务价值，企业价值的增加，是由于权益价值增加和债务价值增加引起的，只有在债务价值增加 =0，以及股东投入资本不变的情况下，企业价值最大化才是财务管理目标的准确描述，所以，选项 B 正确。

股东财富的增加可以用股东权益的市场价值与股东投资资本的差额来衡量，只有在股东投资资本不变的情况下，股价的上升才可以反映股东财富的增加，所以，选项 C 正确。

股东财富的增加被称为“股东权益的市场增加值”，股东权益的市场增加值就是企业为股东创造的价值，所以，选项 D 正确。

【答案】ABCD

二、利益相关者的要求★★★

（一）主要关系人的利益要求与协调

要点小贴士

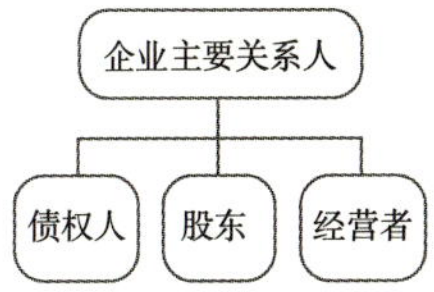

1. 经营者的利益要求与协调

<table>
<tr><td>股东的目标</td><td colspan="2">使自己的财富最大化，千方百计要求经营者以最大的努力去实现这个目标</td></tr>
<tr><td>经营者目标</td><td colspan="2">增加报酬、增加闲暇时间、避免风险</td></tr>
<tr><td rowspan="2">经营者背离股东目标的表现</td><td>道德风险</td><td>经营者为了自己的目标，不是尽最大努力去实现公司的目标
不做什么错事，只是不十分卖力，以增加自己的闲暇时间</td></tr>
<tr><td>逆向选择</td><td>经营者为了自己的目标而背离股东的目标</td></tr>
<tr><td rowspan="3">防止经营者背离股东目标的两种制度性措施</td><td>监督</td><td>对经营者进行制度性监督，完善公司治理结构，在经营者背离股东目标时，减少其各种形式的报酬，甚至解雇他们</td></tr>
<tr><td>激励</td><td>采用激励方式，使经营者分享企业增加的财富，鼓励他们采取符合股东利益最大化的行动，例如现金、股票期权</td></tr>
<tr><td colspan="2">【提示】最佳的解决办法：
同时采取监督和激励两种制度性措施来协调股东和经营者的目标。监督成本、激励成本和偏离股东目标的损失之间，此消彼长、相互制约。股东要权衡轻重，力求找出能使三项之和最小的解决办法，它就是最佳的解决办法</td></tr>
</table>

经典题解

【真题7·多选题】为防止经营者背离股东目标，股东可以采取的措施有（ ）。（2015年卷Ⅰ、卷Ⅱ）

A. 给予经营者股票期权奖励

B. 对经营者实行固定年薪制

C. 要求经营者定期披露信息

D. 聘请注册会计师审计财务报告

【解析】为了防止经营者背离股东目标，一般有两种制度性措施：①监督；②激励。选项C、D属于监督，选项A属于激励。

【答案】ACD

2. 债权人的利益要求与协调

债权人目标	与股东冲突的表现	协调办法
到期时收回本金，并获得约定的利息收入	股东不经债权人的同意，投资于比债权人预期风险更高的新项目；不征得债权人的同意而发行新债，致使旧债券的价值下降，使旧债权人蒙受损失	在借款合同中加入限制性条款（规定贷款的用途，规定不得发行新债或限制发行新债的额度等）；发现公司有损害其债权利益意图时，拒绝进一步合作，不再提供新的贷款或提前收回贷款

经典题解

【真题8·多选题】公司的下列行为中，可能损害债权人利益的有（ ）。（2016年卷Ⅰ、卷Ⅱ）

A. 提高股利支付率

B. 加大为其他企业提供的担保

C. 提高资产负债率

D. 加大高风险投资比例

【解析】选项A，提高股利支付率，减少了可以用来归还借款和利息的现金流；

选项B、C，加大为其他企业提供的担保、提高资产负债率，增加了企业的财务风险，可能损害债权人的利益；

选项D，加大高风险投资比例，增加了亏损的可能性，导致借款企业还本付息的压力增大，损害债权人的利益。

【答案】ABCD

【例题9·多选题】下列各项中，可用来协调公司债权人与所有者矛盾的方法有（ ）。

A. 规定借款用途

B. 规定借款的信用条件

C. 要求提供借款担保

D. 收回借款或不再借款

【解析】协调公司债权人与所有者矛盾的方法有限制性借债（即选项A、B、C）和收回借款或不再借款（即选项D）。

【答案】ABCD

（二）其他利益相关者的利益要求与协调

1. 含义

广义的利益相关者	广义的利益相关者包括一切与企业决策有利益关系的人，包括资本市场利益相关者（股东和债权人）、产品市场利益相关者（客户、供应商、所在社区和工会组织）和企业内部利益相关者（经营者和其他员工）
狭义的利益相关者	狭义的利益相关者是指除股东、债权人和经营者之外的、对企业现金流量有潜在索偿权的人

2. 利益相关者的分类

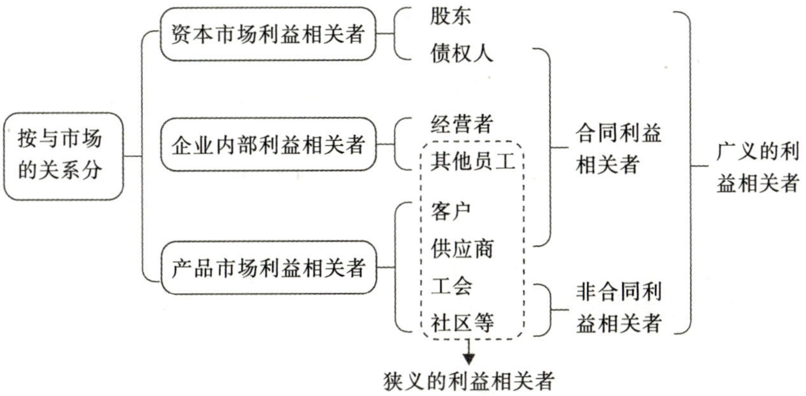

3. 协调

类型	协调
合同利益相关者	（1）遵守合同就可以基本满足合同利益相关者的要求 （2）遵守道德规范的约束
非合同利益相关者	享受的法律保护低于合同利益相关者，受公司的社会责任政策的影响很大

经典题解

【例题 10 · 多选题】下列表述中正确的有（　　）。

A. 企业只要遵守合同就可以完全满足合同利益相关者的要求

B. 公司的社会责任政策，对非合同利益相关者影响很大

C. 主张股东财富最大化，会忽略其他利益相关者的利益

D. 发行新的公司债券不符合债权人目标

【解析】一般说来，企业只要遵守合同就可以基本满足合同利益相关者的要求，在此基础上股东追求自身利益最大化也会有利于合同利益相关者。当然，仅有法律是不够的，还需要道德规范的约束，以缓和双方的矛盾，选项 A 错误。

主张股东财富最大化，并非不考虑其他利益相关者的利益，股东权益是剩余权益，只有满足了其他方面的利益之后才会有股东的利益。公司必须交税、给职工发工资、给顾客提供满意的产品和服务，然后才能获得税后收益，选项 C 错误。

【答案】BD

第三节　财务管理的核心概念和基本理论

使用“会计云课堂”App或“微信”扫码查看本节视频，快速GET知识点。

一、财务管理的核心概念★

核心概念	含义	应用
货币时间价值	货币在经过一定时间的投资和再投资后所增加的价值	（1）现值概念 （2）“早收晚付”观念
风险与报酬	现实的市场中只有高风险同时高报酬和低风险同时低报酬的投资机会	为了把未来的收入和成本折现，必须确定货币的机会成本或利率。具体的利率，是由风险和报酬的权衡关系确定的

二、财务管理的基本理论★

（一）现金流量理论 → 最为基础的理论

（二）价值评估理论 → 核心理论

（三）风险评估理论 → 风险导致财务收益的不确定性

（四）投资组合理论 → 关于证券组合的收益与风险的理论

（五）资本结构理论 → 关于资本结构与财务风险、资本成本以及公司价值之间关系的理论

第四节　金融工具与金融市场

使用“会计云课堂”App或“微信”扫码查看本节视频，快速GET知识点。

一、金融工具的类型★★

1. 含义

金融工具是指形成一方的金融资产并形成其他方的金融负债或权益工具的合同。常见的金融工具包括股票、债券、外汇、保单等。公司可以借助金融工具进行筹资和投资。

2. 金融工具的特征

特征	含义
期限性	通常有规定的偿还期限（股票例外）
流动性	具有在必要时转变为现金而不受损失的能力
风险性	本金和预定收益存在损失可能性
收益性	金融工具能够带来价值增值

3. 金融工具的种类

按其收益性特征分类	含义	收益或价值的影响因素	常见类型
固定收益证券	是指能够提供固定或根据固定公式计算出来的现金流的证券	收益与发行人的财务状况相关程度低，除非发行人破产或违约，证券持有人将按规定数额取得收益	固定利率债券、浮动利率债券、优先股、永续债
权益证券	代表特定公司所有权的份额	收益与发行人的经营成果相关程度高，其持有人非常关心公司的经营状况	普通股
衍生证券	是公司进行套期保值或者转移风险的工具	衍生证券的价值依赖于其他证券（基础金融工具）	种类繁多，并不断创新，包括各种形式的金融期权、期货、远期和利率互换合约。常见衍生证券包括可转换债券、期权和认股权证

要点小贴士

（1）固定收益证券并不表明收益一定是固定不变的。强调的是预先确定了收益的固定计算公式。

（2）带“股”字的不一定是权益证券。

（3）带“债”字的不一定是固定收益证券。

经典题解

【例题 11 · 多选题】下列金融工具中，属于固定收益证券的有（　　）。

A. 固定利率债券

B. 浮动利率债券

C. 可转换债券

D. 优先股

【解析】金融工具按其收益性特征可以分为三种：固定收益证券、权益证券和衍生证券。固定收益证券是指能够提供固定或根据固定公式计算出来的现金流的证券。浮动利率债券虽然利率是浮动的，但规定有明确的计算方法，所以也属于固定收益证券。选项 A、B、D 正确。可转换债券具有转换为普通股股票的选择权，属于衍生证券，选项 C 错误。

【答案】ABD

名师点拨

重点把握货币市场和资本市场工具的举例。

二、金融市场的类型★★★

（一）货币市场和资本市场

分类依据	类别	市场	交易的证券期限	利率或要求的报酬率	风险	市场工具
按照所交易的金融工具的期限是否超过 1 年	货币市场	短期金融工具交易的市场	不超过 1 年（≤1 年）	低	较小	短期国债（英、美称为国库券）、可转让存单、商业票据、银行承兑汇票等
	资本市场	包括两个部分：银行中长期存贷市场和有价证券市场	在 1 年以上（>1 年）	高	较大	股票、公司债券、长期政府债券和银行长期贷款等

【提示】由于长期融资证券化成为一种趋势，因此资本市场也称为证券市场。

经典题解

【真题 12·单选题】下列各项中，属于资本市场工具的是（　　）。（2020 年卷Ⅰ）

A. 商业票据

B. 短期国债

C. 银行承兑汇票

D. 公司债券

【解析】资本市场是长期金融工具交易的市场，交易的证券期限超过 1 年，资本市场的工具包括股票、公司债券、长期政府债券和银行长期贷款等，选项 D 正确。货币市场是短期金融工具交易的市场，交易的证券期限不超过 1 年，选项 A、B、C 属于货币市场的工具。

【答案】D

【真题 13·单选题】下列各项中，属于货币市场工具的是（　　）。（2015 年）

A. 可转换债券

B. 优先股

C. 银行承兑汇票

D. 银行长期贷款

【解析】货币市场是短期金融工具交易的市场，交易的证券期限不超过 1 年。包括短期国债（英、美称为国库券）、可转让存单、商业票据、银行承兑汇票等。所以，选项 C 正确。

【答案】C

（二）其他分类

分类标准	类别	特点
按照证券的不同属性	债务市场	债务市场交易的对象是债务凭证
	股权市场	股权市场交易的对象是股票
按照所交易证券是否初次发行	一级市场	也称发行市场或初级市场，是资本需求者将证券首次出售给公众时形成的市场 【提示】一级市场的购买者只愿意向发行公司支付其认为二级市场可接受的价格
	二级市场	各种证券发行后在不同投资者之间买卖流通所形成的市场，也称流通市场或次级市场
按照交易程序	场内交易市场	指各种证券的交易所。①证券交易所有固定的场所，固定的交易时间和规范的交易规则。②通过交易所撮合主机集中进行，按拍卖程序进行交易。③价格通过竞价形成。例如：主板（含中小板）市场、创业板（俗称二板）市场、科创板市场等
	场外交易市场	①没有固定场所。②由持有证券的交易商分别进行。③价格通过协商确定。例如：全国中小企业股份转让系统（俗称新三板）、区域性股权交易市场、证券公司主导的柜台市场等

要点小贴士

与企业理财关系更为密切的是二级市场，而非一级市场。本书所指的证券价格除非特指，一般均指二级市场价格。

三、金融市场的功能★

- 基本功能
  - 资金融通功能 ⇨ 将资金提供者手中的富裕资金转移到那些资金需求者手中
  - 风险分配功能 ⇨ 在转移资金的过程中，将资产预期现金流的风险重新分配给资金提供者和资金需求者
- 附带功能
  - 价格发现功能 ⇨ 买卖形成证券价格，价格引导资源配置
  - 调节经济功能 ⇨ 政府可以通过货币政策调节经济
  - 节约信息成本 ⇨ 适宜的资金提供者和资金需求者之间相互匹配

四、资本市场效率★★★

（一）资本市场效率的意义

1. 有效资本市场的含义

含义	所谓“有效资本市场”是指资本市场上的价格能够同步地、完全地反映全部的可用信息
外部标志	一是证券的有关信息能够充分地披露和均匀地分布，使每个投资者在同一时间内得到等质等量的信息 二是价格能迅速地根据有关信息变动，而不是没有反应或反应迟钝

2. 资本市场有效的基础条件

要点小贴士

（1）理性的投资人：人人都理性，市场就有效；

（2）独立的理性偏差：非理性的人不盲从，市场仍有效；

（3）套利：即使非理性的人盲从，专业投资人通过套利使市场有效。

条件	说明
理性的投资人	假设所有投资人都是理性的，当市场发布新的信息时所有投资者都会以理性的方式调整自己对股价的估计
独立的理性偏差	资本市场有效性并不要求所有投资者都是理性的，总有一些非理性的人存在。如果假设乐观的投资者和悲观的投资者人数大体相同，他们的非理性行为就可以互相抵消，使得股价变动与理性预期一致，市场仍然是有效的
套利	资本市场有效性并不要求所有的非理性预期都会相互抵消，有时他们的人数并不相当，市场会高估或低估股价。非理性的投资人的偏差不能相互抵消时，专业投资者会理性地重新配置资产组合，进行套利交易。专业投资者的套利活动，能够抵消业余投资者的投机，使市场保持有效

【提示】三个条件只要有一个存在，资本市场就会是有效的。

经典题解

【例题14·多选题】根据有效市场假说，下列说法中正确的有（ ）。

A. 只要所有的投资者都是理性的，市场就是有效的

B. 只要投资者的理性偏差具有一致倾向，市场就是有效的

C. 只要投资者的理性偏差可以互相抵消，市场就是有效的

D. 只要有专业投资者进行套利，市场就是有效的

【解析】资本市场有效的决定条件有三个：理性的投资人、独立的理性偏差和套利，只要有一个条件存在，资本市场就是有效的。理性的投资人是假设所有的投资人都是理性的，选项A正确；

独立的理性偏差是假设乐观的投资者和悲观的投资者人数大体相同，他们的非理性行为就可以相互抵消，选项B错误，选项C正确；

专业投资者的套利活动，能够抵消业余投资者的投机，使市场保持有效，选项D正确。

【答案】ACD

3. 有效资本市场对财务管理的意义

有效资本市场对于公司财务管理，尤其是筹资决策，具有重要的指导意义。

意义	解释
①管理者不能通过改变会计方法提升股票价值，更不能企图愚弄市场	这种做法不仅有违职业道德，在技术上也是行不通的
②管理者不能通过金融投机获利	实业公司在资本市场上的角色主要是筹资者，而不是投资者。实业公司的管理者不应指望通过金融投机获利
③关注自己公司的股价是有益的	资本市场既是企业的一面镜子，又是企业行为的校正器

经典题解

【真题 15·多选题】在有效资本市场，管理者可以通过（　　）。（2016 年卷Ⅰ、卷Ⅱ）

A. 财务决策增加公司价值从而提升股票价格

B. 从事利率、外汇等金融产品的投资交易获取超额收益

C. 改变会计方法增加会计盈利从而提升股票价格

D. 关注公司股价对公司决策的反映而获得有益信息

【解析】管理者对从事利率、外汇或衍生金融工具的投机交易研究很少，没有从中赚取超额收益的合理依据，管理者不能通过金融投机获利，选项 B 不正确；

在有效资本市场下，投资人可以通过分析测算出不同会计方法下的会计利润，管理者不能通过改变会计方法提升股票价格，选项 C 不正确。

【答案】AD

（二）资本市场按效率的分类

1. 市场信息的分类

①历史信息：是指证券价格、交易量等与证券交易有关的历史信息。

②公开信息：是指公司的财务报表、附表、补充信息等公司公布的信息，以及政府和有关机构公布的影响股价的信息。

③内部信息（非公开信息）：是指没有发布的只有内幕人知悉的信息。“内幕人”一般定义为大股东、董事会成员、监事会成员、公司高管成员和有能力接触内部信息的人士。

2. 资本市场的分类及交易策略

分类	股价包含的信息	可以获得超额收益的交易策略
无效资本市场	无	①利用历史信息进行技术分析 ②利用公开信息进行估值模型或基本面分析 ③利用内幕信息进行内幕交易
弱式有效资本市场	历史信息	①利用公开信息进行估值模型或基本面分析 ②利用内幕信息进行内幕交易
半强式有效资本市场	历史信息 + 公开信息	利用内幕信息进行内幕交易
强式有效资本市场	历史信息 + 公开信息 + 内部信息	无法获得超额收益

要点小贴士

只能利用股价中不包含的信息获取超额收益。

经典题解

【真题 16·单选题】如果当前资本市场弱式有效，下列说法，正确的是（　　）。（2018 年卷Ⅱ）

真题点拨

无法利用股价中包含的信息获得超额收益。

A. 投资者不能通过投资证券获取超额收益

B. 投资者不能通过分析证券历史信息进行投资获取超额收益

C. 投资者不能通过分析证券公开信息进行投资获取超额收益

D. 投资者不能通过获取证券非公开信息进行投资获取超额收益

【解析】因为在弱式有效市场下，股价反映了历史信息，也就是不能通过历史信息获得超额收益，但是弱式有效市场的股价没有包含公开信息和非公开信息，还是可以利用没包含的信息获得超额收益，因此选项B正确，选项A、C、D错误。

【答案】B

【真题17·多选题】甲投资基金利用市场公开信息进行价值分析和投资，在下列效率不同的资本市场中，该投资基金可获取超额收益的有（　　）。（2017年卷Ⅰ、卷Ⅱ）

A. 无效市场

B. 半强式有效市场

C. 弱式有效市场

D. 强式有效市场

【解析】投资人只能利用股价没有反映的信息获取超额收益。由于无效市场和弱式有效市场的股价均不反映公开信息，所以在这两个市场下都可以利用公开信息获取超额收益。

【答案】AC

【例题18·多选题】如果资本市场半强式有效，投资者（　　）。

A. 通过技术分析不能获得超额收益

B. 运用估值模型不能获得超额收益

C. 通过基本面分析不能获得超额收益

D. 利用非公开信息不能获得超额收益

【解析】如果市场半强式有效，技术分析、基本面分析和各种估值模型都是无效的，各种投资基金就不能取得超额收益。但是半强式有效市场下，股价没有反映内部信息，所以可以利用非公开信息获取超额收益。

【答案】ABC

要点小贴士

（1）如果无法获得超额收益，说明达到有效；

（2）如果能够获得超额收益，就说明还没达到有效。

（三）资本市场有效性的检验

资本市场类型	检验方法	检验规则	理解
弱式有效资本市场	随机游走	当日的收益率序列，与前N日的收益率序列不相关（股价是随机游走的）	未来股价变动与历史股价无关
	过滤检验	使用过滤规则交易的收益率，不能持续超过“简单购买/持有”策略的收益率	过滤原则无用
半强式有效资本市场	事件研究	超额收益率只与当天披露的事件有关，与此前此后披露的事件不相关	股价当天就变
	投资基金表现研究	投资基金的平均业绩，不可能持续超过市场整体的收益率	基金经理人无用
强式有效资本市场	内幕人交易	内幕者交易的收益率，不可能持续超过市场整体的收益率	内幕消息无用

经典题解

【真题 19·单选题】如果投资基金经理根据公开信息选择股票，投资基金的平均业绩与市场整体收益率大体一致，说明该资本市场至少是（　　）。（2018 年卷Ⅰ）

A. 弱式有效

B. 完全无效

C. 强式有效

D. 半强式有效

【解析】如果资本市场半强式有效，技术分析、基本面分析和各种估值模型都是无效的，各种投资基金就不可能取得超额收益。投资基金经理根据公开信息选择股票，投资基金的平均业绩应当与市场整体的收益率大体一致。

【答案】D

【例题 20·单选题】如果股票价格的变动与历史股价相关，资本市场（　　）。

A. 无效

B. 弱式有效

C. 半强式有效

D. 强式有效

【解析】如果有关证券的历史信息对证券的价格变动仍有影响，则证券市场尚未达到弱式有效。

【答案】A

本章小结

1029018

下载“会计云课堂”App 学习

您已成功完成“第一章”的学习，本章共 10 个考点，您都学会了吗?

为了让您对章节有更清晰的理解，加倍巩固。本书作者闫华红老师将通过**“视频导图课”**的方式，带您回顾重要考点。

名师点拨，视听结合，高效提分。

※ 欢迎您扫码，免费观看学习。

同步强化练习题

使用“会计云课堂”App 或“微信”扫码快速做题、对答案、看解析、掌握解题思路，开启轻松过关之旅。

一、单项选择题

1. 某上市公司职业经理人在任职期间不断提高在职消费，损害股东利益。这一现象所揭示的公司制企业的缺点主要是（　　）。
A. 产权问题
B. 激励问题
C. 代理问题
D. 组建成本问题

2. 每股收益最大化相对于利润最大化作为财务管理目标，其优点是（　　）。
A. 考虑了资金的时间价值
B. 考虑了投资的风险
C. 有利于公司提高投资效率，降低投资风险
D. 反映了投入资本与收益的对比关系

3. 下列有关财务管理目标的表述中，正确的是（　　）。
A. 财务管理目标主张股东财富最大化会忽视其他利益相关者的利益
B. 企业在追求自己的目标时，会使社会受益，因此企业目标和社会目标是一致的
C. 财务管理的目标和企业的目标是一致的
D. 企业只要依法经营就会从事有利于社会的事情

4. 债权人为了防止其利益被伤害，通常采取的措施不包括（　　）。
A. 激励
B. 规定贷款的用途
C. 提前收回贷款
D. 限制股利发放

5. 下列证券中，收益与发行人的经营成果相关程度较高的证券是（　　）。
A. 固定收益证券
B. 权益证券
C. 衍生证券
D. 股票类证券

6. 下列各项中，属于货币市场工具的是（　　）。
A. 附认股权证债券
B. 永续债券
C. 可转让存单
D. 普通股

7. 为了把未来的收入和成本折现，必须确定货币的机会成本或利率，利率的确定是基于（　　）。
A. 货币时间价值
B. 风险水平
C. 报酬率水平
D. 风险和报酬的权衡关系

8. 下列有关资本市场有效性的表述中，不正确的是（　　）。

A. 如果股票价格的变动与历史股价相关，资本市场是无效的

B. 如果各种投资基金不能取得超额收益，说明市场达到强式有效

C. 在有效资本市场中，管理者可以通过关注公司股价对公司决策的反映而获得有益信息

D. 如果股价是随机游走的，市场达到弱式有效

9. 在一个达到弱式有效的资本市场上，下列表述不正确的是（　　）。

A. 有关证券的历史信息对证券的现在和未来价格变动没有任何影响

B. 利用历史信息的投资策略所获取的平均收益，不会超过"简单购买 / 持有"策略所获取的平均收益

C. 股价是随机变动的，不受历史价格的影响

D. 证券价格的时间序列存在显著的系统性变动规律

二、多项选择题

1. 与普通合伙企业相比，下列各项中，属于公司制企业特点的有（　　）。

A. 股权较难转让

B. 有限债务责任

C. 组建成本高

D. 有限存续期

2. 下列关于财务管理内容的相关表述中，正确的有（　　）。

A. 公司对子公司和非子公司的长期股权投资属于经营性投资

B. 公司投资是直接投资，个人或专业投资机构投资属于间接投资

C. 公司进行经营性资产投资决策时应采用投资组合原理

D. 提高存货储备以应对通货膨胀，追加存货投资属于长期投资

3. 下列有关企业财务管理目标的说法中，不正确的有（　　）。

A. 在风险不变的前提下，企业的财务管理目标是利润最大化

B. 在债务价值不变的前提下，企业价值最大化是财务管理目标的准确描述

C. 在资本市场有效的情况下，股东投资资本不变，每股收益最大化是财务管理目标的准确描述

D. 财务管理目标的实现程度应用股东权益的市场价值衡量

4. 某公司董事会召开公司战略发展讨论会，拟将每股股价最大化作为财务管理目标，下列理由中，正确的有（　　）。

A. 反映了资本和获利之间的关系

B. 反映了每股收益的大小和取得时间

C. 反映了每股收益的风险

D. 反映了股东财富的增加

5. 公司制企业可能存在经营者和股东之间的利益冲突，解决这一冲突的方式有（　　）。

A. 所有者解聘经营者

B. 所有者向企业派遣财务总监

C. 所有者给予经理人稳定的回报

D. 所有者给予经营者股票期权

6. 公司的下列财务活动中，符合债权人目标的有（　　）。

A. 提高利润留存率

B. 降低财务杠杆比率

C. 发行公司债券

D. 非公开增发新股

7. 下列金融工具在资本市场中交易的有（　　）。

A. 股票

B. 公司债券

C. 可转让存单

D. 银行长期贷款

8. 下列市场中属于我国场内交易市场的有（　　）。
A. 上海证券交易所
B. 科创板市场
C. 创业板市场
D. 区域性股权交易市场

9. 下列有关金融工具分类的表述正确的有（　　）。
A. 浮动利率债券，由于利息收益不固定，因此不属于固定收益证券
B. 优先股属于权益证券
C. 金融期权、期货和利率互换合约属于衍生证券
D. 固定收益证券的收益与发行人的财务状况相关程度低

10. 如果资本市场是强式有效的，下列表述中正确的有（　　）。
A. 股价可以综合反映公司的业绩
B. 运用会计方法改善公司业绩可以提高股价
C. 公司的财务决策会影响股价的波动
D. 投资者只能获得与投资风险相称的报酬

11. 如果资本市场达到弱式有效，则有（　　）。
A. 任何投资者都不可能通过分析历史信息获取超额收益
B. 使用过滤原则买卖证券的收益率，不能持续超过“简单购买/持有”策略的收益率
C. 超额收益率只与当前披露的事件相关，与此前此后披露的事件不相关
D. 投资基金的平均业绩不可能持续超过市场整体的收益率

同步强化练习题参考答案及解析

使用“会计云课堂”App 或“微信”扫码对答案、看解析、掌握解题思路，开启轻松过关之旅。

一、单项选择题

1.【答案】C
【解析】在所有者和经营者分开的情况下，所有者成为委托人，经营者成为代理人，代理人可能为了自身利益而伤害委托人利益，属于代理问题，选项 C 正确。

2.【答案】D
【解析】每股收益最大化目标没有考虑风险、没有考虑货币时间价值，选项 A、B 不正确。每股收益最大化目标虽然考虑了投资效率，但仍然以利润为基础确定，没有考虑风险，选项 C 不正确。

3.【答案】C
【解析】股东权益是剩余权益，只有满足了其他方面的利益之后才会有股东利益，选项 A 错误。企业的目标和社会的目标有许多方面是一致的，但也有不一致的地方，如企业为了获利，可能生产伪劣产品等，选项 B 错误。财务管理的目标

与企业的目标是一致的，选项 C 正确。法律不可能解决所有问题，企业有可能在合法的情况下从事不利于社会的事情，选项 D 错误。

4.【答案】A

【解析】选项 A 是协调股东与经营者之间的冲突，不能协调股东与债权人之间的冲突。

5.【答案】B

【解析】固定收益证券是指能够提供固定或根据固定公式计算出来的现金流的证券，收益与发行人的财务状况相关程度低，除非发行人破产或违约，证券持有人将按规定数额取得收益，选项 A 错误；权益证券代表特定公司所有权的份额，其收益与发行人的经营成果相关程度高，选项 B 正确；衍生证券的价值依赖于其他证券（基础金融工具），选项 C 错误；普通股票是权益证券，但是优先股是固定收益证券，选项 D 错误。

6.【答案】C

【解析】货币市场是短期金融工具交易的市场，交易的证券期限不超过 1 年。包括短期国债（英、美称为国库券）、可转让存单、商业票据、银行承兑汇票等。因此，选项 C 正确。

7.【答案】D

【解析】利率是由风险和报酬的权衡关系确定的。风险与报酬的权衡关系，是指高收益的投资机会往往伴随巨大风险，风险小的投资机会则往往带来的收益也较低。

8.【答案】B

【解析】如果有关证券的历史信息对证券的价格变动仍有影响，则资本市场尚未达到弱式有效，选项 A 正确。如果各种投资基金不能取得超额收益，说明市场达到半强式有效，选项 B 错误。在有效资本市场中关注自己公司的股价是有益的，资本市场既是企业的一面镜子，又是企业行为的校正器，选项 C 正确。如果前后两天的股价无关，即股价是随机游走的，市场达到弱式有效，选项 D 正确。

9.【答案】D

【解析】如果证券价格的时间序列存在系统性的变动趋势，使用过滤原则买卖证券的收益率将超过“简单购买 / 持有”策略的收益率，赚取超额收益，说明资本市场没有达到弱式有效，选项 D 表述错误。

二、多项选择题

1.【答案】BC

【解析】公司制企业的所有者权益被划分为若干股权份额，每个份额可以单独转让，无须经过其他股东同意，因此股权容易转让，选项 A 错误。公司制企业的公司债务是法人的债务，不是所有者的债务，所有者对公司债务的责任以其出资额为限，选项 B 正确。相比普通合伙企业，公司制企业组建成本高，选项 C 正确。公司制企业可以无限存续，一个公司在最初的所有者和经营者退出后仍然可以继续存在，选项 D 错误。

2.【答案】AB

【解析】财务管理中的长期投资是经营性长期资产投资，其投资分析方法的核心是净现值原理，金融资产投资分析方法的核心是投资组合原理，所以选项 C 错误；选项 D 属于营运资本投资。

3.【答案】ABCD

【解析】利润最大化不仅没有考虑风险，而且没有考虑时间价值，也没有考虑投入产出的对比，所以只限定风险不变是不正确的，选项 A 错误。若采用企业价值最大化作为财务管理目标，不仅要限定债务价值不变，还要限定股东投资资本不变，选项 B 错误。因为股东权益市场增加值 = 股东权益市场价值 – 股东投资资本，由于资本市场有效且股东投资资本不变，所以股东权益市场增加值与股东权益市场价值具有同等意义，即股东财富最大化可以表述为股价最大化，而不是每股收益最大化，选项 C 错误。财务管理目标的实现程度应用股东权益的市场增加值来衡量，选项 D 错误。

4.【答案】ABC

【解析】在资本市场有效的情况下，假设股东投资资本不变，每股股价最大化与增加股东财富具有同等意义。

5.【答案】ABD

【解析】公司制企业可能存在经营者和股东之间的利益冲突，解决这一冲突的方式有监督和激励，选项 A、B 属于监督措施，选项 D 属于激励措施。

6.【答案】ABD

【解析】债权人的目标是到期收回本金，并获得约定的利息收入，发行新债会使旧债券的价值下降，使旧债权人蒙受损失，选项 C 不符合债权人目标。

7.【答案】ABD

【解析】金融市场按所交易的金融工具的期限是否超过 1 年，可以分为货币市场和资本市场。货币市场工具包括短期国债（英、美称为国库券）、可转让存单、商业票据和银行承兑汇票等。资本市场的工具包括股票、公司债券、长期政府债券和银行长期贷款等。

8.【答案】ABC

【解析】主板（含中小板）市场、创业板（俗称二板）市场、科创板市场等属于场内市场；全国中小企业股份转让系统（俗称新三板）、区域性股权交易市场、证券公司主导的柜台市场等属于场外市场。

9.【答案】CD

【解析】固定收益证券是指能够提供固定或根据固定公式计算出来的现金流的证券，浮动利率债券的利率是浮动的，但也规定有明确的计算方法，因此属于固定收益证券，选项 A 错误。优先股的股利固定，因此属于固定收益证券，选项 B 错误。

10.【答案】ACD

【解析】如果资本市场是强式有效的，股价可以反映所有可获得的信息，而且面对新信息完全能迅速地作出调整，因此，选项 A、C 是正确的。另外，如果资本市场是强式有效的，购买或出售金融工具的交易的净现值为零，因此选项 D 是正确的。

11.【答案】AB

【解析】选项 C、D 是半强式有效资本市场的特征。

第二章　财务报表分析和财务预测

CHAPTER-2

本章学习指南

一、考情分析

从 CPA 考试来说，财务报表分析和财务预测这一章是一个比较重要的章节，最近 3 年的平均分数为 5 分左右。从题型来看，单项选择题、多项选择题、计算分析题、综合题都有可能出题，因此要求考生全面理解、掌握。主观题的考点主要是财务比率分析、杜邦分析体系、增长率与资本需求的测算。

最近 3 年题型、题量分析表

题型	2019 年		2020 年		2021 年	
	试卷Ⅰ	试卷Ⅱ	试卷Ⅰ	试卷Ⅱ	试卷Ⅰ	试卷Ⅱ
单项选择题	1 题 1.5 分	1 题 1.5 分	—	—	—	1 题 2 分
多项选择题	—	—	—	—	1 题 2 分	—
计算分析题	—	—	—	—	—	—
综合题	0.4 题 6 分	0.4 题 6 分	0.33 题 5 分	0.17 题 2.5 分	0.14 题 2 分	—
合计	1.4 题 7.5 分	1.4 题 7.5 分	0.33 题 5 分	0.17 题 2.5 分	1.14 题 4 分	1 题 2 分

二、教材变化

本章与 2021 年的教材相比没有实质性变化。

三、考点框架

- 第二章 财务报表分析和财务预测
  - 财务报表分析的目的与方法
    - 财务报表分析的目的及维度 ★
    - 财务报表分析的方法 ★★
  - 财务比率分析
    - 短期偿债能力比率 ★★★
    - 长期偿债能力比率 ★★★
    - 营运能力比率——衡量企业利用资产（创造收入）的效率 ★★★
    - 盈利能力比率 ★★
    - 市价比率 ★★★
    - 杜邦分析体系 ★★★
    - 管理用财务报表体系 ★★★
  - 财务预测的步骤和方法
    - 财务预测的意义 ★
    - 财务预测的方法 ★★★
  - 增长率与资本需求的测算
    - 外部资本需求的测算 ★
    - 内含增长率的测算 ★★★
    - 外部融资需求的敏感分析 ★★
    - 可持续增长率的测算 ★★★

核心考点精讲

第一节　财务报表分析的目的与方法

使用“会计云课堂”App 或“微信”扫码查看本节视频，快速 GET 知识点。

一、财务报表分析的目的及维度★

（一）目的

将财务报表数据转换成对相关决策者有用的信息，以改善决策。

（二）维度

基于哈佛分析框架，现代财务报表分析一般包括四个维度。

维度	内容
战略分析	确定主要的利润动因及经营风险并定性评估公司盈利能力，包括：宏观分析、行业分析和公司竞争策略分析等
会计分析	评价公司会计反映其经济业务的程度，包括：评估公司会计的灵活性和恰当性、修正会计数据等
财务分析	主要运用财务数据评价公司当前及过去的业绩，包括比率分析和现金流量分析等
前景分析	预测企业未来，包括：财务报表预测和公司估值等

二、财务报表分析的方法★★

财务报表分析的方法非常多样。不同的人，出于不同的目的，使用不同的财务分析方法。一般来讲，有比较分析法和因素分析法两种：

（一）比较分析法

对两个或两个以上有关的可比数据进行对比，从而揭示趋势或差异的一种分析方法。

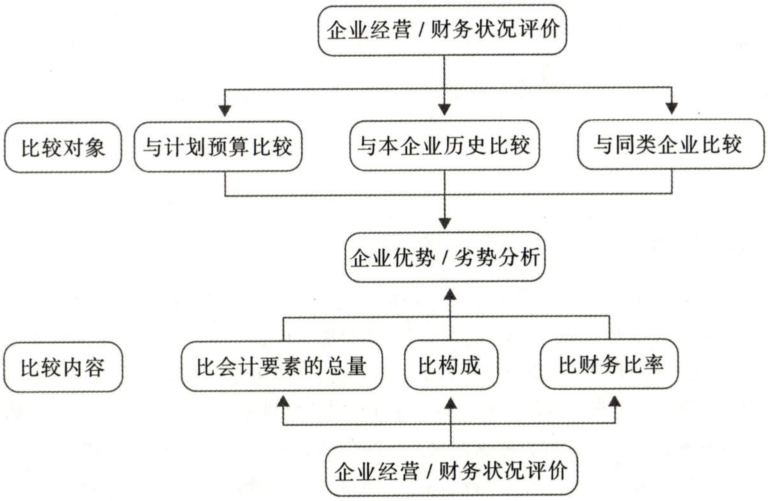

名师点拨

（1）比较分析法只能说明差异是多少，但是为什么产生这个差异，原因是什么，要借助因素分析法。

（2）考试如果只需要分析变化是多少，用比较分析法即可，如果要求分析各个因素对分析指标的影响程度时，要用因素分析法进行分析。

（二）因素分析法

含义	依据财务指标与其驱动因素之间的关系，从数量上确定各因素对指标影响程度的一种方法
具体运用	（1）连环替代法 设 F=A×B×C 基数（计划、上年、同行业先进水平） $F_0=A_0\times B_0\times C_0$ 实际 $F_1=A_1\times B_1\times C_1$ 基数：$F_0=A_0\times B_0\times C_0$ ① 置换 A 因素：$A_1\times B_0\times C_0$ ② 置换 B 因素：$A_1\times B_1\times C_0$ ③ 置换 C 因素：$A_1\times B_1\times C_1$ ④ ②－①即为 A 因素变动对 F 指标的影响 ③－②即为 B 因素变动对 F 指标的影响 ④－③即为 C 因素变动对 F 指标的影响 （2）差额分析法 A 因素变动对 F 指标的影响：$(A_1-A_0)\times B_0\times C_0$ B 因素变动对 F 指标的影响：$A_1\times(B_1-B_0)\times C_0$ C 因素变动对 F 指标的影响：$A_1\times B_1\times(C_1-C_0)$ 【提示】差额分析法只适用于综合指标等于各因素之间连乘的情况。除此之外，不能用差额分析法
注意的问题	（1）确定需要分析的财务指标的实际数额和对比基数的差额 （2）驱动因素分解的关联性（确定需要分析的财务指标与驱动因素指标间的关系公式） （3）驱动因素替代的顺序性（一般按提问的顺序依次替代） （4）顺序替代的连环性（每一次替代均以上一次为基础） （5）计算结果的假定性（各因素变动的影响数，会因替代顺序不同而有差别，因而计算结果不免带有假定性）

经典题解

【例题1·多选题】下列各项中，属于财务报表分析中因素分析法需要注意的问题有（ ）。

A. 因素分解的关联性

B. 顺序替代的连环性

C. 分析结果的准确性

D. 因素替代的顺序性

【解析】采用因素分析法时，必须注意以下问题：①因素分解的关联性；②因素替代的顺序性；③顺序替代的连环性；④计算结果的假定性。

【答案】ABD

【例题2·计算分析题】甲公司生产销售产品，现将该产品的人工成本分解为产品产量、单位产品消耗人工工时和小时工资率三个影响因素，采用因素分析法对其人工成本变动进行分析，基期、报告期人工成本信息如下：

项目	基期	报告期
产品产量（件）	200	220
单位产品消耗人工工时（小时/件）	20	18
小时工资率（元/小时）	25	30

要求：

（1）计算该产品报告期与基期的人工成本差额。

（2）使用因素分析法，依次计算下列因素变化对报告期与基期人工成本差额的影响：①产品产量；②单位产品消耗人工工时；③小时工资率。

解题攻略

因素分析法替代的顺序很重要，改变替代顺序会影响各个因素对分析指标的影响程度，因此考试时要注意题目提示的替代顺序。

【答案】

（1）该产品报告期与基期人工成本的差额=220×18×30−200×20×25=18800（元）

（2）基期数：200×20×25=100000（元）

①产品产量变动对人工成本差额的影响=（220−200）×20×25=10000（元）

②单位产品消耗人工工时变动对人工成本差额的影响=220×（18−20）×25=−11000（元）

③小时工资率变动对人工成本差额的影响=220×18×（30−25）=19800（元）。

第二节　财务比率分析

使用“会计云课堂”App 或“微信”扫码查看本节视频，快速 GET 知识点。

【指标记忆规律】

（1）指标计算一般规律：

母子率：指标名称中前面提到的是分母，后面提到的是分子。比如资产负债率，资产是分母，负债是分子。

分子比率：指标名称中前面提到的是分子。比如现金流量比率，经营活动现金流量净额就是分子。

要点小贴士：分子、分母口径的一致性原则。

（2）比率指标计算取数规律：

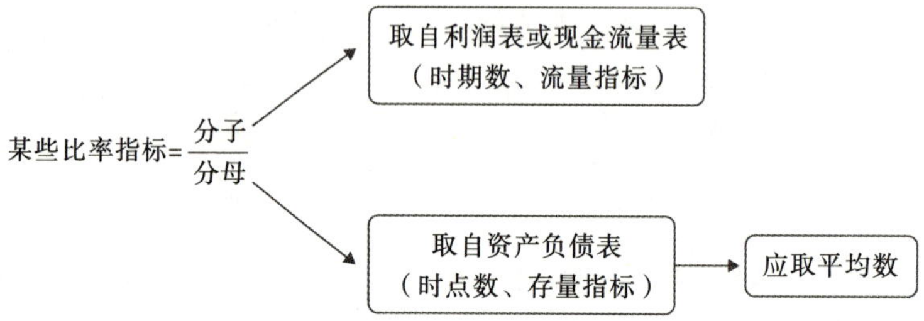

①一般来说，在比率指标计算中，分子、分母的时间特征必须一致。即同为时点指标，或者同为时期指标。若一个为时期指标，另一个为时点指标，则按理说应该把时点指标调整为时期指标，调整的方法是计算时点指标的平均值。可以按月平均，也可按年平均，即年初与年末的平均数。此外，为了简便，也可以使用期末数（教材均采取简化方法，通常情况下，考试时客观题都按平均数计算，特别是季节性经营的企业应按多个时点的平均数计算，如按月平均；主观题中会给出要求，如要求用平均数，就用平均数，要求用期末数，就用期末数，如果没有给出要求，原则上应按平均数计算，但题中条件不足以计算平均数的，使用期末数计算）。

②特殊指标取数：

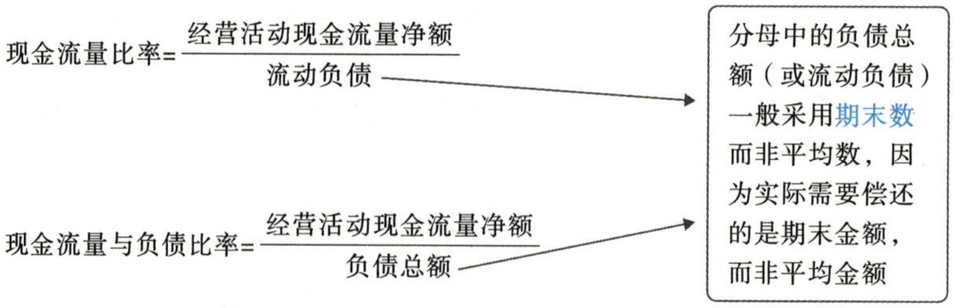

一、短期偿债能力比率★★★

考点妙记

这部分指标除营运资本和营运资本配置比率外，其他指标分母均为流动负债，分子可以从名称中得到提示。

（一）表内分析指标

- 短期偿债能力比率
  - 绝对数
    - 营运资本 = 流动资产 − 流动负债
  - 相对数
    - 流动比率 = 流动资产 / 流动负债
    - 速动比率 = 速动资产 / 流动负债
    - 现金比率 = 货币资金 / 流动负债
    - 现金流量比率 = 经营活动现金流量净额 / 流动负债

分子比率指标 =XXXX / 流动负债

经典题解

【例题 3 · 单选题】如果流动负债小于流动资产，则期末以现金偿付一笔短期借款所导致的结果是（　　）。

解题攻略

对于业务发生对指标的影响，不仅要掌握指标的计算公式。同时要注意当比率指标分子、分母同时变动时，指标变动方向要看原有比率和 1 的关系。

A. 营运资本减少　　B. 营运资本增加

C. 流动比率降低　　D. 流动比率提高

【解析】营运资本是绝对数指标，营运资本等于流动资产减流动负债，以现金偿付一笔短期借款，会使流动资产、流动负债等额减少，不会影响营运资本。流动负债小于流动资产，因此原有流动比率大于 1，则期末以现金偿付一笔短期借款，会使流动比率分子、分母都变小，但分子原有基础大，所以变化幅度小，流动比率提高。例如原有流动资产是 300 万元，流动负债是 200 万元，即流动比率是 1.5，期末以现金 100 万元偿付一笔短期借款，则流动资产变为 200 万元，流动负债变为 100 万元，因此流动比率变为 2（增大）。原营运资本 =300−200=100（万元），变化后的营运资本 =200−100=100（万元）（不变）。

【答案】D

【例题 4 · 单选题】长期债券投资提前变卖为现金，将会（　　）。

A. 对流动比率的影响大于对速动比率的影响

B. 对速动比率的影响大于对流动比率的影响

C. 影响速动比率但不影响流动比率

D. 影响流动比率但不影响速动比率

【解析】长期债券投资提前变卖为现金，将会使现金（既是流动资产，也是速动资产）增加，非流动资产减少，因此，对流动比率和速动比率均有影响，选项 C、D 不正确。

因为流动资产通常大于速动资产，现金占流动资产的比重小于现金占速动资产的比重，所以现金的变动对速动比率的影响大于现金变动对流动比率的影响。例如，流动比率 = 流动资产 / 流动负债 =2/1=2，速动比率 = 速动资产 / 流动负债 =1/1=1，长期债券投资提前变卖为现金的金额是 0.5 万元，则对流动比率的影响 =0.5/2=25%，对速动比率的影响 =0.5/1=50%，对速动比率的影响大于对流动比率的影响，选项 B 是正确的。

【答案】B

（1）一般情况下：流动比率≥速动比率≥现金比率

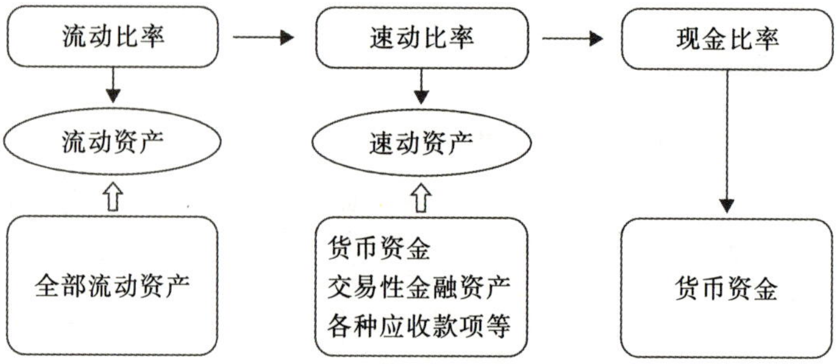

（2）凡指标中涉及的现金流量，均为经营活动现金流量净额。现金流量比率中的流动负债采用期末数而非平均数，因为实际需要偿还的是期末金额，而非平均金额。用经营活动现金流量净额代替可偿债资产存量，与流动负债进行比较以反映偿债能力，更具说服力。

（3）营运资本的确定与含义。

营运资本 = 流动资产 – 流动负债 = 长期资本 – 长期资产

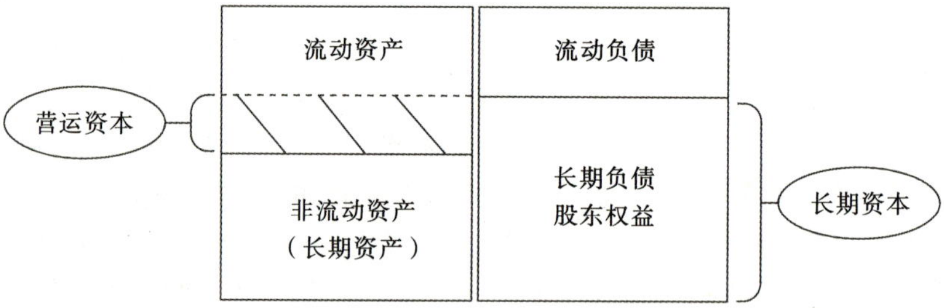

【提示】

①营运资本的数额越大，财务状况越稳定。

②营运资本是绝对数，不便于不同历史时期及不同企业之间的比较，而用营运资本配置比率、流动比率更加合理。

【举例】

	2020年（A公司）	2021年（A公司）	2021年（B公司）
流动资产	1000	1600	10000
流动负债	500	1000	9300
营运资本	500	600	700

解题攻略

在实务中很少直接使用营运资本作为衡量偿债能力的指标。营运资本的合理性主要通过短期债务的存量比率评价。

思考：A公司2021年与2020年相比短期偿债能力提高了吗？2021年B公司与A公司相比短期偿债能力强吗？

【答案】A公司2020年流动比率=1000/500=2，A公司2021年流动比率=1600/1000=1.6。

从营运资本看，A公司短期偿债能力提高了，但从流动比率看，A公司短期偿债能力是降低的。营运资本是绝对数，不便于不同历史时期的比较，用流动比率比较更合理，因此，相比于 2020 年，A 公司 2021 年短期偿债能力是降低的。

B 公司 2021 年流动比率 =10000/9300=1.08，小于 A 公司 2021 年流动比率 1.6，因此 2021 年 A 公司短期偿债能力强。

经典题解

【**真题 5·单选题**】下列关于营运资本的说法中，正确的是(　　)。(2016 年卷Ⅰ、卷Ⅱ)

A. 营运资本越多的企业，流动比率越大

B. 营运资本越多，长期资本用于流动资产的金额越大

C. 营运资本增加，说明企业短期偿债能力提高

D. 营运资本越多的企业，短期偿债能力越强

【**解析**】营运资本 = 流动资产 − 流动负债 = 长期资本 − 长期资产。营运资本为正数，说明长期资本的数额大于长期资产，营运资本数额越大，财务状况越稳定。所以选项 B 正确。营运资本是绝对数，不便于直接评价企业短期偿债能力，而用相对比率评价更加合理。

【**答案**】B

（4）流动比率与营运资本配置比率的关系。

要点小贴士

营运资本配置比率可以理解为流动资产中营运资本占的比重。

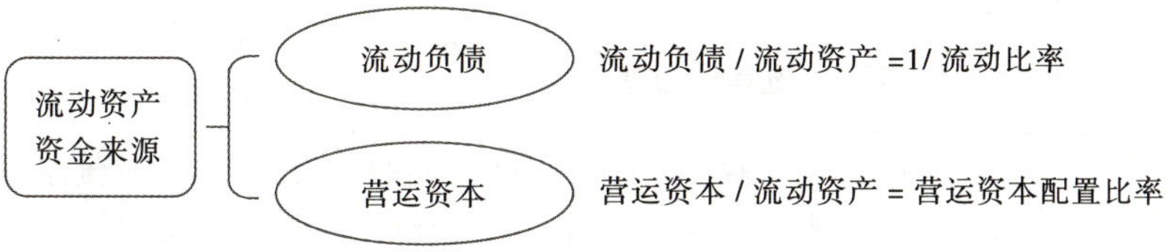

1/ 流动比率 + 营运资本配置比率 =1

营运资本配置比率与流动比率是同方向变化的。

（5）速动资产，是指可以在较短时间内变现的资产，包括货币资金、交易性金融资产和各种应收款项等。另外的流动资产，称为非速动资产。

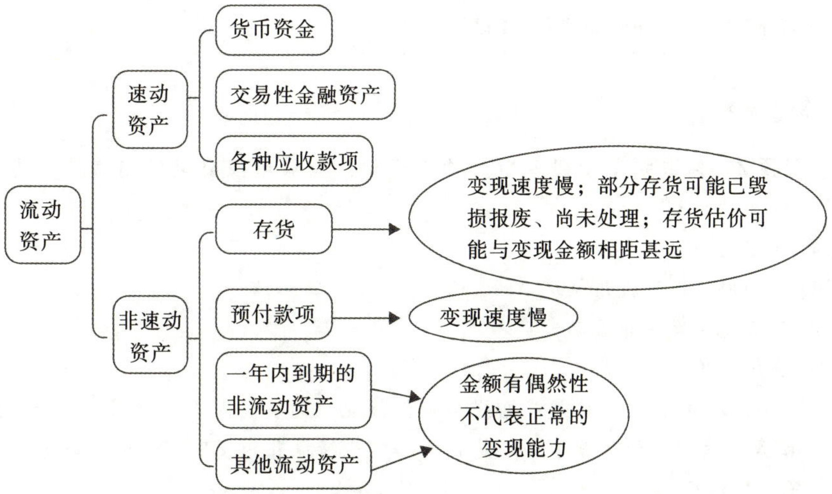

（6）不存在统一、标准的流动比率数值，不同行业的指标没有可比性。

指标	流动比率	速动比率
影响指标可信性的因素	流动资产变现能力（存货周转率、应收账款周转率）	应收款项变现能力（应收账款周转率）
合理的标准	营业周期短的行业，流动比率的合理标准可以低一些。由于近年经营环境的变化，很多成功企业的流动比率小于2	但是不同行业会有很大差别。大量现销的企业速动比率低于1也是正常的

经典题解

解题攻略

题目中给出提示“当年的税后经营净利润很多，却不能偿还到期债务”，指的是当年到期的债务，因此是短期偿债能力分析。

【例题6·多选题】某公司当年的税后经营净利润很多，却不能偿还到期债务。为查清其原因，应检查的财务比率包括（　　）。

A. 资产负债率

B. 流动比率

C. 存货周转率

D. 应收账款周转率

【解析】本题是考查短期偿债能力，因此主要的分析指标是流动比率，流动比率可信性的主要影响因素是存货周转率和应收账款周转率。

【答案】BCD

要点小贴士

按照实质重于形式的原则，虽然没有在会计报表中反映为流动资产或流动负债，但是从实质上会影响企业的短期偿债能力的表外因素。

（二）影响短期偿债能力的其他因素

增强短期偿债能力的表外因素	（1）可动用的银行授信额度：不反映在财务报表中，但会在董事会决议中披露 （2）可以很快变现的非流动资产：企业可能有一些非经营性长期资产可以随时出售变现，但不列示在“一年内到期的非流动资产”项目中，在企业发生周转困难时，将其出售并不影响企业的持续经营 （3）偿债能力的声誉：声誉好，易于筹集资金
降低短期偿债能力的表外因素	与担保有关的或有负债：如果它的金额较大并且很可能发生，就应在评价偿债能力时予以关注

经典题解

【真题7·多选题】下列各项影响因素中，能够增强公司短期偿债能力的有（　　）。（2021年卷Ⅰ）

A. 良好的公司声誉

B. 可动用的银行授信额度

C. 可快速变现的非流动资产

D. 公司股价上涨

【解析】选项A、B、C是能增强短期偿债能力的表外因素，为正确选项。股价受多种因素影响，股价上涨不一定是企业真实业绩提升的表现，选项D不正确。

【答案】ABC

【例题 8·多选题】下列业务中，不会降低企业短期偿债能力的有（ ）。

A. 企业为子公司债务提供的担保

B. 企业从某国有银行取得 3 年期 500 万元的贷款

C. 企业向战略投资者进行定向增发

D. 企业向股东发放股票股利

【解析】选项 A 与担保有关的或有负债会降低企业短期偿债能力；选项 B、C 会提高企业短期偿债能力；选项 D 不会影响企业短期偿债能力。

【答案】BCD

二、长期偿债能力比率★★★

考点妙记

长期偿债能力指标中，资产负债率和长期资本负债率符合“母子率”的记忆规律，现金流量与负债比率符合“分子比率”的记忆规律，其余指标均需单独记忆。

（一）指标计算

- 还本能力
  - $资产负债率=\frac{总负债}{总资产}\times100\%$
  - $长期资本负债率=\frac{非流动负债}{非流动负债+股东权益}\times100\%$
  - $产权比率=\frac{总负债}{股东权益}\times100\%$
  - $权益乘数=\frac{总资产}{股东权益}=1+产权比率=\frac{1}{1-资产负债率}$
  - $现金流量与负债比率=\frac{经营活动现金流量净额}{负债总额}\times100\%$
- 付息能力
  - 利息保障倍数 = 息税前利润 / 利息支出 =（净利润 + 利息费用 + 所得税费用）/ 利息支出
  - 现金流量利息保障倍数 = 经营活动现金流量净额 / 利息支出

（二）指标分析

1. 资本结构衡量指标

（1）广义资本结构：资产负债率。

（2）狭义资本结构：长期资本负债率。

要点小贴士

财务管理中所谈的资本结构是指资金来源中的负债比重：

（1）资产负债率是指总负债占总资金来源的比重；

（2）长期资本负债率是指长期负债占长期资金来源的比重；

（3）后面讲到管理用财务报表，如果衡量资本结构，净金融负债/净经营资产体现的是净金融负债占总的筹资性来源的比重；

（4）财务管理谈到的最优资本结构确定通常是针对狭义资本结构而言。

【总结】不用纠结哪个是反映资本结构最合适的指标，考试时用哪个代表负债比重会给出明确提示，同时要根据数据的可获得性判断采用的指标。

2. 注意财务杠杆的衡量指标：权益乘数和产权比率

（1）指标间的关系。

$$权益乘数=\frac{总资产}{股东权益}=\frac{1}{1-资产负债率}=1+产权比率$$

（2）变动关系。权益乘数、资产负债率和产权比率三者是同方向变动的。

经典题解

【例题 9·单选题】下列关于资产负债率、权益乘数和产权比率之间关系的表达式中，正确的是（ ）。

A. 资产负债率 + 权益乘数 = 产权比率

B. 资产负债率－权益乘数＝产权比率

C. 资产负债率×权益乘数＝产权比率

D. 资产负债率/权益乘数＝产权比率

【解析】资产负债率＝总负债/总资产，权益乘数＝总资产/股东权益，产权比率＝总负债/股东权益。所以，资产负债率×权益乘数＝(总负债/总资产)×(总资产/股东权益)＝总负债/股东权益＝产权比率。

【答案】C

3. 现金流量与负债比率

现金流量与负债比率是指经营活动现金流量净额与期末负债总额的比率。

4. 付息能力分析指标

利息保障倍数＝息税前利润/利息支出＝(净利润＋利息费用＋所得税费用)/利息支出	利息保障倍数越大，公司拥有的偿还利息的缓冲效果越好
	利息保障倍数小于1，表明自身产生的经营收益不能支持现有规模的债务
	利息保障倍数等于1也很危险，因为息税前利润受经营风险的影响，是不稳定的，而支付利息却是固定的
现金流量利息保障倍数＝经营活动现金流量净额/利息支出	与利润基础的利息保障倍数相比，其衡量利息偿付安全性更可靠

要点小贴士

现金流量利息保障倍数分母利息支出的处理与利息保障倍数分母利息支出的处理相同。

【提示】利息保障倍数分子的"利息费用"仅包括利润表中财务费用的利息费用。分母的"利息支出"是指本期的全部利息支出，不仅包括计入利润表中财务费用的利息费用，还应包括计入资产负债表固定资产等成本的资本化利息。

经典题解

【真题10·单选题】甲公司2021年净利润7500万元，所得税费用2500万元，利息支出2500万元(其中，费用化利息2000万元，资本化利息500万元)。甲公司2021年的利息保障倍数是(　　)。(2021年卷Ⅱ)

A. 3　　B. 4.8

C. 6　　D. 5

【解析】利息保障倍数＝EBIT/利息支出＝(7500+2500+2000)/2500=4.8。

【答案】B

【真题11·单选题】在"利息保障倍数＝$\frac{净利润+利息费用+所得税费用}{利息支出}$"计算式中，分子的"利息费用"是(　　)。(2018年卷Ⅰ、卷Ⅱ)

A. 计入本期现金流量表的利息支出

B. 计入本期利润表的费用化利息

C. 计入本期利润表的费用化利息和资产负债表的资本化利息

D. 计入本期资产负债表的资本化利息

【解析】分子的"利息费用"是指计入本期利润表中财务费用的利息费用；分

母的“利息支出”是指本期的全部利息支出，不仅包括计入利润表中财务费用的利息费用，还包括计入资产负债表固定资产等成本的资本化利息。

【答案】B

（三）影响长期偿债能力的其他因素（表外因素）

因素	解释
债务担保	降低企业偿债能力
未决诉讼	降低企业偿债能力

经典题解

【例题 12·多选题】下列各项中，影响企业长期偿债能力的事项有（　　）。

A. 未决诉讼　　　　B. 债务担保

C. 长期租赁　　　　D. 或有负债

【解析】选项 C 会增加企业长期负债，属于表内影响因素；债务担保、未决诉讼均会产生或有负债，所以选项 A、B、D 属于表外的影响因素，会降低企业偿债能力。

【答案】ABCD

三、营运能力比率——衡量企业利用资产（创造收入）的效率★★★

（一）计算规律

某某周转次数 = 周转额 / 某某数
- 应收账款周转次数 = 营业收入 / 应收账款
- 存货周转次数 = 营业收入（营业成本）/ 存货
- 流动资产周转次数 = 营业收入 / 流动资产
- 营运资本周转次数 = 营业收入 / 营运资本
- 非流动资产周转次数 = 营业收入 / 非流动资产
- 总资产周转次数 = 营业收入 / 总资产
- 【提示】净经营资产周转次数 = 营业收入 / 净经营资产

某某与收入比 = 某某数 / 营业收入

某某周转天数 =365/ 某某周转次数 =365 × 某某与收入比

（二）指标计算与分析时应注意的问题

1. 应收账款周转率

> 要点小贴士
>
> 此处应收账款实为“应收票据”及“应收账款”，此处将其简称为“应收账款”，相关比率亦按此称谓。

（1）营业收入的赊销比例问题：

计算时应使用赊销额而非营业收入。但是，外部分析人员无法取得赊销的数据，只好直接使用营业收入计算。

（2）应收账款年末余额的可靠性问题：

在应用应收账款周转率进行业绩评价时，可以使用年初、年末的平均数或者使用多个时点的平均数，以减少季节性、偶然性或人为因素的影响。

（3）应收账款的坏账准备问题：

如果坏账准备的金额较大，就应进行调整，使用未计提坏账准备的应收账款计算周转天数、周转次数。

> 要点小贴士
>
> 资产负债表上的资产是按净值列示的，报表上的应收账款金额是扣除坏账准备后的金额，应加上扣除的坏账准备计算应收账款周转率。

（4）应收账款周转天数不是越短越好：应收账款是赊销引起的，如果赊销有可能比现金销售更有利，周转天数就不是越短越好。

（5）应收账款分析应与赊销分析、现金分析联系起来：应收账款日益增加，而现金日益减少，则可能是赊销出了比较严重的问题。

经典题解

【例题 13·单选题】甲公司的生产经营存在季节性，每年的 6 月 ~10 月是生产经营旺季，11 月 ~ 次年 5 月是生产经营淡季。如果使用应收账款年初余额和年末余额的平均数计算应收账款周转次数，计算结果会（　　）。

A. 高估应收账款周转速度

B. 低估应收账款周转速度

C. 正确反映应收账款周转速度

D. 无法判断对应收账款周转速度的影响

【解析】应收账款的年初余额是在 1 月月初，应收账款的年末余额是在 12 月月末，这两个时点都是该企业的生产经营淡季，应收账款的数额较少，因此计算出来的应收账款周转速度会比较高。

【答案】A

【例题 14·单选题】某公司 2021 年度营业收入净额为 6000 万元，其中赊销额占 70%，年初应收账款净额为 300 万元，坏账准备 40 万元，年末应收账款净额为 500 万元，坏账准备 60 万元，一年按 360 天计算，则该公司应收账款周转天数为（　　）天。

A. 27　　B. 34.21　　C. 38.59　　D. 24

【解析】报表上列示的应收账款金额是扣除坏账准备后的净额，只要题中提到了存在坏账准备，在计算应收账款周转率时，就应当用应收账款净额加上扣除的坏账准备。因此应收账款周转次数 =（6000×70%）/［（300+40+500+60）/2］=9.33（次），应收账款周转天数 =360/9.33=38.59（天）。

【答案】C

2. 存货周转率

（1）计算存货周转率时，使用“营业收入”还是“营业成本”作为周转额，要看分析的目的。在短期偿债能力分析中，评估资产的变现能力以及分解总资产周转率时，应统一使用“营业收入”计算周转率。如果是为了评估存货管理的业绩，应当使用“营业成本”计算存货周转率。

> **要点小贴士**
>
> 计算某资产周转率指标时，只有特指为了衡量存货管理业绩而计算存货周转率时，周转额用营业成本，其他时候的周转额均使用营业收入。

（2）存货周转天数不是越少越好：存货必须满足流转需要。

（3）应注意应付账款、存货和应收账款（营业收入）之间的关系。企业接受大的订单时，通常要先增加存货，然后推动应付账款增加，最后才引起应收账款（营业收入）增加。

（4）应关注构成存货的原材料、在产品、半成品、产成品和低值易耗品之间的比例关系：如果产成品大量增加，其他项目减少，很可能是销售不畅，生产放慢。如果前端存货（原材料）占比增加，说明存在大额订单主动采购，预示着未来的销售增长；如果后端（产成品）占比增加，说明销路不畅，产品积压。

经典题解

【真题15·单选题】 甲公司是一家电器销售企业，每年6~10月是销售旺季，管理层拟用存货周转率评价全年存货管理业绩，适合使用的公式是（　　）。（2015年卷Ⅰ、卷Ⅱ）

A. 存货周转率＝营业收入/（Σ各月末存货/12）

B. 存货周转率＝营业收入/[（年初存货＋年末存货）/2]

C. 存货周转率＝营业成本/[（年初存货＋年末存货）/2]

D. 存货周转率＝营业成本/（Σ各月末存货/12）

【解析】 为了评价存货管理的业绩，应当使用"营业成本"计算存货周转率。而存货的年初余额在1月月初，年末余额在12月月末，都不属于旺季，存货的数额较少，采用存货余额年初、年末平均数计算出来的存货周转率较高，因此按月进行平均比较准确，选项D正确。

【答案】 D

3. 总资产周转率的驱动因素

关系公式	总资产周转天数＝Σ各项资产周转天数
	总资产与收入比＝Σ各项资产与营业收入比

要点小贴士

总资产周转率的驱动因素分析，通常可以使用"资产周转天数"或"资产与收入比"指标，不使用"资产周转次数"。

经典题解

【例题16·单选题】 某企业2021年的总资产周转次数为2次，非流动资产周转次数为3次，若一年按360天计算，则流动资产周转天数为（　　）天。

A. 360　　B. 180　　C. 120　　D. 60

【解析】 总资产周转天数＝360/2＝180（天），非流动资产周转天数＝360/3＝120（天），流动资产周转天数＝180－120＝60（天）。

【答案】 D

四、盈利能力比率★★

考点妙记

盈利能力的衡量指标均符合"母子率"的记忆规律，即前面的字提示的是分母，后面的字提示的是分子。

指标及计算公式	驱动因素分析
营业净利率＝净利润/营业收入×100%	营业净利率的变动，是由利润表各个项目变动引起的。驱动因素分析包括金额变动分析和结构变动分析
总资产净利率＝净利润/总资产×100%	有关总资产净利率指标的分析，详见杜邦分析体系
权益净利率＝净利润/股东权益×100%	有关权益净利率指标的分析，详见杜邦分析体系

五、市价比率★★★

1. 指标计算

上市公司有两个特殊的财务数据，一是股数，二是市价。它们是非上市公司所没有的。股数、市价与净收益、净资产、营业收入进行比较，可以提供有特殊意义的信息。

财务数据	股数	股价
净收益	每股收益 = 普通股股东净利润 / 流通在外普通股加权平均股数	市盈率 = 每股市价 / 每股收益
净资产	每股净资产（每股账面价值）= 普通股股东权益 / 流通在外普通股股数	市净率（市账率）= 每股市价 / 每股净资产
营业收入	每股营业收入 = 营业收入 / 流通在外普通股加权平均股数	市销率 = 每股市价 / 每股营业收入

要点小贴士

注意分子分母的口径一致：

（1）每股收益和每股营业收入的分子均是时期数，为了配比，分母要取加权平均数；

（2）每股净资产的分子是普通股东权益，是账面价值，是时点数，分母按期末股数来计算。

【易错易混点】普通股加权平均股数的确定：

①引起所有者权益总额变动的股数变动（增发股票、回购股票等）需要按照实际增加或减少的月份计算加权平均；

②不引起所有者权益总额变动的股数变动（如发放股票股利、股票分割等）不需要按照实际增加的月份加权计算。

经典题解

【例题17·单选题】某上市公司2021年度归属于普通股股东的净利润为25000万元，2020年年末的股数为10000万股，2021年3月1日，经公司2020年度股东大会决议，以截至2020年年末公司总股数为基础，向全体股东每10股送红股1股，2021年5月1日新发行普通股6000万股，2021年12月1日，回购普通股1000万股，则该公司2021年的每股收益为（　　）元。

A. 1.56　　B. 1.68

C. 1.70　　D. 1.72

【解析】每股收益 =25000/（10000+10000×10%+6000×8/12-1000×1/12）= 1.68（元）。

【答案】B

【易错易混点】每股是在“普通股股东”的角度来定义的：

①分母上：流通在外股份数，取普通股的股份数，不应包含优先股的股份数。

②分子上：

指标	优先股问题的处理
每股收益	净利润中要减去当年宣告或累积的优先股股息，但不要减普通股股利
每股净资产	净资产要减去优先股权益（包括优先股清算价值和拖欠股息）

经典题解

【真题 18 · 单选题】甲公司 2016 年初流通在外普通股 8000 万股，优先股 500 万股；2016 年 6 月 30 日增发普通股 4000 万股。2016 年末股东权益合计 35000 万元，优先股每股清算价值 10 元，无拖欠的累积优先股股息。2016 年末甲公司普通股每股市价 12 元，市净率是（　　）。（2017 年卷Ⅱ）

A. 2.8　　　　B. 4.8

C. 4　　　　D. 5

【解析】普通股股东权益 =35000−500×10=30000（万元），普通股每股净资产 =30000/（8000+4000）=2.5（元），市净率 =12/2.5=4.8。

【答案】B

【例题 19 · 单选题】甲公司上年净利润为 250 万元，流通在外普通股的加权平均股数为 100 万股，优先股为 50 万股，优先股股息为每股 1 元。如果上年年末普通股的每股市价为 30 元，甲公司的市盈率为（　　）倍。

A. 12　　　　B. 15

C. 18　　　　D. 22.5

【解析】每股收益 =（净利润 − 优先股股息）/ 流通在外普通股的加权平均股数 =（250−50×1）/100=2（元），市盈率 = 每股市价 / 每股收益 =30/2=15（倍）。

【答案】B

2. 指标分析应注意的问题

（1）市盈率反映了投资者对公司未来前景的预期，市净率说明市场对公司净资产质量的评价。

相关链接

市价比率指标将在第 8 章企业价值评估的相对价值评估模型中进一步应用。

（2）补充比率。

指标	关系
股利支付率 = 股利 / 净利润	股利支付率 + 利润留存率 =1
利润留存率 = 利润留存 / 净利润	

六、杜邦分析体系★★★

（一）杜邦分析体系的核心比率

核心比率	权益净利率是分析体系的核心比率
核心公式	总资产净利率 权益净利率 = 营业净利率 × 总资产周转次数 × 权益乘数 ↓ 营业净利率：盈利能力 ↓ 总资产周转次数：营运能力 ↓ 权益乘数：偿债能力

相关链接

本章第 4 节的可持续增长率的计算与应用，要利用杜邦分析体系的核心公式。

（二）杜邦分析体系的基本框架

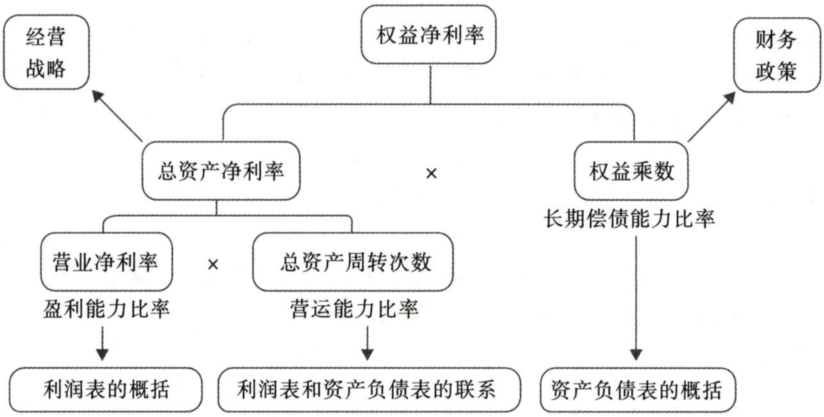

要点小贴士

可采用的经营战略模式和财务政策模式均为“反向搭配”。

反映的内容	利用的指标	可采用的模式	解释
经营战略	营业净利率、总资产周转次数	（1）“高盈利、低周转” （2）“低盈利、高周转”	企业应根据外部环境和自身资源作出模式的选择。评价业绩不能只看营业净利率单一指标，应结合总资产周转率综合分析。关键要看二者相互作用得到的总资产净利率指标
财务政策	权益乘数（财务杠杆）	（1）低经营风险、高财务杠杆 （2）高经营风险、低财务杠杆	在总资产净利率不变的前提下，高财务杠杆可以带来高权益净利率，但同时也会带来高财务风险。企业必须使其经营战略和财务政策相匹配

【提示】分析权益净利率（F）的方法可以和因素分析法结合。

各影响因素（营业净利率A、总资产周转率B和权益乘数C）变动对权益净利率（F）的影响程度，可使用连环替代法测定。

基数：$F_0=A_0\times B_0\times C_0$　（1）

替代A因素：$A_1\times B_0\times C_0$（2）

替代B因素：$A_1\times B_1\times C_0$（3）

替代C因素：$A_1\times B_1\times C_1$（4）

（2）-（1）：由于营业净利率（A）变动对权益净利率（F）的影响；

（3）-（2）：由于总资产周转率（B）变动对权益净利率（F）的影响；

（4）-（3）：由于权益乘数（C）变动对权益净利率（F）的影响。

（三）杜邦分析体系的局限性

1. 计算总资产净利率的“总资产”与“净利润”不匹配

总资产为全部资产提供者享有，而净利润是专门属于股东的。

2. 没有区分经营和金融

在利润上	没有区分金融活动损益与经营活动损益	对于大多数公司来说，金融活动是净筹资。筹资活动不产生净利润，而是支出净费用
在资产上	没有区分金融资产与经营资产	从财务管理角度看，金融资产是尚未投入实际经营活动的资产
在负债上	没有区分金融负债与经营负债	负债的成本（利息支出）仅仅是金融负债的成本，经营负债是无息负债。经营负债没有固定成本，没有杠杆作用，金融负债与股东权益相除，可以得到更符合实际的财务杠杆

七、管理用财务报表体系★★★

（一）总体思路

1. 财务管理对企业活动的分类

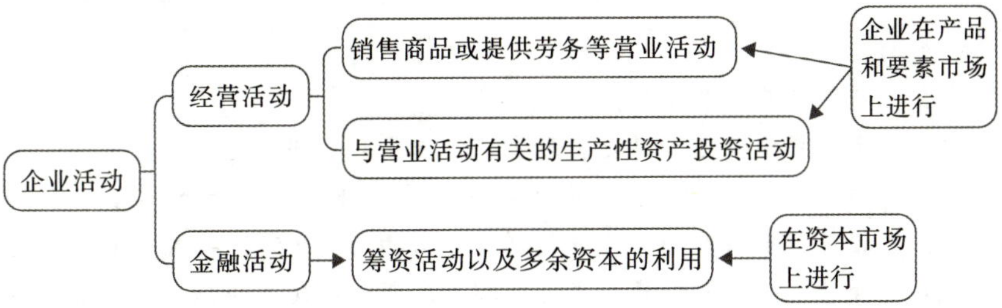

要点小贴士

可以理解为把会计现金流量表中的投资活动分为两部分，一部分生产性资产投资活动归入经营活动中，另一部分闲置资金利用归入金融活动之中。

2. 基本框架

总体思路	区分经营活动和金融活动
资产负债表	区分经营资产和金融资产、经营负债和金融负债
利润表	区分经营损益和金融损益
现金流量表	区分经营现金流量和金融现金流量

（二）管理用资产负债表

1. 编制原理：区分经营资产和金融资产、经营负债和金融负债，所有者权益不变

（1）资产、负债的区分。

资产的区分	①经营资产，是指销售商品或提供劳务所涉及的资产 ②金融资产，是利用经营活动多余资金进行投资所涉及的资产
负债的区分	①经营负债，是指销售商品或提供劳务所涉及的负债 ②金融负债，是指筹资活动所涉及的负债

（2）基本编制思路。

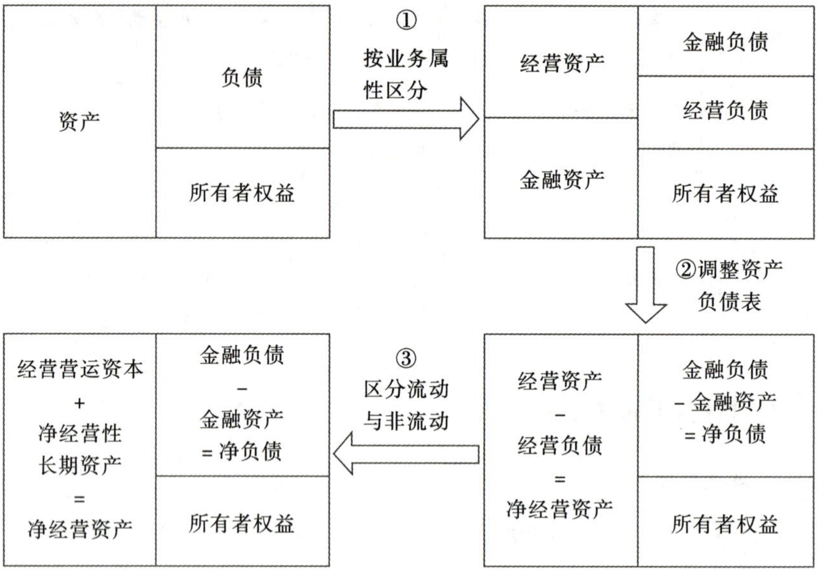

考点妙记

名称上带“投资”的项目只有长期股权投资为经营资产，其他均为金融资产；与利息相关的均为金融资产或负债；名称上就带“金融”二字的属于金融资产或负债。

【易错易混点】

（1）区分经营资产、金融资产：

①货币资金。货币资金本身是金融资产，但是有一部分货币资金是经营活动所必需的。以往考试有三种做法：第一种做法是将全部“货币资金”列为经营资产；第二种做法是根据行业或公司历史平均的经营货币资金/营业收入百分比以及本期销售额，推算经营活动需要的货币资金数额，多余部分列为金融资产；第三种做法是将其全部列为金融资产。

注：在编制管理用资产负债表时，考试会明确指明采用哪一种处理方法。

②短期权益性投资属于金融资产；长期权益性投资（长期股权投资）属于经营资产；债权投资、其他债权投资、其他权益工具投资、投资性房地产属于金融资产。

③其他应收款中的应收利息属于金融资产。

④其他应收款中的应收股利：长期权益性投资的应收股利属于经营资产；短期权益性投资（已经划分为金融项目）形成的应收股利，属于金融资产。

⑤其他应收款中扣除应收利息、应收股利的部分属于经营资产。

（2）区分经营负债和金融负债：

金融负债是筹资活动所涉及的负债，包括短期借款、一年内到期的非流动负债、长期借款、应付债券等。除金融负债以外的其他所有负债，均属于经营负债。

不容易识别的项目：

①优先股：从普通股股东角度看，优先股应属于金融负债。

②其他应付款中的应付利息和应付股利（包括优先股的应付股利和普通股的应付股利），均为筹资活动的应计费用，因此属于金融负债；其他应付款扣除应付利息、应付股利的部分属于经营负债。

③租赁引起的租赁负债属于金融负债。

经典题解

【真题 20 · 多选题】甲公司是制造业企业，采用管理用财务报表进行分析，下列各项中，属于甲公司金融负债的有（　　）。（2016 年卷Ⅰ、卷Ⅱ改编）

A. 优先股

B. 租赁引起的租赁负债

C. 应付股利

D. 无息应付票据

【解析】无息应付票据属于经营负债。选项 A、B、C 属于筹资活动引起的负债。

【答案】ABC

【例题 21 · 多选题】甲公司是一家非金融企业，在编制管理用资产负债表时，下列资产中属于金融资产的有（　　）。

A. 短期债券投资

B. 长期债券投资

C. 短期股票投资

D. 长期股权投资

【解析】债券投资、短期股票投资属于金融资产；长期股权投资属于经营资产。

【答案】ABC

2. 基本等式

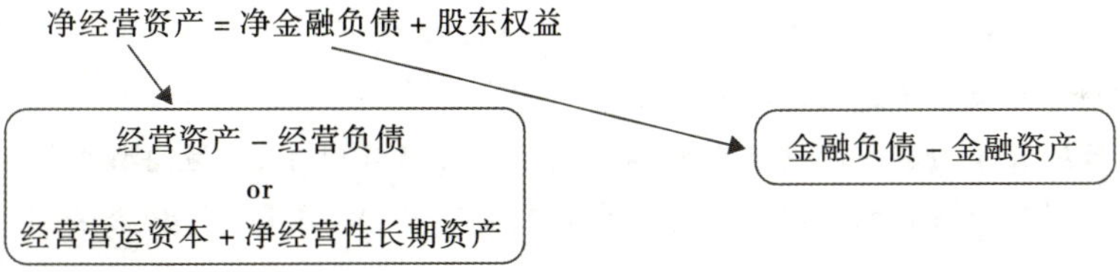

【提示】金融资产是超过实际生产经营需要的投资，可以抵消金融负债，被看成“负的金融负债”。

（三）管理用利润表

1. 金融损益

金融损益是指金融负债利息与金融资产收益的差额，即扣除利息收入、金融资产公允价值变动收益等以后的利息费用。经营损益是指除金融损益以外的当期损益。

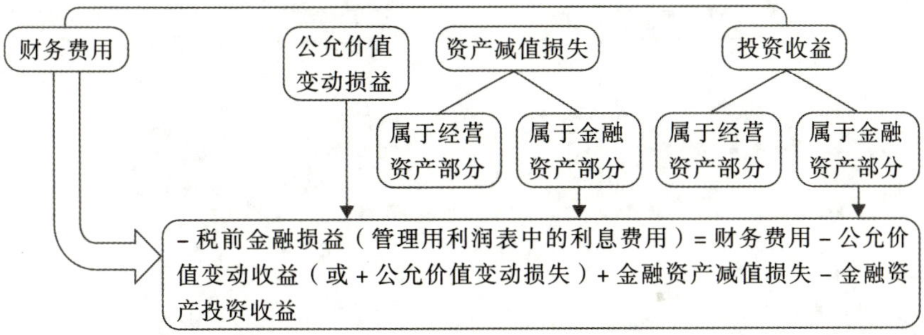

【提示】教材的例子仅为展示管理用财务报表体系，并不代表财务报表各项目的性质划分必然如此。编制管理用财务报表时，还需具体情况具体分析。

2. 管理用利润表基本公式

> **要点小贴士**
>
> 管理用利润表：税后经营净利润－税后利息费用＝净利润
>
> 传统利润表：利润总额－所得税费用＝净利润
>
> 无论在管理用报表还是传统报表下，净利润的金额都是一样的。

净利润＝经营损益＋金融损益

＝税后经营净利润－税后利息费用

＝税前经营利润×（1－所得税税率）－利息费用×（1－所得税税率）

3. 税后经营净利润确定的两种方法

（1）直接法。

税后经营净利润＝税前经营利润×（1－所得税税率）

（2）间接法。

税后经营净利润

＝净利润＋税后利息费用

＝净利润＋利息费用×（1－所得税税率）

①适用税率法：根据各自适用税率确定

②简化做法（平均税率法）：所得税税率＝所得税费用/利润总额

【提示】

①所得税税率为平均所得税税率时：

税后经营净利润＝税前经营利润×（1－平均所得税税率）

税后利息费用＝利息费用×（1－平均所得税税率）

②所得税税率为适用所得税税率时：

税后经营净利润＝税前经营利润－∑（经营损益项目$_i$×适用所得税税率$_i$）

税后利息费用＝利息费用－∑（金融损益项目$_i$×适用所得税税率$_i$）

（四）管理用财务分析体系

1. 改进的财务分析体系的核心公式

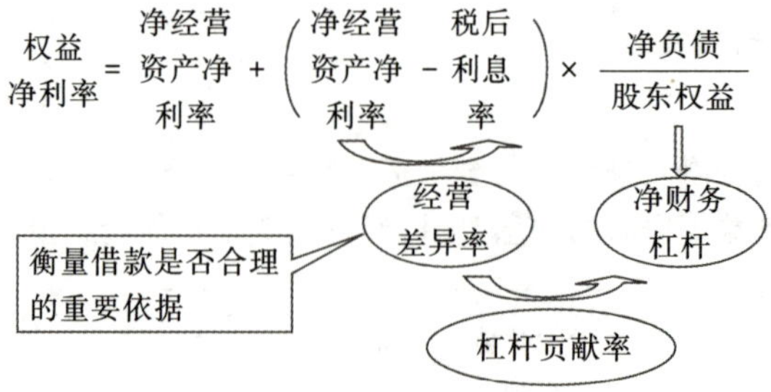

2. 分析框架

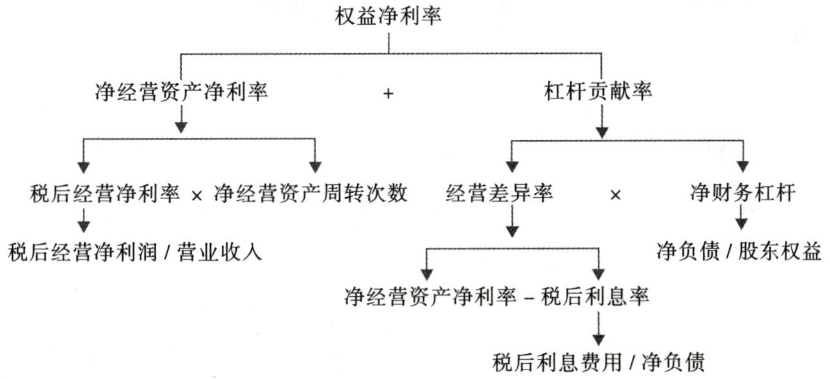

【易错易混点】指标计算规律（口径一致）。

主体	管理用资产负债表（1）	管理用利润表（2）	投资报酬率 =（2）/（1）
实体	净经营资产	税后经营净利润	净经营资产净利率
债务	净负债	税后利息费用	税后利息率
股权	所有者权益	净利润	权益净利率

要点小贴士

（1）净经营资产净利率 = 税后经营净利润 / 净经营资产 ≠ 净利润 / 净经营资产。

（2）对于"净利润 / 净经营资产"，教材没有给出具体的指标名称，该指标用于后面"内含增长率"的计算。

3. 权益净利率的驱动因素分解

分析权益净利率（F）的方法可以和因素分析法结合。

各影响因素（净经营资产净利率 A、税后利息率 B 和净财务杠杆 C）变动对权益净利率（F）的影响程度，可使用连环替代法测定。

基数：$F_0=A_0+(A_0-B_0)\times C_0$　（1）

替代 A 因素：$A_1+(A_1-B_0)\times C_0$（2）

替代 B 因素：$A_1+(A_1-B_1)\times C_0$（3）

替代 C 因素：$A_1+(A_1-B_1)\times C_1$（4）

（2）−（1）：由于净经营资产净利率（A）变动对权益净利率（F）的影响；

（3）−（2）：由于税后利息率（B）变动对权益净利率（F）的影响；

（4）−（3）：由于净财务杠杆（C）变动对权益净利率（F）的影响。

经典题解

【例题 22 · 多选题】假设其他因素不变，下列变动中有助于提高杠杆贡献率的有（　　）。

A. 提高净经营资产净利率

B. 降低负债的税后利息率

C. 减少净负债的金额

D. 减少经营资产周转次数

【解析】杠杆贡献率 =（净经营资产净利率 − 税后利息率）× 净财务杠杆 =（税后经营净利率 × 净经营资产周转次数 − 税后利息率）× 净负债 / 股东权益，可见选项 A、B 是正确的。净负债减少，净财务杠杆下降，杠杆贡献率降低，选项 C 错误。

经营资产周转次数减少，经营资产周转天数增加，则净经营资产周转天数增加，净经营资产周转次数减少，杠杆贡献率降低，选项D错误。

【答案】AB

（五）管理用现金流量表

1. 区分经营现金流量与金融现金流量

经营现金流量（实体现金流量）	销售商品或提供劳务等营业活动以及与此有关的生产性资产投资活动产生的现金流量			
融资现金流量（金融现金流量）	因筹资活动和金融市场投资活动而产生的现金流量			
	分类	含义	投资人的流出量	投资人的流入量
	债务现金流量	企业与债权人之间的交易形成的现金流	借入债务、出售金融资产	支付利息、偿还债务以及购入金融资产
	股权现金流量	企业与股东之间的交易形成的现金流	股份发行	股利分配、股票回购等

经典题解

【例题23·多选题】按照管理用财务分析体系，企业的下列经济活动中，影响经营活动现金流量的有（　　）。

A. 经营活动

B. 生产性资产投资活动

C. 分配活动

D. 筹资活动

【解析】经营活动现金流量是指企业因销售商品或提供劳务等营业活动以及与此有关的生产性资产投资活动产生的现金流量。

【答案】AB

2. 现金流量的确定

剩余流量法（从实体现金流量的来源分析）	企业实体现金流量 = 税后经营净利润 + 折旧与摊销 − 经营营运资本增加 − 资本支出 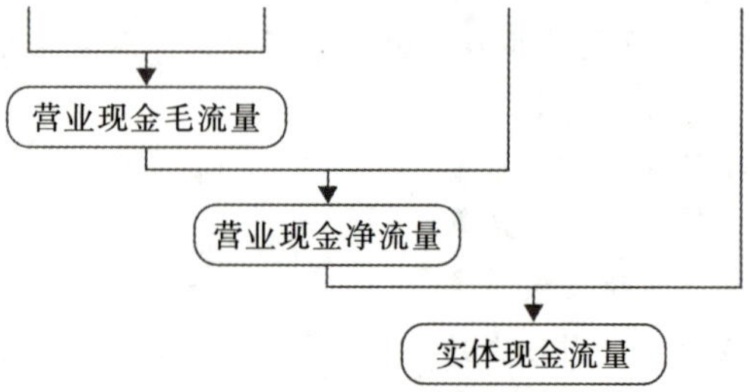 【提示】资本支出 = 净经营长期资产增加 + 折旧与摊销

融资现金流量法（从实体现金流量的去向分析）	实体现金流量 = 股权现金流量 + 债务现金流量 股权现金流量 = 股利分配 − 股权资本净增加 债务现金流量 = 税后利息费用 − 净负债增加
净投资扣除法	实体现金流量 = 税后经营净利润 − 实体净投资 = 税后经营净利润 − 净经营资产增加

【提示 1】经营现金流量 = 实体现金流量 = 融资现金流量 = 金融现金流量。

【提示 2】实体现金流量公式的理解如下图所示：

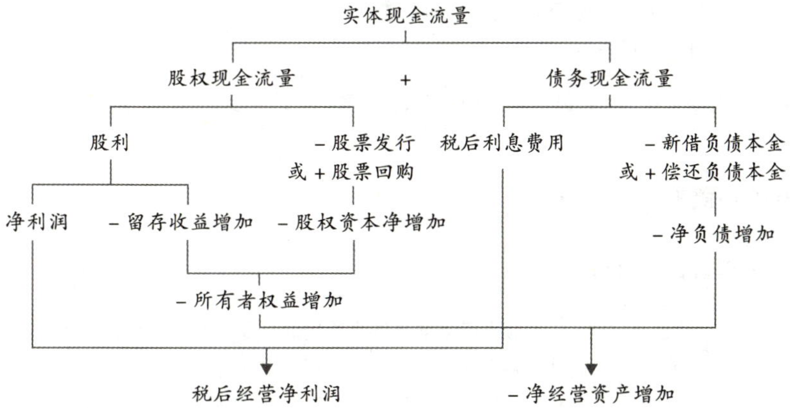

相关链接

现金流量的计算公式与教材第 8 章公式一致。

经典题解

【例题 24 · 多选题】甲公司 2021 年的税后经营净利润为 250 万元，折旧与摊销为 55 万元，经营营运资本增加 80 万元，分配股利 50 万元，税后利息费用为 65 万元，净负债增加 50 万元，公司当年未发行（或回购）权益证券。下列说法中，正确的有（　　）。

A. 公司 2021 年的营业现金毛流量为 225 万元

B. 公司 2021 年的债务现金流量为 50 万元

C. 公司 2021 年的实体现金流量为 65 万元

D. 公司 2021 年的资本支出为 160 万元

【解析】营业现金毛流量 = 税后经营净利润 + 折旧与摊销 =250+55=305(万元)，因此选项 A 不正确；

债务现金流量 = 税后利息费用 − 净负债增加 =65−50=15（万元），因此选项 B 不正确；

因为当年未发行（或回购）权益证券，所以股权现金流量 = 股利分配 =50 万元，实体现金流量 = 股权现金流量 + 债务现金流量 =50+15=65(万元)，因此选项 C 正确；

因为实体现金流量 = 营业现金毛流量 − 经营营运资本增加 − 资本支出，所以资本支出 = 营业现金毛流量 − 经营营运资本增加 − 实体现金流量 =305−80−65=160(万元)，因此选项 D 正确。

【答案】CD

第三节　财务预测的步骤和方法

使用“会计云课堂”App或“微信”扫码查看本节视频，快速GET知识点。

一、财务预测的意义★

含义	融资需求的预测通常称为狭义的财务预测；广义的财务预测还要包括编制全部的预计财务报表
意义	是融资计划的前提；有助于改善投资决策；有助于应变

二、财务预测的方法★★★

（一）销售百分比法

假设前提	假设某些资产、负债与营业收入存在稳定的百分比关系，根据预计营业收入和相应的百分比预计相关资产、负债，进而确定筹资需求量 【提示】以管理用报表为基础进行预测时，通常各项经营资产和经营负债与营业收入保持稳定的百分比关系
筹资顺序	如何筹集资金取决于企业的筹资政策。通常，筹资的优先顺序如下： （1）动用现存的金融资产 （2）增加留存收益 （3）增加金融负债 （4）增发股票
基本思路	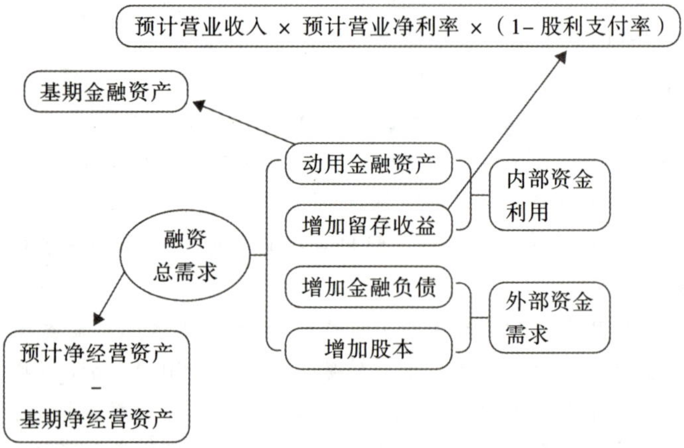

名师点拨

考试经常提示为净经营资产周转率不变。

<table>
<tr><td rowspan="3">融资总需求</td><td>总额法</td><td>融资总需求 = 净经营资产增加
= 预计净经营资产合计 − 基期净经营资产合计
=（预计经营资产 − 预计经营负债）−（基期经营资产 − 基期经营负债）</td></tr>
<tr><td>增加额法</td><td>融资总需求 = 净经营资产增加
= 增加的营业收入 × 净经营资产销售百分比</td></tr>
<tr><td>同比增长法</td><td>融资总需求 = 净经营资产增加
= 基期净经营资产 × 营业收入增长率</td></tr>
<tr><td rowspan="2">需要外部融资</td><td>分步法</td><td>预计需要外部融资 = 融资总需求 − 可动用金融资产 − 留存收益增加</td></tr>
<tr><td>公式法</td><td>预计需要外部融资 = 增加的经营资产 − 增加的经营负债 − 可动用金融资产 − 留存收益增加
= 增加的营业收入 × 经营资产销售百分比 − 增加的营业收入 × 经营负债销售百分比 − 可动用金融资产 − 预计营业收入 × 预计营业净利率 ×（1− 预计股利支付率）</td></tr>
</table>

要点小贴士

计算"留存收益增加"时，一定是用预计总营业收入 × 预计营业净利率 ×（1− 预计股利支付率），而不能用增加的营业收入去乘，因为是预计实现的总净利润中有多少留下来。

经典题解

【例题 25 · 单选题】 销售百分比法是预测企业未来融资需求的一种方法。下列关于应用销售百分比法的说法中，错误的是（　　）。

A. 根据预计存货 / 销售百分比和预计营业收入，可以预测存货的资金需求

B. 根据预计应付账款 / 销售百分比和预计营业收入，可以预测应付账款的资金需求

C. 根据预计金融资产 / 销售百分比和预计营业收入，可以预测可动用的金融资产

D. 根据预计营业净利率和预计营业收入，可以预测净利润

【解析】 销售百分比法假设经营资产、经营负债与营业收入存在稳定的百分比关系。金融资产与营业收入之间没有必然的联系，是用来配合融资需求安排的。

【答案】 C

【例题 26 · 计算分析题】 甲公司是一家制造业企业，为做好财务计划，甲公司管理层拟采用财务报表进行分析，相关资料如下：

甲公司 2021 年的主要财务报表数据（单位：万元）

管理用财务报表	2021 年
经营性资产总计	11800
经营性负债总计	3000
净经营资产总计	8800
金融负债	3000
金融资产	200

管理用财务报表	2021 年
净负债	2800
股东权益	6000
净负债及股东权益总计	8800
营业收入	20000
税前经营利润	3360
减：经营利润所得税	840
税后经营净利润	2520
利息费用	160
减：利息费用抵税	40
税后利息费用	120
净利润	2400

甲公司使用固定股利支付率政策，股利支付率 60%，经营性资产、经营性负债与营业收入保持稳定的百分比关系。

假设甲公司 2022 年销售增长率为 25%，营业净利率不变，2021 年年末金融资产都可动用。

要求：

解题攻略

（1）融资总需求是资金占用的规模的变化额，即净经营资产的增加；

（2）计算外部融资需求要扣除内部来源（可动用金融资产和利润留存）。

（1）用销售百分比法预测 2022 年的融资总需求；

（2）用销售百分比法预测 2022 年的外部融资额。

【答案】

（1）融资总需求 =8800×25%=2200（万元）

（2）外部融资额 =2200−200−20000×（1+25%）×2400/20000×（1−60%）=800（万元）。

（二）财务预测的其他方法

1. 回归分析法

2. 运用信息技术预测

（1）最简单的是使用“电子表格软件”：

在使用电子表格软件进行财务预测时，计算过程与手工操作几乎没有差别，不同的是，前者所构建的财务模型是动态的。一方面，可以通过改变输入变量，反映不同假设条件或策略对公司未来业绩的影响；另一方面，可以针对希望达到的结果，进行反向求解。

（2）利用决策支持智能化工具：

联机分析、数据挖掘、机器学习等人工智能的出现，将成为未来财务预测的主要工具。

经典题解

【例题 27 · 多选题】除了销售百分比法以外，财务预测的方法还有（　　）。

A. 回归分析技术　　B. 使用电子表格软件

C. 利用决策支持智能化工具　　D. 可持续增长率模型

【解析】考查的知识点是财务预测的其他方法。

【答案】ABC

第四节　增长率与资本需求的测算

使用“会计云课堂”App 或“微信”扫码查看本节视频，快速 GET 知识点。

一、外部资本需求的测算★

（一）外部融资销售增长比

1. 含义

可动用金融资产为 0 时，每增加 1 元营业收入需要追加的外部融资额。

2. 计算公式

外部融资销售增长比 = 经营资产销售百分比 − 经营负债销售百分比 − [（1+ 增长率）/ 增长率] × 预计营业净利率 ×（1− 预计股利支付率）

考点妙记

该公式不需要死记，利用销售百分比法的增加额公式，令可动用金融资产为 0，两边同时除以营业收入增加额可以得到。

【提示】

（1）外部融资销售增长比公式中的增长率是指营业收入增长率。

（2）存在通货膨胀：含有通货膨胀的营业收入增长率 =（1+ 通货膨胀率）×（1+ 销量增长率）−1。

【公式推导】若存在通货膨胀：

基期营业收入 = 单价 × 销量 $=P_0\times Q_0$

预计营业收入 $=P_0\times$（1+ 通货膨胀率）$\times Q_0\times$（1+ 销量增长率）

$$销售增长率=\frac{预计营业收入-基期营业收入}{基期营业收入}=[(P_0\times(1+通货膨胀率)\times Q_0\times(1+销量增长率)-P_0\times Q_0]/(P_0\times Q_0)=(1+通货膨胀率)\times(1+销量增长率)-1$$

（二）外部融资销售增长比的运用

外部融资额 = 外部融资销售增长比 × 销售增长额

经典题解

【例题 28 · 单选题】某企业上年销售收入为 1000 万元，若预计下一年通货膨胀率为 5%，公司销量增长 10%，所确定的外部融资占销售增长的百分比为 25%，则相应外部融资额为（　　）万元。

A. 38.75　　B. 37.5　　C. 25　　D. 25.75

【解析】预计的销售收入增长率 =（1+5%）×（1+10%）-1=15.5%

外部融资额 =1000×15.5%×25%=38.75（万元）。

【答案】A

二、内含增长率的测算★★★

含义	只靠内部积累（即增加留存收益）实现的销售增长，其销售增长率被称为“内含增长率”
计算	方法1：根据外部融资销售增长比的公式，设外部融资额为零，求销售增长率即可 0= 经营资产销售百分比 - 经营负债销售百分比 -［（1+ 增长率）/ 增长率］× 预计营业净利率 ×（1- 预计股利支付率） 方法2：教材公式法 $内含增长率=\dfrac{\dfrac{预计净利润}{预计净经营资产}\times 预计利润留存率}{1-\dfrac{预计净利润}{预计净经营资产}\times 预计利润留存率}$ 方法3：扩展公式法 $内含增长率=\dfrac{营业净利率\times 净经营资产周转率\times 利润留存率}{1-营业净利率\times 净经营资产周转率\times 利润留存率}$
结论	预计销售增长率 = 内含增长率，外部融资额 =0 预计销售增长率 > 内含增长率，外部融资额 > 0（追加外部融资） 预计销售增长率 < 内含增长率，外部融资额 < 0（资金剩余）
影响因素	营业净利率、净经营资产周转率和利润留存率，而且与内含增长率同向变动

要点小贴士

没有可动用金融资产，外部融资为0时的销售增长率。

要点小贴士

公式中使用的指标理论上应为预测期数据，若题中给出指标不变或沿用基期，则可以使用基期指标。

经典题解

【真题29·单选题】甲公司2015年经营资产销售百分比70%，经营负债销售百分比15%，营业净利率8%，假设公司2016年上述比率保持不变，没有可动用的金融资产，不打算进行股票回购，并采用内含增长方式支持销售增长，为实现10%的销售增长目标，预计2016年股利支付率为（　　）。（2016年卷Ⅰ）

A. 37.5%　　B. 62.5%　　C. 42.5%　　D. 57.5%

【解析】净经营资产周转率 =1/（70%-15%）=1/55%

10%=8%×（1/55%）× 利润留存率 /［1-8%×（1/55%）× 利润留存率］

利润留存率 =62.5%

因此：股利支付率 =1-62.5%=37.5%

或：0= 经营资产销售百分比 - 经营负债销售百分比 -［（1+ 增长率）/ 增长率］× 预计营业净利率 ×（1- 预计股利支付率）

0=70%-15%-［（1+10%）/10%］×8%×（1- 预计股利支付率）

则，股利支付率 =37.5%。

【答案】A

【例题30·多选题】甲公司无法取得外部融资，只能依靠内部积累增长。在其他因素不变的情况下，下列说法中正确的有（　　）。

A. 营业净利率越高，内含增长率越高

B. 净经营资产周转次数越高，内含增长率越高

C. 经营负债销售百分比越高，内含增长率越高

D. 股利支付率越高，内含增长率越高

【解析】内含增长率 =（预计营业净利率 × 预计净经营资产周转率 × 预计利润留存率）/（1- 预计营业净利率 × 预计净经营资产周转率 × 预计利润留存率），根据公式可知预计营业净利率、预计净经营资产周转率、预计利润留存率与内含增长率同向变动，选项 A、B 正确；

经营负债销售百分比提高，会使净经营资产周转率提高，从而使内含增长率提高，选项 C 正确；

而预计利润留存率与预计股利支付率反向变动，所以预计股利支付率与内含增长率反向变动，选项 D 错误。

【答案】ABC

三、外部融资需求的敏感分析 ★★

计算依据	外部融资需求的影响因素
根据销售百分比法预测外部融资额的计算公式	（1）经营资产销售百分比（同向） （2）经营负债销售百分比（反向） （3）销售增长率（需注意与内含增长率之间的关系，大于内含增长率时，为同向变动关系） （4）营业净利率：在股利支付率小于 1 的情况下，营业净利率越大，外部融资需求越少 （5）股利支付率：在营业净利率大于 0 的情况下，股利支付率越高，外部融资需求越大 （6）可动用金融资产（反向）

要点小贴士

销售增长率为正数，并不表明就需要增加资金，只有销售增长率大于内含增长率，才需要从外部增加资金。

【提示】注意极端点：当股利支付率为 100% 时，营业净利率对外部融资需求无影响；当营业净利率为 0 时，股利支付率对外部融资需求无影响。

经典题解

【例题31·多选题】企业销售增长时需要补充资金。企业营业净利率大于 0，股利支付率小于 1，假设每元销售所需资金不变，以下关于外部融资需求的说法中，正确的有（　　）。

A. 股利支付率越高，外部融资需求越大

B. 营业净利率越高，外部融资需求越小

C. 如果外部融资销售增长比为负数，说明企业有剩余资金，可用于增加股利或短期投资

D. 当企业的本年实际增长率低于本年的内含增长率时，企业不需要从外部融资

【解析】在营业净利率大于 0 时，股利支付率越高，则留存收益增加越少，因此，外部融资需求越大。在股利支付率小于 1 时，营业净利率越高，则留存收益增加越多，因此，外部融资需求越小。当外部融资销售增长比为负数时，说明企业有剩余资金，可用于增加股利或短期投资。内含增长率是只靠内部积累（即增加留存收益）实现的销售增长，此时企业的外部融资需求额为 0，如果企业的本年实际增长率低于本年的内含增长率，则企业不需要从外部融资。综上所述，选项 A、B、C、D 均正确。

【答案】ABCD

【例题 32 · 多选题】假设其他因素不变，下列变动中有利于减少企业外部融资额的有（　　）。

A. 提高存货周转率　　B. 提高产品毛利率

C. 提高权益乘数　　D. 提高股利支付率

【解析】外部融资额 = 经营资产销售百分比 × 营业收入增加 − 经营负债销售百分比 × 营业收入增加 − 预计营业收入 × 预计营业净利率 ×（1− 预计股利支付率），提高存货周转率，则会减少存货占用资金，即减少经营资产占用资金，从而减少外部融资额；提高产品毛利率则会提高营业净利率，从而减少外部融资额。

【答案】AB

四、可持续增长率的测算 ★★★

（一）含义

可持续增长率是指不增发新股或回购股票，不改变经营效率（不改变营业净利率和资产周转率）和财务政策（不改变权益乘数和利润留存率）时，其下期销售所能达到的增长率。

（二）假设条件

假设条件	对应指标或等式
（1）公司的营业净利率将维持当前水平，并且可以涵盖新增债务增加的利息	营业净利率不变
（2）公司总资产周转率将维持当前的水平	总资产周转率不变
（3）公司目前的资本结构是目标资本结构，并且打算继续维持下去	权益乘数或资产负债率或产权比率不变
（4）公司目前的利润留存率是目标利润留存率，并且打算继续维持下去	股利支付率或利润留存率不变
（5）不愿意或者不打算增发新股（包括股份回购）	增加的所有者权益 = 增加的留存收益

【提示】上述假设条件成立时，销售的实际增长率与可持续增长率相等。

（三）计算公式

1. 根据期初股东权益计算可持续增长率

可持续增长率 = 营业净利率 × 期末总资产周转率 × 期末总资产期初权益乘数 × 本期利润留存率 = 期初权益本期净利率 × 本期利润留存率

【公式推导】可持续增长率 = 满足一定前提条件下的销售增长率

因为资产周转率不变：销售增长率 = 总资产增长率

因为资本结构不变：总资产增长率 = 所有者权益增长率

因为不增发新股（或回购股票）：所有者权益增长率 = $\frac{\text{本期增加留存收益}}{\text{期初股东权益}}$

$= \frac{\text{本期营业收入} \times \text{期末总资产} \times \text{营业净利率} \times \text{本期利润留存率}}{\text{期末总资产} \times \text{期初股东权益}}$

= 期末总资产周转率 × 期末总资产期初权益乘数 × 营业净利率 × 本期利润留存率

= 期初权益本期净利率 × 本期利润留存率

要点小贴士

计算可持续增长率的指标，取自资产负债表的数均取时点数，不取平均数。

经典题解

【真题 33 · 单选题】甲公司处于可持续增长状态。2019 年初总资产 1000 万元，总负债 200 万元，预计 2019 年净利润 100 万元，股利支付率 20%。甲公司 2019 年可持续增长率是（　　）。（2019 年卷Ⅱ）

A. 8%　　B. 10%　　C. 11.1%　　D. 2.5%

【解析】本题考查传统报表根据期初权益计算可持续增长率。可持续增长率 = 100/（1000-200）×（1-20%）=10%。

【答案】B

2. 根据期末股东权益计算可持续增长率

可持续增长率

$= \frac{\text{营业净利率} \times \text{期末总资产周转率} \times \text{期末总资产权益乘数} \times \text{本期利润留存率}}{1-\text{营业净利率} \times \text{期末总资产周转率} \times \text{期末总资产权益乘数} \times \text{本期利润留存率}}$

$= \frac{\text{期末权益净利率} \times \text{本期利润留存率}}{1-\text{期末权益净利率} \times \text{本期利润留存率}}$

考点妙记

四个相乘除以（1-四个相乘），其中三个指标是杜邦分析体系的三个指标，再加一个利润留存率。

【公式推导】

因为不增发新股（或回购股票）：所有者权益增长率

$= \frac{\text{本期增加留存收益}}{\text{期初股东权益}} = \frac{\text{本期增加留存收益}}{\text{期末股东权益} - \text{本期增加留存收益}}$

$= \frac{\text{本期增加留存收益} / \text{期末股东权益}}{1-\text{本期增加留存收益} / \text{期末股东权益}}$

其中：本期增加留存收益 / 期末股东权益

$= \frac{\text{营业收入} \times \text{期末资产} \times \text{营业净利率} \times \text{本期利润留存率}}{\text{期末资产} \times \text{期末股东权益}}$

= 期末总资产周转率 × 期末权益乘数 × 营业净利率 × 本期利润留存率

= 期末权益净利率 × 本期利润留存率

3. 可持续增长率与实际增长率的关系

可持续增长率与实际增长率的区别	可持续增长率是企业不增发新股或回购股票，当前经营效率和财务政策决定的未来内在增长能力，而本年实际增长率是本年营业额比上年营业额的增长百分比
平衡增长	结论（1）：如果某一年的经营效率和财务政策与上年相同，在不增发新股或回购股票的情况下，则本年实际增长率、上年的可持续增长率以及本年的可持续增长率三者相等：本年销售增长率 = 本年可持续增长率 = 上年可持续增长率 【扩展】本年股东权益增长率 = 本年总资产增长率 = 本年总负债增长率 = 本年净利润增长率 = 本年利润留存增长率 = 本年股利增长率 = 上年可持续增长率
非平衡增长	结论（2）：如果某一年的公式中的 4 个财务比率有一个或多个比率提高，在不增发新股或回购股票的情况下，则本年实际增长率就会超过上年的可持续增长率，本年的可持续增长率也会超过上年的可持续增长率 结论（3）：如果某一年的公式中的 4 个财务比率有一个或多个比率下降，在不增发新股或回购股票的情况下，则本年实际增长率就会低于上年的可持续增长率，本年的可持续增长率也会低于上年的可持续增长率 结论（4）：如果公式中的 4 个财务比率已经达到公司的极限，只有通过增发新股增加资金，才能提高销售增长率

要点小贴士

计算可持续增长率是为了预测未来，根据上年的数据计算的可持续增长率是为了预测本年的一系列指标的增长。

名师点拨

有时考试中会让我们分析超常（高速）增长的原因，“超常”指本期实际增长率超过上期可持续增长率。

经典题解

【**例题 34 · 单选题**】下列关于可持续增长率的说法中，正确的是（　　）。

A. 可持续增长率是指企业仅依靠内部筹资时，可实现的最大销售增长率

B. 可持续增长率是指不改变经营效率和财务政策时，可实现的最大销售增长率

C. 在经营效率和财务政策不变时，可持续增长率等于实际增长率

D. 在可持续增长状态下，企业的资产、负债和权益保持同比例增长

【**解析**】选项 A 为内含增长率的含义，选项 B 和 C 都缺少了不增发新股或回购股票的前提。

【**答案**】D

【**例题 35 · 多选题**】甲公司 2021 年不发行新股或回购股票，经营效率和财务政策不变，则下列说法正确的有（　　）。

A. 2021 年可持续增长率 =2020 年可持续增长率

B. 2021 年可持续增长率 =2020 年实际销售增长率

C. 2021 年实际销售增长率 =2020 年实际销售增长率

D. 2021 年实际销售增长率 =2020 年可持续增长率

【**解析**】由于 2021 年满足可持续增长的假设条件，2021 年的可持续增长率等于 2020 年的可持续增长率，2021 年的实际销售增长率也等于 2020 年的可持续增

长率，选项A、D正确。题目没有说2020年满足可持续增长的假设条件，因此选项B、C错误。

【答案】AD

（四）基于管理用财务报表的可持续增长率

1. 假设条件

假设	对应指标或等式
（1）公司营业净利率将维持当前水平，并且可以涵盖增加负债的利息	营业净利率不变
（2）公司净经营资产周转率将维持当前水平	净经营资产周转率不变
（3）公司目前的资本结构是目标结构（净财务杠杆不变），并且打算继续维持下去	净经营资产权益乘数不变
（4）公司目前的利润留存率是目标利润留存率，并且打算继续维持下去	利润留存率不变
（5）不愿意或者不打算增发新股（包括股份回购）	增加的所有者权益 = 增加的留存收益

考点妙记

只有周转率和资本结构的这两个假设指标与传统报表不同。

2. 计算公式

（1）根据期初股东权益计算的可持续增长率：

可持续增长率

= 营业净利率 × 期末净经营资产周转次数 × 期末净经营资产期初权益乘数 × 本期利润留存率

= 期初权益本期净利率 × 本期利润留存率

（2）根据期末股东权益计算的可持续增长率：

可持续增长率

= 营业净利率 × 期末净经营资产周转次数 × 期末净经营资产权益乘数 × 本期利润留存率 /（1− 营业净利率 × 期末净经营资产周转次数 × 期末净经营资产权益乘数 × 本期利润留存率）

$$=\frac{\text{权益净利率}\times\text{本期利润留存率}}{1-\text{权益净利率}\times\text{本期利润留存率}}$$

要点小贴士

最终结果与基于传统报表的可持续增长率的计算结果一致。

经典题解

【真题36·单选题】甲公司处于可持续增长状态。预计2019年末净经营资产1000万元，净负债340万元，2019年营业收入1100万元，净利润100万元，股利支付率40%。甲公司2019年可持续增长率是（ ）。（2019年卷Ⅰ）

A. 6.5%　　B. 6.1%

C. 9.1%　　D. 10%

【解析】本题是考查管理用报表根据期末股东权益数计算可持续增长率。可持续增长率 =[100/（1000−340）×（1−40%）]/[1−100/（1000−340）×（1−40%）]=10%。

【答案】D

【例题37·单选题】甲公司处于可持续增长状态。预计2019年初净经营资产1000万元，净负债340万元，2019年营业收入1100万元，净利润100万元，股利支付率40%。甲公司2019年可持续增长率是（　　）。

A. 6.5%　　B. 6.1%

C. 9.1%　　D. 10%

【解析】本题是考查管理用报表根据期初股东权益数计算可持续增长率。可持续增长率=100/（1000−340）×（1−40%）=9.1%。

【答案】C

（五）确定高速增长时注意的问题

1. 基本思路

可持续增长的思想，不是说企业的增长不可以高于或低于可持续增长率。问题在于管理人员必须事先预计并且加以解决公司超过可持续增长率之上的增长所导致的财务问题。

2. 超过部分的资金的解决办法：

要点小贴士：实质就是打破可持续增长率的5个假设。

超过部分的资金的解决办法	基于传统报表	基于管理用报表
	提高资产周转率	提高净经营资产周转率
	提高营业净利率	提高营业净利率
	提高财务杠杆（权益乘数）	提高财务杠杆（净经营资产权益乘数）
	提高利润留存率	提高利润留存率
	发行新股	发行新股

3. 若同时满足三个假设（资产周转率不变、资本结构不变、不增发新股或回购股票）

预计销售增长率＝预计可持续增长率

$$=\frac{\text{预计营业净利率}\times\text{总资产周转率}\times\text{权益乘数}\times\text{预计利润留存率}}{1-\text{预计营业净利率}\times\text{总资产周转率}\times\text{权益乘数}\times\text{预计利润留存率}}$$

或＝（预计营业净利率×净经营资产周转率×净经营资产权益乘数×预计利润留存率）/（1−预计营业净利率×净经营资产周转率×净经营资产权益乘数×预计利润留存率）

【易错易混点】只有营业净利率和利润留存率的预测可以用上述公式倒推计算，其他指标都不可以。

因为：

①根据“总资产周转率”不变，可以得到：预计销售增长率＝预计总资产增长率；

②根据“资本结构”不变，可以得到：预计总资产增长率＝预计股东权益增长率；

③根据“不增发新股或回购股票”，可以得到：预计股东权益增长率＝预计增加的留存收益/期初所有者权益；

综上可以得到预计销售增长率＝预计增加的留存收益/期初所有者权益；可见营业净利率和利润留存率对销售增长率的公式没有影响，因此只要满足资产周转率不变、资本结构不变、不增发股票或回购股票这三个条件：

预计销售增长率＝（预计营业净利率 × 总资产周转率 × 权益乘数 × 预计利润留存率）/（1– 预计营业净利率 × 总资产周转率 × 权益乘数 × 预计利润留存率）＝预计的可持续增长率

或，预计销售增长率＝（预计营业净利率 × 净经营资产周转率 × 净经营资产权益乘数 × 预计利润留存率）/（1– 预计营业净利率 × 净经营资产周转率 × 净经营资产权益乘数 × 预计利润留存率）

＝预计的可持续增长率

经典题解

【例题 38·计算分析题】 ABC 公司 20×1 年 12 月 31 日有关资料如下：

单位：万元

项目	金额	项目	金额
流动资产（经营）	240	短期借款	46
长期资产（经营）	80	应付职工薪酬	18
		应付账款	32
		长期借款	32
		股本	100
		资本公积	57
		留存收益	35
合计	320	合计	320

20×1 年度公司营业收入为 4000 万元，所得税税率为 30%，实现净利润 100 万元，分配股利 60 万元。

要求：

（1）若不打算增发新股或回购股票，公司维持 20×1 年营业净利率、股利支付率、资产周转率和资产负债率。

① 20×2 年预期销售增长率为多少？

② 20×2 年预期股利增长率为多少？

解题攻略

只有营业净利率和利润留存率的预测可以用可持续增长率公式倒推计算，其他指标都不可以。

（2）假设20×2年计划销售增长率为30%，回答下列互不相关问题：

①若不打算外部筹集权益资金，并保持20×1年财务政策和资产周转率，则营业净利率应达到多少？

②若不打算外部筹集权益资金，并保持20×1年经营效率和资产负债率不变，则股利支付率应达到多少？

③若不打算外部筹集权益资金，并保持20×1年财务政策和营业净利率，则资产周转率应达到多少？

④若不打算外部筹集权益资金，并保持20×1年经营效率和股利支付率不变，则资产负债率应达到多少？

⑤若想保持20×1年经营效率和财务政策不变，需从外部筹集多少股权资金？

【答案】

（1）①营业净利率=100/4000=2.5%；资产周转率=4000/320=12.5

股东权益=100+57+35=192（万元）

权益乘数=320/192=1.6667

利润留存率=（100-60）/100=40%

由于满足可持续增长的五个假设，

20×2年销售增长率=20×1年可持续增长率=（2.5%×12.5×1.6667×40%）/（1-2.5%×12.5×1.6667×40%）=26.32%

②由于满足可持续增长的五个假设，所以预期股利增长率=可持续增长率=26.32%。

（2）①设营业净利率为y

30%=（y×12.5×1.6667×40%）/（1-y×12.5×1.6667×40%）

解得：y=2.77%

②设利润留存率为z

30%=（2.5%×12.5×1.6667×z）/（1-2.5%×12.5×1.6667×z）

解得：z=44.31%

股利支付率=1-44.31%=55.69%

③20×2年营业收入=4000×（1+30%）=5200（万元）

由于不从外部筹集权益资金，所以预计股东权益=期初股东权益+增加的留存收益=192+5200×2.5%×40%=244（万元）

或：=192+（100-60）×（1+30%）=244（万元）

由于权益乘数不变，所以预计资产=244×1.6667=406.67（万元）

所以资产周转率=5200/406.67=12.79

④由于资产周转率不变，所以资产增长率=销售增长率=30%；预计资产=基期资产×（1+30%）=320×（1+30%）=416（万元）

由于不从外部筹集权益资金，所以预计股东权益=期初股东权益+增加的留存收益=192+5200×2.5%×40%=244（万元）

或：=192+（100-60）×（1+30%）=244（万元）

则：预计负债=资产-所有者权益=416-244=172（万元）

资产负债率=172/416=41.35%

⑤由于保持资产周转率不变，所以总资产增长率 = 销售增长率 =30%，由于保持权益乘数不变，所以所有者权益增长率 = 总资产增长率 =30%，则：预计增加股东权益 =192×30%=57.6（万元），由于增加的留存收益 =5200×2.5%×40%=52（万元），外部筹集权益资金 =57.6−52=5.6（万元）。

【易错易混点】内含增长率和可持续增长率之间的区别与联系。

项目		可持续增长率	内含增长率
联系		①都是销售增长率；②都不增发新股	
区别	资本结构	资本结构不变	资本结构有可能改变（经营负债会自然增加，留存收益也增加，但两者增加没有必然规律，因此资产负债率可能下降、可能提高、可能不变）
	金融负债	可以从外部增加金融负债	外部融资为 0
	假设条件	满足 5 个假设条件（①营业净利率不变；②总资产周转次数不变；③权益乘数不变；④利润留存率不变；⑤不增发新股或回购股票）	隐含 3 个假设条件（①经营资产、经营负债与营业收入比不变即净经营资产周转率不变；②不存在可动用金融资产；③不从外部融资）
	计算公式	可持续增长率 = 营业净利率 × 净经营资产周转率 × 净经营资产权益乘数 × 本期利润留存率 /（1− 营业净利率 × 净经营资产周转率 × 净经营资产权益乘数 × 本期利润留存率） $=\frac{（净利润/所有者权益）×利润留存率}{1-（净利润/所有者权益）×利润留存率}$ 【提示】计算可以不利用管理用资产负债表	内含增长率 $=\frac{预计营业净利率×预计净经营资产周转率×预计利润留存率}{1-预计营业净利率×预计净经营资产周转率×预计利润留存率}$ $=\frac{（预计净利润/预计净经营资产）×预计利润留存率}{1-（预计净利润/预计净经营资产）×预计利润留存率}$ 【提示】计算需要利用管理用资产负债表

考点妙记

基于管理用报表的计算公式，可持续增长率的计算比内含增长率的计算只是多了一个净经营资产权益乘数。

【扩展】假设营业净利率、净经营资产周转率、利润留存率不变。

若净负债为 0，则净经营资产权益乘数 =1，可持续增长率 = 内含增长率。

若净负债＞0，则净经营资产权益乘数＞1，可持续增长率＞内含增长率。

若净负债＜0，则净经营资产权益乘数＜1，可持续增长率＜内含增长率。

经典题解

【例题 39·计算分析题】甲公司是一家家具生产公司，2021 年管理用财务报表相关数据如下：

单位：万元

资产负债表项目（年末）:	2021年
经营资产	2000
经营负债	250
净经营资产	1750
净负债	70
股东权益	1680
利润表项目（年度）:	**2021年**
营业收入	2500
净利润	100
备注：股利支付率	20%

甲公司目前没有金融资产，未来也不准备持有金融资产，2021年股东权益增加除本年利润留存外，无其他增加项目。

要求：

（1）若2022年公司不增发新股或回购股票，且保持2021年的营业净利率、净经营资产周转率、净财务杠杆和股利支付率不变，预计甲公司2022年的销售增长率。

（2）若2022年公司不打算从外部融资，且甲公司2022年的营业净利率、净经营资产周转率和股利支付率不变，预计甲公司2022年的销售增长率。

（3）如果甲公司2022年的销售增长率为8%，净经营资产周转率与股利支付率不变，营业净利率可提高到6%并能涵盖借款增加的利息，计算甲公司2022年的融资总需求与外部筹资额。

【答案】

（1）利润留存率=1−20%=80%

$$销售增长率=可持续增长率=\frac{\frac{100}{1680}\times80\%}{1-\frac{100}{1680}\times80\%}=5\%$$

$$（2）销售增长率=内含增长率=\frac{\frac{100}{1750}\times80\%}{1-\frac{100}{1750}\times80\%}=4.79\%$$

或：净经营资产占营业收入的比=1750/2500=70%

营业净利率=100/2500=4%

$$0=70\%-\frac{1+内含增长率}{内含增长率}\times4\%\times80\%$$

销售增长率=内含增长率=4.79%

（3）净经营资产周转率（营业收入 / 净经营资产）不变，即净经营资产销售百分比（净经营资产 / 营业收入）不变，因此净经营资产占营业收入的比 =1750/2500=70%

融资总需求 = 净经营资产的增加 = 增加的营业收入 × 净经营资产占营业收入的比 =2500×8%×70%=140（万元）

外部融资额 = 净经营资产的增加 − 留存收益的增加 =140−2500×（1+8%）×6%×80%=10.4（万元）。

本章小结

下载“会计云课堂”App 学习

您已成功完成“第二章”的学习，本章共 15 个考点，您都学会了吗？

为了让您对章节有更清晰的理解，加倍巩固。本书作者闫华红老师将通过**“视频导图课”**的方式，带您回顾重要考点。

名师点拨，视听结合，高效提分。

※ 欢迎您扫码，免费观看学习。

历年经典主观题回顾

使用“会计云课堂”App 或“微信”扫码快速做题、对答案、看解析、掌握解题思路，开启轻松过关之旅。

计算分析题

1. 甲公司是一家动力电池生产企业，拟采用管理用财务报表进行财务分析。相关资料如下：

（1）甲公司 2018 年主要财务报表数据：

单位：万元

资产负债表项目	2018 年末
货币资金	200
应收账款	800
存货	1500

资产负债表项目	2018 年末
固定资产	5500
资产总计	8000
应付账款	2000
长期借款	2000
股东权益	4000
负债及股东权益总计	8000
利润表项目	**2018 年**
营业收入	10000
减：营业成本	6000
税金及附加	320
销售和管理费用	2000
财务费用	160
利润总额	1520
减：所得税费用	380
净利润	1140

（2）甲公司货币资金全部为经营活动所需，财务费用全部为利息支出。甲公司的企业所得税税率 25%。

（3）乙公司是甲公司的竞争对手，2018 年相关财务比率如下：

	净经营资产净利率	税后利息率	净财务杠杆（净负债 / 股东权益）	权益净利率
乙公司	22%	8%	60%	30.4%

要求：

（1）编制甲公司 2018 年管理用财务报表（结果填入下方表格中，不用列出计算过程）。

单位：万元

管理用财务报表项目	2018 年
经营性资产	
经营性负债	
净经营资产	
金融负债	
金融资产	

管理用财务报表项目	2018 年
净负债	
股东权益	
净负债及股东权益总计	
税前经营利润	
减：经营利润所得税	
税后经营净利润	
利息费用	
减：利息费用抵税	
税后利息费用	
净利润	

（2）基于甲公司管理用财务报表，计算甲公司的净经营资产净利率、税后利息率、净财务杠杆和权益净利率。（注：资产负债表相关数据用年末数计算）

（3）计算甲公司与乙公司权益净利率的差异，并使用因素分析法，按照净经营资产净利率、税后利息率和净财务杠杆的顺序，对该差异进行定量分析。（2018 年卷Ⅰ、卷Ⅱ）

2. 甲公司是一家新型建筑材料生产企业，为做好 2017 年财务计划，拟进行财务报表分析和预测。相关资料如下：

（1）甲公司 2016 年主要财务数据：

单位：万元

资产负债表项目	2016 年年末
货币资金	600
应收账款	1600
存货	1500
固定资产	8300
资产总计	12000
应付账款	1000
其他流动负债	2000
长期借款	3000
股东权益	6000
负债及股东权益总计	12000

利润表项目	2016 年度
营业收入	16000
减：营业成本	10000
税金及附加	560
销售费用	1000
管理费用	2000
财务费用	240
利润总额	2200
减：所得税费用	550
净利润	1650

（2）公司没有优先股且没有外部股权融资计划，股东权益变动均来自留存收益。公司采用固定股利支付率政策，股利支付率 60%。

（3）销售部门预测 2017 年公司营业收入增长率 10%。

（4）甲公司的企业所得税税率 25%。

要求：

（1）假设 2017 年甲公司除长期借款外所有资产和负债与营业收入保持 2016 年的百分比关系，所有成本费用与营业收入的占比关系维持 2016 年水平，用销售百分比法初步测算公司 2017 年融资总需求和外部融资需求。

（2）假设 2017 年甲公司除货币资金、长期借款外所有资产和负债与营业收入保持 2016 年的百分比关系，除财务费用和所得税费用外所有成本费用与营业收入的占比关系维持 2016 年水平，2017 年新增财务费用按新增长期借款期初借入计算，所得税费用按当年利润总额计算。为满足资金需求，甲公司根据要求（1）的初步测算结果，以百万元为单位向银行申请贷款，贷款利率 8%，贷款金额超出融资需求的部分计入货币资金。预测公司 2017 年末资产负债表和 2017 年度利润表（结果填入下方表格中，不用列出计算过程）。（2017 年卷 Ⅰ）

单位：万元

资产负债表项目	2017 年年末
货币资金	
应收账款	
存货	
固定资产	
资产总计	
应付账款	
其他流动负债	

资产负债表项目	2017 年年末
长期借款	
股东权益	
负债及股东权益总计	
利润表项目	**2017 年度**
营业收入	
减：营业成本	
税金及附加	
销售费用	
管理费用	
财务费用	
利润总额	
减：所得税费用	
净利润	

3. 甲公司是一家汽车销售企业，现对公司财务状况和经营成果进行分析，以发现与主要竞争对手乙公司的差异，相关资料如下：

（1）甲公司 2015 年的主要财务报表数据。（单位：万元）

资产负债表项目	2015 年年末
货币资金	1050
应收账款	1750
预付款项	300
存货	1200
固定资产	3700
资产总计	8000
流动负债	3500
非流动负债	500
股东权益	4000
负债和股东权益总计	8000
利润表项目	**2015 年度**
营业收入	10000
减：营业成本	6500
税金及附加	300

利润表项目	2015 年度
销售费用	1400
管理费用	160
财务费用	40
利润总额	1600
减：所得税费用	400
净利润	1200

假设资产负债表项目年末余额可代表全年平均水平。

（2）乙公司相关财务比率。

营业净利率	总资产周转次数	权益乘数
24%	0.6	1.5

要求：

（1）使用因素分析法，按照营业净利率、总资产周转次数、权益乘数的顺序，对 2015 年甲公司相对乙公司权益净利率的差异进行定量分析。

（2）说明营业净利率、总资产周转次数、权益乘数 3 个指标各自的经济含义及各评价企业哪方面能力，并指出甲公司与乙公司在经营战略和财务政策上的差别。（2016 年卷Ⅰ、卷Ⅱ）

4. 甲公司是一家制造业企业，为做好财务计划，甲公司管理层拟采用财务报表进行分析，相关资料如下：

（1）甲公司 2014 年的主要财务报表数据：

单位：万元

资产负债表项目	2014 年年末
货币资金	600
应收账款	1600
存货	1500
长期股权投资	1000
固定资产	7300
资产合计	12000
应付账款	3000
长期借款	3000
股东权益	6000
负债及股东权益合计	12000

利润表项目	2014 年度
营业收入	20000
减：营业成本	12000
税金及附加	640
管理费用	4000
财务费用	160
加：投资收益	100
利润总额	3300
减：所得税费用	800
净利润	2500

（2）甲公司没有优先股，股东权益变动均来自利润留存，经营活动所需的货币资金是本年营业收入的 2%，投资收益均来自长期股权投资。

（3）根据税法相关规定，甲公司长期股权投资收益不缴纳所得税，其他损益的所得税税率为 25%。

（4）甲公司使用固定股利支付率政策，股利支付率 60%，经营性资产、经营性负债与营业收入保持稳定的百分比关系。

要求：

（1）编制甲公司 2014 年的管理用财务报表。（提示：按照各种损益的适用税率计算应分担的所得税，结果填入下方表格中，不用列出计算过程）

单位：万元

管理用财务报表	2014 年
经营性资产总计	
经营性负债总计	
净经营资产总计	
金融负债	
金融资产	
净负债	
股东权益	
净负债及股东权益总计	
税前经营利润	
减：经营利润所得税	

管理用财务报表	2014 年
税后经营净利润	
利息费用	
减：利息费用抵税	
税后利息费用	
净利润	

（2）假设甲公司目前已达到稳定状态，经营效率和财务政策保持不变，且不增发新股和回购股票，可以按照之前的利率水平在需要的时候取得借款，不变的营业净利率可以涵盖新增债务增加的利息，计算甲公司 2015 年的可持续增长率。

（3）假设甲公司 2015 年销售增长率为 25%，营业净利率与 2014 年相同，在 2014 年年末金融资产都可动用的情况下，用销售百分比法预测 2015 年的外部融资额。

（4）从经营效率和财务政策是否变化角度，回答上年可持续增长率、本年可持续增长率、本年实际增长率之间的联系。（2015 年卷Ⅰ）

历年经典主观题参考答案及解析

计算分析题

1.【答案】

（1）

单位：万元

管理用财务报表项目	2018 年
经营性资产	8000
经营性负债	2000
净经营资产	6000
金融负债	2000

管理用财务报表项目	2018 年
金融资产	0
净负债	2000
股东权益	4000
净负债及股东权益总计	6000
税前经营利润	1520+160=1680
减：经营利润所得税	1680×380/1520=420
税后经营净利润	1680−420=1260
利息费用	160
减：利息费用抵税	160×380/1520=40
税后利息费用	120
净利润	1140

（2）净经营资产净利率 =1260/6000=21%

税后利息率 =120/2000=6%

净财务杠杆 =2000/4000=50%

权益净利率 =1140/4000=28.5%

（3）甲公司与乙公司权益净利率的差异 =28.5%-30.4%=-1.9%

乙公司权益净利率 =22%+（22%-8%）×60%=30.4% ①

替换净经营资产净利率：21%+（21%-8%）×60%=28.8% ②

替换税后利息率：21%+（21%-6%）×60%=30% ③

替换净财务杠杆：21%+（21%-6%）×50%=28.5% ④

净经营资产净利率变动的影响 = ② - ① =28.8%-30.4%=-1.6%

税后利息率变动的影响 = ③ - ② =30%-28.8%=1.2%

净财务杠杆变动的影响 = ④ - ③ =28.5%-30%=-1.5%

即净经营资产净利率降低导致权益净利率下降 1.6%，税后利息率降低导致权益净利率提高 1.2%，净财务杠杆降低导致权益净利率下降 1.5%，综合导致权益净利率下降 1.9%。

2.【答案】

（1）2017 年融资总需求 = 增加的净经营资产 =（12000-1000-2000）×10%=900（万元）

2017 年外部融资需求 =900-16000×（1+10%）×（1650/16000）×（1-60%）=174（万元）

【提示】本题的条件是“假设 2017 年甲公司除长期借款外所有资产和负债与营业收入保持 2016 年的百分比关系”，默认为资产和流动负债（应付账款和其他流动负债）为经营性的，因此本题中的货币资金默认为经营资产。

（2）

单位：万元

资产负债表项目	2017年年末
货币资金	13228.4-9130-1650-1760=688.4
应收账款	1600×（1+10%）=1760
存货	1500×（1+10%）=1650
固定资产	8300×（1+10%）=9130
资产总计	13228.4
应付账款	1000×（1+10%）=1100
其他流动负债	2000×（1+10%）=2200
长期借款	3200
股东权益	6000+1821×（1-60%）=6728.4
负债及股东权益总计	13228.4
利润表项目	**2017年度**
营业收入	16000×（1+10%）=17600
减：营业成本	10000×（1+10%）=11000
税金及附加	560×（1+10%）=616
销售费用	1000×（1+10%）=1100
管理费用	2000×（1+10%）=2200
财务费用	200×8%+240=256
利润总额	2428
减：所得税费用	607
净利润	1821

【提示】

①本题（1）的条件是“所有成本费用与营业收入的占比关系维持2016年水平”，即营业净利率是不变的，而（2）的条件是“除财务费用和所得税费用外所有成本费用与营业收入的占比关系维持2016年水平”，即营业净利率发生了变化，因此（2）中货币资金的数额不能直接根据（1）计算出来的外部融资额进行计算，因为外部融资额是按照营业净利率不变计算的。

②根据（1）问求解可知：2017年外部融资需求为174万元，题目要求“以百万元为单位向银行申请贷款”，因此2017年向银行申请长期借款200万元，即长期借款增加200万元。

③提问（2）中要求“贷款金额超出融资需求的部分计入货币资金”，由于贷款数额为百万元的整数倍，而所计算的融资需求174万元不是百万元的整数倍，所以多筹措的零头要挤入货币资金，所以货币资金的数额应该是倒挤出来的。

3.【答案】

（1）甲公司 2015 年指标：营业净利率 =1200/10000=12%，总资产周转次数 =10000/8000=1.25（次），权益乘数 =8000/4000=2。

乙公司权益净利率 =24%×0.6×1.5=21.6%

甲公司权益净利率 =12%×1.25×2=30%

甲公司与乙公司权益净利率的差异 =30%-21.6%=8.4%

营业净利率变动对权益净利率的影响 =（12%-24%）×0.6×1.5=-10.8%

总资产周转次数变动对权益净利率的影响 =12%×（1.25-0.6）×1.5=11.7%

权益乘数变动对权益净利率的影响 =12%×1.25×（2-1.5）=7.5%

即营业净利率降低导致权益净利率下降 10.8%，总资产周转次数增加导致权益净利率增加 11.7%，权益乘数增加导致权益净利率增加 7.5%，综合导致权益净利率增加 8.4%。

（2）营业净利率是净利润占营业收入的比重，表明每 1 元营业收入带来的净利润，反映企业的盈利能力；总资产周转次数是营业收入与平均总资产的比值，表明 1 年中总资产周转的次数（表明每 1 元总资产投资支持的营业收入），反映企业的营运能力；权益乘数是总资产与股东权益的比值，表明每 1 元股东权益控制的总资产的金额，反映企业的长期偿债能力。两家公司在经营战略上存在较大差别：甲公司采取的是“低盈利、高周转”（薄利多销）的策略，乙公司采取的是“高盈利、低周转”（多利薄销）的策略。在财务政策上，两家公司也有很大不同：甲公司采取的是相对高风险的财务政策，财务杠杆较大；乙公司采取的是相对低风险的财务政策，财务杠杆较小。

4.【答案】

（1）

单位：万元

管理用财务报表	2014 年
经营性资产总计	12000-（600-20000×2%）=11800
经营性负债总计	3000
净经营资产总计	11800-3000=8800
金融负债	3000
金融资产	600-20000×2%=200
净负债	3000-200=2800
股东权益	6000
净负债及股东权益总计	6000+2800=8800
税前经营利润	3300+160=3460
减：经营利润所得税	（3460-100）×25%=840
税后经营净利润	3460-840=2620
利息费用	160

管理用财务报表	2014 年
减：利息费用抵税	160 × 25%=40
税后利息费用	160-40=120
净利润	2620-120=2500

【提示】投资收益均来自长期股权投资，长期股权投资属于经营资产，因此投资收益属于经营损益，但是本题有特殊要求，长期股权投资收益不缴纳所得税，因此需要用税前经营利润扣除投资收益后再乘以所得税税率（题中若有税法相关规定，按各个项目的适用所得税税率计算，不按平均所得税税率计算。若无税法相关规定，默认按平均所得税税率计算）计算经营利润所得税。

（2）可持续增长率 =2500/6000 ×（1-60%）/［1-2500/6000 ×（1-60%）］=20%

（3）2015 年的外部融资额 =8800 × 25%-20000 ×（1+25%）× 2500/20000 ×（1-60%）-200=750（万元）

（4）如果某一年的经营效率和财务政策与上年相同，在不增发新股或回购股票的情况下，则本年实际增长率、上年的可持续增长率以及本年的可持续增长率三者相等；

如果某一年公式中的 4 个财务比率有一个或多个比率提高，在不增发新股或回购股票的情况下，则本年实际增长率就会超过上年的可持续增长率，本年的可持续增长率也会超过上年的可持续增长率；

如果某一年公式中的 4 个财务比率有一个或多个比率下降，在不增发新股或回购股票的情况下，则本年实际增长率就会低于上年的可持续增长率，本年的可持续增长率也会低于上年的可持续增长率。

同步强化练习题

使用“会计云课堂”App 或“微信”扫码快速做题、对答案、看解析、掌握解题思路，开启轻松过关之旅。

一、单项选择题

1. 下列事项中，有助于提高企业短期偿债能力的是（　　）。

A. 利用短期借款增加对流动资产的投资

B. 为扩大营业面积，与租赁公司签订一项新的长期房屋租赁合同

C. 在企业规模不变的前提下补充长期资本，使长期资本的增加量超过长期资产的增加量

D. 提高流动负债中的无息负债比率

2. 下列财务比率中，最能反映企业举债能力的是（　　）。
A. 资产负债率
B. 经营活动现金流量净额与利息支出比
C. 经营活动现金流量净额与流动负债比
D. 经营活动现金流量净额与债务总额比

3. 下列各项中，可能导致企业资产负债率变化的经济业务是（　　）。
A. 收回应收账款
B. 用现金购买债券
C. 接受所有者投资转入的固定资产
D. 以固定资产对外投资（按账面价值作价）

4. 2021年年末甲公司每股账面价值为30元，负债总额6000万元，每股收益为4元，每股发放现金股利1元，留存收益增加1200万元。假设甲公司一直无对外发行的优先股，则甲公司2021年年末的权益乘数是（　　）。
A. 1.15　　B. 1.50
C. 1.65　　D. 1.85

5. 下列各项中，能提高企业利息保障倍数的因素是（　　）。
A. 成本下降导致利润增加
B. 所得税税率下降
C. 用抵押借款购房
D. 宣布并支付股利

6. 能够反映企业利息偿付安全性的最佳指标是（　　）。
A. 利息保障倍数
B. 流动比率
C. 税后利息率
D. 现金流量利息保障倍数

7. 乙公司2021年的营业收入为20000万元，财务费用（均为利息费用）为600万元，所得税费用为50万元，营业净利率为10%，乙公司2021年资本化利息支出200万元，已经计入在建工程，则利息保障倍数为（　　）。
A. 3.56　　B. 4.42
C. 3.31　　D. 4.75

8. 下列各项中，不影响应收账款周转率指标的是（　　）。
A. 应收账款
B. 预付账款
C. 应收票据
D. 销售折扣与折让

9. 假设A公司有优先股1000万股，其清算价值为每股10元，拖欠股利为每股0.5元；2021年12月31日普通股每股市价25元，2021年末流通在外普通股5000万股，股东权益总额为80000万元，则该公司的市净率为（　　）。
A. 1.79　　B. 1.57
C. 1.80　　D. 1.56

10. 某企业的总资产净利率为20%，若产权比率为1，则权益净利率为（　　）。
A. 15%　　B. 20%
C. 30%　　D. 40%

11. 驱动权益净利率的基本动力是（　　）。
A. 营业净利率
B. 财务杠杆
C. 总资产周转率
D. 总资产净利率

12. 某公司今年与上年相比，营业收入增长10%，净利润增长8%，资产总额增长12%，负债总额增长9%。可以判断，该公司权益净利率比上年（　　）。
A. 上升　　B. 下降
C. 不变　　D. 不一定

13. 某公司2021年的税后利息为72万元，净负债为800万元，所有者权益为1600万元，营业收入1000万元，税后经营净利润240万元，则该公司2021年的经营差异率为（　　）。
A. 1%　　B. 5%
C. 2%　　D. 2.5%

14. 关于净财务杠杆指标和净经营资产权益乘数指标之间的数量关系，下列表达式中正确的是（　　）。
A. 净经营资产权益乘数 × 净财务杠杆 =1
B. 净经营资产权益乘数 – 净财务杠杆 =1
C. 净经营资产权益乘数 + 净财务杠杆 =1
D. 净经营资产权益乘数 / 净财务杠杆 =1

15. 某公司2021年末的经营资产为5000万元、金融资产为300万元、经营负债为1000万元、金融负债为2000万元，公司2021年销售额为10000万元，预计2022年销售额增长20%，营业净利率为10%，利润留存率为30%。假设2021年末的金融资产均可动用，则根据销售百分比法，2022年的外部融资需求为（　　）万元。
A. 440　　B. 380
C. 140　　D. 270

16. 甲公司是一家非金融企业，在编制管理用资产负债表时，下列资产中属于金融资产的是（　　）。
A. 固定资产
B. 应收账款
C. 短期股票投资
D. 长期股权投资

17. 某企业外部融资占销售增长的百分比为5%，若上年营业收入为1000万元，预计营业收入增加200万元，则相应外部应追加的融资额为（　　）万元。
A. 50　　B. 10
C. 40　　D. 60

18. 某公司目前的营业收入为1000万元，由于通货紧缩，不打算从外部融资，而主要靠调整股利分配政策，扩大利润留存来满足销售增长的资金需求。历史资料表明，该公司经营资产、经营负债与销售总额之间存在着稳定的百分比关系。现已知经营资产销售百分比为60%，经营负债销售百分比为15%，计划下年营业净利率5%，不进行股利分配。若可供动用的金融资产为0，则据此可以预计下年销售增长率为（　　）。
A. 12.5%　　B. 10%
C. 37.5%　　D. 13%

19. 某公司的内含增长率为5%，当年的实际增长率为4%，则表明（　　）。
A. 外部融资销售增长比大于0，企业需要从外部融资，可提高利润留存率或出售金融资产
B. 外部融资销售增长比等于0，企业不需要从外部融资
C. 外部融资销售增长比小于0，企业资金有剩余，可用于增加股利或证券投资
D. 外部融资销售增长比为9%，企业需要从外部融资

20. 某企业2020年年末的股东权益为2400万元，可持续增长率为10%。该企业2021年的销售增长率等于2020年的可持续增长率，其经营效率和财务政策（包括不增发新股票或回购股票）与上年相同。若2021年的净利润为600万元，则其股利支付率是（　　）。
A. 30%　　B. 40%
C. 50%　　D. 60%

二、多项选择题

1. 某公司目前的速动资产大于流动负债，下列各项业务中会提高速动比率指标值的业务有（　　）。
A. 以银行存款购买短期有价证券
B. 加速应收账款的收回
C. 以赊销方式销售库存商品
D. 支付拖欠的应付账款

2. 下列关于营运资本的说法正确的有（　　）。
A. 营运资本为负数，表明有部分非流动

资产由流动负债提供资金来源

B. 营运资本为正数，表明有部分流动资产由长期资本提供资金来源

C. 营运资本的数额越大，短期偿债能力越强

D. 营运资本为0时，表明全部流动资产均由长期资本提供资金来源

3. 假设其他条件不变，下列计算方法的改变会导致应收账款周转天数减少的有（　　）。

A. 从使用赊销额改为使用营业收入进行计算

B. 从使用应收账款平均余额改为使用应收账款平均净额进行计算

C. 从使用应收账款全年日平均余额改为使用应收账款旺季的日平均余额进行计算

D. 从使用应收账款核销坏账损失前的平均余额改为应收账款已核销坏账损失后的平均余额进行计算

4. 下列关于财务比率之间关系的表述，正确的有（　　）。

A. 权益乘数 - 产权比率 =1

B.（1+ 产权比率）×（1- 资产负债率）=1

C. 1- 营运资本配置比率 =1/ 流动比率

D. 资产负债率 × 权益乘数 = 产权比率

5. 在其他条件不变的情况下，会引起总资产周转率指标上升的经济业务有（　　）。

A. 用现金偿还负债

B. 借入一笔短期借款

C. 用银行存款购入一台设备

D. 用银行存款支付本期电话费

6. 下列有关财务分析表述中正确的有（　　）。

A. 两家商业企业本期营业收入、存货平均余额相同，但毛利率不同，若不考虑其他影响因素，可以认为毛利率高的企业存货管理业绩较高

B. 两家商业企业本期营业收入、存货平均余额相同，但毛利率不同，若不考虑其他影响因素，可以认为毛利率高的企业存货管理业绩较差

C. 总资产周转天数与上年相比增加了50天，若流动资产周转天数增加了30天，则非流动资产的周转天数必然增加20天

D. 总资产周转天数与上年相比增加了50天，若流动资产周转天数增加了30天，则非流动资产的周转天数必然增加80天

7. 下列表述中，正确的有（　　）。

A. 市盈率反映了投资者对公司未来前景的预期，市盈率越高，投资者对公司未来前景的预期越差

B. 每股收益的分子应从净利润中扣除当年宣告或累积的优先股股利

C. 计算每股净资产时，如果存在优先股，应从股东权益总额中减去优先股的权益，包括优先股的清算价值及全部拖欠的股利，得出普通股权益

D. 不考虑优先股股利的情况下，市销率等于市盈率乘以营业净利率

8. 甲公司是一家非金融企业，在编制管理用财务报表时，下列项目中属于金融负债的有（　　）。

A. 应付利息

B. 应付普通股股利

C. 应付优先股股利

D. 租赁形成的租赁负债

9. 下列表述中，正确的有（　　）。

A. 产权比率为3/4，则权益乘数为4/3

B. 在编制管理用利润表时，债权投资利息收入不应考虑为金融活动的收益

C. 净负债等于金融负债减去金融资产，在数值上它等于净经营资产减去股东权益

D. 从增加股东报酬来看，净经营资产净利率是企业可以承担的税后借款利息率的上限

10. 假设其他因素不变，下列变动中会导致企业外部融资额增加的有（　　）。
A. 净经营资产周转天数延长
B. 可动用金融资产减少
C. 提高资产负债率
D. 提高利润留存率

11. 在企业有盈利的情况下，下列有关外部融资需求的表述不正确的有（　　）。
A. 销售增加，必然引起外部融资需求的增加
B. 营业净利率的提高会引起外部融资需求的增加
C. 在营业净利率大于 0 的情况下，股利支付率的提高会引起外部融资需求的增加
D. 资产周转率的提高必然引起外部融资需求的增加

12. 下列关于使用销售百分比法进行财务预测的说法中，不正确的有（　　）。
A. 确定销售百分比时，假设企业各项资产和负债与营业收入保持稳定的百分比
B. 预测的融资总需求等于预计资产总额减基期资产总额
C. 可动用的金融资产等于预计金融资产减基期金融资产
D. 预测留存收益增加额时，可以假设计划营业净利率能够涵盖新增债务增加的利息，以解决数据循环问题

13. 在企业可持续增长的情况下，下列计算各相关项目本期增加额的公式中，正确的有（　　）。
A. 本期资产增加 = 本期营业收入增加 / 基期营业收入 × 基期期末总资产
B. 本期负债增加 = 基期营业收入 × 营业净利率 × 利润留存率 × 基期期末负债 / 基期期末股东权益
C. 本期股东权益增加 = 基期营业收入 × 营业净利率 × 利润留存率
D. 本期营业收入增加 = 基期营业收入 × 基期净利润 / 基期期初股东权益 × 利润留存率

14. 下列有关可持续增长率的表述中，正确的有（　　）。
A. 在可持续增长状态下，企业的资产、负债和权益保持同比例增长
B. 可持续增长是想表明企业超常增长是十分危险的，企业的实际增长率决不应该高于可持续增长率
C. 可持续增长的假设条件之一是公司目前的股利支付率是目标股利支付率，并且打算继续维持下去
D. 如果某一年不增发新股或回购股票，且经营效率和财务政策与上年相同，则本年实际增长率等于上年的可持续增长率

15. 企业若想提高增长率，需要解决超过可持续增长所带来的财务问题，具体可以采取的措施包括（　　）。
A. 提高权益乘数
B. 提高资产周转率
C. 提高股利支付率
D. 利用增发新股

16. 甲企业 2021 年的可持续增长率为 10%，2022 年不增发新股和回购股票，营业净利率、总资产周转率、利润留存率、资产负债率保持不变，则（　　）。
A. 2022 年实际销售增长率为 10%
B. 2022 年权益净利率为 10%
C. 2022 年内含增长率为 10%
D. 2022 年可持续增长率为 10%

17. 下列有关现金流量的计算方法正确的有（　　）。

A. 实体现金流量 = 税后经营净利润 + 折旧与摊销 - 净经营资产总投资

B. 实体现金流量 = 股权现金流量 + 债务现金流量

C. 股权现金流量 = 股利分配 - 股权资本净增加

D. 股权现金流量 = 实体现金流量 - 税后利息费用

三、计算分析题

1. ABC公司2021年净利润为1380万元，优先股分红500万元（包含上年未足额派发股息的差额部分300万元）。2021年年末净资产为9600万元，有优先股100万股，优先股的清算价值15元/股，累计拖欠优先股股利1元/股。2021年年初发行在外的普通股为800万股；2021年6月30日新发行普通股500万股；2021年9月30日回购普通股200万股；2021年年末发行在外的普通股为1100万股。2021年年末普通股每股市价50元。

要求：

（1）计算2021年发行在外的普通股的加权平均股数（按月加权平均）；

（2）计算2021年的每股收益及每股净资产；

（3）计算2021年年末市盈率；

（4）计算2021年年末市净率。

2. 戊公司是一家上市公司，为了综合分析上年度的经营业绩，公司董事会召开专门会议进行讨论。公司相关资料如下：

资料一：戊公司资产负债表简表如表1所示：

表1 戊公司资产负债表简表

2021年12月31日 单位：万元

资产	年初金额	年末金额	负债和股东权益	年初金额	年末金额
货币资金	3500	4000	流动负债合计	15000	20000
应收账款	10000	12000	非流动负债合计	41240	40000
存货	18000	14000	负债合计	56240	60000
流动资产合计	31500	30000	股东权益合计	35260	40000
非流动资产合计	60000	70000			
资产合计	91500	100000	负债和股东权益合计	91500	100000

资料二：戊公司及行业标杆企业部分财务指标如表2所示：

表2 戊公司及行业标杆企业部分财务指标（2021年）

项目	戊公司	行业标杆企业
流动比率	（A）	2
速动比率	（B）	1
资产负债率	×	50%
营业净利率	×	（F）

续表

项目	戊公司	行业标杆企业
总资产周转率（次）	×	1.3
总资产净利率	（C）	13%
权益乘数（保留四位小数）	（D）	（G）
权益净利率	（E）	（H）
长期资本负债率	（I）	40%

注：表中“×”表示省略的数据，取自资产负债表的数据均取平均数。

资料三：戊公司2021年营业收入为146977万元，营业成本为95535.5万元，净利润为9480万元，2021年年初坏账准备余额500万元，2021年年末坏账准备余额600万元。

资料四：戊公司的生产经营存在季节性，每年3~10月份是经营旺季，11月~次年2月份是经营淡季。

要求：

（1）确定表2中英文字母代表的数值（不需要列示计算过程）。

（2）和同行业相比戊公司的短期偿债能力如何，你认为什么会影响对企业短期偿债能力的评价。

（3）为了分析戊公司短期偿债能力指标的可信性，你认为应分析哪些指标，并计算这些指标。

（4）计算戊公司2021年权益净利率与行业标杆企业的差异，并使用因素分析法依次测算总资产净利率和权益乘数变动对权益净利率差异的影响。

3. 甲公司有关资料如下：

（1）甲公司的利润表和资产负债表主要数据如下表所示。

单位：万元

利润表项目：	2020年度	2021年度
一、营业收入	5000	5350
减：营业成本	3000	3180
销售和管理费用（不包含折旧费用）	1000	1070
折旧费用	200	212.1
财务费用	100	107
二、利润总额	700	780.9
减：所得税费用	280	312.36
三、净利润	420	468.54
加：年初未分配利润	500	584
四、可供分配的利润	920	1052.54
减：应付普通股股利	336	352.09
五、未分配利润	584	700.45

资产负债表项目：	2020 年末	2021 年末
经营流动资产	300	318.15
固定资产	2200	2333.15
资产总计	2500	2651.3
短期借款	591	637.25
应付账款	75	79.55
长期借款	250	234.05
股本	1000	1000
未分配利润	584	700.45
股东权益合计	1584	1700.45
负债和股东权益总计	2500	2651.3

（2）财务费用全部为利息支出，用平均税率法分摊所得税到经营损益和金融损益。

要求：

（1）计算该公司 2021 年的税后经营净利润、经营营运资本增加和资本支出。

（2）计算该公司 2021 年的营业现金毛流量、营业现金净流量和实体现金流量。

（3）计算该公司 2021 年的股权现金流量和债务现金流量。

4. A 公司是一家上市公司，该公司 2020 年和 2021 年的主要财务数据以及 2022 年的财务计划数据如下表所示：

单位：万元

项目	2020 年实际	2021 年实际	2022 年计划
营业收入	1000.00	1411.80	1455.28
净利润	200.00	211.78	116.42
股利	100.00	105.89	58.21
本年利润留存	100.00	105.89	58.21
总资产	1000.00	1764.76	2910.57
负债	400.00	1058.87	1746.47
股本	500.00	500.00	900.00
未分配利润	100.00	205.89	264.10
股东权益	600.00	705.89	1164.10

假设公司产品的市场前景很好，营业额可以大幅增加，贷款银行要求公司的资产负债率不得超过 60%。董事会决议规定，以权益净利率高低作为管理层业绩评价的尺度。

要求：

（1）计算该公司上述3年的总资产周转率、营业净利率、权益乘数、利润留存率、可持续增长率和权益净利率，以及2021年和2022年的销售增长率（计算时资产负债表数据用年末数，计算结果填入给定的表格内，不必列示财务比率的计算过程）。

项目	2020年实际	2021年实际	2022年计划
总资产周转率			
营业净利率			
权益乘数			
利润留存率			
可持续增长率			
销售增长率	—		
权益净利率			

（2）指出2021年可持续增长率与上年相比有什么变化，其原因是什么？

（3）指出2021年公司是如何筹集增长所需资金的，财务政策与上年相比有什么变化？

（4）指出公司今后提高权益净利率的途径有哪些？

5. 甲公司是一家材料供应商，拟与乙公司建立长期合作关系，为了确定对乙公司采用何种信用政策，需要分析乙公司的偿债能力和营运能力。为此，甲公司收集了乙公司2021年度的财务报表，相关的财务报表数据以及财务报表附注中披露的信息如下：

（1）资产负债表项目：

单位：万元

项目	年末金额	年初金额
流动资产合计	4600	4330
其中：货币资金	100	100
交易性金融资产	500	460
应收账款	2850	2660
预付账款	150	130
存货	1000	980
流动负债合计	2350	2250

（2）利润表项目：

单位：万元

项目	本年金额	上年金额（略）
营业收入	14500	
财务费用	500	
资产减值损失	10	
所得税费用	32.50	
净利润	97.50	

（3）乙公司的生产经营存在季节性，每年3月份至10月份是经营旺季，11月份至次年2月份是经营淡季。

（4）乙公司按照应收账款余额的5%计提坏账准备，2021年年初坏账准备余额140万元，2021年年末坏账准备余额150万元。最近几年乙公司的应收账款回收情况不好，截至2021年年末账龄三年以上的应收账款已达到应收账款余额的10%。为了控制应收账款的增长，乙公司在2021年收紧了信用政策，减少了赊销客户的比例。

（5）乙公司2021年资本化利息支出100万元，计入在建工程。

（6）计算财务比率时，涉及到的资产负债表数据均使用其年初和年末的平均数。

要求：

（1）计算乙公司2021年的速动比率；评价乙公司的短期偿债能力时，需要考虑哪些因素？具体分析这些因素对乙公司短期偿债能力的影响。

（2）计算乙公司2021年的利息保障倍数；分析并评价乙公司的长期偿债能力。

（3）计算乙公司2021年的应收账款周转次数；评价乙公司的应收账款变现速度时，需要考虑哪些因素？具体分析这些因素对乙公司应收账款变现速度的影响。

四、综合题

1. A公司2021年财务报表主要数据如下表所示：

单位：万元

项目	2021年实际
营业收入	3200
净利润	160
本期分配股利	48
本期利润留存	112
流动资产	2552
固定资产	1800
资产总计	4352

项目	2021年实际
流动负债	1200
长期负债	800
负债合计	2000
股本	1600
未分配利润	752
所有者权益合计	2352
负债及所有者权益总计	4352

假设A公司资产均为经营性资产，流动负债为自发性无息负债，长期负债为有息负债，不变的营业净利率可以涵盖新增债务的利息。

A公司2022年的增长策略有两种选择：

（1）高速增长：销售增长率为20%。为了筹集高速增长所需的资金，公司拟提高财务杠杆。在保持2021年的营业净利率、资产周转率和利润留存率不变的情况下，将权益乘数（总资产/所有者权益）提高到2。

（2）可持续增长：维持目前的经营效率和财务政策（包括不增发新股或回购股票）。

要求：

（1）假设A公司2022年选择高速增长策略，请预计2022年财务报表的主要数据（具体项目同上表），并计算确定2022年所需的外部筹资额及其构成。

（2）假设A公司2022年选择可持续增长策略，请计算确定2022年所需的外部筹资额及其构成。

2. 甲公司为一家制衣公司，2022年计划销售增长率为25%，该增长率超出公司正常的增长水平较多，为了预测融资需求，安排超常增长所需资金，财务经理请你协助安排有关的财务分析工作，该项分析需要依据管理用财务报表进行，相关资料如下：

资料一：

最近两年传统的资产负债表（简表）

单位：万元

项目	2020年年末	2021年年末	项目	2020年年末	2021年年末
货币资金	45	25	短期借款	45	67.5
应收账款	115	145	应付账款	90	110
存货	85	150	其他应付款	22.5	25
预付款项	15	17.5	长期借款	60	50
固定资产	195	182.5	股东权益	237.5	267.5
资产总计	455	520	负债及股东权益总计	455	520

除银行借款外，其他资产负债表项目均为经营性质。

资料二：

最近两年传统的利润表（简表）

单位：万元

项目	2020 年	2021 年
营业收入	675	800
减：营业成本	510	607.5
销售费用及管理费用	82.5	100
财务费用	10	12.5
利润总额	72.5	80
所得税费用	22.5	25
净利润	50	55
其中：股利	37.5	25
利润留存	12.5	30

经营损益所得税和金融损益所得税根据当年实际负担的平均所得税税率进行分摊。

要求：

（1）编制管理用资产负债表。

管理用资产负债表

单位：万元

净经营资产	2020 年年末	2021 年年末	净负债及股东权益	2020 年年末	2021 年年末
经营营运资本			短期借款		
净经营性长期资产			长期借款		
			净负债合计		
			股东权益		
净经营资产总计			净负债及股东权益总计		

（2）编制管理用利润表。

管理用利润表

单位：万元

项目	2020 年	2021 年
经营损益：		
一、营业收入		

续表

项目	2020年	2021年
－营业成本		
－销售费用及管理费用		
二、税前经营利润		
－经营利润所得税		
三、税后经营净利润		
金融损益：		
四、利息费用		
－利息费用所得税		
五、税后利息费用		
六、净利润		

（3）按照改进的财务分析体系要求，计算下列财务比率：
税后经营净利率、净经营资产周转次数、净经营资产净利率、税后利息率、经营差异率、净财务杠杆、杠杆贡献率、权益净利率。
根据计算结果识别驱动2021年权益净利率变动的有利因素，包括（　　）。
A. 税后经营净利率
B. 净经营资产周转次数
C. 税后利息率
D. 净财务杠杆
（4）计算下列财务比率：
营业净利率、净经营资产周转次数、净经营资产权益乘数、利润留存率、可持续增长率、实际增长率。
根据计算结果识别2021年超常增长的原因是（　　）的变动。
A. 营业净利率
B. 净经营资产周转次数
C. 净经营资产权益乘数
D. 利润留存率
（5）为实现2022年销售增长25%的目标，若不改变经营效率，企业2022年的融资总需求为多少？
（6）如果2022年通过增加权益资本筹集超常增长所需资金（不改变经营效率和财务政策），需要增发多少权益资本？
（7）如果2022年通过增加借款筹集超常增长所需资金（不增发新股或回购股票、不改变股利政策和经营效率），净财务杠杆将变为多少？
（8）如果2022年通过提高利润留存率筹集超常增长所需资金（不增发新股或回购股票、不改变净财务杠杆和经营效率），利润留存率将变为多少？

3. 资料：
（1）A公司2021年的资产负债表和利润表如下所示：

资产负债表

2021 年 12 月 31 日

单位：万元

资产	年末金额	年初金额	负债及股东权益	年末金额	年初金额
流动资产：			流动负债：		
货币资金	10	14	短期借款	33	16
交易性金融资产	5	2	交易性金融负债	0	0
应收账款	107	99	应付账款	24	57
其他应收款	10	0	应付职工薪酬	1	1
存货	40	85	应交税费	3	4
其他流动资产	28	11	其他应付款	21	21
流动资产合计	200	211	其他流动负债	8	0
			流动负债合计	90	99
			非流动负债：		
			长期借款	105	69
			应付债券	80	48
非流动资产：			长期应付款	40	15
其他债权投资	5.5	15	预计负债	0	0
其他权益工具投资	2	0	递延所得税负债	0	0
长期股权投资	15	0	其他非流动负债	0	0
长期应收款	0	0	非流动负债合计	225	132
固定资产	255	187	负债合计	315	231
在建工程	12	8	股东权益：		
无形资产	9	0	股本	30	30
长期待摊费用	4	6	资本公积	3	3
递延所得税资产	7.5	0	盈余公积	30	12
其他非流动资产	5	4	未分配利润	137	155
非流动资产合计	315	220	股东权益合计	200	200
资产总计	515	431	负债及股东权益总计	515	431

利润表

2021 年度

单位：万元

项目	本年金额	上年金额
一、营业收入	750	700
减：营业成本	640	585
税金及附加	27	25
销售费用	12	13
管理费用	8.23	10.3
财务费用	22.86	12.86
资产减值损失	0	5
加：公允价值变动收益	0	0
投资收益	1	0
二、营业利润	40.91	48.84
加：营业外收入	16.23	11.16
减：营业外支出	0	0
三、利润总额	57.14	60
减：所得税费用	17.14	18
四、净利润	40	42

（2）A 公司 2020 年的相关指标如下表。表中各项指标是根据当年资产负债表中有关项目的期末数与利润表中有关项目的当期数计算的。

指标	2020 年实际值
净经营资产净利率	16.40%
税后利息率	8.11%
净财务杠杆	55.5%
杠杆贡献率	4.6%
权益净利率	21%

（3）计算财务比率时假设："经营货币资金"占营业收入的比为 1%，"应收账款"不收取利息，"其他应收款"不包括应收利息和应收股利，且不收取利息；"应付账款"等短期应付项目不支付利息；"长期应付款"不支付利息；"其他应付款"中应付股利年末金额为 1 万元，应付利息年末金额为 1 万元；财务费用全部为利息费用，没有金融性的投资收益，递延所得税资产属于经营活动形成的。

要求：

（1）计算 2021 年年末的净经营资产、净负债和 2021 年税后经营净利润；

（2）计算 2021 年的净经营资产净利率、税后利息率、净财务杠杆、杠杆贡献率和权益净利率；

（3）对 2021 年权益净利率较上年变动的差异进行因素分解，依次计算净经营资产净利率、税后利息率和净财务杠杆的变动对2021年权益净利率变动的影响；

（4）如果A公司2022年要实现权益净利率为21%的目标，在不改变税后利息率和净财务杠杆的情况下，净经营资产净利率应该达到什么水平？

［按要求（1）、（2）计算各项指标时，均以2021年资产负债表中有关项目的期末数与利润表中有关项目的当期数为依据。］

同步强化练习题参考答案及解析

使用“会计云课堂”App或“微信”扫码对答案、看解析、掌握解题思路，开启轻松过关之旅。

一、单项选择题

1.【答案】C

【解析】选项A会使流动负债、流动资产同时增加,但流动比率与1的关系不确定，所以无法确定流动比率是否提高，所以不一定会提高企业短期偿债能力，选项A错误；选项B会使企业实际的偿债能力降低；选项D只是流动负债中有息负债和无息负债内部此增彼减，不会提高短期偿债能力；只有选项C，可以使营运资本增加，在企业规模不变的前提下，有助于提高短期偿债能力。

2.【答案】D

【解析】选项A中的资产可能含有变现质量差的资产。选项B只反映支付利息保障能力。选项C只反映企业短期偿债能力。

3.【答案】C

【解析】选项A、B、D都是资产内部的此增彼减，不会影响资产负债率。选项C会使资产增加，所有者权益增加，会使资产负债率降低。

4.【答案】B

【解析】每股留存收益增加 = 每股收益 − 每股现金股利 =4−1=3（元），股数 = 留存收益增加 / 每股留存收益增加 = 1200/3=400（万股），所有者权益 =400 × 30=12000（万元），权益乘数 =（12000+6000）/12000=1.50。

5.【答案】A

【解析】利息保障倍数 = 息税前利润 / 利息支出，选项B、D对息税前利润和利息支出没有影响，而选项C会增加借款利息，从而会使利息保障倍数下降，因此选项B、C、D都不正确。选项A会使息税前利润增加，因此能提高企业利息保障倍数。

6.【答案】D

【解析】现金流量利息保障倍数衡量利息偿付安全性更可靠。

7.【答案】C

【解析】利息保障倍数 = 息税前利润 / 利息支出 =（20000 × 10%+50+600）/（600+200）=3.31。

8.【答案】B

【解析】应收账款包括会计报表中“应收账款”和“应收票据”等全部赊销账款，因为应收票据是销售形成的应收款项的另一种形式，所以本题选项A、C会影响。利润表中营业收入是指扣除了销售折扣和折让后的销售净额，故选项D会影响。

9.【答案】C

【解析】该公司每股净资产＝普通股股东权益/流通在外普通股股数＝［80000－（10+0.5）×1000］/5000=13.9（元），市净率＝每股市价/每股净资产＝25/13.9=1.80。

10.【答案】D

【解析】权益净利率＝总资产净利率×权益乘数＝总资产净利率×（1+产权比率）=20%×（1+1）=40%。

11.【答案】D

【解析】总资产净利率是企业盈利能力的关键。虽然股东的报酬由总资产净利率和财务杠杆共同决定，但提高财务杠杆会同时增加企业风险，往往并不增加企业价值。此外，财务杠杆的提高有诸多限制，企业经常处于财务杠杆不可能再提高的临界状态。因此，驱动权益净利率的基本动力是总资产净利率。

12.【答案】B

【解析】由于营业收入增长10%，净利润增长8%，说明营业净利率下降了；由于营业收入增长10%，资产总额增长12%，说明总资产周转率下降了；由于资产总额增长12%，负债总额增长9%，说明资产负债率下降，则权益乘数下降；而权益净利率＝营业净利率×总资产周转率×权益乘数，因此权益净利率也下降了。

13.【答案】A

【解析】税后利息率=72/800=9%，净经营资产净利率=240/（1600+800）=10%，经营差异率=10%－9%=1%。

14.【答案】B

【解析】净经营资产权益乘数＝净经营资产/所有者权益，净财务杠杆＝净负债/所有者权益，所以，净经营资产权益乘数－净财务杠杆＝（净经营资产－净负债）/所有者权益＝所有者权益/所有者权益=1，因此选项B正确。

15.【答案】C

【解析】外部融资需求额=(5000－1000)×20%－10000×（1+20%）×10%×30%－300=140（万元）。

16.【答案】C

【解析】对于非金融企业，短期权益性投资属于利用经营活动多余资金进行投资所涉及的资产，因此属于金融资产，选项C正确；根据第1章的知识点，对于子公司及非子公司的长期股权投资属于经营性投资，因此长期股权投资属于经营资产，选项D错误。

17.【答案】B

【解析】外部融资额＝外部融资销售增长比×营业收入增加额=5%×200=10（万元）。

18.【答案】A

【解析】由于不打算从外部融资，此时的销售增长率为内含增长率。

方法一：净经营资产占营业收入的百分比=60%－15%=45%

净经营资产周转率=1/45%

内含增长率=[5%×（1/45%）×100%]/[1－5%×（1/45%）×100%]=12.5%

方法二：0=（60%－15%）－[（1+g）/g]×5%×100%

解得：g=12.5%。

19.【答案】C

【解析】由于当年的实际增长率低于其内含增长率，表明不需要从外部融资，且有多余资金，因此，外部融资销售增长比小于 0。

20.【答案】D

【解析】2020 年净利润 =600/(1+10%)= 545.45(万元)，设利润留存率为 X，则：

$$\frac{\frac{545.45}{2400}\times X}{1-\frac{545.45}{2400}\times X}=10\%$$

解得：X=40%

所以，股利支付率 =1-40%=60%。

或：根据题意可知，本题 2021 年实现了可持续增长，股东权益增长率 = 可持续增长率 =10%，股东权益增加 = 2400×10%=240(万元)=2021 年利润留存，因此，2021 年的利润留存率 = 240/600×100%=40%，股利支付率 =1-40%=60%。

二、多项选择题

1.【答案】CD

【解析】选项 A、B 不影响速动比率。选项 C 会使应收账款增加，存货减少，即速动比率分子增加，分母不变，因此速动比率会提高。选项 D 会使速动比率的分子分母同时等额减少，但由于速动比率目前大于 1，分母的下降幅度更大，因此会使速动比率提高。

2.【答案】AB

【解析】营运资本 = 流动资产 - 流动负债 =(总资产 - 非流动资产)-(总资产 - 长期资本)= 长期资本 - 非流动资产，营运资本为负数，即流动资产小于流动负债，表明长期资本小于非流动资产，有部分非流动资产由流动负债提供资金来源。营运资本为正数，表明长期资本的数额大于非流动资产，超出部分被用于流动资产，由此可知，选项 A、B 的说法正确。营运资本是绝对数指标，不便于衡量资产规模不同的企业以及企业不同时期短期偿债能力的高低，选项 C 错误。营运资本为 0，表明全部流动资产均由流动负债提供资金来源，非流动资产均由长期资本提供资金来源，选项 D 错误。

3.【答案】ABD

【解析】应收账款周转天数 =365× 应收账款平均余额 / 营业收入，根据公式可以看出，分母按营业收入计算要比按赊销额计算大，同时应收账款平均净额小于应收账款平均余额，因此均会使周转天数减少，选项 A、B 正确；应收账款旺季的日平均余额通常高于应收账款全年日平均余额，所以选项 C 会使周转天数增大；应收账款核销坏账损失前的平均余额高于应收账款已核销坏账损失后的平均余额，所以选项 D 会使周转天数减少。

4.【答案】ABCD

【解析】权益乘数 =1+ 产权比率 =1/(1- 资产负债率)，选项 A、B 正确。1- 营运资本配置比率 =1- 营运资本 / 流动资产 = 流动负债 / 流动资产 =1/ 流动比率，选项 C 正确。资产负债率 × 权益乘数 =(总负债 / 总资产)×(总资产 / 股东权益)= 总负债 / 股东权益 = 产权比率，选项 D 正确。

5.【答案】AD

【解析】选项 A、D 都使企业资产减少，从而会使总资产周转率上升。选项 B 会使资产增加，因而会使总资产周转率下降。选项 C 属于资产内部此增彼减，不影响资产总额。

6.【答案】BC

【解析】毛利率 =1- 营业成本率，存货周转率 = 营业成本 / 平均存货余额，营业收入相同的情况下，毛利率越高，营业成本越低，存货平均余额相同的情况下，存货周转率越低，存货管理业绩越差，选项B正确。总资产周转天数=流动资产周转天数+非流动资产周转天数，因此非流动资产周转天数增加=总资产周转天数增加-流动资产周转天数增加=50-30=20（天），选项C正确。

7.【答案】BCD

【解析】市盈率反映了投资者对公司未来前景的预期，市盈率越高，投资者对公司未来前景的预期越高，选项A错误。每股收益的概念仅适用于普通股，优先股股东除规定的优先股股息外，对剩余收益没有要求权，因此用于计算每股收益的分子应从净利润中扣除当年宣告或累积的优先股股息，选项B正确。通常只为普通股计算每股净资产，如果存在优先股，应从股东权益总额中减去优先股的权益，包括优先股的清算价值及全部拖欠的股利，得出普通股权益，选项C正确。市销率=每股市价/每股营业收入=（每股市价/每股收益）×（每股收益/每股营业收入）=市盈率×营业净利率，选项D正确。

8.【答案】ABCD

【解析】其他应付款中的应付利息和应付股利（包括优先股的应付股利和普通股的应付股利），均为筹资活动的应计费用，因此属于金融负债。租赁形成的租赁负债属于金融负债。

9.【答案】CD

【解析】产权比率=总负债/所有者权益，权益乘数=1+产权比率=7/4，选项A错误。债权投资的利息收入属于金融损益，选项B错误。净负债=金融负债-金融资产，净经营资产=净负债+股东权益，所以净负债=净经营资产-股东权益，选项C正确。净经营资产净利率大于税后利息率时，经营差异率才会大于0，选项D正确。

10.【答案】AB

【解析】外部融资额=经营资产销售百分比×营业收入增加-经营负债销售百分比×营业收入增加-可动用金融资产-预计营业收入×预计营业净利率×（1-预计股利支付率），净经营资产周转天数延长，会增加净经营资产占用资金，增加净经营资产销售百分比，从而增加外部融资额；可动用金融资产减少，会使外部融资额增加；资产负债率不会影响外部融资额，只是影响外部融资的资本结构，因此选项C是无关项；提高利润留存率会使外部融资额减少，选项D错误。

11.【答案】ABD

【解析】若销售增加所引起的敏感负债和留存收益的增加超过资产的增加，反而会有资金剩余，只有当销售增长率高于内含增长率时，销售增加才会引起外部融资需求的增加，因此选项A不正确。股利支付率小于1的情况下，营业净利率提高，会引起外部融资需求的减少，如果股利支付率等于1，则利润留存率等于0，无论营业净利率是多少，利润留存都等于0，不影响外部融资需求，因此选项B不正确。外部融资需求=（经营资产销售百分比-经营负债销售百分比）×营业收入增加-预计营业收入×预计营业净利率×（1-预计股利支付率），因此当营业净利率大于0时，股利支付率与外部融资需求呈同向变化，选项C正确。资产周转率的提高会加速资金周转，反而有可能会使资金需要量减少，因此选项D不正确。

12.【答案】ABC

【解析】确定销售百分比时，假设企业经营资产和经营负债与营业收入保持稳定的百分比，金融资产和金融负债与营业收入并不保持稳定的百分比，教材中所指的相关资产、负债，指的是经营资产、经营负债，选项 A 错误。预测的融资总需求等于预计净经营资产总额减去基期净经营资产总额，选项 B 错误。可动用的金融资产等于基期金融资产，选项 C 错误。

13.【答案】AD

【解析】因为满足可持续增长条件，所以销售增长率 = 资产增长率 = 股东权益增长率，增加的留存收益 = 增加的股东权益，因此：本期营业收入增加 / 基期营业收入 × 基期期末总资产 = 销售增长率 × 基期期末总资产 = 资产增长率 × 基期期末总资产 = 本期资产增加，选项 A 正确。本期负债增加 = 基期期末负债 × 负债增长率 = 基期期末负债 × 股东权益增长率 = 基期期末负债 × 本期股东权益增加 / 基期期末股东权益 = 基期期末负债 × 本期利润留存 / 基期期末股东权益 = 基期期末负债 × 本期营业收入 × 营业净利率 × 利润留存率 / 基期期末股东权益。选项 B 错误。选项 C 应该用本期营业收入计算。基期营业收入 × $\frac{基期净利润}{基期期初股东权益}$ × 利润留存率 = 基期营业收入 × 基期增加的留存收益 / 基期期初股东权益 = 基期营业收入 × 所有者权益增长率 = 基期营业收入 × 销售增长率 = 本期营业收入增加，因此选项 D 正确。

14.【答案】ACD

【解析】可持续增长状态，不是说企业的实际增长率不可以高于或低于可持续增长率，关键是要解决超过可持续增长所带来的财务问题。

15.【答案】ABD

【解析】选项 C 应该是降低股利支付率。如果某一年的可持续增长率公式中的 4 个财务比率（营业净利率、资产周转率、权益乘数、利润留存率）有一个或多个比率提高，在不增发新股或回购股票的情况下，本年实际增长率超过上年可持续增长率；如果某一年的可持续增长率公式中的 4 个财务比率有一个或多个比率下降，在不增发新股或回购股票的情况下，本年实际增长率低于上年可持续增长率；如果公式中的 4 个财务比率已经达到企业的极限，只有通过增发新股增加资金，才能提高销售增长率。

16.【答案】AD

【解析】由于满足可持续增长的假设条件，2022 年的可持续增长率等于 2021 年的可持续增长率，2022 年的实际销售增长率也等于 2021 年的可持续增长率。

17.【答案】ABC

【解析】股权现金流量 = 实体现金流量 − 债务现金流量，而债务现金流量 = 税后利息费用 − 净负债的增加，因此选项 D 错误。

【提示】净经营资产总投资 = 净经营资产增加 + 折旧与摊销 = 经营营运资本增加 + 净经营长期资产增加 + 折旧与摊销 = 经营营运资本增加 + 资本支出。

三、计算分析题

1.【答案】

（1）发行在外的普通股的加权平均股数 = 800 × 12/12+500 × 6/12−200 × 3/12=1000（万股）

（2）每股收益 =（1380−500）/1000=0.88（元）

每股净资产 =（9600−15 × 100−1 × 100）/1100=7.27（元）

（3）市盈率 =50/0.88=56.82（倍）

（4）市净率 =50/7.27=6.88（倍）。

【提示】计算每股收益的分子是时期数，因此分母使用发行在外普通股的加权平均股数；计算每股净资产的分子是时点数，因此分母使用期末发行在外的普通股股数，不用普通股加权平均股数。

2.【答案】

（1）流动比率 A=［（31500+30000）/2］/［（15000+20000）/2］=1.76

速动比率 B=［（3500+10000+4000+12000）/2］/［（15000+20000）/2］=0.84

总资产净利率 C=9480/［（91500+100000）/2］×100%=9.90%

权益乘数 D=［（91500+100000）/2］/［（35260+40000）/2］=2.5445

权益净利率 E=9480/［（35260+40000）/2］=25.19%

行业标杆企业营业净利率 F=13%/1.3=10%

行业标杆企业权益乘数 G=1/（1-50%）=2

行业标杆企业权益净利率 H=13%×2=26%

长期资本负债率 I=[（41240+40000）/2]/[（41240+40000+35260+40000）/2]=51.91%

（2）根据第（1）问的计算结果可以看出，戊公司的流动比率和速动比率都低于行业标杆企业，所以戊公司的短期偿债能力是低于行业标杆企业的。戊公司的生产经营存在季节性，年初、年末处于经营淡季，应收账款、存货、流动负债均低于平均水平，计算结果可能不能正确反映戊公司的短期偿债能力。

（3）为了分析流动比率的可信性，应分析存货和应收账款的周转率，为了分析速动比率的可信性，应分析应收账款的周转率。

存货周转率 =146977/［（18000+14000）/2］=9.19（次）

应收账款周转率 =146977/［（10000+500+12000+600）/2］=12.73（次）

（4）戊公司 2021 年权益净利率与行业标杆企业的差异 =25.19%-26%=-0.81%

总资产净利率变动对权益净利率的影响 =（9.9%-13%）×2=-6.2%

权益乘数变动对权益净利率的影响 =9.9%×（2.5445-2）=5.39%。

3.【答案】

（1）平均税率 =312.36/780.9=40%

税后经营净利润 = 净利润 + 税后利息费用 =468.54+107×（1-40%）=532.74（万元）

经营营运资本增加 =（318.15-79.55）-（300-75）=13.6（万元）

资本支出 =（2333.15-2200）+212.1=345.25（万元）

（2）营业现金毛流量 =532.74+212.1=744.84（万元）

营业现金净流量 =744.84-13.6=731.24（万元）

实体现金流量 =731.24-345.25=385.99（万元）

（3）债务现金流量 = 税后利息费用 - 净负债增加 =107×（1-40%）-［（637.25+234.05）-（591+250）］=33.9（万元）

股权现金流量 = 实体现金流量 - 债务现金流量 =385.99-33.9=352.09（万元）。

4.【答案】

（1）

项目	2020 年实际	2021 年实际	2022 年计划
总资产周转率	1	0.80	0.50
营业净利率	20%	15%	8%
权益乘数	1.67	2.50	2.50
利润留存率	50%	50%	50%
可持续增长率	20.05%	17.65%	5.26%

项目	2020 年实际	2021 年实际	2022 年计划
销售增长率	—	41.18%	3.08%
权益净利率	33.33%	30.00%	10.00%

（2）2021 年可持续增长率与上年相比下降了，原因是总资产周转率下降和营业净利率下降所致。

（3）2021 年公司是靠增加借款和利用利润留存来筹集增长所需资金的，财务政策与上年相比财务杠杆提高了。

（4）贷款银行要求公司的资产负债率不得超过 60%，2022 年的资产负债率已经达到 60% 了，所以未来提高权益净利率要靠提高营业净利率和总资产周转率。

5.【答案】

（1）速动比率 = 速动资产平均金额 / 流动负债平均金额 =[（100+100+500+460+2850+2660）/2]/[（2350+2250）/2]=1.45

评价乙公司的短期偿债能力时，需要考虑应收账款的变现能力。乙公司按照应收账款余额的 5% 计提坏账准备，2021 年年末账龄三年以上的应收账款已达到应收账款余额的 10%，实际坏账很可能比计提的坏账准备多，从而降低乙公司的短期偿债能力。

乙公司的生产经营存在季节性，报表上的应收账款金额不能反映平均水平，即使使用年末和年初的平均数计算，仍然无法消除季节性生产企业年初、年末数据的特殊性。乙公司年初、年末处于经营淡季，应收账款、流动负债均低于平均水平，计算结果可能不能正确反映乙公司的短期偿债能力。

（2）利息保障倍数 = 息税前利润 / 利息支出 =（97.5+32.5+500）/（500+100）=1.05

乙公司的利息保障倍数略大于 1，说明自身产生的经营收益勉强可以支持现有的负债规模。由于息税前利润受经营风险的影响，存在不稳定性，而利息支出却是固定的，乙公司的长期偿债能力仍然较弱。

（3）应收账款周转次数 = 营业收入 / 应收账款平均余额 =14500/[（2850+150+2660+140）/2]=5（次）

乙公司的生产经营存在季节性，报表上的应收账款金额不能反映平均水平，即使使用年末和年初的平均数计算，仍然无法消除季节性生产企业年初、年末数据的特殊性。乙公司年初、年末处于经营淡季，应收账款余额低于平均水平，计算结果会高估应收账款变现速度。

计算应收账款周转次数时应使用赊销额，由于无法取得赊销数据而使用营业收入计算时，会高估应收账款周转次数。乙公司 2021 年减少了赊销客户比例，现销比例增大，会进一步高估应收账款变现速度。

四、综合题

1.【答案】

（1）

预计 2022 年主要财务数据

单位：万元

项目	2021 年实际	2022 年预计
营业收入	3200	3840
净利润	160	192

续表

项目	2021 年实际	2022 年预计
本期分配股利	48	57.6
本期利润留存	112	134.4
流动资产	2552	3062.4
固定资产	1800	2160
资产总计	4352	5222.4
流动负债	1200	1440
长期负债	800	1171.2
负债合计	2000	2611.2
股本	1600	1724.8
未分配利润	752	886.4
所有者权益合计	2352	2611.2
负债及所有者权益总计	4352	5222.4

因为权益乘数提高到 2，所以所有者权益合计 $=\frac{5222.4}{2}=2611.2$（万元）

负债合计 =2611.2 万元

长期负债 =2611.2-1440=1171.2（万元）

未分配利润 =752+134.4=886.4（万元）

股本 =2611.2-886.4=1724.8（万元）

需从外部筹资 $=3200\times20\%\times\frac{4352}{3200}-3200\times20\%\times\frac{1200}{3200}-3200\times(1+20\%)\times\frac{160}{3200}\times\frac{112}{160}=496$（万元）

其中：从外部增加的长期负债 =1171.2-800=371.2（万元）

从外部增加的股本 =1724.8-1600=124.8（万元）

【提示】负债总额包括经营负债、金融负债，在题中没有明确说明的情况下，默认为经营资产、经营负债与营业收入同比例变动。本题中流动负债为自发性无息负债，即为经营负债，因此流动负债与营业收入同比例变动，但金融负债没有这个关系，因此长期负债并不能根据销售增长率计算。股本 = 所有者权益总额 − 期末未分配利润，与营业收入并没有同比例变动关系，而期末未分配利润 = 期初未分配利润 + 利润留存。

（2）2022 年可持续增长率 =2021 年可持续增长率 $=\frac{\frac{160}{2352}\times\frac{112}{160}}{1-\frac{160}{2352}\times\frac{112}{160}}=5\%$

方法 1：2022 年可持续增长下增加的负债 =2000×5%=100（万元）

其中：2022 年可持续增长下增加的经营负债 =1200×5%=60（万元）

2022 年可持续增长下增加的外部金融负债 =100-60=40（万元）

外部筹资额为 40 万元，均为外部长期负债。

方法 2：外部筹资额 =（4352-1200）×5%-3200×（1+5%）×160/3200×112/160=40（万元）

因为可持续增长下，假设不增发新股或回购股票，所以外部筹资额均为外部长期负债。

2.【答案】

（1）

管理用资产负债表

单位：万元

净经营资产	2020 年年末	2021 年年末	净负债及股东权益	2020 年年末	2021 年年末
经营营运资本	147.5	202.5	短期借款	45	67.5
净经营性长期资产	195	182.5	长期借款	60	50
			净负债合计	105	117.5
			股东权益	237.5	267.5
净经营资产总计	342.5	385	净负债及股东权益总计	342.5	385

（2）

管理用利润表

单位：万元

项目	2020 年	2021 年
经营损益：		
一、营业收入	675	800
- 营业成本	510	607.5
- 销售费用及管理费用	82.5	100
二、税前经营利润	82.5	92.5
- 经营利润所得税	25.6	28.91
三、税后经营净利润	56.9	63.59
金融损益：		
四、利息费用	10	12.5
- 利息费用所得税	3.1	3.91
五、税后利息费用	6.9	8.59
六、净利润	50	55

【提示】2020 年经营利润所得税 =82.5 × 22.5/72.5=25.6（万元）

2021 年经营利润所得税 =92.5 × 25/80=28.91（万元）

（3）B

主要分析指标	2020 年	2021 年	变动
税后经营净利率	8.43%	7.95%	-0.48%
净经营资产周转次数	1.9708	2.0779	0.1071
净经营资产净利率	16.61%	16.52%	-0.09%
税后利息率	6.57%	7.31%	0.74%
经营差异率	10.04%	9.21%	-0.83%
净财务杠杆	0.4421	0.4393	-0.0028
杠杆贡献率	4.44%	4.05%	-0.39%
权益净利率	21.05%	20.57%	-0.48%

【解析】权益净利率 = 净经营资产净利率 +（净经营资产净利率 - 税后利息率）× 净财务杠杆，其中净经营资产净利率 = 税后经营净利率 × 净经营资产周转次数，有利因素指的是导致权益净利率增加的因素，税后经营净利率、净经营资产周转次数、净财务杠杆增加，均会导致权益净利率增加，税后利息率减少，才会导致权益净利率增加，所以选项 B 正确。

（4）BD

主要分析指标	2020 年	2021 年	变动
营业净利率	7.41%	6.88%	-0.53%
净经营资产周转次数	1.9708	2.0779	0.1071
净经营资产权益乘数	1.4421	1.4393	-0.0028
利润留存率	25%	54.55%	29.55%
可持续增长率	5.56%	12.64%	7.08%
实际增长率	—	（800-675）/675=18.52%	—

（5）净经营资产周转次数不变，净经营资产增长率 =25%

融资总需求 = 增加的净经营资产 =385 × 25%=96.25（万元）

（6）由于不改变经营效率和财务政策，故：

所有者权益增长率 =25%

所有者权益增加 =267.5 × 25%=66.88（万元）

2022 年预计收入 =800 ×（1+25%）=1000（万元）

留存收益增加 =1000 × 6.88% × 54.55%=37.53（万元）

或：留存收益增加 =30 ×（1+25%）=37.5（万元）

注：两种做法的结果不一样是因为四舍五入导致的误差。

增发的权益资本 =66.88-37.53=29.35（万元）

或：净经营资产周转次数不变，净经营资产增长率 =25%

融资总需求 = 增加的净经营资产 = 385×25%=96.25（万元）
外部筹资额 = 融资总需求 - 留存收益增加 =96.25-37.53=58.72（万元）
增发的权益资本 = 外部筹资额 - 外部负债筹资 =58.72-（67.5+50）×25%=29.35（万元）
【提示】不改变经营效率说明净经营资产周转率和营业净利率不变，不改变财务政策说明资本结构和利润留存率不变，根据“净经营资产周转率”不变，可以得到：本年销售增长率 = 净经营资产增长率，根据“资本结构”不变，可以得到：净经营资产增长率 = 股东权益增长率，那么本年销售增长率 = 股东权益增长率 =25%。
（7）由于不增发新股或回购股票，故有：预计股东权益 =267.5+37.53=305.03（万元）
由于净经营资产周转次数不变，故有：
预计净经营资产 =800×（1+25%）/2.0779=481.26（万元）
预计净负债 =481.26-305.03=176.23（万元）
净财务杠杆 =176.23/305.03=0.5777
（8）方法一：
根据可持续增长率的公式倒求：
设利润留存率为 X，则：

$$\frac{6.88\% \times 1.4393 \times 2.0779 \times X}{1-6.88\% \times 1.4393 \times 2.0779 \times X}=25\%$$

解得：X=97.20%。
【提示】此处可以使用可持续增长率公式倒求的原因参见轻一 P74【易错易混点】。
方法二：根据不变的指标计算：
由于营业净利率不变，故有：预计净利润 =55×（1+25%）=68.75（万元）
由于净经营资产周转次数和净财务杠杆不变，故有：
股东权益增长率 = 净经营资产增长率 = 销售增长率 =25%
所以预计股东权益增加 =267.5×25%=66.875（万元）
因为不增发新股或回购股票，所以利润留存 = 预计股东权益增加 =66.875 万元
所以利润留存率 =66.875/68.75=97.27%。
注：跟方法一的结果不一样是因为四舍五入导致的误差。

3.【答案】
（1）①净经营资产 = 经营资产 - 经营负债
经营货币资金 =750×1%=7.5（万元）
金融货币资金 =10-7.5=2.5（万元）
金融资产 = 金融货币资金 + 交易性金融资产 + 其他债权投资 + 其他权益工具投资 =2.5+5+5.5+2=15（万元）
经营资产 = 总资产 - 金融资产 =515-15=500（万元）
金融负债 = 短期借款 + 长期借款 + 应付债券 + 应付股利 + 应付利息 =33+105+80+1+1=220（万元）
经营负债 = 总负债 - 金融负债 =315-220=95（万元）
2021 年净经营资产 = 经营资产 - 经营负债 =500-95=405（万元）
② 2021 年净负债 = 金融负债 - 金融资产 =220-15=205（万元）
③平均所得税税率 =17.14/57.14=30%
2021 年税后经营净利润 = 税前经营利润 ×（1- 平均所得税税率）=（利润总额 + 财务费用）×（1- 平均所得税税率）=（57.14+22.86）×（1-30%）=80×（1-30%）=56（万元）

（2）

指标计算表

指标	指标计算过程
净经营资产净利率	56/405×100%=13.83%
税后利息率	［22.86×（1-30%）/205］×100%=7.81%
净财务杠杆	205/200=1.025
杠杆贡献率	（13.83%-7.81%）×1.025=6.17%
权益净利率	40/200×100%=20%

（3）2021年权益净利率-2020年权益净利率=20%-21%=-1%

2020年权益净利率=16.4%+（16.4%-8.11%）×55.5%=21%

替代净经营资产净利率：13.83%+（13.83%-8.11%）×55.5%=17%

替代税后利息率：13.83%+（13.83%-7.81%）×55.5%=17.17%

替代净财务杠杆：13.83%+（13.83%-7.81%）×1.025=20%

净经营资产净利率变动影响=17%-21%=-4%

税后利息率变动影响=17.17%-17%=0.17%

净财务杠杆变动影响=20%-17.17%=2.83%

2021年权益净利率比上年降低1%，降低的主要原因：

①净经营资产净利率降低，影响权益净利率降低4%；

②税后利息率下降，影响权益净利率提高0.17%；

③净财务杠杆提高，影响权益净利率提高2.83%。

（4）设2022年净经营资产净利率为X，建立等式：

X+（X-7.81%）×1.025=21%

净经营资产净利率X=14.32%。

第三章　价值评估基础

CHAPTER-3

本章学习指南

一、考情分析

本章从题型来看客观题、主观题都有可能出题，客观题的出题点主要集中在货币时间价值的基本计算和风险衡量上，主观题最主要的是与后面章节内容结合的综合考查。最近 3 年平均分数为 3 分左右。

最近 3 年题型、题量分析表

题型	2019 年		2020 年		2021 年	
	试卷Ⅰ	试卷Ⅱ	试卷Ⅰ	试卷Ⅱ	试卷Ⅰ	试卷Ⅱ
单项选择题	1 题 1.5 分	1 题 1.5 分	1 题 1.5 分	—	—	1 题 2 分
多项选择题	1 题 2 分	1 题 2 分	1 题 2 分	1 题 2 分	1 题 2 分	—
计算分析题	—	—	—	—	—	—
综合题	—	—	—	—	—	—
合计	2 题 3.5 分	2 题 3.5 分	2 题 3.5 分	1 题 2 分	1 题 2 分	1 题 2 分

二、教材变化

本章与 2021 年的教材相比没有实质性变化。

三、考点框架

- 第三章 价值评估基础
  - 利率
    - 基准利率及其特征 ★
    - 利率的影响因素 ★★
    - 利率的期限结构 ★★
  - 货币时间价值
    - 货币时间价值的基本计算 ★★★
    - 货币时间价值计算的灵活运用 ★★
  - 风险与报酬
    - 风险的含义 ★
    - 单项投资的风险与报酬 ★★
    - 投资组合的风险与报酬 ★★★
    - 资本资产定价模型 ★★★

核心考点精讲

第一节 利 率

使用“会计云课堂”App或“微信”扫码查看本节视频，快速GET知识点。

一、基准利率及其特征★

（一）利率的含义及影响因素

含义	利率表示一定时期内利息额与借贷本金的比率，通常用百分比表示
影响因素	经济因素：物价水平、产业平均利润水平、国际经济状况、经济发展状况等 政策因素：货币政策、货币供给与需求状况、利率管制等

（二）基准利率

1. 基准利率的定义

基准利率是金融市场上具有普遍参照作用的利率。

2. 基准利率的基本特征

市场化	基准利率必须是由市场供求关系决定
基础性	基准利率在利率体系、金融产品价格体系中处于基础性地位
传递性	中央银行通过基准利率所发出的调控信号，能有效地传递到其他金融市场和金融产品价格上

（三）我国基准利率的确定

在我国，以中国人民银行（央行）对国家专业银行和其他金融机构规定的存贷款利率为基准利率。

经典题解

【例题1·多选题】基准利率是指导性利率，以下表述中正确的有（　　）。

A. 在我国以短期国债利率作为基准利率

B. 基准利率与其他金融市场的利率或金融资产的价格具有较强的关联性

C. 基准利率所反映的市场信号能有效地传递到其他金融市场和金融产品价格上

D. 基准利率必须是由市场供求关系决定

【解析】在我国，以中国人民银行（央行）对国家专业银行和其他金融机构规定的存贷款利率为基准利率，选项A错误。

【答案】BCD

二、利率的影响因素★★

在市场经济条件下，利率的确定方法表达如下。

利率 $r=r^{*}+RP=r^{*}+IP+DRP+LRP+MRP$

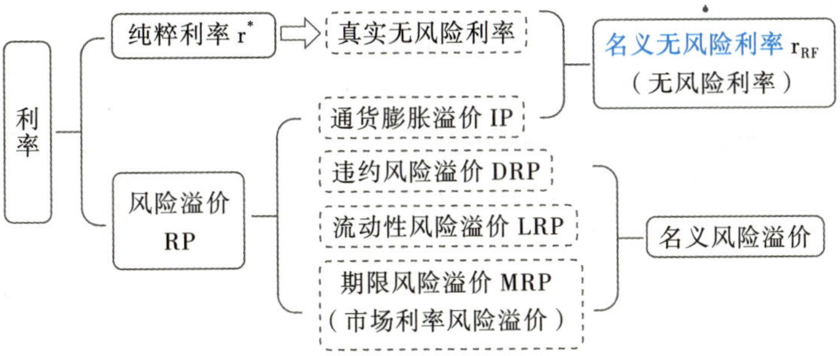

要点小贴士

财务管理不特指的情况下所说的无风险利率均指名义无风险利率。

（一）纯粹利率 r^{*}（pure rate of interest）

纯粹利率，也称真实无风险利率，是指在没有通货膨胀、无风险情况下资金市场的平均利率。没有通货膨胀时，短期政府债券的利率可以视作纯粹利率。

（二）通货膨胀溢价（inflation premium）

通货膨胀溢价，是指为了弥补预期通货膨胀造成的货币购买力下降的风险而给予证券投资人的补偿，也称为预期的平均通货膨胀率。

（三）违约风险溢价（default risk premium）

违约风险溢价，是指债券因存在发行者到期时不能按约定足额支付本金或利息的风险而给予债权人的补偿，该风险越大，债权人要求的利率越高。

（四）流动性风险溢价（liquidity risk premium）

流动性风险溢价，是指债券因存在不能短期内以合理价格变现的风险而给予债权人的补偿。

（五）期限风险溢价（maturity risk premium）

期限风险溢价，是指为了弥补由于市场利率上升导致证券价格下跌的风险而给予投资人的补偿，因此也被称为“市场利率风险溢价”。

经典题解

【真题2·多选题】利率是资本的价格，由无风险利率和风险溢价构成。在确定利率时，需要考虑的风险溢价有（　　）。（2018年卷Ⅱ）

A. 汇率风险溢价　　B. 违约风险溢价

C. 期限风险溢价　　D. 流动性风险溢价

【解析】利率＝纯粹利率＋通货膨胀溢价＋违约风险溢价＋流动性风险溢价＋期限风险溢价。

【答案】BCD

真题点拨

风险溢价的内容包括什么：

（1）考试没有特指，说明此无风险利率是指名义无风险利率，这时的风险溢价有三个：DRP+LRP+MRP；

（2）若考试特指给出实际的无风险利率，则此时的风险溢价有四个，还要多包含一个IP。

【例题3·单选题】下列有关利率影响因素的表述中，正确的是（　　）。

A. 纯粹利率，是指无风险情况下资金市场的平均利率

B. 通货膨胀溢价，是指证券存续期间预期的平均通货膨胀率

C. 违约风险溢价，是指债券因存在不能短期内以合理价格变现的风险而给予债权人的补偿

D. 流动性风险溢价，是指债券因面临存续期内市场利率上升导致价格下跌的风险而给予债权人的补偿

【解析】选项A的表述缺少“没有通货膨胀”的前提，不正确；选项C将流动性风险溢价和违约风险溢价的概念搞混了，不正确；选项D将流动性风险溢价和期限风险溢价的概念搞混了，不正确。

【答案】B

三、利率的期限结构★★

（一）含义及图像

含义	利率期限结构是指某一时点不同期限债券的到期收益率与期限之间的关系，反映的是长期利率和短期利率的关系
图像	利率期限结构表现在图像上就是收益率曲线 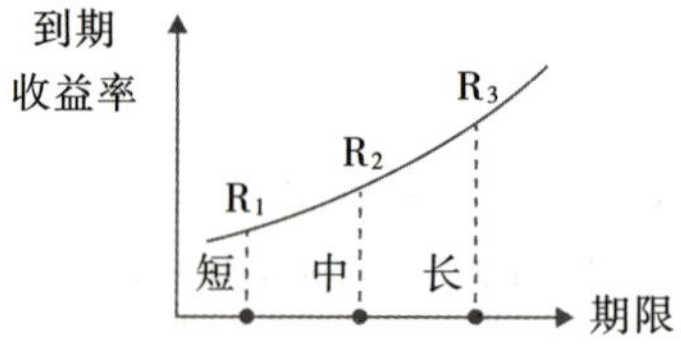 上斜收益率曲线 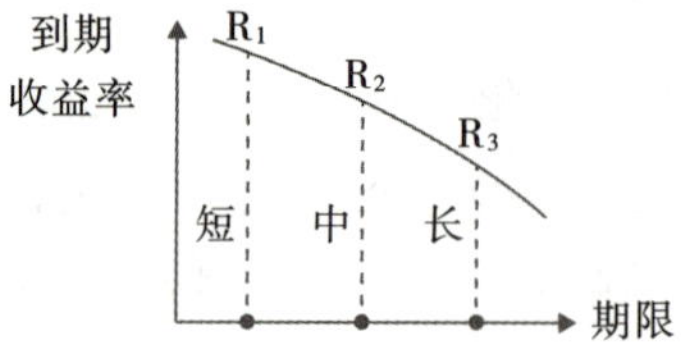 下斜收益率曲线 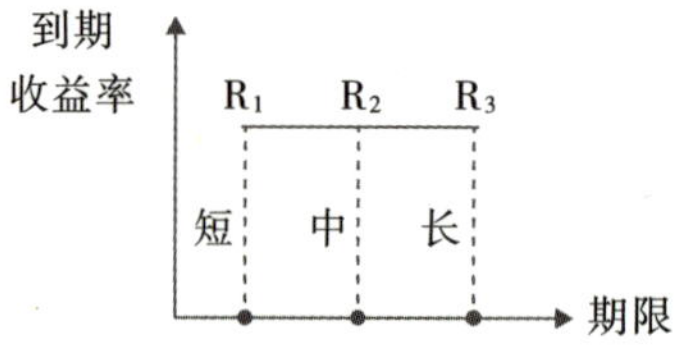 水平收益率曲线 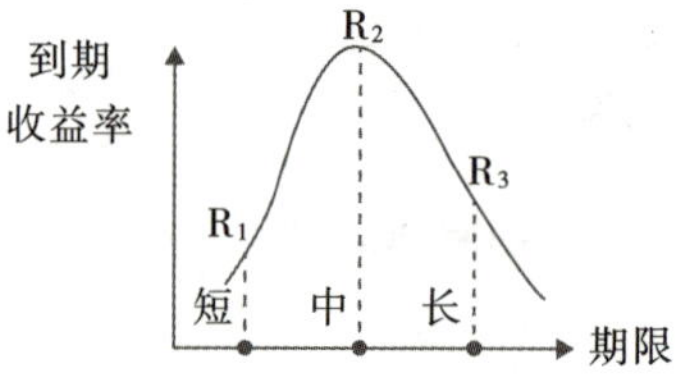 峰型收益率曲线

（二）利率期限结构的相关理论

要点小贴士

（1）无偏预期理论和市场分割理论是两个极端，两者的结论相反。

（2）流动性溢价理论是折中的理论。

1. 各种理论观点的比较

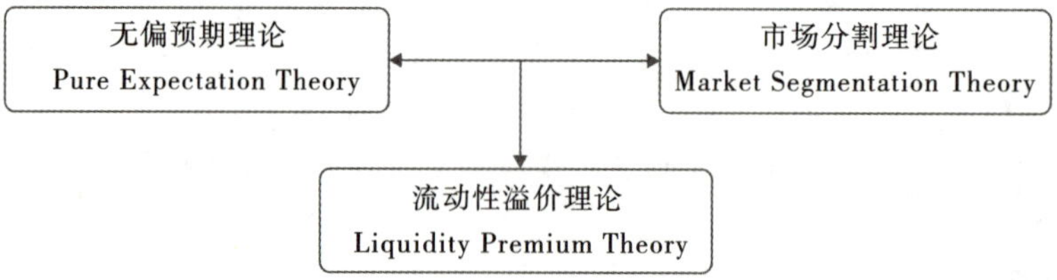

类别	（无偏）预期理论	流动性溢价理论	市场分割理论
基本观点	利率期限结构完全取决于市场对未来利率的预期	长期债券要给予投资者一定的流动性溢价	即期利率水平完全由各个期限市场上的供求关系决定
投资者	对不同期限没有偏好	存在偏好（短期）	固定偏好于收益率曲线的特定部分
长短期债券	完全替代	可替代，但非完全替代	不可替代
长短期市场	完全联通	存在差异	完全隔离
长短期利率之间的关系	长期利率 = 期限内预期短期利率的平均值 【提示】这里的平均值，指的是几何平均值	长期利率 = 期限内预期短期利率的平均值 + 流动性风险溢价价	长期利率与短期利率相互独立，互不影响

经典题解

【真题 4 · 单选题】下列各项说法中，符合流动性溢价理论的是（　　）。（2018 年卷 Ⅰ、卷 Ⅱ）

A. 长期即期利率是短期预期利率的无偏估计

B. 不同期限的债券市场互不相关

C. 债券期限越长，利率变动可能性越大，利率风险越高

D. 即期利率水平由各个期限债券市场上的供求关系决定

【解析】选项 A 符合无偏预期理论。选项 B、D 符合市场分割理论。选项 C 符合流动性溢价理论。

【答案】C

【真题 5 · 单选题】下列关于利率期限结构的表述中，属于预期理论观点的是（　　）。（2017 年卷 Ⅰ、卷 Ⅱ）

A. 不同到期期限的债券无法相互替代

B. 长期债券的利率等于在其有效期内人们所预期的短期利率的平均值

C. 到期期限不同的各种债券的利率取决于该债券的供给与需求

D. 长期债券的利率等于长期债券到期之前预期短期利率的平均值与随债券供求状况变动而变动的流动性溢价之和

【解析】选项 A、C 属于市场分割理论的观点。选项 D 属于流动性溢价理论的观点。

【答案】B

【例题 6 · 单选题】若 1 年期即期利率为 5%，市场预测 1 年后 1 年期预期利率为 6%，那么按照无偏预期理论，2 年期即期利率为（　　）。

> 解题攻略
>
> 无偏预期理论认为不同期限的债券是完全替代品，投资者对此并无偏好，所以只要投资总期限相等，投资总回报必须相等。

A. 5%　　B. 5.5%

C. 6%　　D. 5.3%

【解析】设 2 年期即期利率为 r，则：$(1+5\%)\times(1+6\%)=(1+r)^2$，2 年期

即期利率 $r=\sqrt{(1+5\%)\times(1+6\%)}-1=5.5\%$。

【答案】B

考点妙记

流动性溢价理论的收益率曲线：

(1) 上升+溢价=上斜。

(2) 不变+溢价=上斜。

(3) 下降+溢价=不一定，取决于下降幅度和溢价率的高低。

2. 各种理论下的收益率曲线

种类	预期理论	流动性溢价理论	市场分割理论
上斜收益率曲线	市场预期未来短期利率会上升	市场预期未来短期利率会上升、不变；还可能下降，但下降幅度小于流动性溢价	短期债券市场的均衡利率＜长期债券市场的均衡利率 【提示】长期债券市场利率最高
水平收益率曲线	市场预期未来短期利率会不变	市场预期未来短期利率会下降，且下降幅度等于流动性溢价	短期债券市场的均衡利率＝长期债券市场的均衡利率
下斜收益率曲线	市场预期未来短期利率会下降	市场预期未来短期利率会下降，且下降幅度大于流动性溢价	短期债券市场的均衡利率＞长期债券市场的均衡利率 【提示】短期债券市场利率最高
峰型收益率曲线	市场预期短期利率较近的将来会上升，较远的将来会下降（先上升后下降）	市场预期短期利率较近的将来可能上升、也可能不变，还可能下降，但下降幅度小于流动性溢价，较远的将来会下降，且下降幅度大于流动性溢价	中期债券市场的均衡利率最高

经典题解

【例题7·多选题】按照流动性溢价理论，下列各项中可以体现为上斜收益率曲线的有（　　）。

A. 市场预期未来短期利率上升

B. 市场预期未来短期利率不变

C. 市场预期未来短期利率下降，且下降幅度小于流动性溢价

D. 市场预期未来短期利率下降，且下降幅度大于流动性溢价

【解析】选项D解释的是流动性溢价理论中的下斜收益率曲线。

【答案】ABC

第二节　货币时间价值

使用“会计云课堂”App 或“微信”扫码查看本节视频，快速 GET 知识点。

一、货币时间价值的基本计算★★★

（一）年金的含义与种类

1. 年金的含义（三个要点）

定期、等额的系列收支。

2. 年金的种类

普通年金：从第一期开始每期期末收款、付款的年金

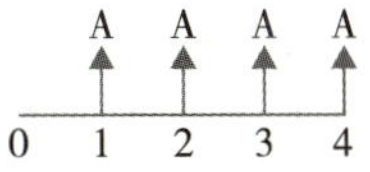

预付年金：从第一期开始每期期初收款、付款的年金

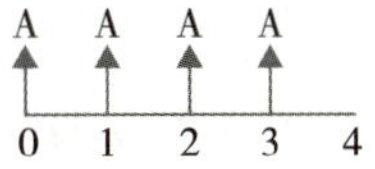

递延年金：从第二期或第二期以后开始收付的年金

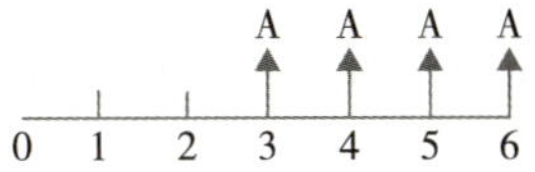

永续年金：无限期的普通年金

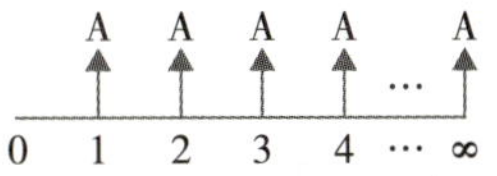

（二）货币时间价值的基本计算公式（终值与现值的计算）

名师点拨

一次性款项和普通年金的计算是最基本的。求终值乘终值系数；求现值乘现值系数；如果给定的款项是普通年金，乘年金的相关系数。

类别	终值	现值
一次性款项	复利终值 = 现值 × $(1+i)^n$ F=P×（F/P，i，n）	复利现值 = 终值 × $(1+i)^{-n}$ P=F×（P/F，i，n）
普通年金	终值 = 年金额 × 普通年金终值系数 $F=A\times\frac{(1+i)^n-1}{i}$ F=A×（F/A，i，n） 【提示】偿债基金系数 $=\frac{i}{(1+i)^n-1}$，记作（A/F，i，n）	现值 = 年金额 × 普通年金现值系数 $P=A\times\frac{1-(1+i)^{-n}}{i}$ P=A×（P/A，i，n） 【提示】投资回收系数 = $\frac{i}{1-(1+i)^{-n}}$，记作（A/P，i，n）
预付年金	终值 = 年金额 × 预付年金终值系数 F=A×［（F/A，i，n+1）-1］ 或：=A×（F/A，i，n）×（1+i）	现值 = 年金额 × 预付年金现值系数 P=A×［（P/A，i，n-1）+1］ 或：=A×（P/A，i，n）×（1+i）

要点小贴士

预付年金的公式要比普通年金的公式多乘（1+i）。

类别	终值	现值
递延年金	F=A×（F/A，i，n） “n”表示A的个数，与递延期“m”无关	（1）先将递延年金视为n期普通年金，求出在m期期末普通年金现值，然后再折现到0时点：P_0=A×（P/A，i，n）×（P/F，i，m） （2）先计算（m+n）期年金现值，再减去m期年金现值：P_0=A×（P/A，i，m+n）-A×（P/A，i，m）
永续年金	没有终值	现值＝年金额／折现率＝A/i

名师点拨

递延年金现值的计算：可以利用两次折现，也可以采用先加上后减去的方法。注意递延期m是第一次有收支的前一期。

【解读】

1.永续年金现值的特殊情况：

（1）如果给定的是一个以预付年金形式表示的永续年金，其现值为：$P=A+\frac{A}{i}$。

（2）如果给定的是一个以递延年金形式表示的永续年金，其现值为：$P=\frac{A}{i}$×（P/F，i，m）。

2.预付年金求现值如下图所示：

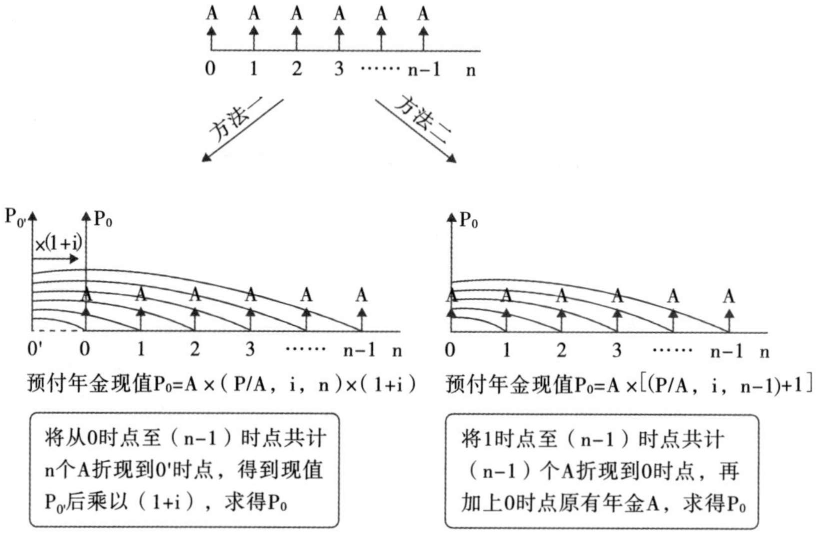

预付年金求终值如下图所示：

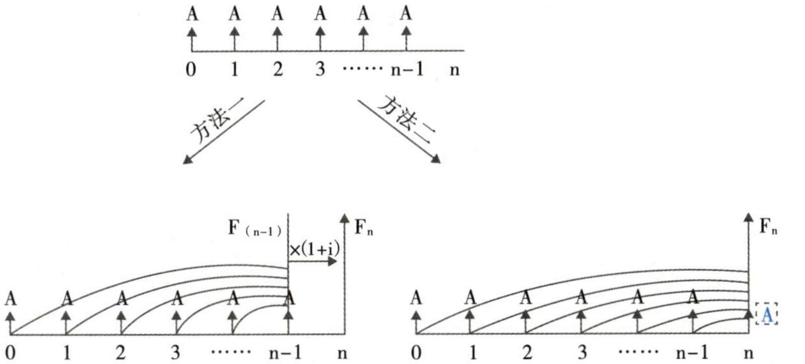

预付年金终值F_n=A×(F/A，i，n)×(1+i)　预付年金终值F_n=A×[(F/A，i，n+1)-1]

将从0时点至（n-1）时点共计n个A折到（n-1）时点，得到$F_{(n-1)}$后乘以（1+i），求得F_n	将从0时点至n时点（虚增n时点年金A）共计（n+1）个A折到n时点，再减去n时点虚增年金A，求得F_n

经典题解

【例题8·单选题】某公司拟购买一只股票并打算永久持有，预计公司最近两年不发股利，从第三年开始每年年末支付0.2元股利。若资本成本为10%，则预期股利现值合计为（　　）元。

A. 2　　B. 1.65　　C. 1.5　　D. 1.45

【解析】P_2=0.2/10%=2（元）

P_0=2×（P/F，10%，2）=2×0.8264=1.65（元）。

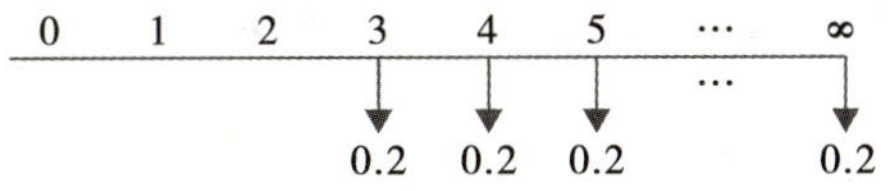

【答案】B

解题攻略

标准的永续年金是无限期的普通年金，无限期的普通年金的现值=A/i，本题的现金流可以理解为是递延的永续年金，所以采用两次折现。

【例题9·单选题】某项永久性扶贫基金拟在每年年初发放80万元扶贫款，年利率为4%，则该基金需要在第一年年初投入的资金数额（取整数）为（　　）万元。

A. 1923　　B. 2080

C. 2003　　D. 2000

【解析】该基金需要在第一年年初投入的资金数额=80/4%+80=2080（万元）。

【答案】B

解题攻略

本题的现金流量属于预付的永续年金。

【例题10·单选题】有一项年金，前3年无流入，后5年每年年初流入500万元，假设年利率为10%，其现值为（　　）万元。

A. 1995　　B. 1566

C. 1813　　D. 1423

【解析】本题是递延年金现值计算的问题，关键是正确确定递延期。

解题攻略

本题前3年年初无流入，针对时点来看是0，1，2这三个时点没有流入。

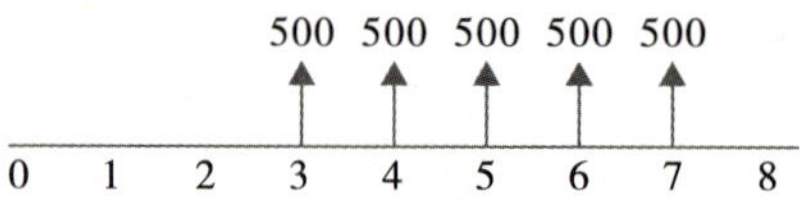

本题总的期限为 8 年，因为后 5 年每年年初有现金流入量，即在第 4~8 年的每年年初也就是第 3~7 年的每年年末有现金流入量。

从图中可以看出与普通年金相比，少了第 1 年年末和第 2 年年末的两个 A，所以递延期为 2。

现值 =500×（P/A，10%，5）×（P/F，10%，2）=500×3.7908×0.8264=1566（万元）

或者：现值 =500×[（P/A，10%，7）-（P/A，10%，2）]=500×（4.8684-1.7355）=1566（万元），选项 B 正确。

【答案】B

【易错易混点】货币时间价值系数间的关系：

名称	系数之间的关系
单利终值系数与单利现值系数	互为倒数
复利终值系数与复利现值系数	互为倒数
普通年金终值系数与偿债基金系数	互为倒数
普通年金现值系数与投资回收系数	互为倒数
预付年金终值系数与普通年金终值系数	期数加 1，系数减 1 或：预付年金终值系数 = 普通年金终值系数 ×（1+i）
预付年金现值系数与普通年金现值系数	期数减 1，系数加 1 或：预付年金现值系数 = 普通年金现值系数 ×（1+i）

经典题解

解题攻略

每年年末存款 1 元，n 年后的本利和，实际就是 1× 年金终值系数。

【例题 11·单选题】假设银行利率为 i，从现在开始每年年末存款 1 元，n 年后的本利和为 $[(1+i)^n-1]/i$ 元。如果改为每年年初存款，存款期数不变，n 年后的本利和应为（　　）元。

A. $\frac{(1+i)^{n+1}-1}{i}$　　B. $\frac{(1+i)^{n+1}-1}{i}-1$

C. $\frac{(1+i)^{n-1}-1}{i}+1$　　D. $\frac{(1+i)^{n+1}-1}{i}+1$

【解析】预付年金终值系数 = 普通年金终值系数 ×（1+i）$=[(1+i)^n-1]/i\times(1+i)=\frac{(1+i)^{n+1}-1}{i}-1$。

【答案】B

【例题 12·多选题】下列关于货币时间价值系数的表述中，正确的有（　　）。

A. 普通年金现值系数 × 投资回收系数 =1

B. 普通年金终值系数 × 偿债基金系数 =1

C. 普通年金现值系数 ×（1+ 折现率）= 预付年金现值系数

D. 普通年金终值系数 ×（1+ 折现率）= 预付年金终值系数

【解析】本题考查的是系数之间的关系。

【答案】ABCD

二、货币时间价值计算的灵活运用 ★★

（一）折现率和期间的推算（内插法的运用）

1. 折现率的推算

要点小贴士

利用数学上的两点式，任意两个利率差值的比等于对应系数差值的比。

内插法应用的前提是：将系数与利率之间的变动看成是线性变动。

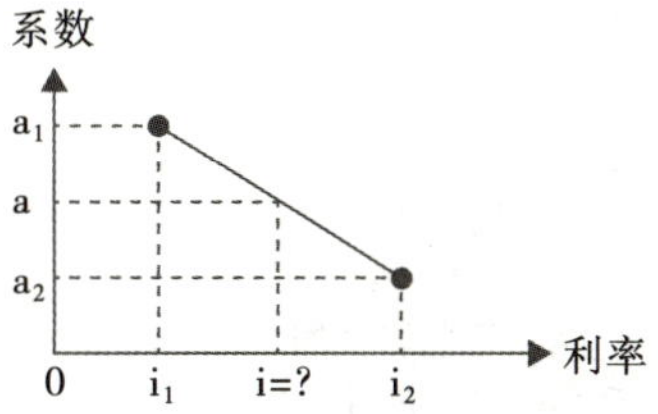

$$\frac{i-i_1}{i_2-i_1}=\frac{a-a_1}{a_2-a_1}$$

经典题解

【例题 13 · 单选题】某公司向银行借入 23000 元，借款期为 9 年，每年年末的还本付息额为 4600 元，则借款利率为（　　）。

A. 15.63%　　B. 13.71%　　C. 16.78%　　D. 12.85%

【解析】本题的考点是利用内插法求利息率。据题意，P=23000，A=4600，n=9；23000=4600 ×（P/A，i，9），解得：（P/A，i，9）=5

利率	年金现值系数
13%	5.1317
i	5
14%	4.9464

$$\frac{i-13\%}{14\%-13\%}=\frac{5-5.1317}{4.9464-5.1317}$$

i=13.71%。

【答案】B

2. 期间的推算

要点小贴士

任意两个期数差值的比等于对应系数差值的比。

期间的推算，其原理和步骤与折现率的推算解法相同。

经典题解

【例题14·单选题】有甲、乙两台设备可供选用，甲设备的年使用费比乙设备低2000元，但购买价格比乙设备高8000元。若资本成本为7%，甲设备的使用期至少为（　　）年，选用甲设备才是有利的。

A. 3.85　　B. 4.53

C. 4.86　　D. 5.21

【解析】8000=2000×（P/A，7%，n），（P/A，7%，n）=4

（n-4）/（5-4）=（4-3.3872）/（4.1002-3.3872）

解得：n=4.86（年）。

【答案】C

（二）报价利率与有效年利率

1. 相关概念

报价利率	指银行等金融机构提供的年利率，有时也被称为名义利率
计息期利率	指借款人对每1元本金每期支付的利息。它可以是年利率，也可以是半年利率、季度利率、每月或每日利率等
有效年利率	在按照给定的计息期利率和每年复利次数计算利息时，能够产生相同结果的每年复利一次的年利率被称为有效年利率，或者称为等价年利率

2. 利率间的关系

比较	当每年计息一次时，有效年利率 = 报价利率
	当每年计息多次时，有效年利率＞报价利率
换算公式	计息期利率 = 报价利率 / 每年复利次数
	有效年利率 = $\left(1+\dfrac{\text{报价利率}}{m}\right)^{m}-1$ 式中：m为每年复利次数
	当复利次数m趋于无穷大时，利息支付的频率比每秒1次还频繁，所得到的利率为连续复利的有效年利率 连续复利的有效年利率 = $e^{\text{报价利率}}-1$

相关链接

连续复利的有效年利率公式中的报价利率为第7章中连续复利率 r_c。

经典题解

【例题15·单选题】甲公司平价发行5年期的公司债券，债券票面利率为10%，每半年付息一次，到期一次偿还本金。该债券的有效年利率是（　　）。

A. 10%　　B. 10.25%

C. 10.5%　　D. 9.5%

【解析】有效年利率 = $(1+10\%/2)^2-1=10.25\%$。

【答案】B

【例题 16·单选题】甲公司平价发行 5 年期的公司债券，债券票面利率为 10%，连续复利，到期一次偿还本金。该债券的有效年利率是（　　）。

A. 10%　　B. 10.25%

C. 10.52%　　D. 10.62%

e^{rt} 的值：1 元的连续复利终值系数表

t \ r	6%	7%	8%	9%	10%
1	1.0618	1.0725	1.0833	1.0942	1.1052
2	1.1275	1.1503	1.1735	1.1972	1.2214
3	1.1972	1.2337	1.2712	1.3100	1.3499

【解析】有效年利率 $=e^{10\% \times 1}-1=1.1052-1=10.52\%$。

【答案】C

【例题 17·单选题】甲公司平价发行 5 年期的公司债券，债券每半年付息一次，到期一次偿还本金。若债券的有效年利率是 8.16%，该债券的票面利率是（　　）。

A. 8%　　B. 8.05%

C. 8.16%　　D. 8.32%

【解析】$8.16\%=(1+r/2)^2-1$，票面利率 r=8%。

【答案】A

解题攻略

票面利率是报价利率，本题属于已知有效年利率，倒求报价利率。

3. 一年计息多次情况下的终值或现值的计算

基本公式不变，只要将年利率调整为计息期利率（r/m），将年数调整为期数（n×m）即可。

经典题解

【真题 18·单选题】甲商场某型号电视机每台售价 7200 元，拟进行分期付款促销活动，价款可在 9 个月内按月分期，每期期初等额支付。假设年利率 12%。下列各项金额中，最接近该电视机月初分期付款金额的是（　　）元。（2019 年卷Ⅰ、卷Ⅱ）

A. 832　　B. 800

C. 841　　D. 850

【解析】月利率 =12%/12=1%，月初分期付款金额 =7200/［（P/A，1%，9）×（1+1%）］=832（元）。

【答案】A

真题点拨

用来计算利息的利率，比如银行等金融机构在为利息报价时所提供的年利率、债券的票面利率，没有明确说明的情况下默认为是报价利率，除此之外的折现率，比如说市场利率、资本成本率等，没有明确说明的情况下默认为是有效年利率。

第三节　风险与报酬

使用“会计云课堂”App 或“微信”扫码查看本节视频，快速 GET 知识点。

一、风险的含义★

一般概念	风险是预期结果的不确定性
特征	风险不仅包括负面效应的不确定性，还包括正面效应的不确定性。风险的概念比危险广泛，危险只是风险的一部分，即负面效应；风险的另一部分即正面效应，可以称为“机会”
财务管理的风险含义	与收益相关的风险才是财务管理中所说的风险

二、单项投资的风险与报酬★★

要点小贴士

财务管理的风险是指收益的不确定性，为了衡量风险需要先确定收益的预期值，然后根据各种可能收益偏离预期收益的差距来确定风险。

（一）风险的衡量方法（方差、标准差、变异系数）

指标	计算公式		结论
	若已知未来收益率发生的概率时	若已知收益率的历史数据时	
预期值 $\overline{K}$（期望值、均值）	$\overline{K}=\sum_{i=1}^{n}(P_i \times K_i)$	$\overline{K}=\frac{\sum_{i=1}^{n}K_i}{n}$	反映预计收益的平均化，不能直接用来衡量风险
方差 σ^2	$\sigma^2=\sum_{i=1}^{n}(K_i-\overline{K})^2 \times P_i$	（1）样本方差 $=\frac{\sum_{i=1}^{n}(K_i-\overline{K})^2}{n-1}$ （2）总体方差 $=\frac{\sum_{i=1}^{n}(K_i-\overline{K})^2}{N}$	当预期值相同时，方差越大，风险越大
标准差 σ（均方差）	$\sigma=\sqrt{\sum_{i=1}^{n}(K_i-\overline{K})^2 \times P_i}$	（1）样本标准差 $=\sqrt{\frac{\sum_{i=1}^{n}(K_i-\overline{K})^2}{n-1}}$ （2）总体标准差 $=\sqrt{\frac{\sum_{i=1}^{n}(K_i-\overline{K})^2}{N}}$	当预期值相同时，标准差越大，风险越大
变异系数	变异系数＝标准差／预期值 变异系数是从相对角度观察的差异和离散程度		变异系数越大，风险越大

要点小贴士

变异系数衡量风险不受预期值是否相同的影响。

经典题解

【例题 19 · 单选题】项目 A 投资收益率为 12%，项目 B 投资收益率为 8%，则比较项目 A 和项目 B 风险的大小，可以用（　　）。

A. 两个项目的收益率方差

B. 两个项目的收益率标准差

C. 两个项目的投资收益率

D. 两个项目的变异系数

【解析】变异系数是一个相对数指标，它以相对数反映决策方案的风险程度。方差和标准差作为绝对数，只适用于期望值相同的决策方案风险程度的比较。对于期望值不同的决策方案，评价和比较其各自的风险程度只能借助于变异系数这一相对指标。变异系数越大，风险越大；反之，变异系数越小，风险越小。

【答案】D

【例题 20 · 多选题】下列指标中，能够衡量资产风险的有（　　）。

A. 变异系数　　B. 标准差

C. 报酬率的预期值　　D. 方差

【解析】报酬率的预期值不能衡量风险，选项 C 错误。

【答案】ABD

（二）风险与收益的关系

关系	结论
基本关系	风险越大，要求的报酬率越高
风险和期望投资报酬率的关系	期望投资报酬率 = 无风险报酬率 + 风险报酬率

三、投资组合的风险与报酬★★★

（一）证券组合的期望报酬率

要点小贴士

证券之间相关系数的大小不会影响证券组合的期望报酬率。

各种证券期望报酬率的加权平均数。

$$r_p=\sum_{j=1}^{m} r_j A_j$$

【提示】组合期望报酬率的影响因素：（1）投资比重 A_j；（2）个别期望报酬率 r_j。

经典题解

【例题 21 · 多选题】A 证券的期望报酬率为 8%，标准差为 11%；B 证券的期望报酬率为 12%，标准差为 16%。投资于两种证券组合，以下结论中正确的有（　　）。

A. 最小期望报酬率组合是全部投资于 A 证券

B. 最高期望报酬率组合是全部投资于 B 证券

C. 由于存在风险，最高期望报酬率组合的报酬率有可能高于 12%

D. 由于存在风险，最低期望报酬率组合的报酬率有可能低于 8%

【解析】组合期望报酬率只受投资比重和个别收益率的影响，不受标准差大小的影响。将资金100%投资于最高期望报酬率资产，可获得最高组合期望报酬率；将资金100%投资于最低期望报酬率资产，可获得最低组合期望报酬率。即证券组合收益率 r_p 的范围：$8\% \leqslant r_p \leqslant 12\%$。

【答案】AB

（二）投资组合的风险计量

1. 基本公式

$$\sigma_p=\sqrt{\sum_{j=1}^{m}\sum_{k=1}^{m}A_jA_k\sigma_{jk}}$$

$$\sigma_{jk}=r_{jk}\sigma_j\sigma_k$$

其中：m是组合内证券种类总数；A_j 是第j种证券在投资总额中的比例；A_k 是第k种证券在投资总额中的比例；σ_{jk} 是第j种证券与第k种证券报酬率的协方差；r_{jk} 是第j种证券与第k种证券报酬率之间的预期相关系数；σ_j 是第j种证券的标准差；σ_k 是第k种证券的标准差。

2. 两种证券投资组合的风险衡量

指标	公式
投资组合的标准差（σ_p）	$\sigma_p=\sqrt{a^2+b^2+2ab\times r_{ab}}$ 这里a和b均表示个别资产的比重与标准差的乘积 $a=A_1\times\sigma_1$；$b=A_2\times\sigma_2$ r_{ab} 表示两项资产报酬率之间的相关系数

要点小贴士

相关系数的大小不影响组合收益率，但会影响组合风险。

【提示】证券投资组合风险的影响因素为：投资比重、标准差、相关系数。

经典题解

【例题22·计算分析题】

项目	A	B
报酬率 r	10%	18%
标准差 σ	12%	20%
投资比例 w	0.8	0.2
A证券和B证券的相关系数 r_{AB}	0.2	

要求：计算投资于A和B的组合报酬率以及组合标准差。

【答案】组合报酬率＝加权平均的报酬率＝10%×0.8+18%×0.2=11.6%

$$组合标准差=\sqrt{(0.8\times12\%)^2+(0.2\times20\%)^2+2\times0.8\times12\%\times0.2\times20\%\times0.2}=11.11\%。$$

【提示】

（1）证券组合的风险与各证券之间报酬率的相关系数有关，相关系数越大，组合风险越大。

（2）不论投资组合中两项资产之间的相关系数如何变化，只要投资比例不变，各项资产的期望报酬率不变，则该投资组合的期望报酬率就不变。

【扩展】三种证券投资组合的风险衡量

$$\sigma_{\text{组合}}=\sqrt{a^2+b^2+c^2+2ab\times r_{ab}+2ac\times r_{ac}+2bc\times r_{bc}}$$

（3）充分投资组合的风险，只受证券之间协方差的影响，而与证券本身的方差无关。

【提示】N 个资产组合个数共有“N^2”个，其中方差个数为“N”个，协方差的个数为“N^2-N”个。比如 3 项资产 A、B、C，协方差和方差如下图所示：

AA	AB	AC
BA	BB	BC
CA	CB	CC

蓝色项为方差，其余项为协方差，所以有 3 个方差，3^2-3 个协方差。

当 N=20，则方差个数只有 20 个，协方差个数 $=20^2-20=380$（个）。可见对于充分投资组合而言，方差所占的比重较小，可忽略不计。

（三）相关系数与组合风险之间的关系

1. 相关系数的确定

计算公式	$r=\dfrac{\sum_{i=1}^{n}[(x_i-\bar{x})\times(y_i-\bar{y})]}{\sqrt{\sum_{i=1}^{n}(x_i-\bar{x})^2}\times\sqrt{\sum_{i=1}^{n}(y_i-\bar{y})^2}}$
相关系数与协方差之间的关系	协方差 σ_{jk}= 相关系数 × 两项资产标准差的乘积 $=r_{jk}\sigma_j\sigma_k$ 相关系数 r_{jk}= 协方差 / 两项资产标准差的乘积 $=\sigma_{jk}/(\sigma_j\sigma_k)$

【提示】

（1）相关系数介于区间［-1，1］内。当相关系数为 -1 时，表示完全负相关，表明两项资产的报酬率变化方向完全相反，变化幅度完全相同。当相关系数为 +1 时，表示完全正相关，表明两项资产的报酬率变化方向和变化幅度完全相同。当相关系数为 0 时，表示不相关。

（2）相关系数的正负与协方差的正负相同。相关系数为正值，表示两项资产报酬率呈同方向变化，组合抵消的风险较少；负值则意味着反方向变化，抵消的风险较多。

要点小贴士

相关系数越小，组合风险越小。只要相关系数小于1，组合就会分散风险。

2. 相关系数与组合风险之间的关系

相关系数 $r_{1,2}$	组合的标准差 σ_p（以两种证券为例）	风险分散情况
$r_{1,2}=1$（完全正相关）	$\sigma_p=a+b=A_1\sigma_1+A_2\sigma_2$ 组合标准差 = 加权平均标准差	σ_p 达到最大 组合不能抵消任何风险
$r_{1,2}=-1$（完全负相关）	$\sigma_p=\|a-b\|=\|A_1\sigma_1-A_2\sigma_2\|$	σ_p 达到最小，甚至可能是零 组合可以最大程度地抵消风险
$-1<r_{1,2}<1$	$0<\sigma_p<(A_1\sigma_1+A_2\sigma_2)$ 0＜组合标准差＜加权平均标准差	资产组合可以分散风险，但不能完全消除风险

经典题解

【真题23·单选题】一项投资组合由两项资产构成。下列关于两项资产的期望收益率相关系数与投资组合风险分散效应的说法中，正确的是（ ）。（2020年卷Ⅰ）

A. 相关系数等于0时，风险分散效应最强

B. 相关系数等于1时，不能分散风险

C. 相关系数大小不影响风险分散效应

D. 相关系数等于-1时，才有风险分散效应

【解析】相关系数=1时，不能分散风险。-1≤相关系数＜1时，具有风险分散效应。相关系数=-1时，风险分散效应最强。

【答案】B

【真题24·多选题】市场上有两种有风险证券X和Y，下列情况下，两种证券组成的投资组合风险低于二者加权平均风险的有（ ）。（2016年卷Ⅰ、卷Ⅱ）

A. X和Y期望报酬率的相关系数是0

B. X和Y期望报酬率的相关系数是-1

C. X和Y期望报酬率的相关系数是0.5

D. X和Y期望报酬率的相关系数是1

【解析】当相关系数为1时，两种证券的投资组合的风险等于二者的加权平均数。

【答案】ABC

（四）投资组合的有效集与无效集

机会集	需注意的结论
有效集	含义：有效集又称有效边界，它位于机会集的顶部，从最小方差组合点起到最高期望报酬率点止，如图中2~6曲线
	理解：集合内的投资组合在既定的风险水平上，期望报酬率是最高的，或者说在既定的期望报酬率下，风险是最低的。投资者应在有效集上寻找投资组合
无效集	三种情况：相同的标准差和较低的期望报酬率；相同的期望报酬率和较高的标准差；较低的期望报酬率和较高的标准差。如图中1~2曲线

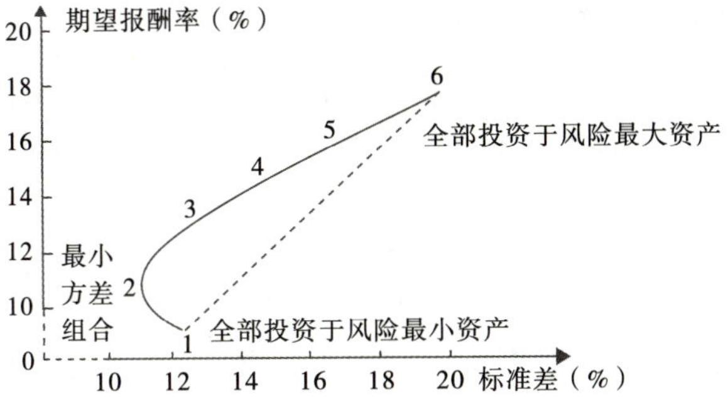

经典题解

【真题 25 · 多选题】甲证券的期望报酬率是 12%，标准差是 10%；乙证券的期望报酬率是 20%，标准差是 15%。假设不允许买空卖空，下列关于甲乙证券投资组合的说法中，正确的有（　　）。（2021 年卷Ⅰ）

A. 期望报酬率介于 12% 和 20% 之间

B. 标准差介于 10% 和 15% 之间

C. 最小方差组合是 100% 投资于甲证券

D. 最大期望报酬率组合是 100% 投资于乙证券

【解析】当甲、乙证券报酬率的相关系数足够小，机会集曲线向左凸出，风险分散化效应较强，会产生比最低风险证券标准差还低的最小方差组合，会出现无效集，选项 B、C 错误。

【答案】AD

【真题 26 · 单选题】甲公司拟投资于两种证券 X 和 Y，两种证券期望报酬率的相关系数为 0.3。根据投资 X 和 Y 的不同资金比例测算，投资组合期望报酬率与标准差的关系如下图所示。甲公司投资组合的有效组合是(　　)。（2015 年卷Ⅰ、卷Ⅱ）

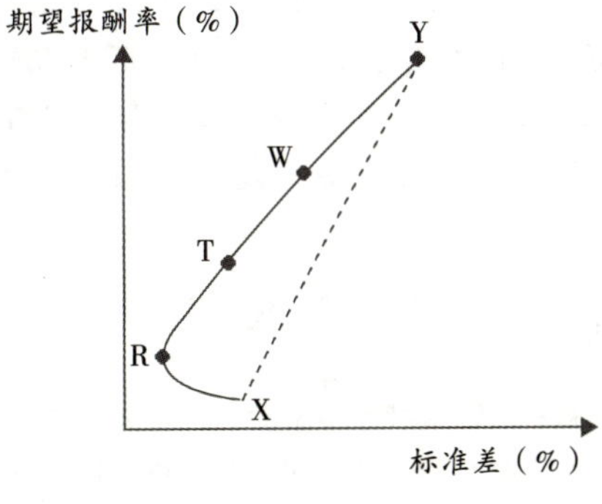

A. XR 曲线　　B. X、Y 点

C. RY 曲线　　D. XRY 曲线

【解析】从最小方差组合点（R 点）到最高期望报酬率组合点（Y 点）的那段曲线为有效集，选项 C 正确。

【答案】C

（五）相关系数与机会集的关系

结论	曲线和直线之间的距离（向左弯曲的程度），代表了风险分散化效应的程度，证券报酬率之间的相关系数越小，机会集曲线就越弯曲，风险分散化效应也就越强
关系	（1）r=1，机会集是一条直线，不具有风险分散化效应 （2）r＜1，机会集会弯曲，有风险分散化效应 （3）r足够小，曲线向左凸出，风险分散化效应较强，会产生比最低风险证券标准差还低的最小方差组合，会出现无效集

要点小贴士

设A资产的预期收益率R和标准差σ均低于B：

（1）证券组合收益率R_p的范围：$R_A \leq R_p \leq R_B$。

（2）证券组合标准差σ_p的范围：$\sigma_p \leq \sigma_B$，但不一定$\geq \sigma_A$，当相关系数较小时，有可能$\sigma_p < \sigma_A$。

经典题解

【真题27·单选题】下图列示了M、N两种证券在相关系数为-1、0.3、0.6和1时投资组合的机会集曲线，其中代表相关系数为0.6的机会集曲线是（　　）。（2021年卷Ⅱ）

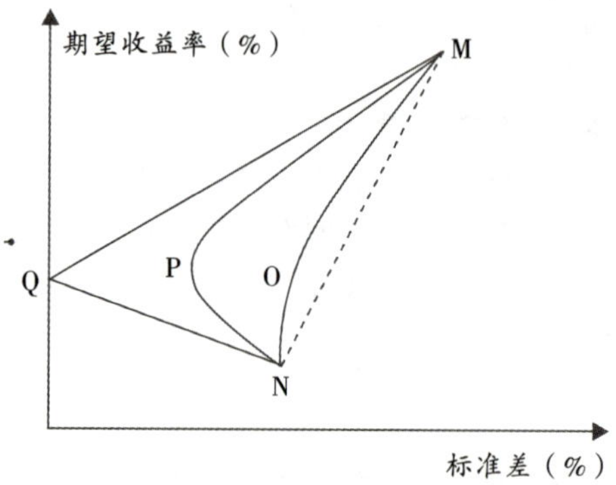

A. 曲线MON　　B. 曲线MPN

C. 折线MQN　　D. 直线MN

【解析】直线MN是当两种证券完全正相关（即相关系数为1）时的机会集，此时不能分散风险。-1≤相关系数＜1时，具有风险分散效应，并且相关系数越小，风险分散效应越强，即机会集曲线向左侧凸出的程度越大，因此三条实线从左至右对应的分别是相关系数为-1、0.3、0.6的情况。选项A正确。

【答案】A

真题扩展

看图理解有效集：

（1）所有组合的最大风险均为：M点。

（2）MN线、MON线的机会集和有效集重合，最小风险点是N点。

（3）MPN线和MQN线的机会集分为有效集和无效集：

①MPN线：MP有效，PN无效，最小风险点为P点。

②MQN线：MQ有效，QN无效，最小风险点为Q点。

（六）资本市场线

含义	如果存在无风险证券（投资人可自由贷出或者借入），新的有效边界是从无风险资产的报酬率开始，并和机会集有效边界相切的直线，该直线称为资本市场线
存在无风险投资机会时的组合报酬率和风险	总期望报酬率=Q×风险组合的期望报酬率+（1-Q）×无风险报酬率 总标准差=Q×风险组合的标准差 其中： Q代表投资者投资于风险组合M的资金占自有资本总额的比例，1-Q代表投资于无风险资产的比例 如果贷出资金，Q将小于1；如果借入资金，Q将大于1

要点小贴士

资本市场线是存在无风险投资机会时的有效集。

图示	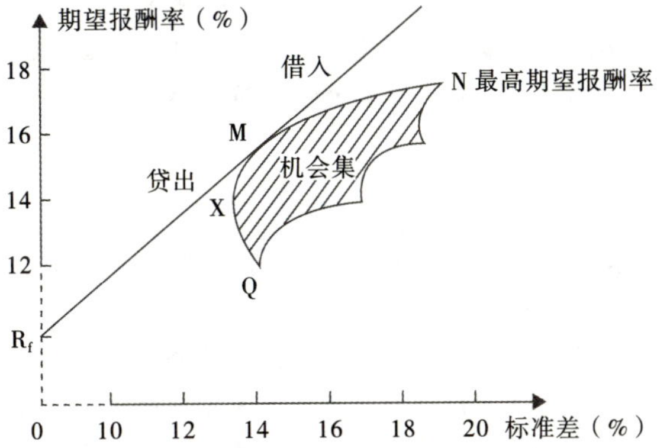 资本市场线：最佳组合的选择

【解读】

（1）市场均衡点 M 也称为市场组合：

①资本市场线与机会集有效边界相切的切点；

②是所有证券以各自的总市场价值为权数的加权平均组合；

③是唯一最有效的风险资产组合；

④不受单个投资人对待风险态度的影响，个人的效用偏好与最佳风险资产组合相独立（或称相分离）；

⑤是完全分散了非系统风险的组合。

（2）资本市场线揭示出持有不同比例的无风险资产和市场组合情况下风险和期望报酬率的权衡关系。

要点小贴士

Q＜1：理解为用自有资金既买国债也买股票；

Q=1：理解为用全部自有资金投资股票；

Q＞1：理解为按无风险利率借钱加上自有资金投资股票。

M 点的左侧（Q＜1）	M 点的右侧（Q＞1）
同时持有无风险资产和市场组合	仅持有市场组合，并且会借入资金以进一步投资于市场组合
投资组合风险＜σ_M；投资组合收益＜R_M	投资组合风险＞σ_M；投资组合收益＞R_M

经典题解

【真题 28 · 多选题】下列关于投资者对风险的态度的说法中，符合投资组合理论的有（　　）。（2018 年卷 Ⅰ）

A. 不同风险偏好投资者的投资都是无风险资产和最佳风险资产组合的组合

B. 投资者在决策时不必考虑其他投资者对风险的态度

C. 当存在无风险资产并可按无风险利率自由借贷时，市场组合优于其他风险资产组合

D. 投资者对风险的态度不仅影响其借入或贷出的资金量，还影响最佳风险资产组合

【解析】按照分离定理，个人的投资行为可分为两个阶段：先确定最佳风险资产组合，后考虑无风险资产和最佳风险资产组合的理想组合，选项 A 正确。分离定理在理财方面非常重要，它表明企业管理层在决策时不必考虑每位股东对风险的态

度，选项B正确。当存在无风险资产并可按无风险报酬率自由借贷时，市场组合优于所有其他组合，市场组合是唯一最有效的风险资产组合，选项C正确。投资者个人对风险的态度仅仅影响借入或贷出的资金量，而不影响最佳风险资产组合，选项D错误。

【答案】ABC

【真题29·单选题】当存在无风险资产并可按无风险报酬率自由借贷时，下列关于最有效风险资产组合的说法中正确的是（　　）。（2017年卷Ⅰ）

A. 最有效风险资产组合是投资者根据自己风险偏好确定的组合

B. 最有效风险资产组合是风险资产机会集上最高期望报酬率点对应的组合

C. 最有效风险资产组合是风险资产机会集上最小方差点对应的组合

D. 最有效风险资产组合是所有风险资产以各自的总市场价值为权数的组合

【解析】如果存在无风险证券，新的有效边界是从无风险资产的报酬率开始并和机会集有效边界相切的直线，该直线称为资本市场线。切点是市场均衡点，它代表唯一最有效的风险资产组合，它是所有证券以各自的总市场价值为权数的加权平均组合。

【答案】D

【例题30·单选题】证券市场组合的期望报酬率是16%，甲投资人以自有资金100万元和按6%的无风险利率借入的资金40万元进行证券投资，甲投资人的期望报酬率是（　　）。

A. 20%　　B. 18%

C. 19%　　D. 22%

【解析】本题的考点是资本市场线。

总期望报酬率=Q×风险组合的期望报酬率+（1-Q）×无风险报酬率=（140/100）×16%+（1-140/100）×6%=20%。

【答案】A

（七）组合风险的分类及特点

种类	含义	致险因素	与组合资产数量之间的关系
非系统风险（特有风险、特殊风险、可分散风险）	指由于某种特定原因对某特定资产收益率造成影响的可能性，它是可以通过有效的资产组合来消除掉的风险	它是个别公司或个别资产所特有的	可通过增加组合中资产的数目而最终消除
系统风险（市场风险、不可分散风险）	指影响所有资产的，不能通过资产组合来消除的风险	这部分风险是由那些影响所有公司的风险因素所引起的	不能随着组合中资产数目的增加而消失，它是始终存在的

要点小贴士

在风险分散过程中，不应当过分夸大资产多样性和资产个数的作用。一般来讲，随着资产组合中资产个数的增加，资产组合的风险会逐渐降低，当资产的个数增加到一定程度时，资产组合风险的降低将非常缓慢直到不再降低。

【提示】

（1）可以通过增加组合中资产的数目而最终消除的风险被称为非系统风险，而那些反映资产之间相互关系、共同变动、无法最终消除的风险被称为系统风险。

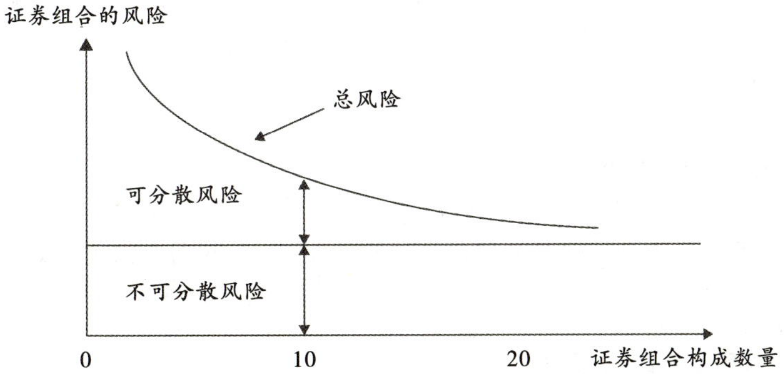

（2）组合风险的分类如下图所示：

- 组合风险
  - 非系统风险
    - 特点：风险可分散
    - 分散方式：多元化投资
    - 分散情况
      - 充分市场组合：完全抵消
      - 不充分组合：能否分散取决于证券相关程度
        - 相关系数 =1，不分散
        - –1 ≤相关系数＜ 1，分散
  - 系统风险
    - 特点：不可分散风险
    - 衡量标准：β 系数

经典题解

【例题 31·单选题】关于证券投资组合理论的以下表述中，正确的是（　　）。

A. 证券投资组合能消除大部分系统风险

B. 证券投资组合的总规模越大，承担的风险越大

C. 最小方差组合是所有组合中风险最小的组合，所以报酬率最小

D. 一般情况下，随着更多的证券加入到投资组合中，整体风险降低的速度会越来越慢

【解析】系统风险是不可分散风险，所以选项 A 错误；证券投资组合得越充分，能够分散的风险越多，所以选项 B 错误；最小方差组合是所有组合中风险最小的组合，但其报酬率不一定是最小的，所以选项 C 错误。在投资组合中投资项目增加的初期，风险分散的效应比较明显，但增加到一定程度，风险分散的效应就会减弱。有经验数据显示，当投资组合中的资产数量达到足够多时，绝大多数非系统风险均已被消除，此时，如果继续增加投资项目，对分散风险已没有多大实际意义，所以选项 D 正确。

【答案】D

【例题32·单选题】下列各项中，企业能够规避的风险是（　　）。

A. 国家经济政策变动　　B. 税制改革

C. 政治因素　　D. 原材料价格上涨

【解析】能够规避的风险是非系统风险，系统风险不能被规避。选项A、B、C属于影响系统风险的因素。选项D属于影响非系统风险的因素。

【答案】D

四、资本资产定价模型★★★

资本资产定价模型的研究对象，是充分组合情况下风险与必要报酬率之间的均衡关系。

（一）单项资产的β系数

计算方法	（1）回归直线法：利用该股票报酬率与整个资本市场平均报酬率的线性关系，利用回归直线方程求斜率的公式，即可得到该股票的β值
	（2）定义法：$\beta_J=\dfrac{COV(K_J,K_M)}{\sigma_M^2}=\dfrac{r_{JM}\sigma_J\sigma_M}{\sigma_M^2}=r_{JM}\dfrac{\sigma_J}{\sigma_M}$
影响因素	（1）该股票与整个股票市场的相关性（同向）
	（2）股票自身的标准差（同向）
	（3）整个市场的标准差（反向）
结论	市场组合相对于它自己的β系数是1
	（1）β=1，说明该资产的系统风险程度与市场组合的风险一致
	（2）β＞1，说明该资产的系统风险程度大于整个市场组合的风险
	（3）0＜β＜1，说明该资产的系统风险程度小于整个市场组合的风险
	（4）β=0，说明该资产的系统风险程度等于0
	（5）β＜0，说明该资产报酬与市场平均报酬的变化方向相反

要点小贴士

（1）β系数反映了相对于市场组合的平均风险而言特定资产系统风险的大小。

（2）绝大多数资产的β系数是大于0的。

经典题解

【真题33·多选题】下列关于单个证券投资风险度量指标的表述中，正确的有（　　）。（2017年卷Ⅰ、卷Ⅱ）

A. 贝塔系数度量投资的系统风险

B. 方差度量投资的系统风险和非系统风险

C. 标准差度量投资的非系统风险

D. 变异系数度量投资的单位期望报酬率承担的系统风险和非系统风险

【解析】方差、标准差、变异系数度量投资的总风险（包括系统风险和非系统风险），贝塔系数度量投资的系统风险，选项C错误。

【答案】ABD

【真题 34·多选题】影响某股票贝塔系数大小的因素有（　　）。（2017 年卷Ⅱ）

A. 整个股票市场报酬率的标准差

B. 该股票报酬率的标准差

C. 整个股票市场报酬率与无风险报酬率的相关性

D. 该股票报酬率与整个股票市场报酬率的相关性

【解析】贝塔系数 = 该股票报酬率与整个股票市场报酬率的相关系数 × 该股票报酬率的标准差 / 整个股票市场报酬率的标准差，选项 A、B、D 正确。

【答案】ABD

（二）投资组合的 β 系数

含义	计算公式
投资组合的 β 系数是组合内所有单项资产 β 系数的加权平均数，权数为各种资产在投资组合中所占的比重	$\beta_p=\sum_{i=1}^{n}X_i\beta_i$

【总结】

衡量风险的指标	衡量风险的类型
方差	总体风险（包括系统风险和非系统风险）
标准差	总体风险（包括系统风险和非系统风险）
变异系数	总体风险（包括系统风险和非系统风险）
β 系数	系统风险

经典题解

【真题 35·多选题】投资组合由证券 X 和证券 Y 各占 50% 构成。证券 X 的期望收益率 12%，标准差 12%，β 系数 1.5。证券 Y 的期望收益率 10%，标准差 10%，β 系数 1.3。下列说法中，正确的有（　　）。（2020 年卷Ⅰ、卷Ⅱ）

A. 投资组合的期望收益率等于 11%

B. 投资组合的 β 系数等于 1.4

C. 投资组合的变异系数等于 1

D. 投资组合的标准差等于 11%

【解析】组合的期望收益率是加权平均的收益率，组合的期望收益率 = 12% × 50%+10% × 50%=11%，因此选项 A 正确。

β 系数是衡量系统风险，组合不能抵消系统风险，因此，证券组合的 β 系数是单项资产 β 系数的加权平均数，组合的 β =1.5 × 50%+1.3 × 50%=1.4，因此选项 B 正确。

组合标准差和变异系数衡量的是整体风险，包括系统风险和非系统风险，组合标准差和变异系数受相关系数影响，题干中未给出相关系数，无法计算，所以选项 C、D 错误。

【答案】AB

真题点拨

（1）系统风险不可分散，因此，证券组合的 β 系数是单项资产 β 系数的加权平均数。

（2）非系统风险可分散，方差、标准差和变异系数均受相关系数的影响，在相关系数小于 1 时，组合会分散风险，组合风险小于加权平均的风险。

（三）资本资产定价模型和证券市场线

资本资产定价模型的基本表达式	根据风险与收益的一般关系： 必要报酬率＝无风险报酬率＋风险附加率 资本资产定价模型的表达形式：$R_i=R_f+\beta\times(R_m-R_f)$
证券市场线	证券市场线就是关系式：$R_i=R_f+\beta\times(R_m-R_f)$所代表的直线 （1）横轴（自变量）：β 系数 （2）纵轴（因变量）：R_i 必要报酬率 （3）斜率：(R_m-R_f) 市场风险溢价率（市场风险补偿率） （4）截距：R_f 无风险报酬率

要点小贴士

（1）必要报酬率与期望报酬率的关系：

如果资本市场有效：期望报酬率＝必要报酬率。

如果资本市场不是有效的：期望报酬率≠必要报酬率。

（2）投资决策原则：

当期望报酬率＞必要报酬率时，应进行投资。

当期望报酬率＝必要报酬率时，可选择投资或不投资。

当期望报酬率＜必要报酬率时，不应进行投资。

考点妙记

（1）区分 R_m 和 R_m-R_f 的关键点：看“风险”二字修饰的是谁，如果修饰的是“报酬率”那么指的是 R_m-R_f，如果修饰的是其他的，则指的是 R_m。

（2）区分 R_m-R_f 和 $\beta\times(R_m-R_f)$ 的关键点：看定语，如果是市场的，指的是 R_m-R_f，如果是某种股票或某种证券组合，不是市场平均的，指的是 $\beta\times(R_m-R_f)$。

【解读】

（1）单项资产或特定资产组合的必要报酬率受到无风险报酬率 R_f、市场组合的平均必要报酬率 R_m 和 β 系数三个因素的影响，均为同向影响。

（2）某资产的风险附加率是市场风险溢价率（市场风险补偿程度）与该资产度量系统风险 β 系数的乘积。即：某资产的风险附加率＝$\beta\times(R_m-R_f)$。

（3）市场风险溢价率 (R_m-R_f) 反映市场整体对风险的偏好，如果风险厌恶程度高，则证券市场线的斜率 (R_m-R_f) 的值就大。

（4）必要报酬率也称最低要求报酬率，是等风险投资的机会成本；期望报酬率则是使净现值为零的报酬率，是方案本身预期可以达到的报酬率。

（5）R_m、R_m-R_f 和 $\beta\times(R_m-R_f)$ 的区分。

项目	含义	常见叫法
R_m	市场平均收益率，包括无风险收益率和风险收益率部分	平均风险股票的“要求收益率”、平均风险股票的“必要收益率”、平均股票的要求收益率、市场组合要求的收益率、股票市场的平均收益率、市场平均收益率、平均风险股票收益率、证券市场的平均收益率、市场组合的平均收益率、市场组合的平均报酬率等
R_m-R_f	市场平均风险收益率，只包括风险收益率部分	市场风险价格、市场平均风险收益率、市场平均风险补偿率、市场风险溢价、股票市场的风险附加率、股票市场的风险收益率、市场风险收益率、市场风险报酬、证券市场的风险溢价率、证券市场的平均风险收益率、证券市场平均风险溢价等
$\beta\times(R_m-R_f)$	某种股票或某种证券组合的风险报酬率	某种股票的风险收益率、某种股票的风险补偿率、某种证券组合的风险收益率、某种证券组合的风险补偿率等

经典题解

【真题 36·多选题】下列关于证券市场线的说法中，正确的有（　　）。（2016 年卷Ⅰ、卷Ⅱ）

A. 无风险报酬率越大，证券市场线在纵轴的截距越大

B. 证券市场线描述了由风险资产和无风险资产构成的投资组合的有效边界

C. 投资者对风险的厌恶感越强，证券市场线的斜率越大

D. 预计通货膨胀率提高时，证券市场线向上平移

【解析】选项 B 是资本市场线的特点，不是证券市场线的特点。资本市场线描述了由风险资产和无风险资产构成的投资组合的有效边界。

【答案】ACD

真题点拨

对于组合风险这里，考试喜欢考相关结论。如果能记住证券市场线的图示，结论就好判断了。

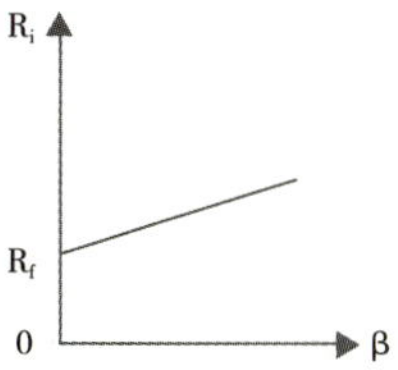

【易错易混点】证券市场线与资本市场线的区别。

项目	证券市场线	资本市场线
描述的内容	描述的是市场均衡条件下任何单项资产或资产组合（无论是否已经有效地分散风险）的必要报酬率与风险之间的关系	描述了持有不同比例无风险资产和市场组合情况下的期望报酬与风险之间的权衡关系
适用范围	适用于任何资产或组合（无论是否有效分散风险）	适用于市场组合，或市场组合和无风险资产再组合（已经有效分散风险，有效组合）
方程式	$R_i=R_f+\beta(R_m-R_f)$	方程式 1（联立方程）： $R_i=Q\times R_m+(1-Q)\times R_f$ $\sigma_i=Q\times\sigma_m$ 方程式 2（单一方程）： $R_i=R_f+\frac{R_m-R_f}{\sigma_m}\times\sigma_i$
截距	无风险利率	无风险利率
纵轴	必要报酬率	期望报酬率
横轴	单项资产或资产组合的 β 系数	整个资产组合的标准差
测度的风险	系统风险	整体风险
斜率	R_m-R_f 市场风险溢酬	$\frac{R_m-R_f}{\sigma_m}$ 单位整体风险市场价格
投资人对待风险态度的关系	市场整体对风险的厌恶感越强，证券市场线的斜率越大，对风险资产所要求的风险补偿越大，对风险资产的要求报酬率越高	投资者个人对风险的态度仅仅影响借入或贷出的资金量，不影响最佳风险资产组合

经典题解

【例题37·单选题】下列关于投资组合的说法中，错误的是（　　）。

A. 有效投资组合的期望收益与风险之间的关系，既可以用资本市场线描述，也可以用证券市场线描述

B. 用证券市场线描述投资组合（无论是否有效地分散风险）的期望收益与风险之间的关系的前提条件是市场处于均衡状态

C. 当投资组合只有两种证券时，该组合报酬率的标准差等于这两种证券报酬率标准差的加权平均值

D. 当投资组合包含所有证券时，该组合报酬率的标准差主要取决于证券报酬率之间的协方差

【解析】证券市场线适用于无效资产组合或有效资产组合，而资本市场线适用于有效的资产组合，市场均衡也就是资本市场有效的情况下，期望报酬率＝必要报酬率，因此有效资产组合两种模型都适用，选项A、B正确。

如果两种证券报酬率之间的相关系数等于1，则该组合报酬率的标准差等于这两种证券报酬率标准差的加权平均值；如果两种证券报酬率之间的相关系数小于1，则该组合报酬率的标准差小于这两种证券报酬率标准差的加权平均值，选项C错误。

如果投资组合包含所有证券，那么证券个体的风险对整体来说影响微乎其微，基本可以忽略不计，此时起到决定性因素的就是证券之间的协方差，比如说资产个数是N个，就会有N个方差，有N^2–N个协方差，充分投资组合方差的比重很小，可以忽略，因此充分投资组合的风险主要取决于证券之间的协方差。选项D正确。

【答案】C

解题攻略

无风险资产与市场组合的相关指标实质是考核大家对基本概念的掌握，不需要计算就能得出结论：

（1）既然无风险，说明没有偏差，所以无风险资产的标准差、与市场组合的相关系数、β系数均为0，无须计算。

（2）市场组合与市场组合的相关系数、市场组合的β系数，可以根据其定义判断均为1。

【例题38·计算分析题】假设资本资产定价模型成立，表中的数字是相互关联的。求出表中“？”位置的数字。（请将结果填写在给定的表格中，并列出计算过程）

证券名称	必要报酬率	标准差	与市场组合的相关系数	贝塔值
无风险资产	?	?	?	?
市场组合	?	0.1	?	?
A股票	0.22	?	0.65	1.3
B股票	0.16	0.15	?	0.9
C股票	0.31	?	0.2	?

【答案】

证券名称	必要报酬率	标准差	与市场组合的相关系数	贝塔值
无风险资产	0.025	0	0	0
市场组合	0.175	0.1	1	1
A股票	0.22	0.2	0.65	1.3

证券名称	必要报酬率	标准差	与市场组合的相关系数	贝塔值
B 股票	0.16	0.15	0.6	0.9
C 股票	0.31	0.95	0.2	1.9

【解析】

（1）利用 A 股票和 B 股票的数据解联立方程：

0.22= 无风险资产报酬率 +1.3×（市场组合报酬率 - 无风险资产报酬率）

0.16= 无风险资产报酬率 +0.9×（市场组合报酬率 - 无风险资产报酬率）

无风险资产报酬率 =0.025

市场组合报酬率 =0.175

（2）根据贝塔值的计算公式求 A 股票的标准差

根据公式：

β = 与市场组合的相关系数 ×（股票标准差 / 市场组合标准差）

1.3=0.65×（A 股票标准差 /0.1）

A 股票标准差 =0.2

（3）根据贝塔值的计算公式求 B 股票与市场组合的相关系数

0.9=r×（0.15/0.1）

r=0.6

（4）根据资本资产定价模型计算 C 股票的贝塔值

0.31=0.025+β×（0.175-0.025）

β =1.9

（5）根据贝塔值的计算公式求 C 股票的标准差

1.9=0.2×（C 股票标准差 /0.1）

C 股票标准差 =0.95。

本章小结

同步强化练习题

使用“会计云课堂”App 或“微信”扫码快速做题、对答案、
看解析、掌握解题思路，开启轻松过关之旅。

一、单项选择题

1. 债券因面临存续期内市场利率上升导致价格下跌的风险而给予债权人的风险补偿是（　　）。
   A. 通货膨胀溢价
   B. 期限风险溢价
   C. 违约风险溢价
   D. 流动性风险溢价

2. 下列表述中属于无偏预期理论观点的是（　　）。
   A. 每类投资者固定偏好于收益率曲线的特定部分
   B. 当市场预期未来短期利率不变，收益率曲线表现为上斜收益率曲线
   C. 资金在长期资金市场和短期资金市场之间的流动完全自由
   D. 长期即期利率是短期预期利率的无偏估计，长期债券的利率应等于短期债券的利率

3. 认为单个市场上的利率变化不会对其他市场上的供求关系产生影响的理论是（　　）。
   A. 无偏预期理论
   B. 纯粹预期理论
   C. 市场分割理论
   D. 流动性溢价理论

4. （P/A，i，9）与（P/A，i，10）分别表示 9 期和 10 期的普通年金现值系数，关于二者的数量关系，下列表达式正确的是（　　）。
   A. （P/A，i，10）=（P/A，i，9）+ $(1+i)^{10}$
   B. （P/A，i，10）=（P/A，i，9）× $(1+i)^{10}$
   C. （P/A，i，9）=（P/A，i，10）+ $(1+i)^{10}$
   D. （P/A，i，10）=（P/A，i，9）+ $(1+i)^{-10}$

5. 某企业每半年存入银行 10000 元，假定年利息率为 6%，每年复利两次。已知（F/A，3%，5）=5.3091，（F/A，3%，10）=11.464，（F/A，6%，5）=5.6371，（F/A，6%，10）=13.181，则第 5 年年末的本利和为（　　）元。
   A. 53091　　B. 56371
   C. 114640　　D. 131810

6. A 公司拟购建一条新生产线，项目总投资 800 万元，建设期为 2 年，可以使用 6 年。若公司要求的年报酬率为 10%，则该项目每年应产生的最低报酬为（　　）万元。
   A. 86.4　　B. 183.7
   C. 150.0　　D. 222.3

7. 下列关于报价利率与有效年利率的说法中，正确的是（　　）。
   A. 报价利率是不包含通货膨胀的金融机构报价利率
   B. 计息期小于一年时，有效年利率大于报价利率

C. 报价利率不变时，有效年利率随着每年复利次数的增加而呈线性递减

D. 报价利率不变时，有效年利率随着计息期利率的递减而呈线性递增

8. 某人退休时有现金 10 万元，拟选择一项回报比较稳定的投资，希望每个季度能收入 2000 元补贴生活。那么，该项投资的有效年报酬率应为（　　）。

A. 2%　　B. 8%

C. 8.24%　　D. 10.04%

9. 某企业面临甲、乙两个投资项目。经衡量，它们的期望报酬率相等，甲项目的标准差小于乙项目的标准差。对甲、乙项目可以做出的判断为（　　）。

A. 甲项目取得更高报酬和出现更大亏损的可能性均大于乙项目

B. 甲项目取得更高报酬和出现更大亏损的可能性均小于乙项目

C. 甲项目实际取得的报酬会高于其期望报酬

D. 乙项目实际取得的报酬会低于其期望报酬

10. A 证券的期望报酬率为 12%，标准差是 10%。B 证券的期望报酬率是 10%，标准差是 15%。假设投资于两种证券的比例为：A 占比 60%，B 占比 40%，两种证券报酬率之间的相关系数为 -1，投资组合标准差为（　　）。

A. 12%　　B. 10%

C. 0　　D. 11.5%

11. 已知 A 证券报酬率的标准差为 0.2，B 证券报酬率的标准差为 0.5，A、B 两者之间报酬率的协方差是 0.06，则 A、B 两者之间报酬率的相关系数为（　　）。

A. 0.1　　B. 0.2

C. 0.25　　D. 0.6

12. 当两种证券间的相关系数小于 1 时，关于证券分散投资组合的有关表述中，不正确的是（　　）。

A. 投资组合机会集曲线的弯曲必然伴随分散化投资发生

B. 投资组合报酬率标准差小于各证券投资报酬率标准差的加权平均数

C. 组合风险会小于加权平均风险

D. 其投资机会集是一条直线

13. 下列关于两种证券组合的机会集曲线的说法中，正确的是（　　）。

A. 曲线上报酬率最低点是最小方差组合点

B. 两种证券报酬率的标准差越接近，曲线弯曲程度越小

C. 两种证券报酬率的相关系数越大，曲线弯曲程度越小

D. 曲线上的点均为有效组合

14. 已知市场组合的期望报酬率和标准差分别为 10% 和 20%，无风险报酬率为 5%。假设某投资者可以按无风险报酬率取得资金，将其自有资金和借入资金均投资于风险组合，若某有效投资组合的总标准差为 30%，则该投资组合的总期望报酬率为（　　）。

A. 10%　　B. 12.25%

C. 12.5%　　D. 13%

15. 下列事项中，能够改变特定企业非系统风险的是（　　）。

A. 竞争对手被外资并购

B. 国家加入世界贸易组织

C. 汇率波动

D. 货币政策变化

16. 某资产目前的必要收益率为 12%，β 系数为 1.5，市场收益率为 10%，假设无风险收益率和 β 系数不变，如果市场收益率变为 15%，则该资产的必要收益率为（　　）。

A. 19.5%　　B. 25%
C. 22.5%　　D. 17.5%

17. 目前纯利率为2%，通货膨胀补偿率为5%，整个股票市场的平均报酬率为15%，ABC公司股票期望报酬率与市场组合报酬率之间的协方差为0.025，整个股票市场平均报酬率的标准差为15%，则ABC公司股票的必要报酬率为(　　)。
A. 15%　　B. 13%
C. 15.88%　　D. 16.43%

二、多项选择题

1. 我国2021年9月发行5年期、利率为3.57%的可上市流通的国债。你认为决定其票面利率水平的主要因素除了纯粹利率外还有(　　)。
A. 通货膨胀溢价
B. 流动性风险溢价
C. 违约风险溢价
D. 期限风险溢价

2. 下列有关利率期限结构理论表述正确的有(　　)。
A. 市场分割理论认为即期利率水平完全由各个期限市场上的供求关系决定
B. 预期理论认为长期债券即期利率是短期债券预期利率的函数
C. 流动性溢价理论认为长期即期利率是未来短期预期利率平均值加上一定的流动性风险溢价
D. 流动性溢价理论认为投资者为了减少风险，会偏好投资长期债券

3. 下列有关收益率曲线的表述中正确的有(　　)。
A. 无偏预期理论认为只有当市场预期未来短期利率会上升时，收益率曲线才能表现为上斜收益率曲线
B. 市场分割理论认为短期债券市场的均衡利率水平低于长期债券市场的均衡利率水平时，表现为上斜收益率曲线
C. 流动性溢价理论认为，即使市场预期未来短期利率下降，只要下降幅度小于流动性溢价，收益率曲线也能表现为上斜收益率曲线
D. 市场预期未来短期利率保持稳定，无偏预期理论与流动性溢价理论对收益率曲线的预期是一致的

4. 下列属于递延年金特点的有(　　)。
A. 年金的第一次收付发生在若干期之后
B. 没有终值
C. 年金的现值与递延期无关
D. 年金的终值与递延期无关

5. 下列关于投资决策中用来衡量项目风险的说法，正确的有(　　)。
A. 期望报酬率可用于衡量整体风险
B. 各种可能的报酬率概率分布的离散程度可用于衡量整体风险
C. 期望报酬率的方差可用于衡量整体风险
D. 期望报酬率的标准差可用于衡量整体风险

6. 下列有关证券组合投资风险的表述中，正确的有(　　)。
A. 证券组合的风险不仅与组合中每个证券的报酬率标准差有关，而且与各证券之间报酬率的协方差有关
B. 持有多种彼此不完全正相关的证券可以降低风险
C. 资本市场线反映了持有不同比例无风险资产与市场组合情况下风险与报酬的权衡关系
D. 投资机会集曲线描述了不同投资比例组合的风险与报酬之间的权衡关系

7. 甲证券的期望报酬率为6%（标准差为10%），乙证券的期望报酬率为8%（标准差为15%），则由甲、乙证券构成的投资组合(　　)。

A. 最低的期望报酬率为 6%
B. 最高的期望报酬率为 8%
C. 最高的标准差为 15%
D. 最低的标准差为 10%

8. A 证券的期望报酬率为 12%，标准差为 15%；B 证券的期望报酬率为 18%，标准差为 20%。投资于两种证券组合的机会集是一条曲线，有效边界与机会集重合，以下结论中正确的有（　　）。
A. 最小方差组合是全部投资于 A 证券
B. 最高期望报酬率组合是全部投资于 B 证券
C. 两种证券报酬率的相关性较高，风险分散化效应较弱
D. 可以在有效集曲线上找到风险最小、期望报酬率最高的投资组合

9. 下列因素中，影响资本市场线中市场均衡点的位置的有（　　）。
A. 无风险报酬率
B. 风险组合的期望报酬率
C. 风险组合的标准差
D. 投资者个人的风险偏好

10. 下列各项中，属于公司系统性风险的有（　　）。
A. 公司业绩下滑
B. 市场利率波动
C. 宏观经济政策调整
D. 公司管理层变更

11. 下列关于贝塔值和标准差的表述中，正确的有（　　）。
A. 贝塔值测度系统风险，而标准差测度非系统风险
B. 贝塔值测度系统风险，而标准差测度整体风险
C. 贝塔值测度财务风险，而标准差测度经营风险
D. 贝塔值只反映市场风险，而标准差还反映特有风险

12. 下列关于资本资产定价模型 β 系数的表述中，正确的有（　　）。
A. β 系数可以为负数
B. β 系数是影响证券收益的唯一因素
C. 投资组合的 β 系数一定会比组合中任一单只证券的 β 系数低
D. β 系数反映的是证券的系统风险

13. 下列各项表述中，不正确的有（　　）。
A. 资产组合收益率的方差是各项资产的加权平均
B. 资产组合收益率的标准差是各项资产的加权平均
C. 资产组合收益率的变异系数是各项资产的加权平均
D. 资产组合的贝塔系数是各单项资产贝塔系数的加权平均

14. 下列关于资本市场线和证券市场线的表述中，正确的有（　　）。
A. 资本市场线描述的是由风险资产和无风险资产构成的投资组合的有效边界
B. 资本市场线的市场均衡点会受到投资者对风险态度的影响
C. 证券市场线的斜率会受到投资者对风险态度的影响，投资人越厌恶风险，斜率越低
D. 证券市场线测度风险的工具是 β 系数，资本市场线测度风险的工具是标准差

三、计算分析题

1. 某公司拟购置一处房产，房主提出四种付款方案：
（1）从现在起，每年年初支付 20 万元，连续支付 10 次，共 200 万元；
（2）从现在起，每年年末支付 22 万元，连续支付 10 次，共 220 万元；
（3）从第 5 年开始，每年年末支付 25 万元，连续支付 10 次，共 250 万元；

（4）从第5年开始，每年年初支付23万元，连续支付10次，共230万元。

要求：

假设该公司的资本成本（即最低收益率）为10%，你认为该公司应选择哪个方案？

2. 资料一：企业向甲银行借款5000万元，年利率8%，每半年计息一次，期限5年，自2018年1月1日起至2023年1月1日止，企业选择等额本息还款方式偿还贷款本息，还款日在每年的7月1日和1月1日。

资料二：2019年12月末企业出于降杠杆需要，准备于2020年1月1日提前偿还银行借款1000万元（当日仍需偿还原定的每期还款额）。

要求：

（1）根据资料一，计算借款的实际年利率。

（2）根据资料一，计算当前每期还款额。

（3）根据资料一，计算截止到2020年1月1日，企业已还款的现值为多少？

（4）根据资料一和资料二，计算如果企业选择提前偿还银行借款，还未偿还的贷款本金的现值为多少？

（5）计算提前还款后的每期还款额。

3. 假定A公司贷款1000万元，必须在未来3年每年末偿还相等的金额，而银行按贷款余额的6%收取利息。

要求：

（1）计算每期等额偿还的金额。

（2）请你编制如下还本付息表（保留两位小数）。

单位：万元

年度	总支付额	利息	本金偿还额	贷款余额
0	—	—	—	1000
1				
2				
3				
合计				—

4. 下表给出了四种经济状况下，两种资产组合方案可能的收益率和相应的概率：

经济状况	出现概率	M组合收益率	N组合收益率
差	0.1	-3%	2%
稳定	0.3	3%	4%
适度增长	0.4	7%	10%
繁荣	0.2	10%	20%

要求：

（1）分别计算两种资产组合收益率的期望值；

（2）分别计算两种资产组合收益率的标准差；

（3）分别计算两种资产组合收益率的变异系数；

（4）说明哪种资产组合的风险更大；

（5）若投资人决定将其全部资金投资于资产组合M和N中，投资人期望的最低收益率为8%，为实现期望的收益率，投资人应在资产组合M上投资的最高比例是多少？

5. 某公司拟进行股票投资，计划购买A、B、C三种股票，并分别设计了甲、乙两种投资组合。
已知三种股票的β系数分别为1.5、1.0和0.5，它们在甲种投资组合下的投资比重为50%、30%和20%；乙种投资组合的风险收益率为3.4%。目前无风险利率是8%，市场组合收益率是12%。

要求：
（1）根据A、B、C股票的β系数，分别评价这三种股票相对于市场投资组合而言的投资风险大小；
（2）按照资本资产定价模型计算A股票的必要收益率；
（3）计算甲种投资组合的β系数和风险收益率；
（4）计算乙种投资组合的β系数和必要收益率；
（5）比较甲、乙两种投资组合的β系数，评价它们的投资风险大小。

6. 股票A和股票B的部分年度资料如下。

年度	A股票报酬率（%）	B股票报酬率（%）
1	26	13
2	11	21
3	15	27
4	27	41
5	21	22
6	32	32

要求：
（1）分别计算投资于股票A和股票B的平均报酬率和标准差。
（2）如果股票A和股票B报酬率的相关系数为0.3518，投资组合中，股票A占40%，股票B占60%，该组合的期望报酬率和标准差是多少？
（3）如果股票A和股票B报酬率的相关系数为0.2，投资组合中，股票A占40%，股票B占60%，该组合的期望报酬率和标准差是多少？
（4）结合（2）、（3）的计算结果回答以下问题：①相关系数的大小对投资组合预期收益率有没有影响，如有影响，说明有什么样的影响；②相关系数的大小对投资组合风险有没有影响，如有影响，说明有什么样的影响。
（提示：自行列表计算所需的中间数据，中间数据及计算结果保留小数点后4位）

同步强化练习题参考答案及解析

使用“会计云课堂”App或“微信”扫码对答案、看解析、掌握解题思路，开启轻松过关之旅。

一、单项选择题

1.【答案】B

【解析】期限风险溢价是指债券因面临存续期内市场利率上升导致价格下跌的风险而给予债权人的补偿，也称为市场利率风险溢价。

2.【答案】C

【解析】选项A是市场分割理论的观点；选项B是流动性溢价理论的观点；预期理论认为长期即期利率=短期预期利率的平均值，而不是长期利率等于短期利率，因此选项D错误。

3.【答案】C

【解析】市场分割理论认为即期利率水平完全由各个期限市场上的供求关系决定；单个市场上的利率变化不会对其他市场上的供求关系产生影响。

4.【答案】D

【解析】（P/A，i，10）与（P/A，i，9）相比要多一个第10期末单笔款项的复利现值，所以选项D正确。

5.【答案】C

【解析】第5年年末的本利和=10000×（F/A，3%，10）=10000×11.464=114640（元）。

6.【答案】D

【解析】本题考查的是递延年金现值公式的灵活运用。A=800/［（P/A，10%，8）－（P/A，10%，2）］=800/（5.3349－1.7355）=222.3（万元）；或A=800/［（P/A，10%，6）×（P/F，10%，2）］=800/（4.3553×0.8264）=222.3（万元）。

7.【答案】B

【解析】报价利率是指银行等金融机构提供的年利率，报价利率是包含了通货膨胀的利率，选项A错误。计息期利率指借款人每期支付的利率，即报价利率/年复利次数。报价利率不变时，有效年利率随着每年复利次数的增加而增加，随着计息期利率的递减而增加，但呈非线性关系，选项C、D错误。

8.【答案】C

【解析】本题为按季度计算的永续年金结合有效年报酬率确定的问题，由于永续年金现值P=A/i，因此i=A/P，季度报酬率=2000/100000=2%，有效年报酬率=（1+2%）^{4}－1=8.24%。

9.【答案】B

【解析】根据题意，乙项目的风险大于甲项目，高风险可能报酬也高，因此，乙项目取得更高报酬和出现更大亏损的可能性均高于甲项目。

10.【答案】C

【解析】相关系数为 -1，组合标准差 =|10%×60%-15%×40%|=0。

11.【答案】D

【解析】$r_{AB}=\dfrac{\sigma_{AB}}{\sigma_A\sigma_B}=\dfrac{0.06}{0.2\times0.5}=0.6$。

12.【答案】D

【解析】由于本题的前提是相关系数小于 1，所以投资机会集应该是一条曲线而不是直线，只有当相关系数等于 1 时投资机会集才是直线。

13.【答案】C

【解析】风险最小点是最小方差组合点，当存在无效集时，最小方差组合点与报酬率最低点不一致，选项 A 错误。曲线弯曲程度与相关系数大小有关，与标准差的大小无关，选项 B 错误。证券报酬率之间的相关系数越小，曲线就越弯曲，反之，曲线弯曲程度越小，选项 C 正确。曲线上最小方差组合以下的组合是无效的，选项 D 错误。

14.【答案】C

【解析】30%=Q×20%，所以 Q=30%/20%=1.5

组合收益率 =1.5×10%+（1-1.5）×5%=12.5%。

15.【答案】A

【解析】选项 B、C、D 属于系统风险的致险因素。

16.【答案】A

【解析】当市场收益率为 10% 时，资产的必要收益率 12%= 无风险收益率 +1.5×（10%- 无风险收益率），所以无风险收益率 =6%；当市场收益率为 15% 时，资产的必要收益率 =6%+1.5×（15%-6%）=19.5%。

17.【答案】C

【解析】$\beta=\dfrac{COV(K_J,K_M)}{\sigma_M^2}=\dfrac{0.025}{15\%^2}=1.11$

$R_f=2\%+5\%=7\%$

$R=R_f+\beta\times(R_m-R_f)=7\%+1.11\times(15\%-7\%)=15.88\%$。

二、多项选择题

1.【答案】AD

【解析】因为国债违约和不流动的可能性很小，所以违约风险溢价和流动性风险溢价不是主要因素，选项 B、C 错误。因为是长期国债，所以会存在因市场利率上升而跌价的风险即存在期限风险溢价，选项 D 正确。

2.【答案】ABC

【解析】流动性溢价理论认为，短期债券的流动性比长期债券高，因为债券到期期限越长，利率变动的可能性越大，利率风险就越高。投资者为了减少风险，偏好于流动性好的短期债券。选项 D 错误。

3.【答案】ABC

【解析】市场预期未来短期利率保持稳定，无偏预期理论认为收益率曲线是水平的，而流动性溢价理论认为收益率曲线表现为上斜收益率曲线，二者观点不一致。

4.【答案】AD

【解析】递延年金，是指第一次收付发生在第二期或第二期以后的年金，递延年金终值是指最后一次收付时的本利和，其计算方法与普通年金终值相同，只不过只考虑连续收付期罢了。图例如下：

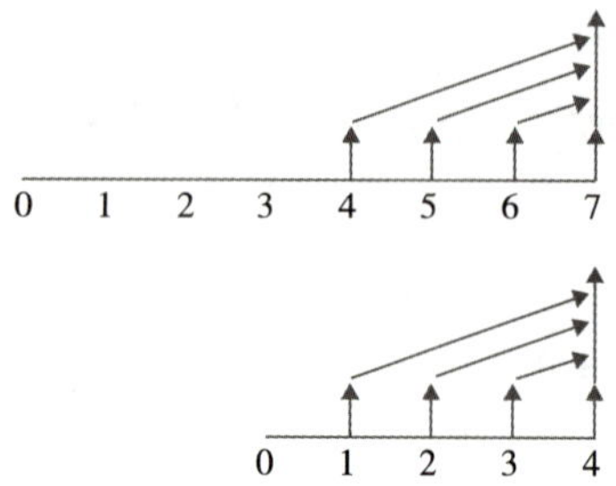

由上图可以看出递延年金终值与普通年金终值的计算一样，都为A×（1+i）^{3}+A×（1+i）^{2}+A×（1+i）+A=A×（F/A，i，4），这里的4为A的个数。

5.【答案】BCD

【解析】期望报酬率是用来衡量预期平均收益水平的，不能衡量风险，计算期望报酬率是为了确定方差和标准差，并进而计算变异系数。

6.【答案】ABCD

【解析】根据投资组合报酬率的标准差计算公式可知，选项A、B的说法正确。资本市场线揭示出持有不同比例的无风险资产和市场组合情况下风险与期望报酬的权衡关系，选项C的说法正确。机会集曲线的横坐标是标准差，纵坐标是期望报酬率，选项D的说法正确。

7.【答案】ABC

【解析】因为投资组合的期望报酬率等于各项资产期望报酬率的加权平均数，所以投资组合的期望报酬率的影响因素只受投资比重和个别资产报酬率影响，当把资金100%投资于甲证券时，组合期望报酬率最低为6%，当把资金100%投资于乙证券时，组合期望报酬率最高为8%，选项A、B的说法正确。组合标准差的影响因素包括投资比重、个别资产标准差以及相关系数，当100%投资于乙证券时，组合风险最大，组合标准差为15%，选项C正确。如果相关系数小于1，则投资组合会产生风险分散化效应，并且相关系数越小，风险分散化效应越强，当相关系数足够小时投资组合最低的标准差可能会低于单项资产的最低标准差，因此选项D不正确。

8.【答案】ABC

【解析】由于本题的前提是有效边界与机会集重合，说明该题机会集曲线上不存在无效投资组合，即整个机会集曲线就是从最小方差组合点到最高报酬率点的有效集，也就是说在机会集上没有向左凸出的部分，而A的标准差低于B，因此，最小方差组合是全部投资于A证券，即选项A的说法正确。投资组合的报酬率是组合中各种资产报酬率的加权平均数，因为B的期望报酬率高于A，所以最高期望报酬率组合是全部投资于B证券，即选项B正确。因为机会集曲线没有向左凸出的部分，所以，两种证券报酬率的相关性较高，风险分散化效应较弱，选项C的说法正确。因为风险最小的投资组合为全部投资于A证券，期望报酬率最高的投资组合为全部投资于B证券，所以选项D的说法错误。

9.【答案】ABC

【解析】一方面，资本市场线中，市场均衡点的确定独立于投资者的风险偏好，取决于各种可能风险组合的期望报酬率和标准差，而无风险报酬率会影响期望报酬率，因此选项A、B、C正确，选项D错误。另一方面，资本市场线的斜率是单位整体风险的市场价格=（R_M−R_f）/σ_M，因此选项A、B、C的变动会影响资本市场线的斜率，则会影响切点即市场均衡点的位置。

10.【答案】BC

【解析】系统风险又被称为市场风险或不可分散风险，是影响所有资产的、不能通过资产组合而消除的风险。这部分风险是由那些影响整个市场的风险因素所引起的。市场利率波动和宏观经济政策调整会影响整个市场，所以属于影响系统风险的因素。而公司业绩下滑和公司管理层变更只是发生在本公司的事件，不影响整个市场，所以属于影响非系统风险的因素。

11.【答案】BD

【解析】贝塔值测度系统风险，而标准差测度整体风险（包括系统风险和非系统风险），选项 B、D 是同一个意思，系统风险也称为市场风险，非系统风险也称为特有风险。

12.【答案】AD

【解析】β 系数为负数表明该资产报酬率与市场组合报酬率的变动方向不一致，选项 A 正确。无风险报酬率、市场组合报酬率以及 β 系数都会影响证券收益，选项 B 错误。投资组合的 β 系数是加权平均的 β 系数，β 系数衡量的是系统风险，因此不能分散，也就不能说 β 系数一定会比组合中任一单只证券的 β 系数低，选项 C 错误、选项 D 正确。

13.【答案】ABC

【解析】方差、标准差和变异系数均受相关系数的影响，所以资产组合收益率的方差、标准差、变异系数不一定是各项资产的加权平均。

14.【答案】AD

【解析】资本市场线的市场均衡点不受投资者对待风险态度的影响，投资者对待风险的态度只会影响在资本市场线上的位移，选项 B 错误。证券市场线的斜率表示投资者风险厌恶感的程度。一般来说，投资者对风险的厌恶感程度越强，证券市场线的斜率越大，选项 C 错误。

三、计算分析题

1.【答案】

方案（1）的现值：

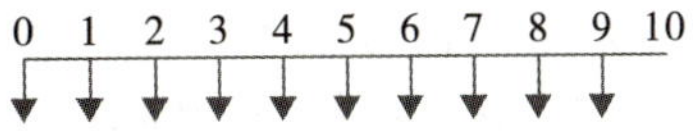

P=20×（P/A，10%，10）×（1+10%）=20×6.1446×1.1=135.18（万元）

或：P=20+20×（P/A，10%，9）=20+20×5.7590=135.18（万元）

方案（2）的现值：

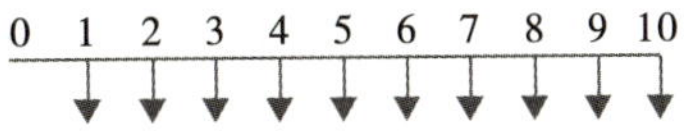

P=22×（P/A，10%，10）=22×6.1446=135.18（万元）

方案（3）的现值：

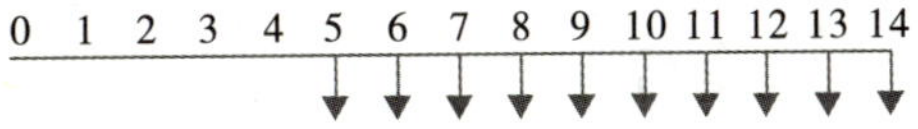

P=25×［（P/A，10%，14）-（P/A，10%，4）］=25×（7.3667-3.1699）=104.92（万元）

或：P=25×（P/A，10%，10）×（P/F，10%，4）=25×6.1446×0.6830=104.92（万元）

方案（4）的现值：

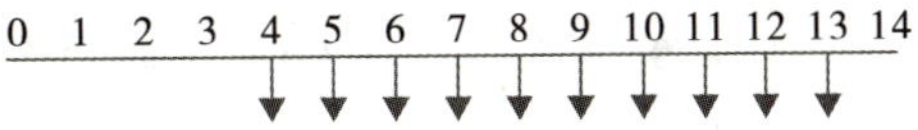

P=23×［（P/A，10%，13）-（P/A，10%，3）］=23×（7.1034-2.4869）=106.18（万元）

或：P=23×（P/A，10%，10）×（P/F，10%，3）=23×6.1446×0.7513=106.18（万元）

因为方案（3）的现值最小，所以该公司应该选择方案（3）。

2.【答案】

（1）银行借款的实际年利率 =（1+8%/2）^{2}-1=8.16%

（2）当前每期还款额 =5000/（P/A，4%，10）=5000/8.1109=616.45（万元）

（3）已还款的现值 =616.45×（P/A，4%，4）=616.45×3.6299=2237.65（万元）

（4）未偿还的贷款本金的现值 =5000-2237.65-1000×（P/F，4%，4）=5000-2237.65-1000×0.8548=1907.55（万元）

（5）设提前还款后每期还款额为 X 万元，则：

1907.55=X×（P/A，4%，6）×（P/F，4%，4）

X=1907.55/（5.2421×0.8548）=425.70（万元）。

3.【答案】

（1）每期分期等额偿还的金额 =1000/（P/A，6%，3）=1000/2.6730=374.11（万元）

（2）

单位：万元

年度	总支付额	利息	本金偿还额	贷款余额
0	—	—	—	1000
1	374.11	60.00	314.11	685.89
2	374.11	41.15	332.96	352.93
3	374.11	21.18	352.93	0
合计	1122.33	122.33	1000.00	—

4.【答案】

（1）M 资产组合收益率的期望值 =0.1×（-3%）+0.3×3%+0.4×7%+0.2×10%=5.4%

N 资产组合收益率的期望值 =0.1×2%+0.3×4%+0.4×10%+0.2×20%=9.4%

（2）M 资产组合收益率的标准差 =

$\sqrt{(-3\%-5.4\%)^2\times0.1+(3\%-5.4\%)^2\times0.3+(7\%-5.4\%)^2\times0.4+(10\%-5.4\%)^2\times0.2}$

=3.75%

N 资产组合收益率的标准差 =

$\sqrt{(2\%-9.4\%)^2\times0.1+(4\%-9.4\%)^2\times0.3+(10\%-9.4\%)^2\times0.4+(20\%-9.4\%)^2\times0.2}$

=6.07%

（3）M 资产组合收益率的变异系数 =3.75%/5.4%=0.69

N 资产组合收益率的变异系数 =6.07%/9.4%=0.65

（4）M 资产组合收益率的变异系数大于 N 资产组合收益率的变异系数，所以 M 资产组合的风险更大。

（5）期望的最低收益率 = 投资于 M 的比例 ×M 的期望收益率 + 投资于 N 的比例 ×N 的期望收益率

设投资人应在资产组合 M 上投资的最高比例是 X：

5.4%×X+9.4%×（1-X）=8%，解得：X=35%。

5.【答案】

（1）A 股票的 β 系数＞1，说明该股票所承担的系统风险大于市场投资组合的风险（A 股票所承担的系统风险等于市场投资组合风险的 1.5 倍）

B 股票的 β 系数 =1，说明该股票所承担的系统风险与市场投资组合的风险一致（B 股票所承担的系统风险等于市场投资组合的风险）

C 股票的 β 系数＜1，说明该股票所承担的系统风险小于市场投资组合的风险（C 股票所承担的系统风险等于市场投资组合风险的 0.5 倍）

（2）A 股票的必要收益率 =8%+1.5×（12%-8%）=14%

（3）甲种投资组合的 β 系数 =1.5×50%+1.0×30%+0.5×20%=1.15

甲种投资组合的风险收益率 =1.15×（12%-8%）=4.6%

（4）乙种投资组合的 β 系数 =3.4%/（12%-8%）=0.85

乙种投资组合的必要收益率 =8%+3.4%=11.4%

或者：乙种投资组合的必要收益率 =8%+0.85×（12%-8%）=11.4%

（5）甲种投资组合的 β 系数（1.15）大于乙种投资组合的 β 系数（0.85），说明甲投资组合的系统风险大于乙投资组合的系统风险。

6.【答案】

（1）投资于股票 A 和股票 B 的平均报酬率和标准差：

年度	A 股票报酬率（%）	B 股票报酬率（%）	$(A-\bar{A})^2$（‱）	$(B-\bar{B})^2$（‱）
1	26	13	16	169
2	11	21	121	25
3	15	27	49	1
4	27	41	25	225
5	21	22	1	16
6	32	32	100	36
合计	132	156	312	472
平均数	22	26		

平均报酬率（A）=22%

平均报酬率（B）=26%

标准差（A）= $\sqrt{\dfrac{312‱}{6-1}}$ =7.90%

标准差（B）= $\sqrt{\dfrac{472‱}{6-1}}$ =9.72%

【提示】因为给出的数据是部分年度数据，所以求解的标准差是样本标准差，分母应该为 n-1，如果是全部年度数据，那么是总体标准差的计算，分母则为 N。

（2）组合期望报酬率 =22%×40%+26%×60%=24.4%

组合标准差 =

$\sqrt{(40\%\times7.90\%)^2+(60\%\times9.72\%)^2+2\times40\%\times7.90\%\times60\%\times9.72\%\times0.3518}$ =7.55%。

（3）组合期望报酬率 =22% × 40%+26% × 60%=24.4%

组合标准差 =

$\sqrt{(40\% \times 7.90\%)^2+(60\% \times 9.72\%)^2+2 \times 40\% \times 7.90\% \times 60\% \times 9.72\% \times 0.2}$ =7.17%

（4）①相关系数的大小对投资组合预期收益率没有影响；

②相关系数的大小对投资组合风险有影响，相关系数越大，投资组合的风险越大。

第四章　资本成本

CHAPTER-4

本章学习指南

一、考情分析

本章关于资本成本的确定是基础，后面很多章节都要用到资本成本，因此本章的题型除单项选择题、多项选择题、计算分析题外，还很容易和其他章节综合起来考查。最近 3 年平均分数为 3.5 分左右。

> **名师点拨**
>
> 建议大家先学习第 6 章，完成相关练习，再进行本章的学习与练习。

最近 3 年题型、题量分析表

题型	2019 年		2020 年		2021 年	
	试卷Ⅰ	试卷Ⅱ	试卷Ⅰ	试卷Ⅱ	试卷Ⅰ	试卷Ⅱ
单项选择题	—	—	1 题 1.5 分	1 题 1.5 分	1 题 2 分	—
多项选择题	—	—	—	—	—	—
计算分析题	—	—	—	—	—	—
综合题	0.2 题 3 分	0.2 题 3 分	0.17 题 2.5 分	0.17 题 2.5 分	—	0.21 题 3 分
合计	0.2 题 3 分	0.2 题 3 分	1.17 题 4 分	1.17 题 4 分	1 题 2 分	0.21 题 3 分

二、教材变化

本章与2021年的教材相比，主要变化是对债务的真实资本成本的表述增加了前提。

三、考点框架

- 第四章 资本成本（一）
  - 资本成本的概念和用途
    - 资本成本的概念 ★★
    - 资本成本的用途 ★
    - 资本成本的影响因素 ★★
  - 债务资本成本的估计
    - 债务资本成本的概念 ★★
    - 税前债务资本成本的估计 ★★★
    - 税后债务资本成本的估计 ★★

- **第四章 资本成本（二）**
  - 普通股资本成本的估计
    - 不考虑发行费用的普通股资本成本的估计 ★★★
    - 考虑发行费用的普通股资本成本的估计 ★★
  - 混合筹资资本成本的估计
    - 混合筹资的特征及内容 ★
    - 混合筹资资本成本的估计 ★★
  - 加权平均资本成本的计算
    - 加权平均资本成本的定义 ★
    - 加权平均资本成本的计算方法 ★★

核心考点精讲

第一节　资本成本的概念和用途

使用“会计云课堂”App或“微信”扫码查看本节视频，快速GET知识点。

一、资本成本的概念★★

（一）含义

一般说来，资本成本是指投资资本的机会成本。这种成本不是实际支付的成本，而是一种失去的收益，是将资本用于本项目投资所放弃的其他投资机会的收益，因此被称为机会成本。资本成本也称为必要报酬率、投资项目的取舍率、最低可接受的报酬率。

经典题解

【真题1·多选题】下列关于投资项目资本成本的说法中，正确的有（　　）。（2016年卷Ⅰ、卷Ⅱ）

A. 资本成本是投资项目的取舍率

B. 资本成本是投资项目的必要报酬率

C. 资本成本是投资项目的机会成本

D. 资本成本是投资项目的内含报酬率

【解析】资本成本是指投资资本的机会成本，这种成本不是实际支付的成本，而是一种失去的收益，也称为必要报酬率、投资项目的取舍率、最低可接受的报酬率。选项D，投资项目的内含报酬率是真实的报酬率，不是资本成本。

【答案】ABC

（二）资本成本概念的两个方面

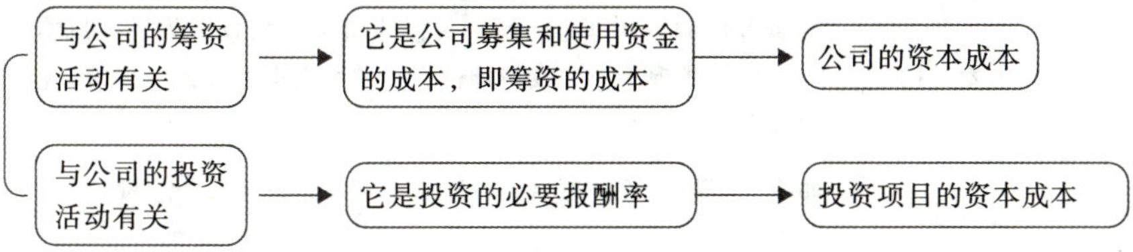

1. 公司的资本成本

含义	资本成本是公司取得和使用资本的代价，投资人从证券上所取得的报酬就是筹资的成本。公司资本成本是投资人针对整个公司要求的报酬率，或者说是投资人对于企业全部资产要求的加权平均的必要报酬率
影响因素	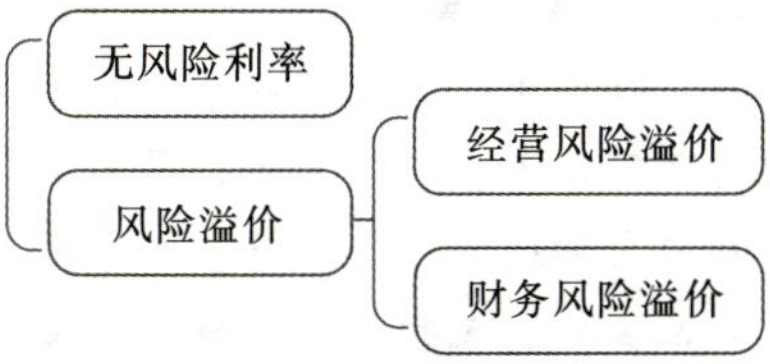 【提示】各公司的资本成本之所以不同是因为公司所经营的业务不同（经营风险不同），资本结构不同（财务风险不同）

2. 项目资本成本

（1）含义：项目资本成本是公司投资于资本支出项目所要求的报酬率。

（2）关系：项目资本成本与公司资本成本的关系取决于新项目的风险与企业现有资产平均风险的关系。

相关链接

第5章我们会学习当新项目的风险与企业现有风险不一致时，如何利用可比公司法测算新项目的资本成本。

新的投资项目的风险与企业现有资产平均风险的关系	等于	高于	低于
项目资本成本与公司资本成本的关系	等于	高于	低于

二、资本成本的用途★

公司的资本成本主要用于投资决策（第5章）、筹资决策（第9章）、营运资本管理（第12章）、企业价值评估（第8章）和业绩评价（第20章）。

三、资本成本的影响因素★★

要点小贴士

因为资本成本是投资人要求的必要报酬率，而必要报酬率＝无风险收益率＋风险溢价率，因此影响无风险收益率和影响风险大小的因素都会影响资本成本。

影响因素		说明
外部因素	无风险利率	无风险利率上升，市场利率上升，公司的债务成本会上升，无风险利率上升也会引起普通股成本上升 【提示】无风险利率＝纯粹利率＋通货膨胀补偿率
	市场风险溢价	市场风险溢价会影响股权成本
	税率	税率变化直接影响税后债务成本以及公司加权平均资本成本

影响因素		说明
内部因素	资本结构	按照有税的MM理论，增加负债比重会使加权平均资本成本降低；但是按照代理理论和权衡理论，负债过高会加大财务风险，使债务成本和权益资本成本上升
	投资政策	如果公司新投资的项目的风险高于现有资产风险，会使公司资本成本上升

经典题解

【真题2·多选题】公司资本成本的影响因素有（　　）。（2021年卷Ⅲ）

A. 负债率　　　　　　　　B. 经营风险

C. 外部市场的投资报酬率　　D. 无风险利率

【解析】一个公司资本成本的高低，取决于三个因素：（1）无风险利率，是指无风险投资所要求的报酬率。（2）经营风险溢价，是指由于公司未来前景的不确定性导致的要求报酬率增加的部分。一些公司的经营风险比另一些公司高，投资人对其要求的报酬率也会增加。（3）财务风险溢价，是指高财务杠杆产生的风险。公司的负债率越高，普通股收益的变动性越大，股东要求的报酬率也就越高。选项A、B、D正确。公司的资本成本与资本市场有关，如果市场上其他投资机会的报酬率升高，公司的资本成本也会上升。选项C正确。

【答案】ABCD

第二节　债务资本成本的估计

使用“会计云课堂”App或“微信”扫码查看本节视频，快速GET知识点。

一、债务资本成本的概念★★

要点小贴士

债务资本的提供者承担的风险显著低于股东，因此其期望报酬率低于股东，即债务的资本成本低于权益资本成本。

含义	估计债务资本成本就是确定债权人要求的报酬率
债务资本成本的因素分析	（1）区分债务的历史成本和未来成本 未来决策所依据的资本成本，只能是未来借入新债务的成本，而现有债务的历史成本，是不相关的沉没成本 （2）区分债务的承诺收益与期望收益 因为存在违约风险，债务投资组合的期望收益低于合同规定的收益 对于筹资人来说，在不考虑筹资费用的情况下，债权人的期望收益率是其债务的真实成本 （3）区分长期债务成本和短期债务成本 由于加权平均资本成本主要用于资本预算，涉及的债务是长期债务，因此，通常的做法是只考虑长期债务，而忽略各种短期债务 【提示】如果公司无法发行长期债券或取得长期银行借款，而是通过采用不断续约的短期债务筹资来满足长期资金的需求，这种短期债务，实质是长期债务，不能忽略

【易错易混点】

资本成本是：	资本成本不是：
是机会成本	不是实际支付的成本
是项目取舍率	不是项目内含报酬率
是未来成本	不是历史成本、不是沉没成本
是增量边际成本	不是历史平均成本
是期望收益率	不是承诺收益率
是长期资本成本	不是短期债务成本

经典题解

【真题 3 · 单选题】进行投资项目资本预算时，需要估计债务资本成本。若不考虑筹资费用，下列说法中，正确的是（　　）。（2018 年卷Ⅱ）

A. 如果公司资本结构不变，债务资本成本是现有债务的历史成本

B. 如果公司有上市债券，可以使用债券承诺收益作为债务资本成本

C. 即使公司通过不断续约短债长用，债务资本成本也只是长期债务的成本

D. 如果公司发行“垃圾债券”，债务资本成本应是考虑违约可能后的期望成本

【解析】只有在经营风险和财务风险均不变的前提下，才能利用现有债务的历史成本估计未来债务资本成本，否则现有债务的历史成本，对于未来的决策来说是不相关的沉没成本，选项 A 错误。

因为有违约风险，承诺的收益率不等于期望收益率，选项 B 错误。

公司通过不断续约短债长用，这种短期债务，实质上是一种长期债务，是不能忽略的。选项 C 错误。

“垃圾债券”的违约风险很高，所以债务资本成本应是考虑违约可能后的期望成本。选项 D 正确。

【答案】D

【真题 4 · 单选题】在进行投资决策时，不考虑筹资费用时，需要估计的债务成本是（　　）。（2016 年卷Ⅰ、卷Ⅱ）

A. 现有债务的承诺收益率

B. 未来债务的期望收益率

C. 未来债务的承诺收益率

D. 现有债务的期望收益率

【解析】因为存在违约风险，债务投资组合的期望收益低于合同规定的收益。对于筹资人来说，不考虑筹资费用时，债权人的期望收益率是其债务的真实成本。

【答案】B

二、税前债务资本成本的估计★★★

（一）不考虑发行费用的税前债务资本成本的估计

1. 债务资本成本估计方法的选择

估计方法	适用范围	税前债务资本成本的估算原理
到期收益率法	如果目标公司目前有上市交易的长期债券	计算目标公司债券的到期收益率
可比公司法	如果目标公司目前没有上市交易的长期债券，但是有拥有上市交易债券的可比公司	计算可比公司长期债券的到期收益率，作为本公司的长期债务成本
风险调整法	如果目标公司目前没有上市交易的长期债券，也没有合适的可比公司，但是目标公司有信用评级资料	税前债务成本＝政府债券的市场收益率＋企业的信用风险补偿率（或称，违约风险溢价）
财务比率法	如果目标公司没有上市的长期债券，没有合适的可比公司，并且没有信用评级资料	根据关键财务比率大体上判断该公司的信用级别，有了信用级别就可以使用风险调整法确定其债务成本

2. 不同方法下税前资本成本的计算

方法	计算	
到期收益率法	使用内插法求折现率，即找到使得未来现金流出的现值等于现金流入现值的那一个折现率	
	图示（没有发行费的现金流量）	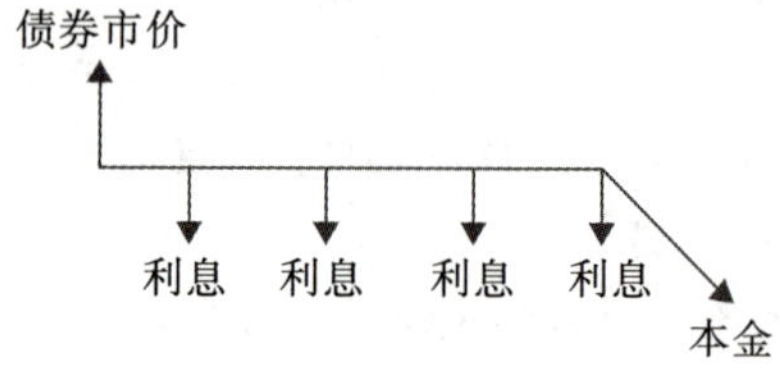
	基本公式	$P_0=\sum_{t=1}^{n}\frac{利息}{(1+r_d)^t}+\frac{本金}{(1+r_d)^n}$ 式中：P_0——债券的市价；r_d——到期收益率即税前债务资本成本；n——债券的剩余期限，通常以年表示 如果债券不是按年付息，而是每年付息 m 次，则上述公式将调整为： $P_0=\sum_{t=1}^{mn}\frac{利息/m}{(1+r_d)^t}+\frac{本金}{(1+r_d)^{mn}}$ 式中：P_0——债券的市价；r_d——计息期折现率；m——每年计息次数；n——债券的剩余期限，通常以年表示 债务税前资本成本＝有效年利率＝$(1+r_d)^m-1$

方法	计算	
可比公司法	可比公司应满足的条件	①经营可比性：与目标公司处于同一行业，具有类似的商业模式 ②财务可比性：两者的规模、负债比率和财务状况比较类似 ③计算可行性：有上市交易的长期债券
风险调整法	基本公式	税前债务资本成本＝政府债券的市场收益率＋企业的信用风险补偿率
	政府债券的市场收益率的确定	同期限（到期日相近）政府债券的市场收益率
	信用风险补偿率的确定	（1）选择若干信用级别与本公司相同的上市的公司债券，并计算其到期收益率 （2）计算与这些上市公司债券同期（到期日相同或相近）的长期政府债券到期收益率（无风险利率） （3）计算上述两个到期收益率的差额，即信用风险补偿率 （4）计算各个公司债券信用风险补偿率的平均值，作为本公司的信用风险补偿率
财务比率法	基本做法	根据目标公司关键财务比率判断目标公司的信用级别，然后使用风险调整法确定其债务成本

要点小贴士

注意是看到期日是否相同或者相近，而不是看债券发行期限是否相同。

要点小贴士

只要求信用级别相同即可，不要求同行业。

【易错易混点】期望报酬率、到期收益率、内含报酬率、必要报酬率、资本成本的联系和区别：

指标名称	指标实质	指标的关系
期望报酬率	三个指标实质是一样的，都是方案本身预期所能达到的收益率，实质都是内含报酬率，在计算原理上都是找到使得未来的现金流入现值刚好弥补投资额现值的折现率	（1）对于股票投资的内含报酬率，因为没有到期日，习惯称为期望报酬率（第6章） （2）对于债券，因为有到期日，所以把债券投资的内含报酬率取名为到期收益率（第6章） （3）对项目投资还是习惯称为内含报酬率(第5章)
到期收益率		
内含报酬率		
必要报酬率	这两个指标实质是一样的	从筹资的角度：资本成本是取得资本使用权的代价 从投资的角度：资本成本是投资人要求的必要报酬率
资本成本		

要点小贴士

只有当内含报酬率（期望收益率、债券到期收益率）高于必要报酬率（资本成本）时，投资方案才可行。

经典题解

【真题5·多选题】甲公司目前没有上市债券，在采用可比公司法测算公司的债务资本成本时，选择的可比公司应具有的特征有（　　）。（2015年卷Ⅰ、卷Ⅱ）

A. 与甲公司商业模式类似

B. 与甲公司在同一行业

C. 拥有可上市交易的长期债券

D. 与甲公司在同一生命周期阶段

【解析】选项A、B是教材对于可比公司规定应满足的条件；如果需要计算债务资本成本的公司，没有上市债券，就需要找一个拥有可交易债券的可比公司作为参照物，所以可比公司首先要满足拥有可上市交易的长期债券的条件，因此选项C也是正确的。

【答案】ABC

（二）考虑发行费用的税前债务资本成本估计

要点小贴士

把筹资开始时发生的发行费、手续费等筹资性费用作为筹资开始时的一次扣减，考虑筹资人真正到手的钱。

图示（有发行费的现金流量）	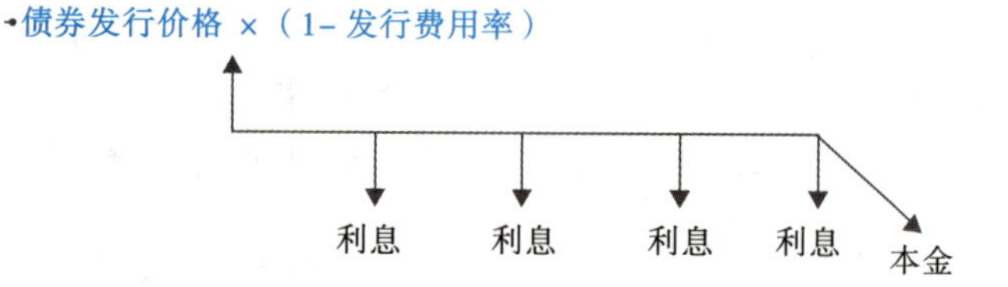
基本公式	$P_0\times(1-F)=\sum_{t=1}^{n}\frac{I}{(1+r_d)^t}+\frac{M}{(1+r_d)^n}$ 式中：P_0——债券发行价格；M——债券面值；F——发行费用率；n——债券剩余期限；I——每年的利息数额；r_d——经发行费用调整后的债券税前资本成本

【总结】

出题情形	计算公式
（1）若平价发行，每年付息一次，没有发行费	债务资本成本 $=i_{票}\times(1-T)$
（2）若平价发行，每年付息多次，没有发行费	税前债务资本成本 $=i_{有效}=(1+i_{票}/m)^m-1$ 债务资本成本 $=i_{有效}\times(1-T)$
（3）若不是平价或有手续费	①求出年有效到期收益率 $i_{有效}$ ②债务资本成本 $=i_{有效}\times(1-T)$

经典题解

解题攻略

税前债务资本成本是指税前年有效债务资本成本。对于年内付息多次的债券，计算资本成本时首先要确定税前年有效到期收益率作为税前债务资本成本，然后再乘以（1-T）确定税后债务资本成本。

【例题6·单选题】公司现有长期负债：面值1000元，票面利率12%，每半年付息一次的不可赎回债券；该债券还有5年到期，当前市价1051.19元；假设新发行长期债券时采用私募方式，不用考虑发行成本。公司所得税税率为25%，则债券税后资本成本为（　　）。

A. 8.23%　　B. 5.34%

C. 10.96%　　D. 10.68%

【解析】$1000\times6\%\times(P/A, K_半, 10)+1000\times(P/F, K_半, 10)=1051.19$

$60\times(P/A, K_半, 10)+1000\times(P/F, K_半, 10)=1051.19$

设 $K_半=5\%$，$60\times7.7217+1000\times0.6139=1077.20$（元）

设 $K_半=6\%$，$60\times7.3601+1000\times0.5584=1000$（元）

利用内插法：$(K_{半}-5\%)/(6\%-5\%)=(1051.19-1077.20)/(1000-1077.20)$

解得：$K_{半}=5.34\%$

债券的税前资本成本 $=(1+5.34\%)^2-1=10.97\%$

债券的税后资本成本 $=10.97\%\times(1-25\%)=8.23\%$。

【答案】 A

【例题 7·计算分析题】 ABC 公司拟发行 30 年期的债券，面值 1000 元，票面利率 10%，所得税税率 25%，平价发行，不考虑筹资费。

要求：

（1）若债券规定每年付息一次，计算税后债务资本成本；

（2）若债券规定每半年付息一次，计算税后债务资本成本。

【答案】

（1）若债券规定每年付息一次：

税前债务资本成本 =10%

税后债务资本成本 $=10\%\times(1-25\%)=7.5\%$

（2）若债券规定每半年付息一次：

半年的到期收益率 =10%/2=5%

税前债务资本成本 $=(1+5\%)^2-1=10.25\%$

税后债务资本成本 $=10.25\%\times(1-25\%)=7.69\%$。

三、税后债务资本成本的估计 ★★

税后债务资本成本 = 税前债务资本成本 ×（1- 所得税税率）

【提示】 因为所得税的作用，债务利息可以抵税，减少了债务资本成本。债权人收到的是利息收入，而不是税后的利息，所以公司实际负担的税后债务资本成本小于债权人要求的税前收益率。

> **要点小贴士**
>
> 公司采用多种筹资方式，由于不同的筹资方式，计息方式不同，对所得税的影响不同，因此计算加权平均资本成本时要求口径一致，债务资本成本一般是指年有效税后资本成本。

第三节 普通股资本成本的估计

使用“会计云课堂”App 或“微信”扫码查看本节视频，快速 GET 知识点。

一、不考虑发行费用的普通股资本成本的估计 ★★★

> **要点小贴士**
>
> 普通股资本成本是指筹集普通股所需的成本，这里的成本，是面向未来的，而不是过去的成本。

（一）资本资产定价模型

1. 基本公式

$r_s=r_{RF}+\beta\times(r_m-r_{RF})$

2. 无风险利率 r_{RF} 的估计

通常认为，政府债券没有违约风险，可以代表无风险利率。

（1）选择短期政府债券利率还是长期政府债券利率。

通常选择	选择理由
长期政府债券的利率	①普通股是长期的有价证券 ②资本预算涉及的时间长 ③长期政府债券的利率波动较小

要点小贴士

①这里是计算股票资本成本，股票没有到期日，因此选择长期政府债券的利率，最常见的做法是选择10年期的政府债券利率；

②上节提到用风险调整法确定债务资本时，政府债券的市场收益率应选择与目标企业债务到期日接近的政府债券的到期收益率。

（2）选择票面利率还是到期收益率。

通常选择	不选票面利率的原因
上市交易的政府长期债券的到期收益率作为无风险利率的代表	不同的付息方式，不同的发行时间，票面利率相差很大

（3）选择名义无风险利率还是真实无风险利率。

①通货膨胀的影响。

对利率的影响	名义利率是指包含了通货膨胀因素的利率，实际利率是指排除了通货膨胀因素的利率。两者关系可用下式表示： $1+r_{名义}=(1+r_{实际})\times(1+通货膨胀率)$
对现金流量的影响	名义现金流量是指包含了通货膨胀因素的现金流量，实际现金流量是指排除了通货膨胀因素的现金流量。两者关系可用下式表示： $名义现金流量=实际现金流量\times(1+通货膨胀率)^n$ 式中：n——相对于基期的期数

相关链接

第3章“(名义)无风险利率 $r_{RF}=r^*+IP$”与此处公式不同，前者是此处公式的简化，未考虑利息本身也受通货膨胀的影响。

②决策分析的基本原则：名义现金流量要使用含有通货膨胀的折现率进行折现，实际的现金流量要使用实际的折现率进行折现。

③实务中的处理方式。

通常做法	一般情况下使用含通货膨胀的名义货币编制预计财务报表并确定现金流量，与此同时，使用含通货膨胀的无风险利率计算资本成本
使用实际利率和实际现金流量的情况	a. 存在恶性的通货膨胀（通货膨胀率已经达到两位数） b. 预测周期特别长，通货膨胀的累积影响巨大

经典题解

【真题8·多选题】采用实体现金流量模型进行企业价值评估时，为了计算资本成本，无风险利率需要使用实际利率的情况有（　　）。（2018年卷Ⅰ）

A. 预测周期特别长

B. β系数较大

C. 存在恶性通货膨胀

D. 市场风险溢价较高

【解析】选项A、C是使用实际利率计算资本成本的两种情况。

【答案】AC

3. 股票贝塔系数（β）的估计

（1）计算公式：$\beta=\frac{Cov(r_i, r_m)}{\sigma_m^2}$

式中：$Cov(r_i, r_m)$——证券 i 的报酬率与市场组合报酬率的协方差；

σ_m^2——市场组合报酬率的方差。

（2）关键变量的选择。

关键变量	风险特征	选择
有关历史期间的长度	公司风险特征无重大变化时	5 年或更长的历史期长度
	如果公司风险特征发生重大变化	应当使用变化后的年份作为历史期长度
收益计量的时间间隔	—	广泛使用每周或每月的报酬率

要点小贴士

不一定时间越长估计的值就越可靠，要看前提。

【提示】如果驱动 β 值的经营风险和财务风险没有发生重大变化，则可以用历史的 β 值估计股权成本。

4. 市场风险溢价（r_m-r_{RF}）的估计

（1）市场风险溢价的含义：指在一个相当长的历史时期里，市场平均收益率与无风险资产平均收益率之间的差异。

（2）市场平均收益率 r_m 的估计。

关键变量	选择	
选择时间跨度	应选择较长的时间跨度，既包括经济繁荣时期，也包括经济衰退时期	
取平均的方法	算术平均法	更符合资本资产定价模型中的平均方差的结构，因而是下一阶段风险溢价的一个更好的预测指标
	几何平均法	考虑了复合平均，能更好地预测长期的平均风险溢价

要点小贴士

不用看前提，期限应是越长越好。

要点小贴士

多数人倾向于采用几何平均法。

【提示】

①几何平均数方法下的市场平均收益率 $=\sqrt[n]{\frac{P_n}{P_0}}-1$

②算术平均数方法下的市场平均收益率 $=\frac{\sum_{t=1}^{n} r_t}{n}$，其中：$r_t=\frac{P_t-P_{t-1}}{P_{t-1}}$

式中：P_n——第 n 年的价格指数；r_t——第 t 年的市场报酬率。

经典题解

【例题 9·单选题】下列关于“运用资本资产定价模型估计权益成本”的表述中，错误的是（　　）。

A. 通货膨胀率较低时，可选择上市交易的政府长期债券的到期收益率作为无风险利率

B. 公司三年前发行了较大规模的公司债券，估计β系数时应使用发行债券日之后的交易数据计算

C. 疫情影响导致过去两年证券市场萧条，估计市场风险溢价时应剔除这两年的数据

D. 为了更好地预测长期平均风险溢价，估计市场风险溢价时应使用权益市场的几何平均收益率

【解析】估计市场风险溢价时应选择较长的时间跨度，既要包括经济繁荣时期，也要包括经济衰退时期，选项C错误。

【答案】C

【例题10·多选题】某证券市场2019~2021年的股票市场价格指数分别为2200、4800和3100，则下列表述正确的有（　　）。

A. 算术平均收益率为24.12%

B. 算术平均收益率为41.38%

C. 几何平均收益率为18.71%

D. 几何平均收益率为12.65%

【解析】算术平均收益率=[（4800-2200）/2200+（3100-4800）/4800]/2=41.38%

几何平均收益率=$\sqrt{\frac{3100}{2200}}-1=18.71\%$。

【答案】BC

（二）股利增长模型

1. 基本公式

假定收益以固定的年增长率递增，则股权资本成本的计算公式为：

相关链接

$$r_s=\frac{D_1}{P_0}+g$$

不考虑发行费用时，股票资本成本与第6章普通股的期望报酬率的公式一致。

式中：r_s——普通股成本；

D_1——预期下年现金股利额；

P_0——普通股当前市价；

g——股利增长率。

2. 增长率（g）的估计

估计方法	适用情况	具体算法
历史增长率法	投资者在某一段时间持有股票的情况	算术平均法
	投资者在整个期间长期持有股票的情况	几何平均法

估计方法	适用情况	具体算法
可持续增长率法	满足可持续增长的条件，即：假设未来不增发新股（或回购股票），并且保持当前的经营效率和财务政策不变	股利增长率 = 可持续增长率 = 预计利润留存率 × 期初权益预期净利率
证券分析师预测法	证券分析师发布的各公司增长率预测值，通常是分年度或季度的，而不是一个唯一的长期增长率	方法 1：将不稳定的增长率平均化。计算未来足够长期间（例如 30 年或 50 年）的年度增长率的几何平均数
		方法 2：根据不均匀的增长率直接计算

相关链接

可以利用第 2 章可持续增长率的期末股东权益计算公式，即：

股利增长率 = 可持续增长率 = 本期利润留存率 × 期末权益净利率 /（1- 本期利润留存率 × 期末权益净利率）。

经典题解

【真题 11 · 多选题】甲公司是一家稳定发展的制造业企业，经营效率和财务政策过去十年保持稳定且预计未来继续保持不变，未来不打算增发或回购股票，公司现拟用股利增长模型估计普通股资本成本，下列各项中，可作为股利增长率的有（　　）。（2017 年卷Ⅱ）

A. 甲公司可持续增长率　　　B. 甲公司内含增长率

C. 甲公司历史股利增长率　　D. 甲公司历史股价增长率

【解析】增长率（g）的估计有三种方法：历史增长率法、可持续增长率法和证券分析师预测法，因此首先选项 C 正确。

又因为甲公司未来满足可持续增长的五个假设条件，即预计股利增长率 = 可持续增长率，因此选项 A 正确。

由于过去十年并没有明确未增发或回购股票，所以过去十年不一定按可持续增长率增长，而且没有资本市场有效的前提，甲公司历史股价增长率不一定等于股票价值的增长率，也就不一定等于股利增长率，所以选项 D 错误。

由于未来可能还会增加负债，所以不应该选择内含增长率，选项 B 错误。

【答案】AC

（三）债券收益率风险调整模型

$r_s=r_{dt}+RP_c$

式中：

r_{dt}——税后债务成本；

RP_c——股东比债权人承担更大风险所要求的风险溢价。

要点小贴士

这与市场风险溢价（R_m-R_f）不是一个概念，R_m-R_f 是市场平均风险收益率；RP_C 是目标公司普通股对目标公司债券来讲的额外风险补偿率。

【解读】

方法	RP_c 的估计
经验估计法	一般认为，某企业普通股风险溢价对其自己发行的债券来讲，大约在 3%~5% 之间
历史数据分析法	比较过去不同年份的权益报酬率和债券收益率的差值

经典题解

【真题12·单选题】甲公司采用债券收益率风险调整模型估计股权资本成本，税前债务资本成本8%，股权相对债权风险溢价4%。企业所得税税率25%。甲公司的股权资本成本是（　　）。（2020年卷Ⅰ、卷Ⅱ）

A. 6%　　B. 8%

C. 10%　　D. 12%

【解析】甲公司的股权资本成本=8%×（1-25%）+4%=10%。

【答案】C

【真题13·单选题】在采用债券收益率风险调整模型估计普通股资本成本时，风险溢价是（　　）。（2018年卷Ⅰ）

A. 目标公司普通股相对长期国债的风险溢价

B. 目标公司普通股相对短期国债的风险溢价

C. 目标公司普通股相对可比公司长期债券的风险溢价

D. 目标公司普通股相对目标公司债券的风险溢价

【解析】债券收益率风险调整模型中的风险溢价是指企业普通股对其自己发行的债券来讲的风险溢价，大约在3%~5%之间。

【答案】D

【真题14·多选题】下列各项中可用于估计普通股资本成本的方法有（　　）。（2018年卷Ⅱ）

A. 财务比率法　　B. 资本资产定价模型

C. 固定股利增长模型　　D. 债券收益率风险调整模型

【解析】选项A属于税前债务资本成本的估计方法。

【答案】BCD

二、考虑发行费用的普通股资本成本的估计★★

（一）新发行普通股的资本成本

新发行普通股的资本成本，也被称为外部股权成本。新发行普通股会发生发行费用，因此它比留存收益进行再投资的内部股权成本要高一些。

如果将发行费用考虑在内，新发行普通股资本成本的计算公式则为：

$$r_s=\frac{D_1}{P_0(1-F)}+g$$

式中：F——发行费用率。

经典题解

【例题15·单选题】某公司普通股当前市价为每股25元，拟按当前市价增发新股100万股，预计每股发行费用率为5%，增发第一年年末预计每股股利为2.5元，以后每年股利增长率为6%，则该公司本次增发普通股的资本成本为（　　）。

A. 10.53%　　　　B. 12.36%

C. 16.53%　　　　D. 18.36%

【解析】普通股资本成本 $=D_1/[P_0\times(1-F)]+g=2.5/[25\times(1-5\%)]+6\%=16.53\%$。

【答案】C

(二)留存收益资本成本的估计

留存收益资本成本的估计与普通股资本成本相似，但无须考虑筹资费用。

要点小贴士

(1)按照股利增长模型：$r_{留}=\frac{D_1}{P_0}+g$。

(2)资本资产定价模型、债券收益率风险调整模型和普通股资本成本计算结果一致。

经典题解

【真题 16·单选题】甲公司拟发行优先股筹资，发行费用率和年股息率分别为 2% 和 8%，每半年支付一次股利，企业所得税税率 25%。根据税法规定，该优先股股利不能抵税。该优先股资本成本为(　　)。(2021 年卷Ⅰ)

A. 7.84%　　　　B. 8%

C. 8.16%　　　　D. 8.33%

【解析】半年的优先股资本成本 $K_{半}=(8\%/2)/(1-2\%)=4.08\%$，优先股资本成本 $=(1+4.08\%)^2-1=8.33\%$。

【答案】D

【例题 17·单选题】某公司本年平价增发普通股股票 600 万元，筹资费用率 5%，上年按面值确定的股利率为 14%，预计股利每年增长 5%，所得税税率 25%，则该公司留存收益的资本成本为(　　)。

A. 14.74%　　　　B. 19.7%

C. 19%　　　　D. 20.47%

【解析】留存收益资本成本 =(预计第一期股利 / 股票发行总额)+ 股利增长率 $=600\times14\%\times(1+5\%)/600+5\%=19.7\%$。

【答案】B

第四节　混合筹资资本成本的估计

使用“会计云课堂”App 或“微信”扫码查看本节视频，快速 GET 知识点。

一、混合筹资的特征及内容★

相关链接

教材在第 10 章介绍可转换债券筹资、附认股权证债券筹资。

特征	兼具债权和股权筹资双重属性
内容	优先股筹资、永续债筹资、可转换债券筹资、附认股权证债券筹资等

二、混合筹资资本成本的估计★★

（一）优先股资本成本的估计

含义	优先股资本成本是优先股股东要求的必要报酬率
内容	优先股资本成本包括股息和发行费用
计算公式	$r_p=\frac{D_p}{P_p(1-F)}$ 式中：r_p 表示优先股资本成本；D_p 表示优先股每股年股息；P_p 表示优先股每股发行价格；F 表示优先股发行费用率

（二）永续债资本成本的估计

含义	没有明确到期日或期限非常长的债券
特点	（1）永续债一般附有发行人赎回条款或利率调整条款 （2）永续债清偿顺序优先于优先股和普通股 （3）永续债利息未获全额清偿前，清偿顺序相同或靠后的证券也不得派息
计算公式	$r_{pd}=\frac{I_{pd}}{P_{pd}(1-F)}$ 式中：r_{pd} 表示永续债资本成本；I_{pd} 表示永续债每年利息；P_{pd} 表示永续债发行价格；F 表示永续债发行费用率

要点小贴士

对于同一公司来说，永续债的资本成本应低于优先股的资本成本。

【提示1】如果计息期小于1年，需将计息期利率 r_{pd} 按照每年复利次数转换为有效年利率。即有效年利率 $=(1+r_{pd})^m-1$。

【提示2】企业发行的永续债或优先股应按金融工具准则进行分类。

分类	利息支出或股利分配的处理
分类为金融负债的永续债或优先股	原则上按照借款费用进行处理，可以税前抵扣，并可在此基础上计算税后资本成本
分类为权益工具的永续债或优先股	应当作为发行企业的利润分配，不可税前抵扣，此已为税后资本成本

【提示3】本节所讲的优先股或永续债资本成本的计算公式针对的是按照金融工具准则分类为权益工具的优先股或永续债。

经典题解

【例题18·单选题】某企业经批准溢价发行优先股股票，根据金融工具准则分类为权益工具，每股面值100元，发行价格110元，发行费用率和年股息率分别为5%和9%，每半年支付一次股利，所得税税率为25%，则优先股资本成本为（　　）。

A. 7.93%　　B. 9.70%

C. 8.81%　　D. 8.62%

【解析】半年的优先股资本成本 $K_{半}$=100×4.5%/［110×（1-5%）］=4.31%，优先股资本成本 =（1+4.31%）^{2}-1=8.81%。

【答案】C

【例题 19·单选题】某企业适用的所得税税率为 25%，经批准平价发行永续债，根据金融工具准则分类为权益工具，发行费用率和年利息率分别为 5% 和 9%，每半年付息一次，则永续债的资本成本为（　　）。

A. 9.47%　　B. 9.70%

C. 7.28%　　D. 5.49%

【解析】r_{pd}=（9%/2）/（1-5%）=4.74%

年有效资本成本 =（1+4.74%）^{2}-1=9.70%。

【答案】B

第五节 加权平均资本成本的计算

使用“会计云课堂”App 或“微信”扫码查看本节视频，快速 GET 知识点。

一、加权平均资本成本的定义★

加权平均资本成本是以各项个别长期资本占企业总资本中的比重为权数，对各项个别长期资本成本率进行加权平均而得到的全部长期资本的平均成本。

二、加权平均资本成本的计算方法★★

<table>
<tr><td>计算公式</td><td colspan="3">$r_w=\sum_{j=1}^{n} r_j w_j$
式中：r_w——加权平均资本成本；r_j——第 j 种个别资本成本；w_j——第 j 种个别资本占全部资本的比重（权数）；n——不同种类筹资的个数</td></tr>
<tr><td rowspan="4">权重的选择</td><td>种类</td><td>衡量每种资本比例的方法</td><td>特点</td></tr>
<tr><td>账面价值权重</td><td>根据企业资产负债表上显示的会计价值来衡量</td><td>缺点：①反映的是历史的结构，不一定符合未来的状态；②会歪曲资本成本</td></tr>
<tr><td>实际市场价值权重</td><td>根据当前的负债和权益的市场价值比例来衡量</td><td>缺点：市场价值经常变动，计算出的加权平均资本成本也经常变化</td></tr>
<tr><td>目标资本结构权重</td><td>根据按市场价值计量的目标资本结构来衡量</td><td>优点：选用平均市场价格，回避证券市场价格变动频繁的不便；适用于公司评价未来的资本结构</td></tr>
</table>

要点小贴士

涉及计算时，权重的选择要看题目的要求，没有明确说明的情况下，应以市场价值权重计算。但是要考虑数据的可获得性，无法计算出债务市场价值或股权市场价值的情况下，应以账面价值权重计算。

本章小结

下载“会计云课堂”App学习

您已成功完成“第四章”的学习，本章共12个考点，您都学会了吗？

为了让您对章节有更清晰的理解，加倍巩固。本书作者闫华红老师将通过**“视频导图课”**的方式，带您回顾重要考点。

名师点拨，视听结合，高效提分。

※ 欢迎您扫码，免费观看学习。

历年经典主观题回顾

使用“会计云课堂”App或“微信”扫码快速做题、对答案、看解析、掌握解题思路，开启轻松过关之旅。

计算分析题

1. 甲公司是一家上市公司，主营保健品生产和销售。2017年7月1日，为对公司业绩进行评价，需估算其资本成本。相关资料如下：

（1）甲公司目前长期资本中有长期债券1万份，普通股600万股，没有其他长期债务和优先股。长期债券发行于2016年7月1日，期限5年，票面价值1000元，票面利率8%，每年6月30日和12月31日付息。公司目前长期债券每份市价935.33元，普通股每股市价10元。

（2）目前无风险利率6%，股票市场平均收益率11%，甲公司普通股贝塔系数1.4。

（3）甲公司的企业所得税税率25%。

要求：

（1）计算甲公司长期债券税前资本成本。

（2）用资本资产定价模型计算甲公司普通股资本成本。

（3）以公司目前的实际市场价值为权重，计算甲公司加权平均资本成本。

（4）在计算公司加权平均资本成本时，有哪几种权重计算方法？简要说明各种权重计算方法并比较优缺点。（2017年卷Ⅰ）

2. 甲公司拟于2014年10月发行3年期的公司债券，债券面值为1000元，每半年付息一次，2017年10月到期还本。甲公司目前没有已上市债券，为了确定拟发行债券的票面利率，公司决定采用风险调整法估计债务成本。财务部新入职的小w进行了以下分析及计算：

（1）收集同行业的3家公司发行的已上市债券，并分别与各自发行期限相同的已上市政府债券进行比较，结果如下：

公司债券				政府债券			票面利率差额
发债公司	期限	到期日	票面利率	期限	到期日	票面利率	
A公司	3年期	2015年5月6日	7.7%	3年期	2016年6月8日	4%	3.7%
B公司	5年期	2016年1月5日	8.6%	5年期	2017年10月10日	4.3%	4.3%
C公司	7年期	2017年8月5日	9.2%	7年期	2018年10月10日	5.2%	4%

（2）公司债券的平均信用风险补偿率 =（3.7%+4.3%+4%）/3=4%。

（3）使用3年期政府债券的票面利率估计无风险利率，无风险利率 =4%。

（4）税前债务成本 = 无风险利率 + 公司债券的平均信用风险补偿率 =4%+4%=8%。

（5）拟发行债券的票面利率 = 税后债务成本 =8%×（1−25%）=6%。

要求：

（1）请指出小w在确定公司拟发行债券票面利率过程中的错误之处，并给出正确的做法（无须计算）。

（2）如果对所有错误进行修正后等风险债券的税前债务成本为8.16%，请计算拟发行债券的票面利率和每期（半年）付息额。（2014年卷Ⅰ）

历年经典主观题参考答案及解析

计算分析题

1.【答案】

（1）假设计息期债券资本成本为 r_d：

1000×8%/2×（P/A，r_d，8）+1000×（P/F，r_d，8）=935.33

当 r_d=5%，1000×8%/2×（P/A，5%，8）+1000×（P/F，5%，8）=40×6.4632+1000×0.6768=935.33（元）

因此：r_d=5%

长期债券税前资本成本 =（1+5%）^{2}−1=10.25%

【提示】当前时点是2017年7月1日，距离到期日还有4年，每年6月30日和12月31日付息，因此付息期数为8期。

（2）普通股资本成本 =6%+1.4×（11%−6%）=13%

（3）加权平均资本成本 =10.25%×（1−25%）×1×935.33/（1×935.33+600×10）+13%×600×10/（1×935.33+600×10）=12.28%

（4）计算公司的加权平均资本成本，有三种权重依据可供选择，即账面价值权重、实际市场价值权重和目标资本结构权重。

①账面价值权重：是指根据企业资产负债表上显示的会计价值来衡量每种资本的比例。资产负债表提供了负债和权益的金额，计算时很方便。但是，账面结构反映的是历史的结构，不一定符合未来的状态；账面价值权重会歪曲资本成本，因为账面价值与市场价值有极大的差异。

②实际市场价值权重：是根据当前负债和权益的市场价值比例衡量每种资本的比例。由于市场价值不断变动，负债和权益的比例也随之变动，计算出的加权平均资本成本数额也是经常变化的。

③目标资本结构权重：是根据按市场价值计量的目标资本结构衡量每种资本要素的比例。公司的目标资本结构，代表未来将如何筹资的最佳估计。如果公司向目标资本结构发展，目标资本结构权重更为合适。这种权重可以选用平均市场价格，回避证券市场价格变动频繁的不便；可以适用于公司评价未来的资本结构，而账面价值权重和实际市场价值权重仅反映过去和现在的资本结构。

2.【答案】

（1）①使用风险调整法估计债务成本时，应选择若干信用级别与本公司相同的已上市公司债券；小w选择的是同行业公司发行的已上市债券。

②计算债券平均信用风险补偿率时，应选择到期日与已上市公司债券相同或相近的政府债券；小w选择的是发行期限相同的政府债券。

③计算债券平均信用风险补偿率时，应使用已上市公司债券的到期收益率和同期政府债券的到期收益率；小w使用的是票面利率。

④估计无风险利率时，应按与拟发行债券到期日相同或相近的政府债券（即5年期政府债券）的到期收益率估计；小w使用的是与拟发行债券发行期限相同的政府债券的票面利率。

⑤确定票面利率时应使用税前债务成本；小w使用的是税后债务成本。

⑥拟发行债券每半年付息一次，应首先计算出半年的利率，与计息期次数相乘后得出票面利率；小w直接使用了有效年利率。

（2）票面利率=（$\sqrt{1+8.16\%}$ −1）×2=8%

每期（半年）付息额 =1000×8%/2=40（元）。

【提示】发行债券在题中没有明确说明的情况下默认为是平价发行的，而票面利率是报价利率，税前债务资本成本是有效年利率，因此根据有效年利率 =（1+报价利率/年内复利次数）^{年内复利次数}−1的公式，倒求出报价利率就是票面利率。

同步强化练习题

使用“会计云课堂”App 或“微信”扫码快速做题、对答案、看解析、掌握解题思路，开启轻松过关之旅。

一、单项选择题

1. 企业在进行资本预算时需要对债务成本进行估计。如果不考虑所得税的影响，下列关于债务成本的说法中，错误的是（　　）。
   A. 计算加权平均债务成本时，通常忽略短期债务
   B. 当存在违约风险时，若不考虑筹资费用，债务成本低于债务的承诺收益率
   C. 作为投资决策依据的资本成本，不应使用现有债务的加权平均债务成本
   D. 在采用风险调整法测算公司的信用风险补偿率时，应选择同行业上市的公司债券与政府债券到期收益率的差额

2. 如果目标公司没有上市的长期债券，也找不到合适的可比公司，并且没有信用评级资料，则下列适合用来计算债券的税前资本成本的方法是（　　）。
   A. 到期收益率法　　B. 可比公司法
   C. 风险调整法　　D. 财务比率法

3. 甲公司采用风险调整法估计债务资本成本，在选择若干已上市公司债券以确定本公司的信用风险补偿率时，应当选择（　　）。
   A. 与本公司信用级别相同的公司的债券
   B. 与本公司所处行业相同的公司的债券
   C. 与本公司商业模式相同的公司的债券
   D. 与本公司债券期限相同的公司的债券

4. 在利用过去的股票市场报酬率和一个公司的股票收益率进行回归分析计算 β 值时，下列表述正确的是（　　）。
   A. 如果公司风险特征发生重大变化，应当使用变化后的年份作为历史期长度
   B. 如果公司风险特征无重大变化，可以采用较短的历史期长度
   C. 历史期长度越长越能正确估计股票的平均风险
   D. 股票收益尽可能建立在每天的基础上

5. 甲公司投资一项证券资产，每年年末都能按照 6% 的名义利率获取相应的现金收益。假设通货膨胀率为 2%，则该证券资产的实际利率为（　　）。
   A. 3.88%　　B. 3.92%
   C. 4.00%　　D. 5.88%

6. 公司增发的普通股的市价为 12 元/股，发行费用为市价的 6%，本年发放的股利每股 0.6 元，已知同类股票的资本成本为 11%，则维持此股价需要的股利增长率为（　　）。
   A. 5%　　B. 5.39%
   C. 5.68%　　D. 10.34%

7. 在利用资本资产定价模型确定股票资本成本时，下列各项中，无风险利率需要使用实际利率的情况是（　　）。
   A. 预测周期特别长
   B. β 系数较大

C. 通货膨胀率未达到两位数
D. 市场风险溢价较高

8. 在利用资本资产定价模型确定股票资本成本时，下列关于市场风险溢价的说法中正确的是（　　）。
A. 被定义为在一个相当长的历史时期里，市场平均收益率与无风险利率之间的差异
B. 在未来年度中，市场平均收益率与无风险利率之间的差异
C. 在最近一年里市场平均收益率与无风险利率之间的差异
D. 在最近一年里市场平均收益率与债券市场平均收益率之间的差异

9. 某公司预计未来保持经营效率、财务政策不变且不增发新股或回购股票。刚支付的每股股利为3元，每股净利润为5元，每股净资产为20元，股票当前的每股市价为50元，则股票的资本成本为（　　）。
A. 11.11%　　B. 16.25%
C. 17.78%　　D. 18.43%

10. 甲公司是一家上市公司，使用"债券收益率风险调整模型"估计甲公司的权益资本成本时，债券收益是指（　　）。
A. 政府发行的长期债券的票面利率
B. 政府发行的长期债券的到期收益率
C. 甲公司发行的长期债券的税前债务成本
D. 甲公司发行的长期债券的税后债务成本

11. 某公司债券税前成本为10%，所得税税率为25%，该公司股票的风险较高，若采用经验估计值，按照债券收益率风险调整模型所确定的普通股成本为（　　）。
A. 10.5%　　B. 11.5%
C. 12.5%　　D. 13%

12. 根据风险收益对等观念，在一般情况下，对同一企业，各筹资方式资本成本由低到高依次为（　　）。
A. 公司债券、永续债券、优先股、普通股
B. 普通股、优先股、公司债券、永续债
C. 公司债券、优先股、永续债券、普通股
D. 永续债券、公司债券、优先股、普通股

13. 某公司发行面值为1000元，票面利率为6%，每半年付息一次的永续债券。发行价格为1100元，发行费用为发行价的5%，该公司适用的所得税税率为25%。按照金融工具准则判断该永续债属于债务金融工具，则该公司发行永续债所负担的实际资本成本为（　　）。
A. 4.37%　　B. 5.82%
C. 5.74%　　D. 6.15%

14. 某公司发行优先股，面值总额为8000万元，年股息率为8%，股息每年支付一次，股息不可税前抵扣。发行总价为10000万元，发行费用占发行价格的2%，则该优先股的资本成本为（　　）。
A. 8.16%　　B. 6.4%
C. 8%　　D. 6.53%

二、多项选择题

1. 关于资本成本，下列说法中正确的有（　　）。
A. 资本成本是衡量资本结构是否合理的重要依据
B. 资本成本是公司投资所应获得收益的最低要求
C. 资本成本与公司的筹资活动有关，它是取得资本所有权所付出的代价
D. 资本成本是比较筹资方式、选择筹资方案的依据

2. 假设不考虑所得税、交易费用等其他因素的影响，下列关于资本成本的说法中，正确的有（　　）。
A. 公司资本成本是股东针对整个公司要求的报酬率
B. 投资人从证券上所取得的报酬就是证券发行公司的成本
C. 公司的资本成本是投资人的必要报酬率
D. 投资项目的资本成本可以视为项目投资或使用资金的机会成本

3. 下列各项中，通常会引起公司资本成本降低的情形有（　　）。
A. 预期通货膨胀率呈下降趋势
B. 发行公司债券，增加了长期负债占全部资本的比重
C. 证券市场流动性呈恶化趋势
D. 企业总体风险水平得到改善

4. 下列因素中，会导致各公司的资本成本不同的有（　　）。
A. 经营的业务
B. 财务风险
C. 无风险利率
D. 通货膨胀率

5. 下列有关债务成本的表述中，正确的有（　　）。
A. 债务筹资的成本低于权益筹资的成本
B. 现有债务的历史成本，对于未来的决策是不相关的沉没成本
C. 债务的承诺收益率即债务的真实成本
D. 对筹资人来说可以违约的能力会降低债务的实际成本

6. 下列因素变动可能会使公司的负债资本成本提高的有（　　）。
A. 市场利率上升
B. 股票市场风险溢价上升
C. 所得税税率提高
D. 增加债务的比重

7. 下列关于利用可比公司法确定债务资本成本计算的表述中，正确的有（　　）。
A. 利用可比公司法时，可利用可比公司长期债券的到期收益率，作为本公司的长期债务税前资本成本
B. 利用可比公司法时，要求可比公司应当与目标公司具有相同的信用等级
C. 利用可比公司法时，不要求可比公司必须与目标公司处于同一行业
D. 需要找一个拥有可交易长期债券的可比公司作为参照物

8. 下列关于利用风险调整法确定债务资本成本的表述中，正确的有（　　）。
A. 信用风险补偿率 = 信用级别与本公司相同的上市公司债券到期收益率 - 与这些上市公司债券同期的长期政府债券到期收益率
B. 信用风险补偿率 = 可比公司的公司债券到期收益率 - 与这些上市公司债券同期的长期政府债券到期收益率
C. 税前债务成本 = 政府债券的市场收益率 + 企业的信用风险补偿率
D. 税前债务成本 = 政府债券的市场收益率 + 通货膨胀补偿率 + 企业的信用风险补偿率

9. 资本资产定价模型是估计权益成本的一种方法，下列关于资本资产定价模型参数估计的说法中，正确的有（　　）。
A. 估计无风险利率时，通常可以使用上市交易的政府长期债券的票面利率
B. 估计贝塔值时，使用较长年限数据计算出的结果比使用较短年限数据计算出的结果更可靠
C. 估计市场风险溢价时，使用较长年限数据计算出的结果比使用较短年限数据计算出的结果更可靠
D. 预测未来资本成本时，如果公司未来的业务将发生重大变化，则不能用企业自身的历史数据估计贝塔值

10. 如果公司可以用历史的 β 值估计股权成本,那么不应显著改变的因素有(　　)。
A. 经营风险
B. 财务风险
C. 通货膨胀率
D. 无风险利率

11. 在存在通货膨胀的情况下，下列表述正确的有（　　)。
A. 名义现金流量要使用名义折现率进行折现，实际现金流量要使用实际折现率进行折现
B. $1+r_{名义}=(1+r_{实际})\times(1+通货膨胀率)$
C. 实际现金流量 = 名义现金流量 $\times(1+通货膨胀率)^n$
D. 消除了通货膨胀影响的现金流量称为名义现金流量

12. 下列有关留存收益资本成本的说法中，正确的有（　　)。
A. 它不存在成本问题
B. 其成本是一种机会成本
C. 它的成本计算不考虑筹资费用
D. 它相当于不考虑筹资费用情况下股东投资于某种股票的必要收益率

13. 下列属于混合筹资方式的有（　　)。
A. 优先股筹资
B. 可转换债券筹资
C. 永续债筹资
D. 附认股权证债券筹资

14. 下列关于计算加权平均资本成本的说法中，正确的有（　　)。
A. 计算加权平均资本成本时，理想的做法是按照以市场价值计量的目标资本结构的比例计量每种资本要素的权重
B. 计算加权平均资本成本时，每种资本要素的相关成本是未来增量资金的机会成本，而非已经筹集资金的历史成本
C. 计算加权平均资本成本时，需要考虑发行费用的债务应与不需要考虑发行费用的债务分开，分别计量资本成本和权重
D. 计算加权平均资本成本时，如果筹资企业处于财务困境且不考虑筹资费用，需将债务的承诺收益率而非期望收益率作为债务成本

15. 加权平均资本成本的计算涉及个别资本权重依据的选择问题，下列相关说法中，正确的有（　　)。
A. 账面价值权重不适合评价现时的资本结构合理性
B. 目标资本结构权重一般以历史账面价值为依据
C. 目标资本结构权重更适用于企业未来的筹资决策
D. 实际市场价值权重能够反映现时的公司平均资本成本水平

三、计算分析题

1. 甲公司计划以 2 ：1 ：2（负债：优先股：普通股）的资本结构为 W 项目筹资。如果决定投资该项目，甲公司将于 2022 年 10 月发行 10 年期债券，同时发行面值 100 元，预计溢价发行率 120%，股息率 8%,每季度末付息的永久性优先股(分类为权益工具)。发行优先股需要承担每股 2 元的发行成本。由于甲公司目前没有已上市债券，拟采用风险调整法确定债务资本成本。W 项目的普通股的资本成本相对其税后债务资本成本的风险溢价为 5%。
甲公司为钢铁行业，信用级别为 BB 级，甲公司搜集了 6 种最近上市交易的公司债券，这 6 种债券及与其到期日接近的政府债券的到期收益率如下：

发债公司	行业	信用级别	上市债券到期日	上市债券票面利率	上市债券到期收益率	政府债券到期日	政府债券票面利率	政府债券到期收益率
乙	钢铁	BB	2027年1月28日	7%	6.5%	2027年2月1日	3.5%	3.4%
丙	汽车	A	2027年1月28日	6%	6.1%	2027年2月1日	3.5%	3.4%
丁	汽车	BB	2028年9月26日	7%	7.6%	2028年10月1日	3.58%	3.6%
戊	钢铁	BB	2030年10月15日	8%	8.3%	2030年10月10日	4.12%	4.3%
己	钢铁	A	2029年1月28日	7.5%	8%	2029年2月1日	4%	4.4%
庚	钢铁	AA	2027年1月28日	5%	5.5%	2027年2月1日	3.5%	3.4%

甲公司适用的企业所得税税率为25%。目前市场上有一种还有10年到期的已上市政府债券，该债券面值为1000元，票面利率6%，每年付息一次，到期一次归还本金，当前市价为1120元，刚过付息日。

要求：

（1）根据所给资料，估计无风险报酬率；

（2）计算债务资本成本；

（3）计算优先股的资本成本；

（4）计算普通股的资本成本；

（5）计算加权平均资本成本。

2. 甲公司计划以3/4（负债/权益）的资本结构为W项目筹资。如果决定投资该项目，甲公司将于2022年10月发行5年期债券。由于甲公司目前没有已上市债券，拟采用风险调整法确定债务资本成本。甲公司的信用级别为BB级，目前国内上市交易的BB级公司债券有3种，这3种债券及与其到期日接近的政府债券的到期收益率如下：

发债公司	上市债券到期日	上市债券到期收益率	政府债券到期日	政府债券到期收益率
H	2025年1月28日	6.5%	2025年2月1日	3.4%
L	2027年10月15日	8.3%	2027年10月10日	4.3%
M	2035年9月26日	8.7%	2035年10月1日	4.7%

甲公司普通股β系数为1.4，市场组合必要报酬率为9%。甲公司适用的企业所得税税率为25%。

要求：

（1）采用风险调整法计算债务资本成本；

（2）采用资本资产定价模型，估计甲公

司的股权资本成本；

（3）按照目标资本结构，估计甲公司的加权平均资本成本。

3. C公司正在研究一项生产能力扩张计划的可行性，需要对资本成本进行估计。估计资本成本的有关资料如下：

（1）公司现有长期负债：面值为1000元，票面年利率为12%，每半年付息一次的不可赎回债券；该债券还有5年到期，当前市价为1020元。

（2）公司增发优先股：面值为100元，年股息率为10%，每季付息一次的永久性优先股（分类为权益工具）。其当前市价为116.79元/股。如果新发行优先股，需要承担每股2元的发行费用。

（3）公司现有普通股：当前市价为50元/股，最近一次支付的股利为4.19元/股，预期股利的永续增长率为5%，该股票的贝塔系数为1.2。公司不准备发行新的普通股。

（4）资本市场：政府债券报酬率为7%；市场平均风险溢价估计为6%。

（5）适用的企业所得税税率为25%。

要求：

（1）计算债券的税后资本成本；

（2）计算优先股资本成本；

（3）计算普通股资本成本：用资本资产定价模型和股利增长模型两种方法估计，以两者的平均值作为普通股资本成本；

（4）假设目标资本结构是30%的长期债券、10%的优先股、60%的普通股，根据以上计算得出的长期债券资本成本、优先股资本成本和普通股资本成本估计公司的加权平均资本成本。

4. B公司是一家制造企业，2021年度财务报表有关数据如下：

单位：万元

项目	2021年
营业收入	10000
营业成本	6000
销售及管理费用	3240
息税前利润	760
利息支出	135
利润总额	625
所得税费用	125
净利润	500
本期分配股利	350
本期利润留存	150
期末股东权益	2025
期末流动负债	700
期末长期负债	1350
期末负债合计	2050
期末流动资产	1200
期末长期资产	2875
期末资产总计	4075

B公司没有优先股，目前发行在外的普通股为1000万股。假设B公司的资产全部为经营资产，流动负债全部是经营负债，长期负债全部是金融负债。公司目前已达到稳定增长状态，未来年度将维持2021年的经营效率和财务政策不变（包括不增发新股和回购股票），可以按照目前的利率水平在需要的时候取得借款，不变的营业净利率可以涵盖不断增加的负债利息。2021年的期末长期负债代表全年平均负债，2021年的利息支出全部是长期负债支付的利息。公司适用的企业所得税税率为25%。

要求：

（1）计算B公司2022年的预期销售增长率。

（2）计算B公司未来的预期股利增长率。

（3）假设B公司2022年年初的股价是9.45元，计算B公司的股权资本成本和加权平均资本成本。

同步强化练习题参考答案及解析

使用“会计云课堂”App或“微信”扫码对答案、看解析、掌握解题思路，开启轻松过关之旅。

1035720

一、单项选择题

1.【答案】D

【解析】由于加权平均资本成本主要用于资本预算，涉及的债务是长期债务，因此，通常的做法是只考虑长期债务，而忽略各种短期债务，但是通过采用不断续约的短期债务筹资来满足长期资金的需求，这种短期债务，实质是长期债务，选项A正确；因为存在违约风险，债务投资组合的期望收益低于合同规定的收益，对于筹资人来说，在不考虑筹资费用的情况下，债权人的期望收益率是其债务的真实成本，选项B正确；作为投资决策和企业价值评估依据的资本成本，只能是未来借入新债务的成本，不应使用现有债务的加权平均债务成本，选项C正确；信用风险的大小可以用信用级别来估计，应选择若干信用级别与本公司相同的上市的公司债券，而不是同行业，选项D错误。

2.【答案】D

【解析】选项A适用于公司目前有上市的长期债券；选项B适用于公司本身没有上市债券，但是可以找到拥有可交易债券的可比公司；选项C适用于本公司没有上市的债券，而且找不到合适的可比公司，但目标公司有信用评级资料的情况。

3.【答案】A

【解析】信用风险的大小可以用信用级别来估计，因此应选择若干信用级别与本公司信用级别相同的上市公司债券。

4.【答案】A

【解析】公司风险特征无重大变化时，可以采用5年或更长的历史期长度，较长的期限可以提供较多的数据，但在这段时间里公司本身的风险特征如果发生很大变化，则期限长的数据代表性并不好，因此选项B、C不正确。使用每日内的收益率会由于有些日子没有成交或者停牌，该期间的收益率为0，由此引起的偏差会降低股票收益率与市场组合报酬率之间的相关性，也会降低该股票的β值。使用每周或每月的收益率就能显著地降低这种偏差，因此被广泛采用，选项D不正确。

5.【答案】B

【解析】本题考查实际利率与名义利率之间的换算关系，实际利率 =（1+ 名义利率）/（1+ 通货膨胀率）−1=（1+6%）/（1+2%）−1=3.92%。

6.【答案】B

【解析】股票的资本成本 $=D_1/[P_0\times(1-F)]+g$，股票的资本成本 =11%=0.6×（1+g）/［12×（1−6%）］+g，则 g=5.39%。

7.【答案】A

【解析】存在恶性的通货膨胀（通货膨胀率已经达到两位数）时或预测周期特别长时，最好使用排除通货膨胀的实际利率。

8.【答案】A

【解析】由于股票收益率非常复杂多变，影响因素很多，因此较短的期间所提供的风险溢价比较极端，无法反映平均水平，因此应选择较长的时间跨度。

9.【答案】C

【解析】预计利润留存率 =1−3/5=40%；权益净利率 =5/20=25%

股利增长率 = 可持续增长率 = 预计利润留存率 × 权益净利率 /（1− 预计利润留存率 × 权益净利率）=40%×25%/（1−40%×25%）=11.11%

股票的资本成本 =3×（1+11.11%）/50+11.11%=17.78%。

10.【答案】D

【解析】按照债券收益率风险调整模型，$r_s=r_{dt}+RP_c$，式中：r_{dt} 表示的是税后债务成本；RP_c 表示的是股东比债权人承担更大风险所要求的风险溢价，因此，正确答案是选项 D。

11.【答案】C

【解析】因为该股票风险较高，所以应该用 5% 的风险溢价率，r_s=10%×（1−25%）+5%=12.5%。

12.【答案】A

【解析】从投资角度来看，普通股没有固定的股利收入，且不还本，则股票投资要比债券投资的风险大，因此投资人要求的报酬率高，与此对应，筹资者资本成本也高；债券与优先股相比，优先股资本成本的估计方法与债务成本类似，不同的是一般其股息在税后支付，因此优先股资本成本一般会高于债务资本成本，低于普通股资本成本；一般来说公司债券有到期日，比永续债券投资风险小，因此投资人要求的报酬率也低，所以公司债券的资本成本低于永续债；永续债的清偿顺序排在优先股之前，永续债相比优先股投资风险小，投资人要求的报酬率低，所以永续债的资本成本应低于优先股的资本成本。

13.【答案】A

【解析】半年税前资本成本 =1000×6%/2/［1100×（1−5%）］=2.87%

年税前资本成本 =（1+2.87%）^{2}−1=5.82%。

实际资本成本 = 年税后资本成本 =5.82%×（1−25%）=4.37%。

14.【答案】D

【解析】该优先股的资本成本 =8000×8%/［10000×（1−2%）］=6.53%。

二、多项选择题

1.【答案】ABD

【解析】选项 A 和 D 是资本成本在筹资决策中作用的体现，表述正确；选项 B 是资本成本在投资决策中作用的体现，表述正确；资本成本与公司的筹资活动有关，对筹资者而言，它是募集和使用资金的成本，表现为取得资本使用权所付出的代价，而不是取得所有权所付出的代价，选项 C 错误。

2.【答案】BCD

【解析】公司资本成本是投资人针对整个公司要求的报酬率，或者说是投资人对于企业全部资产要求的报酬率，这个投资人是广义的，包括股东也包括债权人，选项A不正确。

3.【答案】AD

【解析】一个公司资本成本的高低，取决于无风险利率和风险溢价，选项A会使无风险利率降低，从而降低资本成本。选项D的表述会使风险降低，从而降低资本成本。如果超过一定程度地利用财务杠杆，会加大财务风险，从而使得股权资本成本提高，也有可能会导致加权平均资本成本上升，因此选项B的说法不正确。选项C的表述会使风险提高，从而提高资本成本。

4.【答案】AB

【解析】无风险利率是影响所有公司的资本成本的，因此不是导致各公司资本成本不同的因素，选项C错误；无风险利率=纯粹利率+通货膨胀率，选项D影响的是无风险利率，不会导致各公司资本成本的不同；由于公司所经营的业务不同，会影响经营风险溢价，选项A正确；财务风险不同会影响财务风险溢价，选项B正确。

5.【答案】ABD

【解析】债务资本的提供者承担的风险显著低于股东，所以债务资本成本低于权益筹资的成本，选项A正确。作为投资决策和企业价值评估依据的资本成本，只能是未来借入新债务的成本，选项B正确。因为存在违约风险，债务投资组合的期望收益低于合同规定的收益。对于筹资人来说，不考虑筹资费用时，债权人的期望收益率是其债务的真实成本，选项C错误。因为可以违约，也就是将来有可能不能按约定支付利息和本金，因此是降低实际成本的，选项D正确。

6.【答案】ABD

【解析】市场利率上升，公司的债务成本会上升，因为投资人的机会成本增加了，公司筹资时必须付给债权人更多的报酬，选项A正确；市场风险溢价会影响股权成本，股权成本上升时，各公司会增加债务筹资，并推动债务成本上升，选项B正确；所得税税率提高会使负债利息抵税更多，可使负债成本降低，选项C不正确；增加债务的比重，财务风险提高，可能会引起债务成本和权益成本上升，选项D正确。

7.【答案】AD

【解析】利用可比公司法时，可比公司指的是行业可比、商业模式可比，另外可比公司要有可交易的长期债券，但是不要求信用等级可比。

8.【答案】AC

【解析】按照风险调整法确定债务资本成本的方法，信用风险补偿率=信用级别与本公司相同的上市公司债券到期收益率-与这些上市公司债券同期的长期政府债券到期收益率；税前债务成本通过同期限政府债券的市场收益率与企业的信用风险补偿率相加求得。

9.【答案】CD

【解析】估计无风险利率时，通常可以使用上市交易的政府长期债券的到期收益率，而不是票面利率，选项A错误。估计贝塔值时，使用年限长还是短关键看公司风险特征是否有重大变化，没有重大变化时，需要采用较长的历史期长度，有重大变化时，并不是时间越长越好，应当使用变化后的年份作为历史期长度，选项B错误。

10.【答案】AB

【解析】如果驱动β值的经营风险和财

务风险没有发生重大变化，则可以用历史的 β 值估计股权成本。

11.【答案】AB

【解析】如果企业对未来现金流量的预测是基于预算年度的价格水平，并消除了通货膨胀的影响，那么这种现金流量称为实际现金流量。包含了通货膨胀影响的现金流量，称为名义现金流量。两者的关系为：名义现金流量 = 实际现金流量 ×（1+ 通货膨胀率）^{n}。

12.【答案】BCD

【解析】留存收益的成本是一种机会成本，它相当于股东投资于某种股票的必要收益率，但不必考虑筹资费用。

13.【答案】ABCD

【解析】混合筹资方式是指兼具债权和股权筹资双重属性的筹资方式，主要包括优先股筹资、永续债筹资、可转换债券筹资和附认股权证债券筹资等。

14.【答案】ABC

【解析】如果筹资企业处于财务困境，说明企业的违约风险会比较大，所以债务投资组合的期望收益低于合同规定的收益，对于筹资人来说，不考虑筹资费用时，债权人的期望收益率是其债务的真实成本，所以选项 D 错误。

15.【答案】ACD

【解析】目标资本结构权重的确定，可以选择平均市场价格，而不能选择历史的账面价值。选项 B 错误。

三、计算分析题

1.【答案】

（1）设无风险报酬率为 i，则 1120=1000×6%×（P/A，i，10）+1000×（P/F，i，10）

设无风险报酬率为 4%：

1000×6%×(P/A,4%,10)+1000×(P/F,4%，10)=60×8.1109+1000×0.6756=1162.25（元）

设无风险报酬率为 5%：

1000×6%×(P/A,5%,10)+1000×(P/F,5%，10)=60×7.7217+1000×0.6139=1077.2（元）

（i−4%）/（5%−4%）=（1120−1162.25）/（1077.2−1162.25）

所以无风险报酬率 i=4.5%

【提示 1】刚过付息日，指的是当前市价中不包括 0 时点支付的利息，也就是投资人可以获得的是未来 10 年的利息，不包括 0 时点已经支付过的利息。

【提示 2】若题中给了与目标公司债券期限相同的政府债券，则默认为两者到期日相同，所以用题中给的政府债券的到期收益率作为无风险利率。若题中没有给出这个条件，则需要从表格中选择与公司债券到期日相近的政府债券的到期收益率作为无风险利率。本题表格中没有与公司所发债券到期日接近的政府债券，最接近的也相差两年，偏差较大。

（2）企业信用风险补偿率 =［（6.5%−3.4%）+（7.6%−3.6%）+（8.3%−4.3%）］/3=3.7%

税前债务资本成本 =4.5%+3.7%=8.2%

税后债务资本成本 =8.2%×（1−25%）=6.15%

（3）季度优先股资本成本 =100×（8%/4）/（120−2）=1.69%

年优先股资本成本 =（1+1.69%）^{4}−1=6.93%

（4）股权资本成本 =6.15%+5%=11.15%

（5）加权平均资本成本 =6.15%×（2/5）+6.93%×（1/5）+11.15%×（2/5）=8.31%。

2.【答案】

（1）估算债务资本成本所用的政府债券市场收益率，应为与目标债务到期日接近的政府债券（5 年后到期的政府债券）的到期收益率，即 4.3%。

企业信用风险补偿率 =［（6.5%−3.4%）+（8.3%−4.3%）+（8.7%−4.7%）］/3=3.7%

税前债务资本成本 =4.3%+3.7%=8%

税后债务资本成本 =8%×（1−25%）=6%

（2）估算股票资本成本时，应选择长期政府债券的到期收益率 4.7% 作为无风险利率。

股权资本成本 =4.7%+1.4×（9%−4.7%）=10.72%

（3）加权平均资本成本 =6%×3/7+10.72%×4/7=8.7%。

3.【答案】

（1）假设债券的税前资本成本为 r，则有：

1000×6%×（P/A，$r_{半}$，10）+1000×（P/F，$r_{半}$，10）=1020

60×（P/A，$r_{半}$，10）+1000×（P/F，$r_{半}$，10）=1020

设 $r_{半}$=5%，则有：60×（P/A，5%，10）+1000×（P/F，5%，10）=1077.20（元）

设 $r_{半}$=6%，则有：60×（P/A，6%，10）+1000×（P/F，6%，10）=1000（元）

（$r_{半}$−5%）/（6%−5%）=（1020−1077.2）/（1000−1077.2）

$r_{半}$=5.74%

债券的税前资本成本 r=（1+5.74%）^{2}−1=11.81%

债券的税后资本成本 =11.81%×（1−25%）=8.86%

（2）年股利 =100×10%=10（元/股），季股利 =10/4=2.5（元/股）

季优先股资本成本 =2.5/（116.79−2）=2.18%

年优先股资本成本 =（1+2.18%）^{4}−1=9.01%

（3）利用股利增长模型可得：

$$r_{普}=\frac{4.19\times(1+5\%)}{50}+5\%=13.80\%$$

利用资本资产定价模型可得：

$r_{普}$=7%+1.2×6%=14.20%

平均普通股资本成本 =（13.80%+14.20%）/2=14%

（4）加权平均资本成本 =8.86%×30%+9.01%×10%+14%×60%=11.96%。

4.【答案】

（1）2022 年的预期销售增长率 =2021 年

$$可持续增长率=\frac{\frac{500}{2025}\times\frac{150}{500}}{1-\frac{500}{2025}\times\frac{150}{500}}=8\%$$

（2）股利增长率 = 可持续增长率 =8%

$$（3）股权资本成本=\frac{\frac{350}{1000}\times(1+8\%)}{9.45}+8\%=12\%$$

净经营资产 =4075−700=3375（万元）

$$加权平均资本成本=12\%\times\frac{2025}{3375}+\frac{135}{1350}\times(1-25\%)\times\frac{1350}{3375}=7.2\%+3\%=10.2\%。$$

【提示】在计算加权平均资本成本的权重时，经营负债是无息负债，不考虑其资本成本；负债的权重通常是指净负债占总资本的权重。负债的权重 = 净负债 /（净负债 + 所有者权益），权益的权重 = 所有者权益 /（净负债 + 所有者权益）。

第五章　投资项目资本预算

CHAPTER-5

本章学习指南

一、考情分析

本章属于财务管理的重点章节，在历年试题中，除客观题外，通常还考查计算分析题或综合题。

最近3年题型、题量分析表

题型	2019年		2020年		2021年	
	试卷Ⅰ	试卷Ⅱ	试卷Ⅰ	试卷Ⅱ	试卷Ⅰ	试卷Ⅱ
单项选择题	1题1.5分	1题1.5分	—	1题1.5分	—	—
多项选择题	1题2分	1题2分	—	—	2题4分	1题2分
计算分析题	1题8分	1题8分	1题8分	1题8分	1题9分	—
综合题	—	—	—	—	—	0.5题7分
合计	3题11.5分	3题11.5分	1题8分	2题9.5分	3题13分	1.5题9分

二、教材变化

本章与2021年的教材相比，主要变化是对总量有限时的资本分配的原则剔除了按现值指数排序的前提。

三、考点框架

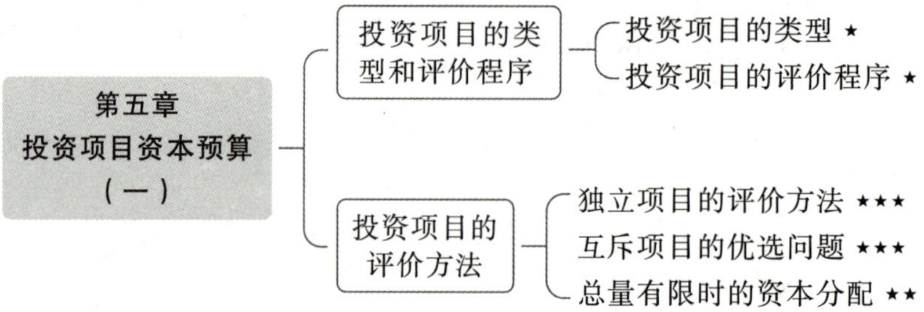

- **第五章 投资项目资本预算（二）**
  - 投资项目现金流量的估计
    - 投资项目现金流量的影响因素 ★★
    - 新建项目现金流量的确定 ★★★
    - 固定资产更新项目的现金流量 ★★★
  - 投资项目折现率的估计
    - 使用企业当前加权平均资本成本作为投资项目的资本成本 ★★
    - 运用可比公司法估计投资项目的资本成本 ★★★
  - 投资项目的敏感分析
    - 敏感分析的含义 ★
    - 敏感分析的方法 ★★★

核心考点精讲

第一节　投资项目的类型和评价程序

使用“会计云课堂”App 或“微信”扫码查看本节视频，快速 GET 知识点。

一、投资项目的类型★

分类标准	分类	解释
按所投资对象	（1）新建或扩张项目	开发新产品或现有产品的规模扩张项目
	（2）更新改造项目	固定资产（设备或厂房）的更新项目
	（3）研究与开发项目	—
	（4）勘探项目	—
	（5）其他项目	—
按投资项目之间的相互关系	（1）独立项目（相容性投资）	各投资项目可以同时并存，彼此之间互不关联、互不影响
	（2）互斥项目（非相容性投资）	各投资项目不能同时并存，彼此之间相互关联、相互替代

二、投资项目的评价程序★

①提出投资方案。②估计相关现金流量。③计算投资决策指标。④比较决策指标与可接受标准。⑤进行敏感分析。

第二节　投资项目的评价方法

使用“会计云课堂”App或“微信”扫码查看本节视频，快速GET知识点。

一、独立项目的评价方法★★★

- 项目评价的方法
  - 基本方法
    - 净现值法、现值指数法
    - 内含报酬率法
  - 辅助方法
    - 回收期法
      - 静态回收期法
      - 动态回收期法
    - 会计报酬率法

（一）净现值（net present value，简称NPV）法

要点小贴士

净现值也可以用各年现金净流量的现值合计来计算。只不过建设期的现金净流量是负数。

计算公式	净现值（NPV）= 未来现金净流量现值 – 原始投资额现值
决策原则	如果NPV＞0，表明投资报酬率大于资本成本，该项目可以增加股东财富，应予采纳 如果NPV=0，表明投资报酬率等于资本成本，不改变股东财富，可选择采纳或不采纳该项目 如果NPV＜0，表明投资报酬率小于资本成本，该项目将减损股东财富，应予放弃
优缺点	优点：具有广泛的适用性，在理论上比其他方法更完善 缺点：绝对数指标，不便于比较投资规模不同的方案

经典题解

【例题1·多选题】若净现值为负数，表明该投资项目（　　）。

A. 利润为负，不可行

B. 投资报酬率小于0，不可行

C. 投资报酬率小于资本成本

D. 该项目将减损股东财富

【解析】净现值为负数并不表明该方案一定为亏损项目或投资报酬率小于0。如果净现值为负数，只是表明投资报酬率小于资本成本，选项A、B表述错误。

【答案】CD

【提示】为了比较投资额不同的项目，人们提出了现值指数（profitability index，简称 PI），现值指数也称为获利指数或现值比率。

计算公式	现值指数（PI）= 未来现金净流量现值 / 原始投资额现值
与净现值的比较	现值指数是一个相对数指标，反映投资的效率；而净现值是绝对数指标，反映投资的效益
决策原则	如果 PI ＞ 1，表明投资报酬率大于资本成本，该项目可以增加股东财富，应予采纳 如果 PI=1，表明投资报酬率等于资本成本，不改变股东财富，可选择采纳或不采纳该项目 如果 PI ＜ 1，表明投资报酬率小于资本成本，该项目将减损股东财富，应予放弃

名师点拨

通常考试会先要求计算净现值，如果已经计算出净现值了，现值指数的计算可以用快速计算方法：即，现值指数 = $\frac{\text{净现值}+\text{原始投资额现值}}{\text{原始投资额现值}}$ =1+ 净现值 / 原始投资额现值。

（二）内含报酬率（internal rate of return，简称 IRR）法

含义	指能够使未来现金净流量现值等于原始投资额现值的折现率，或者说是使投资项目净现值为零的折现率
计算	（1）一般情况下：逐步测试法 计算步骤：首先通过逐步测试找到使净现值最接近 0 的两个折现率，其中一个折现率使净现值大于 0，另一个折现率使净现值小于 0，然后通过内插法求出内含报酬率 （2）特殊情况下（原始投资一次支出，无建设期，投产后各年现金净流量相等时）：利用年金现值系数表，然后通过内插法求出内含报酬率
决策原则	如果 IRR ＞资本成本，应予采纳 如果 IRR= 资本成本，可选择采纳或者放弃 如果 IRR ＜资本成本，应予放弃

经典题解

【真题 2・单选题】甲公司有 X、Y 两个项目组，分别承接不同的项目类型。X 项目组资本成本 8%，Y 项目组资本成本 12%，甲公司资本成本 10%。下列项目中，甲公司可以接受的是（　　）。（2019 年卷Ⅰ、卷Ⅱ）

A. 报酬率为 9% 的 X 类项目

B. 报酬率为 7% 的 X 类项目

C. 报酬率为 10% 的 Y 类项目

D. 报酬率为 11% 的 Y 类项目

真题点拨

如果投资项目与公司现有资产平均风险不同，公司资本成本不能作为项目现金流量的折现率，应该采用项目本身的资本成本作为折现率。

【解析】报酬率为 9% 的 X 类项目大于 X 项目组资本成本 8%，甲公司可以接受。报酬率为 7% 的 X 类项目小于 X 项目组资本成本 8%，甲公司不可以接受。报酬率为 10% 的 Y 类项目和报酬率为 11% 的 Y 类项目都小于 Y 项目组资本成本 12%，甲公司不可以接受。

【答案】A

【解读】基本指标计算总结：设：A——未来现金净流量现值；B——原始投资额现值。

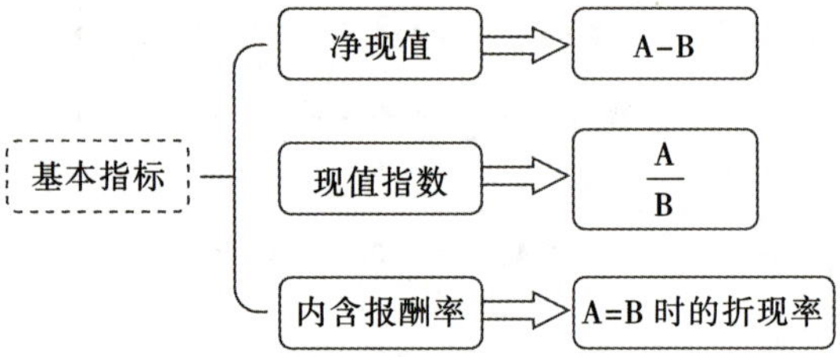

【易错易混点 1】基本指标之间的联系与区别。

<table>
<tr><th>比较</th><th colspan="4">内容</th></tr>
<tr><td>相同点</td><td colspan="4">（1）都考虑了资金的时间价值
（2）都考虑了项目期限内全部的现金流量
（3）都受建设期的长短、回收额的有无以及现金净流量的大小的影响
（4）在评价单一方案可行与否时，结论一致
当净现值＞0 时，现值指数＞1，内含报酬率＞资本成本
当净现值 =0 时，现值指数 =1，内含报酬率 = 资本成本
当净现值＜0 时，现值指数＜1，内含报酬率＜资本成本</td></tr>
<tr><td rowspan="5">区别点</td><td>指标</td><td>净现值</td><td>现值指数</td><td>内含报酬率</td></tr>
<tr><td>指标性质</td><td>绝对数指标</td><td>相对数指标</td><td>相对数指标</td></tr>
<tr><td>指标反映的收益特性</td><td>衡量投资的效益</td><td>衡量投资的效率</td><td>衡量投资的效率</td></tr>
<tr><td>是否受设定折现率的影响</td><td>是</td><td>是</td><td>否</td></tr>
<tr><td>是否反映项目投资方案本身报酬率</td><td>否</td><td>否</td><td>是</td></tr>
</table>

【易错易混点 2】计算净现值和现值指数时，折现率的高低甚至会影响方案的优先次序。这主要是由于如果两个方案，一个前期现金流入量大，后期现金流入量小；而另一个方案远期现金流入量大，近期现金流入量小，当改变折现率时会使远期现金流量受影响大，近期现金流量受影响小，因此改变折现率会影响方案的优先次序。

【举例】假设有 A、B 两个项目，相关资料如下：

项目	现金流量（万元）		
	0	1	2
A 项目	-100	20	200
B 项目	-100	180	20

（1）假设折现率为 10% 时：A 项目现值指数 =［20/（1+10%）+200/（1+10%）^{2}］/ 100=1.83

B 项目现值指数 =［180/（1+10%）+20/（1+10%）^{2}］/100=1.80

A 项目现值指数高

（2）假设折现率为 20% 时：A 项目现值指数 =［20/（1+20%）+200/（1+20%）^{2}］/ 100=1.56

B 项目现值指数 =［180/（1+20%）+20/（1+20%）^{2}］/100=1.64

B 项目现值指数高

可见改变折现率会影响方案的优先次序。

经典题解

【例题 3·单选题】一般情况下，使某投资方案的净现值小于零的折现率（　　）。

A. 一定小于该投资方案的内含报酬率

B. 一定大于该投资方案的内含报酬率

C. 一定等于该投资方案的内含报酬率

D. 可能大于也可能小于该投资方案的内含报酬率

【解析】在其他条件不变的情况下，折现率越大，净现值越小，所以使某投资方案的净现值小于零的折现率，一定大于该投资方案的内含报酬率。

【答案】B

【例题 4 · 多选题】对于多方案进行比较时，下列说法正确的有（　　）。

A. 投资项目评价的现值指数法和内含报酬率法结论可能不一致

B. 投资项目评价的现值指数法和内含报酬率法结论一定一致

C. 投资项目评价的净现值法和现值指数法结论一定一致

D. 投资项目评价的净现值法和内含报酬率法结论可能不一致

【解析】由于现值指数的大小受折现率高低的影响，折现率高低甚至会影响方案的优先次序，而内含报酬率不受折现率的影响，所以二者在多方案选优时结论也可能会不一致，选项 B 错误；由于净现值是绝对数指标，而现值指数是相对数指标，在投资规模不同的时候，两者选优的结论有可能不一致，选项 C 错误。

【答案】AD

【例题 5 · 多选题】影响项目内含报酬率的因素包括（　　）。

A. 投资项目的寿命期

B. 投资项目的现金流量

C. 企业要求的最低投资报酬率

D. 银行贷款利率

【解析】内含报酬率的大小不受折现率高低的影响。

【答案】AB

（三）回收期（payback period，简称 PP）法

指标		含义与计算	特点
回收期	静态回收期（非折现回收期）	含义：静态回收期是指投资引起的未来现金净流量累计到与原始投资额相等所需要的时间，它代表收回投资所需要的年限 计算方法： （1）在原始投资额一次性支出，建设期为 0，未来每年现金净流量相等时： 静态回收期 = 原始投资额 / 未来每年现金净流量 【提示】若投产后前若干年的现金净流量相等，而且相等的现金净流量之和≥原始投资额，静态回收期 = 建设期 + 原始投资额 / 未来每年相等的现金净流量 （2）如果现金净流量每年不等，或原始投资额是分几年投入的，其计算公式为（设 M 是收回原始投资额的前一年）： 静态回收期 =M+ 第 M 年的尚未回收额 / 第（M+1）年的现金净流量	优点：回收期法计算简便，并且容易为决策人所正确理解；可以大体上衡量项目的流动性和风险 缺点： （1）静态回收期忽视了资金时间价值，而且动态和静态回收期都没有考虑回收期以后的现金流量，也就是没有衡量盈利性 （2）容易导致短期化行为，可能会放弃有战略意义的长期项目
	动态回收期（折现回收期）	含义：动态回收期是指在考虑货币时间价值的情况下，投资引起的未来现金流量累计到与原始投资额相等所需要的时间 计算方法： 设 M 是收回原始投资额现值的前一年 动态回收期 =M+ 第 M 年的尚未回收额的现值 / 第（M+1）年的现金净流量现值 【提示】在原始投资额一次性支出，建设期为 0，未来每年现金净流量相等时，假定动态回收期为 n 年，则： （P/A，i，n）= 原始投资额现值 / 未来每年现金净流量 计算出年金现值系数后，通过查年金现值系数表，利用插值法，即可推算出动态回收期 n	

要点小贴士

计算动态回收期的简化方法与计算内含报酬率的方法类似，只不过一个是求 n，一个是求利率。

经典题解

【例题 6 · 单选题】 已知某投资项目的原始投资额为 400 万元，建设期为 2 年，投产后第 1~5 年每年 NCF 为 90 万元，第 6~10 年每年 NCF 为 80 万元。则该项目包括建设期的静态投资回收期为（　　）年。

A. 5.25　　B. 6.35　　C. 6.44　　D. 7.35

【解析】 因为投产后前若干年的现金净流量相等，而且相等的现金净流量之和>原始投资额，所以包括建设期的静态投资回收期 =2+400/90=6.44（年）。

【答案】 C

【例题7·多选题】某投资项目各年的预计现金净流量（NCF）分别为：NCF_0=-200万元，NCF_1=-50万元，$NCF_{2\sim3}$=100万元，$NCF_{4\sim5}$=250万元。若资本成本率为10%，则关于该项目投资回收期说法正确的有（　　）。

A. 动态投资回收期为4.12年

B. 动态投资回收期为3.51年

C. 静态投资回收期为3.2年

D. 静态投资回收期为4.05年

【解析】

单位：万元

项目	0	1	2	3	4	5
各年的NCF	-200	-50	100	100	250	250
累计NCF	-200	-250	-150	-50	200	450
各年的NCF现值	-200	-45.46	82.64	75.13	170.75	155.23
累计NCF现值	-200	-245.46	-162.82	-87.69	83.06	238.29

静态投资回收期=3+50/250=3.2（年）

动态投资回收期=3+87.69/170.75=3.51（年）。

【答案】BC

（四）会计报酬率（accounting rate of return，简称ARR）法

含义	会计报酬率根据估计的项目整个寿命期年平均净利润与估计的资本占用之比计算而得
计算方法	方法一：简单地把原始投资额当作资本占用，即 会计报酬率=年平均净利润/原始投资额×100% 方法二：计算项目寿命期内的平均资本占用，即 $会计报酬率=\frac{年平均净利润}{平均资本占用}\times100\%=\frac{年平均净利润}{（原始投资额+投资净残值）/2}\times100\%$
优点	（1）数据容易获得，计算简便，易于理解 （2）考虑了整个项目寿命期的全部利润，能衡量盈利性
缺点	（1）未使用现金流量，使用的是会计的账面利润，忽视了折旧对现金流量的影响 （2）没有考虑货币时间价值，忽视了净利润的时间分布的影响

要点小贴士

分母的原始投资额既要包括长期资产投资（资本支出），也要包括营运资本投资。

【总结】指标间的比较（假设投产后每年现金净流量为正数）

项目	净现值NPV、现值指数PI、内含报酬率IRR	动态回收期DPP	静态回收期PP	会计报酬率ARR
计算基础	考虑寿命期全部现金流量	只考虑回收期满以前的现金流量		使用账面利润而非现金流量

项目	净现值 NPV、现值指数 PI、内含报酬率 IRR	动态回收期 DPP	静态回收期 PP	会计报酬率 ARR
时间价值	考虑	考虑	不考虑	不考虑
指标间的关系	NPV＞0，PI＞1，IRR＞基准折现率	DPP＜寿命期	PP＜寿命期	不一定
	NPV=0，PI=1，IRR=基准折现率	DPP=寿命期	PP＜寿命期	
	NPV＜0，PI＜1，IRR＜基准折现率	DPP＞寿命期	不一定	

经典题解

【真题8·多选题】下列各项指标中，改变折现率影响其计算结果的有（　　）。（2021年卷Ⅰ）

A. 净现值　　　　B. 内含报酬率

C. 会计收益率　　D. 动态回收期

【解析】内含报酬率是项目本身的投资报酬率，不受设定折现率的影响，选项B错误；会计收益率不考虑货币时间价值，所以不受折现率的影响，选项C错误。

【答案】AD

【真题9·多选题】甲公司拟投资一个采矿项目，经营期限10年，资本成本14%。假设该项目的初始现金流量发生在期初，营业现金流量均发生在投产后各年末。该项目现值指数大于1。下列关于该项目的说法中，正确的有（　　）。（2019年卷Ⅰ）

A. 内含报酬率大于14%　　B. 净现值大于0

C. 折现回收期大于10年　　D. 会计报酬率大于14%

【解析】现值指数大于1，净现值大于0，所以未来现金净流量现值补偿了原始投资额现值后还有剩余，即折现回收期小于10年，选项C错误。会计报酬率是以利润为基础计算的，没有考虑折旧对现金流量的影响，同时也没有考虑时间价值，所以会计报酬率的结论与以现金流量为基础的折现评价指标之间没有必然联系，选项D错误。

【答案】AB

【真题10·多选题】甲公司拟在华东地区建立一家专卖店，经营期限6年，资本成本8%。假设该投资的初始现金流量发生在期初，营业现金流量均发生在投产后各年末。该投资现值指数小于1。下列关于该投资的说法中，正确的有（　　）。（2019年卷Ⅱ）

A. 内含报酬率小于8%　　B. 折现回收期小于6年

C. 会计报酬率小于8%　　D. 净现值小于0

【解析】现值指数小于1，净现值小于0，内含报酬率小于资本成本，因此选项A、D正确。净现值小于0，说明折现回收期会大于6年，选项B错误。会计报酬率无法确定，选项C错误。

【答案】AD

二、互斥项目的优选问题★★★

（一）项目寿命相同时

当利用净现值和内含报酬率进行选优有矛盾时，应以净现值法结论优先。

要点小贴士

投资人想要的是实实在在的投资回报金额，而非报酬率，因此内含报酬率、现值指数不适用于互斥项目的投资决策。

（二）项目寿命不相同时

决策方法	计算原理	决策原则	缺点
共同年限法	假设投资项目可以重置，通过重置使两个项目达到相同的年限，然后比较其净现值 【提示】通常选最小公倍数为共同年限	选择重置净现值最大的方案	两种方法未考虑的因素： （1）技术进步快，不可能原样复制 （2）通货膨胀比较严重时，重置成本将上升 （3）竞争会使项目收益下降，甚至被淘汰
等额年金法	（1）计算两项目的净现值 （2）计算净现值的等额年金额： 净现值的等额年金额＝该方案净现值/（P/A，i，n） （3）计算永续净现值： 永续净现值＝等额年金/资本成本 i	选择永续净现值最大的方案	

要点小贴士

永续净现值的计算并非总是必要的。在资本成本相同时，等额年金大的项目永续净现值肯定大，可以直接根据等额年金大小判断项目的优劣。

【提示】

（1）永续净现值是假设项目可以无限重置，并且每次都在该项目的终止期，等额年金的资本化就是项目的净现值。

（2）只有重置概率很高的项目才适宜采用上述分析方法。对于预计项目年限差别不大的项目，可直接比较净现值，不需要做重置现金流的分析。

（3）共同年限法下可以采用简便方法计算调整后净现值，即只需要将未来重置的各个时点的净现值进一步折现到 0 时点。进一步折现时，注意折现期的确定，因为是对净现值折现，而计算净现值时已经对项目本身期限内的现金流量进行了折现，所以，确定某个净现值的折现期时要扣除项目本身的期限。

经典题解

【真题 11·多选题】在进行期限不同互斥项目的选择时，共同年限法和等额年金法的共同缺点有（　　）。（2021 年卷Ⅰ）

A. 忽视了货币的时间价值

B. 无法用于投资额不同项目的优选决策

C. 未考虑通货膨胀严重时的重置成本上升问题

D. 未考虑技术进步快的投资领域的项目投资不可重复问题

【解析】共同年限法和等额年金法均考虑货币的时间价值，并且都可以用于投资额不同项目的优选决策，选项 A、B 错误。

【答案】CD

【真题 12·多选题】对于两个期限不同的互斥投资项目，可采用共同年限法或等额年金法进行项目决策。下列关于两种方法共同缺点的说法中，正确的有（　　）。（2021 年卷Ⅱ）

A. 未考虑竞争导致的收益下降

B. 未考虑通货膨胀导致的重置成本上升

C. 未考虑技术更新换代导致的投入产出变化

D. 未考虑项目重置

【解析】共同年限法假设投资项目可以在终止时进行重置，等额年金法假设投资项目可以无限重置，选项 D 错误。

【答案】ABC

【提示】2018 年卷Ⅰ试题与此题的考查角度一致。

【例题 13·多选题】现有 A、B 两个互斥项目，A 项目的净现值为 50 万元，年限为 4 年；B 项目的净现值为 60 万元，年限为 6 年。假设折现率为 10%，在用共同年限法（用最小公倍数法确定共同年限）确定两个项目的优劣时，下列说法中正确的有（　　）。

A. 重置后 A 项目的调整后净现值为 73.40 万元

B. 重置后 A 项目的调整后净现值为 107.48 万元

C. 重置后 B 项目的调整后净现值为 37.70 万元

D. A 项目优于 B 项目

【解析】由于 4 和 6 的最小公倍数为 12，因此 A 项目和 B 项目的共同年限为 12 年，A 项目需要重置两次，B 项目需要重置一次。

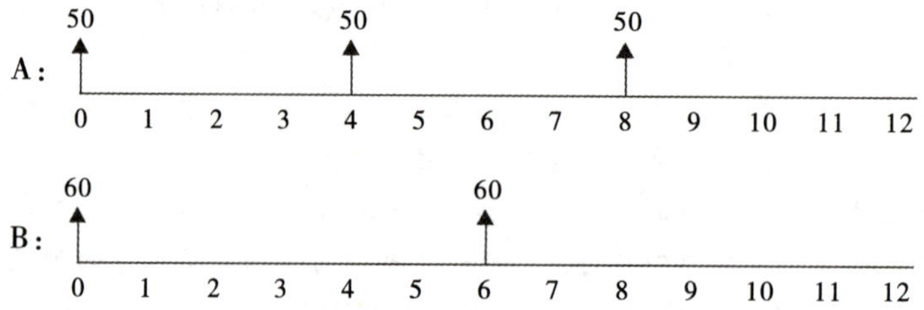

重置后 A 项目的调整后净现值 =50+50×（P/F，10%，4）+50×（P/F，10%，8）=50+50×0.6830+50×0.4665=107.48（万元），重置后 B 项目的调整后净现值 =60+60×（P/F，10%，6）=60+60×0.5645=93.87（万元），因此 A 项目优于 B 项目。

【答案】BD

三、总量有限时的资本分配★★

决策前提	决策原则
在资本总量不受限制的情况下	凡是净现值为正数的项目或者内含报酬率大于资本成本的项目，都可以增加股东财富，都应当被采用
在资本总量受到限制的情况下	在资本总量限度内找到使得净现值合计最大的组合作为最优组合

经典题解

【例题14·单选题】对于多个投资组合方案，当资金总量受到限制时，应在资金总量范围内选择（ ）。

A. 累计净现值最大的方案进行组合

B. 累计会计报酬率最大的方案进行组合

C. 累计现值指数最大的方案进行组合

D. 累计内含报酬率最大的方案进行组合

【解析】在主要考虑投资效益的条件下，多方案比较决策的主要依据是能否保证在充分利用资金的前提下，获得尽可能多的净现值总量。

【答案】A

第三节 投资项目现金流量的估计

使用“会计云课堂”App或“微信”扫码查看本节视频，快速GET知识点。

一、投资项目现金流量的影响因素★★

1. 投资项目现金流量的含义及内容

由一项投资项目所引起的现金收支，叫做现金流量（cash flow）。包括：

（1）现金流入量。

（2）现金流出量。

（3）现金净流量（net cash flow）= 现金流入量 - 现金流出量。

【提示】

①在一般情况下，投资决策中的现金流量通常指现金净流量（NCF）。

②现金流量中的现金是广义的，既包括库存现金、银行存款等货币性资产，也包括相关非货币性资产（如原材料、设备等）的变现价值。

2. 确定相关流量应注意的问题

（1）区分相关成本和非相关成本。

	含义	举例
相关成本	是指与特定决策有关的、在分析评价时必须加以考虑的成本	变动成本、边际成本、机会成本、重置成本、付现成本、可避免成本、可延缓成本、专属成本、差量成本等都属于相关成本
非相关成本	与特定决策无关的、在分析评价时不必加以考虑的成本	沉没成本、不可避免成本、不可延缓成本、共同成本等往往是非相关成本

要点小贴士

在确定投资方案相关的现金流量时，应遵循的基本原则是：只有增量的现金流量才是与项目相关的现金流量。

相关链接

与教材第17章的内容一致，此内容会更多的在第17章运用，本章需要掌握非相关成本不会影响相关现金流量。

（2）不要忽视机会成本。

含义	在投资方案的选择中，如果选择了一个投资方案，则必须放弃投资于其他途径的机会。其他投资机会可能取得的收益是实行本方案的一种代价，被称为这项投资方案的机会成本
特点	机会成本不是我们通常意义上的“成本”，它不是一种支出或费用，而是失去的收益

【提示】机会成本总是针对具体方案的，离开被放弃的方案就无从计量确定。

（3）要考虑投资方案对公司其他项目的影响。

当我们采纳一个新的项目后，该项目可能对公司的其他项目造成有利或不利的影响。

（4）对营运资本的影响。

所谓营运资本的需要，指增加的经营性流动资产与增加的经营性流动负债之间的差额。

要点小贴士

营运资本是一个存量指标，现金流量是一个流量指标，营运资本对现金流量的影响是营运资本的增加额，只有营运资本的规模增大了，才需要增加营运资本投资。

经典题解

【真题 15·单选题】甲公司拟投资某项目，一年前花费 10 万元做过市场调查，后因故中止。现重启该项目，拟使用闲置的一间厂房，厂房购入时价格 2000 万元，当前市价 2500 万元；项目还需投资 500 万元购入新设备。在进行该项目投资决策时，初始投资是（　　）万元。（2020 年卷Ⅱ）

A. 2500　　B. 2510

C. 3000　　D. 3010

【解析】一年前的 10 万元调查费和厂房购入价格 2000 万元，无论是否重启项目，均已经发生，是沉没成本，是非相关现金流量；当前市价 2500 万元是重启项目的机会成本，是因为重启丧失的变现收入，500 万元是重启需新增加的投入，因此 2500 万元和 500 万元是相关现金流出量，所以初始投资 =2500+500=3000（万元）。

【答案】C

二、新建项目现金流量的确定★★★

1. 项目寿命期

项目寿命期是指从投资建设开始到最终清理结束整个过程的全部时间。

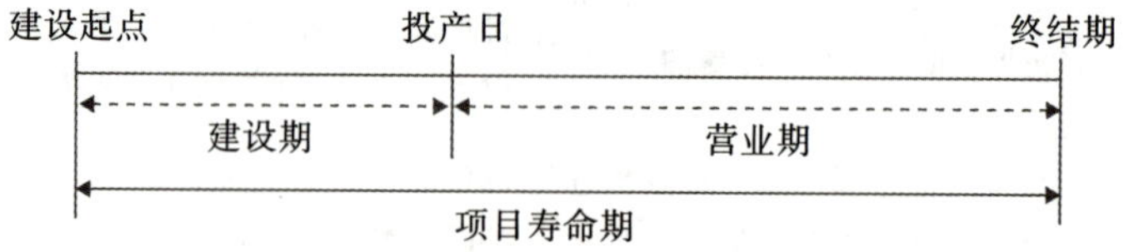

2. 不考虑所得税时现金流量的确定

- 建设期现金流量 =- 投资额
  - - 长期资产投资
  - - 垫支的营运资本
  - - 原有资产的变现价值
- 营业现金毛流量
  - = 营业收入 - 付现营业费用
  - = 税前经营利润 + 折旧
- 终结期现金流量
  - 回收长期资产余值（或变价收入）
  - 回收垫支营运资本

【易错易混点】计算结果的时点设定。

为了简化，通常把计算结果的时点设在第一年的年初，其他流入和流出在各年的年初或年末。实际上，现金流出和流入的时间可能在任何时间。

【提示】

（1）选定时间轴很重要。通常的做法：

①以第一笔现金流出的时间为“现在”时间，即“0”时点。不管它的日历时间是几月几日；

②对于原始投资，如果没有特殊指明，均假设现金在每个“计息期期初”支付；如果特别指明支付日期，如3个月后支付100万元，则要考虑在此期间的时间价值；

③对于营业现金毛流量，尽管其流入和流出都是陆续发生的，如果没有特殊指明，均假设营业现金毛流量在“各个计息期期末”取得。

（2）垫支营运资本的估算。

垫支营运资本，指增加的经营性流动资产与增加的经营性流动负债之间的差额，即增加的经营营运资本。

（3）营运资本的回收估算。

项目终结收回的营运资本是以往垫支的营运资本合计。

> **要点小贴士**
>
> 不考虑时间价值的情况下和营运资本有关的现金流量加总起来应为0。

经典题解

【例题16·单选题】某项目经营期为5年，预计投产第一年年初经营性流动资产需用额为50万元，经营性流动负债为15万元，投产第二年年初经营性流动资产需用额为80万元，经营性流动负债为30万元，预计以后每年的经营性流动资产需用额均为80万元，经营性流动负债均为30万元，则该项目终结期一次回收的经营营运资本为（　　）万元。

A. 35　　B. 15　　C. 95　　D. 50

【解析】第一年所需经营营运资本=50-15=35（万元）

首次经营营运资本投资额=35-0=35（万元）

第二年所需经营营运资本=80-30=50（万元）

第二年经营营运资本投资额=本年经营营运资本需用额-上年经营营运资本需用额=50-35=15（万元）

经营营运资本投资合计=15+35=50（万元），故终结期一次回收经营营运资本50万元。

【答案】D

【例题17·计算分析题】某公司的销售部门预计企业投产新产品，如果每台定价3万元，销售量每年可以达到10000台，销售量稳定不变，但价格会变动。生产该产品需要的营运资本随销售额变化，预计为销售额的10%。假设这些营运资本在年初投入，项目结束时收回，若产品的适销期为5年。

要求：

（1）若产品价格预计逐年提高2%，计算与营运资本相关的现金流量（计算过程和结果填入下方表格中）。

单位：万元

项目	0	1	2	3	4	5
销售收入						
营运资本需要量 （需要占用流动资金）						
垫支营运资本 （流动资金投资额）						
垫支营运资本的现金流量						
回收营运资本的现金流量						

（2）若产品价格预计逐年降低2%，计算与营运资本相关的现金流量（计算过程和结果填入下方表格中）。

单位：万元

项目	0	1	2	3	4	5
销售收入						
营运资本需要量 （需要占用流动资金）						
垫支营运资本 （流动资金投资额）						
垫支营运资本的现金流量						
回收营运资本的现金流量						

【答案】

（1）

单位：万元

项目	0	1	2	3	4	5
销售收入		3×10000=30000	3×10000×（1+2%）=30600	31212	31836.24	32472.96

项目	0	1	2	3	4	5
营运资本需要量（需要占用流动资金）	30000×10%=3000	30600×10%=3060	31212×10%=3121.2	3183.62	3247.30	
垫支营运资本（流动资金投资额）	3000	60	61.2	62.42	63.68	
垫支营运资本的现金流量	-3000	-60	-61.2	-62.42	-63.68	
回收营运资本的现金流量						3247.30

（2）

单位：万元

项目	0	1	2	3	4	5
销售收入		30000	29400	28812	28235.76	27671.04
营运资本需要量（需要占用流动资金）	3000	2940	2881.2	2823.58	2767.10	
垫支营运资本（流动资金投资额）	3000	-60	-58.8	-57.62	-56.48	
垫支营运资本的现金流量	-3000	60	58.8	57.62	56.48	
回收营运资本的现金流量						2767.10

3. 所得税和折旧对现金流量的影响

（1）基本概念与计算公式。

基本概念	计算公式
税后费用	税后费用 = 费用金额 ×（1- 所得税税率）
税后收入	税后收入 = 收入金额 ×（1- 所得税税率） 【提示】这里所说的“收入金额”是指根据税法规定需要纳税的收入，不包括项目结束时收回垫支营运资本等现金流入
折旧抵税	折旧抵税 = 折旧 × 所得税税率 【提示】这里的折旧包括固定资产折旧和长期资产摊销等非付现营业费用，折旧的计算一定要按税法规定的折旧方法和折旧年限进行计算

要点小贴士

只要设所得税税率为0，税后现金流量的公式就变为不考虑所得税影响的现金流量了。

（2）税后现金流量的计算。

建设期现金净流量
- 长期资产投资（包括固定资产、无形资产、其他长期资产等）
- 垫支的营运资本
- 原有资产的变现价值
- 原有资产变现净损益对所得税的影响

营业现金毛流量 = 营业收入 - 付现营业费用 - 所得税
= 营业收入 ×（1- 所得税税率）- 付现营业费用 ×（1- 所得税税率）+ 折旧 × 所得税税率
= 税后经营净利润 + 折旧

终结期现金净流量
- 回收垫支的营运资本
- 回收固定资产的净残值及其对所得税的影响

【提示】

①使用旧资产的初始现金流量 = 丧失的变现流量

=-（变现价值 + 变现净损失 × 所得税税率）

或：=-（变现价值 - 变现净收益 × 所得税税率）

②项目终结回收残值的现金流量 = 最终残值 + 变现净损失 × 所得税税率

或：= 最终残值 - 变现净收益 × 所得税税率

要点小贴士

变现价值或净残值本身不影响利润，所以不需要考虑所得税，是变现价值或净残值与账面价值的差额影响利润，所以是差额考虑对所得税的影响。

这里变现净损失或净收益是根据变现价值与账面净值对比所确定的。

而账面净值 = 原值 - 已提折旧

③折旧抵税的年限采用孰短法。

a. 提前报废时：

例如：税法规定使用年限5年，企业估计使用年限4年，此时折旧抵税年限为4年。

b. 超龄使用时：

例如：税法规定使用年限5年，企业估计使用年限6年，此时折旧抵税年限为5年。

经典题解

【例题18·单选题】ABC公司正在考虑是否继续使用现有的一台闲置设备。该设备于8年前以40000元购入，税法规定的折旧年限为10年，按直线法计提折旧，预计残值率为10%，已提折旧28800元；目前可以按10000元价格卖出，假设所得税税率25%，继续使用现有设备对本期现金流量的影响是（　　）。

A. 增加300元　　B. 增加1200元

C. 减少9700元　　D. 减少10300元

【解析】账面净值=40000-28800=11200（元）；变现损益=10000-11200=-1200（元）；变现损失抵税=1200×25%=300（元）；继续使用现有设备对本期现金流量的影响=-（10000+300）=-10300（元）。

【答案】D

【例题19·单选题】某企业有一台设备将要报废，报废设备的预计净残值为12000元，按税法规定计算的净残值为14000元，所得税税率为25%，则设备报废引起的预计现金流入量为（　　）元。

A. 7250　　B. 11500

C. 12500　　D. 16250

【解析】残值净损失 =14000−12000=2000（元）

设备报废引起的预计现金流入量 = 预计残值 + 残值净损失抵税 =12000+2000×25%=12500（元）。

【答案】C

三、固定资产更新项目的现金流量★★★

（1）更新决策现金流量的特点。

更新决策的现金流量主要是现金流出量。即使有少量的残值变价收入，也属于支出抵减，而非实质上的流入增加。

（2）固定资产的平均年成本。

含义	计算	应注意的问题
指该资产引起的现金流出的年平均值	①不考虑货币的时间价值： 固定资产的平均年成本 = $\frac{\text{未来使用年限内的现金流出总额}}{\text{使用年限}}$ ②考虑货币的时间价值： 固定资产的平均年成本 = $\frac{\text{未来使用年限内的现金流出总现值}}{(P/A,\ i,\ n)}$	平均年成本法的假设前提是将来设备再更换时，可以按原来的平均年成本找到可代替的设备

（3）确定更新决策现金流量应注意的问题。

①旧设备的初始投资额应按其丧失的变现流量考虑。

②设备的使用年限应按尚可使用年限考虑。

（4）固定资产的经济寿命。

指最经济的使用年限，即固定资产的平均年成本最小的那一使用年限。

要点小贴士

更新决策通常把继续使用旧设备和购置新设备看成两个互斥的方案，而不是一个更换设备的特定方案。因此，既然旧设备的初始投资额按丧失的变现流量考虑，就不能再将旧设备的变现价值作为购置新设备的一项现金流入，否则就双重考虑了。

经典题解

【真题 20·单选题】在设备更换不改变生产能力且新旧设备未来使用年限不同的情况下，固定资产更新决策应选择的方法是（　　）。（2015 年卷Ⅰ、卷Ⅱ）

A. 折现回收期法　　B. 净现值法

C. 平均年成本法　　D. 内含报酬率法

【解析】折现回收期只考虑补偿原始投资额现值部分的现金流量，没有考虑以后的现金流量问题，选项 A 错误；净现值适用于年限相同情况下的固定资产更新决策，选项 B 错误；对于使用年限不同且不改变生产能力的互斥方案，决策标准应当选用平均年成本法，选项 C 正确；投资人想要的是实实在在的投资回报金额，而非报酬率，因此内含报酬率不适用于互斥项目的决策，选项 D 错误。

【答案】C

第四节　投资项目折现率的估计

使用“会计云课堂”App 或“微信”扫码查看本节视频，快速 GET 知识点。

一、使用企业当前加权平均资本成本作为投资项目的资本成本★★

应同时具备两个条件：

（1）项目的经营风险与企业当前资产的平均经营风险相同；

（2）公司继续采用相同的资本结构为新项目筹资。

【提示】满足等风险假设（经营风险和财务风险都没有变化）。

二、运用可比公司法估计投资项目的资本成本★★★

1. β 的分类

β
- $β_{资产}$ → 无负债的 β，不含财务杠杆（不含财务风险）的 β
- $β_{权益}$ → 含负债的 β，含财务杠杆的 β，此时的 β 既包含了项目的经营风险，也包含了目标企业的财务风险

2. 如果新项目的经营风险与现有资产的平均经营风险显著不同（不满足等经营风险假设）

调整方法	寻找一个经营业务与待评价项目类似的上市公司，以该上市公司的 β 值替代待评价项目的 β 值	
计算步骤	（1）卸载可比企业财务杠杆	$β_{资产}=\dfrac{可比上市公司的\ β_{权益}}{1+（1-T_{可比}）\times 可比上市公司负债权益比}$
	（2）加载目标企业财务杠杆	目标公司的 $β_{权益}=β_{资产}\times[1+（1-T_{目标}）\times$ 目标公司的负债权益比]
	（3）根据目标企业的 $β_{权益}$ 计算股东要求的报酬率	股东要求的报酬率 = 无风险报酬率 + $β_{权益}$ × 市场风险溢价
	（4）计算目标企业的加权平均资本成本	加权平均资本成本 = 税前债务成本 ×（1− 所得税税率）× 负债比重 + 股东权益成本 × 权益比重

相关链接

负债权益比，即第 2 章的产权比率，或严谨来说是净负债和所有者权益的比，即净财务杠杆。

3. 如果新项目的经营风险与公司原有经营风险一致，但资本结构与公司原有资本结构不一致（满足等经营风险假设，但不满足等资本结构假设）

调整方法	以本公司的原有 β 值替代待评价项目的 β 值	
计算步骤	（1）卸载企业原有财务杠杆	$\beta_{资产}=\dfrac{公司原有的\ \beta_{权益}}{1+（1-T_{原}）\times 公司原有的负债权益比}$
	（2）加载投资新项目后企业新的财务杠杆	公司新的 $\beta_{权益}=\beta_{资产}\times［1+（1-T_{新}）\times$ 公司新的负债权益比］
	（3）根据新的 $\beta_{权益}$ 计算股东要求的报酬率	股东要求的报酬率 = 无风险报酬率 + $\beta_{权益}\times$ 市场风险溢价
	（4）计算新的加权平均资本成本	加权平均资本成本 = 税前债务成本 ×（1- 所得税税率）× 新负债比重 + 股东权益成本 × 新权益比重

经典题解

【例题 21 · 单选题】 甲公司的主营业务是生产和销售制冷设备，公司的净财务杠杆为 1，无风险收益率为 4%，股票市场的平均收益率为 7%，甲公司股东要求的必要报酬率为 9.25%，目前准备继续生产和销售制冷设备，并要相应扩大投资规模。公司准备提高财务杠杆，新的净财务杠杆为 1.5，公司适用的所得税税率为 25%。则新资本结构下股东要求的必要报酬率为（　　）。

A. 9.25%　　　　B. 9.76%

C. 10.38%　　　　D. 11.25%

【解析】 9.25%=4%+$\beta_{权益}$×（7%–4%），公司目前的 $\beta_{权益}$=1.75，$\beta_{资产}$=1.75/［1+（1–25%）×1］=1；新的 $\beta_{权益}$=1×［1+（1–25%）×1.5］=2.125，新资本结构下股东要求的必要报酬率 =4%+2.125×（7%–4%）=10.38%。

【答案】 C

第五节　投资项目的敏感分析

使用“会计云课堂”App 或“微信”扫码查看本节视频，快速 GET 知识点。

一、敏感分析的含义★

敏感分析是指在确定性分析的基础上，分析不确定性因素对投资项目的最终经济效果指标的影响及影响程度。

【提示】若某参数的小幅度变化能导致经济效果指标的较大变化，则称此参数为敏感因素，反之则称其为非敏感因素。即敏感系数的绝对值大于 1 的参数为敏感因素，敏感系数的绝对值小于 1 的参数为非敏感因素。

二、敏感分析的方法★★★

敏感分析，通常是在假定其他变量不变的情况下，测定某一变量发生特定变化时对目标值的影响，在对投资项目做敏感分析时，这个目标值一般选择净现值（或内含报酬率）。

投资项目的敏感分析方法	评价角度	缺点
最大最小法	根据净现值为零时计算的选定变量的临界值评价项目的特有风险	（1）只允许一个变量发生变动，而假设其他变量保持不变 （2）没有给出每一个数值发生的可能性
敏感程度法	根据选定变量的敏感系数评价项目的特有风险 敏感系数＝目标值变动百分比／选定变量变动百分比	

【提示1】敏感系数的正负号只是表明方向，判断敏感程度大小应根据绝对值的大小判断。

【提示2】敏感分析的差量分析法

方法	计算原理
最大最小法	①设参量变动为x ②计算差量现金流量 ③根据差量现金流量计算差量净现值△NPV ④令△NPV=-NPV基准，求出x ⑤则参量临界值＝原参量+x
敏感程度法	①根据给定的参量变动率，计算差量现金流量 ②根据差量现金流量计算差量净现值ΔNPV ③敏感系数＝（ΔNPV/NPV基准）／参量变动率

要点小贴士：

最大最小法是要找到净现值为0时的临界变量，即：NPV基准+△NPV=0，所以△NPV=-NPV基准。

经典题解

【例题22·计算分析题】A公司拟投资一个新产品，有关资料如下：

（1）预计该项目需固定资产投资1500万元，可以使用5年，预计每年付现的固定成本为80万元，单位变动成本是360元。固定资产计提折旧采用直线法，折旧年限为5年，估计净残值为100万元（与税法估计一致）。预计各年销售量为8万件，销售价格为500元/件。生产部门估计需要垫支占营业收入12.5%的经营营运资本额。

（2）A公司为上市公司，原贝塔系数为1.32，原有资本结构的资产负债率为30%，预计新产品投产后公司的经营风险没有变化，但目标资本结构调整为资产负债率50%。

（3）A公司目前借款的平均利息率为7%，预计未来借款平均利息率会上涨为8%。

（4）无风险资产报酬率为3.5%，市场组合的平均收益率为9.5%，A公司的所得税税率为25%。

要求：

（1）计算评价新项目使用的折现率；

（2）计算新项目的净现值；

（3）设单价上涨10%，利用敏感分析法确定净现值对单价的敏感系数；

（4）利用敏感分析法确定净现值为0时的销量水平（计算结果保留到整数件）。

【答案】

（1）$\beta_{资产}$=1.32/［1+（1-25%）×30%/70%］=1

新项目 $\beta_{权益}$=1×［1+（1-25%）×50%/50%］=1.75

公司的权益资本成本=3.5%+1.75×（9.5%-3.5%）=14%

评价新项目使用的折现率=8%×（1-25%）×50%+14%×50%=10%

（2）新项目的净现值：

年折旧额=（1500-100）/5=280（万元）

营运资本投资=8×500×12.5%=500（万元）

第0年现金净流量=-（1500+500）=-2000（万元）

第1~5年各年营业现金毛流量：

方法一：第1~5年各年营业现金毛流量=税后收入-税后付现成本+折旧抵税=8×500×（1-25%）-（8×360+80）×（1-25%）+280×25%=850（万元）

方法二：税后经营净利润=(8×500-8×360-80-280)×(1-25%)=570(万元)

第1~5年各年营业现金毛流量=税后经营净利润+折旧=570+280=850（万元）

第5年回收现金流量=500+100=600（万元）

净现值=850×（P/A，10%，5）+600×（P/F，10%，5）-2000=850×3.7908+600×0.6209-2000=1594.72（万元）

【提示】本题估计净残值（变现价值）与税法规定的净残值一致，都是100万元，不会产生变现收益纳税或损失抵税的情况，所以残值变现对所得税的影响是0。

（3）设单价上涨10%：

0时点差量现金净流量=-500×8×12.5%×10%=-50（万元）

第1~5年差量营业现金毛流量=8×500×10%×（1-25%）=300（万元）

第5年回收差量营运资本投资=50万元

差量净现值=-50+300×（P/A,10%,5）+50×（P/F,10%,5）=1118.29（万元）

单价的敏感系数=净现值变动百分比/单价变动百分比=（1118.29/1594.72）/10%=7.01

（4）假设销量变动率为y：

0时点差量现金流量=-追加的差量营运资本投资=-500×8×12.5%×y=-500y

第1~5年差量营业现金毛流量=（500-360）×8×（1-25%）×y=840y

第5年回收差量营运资本投资=500×8×12.5%×y=500y

△NPV=-500y+840y×（P/A，10%，5）+500y×（P/F，10%，5）=2994.72y

令△NPV=-基准的净现值

2994.72y=-1594.72

解得：y=-53.25%

销量=Q×（1+y）=80000×（1-53.25%）=37400（件）。

本章小结

您已成功完成“第五章”的学习，本章共 12 个考点，您都学会了吗？

为了让您对章节有更清晰的理解，加倍巩固。本书作者闫华红老师将通过**“视频导图课”**的方式，带您回顾重要考点。

名师点拨，视听结合，高效提分。

※ 欢迎您扫码，免费观看学习。

下载“会计云课堂”App 学习

历年经典主观题回顾

使用“会计云课堂”App 或“微信”扫码快速做题、对答案、看解析、掌握解题思路，开启轻松过关之旅。

一、计算分析题

1. 甲生物制药公司拟于 2021 年末投资建设一条新药生产线，项目期限 3 年。现正进行可行性研究，相关信息如下：

   该项目需要一栋厂房、一套生产设备和一项特许使用权。厂房拟用目前公司对外出租的闲置厂房，租金每年 200 万元，每年年初收取。生产设备购置安装成本 5000 万元，按直线法计提折旧，折旧年限 5 年，无残值，预计 3 年后变现价值 2500 万元。特许使用权需一次性支付 3000 万元，使用期限 3 年，按使用年限平均摊销，无残值。按税法规定当年折旧和摊销可在当年抵扣所得税。该项目无建设期。

   生产线建成后，预计新药 2022 年、2023 年、2024 年每年营业收入分别为 6000 万元、7000 万元、7000 万元。每年付现固定成本 500 万元，付现变动成本为当年营业收入的 25%。

   该项目需要占用的营运资本与营业收入存在函数关系：营运资本 =200 万元 + 当年营业收入 × 20%。每年新增的营运资本在年初投入，项目结束时全部收回。

   假设设备购置和特许使用权支出发生在 2021 年末，各年营业现金流量及租金对税的影响均发生在当年年末。

   项目加权平均资本成本 12%。企业所得税税率 25%。

要求：

（1）估计该项目2021~2024年末的相关现金流量和净现值（计算过程和结果填入下方表格中）。

单位：万元

项目	2021年末	2022年末	2023年末	2024年末
现金流量				
折现系数				
现值				
净现值				

（2）如果项目加权平均资本成本上升到14%，其他因素不变，计算项目的净现值。

（3）基于要求（1）和（2）的结果，计算项目净现值对资本成本的敏感系数。（2021年卷Ⅰ）

2. 甲公司投资一个项目，有 A、B、C 三个项目可供选择，资料如下。

A 项目初始投资 120 万元，没有建设期，期限 5 年，未来每年的现金净流量分别为 60 万元、50 万元、50 万元、30 万元和 30 万元。B 项目建设期 2 年，经营期 6 年，净现值 83 万元。C 项目期限 10 年，净现值 86 万元。A、B、C 三个项目的资本成本分别为 8%、10% 和 12%。

要求：

（1）计算 A 项目的净现值。

（2）计算三个项目的等额年金和永续净现值。

（3）根据上述计算结果，选择最优方案。（2021 年卷Ⅲ）

3. 甲公司是一家中低端护肤品生产企业，为适应市场需求，2020 年末拟新建一条高端护肤品生产线，项目期限 5 年。相关资料如下：

（1）新建生产线需要一栋厂房、一套生产设备和一项专利技术。新建厂房成本 5000 万元，根据税法相关规定，按直线法计提折旧，折旧年限 20 年，无残值。假设厂房建设周期很短，2020 年末即可建成使用，预计 5 年后变现价值 4000 万元。生产设备购置成本 2000 万元，无需安装，根据税法相关规定，按直线法计提折旧，折旧年限 5 年，无残值，预计 5 年后变现价值为零。一次性支付专利技术使用费 1000 万元，可使用 5 年，根据税法相关规定，专利技术使用费按受益年限平均摊销。

（2）生产线建成后，预计高端护肤品第一年营业收入 5000 万元，第二年及以后每年营业收入 6000 万元。付现变动成本占营业收入的 20%，付现固定成本每年 1000 万元。

（3）项目需增加营运资本 200 万元，于 2020 年末投入，项目结束时收回。

（4）项目投产后，由于部分原中低端产品客户转而购买高端产品，预计会导致中低端产品营业收入每年流失 500 万元，同时付现变动成本每年减少 200 万元。

（5）假设厂房、设备和专利技术使用费相关支出发生在 2020 年末，各年营业现金流量均发生在当年年末。

（6）项目加权平均资本成本 14%。企业所得税税率 25%。

要求：

（1）计算该项目 2020~2025 年末的相关现金净流量和净现值（计算过程和结果填入下方表格中）。

单位：万元

	2020 年末	2021 年末	2022 年末	2023 年末	2024 年末	2025 年末

	2020年末	2021年末	2022年末	2023年末	2024年末	2025年末
现金净流量						
折现系数						
现值						
净现值						

（2）计算该项目的动态投资回收期。

（3）分别用净现值法和动态投资回收期法判断该项目是否可行，假设甲公司设定的项目动态投资回收期为3年。（2020年卷Ⅰ）

4. 甲公司是一家制造业企业，产品市场需求旺盛。为增加产能，拟于2019年末添置一台新设备。该设备无需安装，预计购置成本300万元。根据税法相关规定，该设备按直线法计提折旧，折旧年限3年，净残值率5%。甲公司现需确定该设备的经济寿命，相关资料如下：

单位：万元

年份	运行成本	年末变现价值
2019年		300
2020年	90	200
2021年	100	110
2022年	150	40

甲公司加权平均资本成本10%，企业所得税税率25%。假设运行成本均发生在各年末。

要求：

（1）在考虑货币时间价值的情况下，分别计算该设备更新年限为1年、2年、3年的平均年成本。

（2）根据要求（1）计算的平均年成本，确定该设备的经济寿命。（2019年卷Ⅰ）

5. 甲汽车租赁公司拟购置一批新车用于出租，现有两种投资方案，相关信息如下：

方案一：购买中档轿车100辆，每辆车价格10万元，另需支付车辆价格10%的购置相关税费，每年平均出租300天，日均租金150元/辆，车辆预计使用年限8年，8年后变现价值为0，前5年每年维护费2000元/辆，后3年每年维护费3000元/辆，车辆使用期间每年保险费3500元/辆，其他税费500元/辆。每年增加付现固定运营成本20.5万元。
方案二：购买大型客车20辆，每辆车价格50万元，另需支付车辆价格10%的购置相关税费。每年平均出租250天，日均租金840元/辆。车辆可使用年限10年，10年后变现价值为0。前6年每年维护费5000元/辆，后4年每年维护费10000元/辆。车辆使用期间每年保险费30000元/辆，其他税费5000元/辆。每年增加付现固定运营成本10万元。
根据税法相关规定，车辆购置相关税费计入车辆原值，采用直线法计提折旧，无残值。
等风险投资必要报酬率12%，企业所得税税率25%。
假设购车相关支出发生在期初，每年现金流入、现金流出均发生在年末。

要求：
（1）分别估计两个方案的现金流量。
（2）分别计算两个方案的净现值。
（3）分别计算两个方案净现值的等额年金。
（4）假设两个方案都可以无限重置，且是互斥项目，用等额年金法判断甲公司应采用哪个投资方案。（2019年卷Ⅱ）

6. 甲公司是一家传统制造业上市公司，只生产A产品。2018年末公司准备新上一条生产线，经营周期4年，正在进行项目的可行性研究。相关资料如下：
（1）预计A产品每年销售1000万只，单位售价60元，单位变动制造成本40元；每年付现固定制造费用2000万元，付现销售和管理费用800万元。
（2）项目需要一栋厂房、一套设备和一项专利技术。目前公司有一栋厂房正好适合新项目使用。该厂房正在对外出租，每年末收取租金100万元，2018年末租期到期，可续租也可收回自用。设备购置成本10000万元，无须安装，于2018年末一次性支付，4年后变现价值1600万元。税法规定，设备采用直线法计提折旧，折旧年限5年。折旧期满后无残值。专利技术使用费8000万元，于2018年末一次性支付，期限4年。税法规定，专利技术使用费可按合同约定使用年限平均摊销，所得税前扣除。
（3）项目需增加营运资本200万元，于2018年末投入，项目结束时收回。
（4）项目投资的必要报酬率12%，公司的企业所得税税率25%。假设项目每年营业收入和付现费用均发生在当年年末。

要求：
（1）计算该项目2018~2022年末的相关现金净流量、净现值和现值指数（计算过程和结果填入下方表格中）。

单位：万元

项目	2018年末	2019年末	2020年末	2021年末	2022年末

项目	2018 年末	2019 年末	2020 年末	2021 年末	2022 年末
现金净流量					
折现系数					
现值					
净现值					
现值指数					

（2）根据净现值和现值指数，判断该项目是否可行，并简要说明理由。

（3）简要回答净现值和现值指数之间的相同点和不同点。（2018 年卷Ⅰ）

二、综合题

1. 甲公司是一家电子器件制造企业，拟投资建设一条新产品生产线，正在进行项目的可行性研究。相关资料如下：

（1）该生产线需投资 5000 万元，其中固定资产 4000 万元，营运资本 1000 万元，均在 2021 年年末支付。固定资产按直线法计提折旧，折旧年限 4 年，无残值，预计 4 年后变现价值为 0。按税法相关规定，当年折旧可在当年抵扣所得税。营运资本在项目结束后全部收回。该项目无建设期，2022 年即可正常运营，项目期限 4 年，每年营业收入 4000 万元、变动成本（全部为付现变动成本）1440 万元、付现固定成本 600 万元。

（2）该项目所需资金拟通过贷款和权益融资：银行贷款 2500 万元，年利率 6.6%；发行普通股权益融资 2500 万元。据估计，甲公司权益资本成本对本公司税后债务资本成本的风险溢价为 4.1%。

（3）2021 年末甲公司所有者权益 24000 万元。如果不投资该生产线，甲公司 2022 年没有新增投资，不进行权益融资和股票回购，也不进行利润分配，原有业务净利润预计为 6000 万元。

（4）甲公司每年对管理层的业绩评价采用关键绩效指标法，要求权益净利率（净利润 / 当年年末所有者权益）不得低于 20%。

（5）企业所得税税率 25%。

要求：

（1）计算甲公司新生产线投资项目的权益资本成本和加权平均资本成本。

（2）估算新生产线投资项目给甲公司带来的增量现金流量、新投资项目的净现值（计算过程和结果填入下方表格中），用净现值法判断该项目是否可行。

单位：万元

	2021 年年末	2022 年年末	2023 年年末	2024 年年末	2025 年年末
现金净流量					
项目净现值					

（3）分别计算甲公司投资新生产线和不投资新生产线情况下 2022 年的权益净利率（净利润 / 年末所有者权益），判断甲公司管理层是否应该投资该项目，并说明理由。

（4）基于要求（2）、（3）的结果，判断甲公司是否应以权益净利率为关键绩效指标考核管理层的投资行为，并说明理由。

（5）分析关键绩效指标法的优点和缺点。（2021 年卷Ⅱ）

2. 甲公司是一家制造业上市公司，主营业务是易拉罐的生产和销售。为进一步满足市场需求，公司准备新增一条智能化易拉罐生产线。目前，正在进行该项目的可行性研究。

相关资料如下：

（1）该项目如果可行，拟在 2016 年 12 月 31 日开始投资建设生产线，预计建设期 1 年，即项目将在 2017 年 12 月 31 日建设完成，2018 年 1 月 1 日投产使用，该生产线预计购置成本 4000 万元，项目预期持续 3 年，按税法规定，该生产线折旧年限 4 年，残值率 5%，按直线法计提折旧，预计 2020 年 12 月 31 日项目结束时该生产线变现价值 1800 万元。

（2）公司有一闲置厂房拟对外出租，每年租金 60 万元，在出租年度的上年年末收取。该厂房可用于安装该生产线，安装期间及投产后，该厂房均无法对外出租。
（3）该项目预计 2018 年生产并销售 12000 万罐，产销量以后每年按 5% 增长，预计易拉罐单位售价 0.5 元，单位变动制造成本 0.3 元，每年付现销售和管理费用占营业收入的 10%，2018 年、2019 年、2020 年每年付现固定成本分别为 200 万元、250 万元、300 万元。
（4）该项目预计营运资本占营业收入的 20%，垫支的营运资本在运营年度的上年年末投入，在项目结束时全部收回。
（5）为筹集所需资金，该项目拟通过发行债券和留存收益进行筹资：发行期限 5 年、面值 1000 元、票面利率 6% 的债券，每年年末付息一次，发行价格 960 元，发行费用率为发行价格的 2%；公司普通股 β 系数 1.5，无风险报酬率 3.4%，市场组合必要报酬率 7.4%。当前公司资本结构（负债 / 权益）为 2/3，目标资本结构（负债 / 权益）为 1/1。
（6）公司所得税税率 25%。
假设该项目的初始现金流量发生在 2016 年年末，营业现金毛流量均发生在投产后各年年末。

要求：

（1）计算债务税后资本成本、股权资本成本和项目加权平均资本成本。
（2）计算项目 2016 年及以后各年年末现金净流量及项目净现值，并判断该项目是否可行（计算过程和结果填入下方表格中）。

单位：万元

项目	2016 年年末	2017 年年末	2018 年年末	2019 年年末	2020 年年末
现金净流量					

项目	2016 年年末	2017 年年末	2018 年年末	2019 年年末	2020 年年末
折现系数					
现金净流量现值					
净现值					

（3）假设其他条件不变，利用最大最小法，计算生产线可接受的最高购置价格。（2016 年卷Ⅰ、卷Ⅱ）

历年经典主观题参考答案及解析

使用“会计云课堂”App 或“微信”扫码对答案、看解析、掌握解题思路，开启轻松过关之旅。

一、计算分析题

1.【答案】

单位：万元

项目	2021 年末	2022 年末	2023 年末	2024 年末
税后营业收入		6000×（1-25%）=4500	7000×（1-25%）=5250	7000×（1-25%）=5250
税后付现变动成本		-4500×25%=-1125	-5250×25%=-1312.50	-5250×25%=-1312.50
税后付现固定成本		-500×（1-25%）=-375	-375	-375
丧失租金	-200	-200	-200	
因丧失租金节约税金		50	50	50
设备购置安装成本	-5000			
设备折旧抵税		5000/5×25%=250	250	250
设备变现收入				2500
设备变现收益缴税				-[2500-（5000-5000/5×3）]×25%=-125

项目	2021 年末	2022 年末	2023 年末	2024 年末
特许使用权购入	-3000			
特许使用权摊销抵税		3000/3×25%=250	250	250
营运资本需要量		200+6000×20%=1400	200+7000×20%=1600	1600
营运资本垫支	-1400	-200		
营运资本收回				1600
现金净流量	-9600	3150	3912.50	8087.50
折现系数（12%）	1	0.8929	0.7972	0.7118
现值	-9600	2812.64	3119.05	5756.68
净现值	2088.37			

（2）净现值 $=-9600+\frac{3150}{1+14\%}+\frac{3912.50}{(1+14\%)^2}+\frac{8087.50}{(1+14\%)^3}=1632.53$（万元）

（3）项目净现值对资本成本的敏感系数 =［（1632.53-2088.37）/2088.37］/［（14%-12%）/12%］=-1.31。

2.【答案】

（1）A 项目的净现值 =60×（P/F，8%，1）+50×（P/F，8%，2）+50×（P/F，8%，3）+30×（P/F，8%，4）+30×（P/F，8%，5）-120=60×0.9259+50×0.8573+50×0.7938+30×0.735+30×0.6806-120=60.58（万元）

（2）A 项目的等额年金 =60.58/（P/A，8%，5）=60.58/3.9927=15.17（万元）

A 项目的永续净现值 =15.17/8%=189.63（万元）

B 项目的等额年金 =83/（P/A，10%，8）=83/5.3349=15.56（万元）

B 项目的永续净现值 =15.56/10%=155.6（万元）

C 项目的等额年金 =86/（P/A，12%，10）=86/5.6502=15.22（万元）

C 项目的永续净现值 =15.22/12%=126.83（万元）

（3）因为 A 项目的永续净现值最大，所以 A 项目最优，应选择 A 项目。

3.【答案】

（1）

单位：万元

	2020 年末	2021 年末	2022 年末	2023 年末	2024 年末	2025 年末
厂房成本	-5000					
生产设备购置成本	-2000					

	2020 年末	2021 年末	2022 年末	2023 年末	2024 年末	2025 年末
专利技术使用费	-1000					
税后收入		5000×（1-25%）=3750	6000×（1-25%）=4500	4500	4500	4500
税后付现变动成本		-3750×20%=-750	-4500×20%=-900	-900	-900	-900
税后付现固定成本		-1000×（1-25%）=-750	-750	-750	-750	-750
厂房折旧抵税		5000/20×25%=62.5	62.5	62.5	62.5	62.5
生产设备折旧抵税		2000/5×25%=100	100	100	100	100
专利技术使用费摊销抵税		1000/5×25%=50	50	50	50	50
厂房变现相关现金流量						4000+（5000-5000/20×5-4000）×25%=3937.5
垫支营运资本	-200					
营运资本收回						200
丧失中低端产品税后收入		-500×（1-25%）=-375	-375	-375	-375	-375
节约中低端产品税后付现变动成本		200×（1-25%）=150	150	150	150	150
现金净流量	-8200	2237.5	2837.5	2837.5	2837.5	6975
折现系数	1	0.8772	0.7695	0.6750	0.5921	0.5194
现值	-8200	1962.74	2183.46	1915.31	1680.08	3622.82
净现值	3164.41					

（2）动态投资回收期 =4+（8200−1962.74−2183.46−1915.31−1680.08）/3622.82=4.13（年）
（3）净现值大于 0，项目可行。
动态投资回收期 4.13 年大于设定的项目动态投资回收期 3 年，项目不可行。
【提示】2020 年卷Ⅱ考点与 2020 年卷Ⅰ考点一致，只是数据不同。

4.【答案】
（1）年折旧额 =300×（1−5%）/3=95（万元）
更新年限为 1 年：
2020 年末（1 年末）的账面价值 =300−95=205（万元）
2020 年末变现价值 =200 万元
2020 年末变现损失 =205−200=5（万元）
2020 年末回收现金流量 =200+5×25%=201.25（万元）
现金流出总现值 =300+[90×（1−25%）−95×25%−201.25]×（P/F，10%，1）=156.82（万元）
平均年成本 =156.82/（P/A，10%，1）=172.5（万元）
更新年限为 2 年：
2021 年末（2 年末）的账面价值 =300−95×2=110（万元）
2021 年末变现价值 =110 万元
现金流出总现值 =300+90×（1−25%）×（P/F，10%，1）+100×（1−25%）×（P/F，10%，2）−95×25%×（P/A，10%，2）−110×（P/F，10%，2）=291.22（万元）
平均年成本 =291.22/（P/A，10%，2）=167.8（万元）
更新年限为 3 年：
2022 年末（3 年末）的账面价值 =300−95×3=15（万元）
2022 年末变现价值 =40 万元
2022 年末变现收益 =40−15=25（万元）
2022 年末回收现金流量 =40−25×25%=33.75（万元）
现金流出总现值 =300+90×（1−25%）×（P/F，10%，1）+100×（1−25%）×（P/F，10%，2）+150×（1−25%）×（P/F，10%，3）−95×25%×（P/A，10%，3）−33.75×（P/F，10%，3）=423.45（万元）
平均年成本 =423.45/（P/A，10%，3）=170.27（万元）
（2）经济寿命是使固定资产的平均年成本最小的那一年限，即该设备的经济寿命为 2 年。

5.【答案】
（1）方案一：
0 时点现金流量 =−100×10×（1+10%）=−1100（万元）
折旧额 =1100/8=137.5（万元）
1~5 时点现金流量 =300×150×100/10000×（1−25%）−（2000+3500+500）×100/10000×（1−25%）−20.5×（1−25%）+137.5×25%=311.5（万元）
6~8 时点现金流量 =300×150×100/10000×（1−25%）−（3000+3500+500）×100/10000×（1−25%）−20.5×（1−25%）+137.5×25%=304（万元）
方案二：
0 时点现金流量 =−20×50×（1+10%）=−1100（万元）

折旧额 =1100/10=110（万元）

1~6 时点现金流量 =250×840×20/10000×（1−25%）−（5000+30000+5000）×20/10000×（1−25%）−10×（1−25%）+110×25%=275（万元）

7~10 时点现金流量 =250×840×20/10000×（1−25%）−（10000+30000+5000）×20/10000×（1−25%）−10×（1−25%）+110×25%=267.5（万元）

（2）方案一的净现值 =304×（P/A，12%，3）×（P/F，12%，5）+311.5×（P/A，12%，5）−1100=437.18（万元）

方案二的净现值 =267.5×（P/A，12%，4）×（P/F，12%，6）+275×（P/A，12%，6）−1100=442.24（万元）

（3）方案一的净现值的等额年金 =437.18/（P/A，12%，8）=88.01（万元）

方案二的净现值的等额年金 =442.24/（P/A，12%，10）=78.27（万元）

（4）方案一净现值的等额年金大于方案二，所以选择方案一。

6.【答案】

（1）

单位：万元

项目	2018 年末	2019 年末	2020 年末	2021 年末	2022 年末
设备购置成本	−10000				
专利技术使用费	−8000				
税后营业收入		1000×60×（1−25%）=45000	45000	45000	45000
税后变动制造成本		−1000×40×（1−25%）=−30000	−30000	−30000	−30000
税后付现固定制造费用		−2000×（1−25%）=−1500	−1500	−1500	−1500
税后付现销售和管理费用		−800×（1−25%）=−600	−600	−600	−600
折旧抵税		10000/5×25%=500	500	500	500
摊销抵税		8000/4×25%=500	500	500	500
丧失税后租金收入		−100×（1−25%）=−75	−75	−75	−75
营业现金毛流量		13825	13825	13825	13825
设备变现价值					1600
设备变现损失抵税					（2000−1600）×25%=100
垫支营运资本	−200				
营运资本收回					200

项目	2018 年末	2019 年末	2020 年末	2021 年末	2022 年末
现金净流量	-18200	13825	13825	13825	15725
折现系数	1	0.8929	0.7972	0.7118	0.6355
现值	-18200	12344.34	11021.29	9840.64	9993.24
净现值	24999.51				
现值指数	（12344.34+11021.29+9840.64+9993.24）/18200=2.37				

（2）净现值大于 0，现值指数大于 1，该项目可行。

（3）相同点：①都考虑了货币时间价值。

②都能反映项目投资报酬率高于或低于资本成本，但都没有揭示项目本身可以达到的报酬率是多少，都没有消除项目期限差异的影响。

不同点：①净现值是绝对数，反映投资的效益；现值指数是相对数，反映投资的效率。

②净现值没有消除项目规模差异的影响；现值指数消除了项目规模差异的影响。

③对于独立项目，净现值＞ 0，项目可行；现值指数＞ 1，项目可行。对于互斥项目，按净现值最大选择投资项目，与股东财富最大化目标一致；按现值指数最高选择投资项目，不一定与股东财富最大化目标一致。

【提示】2018 年卷Ⅱ考点与 2018 年卷Ⅰ考点一致，只是数据不同。

二、综合题

1.【答案】

（1）权益资本成本 =6.6%×（1-25%）+4.1%=9.05%

加权平均资本成本 =6.6%×（1-25%）×2500/（2500+2500）+9.05%×2500/（2500+2500）=7%

（2）

单位：万元

	2021 年年末	2022 年年末	2023 年年末	2024 年年末	2025 年年末
购置固定资产	-4000				
垫支营运资本	-1000				
折旧抵税		4000/4×25%=250	250	250	250
税后营业收入		4000×（1-25%）=3000	3000	3000	3000
税后付现变动成本		-1440×（1-25%）=-1080	-1080	-1080	-1080
税后付现固定成本		-600×（1-25%）=-450	-450	-450	-450

	2021 年年末	2022 年年末	2023 年年末	2024 年年末	2025 年年末
营运资本收回					1000
现金净流量	-5000	1720	1720	1720	2720
折现系数（7%）	1	0.9346	0.8734	0.8163	0.7629
现金净流量现值	-5000	1607.51	1502.25	1404.04	2075.09
项目净现值	1588.89				

新投资项目的净现值 1588.89 万元，大于 0，因此该项目可行。

（3）投资新生产线：

增加净利润 =（营业收入 - 付现成本 - 折旧 - 利息）×（1- 所得税税率）=（4000-1440-600-4000/4-2500×6.6%）×（1-25%）=596.25（万元）

权益净利率 =（原有净利润 + 增加的净利润）/（期初股东权益 + 增加外部股权资金 + 增加留存收益）=（6000+596.25）/（24000+2500+6000+596.25）×100%=19.93%

不投资新生产线：权益净利率 =6000/（24000+6000）×100%=20%

采用权益净利率指标判断，甲公司管理层不应该投资该项目，因为投资该项目会使权益净利率低于甲公司对管理层的要求。

（4）甲公司不应以权益净利率为关键绩效指标考核管理层的投资行为，因为会与净现值指标决策结果不一致，使管理层放弃净现值为正的项目，对企业的总价值造成损失。

（5）关键绩效指标法的主要优点：一是使企业业绩评价与企业战略目标密切相关，有利于企业战略目标的实现；二是通过识别价值创造模式把握关键价值驱动因素，能够更有效地实现企业价值增值目标；三是评价指标数量相对较少，易于理解和使用，实施成本相对较低，有利于推广实施。

关键绩效指标法的主要缺点：关键绩效指标的选取需要透彻理解企业价值创造模式和战略目标，有效识别企业核心业务流程和关键价值驱动因素，指标体系设计不当将导致错误的价值导向和管理缺失。

【提示】第（5）问涉及教材第 20 章的相关内容。

2.【答案】

（1）1000×6%×（P/A，i，5）+1000×（P/F，i，5）-960×（1-2%）=0

内插法求 i：

当 i=7% 时，1000×6%×（P/A，7%，5）+1000×（P/F，7%，5）-960×（1-2%）=18.21（元）

当 i=8% 时，1000×6%×（P/A，8%，5）+1000×（P/F，8%，5）-960×（1-2%）=-20.64（元）

（i-7%）/（8%-7%）=（0-18.21）/（-20.64-18.21）

解得：i=7.47%

债务税后资本成本 =7.47%×（1-25%）=5.60%

$\beta_{资产}$=1.5/［1+（1-25%）×2/3］=1

$\beta_{权益}$=1×［1+（1-25%）×1/1］=1.75

股权资本成本 =3.4%+1.75×（7.4%-3.4%）=10.40%

加权平均资本成本 =5.6% × 50%+10.4% × 50%=8%

（2）年折旧额 =4000 ×（1-5%）/4=950（万元）

项目终结期生产线的账面价值 =4000-950 × 3=1150（万元）

单位：万元

项目	2016 年年末	2017 年年末	2018 年年末	2019 年年末	2020 年年末
设备购置支出	-4000				
税后收入			12000 × 0.5 ×（1-25%）=4500	4725	4961.25
税后付现营业费用：					
税后变动制造成本			-12000 × 0.3 ×（1-25%）=-2700	-2835	-2976.75
税后付现销售和管理费用			-4500 × 10%=-450	-472.5	-496.13
税后付现固定成本			-200 ×（1-25%）=-150	-250 ×（1-25%）=-187.5	-300 ×（1-25%）=-225
折旧抵税			950 × 25%=237.5	237.5	237.5
变现价值					1800
变现利得纳税					-（1800-1150）× 25%=-162.5
营运资本需要量		12000 × 0.5 × 20%=1200	1200 ×（1+5%）=1260	1260 ×（1+5%）=1323	
营运资本垫支		-1200	-60	-63	
营运资本收回					1323
丧失税后租金收入	-60 ×（1-25%）=-45	-45	-45	-45	
现金净流量	-4045	-1245	1332.5	1359.5	4461.37
折现系数 8%	1	0.9259	0.8573	0.7938	0.7350
现金净流量现值	-4045	-1152.75	1142.35	1079.17	3279.11
净现值	302.88				

项目净现值大于零，因此项目可行。

（3）设购置成本变动率为 y

初始增加的投资的流量：-4000y

增加的折旧抵税 =950y×25%=237.5y

增加的清理损失抵税 =1150y×25%=287.5y

差量净现值 =- 基准净现值

-4000y+237.5y×（P/A，8%，3）×（P/F，8%，1）+287.5y×（P/F，8%，4）=-302.88

-4000y+237.5y×2.5771×0.9259+287.5y×0.7350=-302.88

解得：y=9.4%

能够接受的最高购置价格 =4000×（1+9.4%）=4376（万元）。

【提示】增加的清理损失抵税的理解：

增加购置成本不影响变现价值，变现价值增加 =0，因此增加的账面价值即为增加的清理损失。

同步强化练习题

使用“会计云课堂”App 或“微信”扫码快速做题、对答案、看解析、掌握解题思路，开启轻松过关之旅。

1035724

一、单项选择题

1. 如果把原始投资看成是按预定折现率借入的，那么在净现值法下，下列说法不正确的是（　　）。
   A. 当净现值为正数时，说明还本付息后该项目仍有剩余收益
   B. 当净现值为负数时，该项目收益不足以偿还本息
   C. 当净现值为零时，偿还本息后一无所获
   D. 当净现值为负数时，该项目收入小于成本

2. 采用现值指数法评价投资项目可行性时，折现率选择的依据不应该是（　　）。
   A. 市场利率
   B. 期望最低投资收益率
   C. 企业平均资本成本率
   D. 投资项目的内含报酬率

3. 已知某投资项目经济寿命期为 6 年，项目的原始投资额现值为 100 万元，净现值为 25 万元，资本成本率为 10%，则该项目的现值指数为（　　）。
   A. 0.75　　B. 1
   C. 1.25　　D. 1.75

4. 某投资方案，当折现率为 16% 时，其净现值为 338 元，当折现率为 18% 时，其净现值为 -22 元。该方案的内含报酬率为（　　）。
   A. 15.88%　　B. 16.12%
   C. 17.88%　　D. 18.14%

5. 已知某投资项目的计算期是 8 年，资金于建设起点一次投入，当年完工并投产，若投产后每年的现金净流量相等，经预计该项目的静态回收期是 2.5 年，则按内含报酬率确定的年金现值系数是（　　）。

A. 3.2　　B. 5.5
C. 2.5　　D. 4

6. 某投资项目需要支付600万元购置设备，并需要200万元的营运资本投资，按照税法规定，该设备按直线法分3年计提折旧，残值率为0，项目运营期为4年，预计每年分别获得净利润为300万元、350万元、400万元和450万元。若将原始投资额作为资本占用，该项目的会计报酬率为（　　）。
A. 62.5%　　B. 46.88%
C. 59.38%　　D. 12.5%

7. 某投资项目只有第一年年初产生现金净流出，随后各年均产生现金净流入，且其动态回收期短于项目的寿命期，则该投资项目的净现值（　　）。
A. 大于0
B. 无法判断
C. 等于0
D. 小于0

8. 某企业正在讨论更新现有的生产线，有两个备选方案：甲方案的净现值为400万元，内含报酬率为10%；乙方案的净现值为300万元，内含报酬率为15%，若两方案的有效年限相同，据此可以认定（　　）。
A. 甲方案较好
B. 乙方案较好
C. 两方案一样好
D. 需要利用等额年金法才能作出判断

9. 某企业拟进行一项固定资产投资项目决策，资本成本为12%，有四个方案可供选择。其中甲方案的项目计算期为5年，净现值为1000万元；乙方案的现值指数为0.85；丙方案的项目计算期为11年，净现值的等额年金为150万元；丁方案的内含报酬率为10%。最优的投资方案是（　　）。
A. 甲方案　　B. 乙方案
C. 丙方案　　D. 丁方案

10. 某公司拟新建一车间用以生产受市场欢迎的甲产品，据预测甲产品投产后每年可创造100万元的收入；但公司原生产的A产品会因此受到影响，使其年收入由原来的200万元降低到180万元。假设不考虑所得税，则与新建车间相关的现金流量为（　　）万元。
A. 100　　B. 80
C. 20　　D. 120

11. 考虑所得税的影响时，项目按税法规定允许采用加速折旧法计提折旧时，计算出来的方案净现值比采用直线法计提折旧所计算出的净现值（　　）。
A. 大　　B. 小
C. 一样　　D. 难以确定

12. 一台旧设备账面价值为30000元，变现价值为32000元。企业打算继续使用该设备，但由于物价上涨，估计需增加经营性流动资产5000元，增加经营性流动负债2000元。假定所得税税率为25%，则继续使用该设备的初始现金流出量为（　　）元。
A. 32200　　B. 33800
C. 34500　　D. 35800

13. 某企业营业收入为1000万元，付现成本为600万元，非付现成本为100万元，企业所得税税率为25%，则营业现金毛流量为（　　）万元。
A. 325　　B. 300
C. 1225　　D. 1175

14. 下列表述中正确的是（　　）。
A. 随着时间的推移，固定资产的平均年持有成本和平均年运行成本逐渐增大
B. 折旧之所以对投资决策产生影响，是因为折旧是现金的一种来源

C. 敏感程度法下所确定的某参量的敏感系数为正说明此参量为敏感因素

D. 项目经营风险与企业当前资产平均经营风险相同，只是使用企业当前资本成本作为项目折现率的必要条件之一，而非全部条件

二、多项选择题

1. 下列属于净现值指标缺点的有（　　）。

A. 不能直接反映投资项目的实际收益率水平

B. 当各项目投资额不等时，仅用净现值无法确定独立投资方案的优劣

C. 当各互斥项目寿命期不相同时，净现值不具有可比性

D. 没有考虑投资的风险性

2. 动态投资回收期法是长期投资项目评价的一种辅助方法，该方法的缺点有（　　）。

A. 忽视了折旧对现金流的影响

B. 没有考虑回收期以后的现金流

C. 促使放弃有战略意义的长期投资项目

D. 忽视了资金的时间价值

3. 下列关于评价投资项目的会计报酬率法的说法中，正确的有（　　）。

A. 计算会计报酬率时，使用的是年平均净利润

B. 它不考虑折旧对现金流量的影响

C. 它不考虑净利润的时间分布对项目价值的影响

D. 它不能测度项目的风险性

4. 某投资项目在建设起点一次性投入资金，经营期限为10年，未来每年都有正的现金净流量，项目资本成本为12%，在采用内含报酬率对该项目进行财务可行性评价时，下列说法正确的有（　　）。

A. 如果内含报酬率大于12%，则项目净现值大于0

B. 如果内含报酬率大于12%，则项目现值指数大于1

C. 如果内含报酬率小于12%，则项目现值指数小于0

D. 如果内含报酬率大于12%，则项目动态回收期小于10年

5. 下列有关表述中正确的有（　　）。

A. 利用内含报酬率法评价投资项目时，计算出的内含报酬率是方案本身的投资报酬率，因此不需要再估计投资项目的资本成本或最低报酬率

B. 只有当投资项目的报酬率超过资本成本时，企业的价值才会增加

C. 投资人要求的必要报酬率越低，投资方案的内含报酬率越高

D. 在进行多方案选择时，现值指数法和内含报酬率法的评价结论可能会不同

6. 在单一方案决策过程中，与净现值评价结论可能发生矛盾的评价指标有（　　）。

A. 现值指数　　B. 会计报酬率

C. 回收期　　D. 内含报酬率

7. 如果其他因素不变，一旦折现率提高，则下列指标中其数值将会变小的有（　　）。

A. 动态回收期　　B. 净现值

C. 内含报酬率　　D. 现值指数

8. 下列关于投资项目评价方法的表述中，正确的有（　　）。

A. 现值指数法克服了净现值法不能直接比较投资额不同的项目的局限性，它在数值上等于投资项目的净现值除以原始投资额

B. 动态回收期法克服了静态回收期法不考虑货币时间价值的缺点，但是仍然不能衡量项目的盈利性

C. 内含报酬率是项目本身的投资报酬率，不随投资项目预期现金流的变化而变化

D. 内含报酬率法不能直接评价两个投资规模不同的互斥项目的优劣

9. 若有两个投资方案，原始投资额不同，彼此相互排斥，各方案项目寿命期不同，下列方法中可以进行选优的有（　　）。

A. 内含报酬率法

B. 净现值法

C. 等额年金法

D. 共同年限法

10. 某公司正在开会讨论是否投产一种新产品，对以下收支发生争论。你认为不应列入该项目评价的相关现金流量有（　　）。

A. 新产品投产需要占用营运资本 80 万元，它们可在公司现有周转资金中解决，不需要另外筹集

B. 该项目利用现有未充分利用的厂房和设备，如将该设备出租可获收益 200 万元，但公司规定不得将生产设备出租，以防止对本公司产品形成竞争

C. 新产品销售会使本公司同类产品减少收益 100 万元，如果本公司不推出此新产品，竞争对手也会推出此新产品

D. 动用为其他产品储存的原料约 200 万元

11. 在考虑所得税影响的情况下，下列用于计算营业现金毛流量的算式中，正确的有（　　）。

A. 税后经营净利润 + 非付现成本

B. 营业收入 − 付现成本 − 所得税

C.（营业收入 − 付现成本）×（1− 所得税税率）

D. 营业收入 ×（1− 所得税税率）+ 非付现成本 × 所得税税率

12. 下列图示中有关固定资产成本表述中不正确的有（　　）。

A. 下图中的成本 1 是平均年运行成本的变化曲线

B. 下图中的成本 2 是平均年运行成本的变化曲线

C. 下图中的成本 3 是平均年持有成本的变化曲线

D. 固定资产经济寿命是使得平均年运行成本最低的那一个年限

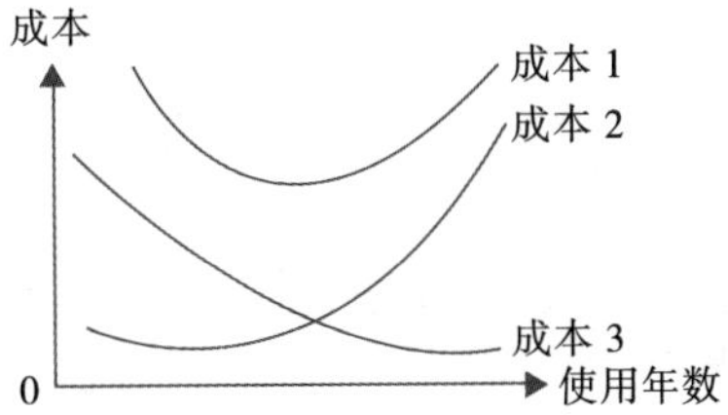

13. 如果某投资项目的经营风险与企业当前资产的平均经营风险相同，则（　　）。

A. 可以使用企业当前的资本成本作为该项目的折现率

B. 若资本市场是完善的，则可以使用企业当前的资本成本作为该项目的折现率

C. 若公司继续采用相同的资本结构为新项目筹资，则可以使用企业当前的资本成本作为该项目的折现率

D. 可以使用无风险报酬率作为该项目的折现率

14. 下列关于评价投资项目资本预算风险方法的说法中，正确的有（　　）。

A. 使用最大最小法时，根据净现值为零时计算的选定变量的临界值评价项目的风险

B. 使用敏感程度法时，只允许一个变量发生变动，而假设其他变量保持不变，使用最大最小法时可以允许多个因素同时变动

C. 使用敏感程度法时，若某参数的小幅度变化能导致经济效果指标的较大变化，则称此参数为敏感因素

D. 使用敏感程度法时，若某参数的敏感系数绝对值小于 1，说明此参数为非敏感因素

三、计算分析题

1. 某企业拟进行一项固定资产投资，该项目的现金流量表（部分）如下。

现金流量表（部分）

单位：万元

项目	建设期（年）		经营期（年）					合计
	0	1	2	3	4	5	6	
现金净流量	-1000	-1000	100	1000	（B）	1000	1000	2900
累计现金净流量	-1000	-2000	-1900	（A）	900	1900	2900	—
现金净流量现值	-1000	-943.4	89	839.6	1425.8	747.3	705	1863.3
累计现金净流量现值	-1000	-1943.4	-1854.4	-1014.8	（C）	1158.3	1863.3	—

要求：

（1）计算上表中用英文字母表示的项目数值。

（2）计算或确定下列指标：①静态投资回收期；②净现值；③动态投资回收期；④现值指数。

（3）项目资本成本率为 6%，投资人期望的基准回收期小于 3 年，评价该项目的财务可行性。

2. 乙公司现有生产线已满负荷运转，鉴于其产品在市场上供不应求，公司准备购置一条生产线，公司及生产线的相关资料如下：

资料一：乙公司生产线的购置有两个方案可供选择：A 方案生产线的购买成本为 7200 万元，预计使用 6 年，采用直线法计提折旧，预计净残值率为 10%（假设与税法规定一致），生产线投产时需要投入营运资金 1200 万元，以满足日常经营活动需要，生产线运营期满时垫支的营运资金全部收回，生产线投入使用后，预计每年新增销售收入 11880 万元，每年新增付现成本 8800 万元，假定生产线购入后可立即投入使用。

B 方案生产线的购买成本为 7200 万元，预计使用 8 年，已经确定出当设定资本成本率为 10% 时净现值为 3228.94 万元。

资料二：乙公司适用的企业所得税税率为 25%，不考虑其他相关税金，无风险收益率为 4%，A 方案的风险收益率为 8%，B 方案的风险收益率为 6%。

要求：

（1）计算 A 方案的各年的现金净流量；

（2）计算 A 方案的净现值；

（3）计算 A、B 方案的净现值的等额年金；

（4）计算 A、B 方案的永续净现值；

（5）假设 A、B 方案可以重置，判断乙公司应选择哪个方案，并说明理由。

3. 蓝光公司现有五个投资项目，公司能够提供的资金总额为 250 万元，有关资料如下：

A 项目初始的一次投资额 100 万元，净现值 50 万元。

B 项目初始的一次投资额 200 万元，净现值 110 万元。

C 项目初始的一次投资额 50 万元，净现值 20 万元。

D 项目初始的一次投资额 150 万元，净现值 80 万元。

E 项目初始的一次投资额 100 万元，净现值 70 万元。

要求：

（1）计算各方案的现值指数。

（2）选择公司最有利的投资组合。

4. 企业投资10000元购买一台设备，假设每年的使用成本是固定不变的，企业的资本成本率为12%，公司正在考虑4~7年后予以更换新的设备，预计4~7年后更换时设备的相关资料如下表所示。

单位：元

使用年限(年)	4	5	6	7
年末转让设备收回价款	4300	3800	2500	1000
年末支付的设备处置费用	500	1000	1500	2000

要求：

（1）如果不考虑所得税，计算该设备的经济寿命。

（2）若税法规定的折旧年限为6年，税法规定的残值率为10%，如果考虑所得税，企业适用的所得税税率为25%，计算该设备的经济寿命。

5. 甲公司是一家钢铁生产企业，其股票的β系数为1.3120，最近公司准备投资建设一个汽车制造厂，公司财务人员对行业内有代表性的三家已经上市的汽车制造公司A、B、C进行了分析，相关财务数据如下：

项目	A公司	B公司	C公司
股东权益的β系数	1.10	1.20	1.40
资本结构：			
债务资本	40%	50%	60%
权益资本	60%	50%	40%
公司实际所得税税率	15%	25%	30%

甲公司税前债务资本成本为10%，预计继续增加借款不会导致税前债务资本成本发生明显变化，公司所得税税率为25%。公司目标资本结构是权益资本60%，债务资本40%。该公司投资项目评价采用实体现金流量法。当前无风险收益率为5%，股票的平均收益率为10%。

要求：

（1）使用可比公司法计算汽车制造行业代表企业的平均$\beta_{资产}$（计算β时，取小数点后4位，下同）；

（2）计算甲公司新投资项目的权益资本成本；

（3）计算评价该汽车制造厂建设项目的必要报酬率。

四、综合题

1. 甲酒店想加盟另一个叫KJ酒店的项目，期限8年，相关事项如下：

（1）项目初始支付加盟保证金10万元，初始加盟保证金一次性收取，合同结束时归还本金（无利息）；

（2）项目初始支付加盟费，按照酒店房间数120间计算，每个房间3000元，初始加盟费一次性收取；

（3）每年特许经营费按酒店收入的6.5%上缴，加盟后每年年末支付；

（4）甲酒店租用的房屋4200平方米，租金每平方米一天1元，全年按365天计算（下同），每年年末支付，假设按税法规定该类房屋折旧年限还剩8年，残值为0；

（5）甲酒店需要在项目初始投入600万元的装修费用，按税法规定可按8年平均摊销；

（6）甲酒店每间房屋定价每天175元，全年平均入住率85%，每间房间的客房用品、洗涤费用、能源费用等支出为每天29元，另外酒店还需要支付每年30万元的固定付现营业费用；

（7）酒店的人工成本每年105万元，每年年末支付；

（8）酒店的税金及附加为营业收入的5.5%；

（9）酒店运营需要投入50万元的营运资本，项目期末收回；

（10）KJ酒店的 $\beta_{权益}$ 为1.75，产权比率为1，甲酒店因为之前从未做过类似项目，拟采用KJ酒店作为可比企业。投资该项目后甲酒店产权比率2/3，无风险报酬率5%，风险溢价率7%，甲酒店债务税前资本成本为9%，甲酒店与KJ酒店的企业所得税税率均为25%。

要求：

（1）填表计算加盟酒店项目的税后经营净利润及会计报酬率（以原始投资额当作资本占用）。

项目	单位金额（元/间/天）	年销量（间）	金额（元）
营业收入			
变动成本			
其中：			
固定成本	—	—	
其中：			
	—	—	
	—	—	
	—	—	
	—	—	
	—	—	
税前经营利润	—	—	
所得税	—	—	
税后经营净利润	—	—	

（2）计算加盟酒店项目的折现率。

（3）计算该加盟酒店项目各年的现金净流量和净现值，并判断该项目是否值得投资。

单位：元

项目	零时点	第1~7年	第8年

项目	零时点	第 1~7 年	第 8 年
现金净流量			
折现系数			
现金净流量的现值			
净现值			

（4）请使用最大最小法进行投资项目的敏感分析，计算该加盟酒店项目净现值为 0 时的酒店入住率。

2. B 公司目前生产一种产品，该产品的适销期预计还有 6 年，公司计划 6 年后停产该产品。生产该产品的设备已经使用 5 年，比较陈旧，运行成本（人工费、维修费和能源消耗等）和残次品率较高。目前市场上出现了一种新设备，其生产能力、生产产品的质量与现有设备相同。新设备虽然购置成本较高，但运行成本较低，并且可以减少存货占用资金、降低残次品率。除此以外的其他方面，新设备与旧设备没有显著差别。

B 公司正在研究是否应将现有旧设备更换为新设备，有关的资料如下：

单位：元

继续使用旧设备		更换新设备	
当初购买和安装成本	200000	新设备购买和安装成本	300000
旧设备当前市值	50000	税法规定折旧年限（年）	10
税法规定折旧年限（年）	10	税法规定折旧方法	直线法
税法规定折旧方法	直线法	税法规定残值率	10%
税法规定残值率	10%	运行效率提高减少半成品存货占用资金	15000
已经使用年限（年）	5	计划使用年限（年）	6
预计尚可使用年限（年）	6	预计 6 年后残值变现净收入	150000
预计 6 年后残值变现净收入	0	年运行成本（付现营业费用）	85000
年运行成本（付现营业费用）	110000	年残次品成本（付现营业费用）	5000
年残次品成本（付现营业费用）	8000		

B公司更新设备投资的资本成本为10%，所得税税率为25%；固定资产的会计折旧政策与税法有关规定相同。

要求：

（1）计算B公司更换新设备方案相比继续使用旧设备增加的现金流量（结果填入下方表格中，不用列出计算过程）。

单位：元

项目	0时点	第1年	第2年	第3年	第4年	第5年	第6年
差量现金净流量							

（2）计算B公司更换新设备相比继续使用旧设备的差量净现值，并判断是否实施更换新设备的方案。

同步强化练习题参考答案及解析

使用“会计云课堂”App或“微信”扫码对答案、看解析、掌握解题思路，开启轻松过关之旅。

一、单项选择题

1.【答案】D

【解析】当净现值为负数时，该项目收益不足以偿还本息，并不是收入小于成本。

2.【答案】D

【解析】内含报酬率是方案本身的收益率，是使净现值等于零时的折现率或现值指数等于1的折现率，不能作为计算净现值或现值指数的折现率。

3.【答案】C

【解析】现值指数=1+净现值/原始投资额现值=1+25/100=1.25。

4.【答案】C

【解析】本题的考点是利用内插法求内含报酬率，内含报酬率是使净现值为0时的折现率。内含报酬率=16%+（18%-16%）×［338/（338+22）］=17.88%。

5.【答案】C

【解析】未来每年现金净流量相等且建设期为0时，静态回收期=原始投资额/NCF=2.5（年）。NCF×（P/A，IRR，8）-原始投资额=0，（P/A，IRR，8）=原始投资额/NCF=2.5。

6.【答案】B

【解析】年平均净利润=（300+350+400+450）/4=375（万元）

会计报酬率=375/（600+200）=46.88%。

7.【答案】A

【解析】动态回收期是未来现金净流量的现值等于原始投资额现值时所经历的时间。本题中动态回收期短于项目的寿命期，所以项目未来现金净流量现值大于项目原始投资额现值。净现值=未来现金净流量现值-原始投资额现值，故净现值＞0。

【提示】“动态回收期短于项目的寿命期”，说明原始投资额现值被弥补完之后，项目仍在继续经营，未来仍有现金流入企业，所以项目未来现金净流量现值大于项目原始投资额现值。

8.【答案】A

【解析】对于互斥投资项目，当寿命期相同时可以直接根据净现值法作出评价。甲方案净现值大于乙方案，故甲方案较好。

9.【答案】A

【解析】由于乙方案的现值指数小于1，丁方案的内含报酬率10%小于资本成本12%，因此乙方案和丁方案均不可行；甲方案和丙方案的项目计算期不等，应选择永续净现值最大的方案为最优方案。由于资本成本一致，可直接比较方案的净现值的等额年金的大小，甲方案净现值的等额年金=1000/（P/A，12%，5）=1000/3.6048=277.41（万元），高于丙方案净现值的等额年金150万元，因此甲方案最优。

10.【答案】B

【解析】与新建车间相关的现金流量 =100-（200-180）=80（万元）。在进行投资分析时，不仅应将新车间的营业收入作为增量收入来处理，而且应扣除其他项目因此而减少的营业收入。

11.【答案】A

【解析】因为方案净现值的计算是以现金流量为依据的，而现金流量的确定是以收付实现制为基础的，不考虑非付现成本，无论采用加速折旧法计提折旧还是采用直线法计提折旧，不考虑所得税的影响时，同一方案的营业现金流量是相等的；若考虑所得税的影响，折旧抵税作为现金流入来考虑，而采用加速折旧法计提折旧前几年多后几年少，因此项目采用加速折旧法计提折旧计算出来的方案净现值比采用直线法计提折旧计算出的净现值大。

12.【答案】C

【解析】旧设备变现收益 =32000-30000=2000（元）

丧失的旧设备变现初始现金流量 = 旧设备变现价值 - 变现收益纳税 =32000-2000×25%=31500（元）

垫支营运资本 = 经营性流动资产增加 - 经营性流动负债增加 =5000-2000=3000（元）

继续使用该设备的初始现金流出量 =31500+3000=34500（元）。

13.【答案】A

【解析】营业现金毛流量 =（1000-600）×（1-25%）+100×25%=325（万元）。

14.【答案】D

【解析】随着时间的推移，固定资产的平均年持有成本和平均年运行成本呈反方向变化，选项 A 表述错误；折旧之所以对投资决策产生影响，是因为所得税的存在引起的，选项 B 表述错误；敏感系数为正表明该参量与目标值同向变动，只有敏感系数绝对值大于 1 才是敏感因素，因此选项 C 表述错误；项目经营风险与企业当前资产平均经营风险相同，而且资本结构也要相同，才可以用企业当前资本成本作为新项目的折现率，因此选项 D 表述正确。

二、多项选择题

1.【答案】ABC

【解析】净现值指标考虑了投资的风险性，因为折现率的大小与风险大小有关，风险越大，折现率就越高，净现值就越小，所以选项 D 不正确。

2.【答案】BC

【解析】投资回收期是以现金流量为基础的指标，营业现金毛流量 = 税后收入 - 税后付现营业费用 + 折旧抵税，如果不考虑所得税，营业现金毛流量 = 营业收入 - 付现营业费用，是不考虑折旧对现金流的影响的，而在考虑所得税的情况下，是考虑了折旧对现金流的影响的，选项 A 错误；动态投资回收期考虑了资金的时间价值，选项 D 错误。

3.【答案】ABCD

【解析】选项 D 正确的原因在于，它以利润为基础计算，而利润这个指标没有考虑风险的大小。

4.【答案】ABD

【解析】内含报酬率是使项目净现值等于零的折现率。内含报酬率大于项目折现率（资本成本）时，项目净现值大于 0，即未来现金净流量现值大于原始投资额现值，现值指数 = 未来现金净流量现值 / 原始投资额现值，故现值指数大于 1，选项 A、B 正确。内含报酬率小于项目折现率时，项目净现值小于 0，现值指数小于 1，选项 C 错误。在未来每年现金净流量为正的情况下，内含报酬率大于项目折现率时，项目动态回收期小于项目寿命期，选项 D 正确。

5.【答案】BD

【解析】利用内含报酬率法评价投资项目时需要和资本成本对比，以便说明方案的优劣，选项 A 错误；选项 B 是内含报酬率的决策原则，表述正确；内含报酬率指标的大小不会受折现率高低的影响，选项 C 错误；由于现值指数受折现率高低的影响，甚至会影响方案的优先次序，而内含报酬率的大小不受折现率高低的影响，因此二者评价结论不一定相同，选项 D 正确。

6.【答案】BC

【解析】利用净现值、现值指数或内含报酬率对同一个项目进行可行性评价时，会得出完全相同的结论。而回收期或会计报酬率的评价结论与净现值的评价结论有可能会发生矛盾。

7.【答案】BD

【解析】动态回收期，一旦折现率提高其未来现金净流量现值会变小，其回收期会变长；内含报酬率指标是方案本身的报酬率，其指标大小不受折现率高低的影响。

8.【答案】BD

【解析】现值指数是未来现金净流量现值与原始投资额现值的比值，选项 A 错误；无论动态回收期还是静态回收期都没有考虑回收期满以后的现金流量，因此不能衡量盈利性，选项 B 正确；内含报酬率是未来现金净流量现值等于原始投资额现值的折现率，本身就是折现率，因此内含报酬率的高低不随预期折现率的变化而变化，但会随投资项目预期现金流、期限的变化而变化，选项 C 错误；对于互斥项目应当以净现值法优先，因为净现值大可以给股东带来的财富就大，股东需要的是实实在在的报酬而不是报酬的比率，选项 D 正确。

9.【答案】CD

【解析】由于项目寿命期不同，因此不能用净现值法进行选优。内含报酬率法不适用于对互斥项目进行评价。

10.【答案】BC

【解析】无论方案采纳与否，选项 B、C 所述现金流量均存在，所以选项 B、C 均为非相关现金流量。

11.【答案】AB

【解析】营业现金毛流量 = 营业收入 – 付现成本 – 所得税 = 税后经营净利润 + 非付现成本 = 营业收入 ×（1– 所得税税率）– 付现成本 ×（1– 所得税税率）+ 非付现成本 × 所得税税率。选项 A、B 正确。

12.【答案】AD

【解析】成本 1 是平均年成本线，成本 2 是平均年运行成本线，成本 3 是平均年持有成本线，固定资产经济寿命是使固定资产的平均年成本最小的那一使用年限。

13.【答案】BC

【解析】因为在资本市场完善时，负债比重增加对于加权平均资本成本降低的影响与权益资本成本上升导致加权平均资本成本提高的影响互相抵消，加权平均资本成本不变。也就是说，资本市场完善时，资本结构不影响加权平均资本成本，因此选项 B 正确。使用企业当前的资本成本作为项目的折现率，应同时具备两个条件：一是项目的经营风险与企业当前资产的平均经营风险相同；二是公司继续采用相同的资本结构为新项目筹资，选项 C 正确。

14.【答案】ACD

【解析】敏感分析主要包括最大最小法和敏感程度法两种分析方法，在进行敏感分析时，只允许一个变量发生变动，而假设其他变量保持不变，最大最小法也要遵守这个原则，选项B错误。

三、计算分析题

1.【答案】

（1）计算表中用英文字母表示的项目数值：

A=-1900+1000=-900（万元）

B=900-（-900）=1800（万元）

C=-1014.8+1425.8=411（万元）

（2）①静态投资回收期=3+900/1800=3.5（年）

②净现值为1863.3万元

③动态投资回收期=3+1014.8/1425.8=3.71（年）

④现值指数 $=\dfrac{1863.3+1943.4}{1943.4}=1.96$

（3）根据回收期判断该方案不可行。但是根据基本指标，项目的净现值1863.3万元＞0，现值指数1.96＞1，而且净现值的金额较大，因此该项目具备财务可行性。

2.【答案】

（1）0时点现金净流量 NCF_0=-（7200+1200）=-8400（万元）

年折旧额=7200×（1-10%）/6=1080（万元）

第1~5年每年的营业现金毛流量=(11880-8800）×（1-25%）+1080×25%=2580（万元）

第6年的现金净流量=2580+1200+7200×10%=4500（万元）

（2）A方案的资本成本=4%+8%=12%，

净现值=-8400+2580×（P/A，12%，5）+4500×（P/F，12%，6）=-8400+2580×3.6048+4500×0.5066=3180.08（万元）

（3）A方案净现值的等额年金=3180.08/（P/A，12%，6）=3180.08/4.1114=773.48（万元）

B方案的资本成本=4%+6%=10%

B方案净现值的等额年金=3228.94/(P/A，10%，8）=3228.94/5.3349=605.25（万元）

（4）A方案的永续净现值=773.48/12%=6445.67（万元）

B方案的永续净现值=605.25/10%=6052.5（万元）

（5）由于A方案的永续净现值大于B方案的永续净现值，因此乙公司应选择A方案。

3.【答案】

（1）A项目的现值指数=（50+100）/100=1.5

B项目的现值指数=（110+200）/200=1.55

C项目的现值指数=（20+50）/50=1.4

D项目的现值指数=（80+150）/150=1.53

E项目的现值指数=（70+100）/100=1.7

（2）

项目	初始投资额（万元）	净现值（万元）	现值指数
E	100	70	1.7
B	200	110	1.55
D	150	80	1.53
A	100	50	1.5
C	50	20	1.4

因为公司能够提供的资金总额为250万元，所以公司最有利的投资组合为E+D。

4.【答案】

（1）使用4年：

0时点现金流量=-10000元

1~3时点现金流量=0

4时点现金流量=4300-500=3800（元）

平均年成本 =［10000-3800×（P/F,12%,4）］/（P/A，12%，4）=2497.32（元）

使用 5 年：

0 时点现金流量 =-10000 元

1~4 时点现金流量 =0

5 时点现金流量 =3800-1000=2800（元）

平均年成本 =［10000-2800×（P/F,12%,5）］/（P/A,12%,5）=2333.36（元）

使用 6 年：

0 时点现金流量 =-10000 元

1~5 时点现金流量 =0

6 时点现金流量 =2500-1500=1000（元）

平均年成本 =［10000-1000×（P/F,12%,6）］/（P/A,12%,6）=2309.04（元）

使用 7 年：

0 时点现金流量 =-10000 元

1~6 时点现金流量 =0

7 时点现金流量 =1000-2000=-1000（元）

平均年成本 =［10000+1000×（P/F,12%,7）］/（P/A,12%,7）=2290.26（元）

因为第 7 年的平均年成本最低，所以该设备的经济寿命为 7 年。

（2）年折旧 =10000×（1-10%）/6=1500（元）

使用 4 年：

0 时点现金流量 =-10000 元

1~4 时点营业现金毛流量 =1500×25%=375（元）

4 年末账面价值=10000-4×1500=4000（元）

4 时点回收现金流量 =3800+（4000-3800）×25%=3850（元）

平均年成本 =［10000-375×（P/A,12%,4）-3850×（P/F，12%，4）］/（P/A，12%，4）=2111.86（元）

使用 5 年：

0 时点现金流量 =-10000 元

1~5 时点营业现金毛流量 =1500×25%=375（元）

5 年末账面价值 =10000-5×1500=2500（元）

5 时点回收现金流量 =2800-（2800-2500）×25%=2725（元）

平均年成本 =［10000-375×（P/A，12%，5）-2725×（P/F，12%，5）］/（P/A，12%，5）=1970.16（元）

使用 6 年：

0 时点现金流量 =-10000 元

1~6 时点营业现金毛流量 =1500×25%=375（元）

6 年末账面价值 =10000-6×1500=1000（元）

6 时点回收现金流量 =1000 元

平均年成本 =[10000-375×（P/A,12%,6）-1000×（P/F，12%，6）］/（P/A，12%，6）=1934.04（元）

使用 7 年：

0 时点现金流量 =-10000 元

1~6 时点营业现金毛流量 =1500×25%=375（元）

7 年末账面价值 =10000-6×1500=1000（元）

7 年末变现价值 =-1000 元

7 年末清理损失 = 账面价值 - 变现价值 =1000-（-1000）=2000（元）

7 时点回收现金流量 =-1000+2000×25%=-500（元）

平均年成本 =［10000-375×（P/A，12%，6）+500×（P/F，12%，7）］/（P/A，12%，7）=1902.88（元）

因为第 7 年的平均年成本最低，所以该设备的经济寿命为 7 年。

【提示】税法规定折旧年限是 6 年，故第 7 年没有折旧抵税。

5.【答案】

（1）A 公司 $\beta_{资产}$=1.10/［1+（1-15%）×4/6］=0.7021

B 公司 $\beta_{资产}$=1.20/［1+（1-25%）×5/5］=0.6857

C 公司 $\beta_{资产}$=1.40/［1+（1-30%）×6/4］=0.6829

平均的 $\beta_{资产}$=（0.7021+0.6857+0.6829）/3=0.6902

（2）甲公司的 $\beta_{权益}$=0.6902×［1+（1-25%）×40%/60%］=1.0353

权益资本成本=5%+1.0353×（10%-5%）=10.18%

（3）必要报酬率（即加权平均资本成本）=10%×（1-25%）×40%+10.18%×60%=9.11%。

四、综合题

1.【答案】

（1）

项目	单位金额(元/间/天)	年销量(间)	金额(元)
营业收入	175	120×365×85%=37230	175×37230=6515250
变动成本	11.375+29+9.625=50	37230	50×37230=1861500
其中：			
特许经营费	175×6.5%=11.375		
客房费用	29		
税金及附加	175×5.5%=9.625		
固定成本	—	—	45000+1533000+750000+300000+1050000=3678000
其中：			
初始加盟费摊销	—	—	3000×120/8=45000
租赁房屋折旧	—	—	4200×1×365=1533000
装修费摊销	—	—	6000000/8=750000
酒店固定付现营业费用	—	—	300000
酒店人工成本	—	—	1050000
税前经营利润	—	—	6515250-1861500-3678000=975750
所得税	—	—	975750×25%=243937.5
税后经营净利润	—	—	731812.5

原始投资额=加盟保证金+初始加盟费+装修费+融资租赁取得的固定资产投资+营运资本=100000+3000×120+6000000+1533000×8+500000=19224000（元）

会计报酬率=731812.50/19224000=3.81%

（2）$\beta_{资产}$=1.75/［1+（1-25%）×1］=1

该项目的 $\beta_{权益}$=1×［1+（1-25%）×2/3］=1.5

权益成本=无风险报酬率+$\beta_{权益}$×风险溢价=5%+1.5×7%=15.5%

项目折现率=加权平均资本成本=9%×（1-25%）×40%+15.5%×60%=12%

（3）

单位：元

项目	零时点	第 1~7 年	第 8 年
初始加盟费	−120 × 3000=−360000		
装修费用	−6000000		
初始加盟保证金	−100000		100000
营运资本	−500000		500000
每年租金支付		−1533000	−1533000
税后经营净利润		731812.5	731812.5
初始加盟费摊销		45000	45000
装修费摊销		750000	750000
租赁房屋折旧		1533000	1533000
营业现金毛流量		3059812.5	3059812.5
现金净流量	−6960000	1526812.5	2126812.5
折现系数	1	4.5638	0.4039
现金净流量的现值	−6960000	6968066.89	859019.57
净现值	867086.46		

因为项目的净现值大于零，所以项目值得投资。

（4）设减少的平均入住率为 y，年销售客房减少数量 =120 × 365 × y=43800y

税后经营净利润减少 =（175−50）× 43800y ×（1−25%）=4106250y

第 1~8 年每年现金净流量减少 =4106250y

净现值减少 =4106250y ×（P/A，12%，8）= 867086.46

所以 y=4.25%

最低平均入住率 =85%−4.25%=80.75%。

【提示】因为初始加盟费金额比较大，如果是一次性作为损益，会严重影响利润，所以一般是按照资本化处理的，分期进行摊销。

2.【答案】

（1）

单位：元

项目	0 时点	第 1 年	第 2 年	第 3 年	第 4 年	第 5 年	第 6 年
更换新设备的相关现金流量：							
购置成本	−300000						

项目	0时点	第1年	第2年	第3年	第4年	第5年	第6年
少垫支营运资本	15000						
税后付现营业费用		-（85000+5000）×（1-25%）=-67500	-67500	-67500	-67500	-67500	-67500
折旧抵税		27000×25%=6750	6750	6750	6750	6750	6750
少回收营运资本							-15000
回收残值							150000
残值变现利得纳税							-12000×25%=-3000
更换新设备的相关现金流量合计	-285000	-60750	-60750	-60750	-60750	-60750	71250
继续使用旧设备的相关现金流量：							
丧失的变现流量	-（50000+60000×25%）=-65000						
税后付现营业费用		-（110000+8000）×（1-25%）=-88500	-88500	-88500	-88500	-88500	-88500
折旧抵税		18000×25%=4500	4500	4500	4500	4500	
回收最终残值							0
残值净损失抵税							200000×10%×25%=5000
继续使用旧设备的相关现金流量合计	-65000	-84000	-84000	-84000	-84000	-84000	-83500
差量现金净流量	-220000	23250	23250	23250	23250	23250	154750

【解析】旧设备年折旧额=200000×（1-10%）/10=18000（元）

当前旧设备账面价值=200000-18000×5=110000（元）

当前旧设备变现损失=110000-50000=60000（元）

新设备年折旧额=300000×（1-10%）/10=27000（元）

第6年年末账面价值=300000-27000×6=138000（元）

第6年年末残值变现利得=150000-138000=12000（元）

（2）差量净现值=-220000+23250×（P/A，10%，5）+154750×（P/F，10%，6）=-220000+23250×3.7908+154750×0.5645=-44507.53（元）

由于更换新设备相比继续使用旧设备的差量净现值小于0，所以不应更新。

【提示】半成品存货占用资金的理解：

垫支营运资本=增加的经营性流动资产-增加的经营性流动负债，半成品存货占用资金属于经营性流动资产，所以新、旧设备方案垫支营运资本的差额为15000元。

第六章　债券、股票价值评估

CHAPTER-6

本章学习指南

一、考情分析

本章内容从最近3年考试来看分数不多，从题型来看，客观题和计算分析题都有考查的可能性，主观题的出题点主要是债券价值和期望报酬率的确定。最近3年平均分数为3分左右。

最近3年题型、题量分析表

题型	2019年		2020年		2021年	
	试卷Ⅰ	试卷Ⅱ	试卷Ⅰ	试卷Ⅱ	试卷Ⅰ	试卷Ⅱ
单项选择题	1题1.5分	1题1.5分	1题1.5分	1题1.5分	—	1题2分
多项选择题	1题2分	1题2分	1题2分	—	1题2分	—
计算分析题	—	—	—	—	—	—
综合题	—	—	—	—	—	—
合计	2题3.5分	2题3.5分	2题3.5分	1题1.5分	1题2分	1题2分

二、教材变化

本章与2021年的教材相比没有实质性变化。

三、考点框架

- 第六章 债券、股票价值评估
  - 债券价值评估
    - 债券的分类 ★
    - 债券价值的评估方法 ★★★
    - 债券的期望报酬率 ★★
  - 普通股价值评估
    - 普通股价值的评估方法 ★★★
    - 普通股的期望报酬率 ★★
  - 混合筹资工具价值评估
    - 优先股的特殊性 ★
    - 优先股、永续债价值的评估方法 ★★
    - 优先股、永续债的期望报酬率 ★★

核心考点精讲

第一节　债券价值评估

使用“会计云课堂”App 或“微信”扫码查看本节视频，快速 GET 知识点。

一、债券的分类★

分类标准	分类
按债券是否记名分类	记名债券和无记名债券
按债券能否转换为股票分类	可转换债券和不可转换债券
按债券能否提前赎回分类	可提前赎回债券和不可提前赎回债券
按有无财产抵押分类	抵押债券和信用债券
按能否上市分类	上市债券和非上市债券
按偿还方式分类	到期一次债券和分期债券
按债券的发行人分类	政府债券、地方政府债券、公司债券、国际债券

二、债券价值的评估方法★★★

（一）债券的估值模型

1. 债券价值的含义（债券本身的内在价值）

发行者按照合同规定从现在至债券到期日所支付的款项的现值。

名师点拨

考试时通常会直接给出债券的基本要素：面值、票面利率、付息方式、债券到期日。

①面值：提示到期还本额。

②票面利率：提示债券始终按照票面利率计算利息，即利息 = 面值 × 票面利率。

③付息方式：提示债券的付息时点，比如说每年付息一次或每半年付息一次等。

④债券到期日：提示债券的持有期限。

2. 基本计算公式

债券价值 = 未来各期利息收入的现值合计 + 未来到期本金或售价的现值

【提示】计算现值的折现率取决于当前等风险投资的市场利率。

名师点拨

考试只要不特指，年折现率为按年计算的有效年利率，当年内计息多次时，应换算成计息期折现率进行计算。

（1）平息债券。

含义	指利息在期间内平均支付的债券。支付的频率可能是一年一次、半年一次或每季度一次等
基本公式	$V_d=\sum_{t=1}^{mn}\frac{I/m}{[(1+r_d)^{\frac{1}{m}}]^t}+\frac{M}{[(1+r_d)^{\frac{1}{m}}]^{mn}}=\sum_{t=1}^{mn}\frac{I/m}{(1+r_d)^{\frac{t}{m}}}+\frac{M}{(1+r_d)^n}$ 式中：V_d表示债券价值；I表示每年利息；M表示面值；m表示年付息次数；n表示到期前的年数；r_d表示年折现率 【提示】r_d为年有效折现率，当年内计息多次时，利用换算公式计算出每期折现率$r_{期}$，$r_{期}=\sqrt[m]{年有效折现率+1}-1$ V_d= 每期利息 ×（P/A，$r_{期}$，t）+ 本金 ×（P/F，$r_{期}$，t） 式中：V_d表示债券价值；$r_{期}$表示计息期折现率；t表示债券到期前的期数

（2）纯贴现债券。

含义	指承诺在未来某一确定日期按面值支付的债券
基本公式	①到期一次还本付息债券（特殊的纯贴现债券，只不过在到期日按本利和支付）：V_d= 到期本利和 ×（P/F，r_d，n） ②零息债券（期内不付息，到期还本）：V_d= 本金 ×（P/F，r_d，n）

（3）流通债券。

含义	指已发行并在二级市场上流通的债券
特点	①到期时间短于债券发行在外的时间 ②债券估值的时点可以是任何时点，不在发行日，会产生“非整数计息期”问题

基本公式	债券价值 = 未来现金流量的现值 【提示】设债券总发行期限是 n，第 t 时点的价值是 V_t： ①对于平息流通债券，估价时点及之前已经支付的利息是非相关流量，未来的现金流量是未来的利息和本金 V_t= 每期利息 ×（P/A，r_d，n−t）+ 本金 ×（P/F，r_d，n−t） ②对于零息流通债券，由于没有利息，未来流量只是到期本金 V_t= 本金 ×（P/F，r_d，n−t） ③对于到期一次还本付息流通债券，估价时点及之前不会有利息支付，未来的现金流量是全部利息和本金 V_t=（每期利息 ×n+ 本金）×（P/F，r_d，n−t） ④对于"非整数计息期"： 一般采用两次折现的方法，先把未来的现金流量折到整数计息期，再折到估价时点

经典题解

【例题 1 · 单选题】 甲公司于 2020 年 7 月 1 日发行面值为 1000 元的债券，其票面利率为 6%，每年 6 月 30 日计算并支付一次利息，并于 2025 年的 6 月 30 日到期。债券的市场利率为 8%，目前是 2022 年 7 月 1 日，此时的债券价值为（　　）元。

A. 918.93　　B. 920.16

C. 947.56　　D. 948.43

【解析】 甲公司发行的债券是平息债券，对于 2022 年 7 月 1 日来说已经支付了 2 期利息，未来只剩下 3 期利息和到期本金，所以债券价值 =60×（P/A，8%，3）+1000×（P/F，8%，3）=60×2.5771+1000×0.7938=948.43（元）。

【答案】 D

【例题 2 · 单选题】 甲公司于 2020 年 7 月 1 日发行面值为 1000 元的债券，其票面利率为 6%，单利计息，到期一次还本付息，并于 2025 年的 6 月 30 日到期。债券的市场利率为 8%，目前是 2022 年 7 月 1 日，此时的债券价值为（　　）元。

> **解题攻略**
> 平息债券估价时点及之前已经支付的利息是非相关流量；到期一次还本付息债券，所有的利息都在到期日支付，都是相关现金流量。

A. 1031.94　　B. 1027.41

C. 936.72　　D. 884.76

【解析】 甲公司发行的债券是单利计息、到期一次还本付息债券，对于 2022 年 7 月 1 日来说未来的持有债券期限只有 3 年，但是未来的现金流量是 5 期利息和到期的本金，所以债券价值 =1000×（1+5×6%）×（P/F，8%，3）=1031.94（元）。

【答案】 A

3. 决策原则

从投资人的角度来看，当债券价值高于购买价格时，可以购买。

（二）债券价值的影响因素

1. 面值、票面利率、付息频率及折现率的影响

因素	当其他因素不变，只变单一因素的影响
面值	面值越大，债券价值越大（同向） 面值影响到期本金的流入，还会影响未来利息
票面利率	票面利率越大，债券价值越大（同向）
付息频率（计息期）	当有效年折现率和票面利率不变的情况下，因为票面利率是报价利率，加快付息频率，债券的有效年利率会上升，但折现率没有变，则债券价值上升
折现率	折现率越大，债券价值越小（反向） 【提示】债券定价的基本原则： （1）折现率等于债券利率时，债券的价值等于面值，债券平价发行 （2）折现率高于债券利率时，债券的价值低于面值，债券折价发行 （3）折现率低于债券利率时，债券的价值高于面值，债券溢价发行

要点小贴士

注意可比性原则。这里的债券利率是指债券的年有效利率。如果遇到年内计息多次，需要把债券票面利率换算为债券的年有效利率，再和折现率对比，才能正确判断债券折溢价。

2. 到期时间的影响

种类		新发债券（支付期无限小或连续支付利息的情景）	流通债券（考虑支付期之间的变化）
平息债券	当债券利率高于折现率（溢价）	随着到期时间的缩短，债券价值逐渐下降	随着到期时间的缩短，债券价值波动下降（先上升，割息后下降，但到期前债券价值始终高于面值）
	当债券利率低于折现率（折价）	随着到期时间的缩短，债券价值逐渐上升	随着到期时间的缩短，债券价值波动上升（先上升，割息后下降，债券价值有可能高于、等于或低于面值）
	当债券利率等于折现率（平价）	随着到期时间的缩短，债券价值不变（水平线）	随着到期时间的缩短，债券价值波动（先上升，割息后下降，债券价值有可能高于或等于面值）
零息债券		随着到期时间的缩短，价值逐渐上升，向面值接近	
到期一次还本付息债券		随着到期时间的缩短，价值逐渐上升	

要点小贴士

（1）新发债券：

债券利率等于市场利率时，债券期限长短不影响债券价值的变动；在债券利率偏离市场利率的情况下，债券期限越长，债券价值越偏离债券面值。即：溢价越溢，折价越折，平价不变。

（2）流通债券：

随到期日的接近，债券价值呈周期性波动。

【提示】随着到期时间的缩短，折现率变动对债券价值的影响越来越小。

经典题解

【真题3·多选题】关于连续付息的平息债券，下列说法中正确的有（　　）。（2021年卷Ⅰ）

A. 当折现率等于票面利率时，债券价值一定等于票面价值

B. 当折现率大于票面利率时，债券价值到期前一直低于票面价值

C. 当折现率小于票面利率时，债券价值到期前一直高于票面价值

D. 随着到期时间的缩短，折现率变动对债券价值的影响越来越小

【解析】对于连续支付利息的平息债券，在折现率一直保持不变的情况下，不管它高于或低于票面利率，债券价值随到期时间的缩短逐渐向债券面值靠近，至到期日债券价值等于债券面值。当折现率高于票面利率时，随着时间向到期日靠近，债券价值逐渐提高，最终等于债券面值；当折现率等于票面利率时，债券价值一直等于票面价值；当折现率低于票面利率时，随着时间向到期日靠近，债券价值逐渐下降，最终等于债券面值。因此选项 A、B、C、D 均正确。

【答案】ABCD

【真题 4 · 单选题】某两年期债券，面值 1000 元，票面利率 8%，每半年付息一次，到期还本。假设有效年折现率是 8.16%，该债券刚刚支付过上期利息，其价值是（　　）元。（2020 年卷Ⅰ、卷Ⅱ）

A. 997.10　　B. 994.14　　C. 1002.85　　D. 1000

【解析】债券票面的有效年利率 =（1+8%/2）^{2}−1=8.16%，与折现率相等，所以债券平价发行，由于是刚支付过利息，此时的债券价值不需要考虑付息期间价值的变化，因此此时债券价值 = 债券面值 =1000 元。

【答案】D

【真题 5 · 多选题】假设市场有效，下列影响平息债券价格的说法中，正确的有（　　）。（2020 年卷Ⅰ）

A. 债券期限越短，市场利率变动对债券价格的影响越小

B. 债券期限越长，债券价格与面值的差异越大

C. 市场利率与票面利率的差异越大，债券价格与面值的差异越大

D. 当市场利率高于票面利率时，债券价格高于面值

【解析】平息债券平价发行的情况下，债券价格等于面值，不受债券期限影响，选项 B 错误。当市场利率高于票面利率时，债券折价发行，债券价格低于面值，选项 D 错误。

【答案】AC

【真题 6 · 单选题】假设其他条件不变，当市场利率低于票面利率时，下列关于拟发行平息债券价值的说法中，错误的是（　　）。（2018 年卷Ⅰ、卷Ⅱ）

A. 市场利率上升，价值下降　　B. 期限延长，价值下降

C. 票面利率上升，价值上升　　D. 计息频率增加，价值上升

【解析】市场利率与债券价值反向变动，因此选项 A 正确；市场利率低于票面利率，该债券溢价发行，期限延长，价值上升，因此选项 B 错误；票面利率与债券价值同向变动，因此选项 C 正确；对于溢价发行的债券，计息频率增加，价值上升，因此选项 D 正确。

【答案】B

相关链接

债券的期望报酬率的计算方法与第 5 章投资项目资本预算中计算内含报酬率的方法相同，因此债券的期望报酬率可以理解为债券投资的内含报酬率。

三、债券的期望报酬率 ★★

含义	指以特定价格购买债券并持有至到期日所能获得的报酬率，它是使未来现金流量现值等于债券购入价格的折现率，债券的期望报酬率通常用到期收益率来衡量
指标计算	（1）求解含有折现率的方程：P_0=I×（P/A，r_d，n）+M×（P/F，r_d，n） （2）查现值系数表，然后利用内插法即可求得 r_d
相关结论	（1）平价发行的债券，其到期收益率（名义）等于票面利率 （2）溢价发行的债券，其到期收益率（名义）低于票面利率 （3）折价发行的债券，其到期收益率（名义）高于票面利率
决策原则	如果到期收益率高于投资人要求的报酬率，则应买进该债券，否则就放弃

经典题解

【真题 7·多选题】甲公司折价发行公司债券，该债券期限 5 年，面值 1000 元，票面利率 8%，每半年付息一次。下列说法中，正确的有（　　）。（2018 年卷Ⅰ、卷Ⅱ）

A. 该债券的到期收益率等于 8%

B. 该债券的报价利率等于 8%

C. 该债券的计息周期利率小于 8%

D. 该债券的有效年利率大于 8%

【解析】甲公司折价发行公司债券，到期收益率大于票面利率 8%，选项 A 错误；该债券的报价利率即票面利率，等于 8%，选项 B 正确；该债券的计息周期利率 = 8%/2=4%，选项 C 正确；该债券的有效年利率 =（1+8%/2）^{2}−1=8.16%，选项 D 正确。

【答案】BCD

【例题 8·计算分析题】C 公司在 2019 年 1 月 1 日发行 5 年期债券，面值 1000 元，票面利率 10%，于每年 12 月 31 日付息，到期时一次还本。

要求：

（1）假定 2019 年 1 月 1 日金融市场上与该债券等风险投资的市场利率是 9%，该债券的发行价应定为多少？

（2）假定 1 年后该债券的市场价格为 1049.06 元，该债券于 2020 年 1 月 1 日的到期收益率是多少？

（3）债券发行 4 年后该公司被揭露出会计账目有欺诈嫌疑，这一不利消息使得该债券价格在 2023 年 1 月 1 日由开盘的 1018.52 元跌至收盘的 900 元。跌价后该债券的到期收益率是多少（假设能够全部按时支付本息）？

【答案】

（1）发行价格 =1000×10%×（P/A，9%，5）+1000×（P/F，9%，5）=100×3.8897+1000×0.6499=1038.87（元）

（2）1000×10%×（P/A，r_d，4）+1000×（P/F，r_d，4）=1049.06

解题攻略

由于是溢价债券，说明到期收益率低于票面利率 10%，所以往低测试，按 9% 测算。

用 9% 测算：

V_d（9%）=1000×10%×（P/A，9%，4）+1000×（P/F，9%，4）=100×3.2397+1000×0.7084=1032.37（元）

用 8% 测算：

$V_d(8\%)=1000\times10\%\times(P/A,8\%,4)+1000\times(P/F,8\%,4)=100\times3.3121+1000\times0.7350=1066.21$（元）

内插法求解：

$$r_d=8\%+\frac{1066.21-1049.06}{1066.21-1032.37}\times(9\%-8\%)=8.51\%$$

（3）$900=(1000\times10\%+1000)/(1+r_d)$

$1+r_d=1100/900=1.2222$

跌价后该债券的到期收益率 $r_d=22.22\%$。

解题攻略

因为利率为 9% 时，未来现金流入的现值低于债券价格，所以还得往低 8% 测试，才有可能使现值提高。（一顺原则：未来流量现值高于债券价格往高测；未来现金流入现值低于债券价格就往低测）

第二节 普通股价值评估

使用“会计云课堂”App 或“微信”扫码查看本节视频，快速 GET 知识点。

一、普通股价值的评估方法★★★

1. 零增长股票的价值

要点小贴士

仍然是计算未来现金流入的现值。

股利的状态	计算公式
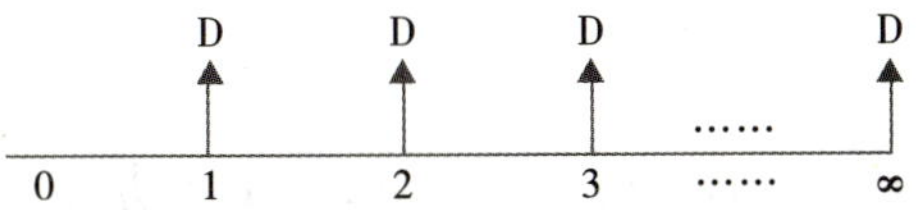 假设未来股利不变，其支付过程是永续年金	$V_0=\frac{D}{r_s}$

2. 固定增长股票的价值

股利的状态	计算公式
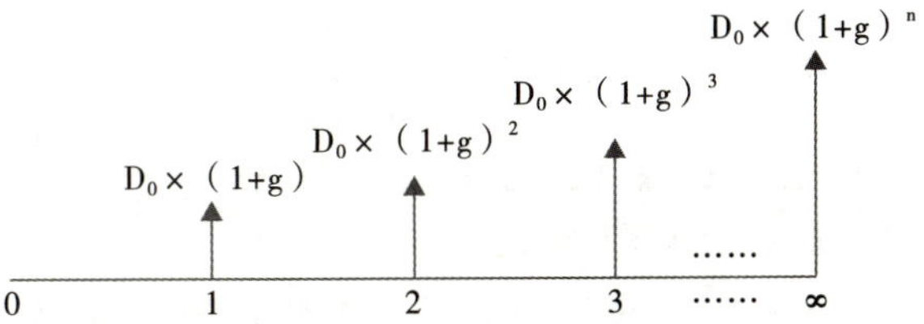 假设股利按固定的增长率增长	$V_0=\frac{D_0(1+g)}{r_s-g}=\frac{D_1}{r_s-g}$ 式中：D_0——最近刚支付的股利（当前股利） D_1——预计第一年的股利 r_s——年折现率，一般采用资本成本率或投资的必要报酬率 g——股利固定增长率

要点小贴士

在使用股利固定增长模型估计股票价值时，只要给出 D_1 及其以后的永续增长率即可，D_1 和 D_0 之间不一定非得存在（1+g）的关系。因为估计股票价值考虑的仅是未来股利，不考虑过去股利，因此，D_0 的数值不影响计算结果。

【解读】

（1）注意区分 D_0 和 D_1。D_0 是估价时点已经支付的股利，它与 V_0 在同一会计期，D_1 是固定增长第一期的股利。

（2）股利增长率可以结合第2章可持续增长率计算。在满足未来经营效率、财务政策不变（包括不增发新股或回购股票）的特定条件下，股利增长率可以用上年可持续增长率来确定。

（3）该公式具有通用性，第8章企业价值评估会用到此公式。只要未来现金流量逐年稳定增长，且期限趋于无穷，就可以利用此公式计算未来现金流量的现值。

经典题解

【真题9·单选题】甲公司已进入稳定增长状态，固定股利增长率4%，股东必要报酬率10%。公司最近一期每股股利0.75元，预计下一年的股票价格是（　　）元。（2017年卷Ⅰ）

A. 7.5　　B. 13　　C. 12.5　　D. 13.52

【解析】题目要求预计下一年的股票价格，股票价格$_1$=股票价格$_0$×（1+增长率）=［0.75×（1+4%）/（10%-4%）］×（1+4%）=13.52（元）。

【答案】D

【例题10·单选题】乙公司最近一期支付的每股股利0.5元，预计未来第一期的每股股利为0.6元，预计第二期及以后股利的逐年增长率为2%，股东必要报酬率12%。则该股票当前的价值是（　　）元。

A. 6.12　　B. 6　　C. 5.1　　D. 5

【解析】当前股票价值=0.6/（12%-2%）=6（元）。

【答案】B

3. 非固定增长股票的价值

在现实生活中，有的公司股利是不固定的，应采用分段计算的方法。通常，如果将预测期分成两阶段的话，该模型被称为两阶段增长模型，第一阶段被称为详细预测期，第二阶段被称为后续期。

相关链接：基本原理是计算使得未来现金流入现值等于购买价格P_0的折现率。类似于债券到期收益率，也类似于第5章投资项目资本预算中的内含报酬率。

二、普通股的期望报酬率★★

模式	计算公式
零增长股票期望报酬率	$r_s=\frac{D}{P_0}$
固定增长股票期望报酬率	$r_s=\frac{D_1}{P_0}+g$=股利收益率+股利增长率 【提示】考试时只要满足下列任意一个条件，就可以得到结论：股利增长率g=股价增长率=资本利得收益率 条件1：股利逐年稳定增长，且资本市场有效 条件2：股利逐年稳定增长，且投资人预期的期望报酬率不变 条件3：公司处于稳定增长状态
非固定增长股票期望报酬率	类似于债券到期收益率的计算方法，利用逐步测试结合内插法来求解

经典题解

【真题 11·单选题】甲公司普通股股票每股价格 50 元，每半年发放一次股利。刚刚发放上半年股利每股 1 元，该股利将以每半年 5% 的速度持续增长。该股票年期望报酬率是（　　）。（2021 年卷Ⅱ）

A. 14.49%　　B. 14.70%　　C. 14.20%　　D. 12.46%

【解析】该股票半年期望报酬率 =1×（1+5%）/50+5%=7.1%，年期望报酬率 =（1+7.1%）^{2}−1=14.70%。

【答案】B

真题点拨

不特指的情况下，让我们计算的内含报酬率（包括到期收益率、期望报酬率）是指计算使得未来现金流入现值等于现金流出现值的年有效折现率。

【真题 12·单选题】甲、乙公司已进入稳定增长状态，股票信息如下：

项目	甲	乙
最近一期每股股利	0.75 元	0.55 元
股利稳定增长率	6%	8%
股票价格	15 元	18 元

下列关于甲、乙股票投资的说法中，正确的是（　　）。（2019 年卷Ⅰ、卷Ⅱ）

A. 甲、乙股票股利收益率相同

B. 甲、乙股票期望报酬率相同

C. 甲、乙股票股价增长率相同

D. 甲、乙股票资本利得收益率相同

【解析】甲股票股利收益率 =D_1/P_0=0.75×（1+6%）/15=5.3%，乙股票股利收益率 =0.55×（1+8%）/18=3.3%，选项 A 错误。甲股票期望报酬率 =D_1/P_0+g=5.3%+6%=11.3%，乙股票期望报酬率 =3.3%+8%=11.3%，选项 B 正确。甲股票股价增长率 = 甲股票资本利得收益率 =g=6%，乙股票股价增长率 = 乙股票资本利得收益率 =g=8%，选项 C、D 错误。

【答案】B

【例题 13·计算分析题】某上市公司本年度的净利润为 20000 元，每股支付股利 2 元。预计该公司未来三年进入增长期，净收益第 1 年增长 14%，第 2 年增长 14%，第 3 年增长 8%，第 4 年及以后将保持第 3 年净收益水平。该公司一直采用固定股利支付率的股利政策，并打算今后继续实行该政策。该公司没有增发普通股和发行优先股的计划。

要求：

（1）假设投资人要求的报酬率为 10%，计算股票的价值（精确到 0.01 元）。

（2）如果股票的价格为 24.90 元，计算股票的期望报酬率（精确到 1%）。

【答案】

（1）预计第 1 年的每股股利 =2×（1+14%）=2.28（元）

预计第 2 年的每股股利 =2.28×（1+14%）=2.60（元）

预计第 3 年及以后的每股股利 =2.60×（1+8%）=2.81（元）

因为第4年及以后将保持第3年净收益水平，且采用固定股利支付率政策，所以第4年及以后年度股利＝第3年股利＝2.81元，满足零增长模式。

股票的价值＝2.28×（P/F，10%，1）＋2.60×（P/F，10%，2）＋2.81/10%×（P/F，10%，2）＝2.28×0.9091＋2.60×0.8264＋2.81/10%×0.8264＝27.44（元）

（2）24.90＝2.28×（P/F，r_d，1）＋2.60×（P/F，r_d，2）＋2.81/r_d×（P/F，r_d，2）

按10%的期望报酬率计算，其股票价值为27.44元，由于现值与折现率呈反向变动，则市价为24.90元时的期望报酬率应高于10%，故用11%开始测试：

当r_d＝11%时，2.28×（P/F，11%，1）＋2.60×（P/F，11%，2）＋2.81/11%×（P/F，11%，2）＝2.28×0.9009＋2.60×0.8116＋2.81/11%×0.8116＝24.90（元）

因此，股票的期望报酬率＝11%。

第三节　混合筹资工具价值评估

使用“会计云课堂”App或“微信”扫码查看本节视频，快速GET知识点。

要点小贴士

相比普通股，优先股的特点：两个优先，一个有限制。

一、优先股的特殊性★

特殊性	内容	
优先分配利润	优先股股东按照约定的票面股息率，优先于普通股股东分配公司利润	
优先分配剩余财产	公司进行清算时，应当优先于普通股股东向优先股股东支付未派发的股息和公司章程约定的清算金额，不足以支付的按照优先股股东持股比例分配	
表决权限制	一般事项	优先股股东不出席股东大会会议，所持股份没有表决权
	特殊事项	（1）修改公司章程中与优先股相关的内容 （2）发行优先股 （3）一次或累计减少公司注册资本超过10% （4）公司合并、分立、解散或变更公司形式 （5）公司章程规定的其他情形

【提示】上述特殊事项的决议，需要双重绝对多数通过：

①出席会议的普通股股东（含表决权恢复的优先股股东）所持表决权的2/3以上通过；

②出席会议的优先股股东（不含表决权恢复的优先股股东）所持表决权的2/3以上通过。

经典题解

【真题14·多选题】优先股股东比普通股股东的优先权体现在（　　）。（2019年卷Ⅰ、卷Ⅱ）

A. 优先取得剩余财产　　　　B. 优先获得股息
C. 优先出席股东大会　　　　D. 公司重大决策的优先表决权

【解析】优先股股东比普通股股东的优先权体现在优先分配利润、优先分配剩余财产方面。

【答案】AB

【真题 15 · 多选题】下列情形中，优先股股东有权出席股东大会行使表决权的有（　　）。（2017 年卷Ⅰ）

A. 公司增发优先股
B. 公司一次或累计减少注册资本超过 10%
C. 修改公司章程中与优先股有关的内容
D. 公司合并、分立、解散或变更公司形式

【解析】本题考查优先股表决权。

【答案】ABCD

【真题 16 · 多选题】相对普通股而言，下列各项中，属于优先股特殊性的有（　　）。（2015 年卷Ⅰ、卷Ⅱ）

A. 当公司破产清算时，优先股股东优先于普通股股东求偿
B. 当公司分配利润时，优先股股息优先于普通股股利支付
C. 当公司选举董事会成员时，优先股股东优先于普通股股东当选
D. 当公司决定合并、分立时，优先股股东表决权优先于普通股股东

【解析】优先股有如下特殊性：①优先分配利润。优先于普通股股东分配公司利润。②优先分配剩余财产。公司因解散、破产等原因进行清算时，公司财产在按照公司法和破产法有关规定进行清偿后的剩余财产，应当优先向优先股股东支付未派发的股息和公司章程约定的清算金额，不足以支付的按照优先股股东持股比例分配。③表决权限制。因此，选项 A、B 正确。

【答案】AB

二、优先股、永续债价值的评估方法★★

考点妙记

按照永续年金现值的计算公式掌握。如果遇到年内支付多次，要把年股利（年利息）调为期股利（期利息），年折现率调为每期折现率。

估值模型	采用股利的现金流量折现模型估值
优先股的估值公式	当优先股存续期内采用相同的固定股息率时，优先股则相当于永久债券。其估值公式如下：$V_P=\frac{D_p}{r_p}$ 式中：V_p——优先股的价值 D_p——优先股每期股息 r_p——年折现率，一般采用资本成本率或投资的必要报酬率
永续债的估值公式	$V_{pd}=\frac{I}{r_{pd}}$ 式中：V_{pd}——永续债的价值 I——每年的利息 r_{pd}——年折现率，一般采用当前等风险投资的市场利率

要点小贴士

遇到年内计息多次时，先计算期利率，再调整为年有效利率。

三、优先股、永续债的期望报酬率★★

优先股的期望报酬率	$r_p=\frac{D_p}{P_p}$ 式中：P_p——优先股当前股价
永续债的期望报酬率	$r_{pd}=\frac{I}{P_{pd}}$ 式中：P_{pd}——永续债当前价格

本章小结

下载“会计云课堂”App 学习

您已成功完成“第六章”的学习，本章共 8 个考点，您都学会了吗？

为了让您对章节有更清晰的理解，加倍巩固。本书作者闫华红老师将通过**“视频导图课”**的方式，带您回顾重要考点。

名师点拨，视听结合，高效提分。

※ 欢迎您扫码，免费观看学习。

历年经典主观题回顾

使用“会计云课堂”App 或“微信”扫码快速做题、对答案、看解析、掌握解题思路，开启轻松过关之旅。

计算分析题

1. 小 w 因购买个人住房向甲银行借款 300000 元，年利率 6%，每半年计息一次，期限 5 年，自 2014 年 1 月 1 日起至 2019 年 1 月 1 日止，小 w 选择等额本息还款方式偿还贷款本息，还款日在每年的 7 月 1 日和 1 月 1 日。2015 年 12 月末，小 w 收到单位发放的一次性年终奖 60000 元，正在考虑这笔奖金的两种使用方案：
（1）2016 年 1 月 1 日提前偿还银行借款 60000 元（当日仍需偿还原定的每期还款额）。
（2）购买乙国债并持有至到期，乙国债为 5 年期债券，每份债券面值 1000 元，票面利率 4%，单利计息，到期一次还本付息，乙国债还有 3 年到期，当前价格 1020 元。

要求：
（1）计算投资乙国债的到期收益率。小 w 应选择提前偿还银行借款还是投资国债，为什么？
（2）计算当前每期还款额，如果小 w 选择提前偿还银行借款，计算提前还款后的每期还款额。（2016 年卷Ⅰ）

2. 甲公司是一家制造业企业，信用级别为 A 级，目前没有上市债券，为投资新产品项目，公司拟通过发行面值 1000 元的 5 年期债券进行筹资，公司采用风险调整法估计拟发行债券的税前债务资本成本，并以此确定该债券的票面利率。
2012 年 1 月 1 日，公司收集了当时上市交易的 3 种 A 级公司债券及与这些上市债券到期日接近的政府债券的相关信息。

发债公司	A 级公司债券		政府债券	
	到期日	到期收益率	到期日	到期收益率
X 公司	2016 年 5 月 1 日	7.5%	2016 年 6 月 8 日	4.5%
Y 公司	2017 年 1 月 5 日	7.9%	2017 年 1 月 10 日	5%
Z 公司	2018 年 1 月 3 日	8.3%	2018 年 2 月 20 日	5.2%

2012 年 7 月 1 日，甲公司发行该债券，该债券每年 6 月 30 日付息一次，2017 年 6 月 30 日到期，发行当天，等风险投资市场报酬率为 10%。

要求：
（1）计算 2012 年 1 月 1 日 A 级公司债券的平均信用风险补偿率，并确定甲公司拟发行债券的票面利率。
（2）计算 2012 年 7 月 1 日甲公司债券的发行价格。
（3）2014 年 7 月 1 日，A 投资人在二级市场上以 970 元购买了甲公司债券，并计划持有至到期，投资当天，等风险投资市场报酬率为 9%，计算 A 投资人的到期收益率，并据此判断该债券价格是否合理。（2015 年卷Ⅱ）

历年经典主观题参考答案及解析

使用“会计云课堂”App或“微信”扫码对答案、看解析、掌握解题思路，开启轻松过关之旅。

计算分析题

1.【答案】

（1）设投资乙国债的到期收益率为r_d，则1020=1000×（1+4%×5）×（P/F，r_d，3）

（P/F，r_d，3）=0.85

当r_d=5%时，（P/F，5%，3）=0.8638

当r_d=6%时，（P/F，6%，3）=0.8396

（r_d−5%）/（6%−5%）=（0.85−0.8638）/（0.8396−0.8638）

r_d=5.57%

银行借款的年有效到期收益率=（1+6%/2）^{2}−1=6.09%

由于投资乙国债的到期收益率5.57%＜借款的年有效到期收益率，因此投资国债不合适，小w应选择提前偿还银行借款。

（2）当前每期还款额=300000/（P/A，3%，10）=35169.16（元）

设还款后每期还款额为X元，则：

方法一：35169.16×（P/A，3%，4）+60000×（P/F，3%，4）+X×（P/A，3%，6）×（P/F，3%，4）=300000

X=24092.73（元）

方法二：还款后每期还款额=［35169.16×（P/A，3%，6）−60000］/（P/A，3%，6）=24093.33（元）

结果不一样是因为小数尾差导致的误差。

2.【答案】

（1）平均信用风险补偿率=［（7.5%−4.5%）+（7.9%−5%）+（8.3%−5.2%）］/3=3%

2017年1月10日到期的政府债券与甲公司债券到期日相近，因此无风险报酬率=5%，税前债务资本成本=5%+3%=8%。

公司采用风险调整法估计拟发行债券的税前债务资本成本，并以此确定该债券的票面利率，则票面利率为8%。

（2）发行价格=1000×8%×（P/A，10%，5）+1000×（P/F，10%，5）=924.16（元）

（3）设到期收益率为r_d，则：1000×8%×（P/A，r_d，3）+1000×（P/F，r_d，3）=970

r_d=9%，1000×8%×（P/A，9%，3）+1000×（P/F，9%，3）=974.70（元）

r_d=10%，1000×8%×（P/A，10%，3）+1000×（P/F，10%，3）=950.25（元）

（r_d-9%）/（10%-9%）=（970-974.70）/（950.25-974.70）

求得：r_d=9.19%，高于等风险投资市场报酬率9%，该债券购买价格合理。

同步强化练习题

使用“会计云课堂”App或“微信”扫码快速做题、对答案、看解析、掌握解题思路，开启轻松过关之旅。

一、单项选择题

1. 甲公司于2020年7月1日发行面额为1000元的债券，其票面利率为6%，复利计息，到期一次还本付息，并于2025年的6月30日到期。目前是2022年7月1日，此时债券的市场利率为8%，此时的债券价值为（　　）元。

A. 1031.98　　B. 1027.41

C. 1062.33　　D. 936.72

2. 某公司发行面值为1000元的5年期债券，债券票面利率为10%，半年付息一次，发行后在二级市场上流通。假设年有效必要报酬率为10.25%并保持不变，以下说法正确的是（　　）。

A. 债券溢价发行，发行后债券价值随到期时间的缩短而逐渐下降，至到期日债券价值等于债券面值

B. 债券折价发行，发行后债券价值随到期时间的缩短而逐渐上升，至到期日债券价值等于债券面值

C. 债券按面值发行，发行后债券价值一直等于债券面值

D. 债券按面值发行，发行后债券价值在两个付息日之间呈周期性波动

3. 债券内在价值的计算公式中不包含的因素是（　　）。

A. 债券市场价格

B. 债券面值

C. 债券期限

D. 债券票面利率

4. 债券到期收益率计算的原理是（　　）。

A. 到期收益率是购买债券后一直持有至到期的内含报酬率

B. 到期收益率是能使债券每年利息收入的现值等于债券买入价格的折现率

C. 到期收益率是债券利息收益率与资本利得收益率之和

D. 到期收益率的计算要以债券每年年末计算并支付利息、到期一次还本为前提

5. 某企业于2022年4月1日以950元购得面值为1000元的新发行债券，票面利率12%，每年付息一次，到期还本，该企业若持有该债券至到期日，其到期收益率（　　）。

A. 高于12%

B. 低于12%

C. 等于12%

D. 难以确定

6. 估算股票价值时的折现率，不能使用（　　）。
A. 股权资本成本
B. 债券收益率加适当的风险报酬率
C. 国债的利息率
D. 投资人要求的必要报酬率

7. 在股利稳定增长的情况下，若资本市场有效，股票的资本利得收益率等于该股票的（　　）。
A. 股利增长率　　B. 预期收益率
C. 风险收益率　　D. 股利收益率

8. 如果不考虑影响股价的其他因素，在市场有效的情况下，固定增长股票的价值（　　）。
A. 与投资的必要报酬率同向变化
B. 与预期股利反向变化
C. 与资本利得收益率同向变化
D. 与预期股利增长率反向变化

9. 假设A公司在今后不增发股票或回购股票，预计可以维持2021年的经营效率和财务政策不变，不断增长的产品能为市场所接受，不变的营业净利率可以涵盖不断增加的利息。若2021年的可持续增长率是10%，A公司2021年支付的每股股利是0.5元，2021年年末的股价是40元，股东期望的报酬率是（　　）。
A. 10%　　B. 11.25%
C. 12.38%　　D. 11.38%

10. 在其他条件不变的情况下，下列事项中能够引起股票期望报酬率上升的是（　　）。
A. 当前股票价格上升
B. 资本利得收益率上升
C. 预期现金股利下降
D. 预期持有该股票的时间延长

11. 某股票的未来股利不变，当股票市价低于股票价值时，则期望报酬率比投资人要求的必要报酬率（　　）。
A. 高
B. 低
C. 相等
D. 可能高也可能低

12. 某公司发行面值为100元，股息率为3%，每半年支付一次股息的优先股（划分为权益工具），若公司适用的所得税税率为25%，优先股当前的市价为120元，投资该优先股的期望报酬率为（　　）。
A. 0.75%　　B. 1.875%
C. 2.5%　　D. 2.52%

二、多项选择题

1. 市场利率和债券期限对债券价值都有较大的影响。其他条件不变，下列相关表述中，正确的有（　　）。
A. 市场利率上升会导致债券价值下降
B. 长期债券的价值对市场利率的敏感性小于短期债券
C. 债券期限越短，债券市场利率对债券价值的影响越小
D. 债券利率与市场利率不同时，债券面值与债券价值存在差异

2. 债券A和债券B是两只刚发行的平息债券，债券的面值和票面利率均相同，有效票面年利率均高于必要报酬率，以下说法中正确的有（　　）。
A. 如果两债券的必要报酬率和利息支付频率相同，偿还期限长的债券价值低
B. 如果两债券的必要报酬率和利息支付频率相同，偿还期限长的债券价值高
C. 如果两债券的偿还期限和必要报酬率相同，利息支付频率高的债券价值高
D. 如果两债券的偿还期限和利息支付频率相同，必要报酬率与票面利率差额大的债券价值高

3. 某企业准备平价发行三年期公司债券，每半年付息一次，票面年利率6%，面值1000元。以下关于该债券的说法中，正确的有（　　）。
   A. 该债券的计息期利率为3%
   B. 该债券的年有效必要报酬率为6.09%
   C. 该债券的报价利率为6%
   D. 由于平价发行，该债券的票面利率与年有效的必要报酬率相等

4. 假设折现率保持不变，下列关于平息债券自发行后债券价值的表述中，正确的有（　　）。
   A. 当债券票面利率高于等风险市场利率时，债券价值会逐渐下降，至到期日等于债券面值
   B. 当债券票面利率高于等风险市场利率时，债券价值会波动下降，至到期日之前一直高于债券面值
   C. 当债券票面利率低于等风险市场利率时，债券价值会波动上升，至到期日之前可能低于、等于或高于债券面值
   D. 当债券票面利率低于等风险市场利率时，债券价值会逐渐上升，至到期日等于债券面值

5. 甲、乙两种债券，均按1000元面值发行，每年均支付利息120元。甲债券为5年期,乙债券为6年期。假设其他条件不变，下列情形中，正确的有（　　）。
   A. 等风险市场利率下降，两种债券均升值，甲升值的更多
   B. 等风险市场利率下降，两种债券均升值，乙升值的更多
   C. 等风险市场利率上升，两种债券均贬值，甲贬值的更多
   D. 等风险市场利率上升，两种债券均贬值，乙贬值的更多

6. 在复利计息、到期一次还本的条件下，平息债券票面利率与年有效到期收益率不一致的情况有（　　）。
   A. 债券平价发行，每年付息一次
   B. 债券平价发行，每半年付息一次
   C. 债券溢价发行，每年付息一次
   D. 债券折价发行，每年付息一次

7. 下列因素变动会影响债券到期收益率的有（　　）。
   A. 债券面值
   B. 票面利率
   C. 市场利率
   D. 债券购买价格

8. 普通股投资能够带来的现金流入量有（　　）。
   A. 资本利得
   B. 股利
   C. 利息
   D. 出售价格

9. 与股票内在价值呈反方向变化的因素有（　　）。
   A. 股利年增长率
   B. 年股利
   C. 投资要求的报酬率
   D. β 系数

10. 下列有关优先股表述不正确的有（　　）。
   A. 优先股股东不能出席股东大会会议，所持股份没有任何表决权
   B. 当公司要增发优先股时，需经过全体优先股股东的同意
   C. 公司合并、分立、解散或变更公司形式不需要经过优先股股东同意
   D. 公司修改公司章程中与优先股相关的内容时优先股股东有表决权

三、计算分析题

1. 甲公司在2018年1月1日平价发行甲债券，每张面值为1000元，票面利率为10%，5年到期，每年6月30日和12月31日付息。乙公司在2018年1月1日发

行乙债券，每张面值为1000元，票面利率为8%，5年到期，每年6月30日和12月31日付息。（计算过程中至少保留小数点后4位，金额的计算结果取整）

要求：

（1）计算2018年1月1日投资购买甲公司债券的到期收益率是多少？

（2）若乙债券的投资人要想获得和甲公司债券同样的期望收益率水平，在2018年1月1日乙公司债券的价值应为多少？

（3）假定2022年1月1日的市场报价利率下降到8%，那么此时甲债券的价值是多少？

（4）假定2022年10月1日的市价为1000元，此时购买甲债券的到期收益率是多少？

（5）假定2020年1月1日的市场报价利率为12%，甲债券市价为950元，投资人此时是否购买该债券？

2. 甲公司有一笔闲置资金，可以进行为期一年的投资，市场上有三种债券可供选择，相关资料如下：

（1）三种债券的面值均为1000元，到期时间均为5年，到期收益率均为8%。

（2）甲公司计划一年后出售购入的债券，一年后三种债券到期收益率仍为8%。

（3）三种债券票面利率及付息方式不同。A债券为零息债券，到期支付1000元；B债券的票面利率为8%，每年年末支付80元利息，到期支付1000元；C债券的票面利率为10%，每年年末支付100元利息，到期支付1000元。

（4）甲公司利息收入适用的所得税税率为30%，资本利得适用的所得税税率为20%，发生投资损失可以按20%抵税，不抵消利息收入。

要求：

（1）计算每种债券当前的价格。

（2）计算每种债券一年后的价格。

（3）计算甲公司投资于每种债券的税后收益率。

3. 甲企业计划利用一笔长期资金投资购买股票。现有M公司股票、N公司股票、L公司股票可供选择，甲企业只准备投资一家公司股票。已知M公司股票现行市价为每股3.5元，最近刚支付的上年每股股利为0.15元，预计以后每年以6%的增长率增长。N公司股票现行市价为每股7元，最近刚支付的上年每股股利为0.6元，股利分配政策将一贯坚持固定股利政策。L公司股票现行市价为每股4元，上年每股股利0.2元。预计该公司未来三年股利第1年增长14%，第2年增长14%，第3年增长5%。第4年及以后将保持每年2%的固定增长率水平。甲企业所要求的投资必要报酬率为10%。

要求：

（1）利用股票估值模型，分别计算M、N、L公司的每股股票价值。

（2）代甲企业作出股票投资决策。

（3）若按照当前市价购入M股票，则其期望投资报酬率为多少。

同步强化练习题参考答案及解析

使用“会计云课堂”App 或“微信”扫码对答案、看解析、
掌握解题思路，开启轻松过关之旅。

一、单项选择题

1.【答案】C

【解析】甲公司发行的债券是复利计息，到期一次还本付息债券，对于 2022 年 7 月 1 日来说，未来的持有债券期限只有 3 年，但是未来的现金流量是 5 期利息和到期的本金，又因为是复利计息，所以到期的本利和应该等于 $1000\times(1+6\%)^5$，所以债券价值 $=1000\times(1+6\%)^5/(1+8\%)^3=1062.33$（元）。

2.【答案】D

【解析】对于流通债券，债券的价值在两个付息日之间是呈周期性波动的，其中折价发行的债券其价值是波动上升，溢价发行的债券其价值是波动下降，平价发行的债券其价值的总趋势是不变的，但在两个付息日之间，越接近付息日，其价值越高。本题每半年的必要报酬率 $=\sqrt{1+10.25\%}-1=5\%$，报价必要报酬率 $=5\%\times2=10\%$，即报价必要报酬率等于票面利率，该债券为平价发行，因此选项 D 正确。

3.【答案】A

【解析】影响债券内在价值的因素主要有债券的面值、期限、票面利率和所采用的贴现率等因素。债券的市场价格不影响债券内在价值。

4.【答案】A

【解析】债券的到期收益率是指以特定价格购买债券并持有至到期日所能获得的报酬率，即使得未来现金流量（包括利息和到期本金）的现值等于债券购入价格的那一个折现率，也就是指债券投资的内含报酬率。选项 B 的说法不全面，没有包括本金。选项 C 没有考虑货币时间价值。选项 D 的前提表述不正确，对于任何付息方式的债券都可以计算到期收益率。

5.【答案】A

【解析】对于折价发行、每年付息的债券，其到期收益率高于票面利率；对于溢价发行、每年付息的债券，其到期收益率小于票面利率；对于平价发行、每年付息的债券，其到期收益率等于票面利率。本题购买价 950 元，小于面值 1000 元，债券为折价发行债券，每年付息一次，因此到期收益率高于票面利率 12%。

6.【答案】C

【解析】股票价值由一系列的股利和将来出售股票时售价的现值所构成，折现时应以投资人要求的必要报酬率为折现率，而股票投资有风险，投资人要求的必要报酬率必然高于国债的利息率，因此不能用国债的利息率作为估算股票价值时的折现率。

7.【答案】A

【解析】假设资本市场有效，在股利稳定增长的情况下，$P_0=V_0=D_1/(r_s-g)$，$P_1=V_1=D_1\times(1+g)/(r_s-g)$，股票的资本利得收益率 $=(P_1-P_0)/P_0=g$。

8.【答案】C

【解析】因为股票价值 = 预期股利 /（投资的必要报酬率 − 股利增长率），投资的必要报酬率越大，股票价值越低；预期股利、股利增长率越大，股票价值越高；当市场有效时，股利增长率也可以理解为股价增长率或资本利得收益率。

9.【答案】D

【解析】因为满足可持续增长的相关条件，所以股利增长率为 10%，则：

$$r_s=\frac{0.5\times(1+10\%)}{40}+10\%=11.38\%。$$

10.【答案】B

【解析】股票的期望报酬率 $=D_1/P_0+g$，第一部分"D_1/P_0"叫做股利收益率，第二部分 g 叫做股利增长率。由于股利的增长速度也就是股票价值的增长速度，因此 g 可以解释为股价增长率或资本利得收益率。而选项 D 预期持有该股票的时间延长，因为售价和预期股利不确定，所以对股票期望报酬率的影响不确定。

11.【答案】A

【解析】投资人要求的必要报酬率 = 股利 / 股票价值，股票期望报酬率 = 股利 / 股票市价，因此当股票市价低于股票价值时，期望报酬率高于投资人要求的必要报酬率。

12.【答案】D

【解析】优先股每半年的期望报酬率 $=100\times3\%/2/120=1.25\%$，优先股的期望报酬率 $=(1+1.25\%)^2-1=2.52\%$。优先股股息是根据税后利润发放的，因此是不需要考虑所得税税率的。

二、多项选择题

1.【答案】ACD

【解析】长期债券对市场利率的敏感性会大于短期债券，在市场利率较低时，长期债券的价值远高于短期债券，在市场利率较高时，长期债券的价值远低于短期债券。因此选项 B 不正确。

2.【答案】BCD

【解析】由于有效票面年利率均高于必要报酬率，说明两债券均为溢价发行的债券。偿还期限越长，表明未来获得高于等风险债券市场利率的高利息的出现频率越高，所以债券价值越高，因此选项 A 错误、选项 B 正确；对于溢价发行的债券，加快付息频率，债券价值会上升，因此选项 C 正确；对于溢价发行的债券，有效票面年利率高于必要报酬率，因此当必要报酬率与有效票面年利率差额越大时，即表明必要报酬率越低（因债券的有效票面年利率相同），当其他因素不变时，必要报酬率与债券价值是呈反向变动的，故债券价值应越高。因此选项 D 正确。

3.【答案】ABC

【解析】由于半年付息一次，债券的报价利率 =6%，因此债券的计息期利率 = 6%/2=3%；债券的年有效必要报酬率 $=(1+3\%)^2-1=6.09\%$；对于平价发行，分期付息债券，债券的票面利率是报价利率，小于年有效的必要报酬率。

4.【答案】BC

【解析】溢价发行的平息债券发行后债券价值随着到期日的临近是波动下降的，因为溢价债券在发行日和付息时点债券的价值都是高于面值的，而在两个付息日之间债券的价值又是上升的，所以至到期日之前债券的价值会一直高于债券面值；折价发行的平息债券发行后债券价值随着到期日的临近是波动上升的，越接近付息日，价值越高，割息后价值又会下降，因此债券价值可能低于、等于或高于债券面值。

5.【答案】BD

【解析】市场利率与债券价值是反向变动关系，而且期限越长，债券价值受市场利率波动的影响越敏感，因此选项 B、D 正确。

6.【答案】BCD

【解析】只要是平价发行的债券，无论其计息方式如何，其票面利率与报价到期收益率一致，但是题目问的是年有效到期收益率，由于每半年计息一次，年有效到期收益率会高于报价到期收益率。

7.【答案】ABD

【解析】债券价值是未来获得的利息收益和本金收益的现值，通常采用等风险市场利率或者是投资人要求的必要报酬率折现，而到期收益率是计算债券价格的折现率。对于投资人来说，如果到期收益率大于等风险市场利率（必要报酬率），该债券值得投资，因此选项 C 不是影响因素。

8.【答案】BD

【解析】股票投资能够带来的现金流入是股利和出售价格，现金流出是买价；股票没有利息收入；资本利得为不同时点相减的买卖价差收益，不能作为现金流入量考虑。

9.【答案】CD

【解析】本题的考查点是股票价值的估值模型，$V_0=D_1/(r_s-g)$，$D_1=D_0\times(1+g)$，由公式看出，股利增长率 g、基期股利 D_0、预期年股利 D_1 与股票价值呈同向变化。投资的必要报酬率 r_s 与股票价值呈反向变化，而 β 系数与投资的必要报酬率呈同向变化，因此 β 系数同股票价值亦呈反向变化。

10.【答案】ABC

【解析】除以下情况外，优先股股东不出席股东大会会议，所持股份没有表决权：①修改公司章程中与优先股相关的内容；②一次或累计减少公司注册资本超过 10%；③公司合并、分立、解散或变更公司形式；④发行优先股；⑤公司章程规定的其他情形。选项 A、C 错误。除须经出席会议的普通股股东（含表决权恢复的优先股股东）所持表决权的 2/3 以上通过之外，还须经出席会议的优先股股东（不含表决权恢复的优先股股东）所持表决权的 2/3 以上通过，不需要全体优先股股东通过，选项 B 错误。

三、计算分析题

1.【答案】

（1）债券到期收益率是指购进债券后，一直持有该债券至到期日可获取的收益率。平价购入，名义到期收益率与票面利率相同，即为 10%。

甲债券年有效到期收益率 $=(1+10\%/2)^2-1=10.25\%$

（2）乙债券价值 $=1000\times4\%\times(P/A,5\%,10)+1000\times(P/F,5\%,10)=40\times7.7217+1000\times0.6139=923$（元）

（3）甲债券的价值 $=\dfrac{1000\times5\%}{(1+4\%)}+\dfrac{1000\times5\%+1000}{(1+4\%)^2}=1019$（元）

（4）设半年利率为 i，则有：

$1000=1050\times(1+i)^{-1/2}$

$\sqrt{1+i}=1050/1000$

$i=(1050/1000)^2-1=10.25\%$

年有效到期收益率 $=(1+10.25\%)^2-1=21.55\%$

（5）$PV=1000\times5\%\times(P/A,6\%,6)+1000\times(P/F,6\%,6)=50\times4.9173+1000\times0.7050=951$（元）

因债券价值 951 元大于市价 950 元，故应购买。

2.【答案】

（1）A债券当前的价格=1000×（P/F，8%，5）=680.6（元）

B债券票面利率等于到期收益率，因此当前价格等于其面值1000元。

C债券当前的价格=100×（P/A，8%，5）+1000×（P/F，8%，5）=1079.87（元）

（2）A债券一年后的价格=1000×（P/F，8%，4）=735（元）

B债券票面利率等于到期收益率，因此一年后的价格也等于其面值1000元。

C债券一年后的价格=100×（P/A，8%，4）+1000×（P/F，8%，4）=1066.21（元）

（3）①投资于A债券的税后收益率=税后收益/投资额=（735−680.6）×（1−20%）/680.6×100%=6.39%

②投资于B债券的税后收益率=[80×（1−30%）+（1000−1000）×（1−20%）]/1000=5.6%

③投资于C债券的税后收益率=[100×（1−30%）+（1066.21−1079.87）×（1−20%）]/1079.87=5.47%。

或列表计算：

单位：元

项目	A债券	B债券	C债券
一年后出售售价	735	1000	1066.21
一年后的利息收入	0	80	100
所得税	（735−680.6）×20%=10.88	80×30%=24	（1066.21−1079.87）×20%+100×30%=27.27
一年后税后现金流量	735−10.88=724.12	1000+80−24=1056	1066.21+100−27.27=1138.94
税后收益率 r_d	680.6=724.12/（$1+r_d$） r_d=724.12/680.6−1=6.39%	1000=1056/（$1+r_d$） r_d=1056/1000−1=5.6%	1079.87=1138.94/（$1+r_d$） r_d=1138.94/1079.87−1=5.47%

3.【答案】

（1）$V_M=\dfrac{0.15\times(1+6\%)}{10\%-6\%}=3.98$（元）

【提示】实际工作中一般在下一年初考虑支付上年的股利，这里的上年股利是D_0，而今年期望的股利是D_1。

$V_N=\dfrac{0.6}{10\%}=6$（元）

L公司预期第1年的股利=0.2×（1+14%）=0.23（元）

L公司预期第2年的股利=0.23×（1+14%）=0.26（元）

L公司预期第3年的股利=0.26×（1+5%）=0.27（元）

V_L=0.23×（P/F，10%，1）+0.26×（P/F，10%，2）+0.27/（10%−2%）×（P/F，10%，2）=3.21（元）

或：=0.23×（P/F，10%，1）+0.26×（P/F，10%，2）+0.27×（P/F，10%，3）+$\dfrac{0.27\times(1+2\%)}{10\%-2\%}$×（P/F，10%，3）=3.21（元）

（2）由于M公司股票价值3.98元高于其市价3.5元，故M公司股票值得投资。N公司股票价值6元低于其市价7元，L公司股票价值3.21元低于其市价4元，故N公司和L公司的股票都不值得投资。

（3）M股票期望报酬率=$\dfrac{0.15\times(1+6\%)}{3.5}$+6%=10.54%。

附 录

考点清单

轻松过关® 1

2022年注册会计师考试
应试指导及全真模拟测试

财务成本管理

（中册）

闫华红　主编

东奥会计在线　编

北京科学技术出版社

目录
CONTENTS

第二部分　考点精讲及同步训练

第七章　期权价值评估

CHAPTER-7

本章学习指南

一、考情分析

本章从考试题型来看，客观题、主观题都有可能出题，最近 3 年平均分值为 5 分左右。

最近 3 年题型、题量分析表

题型	2019 年		2020 年		2021 年	
	试卷Ⅰ	试卷Ⅱ	试卷Ⅰ	试卷Ⅱ	试卷Ⅰ	试卷Ⅱ
单项选择题	1 题 1.5 分	1 题 1.5 分	—	1 题 1.5 分	2 题 4 分	1 题 2 分
多项选择题	1 题 2 分	1 题 2 分	1 题 2 分	1 题 2 分	—	1 题 2 分
计算分析题	—	—	—	—	—	1 题 9 分
综合题	—	—	—	—	—	—
合计	2 题 3.5 分	2 题 3.5 分	1 题 2 分	2 题 3.5 分	2 题 4 分	3 题 13 分

二、教材变化

本章与 2021 年的教材相比没有实质性变化。

三、考点框架

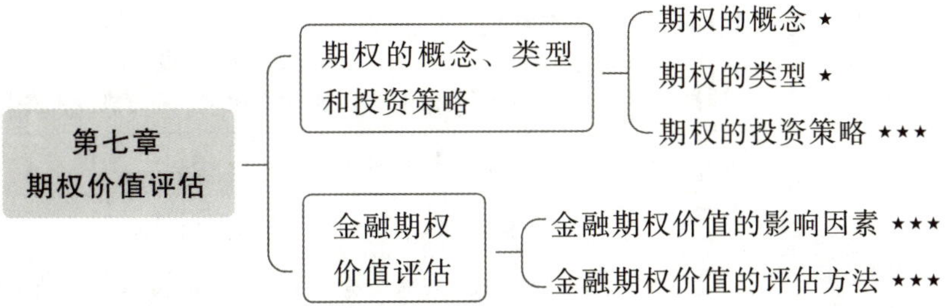

核心考点精讲

第一节　期权的概念、类型和投资策略

使用“会计云课堂”App或“微信”扫码查看本节视频，快速GET知识点。

要点小贴士

期权是指预期的选择权，选择行权时是按约定好的固定价格行权，我们后面称之为“执行价格”，用X来表示。

一、期权的概念★

期权是一种合约，该合约赋予持有人在某一特定日期或该日之前的任何时间以固定价格购进或售出约定数量某种资产的权利。

二、期权的类型★

（一）期权的分类

分类标准	种类	特征
按照期权执行时间	欧式期权（european option）	只能在到期日行权
	美式期权（american option）	可以在到期日或之前任一交易日行权
按照合约授予期权持有人权利的类别	看涨期权（call option）（“买权”）	期权赋予持有人在到期日或到期日之前，以固定价格购买标的资产的权利
	看跌期权（put option）（“卖权”）	期权赋予持有人在到期日或到期日之前，以固定价格出售标的资产的权利

要点小贴士

（1）多头和空头彼此是零和博弈。

（2）多头是主动的，空头是被动的。

（3）期权价格——多头：投资成本。空头：出售收入。

（二）期权到期日价值和净损益

类型	项目	计算公式（设 S_T 为到期股价，X为执行价格）
看涨期权	到期日价值（执行净收入）	多头看涨期权到期日价值 =max（S_T-X，0）
		空头看涨期权到期日价值 =-max（S_T-X，0）
	净损益	多头看涨期权净损益 = 多头看涨期权到期日价值 - 期权价格 空头看涨期权净损益 = 空头看涨期权到期日价值 + 期权价格

类型	项目	计算公式（设 S_T 为到期股价，X 为执行价格）
看跌期权	到期日价值（执行净收入）	多头看跌期权到期日价值 =max（$X-S_T$，0）
		空头看跌期权到期日价值 =-max（$X-S_T$，0）
	净损益	多头看跌期权净损益 = 多头看跌期权到期日价值 - 期权价格
		空头看跌期权净损益 = 空头看跌期权到期日价值 + 期权价格

【解读】

（1）多头是期权的购买者，其净损失有限（最大值为期权价格）；空头是期权的出售者，收取期权费，成为或有负债的持有人；

（2）顾名思义：对于看涨期权合约，价格涨（$S_T > X$）对多头有利；而对于看跌期权合约，价格跌（$S_T < X$）对多头有利；

（3）多头有选择权，对其有利就行权（即赚取 S_T 和 X 的差价），对其不利就不行权；空头没有选择权，只能按照多头的选择来承担后果；

（4）"空头期权到期日价值 =- 多头期权到期日价值""空头期权净损益 =- 多头期权净损益"。

经典题解

【例题 1 · 计算分析题】ABC 公司股票的当前市价为 29 元，目前市场上有以 ABC 公司股票为标的资产的看涨期权和看跌期权，执行价格均为 30 元，到期日为 1 年后的同一天。看涨期权和看跌期权的价格均为 2 元，若到期日股票市价为 33 元。

要求：

（1）针对看涨期权合约确定：

①若持有期权空头，到期日价值和净损益分别为多少。

②若持有期权多头，到期日价值和净损益分别为多少。

（2）针对看跌期权合约确定：

①若持有期权空头，到期日价值和净损益分别为多少。

②若持有期权多头，到期日价值和净损益分别为多少。

> **解题攻略**
>
> ①若多头选择行权，多头与空头价值：绝对值相等，符号相反；
>
> ②若多头选择不行权，多头与空头价值：均为 0。

【答案】

（1）①看涨期权空头到期日价值 =-（33-30）=-3（元）

空头净损益 =-3+2=-1（元）

②看涨期权多头到期日价值 =33-30=3（元）

多头净损益 =3-2=1（元）

（2）①看跌期权空头到期日价值 =0（元）

空头净损益 =2（元）

②看跌期权多头到期日价值 =0（元）

多头净损益 =-2（元）。

三、期权的投资策略★★★

（一）保护性看跌期权

1. 含义

股票加多头看跌期权组合，是指购买 1 股股票，同时购买该股票的 1 股看跌期权。

2. 组合净收入与组合净损益的确定

到期股价（S_T）与执行价格（X）间的关系	到期组合净收入	初始流量	组合净损益
$S_T < X$	X	-（股票初始投资买价 S_0+ 期权购买价格 P_0）	$X-S_0-P_0$
$S_T > X$	S_T	-（股票初始投资买价 S_0+ 期权购买价格 P_0）	$S_T-S_0-P_0$

要点小贴士

保护性看跌期权，到期净收入取 S_T 和 X 的高者。

3. 特征

（1）锁定了最低净收入和最低净损益：最低净收入 =X，最低净损益 =X- 初始投资成本。

（2）净损益的预期降低了：当股价上涨时，比单一投资股票获得的收益低（少一个期权价格）。

经典题解

【例题 2·单选题】 E 公司股价 50 元，以该股票为标的资产的欧式看跌期权价格 5 元，每份看跌期权可卖出 1 股股票。看跌期权的执行价格为 51 元，3 个月后到期。某投资者购入 1 股 E 公司股票，同时买入 1 份看跌期权。若 3 个月后 E 公司股价为 48 元，该投资者的净损益是（　　）元。

A. -7　　B. -4　　C. 8　　D. 3

【解析】 该投资组合为保护性看跌期权。由于执行价格 X（51 元）高于到期股价 S_T（48 元），所以保护性看跌期权的到期净收入 =51 元，投资者净损益 =51-（50+5）=-4（元）。

【答案】 B

（二）抛补性看涨期权

1. 含义

股票加空头看涨期权组合，是指购买 1 股股票，同时出售该股票的 1 股看涨期权。

2. 组合净收入与组合净损益的确定

到期股价（S_T）与执行价格（X）间的关系	到期组合净收入	初始流量	组合净损益
$S_T < X$	S_T	- 股票初始投资买价 S_0+ 期权出售价格 C_0	$S_T-S_0+C_0$
$S_T > X$	X	- 股票初始投资买价 S_0+ 期权出售价格 C_0	$X-S_0+C_0$

要点小贴士

抛补性看涨期权，到期净收入取 S_T 和 X 的低者。

3. 特征

将净损益限定在特定的区域内，是机构投资者常用的投资策略。

（1）锁定了最高净收入和最高净损益：最高净收入 =X，最高净损益 =X- 股票初始投资买价 S_0+ 期权出售价格 C_0。

（2）存在最低净收入和最低净损益：理论上当股价下降到 0 的时候，最低净收入等于 0，最低净损益 =- 股票初始投资买价 S_0+ 期权出售价格 C_0。

经典题解

【真题 3 · 单选题】甲公司股价 85 元，以该股票为标的资产的欧式看涨期权价格 8 元，每份看涨期权可买入 1 份股票。看涨期权的执行价格为 90 元，6 个月后到期。乙投资者购入 100 股甲公司股票同时出售 100 份看涨期权。若 6 个月后甲公司股价为 105 元，乙投资者的净损益是（ ）元。（2021 年卷Ⅱ）

A. -700　　B. 1300　　C. 2800　　D. 500

【解析】该投资组合为抛补性看涨期权。由于执行价格 X（90 元）低于到期股价 S_T（105 元），所以每份抛补性看涨期权的到期净收入取低者 90 元，扣除初始购买股票投资 85 元，再加上初始出售看涨期权的收入可以计算出投资净损益，乙投资者净损益 =100×（90-85+8）=1300（元）。

【答案】B

（三）对敲

1. 多头对敲

（1）含义：同时买进一只股票的看涨期权和看跌期权，它们的执行价格、到期日都相同。

（2）组合净收入与组合净损益的确定。

到期股价（S_T）与执行价格（X）间的关系	到期组合净收入①	初始流量②	组合净损益③ = ① + ②
$S_T < X$	$X-S_T$	-（P+C）	（$X-S_T$）-（P+C）
$S_T > X$	S_T-X	-（P+C）	（S_T-X）-（P+C）

要点小贴士

多头主动，到期净收入取 S_T 和 X 的正差。

（3）特征：最坏结果是到期股价与执行价格一致，白白损失了看涨期权和看跌期权的购买成本。股价偏离执行价格的差额必须超过期权购买成本，才能给投资者带来净收益。

（4）适用范围：预计市场价格将发生剧烈变动，但是不知道变动的方向是升高还是降低。

经典题解

【真题 4 · 单选题】市场上有以甲公司股票为标的资产的欧式看涨期权和欧式看跌期权。每份看涨期权可买入 1 股股票，每份看跌期权可卖出 1 股股票；看涨期权每份价格 5 元，看跌期权每份价格 3 元；执行价格均为 60 元，到期日相同。如果到期日股票价格为 64 元，购入一份看涨期权同时购入一份看跌期权的投资组合

的净损益是（　　）元。（2020 年卷Ⅱ）

A. −8　　B. −4　　C. 4　　D. 8

【解析】题中为多头对敲投资策略，投资组合的净损益 =（64−60）−5−3=−4（元）。

【答案】B

【真题 5 · 多选题】甲投资者同时买进一只股票的看涨期权和看跌期权，该投资策略适合的情形有（　　）。（2019 年卷Ⅰ）

A. 预计标的股票市场价格将小幅下跌

B. 预计标的股票市场价格将小幅上涨

C. 预计标的股票市场价格将大幅上涨

D. 预计标的股票市场价格将大幅下跌

【解析】多头对敲是指同时买进一只股票的看涨期权和看跌期权，对于预计市场价格将发生剧烈变动，但是不知道升高还是降低的投资者非常有用。

【答案】CD

2. 空头对敲

（1）含义：同时卖出一只股票的看涨期权和看跌期权，它们的执行价格、到期日都相同。

（2）组合净收入与组合净损益的确定。

要点小贴士

空头被动，到期净收入取 S_T 和 X 的负差。

到期股价（S_T）与执行价格（X）间的关系	到期组合净收入①	初始流量②	组合净损益③ = ① + ②
$S_T < X$	−（$X-S_T$）	P+C	−（$X-S_T$）+（P+C）
$S_T > X$	−（S_T-X）	P+C	−（S_T-X）+（P+C）

（3）特征：最好结果是到期股价与执行价格一致，投资者白白赚取出售看涨期权和看跌期权的收入。空头对敲的股价偏离执行价格的差额必须小于期权出售收入，才能给投资者带来净收益。

（4）适用范围：预计市场价格将相对比较稳定。

经典题解

【真题 6 · 单选题】下列情形中，最适合采用空头对敲投资策略的是（　　）。（2021 年卷Ⅰ）

A. 预计未来标的资产价格将大幅上涨

B. 预计未来标的资产价格将大幅下跌

C. 预计未来标的资产价格将在执行价格附近小幅变动

D. 预计未来标的资产价格将发生剧烈波动，但不知道升高还是降低

【解析】空头对敲策略对于预计标的资产市场价格将相对比较稳定的投资者非常有用。

【答案】C

【例题 7 · 单选题】甲公司是一家制造业上市公司，当前每股市价 50 元，市场

上有两种以该股票为标的资产的期权：欧式看涨期权和欧式看跌期权。每份看涨期权可买入 1 股股票，每份看跌期权可卖出 1 股股票，看涨期权每份 5 元，看跌期权每份 4 元，两种期权执行价格均为 50 元，到期时间均为 6 个月。投资人采用空头对敲策略，若想取得正的净损益，股票的价格应（　　）。

A. 大于 41 元小于 59 元　　B. 小于 41 元或大于 59 元

C. 小于 46 元或大于 55 元　　D. 小于 46 元或大于 59 元

【解析】当股价超过执行价格，空头对敲的净损益 $=-(S_T-50)+(4+5)>0$，$S_T<59$（元）；当股价低于执行价格，空头对敲的净损益 $=-(50-S_T)+(4+5)>0$，$S_T>41$（元）。因此选项 A 正确。

【答案】A

【总结】

投资策略	含义	到期净收入	初始现金流量	到期净损益
保护性看跌期权	买股票加买看跌	S_T 和 X 取高者	$-S_0-P_{跌}$	到期净收入＋初始现金流量
抛补性看涨期权	买股票加卖看涨	S_T 和 X 取低者	$-S_0+C_{涨}$	
多头对敲	买看涨加买看跌	S_T 和 X 取正差 $\|S_T-X\|$	$-C_{涨}-P_{跌}$	
空头对敲	卖看涨加卖看跌	S_T 和 X 取负差 $-\|S_T-X\|$	$C_{涨}+P_{跌}$	

【图示】

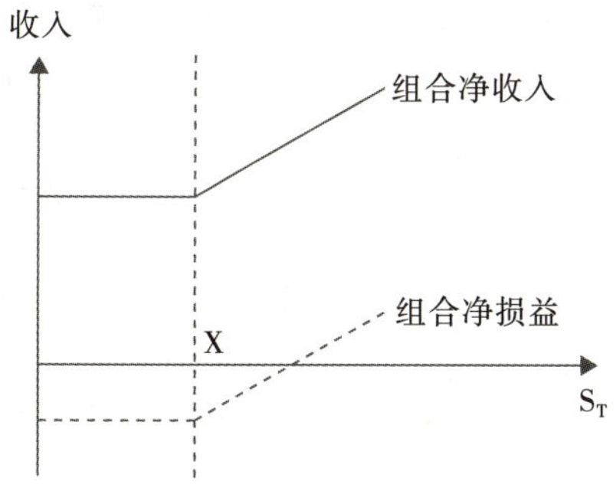

保护性看跌期权

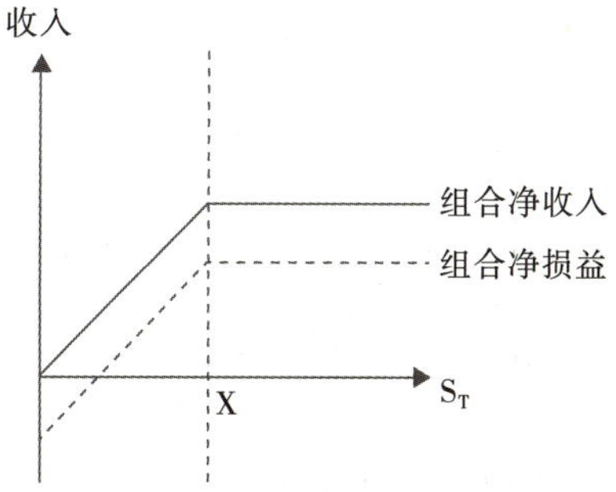

抛补性看涨期权

要点小贴士

只有抛补性看涨期权将净损益限定在一个有限范围内。

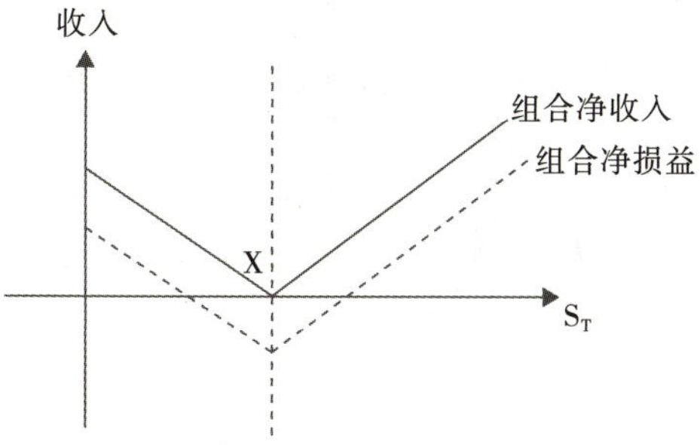

多头对敲

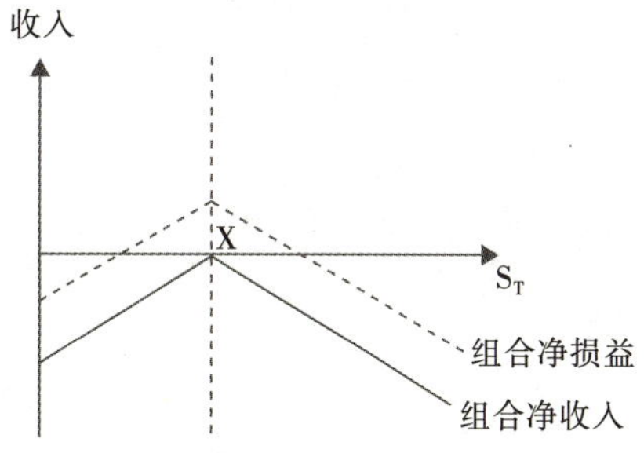

空头对敲

要点小贴士

（1）多头由于主动，所以被锁定的是最低的净收入和净损益。

（2）空头由于被动，所以被锁定的是最高的净收入和净损益。

【易错易混点】到期净收入和净损益的特点。

期权	多头看涨（或看跌）期权	锁定最低到期净收入（0）和最低净损益（－期权价格）
	空头看涨（或看跌）期权	锁定最高到期净收入（0）和最高净收益（期权价格）
投资策略	保护性看跌期权	锁定最低到期净收入（X）和最低净损益（$X-S_0-P_{跌}$）
	抛补性看涨期权	锁定最高到期净收入（X）和最高净收益（$X-S_0+C_{涨}$）
	多头对敲	锁定最低到期净收入（0）和最低净损益（$-C_{涨}-P_{跌}$）
	空头对敲	锁定最高到期净收入（0）和最高净收益（$C_{涨}+P_{跌}$）

第二节　金融期权价值评估

使用“会计云课堂”App 或“微信”扫码查看本节视频，快速 GET 知识点。

一、金融期权价值的影响因素 ★★★

（一）期权的内在价值和时间溢价

要点小贴士

内在价值是从多头的角度考虑的，不存在负数情况，最低为 0。

1. 期权的内在价值

期权的内在价值，是指期权立即执行产生的经济价值。内在价值的大小，取决于股票现行市价 S_0 与期权执行价格 X 的高低。

价值状态	看涨期权		看跌期权		执行状况
“实值期权”（溢价期权）	$S_0>X$	内在价值 $=S_0-X$	$S_0<X$	内在价值 $=X-S_0$	有可能被执行，但也不一定被执行
“虚值期权”（折价期权）	$S_0<X$	内在价值 =0	$S_0>X$	内在价值 =0	不会被执行
“平价期权”	$S_0=X$	内在价值 =0	$S_0=X$	内在价值 =0	不会被执行

要点小贴士

只要期权没有到期，时间溢价就大于 0。

2. 期权的时间溢价

含义	期权的时间溢价是指期权价值超过内在价值的部分
特征	时间溢价是时间带来的“波动的价值”，是未来存在不确定性而产生的价值，不确定性越强，期权时间价值越大
计算公式	时间溢价 = 期权价值 － 内在价值

【易错易混点】金融工具的内在价值、价值与价格。

金融工具	内在价值的含义	价值与内在价值的关系	价格与价值的关系
股票 / 债券	未来现金流入的现值	价值 = 内在价值	市场完全有效时： 价格 = 价值
期权	期权立即执行产生的经济价值，取决于股票当前价格 S_0 与期权执行价格 X 的高低	期权价值 = 期权内在价值 + 时间溢价	当不存在套利空间时： 期权价格 = 期权价值

要点小贴士

在本章，题中没有明确说明的情况下，期权价值等于期权价格，只有在套利的情况下，存在期权价值和期权价格不相等的情况。

经典题解

【真题 8 · 多选题】2021 年 8 月 2 日，甲公司股票市场价格 70 元。有一份以甲公司股票为标的资产的美式看跌期权，价格 8 元，3 个月后到期，执行价格 75 元。下列关于该期权的说法中，正确的有（　　）。（2021 年卷Ⅱ）

A. 期权时间溢价为 3 元　　　　B. 期权处于虚值状态

C. 期权肯定会被执行　　　　　D. 期权内在价值为 5 元

【解析】内在价值 =75−70=5（元），该期权处于实值状态，有可能被执行，但也不一定会被执行，所以选项 D 正确，选项 B、C 错误。时间溢价 =8−5=3（元），所以选项 A 正确。

【答案】AD

【真题 9 · 多选题】现有一份甲公司股票的欧式看涨期权，1 个月后到期，执行价格 50 元。目前甲公司股票市价 60 元，期权价格 12 元。下列说法中，正确的有（　　）。（2020 年卷Ⅰ）

A. 期权时间溢价 2 元　　　　B. 期权属于实值状态

C. 期权到期时应被执行　　　D. 期权目前应被执行

【解析】时间溢价 =12−（60−50）=2（元），选项 A 正确。目前股价大于执行价格，所以期权处于实值状态，选项 B 正确。到期时股价未知，无法判断到期时是否应被执行，选项 C 错误。期权是欧式期权，只能在到期日行权，选项 D 错误。

【答案】AB

【真题 10 · 多选题】甲公司股票目前每股 20 元，市场上有 X、Y 两种该股票的看涨期权。执行价格分别为 15 元、25 元。到期日相同，下列说法中，正确的有（　　）。（2019 年卷Ⅱ）

A. Y 期权时间溢价 0 元

B. X 期权价值高于 Y 期权价值

C. 股票价格上涨 5 元，X、Y 期权内在价值均上涨 5 元

D. X 期权内在价值 5 元

【解析】因为没有到期，所以时间溢价大于 0，选项 A 错误。目前 X 股票内在价值 =20−15=5（元），Y 股票内在价值 =0，股票价格上涨 5 元，X 股票内在价值 = 25−15=10（元），Y 股票内在价值 =0，所以选项 C 错误、选项 D 正确。对于看涨期权，

期权价值与执行价格反向变动，所以选项B正确。

【答案】BD

【真题11·多选题】甲股票当前市价20元，市场上有以该股票为标的资产的看涨期权和看跌期权，执行价格均为18元。下列说法中，正确的有（　　）。（2017年卷Ⅰ、卷Ⅱ）

A. 看涨期权处于实值状态　　B. 看涨期权时间溢价大于0

C. 看跌期权处于虚值状态　　D. 看跌期权时间溢价小于0

【解析】对于看涨期权来说，标的资产现行市价高于执行价格时，该期权处于实值状态，选项A正确。对于看跌期权来说，标的资产的现行市价高于执行价格时，该期权处于虚值状态。选项C正确。期权的时间溢价是一种等待的价值，只要未到期，时间溢价就是大于0的。选项B正确、选项D错误。

【答案】ABC

（二）影响期权价值的主要因素

影响因素		影响方向
影响内在价值	股票价格	与看涨期权价值同向变动、看跌期权价值反向变动 【理解】无风险利率越高，执行价格的现值越低
	无风险利率	
	执行价格	与看涨期权价值反向变动、看跌期权价值同向变动 【理解】期权有效期内预期红利发放，会降低股价
	预期红利	
影响时间溢价	到期期限	对于美式期权来说，到期期限越长，其价值越大 对于欧式期权来说，较长的时间不一定能增加期权价值
	股价波动率	股价的波动率增加会使期权价值增加

要点小贴士

在期权估值过程中，股票价格的变动性是最重要的因素。如果一只股票的价格变动性很小，其期权也值不了多少钱。

经典题解

【真题12·多选题】假设其他条件不变，下列各项中，会导致美式看跌期权价值上升的有（　　）。（2020年卷Ⅱ）

A. 无风险利率下降　　B. 标的股票发放红利

C. 标的股票价格上涨　　D. 标的股票股价波动率增加

【解析】无风险利率、标的股票价格与美式看跌期权价值是反向变动的，选项A正确、选项C错误。标的股票发放红利后标的股票价格会下降，因此美式看跌期权价值是上升的，选项B正确。标的股票股价波动率与美式看跌期权价值是同向变动的，选项D正确。

【答案】ABD

【真题13·单选题】假设其他条件不变，下列影响期权价值的各项因素中，会引起期权价值同向变动的是（　　）。（2019年卷Ⅰ、卷Ⅱ）

A. 无风险利率　　B. 执行价格

C. 标的股票市价　　D. 标的股票股价波动率

【解析】无风险利率和标的股票市价与看涨期权同向变动，与看跌期权反向变动。

执行价格与看涨期权反向变动，与看跌期权同向变动。标的股票价格波动率与期权价值（不管是看涨期权还是看跌期权）同向变动，所以选项 D 正确。

【答案】D

【真题 14·多选题】在其他因素不变的情况下，下列各项变动中，引起美式看跌期权价值下降的有（　　）。（2017 年卷Ⅰ、卷Ⅱ）

A. 股票市价下降　　B. 股价波动率下降

C. 到期期限缩短　　D. 无风险报酬率降低

【解析】看跌期权在未来某一时间执行，其净收入是执行价格与股票价格的差额。如果其他因素不变，当股票价格下降时，看跌期权的价值上升，选项 A 错误。一种简单而不全面的解释是假设股票价格不变，无风险报酬率越低，执行价格的现值越高，看跌期权的价值越高，选项 D 错误。

【答案】BC

【真题 15·单选题】在其他条件不变的情况下，下列关于股票的欧式看涨期权内在价值的说法中，正确的是（　　）。（2016 年卷Ⅰ、卷Ⅱ）

A. 股票市价越高，期权的内在价值越大

B. 期权到期期限越长，期权的内在价值越大

C. 股价波动率越大，期权的内在价值越大

D. 期权执行价格越高，期权的内在价值越大

【解析】内在价值是期权立即行权产生的经济价值，因此不受时间溢价的影响，而期权到期期限和股价波动率影响的是时间溢价，因此选项 B、C 不正确；当股价大于执行价格时，看涨期权内在价值 = 股价 – 执行价格，因此选项 A 正确、选项 D 不正确。

【答案】A

【真题 16·多选题】假设其他因素不变，下列各项中会引起欧式看跌期权价值增加的有（　　）。（2015 年卷Ⅰ、卷Ⅱ）

A. 到期期限延长

B. 执行价格提高

C. 无风险利率增加

D. 股价波动率加大

【解析】欧式期权只能在到期日行权，在较长的到期期限内可能会发放股利，导致股票价格降低，有可能超过时间价值的差额，所以对于欧式期权来说，较长的时间不一定能增加期权价值，因此，选项 A 不正确。

对于看跌期权来说，到期日股价越低或者执行价格越高是越有利的，因此执行价格提高会导致看跌期权价值增加，选项 B 正确。

无风险利率越高，执行价格的现值 PV（X）越低。因此看涨期权的价值越高，看跌期权的价值越低，选项 C 不正确。

股价的波动率高，容易捕获到股价的高点或者低点行权的机会大，期权价值高。股价平稳，波动率低，捕获到行权的机会少，期权价值低，因此股价波动率增加对于期权来说都是会增加价值的，选项 D 正确。

【答案】BD

（三）期权价值的范围

（1）看涨期权价值线：

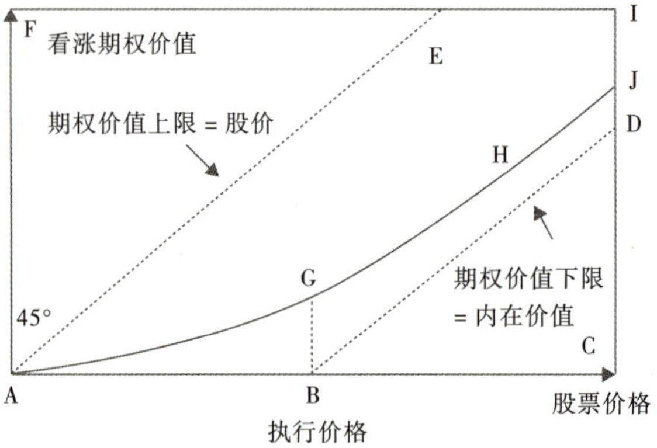

（2）看跌期权价值线：

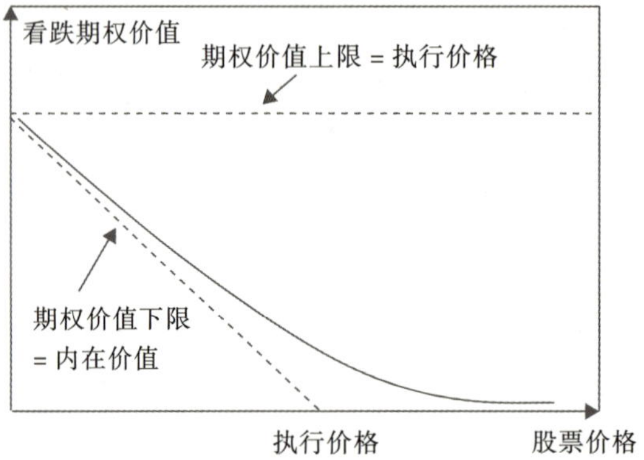

【提示】看涨期权的价值上限是股票价格；看跌期权的价值上限是执行价格。

经典题解

【例题 17·单选题】对于看涨期权来说，期权价格随着股票价格的上涨而上涨，当股价足够高时（　　）。

A. 期权价格可能会等于股票价格

B. 期权价格可能会超过股票价格

C. 期权价格不会超过股票价格

D. 期权价格会等于执行价格

【解析】期权价格如果等于股票价格，无论未来股价高低（只要它不为零），购买股票总比购买期权有利。在这种情况下，投资人必定抛出期权，购入股票，迫使期权价格下降。所以，看涨期权的价值不会超过股价。

【答案】C

二、金融期权价值的评估方法★★★

（一）期权估值原理

1. 复制原理

基本原理	（1）基本思想 构造一个借款买股票的组合，使其到期收益与期权的到期收益一致，则该组合的投资成本就是期权的价值 （2）基本公式 每份期权价值 C_0= 借款买若干股股票的投资组合成本 = 购买股票支出 − 借款数额 = $H\times S_0-B$
关键变量确定	（1）利用套期保值原理计算套期保值比率 H（即购买股票的股数、也称为德尔塔系数） 套期保值比率 $H=\frac{C_u-C_d}{S_u-S_d}$ 借款数额 B= 到期日组合现金净流量的现值 $=\frac{H\times S_d-C_d}{1+r}$ 其中：H 为购买股票的股数，S_u 为上行股价，S_d 为下行股价，C_u 为股价上行时期权到期日价值，C_d 为股价下行时期权到期日价值，r 是指无风险期利率 （2）计算步骤 ①确定可能的到期日股票价格 S_u 和 S_d： S_u= 股票现价 $S_0\times$ 上行乘数 u S_d= 股票现价 $S_0\times$ 下行乘数 d ②计算期权到期日价值 C_u 和 C_d： $C_u=\max(S_u-X，0)$ $C_d=\max(0，S_d-X)$ ③计算套期保值比率（购买股票的股数）： 套期保值比率 $H=\frac{C_u-C_d}{S_u-S_d}$ ④计算借款额 借款数额 $B=\frac{H\times S_d-C_d}{1+r}$ ⑤计算投资组合的成本（期权价值）= 购买股票支出 − 借款数额 $=H\times S_0-B$

要点小贴士

套期保值原理是指构造一个组合“买股票和卖出看涨期权”，只要股票和期权的比例配置适当，就可以使到期日风险完全对冲，锁定到期日组合现金净流量。即：$H\times S_u-C_u=H\times S_d-C_d$。

【提示】如果由市场决定的期权价格和按照复制原理计算的期权价值二者不一致，说明存在套利空间。

要点小贴士

套利就是对于不划算的做反向操作，划算的就可以投资。

①如果期权价格被高估（期权价格大于期权价值），说明购买期权不划算，借款买股票投资组合是划算的，应当是卖出期权，那么相应的，就要买组合，即买股票以及借入款项。

②如果期权价格被低估（期权价格小于期权价值），说明购买期权划算，借款买股票投资组合是不划算的，应当是买入期权，那么相应的，就要卖组合，即卖出股票以及贷出款项。

即期权的买卖和组合的买卖方向是相反的，买期权，就卖组合；卖期权，就买组合。

经典题解

【真题18·单选题】甲公司股票当前价格60元，以该股票为标的资产的看涨期权执行价格为65元，每份看涨期权可以买入1份股票。预计未来甲公司股价或者上涨20元，或者下跌10元。下列投资组合中，可复制1份多头该看涨期权投资效果的是（　　）。（2021年卷Ⅰ）

A. 购入0.5份甲公司股票，同时借入必要的款项

B. 购入2份甲公司股票，同时借入必要的款项

C. 购入0.5份甲公司股票，同时贷出必要的款项

D. 购入2份甲公司股票，同时贷出必要的款项

【解析】根据复制原理可知，需要构造一个借款买股票的组合。

上行股价 S_u=60+20=80（元）

下行股价 S_d=60-10=50（元）

股价上行时期权到期日价值 C_u=上行股价-执行价格=80-65=15（元）

股价下行时期权到期日价值 C_d=0

套期保值比率H=期权价值变化/股价变化=（15-0）/（80-50）=0.5

因此是购入0.5份甲公司股票，同时借入款项，选项A正确。

【答案】A

【例题19·计算分析题】假设ABC公司的股票现在的市价为60元。有1股以该股票为标的资产的看涨期权，执行价格为62元，到期时间是6个月。6个月以后股价有两种可能：上升33.33%，或者下降25%。无风险报价利率为每年4%，假设利用复制原理确定期权价值。

要求：

（1）计算套期保值比率（保留四位小数）。

（2）计算期权价值。

（3）若期权价格为9元，建立一个套利组合。

（4）若期权价格为8元，建立一个套利组合。

【答案】

（1）上行股价 S_u=股票现价 S_0×上行乘数u=60×（1+33.33%）=80（元）

下行股价 S_d=股票现价 S_0×下行乘数d=60×（1-25%）=45（元）

股价上行时期权到期日价值 C_u=上行股价-执行价格=80-62=18（元）

股价下行时期权到期日价值 C_d=0

套期保值比率H=期权价值变化/股价变化=（18-0）/（80-45）=0.5143

（2）借款数额B=（到期日下行股价×套期保值比率-股价下行时期权到期日价值）/（1+r）=（45×0.5143-0）/（1+4%/2）=22.69（元）

期权价值=H×S_0-B=0.5143×60-22.69=30.86-22.69=8.17（元）

（3）因为目前看涨期权价格为9元高于8.17元，所以存在套利空间。套利组合应为：出售1份看涨期权，借入22.69元，买入0.5143股股票，可套利0.83元。

（4）因为目前看涨期权售价为8元低于8.17元，所以存在套利空间。套利组合应为：卖空0.5143股股票，买入无风险债券22.69元，买入1股看涨期权进行套利，可套利0.17元。

> **解题攻略**
>
> 说明看涨期权价格9元太贵，买期权不划算，所以要做反向操作，即卖期权。

> **解题攻略**
>
> 说明看涨期权价格8元便宜，买期权是划算的，但借款买股票的投资成本太贵，不划算，做反向操作，即卖空股票贷出资金。

2. 风险中性原理

基本思想	假设投资者对待风险的态度是中性的，所有证券的期望报酬率都应当是无风险利率
计算思路	现在价值 ← 用无风险利率折现 — 到期日价值的期望值 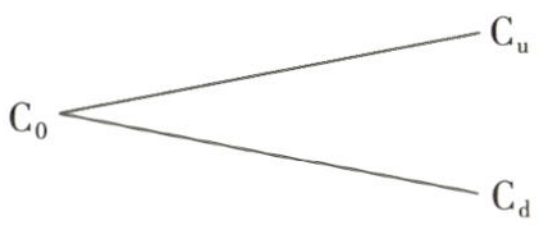
计算公式	期权价值$C_0=\frac{P\times C_u+(1-P)\times C_d}{1+r}$ 其中：P 为上行概率；(1-P) 为下行概率；r 为无风险期利率
上行概率 P 的计算	期望报酬率（无风险利率）= 上行概率 × 上行时报酬率 + 下行概率 × 下行时报酬率 假设股票不派发红利，股票价格的上升百分比就是股票投资的报酬率，公式转化为： 期望报酬率（无风险利率）=P× 股价上升百分比 +（1-P）×（- 股价下降百分比）

要点小贴士

到期日价值 C_u 和 C_d 的确定同复制原理。

经典题解

【例题 20 · 单选题】 假设 ABC 公司的股票现在的市价为 56.26 元。有 1 股以该股票为标的资产的看涨期权，执行价格为 62 元，到期时间是 6 个月。6 个月以后股价有两种可能：上升 42.21%，或者下降 29.68%。无风险报价利率为每年 4%，则利用风险中性原理所确定的期权价值为（　　）元。

A. 7.78　　B. 5.93　　C. 6.26　　D. 4.37

【解析】 上行股价 S_u=56.26×（1+42.21%）=80.01（元）

下行股价 S_d=56.26×（1-29.68%）=39.56（元）

股价上行时期权到期日价值 $C_u=S_u-X$=80.01-62=18.01（元）

股价下行时期权到期日价值 C_d=0

期望报酬率 2%= 上行概率 ×42.21%+ 下行概率 ×（-29.68%）

2%=P×42.21%+（1-P）×（-29.68%）

P=0.4407

1-P=0.5593

期权的价值 =（0.4407×18.01+0.5593×0）/（1+2%）=7.78（元）。

【答案】 A

（二）二叉树期权定价模型

1. 单期二叉树定价模型

基本原理：可以利用复制原理结合套期保值原理确定，也可以利用风险中性原理确定，结果是一致的。

计算公式：

①教材公式：

$$期权价格=\frac{1+r-d}{u-d}\times\frac{C_u}{1+r}+\frac{u-1-r}{u-d}\times\frac{C_d}{1+r}$$

u= 股价上行乘数 =1+ 股价上升百分比

d= 股价下行乘数 =1- 股价下降百分比

②解读公式：（与风险中性原理完全一样）

上式中的$\frac{1+r-d}{u-d}$即上行概率；上式中的$\frac{u-1-r}{u-d}$即下行概率。

上式可以写成：期权价格 =（上行概率 $\times C_u$+ 下行概率 $\times C_d$）/（1+r）

> 要点小贴士
>
> 利用风险中性原理求上行概率P和利用$\frac{1+r-d}{u-d}$求上行概率P的结果完全一致。

2. 两期二叉树模型

基本原理	到期时间分成两期，由单期模型向两期模型的扩展，实际上就是单期模型的重复应用
计算公式	首先，利用单期定价模型，计算 C_u 和 C_d： C_u= 上行概率 $\times \frac{C_{uu}}{1+r}$ +（1- 上行概率）$\times \frac{C_{ud}}{1+r}$ C_d= 上行概率 $\times \frac{C_{ud}}{1+r}$ +（1- 上行概率）$\times \frac{C_{dd}}{1+r}$ 其次，根据单期定价模型计算出期权价值 C_0： C_0= 上行概率 $\times \frac{C_u}{1+r}$ +（1- 上行概率）$\times \frac{C_d}{1+r}$

> 要点小贴士
>
> 这里r是指每期的期利率，例如无风险年报价利率是8%，期权的到期时间是1年，利用4期二叉树模型计算，那么期利率r就是2%。

3. 多期二叉树模型

基本原理：与两期模型一样，从后向前逐级推进，只不过多了一个层次。

需注意的问题：期数增加以后，要调整价格变化的升降幅度，以保证年报酬率的标准差不变。把年报酬率标准差和升降百分比联系起来的公式是：

$u=1+$ 上升百分比 $= e^{\sigma\sqrt{t}}$

$d=1-$ 下降百分比 $=1/u$

其中：e——自然常数，约等于2.7183；σ——标的资产连续复利报酬率的标准差；t——以年表示的时段长度。

经典题解

【例题21·计算分析题】假设A公司的股票现在的市价为40元。有1份以该股票为标的资产的看涨期权和1份以该股票为标的资产的看跌期权，执行价格均为40.5元，到期时间是1年。根据股票过去的历史数据所测算的连续复利报酬率的标准差为0.5185，无风险报价利率为每年4%。

要求：

（1）为保证年报酬率的标准差不变，计算利用两期二叉树模型时，股价的上行乘数和下行乘数；

（2）利用两期二叉树模型确定看涨期权的价格。

【答案】

（1）上行乘数$u=e^{\sigma\sqrt{t}}=e^{0.5185\times\sqrt{0.5}}=e^{0.3666}=1.4428$

下行乘数 d=1/1.4428=0.6931

> 解题攻略
>
> 计算中注意t必须为年数，这里由于每期为6个月，所以t=6/12=0.5（年）。

（2）股价二叉树：

40 → 40×1.4428=57.712 → 57.712×1.4428=83.27；57.712×0.6931=40

40 → 40×0.6931=27.724 → 57.712×0.6931=40；27.724×0.6931=19.22

期权二叉树：

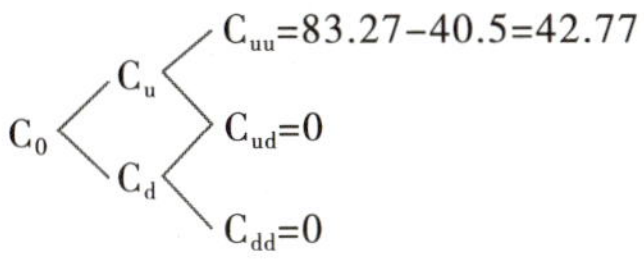

解法 1：

上行概率 =（1+r−d）/（u−d）= $\frac{1+2\%-0.6931}{1.4428-0.6931}$ =0.4360

下行概率 =1−0.4360=0.5640

解法 2：

2%= 上行概率 ×44.28%+（1− 上行概率）×（−30.69%）

上行概率 =0.4360

下行概率 =1−0.4360=0.5640

C_u=（上行概率 ×C_{uu}+ 下行概率 ×C_{ud}）/（1+ 持有期无风险利率）=（0.4360×42.77+0.5640×0）/（1+2%）=18.28（元）

C_d=（上行概率 ×C_{ud}+ 下行概率 ×C_{dd}）/（1+ 持有期无风险利率）=0

C_0=（0.4360×18.28+0.5640×0）/（1+2%）=7.81（元）。

（三）布莱克—斯科尔斯期权定价模型（BS 模型）

1. 基本模型

计算公式	三个公式： $C_0=S_0[N(d_1)]-Xe^{-r_c t}[N(d_2)]$ 或：$=S_0[N(d_1)]-PV(X)[N(d_2)]$ $d_1=\frac{\ln(S_0/X)+[r_c+(\sigma^2/2)]t}{\sigma\sqrt{t}}$ 或：$=\frac{\ln[S_0/PV(X)]}{\sigma\sqrt{t}}+\frac{\sigma\sqrt{t}}{2}$ $d_2=d_1-\sigma\sqrt{t}$ 其中：C_0——看涨期权的当前价值；S_0——标的股票的当前价格；N（d）——标准正态分布中离差小于 d 的概率；X——期权的执行价格；e——自然对数的底数，约等于 2.7183；r_c——连续复利的年度无风险利率；t——期权到期日前的时间（年）；ln（S_0/X）—— S_0/X 的自然对数；σ^2——连续复利的以年计的股票回报率的方差	
参数估计	无风险利率	（1）无风险利率应选择与期权到期日最接近的政府债券利率 （2）这里所说的政府债券利率是指其市场利率，而不是票面利率 （3）模型中的无风险利率是按连续复利计算的利率 **【提示】**如果用 F 表示终值，P 表示现值，r_c 表示连续复利率，t 表示时间（年）： 则：$F=P\times e^{r_c t}$，即：r_c=［ln（F/P）］/t

要点小贴士

为了简便，手工计算时往往使用分期复利作为连续复利的近似替代，需要计算每期利率：

（1）若考试给出的是有效年利率：例如，假设有效年利率为 4%，半年利率为 $\sqrt{1+4\%}-1$=1.98%。

（2）若考试给出的是报价利率：例如，报价年利率为 4%，则半年利率为 4%/2=2%。

参数估计	股票报酬率的标准差	股票报酬率的标准差可以使用历史报酬率来估计 $\sigma=\sqrt{\frac{1}{n-1}\sum_{t=1}^{n}(R_t-\bar{R})^2}$ 其中：R_t 指报酬率的连续复利值 分期复利的股票报酬率：$R_t=\frac{P_t-P_{t-1}+D_t}{P_{t-1}}$ 连续复利的股票报酬率：$R_t=\ln(\frac{P_t+D_t}{P_{t-1}})$ 其中：R_t 指股票在 t 时期的报酬率；P_t 指 t 期的价格；P_{t-1} 指 t-1 期的价格；D_t 指 t 期的股利
适用范围	（1）假设看涨期权只能在到期日执行，即模型仅适用于欧式看涨期权 （2）在期权寿命期内，不考虑股利派发	

2. 其他应用

情形	需注意的问题
（1）考虑股利派发	在期权估值时把所有到期日前预期发放的未来股利的现值从现行股票价格中扣除
（2）欧式看跌期权估值	利用看涨期权——看跌期权平价定理： 看涨期权价格 C- 看跌期权价格 P= 标的资产的价格 S- 执行价格的现值 PV（X）
（3）美式期权估值	美式期权的价值至少等于相应欧式期权的价值，在某种情况下美式期权的价值更大

经典题解

【例题 22 · 单选题】两种期权的执行价格均为 80 元，6 个月后到期，若无风险年报价利率为 4%，股票的现行价格为 82 元，看涨期权的价格为 10 元，则看跌期权的价格为（　　）元。

A. 12　　B. 13.57　　C. 4.92　　D. 6.43

【解析】$P=-S_0+C+PV(X)=-82+10+80/(1+2\%)=6.43$（元）。

【答案】D

【例题 23 · 多选题】下列有关期权估值模型的表述中，正确的有（　　）。

A. BS 期权定价模型中的无风险利率应选择长期政府债券的到期收益率

B. 利用 BS 模型进行期权估值时应使用的利率是连续复利的

C. 如果预期会发股利，利用 BS 模型进行期权估值时要将期权到期日前所派发的全部股利的现值加入股价中

D. 美式期权的价值应当至少等于相应欧式期权的价值

【解析】BS 期权定价模型中的无风险利率应选择与期权到期日相同的国库券到期收益率，选项 A 错误。在期权估值时要从股价中扣除期权到期日前所派发的全部股利的现值，选项 C 错误。

【答案】BD

本章小结

下载“会计云课堂”App 学习

您已成功完成“第七章”的学习，本章共 5 个考点，您都学会了吗？

为了让您对章节有更清晰的理解，加倍巩固。本书作者闫华红老师将通过**“视频导图课”**的方式，带您回顾重要考点。

名师点拨，视听结合，高效提分。

※ 欢迎您扫码，免费观看学习。

历年经典主观题回顾

使用“会计云课堂”App 或“微信”扫码快速做题、对答案、看解析、掌握解题思路，开启轻松过关之旅。

计算分析题

1. 甲公司是一家上市公司，当前每股市价 60 元。市场上有两种以该股票为标的资产的期权：欧式看涨期权和欧式看跌期权，每份看涨期权可买入 1 股股票，每份看跌期权可卖出 1 股股票。两种期权的执行价格均为 70 元，到期时间均为三个月，期权到期前，甲公司不派发现金股利。预期三个月后的股价或者上涨 26 元，或者下跌 14 元。三个月无风险报酬率 0.8%。乙投资者计划买入 1000 股甲公司股票，同时买入 1000 份看跌期权并持有至到期。

   要求：

   （1）利用套期保值原理，计算套期保值比率和每份看涨期权的价值。

   （2）利用看涨期权——看跌期权平价定理，计算每份看跌期权的价值。

   （3）基于要求（2）的结果，三个月后甲公司股价下跌 14 元，乙投资者净损益是多少？（注：计算组合净损益时，不考虑股票价格、期权净收入的货币时间价值）（2021 年卷Ⅱ）

2. 甲公司是一家衍生品交易公司。甲公司拟持有乙公司的 100 万份看涨期权空头，每份期权在到期日可以购买乙公司 1 股股票，执行价格 25 元，看涨期权价格 9.2 元。甲公司拟持有乙公司的 100 万份看跌期权空头，每份期权到期日可以卖出乙公司 1 股股票，执行价格 25 元，看跌期权价格 3 元。当前股价 30 元。

要求：

（1）计算看涨期权、看跌期权的内在价值和时间溢价。

（2）如果到期日股价是 40 元，计算甲公司的净损益。

（3）如果到期日股价是 20 元，计算甲公司的净损益。

（4）如果到期日股价是 25 元，计算甲公司的净损益。

（5）甲公司的投资策略适用何种市场行情？（2021 年卷Ⅲ）

3. 甲公司是一家上市公司，最近刚发放上年现金股利每股 2.5 元，目前每股市价 60 元。证券分析师预测，甲公司未来股利增长率 8%，等风险投资的必要报酬率 12%。市场上有两种以甲公司股票为标的资产的期权：欧式看涨期权和欧式看跌期权。每份看涨期权可买入 1 股股票，每份看跌期权可卖出 1 股股票，看涨期权价格每份 5 元，看跌期权价格每份 2.5 元。两种期权的执行价格均为 60 元，期限均为 1 年。

投资者小刘和小马都认为市场低估了甲公司股票，预测 1 年后股票价格将回归内在价值，于是每人投资 62500 元。小刘的投资是：买入 1000 股甲公司股票，同时买入 1000 份甲公司股票的看跌期权。小马的投资是：买入甲公司股票的看涨期权 12500 份。

（注：计算投资净损益时不考虑货币时间价值）

要求：

（1）采用股利折现模型，估计 1 年后甲公司股票的内在价值。

（2）如果预测正确，分别计算小刘和小马 1 年后的净损益。

（3）假如 1 年后甲公司股票下跌到每股 40 元，分别计算小刘和小马的投资净损益。（2018 年卷Ⅰ）

4. 甲公司是一家制造业上市公司，当前每股市价 40 元。市场上有两种以该股票为标的资产的期权：欧式看涨期权和欧式看跌期权。每份看涨期权可买入 1 股股票，每份看跌期权可卖出 1 股股票，看涨期权每份 5 元，看跌期权每份 3 元。两种期权执行价格均为 40 元，到期时间均为 6 个月。目前，有四种投资组合方案可供选择：保护性看跌期权、抛补性看涨期权、多头对敲、空头对敲。

要求：

（1）投资者希望将净损益限定在有限区间内，应选择哪种投资组合？该投资组合应该如何构建？假设 6 个月后该股票价格上涨 20%，该投资组合的净损益是多少？（注：计算组合净损益时，不考虑期权价格、股票价格的货币时间价值）

（2）投资者预期未来股价大幅波动，应该选择哪种投资组合？该投资组合应该如何构建？假设 6 个月后股票价格下跌 50%，该投资组合的净损益是多少？（注：计算投资组合净损益时，不考虑期权价格、股票价格的货币时间价值）（2016 年卷Ⅰ）

要求：

（1）投资者希望将净损益限定在有限区间内，应选择哪种投资组合？该投资组合应该如何构建？假设 6 个月后该股票价格下降 20%，该投资组合的净损益是多少？（注：计算投资组合净损益时，不考虑期权价格、股票价格的货币时间价值）

（2）投资者预期未来股价波动较小，应该选择哪种投资组合？该投资组合应该如何构建？假设 6 个月后股票价格上升 5%，该投资组合的净损益是多少？（注：计算投资组合净损益时，不考虑期权价格、股票价格的货币时间价值）（2016 年卷Ⅱ改编）

5. 甲公司股票当前每股市价 40 元，6 个月以后股价有两种可能：上升 25% 或下降 20%，市场上有两种以该股票为标的资产的期权：看涨期权和看跌期权。每份看涨期权可买入 1 股股票，每份看跌期权可卖出 1 股股票，两种期权执行价格均为 45 元，到期时间均为 6 个月，期权到期前，甲公司不派发现金股利，半年无风险利率为 2%。

要求：

（1）利用风险中性原理，计算看涨期权的股价上行时到期日价值、上行概率及期权价值，利用看涨期权——看跌期权平价定理，计算看跌期权的期权价值。

（2）假设目前市场上每份看涨期权价格 2.5 元，每份看跌期权价格 6.5 元，投资者同时卖出 1 份看涨期权和 1 份看跌期权，计算确保该组合不亏损的股票价格区间，如果 6 个月后，标的股票价格实际上涨 20%，计算该组合的净损益。（注：计算股票价格区间和组合净损益时，均不考虑期权价格的货币时间价值）（2015 年卷Ⅰ）

6. 甲公司股票当前每股市价 50 元，6 个月以后股价有两种可能：上升 20% 或下降 17%，市场上有两种以该股票为标的资产的期权，看涨期权和看跌期权，每份看涨期权可买入 1 股股票，每份看跌期权可卖出 1 股股票，两种期权执行价格均为 55 元，到期时间均为 6 个月，期权到期前，甲公司不派发现金股利，半年无风险利率为 2.5%。

要求：

（1）利用套期保值原理，计算看涨期权的股价上行时到期日价值、套期保值比率及期权价值；利用看涨期权——看跌期权平价定理，计算看跌期权的期权价值。

（2）假设目前市场上每份看涨期权价格 2.5 元，每份看跌期权价格 6.5 元，投资者同时买入 1 份看涨期权和 1 份看跌期权，计算确保该组合不亏损的股票价格区间，如果 6 个月后标的股票价格实际下降 10%，计算该组合的净损益。（注：计算股票价格区间和组合净损益时，均不考虑期权价格的货币时间价值）（2015 年卷Ⅱ）

历年经典主观题参考答案及解析

计算分析题

1.【答案】

（1）①套期保值比率：

上行股价 S_u=60+26=86（元）

下行股价 S_d=60−14=46（元）

C_u=86−70=16（元）

C_d=0

套期保值比率 =（16−0）/（86−46）=0.4

②看涨期权的价值

借款 =（46×0.4−0）/（1+0.8%）=18.25（元）

每份看涨期权的价值 =60×0.4−18.25=5.75（元）

【提示】期权价格也可以采用风险中性原理计算得出：

股价上行乘数 =1+26/60=1.4333

股价下行乘数 =1−14/60=0.7667

P=（1+0.8%−0.7667）/（1.4333−0.7667）=0.3620

每份看涨期权的价值 =16×0.3620/（1+0.8%）=5.75（元）

（2）每份看跌期权的价值 =5.75+70/（1+0.8%）−60=15.19（元）

（3）乙投资者净损益 =（46−60）×1000+（70−46−15.19）×1000=−5190（元）。

2.【答案】

（1）看涨期权的内在价值 =30−25=5（元）

看涨期权的时间溢价 =9.2−5=4.2（元）

对于看跌期权来说，因为执行价格小于当前股价，所以看跌期权的内在价值 =0

看跌期权的时间溢价 =3−0=3（元）

（2）甲公司的净损益 =［−（40−25）+9.2+3］×100=−280（万元）

（3）甲公司的净损益 =［−（25−20）+9.2+3］×100=720（万元）

（4）甲公司的净损益 =（9.2+3）×100=1220（万元）

（5）甲公司的投资策略是空头对敲。

空头对敲策略适用于预计市场价格将相对比较稳定的市场行情。

3.【答案】

（1）1 年后甲公司股票的内在价值 = $\frac{2.5\times(1+8\%)}{12\%-8\%}\times(1+8\%)$ =72.9（元）

（2）小刘 1 年后的净损益 =S_T-S_0-P=（72.9−60−2.5）×1000=10400（元）

小马 1 年后的净损益 =S_T-X-C=（72.9−60−5）×12500=98750（元）

（3）小刘的投资净损益 =$X-S_0-P$=（60−60−2.5）×1000=−2500（元）

小马的投资净损益 =0−C=−5×12500=−62500（元）。

【提示】股票和债券的内在价值是指未来的现金流入的现值，而期权的内在价值是假设期权立刻执行的经济价值。

【备注】2018 年卷Ⅱ与卷Ⅰ只是数据有区别。

4.【答案】

2016 年卷Ⅰ的答案：

（1）应该选择抛补性看涨期权，可将净损益限定在（$-S_0+C$）到（$X-S_0+C$）之间。

购买 1 股股票，同时出售一份以该股票为标的的看涨期权。

股票价格高于执行价格，到期净收入取低者，该组合的净损益 =$X-S_0+C$=40−40+5=5（元）。

（2）预期未来股价大幅波动，不知道股价上升还是下降，应该选择多头对敲组合。多头对敲就是同时买进一只股票的看涨期权和看跌期权。

6 个月后股价 =40×（1−50%）=20（元）

组合净收入 $=X-S_T$=40−20=20（元）

组合净损益 = 组合净收入 − 期权购买价格 =20−5−3=12（元）。

【解析】

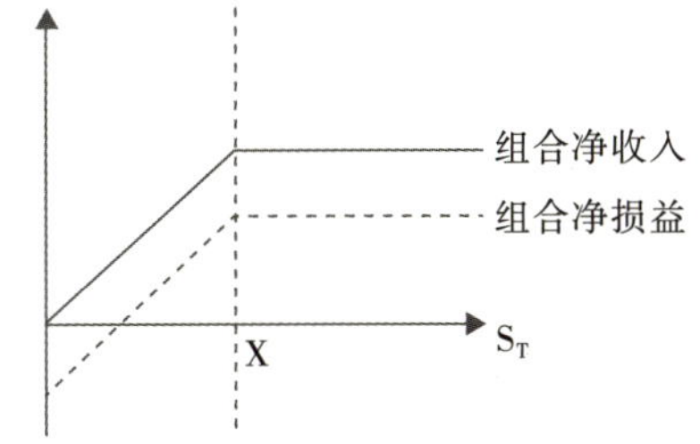

抛补性看涨期权

题中要求选择将净损益限定在有限区间内，由图可知，抛补性看涨期权锁定了最高净收入和最高净损益；而且当股价为 0 的时候，可以确定最低净收入和最低净损益。

2016 年卷Ⅱ的答案：

（1）①选择抛补性看涨期权组合；

②抛补性看涨期权组合的构建方法是购买一股股票，并卖空一份以该股票为标的资产的看涨期权；

③股票价格下降，到期组合收入取低者，该组合的净损益 $=S_T-S_0+C$，所以投资者的净损益 = 40×（1−20%）−40+5=−3（元）。

（2）①选择空头对敲组合；

②空头对敲组合的构建方法是同时卖出一份以该股票为标的资产的看涨期权和看跌期权；

③投资者的净损益 =−［40×（1+5%）−40］+5+3=6（元）。

5.【答案】

（1）股价上行时看涨期权的到期日价值 =40×（1+25%）−45=5（元）

2%= 上行概率 ×25%+（1− 上行概率）×（−20%）

即：2%= 上行概率 ×25%−20%+ 上行概率 ×20%

则：上行概率 =0.4889

下行概率 =1−0.4889=0.5111

由于股价下行时到期日价值 =0

因此，看涨期权价值 =（5×0.4889+0.5111×0）/（1+2%）=2.4（元）

看跌期权价值 =45/（1+2%）+2.4−40=6.52（元）

（2）卖出看涨期权的净损益 =−max（股票市价 − 执行价格，0）+ 期权价格 =−max（股票市价 −45，0）+2.5

卖出看跌期权的净损益 =−max(执行价格 − 股票市价 ,0)+ 期权价格 =−max(45− 股票市价，0）+6.5

组合净损益 =−max（股票市价 −45，0）−max（45− 股票市价，0）+9

当股价大于执行价格时：

组合净损益 =−（股票市价 −45）+9

根据组合净损益 =0，可知，股票市价 =54 元。

当股价小于执行价格时：

组合净损益 =-（45- 股票市价）+9

根据组合净损益 =0，可知，股票市价 =36 元。

因此，确保该组合不亏损的股票价格区间为 36~54 元。

如果 6 个月后的标的股票价格实际上涨 20%，即股票价格为 40×（1+20%）=48（元），则：

组合净损益 =-（48-45）+9=6（元）。

6.【答案】

（1）上行股价 S_u=50×（1+20%）=60（元）

股票上行时的到期日价值 C_u=S_u-X=60-55=5（元）

下行时的股价 S_d=50×（1-17%）=41.5（元）

股票下行时的到期日价值 C_d=0

套期保值比率 H=（C_u-C_d）/（S_u-S_d）=（5-0）/（60-41.5）=0.27

借款 =（H×S_d-C_d）/（1+r）=（41.5×0.27-0）/（1+2.5%）=10.93（元）

期权价值 =H×S_0- 借款支出 =0.27×50-10.93=2.57（元）

根据看涨期权——看跌期权的平价定理可知，2.57- 看跌期权价值 =50-55/（1+2.5%）。

看跌期权价值 =2.57-50+55/（1+2.5%）=6.23（元）

（2）①看涨期权价格 + 看跌期权价格 =2.5+6.5=9（元）

本题属于多头对敲策略，对于多头对敲而言，股价偏离执行价格的差额必须超过期权购买成本，才能给投资者带来净收益，本题中的期权购买成本为 9 元，执行价格为 55 元，因此，确保该组合不亏损的股票价格区间是大于等于 64 元或小于等于 46 元。

②如果股票价格下降 10%，则股价为 50×（1-10%）=45（元）。

投资组合的净损益 =55-45-（2.5+6.5）=1（元）。

同步强化练习题

使用“会计云课堂”App 或“微信”扫码快速做题、对答案、看解析、掌握解题思路，开启轻松过关之旅。

1035732

一、单项选择题

1. 下列有关期权的表述中，不正确的是（　　）。

A. 期权出售人不一定拥有标的资产，期权是可以“卖空”的

B. 期权是一种特权，持有人只有权利没有义务

C. 期权到期时出售人和持有人双方要进行标的物的实物交割

D. 双方约定的期权到期的那一天称为“到期日”，在那一天之后，期权失效

2. 下列关于期权特征的表述中，正确的是（　　）。

A. 欧式看涨期权的空头拥有在到期日以固定价格购买标的资产的权利

B. 美式看涨期权的空头可以在到期日或到期日之前的任何时间执行以固定价格出售标的资产的权利

C. 欧式看跌期权的多头拥有在到期日或到期日之前的任何时间以固定价格出售标的资产的权利

D. 美式看跌期权的多头拥有在到期日或到期日之前的任何时间以固定价格出售标的资产的权利

3. 下列说法正确的是（　　）。

A. 对于买入看涨期权而言，到期日股票市价高于执行价格时，净损益大于 0

B. 买入看跌期权，获得在到期日或到期日之前按照执行价格购买某种资产的权利

C. 多头看涨期权的最大净收益为期权价格

D. 空头看涨期权的最大净收益为期权价格

4. 同时售出甲股票的 1 股看涨期权和 1 股看跌期权，执行价格均为 50 元，到期日相同，看涨期权的价格为 5 元，看跌期权的价格为 4 元。如果到期日的股票价格为 48 元，该投资组合的净收益是（　　）元。

A. 5　　B. 7

C. 9　　D. 11

5. 同时卖出一只股票的看涨期权和看跌期权，它们的执行价格和到期日均相同。该投资策略适用的情况是（　　）。

A. 预计标的资产的市场价格将会发生剧烈波动

B. 预计标的资产的市场价格将会大幅度上涨

C. 预计标的资产的市场价格将会大幅度下跌

D. 预计标的资产的市场价格稳定

6. 某公司股票的当前市价为 10 元，有一种以该股票为标的资产的看跌期权，执行价格为 8 元，到期时间为三个月，期权价格为 3.5 元。下列关于该看跌期权的说法中，正确的是（　　）。

A. 该期权处于实值状态

B. 该期权的内在价值为 2 元

C. 该期权的时间溢价为 3.5 元

D. 买入一股该看跌期权的最大净收入为 4.5 元

7. 对股票期权价值影响最主要的因素是（　　）。

A. 股票价格　　B. 执行价格

C. 股价波动率　　D. 无风险利率

8. 如果其他因素不变，下列有关影响期权价值因素的表述正确的是（　　）。

A. 较长的到期时间，能增加期权的价值

B. 股票价格增加会使期权价值增加

C. 无风险利率越高，看涨期权的价值越高，看跌期权的价值越低

D. 看涨期权价值与预期红利大小呈正向变动，看跌期权价值与预期红利大小呈反向变动

9. 如果股票目前市价为 P_{t-1}，半年后的股价为 P_t，假设没有股利分红，则连续复利年股票投资报酬率等于（　　）。

A. $2\times(P_{t-1}-P_t)/P_{t-1}$

B. $2\times\ln(P_t/P_{t-1})$

C. $0.5\times(P_{t-1}-P_t)/P_{t-1}$

D. $0.5\times\ln(P_t/P_{t-1})$

10. 下列关于美式看涨期权的表述中，正确的是（　　）。

A. 美式看涨期权只能在到期日执行

B. 无风险利率越高，美式看涨期权价值越低

C. 美式看涨期权的价值通常小于相应欧式看涨期权的价值

D. 较长的到期时间能增加其价值

11. 以同一股票为标的资产的欧式看涨期权和欧式看跌期权的执行价格均为19元，12个月后到期，若无风险年利率为6%，股票的现行价格为18元，看跌期权的价格为0.5元，则看涨期权的价格为（　　）元。

A. 0.5　　B. 0.58

C. 1　　D. 1.5

二、多项选择题

1. 期权合约会涉及出售方和购买方双方，期权是一种“特权”，是因为（　　）。

A. 期权的出售方只享有权利而不承担相应的义务

B. 期权的出售方仅在执行期权有利时才会利用它

C. 期权赋予持有人做某件事的权利，但他不承担必须履行的义务

D. 期权的持有人可以选择执行或者不执行该权利

2. 下列有关看涨期权的表述正确的有（　　）。

A. 看涨期权的到期日价值，随标的资产价格下降而上升

B. 如果在到期日股票价格低于执行价格，则看涨期权没有价值

C. 期权到期日价值没有考虑当初购买期权的成本

D. 期权到期日价值也称为期权购买人的“净损益”

3. 有一项看涨期权，标的股票的当前市价为61元，执行价格为60元，6个月到期，期权价格为5元。若到期日股票市价为67元，则下列说法正确的有（　　）。

A. 空头期权到期日价值为 −7 元

B. 多头期权到期日价值为7元

C. 多头期权到期净损益为2元

D. 期权的内在价值为0

4. 对于买入看跌期权来说，投资净损益的特点有（　　）。

A. 净损失范围不确定

B. 净损失最大值为期权价格

C. 净收益最大值为执行价格减期权价格

D. 净收益潜力巨大

5. 在其他条件相同的情况下，下列说法正确的有（　　）。

A. 空头看跌期权净损益 + 多头看跌期权净损益 =0

B. 空头看跌期权到期日价值 + 多头看跌期权到期日价值 =0

C. 空头看跌期权损益平衡点 = 多头看跌期权损益平衡点

D. 对于空头看跌期权而言，股票市价高于执行价格时，净收入小于0

6. 甲投资人同时买入一只股票的1股看涨期权和1股看跌期权，执行价格均为50元。到期日相同，看涨期权的价格为5元，看跌期权的价格为4元。如果不考虑期权费的时间价值，下列情形中能够给甲投资人带来净收益的有（　　）。

A. 到期日股票价格低于41元

B. 到期日股票价格介于41~50元之间

C. 到期日股票价格介于50~59元之间

D. 到期日股票价格高于59元

7. 下列关于期权投资策略的表述中，正确的有（　　）。

A. 保护性看跌期权可以锁定最低净收入和最低净损益，但不改变净损益的预期值

B. 抛补性看涨期权可以锁定最高净收入和最高净损益，是机构投资者常用的投资策略

C. 多头对敲组合策略可以锁定最低净收入和最低净损益，其最坏的结果是损

失期权的购买成本

D. 空头对敲组合策略可以锁定最低净收入和最低净损益，其最低收益是出售期权收取的期权费

8. 下列表述中正确的有（　　）。

A. 对敲的最坏结果是到期股价与执行价格一致，白白损失了看涨期权和看跌期权的购买成本

B. 多头对敲下股价偏离执行价格的差额必须超过期权购买成本，才能给投资者带来净收益

C. 空头对敲的最好结果是到期股价与执行价格一致，可以赚取看涨期权和看跌期权的期权费

D. 多头对敲下股价偏离执行价格的差额必须超过期权到期日价值，才能给投资者带来净收益

9. 甲公司股票当前市价为 20 元，有一种以该股票为标的资产的 6 个月到期的看涨期权，执行价格为 25 元，期权价格为 4 元，则（　　）。

A. 该看涨期权的内在价值是 0

B. 该期权是虚值期权

C. 该期权的时间溢价为 9 元

D. 该看涨期权的内在价值是 -5 元

10. 下列有关期权时间溢价的表述正确的有（　　）。

A. 期权的时间溢价是指期权价值超过内在价值的部分，时间溢价 = 期权价值 - 内在价值

B. 未来不确定性越强，期权时间溢价越大

C. 如果已经到了到期时间，期权的价值就只剩下内在价值

D. 时间溢价是“延续的价值”，时间延续的越长，时间溢价越大

11. 下列有关看涨期权价值表述正确的有（　　）。

A. 看涨期权的价值上限是股价

B. 只要尚未到期，期权的价值不会低于其内在价值

C. 股票价格为零时，期权的价值也为零

D. 股价足够高时，期权价值线与最低价值线的上升部分逐步接近

12. 在其他因素不变的情况下，下列事项中，会导致欧式看涨期权价值增加的有（　　）。

A. 期权执行价格提高

B. 期权到期期限延长

C. 股价波动率增加

D. 无风险利率提高

13. 下列表述中正确的有（　　）。

A. 一份期权处于虚值状态，仍然可以按正的价格售出

B. 如果其他因素不变，随着股票价格的上升，期权的价值也增加

C. 期权的价值并不依赖股票价格的期望值，而是依赖于股票价格的波动性

D. 欧式期权的价值应当至少等于相应美式期权的价值

14. 利用布莱克—斯科尔斯期权定价模型估算期权价值时，下列表述正确的有（　　）。

A. 在标的股票派发股利的情况下对期权估值时，要从股价中扣除期权到期日前所派发的全部股利的现值

B. 在标的股票派发股利的情况下对期权估值时，要从股价中加上期权到期日前所派发的全部股利的现值

C. 模型中的无风险利率应采用政府债券按连续复利计算的到期报酬率

D. 股票报酬率的标准差可以使用连续复利的历史报酬率来估计

三、计算分析题

1. 某期权交易所 2021 年 3 月 20 日对 ABC 公司的期权报价如下：

单位：元

到期时间	执行价格	看涨期权价格	看跌期权价格
1年	37元	3.80元	5.25元

ABC公司是一家上市公司，最近刚发放上年现金股利每股2元，目前每股市价34元。证券分析师预测，ABC公司未来股利增长率5%，等风险投资的必要报酬率10%，假设标的股票的到期日市价与其一年后的内在价值一致。

要求：针对以下互不相干的问题进行回答：

（1）若甲投资人购买一份看涨期权，此时期权到期日价值为多少？投资净损益为多少？

（2）若乙投资人卖出一份看涨期权，此时空头看涨期权到期日价值为多少？投资净损益为多少？

（3）若丙投资人购买一份看跌期权，此时期权到期日价值为多少？投资净损益为多少？

（4）若丁投资人卖出一份看跌期权，此时空头看跌期权到期日价值为多少？投资净损益为多少？

2. 某期权交易所2021年3月1日对以A公司股票为标的的期权报价如下：

执行价格	到期时间	看涨期权价格	看跌期权价格
54元	1年	3元	5元

股票当前市价为50元，预测一年后股票市价变动情况如下表所示：

股价变动幅度	下降30%	下降10%	上升10%	上升30%
概率	0.2	0.25	0.25	0.3

目前，有四种投资组合方案可供选择：保护性看跌期权、抛补性看涨期权、多头对敲、空头对敲。

要求：

（1）若甲投资人按当前市价购入1股A公司的股票，同时购入该股票的1份看跌期权，判断甲投资人采取的是哪种投资策略，并确定该投资人的预期投资组合收益为多少？

（2）若乙投资人希望将净损益限定在有限区间内，应选择哪种投资组合？并确定该投资人的预期投资组合收益为多少？

（3）若丙投资人同时购入1份A公司股票的看涨期权和1份看跌期权，判断丙投资人采取的是哪种投资策略，并确定该投资人的预期投资组合收益为多少？

（4）若丁投资人同时出售1份A公司股票的看涨期权和1份看跌期权，判断丁投资人采取的是哪种投资策略，并确定该投资人的预期投资组合收益为多少？

3. A公司的普通股最近一个月来交易价格变动很小。股票现价为每股40元，执行价格为40元的三个月看涨期权售价为4元（预期股票不支付红利）。

要求：

（1）如果无风险有效年利率为10%，执行价格为40元的三个月的A公司股票的看跌期权售价是多少（精确到0.0001元）？

（2）若投资者确信三个月后其价格将会有很大变化，但是不知道它是上涨还是下跌，基于投资者对该股票价格未来走势的预期，会构建一个什么样的期权投资策略？若考虑货币时间价值，到期股票价格的范围是多少（精确到0.01元），投资者能获利？

（3）若投资者确信三个月后其价格依然变动很小，基于投资者对该股票价格未来走势的预期，会构建一个什么样的期权投资策略？若不考虑货币时间价值，价格的变动范围是多少(精确到0.01元),投资者能获利?

4. D公司是一家上市公司,其股票于2020年7月1日的收盘价为每股40元。有一种以该股票为标的资产的看涨期权,执行价格为42元,到期时间是3个月。3个月以内公司不会派发股利,3个月以后股价有两种变动的可能:上升到46元或者下降到30元。国库券利率为4%(年名义利率)。

要求:

(1)利用风险中性原理,计算D公司股价的上行概率和下行概率,以及看涨期权的价值。

(2)利用套期保值原理,计算看涨期权的股价上行时到期日价值、套期保值比率。

(3)利用复制原理,计算借款数额和看涨期权的价格。

(4)如果该看涨期权的现行价格为2.5元,请根据套利原理,构建一个投资组合进行套利。

5. D股票的当前市价为25元/股,市场上有以该股票为标的资产的期权交易,有关资料如下:

(1)以D股票为标的资产的到期时间为半年的看涨期权,执行价格为25.3元;以D股票为标的资产的到期时间为半年的看跌期权,执行价格也为25.3元。

(2)根据D股票历史数据测算的连续复利收益率的标准差为0.4。

(3)无风险利率为4%(报价利率)。

(4)1元的连续复利终值如下:

$\sigma\sqrt{t}$	0.1	0.2	0.3	0.4	0.5
$e^{\sigma\sqrt{t}}$	1.1052	1.2214	1.3499	1.4918	1.6487

要求:

(1)若年收益的标准差不变,利用两期二叉树模型计算股价上行乘数与下行乘数,并确定以该股票为标的资产的看涨期权的价格(计算结果填入下表内);

单位:元

期数	0	1	2
时间(年)			
股票价格			
买入期权价格			

(2)利用看涨期权——看跌期权平价定理确定看跌期权价格。

同步强化练习题参考答案及解析

使用“会计云课堂”App或“微信”扫码对答案、看解析、掌握解题思路，开启轻松过关之旅。

一、单项选择题

1.【答案】C

【解析】期权到期时出售人和持有人双方不一定进行标的物的实物交割，而只需按价差补足价款即可，选项C错误。

2.【答案】D

【解析】期权的特权是针对多头而言的。看跌期权是卖权，看涨期权是买权。欧式期权只能在到期日执行，美式期权可以在到期日或到期日之前的任何时间执行。

3.【答案】D

【解析】买入看涨期权到期日价值=max（股票市价－执行价格，0），买入看涨期权净损益=买入看涨期权到期日价值－期权价格，由此可知，选项A的说法不正确，正确的说法应该是“到期日价值大于0”。“看跌期权”也称为“卖出期权”，“看涨期权”也称为“买入期权”，因此期权名称与解释不一致，混淆概念。选项B的说法不正确，正确的说法应该是：买入看跌期权，获得在到期日或到期日之前按照执行价格卖出某种资产的权利。或买入看涨期权，获得在到期日或到期日之前按照执行价格购买某种资产的权利。“买入看涨期权”也称“多头看涨期权”，对于多头看涨期权而言，最大净损失为期权价格，而净收益没有上限，因此，选项C的说法不正确。空头看涨期权净损益=到期日价值+期权价格=期权价格－max（股票市价－执行价格，0），由于max（股票市价－执行价格，0）的最小值为0，因此，空头看涨期权的最大净收益为期权价格，选项D的说法正确。

4.【答案】B

【解析】该投资策略为空头对敲，组合的净收益=（48－50）+（4+5）=7（元）。

5.【答案】D

【解析】该投资策略属于空头对敲，适合预计标的资产的市场价格稳定的情况。选项A适合多头对敲策略。选项B适合看涨期权。选项C适合看跌期权。

6.【答案】C

【解析】由于当前市价高于执行价格，看跌期权处于虚值状态，期权的内在价值为0，由于期权价格为3.5元，则期权的时间溢价为3.5元，因此选项A、B错误，选项C正确；当股价为0时，看跌期权的最大净收入为执行价格8元，最大净收益=8－3.5=4.5（元），因此选项D错误。

7.【答案】C

【解析】在期权估值过程中，股价波动率是最重要的因素，如果一种股票价格的波动率很小，其期权也值不了多少钱。

8.【答案】C

【解析】对于美式期权来说，较长的到期

时间，能增加期权的价值，对于欧式期权来说，较长的到期时间，不一定能增加期权的价值，选项 A 错误；对于看跌期权来说，股票价格提高会使期权价值下跌，选项 B 错误；看跌期权价值与预期红利大小呈正向变动，而看涨期权价值与预期红利大小呈反向变动，选项 D 错误。

9.【答案】B

【解析】连续复利的股票报酬率 $=\ln(\frac{P_t+D_t}{P_{t-1}})/t$，本题没有股利分红，因此 $D_t=0$，因为股价是半年后的，所以 t=0.5。因此连续复利年股票投资报酬率 $=\ln(P_t/P_{t-1})/t=\ln(P_t/P_{t-1})/0.5=2\times\ln(P_t/P_{t-1})$。

10.【答案】D

【解析】美式期权可以在到期日或到期日之前的任何时间执行，选项 A 错误；无风险利率越高，看涨期权价值越高，看跌期权价值越低，选项 B 错误；美式期权的价值应当至少等于相应欧式期权的价值，在某种情况下比欧式期权的价值更大，选项 C 错误。

11.【答案】B

【解析】利用欧式看涨期权和欧式看跌期权之间的平价公式，$18+0.5=C_{涨}+19/(1+6\%)$，则 $C_{涨}=0.58$（元）。

二、多项选择题

1.【答案】CD

【解析】期权的出售方只能按照期权持有人的选择来行事，出售方没有特权，选项 A、B 错误；期权的特权是针对持有人来说的，期权赋予持有人做某件事的权利，但他不承担必须履行的义务，可以选择执行或者不执行该权利，持有人仅在执行期权有利时才会利用它，否则该期权将被放弃，选项 C、D 正确。

2.【答案】BC

【解析】当标的资产到期日价格高于执行价格时，看涨期权的到期日价值随标的资产价格上升而上升。如果在到期日股票价格低于执行价格，则看涨期权没有价值。当标的资产到期日价格低于执行价格时，看跌期权的到期日价值随标的资产价格下降而上升，因此选项 A 错误、选项 B 正确。期权的购买成本称为期权费，是指期权购买人为获得在对自己有利时执行期权的权利，所必须支付的补偿费用。期权到期日价值没有考虑当初购买期权的成本，期权到期日价值减去期权费后的剩余称为期权购买人的“净损益”，因此选项 C 正确、选项 D 错误。

3.【答案】ABC

【解析】买方（多头）期权到期日价值 = 股票到期日市价 − 执行价格 =67−60=7（元），卖方（空头）期权到期日价值 =−7 元，买方到期净损益 = 期权到期日价值 − 期权价格 =7−5=2（元），期权内在价值 = 当前市价 − 执行价格 =61−60=1（元）。

4.【答案】BC

【解析】买入看跌期权的最大净损失为期权费，最大净收益为执行价格减期权价格，因此选项 A 不正确，选项 D 是买入看涨期权的特点。

5.【答案】ABC

【解析】空头和多头彼此是零和博弈，因此选项 A、B、C 的说法均正确；对于空头看跌期权而言，股票市价高于执行价格时，净收入为 0，因此选项 D 不正确。

6.【答案】AD

【解析】当股票到期股价高于执行价格时，多头对敲到期净收益 $=S_T-X-C_0-P_0=S_T-50-5-4$，所以要想获得正的净损益，$S_T>59$ 元；当股票到期股价低于执行价格时，多头对敲到期净收益 $=X-S_T-C_0-$

$P_0=50-S_T-5-4$，所以要想获得正的净损益，$S_T<41$ 元。

7.【答案】BC

【解析】保护性看跌期权可以锁定最低净收入和最低净损益，而净损益的预期值是与投资单一股票相比的，例如当股价上涨时，保护性看跌期权比投资单一股票获得的收益低（少一个期权价格），因此净损益的预期也降低了，选项 A 错误。空头对敲组合策略可以锁定最高净收入和最高净损益，其最高净收益是出售期权收取的期权费，选项 D 错误。

8.【答案】BC

【解析】对敲分为多头对敲和空头对敲，如果是多头对敲选项 A 的表述才正确，但是对于空头对敲，到期股价与执行价格一致是最有利的情形，因此选项 A 错误、选项 C 正确；多头对敲下股价偏离执行价格的差额必须超过看涨、看跌期权的购买成本，投资人才能获得正的净损益，选项 B 正确、选项 D 错误。

9.【答案】AB

【解析】本题是看涨期权，由于标的股票当前的市价 $S_0<$执行价格 X，所以为虚值期权，内在价值为 0，选项 A、B 正确，选项 D 错误。时间溢价 = 期权价值 − 内在价值 =4−0=4（元），选项 C 错误。

10.【答案】ABC

【解析】时间溢价是时间带来的“波动的价值”，是未来存在不确定性而产生的价值，不是时间“延续的价值”，时间延续的越长，货币的时间价值越大，选项 D 错误。

11.【答案】ABCD

【解析】A 选项：如果期权的价格等于股票的价格，投资人不会买期权而会买股票，因为到期日股票价格一定的情况下，如果买股票，收入为到期日股票的价格，而买期权净收入为到期日股票价格减去执行价格，期权的净收入低，所以期权价值的上限是股票价格。

B 选项：如果没有到期，期权价值 = 内在价值 + 时间溢价，时间溢价＞0，所以期权价值＞内在价值（期权价值的下限）。

C 选项：当股票价格为零时，期权价值也为零。这里主要是因为股票价格为 0 的时候，意味着公司将要破产，预计未来股价不会有上升的可能，未来不会获得任何的现金流量，所以期权价值也是等于 0 的。

D 选项：因为股价越高，期权被执行的可能性越大。股价高到一定程度，执行期权几乎是可以肯定的，所以内在价值就比较大。也就是说期权价值主要是内在价值决定的，时间溢价的影响比较小。因此股价升高，期权的价值也会等额同步增加，期权价值线与最低价值线的上升部分逐步接近。

12.【答案】CD

【解析】执行价格提高会使看涨期权价值下降，选项 A 错误；期权到期期限延长对于欧式期权价值的影响不一定，选项 B 错误。

13.【答案】AC

【解析】尽管期权处于虚值状态，其内在价值为零，但它还有时间溢价，因此选项 A 正确。如果其他因素不变，随着股票价格的上升，看涨期权的价值增加，但是看跌期权的价值会下降，因此选项 B 错误。多头看涨（看跌）期权的最大损失以期权成本为限，与股价波动带来的收益不会相互抵消。因此，股价的波动率增加会使期权价值增加，在期权估值过程中，股价的波动性是最重要的因素。如果一个股票的价格波动性很小，其期权也值不了多少钱。因此选项 C 正确。美式期权的价值应当至少等于相应欧式期权的价值，在某种情况下比欧式期权的价值更大，因此选项 D 错误。

14.【答案】ACD

【解析】股利的现值是股票价值的一部分，但是只有股东可以享有该收益，期权持有人不能享有。因此，在期权估值时要从股价中扣除期权到期日前所派发的全部股利的现值。

【提示】无风险利率应该选择与期权到期日相同的政府债券利率，如果没有相同时间的，应该选择时间最接近的政府债券利率。“期权到期日相同”在这里是默认的。

三、计算分析题

1.【答案】

（1）一年后的股票价值 =［2×（1+5%）/（10%-5%）］×（1+5%）=44.1（元）

甲投资人购买的看涨期权到期日价值 =44.1-37=7.1（元）

甲投资人投资净损益 =7.1-3.8=3.3（元）

（2）乙投资人空头看涨期权到期日价值 =-7.1 元

乙投资人投资净损益 =-7.1+3.8=-3.3（元）

（3）丙投资人购买的看跌期权到期日价值 =0

丙投资人投资净损益 =0-5.25=-5.25（元）

（4）丁投资人空头看跌期权到期日价值 =0

丁投资人投资净损益 =0+5.25=5.25(元)。

2.【答案】

（1）甲投资人采取的是保护性看跌期权投资策略

单位：元

股价变动幅度	下降 30%	下降 10%	上升 10%	上升 30%
概率	0.2	0.25	0.25	0.3
组合收入	54	54	55	65
组合净损益	54-（50+5）=-1	54-（50+5）=-1	55-（50+5）=0	65-（50+5）=10

预期投资组合收益 =0.2×（-1）+0.25×（-1）+0.25×0+0.3×10=2.55（元）

（2）乙投资人应采取抛补性看涨期权投资策略

单位：元

股价变动幅度	下降 30%	下降 10%	上升 10%	上升 30%
概率	0.2	0.25	0.25	0.3
组合收入	35	45	54	54
组合净损益	35-50+3=-12	45-50+3=-2	54-50+3=7	54-50+3=7

预期投资组合收益 =0.2×（-12）+0.25×（-2）+0.25×7+0.3×7=0.95（元）

（3）丙投资人采取的是多头对敲投资策略

单位：元

股价变动幅度	下降 30%	下降 10%	上升 10%	上升 30%
概率	0.2	0.25	0.25	0.3
组合收入	54-35=19	54-45=9	55-54=1	65-54=11
组合净损益	19-3-5=11	9-3-5=1	1-3-5=-7	11-3-5=3

预期投资组合收益 =0.2 × 11+0.25 × 1+0.25 ×（−7）+0.3 × 3=1.6（元）

（4）丁投资人采取的是空头对敲投资策略

单位：元

股价变动幅度	下降 30%	下降 10%	上升 10%	上升 30%
概率	0.2	0.25	0.25	0.3
组合收入	−（54−35）=−19	−（54−45）=−9	−（55−54）=−1	−（65−54）=−11
组合净损益	−19+3+5=−11	−9+3+5=−1	−1+3+5=7	−11+3+5=−3

预期投资组合收益 =0.2 ×（−11）+0.25 ×（−1）+0.25 × 7+0.3 ×（−3）=−1.6（元）。

【提示】本题不可以先根据概率计算加权平均股价，再计算组合净损益。因为对于期权来说，不同股价情况下存在是否行权的问题，所以不能计算加权平均股价。

3.【答案】

（1）根据看涨期权——看跌期权平价定理：

看跌期权价格 = 看涨期权价格 − 股票现价 + 执行价格 /（1+r）^{t}=4−40+40/（1+10%）$^{0.25}$=3.0582（元）

【提示】可以以期利率或者是有效年利率作为折现率。

①以期利率作为折现率：期数对应计息期期数，根据有效年利率 =（1+ 期利率）^{年内复利次数}−1，得：期利率 =（1+ 有效年利率）$^{1/年内复利次数}$−1，所以执行价格现值 = 执行价格 /（1+ 期利率）=40/［1+（1+10%）$^{0.25}$−1］=40/（1+10%）$^{0.25}$。

②以有效年利率作为折现率，期数对应年数，即 1/4=0.25（年），所以执行价格现值 = 执行价格 /（1+ 有效年利率）^{年数}=40/（1+10%）$^{0.25}$。

（2）投资者会构建多头对敲组合，即同时购买以 A 公司股票为标的物的 1 股看跌期权和 1 股看涨期权。

总成本 =4+3.0582=7.0582（元）

股票价格变动 =7.0582 ×（1+10%）$^{0.25}$=7.23（元）

S_T−40 > 7.23，S_T > 47.23（元）

或：40−S_T > 7.23，S_T < 32.77（元）

所以股票到期日的股价应大于 47.23 元或小于 32.77 元，投资者才会获利。

（3）投资者会构建空头对敲组合，即同时出售以 A 公司股票为标的物的 1 股看跌期权和 1 股看涨期权。

总收入 =4+3.0582=7.0582（元）

股票价格变动 S_T−40 < 7.0582，S_T < 47.06（元）

40−S_T < 7.0582，S_T > 32.94（元）

所以在到期日，32.94 < 股价 < 47.06，投资者才会获利。

【提示】股价范围是否带等号的处理：

获利，净损益 > 0，股价范围不带等号。

不亏损，净损益 ≥ 0，股价范围带等号。

4.【答案】

（1）股价上升百分比 =（46−40）/40=15%

股价下降百分比 =（30−40）/40=−25%

期利率 =4%/4=1%

1%=P × 15%+（1−P）×（−25%）

上行概率 P=0.65，下行概率 =1−P=0.35

C_u=46−42=4（元），C_d=0

看涨期权价值 =（4 × 0.65+0 × 0.35）/（1+1%）=2.57（元）

【提示 1】对于多期二叉树模型，为了保证期数增加后不会改变股票本身的风险，会有上行乘数和下行乘数互为倒数的关系。但是对于单期二叉树，u=1+ 预期上升百分比，d=1− 预期下降百分比，是根据未来的股价变动率估计的，单期二叉树下 u 和 d 不一定必须是互为倒数关系。

【提示 2】①若题目中给出的国库券利率为名义利率，期利率 = 名义利率 / 年内复利次数；

②若题目中给出的是国库券的有效年利率，期利率 =(1+ 有效年利率)$^{1/年内复利次数}$ −1。

（2）C_u=46−42=4（元），C_d=0

套期保值比率 =（4−0）/（46−30）=0.25

（3）借款额 =0.25×30/(1+1%)=7.43(元)

看涨期权价格 =0.25×40−7.43=2.57(元)

（4）由于目前看涨期权价格 2.5 元低于 2.57 元，所以存在套利空间。

套利组合应为：卖空 0.25 股股票，买入无风险债券 7.43 元，买入 1 份看涨期权进行套利，可套利 0.07 元。

5.【答案】

（1）上行乘数和下行乘数

上行乘数 $u= e^{\sigma\sqrt{t}} = e^{0.4\sqrt{0.25}} = e^{0.2}=1.2214$

下行乘数 $d= \frac{1}{1.2214} =0.8187$

$$P=\frac{1+\frac{4\%}{4}-0.8187}{1.2214-0.8187}=0.4750$$

1−P=0.5250

单位：元

期数	0	1	2
时间（年）	0	0.25	0.5
股票价格	25	30.54	37.30
		20.47	25
			16.76
买入期权价格	2.65	5.64	12
		0	0
			0

【解析】$C_u=\frac{12\times0.4750+0\times0.5250}{1+1\%}=5.64$（元）

$C_0=\frac{5.64\times0.4750+0\times0.5250}{1+1\%}=2.65$（元）

（2）$P_{跌}+25=2.65+\frac{25.3}{1+2\%}$

看跌期权价格 $P_{跌}$=2.45（元）。

【提示】计算看跌期权价格时，求执行价格现值用 2% 作为折现率的原因：

第一问是利用两期二叉树模型计算看涨期权价值，每一小期是 0.25 年，每一期的无风险利率是每季度的期利率 1%；第二问利用平价定理计算看跌期权价格看的是期权的期限，跟两期二叉树没有关系。因为到期时间是半年，所以折现率是每半年的期利率 2%。

第八章　企业价值评估

CHAPTER-8

本章学习指南

一、考情分析

从本章内容来看，属于财务管理比较重要的章节，考试所占的分数比较多，而且客观题、计算分析题和综合题都有可能出题。

最近3年题型、题量分析表

题型	2019年		2020年		2021年	
	试卷Ⅰ	试卷Ⅱ	试卷Ⅰ	试卷Ⅱ	试卷Ⅰ	试卷Ⅱ
单项选择题	—	—	—	—	—	1题2分
多项选择题	1题2分	1题2分	1题2分	1题2分	—	—
计算分析题	1题8分	1题8分	—	—	—	—
综合题	—	—	0.33题5分	0.66题10分	0.86题12分	—
合计	2题10分	2题10分	1.33题7分	1.66题12分	0.86题12分	1题2分

二、教材变化

本章与2021年的教材相比没有实质性变化。

三、考点框架

- 第八章 企业价值评估
  - 企业价值评估的目的和对象
    - 企业价值评估的目的 ★
    - 企业价值评估的对象 ★★★
  - 企业价值评估方法
    - 现金流量折现模型 ★★★
    - 相对价值评估模型 ★★★

核心考点精讲

第一节　企业价值评估的目的和对象

使用“会计云课堂”App 或“微信”扫码查看本节视频，快速 GET 知识点。

一、企业价值评估的目的★

分析和衡量一个企业或一个经营单位的公平市场价值，并提供有关信息以帮助投资人和管理当局改善决策。

二、企业价值评估的对象★★★

（一）一般对象：企业整体的经济价值

企业的整体价值	企业的经济价值
（1）整体不是各部分的简单相加 （2）整体价值来源于要素的结合方式 （3）部分只有在整体中才能体现出其价值	经济价值是指一项资产的公平市场价值，通常用该资产所产生的未来现金流量的现值来计量

（二）会计价值、现时市场价值与经济价值的区别

价值	区别
会计价值	会计价值是指资产、负债和所有者权益的账面价值；而经济价值是未来现金流量的现值
现时市场价值	现时市场价值可能是公平的，也可能是不公平的；而经济价值是公平的市场价值

（三）企业整体经济价值的类别

类别		含义	应注意的问题
1	实体价值	企业全部资产的总体价值	企业实体价值＝股权价值＋净债务价值（这里实体价值、股权价值和净债务价值都是指公平市场价值，而不是账面价值）
	股权价值	股权的公平市场价值	

类别		含义	应注意的问题
2	持续经营价值	简称续营价值，是指由营业所产生的未来现金流量的现值	一个企业的公平市场价值，应当是其续营价值与清算价值中较高的一个
	清算价值	指停止经营，出售资产产生的现金流	
3	少数股权价值V（当前）	是现有管理和战略条件下企业能够给股票投资人带来的未来现金流量的现值	控股权溢价=V（新的）-V（当前）
	控股权价值V（新的）	是企业进行重组，改进管理和经营战略后可以为投资人带来的未来现金流量的现值	

经典题解

【真题1·多选题】甲上市公司目前普通股市价每股20元，净资产每股5元。如果资本市场是有效的，下列关于甲公司价值的说法中，正确的有（　　）。（2020年卷Ⅰ、卷Ⅱ）

A. 清算价值是每股5元　　B. 会计价值是每股5元

C. 少数股权价值是每股20元　　D. 现时市场价值是每股20元

【解析】会计价值是净资产价值每股5元，现时市场价值是目前普通股市价每股20元。由于资本市场是有效的，少数股权价值也是每股20元，清算价值无法判断。

【答案】BCD

【真题2·多选题】甲公司2019年6月30日资产负债表显示，总资产10亿元，所有者权益6亿元，总股数1亿股。当日甲公司股票收盘价每股25元。下列关于当日甲公司股权价值的说法中，正确的有（　　）。（2019年卷Ⅰ、卷Ⅱ）

A. 清算价值是6亿元　　B. 会计价值是6亿元

C. 持续经营价值是10亿元　　D. 现时市场价值是25亿元

【解析】资产负债表显示的所有者权益6亿元是会计价值，选项B正确。现时市场价值$=1\times25=25$（亿元），选项D正确。

【答案】BD

【真题3·多选题】下列关于企业公平市场价值的说法中，正确的有（　　）。（2017年卷Ⅰ、卷Ⅱ）

A. 企业公平市场价值是企业控股权价值

B. 企业公平市场价值是企业未来现金流量的现值

C. 企业公平市场价值是企业持续经营价值

D. 企业公平市场价值是企业各部分构成的有机整体的价值

【解析】从少数股权投资者来看，V（当前）是企业股票的公平市场价值；对于谋求控股权的投资者来说，V（新的）是企业股票的公平市场价值，选项A错误；一个企业的公平市场价值，应当是其持续经营价值与清算价值中较高的一个，选项C错误。

【答案】BD

第二节　企业价值评估方法

使用“会计云课堂”App 或“微信”扫码查看本节视频，快速 GET 知识点。

一、现金流量折现模型★★★

（一）现金流量折现模型的参数

现金流量模型的基本公式	价值 $=\sum_{t=1}^{n}\frac{现金流量_t}{(1+资本成本)^t}$
现金流量折现模型的参数	现金流量、资本成本和时间序列（n）

【提示】现金流量折现模型是企业价值评估使用最广泛、理论上最健全的模型。

【理解】企业价值评估与项目价值评估的比较

联系	（1）都可以给投资主体带来现金流量 （2）现金流都具有不确定性，其价值计量都要使用风险概念 （3）现金流都是陆续产生的，其价值计量都要使用现值概念		
区别	寿命期	现金流分布	现金流归属
项目价值评估	投资项目的寿命是有限的	稳定的或下降的现金流	项目产生的现金流属于投资企业
企业价值评估	企业的寿命是无限的	增长的现金流	企业产生的现金流仅在决策层决定分配时才流向所有者

（二）现金流量折现模型的种类

种类	计算公式	现金流量
股利现金流量模型	股权价值 $=\sum_{t=1}^{\infty}\frac{股利现金流量_t}{(1+股权资本成本)^t}$	股利现金流量：是企业分配给股权投资人的现金流量
股权现金流量模型	股权价值 $=\sum_{t=1}^{\infty}\frac{股权现金流量_t}{(1+股权资本成本)^t}$	股权自由现金流量（简称股权现金流量）：是一定期间企业可以提供给股权投资人的现金流量
实体现金流量模型	实体价值 $=\sum_{t=1}^{\infty}\frac{实体自由现金流量_t}{(1+加权平均资本成本)^t}$ 净债务价值 $=\sum_{t=1}^{\infty}\frac{偿还债务现金流量_t}{(1+等风险债务成本)^t}$ 股权价值 = 实体价值 - 净债务价值	实体自由现金流量（简称实体现金流量）：是企业全部现金流入扣除成本费用和必要的投资后的剩余部分，它是企业一定期间可以提供给所有投资人的税后现金流量

相关链接

第 6 章债券、股票价值评估是计算投资单一证券资产预期所带来的未来现金流量的现值；而本知识点是计算企业作为整体的未来现金流量的现值。所以计算方法、技巧和第 6 章一致，只是评估的对象不同。而现金流量的确定方法与第 2 章管理用现金流量表中现金流量的计算方法一致。

要点小贴士

企业价值评估的关键是解决无限期的现金流量的确定问题。

要点小贴士

（1）股利现金流量可以理解为按收付实现制确定的现金流量，是分配给股权投资人的流量；

（2）股权自由现金流量和实体自由现金流量可以理解为按权责发生制确定的现金流量，是可以提供给（归属于）投资人的，但实际不一定分配给投资人。

【提示1】如果把股权现金流量全部作为股利分配，股利现金流量模型和股权现金流量模型相同。为避免对股利政策进行估计的麻烦，大多数的企业估值使用股权现金流量模型或实体现金流量模型。在实务中，大多使用实体现金流量模型。主要原因是股权资本成本受资本结构影响较大（因为提高负债比重会增大财务风险，股权资本会提高），估计起来比较复杂。加权平均资本成本受资本结构影响较小，比较容易估计。

【提示2】各种现金流量和价值之间的相互关系：

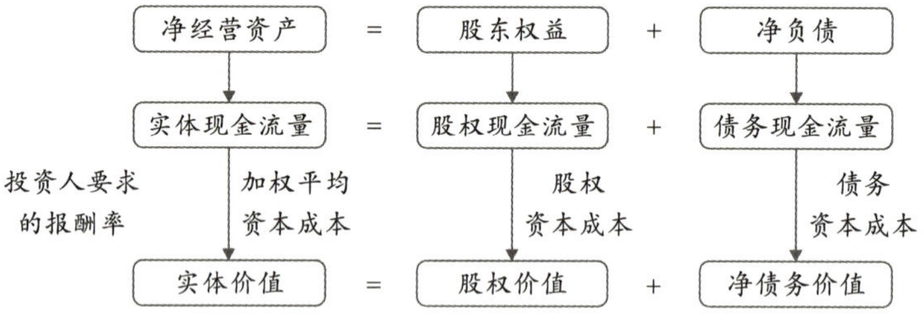

（三）现金流量折现模型参数的估计

1. 资本成本的估计

利用第4章的相关知识确定资本成本。

2. 预测期间

预测的时间范围涉及预测基期、详细预测期和后续期。

（1）预测基期：确定基期数据的方法有两种：一种是以上年实际数据作为基期数据；另一种是以修正后的上年数据作为基期数据。

名师点拨

主观题中，基期数据通常是已知条件。

（2）详细预测期和后续期。

两阶段	含义	主要任务
第一阶段	一个有限的、明确的预测时期，称为“详细预测期”，通常为5~7年	在此期间，需要对每年的现金流量进行详细预测，并根据现金流量折现模型计算详细预测期价值
第二阶段	预测期以后的无限时期，称为“后续期”，或“永续期”	在此期间，假设企业进入稳定状态，有一个稳定的增长率，可以用简便的方法直接估计后续期价值

名师点拨

在稳定状态下，实体现金流量、股权现金流量、债务现金流量的增长率和营业收入的增长率相同。考试时给出的后续期的营业收入增长率就作为后续期现金流量的增长率。

【提示1】根据竞争均衡理论，后续期的销售增长率大体上等于宏观经济的名义增长率。如果不考虑通货膨胀因素，宏观经济的增长率大多在2%~6%之间。

【提示2】判断企业进入稳定状态的标志：

（1）有一个稳定的销售增长率，大体上等于宏观经济的名义增长率；

（2）有一个稳定的投资回报率，等于投资人要求的必要报酬率。

3. 详细预测期的各年现金流量的确定

（1）预测方法：单项预测法和全面预测法。

名师点拨

以往考试主要考全面预测方法，所以要会编制预计财务报表，并根据预计报表的数据确定现金流量。预计财务报表的格式与管理用财务报表的格式一致，只不过面向预测期。

单项预测的主要缺点是容易忽视财务数据之间的联系，不利于发现预测假设的不合理之处。全面预测是指编制成套的预计财务报表，通过预计财务报表获取需要的预测数据。

（2）基本公式

第 2 章的公式	从实体现金流量的来源分析	实体现金流量 = 税后经营净利润 + 折旧与摊销 − 经营营运资本增加 − 资本支出 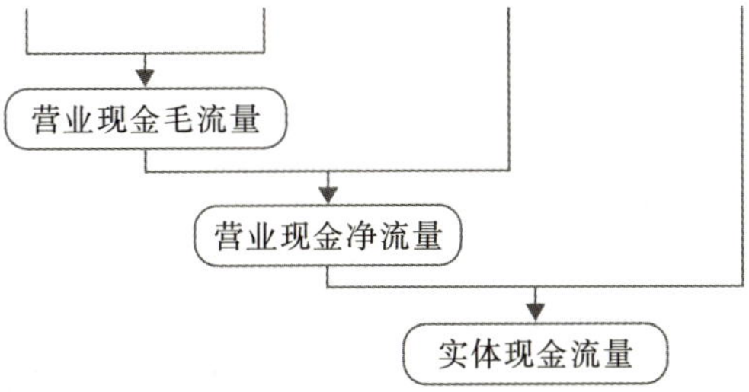
		关键变量的确定： （1）税后经营净利润：根据预计利润表直接获得 （2）折旧与摊销：预期计提的当期的数额，一般为已知条件 （3）经营营运资本增加：根据预计资产负债表计算取得 经营营运资本增加 = 本年经营营运资本 − 上年经营营运资本 经营营运资本 = 经营性流动资产 − 经营性流动负债 （4）资本支出：根据预计资产负债表计算取得 资本支出 = 净经营性长期资产增加 + 折旧与摊销
本章公式	从实体现金流量的去向分析	实体现金流量 = 股权现金流量 + 债务现金流量 其中： （1）股权现金流量 = 股利分配 − 股权资本净增加 （2）债务现金流量 = 税后利息费用 − 净负债增加
	净投资扣除法	主体现金流量=归属于主体的收益−应当由主体承担的净投资 企业实体现金流量=税后经营净利润−实体净投资 （实体净投资 =净经营资产增加） 股权现金流量=净利润−股权净投资 （股权净投资 =净经营资产增加×（1−负债率） =股东权益的增加） 债务现金流量=税后利息费用−债权净投资 （债权净投资 =净经营资产增加×负债率 =净负债的增加）

【理解】

税后经营净利润	=	净利润	+	税后利息费用
−		−		−
净经营资产的增加	=	所有者权益的增加	+	净负债的增加
‖		‖		‖
企业实体现金流量	=	股权现金流量	+	债务现金流量

名师点拨

考试时主要利用净投资扣除法，只要找到管理用利润表的三个要素，找到管理用资产负债表的三个要素的增加额，相减就可以确定相关现金流量。

【提示】

①税后经营净利润和净经营资产一般根据销售百分比法确定：

预计税后经营净利润 = 预计营业收入 × 税后经营净利润占销售收入百分比（税后经营净利率）

预计净经营资产 = 预计营业收入 × 净经营资产占销售收入百分比

②预计净负债和所有者权益的确定：取决于融资政策

③预计税后利息费用的确定

a. 若题中特指按照期初净负债计算利息：税后利息费用 = 本年初（上年末）净负债 × 债务利息率 ×（1−25%）

b. 若题中没有特指：税后利息费用 = 本年末净负债 × 债务利息率 ×（1−25%）

经典题解

【真题4·多选题】下列关于实体现金流量的说法中，正确的有（　　）。（2018年卷Ⅰ、卷Ⅱ）

A. 实体现金流量是可以提供给债权人和股东的税后现金流量

B. 实体现金流量是企业经营现金流量

C. 实体现金流量是税后经营净利润扣除净经营资产增加后的剩余部分

D. 实体现金流量是营业现金净流量扣除资本支出后的剩余部分

【解析】实体现金流量是企业全部现金流入扣除成本费用和必要的投资后的剩余部分，它是企业一定期间可以提供给所有投资人（包括股权投资人和债权投资人）的税后现金流量。选项A正确。

经营现金流量，代表了企业经营活动的全部成果，是"企业生产的现金"，因此又称为实体经营现金流量，简称实体现金流量。选项B正确。

实体现金流量 = 税后经营净利润 − 净经营资产增加 = 营业现金毛流量 − 经营营运资本增加 − 资本支出 = 营业现金净流量 − 资本支出，选项C、D正确。

【答案】ABCD

要点小贴士：公式不需要专门记忆，主要是注意实体价值等于实体现金流量的现值，折现率为加权平均资本成本；股权价值等于股权现金流量的现值，折现率为股权资本成本。

（四）现金流量折现模型的应用

种类	一般表达式	模型使用的条件
永续增长模型	企业价值 = 下期现金流量 /（资本成本 − 永续增长率）	企业处于永续增长状态，即企业的各种财务比率都是不变的，企业有永续的增长率和净投资资本报酬率
两阶段增长模型	企业价值 = 详细预测期价值 + 后续期价值 其中，后续期价值 =［现金流量 $_{m+1}$ /（资本成本 − 增长率）］×（P/F，i，m），m表示详细预测期	适用于增长呈现两个阶段的企业。通常，第二个阶段具有永续增长的特征

【易错易混点】

（1）利用实体现金流量模型时，如果题目要求计算股权价值，则分两步完成，第一步计算实体现金流量并以加权平均资本成本作为折现率计算实体价值；第二步计算股权价值，其公式为：

股权价值 = 实体价值 − 净债务价值。

> **名师点拨**
>
> 通常考试时假设债务的市场价值与账面价值一致，因此是指基期净债务的账面价值。

（2）注意不同阶段有不同的折现率，折现时要注意。

本章出现了多重折现率的问题，即各个期间的折现率可能不同。

多重折现率下的现值计算：

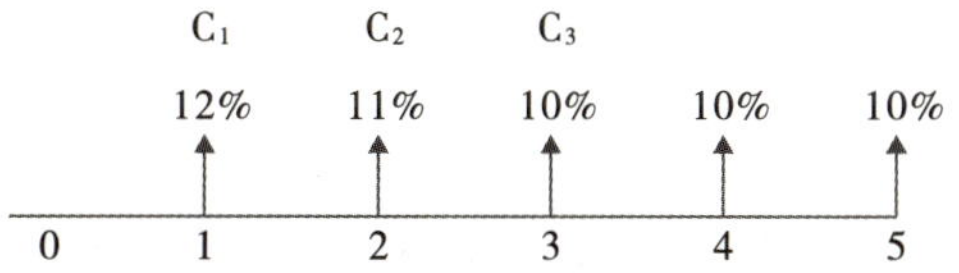

错误的折现方法：

PV（C_1）=C_1/（1+12%）

PV（C_2）=C_2/（1+11%）^{2}

PV（C_3）=C_3/（1+10%）^{3}

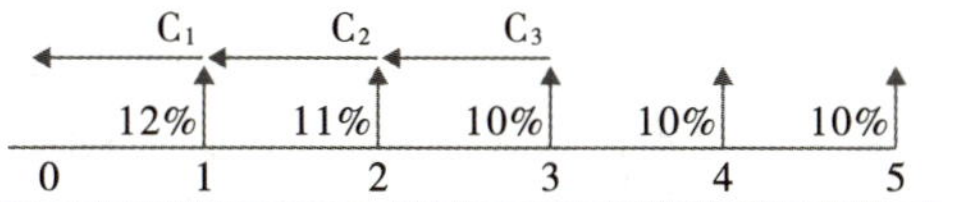

正确的折现方法：

PV（C_1）=C_1/（1+12%）

PV（C_2）=C_2/（1+11%）/（1+12%）

PV（C_3）=C_3/（1+10%）/（1+11%）/（1+12%）

（3）详细预测期和后续期的划分。

通常把销售收入增长率第一次降到稳定增长率那一年作为转换点，转换点这一年的现金流量需要利用相关公式计算出来，转换点后面各期的现金流量都等于上年现金流量 ×（1+ 销售收入增长率）。对于转换点这一年的现金流量既可以将其计入详细预测期，单独计算该现金流量的现值（方法 1），也可将其计入后续期，一并计算整个后续期现金流量的现值（方法 2）。两种方法计算结果殊途同归，没有区别。考试时为了简便，通常采用第二种方法。

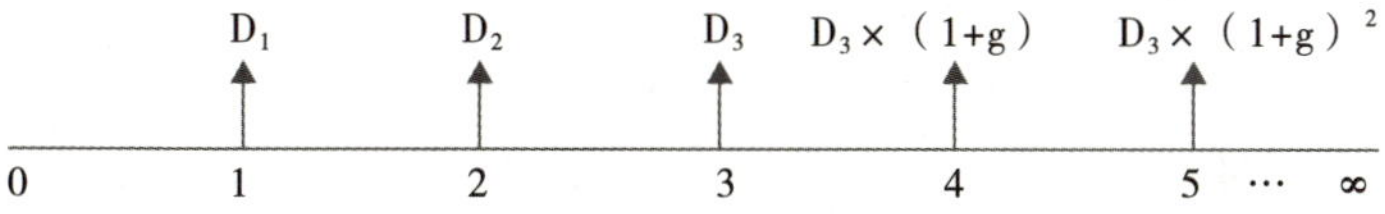

上图中第 3 期末为转换点，计算未来现金流量现值时可以采用两种方法：

方法 1：现金流量现值 =D_1/（1+K）+D_2/（1+K）^{2}+D_3/（1+K）^{3}+［D_3×（1+g）/（K−g）］/（1+K）^{3}

方法 2：现金流量现值 =D_1/（1+K）+D_2/（1+K）^{2}+［D_3/（K−g）］/（1+K）^{2}

（4）现金流量稳定增长与营业收入稳定增长是有区别的，通常现金流量稳定增长要比营业收入稳定增长滞后一期。

这是因为一般假设在进入稳定期后管理用资产负债表的三个要素和管理用利润表的三个要素都与营业收入同比增长，由于计算现金流量需要扣除管理用资产负债表三个要素的增加额，但在营业收入增长率第一次降到稳定增长率那一年（即转换点）的营业收入增长率与上年的营业收入增长率不同，所以净经营资产增加额、净负债增加额和所有者权益增加额的增长率不等于净经营资产、净负债和所有者权益的增长率，所以转换点那一年现金流量的增长率不等于营业收入增长率，但是由于在转换点第二年营业收入增长率等于上年营业收入增长率，净经营资产增加、净负债增加和所有者权益增加的增长率等于净经营资产、净负债和所有者权益的增长率等于营业收入增长率，因此现金流量的增长率等于营业收入增长率。

经典题解

【例题5·计算分析题】C公司是2020年1月1日成立的高新技术企业。为了进行以价值为基础的管理，该公司采用股权现金流量模型对股权价值进行评估。评估所需的相关数据如下：

（1）C公司2020年的营业收入为1000万元。根据目前市场行情预测，其2021年、2022年的增长率分别为10%、8%；2023年及以后年度进入永续增长阶段，增长率为5%。

（2）C公司2020年的经营营运资本周转率为4，净经营性长期资产周转率为2，净经营资产净利率为20%，净负债/股东权益=1/1。公司税后债务资本成本为6%，股权资本成本为12%。评估时假设以后年度上述指标均保持不变。

（3）公司未来不打算增发或回购股票。为保持当前资本结构，公司采用剩余股利政策分配股利。

要求：

（1）计算C公司2021~2023年的股权现金流量。（中间过程保留小数点后4位，计算结果保留小数点后2位）

（2）计算C公司2020年12月31日的股权价值。

（3）请回答造成评估价值与市场价格偏差的原因有哪些。

解题攻略

2023年销售收入的增长率为5%，但是2023年的现金流量增长率不是5%，2024年及以后的现金流量增长率才能稳定到5%。

【答案】

（1）2020年相关数据：

净经营资产=营业收入/经营营运资本周转率+营业收入/净经营性长期资产周转率=1000/4+1000/2=250+500=750（万元）

净负债=股东权益=750/2=375（万元）

税后经营净利润=净经营资产×净经营资产净利率=750×20%=150（万元）

税后利息费用=净负债×税后债务资本成本=375×6%=22.5（万元）

单位：万元

年份（年）	2020	2021	2022	2023
净经营资产	750	750×（1+10%）=825	825×（1+8%）=891	891×（1+5%）=935.55
净负债	375	375×（1+10%）=412.5	412.5×（1+8%）=445.5	445.5×（1+5%）=467.775
所有者权益	375	412.5	445.5	467.775
税后经营净利润	150	150×（1+10%）=165	165×（1+8%）=178.2	178.2×（1+5%）=187.11

年份（年）	2020	2021	2022	2023
税后利息费用	22.5	412.5×6% =24.75	445.5×6% =26.73	467.775×6% =28.0665
净利润	127.5	165-24.75 =140.25	178.2-26.73 =151.47	187.11-28.0665 =159.0435

2021 年的股权现金流量 = 净利润 - 所有者权益增加 =140.25-（412.5-375）= 102.75（万元）

2022 年的股权现金流量 =151.47-（445.5-412.5）=118.47（万元）

2023 年的股权现金流量 =159.0435-（467.775-445.5）=136.77（万元）

【提示】由于本题的净经营资产周转率不变，所以净经营资产与营业收入同比增长；由于本题资本结构不变，所以净负债、所有者权益与净经营资产同比增长；由于本题净经营资产净利率不变，所以税后经营净利润与营业收入同比增长；由于本题税后利息率也不变，说明税后利息费用与净负债同比增长。总之由于评估时假设以后年度上述指标均保持不变，所以管理用资产负债表和管理用利润表的各个要素的增长率等于营业收入的增长率。

（2）股权价值 =102.75×（P/F，12%，1）+118.47×（P/F，12%，2）+136.77/（12%-5%）×（P/F，12%，2）=1743.80（万元）

或：股权价值 =102.75×（P/F，12%，1）+118.47×（P/F，12%，2）+136.77×（P/F，12%，3）+136.77×（1+5%）/（12%-5%）×（P/F，12%，3）=1743.84（万元）

（3）评估价值与市场价格偏差的原因：第一，预计现金流量可能不准确；第二，股权资本成本计量可能有偏差；第三，市场价格是少数股东认可的价值，交易双方存在着严重信息不对称，价格经常波动，所以市场价格有时公平有时不公平，资本市场对该公司股票评价缺乏效率。

二、相对价值评估模型★★★

（一）基本原理

这种方法是利用类似企业的市场定价来估计目标企业价值的一种方法。

要点小贴士

相对价值评估模型估算的结果是相对价值而不是内在价值。如果类似企业的价值被市场高估或低估，利用相对价值模型估算的目标企业价值也会被高估或低估。

（二）分类

种类	具体模型
以股票市价为基础的模型	包括每股市价 / 每股收益、每股市价 / 每股净资产、每股市价 / 每股营业收入等模型
以企业实体价值为基础的模型	包括实体价值 / 息税折旧摊销前利润、实体价值 / 税后经营净利润、实体价值 / 实体现金流量、实体价值 / 投资资本、实体价值 / 营业收入等模型

【提示】本书只讨论三种最常用的股票市价模型。

（三）常用的股票市价比率模型

考点妙记

通用公式：目标企业每股股权价值＝可比企业每股市价/可比企业每股要素×目标企业每股要素。

1. 基本公式

种类	公式
市盈率模型（每股市价/每股收益比率模型）	目标企业每股股权价值＝可比企业平均市盈率×目标企业每股收益
市净率模型（每股市价/每股净资产比率模型）	目标企业每股股权价值＝可比企业平均市净率×目标企业每股净资产
市销率模型（每股市价/每股营业收入比率模型）	目标企业每股股权价值＝可比企业平均市销率×目标企业每股营业收入

要点小贴士

（1）本期市价比率乘以（1+增长率），内在市价比率不乘（1+增长率）。

（2）市盈率×权益净利率=市净率。

（3）市盈率×营业净利率=市销率。

2. 寻找可比企业的驱动因素

市盈率模型的驱动因素	驱动因素：增长潜力、股利支付率和风险（股权成本的高低与其风险有关），其中关键因素是增长潜力 ①本期市盈率＝股利支付率×（1+增长率）/（股权成本－增长率） ②内在市盈率（预期市盈率）＝股利支付率/（股权成本－增长率） 【提示】可比企业应当是这三个比率类似的企业，同业企业不一定都具有这种类似性
市净率模型的驱动因素	驱动因素：权益净利率、股利支付率、增长潜力和风险，其中关键因素是权益净利率 ①本期市净率＝权益净利率×股利支付率×（1+增长率）/（股权成本－增长率） ②内在市净率（预期市净率）＝权益净利率×股利支付率/（股权成本－增长率） 【提示】可比企业应当是这四个比率类似的企业，同业企业不一定都具有这种类似性
市销率模型的驱动因素	驱动因素：营业净利率、股利支付率、增长潜力和风险，其中关键因素是营业净利率 ①本期市销率＝营业净利率×股利支付率×（1+增长率）/（股权成本－增长率） ②内在市销率（预期市销率）＝营业净利率×股利支付率/（股权成本－增长率） 【提示】可比企业应当是这四个比率类似的企业，同业企业不一定都具有这种类似性

经典题解

【真题6·单选题】甲公司处于可持续增长状态，增长率6%，股利支付率40%，权益净利率20%，股权资本成本8%，甲公司的内在市盈率是（ ）。（2021年卷Ⅱ）

A. 10　B. 20　C. 5　D. 14

【解析】内在市盈率＝股利支付率/（股权成本－增长率）=40%/（8%−6%）＝20。

【答案】B

【真题 7 · 单选题】甲公司进入可持续增长状态，股利支付率 50%，权益净利率 20%，股利增长率 5%，股权资本成本 10%。甲公司的内在市净率是(　　)。(2016 年卷Ⅰ)

A. 2　　B. 10.5　　C. 10　　D. 2.1

【解析】内在市净率 = 股利支付率 × 权益净利率 /（股权成本 − 增长率）= 50% × 20%/（10%−5%）=2。

【答案】A

【真题 8 · 单选题】甲公司进入可持续增长阶段，股利支付率为 50%，营业净利率 16%，股利增长率 5%，股权资本成本 8%，甲公司内在市销率是（　　）。(2016 年卷Ⅱ)

A. 2.67　　B. 10.5　　C. 10　　D. 2.8

【解析】内在市销率 = 股利支付率 × 营业净利率 /（股权成本 − 增长率）= 50% × 16%/（8%−5%）=2.67。

【答案】A

【真题 9 · 单选题】甲公司采用固定股利支付率政策，股利支付率 60%，2014 年甲公司每股收益 3 元，预期可持续增长率 5%，股权资本成本 13%，期末每股净资产 20 元，没有优先股，2014 年末甲公司的本期市净率为（　　）。(2015 年卷Ⅰ、卷Ⅱ)

A. 1.12　　B. 1.08　　C. 1.18　　D. 1.24

【解析】本期市净率 = 权益净利率 × 股利支付率 ×（1+ 增长率）/（股权成本 − 增长率）=3/20 × 60% ×（1+5%）/（13%−5%）=1.18，选项 C 正确。

【答案】C

【例题 10 · 计算分析题】甲公司 2021 年的股利支付率为 25%，预计 2022 年的净利润和股利的增长率均为 6%。该公司的 β 值为 1.5，国库券利率为 3%，股票市场的平均收益率为 7%。

要求：

（1）计算甲公司的本期市盈率和内在市盈率（保留 3 位小数）。

（2）若乙公司与甲公司是一家类似的企业，2021 年的每股收益为 0.5 元，计算乙公司股票的每股价值。

（3）若丙公司与甲公司是一家类似的企业，2022 年预期的每股收益为 0.8 元，计算丙公司股票的每股价值。

> **解题攻略**
>
> 在估值时，目标企业本期每股收益必须要乘以可比企业本期市盈率，目标企业预期每股收益必须要乘以可比企业预期市盈率，两者必须匹配。这一原则不仅适用于市盈率，也适用于市净率和市销率。

【答案】

（1）股权成本 =3%+1.5 ×（7%−3%）=9%

则有：本期市盈率 =25% ×（1+6%）/（9%−6%）=8.833

内在市盈率 =25%/（9%−6%）=8.333

（2）乙公司股票的每股价值 = 乙公司本期每股收益 × 甲公司本期市盈率 = 0.5 × 8.833=4.42（元）。

（3）丙公司股票的每股价值 = 丙公司预计每股收益 × 甲公司内在市盈率 = 0.8 × 8.333=6.67（元）。

3. 模型的适用性

市盈率模型	优点	①计算市盈率的数据容易取得，并且计算简单 ②市盈率把价格和收益联系起来，直观地反映投入和产出的关系 ③市盈率涵盖了风险、增长率、股利支付率的影响，具有很高的综合性
	局限性	如果收益是0或负值，市盈率就失去了意义
	适用范围	最适合连续盈利的企业
市净率模型	优点	①市净率极少为负值，可用于大多数企业 ②净资产账面价值的数据容易取得，并且容易理解 ③净资产账面价值比净利稳定，也不像利润那样经常被人为操纵 ④如果会计标准合理并且各企业会计政策一致，市净率的变化可以反映企业价值的变化
	局限性	①账面价值受会计政策选择的影响，如果各企业执行不同的会计标准或会计政策，市净率会失去可比性 ②固定资产很少的服务性企业和高科技企业，净资产与企业价值的关系不大，其市净率比较没有什么实际意义 ③少数企业的净资产是0或负值，市净率没有意义，无法用于比较
	适用范围	主要适用于需要拥有大量资产、净资产为正值的企业
市销率模型	优点	①它不会出现负值，对于亏损企业和资不抵债的企业，也可以计算出一个有意义的市销率 ②它比较稳定、可靠，不容易被操纵 ③市销率对价格政策和企业战略变化敏感，可以反映这种变化的后果
	局限性	不能反映成本的变化，而成本是影响企业现金流量和价值的重要因素之一
	适用范围	主要适用于销售成本率较低的服务类企业，或者销售成本率趋同的传统行业的企业

经典题解

【例题11·单选题】下列关于相对价值估值模型适用性的说法中，错误的是(　　)。

A. 市盈率估值模型不适用于亏损的企业

B. 市净率估值模型不适用于资不抵债的企业

C. 市净率估值模型不适用于固定资产较少的企业

D. 市销率估值模型不适用于销售成本率较低的企业

【解析】市盈率模型最适合连续盈利的企业，选项A表述正确；市净率估值模型适用于需要拥有大量资产、净资产为正值的企业，资不抵债说明净资产为负值，选项B、C表述正确；市销率模型适用于销售成本率较低的服务类企业，或者销售成本率趋同的传统行业的企业，选项D表述错误。

【答案】D

4. 模型的修正（剔除关键驱动因素的差异）

（1）市盈率模型的修正。

方法	计算步骤
修正平均市盈率法	①可比企业平均市盈率 = Σ各可比企业的市盈率 /n ②可比企业平均预期增长率 = Σ各可比企业的预期增长率 /n ③可比企业修正平均市盈率 = 可比企业平均市盈率 /（可比企业平均预期增长率 × 100） ④目标企业每股股权价值 = 可比企业修正平均市盈率 × 目标企业预期增长率 × 100 × 目标企业每股收益
股价平均法	①可比企业 $_i$ 的修正市盈率 = 可比企业 $_i$ 的市盈率 /（可比企业 $_i$ 的预期增长率 × 100），其中：i=1~n ②目标企业每股股权价值 $_i$ = 可比企业 $_i$ 的修正市盈率 × 目标企业预期增长率 × 100 × 目标企业每股收益，其中：i=1~n ③目标企业每股股权价值 = $\sum_{i=1}^{n}$ 目标企业每股股权价值 $_i$/n

要点小贴士

（1）从可比企业市盈率中剔除可比企业的增长率，按目标企业增长率恢复。

（2）计算技巧：

①修正平均市价比率法的计算技巧为：先平均后修正（下同）。

②股价平均法的计算技巧为：先修正后平均（下同）。

经典题解

【真题 12·单选题】甲公司是一家制造业企业，每股收益 0.5 元，预期增长率 4%。与甲公司可比的 4 家制造业企业的平均市盈率 25 倍，平均预期增长率 5%。用修正平均市盈率法估计的甲公司每股价值是（　　）元。（2018 年卷Ⅱ）

A. 10　　B. 12.5

C. 13　　D. 13.13

【解析】修正平均市盈率 =25/（5%×100）=5，甲公司每股价值 =5×4%×100×0.5=10（元）。

【答案】A

（2）市净率模型的修正。

方法	计算步骤
修正平均市净率法	①可比企业平均市净率 = Σ各可比企业的市净率 /n ②可比企业平均预期权益净利率 = Σ各可比企业的预期权益净利率 /n ③可比企业修正平均市净率 = 可比企业平均市净率 /（可比企业平均预期权益净利率 × 100） ④目标企业每股股权价值 = 可比企业修正平均市净率 × 目标企业预期权益净利率 × 100 × 目标企业每股净资产
股价平均法	①可比企业 $_i$ 的修正市净率 = 可比企业 $_i$ 的市净率 /（可比企业 $_i$ 的预期权益净利率 × 100），其中：i=1~n ②目标企业每股股权价值 $_i$ = 可比企业 $_i$ 的修正市净率 × 目标企业预期权益净利率 × 100 × 目标企业每股净资产，其中：i=1~n ③目标企业每股股权价值 = $\sum_{i=1}^{n}$ 目标企业每股股权价值 $_i$/n

要点小贴士

从可比企业市净率中剔除可比企业的权益净利率，按目标企业权益净利率恢复。

要点小贴士

从可比企业市销率中剔除可比企业的营业净利率，按目标企业营业净利率恢复。

（3）市销率模型的修正。

方法	计算步骤
修正平均市销率法	①可比企业平均市销率 = Σ 各可比企业的市销率 /n ②可比企业平均预期营业净利率 = Σ 各可比企业的预期营业净利率 /n ③可比企业修正平均市销率 = 可比企业平均市销率 /（可比企业平均预期营业净利率 ×100） ④目标企业每股股权价值 = 可比企业修正平均市销率 × 目标企业预期营业净利率 ×100× 目标企业每股营业收入
股价平均法	①可比企业$_i$的修正市销率 = 可比企业$_i$的市销率 /（可比企业$_i$的预期营业净利率 ×100），其中：i=1~n ②目标企业每股股权价值$_i$= 可比企业$_i$的修正市销率 × 目标企业预期营业净利率 ×100× 目标企业每股营业收入，其中：i=1~n ③目标企业每股股权价值 = $\sum_{i=1}^{n}$ 目标企业每股股权价值$_i$/n

经典题解

【真题 13 · 单选题】甲公司是一家制造业企业，每股营业收入 40 元，营业净利率 5%，与甲公司可比的 3 家制造业企业的平均市销率是 0.8 倍，平均营业净利率 4%。用修正平均市销率法估计的甲公司每股价值是（　　）元。（2018 年卷Ⅰ）

A. 32　　B. 25.6　　C. 40　　D. 33.6

【解析】修正平均市销率 =0.8/（4%×100）=0.2，甲公司每股价值 =0.2×5%×100×40=40（元）。

【答案】C

本章小结

下载“会计云课堂”App 学习

您已成功完成“第八章”的学习，本章共 4 个考点，您都学会了吗？

为了让您对章节有更清晰的理解，加倍巩固。本书作者闫华红老师将通过**“视频导图课”**的方式，带您回顾重要考点。

名师点拨，视听结合，高效提分。

※ 欢迎您扫码，免费观看学习。

历年经典主观题回顾

使用“会计云课堂”App 或“微信”扫码快速做题、对答案、看解析、掌握解题思路，开启轻松过关之旅。

一、计算分析题

1. 甲公司是一家投资公司，拟于 2020 年初对乙公司增资 3000 万元，获得乙公司 30% 的股权。由于乙公司股权比较分散，甲公司可以获得控股权。为分析增资方案可行性，收集相关资料如下：

（1）乙公司是一家家电制造企业，增资前处于稳定增长状态，增长率 7%。2019 年净利润 350 万元，当年取得的利润在当年分配，股利支付率 90%。2019 年末（当年利润分配后）净经营资产 2140 万元，净负债 1605 万元。

（2）增资后，甲公司拟通过改进乙公司管理和经营战略，增加乙公司收入和利润。预计乙公司 2020 年营业收入 8000 万元，2021 年营业收入比 2020 年增长 12%，2022 年进入稳定增长状态，增长率 8%。

（3）增资后，预计乙公司相关财务比率保持稳定，具体如下：

营业成本 / 营业收入	60%
销售和管理费用 / 营业收入	20%
净经营资产 / 营业收入	70%
净负债 / 营业收入	30%
债务利息率	8%
企业所得税税率	25%

（4）乙公司股票等风险投资必要报酬率增资前 11%，增资后 10.5%。

（5）假设各年现金流量均发生在年末。

要求：

（1）如果不增资，采用股利现金流量折现模型，估计 2020 年初乙公司股权价值。

（2）如果增资，采用股权现金流量折现模型，估计 2020 年初乙公司股权价值（计算过程和结果填入下方表格中）。

单位：万元

项目	2020 年	2021 年	2022 年
股权现金流量			
乙公司股权价值			

（3）计算该增资为乙公司原股东和甲公司分别带来的净现值。

（4）判断甲公司增资是否可行，并简要说明理由。（2019 年卷Ⅰ）

2. 甲公司是一家投资公司，拟于 2020 年初以 18000 万元收购乙公司全部股权，为分析收购方案可行性，收集资料如下：

（1）乙公司是一家传统汽车零部件制造企业，收购前处于稳定增长状态，增长率 7.5%。2019 年净利润 750 万元。当年取得的利润在当年分配，股利支付率 80%。2019 年末（当年利润分配后）净经营资产 4300 万元，净负债 2150 万元。

（2）收购后，甲公司将通过拓宽销售渠道、提高管理水平、降低成本费用等多种方式，提高乙公司的销售增长率和营业净利润。预计乙公司 2020 年营业收入 6000 万元，2021 年营业收入比 2020 年增长 10%，2022 年进入稳定增长状态，增长率 8%。

（3）收购后，预计乙公司相关财务比率保持稳定，具体如下：

营业成本 / 营业收入	65%
销售和管理费用 / 营业收入	15%
净经营资产 / 营业收入	70%
净负债 / 营业收入	30%
债务利息率	8%
企业所得税税率	25%

（4）乙公司股票等风险投资必要报酬率收购前 11.5%，收购后 11%。
（5）假设各年现金流量均发生在年末。

要求：

（1）如果不收购，采用股利现金流量折现模型，估计 2020 年初乙公司股权价值。
（2）如果收购，采用股权现金流量折现模型，估计 2020 年初乙公司股权价值（计算过程和结果填入下方表格中）。

单位：万元

项目	2020 年	2021 年	2022 年
股权现金流量			
乙公司股权价值			

（3）计算该收购产生的控股权溢价、为乙公司原股东带来的净现值、为甲公司带来的净现值。
（4）判断甲公司收购是否可行，并简要说明理由。（2019 年卷Ⅱ）

3. 2017 年年初，甲投资基金对乙上市公司普通股股票进行估值。
乙公司 2016 年营业收入 6000 万元，销售成本（含销货成本、销售费用、管理费用等）占营业收入的 60%，净经营资产 4000 万元。该公司自 2017 年开始进入稳定增长期，可持续增长率为 5%。目标资本结构（净负债：股东权益）为 1 : 1；2017 年年初流通在外普通股 1000 万股，每股市价 22 元。
该公司债务税前利率 8%，股权相对债权风险溢价 5%，企业所得税税率 25%。
为简化计算，假设现金流量均在年末发生，利息费用按净负债期初余额计算。

要求：

（1）预计 2017 年乙公司税后经营净利润、实体现金流量、股权现金流量。

（2）计算乙公司股权资本成本，使用股权现金流量法估计乙公司2017年年初每股价值，并判断每股市价是否高估。（2017年卷Ⅱ）

4. 甲公司是一家尚未上市的高科技企业，固定资产较少，人工成本占销售成本的比重较大。为了进行以价值为基础的管理，公司拟采用相对价值评估模型对股权价值进行评估，有关资料如下。

（1）甲公司2013年度实现净利润3000万元，年初股东权益总额为20000万元，年末股东权益总额为21800万元，2013年股东权益的增加全部源于利润留存。公司没有优先股，2013年年末普通股股数为10000万股，公司当年没有增发新股，也没有回购股票。预计甲公司2014年及以后年度的利润增长率为9%，权益净利率保持不变。

（2）甲公司选择了同行业的3家上市公司作为可比公司，并收集了以下相关数据：

可比公司	每股收益(元)	每股净资产(元)	权益净利率	每股市价(元)	预期利润增长率
A公司	0.4	2	21.20%	8	8%
B公司	0.5	3	17.50%	8.1	6%
C公司	0.5	2.2	24.30%	11	10%

要求：

（1）使用市盈率模型下的修正平均市盈率法计算甲公司的每股股权价值。

（2）使用市净率模型下的修正平均市净率法计算甲公司的每股股权价值。

（3）判断甲公司更适合使用市盈率模型和市净率模型中的哪种模型进行估值，并说明原因。（2014年卷Ⅰ）

要求：

（1）使用市盈率模型下的股价平均法计算甲公司的每股股权价值。

（2）使用市净率模型下的股价平均法计算甲公司的每股股权价值。

（3）判断甲公司更适合使用市盈率模型和市净率模型中的哪种模型进行估值，并说明原因。（2014年卷Ⅱ）

【备注】2014年的卷Ⅰ、卷Ⅱ中的两个计算分析题属于同根题。题干相同，但提问要求的计算方法不同。

二、综合题

1. 甲上市公司是一家电气设备制造企业，目前正处在高速增长期。为判断公司股票是否被低估，正进行价值评估。相关资料如下：

（1）甲公司2021年末发行在外普通股5亿股，每股市价100元，没有优先股。未来不打算增发和回购股票。2021年相关报表项目如下：

单位：百万元

资产负债表项目	2021 年末
货币资金	7500
交易性金融资产	600
应收账款	7500
预付款项	400
其他应收款	900
存货	5100
流动资产合计	22000
固定资产	3200
无形资产	1600
非流动资产合计	4800
短期借款	400
应付账款	13400
其他应付款	1200
流动负债合计	15000
长期借款	2000
负债合计	17000
所有者权益	9800
利润表项目	**2021 年度**
营业收入	20000
营业成本	14000
税金及附加	420
销售费用	1000
管理费用	400
财务费用	200
公允价值变动收益	20
所得税费用	1000
净利润	3000

货币资金全部为经营活动所需，其他应收款、其他应付款均为经营活动产生，财务费用均为利息费用，2021年没有资本化利息支出。企业所得税税率25%。

（2）甲公司预测2022年、2023年营业收入增长率20%，2024年及以后保持6%的永续增长；税后经营净利率、净经营资产周转次数、净财务杠杆和净负债利息率一直维持2021年水平不变。

（3）甲公司普通股资本成本12%。

（4）可比公司乙公司2021年每股收益1元，2021年每股市价15元。

为简化计算，财务指标涉及平均值的，均以年末余额替代年平均水平。

要求：

（1）计算甲公司2021年每股收益，用市盈率模型估算2021年末甲公司股权价值，并判断甲公司股价是否被低估。

（2）编制甲公司2021年管理用资产负债表和利润表（结果填入下方表格中，不用列出计算过程）。

单位：百万元

管理用报表项目	2021年末
净经营资产	
净负债	
股东权益	
	2021年度
税后经营净利润	
税后利息费用	
净利润	

（3）预测甲公司2022年、2023年和2024年的实体现金流量和股权现金流量（结果填入下方表格中，不用列出计算过程）。

单位：百万元

项目	2022年	2023年	2024年

项目	2022 年	2023 年	2024 年
实体现金流量			
股权现金流量			

（4）用股权现金流量折现模型估算 2021 年末甲公司每股股权价值，并判断甲公司股价是否被低估。

（5）与现金流量折现模型相比，市盈率模型有哪些优点和局限性？（2021 年卷 I ）

2. 甲公司是一家制造业上市公司，乙公司是一家制造业非上市公司，两家公司生产产品不同，且非关联方关系，甲公司发现乙公司的目标客户多是小微企业，与甲公司的市场能有效互补，拟于 2020 年末通过对乙公司原股东非公开增发新股的方式换取乙公司 100% 的股权以实现对其的收购。目前，甲公司已完成该项目的可行性分析，拟采用实体现金流量折现法估计乙公司价值。相关资料如下：

（1）乙公司成立于 2017 年年初，截至目前仅运行了 4 年，但客户数量增长较快。乙公司 2017~2020 年主要财务报表数据如下：

单位：万元

资产负债表项目	2017 年年末	2018 年年末	2019 年年末	2020 年年末
货币资金	80	120	160	250
应收账款	120	180	240	260
存货	240	290	320	400
固定资产	540	610	710	827.5
资产总计	980	1200	1430	1737.5
应付账款	180	200	280	300
长期借款	220	300	420	600
股东权益	580	700	730	837.5
负债及股东权益	980	1200	1430	1737.5

利润表项目	2017 年	2018 年	2019 年	2020 年
营业收入	2000	2300	2760	3450
减：营业成本	1000	1100	1200	1600
税金及附加	14	16	22	30
销售和管理费用	186	356	250	348
财务费用	16	20	28	40
利润总额	784	808	1260	1432
减：所得税费用	196	202	315	358
净利润	588	606	945	1074

乙公司货币资金均为经营活动所需，财务费用均为利息支出。

（2）甲公司预测，乙公司 2021 年、2022 年营业收入分别增长 20%、12%，自 2023 年起进入增长率为 4% 的稳定增长状态。假设收购不影响乙公司正常运营，收购后乙公司净经营资产周转率、税后经营净利率按 2017~2020 年的算术平均值估计。假设所有现金流量均发生在年末，资产负债表期末余额代表全年平均水平。

（3）乙公司目标资本结构（净负债 / 股东权益）为 2/3。等风险债券税前资本成本 8%；普通股 β 系数 1.4，无风险报酬率 4%，市场组合必要报酬率 9%。企业所得税税率 25%。

（4）甲公司非公开增发新股的发行价格按定价基准日前 20 个交易日公司股票均价的 80% 确定。定价基准日前 20 个交易日相关交易信息：

定价基准日前 20 个交易日	累计交易金额（亿元）	累计交易数量（亿股）	平均收盘价（元 / 股）
	4000	160	24

要求：

（1）编制乙公司 2017 年 ~2020 年管理用资产负债表和利润表（结果填入下方表格中，不用列出计算过程）。

单位：万元

管理用财务报表项目	2017 年	2018 年	2019 年	2020 年
净经营资产				
净负债				
股东权益				
税后经营净利润				
税后利息费用				
净利润				

（2）预测乙公司 2021 年及以后年度净经营资产周转率、税后经营净利率。

（3）采用资本资产定价模型，估计乙公司的股权资本成本；按照目标资本结构，估计乙公司的加权平均资本成本。

（4）基于上述结果，计算 2021~2023 年乙公司实体现金流量，并采用实体现金流量折现法，估计 2020 年末乙公司实体价值（计算过程和结果填入正文表格中）。

单位：万元

	2020 年年末	2021 年年末	2022 年年末	2023 年年末
实体现金流量				
折现系数				
现值				
实体价值				

（5）假设乙公司净负债按 2020 年末账面价值计算，估计 2020 年末乙公司股权价值。

（6）计算甲公司非公开增发新股的发行价格和发行数量。（2020 年卷Ⅰ）

3. 甲公司是一家医疗行业投资机构，拟对乙医院进行投资。乙医院是一家盈利性门诊医院，其营业收入为门诊收入，营业成本包括医生及护士薪酬、药品材料成本等。近年来乙医院发展态势良好，甲公司拟于 2020 年收购其 100% 股权。目前甲公司已完成该项目的可行性分析，拟采用实体现金流量折现法估计乙医院价值。相关资料如下：

（1）乙医院 2018~2020 年主要财务报表数据如下：

单位：万元

项目	2018 年	2019 年	2020 年
营业收入	26600	30000	33600
门诊量（万人次）	140	150	160
单位门诊费（元 / 次）	190	200	210
营业成本	19000	21000	24000
管理费用	2280	2700	3216
财务费用	480	480	480
利润总额	4840	5820	5904
所得税费用	1210	1455	1476
净利润	3630	4365	4428

乙医院近三年的经营营运资本及净经营性长期资产周转率情况如下：

项目	2018 年	2019 年	2020 年
经营营运资本周转率（次）	9	11	10
净经营性长期资产周转率（次）	1.9	2.0	2.1

2020 年 12 月 31 日，乙医院长期借款账面价值 8000 万元，合同年利率 6%，每年末付息；无金融资产及其他金融负债。

（2）甲公司预测，乙医院 2021~2022 年门诊量将在 2020 年基础上每年增长 6%，2023 年以及以后年度门诊量保持 2022 年水平不变；2021~2022 年单位门诊费将在 2020 年基础上每年增长 5%，2023 年及以后年度将按照 3% 稳定增长。营业成本及管理费用占营业收入的比例、经营营运资本周转率、净经营长期资产周转率将保持 2018~2020 年算术平均水平不变。所有现金流量均发生在年末。

（3）2020 年资本市场相关信息如下：

国债品种	发行日期	期限	票面利率	到期收益率
国债 1	2020 年 10 月 12 日	3 年	3.9%	4.0%
国债 2	2019 年 11 月 9 日	5 年	3.8%	4.1%
国债 3	2018 年 12 月 21 日	10 年	4.0%	4.4%

乙医院可比上市公司信息如下：

财务指标	$\beta_{资产}$	净负债 / 股东权益	市盈率
平均值	1.00	80%	15

（4）假设长期借款市场利率等于合同利率。平均风险股票报酬率 10.65%。企业所得税税率 25%。

要求：

（1）假设以可比上市公司 $\beta_{资产}$的平均值作为乙医院的 $\beta_{资产}$，以可比上市公司资本结构的平均值作为乙医院的目标资本结构（净负债 / 股东权益），计算乙医院的股权资本成本、加权平均资本成本。

（2）预测 2021 年及以后年度乙医院净经营资产占营业收入的比例、税后经营净利率。

（3）基于上述结果，计算 2021~2023 年乙医院实体现金流量，并采用实体现金流量折现法，估计 2020 年末乙医院实体价值（计算过程和结果填入下方表格中）。

单位：万元

	2020 年末	2021 年末	2022 年末	2023 年末

	2020 年末	2021 年末	2022 年末	2023 年末
实体现金流量				
折现系数				
现值				
实体价值				

（4）假设乙医院净负债按 2020 年末账面价值计算，估计 2020 年末乙医院股权价值。

（5）采用市盈率法，计算 2020 年年末乙医院股权价值。

（6）简要说明在企业价值评估中市盈率法与现金流量折现法的主要区别。（2020 年卷Ⅱ）

历年经典主观题参考答案及解析

使用“会计云课堂”App 或“微信”扫码对答案、看解析、掌握解题思路，开启轻松过关之旅。

一、计算分析题

1.【答案】

（1）2020 年初乙公司股权价值 =350×90%×（1+7%）/（11%−7%）=8426.25（万元）

（2）

单位：万元

项目	2020 年	2021 年	2022 年
营业收入	8000	8000×（1+12%）=8960	8960×（1+8%）=9676.8
净经营资产	8000×70%=5600	5600×（1+12%）=6272	6272×（1+8%）=6773.76

项目	2020年	2021年	2022年
净负债	8000×30%=2400	2400×（1+12%）=2688	2688×（1+8%）=2903.04
股东权益	5600-2400=3200	3584	3870.72
税后经营净利润	8000×（1-60%-20%）×（1-25%）=1200	1200×（1+12%）=1344	1344×（1+8%）=1451.52
税后利息费用	2400×8%×（1-25%）=144	2688×8%×（1-25%）=161.28	2903.04×8%×（1-25%）=174.18
净利润	1056	1182.72	1277.34
股东权益增加	3200-（2140-1605+3000）=-335	3584-3200=384	3870.72-3584=286.72
股权现金流量	1391	798.72	990.62
折现系数	1/（1+10.5%）=0.9050	1/（1+10.5%）^{2}=0.8190	1/（1+10.5%）^{3}=0.7412
详细预测期股权现金流量现值	1258.86	654.15	734.25
后续期价值	31719.49	—	42794.78
乙公司股权价值	1258.86+654.15+734.25+31719.49=34366.75		

【解析】

后续期股权现金流量在2022年末的价值=990.62×(1+8%)/(10.5%-8%)=42794.78(万元)

后续期股权现金流量现值=42794.78×（P/F，10.5%，3）=31719.49（万元）

【提示】若将2022年作为后续期第一年：

详细预测期股权现金流量现值=1258.86+654.15=1913.01（万元）

后续期股权现金流量在2021年末的价值=990.62/（10.5%-8%）=39624.8（万元）

后续期股权现金流量现值=39624.8×（P/F，10.5%，2）=32452.71（万元）

股权价值=1913.01+32452.71=34365.72（万元）

注：股权价值的计算结果不同是由于系数保留导致的误差。

（3）该增资为乙公司原股东带来的净现值=34366.75×70%-8426.25=15630.48（万元）

该增资为甲公司带来的净现值=34366.75×30%-3000=7310.03（万元）

（4）该增资为甲公司带来的净现值大于0，甲公司增资是可行的。

2.【答案】

（1）2020年初乙公司股权价值=750×80%×（1+7.5%）/（11.5%-7.5%）=16125（万元）

（2）

单位：万元

项目	2020年	2021年	2022年
营业收入	6000	6000×（1+10%）=6600	6600×（1+8%）=7128
营业成本	6000×65%=3900	6600×65%=4290	7128×65%=4633.2

项目	2020 年	2021 年	2022 年
销售和管理费用	6000×15%=900	6600×15%=990	7128×15%=1069.2
利息费用	6000×30%×8%=144	6600×30%×8%=158.4	7128×30%×8%=171.07
净利润	792	871.2	940.90
净经营资产	6000×70%=4200	6600×70%=4620	7128×70%=4989.6
净负债	6000×30%=1800	6600×30%=1980	7128×30%=2138.4
股东权益	4200−1800=2400	4620−1980=2640	4989.6−2138.4=2851.2
股东权益增加	2400−（4300−2150）=250	2640−2400=240	2851.2−2640=211.2
股权现金流量	542	631.2	729.70
折现系数	0.9009	0.8116	0.7312
详细预测期股权现金流量现值	488.29	512.28	533.56
后续期价值	19208.04	—	26269.20
乙公司股权价值	488.29+512.28+533.56+19208.04=20742.17		

【解析】

后续期股权现金流量在 2022 年末的价值 =729.70×（1+8%）/（11%−8%）=26269.20（万元）

后续期股权现金流量现值 =26269.20×（P/F，11%，3）=26269.20×0.7312=19208.04（万元）

（3）控股权溢价 =20742.17−16125=4617.17（万元）

为乙公司原股东带来的净现值 =18000−16125=1875（万元）

为甲公司带来的净现值 =20742.17−18000=2742.17（万元）

（4）为甲公司带来的净现值大于 0，所以收购可行。

【提示】增资与收购的区别：

第一题的增资会使目标公司的资产增加，所有者权益增加，股数会增加；

第二题的收购会使目标公司的股东改变，得到现金流的是原有股东，但是目标公司在收购时点的资产不变，所有者权益也没有变化。

3.【答案】

（1）2017 年税后经营净利润 =2016 年税后经营净利润 ×（1+5%）=6000×（1−60%）×（1−25%）×（1+5%）=1890（万元）

2017 年实体现金流量 = 税后经营净利润 − 净经营资产增加 =1890−4000×5%=1690（万元）

2017 年税后利息费用 = 年初净负债 × 税后利息率 =4000×1/2×8%×（1−25%）=120（万元）

2017 年净利润 = 税后经营净利润 − 税后利息费用 =1890−120=1770（万元）

2017 年所有者权益的增加 = 期初所有者权益 × 可持续增长率 =4000×1/2×5%=100（万元）

股权现金流量 =1770−100=1670（万元）

（2）股权资本成本 =8%×（1-25%）+5%=11%

2017 年年初股权价值 =1670/（11%-5%）=27833.33（万元）

每股股权价值 =27833.33/1000=27.83（元）

每股价值大于每股市价，说明每股市价被低估了。

4.【答案】

2014 年卷Ⅰ的答案：

（1）甲公司每股收益 =3000/10000=0.3（元）

可比公司平均市盈率 =（8/0.4+8.1/0.5+11/0.5）/3=19.4

可比公司平均增长率 =（8%+6%+10%）/3=8%

修正平均市盈率 = 可比公司平均市盈率 /（可比公司平均增长率 ×100）=19.4/（8%×100）=2.43

甲公司每股股权价值 = 修正平均市盈率 × 甲公司预期增长率 ×100× 甲公司每股收益 =2.43×9%×100×0.3=6.56（元）

（2）甲公司每股净资产 =21800/10000=2.18（元）

甲公司权益净利率 =3000/［（20000+21800）/2］=14.35%

可比公司平均市净率 =（8/2+8.1/3+11/2.2）/3=3.9

可比公司平均权益净利率 =（21.2%+17.5%+24.3%）/3=21%

修正平均市净率 = 可比公司平均市净率 /（可比公司平均权益净利率 ×100）=3.9/（21%×100）=0.19

甲公司每股股权价值 = 修正平均市净率 × 甲公司预期权益净利率 ×100× 甲公司每股净资产 =0.19×14.35%×100×2.18=5.94（元）

（3）甲公司的固定资产较少，净资产与企业价值关系不大，市净率法不适用；市盈率法把价格和收益联系起来，可以直观地反映收入和产出的关系。用市盈率法对甲公司估值更合适。

2014 年卷Ⅱ的答案：

（1）甲公司每股收益 =3000/10000=0.3（元）

甲公司每股股权价值 = 可比公司修正市盈率 × 甲公司预期增长率 ×100× 甲公司每股收益

按 A 公司计算甲公司每股股权价值 =（8/0.4）/（8%×100）×9%×100×0.3=6.75（元）

按 B 公司计算甲公司每股股权价值 =（8.1/0.5）/（6%×100）×9%×100×0.3=7.29（元）

按 C 公司计算甲公司每股股权价值 =（11/0.5）/（10%×100）×9%×100×0.3=5.94（元）

甲公司每股股权价值 =（6.75+7.29+5.94）/3=6.66（元）

（2）甲公司每股净资产 =21800/10000=2.18（元）

甲公司权益净利率 =3000/［（20000+21800）/2］=14.35%

甲公司每股股权价值 = 可比公司修正市净率 × 甲公司预期权益净利率 ×100× 甲公司每股净资产

按 A 公司计算甲公司每股股权价值 =(8/2)/(21.2%×100)×14.35%×100×2.18=5.90(元)

按 B 公司计算甲公司每股股权价值 =（8.1/3）/（17.5%×100）×14.35%×100×2.18=4.83（元）

按 C 公司计算甲公司每股股权价值 =（11/2.2）/（24.3%×100）×14.35%×100×2.18=6.44（元）

甲公司每股股权价值 =（5.90+4.83+6.44）/3=5.72（元）

（3）甲公司的固定资产较少，净资产与企业价值关系不大，市净率法不适用；市盈率法把价格和收益联系起来，可以直观地反映收入和产出的关系。用市盈率法对甲公司估值更合适。

二、综合题

1.【答案】

（1）2021 年每股收益 =3000/500=6（元 / 股）

每股价值 =15/1 × 6=90（元 / 股）

甲公司股票价值没有被低估，而是被高估了。

（2）

单位：百万元

管理用报表项目	2021 年末
净经营资产	22000+4800-600-13400-1200=11600
净负债	2000+400-600=1800
股东权益	9800
	2021 年度
税后经营净利润	3000+135=3135
税后利息费用	（200-20）×（1-25%）=135
净利润	3000

（3）

单位：百万元

年份	2022 年	2023 年	2024 年
税后经营净利润	3135 ×（1+20%）=3762	4514.40	4785.26
净经营资产	11600 ×（1+20%）=13920	16704	17706.24
净经营资产增加	13920-11600=2320	2784	1002.24
实体现金流量	1442	1730.40	3783.02
减：税后利息费用	135 ×（1+20%）=162	194.40	206.06
净负债	1800 ×（1+20%）=2160	2592	2747.52
加：净负债增加	2160-1800=360	432	155.52
股权现金流量	1640	1968	3732.48

（4）股权价值 =1640 ×（P/F，12%，1）+1968 ×（P/F，12%，2）+3732.48/（12%-6%）×（P/F，12%，2）=1640 × 0.8929+1968 × 0.7972+62208 × 0.7972=52625.46（百万元）=526.25（亿元）

每股价值 =526.25/5=105.25（元 / 股）

甲公司股票价值被低估。

（5）市盈率模型的优点：计算数据容易取得，计算简单；价格和收益相联系，直观反映投入和产出的关系；市盈率涵盖了风险、增长率、股利支付率的影响，具有综合性。

市盈率法的局限性：用相对价值对企业估值，如果可比企业的价值被高估（或低估）了，目标企业的价值也会被高估（或低估）；如果收益是 0 或负值，市盈率就失去了意义。

2.【答案】

（1）

单位：万元

管理用财务报表项目	2017 年	2018 年	2019 年	2020 年
净经营资产	980–180=800	1200–200=1000	1430–280=1150	1737.5–300=1437.5
净负债	220	300	420	600
股东权益	580	700	730	837.5
税后经营净利润	600	621	966	1104
税后利息费用	16×（1–25%）=12	15	21	30
净利润	588	606	945	1074

（2）净经营资产周转率 =（2000/800+2300/1000+2760/1150+3450/1437.5）/4=2.4（次）

税后经营净利率 =（600/2000+621/2300+966/2760+1104/3450）/4=31%

（3）乙公司的股权资本成本 =4%+1.4×（9%–4%）=11%

乙公司的加权平均资本成本 =8%×（1–25%）×2/5+11%×3/5=9%

（4）

单位：万元

	2020 年年末	2021 年年末	2022 年年末	2023 年年末
营业收入	3450	3450×（1+20%）=4140	4140×（1+12%）=4636.8	4636.8×（1+4%）=4822.27
税后经营净利润	1104	4140×31%=1283.4	1437.41	1494.90
净经营资产	1437.5	1437.5×（1+20%）=1725	1725×（1+12%）=1932	1932×（1+4%）=2009.28
净经营资产增加	287.5	287.5	207	77.28
实体现金流量	816.5	995.9	1230.41	1417.62
折现系数	1	0.9174	0.8417	0.7722
现值		913.64	1035.64	1094.69
实体价值	方法 1：913.64+1035.64+1417.62/（9%–4%）×0.8417=25813.50（万元） 方法 2：913.64+1035.64+1094.69+1417.62×（1+4%）/（9%–4%）×0.7722=25813.44（万元）			

（5）股权价值 =25813.50-600=25213.50（万元）

（6）定价基准日前 20 个交易日股票交易均价 =4000/160=25（元 / 股）

发行价格 =25×80%=20（元）

发行数量 =25213.50/20=1260.68（万股）。

【链接】定价基准日前 20 个交易日股票交易均价公式参见第 10 章。

3.【答案】

（1）$β_{权益}$=1×［1+80%×（1-25%）］=1.6

最常见的做法是选用 10 年期的政府债券到期收益率作为无风险利率，所以无风险利率 = 4.4%

乙医院的股权资本成本 =4.4%+1.6×（10.65%-4.4%）=14.4%

加权平均资本成本 =6%×（1-25%）×80%/（80%+100%）+14.4%×100%/（80%+100%）= 10%

（2）2021 年及以后年度经营营运资本周转率 =（9+11+10）/3=10（次）

2021 年及以后年度净经营长期资产周转率 =（1.9+2+2.1）/3=2（次）

2021 年及以后年度净经营资产占营业收入的比例 =1/10+1/2=60%

2021 年及以后年度营业成本及管理费用占营业收入的比例 =［（19000+2280）/26600+（21000+2700）/30000+（24000+3216）/33600］/3=80%

2021 年及以后年度税后经营净利率 =（1-80%）×（1-25%）=15%

（3）

单位：万元

	2020 年末	2021 年末	2022 年末	2023 年末
营业收入	33600	33600×（1+6%）×（1+5%）=37396.8	37396.8×（1+6%）×（1+5%）= 41622.64	41622.64×（1+3%）=42871.32
税后经营净利润	4428+480×（1-25%）=4788	37396.8×15% =5609.52	41622.64×15% =6243.40	42871.32×15% =6430.70
净经营资产增加		37396.8×60%-（33600/10+33600/2.1）=3078.08	41622.64×60%-37396.8×60% =2535.50	42871.32×60%-41622.64×60% =749.21
实体现金流量		2531.44	3707.9	5681.49
折现系数	1	0.9091	0.8264	0.7513
现值		2301.33	3064.21	4268.5
实体价值	2301.33+3064.21+4268.5+5681.49×（1+3%）/（10%-3%）×0.7513=72442.02			

（4）2020 年末乙医院股权价值 =72442.02-8000=64442.02（万元）

（5）2020 年年末乙医院股权价值 = 可比公司市盈率 × 目标公司净利润 =15×4428=66420（万元）

（6）市盈率法是利用可比公司估计目标公司的股权价值，计算的是相对价值。

现金流量折现法是利用目标公司的数据估计目标公司的股权价值，计算的是内在价值。

同步强化练习题

使用“会计云课堂”App 或“微信”扫码快速做题、对答案、看解析、掌握解题思路，开启轻松过关之旅。

一、单项选择题

1. 下列关于企业价值的说法中，正确的是（　　）。

A. 企业的实体价值等于各单项资产价值的总和

B. 企业的实体价值等于企业的现时市场价值

C. 企业的股权价值等于实体价值和净债务价值之和

D. 企业的控股权价值等于少数股权价值和控股权溢价之和

2. 经济价值是经济学家所持的价值观念，下列有关表述不正确的是（　　）。

A. 经济价值是指一项资产的公平市场价值，通常用该资产所产生的未来现金流量的现值来计量

B. 现时市场价值表现了价格被市场所接受，因此与公平市场价值基本一致

C. 会计价值是指资产、负债和所有者权益的账面价值

D. 会计价值与市场价值通常不一致

3. 股权现金流量是指一定期间企业可以提供给股权投资人的现金流量总计，以下表述正确的是（　　）。

A. 股权现金流量是企业全部现金流入扣除成本费用和必要的投资后剩余的部分

B. 实体现金流量是可以提供给全部投资人的税前流量，股权现金流量是可以提供给股东的税后流量

C. 有多少股权现金流量会作为股利分配给股东，取决于企业的筹资和股利分配政策

D. 加权平均资本成本是与股权现金流量相匹配的等风险投资的机会成本

4. 甲公司是一家大型连锁超市企业，目前每股营业收入为 50 元，每股收益为 4 元。公司采用固定股利支付率政策，股利支付率为 40%。预期净利润和股利的长期增长率均为 5%。该公司的 β 值为 0.8，假设无风险利率为 5%，股票市场的平均收益率为 10%。乙公司也是一个连锁超市企业，与甲公司具有可比性，目前每股营业收入为 30 元，则按照市销率模型估计乙公司的股票价值为（　　）元。

A. 24　　B. 25.2

C. 26.5　　D. 28

5. 甲股票当前的市场价格是 40 元，最近一期每股收益 2 元，预期每股收益增长率 5%，则该股票的内在市盈率为（　　）。

A. 19.05　　B. 20
C. 21　　D. 21.05

6. 甲公司2021年每股收益0.8元，每股分配现金股利0.4元。如果公司每股收益增长率预计为6%，股权资本成本为10%。股利支付率不变，公司的预期市盈率是(　　)。
A. 8.33　　B. 11.79
C. 12.50　　D. 13.25

7. 使用股票市价模型进行企业价值评估时，通常需要确定一个关键因素，并用此因素的可比企业平均值对可比企业的平均市价比率进行修正。下列说法中，正确的是(　　)。
A. 修正市盈率的关键因素是每股收益
B. 修正市盈率的关键因素是股利支付率
C. 修正市净率的关键因素是权益净利率
D. 修正市销率的关键因素是增长潜力

8. 利用可比企业的市净率估计目标企业价值的方法适用于(　　)。
A. 连续盈利的企业
B. 市净率大于1，净资产与净利润变动比率趋于一致的企业
C. 销售成本率较低的服务类企业或者销售成本率趋同的传统行业的企业
D. 需要拥有大量资产、净资产为正值的企业

9. 某公司本年的股东权益为500万元，净利润为100万元，利润留存率为40%，预计下年的股东权益、净利润和股利的增长率均为4%。该公司的β为2，国库券利率为4%，市场平均股票风险溢价率为5%，则该公司的内在市净率为(　　)。
A. 1.25　　B. 1.2
C. 1.04　　D. 1.4

10. 下列有关市净率的修正方法表述正确的是(　　)。
A. 用增长率修正市净率，消除增长率差异对同业企业可比性的影响
B. 用权益净利率修正市净率，消除权益净利率对同业企业可比性的影响
C. 用营业净利率修正市净率，消除营业净利润差异对同业企业可比性的影响
D. 用股权资本成本修正市净率，消除股权资本成本差异对同业企业可比性的影响

11. 按照企业价值评估的市销率模型，不属于“市销率”驱动因素的是(　　)。
A. 股利支付率　　B. 权益净利率
C. 增长潜力　　D. 风险

12. 相对价值评估方法是利用类似企业的市场定价来估计目标企业价值的一种方法，下列有关表述中正确的是(　　)。
A. 通过模型的修正可将相对价值模型修正为内在价值模型
B. 根据相对价值评估方法的市销率模型，在其他影响因素不变的情况下，增长率越高，市销率越小
C. 运用市盈率模型进行企业价值评估时，目标企业股权价值可以用该企业每股收益乘以行业平均市盈率计算
D. 同行业企业不一定是可比企业

二、多项选择题

1. 甲公司2021年12月31日资产负债表显示，总资产50亿元，所有者权益30亿元，总股数5000万股。当日甲公司股票收盘价每股20元。如果资本市场有效，下列关于当日甲公司股权价值的说法中，正确的有(　　)。
A. 少数股权价值是100000万元
B. 会计价值是300000万元
C. 控股权价值是200000万元
D. 现时市场价值是100000万元

2. 下列关于控股权价值和少数股权价值的表述中，正确的有(　　)。

A. 控股权溢价等于控股权价值超过少数股权价值的差额
B. 控股权价值是通过改进管理和经营战略后给投资人带来的未来现金流量现值
C. 少数股权价值是在现有管理和战略条件下给投资人带来的未来现金流量现值
D. 控股权价值与少数股权价值之和等于企业股权价值

3. 下列关于企业公平市场价值的表述中，正确的有（　　）。
A. 公平市场价值就是未来现金流量的现值
B. 公平市场价值就是企业作为整体的经济价值
C. 公平市场价值应该是股权的公平市场价值与净债务的公平市场价值之和
D. 公平市场价值应该是持续经营价值与清算价值中的较高者

4. 价值评估的一般对象是企业整体的经济价值，而企业整体经济价值应具备的特征有（　　）。
A. 整体价值是企业各项资产价值的汇总
B. 整体价值来源于企业各要素的有机结合
C. 可以单独存在的部分，其单独价值不同于作为整体一部分的价值
D. 企业资源的重组不会改变企业的价值

5. 下列关于企业价值评估的表述中，正确的有（　　）。
A. 现金流量折现模型的基本思想是增量现金流量原则和时间价值原则
B. 实体自由现金流量是企业可提供给全部投资人的税后现金流量之和
C. 在稳定状态下债务现金流量增长率一般不等于营业收入增长率
D. 在稳定状态下实体现金流量和股权现金流量增长率一般等于营业收入增长率

6. 下列关于实体现金流量的表述中，正确的有（　　）。
A. 实体现金流量是可以提供给债权人和股东的税后现金流量
B. 实体现金流量是营业现金净流量超过资本支出后的余额
C. 实体现金流量 = 税后经营净利润 - 经营性资产增加 - 经营性负债增加
D. 实体现金流量 = 税后经营净利润 - 经营营运资本增加 - 净经营性长期资产增加

7. 以下关于企业价值评估现金流量折现法的表述中，正确的有（　　）。
A. 预测基期数据应为上一年的实际数据，不能对其进行调整
B. 详细预测期是指企业增长的不稳定时期，通常在5~7年
C. 实体现金流量应该等于融资现金流量
D. 后续期的现金流量增长率通常高于宏观经济的名义增长率

8. 根据相对价值评估模型的“市净率模型”，在其他影响因素不变的情况下，下列表述正确的有（　　）。
A. 增长率越高，内在市净率越小
B. 权益净利率越高，内在市净率越大
C. 股利支付率越高，内在市净率越大
D. 股权成本越高，内在市净率越小

9. 下列关于利用可比企业市盈率估计企业价值的说法中，正确的有（　　）。
A. 能估算出企业的内在价值
B. 能直观地反映投入和产出的关系
C. 具有很高的综合性，能体现风险、增长率、股利分配的问题
D. 最适合连续盈利的企业

10. 利用市净率模型估计企业价值，在考虑可比企业时，相比市销率模型共同应考虑的因素包括（　　）。
A. 营业净利率

B. 股利支付率
C. 风险
D. 权益净利率

11. 市销率估值模型的特点有（　　）。
A. 对于亏损企业和资不抵债的企业，也可以计算出一个有意义的市销率
B. 可以反映价格政策和企业战略变化的后果
C. 可以反映成本的变化
D. 只适用于销售成本率较低的服务类企业

三、计算分析题

1. 甲公司是一家投资公司，拟于2021年初对A公司增资1000万元，获得A公司35%的股权。由于A公司股权比较分散，甲公司可以获得控股权。为分析增资方案可行性，收集相关资料如下：
预计A公司2020年末的股权自由现金流量为1100万元，目前A公司股权资本成本为12%，假设增资前A公司已进入稳定增长状态，现金流量的增长率为6%。增资后，甲公司拟通过改进A公司管理和经营战略以增加A公司的增长潜力，预计2021年现金流量增长率（与增资前2020年末股权自由现金流量相比）为12%，2022年现金流量增长率为10%，2023年及以后维持8%的永续增长率。增资后预计股权资本成本降为11.5%。

要求：
（1）如果不增资，利用永续增长模型对A公司2021年初股权价值进行估值。
（2）如果增资，采用股权现金流量折现模型，估计2021年初A公司股权价值。
（3）计算该增资带来的控股权溢价。
（4）计算该增资为A公司原股东和甲公司分别带来的净现值。

2. 甲公司是一家从事生物制药的上市公司，2021年初的股票价格为每股60元，目前发行在外的普通股股数为10000万股（无优先股），为了对当前股价是否偏离价值进行判断，E公司拟采用股权现金流量法评估甲公司的每股股权价值，收集的甲公司的相关资料如下：
（1）2020年每股净经营资产30元，每股税后经营净利润6元，预计未来保持不变。
（2）公司当前的资本结构（净负债/净经营资产）为60%，为降低财务风险，公司拟调整资本结构并已做出公告，目标资本结构为50%，资本结构高于50%不分配股利，多余现金首先用于归还借款，企业采用剩余股利政策分配股利，未来不打算增发或回购股票。
（3）净负债的税前资本成本为6%，未来保持不变，财务费用按期初净负债计算。
（4）股权资本成本2021年为12%，2022年及以后年度为10%。
（5）公司适用的企业所得税税率为25%。

要求：
（1）计算2021年每股实体现金流量、每股债务现金流量、每股股权现金流量。
（2）计算2022年每股实体现金流量、每股债务现金流量、每股股权现金流量。
（3）计算2021年初每股股权价值，判断甲公司的股价是被高估还是低估。
（4）2021年初，E公司拟按当前市价收购甲公司20%的股份，收购的净现值为多少？

3. K公司是一家互联网企业，最近三年连续实现盈利。甲公司拟收购K公司，经过调查K公司2021年的财务数据为：营业收入24000万元、净利润5000万元、资产总额19000万元、净资产10800万元、增长率为8%。
与K公司风险、收入、成本等各方面类似的可比公司2021年相关数据如下：

项目	可比公司数据
固定股利支付率政策下的股利支付率	40%
权益净利率	50%
营业净利率	20%
销售成本率	70%
股权资本成本	15%
β 值	0.95
增长率	10%

要求：

（1）分别用市盈率模型、市净率模型和市销率模型对 K 公司进行估价；

（2）简述市盈率模型、市净率模型和市销率模型的适用范围，并分析各个模型对 K 公司股权价值进行评估是否适用。

4. D 企业长期以来计划收购一家营业成本较低的服务类上市公司（以下简称“目标公司”），目标公司当前的股价为 18 元 / 股。D 企业管理层一部分人认为目标公司当前的股价较低，是收购的好时机，但也有人提出，这一股价高过了目标公司的真正价值，现在收购并不合适。D 企业征求你对这次收购的意见。与目标公司类似的企业有甲、乙、丙、丁四家，但它们与目标公司之间尚存在某些不容忽视的重大差异。四家类比公司及目标公司的有关资料如下：

项目	甲公司	乙公司	丙公司	丁公司	目标公司
普通股股数（万股）	500	700	800	700	600
每股市价（元）	18	22	16	12	18
每股营业收入（元）	22	20	16	10	17
每股收益（元）	1	1.2	0.8	0.4	0.9
每股净资产（元）	3.5	3.3	2.4	2.8	3
预期增长率	10%	6%	8%	4%	5%

要求：

（1）说明应当运用相对价值评估方法中的哪种模型计算目标公司的每股股票价值。

（2）利用修正的平均市价比率法确定目标公司的每股股票价值。

（3）利用股价平均法确定目标公司的每股股票价值。

（4）分析指出当前是否应当收购目标公司。（计算中保留小数点后 2 位）

四、综合题

G 公司是一家生产企业，2021 年度的资产负债表和利润表如下所示：

资产负债表

编制单位：G 公司　　　　2021 年 12 月 31 日　　　　单位：万元

资产	金额	负债和股东权益	金额
货币资金	95	短期借款	300
交易性金融资产	5	应付账款	535
应收账款	400	应付职工薪酬	25
存货	450	其他应付款	15
其他流动资产	50	流动负债合计	875
流动资产合计	1000	长期借款	600
其他债权投资	10	长期应付款	425
固定资产	1900	非流动负债合计	1025
其他非流动资产	90	负债合计	1900
非流动资产合计	2000	股本	500
		未分配利润	600
		股东权益合计	1100
资产总计	3000	负债和股东权益总计	3000

利润表

编制单位：G 公司　　　　2021 年　　　　单位：万元

项目	金额
一、营业收入	4500
减：营业成本	2250
销售及管理费用	1800
财务费用	72
资产减值损失	12
加：公允价值变动收益	-5
二、营业利润	361
加：营业外收入	8
减：营业外支出	6
三、利润总额	363
减：所得税费用（税率 25%）	90.75
四、净利润	272.25

G 公司没有优先股，目前发行在外的普通股为 500 万股，2022 年年初的每股价格为 8 元。公司的货币资金全部是经营活动必需的资金，其他应付款均为应付利息，长期应付款是经营活动引起的长期应付款；利润表中的资产减值损失是经

营资产减值带来的损失，公允价值变动收益属于金融资产公允价值变动产生的收益。

G公司管理层拟用改进的财务分析体系评价公司的财务状况和经营成果，并收集了以下财务比率的行业平均数据：

财务比率	行业平均数据
净经营资产净利率	16.60%
税后利息率	6.30%
经营差异率	10.30%
净财务杠杆	0.5236
杠杆贡献率	5.39%
权益净利率	21.99%

为进行2022年度财务预测，G公司对2021年财务报表进行了修正，并将修正后结果作为基期数据，具体内容如下：

单位：万元

年份	2021年（修正后基期数据）
利润表项目（年度）：	
营业收入	4500
税后经营净利润	337.5
减：税后利息费用	54
净利润	283.5
资产负债表项目（年末）：	
经营营运资本	435
净经营性长期资产	1565
净经营资产合计	2000
净负债	900
股本	500
未分配利润	600
股东权益合计	1100

G公司2022年的预计销售增长率为8%，2023年进入稳定增长期，预计未来每年的销售增长率为5%，假设经营营运资本、净经营性长期资产、税后经营净利润占销售收入的百分比与2021年修正后的基期数据相同。公司采用剩余股利分配政策，以修正后基期的资本结构（净负债/净经营资产）作为2022年的目标资本结构。公司税前借款利率预计为8%，未来保持不变。假定公司年末净负债代表全年净负债水平，利息费用根据年末净负债和预计借款利率计算。G公司适用的所

得税税率为25%，加权平均资本成本为10%。

要求：

（1）计算G公司2021年的净经营资产、净负债、税后经营净利润和金融损益。

（2）计算G公司2021年的净经营资产净利率、税后利息率、经营差异率、净财务杠杆、杠杆贡献率和权益净利率，分析其权益净利率高于或低于行业平均水平的原因。

（3）预计G公司2022年和2023年的实体现金流量、债务现金流量和股权现金流量。

（4）计算G公司2022年初的每股股权价值，并判断2022年年初的股价被高估还是被低估。

同步强化练习题参考答案及解析

使用“会计云课堂”App或“微信”扫码对答案、看解析、掌握解题思路，开启轻松过关之旅。

一、单项选择题

1.【答案】D

【解析】企业整体价值不是各部分资产价值的简单相加，因此选项A错误；现时市场价值可能是公平的，也可能是不公平的，而企业实体价值是公平的市场价值，因此选项B错误；企业的股权价值等于实体价值和净债务价值之差，因此选项C错误；少数股权价值和控制权价值都是股权价值，只是考虑的角度不同，少数股权价值是现有管理和战略条件下企业能够给股票投资人带来的现金流量的现值，控股权价值是企业进行重组，改进管理和经营战略后可以为投资人带来的未来现金流量的现值，二者差额为控股权溢价，因此选项D正确。

2.【答案】B

【解析】经济价值是经济学家所持的价值观念，它是指一项资产的公平市场价值，通常用该资产所产生的未来现金流量的现值计量。所谓“公平的市场价值”是指在公平的交易中，熟悉情况的双方，自愿进行资产交换或债务清偿的金额。资产被定义为未来的经济利益。所谓“经济利益”其实就是现金流入。资产的公平市场价值就是未来现金流量的现值。而现时市场价值可能是公平的，也可能是不公平的。

3.【答案】C

【解析】实体现金流量是企业全部现金流入扣除成本费用和必要的投资后的剩余部分，实体现金流量减去债务现金流量才是股权现金流量，所以股权现金流量是企业全部现金流入扣除成本费用和必要的投资并偿还债务本息后剩余的部分，选项A错误；实体现金流量是可以提供给全部投资人的税后流量，选项B错误；加权平均资本成本是与企业实体现金流量相匹配的等风险投资的机会成本，股权资本成本才是与股权现金流量相匹配的等风险投资的机会成本，因此选项D不正确。

4.【答案】B

【解析】营业净利率=4/50=8%

股权资本成本=5%+0.8×（10%-5%）=9%

本期市销率$=\frac{8\% \times 40\% \times (1+5\%)}{9\%-5\%}=0.84$

乙公司股票价值=30×0.84=25.2（元）。

5.【答案】A

【解析】内在市盈率=每股市价$_0$/每股收益$_1$=40/［2×（1+5%）］=19.05。

【提示】由于本题没有给出股利支付率和股权资本成本，直接用原始公式计算即可，需要注意的是，本题计算的是内在市盈率，这里除以的是未来第1年的每股收益。

6.【答案】C

【解析】股利支付率=0.4/0.8=50%，预期市盈率=股利支付率/（股权资本成本-增长率）=50%/（10%-6%）=12.50。

7.【答案】C

【解析】修正市盈率的关键因素是增长潜力，修正市净率的关键因素是权益净利率，修正市销率的关键因素是营业净利率。

8.【答案】D

【解析】市盈率模型最适合连续盈利的企业；市净率模型主要适用于需要拥有大量资产、净资产为正值的企业；市销率模型主要适用于销售成本率较低的服务类企业或者销售成本率趋同的传统行业的企业。

9.【答案】B

【解析】内在市净率=权益净利率×股利支付率/（股权成本-增长率）

预期权益净利率=［100×(1+4%)］/［500×（1+4%）］=20%

股利支付率=1-利润留存率=1-40%=60%，股权成本=4%+2×5%=14%，则有：内在市净率=（20%×60%）/（14%-4%）=1.2。

10.【答案】B

【解析】市净率的关键驱动因素是权益净利率。因此，可以用权益净利率修正市净率，消除权益净利率差异对同业企业可比性的影响。

11.【答案】B

【解析】市销率的驱动因素有营业净利率、股利支付率、增长潜力和风险，其中，营业净利率是关键驱动因素；权益净利率是市净率的关键驱动因素。

12.【答案】D

【解析】在进行企业价值评估时，相对价值评估方法下的企业价值的含义是指目标企业的相对价值，而非内在价值，模型的修正仍然是相对价值，选项A错误。内在市销率$=\frac{营业净利率 \times 股利支付率}{股权成本-增长率}$，从公式可以看出增长率与市销率同向变动，因此，在其他影响因素不变的情况下，增长率越高，市销率越大，选项B错误。用市盈率模型进行企业价值评估时，目标企业每股股权价值可以用该企业每股收益乘以可比企业的平均市盈率计算。市盈率的驱动因素是企业的增长潜力、股利支付率和风险（股权资本成本的高低与其风险有关），这三个因素类似的企业，才会具有类似的市盈率，可比企业实际上应当是这三个因素类似的企业，同业企业不一定都具有这种类似性，因此选项D正确、选项C错误。

二、多项选择题

1.【答案】ABD

【解析】会计价值是所有者权益的账面价

值30亿元，选项B正确。如果资本市场有效，现时市场价值=少数股权价值=20×5000=100000（万元）。选项A、D正确。控股权价值取决于改进管理和经营战略后未来现金流量的现值，根据题目条件无法确定，选项C错误。

2.【答案】ABC

【解析】控股权价值与少数股权价值差额是控股权溢价，表示由于控股权转变而增加的价值，因此选项A的说法正确；控股权价值是通过改进管理和经营战略后给投资人带来的未来现金流量现值，因此选项B的说法正确；少数股权价值是在现有管理和战略条件下给投资人带来的未来现金流量现值，因此选项C的说法正确；控股权价值与少数股权价值都是指股权价值，只是所站的角度不同，因此选项D的说法不正确。

3.【答案】ABCD

【解析】本题的考点是公平市场价值的含义。

4.【答案】BC

【解析】企业作为整体虽然是由部分组成的，但是它不是各部分的简单相加，而是有机的结合，因此选项A不正确。企业资源的重组即改变各要素之间的结合方式，可以改变企业的功能和效率，选项D错误。

5.【答案】ABD

【解析】在稳定状态下实体现金流量增长率、股权现金流量增长率以及债务现金流量增长率均等于营业收入增长率。

6.【答案】ABD

【解析】实体现金流量=营业现金净流量-资本支出=税后经营净利润+折旧与摊销-经营营运资本增加-资本支出=税后经营净利润+折旧与摊销-经营营运资本增加-净经营性长期资产增加-折旧与摊销=税后经营净利润-经营营运资本增加-净经营性长期资产增加=税后经营净利润-净经营资产增加，根据以上等式可知，选项A、B、D正确，选项C应改为“税后经营净利润-经营性资产增加+经营性负债增加”。

7.【答案】BC

【解析】本题的主要考查点是企业价值评估现金流量折现法的有关内容。在企业价值评估的现金流量折现法下，预测基期的数据有两种确定方式：一种是上年的实际数据，另一种是修正后的上年数据，即可以对上年的实际数据进行调整，选项A错误。详细预测期是指企业增长的不稳定时期，通常在5~7年，选项B正确。实体现金流量（从企业角度考查）应该等于融资现金流量（从投资人角度考查），选项C正确。后续期的现金流量增长率通常按照宏观经济的名义增长率来确定，选项D错误。

8.【答案】BCD

【解析】内在市净率=（权益净利率×股利支付率）/（股权成本-增长率），从公式可以看出增长率与内在市净率同向变动，所以，在其他影响因素不变的情况下，增长率越高，内在市净率越大。

9.【答案】BCD

【解析】相对价值法是参照可比企业的价值衡量目标企业的价值，所得结论是相对于可比企业来说的，以可比企业价值为基准，是一种相对价值，而非目标企业的内在价值，因此选项A错误。市盈率把价格和收益联系起来，直观地反映投入和产出的关系，因此选项B正确。市盈率涵盖了风险、增长率、股利支付率的影响，具有很高的综合性，因此选项C正确。市盈率模型的局限性在于如果收益是0或负值，市盈率就失去了意义。市盈率模型最适合连续盈利的企业。因此选项D正确。

10.【答案】BC

【解析】驱动市净率的因素有权益净利率、股利支付率、增长潜力和风险，这四个比率类似的企业，会有类似的市净率。驱动市销率的因素有营业净利率、股利支付率、增长潜力和风险，这四个比率类似的企业，会有类似的市销率。二者同时考虑的是股利支付率、增长潜力和风险。

11.【答案】AB

【解析】因为营业收入不会出现负值，因此选项A正确；市销率对价格政策和企业战略变化敏感，因此选项B正确；市销率＝每股市价/每股营业收入，从公式可以看出，市销率不反映成本的变化，因此选项C不正确；市销率估值模型适用于销售成本率较低的服务类企业，也适用于销售成本率趋同的传统行业的企业，因此选项D不正确。

三、计算分析题

1.【答案】

（1）股权价值＝$\frac{1100\times(1+6\%)}{12\%-6\%}$=19433.33（万元）

（2）

单位：万元

年份	2021年末	2022年末
股权现金流量	1100×（1+12%）=1232	1232×（1+10%）=1355.2
折现系数	1/（1+11.5%）	1/（1+11.5%）^{2}
股权现金流量现值	1104.93	1090.07

股权价值=1104.93+1090.07+［1355.2×（1+8%）/（11.5%−8%）］×1/（1+11.5%）^{2}=35831.39（万元）

（3）控股权的溢价=35831.39−19433.33−1000=15398.06（万元）

（4）增资为A公司原股东带来的净现值=35831.39×65%−19433.33=3857.07（万元）

增资为甲公司带来的净现值=35831.39×35%−1000=11540.99（万元）。

2.【答案】

（1）

单位：元

项目	2020年	2021年	2022年	2023年及以后
每股净经营资产	30	30	30	30
每股净负债	30×60%=18	30×50%=15	15	15
每股所有者权益	12	15	15	15
每股税后经营净利润	6	6	6	6
每股税后利息费用	—	18×6%×（1−25%）=0.81	15×6%×（1−25%）=0.68	15×6%×（1−25%）=0.68
每股净利润		5.19	5.32	5.32

2021年每股实体现金流量 = 每股税后经营净利润 – 每股净经营资产增加 =6–0=6（元）

每股债务现金流量 = 每股税后利息费用 – 每股净负债的增加 =0.81–（15–18）=3.81（元）

每股股权现金流量 =6–3.81=2.19（元）

【提示】可用于还债的多余现金 = 实体现金流量 – 税后利息费用 = 税后经营净利润 – 净经营资产增加 – 税后利息费用 = 净利润 – 净经营资产增加。故 2021 年多余现金全部还款后的每股净负债 =18–（6–0.81）=12.81（元），而目标每股净负债是 15 元，也就是说，每股净负债由 18 元降到 15 元是公司的目标，降到 12.81 元是公司的能力，只要达到目标 15 元就可以了，所以选择较高者。假设目标每股净负债是 10 元，则 2021 年每股净负债仍然是选择较高者，即 12.81 元，因为公司只有降到 12.81 元的能力，无法在 2021 年降到目标 10 元，所以要等到下一年再来实现每股净负债 10 元的目标。

（2）由于每股净经营资产和每股税后经营净利润未来均保持不变，因此未来每股实体现金流量也不变。

2022 年每股实体现金流量 =6 元

2022 年每股债务现金流量 = 每股税后利息费用 – 每股净负债增加 =0.68–0=0.68（元）

2022 年每股股权现金流量 =6–0.68=5.32（元）

（3）每股股权价值 =2.19×（P/F，12%，1）+（5.32/10%）×（P/F，12%，1）=（2.19+53.2）×0.8929=49.46（元），每股股权价值小于股票价格 60 元，因此甲公司的股价被高估。

（4）收购额的净现值 =（49.46–60）×10000×20%=–21080（万元）。

3.【答案】

（1）①市盈率模型：

可比公司本期市盈率 = 股利支付率 ×（1+ 增长率）/（股权资本成本 – 增长率）=40%×（1+10%）/（15%–10%）=8.8

K 公司的股权价值 = 可比公司本期市盈率 × 目标公司本年净利润 =8.8×5000=44000（万元）

②市净率模型：

可比公司本期市净率 = 权益净利率 × 股利支付率 ×（1+ 增长率）/（股权资本成本 – 增长率）=50%×40%×（1+10%）/（15%–10%）=4.4

K 公司的股权价值 = 可比公司本期市净率 × 目标公司本年净资产 =4.4×10800=47520（万元）

③市销率模型：

可比公司本期市销率 = 营业净利率 × 股利支付率 ×（1+ 增长率）/（股权资本成本 – 增长率）=20%×40%×（1+10%）/（15%–10%）=1.76

K 公司的股权价值 = 可比公司本期市销率 × 目标公司本年营业收入 =1.76×24000=42240（万元）

（2）市盈率模型最适合连续盈利的企业；K 公司最近三年连续盈利，故该模型适用于 K 公司的估价。

市净率模型主要适用于需要拥有大量资产、净资产为正值的企业，K 公司是运营模式简单的互联网企业，属于轻资产企业，净资产与企业价值的关系不大，故该模型不适用于 K 公司的估价。

市销率模型主要适用于销售成本率较低的服务类企业，或者销售成本率趋同的传统行业的企业。可比公司的销售成本率为 70%，说明 K 公司的销售成本率较高，且 K 公司并非传统行业，故该模型不适用于对 K 公司的估值。

4.【答案】

（1）由于目标公司属于营业成本较低的服务类上市公司，应当采用市销率模型计算目标公司的股票价值。

（2）

项目	甲公司	乙公司	丙公司	丁公司	平均
每股市价（元）	18	22	16	12	—
每股营业收入（元）	22	20	16	10	—
市销率	0.82	1.1	1	1.2	1.03
营业净利率	4.55%	6%	5%	4%	4.89%

修正平均市销率 =1.03/（4.89%×100）=0.21

目标公司营业净利率 =0.9/17=5.29%

目标公司每股股权价值 = 修正平均市销率 × 目标公司营业净利率 ×100× 目标公司每股营业收入 =0.21×5.29%×100×17=18.89（元）

（3）

公司名称	市销率	营业净利率	修正的市销率	目标公司每股价值 = 修正市销率 × 目标公司营业净利率 ×100× 目标公司每股营业收入（元）
甲	0.82	4.55%	0.18	16.19
乙	1.1	6%	0.18	16.19
丙	1	5%	0.2	17.99
丁	1.2	4%	0.3	26.98
平均	—	—	—	19.34

（4）结论：目标公司的每股价值超过目前的每股股价 18 元，股票被市场低估，因此应当收购。

四、综合题

【答案】

（1）金融资产 = 交易性金融资产 + 其他债权投资 =5+10=15（万元）

经营资产 = 总资产 - 金融资产 =3000-15=2985（万元）

金融负债 = 短期借款 + 其他应付款（应付利息）+ 长期借款 =300+15+600=915（万元）

经负债 = 总负债 - 金融负债 =1900-915=985（万元）

净经营资产 = 经营资产 - 经营负债 =2985-985=2000（万元）

净负债 = 金融负债 - 金融资产 =915-15=900（万元）

税前金融损益 =- 财务费用 + 公允价值变动收益 =-72-5=-77（万元）

税后金融损益 =-77×（1-25%）=-57.75（万元）

税后经营净利润 = 净利润 + 税后利息费用 =272.25+57.75=330（万元）

（2）净经营资产净利率 = 税后经营净利润 / 净经营资产 =330/2000=16.5%

税后利息率 = 税后利息费用 / 净负债 =57.75/900=6.42%

经营差异率 = 净经营资产净利率 - 税后利息率 =16.5%-6.42%=10.08%

净财务杠杆 = 净负债 / 股东权益 =900/1100=0.8182

杠杆贡献率 = 经营差异率 × 净财务杠杆 =

10.08%×0.8182=8.25%

权益净利率 = 净经营资产净利率 + 杠杆贡献率 =16.5%+8.25%=24.75%

G 公司权益净利率高于同行业平均水平，其主要原因是 G 公司的杠杆贡献率较高，而杠杆贡献率较高的主要原因是净财务杠杆较高。

（3） 单位：万元

年份	2021 年修正后数据	2022 年	2023 年
净经营资产	2000	2000×（1+8%）=2160	2160×（1+5%）=2268
净负债	900	900×（1+8%）=972	972×（1+5%）=1020.6
所有者权益	1100	1100×（1+8%）=1188	1188×（1+5%）=1247.4
税后经营净利润	337.5	337.5×（1+8%）=364.5	364.5×（1+5%）=382.73
税后利息费用	54	972×8%×（1−25%）=58.32	1020.6×8%×（1−25%）=61.24
净利润	283.5	306.18	321.49

【提示】因为经营营运资本、净经营性长期资产、税后经营净利润占销售收入的百分比与 2021 年修正后的基期数据相同。公司采用剩余股利分配政策，以修正后基期的资本结构（净负债 / 净经营资产）作为 2022 年的目标资本结构，所以说明企业的税后经营净利润、净经营资产、净负债及股东权益都与销售收入同比增长。

2022 年实体现金流量 = 税后经营净利润 − 净经营资产增加 =364.5−（2160−2000）=204.5（万元）

2022 年债务现金流量 = 税后利息费用 − 净负债增加 =58.32−（972−900）=−13.68（万元）

2022 年股权现金流量 = 实体现金流量 − 债务现金流量 =204.5−（−13.68）=218.18（万元）

2023 年实体现金流量 = 税后经营净利润 − 净经营资产增加 =382.73−（2268−2160）=274.73（万元）

2023 年债务现金流量 = 税后利息费用 − 净负债增加 =61.24−（1020.6−972）=12.64（万元）

2023 年股权现金流量 = 实体现金流量 − 债务现金流量 =274.73−12.64=262.09（万元）

（4）企业实体价值 =204.5/（1+10%）+[274.73/（10%−5%）]/（1+10%）=5181（万元）

股权价值 = 企业实体价值 − 净债务价值 =5181−900=4281（万元）

每股价值 =4281/500=8.56（元）

2022 年年初的每股股价 8 元低于每股股权价值 8.56 元，2022 年年初的股价被市场低估了。

【提示】进行财务分析是为了分析企业的实际财务状况，因此需要根据企业自身实际报表进行分析；但进行企业价值评估是对未来进行预测，基期的数据可以是基期实际数也可以是调整后的数据，这要根据题目要求来看。本题题干明确提出“为进行 2022 年度财务预测，G 公司对 2021 年财务报表进行了修正，并将修正后结果作为基期数据”，所以本题应以修正后的数据作为财务预测基数。

第九章　资本结构

CHAPTER-9

本章学习指南

一、考情分析

本章近几年考试的题型主要是客观题，但本章也有可考查主观题的考点，如资本结构决策分析。

名师点拨

建议先学习第 16 章本量利分析的相关知识点，再进入本章的学习和练习。

最近 3 年题型、题量分析表

题型	2019 年		2020 年		2021 年	
	试卷 Ⅰ	试卷 Ⅱ	试卷 Ⅰ	试卷 Ⅱ	试卷 Ⅰ	试卷 Ⅱ
单项选择题	—	—	1 题 1.5 分	1 题 1.5 分	1 题 2 分	—
多项选择题	1 题 2 分	1 题 2 分	—	—	—	1 题 2 分
计算分析题	—	0.25 题 2 分	—	—	—	—
综合题	—	—	—	—	—	—
合计	1 题 2 分	1.25 题 4 分	1 题 1.5 分	1 题 1.5 分	1 题 2 分	1 题 2 分

二、教材变化

本章与 2021 年的教材相比只是个别文字的调整，没有实质性变化。

三、考点框架

- 第九章 资本结构
  - 资本结构理论
    - 资本结构的 MM 理论 ★★
    - 资本结构的其他理论 ★★
  - 资本结构决策分析
    - 资本结构的影响因素 ★
    - 资本结构决策的分析方法 ★★★
  - 杠杆系数的衡量
    - 经营风险与财务风险 ★
    - 杠杆效应 ★★★

核心考点精讲

第一节 资本结构理论

使用“会计云课堂”App 或“微信”扫码查看本节视频，快速 GET 知识点。

筹资管理中，资本结构有广义和狭义之分。

- 广义的资本结构：指全部债务与股东权益的构成比例
- 狭义的资本结构：指长期负债与股东权益的构成比例

【提示】财务管理中的资本结构指狭义资本结构，短期债务作为营运资本来管理。

一、资本结构的 MM 理论★★

要点小贴士

无税的 MM 理论认为不存在最优资本结构，负债多少无所谓；有税的 MM 理论认为负债越多越好，最优资本结构是负债率 100%。

（一）MM 理论的假设前提

（1）经营风险可以用息税前利润的方差来衡量，具有相同经营风险的公司称为风险同类（homogeneous risk class）。

（2）投资者等市场参与者对公司未来的收益与风险的预期是相同的（homogeneous expectations）。

（3）完善的资本市场（perfect capital markets），即在股票与债券进行交易的市场中没有交易成本，且个人与机构投资者的借款利率与公司相同。

（4）借债无风险，即公司或个人投资者的所有债务利率均为无风险利率，与债务数量无关。

（5）全部现金流是永续的，即所有公司息税前利润具有永续的零增长特征，债券也是永续的。

（二）无税 MM 理论

命题Ⅰ	基本观点	企业的资本结构与企业价值无关，企业加权平均资本成本与其资本结构无关
	表达式	$V_L=\frac{EBIT}{r_{WACC}^0}=V_U=\frac{EBIT}{r_s^u}$
	相关结论	（1）有负债企业的价值 V_L= 无负债企业的价值 V_U （2）有负债企业的加权平均资本成本 = 风险等级相同的无负债企业的权益资本成本，即：$r_{WACC}^0=r_s^u$

命题 Ⅱ	基本观点	有负债企业的权益资本成本随着财务杠杆的提高而增加
	表达式	$r_s^L = r_s^u +$ 风险溢价 $= r_s^u + \frac{D}{E}(r_s^u - r_d)$
	相关结论	（1）有负债企业的权益资本成本 r_s^L = 无负债企业的权益资本成本 r_s^u+ 风险溢价 （2）风险溢价与以市值计算的财务杠杆（债务 / 股东权益）成正比例

（三）有税 MM 理论

命题 Ⅰ	基本观点	随着企业负债比例提高，企业价值也随之提高，在理论上全部融资来源于负债时，企业价值达到最大
	表达式	$V_L=V_U+T \times D=V_U+PV$（利息抵税）
	相关结论	有负债企业的价值 V_L= 具有相同风险等级的无负债企业的价值 V_U+ 债务利息抵税收益的现值
命题 Ⅱ	基本观点	有负债企业的权益资本成本随着财务杠杆的提高而增加
	表达式	$r_s^L=r_s^u+$ 风险报酬 $=r_s^u+(r_s^u-r_d)(1-T)\frac{D}{E}$
	相关结论	（1）有负债企业的权益资本成本 r_s^L= 相同风险等级的无负债企业的权益资本成本 r_s^u+ 与以市值计算的债务与权益比例成比例的风险报酬 （2）风险报酬取决于企业的债务比例以及所得税税率

要点小贴士

有税的 MM 理论与无税的 MM 理论相比，负债比重对企业价值和加权平均资本成本的影响判断不同，但两个理论下，负债比重对个别资本成本变动方向的影响是相同的。

【易错易混点】资本结构变动对有税条件下的 MM 理论与无税条件下的 MM 理论的影响。

项目		有税的 MM 理论	无税的 MM 理论
区别	企业价值	负债比重越大，企业价值越大	不影响
	加权平均资本成本	负债比重越大，加权平均资本成本越低	不影响
联系	权益资本成本	负债比重越大，权益资本成本越高	负债比重越大，权益资本成本越高
		有负债企业在有税时的权益资本成本比无税时的要小，二者的差异是由（1–T）引起的	
	负债资本成本	不影响	不影响
		有税时的负债资本成本比无税时的要小，二者的差异是由（1–T）引起的	

要点小贴士

在不考虑企业所得税的情况下，企业加权平均资本成本的高低与资本结构无关，仅取决于企业经营风险的大小。

经典题解

【真题 1 · 多选题】下列关于有企业所得税情况下 MM 理论的说法中，正确的有（　　）。（2019 年卷Ⅰ、卷Ⅱ）

A. 高杠杆企业的债务资本成本大于低杠杆企业的债务资本成本

B. 高杠杆企业的价值大于低杠杆企业的价值

C. 高杠杆企业的权益资本成本大于低杠杆企业的权益资本成本

D. 高杠杆企业的加权平均资本成本大于低杠杆企业的加权平均资本成本

【解析】有税 MM 理论下，随着债务比例的提高，债务资本成本不变。企业价值和权益资本成本随负债比例的提高而提高，加权平均资本成本随负债比例的提高而下降，所以选项 A、D 错误。

【答案】BC

【真题 2 · 单选题】在考虑企业所得税但不考虑个人所得税的情况下，下列关于资本结构有税 MM 理论的说法中，错误的是（　　）。（2017 年卷Ⅰ）

A. 财务杠杆越大，企业价值越大

B. 财务杠杆越大，企业权益资本成本越高

C. 财务杠杆越大，企业利息抵税现值越大

D. 财务杠杆越大，企业加权平均资本成本越高

【解析】在考虑企业所得税的条件下，有负债企业的加权平均资本成本随着债务筹资比例的增加而降低。选项 D 错误。

【答案】D

【真题 3 · 单选题】根据有税的 MM 理论，下列各项中会影响企业价值的是（　　）。（2016 年卷Ⅰ、卷Ⅱ）

A. 债务利息抵税　　　　B. 债务代理成本

C. 债务代理收益　　　　D. 财务困境成本

【解析】有税 MM 理论下，有负债企业价值 = 无负债企业价值 + 债务利息抵税收益现值。因此选项 A 正确。

【答案】A

【例题 4 · 多选题】下列关于 MM 理论的说法中，正确的有（　　）。

A. 在不考虑企业所得税的情况下，企业加权平均资本成本的高低与资本结构无关，仅取决于企业经营风险的大小

B. 在不考虑企业所得税的情况下，有负债企业的权益成本随负债比例的增加而增加

C. 在考虑企业所得税的情况下，企业加权平均资本成本的高低与资本结构有关，随负债比例的增加而增加

D. 一个有负债企业在有企业所得税情况下的权益资本成本要比无企业所得税情况下的权益资本成本高

【解析】无企业所得税条件下的 MM 理论认为：企业的资本结构与企业价值无关，企业加权平均资本成本与其资本结构无关，有负债企业的权益资本成本随着财务杠杆的提高而增加。选项 A、B 正确；有企业所得税条件下的 MM 理论认为：企业加权平均资本成本的高低与资本结构有关，随负债比例的增加而降低，所以选项 C 错误；有负债企业在有企业所得税的前提下，权益资本成本比无税时的要小。所以选项 D 错误。

【答案】AB

二、资本结构的其他理论★★

要点小贴士

以下理论均认为存在最优资本结构，但不是负债越多越好。

（一）权衡理论

观点	强调在平衡债务利息的抵税收益与财务困境成本的基础上，实现企业价值最大化时的最佳资本结构
最优资本结构	"债务抵税收益的边际价值等于增加的财务困境成本的现值"时的那一个债务比率
基本概念	财务困境成本： 直接成本：破产、清算或重组的法律费用、管理费用等 间接成本：企业资信状况恶化以及持续经营能力下降而导致的企业价值损失
表达式	$V_L=V_U+PV$（利息抵税）$-PV$（财务困境成本）

（二）代理理论

观点	以权衡理论为基础，进一步考虑企业债务的代理成本和代理收益的权衡	
最优资本结构	"债务抵税收益的边际价值＋代理收益的边际价值＝增加的财务困境成本的现值＋增加的代理成本的现值"时的那一个债务比率 【提示】既要平衡债务利息的抵税收益与财务困境成本，又要平衡代理成本与代理收益	
相关概念	代理成本	在企业陷入财务困境时，更容易引起过度投资问题与投资不足问题，导致发生债务代理成本 （1）过度投资：投资于净现值为负的项目 【提示】企业经理与股东之间存在利益冲突时，经理的自利行为会产生过度投资问题；企业股东与债权人之间存在利益冲突时，企业采用不盈利项目或高风险项目使股东受益而发生债权人价值向股东的转移 （2）投资不足：放弃净现值为正的项目 【提示】股东为避免价值损失而放弃给债权人带来的价值增值
	代理收益	（1）约束：债权人保护条款引入形成的对管理层的约束以及对经理随意支配自由现金流的约束 （2）激励：还债压力带给经理提升企业业绩的激励
表达式	$V_L=V_U+PV$（利息抵税）$-PV$（财务困境成本）$-PV$（债务的代理成本）$+PV$（债务的代理收益）	

（三）优序融资理论

考虑的因素	最优资本结构的选择
（1）信息不对称 （2）逆向选择行为	首先选择内源融资，其次会选择债务融资，最后选择股权融资 【提示】首先是内部筹资，其后依次是借款、发行债券、可转换债券、优先股，最后是发行普通股筹资

经典题解

【真题5·单选题】在信息不对称和逆向选择的情况下，根据优序融资理论，

选择融资方式的先后顺序应该是（　　）。（2015 年卷Ⅰ、卷Ⅱ）

A. 普通股、优先股、可转换债券、公司债券

B. 普通股、可转换债券、优先股、公司债券

C. 公司债券、可转换债券、优先股、普通股

D. 公司债券、优先股、可转换债券、普通股

真题点拨

先内后外；先债后股；先普通债后可转债；先优先股，后普通股。

【解析】在优序融资理论下，企业在筹集资金的过程中，遵循着先内源融资后外源融资的基本顺序。在需要外源融资时，按照风险程度的差异，优先考虑债务融资（先普通债券后可转换债券），不足时再考虑权益融资。因此，选项 C 正确。

【答案】C

【例题 6·多选题】下列关于资本结构理论的表述中，正确的有（　　）。

A. 根据 MM 理论，当存在企业所得税时，企业负债比例越高，企业价值越大

B. 根据权衡理论，平衡债务利息的抵税收益与财务困境成本是确定最优资本结构的基础

C. 根据代理理论，当负债程度较高的企业陷入财务困境时，股东通常会选择投资净现值为正的项目

D. 根据优序融资理论，当存在外部融资需求时，企业倾向于债务融资而不是股权融资

【解析】按照有税的 MM 理论，由于考虑债务利息抵税收益的现值，因此负债越多企业价值越大，选项 A 正确。

权衡理论就是强调在平衡债务利息的抵税收益与财务困境成本的基础上，实现企业价值最大化时的最佳资本结构，选项 B 正确。

根据代理理论，在企业陷入财务困境时，更容易引起过度投资问题与投资不足问题，导致发生债务代理成本，选项 C 错误。

根据优序融资理论，当企业存在融资需求时，首先是选择内源融资，其次会选择债务融资，最后选择股权融资，选项 D 正确。

【答案】ABD

第二节　资本结构决策分析

使用“会计云课堂”App 或“微信”扫码查看本节视频，快速 GET 知识点。

一、资本结构的影响因素★

（一）影响因素

内部因素	通常有营业收入、成长性、资产结构、盈利能力、管理层偏好、财务灵活性以及股权结构等
外部因素	通常有税率、利率、资本市场、行业特征等

（二）具体影响

企业状况	负债水平/能力
收益与现金流量波动大的企业	负债水平低
成长性好的企业	负债水平高
盈利能力强的企业	负债水平低
一般性用途资产比例高，特殊用途资产比例低的企业	负债水平高
财务灵活性大的企业	负债能力强

【提示】由于受多种因素的共同影响，如：企业自身状况、政策条件、市场环境及企业管理层的偏好与主观判断，从而使企业实际资本结构的决策难以形成统一的原则与模式。

二、资本结构决策的分析方法★★★

（一）资本成本比较法

基本观点	能够降低加权平均资本成本的资本结构，则是合理的资本结构
关键指标	基于市场价值的长期融资组合方案的加权平均资本成本
决策原则	选择加权平均资本成本最低的方案
缺点	没有考虑各种融资方式在数量与比例上的约束以及财务风险差异

（二）每股收益无差别点法

基本观点	该种方法判断资本结构是否合理，是通过分析每股收益的变化来衡量的。能提高每股收益的资本结构就是合理的，反之则不够合理
关键指标	每股收益分析是利用每股收益无差别点进行的。所谓每股收益无差别点，是指每股收益不受融资方式影响的息税前利润水平 【提示】有时考试中会特指用营业收入来表示，则此时每股收益无差别点，是指每股收益不受融资方式影响的营业收入水平
计算公式	$\frac{(EBIT-I_1)(1-T)-PD_1}{N_1}=\frac{(EBIT-I_2)(1-T)-PD_2}{N_2}$ 【提示1】每股收益无差别点息税前利润＝（大股数×大税前财务负担－小股数×小税前财务负担）/（大股数－小股数），这里的税前财务负担包括利息及税前优先股股利 【提示2】有时考试中会特指用营业收入来表示，可先求无差别点的息税前利润，然后根据息税前利润＝营业收入×边际贡献率－固定成本，倒求营业收入即可
决策原则	当预计公司总的息税前利润大于每股收益无差别点的息税前利润时，运用债务筹资可获得较高的每股收益；反之运用权益筹资可获得较高的每股收益
缺点	没有考虑风险因素

【易错易混点】当存在三种筹资方式，且对应多个每股收益无差别点时：

（1）若各种筹资方式的每股收益线（EPS 线）存在平行线（普通股股数相同）：

第一步：若两个筹资方案的 EPS 线是平行线，说明二者不存在每股收益无差别点，这时要去除平行线在下方的那条线；由于它们会与第三个普通股股数不同方案的 EPS 线有交点，即存在两个每股收益无差别点。当第三个方案的普通股总股数较大时（左图），去除每股收益无差别点大的那个方案；当第三个方案的普通股总股数较小时（右图），去除每股收益无差别点小的那个方案。

要点小贴士

因为 $EPS=\frac{(EBIT-I)\times(1-T)-PD}{N}$，由于横轴是 EBIT，纵轴是 EPS，所以 EPS 线的斜率为（1−T）/N，所以只要两个方案的普通股总股数一致，这两个方案的 EPS 线就是平行线。股数越大，EPS 线的斜率越小。

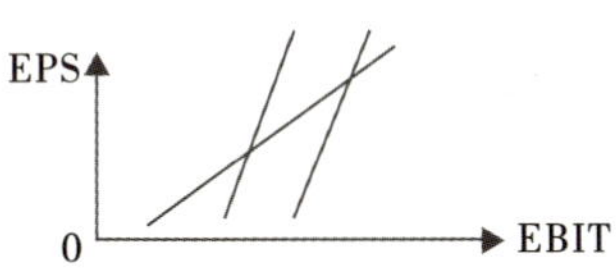

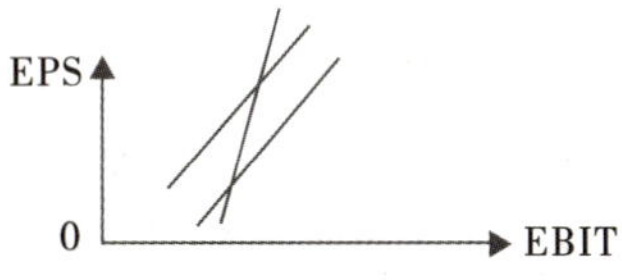

【提示】考试较多考左边这个图示，即增加债券、增加优先股和增加普通股对比。而且由于通常考题是优先股的股利负担高于债务税后利息，所以一般优先股线在下方；所以只需要比较债券和普通股这两个筹资方案即可。

第二步：当预计公司总的息税前利润大于每股收益无差别点的息税前利润时，选择财务杠杆大的方案；当预计公司总的息税前利润小于每股收益无差别点的息税前利润时，选择财务杠杆小的方案。

（2）若不存在平行线（各个方案的普通股股数不同）。

决策原则：根据给定的 EBIT，通过计算每股收益，选择每股收益高的方案即可。

经典题解

【真题 7·单选题】甲公司用每股收益无差别点法进行长期筹资决策。已知长期债券与普通股的无差别点的年息税前利润是 200 万元，优先股与普通股的无差别点的年息税前利润是 300 万元。如果甲公司预测未来每年息税前利润是 360 万元，下列说法正确的是（　　）。（2020 年卷Ⅱ）

真题点拨

三个方案，有两个方案（债券和优先股）的普通股股数不变，因此两方案 EPS 线是平行线，增发普通股方案会使普通股股数增大，所以保留无差别点小的那个方案与普通股方案再对比。

A. 应该用优先股融资

B. 应该用普通股融资

C. 应该用长期债券融资

D. 可以用长期债券也可以用优先股融资

【解析】根据题干可画图：

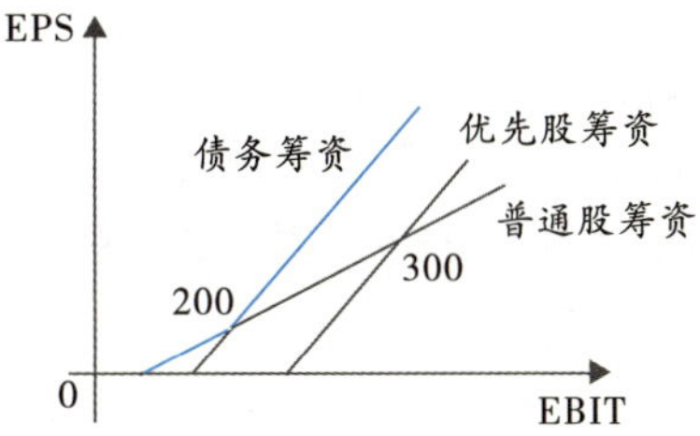

债务筹资与优先股筹资的EBIT—EPS线是两条平行线，由于长期债券与普通股的无差别点的年息税前利润200万元小于优先股与普通股的无差别点的年息税前利润300万元，说明债务筹资每股收益高于优先股筹资，选项A、D错误。

当预计息税前利润大于每股收益无差别点息税前利润200万元时，债务筹资优于普通股筹资；当预计息税前利润小于每股收益无差别点息税前利润200万元时，普通股筹资优于债务筹资，选项B错误、选项C正确。

【答案】 C

【例题8·计算分析题】 A公司目前资本结构为：总资本3500万元，其中债务资本1400万元（年利息140万元）；普通股股本1210万元（1210万股，面值1元，市价5元），留存收益890万元。企业由于扩大经营规模，需要追加筹资2800万元，所得税税率25%，不考虑发行费用因素。有三种筹资方案：

甲方案：增发普通股400万股，每股发行价6元；同时向银行借款400万元，利率保持原来的10%。

乙方案：增发普通股200万股，每股发行价6元；同时溢价发行1600万元面值为1000万元的公司债券，票面利率15%。

丙方案：不增发普通股，溢价发行2500万元面值为2300万元的公司债券，票面利率15%；由于受债券发行数额的限制，需要补充银行借款300万元，利率为10%。

要求：

（1）计算甲方案与乙方案的每股收益无差别点息税前利润；

（2）计算乙方案与丙方案的每股收益无差别点息税前利润；

（3）计算甲方案与丙方案的每股收益无差别点息税前利润；

（4）若不考虑风险，企业预计的息税前利润为500万元，企业应如何筹资。

解题攻略

三个方案的普通股股数均不同，所以选择每股收益大的方案为优即可。

【答案】

（1）$\frac{(EBIT-140-400\times10\%)\times(1-25\%)}{1210+400}$

$=\frac{(EBIT-140-1000\times15\%)\times(1-25\%)}{1210+200}$

解得：EBIT=1065.5（万元）

（2）$\frac{(EBIT-140-1000\times15\%)\times(1-25\%)}{1210+200}$

$=\frac{(EBIT-140-2300\times15\%-300\times10\%)\times(1-25\%)}{1210}$

解得：EBIT=1876.25（万元）

（3）$\frac{(EBIT-140-400\times10\%)\times(1-25\%)}{1210+400}$

$=\frac{(EBIT-140-2300\times15\%-300\times10\%)\times(1-25\%)}{1210}$

解得：EBIT=1528.38（万元）

（4）$EPS_{甲}=(500-140-400\times10\%)\times(1-25\%)/(1210+400)=0.15$（元/股）

$EPS_{乙}=(500-140-1000\times15\%)\times(1-25\%)/(1210+200)=0.11$（元/股）

$EPS_{丙}$ =（500−140−2300×15%−300×10%）×（1−25%）/1210=−0.01（元/股）

因为甲方案的每股收益最大，所以企业应选择甲方案筹资。

（三）企业价值比较法

判断标准	最佳资本结构是使市净率最高的资本结构（假设市场有效）。假设股东投资资本和债务价值不变，该资本结构也是使企业价值最大化的资本结构。同时，公司的加权平均资本成本也是最低的
确定方法	（1）企业市场总价值（V）= 股票的市场价值 + 长期债务价值 + 优先股价值 = S+B+P （2）假定企业的经营利润永续，股东要求的回报率（权益资本成本）不变，股票的市场价值可表示为 $S=\frac{(EBIT-I)(1-T)-PD}{r_s}$，其中：$r_s=r_{RF}+\beta\times(r_m-r_{RF})$ （3）长期债务市场价值和优先股价值通常采用简化做法，按账面价值确定 （4）找出企业价值最大的资本结构，该资本结构为最佳资本结构

要点小贴士

在资本市场有效时，市净率最高说明股东财富最大，因此最优资本结构是指股东财富最大的那一个资本结构。

经典题解

【例题 9·计算分析题】乙公司是一家上市公司，适用的企业所得税税率为25%，当年息税前利润为 900 万元，预计未来年度保持不变。为简化计算，假定净利润全部分配，债务资本的市场价值等于其账面价值，确定债务资本成本时不考虑筹资费用。证券市场平均收益率为 12%，无风险收益率为 4%，两种不同的债务水平下的税前利率和 β 系数如表 1 所示。公司价值和加权平均资本成本如表 2 所示。

表 1 不同债务水平下的税前利率和 β 系数

债务账面价值（万元）	税前利率	β 系数
1000	6%	1.25
1500	8%	1.50

表 2 公司价值和加权平均资本成本

债务市场价值（万元）	股票市场价值（万元）	公司总价值（万元）	税后债务资本成本	权益资本成本	加权平均资本成本
1000	4500	5500	（A）	（B）	（C）
1500	（D）	（E）	（F）	（G）	（H）

要求：

（1）确定表 2 中英文字母代表的数值（不需要列示计算过程）。

（2）依据企业价值比较法，确定上述两种债务水平的资本结构哪种更优，并说明理由。

【答案】

（1）

表2　公司价值和加权平均资本成本

债务市场价值（万元）	股票市场价值（万元）	公司总价值（万元）	税后债务资本成本	权益资本成本	加权平均资本成本
1000	4500	5500	A=4.5%	B=14%	C=12.27%
1500	D=3656.25	E=5156.25	F=6%	G=16%	H=13.09%

【解析】

A=6%×（1−25%）=4.5%

B=4%+1.25×（12%−4%）=14%

C=4.5%×（1000/5500）+14%×（4500/5500）=12.27%

G=4%+1.5×（12%−4%）=16%

D=（900−1500×8%）×（1−25%）/16%=3656.25（万元）

E=1500+3656.25=5156.25（万元）

F=8%×（1−25%）=6%

H=6%×（1500/5156.25）+16%×（3656.25/5156.25）=13.09%

（2）债务市场价值为1000万元时的资本结构更优。因为债务市场价值为1000万元时，公司总价值最大，加权平均资本成本最低。

第三节　杠杆系数的衡量

使用“会计云课堂”App或“微信”扫码查看本节视频，快速GET知识点。

一、经营风险与财务风险★

项目	经营风险	财务风险
含义	指企业未使用债务时经营的内在风险	由于企业运用了债务筹资方式而产生的丧失偿付能力的风险
致险因素	产品需求、产品售价、产品成本、调整价格的能力、固定成本的比重	负债筹资或发行优先股筹资

二、杠杆效应★★★

（一）含义及种类

种类	含义
经营杠杆	指由于固定经营成本的存在，所引起的杠杆效应
财务杠杆	是由债务利息、优先股股利等固定融资成本所引起的杠杆效应

种类	含义
联合杠杆	指由于固定经营成本和固定融资成本的存在，所引起的杠杆效应

（二）杠杆效应的衡量——杠杆系数

1. 杠杆系数的要点

杠杆效应	度量指标	要点	
经营杠杆效应	经营杠杆系数（degree of operating leverage）	意义	在一定销售量范围内，固定成本总额不变的情况下，经营杠杆系数说明了营业收入（销售量）增长（减少）所引起息税前利润增长（减少）的幅度
		定义公式	DOL= 息税前利润变化的百分比 / 营业收入变化的百分比 = $\frac{\Delta EBIT/EBIT}{\Delta S/S}$ 【提示】当产品单价不变时，分母营业收入变化百分比也可以用销售量变化百分比代替，即 $DOL=\frac{\Delta EBIT/EBIT}{\Delta Q/Q}$
		简化计算公式	（1）用销量表示：$DOL_Q=\frac{Q(P-V)}{Q(P-V)-F}$ （2）用营业收入表示：$DOL_S=\frac{S-VC}{S-VC-F}=\frac{EBIT+F}{EBIT}$
财务杠杆效应	财务杠杆系数（degree of financial leverage）	意义	财务杠杆系数表明息税前利润增长（减少）引起的每股收益的增长（减少）幅度
		定义公式	DFL= 每股收益变化的百分比 / 息税前利润变化的百分比 = $\frac{\Delta EPS/EPS}{\Delta EBIT/EBIT}$
		简化计算公式	$DFL=\frac{EBIT}{EBIT-I-PD/(1-T)}$ 或：$DFL=\frac{Q(P-V)-F}{Q(P-V)-F-I-PD/(1-T)}$
联合杠杆效应（总杠杆效应）	联合杠杆系数（degree of total leverage）	意义	联合杠杆系数能够估计出营业收入变动对每股收益造成的影响
		定义公式	DTL= 每股收益变化的百分比 / 营业收入变化的百分比 = $\frac{\Delta EPS/EPS}{\Delta S/S}$
		关系公式	DTL=DOL×DFL= 经营杠杆系数 × 财务杠杆系数
		简化计算公式	$DTL=\frac{Q(P-V)}{Q(P-V)-F-I-PD/(1-T)}$ 或：$DTL=\frac{EBIT+F}{EBIT-I-PD/(1-T)}$

相关链接

按销售量变化百分比计算经营杠杆系数，也是第 16 章销量的敏感系数计算的方法。

要点小贴士

（1）与第 16 章安全边际率的关系：$DOL_Q=Q/(Q-Q_{盈亏平衡})=1/$安全边际率。

（2）若遇到企业生产多品种产品，公式的运用为：

$DOL_Q=\frac{\sum Q_i(P_i-V_i)}{\sum Q_i(P_i-V_i)-F}=\frac{总边际贡献}{总息税前利润}$（下同）。

【提示】简化计算公式的推导：

（1）根据定义可知，经营杠杆系数 = 息税前利润变化百分比 / 销售量变化百分比 = $(\Delta EBIT/EBIT_0)/(\Delta Q/Q_0)$

$EBIT_0=Q_0(P-VC)-F$

$EBIT_1=Q_1(P-VC)-F$

$\Delta EBIT/EBIT_0=\{[Q_1(P-VC)-F]-[Q_0(P-VC)-F]\}/EBIT_0=[(Q_1-Q_0)(P-VC)]/EBIT_0$

而 $\Delta Q/Q_0=(Q_1-Q_0)/Q_0$，所以 $(\Delta EBIT/EBIT_0)/(\Delta Q/Q_0)=Q_0(P-VC)/EBIT_0$

（2）根据定义可知，财务杠杆系数 = 每股收益变化百分比 / 息税前利润变化百分比 = $(\Delta EPS/EPS_0)/(\Delta EBIT/EBIT_0)$

$EPS_0=[(EBIT_0-I)\times(1-T)-PD]/N$

$EPS_1=[(EBIT_1-I)\times(1-T)-PD]/N$

$\Delta EPS=EPS_1-EPS_0=(EBIT_1-EBIT_0)\times(1-T)/N=\Delta EBIT\times(1-T)/N$

$\Delta EPS/EPS_0=[\Delta EBIT\times(1-T)/N]/\{[(EBIT_0-I)\times(1-T)-PD]/N\}=[\Delta EBIT\times(1-T)]/[(EBIT_0-I)\times(1-T)-PD]=\Delta EBIT/[EBIT_0-I-PD/(1-T)]$

$(\Delta EPS/EPS_0)/(\Delta EBIT/EBIT_0)=EBIT_0/[EBIT_0-I-PD/(1-T)]$

2. 定义公式——用于预测

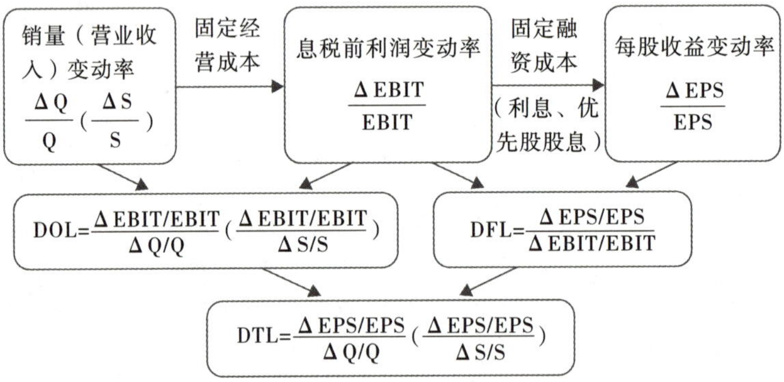

经典题解

【真题 10 · 单选题】甲公司的经营杠杆系数为 1.5，财务杠杆系数为 2。如果该公司销售额增长 80%，每股收益增长（　　）。（2021 年卷 Ⅰ）

A. 120%　　B. 160%　　C. 240%　　D. 280%

【解析】联合杠杆系数 = 每股收益变化的百分比 / 营业收入变化的百分比 = 经营杠杆系数 × 财务杠杆系数 =1.5×2=3。所以，每股收益变化的百分比 =3×80%=240%。

【答案】C

【真题 11 · 单选题】甲公司 2018 年边际贡献总额 300 万元，经营杠杆系数为 3。假设其他条件不变，如果 2019 年营业收入增长 20%，息税前利润预计是(　　)万元。（2018 年卷 Ⅱ）

A. 100　　B. 120　　C. 150　　D. 160

【解析】经营杠杆系数 = 边际贡献 / 息税前利润，2018 年息税前利润 = 边际贡献 / 经营杠杆系数 =300/3=100（万元），经营杠杆系数 = 息税前利润变动率 / 营业收入变动率，2019 年息税前利润变动率 = 营业收入变动率 × 经营杠杆系数 =20%×3=60%，因此预计息税前利润 =100×（1+60%）=160（万元）。

【答案】D

【真题 12 · 单选题】甲公司 2015 年每股收益 1 元，经营杠杆系数 1.2，财务杠杆系数 1.5，假设公司不进行股票分割。如果 2016 年每股收益达到 1.9 元，根据杠杆效应，其营业收入应比 2015 年增加（　　）。（2016 年卷Ⅰ）

A. 50%　　B. 90%　　C. 75%　　D. 60%

【解析】联合杠杆系数 = 每股收益变动百分比 / 营业收入变动百分比 = 经营杠杆系数 × 财务杠杆系数 =1.2×1.5=1.8。2016 年每股收益增长率 =（1.9−1）/1=90%，营业收入增长比 =90%/1.8=50%。

【答案】A

3. 简化计算公式——用于计算

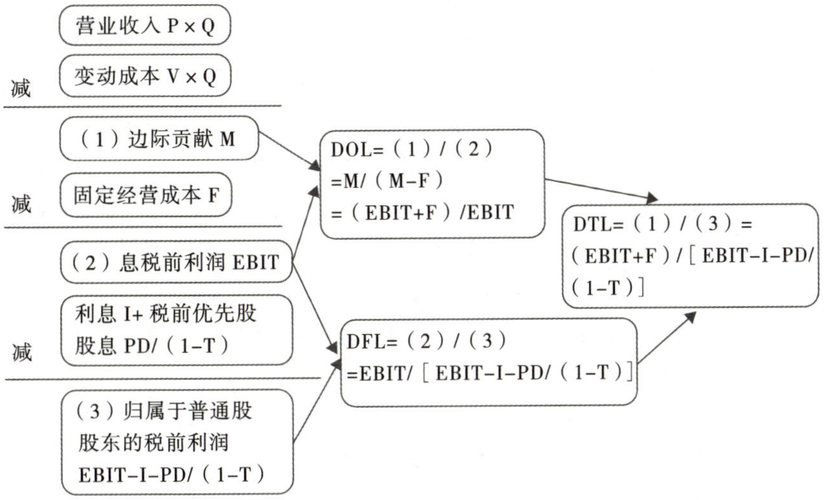

要点小贴士

计算杠杆系数就是要找到三个利润：M、EBIT 和归属于普通股股东的税前利润。若已知净利润，三个利润从后往前推的关系公式：

（1）归属于普通股股东的税前利润 $=\dfrac{\text{净利润}-PD}{1-T}$。

（2）$EBIT=\dfrac{\text{净利润}}{1-T}+I$。

（3）$M=EBIT+F=\dfrac{\text{净利润}}{1-T}+I+F$。

经典题解

【真题 13 · 单选题】甲公司 2019 年净利润 150 万元，利息费用 100 万元，优先股股利为 37.5 万元。企业所得税税率 25%。甲公司财务杠杆系数为（　　）。（2020 年卷Ⅰ）

A. 2　　B. 1.85　　C. 3　　D. 2.15

【解析】EBIT=150/（1−25%）+100=300（万元）

归属于普通股股东的税前利润 =（150−37.5）/（1−25%）=150（万元）

甲公司财务杠杆系数 =300/150=2。

【答案】A

【真题 14 · 单选题】甲公司 2016 年营业收入 1000 万元，变动成本率 60%，固定成本 200 万元，利息费用 40 万元。假设不存在资本化利息且不考虑其他因素，该企业联合杠杆系数是（　　）。（2017 年卷Ⅰ）

A. 1.25　　B. 2.5　　C. 2　　D. 3.75

【解析】边际贡献 = 营业收入 ×（1− 变动成本率）=1000×（1−60%）=400（万元）

税前利润 = 边际贡献 − 固定成本 − 利息费用 =400−200−40=160（万元）

联合杠杆系数 = 边际贡献 / 税前利润 =400/160=2.5。

【答案】B

【易错易混点】

种类		结论
经营杠杆	存在前提	只要企业存在固定经营成本，就存在营业收入较小变动引起息税前利润较大变动的经营杠杆效应
	与经营风险的关系	经营杠杆放大了市场和生产等因素变化对利润波动的影响。经营杠杆系数越高，表明经营风险也就越大
	影响因素	受息税前利润EBIT和固定经营成本F的影响 具体影响因素：固定经营成本（同向变动）、单位变动成本（同向变动）、产品销售数量（反向变动）、单位销售价格水平（反向变动）
	控制方法	企业一般可以通过增加营业收入、降低产品单位变动成本、降低固定成本比重等措施使经营杠杆系数下降，降低经营风险
财务杠杆	存在前提	只要企业存在由债务或优先股产生的固定融资费用，就会存在息税前利润的较小变动引起每股收益较大变动的财务杠杆效应
	与财务风险的关系	财务杠杆放大了息税前利润变化对普通股每股收益的影响，财务杠杆系数越高，表明普通股每股收益的波动程度越大，财务风险也就越大
	影响因素	受息税前利润EBIT和税前融资费用［I和PD/（1−T）］的影响 具体影响因素：债务资本比重越高、固定融资费用越高、息税前利润水平越低，财务杠杆效应越大，反之则相反
	控制方法	负债比率是可以控制的。企业可以通过合理安排资本结构，适度负债，使财务杠杆利益抵消风险增大所带来的不利影响
联合杠杆	存在前提	只要企业同时存在固定经营成本和固定融资费用，就存在营业收入较小变动引起每股收益较大变动的联合杠杆效应
	与总风险的关系	联合杠杆放大了营业收入变动对普通股每股收益的影响，联合杠杆系数越高，表明每股收益的波动程度越大，整体风险也就越大
	影响因素	影响经营杠杆和财务杠杆的因素都会影响联合杠杆
	控制方法	不同的经营杠杆和财务杠杆的组合可以控制联合杠杆系数的大小

要点小贴士（经营杠杆·影响因素）

根据计算公式DOL=（EBIT+F）/EBIT=1+F/EBIT可知：
（1）F和EBIT影响经营杠杆系数；
（2）F和DOL同向，EBIT和DOL反向。

要点小贴士（财务杠杆·影响因素）

根据计算公式DFL=EBIT/［EBIT−I−PD/（1−T）］可知：
（1）I、PD、T和EBIT影响财务杠杆系数；
（2）I、PD、T和DFL同向；EBIT和DFL反向。

要点小贴士（联合杠杆·控制方法）

DTL=DOL×DFL
为了控制联合杠杆系数水平，经营杠杆和财务杠杆可以反向搭配。

经典题解

真题点拨

各种杠杆系数的影响因素可以理解记忆：
其他条件相同的情况下，成本费用高，风险大；
其他条件相同的情况下，收入、利润高，风险小。

【真题15·多选题】下列关于经营杠杆的说法中，正确的有（　　）。（2021年卷Ⅱ）

A. 如果不存在固定经营成本，就不存在经营杠杆效应

B. 经营杠杆的大小由固定经营成本与息税前利润共同决定

C. 其他条件不变，降低单位变动成本可以降低经营杠杆系数

D. 固定经营成本不变的情况下，营业收入越大，经营杠杆效应越大

【解析】经营杠杆系数=（息税前利润+固定经营成本）/息税前利润=1+固定经营成本/息税前利润，营业收入越大，息税前利润越大，进而降低经营杠杆效应，选项D错误。

【答案】ABC

【例题 16·单选题】联合杠杆可以反映（ ）。

A. 营业收入变化对息税前利润的影响程度

B. 营业收入变化对每股收益的影响程度

C. 息税前利润变化对每股收益的影响程度

D. 营业收入变化对边际贡献的影响程度

【解析】选项 A 反映的是经营杠杆；选项 C 反映的是财务杠杆；联合杠杆系数 = 每股收益变动率 / 营业收入变动率，所以选项 B 正确。

【答案】B

本章小结

下载“会计云课堂”App 学习

您已成功完成“第九章”的学习，本章共 6 个考点，您都学会了吗?

为了让您对章节有更清晰的理解，加倍巩固。本书作者闫华红老师将通过**“视频导图课”**的方式，带您回顾重要考点。

名师点拨，视听结合，高效提分。

※ 欢迎您扫码，免费观看学习。

历年经典主观题回顾

使用“会计云课堂”App 或“微信”扫码快速做题、对答案、看解析、掌握解题思路，开启轻松过关之旅。

计算分析题

甲公司是一家上市公司，目前的长期资金来源包括：长期借款 7500 万元，年利率 5%，每年付息一次，5 年后还本；优先股 30 万股，每股面值 100 元，票面股息率 8%；普通股 500 万股，每股面值 1 元。

为扩大生产规模，公司现需筹资 4000 万元，有两种筹资方案可供选择：方案一是平价发行长期债券，债券面值 1000 元，期限 10 年，票面利率 6%，每年付息一次；方案二是按当前每股市价16元增发普通股，假设不考虑发行费用。

目前公司年营业收入1亿元，变动成本率为60%，除财务费用外的固定成本2000万元，预计扩大规模后每年新增营业收入3000万元，变动成本率不变，除财务费用外的固定成本新增500万元。公司的企业所得税税率25%。

要求：

（1）计算追加筹资前的经营杠杆系数、财务杠杆系数、联合杠杆系数。

（2）计算方案一和方案二的每股收益无差别点的营业收入，并据此对方案一和方案二作出选择。

（3）基于要求（2）的结果，计算追加筹资后的经营杠杆系数、财务杠杆系数、联合杠杆系数。（2017年卷Ⅱ）

历年经典主观题参考答案及解析

使用“会计云课堂”App或“微信”扫码对答案、看解析、掌握解题思路，开启轻松过关之旅。

1035738

计算分析题

【答案】

（1）边际贡献=10000×（1-60%）=4000（万元）

息税前利润=4000-2000=2000（万元）

归属于普通股股东的税前利润=2000-7500×5%-30×100×8%/（1-25%）=1305（万元）

经营杠杆系数=4000/2000=2

财务杠杆系数=2000/1305=1.53

联合杠杆系数=4000/1305=3.07

（2）假设方案一和方案二的每股收益无差别点的息税前利润为EBIT，则：

[（EBIT-7500×5%-4000×6%）×（1-25%）-30×100×8%]/500=[（EBIT-7500×5%）×（1-25%）-30×100×8%]/（500+4000/16）

解得：EBIT=1415（万元）

或：EBIT={（500+4000/16）×[（7500×5%+4000×6%）+30×100×8%/（1-25%）]-500×[7500×5%+30×100×8%/（1-25%）]}/[（500+4000/16）-500]=1415（万元）

营业收入×（1-60%）-2000-500=1415，则：营业收入=9787.5（万元）。

预计营业收入=10000+3000=13000（万元），大于每股收益无差别点的营业收入，因此选择方案一进行筹资。

（3）边际贡献=13000×（1-60%）=5200（万元）

息税前利润=5200-2000-500=2700（万元）

归属于普通股股东的税前利润 =2700−7500×5%−4000×6%−30×100×8%/（1−25%）=1765（万元）

经营杠杆系数 =5200/2700=1.93

财务杠杆系数 =2700/1765=1.53

联合杠杆系数 =5200/1765=2.95。

同步强化练习题

使用“会计云课堂”App 或“微信”扫码快速做题、对答案、看解析、掌握解题思路，开启轻松过关之旅。

一、单项选择题

1. 根据有税的 MM 理论，当企业负债比例提高时，则（　　）。
   A. 股权资本成本上升
   B. 债务资本成本上升
   C. 加权平均资本成本上升
   D. 加权平均资本成本不变

2. “过度投资问题”是指（　　）。
   A. 企业面临财务困境时，企业超过自身资金能力投资项目，导致资金匮乏
   B. 企业面临财务困境时，管理者和股东有动机投资于净现值为负的高风险项目
   C. 企业面临财务困境时，拒绝净现值为正的新项目投资
   D. 企业面临财务困境时，管理者和股东有动机投资于净现值为正的项目

3. 甲公司设立于 2021 年 12 月 31 日，预计 2022 年年底投产。假定目前的证券市场属于成熟市场，根据优序融资理论的基本观点，甲公司在确定 2022 年筹资顺序时，应当优先考虑的筹资方式是（　　）。
   A. 内源筹资
   B. 银行借款
   C. 发行普通股股票
   D. 发行优先股股票

4. 企业债务成本过高时，不能调整其资本结构的方式是（　　）。
   A. 利用利润留存归还债务，以降低债务比重
   B. 将可转换债券转换为普通股
   C. 以公积金转增股本
   D. 提前偿还长期债务，筹集相应的权益资金

5. 关于用企业价值比较法确定最佳资本结构的说法中，不正确的是（　　）。
   A. 股东投资资本和债务价值不变时，企业价值最大的资本结构为最佳资本结构
   B. 最佳资本结构下，每股收益达到最大水平
   C. 最佳资本结构下，公司的加权平均资本成本最低
   D. 这种方法考虑了风险的影响

6. 确定企业资本结构时，下列说法正确的是（　　）。

A. 如果企业的销售不稳定，则可较多地筹措债务资金
B. 经营杠杆系数较高的公司通常可以在较高程度上利用财务杠杆
C. 若预期市场利率会上升，企业应尽量利用短期负债
D. 一般而言，现金流量波动较大的企业要比现金流量较稳定的类似企业的负债水平低

7. 某企业债务资本和权益资本的比例为1：1，则该企业（　　）。
A. 只有经营风险
B. 只有财务风险
C. 既有经营风险又有财务风险
D. 没有风险，因为经营风险和财务风险可以相互抵消

8. 下列关于经营杠杆系数的说法中，不正确的是（　　）。
A. 在其他因素一定时，产销量越小，经营杠杆系数越大
B. 在其他因素一定时，固定经营成本越大，经营杠杆系数越大
C. 当固定经营成本趋近于0时，经营杠杆系数趋近于0
D. 经营杠杆系数越大，反映企业的经营风险越大

9. 已知经营杠杆系数为4，每年的固定经营成本为9万元，利息费用为1万元，则利息保障倍数为（　　）。
A. 2　　B. 2.5
C. 3　　D. 4

10. 某公司2021年普通股收益为100万元，2022年息税前利润预计增长20%，假设财务杠杆系数为3，则2022年普通股收益预计为（　　）万元。
A. 300　　B. 120
C. 100　　D. 160

11. 若企业固定经营成本为200万元，息税前利润为300万元，则经营杠杆系数为（　　）。
A. 2.5　　B. 1.67
C. 1.5　　D. 0.67

12. 某公司没有发行优先股，年营业收入为500万元，变动成本率为40%，经营杠杆系数为1.5，财务杠杆系数为2。如果固定经营成本增加50万元，那么，联合杠杆系数将变为（　　）。
A. 2.4　　B. 3
C. 6　　D. 8

13. 在边际贡献大于固定经营成本的情况下，下列措施会使企业总风险提高的是（　　）。
A. 增加产品销量
B. 提高产品单价
C. 提高资产负债率
D. 节约固定经营成本支出

二、多项选择题

1. 下列关于MM理论的说法中，正确的有（　　）。
A. 在考虑企业所得税的情况下，企业加权平均资本成本随负债比例的增加而减少
B. 无论是否考虑企业所得税，企业负债资本成本均会随负债比例的增加而增加
C. 无论是否考虑企业所得税，企业权益资本成本均随负债比例的增加而增加
D. 一个有负债企业在有企业所得税情况下的权益资本成本要比无企业所得税情况下的权益资本成本低

2. 根据资本结构的代理理论，下列关于资本结构的表述中，正确的有（　　）。
A. 在债务合同中引入限制性条款将增加债务代理成本
B. 当企业自由现金流相对富裕时，提高债务筹资比例，有助于抑制经理层的过度投资行为

C. 当企业陷入财务困境时，股东拒绝接受净现值为正的新项目将导致投资不足问题

D. 当企业陷入财务困境时，股东选择高风险投资项目将导致债权人财富向股东转移的资产替代问题

3. 按照代理理论的观点，下列表述正确的有（　　）。

A. 企业有无负债均不改变企业价值

B. 债务的代理成本会降低有负债企业的价值

C. 企业利用财务杠杆会提高企业价值

D. 财务困境成本会降低有负债企业的价值

4. 下列有关资本结构理论的表述中，正确的有（　　）。

A. 代理理论、权衡理论、有企业所得税条件下的 MM 理论，都认为企业价值与资本结构有关

B. 按照优序融资理论的观点，考虑信息不对称和逆向选择的影响，管理者偏好首选留存收益筹资

C. 无税的 MM 理论认为资产负债率为 100% 时资本结构最佳

D. 权衡理论是对代理理论的扩展

5. 下列表述中正确的有（　　）。

A. 通过每股收益无差别点分析，我们可以准确地确定一个公司已存在的财务杠杆、每股收益、资本成本与企业价值之间的关系

B. 每股收益无差别点分析不能用于确定公司最佳资本结构

C. 经营杠杆并不是经营风险的来源，它只是放大了经营风险

D. 经营风险指企业未使用债务时经营的内在风险，它是企业投资决策的结果，表现在资产息税前利润率的变动上

6. 下列关于资本成本比较法确定最优资本结构表述正确的有（　　）。

A. 该方法考虑了各种融资方式在数量与比例上的约束

B. 该方法没有考虑各种融资方式在财务风险上的差异

C. 该方法通过计算各种基于账面价值的长期融资组合方案的加权平均资本成本来决策

D. 该方法选择加权平均资本成本最小的融资方案，确定为相对最优的资本结构

7. 某公司目前的息税前利润为 1800 万元，资本来源包括每股面值 1 元的普通股 800 万股和平均利率为 10% 的债务 3000 万元。该公司现在拟投资一个新项目，该项目需要投资 5000 万元，备选的筹资方案有：（1）按 11% 的利率溢价发行债券，每张面值 1000 元，发行价格 1250 元；（2）按面值发行股息率为 12% 的优先股；（3）按 25 元 / 股的价格增发普通股。公司适用的所得税税率为 25%，下列表述正确的有（　　）。

A. 增发普通股和债券筹资的每股收益无差别点息税前利润为 2500 万元

B. 增发普通股和优先股筹资的每股收益无差别点息税前利润为 4300 万元

C. 若新产品带来的息税前利润为 800 万元，应选择债券筹资

D. 若公司预计的息税前利润为 4000 万元，应选择优先股筹资

8. 在息税前利润为正的前提下，下列与经营杠杆系数保持同向变化的因素有（　　）。

A. 固定成本　　B. 销售收入
C. 所得税税率　　D. 单位变动成本

9. 下列关于经营杠杆的说法中，正确的有（　　）。

A. 经营杠杆反映的是营业收入的变化对每股收益的影响程度

B. 如果没有固定经营成本，则不存在经营杠杆效应

C. 经营杠杆的大小是由固定经营成本和息税前利润共同决定的

D. 如果经营杠杆系数为 1，表示不存在经营杠杆效应

10. 某公司的经营杠杆系数为 1.8，财务杠杆系数为 1.5，则该公司销售额每增长 1 倍，会导致（　　）。

A. 息税前利润增长 1.8 倍

B. 边际贡献增长 1.5 倍

C. 净利润增长 1 倍

D. 每股收益增长 2.7 倍

11. 下列各项中，影响财务杠杆系数的有（　　）。

A. 息税前利润　　B. 普通股股利

C. 优先股股息　　D. 借款利息

12. 下列表述中正确的有（　　）。

A. 从某种意义上讲，一项资产或新项目是没有财务风险的，只有企业自身才有财务风险

B. 在经营杠杆系数一定的条件下，权益乘数与联合杠杆系数反向变动

C. 当经营杠杆系数趋近于无穷大时，企业的息税前利润为零

D. 当财务杠杆系数为 1 时，企业没有固定融资费用

13. 如果公司没有优先股，融资决策中的联合杠杆具有的性质有（　　）。

A. 联合杠杆能够起到财务杠杆和经营杠杆的综合作用

B. 联合杠杆能够表达企业边际贡献与税前利润的比率

C. 联合杠杆能够估计出销售额变动对每股收益的影响

D. 联合杠杆系数越大，企业经营风险越大

三、计算分析题

1. 某公司 2021 年税后利润为 450 万元，所得税税率为 25%。公司全年固定成本和利息总额为 3000 万元，公司当年年初发行了一种 5 年期每年付息，到期还本的债券，发行债券数量为 1 万张，每张债券市价为 989.9 元，面值为 1000 元，债券年利息为当年利息总额的 20%。该公司的财务杠杆系数为 2。

要求：

（1）计算 2021 年税前利润；

（2）计算 2021 年利息总额；

（3）计算 2021 年息税前利润；

（4）计算 2021 年利息保障倍数；

（5）计算经营杠杆系数；

（6）计算 2021 年债券筹资的资本成本。

2. 某公司目前拥有资金 400 万元，其中，普通股 25 万股，每股价格 10 元；债券 150 万元，年利率 8%。目前的销量为 5 万件，单价为 50 元，单位变动成本为 20 元，固定成本为 40 万元，所得税税率为 25%。该公司准备扩大生产规模，预计需要新增投资 500 万元，投资所需资金有下列两种方案可供选择：（1）发行债券筹集 500 万元，债券每张面值 100 元，每张债券的发行价格为 105 元，债券票面利率为 10.5%；（2）发行普通股股票 500 万元，每股发行价格 20 元。预计扩大生产能力后，固定成本会增加 52 万元，假设其他条件不变。

要求：

（1）计算两种筹资方案的每股收益相等时的销量水平；

（2）若预计扩大生产能力后企业销量会增加 4 万件，不考虑风险因素，确定该公司最佳的筹资方案。

3. 某公司目前的资本来源包括每股面值 1 元的普通股 800 万股和平均利率为 10% 的 3000 万元债务。该公司现在拟投产一个新产品，该项目需要投资 4000 万元，预期投产后每年可增加息税前利润 400

万元。该项目备选的筹资方案有三个：
（1）按 11% 的利率平价发行债券；
（2）按面值发行股利率为 12% 的优先股；
（3）按 20 元 / 股的价格增发普通股。
该公司目前的息税前利润为 1600 万元；公司适用的所得税税率为 25%；证券发行费可忽略不计。

要求：
（1）计算按不同方案筹资后的普通股每股收益。
（2）计算增发普通股和债券筹资的每股（指普通股，下同）收益无差别点（用息税前利润表示，下同）以及增发普通股和优先股筹资的每股收益无差别点。
（3）计算筹资前的财务杠杆系数和按三个方案筹资后的财务杠杆系数。
（4）根据以上计算结果分析，该公司应当选择哪一种筹资方式？理由是什么？
（5）如果新产品可提供 1000 万元或 4000 万元的新增息税前利润，在不考虑财务风险的情况下，公司应选择哪一种筹资方式？

四、综合题

1. ABC 公司正在考虑改变它的资本结构，有关资料如下：
（1）公司目前债务的账面价值 1000 万元，利息率为 5%；普通股 4000 万股，每股价格 1 元，所有者权益账面金额 4000 万元；假设不存在优先股，每年的息税前利润为 500 万元。该公司的所得税税率为 15%。
（2）公司将保持现有的资产规模和资产息税前利润率，每年将全部税后净利润分派给股东，因此预计未来股利增长率为零。
（3）为了提高企业价值，该公司拟改变资本结构，举借新的债务，替换旧的债务，剩余部分回购部分普通股。可供选择的资本结构调整方案有两个：①举借新债务的总额为 2000 万元，预计利息率为 6%；②举借新债务的总额为 3000 万元，预计利息率为 7%。
（4）假设债务的市场价值与账面价值相同，当前资本市场上无风险利率为 4%，市场风险溢价为 5%。

要求：
（1）计算该公司目前的权益资本成本和贝塔系数（β 系数的计算结果保留 4 位小数）。
（2）计算该公司无负债的贝塔系数和无负债的权益资本成本（提示：根据账面价值的权重调整贝塔系数，下同）。
（3）计算两种资本结构调整方案的权益 β 系数、权益资本成本、权益市场价值和实体价值（实体价值计算结果保留整数，以万元为单位）。
（4）判断企业应否调整资本结构并说明依据，如果需要调整应选择哪一个方案？

2. 甲公司是一家制造业上市公司，生产 A、B、C 三种产品，最近几年，市场需求旺盛，公司正在考虑通过筹资扩大产能。2021 年，公司长期债务 50000 万元，年利率 8%，流通在外普通股 5000 万股，每股面值 1 元，无优先股。
为满足市场需求，公司 2022 年初拟筹集 50000 万元扩大生产能力。扩大生产能力后企业新增年固定成本 2000 万元，原固定成本总额 3000 万元照常发生，现有两种筹资方案可供选择。
方案 1：按每份市价 1250 元发行债券筹资 30000 万元，期限 10 年，面值 1000 元，票面利率 9%；按每份市价 10 元发行普通股筹资 20000 万元。
方案 2：平价发行优先股筹资 30000 万元，面值 100 元，票面股息率 10%；按每份市价 10 元发行普通股筹资 20000 万元。
方案 3：按每份市价 1250 元发行债券筹资 20000 万元，期限 10 年，面值 1000 元，票面利率 9%；平价发行优先股筹资 30000 万元，面值 100 元，票面股息率 10%。
预计 2022 年 A、B、C 三种产品的市场正常销量及相关资料如下：

	A 产品	B 产品	C 产品
市场正常销量（件）	100	200	400
单位售价（万元）	18	30	50
单位变动成本（万元）	10	6	25

甲公司适用的企业所得税税率为 25%。

要求：

（1）采用每股收益无差别点法，计算方案 1 和方案 3 每股收益无差别点的息税前利润。

（2）采用每股收益无差别点法，计算方案 2 和方案 3 每股收益无差别点的息税前利润。

（3）分别计算按三个方案筹资后的财务杠杆系数。

（4）若不考虑财务风险，判断公司应选择哪一个筹资方案。在该筹资方案下，公司的每股收益是多少？

同步强化练习题参考答案及解析

使用“会计云课堂”App 或“微信”扫码对答案、看解析、掌握解题思路，开启轻松过关之旅。

一、单项选择题

1.【答案】A

【解析】根据有税的 MM 理论，当企业负债比例提高时，股权资本成本上升，选项 A 正确；债务资本成本不变，选项 B 错误；加权平均资本成本下降，选项 C、D 错误。

2.【答案】B

【解析】“过度投资问题”：企业面临财务困境时，管理者和股东有动机投资于净现值为负的高风险项目。“投资不足问题”：企业面临财务困境时，可能不会选择净现值为正的新项目投资。

3.【答案】B

【解析】根据优序融资理论的基本观点，企业的筹资优序模式首选留存收益筹资，然后是债务筹资，而将发行新股作为最后的选择。但本题甲公司 2021 年 12 月 31 日才设立，预计 2022 年年底才投产，因而还没有留存收益的存在，2022 年无法利用内源筹资，因此，退而求其次，只好选债务筹资。

4.【答案】C

【解析】以公积金转增股本是所有者权益内部的此增彼减，不会使债务比重下降，即不能调整资本结构。

5.【答案】B

【解析】用企业价值比较法确定的最佳资本结构，是使市净率最高的资本结构（假设市场有效）。假设股东投资资本和债务价值不变，该资本结构也是使企业价值最大化的资本结构。同时，公司的加权平均资本成本是最低的，但每股收益不一定最高。因此选项 B 的说法不正确。

6.【答案】D

【解析】筹措债务资金会负担固定的财务费用，如果企业的销售不稳定，将冒较大的风险，因此应较少地筹措债务资金，选项 A 错误；经营杠杆系数较低的公司通常可以在较高程度上利用财务杠杆，选项 B 错误；若预期市场利率会上升，企业应尽量举借长期负债，从而在若干年内把利率固定在较低水平，选项 C 错误。

7.【答案】C

【解析】经营风险是由于企业的经营活动形成的，只要企业经营，就有经营风险；而财务风险是由于借债或发行优先股形成的，本企业存在债务筹资，因此，二者都存在。

8.【答案】C

【解析】在其他因素一定的情况下，产销量越小或成本越大，经营杠杆系数越大，反映企业的经营风险也越大；当固定经营成本趋近于 0 时，经营杠杆系数趋近于 1。

9.【答案】C

【解析】经营杠杆系数 =（息税前利润 + 固定经营成本）/ 息税前利润 =（息税前利润 +9）/ 息税前利润 =4，解得：息税前利润 =3（万元），故利息保障倍数 =3/1=3。

10.【答案】D

【解析】财务杠杆系数 = 普通股收益变动率 / 息税前利润变动率，普通股收益增长率 =20% × 3=60%。2022 年普通股收益 =100 ×（1+60%）=160（万元）。

11.【答案】B

【解析】经营杠杆系数 = 边际贡献 / 息税前利润 =（200+300）/300=1.67。

12.【答案】C

【解析】在没有优先股的情况下，联合杠杆系数 $=\frac{M}{M-(F+I)}$

$=\frac{500\times(1-40\%)}{500\times(1-40\%)-(F+I)}$

$=\frac{300}{300-(F+I)}=1.5\times2=3$

则：$300-(F+I)=\frac{300}{3}$，F+I=200（万元）

当 F 增加 50 万元时，联合杠杆系数 $=\frac{300}{300-(200+50)}=6$。

13.【答案】C

【解析】衡量企业总风险的指标是联合杠杆系数，联合杠杆系数 = 经营杠杆系数 × 财务杠杆系数，在边际贡献大于固定经营成本的情况下，选项 A、B、D 均可以导致联合杠杆系数降低，从而降低企业总风险。选项 C 可能会导致财务杠杆系数增加，联合杠杆系数变大，从而提高企业总风险。

二、多项选择题

1.【答案】ACD

【解析】由于 MM 理论是假设按无风险利率取得资金，所以企业负债资本成本均不会随负债比例的增加而增加，只不过债务利息可以税前扣除，所以考虑所得税情况下的有负债企业的负债成本低于不考虑所得税情况下的有负债企业的负债成本。

2.【答案】BCD

【解析】在债务合同中引入限制性条款将增加债务代理收益，选项A表述错误。关于D选项，企业陷入财务困境，企业需要优先偿还债权人债务，股东很有可能得不到收益，这时股东希望投资高风险项目，高风险高收益，如果项目成功，不但债权人可以得到偿付，股东也是可以获得收益的，如果失败，债权人则承担损失，股东同样得不到收益，对于股东来说投资高风险的项目是有利于股东盈利的，即导致债权人财富向股东转移的资产替代问题。

3.【答案】BD

【解析】选项A属于无税MM理论的观点，选项C属于有税MM理论的观点。

4.【答案】AB

【解析】无税的MM理论认为企业价值与资本结构无关，即认为不存在最佳资本结构，因此选项C错误。代理理论是对权衡理论的扩展，因此选项D错误。

5.【答案】BCD

【解析】每股收益无差别点法没有考虑风险因素，因此不能准确反映财务杠杆、资本成本与企业价值的关系，选项A错误。每股收益分析法在判断资本结构是否合理时，认为能提高每股收益的资本结构是合理的，反之则不够合理。但是公司的最佳资本结构不一定是每股收益最大的资本结构，而是使市净率最高的资本结构（假设市场有效）。假设股东投资资本和债务价值不变，该资本结构也是使企业价值最大化的资本结构。因此每股收益无差别点分析不能用于确定公司最佳资本结构，选项B正确。经营风险是由于生产经营的不确定性引起的，并不是经营杠杆引起的，但由于存在经营杠杆作用，会使销量较小的变动引起息税前利润较大的变动，选项C正确。选项D是经营风险的含义，表述正确。

6.【答案】BD

【解析】资本成本比较法是计算使用不同的融资方式在不同数量、比例筹资时的加权平均资本成本的大小，然后作决策，该方法没有考虑各种融资方式在数量与比例上的约束，因此选项A错误。该方法通过计算各种基于市场价值的长期融资组合方案的加权平均资本成本来决策，因此选项C错误。

7.【答案】ABC

【解析】增发普通股和债券筹资的每股收益无差别点：（EBIT−3000×10%）×（1−25%）/（800+5000/25）=（EBIT−3000×10%−5000/1250×1000×11%）×（1−25%）/800，EBIT=2500（万元），选项A正确；增发普通股和优先股筹资的每股收益无差别点：（EBIT−3000×10%）×（1−25%）/（800+5000/25）=［（EBIT−3000×10%）×（1−25%）−5000×12%］/800，EBIT=4300（万元），选项B正确；若新产品带来的息税前利润为800万元，预计总息税前利润=1800+800=2600（万元），大于增发普通股和债券筹资的每股收益无差别点息税前利润2500万元，应选择债券筹资，选项C正确；若公司预计的息税前利润为4000万元，应选择债券筹资，选项D错误。

【提示】存在优先股的情况下，使用简便算法计算每股收益无差别点：

大股数=800+5000/25=1000（万股）

小股数=800万股

大税前财务负担=3000×10%+5000×12%/（1−25%）=1100（万元）

小税前财务负担=3000×10%=300（万元）

增发普通股和优先股筹资的每股收益无差别点息税前利润=（1100×1000−300×800）/（1000−800）=4300（万元）。

8.【答案】AD

【解析】影响经营杠杆的因素包括：企业成本结构中的固定成本比重；息税前利润水平。其中，息税前利润水平又受产品销售数量、销售价格、成本水平（单位变动成本和固定成本总额）高低的影响。固定成本、单位变动成本越高，经营杠杆系数越大。产品销量和销售价格越高，经营杠杆系数越小。所得税税率不影响经营杠杆系数。

9.【答案】BCD

【解析】经营杠杆反映的是营业收入的变化对息税前利润的影响程度。选项 A 错误。

10.【答案】AD

【解析】经营杠杆系数 = $\frac{\Delta EBIT/EBIT}{\Delta S/S}$ = 1.8，所以销售额每增长 1 倍，息税前利润增长 1.8 倍；联合杠杆系数 =1.8×1.5=2.7，又因为：联合杠杆系数 = $\frac{\Delta EPS/EPS}{\Delta S/S}$，所以销售额每增长 1 倍，每股收益将增长 2.7 倍。

11.【答案】ACD

【解析】财务杠杆系数 = 息税前利润/[息税前利润 - 利息费用 - 优先股股息 /(1-所得税税率)]，因此选项 A、C、D 正确。

12.【答案】ACD

【解析】企业的经营风险是由其资产组合中各资产的特性来决定的。财务风险与经营风险相反，它不是由单项资产而是由企业整体决定的。当一个项目失败以后，企业仍有可能从其他项目的收入中偿还债务，因此选项 A 正确。经营杠杆系数一定，权益乘数越大，负债程度越高，财务杠杆系数可能会越大，联合杠杆系数也会越大，因此选项 B 错误。经营杠杆系数趋近于无穷大时，说明销售额处于盈亏临界水平，企业息税前利润为零，因此选项 C 正确。财务杠杆系数为 1，说明没有债务利息和优先股股息，所以选项 D 正确。

13.【答案】ABC

【解析】联合杠杆是财务杠杆和经营杠杆共同作用的结果，它反映销售额变动对每股收益的影响，即 $DTL=\frac{\Delta EPS/EPS}{\Delta S/S}$，选项 A、C 正确。当不存在优先股时，它也反映边际贡献与税前利润的比率，即 $DTL=\frac{S-VC}{S-VC-F-I}$，选项 B 正确。联合杠杆系数 = 经营杠杆系数 × 财务杠杆系数，联合杠杆系数越大，不能说明经营风险越大，选项 D 错误。

三、计算分析题

1.【答案】

（1）税前利润 =450/(1-25%)=600(万元)

（2）财务杠杆系数 =（税前利润 + 利息费用）/ 税前利润 =1+ 利息费用 / 税前利润

即 2=1+I/600

1=I/600

I=600（万元）

（3）息税前利润 =600+600=1200（万元）

（4）利息保障倍数 =1200/600=2

（5）固定成本 =3000-600=2400（万元）

边际贡献 = 息税前利润 + 固定成本 =1200+2400=3600（万元）

经营杠杆系数 =3600/1200=3

（6）债券年利息额 =600×20%=120（万元）

每一张债券利息额 =120/1=120（元）

989.9=120×（P/A，r_d，5）+1000×（P/F，r_d，5）

设折现率 =12% 时：

120×（P/A，12%，5）+1000×（P/F，12%，5）=120×3.6048+1000×0.5674=999.98（元）

设折现率 =13% 时：

120×（P/A，13%，5）+1000×（P/

F，13%，5）=120×3.5172+1000×0.5428=964.86（元）

$$\frac{r_d-12\%}{13\%-12\%}=\frac{989.9-999.98}{964.86-999.98}$$

r_d=12.29%

债券税后资本成本 =12.29%×（1–25%）=9.22%。

2.【答案】

（1）企业目前的利息 =150×8%=12（万元）

企业目前的股数 =25 万股

追加债券筹资后的总利息 =12+500/105×100×10.5%=62（万元）

追加股票筹资后的股数 =25+500/20=50（万股）

$$\frac{(EBIT-12)\times(1-25\%)}{50}=\frac{(EBIT-62)\times(1-25\%)}{25}$$

每股收益无差别点的 EBIT=

$$\frac{50\times62-25\times12}{50-25}=112\text{（万元）}$$

设两种筹资方案的每股收益无差别点的销量水平为 X 万件，则：

（50–20）X–（40+52）=112

两种筹资方案的每股收益无差别点的销量水平 =6.8（万件）

（2）追加投资后的总销量 =5+4=9（万件），由于高于每股收益无差别点的销量（6.8 万件），因此应采用杠杆效应较大的债务筹资。

3.【答案】

（1）发行债券方案下的每股收益 =［（2000–3000×10%–4000×11%）×（1–25%）］/800=1.18（元）

发行优先股方案下的每股收益 =［（2000–3000×10%）×（1–25%）–4000×12%］/800=0.99（元）

增发普通股方案下的每股收益 =［（2000–3000×10%）×（1–25%）］/（800+4000/20）=1.28（元）

（2）债券筹资与普通股筹资的每股收益无差别点：

［（EBIT–3000×10%–4000×11%）×（1–25%）］/800=［（EBIT–3000×10%）×（1–25%）］/（800+4000/20）

解得：EBIT=2500（万元）

优先股筹资与普通股筹资的每股收益无差别点：

［（EBIT–3000×10%）×（1–25%）–4000×12%］/800=［（EBIT–3000×10%）×（1–25%）］/（800+4000/20）

解得：EBIT=3500（万元）

（3）筹资前的财务杠杆系数 =1600/（1600–3000×10%）=1.23

发行债券筹资的财务杠杆系数 =2000/（2000–3000×10%–4000×11%）=1.59

发行优先股筹资的财务杠杆系数 =2000/［2000–3000×10%–4000×12%/（1–25%）］=1.89

增发普通股筹资的财务杠杆系数 =2000/（2000–3000×10%）=1.18

（4）该公司应当采用增发普通股（方案 3）筹资。该方式在新增息税前利润 400 万元时，每股收益较高、风险（财务杠杆）较低，最符合财务目标。

（5）在不考虑财务风险的情况下，当项目新增息税前利润为 1000 万元时应选择方案 1（发行债券）；如果新产品可提供 4000 万元的新增息税前利润，公司应选择方案 1（发行债券）。

【解析】方案 1 新增税前利息 =4000×11%=440（万元）；方案 2 新增税前优先股股息 =4000×12%/（1–25%）=480/（1–25%）=640（万元），由于分母股数一致，而方案 2 新增的税前财务负担多，方案 1 的每股收益一定比方案 2 每股收益高，因此排除发行优先股方案。

当项目新增息税前利润为 1000 万元时，由于预计总息税前利润为 1600+1000=2600（万元），大于增发普通股与发行债券两种筹资方式下的每股收益无差别点（2500 万元），因此应采用发行债券的方式筹资；当项目新增息税前利润为 4000 万元时，由于预计总息税前利润为 1600+4000=5600（万元），大于增发普通股与发行债券两种筹资方式下的每股收益无差别点（2500 万元），因此应采用发行债券的方式筹资。

四、综合题

1.【答案】

（1）由于净利润全部发放股利：

股利 = 净利润 =（息税前利润 – 利息费用）×（1– 所得税税率）

=（500–1000×5%）×（1–15%）=382.5（万元）

根据股利折现模型：

权益资本成本 = 股利 / 市价 =382.5/4000=9.56%

由于：权益资本成本 = 无风险利率 +β× 市场风险溢价

所以：β=（权益资本成本 – 无风险利率）/ 市场风险溢价 =（9.56%–4%）/5%=1.1120

（2）$\beta_{资产}=\beta_{权益}$/［1+ 产权比率 ×（1– 所得税税率）］=1.1120/（1+1/4×0.85）=0.9171

权益资本成本 =4%+5%×0.9171=8.59%

（3）①负债水平为 2000 万元的 β 系数、权益资本成本、权益市场价值和实体价值：

$\beta_{权益}=\beta_{资产}$×［1+ 负债 / 权益 ×（1– 所得税税率）］=0.9171×（1+2/3×0.85）=1.4368

权益资本成本 =4%+5%×1.4368=11.18%

权益市场价值 = 股利 / 权益资本成本 =（500–2000×6%）×（1–15%）/11.18%=323/11.18%=2889（万元）

债务市场价值 =2000 万元

公司实体价值 =2889+2000=4889（万元）

②负债水平为 3000 万元的 β 系数、权益资本成本、权益市场价值和实体价值：

$\beta_{权益}$=0.9171×（1+3/2×0.85）=2.0864

权益资本成本 =4%+5%×2.0864=14.43%

权益市场价值 =（500–3000×7%）×（1–15%）/14.43%=246.5/14.43%=1708（万元）

债务市场价值 =3000 万元

实体价值 =1708+3000=4708（万元）

（4）企业不应调整资本结构。企业目前的价值最大，加权平均资本成本最低。

2.【答案】

（1）①方案 1 的普通股股数 =5000+20000/10=7000（万股）

方案 1 的税前财务负担 =50000×8%+30000/1250×1000×9%=6160（万元）

②方案 2 的普通股股数 =5000+20000/10=7000（万股）

方案 2 的税前财务负担 =50000×8%+30000×10%/（1–25%）=8000（万元）

③方案 3 的普通股股数 =5000（万股）

方案 3 的税前财务负担 =50000×8%+20000/1250×1000×9%+30000×10%/（1–25%）=9440（万元）

方案 1 和方案 3 的每股收益无差别点 =（7000×9440–5000×6160）/（7000–5000）=17640（万元）

（2）方案 2 和方案 3 的每股收益无差别点 =（7000×9440–5000×8000）/（7000–5000）=13040（万元）

（3）预计息税前利润 =（18–10）×100+（30–6）×200+（50–25）×400–3000–2000=10600（万元）

方案 1 的财务杠杆系数 =10600/（10600–6160）=2.39

方案 2 的财务杠杆系数 =10600/（10600–8000）=4.08

方案 3 的财务杠杆系数 =10600/（10600–9440）=9.14

（4）预计息税前利润 10600 万元小于每股收益无差别点的息税前利润 17640 万元，所以应该选择财务杠杆小的方案 1 进行筹资。

每股收益 =（10600–6160）×（1–25%）/

7000=0.48（元）。

【提示】由于方案 1 和方案 2 的股数相同，但方案 1 新增财务负担小，所以排除方案 2，这里由于方案 3 的股数较小，斜率较大，所以保留每股收益无差别点大的方案（财务负担小的方案）。

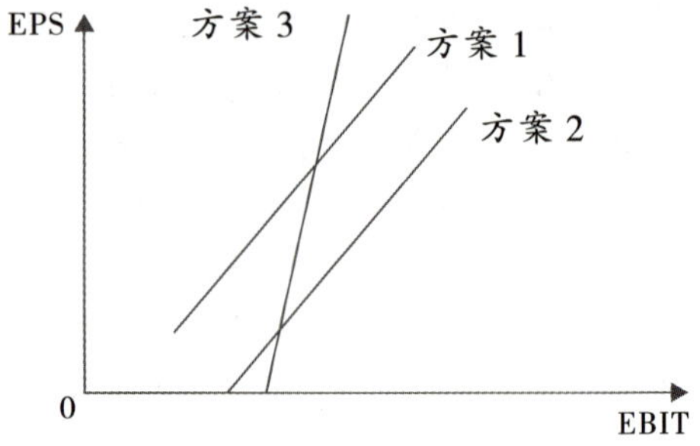

第十章　长期筹资

CHAPTER-10

本章学习指南

一、考情分析

本章主要介绍了长期资本筹集方式。本章的题型既有客观题，也有主观题。

最近 3 年题型、题量分析表

题型	2019 年		2020 年		2021 年	
	试卷Ⅰ	试卷Ⅱ	试卷Ⅰ	试卷Ⅱ	试卷Ⅰ	试卷Ⅱ
单项选择题	1 题 1.5 分	1 题 1.5 分	1 题 1.5 分	1 题 1.5 分	—	1 题 2 分
多项选择题	1 题 2 分	1 题 2 分	—	—	—	—
计算分析题	—	—	1 题 8 分	1 题 8 分	1 题 9 分	1 题 9 分
综合题	0.4 题 6 分	0.4 题 6 分	0.17 题 2.5 分	—	—	—
合计	2.4 题 9.5 分	2.4 题 9.5 分	2.17 题 12 分	2 题 9.5 分	1 题 9 分	2 题 11 分

二、教材变化

本章与 2021 年的教材相比没有实质性变化，主要是从教材的内容完整性方面补充了中国证监会关于主板上市公司首发股票的有关发行人不得有影响持续盈利能力的具体情形，属于经济法的相关内容。

三、考点框架

- 第十章 长期筹资（一）
  - 长期债务筹资
    - 比较记忆各种筹资方式的特点 ★★★
    - 长期借款的保护性条款 ★★
    - 债券发行价格 ★★
    - 债券偿还 ★
  - 普通股筹资
    - 普通股筹资的特点 ★★★
    - 普通股的发行方式 ★
    - 普通股的发行定价 ★
    - 股权再融资 ★★★

第十章 长期筹资（二）

- 混合筹资
  - 优先股筹资 ★★
  - 附认股权证债券筹资 ★★★
  - 可转换债券筹资 ★★★
- 租赁筹资
  - 租赁的概念及原因 ★★
  - 租赁的会计处理和税务处理 ★
  - 租赁的决策分析 ★★★
  - 售后租回 ★

核心考点精讲

第一节　长期债务筹资

使用“会计云课堂”App 或“微信”扫码查看本节视频，快速 GET 知识点。

一、比较记忆各种筹资方式的特点 ★★★

（一）债务筹资与普通股筹资相比的特点

区别点	债务筹资	普通股筹资
资本成本	低（利息可抵税；投资人风险小，要求回报低）	高（股利不能抵税；股票投资人风险大，要求回报高）
筹资风险	高（到期偿还；支付固定利息）	低（无到期日；没有固定的股利负担）
资金使用的限制	限制条款多	限制条款少
公司控制权	不分散控制权	会分散控制权

经典题解

【例题 1・多选题】对企业而言，发行普通股筹集资金的优点有（　　）。

A. 增强公司筹资能力　　　　B. 降低公司财务风险

C. 降低公司资本成本　　　　D. 限制条款少

【解析】由于普通股筹资不需要到期还本，是公司稳定的资本基础，因此可以增强公司筹资能力，选项 A 正确。由于普通股没有固定到期日，不用支付固定的股利，因此财务风险小，选项 B 正确。普通股资本成本一般较高，选项 C 不正确。普通股筹集的资金限制条款少，选项 D 正确。

【答案】ABD

（二）长期债务与短期债务相比的特点

区别点	短期债务	长期债务
资本成本	低	高
筹资风险	高（期限短，还本付息压力大）	低
资金使用的限制	限制相对少	限制条款多
筹资速度	快（容易取得）	慢

经典题解

【例题 2·多选题】与短期债券筹资相比，长期债券筹资的特点有（　　）。

A. 限制条件少　　B. 筹资风险小

C. 资本成本高　　D. 筹资速度快

【解析】长期债券与短期债券相比，筹资风险较小、筹资速度慢、资本成本高、限制条件多。

【答案】BC

（三）银行借款与债券筹资相比的特点

区别点	银行借款	债券筹资
资本成本	低（利息率低，筹资费低）	高
筹资速度	快（手续比发行债券简单）	慢
筹资弹性	大（可协商，可变更性比债券好）	小
筹资对象及范围	对象窄，范围小	对象广，范围大
筹资规模	较小	较大

经典题解

【真题 3·单选题】与长期借款相比，发行债券进行筹资的优点是（　　）。（2017 年卷Ⅱ）

A. 筹资速度较快

B. 筹资规模较大

C. 筹资费用较小

D. 筹资灵活性较好

【解析】债券筹资的优点：①筹资规模较大；②具有长期性和稳定性；③有利于资源优化配置。选项 B 正确。

【答案】B

二、长期借款的保护性条款★★

为了保证贷款按时足额偿还，银行通常在贷款合同中加入保护性条款。

要点小贴士

（1）一般条款：针对负债保障方面的，防止偿债风险加大的一些常见条款。

（2）特殊条款：

①针对资金用途的特殊限定（专款专用，只能投流动性好的项目）。

②针对高管人员的特殊限定。

种类	适用情况	具体内容
一般性保护条款	一般性保护条款应用于大多数借款合同，但根据具体情况会有不同内容	（1）对借款企业流动资金保持量的规定 （2）对支付现金股利和再购入股票的限制 （3）对净经营性长期资产总投资规模的限制 （4）限制其他长期债务 （5）借款企业定期向银行提交财务报表 （6）不准在正常情况下出售较多资产 （7）如期缴纳税费和清偿其他到期债务 （8）不准以任何资产作为其他承诺的担保或抵押 （9）不准贴现应收票据或出售应收账款，以避免或有负债 （10）限制租赁固定资产的规模
特殊性保护条款	特殊性保护条款是针对某些特殊情况而出现在部分借款合同中的	（1）贷款专款专用 （2）不准企业投资于短期内不能收回资金的项目 （3）限制企业高级职员的薪金和奖金总额 （4）要求企业主要领导人在合同有效期间担任领导职务 （5）要求企业主要领导人购买人身保险等等

经典题解

【真题4·多选题】下列各项中，属于企业长期借款合同一般性保护条款的有（　　）。（2015年卷Ⅰ、卷Ⅱ）

A. 限制企业租入固定资产的规模

B. 限制企业股权再融资

C. 限制企业高级职员的薪金和奖金总额

D. 限制企业增加具有优先求偿权的其他长期债务

【解析】一般性保护条款应用于大多数借款合同。股权再融资会提高企业偿债能力，借款合同中不会有这样的限制条款，选项B错误。对高级职员薪金和奖金总额的限制属于特殊性保护条款的内容，选项C错误。

【答案】AD

相关链接

（1）与第6章债券价值的计算公式一致；

（2）第6章债券价值（未来流入现值）：站在投资人的角度；本章债券发行价格（未来流出现值）：站在筹资人的角度；

（3）债券成功发行的条件：发行价格≤债券价值，投资人能够接受。

三、债券发行价格★★

（一）债券发行价格

债券发行价格＝未来支付的利息现值＋到期本金的现值

【提示】折现率按债券发行时的市场利率确定。

（二）债券发行价格的三种情况

类型	票面利率与市场利率的关系
溢价发行（发行价格＞面值）	票面利率＞市场利率
平价发行（发行价格＝面值）	票面利率＝市场利率
折价发行（发行价格＜面值）	票面利率＜市场利率

经典题解

【例题5·单选题】在市场利率大于票面利率的情况下，下列表述正确的是（　　）。

A. 债券的发行价格大于其面值

B. 债券的发行价格小于其面值

C. 债券的发行价格等于其面值

D. 不确定

【解析】债券的利息是按面值和票面利率固定计算的，市场利率大于票面利率时，债券投资人的收益比市场收益要低，为了协调债券购销双方在债券利息上的利益，就要调低发行价格。即当票面利率低于市场利率时，以折价方式发行债券。

【答案】B

四、债券偿还★

1. 债券偿还时间

- 债券偿还时间
  - 到期偿还
    - 分批偿还
    - 一次偿还
  - 提前偿还（提前赎回）
    - 条件→只有在企业发行债券的契约中明确规定了有关允许提前偿还的条款，企业才可进行此项操作
    - 时机选择→①当企业资金有结余时 ②当预测年利息率下降时
  - 滞后偿还
    - 转期（将较早到期的债券换成到期日较晚的债券）
    - 转换（可以按一定的条件转换成发行公司股票的债券）

要点小贴士

提前偿还条款是企业的选择权，并不表明企业一定会选择，不会给企业增加偿债压力，只是增加了企业的筹资弹性，只有企业认为赎回对自己有利的情况下才会选择。

2. 债券偿还形式

- 债券偿还形式
  - 用现金偿还债券
  - 以新债券换旧债券（债券的调换）
  - 用普通股偿还债券

经典题解

【例题6·单选题】如果企业在发行债券的契约中规定了允许提前偿还的条款，则下列表述中，不正确的是（　　）。

A. 使企业融资具有较大弹性

B. 使企业融资受债券持有人的约束很大

C. 当预测年利息率下降时，可提前赎回债券

D. 当企业资金有结余时，可提前赎回债券

【解析】具有提前偿还条款的债券可使企业融资有较大的弹性。当企业资金有结余时，可提前赎回债券；当预测利率下降时，也可提前赎回债券，而后以较低的利率来发行新债券。

【答案】B

名师点拨

本节的部分内容实质属于经济法的内容，综合阶段考试会结合经济法来进行考查。专业阶段考试主要注意站在筹资人角度考虑如何选择各种筹资方式。

第二节　普通股筹资

使用"会计云课堂"App或"微信"扫码查看本节视频，快速GET知识点。

一、普通股筹资的特点★★★

优点	①没有固定利息负担；②没有固定到期日；③财务风险小；④能增加公司的信誉；⑤筹资限制较少；⑥在通货膨胀时普通股筹资容易吸收资金
缺点	①普通股的资本成本较高；②可能会分散公司的控制权；③信息披露成本大，也增加了公司保护商业秘密的难度；④股票上市会增加公司被收购的风险

经典题解

【例题7·单选题】从公司理财的角度看，与长期借款筹资相比较，普通股筹资的优点是（　　）。

A. 筹资速度快

B. 筹资风险小

C. 筹资成本小

D. 筹资弹性大

【解析】发行普通股筹资没有固定的利息负担，也没有到期还本的压力，因此筹资风险小。但是发行普通股筹资的资本成本高，而且容易分散公司的控制权。筹资成本小、筹资速度快、筹资弹性大是长期借款筹资的优点。

【答案】B

二、普通股的发行方式★

（一）以发行对象为标准的分类

分类	特征	优点	缺点
公开发行（公募）	向不特定对象公开募集股份	发行范围广、发行对象多，易于足额募集资本；股票的变现性强，流通性好；有助于提高发行公司的知名度和影响力	手续繁杂，发行成本高
非公开发行（私募）	向特定对象发行股票	灵活性较大，发行成本低	发行范围小，股票变现性差

【提示】

（1）有下列情形之一的，为公开发行：①向不特定对象发行证券；②向特定对象发行证券累计超过200人，但依法实施员工持股计划的员工人数不计算在内；③法律、行政法规规定的其他发行行为。

（2）非公开发行股票的特定对象应当符合下列规定：①特定对象符合股东大会决议规定的条件；②发行对象不超过35名。发行对象为境外战略投资者的，应当遵守国家的相关规定。

经典题解

【真题8·多选题】与公开发行股票相比，下列关于非公开发行股票的说法中，正确的有（　　）。（2017年卷Ⅰ、卷Ⅱ）

A. 发行成本低

B. 股票变现性差

C. 发行范围小

D. 发行方式灵活性小

【解析】由于非公开发行方式的发行对象特定，沟通方便，因此灵活性较大，选项D错误。

【答案】ABC

（二）以发行中是否有中介机构（证券承销商）协助为标准的分类

分类		优点	缺点
直接发行		发行公司直接控制发行过程，节省发行费用	筹资时间长，发行公司要承担全部发行风险，并需要发行公司有较高的知名度、信誉和实力
间接发行（委托发行）	包销	及时筹足资本，免于承担发行风险	损失部分溢价，发行成本高
	代销	可获部分溢价收入，降低发行费用	承担发行风险

经典题解

【例题9·单选题】从发行公司的角度看，股票包销的优点是（　　）。

A. 可获部分溢价收入

B. 降低发行费用

C. 可获一定佣金

D. 不承担发行风险

【解析】选项A、B属于股票代销的优点，选项C属于股票代销时证券公司的利益。

【答案】D

（三）以发行股票能否带来现款为标准的分类

分类	含义	适用情况
有偿增资发行	指认购者必须按股票的某种发行价格支付现款，方能获得股票的一种发行方式	公开增发、配股和定向增发都采用有偿增资的方式
无偿增资发行	指认购者不必向公司缴纳现金就可获得股票的发行方式	发行对象只限于原股东。一般只在分配股票股利、资本公积或盈余公积转增资本时采用
搭配增资发行	指发行公司向原股东发行新股时，仅让股东支付发行价格的一部分就可获得一定数额股票的发行方式	无偿发行部分，由资本公积或留存收益转增。这种发行方式通常是对原股东的一种优惠

经典题解

【例题10·多选题】下列选项中，属于无偿增资发行股票的情形有（　　）。

A. 配股　　B. 定向增发

C. 资本公积转增资本　　D. 发放股票股利

【解析】选项A、B属于有偿增资发行股票。

【答案】CD

三、普通股的发行定价★

（一）定价的基本原则

发行人通常会参考公司经营业绩、净资产、发展潜力、发行数量、行业特点、股市状态等，确定发行价格。我国《公司法》规定，股票发行价格可以按票面金额，也可以超过票面金额，但不得低于票面金额。

（二）定价的方式

首次公开发行股票	可以通过向网下投资者询价的方式确定股票发行价格，也可以通过发行人与主承销商自主协商直接定价等其他合法可行的方式确定发行价格

增发新股	我国《上市公司证券发行管理办法》规定，公开增发股票的发行价格，应不低于公告招股意向书前 20 个交易日公司股票均价或前 1 个交易日的均价；非公开发行股票的发行价格不低于定价基准日前 20 个交易日公司股票均价的 80%

四、股权再融资 ★★★

股权再融资（seasoned equity offering）的方式包括向原股东配股和增发新股融资。

（一）配股

含义	指向原普通股股东按其持股比例、以低于市价的某一特定价格配售一定数量新发行股票的融资行为
目的	（1）不改变原控股股东对公司的控制权和享有的各种权利 （2）给原股东一定的补偿（因发行新股将导致短期内每股收益稀释） （3）鼓励原股东认购新股
配股权	指普通股股东的优惠权，实际上是一种短期的看涨期权
配股条件	除满足公开发行的基本条件外，还应当符合下列规定： （1）拟配售股份数量不超过本次配售股份前股本总额的 30% （2）控股股东应当在股东大会召开前公开承诺认配股份的数量 （3）采用证券法规定的代销方式发行 【提示】控股股东不履行认配股份的承诺，或者代销期限届满，原股东认购股票的数量未达到拟配售数量 70% 的，发行人应当按照发行价并加算银行同期存款利息返还已经认购的股东
配股价格	配股一般采取网上定价发行的方式。配股价格由主承销商和发行人协商确定
配股除权参考价的计算	通常配股股权登记日后要对股票进行除权处理。除权后股票的理论除权基准价格为： 配股除权参考价 =（配股前股票市值 + 配股价格 × 配股数量）/（配股前股数 + 配股数量） =（配股前每股价格 + 配股价格 × 股份变动比例）/（1+ 股份变动比例） 【提示】除权参考价只是作为计算除权日股价涨跌幅度的基准，提供的只是一个参考价格。如果除权后股票交易市价高于该除权参考价，这种情形使得参与配股的股东财富较配股前有所增加，一般称之为“填权”；反之，股价低于除权参考价则会减少参与配股股东的财富，一般称之为“贴权”
每股股票配股权价值	每股股票配股权价值 =（配股除权参考价 - 配股价格）/ 购买一股新配股所需的原股数 =（S_T-X）/N 【提示】当所有股东均行使配股权时，可使用简化公式：每股股票配股权价值 = 配股前的股票市价 - 配股除权参考价 =S_0-S_T

要点小贴士

配股权赋予原有股东按约定价格买股票的权利，是一种买权，所以是看涨期权，其执行价格等于配股价格。

考点妙记

行权带来价差收益。

经典题解

【真题11·单选题】甲公司有普通股50000万股，采用配股方式进行融资。每10股配5股，配股价为10元/股，股权登记日收盘市价为15元/股。假设有5000万股普通股的原股东放弃配股权，其他股东全部参与配股，配股后除权参考价是（ ）元。（2021年卷Ⅱ）

A. 20.00　B. 13.50　C. 13.33　D. 13.45

【解析】配股除权参考价=（配股前股票价值+配股价格×配股数量）/（配股前股数+配股数量）=[50000×15+(50000−5000)×5/10×10]/[50000+(50000−5000)×5/10]=13.45（元）。

【答案】D

真题点拨

（1）参与配股的股东：

原有财富=原有股票市值+可用于参与配股的现金

配股后财富=配股后总股票价值。

（2）不参与配股的股东：

原有财富=原有股票市值

配股后财富=配股后股票价值。

【真题12·单选题】甲公司采用配股方式进行融资，每10股配5股，配股价20元；配股前股价27元。最终参与配股的股权占80%。乙在配股前持有甲公司股票1000股，若其全部行使配股权，乙的财富（ ）。（2020年卷Ⅰ、卷Ⅱ）

A. 增加1000元　B. 增加500元

C. 不发生变化　D. 减少1000元

【解析】配股除权参考价=（27+20×50%×80%）/（1+50%×80%）=25（元）

乙财富的变化=1000×（1+50%）×25−20×1000×50%−1000×27=500（元）。

【答案】B

【真题13·单选题】甲公司股票每股市价20元，以配股价格每股16元向全体股东每10股配售10股。拥有甲公司95%股权的投资者行使了配股权。乙持有甲公司股票1000股，未行使配股权，配股除权使乙的财富（ ）。（2019年卷Ⅰ）

A. 减少1950元　B. 增加100元

C. 减少2000元　D. 不发生变化

【解析】配股除权参考价=（20+16×10/10×95%）/（1+95%）=18.05（元）

乙的财富的变动额=1000×18.05−1000×20=−1950（元）。

【答案】A

【例题14·单选题】甲公司有普通股20000股，拟采用配股的方式进行融资。每10股配3股，配股价为16元/股，股权登记日收盘市价20元/股。假设所有股东全部参与配股，每股股票配股权的价值是（ ）元。

A. 0.92　B. 0.96　C. 0.99　D. 1.2

【解析】配股除权参考价=（20000×20+16×20000×3/10）/（20000+20000×3/10）=19.08（元）。

每股股票配股权的价值=（19.08−16）/（10/3）=0.92（元）。

【答案】A

（二）增发新股

增发新股
- 公开增发 ⇒ 没有特定的发行对象，股票市场上的投资者均可以认购
- 非公开增发 ⇒ 有特定的发行对象，主要是机构投资者与大股东及关联方等

要点小贴士

配股和公开增发属于公开发行，非公开增发属于非公开发行。

【提示】机构投资者：大体可以划分为财务投资者和战略投资者。

（1）财务投资者：通常以获利为目的，通过短期持有上市公司股票适时套现、实现获利的法人，他们一般不参与公司的重大战略决策。

（2）战略投资者：他们与发行公司业务联系紧密且欲长期持有发行公司股票。上市公司通过非公开增发引入战略投资者，不仅可以获得战略投资者的资金，还有助于引入其管理理念与经验，改善公司治理。

【易错易混点】增发方式的比较：

区别		公开增发	非公开增发
发行条件	盈利持续性与盈利水平条件	（1）最近3个会计年度连续盈利（扣非经常损益前后孰低） （2）最近3个会计年度加权平均净资产收益率平均≥6%（扣非经常损益前后孰低） （3）最近24个月内曾公开发行证券的，不存在发行当年营业利润比上年下降50%以上情形	无盈利性要求条件
	分红条件	最近3年以现金方式累计分配的利润不少于最近3年实现的年均可分配利润的30%	无分红条件
	财务性投资条件	除金融类企业外，最近1期期末不存在持有金额较大的交易性金融资产和可供出售的金融资产、借予他人款项、委托理财等财务性投资的情形	无财务性投资条件
发行价格底线		应不低于公告招股意向书前20个交易日公司股票均价或前1个交易日的均价	应不低于定价基准日前20个交易日公司股票均价的80%
增发新股的认购方式		通常为现金认购	不限于现金，还包括股权、债权、无形资产、固定资产等非现金资产

要点小贴士

配股没有最低底价限制，增发有最低底价限制。

【提示】

（1）为简便，本章将“扣除非经常性损益后的净利润与扣除前的净利润相比，以低者作为计算依据”简称为“扣非经常损益前后孰低”。

（2）定价基准日前20个交易日股票交易均价的计算公式为：定价基准日前20个交易日股票交易均价＝定价基准日前20个交易日股票交易总额/定价基准日前20个交易日股票交易总量。并不是把每天的收盘价加起来除以20。

经典题解

【例题 15 · 多选题】下列关于普通股筹资定价的说法中，不正确的有（　　）。

A. 首次公开发行股票时，发行价格可以由发行人与承销的证券公司协商确定

B. 上市公司向原有股东配股时，发行价格可以由发行人自行确定

C. 上市公司公开增发新股时，发行价格应不低于公告招股意向书前 20 个交易日公司股票均价的 80%

D. 上市公司非公开增发新股时，发行价格应不低于定价基准日前 20 个交易日公司股票的均价

【解析】配股价格由主承销商和发行人协商确定，选项 B 错误；上市公司公开增发新股通常按照“发行价格应不低于公告招股意向书前 20 个交易日公司股票均价或前 1 个交易日的均价”的原则确定增发价格，选项 C 错误；上市公司非公开增发新股时，发行价格应不低于定价基准日前 20 个交易日公司股票均价的 80%，选项 D 错误。

【答案】BCD

第三节　混合筹资

使用“会计云课堂”App 或“微信”扫码查看本节视频，快速 GET 知识点。

一、优先股筹资★★

（一）《优先股试点管理办法》的相关规定

1. 优先股的发行主体

上市公司可以发行优先股（公开或非公开），非上市公众公司可以非公开发行优先股。

2. 上市公司公开发行优先股应当在公司章程中规定以下事项

固定分红	采取固定股息率
强制分红	在有可分配税后利润的情况下必须向优先股股东分配股息
累积分红	未向优先股股东足额派发股息的差额部分应当累积到下一会计年度
非参与分红	优先股股东按照约定的股息率分配股息后，不再同普通股股东一起参加剩余利润分配

【提示】商业银行发行优先股补充资本的，可就强制分红事项和累积分红事项另行约定。

3. 其他规定

票面金额	优先股每股票面金额为 100 元，发行价格不得低于优先股票面金额
发行价格及票面股息率	①公开发行优先股的价格或票面股息率，以市场询价或证监会认可的其他公开方式确定 ②非公开发行优先股的票面股息率，不得高于最近 2 个会计年度的年均加权平均净资产收益率
发行种类限制	上市公司不得发行可转换为普通股的优先股，但商业银行除外 【提示】商业银行可根据商业银行资本监管规定，非公开发行触发事件发生时强制转换为普通股的优先股，并遵守有关规定
非公开发行的投资者限制	仅向本办法规定的合格投资者发行，每次发行对象不得超过 200 人，且相同条款优先股的发行对象累计不得超过 200 人

（二）优先股的筹资成本

特点	说明
优先股投资的风险比债券大，同一公司的优先股股东要求的必要报酬率比债权人高	（1）当企业面临破产时，优先股股东的求偿权低于债权人 （2）在公司财务困难的时候，债务利息会被优先支付，优先股股利则其次
优先股投资的风险比普通股小，同一公司的优先股股东要求的必要报酬率比普通股股东低	（1）当企业面临破产时，优先股股东的求偿权优先于普通股股东 （2）在公司分配利润时，优先股股息通常固定且优先支付，普通股股利只能最后支付

（三）优先股筹资的特点

1. 与债券比较

筹资风险	筹资风险小。不支付股利不会导致公司破产；没有到期期限，不需要偿还本金
企业所得税与投资者个人所得税	按照金融工具准则，优先股如分类为金融负债，优先股股利可税前抵扣，但投资者需缴个人所得税，与债券利息没什么差别；优先股如分类为权益工具，优先股股利不可以税前扣除，但投资者可免缴个人所得税，二者相抵，与债券利息也趋于一致

【提示】本书在不特指的情况下将优先股归类为权益工具。

2. 与普通股比较

控制权	发行优先股一般不会稀释股东权益
筹资风险与资本成本	与普通股相比，优先股的股利通常被视为固定成本，与负债筹资的利息没有什么差别，会增加公司的财务风险并进而增加普通股的成本

要点小贴士

一般情况下，针对同一企业而言，资本成本与投资风险同向变动，与筹资风险（财务风险）反向变动。

（1）投资风险：普通股＞优先股＞长期债务＞短期债务。

（2）资本成本：普通股＞优先股＞长期债务＞短期债务。

（3）筹资风险（财务风险）：普通股＜优先股＜长期债务＜短期债务。

（四）永续债

1. 含义

永续债是具有一定权益属性的债务工具，也是一种混合筹资工具。

2. 特点

与股票相比	永续债的投资者不能像普通股股东一样参与企业决策和股利分配
与债券相比	永续债持有者除公司破产等原因外，一般不能要求公司偿还本金，而只能定期获取利息
债务偿还顺序	偿还顺序在一般债券之后普通股之前

二、附认股权证债券筹资★★★

（一）认股权证的特征

认股权证是公司向股东发放的一种凭证，授权其持有者在一个特定期间以特定价格购买特定数量的公司股票。

1. 认股权证与看涨期权（以股票为标的物）的相同点

相同点	解释
标的资产	均以股票为标的资产，其价值随股票价格变动
选择权	在到期前均可以选择执行或不执行，具有选择权，均为买权
执行价格	均有一个固定的执行价格

2. 认股权证与股票看涨期权的区别

区别点	股票看涨期权	认股权证
行权时股票来源	股票看涨期权执行时，其股票来自二级市场	当认股权执行时，股票是新发股票
对每股收益和股价的影响	不存在稀释问题 【提示】标准化的期权合约，在行权时只是与发行方结清价差，根本不涉及股票交易，所以不会有股权稀释问题	会引起股份数的增加，从而稀释每股收益和股价
期限	时间短（通常只有几个月）	期限长(可以长达10年,甚至更长)
布莱克—斯科尔斯模型的运用	可以适用 【提示】期限短，可以假设没有股利支付	不适用 【提示】不能假设有效期限内不分红，5~10年不分红很不现实

经典题解

【真题16·单选题】下列关于认股权证与股票看涨期权共同点的说法中，正确的是（　　）。（2015年卷Ⅰ、卷Ⅱ）

A. 两者行权后均会稀释每股价格

B. 两者均有固定的行权价格

C. 两者行权后均会稀释每股收益

D. 两者行权时买入的股票均来自二级市场

【解析】认股权证的执行会引起股份数的增加，从而稀释每股收益和股价。股票看涨期权不存在稀释问题，选项 A、C 错误。股票看涨期权执行时，其股票来自二级市场，而当认股权证执行时，股票是新发股票，选项 D 错误。

【答案】B

（二）发行认股权证的用途

作用	解释
（1）弥补原股东的每股收益和股价被稀释的损失	给原有股东配发一定数量的认股权证，使其可以按优惠价格认购新股，或直接出售认股权证，以弥补新股发行的稀释损失
（2）是激励管理层的工具	作为奖励发给本公司的管理人员
（3）吸引投资者购买低利率债券	作为筹资工具，认股权证与公司债券同时发行，用来吸引投资者购买票面利率低于市场要求的长期债券

（三）附认股权证债券的筹资成本

1. 附认股权证债券的含义

附认股权证债券，是指公司债券附认股权证，持有人依法享有在一定期间内按约定价格（执行价格）认购公司股票的权利，是债券加上认股权证的产品组合。

2. 附认股权证债券的种类

种类	特点
分离型	指认股权证与公司债券可以分开，单独在流通市场上自由买卖
非分离型	指认股权证无法与公司债券分开，两者存续期限一致，同时流通转让
现金汇入型	行权时需要使用现金来认购股票
抵缴型	指公司债票面金额本身可按一定比例直接转股

名师点拨

考试不特指时，“附认股权证债券”是指分离型和现金汇入型；“可转换债券”是指非分离型和抵缴型。

3. 认股权证的价值

基本公式：

债券附带的总认股权证的价值 = 附认股权证债券的发行价格 − 纯债券的价值

每份认股权证的价值 = 债券附带的总认股权证的价值 / 每张债券附带的认股权证数

相关链接

纯债券价值的计算利用第 6 章债券价值的计算公式。

4. 附认股权证债券的成本

（1）计算方法：附认股权证债券的资本成本，可以用投资人的内含报酬率来估计。

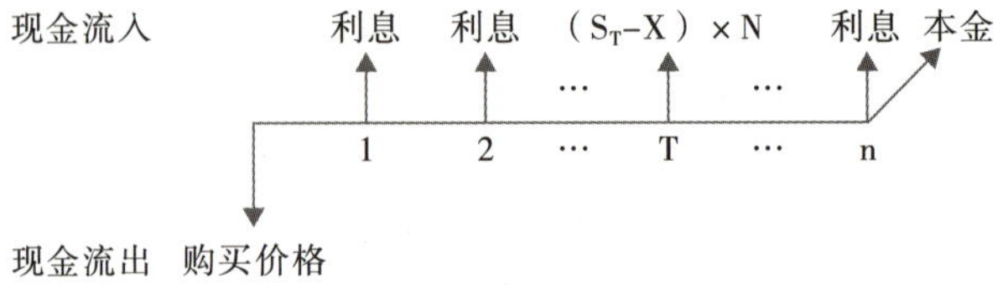

【提示】S_T是行权日的预期股价，X为认购价格，N为认购股数。

名师点拨

S_T经常需要我们自己计算：

①若公司进入稳定增长状态，考试给出稳定增长率时：$S_T=S_0\times(1+增长率)^T$。比如说历年经典主观题计算分析题第5题。

②若利用股权现金流量模型确定时：要利用未来现金流量（T+1期到∞的现金流量）现值确定。比如说历年经典主观题计算分析题第1题。

（2）决策原则：计算出的内含报酬率必须处在债务的市场利率和（税前）普通股成本之间，才可以被发行人和投资人同时接受。

【解读】内含报酬率的合理范围：

债务的市场利率＜内含报酬率$_{有效}$＜普通股资本成本/（1−T）

或：债务的市场利率×（1−T）＜内含报酬率$_{有效}$×（1−T）＜普通股资本成本

经典题解

【例题17·单选题】甲公司拟发行附认股权证债券，当前等风险普通债券的市场利率为6%，股东权益成本为9%，甲公司的企业所得税税率为25%，要使发行方案可行，附认股权证债券的税前资本成本的区间为（　　）。

A. 6%~9%

B. 8%~9%

C. 6%~12%

D. 8%~12%

【解析】税前股权资本成本=9%/（1−25%）=12%，附认股权证债券的税前资本成本应在普通债券市场利率与税前股权资本成本之间，因此选项C正确。

【答案】C

（四）附认股权证债券筹资的优点和缺点

优点	（1）发行附认股权证债券可以起到一次发行，二次融资的作用，而且可以有效降低融资成本 （2）可以降低相应债券的利率。发行附认股权证债券，是以潜在的股权稀释为代价换取较低的利息
缺点	（1）灵活性较差。因无赎回和强制转股条款，当市场利率大幅降低时，发行人需要承担一定的机会成本 （2）附认股权证债券的发行者，主要目的是发行债券而不是股票，是为了发债而附带期权。如果将来公司股票价格大大超过执行价格，原有股东会蒙受较大损失 （3）附认股权证债券的承销费用通常高于债务融资

三、可转换债券筹资★★★

（一）含义与特点

含义	可以转换为特定公司的普通股的债券
特点	（1）这种转换，只是负债转换为普通股，不增加额外的资本 【提示】认股权行权会带来新的资本 （2）这种转换是一种期权，证券持有人可以选择转换，也可选择不转换而继续持有债券

要点小贴士

可转换债券也是一个看涨期权，行权价格就是转换价格。

（二）可转换债券的主要条款

要点小贴士

（1）赎回条款、强制性转换条款是对发行公司有利的条款；

（2）回售条款和不可赎回期的规定是对投资人有利的条款。

1. 转换条款

转换价格	含义	即转换发生时投资者为取得普通股每股所支付的实际价格
	要点	转换价格通常比发行时的股价高出20%~30%
转换比率	含义	指债权人将一份债券转换成普通股可获得的普通股股数
	关系公式	转换比率 = 债券面值 / 转换价格
转换期	含义	指可转换债券转换为股份的起始日至结束日的期间
	期限	可以与债券的期限相同，也可以短于债券的期限。超过转换期后的可转换债券，不再具有转换权，自动成为不可转换债券（或普通债券） 【提示】根据我国《上市公司证券发行管理办法》规定，自发行结束之日起6个月后方可转换为公司股票，转换期限由公司根据可转换债券的存续期限及公司财务状况决定

经典题解

【例题18·多选题】在其他条件确定的前提下，可转换债券的转换价格越高的情形下，下列说法正确的有（　　）。

A. 对债券持有者越有利　　B. 对发行公司越有利

C. 转换期越长　　D. 转换比率越低

【解析】可转换债券的转换价格越高，能够转换的股票数量越少，转换比率越低，对债券持有者越不利。

【答案】BD

2. 赎回条款

要点小贴士

赎回权是发行人的选择权利，发行人在可赎回期限内有赎回选择权。赎回一般发生在市场利率下降或者公司股票价格在一段时期内连续高于转股价格达到某一幅度时。

含义	赎回条款是可转换债券的发行企业可以在债券到期日之前提前赎回债券的规定
目的	①可以促使债券持有人转换股份，因此又被称为加速条款 ②可以使发行公司避免市场利率下降后，继续向债券持有人按较高的债券票面利率支付利息所蒙受的损失

具体内容	不可赎回期	设立不可赎回期的目的，在于保护债券持有人的利益，防止发行企业滥用赎回权，促使债券持有人及早转换债券
	赎回期	赎回期是可转换债券的发行公司可以赎回债券的期间
	赎回价格	赎回价格一般高于可转换债券的面值，两者之差为赎回溢价。赎回溢价随债券到期日的临近而减少
	赎回条件	①无条件赎回是在赎回期内发行公司可随时按照赎回价格赎回债券 ②有条件赎回是对赎回债券有一些条件限制，只有在满足了这些条件之后才能由发行公司赎回债券

要点小贴士

回售一般发生在公司股票价格在一段时期内连续低于转股价格达到某一幅度时。

3. 回售条款

含义	回售条款是在可转换债券发行公司的股票价格达到某种恶劣程度时，债券持有人有权按照约定的价格将可转换债券卖给发行公司的有关规定（卖权）
目的	①设置回售条款是为了保护债券投资人的利益，使他们能够避免遭受过大的投资损失，从而降低投资风险 ②合理的回售条款，可以使投资者具有安全感，因而有利于吸引投资者

4. 强制性转换条款

含义	强制性转换条款是在某些条件具备之后，债券持有人必须将可转换债券转换为股票，无权要求偿还债券本金的规定
目的	保证可转换债券顺利转换成股票

经典题解

【真题19·多选题】为确保债券平价发行，假设其他条件不变，下列各项可导致票面利率降低的有（　　）。（2019年卷Ⅰ、卷Ⅱ）

A. 附转换条款　　　　B. 附认股权证

C. 附赎回条款　　　　D. 附回售条款

【解析】可转换债券（附转换条款）、附认股权证债券（附认股权证）以及回售条款都属于赋予投资人一定的选择权，均会导致票面利率降低。

【答案】ABD

【真题20·单选题】有些可转换债券在赎回条款中设置不可赎回期，其目的是（　　）。（2016年卷Ⅰ、卷Ⅱ）

A. 防止赎回溢价过高

B. 保证可转换债券顺利转换成股票

C. 防止发行公司过度使用赎回权

D. 保证发行公司长时间使用资金

【解析】在赎回条款中设置不可赎回期的目的就是保护债券持有人的利益，防止发行企业滥用赎回权。

【答案】C

（三）可转换债券的筹资成本

1. 可转换债券的最低价值（底线价值）

纯债券价值 = 未来各期利息的现值 + 到期本金的现值

转换价值 = 股价 × 转换比率

可转换债券的最低价值，应当是纯债券价值和转换价值两者中**较高者**。

2. 可转换债券的税前成本

计算方法	可以用投资人的内含报酬率来估计 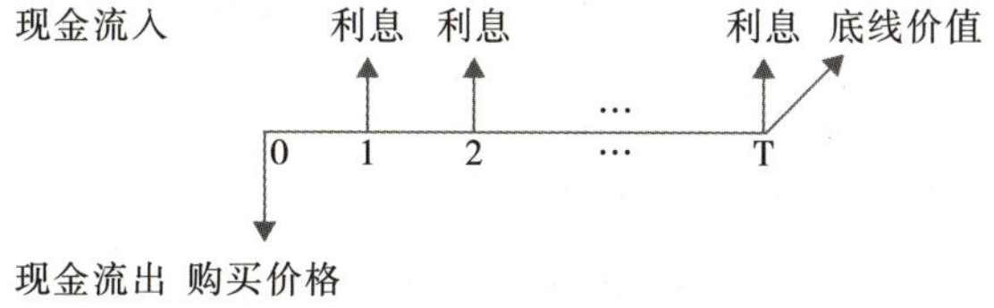
决策原则	计算出的内含报酬率必须处在债务的市场利率和（税前）普通股成本之间，才可以被发行人和投资人同时接受
合理的范围	债务的市场利率＜内含报酬率$_{有效}$＜普通股资本成本 /（1−T） 或：债务的市场利率 ×（1−T）＜内含报酬率$_{有效}$ ×（1−T）＜普通股资本成本

相关链接

（1）T时点的纯债券价值计算比照第6章流通债券价值的计算方法，要注意是未来（T+1时点到到期日）的现金流量的现值。

（2）T时点的股价 S_T 确定方法同认股权证行权日股价的确定方法。

相关链接

可转换债券税前成本的决策原则和合理范围与附认股权证债券一致。

经典题解

【真题21·多选题】在其他条件不变的情况下，关于单利计息、到期一次还本付息的可转换债券的内含报酬率，下列各项中正确的有（　　）。（2016年卷Ⅰ、卷Ⅱ）

A. 债券期限越长，债券内含报酬率越高

B. 票面利率越高，债券内含报酬率越高

C. 转换价格越高，债券内含报酬率越高

D. 转换比率越高，债券内含报酬率越高

【解析】由于本题的计息方式是单利计息，而债券的内含报酬率是按复利计算的，是使得未来现金流入的现值等于债券购买价格的折现率。当价格不变，延长期限，内含报酬率的变动方向是不一定的，因为受债券发行价格的影响。例如平价发行面值1000元，票面利率8%，单利计息、到期一次还本付息的债券，若期限1年，1000=1080/（1+IRR），内含报酬率IRR=8%；若期限2年，1000=（1000+1000×8%×2）/（1+IRR）^{2}，内含报酬率IRR=7.7%，可见延长期限，内含报酬率是逐渐下降的。例如按1050元溢价发行面值1000元，票面利率8%，单利计息、到期一次还本付息的债券，若期限1年，1050=1080/（1+IRR），内含报酬率IRR=2.86%；若期限2年，1050=（1000+1000×8%×2）/（1+IRR）^{2}，内含报酬率IRR=5.11%，延长期限，内含报酬率是逐渐上升的。选项A错误。

票面利率越高，说明未来到期收到的利息流入越高，债券内含报酬率越高，选项B正确。

真题扩展

如果债券是复利计息、到期一次还本付息或平息债券，在债券发行价格不变的前提下：

（1）当票面利率 = 市场利率时（平价债券），期限长短不影响内含报酬率；

（2）当票面利率＞市场利率时（溢价债券），期限越长，内含报酬率提高；

（3）当票面利率＜市场利率时（折价债券），期限越长，内含报酬率降低。

转换价格越高，说明一张债券能够转换的股数越少，未来选择转换能够带来的现金流入越少，内含报酬率越低，选项C错误。

转换比率越高，说明一张债券能够转换的股数越多，未来选择转换能够带来的现金流入越多，内含报酬率越高，选项D正确。

【答案】BD

（四）可转换债券筹资的优点和缺点

优点	（1）与普通债券相比，可转换债券使得公司能够以较低的利率取得资金，降低了公司前期的筹资成本 （2）与普通股相比，可转换债券使得公司取得了以高于当前股价出售普通股的可能性，有利于稳定公司股票价格
缺点	（1）股价上涨风险。如果转换时股票价格大幅上涨，公司只能以较低的固定转换价格换出股票，会降低公司的股权筹资额 （2）股价低迷风险。发行可转换债券后，如果股价没有达到转股所需要的水平，可转换债券持有者没有如期转换普通股，则公司只能继续承担债务。在订有回售条款的情况下，公司财务风险会加大 （3）筹资成本高于普通债券。尽管可转换债券的票面利率比普通债券低，但是加入转股成本之后的总筹资成本比普通债券要高

要点小贴士

附认股权证债券和可转换债券都是降低了前期的筹资成本，但是总的资本成本均高于普通债券。

经典题解

【例题22·多选题】下列有关发行可转换债券的特点表述正确的有（　　）。

A. 在未来股价降低时，会降低公司的股权筹资额

B. 在未来股价降低时，会有财务风险

C. 可转换债券使得公司取得了以高于当前股价出售普通股的可能性

D. 可转换债券的票面利率比普通债券低，因此其资本成本低

【解析】在股价上涨时，公司只能以较低的固定转换价格换出股票，会降低公司的股权筹资额，选项A错误。尽管可转换债券的票面利率比普通债券低，但是加入转股成本之后的总筹资成本比普通债券要高，选项D错误。

【答案】BC

【易错易混点】可转换债券和附认股权证债券的区别。

区别点	可转换债券	附认股权证债券
是否增加新的资本	可转换债券在转换时只是报表项目之间的变化，没有增加新的资本	附认股权证债券在认购股份时给公司带来新的权益资本
灵活性不同	可转换债券允许发行者规定可赎回条款、强制性转换条款等，种类较多	附认股权证债券的灵活性较差
适用情况不同	比发行附认股权证债券的公司，规模大，风险低	比发行可转换债券的公司规模小，风险更高，往往是新公司启动新的产品

区别点	可转换债券	附认股权证债券
发行者主要目的	可转换债券的发行者主要目的是发行股票而不是债券，只是因为当前股价偏低，希望通过将来转股以实现较高的股票发行价	附认股权证债券的发行者主要目的是发行债券而不是股票，是为了发债而附带期权，只是因为当前利率要求高，希望通过捆绑期权吸引投资者以降低利率
两者的发行费用不同	可转换债券的承销费用与普通债券类似	附认股权证债券的承销费用介于债务融资和普通股融资之间

要点小贴士

可转换债券的承销费用小于附认股权证债券。

第四节　租赁筹资

使用“会计云课堂”App或“微信”扫码查看本节视频，快速GET知识点。

一、租赁的概念及原因★★

（一）租赁的主要概念

1. 租赁的含义

租赁是指在一定的期间内，出租人将资产使用权让与承租人以获取对价的合同。

2. 租赁的类型

分类标准	租赁的类型	特点
当事人之间的关系	直接租赁	该种租赁是指出租人（租赁企业或生产厂商）直接向承租人提供租赁资产的租赁形式。直接租赁只涉及出租人和承租人两方
	杠杆租赁	该种租赁是有贷款者参与的一种租赁形式。在这种形式下，出租人身份有了变化，既是资产的出租者，同时又是款项的借入者。因此杠杆租赁是一种涉及三方关系人的租赁形式
	售后租回	该种租赁是指承租人先将某资产卖给出租人，再将该资产租回的一种租赁形式
租赁期的长短	短期租赁	短期租赁的时间明显少于租赁资产的经济寿命
	长期租赁	长期租赁的时间接近租赁资产的经济寿命
全部租赁费是否超过资产的成本	不完全补偿租赁	指租赁费不足以补偿租赁资产的全部成本的租赁
	完全补偿租赁	指租赁费超过资产全部成本的租赁

要点小贴士

（1）售后租回的双方当事人都是双重角色；卖主同时是承租人，买主同时是出租人。此外租赁的设备通常是出租方已有的设备。

（2）杠杆租赁下三方当事人，只有出租人是双重角色：既是债权人也是债务人。此外租赁的设备通常不是出租方已有的设备，而是新购买的设备。

分类标准	租赁的类型	特点
承租人是否可以随时解除租赁	可以撤销租赁	指合同中注明承租人可以随时解除的租赁。通常，提前终止合同，承租人要支付一定的赔偿额
	不可撤销租赁	指在合同到期前不可以单方面解除的租赁。如果经出租人同意或者承租人支付一笔足够大的额外款项从而得到对方认可，不可撤销租赁也可以提前终止
出租人是否负责租赁资产的维护（维修、保险和财产税等）	毛租赁	指由出租人负责租赁资产维护的租赁
	净租赁	指由承租人负责租赁资产维护的租赁

经典题解

【例题23·单选题】甲公司2022年1月5日向乙公司购买了一处位于郊区的厂房，随后出租给丙公司。甲公司以自有资金向乙公司支付总价款的30%，同时甲公司以该厂房作为抵押向丁银行借入余下的70%价款。这种租赁方式是（　　）。

A. 经营租赁　　B. 售后租回

C. 杠杆租赁　　D. 直接租赁

【解析】在杠杆租赁形式下，出租人引入资产时只支付引入所需款项（如购买资产的货款）的一部分（通常为资产价值的20%~40%），其余款项则以引入的资产或出租权等为抵押，向另外的贷款者借入；资产出租后，出租人以收取的租金向债权人还贷。

【答案】C

【例题24·单选题】甲公司2022年1月5日将位于郊区的厂房出售给乙公司，同时乙公司又将此厂房出租给甲公司，这种租赁方式是（　　）。

A. 经营租赁　　B. 售后租回

C. 杠杆租赁　　D. 直接租赁

【解析】售后租回是指承租人先将某资产卖给出租人，再将该资产租回的一种租赁形式。甲是承租人也是卖主；乙是出租人也是买主。

【答案】B

3. 租赁费用

租赁费用的经济内容	包括出租人的全部出租成本和利润。出租成本包括租赁资产的购置成本、营业成本以及相关的利息
租赁费用的报价形式	合同分别约定租赁费、利息和手续费
	合同分别约定租赁费和手续费
	合同只约定一项综合租赁费，没有分项的价格

经典题解

【例题 25 · 多选题】某租赁资产购置成本 1000 万元，租赁合同约定分 10 年偿付，每年租赁费 100 万元，在租赁开始日首付；尚未偿还的租赁资产购置成本按年利率 10% 计算利息，在租赁期内每年年末支付；租赁手续费 50 万元，在租赁开始日一次付清，此租赁合同中的租赁费不包括（ ）。

A. 购置成本

B. 租赁业务营业成本

C. 相关的利息

D. 租赁公司应得利润

【解析】每年租费 100 万元 ×10 年 = 购置成本 1000 万元，所以只包括了购置成本。

【答案】BCD

（二）租赁存在的原因

原因	要点	解释
节税	节税是长期租赁存在的重要原因	当承租方的有效税率高于出租方，利用租赁取得设备，高租金能够被接受。资产放在高所得税税率企业账上计提折旧可以抵税多
降低交易成本	交易成本的差别是短期租赁存在的主要原因	租赁公司在采购、维修、处置、融资成本等方面具有优势
减少不确定性	租赁的风险主要与租赁期满时租赁资产的余值有关	规模较小或新成立的公司，较倾向于租赁。蓝筹公司（大公司、业绩好的公司）有能力承担资产余值风险，更偏好自行购置

经典题解

【例题 26 · 单选题】短期租赁存在的主要原因在于（ ）。

A. 租赁双方的实际税率不同，通过租赁可以减税

B. 能够降低承租方的交易成本

C. 能够使承租人降低资本成本

D. 能够降低出租方的资本成本

【解析】租赁公司可以大批量购置某种资产，从而获得价格优惠，对于租赁资产的维修，租赁公司可能更内行或更有效率，对于旧资产的处置，租赁公司更有经验。由此可知，承租人通过租赁可以降低交易成本，交易成本的差别是短期租赁存在的主要原因。

【答案】B

二、租赁的会计处理和税务处理★

（一）租赁的会计处理

出租人	租赁仍然分为融资租赁和经营租赁两大类，并分别规定了不同的会计处理方法	
承租人	不再区分经营租赁和融资租赁，除采用简化处理的短期租赁和低价值资产租赁外，其他租赁均采用单一的会计处理模型	
	短期租赁和低价值资产租赁	其他租赁
	将租赁付款额，在租赁期内各个期间按照直线法或其他系统合理的方法计入相关资产成本或当期损益	对所有其他租赁均确认使用权资产和租赁负债，参照固定资产准则对使用权资产计提折旧，采用固定的周期性利率确认每期利息费用

【提示】短期租赁，是指在租赁期开始日，租赁期不超过12个月的租赁，但包含购买选择权的租赁不属于短期租赁；低价值资产租赁，是指单项租赁资产为全新资产时价值较低的租赁。低价值资产租赁的标准应该是一个绝对金额，即仅与资产全新状态下的绝对价值有关，不受承租人规模、性质等影响，也不考虑该资产对于承租人或相关租赁交易的重要性。

要点小贴士

税法没有规定租赁的分类标准，可以采用会计准则对租赁的分类和确认标准；税收法规规定了租赁资产的计税基础和扣除时间，并且与会计准则不一致，应遵循税收法规。

（二）租赁的税务处理

- （1）扣除时间 → 融资租赁
  - 租赁费支出（租金）不能直接税前扣除
  - 应当提取折旧费用，分期扣除
- （2）计税基础（融资租赁）
  - 合同约定付款总额
    - 以合同约定的付款总额（不是现值）和承租人在签订合同过程中发生的相关费用为计税基础
    - 计税基础 =（Σ租金 + 留购价款）+ 初始直接费用
  - 合同未约定付款总额
    - 以该资产的公允价值和承租人在签订合同过程中发生的相关费用为计税基础
    - 计税基础 = 公允价值 + 初始直接费用

三、租赁的决策分析★★★

（一）租赁的财务处理

财务管理主要关注估值。由于税法的相关规定将影响税后现金流量，故财务管理采用税法的角度而不是会计的角度看待租赁问题。

（二）租赁分析的基本方法

租赁净现值 = 租赁的现金流量总现值 – 购买的现金流量总现值

要点小贴士

（1）可以利用租赁相比自行购买的差量现金流量的净现值，若差量现金流量的净现值大于 0，选择租赁。

（2）可以比较自行购买的平均年成本和租赁的平均年成本，选择平均年成本低的。

【提示】计算现值使用的折现率，通常使用有担保债券的税后利率，它比无风险利率稍微高一点。

（三）短期租赁和低价值资产租赁（租赁费可以抵税的租赁）

承租人租赁期的现金流量 =– 税后租金 =– 租金 ×（1– 所得税税率）

（四）其他租赁（租赁费不可抵税的租赁）

（1）承租人的相关现金流量确定。

①若期末所有权不转移：

要点小贴士

若期末所有权不转移，退还给出租人，对于承租人来说项目终结变现价值为 0，变现损失 = 账面净值 = 计税基础 – 已提折旧。

租赁现金流量
- 初始现金流量 ⟶ – 初始相关的直接费用
- 租赁期现金流量
  - 折旧抵税 = 折旧 × T
  - – 租金
- 终结期现金流量 = 变现回收价值 + 变现损失抵税
  =0+（计税基础 – 已提折旧）× T

②若期末所有权转移：

要点小贴士

若期末所有权转移给承租人，对于承租人来说项目终结变现流量与自行购买设备项目终结变现流量的处理原理一致。

租赁现金流量
- 初始现金流量 ⟶ – 初始相关的直接费用
- 租赁期现金流量
  - 折旧抵税 = 折旧 × T
  - – 租金
- 终结期现金流量
  - – 支付购买设备余值的名义买价
  - 期末资产余值变现价值 + 变现损失抵税（或 – 变现利得纳税）

（2）购买的相关现金流量确定。

自行购买的现金流量
- 初始现金流量 ⟶ – 购置设备支出
- 营业现金流量
  - 折旧抵税 = 折旧 × T
  - – 税后维护费用 =– 维护费用 ×（1–T）
- 回收余值的现金流量 = 期末资产余值变现价值 + 变现损失抵税（或 – 变现利得纳税）

【提示】若合同约定设备日常维护、运营的相关成本由承租人承担，则设备维护、运营成本是非相关现金流量，无需考虑。

经典题解

【真题27·多选题】在融资租赁中，计算出租人的内含报酬率时，需要考虑的因素有（　　）。（2021年卷Ⅲ）

A. 账面价值

B. 初始直接费用

C. 未担保余值

D. 租金

【解析】出租人的内含报酬率即租赁内含利率，是指使出租人的租赁收款额的现值与未担保余值的现值之和等于租赁资产公允价值与出租人的初始直接费用之和的利率，所以选项B、C、D正确。选项A账面价值属于历史成本，不会影响出租人的内含报酬率。

【答案】BCD

（五）租赁分析的折现率

现金流量	折现率的确定
租赁费	租赁费定期支付，类似债券的还本付息，折现率应采用类似债务的利率
折旧抵税额	折旧抵税额的风险比租金大一些，折现率也应高一些
期末资产余值	资产余值应使用项目的必要报酬率即加权平均资本成本作为折现率

【提示】在实务中的惯例是采用简单的办法，就是统一使用有担保的债券利率作为折现率。与此同时，对于折旧抵税额和期末资产余值进行比较谨慎的估计，即根据风险大小适当调整预计现金流量。

（六）租赁决策对投资决策的影响

若投资项目按常规筹资有负的净现值，但：项目的调整净现值 = 项目的常规净现值 + 租赁净现值，当调整净现值大于0时，项目可行。

四、售后租回★

（一）含义

指卖主（即承租人）将一项自制或外购的资产出售后，又将该项资产从买主（即出租人）租回。

（二）会计处理

售后租回交易的判定	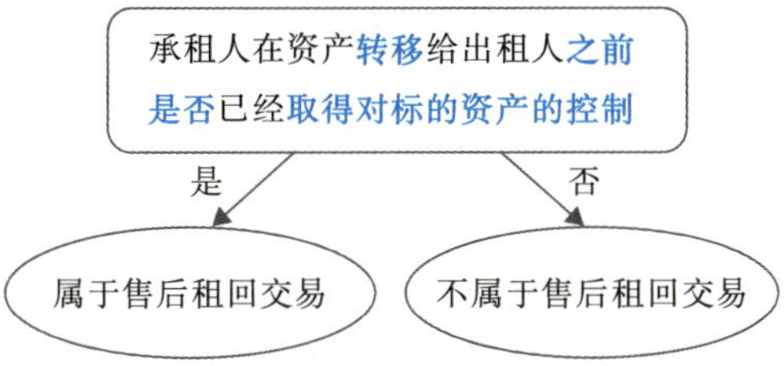
承租人的会计处理	（1）售后租回交易中的资产转让属于销售时： 按原资产账面价值中与租回获得的使用权有关的部分，计量售后租回所形成的使用权资产，并仅就转让至买方兼出租人的权利确认相关利得或损失 （2）售后租回交易中的资产转让不属于销售时： 不终止确认所转让的资产，将收到的现金作为金融负债

（三）税务处理

概念界定	融资性售后租回业务是指承租方以融资为目的将资产出售给经批准从事融资租赁业务的企业后，又将该资产从该融资租赁企业租回的行为
售后租回的判定	融资性售后租回业务中，承租方出售资产时，资产所有权以及与资产所有权有关的全部报酬和风险并未完全转移
承租人的税务处理	①融资性售后租回业务中，承租人出售资产的行为，不确认为营业收入 ②对融资性租赁的资产，仍按承租人出售前原账面价值作为计税基础计提折旧 ③租赁期间，承租人支付的属于融资利息的部分，作为企业财务费用在税前扣除

要点小贴士

财务管理从估值角度出发，关注的是税后现金流量，故将采用税法的角度而不是会计的角度看待售后租回。

本章小结

下载“会计云课堂”App 学习

您已成功完成“第十章”的学习，本章共 15 个考点，您都学会了吗？

为了让您对章节有更清晰的理解，加倍巩固。本书作者闫华红老师将通过**“视频导图课”**的方式，带您回顾重要考点。

名师点拨，视听结合，高效提分。

※ 欢迎您扫码，免费观看学习。

历年经典主观题回顾

使用“会计云课堂”App或“微信”扫码快速做题、对答案、看解析、掌握解题思路，开启轻松过关之旅。

1035742

一、计算分析题

1. 甲公司是一家上市公司，目前拟发行可转换债券筹集资金。乙投资机构是一家从事证券投资的专业机构，正对甲公司可转换债券进行投资的可行性分析，为此收集了甲公司的发行公告、股票价格等信息。相关资料如下：

（1）甲公司于2021年12月20日发布的《公开发行可转换债券发行公告》摘要。

本次发行证券的种类为可转换为公司A股普通股股票的可转换公司债券。本次募集资金总额为人民币100000万元，发行数量为100万张。

本可转债每张面值人民币1000元，票面利率5%，每年末付息一次，到期归还本金。

本可转债按面值发行，期限为自发行之日起10年，即2022年1月1日至2031年12月31日。

本可转债的转股期自可转债发行结束之日满六个月后第一个交易日起至可转债到期日止，转股价格为100元/股。在转股期内，如果可转债的转换价值高于1500元时，公司董事会有权以1080元的价格赎回全部未转股的可转债。

（2）预计债券发行后，甲公司普通股每股市价55元，公司进入生产经营稳定增长期，可持续增长率12%。

（3）假定转股必须在年末进行，赎回在达到赎回条件后可立即执行。

（4）市场上等风险普通债券市场利率8%。

要求：

（1）什么是赎回条款？为什么设置赎回条款？什么是有条件赎回？

（2）计算每张可转换债券第8年末和第9年末的转换价值。

（3）计算每张可转换债券第8年末（付息后）的纯债券价值和底线价值，判断债券持有者是否应在第8年末转股，并说明理由。

（4）如果投资者在第8年末（付息后）转股，计算投资可转换债券的期望报酬率，判断乙投资机构是否应购买该债券，并说明原因。（2021年卷Ⅰ）

2. 甲公司是一家从事新材料研发、生产和销售的上市公司。为了投资新项目，公司拟发行“分离型”附认股权证债券进行筹资，相关资料如下：

（1）每份债券面值1000元，期限10年，票面利率6%，每年末付息一次，到期还本；债券按面值发行。每份债券同时附送50张认股权证，每张认股权证可按55元价格购买一股普通股；认股权证期限5年，自债券发行日开始计算，假设认股权证均在第5年年末行权。

（2）预计公司未来7年的股权自由现金流量分别为30000万元、42000万元、50000万元、54000万元、57000万元、63000万元和66000万元，以后保持5%的永续增长。
（3）公司目前发行在外普通股2亿股，股权资本成本10.5%。等风险普通债券市场利率8%。企业所得税税率25%。

要求：
（1）什么是认股权证？什么是“分离型”附认股权证债券？附认股权证债券筹资有什么优缺点？
（2）预计第5年年末甲公司股票每股价值。
（3）计算甲公司“分离型”附认股权证债券的税前资本成本。
（4）判断该筹资方案是否合理，并说明理由。如果不合理，计算票面利率的合理区间。（2021年卷Ⅱ）

3. 甲公司是一家制造业企业，产品市场需求处于上升阶段。为提高产能，公司拟新建一个生产车间。该车间运营期6年，有两个方案可供选择：
方案一：设备购置。预计购置成本320万元，首年年初支付；设备维护费用每年2万元，年末支付。
方案二：设备租赁。租赁期6年，租赁费每年50万元，年初支付。租赁公司负责设备的维护，不再另外收费。租赁期内不得撤租，租赁期满时租赁资产所有权以60万元转让。
6年后该设备可按85万元出售，但需支付处置费用5万元。根据税法相关规定，设备折旧年限8年，净残值率4%，按直线法计提折旧。税前有担保借款利率8%，企业所得税税率25%。

要求：
（1）计算设备租赁相对于购置的差额现金流量及其净现值（计算过程和结果填入下方表格中）。

单位：万元

	T=0	T=1	T=2	T=3	T=4	T=5	T=6
差额现金流量							
折现系数							
现值							
净现值							

（2）判断企业应该选择何种方案，简要说明理由。（2020 年卷Ⅰ）

4. 甲公司是一家制造业企业，为满足市场需求拟增加一条生产线。该生产线运营期 5 年，有两个方案可供选择：
方案一：设备购置。预计购置成本 200 万元，首年年初支付；设备维护、保养等费用每年 1 万元，年末支付。
方案二：设备租赁。租赁期 5 年，租赁费每年 40 万元，年初支付；租赁手续费 10 万元，在租赁开始日一次付清。租赁公司负责设备的维护，不再另外收费。租赁期内不得撤租，租赁期满时租赁资产所有权转让，转让价格 10 万元。
5 年后该设备变现价值 20 万元。根据税法相关规定，设备折旧年限 6 年，净残值率 10%，按直线法计提折旧。税后有担保借款利率 5%，企业所得税税率 25%。

要求：
（1）计算方案一设备购置的各年现金净流量及总现值（计算过程和结果填入下方表格中）。

单位：万元

	T=0	T=1	T=2	T=3	T=4	T=5
现金净流量						
折现系数						
现值						
总现值						

（2）计算方案二设备租赁的各年现金净流量及总现值（计算过程和结果填入下方表格中）。

单位：万元

	T=0	T=1	T=2	T=3	T=4	T=5
现金净流量						

	T=0	T=1	T=2	T=3	T=4	T=5
折现系数						
现值						
总现值						

（3）判断甲公司应该选择哪种方案，简要说明理由。（2020 年卷Ⅱ）

5. 甲公司是一家制造业企业，产品市场需求处于上升阶段，为增加产能，公司拟于 2018 年年初添置一台设备。有两种方案可供选择：

方案一：自行购置。预计设备购置成本 1600 万元，按税法规定，该设备按直线法计提折旧，折旧年限 5 年，净残值率 5%，预计该设备使用 4 年，每年年末支付维护费用 16 万元，4 年后变现价值 400 万元。

方案二：租赁。甲公司租用设备进行生产，租赁期 4 年，设备的维护费用由提供租赁服务的公司承担，租赁期内不得撤租，租赁期满时设备所有权不转让，租赁费总计 1480 万元，分 4 年偿付，每年年初支付 370 万元。

甲公司的企业所得税税率为 25%，税前有担保的借款利率为 8%。

要求：

（1）计算方案一的初始投资额、每年折旧抵税额、每年维护费用税后净额、4 年后设备变现税后净额，并计算考虑货币时间价值的平均年成本。

（2）判断租赁性质，计算方案二的考虑货币时间价值的平均年成本。

（3）比较方案一和方案二的平均年成本，判断甲公司应选择方案一还是方案二。（2017 年卷Ⅰ）

6. 甲公司为扩大产能，拟平价发行分离型附认股权证债券进行筹资。方案如下：债券每份面值 1000 元，期限 5 年，票面利率 5%，每年付息一次；同时附送 20 张认股权证，认股权证在债券发行 3 年后到期，到期时每张认股权证可按 11 元的价格购买 1 股甲公司普通股票。

甲公司目前有发行在外的普通债券，5 年后到期，每份面值 1000 元，票面利率 6%，每年付息一次，每份市价 1020 元（刚刚支付过最近一期利息）。

公司目前处于生产经营的稳定增长期，可持续增长率 5%。普通股每股市价 10 元。

公司的企业所得税税率 25%。

要求：

（1）计算公司普通债券的税前资本成本。

（2）计算该分离型附认股权证债券的税前资本成本。

（3）判断筹资方案是否合理，并说明理由；如果不合理，给出调整建议。（2017 年卷Ⅱ）

二、综合题

甲公司是一家制造业上市公司。目前公司股票每股 45 元。预计股价未来增长率 8%；长期借款合同中保护性条款约定甲公司长期资本负债率不可高于 50%、利息保障倍数不可低于

5倍。为占领市场并优化资本结构，公司拟于2019年年末发行附认股权证债券筹资20000万元。为确定筹资方案是否可行，收集资料如下：

资料一：甲公司2019年预计财务报表主要数据。

单位：万元

资产负债表项目	2019年末
资产总计	105000
流动负债	5000
长期借款	40000
股东权益	60000
负债和股东权益总计	105000
利润表项目	**2019年度**
营业收入	200000
财务费用	2000
利润总额	12000
所得税费用	3000
净利润	9000

甲公司2019年财务费用均为利息费用，资本化利息200万元。

资料二：筹资方案。

甲公司拟平价发行附认股权证债券，面值1000元，票面利率6%，期限10年，每年末付息一次，到期还本。每份债券附送20张认股权证，认股权证5年后到期，在到期前每张认股权证可按60元的价格购买1股普通股。不考虑发行成本等其他费用。

资料三：甲公司尚无上市债券，也找不到合适的可比公司。评级机构评定甲公司的信用级别为AA级。目前上市交易的同行业其他公司债券及与之到期日相近的政府债券信息如下：

公司债券				政府债券	
发行公司	信用等级	到期日	到期收益率	到期日	到期收益率
乙	AAA	2021年2月15日	5.05%	2021年1月31日	4.17%
丙	AA	2022年11月30日	5.63%	2022年12月10日	4.59%
丁	AA	2025年1月1日	6.58%	2024年11月15日	5.32%
戊	AA	2029年11月30日	7.20%	2029年12月1日	5.75%

甲公司股票目前β系数1.5，市场风险溢价4%，企业所得税税率25%，假设公司所筹资金全部用于购置资产，资本结构以长期资本账面价值计算权重（假设不考虑附认股权证债券在负债和权益成分之间的分拆）。

资料四：如果甲公司按筹资方案发债，预计2020年营业收入比2019年增长20%，财务费用在 2019 年财务费用基础上增加新发债券利息，资本化利息保持不变，企业应纳税所得额为利润总额，营业净利率保持 2019 年水平不变，不分配现金股利。

要求：

（1）根据资料一，计算筹资前长期资本负债率、利息保障倍数。

（2）根据资料二，计算发行附认股权证债券的资本成本。

（3）为判断筹资方案是否可行，根据资料三，利用风险调整法，计算甲公司税前债务资本成本；假设无风险利率参考 10 年期政府债券到期收益率，计算筹资后股权资本成本。

（4）为判断是否符合借款合同中保护性条款的要求，根据资料四，计算筹资方案执行后 2020 年末长期资本负债率、利息保障倍数。

（5）基于上述结果，判断筹资方案是否可行，并简要说明理由。（2019 年卷Ⅰ）

历年经典主观题参考答案及解析

使用“会计云课堂”App 或“微信”扫码对答案、看解析、掌握解题思路，开启轻松过关之旅。

一、计算分析题

1.【答案】

（1）①赎回条款是可转换债券的发行企业可以在债券到期日之前提前赎回债券的规定。

②设置赎回条款是为了促使债券持有人转换股份，因此被称为加速条款；同时，也使发行公司避免市场利率下降后，继续向债券持有人按较高的债券票面利率支付利息所蒙受的损失。

③有条件赎回是对赎回债券有一些条件限制，只有在满足了这些条件之后才能由发行企业赎回债券。

（2）转换比率 =1000/100=10

第 8 年末的转换价值 = 第 8 年末的股价 × 转换比率 =55×（F/P，12%，8）×10=55×2.4760×10=1361.80（元）

第 9 年末的转换价值 = 第 9 年末的股价 × 转换比率 =55×（F/P，12%，9）×10=55×2.7731×10=1525.21（元）

（3）第 8 年末（付息后）的纯债券价值 =1000×5%×（P/A，8%，2）+1000×（P/F，8%，2）=1000×5%×1.7833+1000×0.8573=946.47（元）

第 8 年末的转换价值 =1361.80 元

可转换债券的底线价值是两者中较高者，即 1361.80 元。

债券持有者应在第 8 年末转换。

因为第 9 年末转换价值将超过 1500 元，说明可转债将在第 9 年中达到赎回条件，而“转股必须在年末进行，赎回在达到赎回条件后可立即执行”；第 8 年末的转换价值高于赎回价格 1080 元，如果债券持有者不在第 8 年末转股，而是等到第 9 年末，将有被中途赎回进而遭受损失的风险。

（4）设期望报酬率为 K，则有：

1000=1000×5%×（P/A，K，8）+1361.80×（P/F，K，8）

当 K=8% 时，1000×5%×（P/A，8%，8）+1361.80×（P/F，8%，8）=50×5.7466+1361.80×0.5403=1023.11（元）

当 K=9% 时，1000×5%×（P/A，9%，8）+1361.80×（P/F，9%，8）=50×5.5348+1361.80×0.5019=960.23（元）

（K−8%）/（9%−8%）=（1000−1023.11）/（960.23−1023.11）

解得：K=8.37%

乙投资机构应购买该债券。

因为乙投资机构的投资报酬率 8.37% 高于等风险普通债券的市场利率 8%，对投资者具有一定的吸引力。

2.【答案】

（1）①认股权证是公司向股东发放的一种凭证，授权其持有者在一个特定期间以特定价格购买特定数量的公司股票。

②“分离型”附认股权证债券指认股权证与公司债券可以分开，单独在流通市场上自由买卖。

③附认股权证债券筹资的主要优点：a. 发行附认股权证债券可以起到一次发行，二次融资的作用，而且可以有效降低融资成本。b. 发行附认股权证债券，是以潜在的股权稀释为代价换取较低的利息。

附认股权证债券筹资的主要缺点：a. 灵活性较差。相对于可转换债券，发行人一直都有偿还本息的义务，因无赎回和强制转股条款，从而在市场利率大幅降低时，发行人需要承担一定的机会成本。b. 附认股权证债券的发行者，主要目的是发行债券而不是股票，是为了发债而附带期权。c. 附认股权证债券的承销费用通常高于债务融资。

（2）第 5 年年末股票价值 $=\dfrac{63000}{1+10.5\%}+\dfrac{66000/(10.5\%-5\%)}{1+10.5\%}$ =1142986.425（万元）

第 5 年年末股票每股价值 =1142986.425/20000=57.15（元）

【提示】股票价值 = 未来现金流量的现值

第 5 年末的股票价值 = 第 6 到 ∞ 年的股权现金流量折现到第 5 年末的价值。

（3）设税前资本成本为 i，则 1000=1000×6%×（P/A，i，10）+1000×（P/F，i，10）+50×（57.15−55）×（P/F，i，5）

当 i=7% 时：1000×6%×（P/A，7%，10）+1000×（P/F，7%，10）+50×（57.15−55）×（P/F，7%，5）=60×7.0236+1000×0.5083+107.5×0.713=1006.36（元）

当 i=8% 时：1000×6%×（P/A，8%，10）+1000×（P/F，8%，10）+50×（57.15−55）×（P/F，8%，5）=60×6.7101+1000×0.4632+107.5×0.6806=938.97（元）

（i−7%）/（8%−7%）=（1000−1006.36）/（938.97−1006.36）

解得：i=7.09%

（4）不合理。因为“分离型”附认股权证债券的税前资本成本 7.09% 小于等风险普通债券市场利率 8%。

当税前资本成本为 8% 时：

1000=1000×票面利率×（P/A，8%，10）+1000×（P/F，8%，10）+50×（57.15-55）×（P/F，8%，5）

解得：票面利率 =6.91%

税前股权资本成本 =10.5%/（1-25%）=14%

当税前资本成本为 14% 时：

1000=1000×票面利率×（P/A，14%，10）+1000×（P/F，14%，10）+50×（57.15-55）×（P/F，14%，5）

解得：票面利率 =12.93%

所以票面利率的合理区间为 6.91%~12.93%。

3.【答案】

（1）

单位：万元

	T=0	T=1	T=2	T=3	T=4	T=5	T=6
自行购置方案：							
购置成本	-320						
税后维护费		-2×（1-25%）=-1.5	-1.5	-1.5	-1.5	-1.5	-1.5
折旧抵税		9.6	9.6	9.6	9.6	9.6	9.6
变现相关现金流							82.4
租赁方案：							
租金	-50	-50	-50	-50	-50	-50	
折旧抵税		10.8	10.8	10.8	10.8	10.8	10.8
支付转让价款							-60
变现相关现金流							85.2
差额现金流量	270	-47.3	-47.3	-47.3	-47.3	-47.3	-54.5
折现系数	1	0.9434	0.8900	0.8396	0.7921	0.7473	0.7050
现值	270	-44.62	-42.10	-39.71	-37.47	-35.35	-38.42
净现值	32.33						

折现率 =8%×（1-25%）=6%

自行购置方案：

年折旧额 =320×（1-4%）/8=38.4（万元）

折旧抵税 =38.4×25%=9.6（万元）

第 6 年末账面净值 =320−38.4×6=89.6（万元）
第 6 年变现相关现金流 =85−5+［89.6−（85−5）］×25%=82.4（万元）
租赁方案：
计税基础 =50×6+60=360（万元）
年折旧额 =360×（1−4%）/8=43.2（万元）
折旧抵税 =43.2×25%=10.8（万元）
第 6 年末账面净值 =360−43.2×6=100.8（万元）
第 6 年末变现净值 =85−5=80（万元）
第 6 年末清理损失 =100.8−80=20.8（万元）
第 6 年变现相关现金流 =80+20.8×25%=85.2（万元）
（2）因为租赁净现值大于 0，所以选择租赁方案。

4.【答案】
（1）

单位：万元

	T=0	T=1	T=2	T=3	T=4	T=5
购置成本	−200					
税后维护、保养等费用		−1×（1−25%）=−0.75	−0.75	−0.75	−0.75	−0.75
折旧		200×（1−10%）/6=30	30	30	30	30
折旧抵税		30×25%=7.5	7.5	7.5	7.5	7.5
变现价值						20
变现损失抵税						（200−30×5−20）×25%=7.5
现金净流量	−200	6.75	6.75	6.75	6.75	34.25
折现系数	1	0.9524	0.9070	0.8638	0.8227	0.7835
现值	−200	6.43	6.12	5.83	5.55	26.83
总现值	−149.24					

（2）

单位：万元

	T=0	T=1	T=2	T=3	T=4	T=5
租赁费	−40	−40	−40	−40	−40	
租赁手续费	−10					
折旧		（40×5+10+10）×（1−10%）/6=33	33	33	33	33

	T=0	T=1	T=2	T=3	T=4	T=5
折旧抵税		33×25%=8.25	8.25	8.25	8.25	8.25
名义买价						-10
变现价值						20
变现损失抵税						（40×5+10+10-33×5-20）×25%=8.75
现金净流量	-50	-31.75	-31.75	-31.75	-31.75	27
折现系数	1	0.9524	0.9070	0.8638	0.8227	0.7835
现值	-50	-30.24	-28.80	-27.43	-26.12	21.15
总现值	-141.44					

（3）租赁净现值 =-141.44-（-149.24）=7.8（万元）

租赁净现值大于 0，所以应选择方案二租赁设备。

5.【答案】

（1）①初始投资额 =1600（万元）

②每年折旧 =（1600-1600×5%）/5=304（万元）

每年折旧抵税额 =304×25%=76（万元）

③每年维护费用税后净额 =16×（1-25%）=12（万元）

④ 4 年后账面价值 =1600-304×4=384（万元）

4 年后设备变现税后净额 =400-（400-384）×25%=396（万元）

⑤税后有担保的借款利率 =8%×（1-25%）=6%

现金流出总现值 =1600+（-76+12）×（P/A,6%,4）-396×（P/F,6%,4）=1064.56（万元）

平均年成本 =1064.56/（P/A，6%，4）=307.22（万元）

（2）该租赁不属于选择简化处理的短期租赁和低价值资产租赁，符合融资租赁的认定标准。

每年折旧 =（1480-1480×5%）/5=281.2（万元）

每年折旧抵税额 =281.2×25%=70.3（万元）

4 年后账面价值 =1480-281.2×4=355.2（万元）

4 年后设备变现税后净额 =355.2×25%=88.8（万元）

现金流出总现值 =370×（P/A，6%，4）×（1+6%）-70.3×（P/A，6%，4）-88.8×（P/F，6%，4）=1045.08（万元）

平均年成本 =1045.08/（P/A，6%，4）=301.60（万元）

（3）方案一的平均年成本大于方案二的平均年成本，因此甲公司应选择方案二。

6.【答案】

（1）假设公司普通债券的税前资本成本为 r_d，则：1000×6%×（P/A，r_d，5）+1000×（P/F，r_d，5）=1020

当 r_d=5% 时，1000×6%×（P/A，5%，5）+1000×（P/F，5%，5）=60×4.3295+1000×0.7835=1043.27（元）

当r_d=6%时，1000×6%×（P/A，6%，5）+1000×（P/F，6%，5）=1000（元）

（r_d−5%）/（6%−5%）=（1020−1043.27）/（1000−1043.27）

解得：r_d=5.54%

（2）3年后公司普通股每股市价=10×（1+5%）^{3}=11.58（元）

假设该分离型附认股权证债券的税前资本成本为i，则：

1000=1000×5%×（P/A，i，5）+（11.58−11）×20×（P/F，i，3）+1000×（P/F，i，5）

当i=5%时，1000×5%×（P/A，5%，5）+（11.58−11）×20×（P/F，5%，3）+1000×（P/F，5%，5）=50×4.3295+0.58×20×0.8638+1000×0.7835=1010（元）

当i=6%时，1000×5%×（P/A，6%，5）+（11.58−11）×20×（P/F，6%，3）+1000×（P/F，6%，5）=50×4.2124+0.58×20×0.8396+1000×0.7473=967.66（元）

（i−5%）/（6%−5%）=（1000−1010）/（967.66−1010）

解得：i=5.24%

（3）因为该分离型附认股权证债券的税前资本成本5.24%小于公司普通债券的税前资本成本5.54%，所以该筹资方案不合理。

调整建议：可以提高票面利率、降低执行价格等。

二、综合题

【答案】

（1）长期资本负债率=40000/（40000+60000）=40%

利息保障倍数=（12000+2000）/（2000+200）=6.36（倍）

（2）1000×6%×（P/A，r_d，10）+20×［45×（1+8%）^{5}−60］×（P/F，r_d，5）+1000×（P/F，r_d，10）=1000

60×（P/A，r_d，10）+122.4×（P/F，r_d，5）+1000×（P/F，r_d，10）=1000

当r_d=7%时，60×（P/A，7%，10）+122.4×（P/F，7%，5）+1000×（P/F，7%，10）=60×7.0236+122.4×0.7130+1000×0.5083=1016.99（元）

当r_d=8%时，60×（P/A，8%，10）+122.4×（P/F，8%，5）+1000×（P/F，8%，10）=60×6.7101+122.4×0.6806+1000×0.4632=949.11（元）

（r_d−7%）/（8%−7%）=（1000−1016.99）/（949.11−1016.99）

r_d=7.25%

附认股权证债券的税后资本成本=7.25%×（1−25%）=5.44%

（3）税前债务资本成本=5.75%+［（5.63%−4.59%）+（6.58%−5.32%）+（7.20%−5.75%）］/3=7%

$$\beta_{资产}=1.5/\left[1+\frac{40000}{60000}\times(1-25\%)\right]=1$$

$$\beta_{权益}=1\times\left[1+\frac{40000+20000}{60000}\times(1-25\%)\right]=1.75$$

股权资本成本=5.75%+1.75×4%=12.75%

【提示】加载、卸载财务杠杆时权重的理解：

①题干要求“资本结构以长期资本账面价值计算权重”，所以加载卸载时无需考虑流动负债。

②这里计算的是2020年初的长期资本结构，2020年的净利润还没有形成，所以不考虑2020年的利润留存对权益总额的影响。

（4）股东权益增加 =9000×（1+20%）=10800（万元）

长期资本负债率 =（40000+20000）/（40000+20000+60000+10800）=45.87%

利息保障倍数 =［12000×（1+20%）+2000+20000×6%］/（2000+200+20000×6%）=5.18（倍）

（5）发行附认股权证债券的税前资本成本 7.25% 高于甲公司税前债务资本成本 7% 且小于税前股权资本成本 17%（$\frac{12.75\%}{1-25\%}$），同时与长期借款合同中保护性条款的要求相比，长期资本负债率 45.87% 低于 50%，利息保障倍数 5.18 倍高于 5 倍，所以筹资方案可行。

【提示】2019 年试卷Ⅱ的综合题与此题基本一致，只不过换成发行可转换债券。

同步强化练习题

使用“会计云课堂”App 或“微信”扫码快速做题、对答案、看解析、掌握解题思路，开启轻松过关之旅。

一、单项选择题

1. 下列筹资方式中，筹资速度较快，但在资金使用方面往往具有较多限制条款的是（　　）。

A. 发行债券　　B. 融资租赁

C. 发行股票　　D. 银行借款

2. 下列各项中，属于企业长期借款合同中特殊性保护条款的是（　　）。

A. 对净经营性长期资产总投资规模的限制

B. 对再购入股票的限制

C. 对支付现金股利的限制

D. 不准企业投资于短期内不能收回资金的项目

3. 相对于债务融资方式而言，采用普通股方式筹措资金的优点是（　　）。

A. 有利于降低资本成本

B. 有利于集中企业控制权

C. 有利于降低财务风险

D. 有利于发挥财务杠杆作用

4. 长期借款筹资与长期债券筹资相比，其特点是（　　）。

A. 利息能节税　　B. 筹资弹性大

C. 筹资费用大　　D. 债务利息高

5. 企业向银行借入长期借款，若预测市场利率将上升，企业应与银行签订（　　）。

A. 浮动利率合同　　B. 固定利率合同

C. 有补偿余额合同　　D. 周转信贷协定

6. 某债券面值为 10000 元，票面利率为 5%，期限 5 年，每半年支付一次利息。若市场有效年利率为 5%，则其发行时的价格将（　　）。

A. 高于 10000 元

B. 低于 10000 元

C. 等于 10000 元

D. 无法计算

7. 债券的付息频率主要有分期付息和一次性付息，下列债券中属于一次性付息债券的是（　　）。

A. 利随本清债券　　B. 流通债券
C. 平息债券　　D. 固定利率债券

8. 配股是上市公司股权再融资的一种方式。下列关于配股的说法中，正确的是（　　）。

A. 配股价格一般采取网上竞价方式确定
B. 配股价格低于市场价格，会减少老股东的财富
C. 配股权是一种看涨期权，其执行价格等于配股价格
D. 每股股票配股权价值等于配股除权参考价减配股价格

9. 甲公司拟采用配股的方式进行融资。每10股配3股，配股价为16元/股，股权登记日收盘市价20元/股。假设共有5%的普通股原股东放弃配股权，其他股东全部参与配股。若除权日股票交易市价为18元，除权日股价下降（　　）。

A. 10%　　B. 4.45%
C. 5.81%　　D. 5.66%

10. 与配股相比，非公开增发的优势是（　　）。

A. 有利于社会公众参与
B. 有利于保持原有的股权结构
C. 有利于促进股权的流通和转让
D. 有利于引入战略投资者和财务投资者

11. 与普通股筹资相比，下列属于优先股筹资优点的是（　　）。

A. 有利于降低公司财务风险
B. 优先股股息可以抵减所得税
C. 有利于保障普通股股东的控制权
D. 有利于减轻公司现金支付的财务压力

12. 关于可转换债券，下列表述正确的是（　　）。

A. 可转换债券的赎回条款有利于降低投资者的持券风险
B. 可转换债券的转换权是授予持有者的一种买入期权
C. 可转换债券的转换比率为标的股票市值与转换价格之比
D. 可转换债券的回售条款有助于可转换债券顺利转换成股票

13. 下列有关发行可转换债券筹资特点的表述中，不正确的是（　　）。

A. 可转换债券的筹资成本要高于普通债券的筹资成本
B. 与附认股权证债券相比，可转换债券在转换时会给公司带来新的资本
C. 与普通股相比，可转换债券有利于稳定股票价格
D. 与普通债券相比，可转换债券使得公司能够以较低利率取得资本

14. 下列可转换债券的要素中不利于促使债券持有人转换为普通股的条件是（　　）。

A. 设置逐期降低转换比率的条件
B. 设置赎回条款
C. 设置回售条款
D. 设置强制性转换条款

15. 承租人既是资产出售者又是资产使用者的租赁方式是（　　）。

A. 杠杆租赁　　B. 直接租赁
C. 售后租回　　D. 毛租赁

16. 下列有关租赁的表述中，正确的是（　　）。

A. 由承租人负责租赁资产维护的租赁，被称为毛租赁
B. 合同中注明出租人可以提前解除合同的租赁，被称为可以撤销租赁
C. 短期租赁存在的主要原因在于能够降低交易成本
D. 长期租赁的主要优势在于能够降低承租人的财务风险

17. 下列有关租赁决策的折现率确定的表述中，不正确的是（ ）。
A. 租赁费定期支付，类似债券的还本付息，折现率应采用类似债务的利率
B. 折旧数额相对稳定，折现率应低于租赁费的折现率
C. 持有资产的经营风险大于借款的风险，因此期末资产余值的折现率要比借款利率高
D. 多数人认为，资产余值应使用项目的必要报酬率即加权平均资本成本作为折现率

18. 下列选项中，不属于租赁存在的主要原因的是（ ）。
A. 租赁双方的实际税率不同，通过租赁可以减税
B. 通过租赁降低交易成本
C. 通过租赁合同减少不确定性
D. 通过租赁降低资本成本

19. 下列各项中，不属于租赁费用经济内容的是（ ）。
A. 租赁手续费
B. 承租公司的财产保险费
C. 租赁公司垫付资金的利息
D. 租赁资产的购置成本

20. 下列有关租赁的表述中，正确的是（ ）。
A. 低价值资产租赁，是指单项租赁资产在取得时价值相对较低的租赁
B. 按照我国会计制度规定，除采用简化处理的短期租赁和低价值资产租赁外，其他租赁承租人应当确认使用权资产和租赁负债
C. 在售后租回方式下，买主同时是承租人，卖主同时是出租人
D. 按照我国国家税务总局相关公告的规定，融资性售后回租业务中，承租人出售资产的行为，应确认为营业收入

二、多项选择题

1. 相对于普通股筹资，属于银行借款筹资特点的有（ ）。
A. 筹资数量有限
B. 不分散公司控制权
C. 可以利用财务杠杆
D. 筹资速度快

2. 债券在到期日之后偿还叫滞后偿还，下列偿还方式属于滞后偿还的有（ ）。
A. 将较早到期的债券换成到期日较晚的债券
B. 直接以新债券兑换旧债券
C. 用发行新债券得到的资金来赎回旧债券
D. 可以按一定的条件转换为本公司股票的债券

3. 公司债券发行中约定有提前赎回条款的，下列表述恰当的有（ ）。
A. 当预测利率下降时，可提前赎回债券
B. 提前赎回条款增加了公司还款的压力
C. 当债券投资人提出申请时，才可提前赎回债券
D. 提前赎回条款增加了公司筹资的弹性

4. 非公开增发的对象主要有（ ）。
A. 社会公众
B. 财务投资者
C. 战略投资者
D. 上市公司的大股东或关联方

5. 公开发行股票的特点有（ ）。
A. 发行范围广，易募足资本
B. 股票变现性强，流通性好
C. 有利于提高公司知名度
D. 发行成本低

6. 如果除权后股票交易市价高于配股除权参考价，下列表述正确的有（ ）。
A. 这种情形使得参与配股的股东财富较配股前有所增加

B. 这种情形使得参与配股的股东财富较配股前有所减少

C. 配股使得参与配股的股东“贴权”

D. 配股使得参与配股的股东“填权”

7. A公司采用配股的方式进行融资。以公司2021年12月31日总股数5000万股为基数，拟每10股配2股。配股价格为配股说明书公布前20个交易日公司股票交易均价15元/股的80%，则下列表述正确的有（　　）。

A. 假设所有股东均参与配股，则每股股票配股权价值为0.5元/股

B. 假设所有股东均参与配股，则配股除权参考价为14.5元/股

C. 假设有25%的股东未参与配股，则每股股票配股权价值为0.57元/股

D. 假设有25%的股东未参与配股，则配股除权参考价为14.61元/股

8. 按照我国《优先股试点管理办法》的有关规定，上市公司公开发行优先股应当在公司章程中规定的事项有（　　）。

A. 采取固定股息率

B. 在有可分配税后利润的情况下必须向优先股股东分配股息

C. 对于累积优先股，未向优先股股东足额派发股息的差额部分应累积到下一个会计年度，对于非累积优先股则无须累积

D. 优先股股东按照约定的股息率分配股息后，特殊情况下还可同普通股股东一起参加剩余利润分配

9. 相比较债券筹资，利用优先股筹资的特点有（　　）。

A. 从投资者来看，优先股投资的风险比债券大

B. 从筹资者来看，优先股筹资的风险比债券大

C. 不支付股利不会导致公司破产

D. 分类为权益工具的优先股股利不可以税前扣除，其税后成本通常高于负债筹资

10. 下列有关附认股权证债券筹资的作用和目的的表述正确的有（　　）。

A. 使用附认股权证债券筹资的主要目的是当认股权证执行时，可以以高于债券发行日股价的执行价格给公司带来新的权益资本

B. 在公司发行新股时，为避免原有股东每股收益和股价被稀释，给原有股东配发一定数量的认股权证，使其可以按优惠价格认购新股，或直接出售认股权证，以弥补新股发行的稀释损失

C. 作为奖励发给本公司的管理人员

D. 作为筹资工具，认股权证与公司债券同时发行，用来吸引投资者购买票面利率低于市场要求的长期债券

11. 下列关于认股权证与股票看涨期权共同点的说法中，错误的有（　　）。

A. 都有一个固定的行权价格

B. 行权时都能稀释每股收益

C. 都能使用布莱克—斯科尔斯模型定价

D. 都能作为筹资工具

12. 关于可转换债券的赎回条款，下列说法正确的有（　　）。

A. 赎回条款通常包括不可赎回期与赎回期、赎回价格和赎回条件等

B. 赎回条款是发债公司按事先约定的价格买回未转股债券的相关规定

C. 赎回条款的主要功能是促使债券持有人积极行使转股权

D. 赎回条款主要目的在于降低投资者持有债券的风险

13. 下列可转换债券条款中，有利于保护债券发行者利益的有（　　）。

A. 赎回条款

B. 回售条款

C. 强制性转换条款
D. 转换比率条款

14. 下列相关表述中，正确的有（　　）。
A. 附认股权证债券的税前资本成本介于债务市场利率和税前普通股资本成本之间
B. 发行附认股权证债券是以潜在的股权稀释为代价换取支付较低的利息
C. 降低认股权证的执行价格可以降低公司发行附认股权证债券的筹资成本
D. 公司在其价值被市场低估时，相对于直接增发股票，更倾向于发行可转换债券

15. 与可转换债券筹资相比，发行附认股权证债券筹资的特点有（　　）。
A. 附认股权证债券的承销费用高于可转换债券的承销费用
B. 附认股权证债券的灵活性较强
C. 发行附认股权证债券的公司，比发行可转换债券的公司规模小、风险更高
D. 附认股权证债券的发行者，主要目的是发行债券而不是股票

16. 下列关于超过转换期的可转换债券说法正确的有（　　）。
A. 不再具有转换权
B. 只能以较高转换价格转换为股票
C. 要被发行公司赎回
D. 自动成为不可转换债券

17. 下列有关可转换债券表述正确的有（　　）。
A. 当公司股票价格在一段时间内连续低于转股价格达到某一幅度时，选择赎回是对发债公司有利的
B. 当公司股票价格在一段时间内连续高于转股价格达到某一幅度时，选择回售是对债券持有人有利的
C. 可转换债券的回售条款对于投资者来说实际上是一种卖权条款
D. 可转换债券的持有人具有在未来按一定的价格购买普通股股票的权利，因为可转换债券具有买入期权的性质

18. 甲公司拟发行可转换债券，当前等风险普通债券的市场利率为5%，股东权益成本为7%。甲公司的企业所得税税率为20%。要使发行方案可行，则（　　）。
A. 可转换债券的税后资本成本的区间为4%~7%
B. 可转换债券的税前资本成本的区间为5%~7%
C. 可转换债券的税后资本成本的区间为4%~8.75%
D. 可转换债券的税前资本成本的区间为5%~8.75%

19. 某企业已决定添置一台设备。企业的平均资本成本率为15%，权益资本成本率为18%；借款的预期税后平均利率为13%，其中税后有担保借款利率为12%，税后无担保借款利率为14%。该企业在进行设备租赁与购买的决策分析时，理论上讲下列做法中不适宜的有（　　）。
A. 将租赁费的折现率定为12%，租赁期末设备余值的折现率定为15%
B. 将租赁费的折现率定为12%，租赁期末设备余值的折现率定为18%
C. 将租赁费的折现率定为14%，租赁期末设备余值的折现率定为18%
D. 将租赁费的折现率定为15%，租赁期末设备余值的折现率定为13%

三、计算分析题

1. 甲公司是一家高科技上市公司，目前正处于高速成长时期。公司为了开发新的项目，急需筹资10000万元，甲公司拟采取发行附认股权证债券的方式筹资并初拟了筹资方案，相关资料如下：
（1）发行10年期附认股权证债券10万份，

每份债券面值为1000元，票面利率为7%，每年年末付息一次，到期还本。债券按面值发行，每份债券同时附送20张认股权证，认股权证只能在第5年年末行权，行权时每张认股权证可以按25元的价格购买1股普通股。

（2）公司目前发行在外的普通股为1000万股，每股价格24.06元，预计公司未来的可持续增长率为8%。

（3）当前等风险普通债券的平均利率为8%，发行费用可以忽略不计。由于认股权证和债券组合的风险比普通债券风险大，投资所要求的必要报酬率为9%。

要求：

（1）计算拟发行的每份纯债券的价值。

（2）计算拟附送的每张认股权证的价值。

（3）预计第5年年末的股票价格。

（4）计算投资人购买1份附认股权证债券的净现值，判断筹资方案是否可行并说明原因。

2. 甲公司因生产经营需要将办公场所由市区搬到了郊区。新办公场所附近正在建设一条地铁，可于10个月后开通。为了改善员工通勤条件，甲公司计划在地铁开通之前为员工开设班车，行政部门提出了自己购买和租赁两个方案。有关资料如下：

（1）如果自己购买，甲公司需要购买一辆大客车，购置成本300000元。根据税法规定，大客车按直线法计提折旧，折旧年限为5年，预计残值率为5%，10个月后大客车的变现价值预计为210000元。甲公司需要雇佣一名司机，每月预计支出工资5500元。此外，每月预计还需支出油料费12000元、停车费1500元。假设大客车在月末购入并付款，次月初即可投入使用。工资、油料费、停车费均在每个月月末支付。

（2）如果租赁，汽车租赁公司可按甲公司的要求提供车辆及班车服务（包括工资、油料费和停车费），甲公司每月需向租赁公司支付租金25000元，租金在每个月月末支付。

（3）甲公司的企业所得税税率为25%，公司的月资本成本为1%。

要求：

（1）计算购买方案的每月折旧抵税额、每月税后付现费用、10个月后大客车的变现净流入。

（2）计算购买方案的税后平均月成本，判断甲公司应当选择购买方案还是租赁方案。

3. A公司采用配股的方式进行融资。2021年3月25日为配股除权登记日，以公司2020年12月31日总股数1000000股为基数，拟每10股配1股。配股价格为配股说明书公布前20个交易日公司股票交易均价8元/股的85%，即配股价格为6.8元/股。假定在分析中不考虑新募集资金投资产生净现值引起的企业价值变化。

要求：

（1）所有股东均参与配股的情况下，计算配股除权参考价（计算结果保留小数点后四位）。

（2）所有股东均参与配股的情况下，计算每股股票配股权价值（计算结果保留小数点后四位）。

（3）假设某股东拥有10000股A公司股票，若其他股东均参与配股，计算是否参与配股对该股东财富的影响（计算结果保留整数）。

4. 为扩大生产规模，F公司拟添置一台主要生产设备，经分析该项投资的净现值大于零。该设备预计使用6年，公司正在研究是自行购置还是通过租赁取得。相关资料如下：

方案一：如果自行购置该设备，需要支付买价760万元，并需支付运输费10万元、安装调试费30万元。税法允许的设备折旧年限为8年，按直线法计提折旧，预计残值率为5%。为了保证设备的正常运转，每年需支付维护费用30万元。6年后设备的变现价值预计为280万元。

方案二：如果以租赁方式取得该设备，租赁公司要求F公司在租赁开始时支付手续费60万元，租金为每年160万元，在每年年末支付，租期6年，租赁期内不得退租。租赁公司负责设备的运输和安装调试，并负责租赁期内设备的维护。

F公司适用的所得税税率为25%，税前借款（有担保）利率为8%。

要求：

（1）若租赁期满设备所有权不转移：

①计算方案一设备购置的各年现金净流量及总现值（计算过程和结果填入下方表格中）。

单位：万元

	T=0	T=1	T=2	T=3	T=4	T=5	T=6
各年现金净流量							
折现系数							
各年现金净流量现值							
购买方案总现值							

②计算方案二设备租赁的各年现金净流量及总现值（计算过程和结果填入下方表格中）。

单位：万元

	T=0	T=1	T=2	T=3	T=4	T=5	T=6
各年现金净流量							
折现系数							
各年现金净流量现值							
租赁方案总现值							

③计算租赁净现值，并判断 F 公司应该选择哪种方案。

（2）若租赁期满设备所有权转移，为此 F 公司需在租赁期满支付 80 万元设备转让价款：

①计算租赁方案各年的现金净流量；

②计算自行购置方案各年的现金净流量；

③计算租赁方案和自行购置方案的平均年成本，并判断 F 公司应当选择自行购置方案还是租赁方案。

四、综合题

1. 甲公司是一家快速成长的上市公司，目前因项目扩建急需筹资 1 亿元。由于当前公司股票价格较低，公司拟通过发行可转换债券的方式筹集资金，并初步拟定了筹资方案。有关资料如下：

（1）可转换债券按面值发行，期限 5 年。每份可转换债券的面值为 1000 元，票面利率为 5%，每年年末付息一次，到期还本。可转换债券发行一年后可以转换为普通股，转换价格为 25 元。

（2）可转换债券不可赎回期为 4 年，第 4 年末甲公司有权以 1050 元的价格赎回全部尚未转股的可转换债券。

（3）甲公司股票的当前价格为 22 元，预期股利为 0.715 元 / 股，股利年增长率预计为 8%，公司已经进入稳定增长状态。

（4）当前市场上等风险普通债券的市场利率为 10%。

（5）甲公司适用的企业所得税税率为 25%。

（6）为方便计算，假定转股必须在年末进行。

要求：

（1）计算发行日每份纯债券的价值。

（2）计算第 4 年年末每份可转换债券的底线价值。

（3）计算可转换债券的税前资本成本，判断拟定的筹资方案是否可行并说明原因。

（4）如果筹资方案不可行，甲公司拟采取修改票面利率的方式修改筹资方案。假定修改后的票面利率需为整数，计算使筹资方案可行的票面利率区间。

（5）如果筹资方案不可行，甲公司拟采取修改转换价格的方式修改筹资方案，假定其他条件不变，计算使筹资方案可行的转换价格的区间。

2. A 公司是一个高速成长的公司，现在急需筹集资金 5000 万元，相关资料如下：

（1）准备发行 10 年期限的公司债券。投资银行认为，目前长期公司债券的市场利率为 7%，A 公司风险较大，按此利率发行债券并无售出的把握。经投资银行与专业投资机构商议后，建议按面值发行附认股权证债券。债券面值为每份 1000 元，期限 10 年，票面利率设定为 4%，每年末付息一次，到期还本。同时附送 30 张认股权证，认股权证在 5 年后到期，在到期前每张认股权证可以按 5 元的价格购买 1 股普通股。

（2）预计 A 公司未来 5 年的每股股利分别为 0.1 元、0.15 元、0.2 元、0.25 元、0.3 元，以后保持 5% 的永续增长。

（3）A 公司目前发行在外普通股 5000 万股，股权资本成本 8.5%，企业所得税税率 25%。

要求：

（1）计算每张认股权证的价值。

（2）计算第 5 年末的股票价值。

（3）计算投资该附认股权证债券的内含报酬率。

（4）判断此债券的发行方案是否可行。

（5）若附认股权证债券的发行价格为 1000 元，想要成功发行，票面利率至少应达到多少？

同步强化练习题参考答案及解析

使用“会计云课堂”App 或“微信”扫码对答案、看解析、掌握解题思路，开启轻松过关之旅。

一、单项选择题

1.【答案】D

【解析】银行借款的筹资特点包括：①筹资速度快；②资本成本较低；③筹资弹性较大；④限制条款多；⑤筹资数额有限。

2.【答案】D

【解析】一般性保护条款应用于大多数借款合同，选项 A、B、C 属于一般性保护条款。特殊性保护条款是针对某些特殊情况而出现在部分借款合同中的，选项 D 属于特殊性保护条款的内容。

3.【答案】C

【解析】权益资金筹资没有还本付息的压力，因此有利于降低财务风险。

4.【答案】B

【解析】借款时企业与银行直接交涉，有关条件可谈判确定，用款期间发生变动，也可与银行再协商。而债券融资面对的是社会广大投资者，协商改变融资条件的可能性很小。

5.【答案】B

【解析】若预测市场利率将上升，企业应与银行签订固定利率合同，这样对企业有利。

6.【答案】A

【解析】因为债券为每半年付息一次，所以债券的票面有效年利率大于票面报价年利率 5%，又因为市场有效年利率为 5%，则债券的票面有效年利率大于市场有效年利率，所以债券应溢价发行，即以高于面值 10000 元的价格发行。

7.【答案】A

【解析】平息债券是指利息在期间内平均支付的债券，支付频率可能是一年一次、半年一次或每季度一次等；流通债券和固定利率债券既可能一次性付息也可能分期付息。

8.【答案】C

【解析】配股一般采取网上定价发行的方式，配股价格由主承销商和发行人协商确定，选项 A 错误；配股权是一种看涨期权，执行价格等于配股价格，若配股价格低于市场价格，只能表明配股权是实值期权，不可以判断是否选择行权，因此不能判断老股东财富的变化情况，因此选项 B 错误、选项 C 正确；每股股票配股权价值 =（配股除权参考价 – 配股价格）/ 购买一股新配股所需的原股数，因此选项 D 错误。

9.【答案】C

【解析】配股除权参考价 =（20+16 × 95% × 3/10）/（1+95% × 3/10）=19.11（元）

股价变动率 =（18–19.11）/19.11=–5.81%。

10.【答案】D

【解析】非公开增发的对象主要是机构投资者与大股东及关联方等。机构投资者大体可以划分为财务投资者和战略投资者。

11.【答案】C

【解析】优先股股东无表决权，因此不影响普通股股东对企业的控制权，也基本上不会稀释原普通股股东的权益。

12.【答案】B

【解析】回售条款是指债券持有人有权按照事先约定的价格将债券卖回给发债公司的条件规定。回售一般发生在公司股票价格在一段时期内连续低于转股价格达到某一幅度时。回售对于投资者而言实际上是一种卖权，有利于降低投资者的持券风险。选项A、D错误。转换比率为债券面值与转换价格之商，选项C错误。

13.【答案】B

【解析】尽管可转换债券的票面利率比普通债券低，但是加入转股成本后的总筹资成本比普通债券要高，选项A表述正确。附认股权证债券在认购股份时会给公司带来新的权益资本，而可转换债券在转换时只是报表项目之间的变化，没有增加新的资本，选项B表述错误。发行普通股会增加流通在外的股数，不利于稳定股价，而发行可转换债券不会引起股数的变动，且因为转换期较长，即使在将来转换股票时，对公司股价的影响也较温和，有利于稳定股价，选项C表述正确。可转换债券的票面利率低于同一条件下的普通债券的利率，选项D表述正确。

14.【答案】C

【解析】回售条款是保护债券持有人利益的条款。选项A、B、D有利于促使债券持有人转换为普通股，其中逐期降低转换比率说明转换股数会逐渐降低，促使债券持有人尽早转换。

15.【答案】C

【解析】售后租回是指承租方由于急需资金等各种原因，将自己的资产出售给出租方，然后以租赁的形式从出租方原封不动地租回资产的使用权。此时承租人既是资产出售者又是资产使用者。

16.【答案】C

【解析】由承租人负责租赁资产维护的租赁为净租赁，所以选项A错误；合同中注明承租人可以随时解除合同的租赁为可以撤销租赁，所以选项B的错误在于把“承租人”写成“出租人”了；节税是长期租赁存在的重要原因，选项D错误。

17.【答案】B

【解析】折旧抵税额的风险比租赁费大一些，折现率也应高一些，选项B错误。

18.【答案】D

【解析】有时承租人无法取得借款会选择租赁筹资，即使其成本略高于借款筹资，所以选项D不属于租赁存在的主要原因。

19.【答案】B

【解析】租赁费用的经济内容包括出租人的全部出租成本和利润，选项B指的是承租公司的费用，并不是出租人为取得设备而支付的代价，选项B不属于租赁费用经济内容。

20.【答案】B

【解析】低价值资产租赁，是指单项租赁资产为全新资产时价值较低的租赁。低价值资产租赁的标准应该是一个绝对金额，即仅与资产全新状态下的绝对价值有关，不受承租人规模、性质等影响，也不考虑该资产对于承租人或相关租赁交易的重要性，选项 A 错误。在售后租回方式下，卖主同时是承租人，买主同时是出租人，选项 C 错误。按照我国国家税务总局相关公告的规定，融资性售后回租业务中，承租人出售资产的行为，不确认为营业收入，选项 D 错误。

二、多项选择题

1.【答案】ABCD

【解析】长期借款筹资数量有限，不能像发行股票、债券那样，可以一次筹集到大笔资金，选项 A 正确。银行借款筹资不会增加普通股股数，所以不分散公司控制权，选项 B 正确。银行借款属于债务筹资，所以财务风险高，但可以利用财务杠杆，选项 C 正确。银行借款的程序相对简单，所花时间较短，公司可以迅速获得所需资金，选项 D 正确。

2.【答案】ABCD

【解析】滞后偿还有转期和转换两种形式，选项 A、B、C 属于转期，选项 D 属于转换。

3.【答案】AD

【解析】提前赎回是指在债券尚未到期之前就予以偿还，当公司资金有结余时，可提前赎回债券；当预测利率下降时，也可提前赎回债券，而后以较低的利率来发行新债券。选项 A 正确。提前赎回条款是给予公司的一个选择权，是公司在适当条件下主动采取的行为，不会增加公司还款的压力，选项 B、C 错误。具有提前赎回条款的债券可使公司筹资有较大的弹性，选项 D 正确。

4.【答案】BCD

【解析】非公开增发有特定的发行对象，主要有三类投资者：第一类是财务投资者；第二类是战略投资者；第三类是上市公司的大股东或关联方。

5.【答案】ABC

【解析】公开发行方式的发行成本较高，选项 D 错误。

6.【答案】AD

【解析】如果除权后股票交易市价高于除权参考价，这种情形使得参与配股的股东财富较配股前有所增加，一般称之为“填权”；反之股价低于除权参考价则会减少参与配股股东的财富，一般称之为“贴权”。

7.【答案】ABD

【解析】假设所有股东均参与配股：

配股除权参考价

=（配股前股票市值 + 配股价格 × 配股数量）/（配股前股数 + 配股数量）

$$=\frac{5000\times15+15\times80\%\times5000\times20\%}{5000+5000\times20\%}$$

=14.5（元 / 股）

每股股票配股权价值 =（配股除权参考价 – 配股价格）/ 购买一股新配股所需的原股数 =（14.5–15 × 80%）/5=0.5（元 / 股）

由于所有股东均参与配股，也可采用简化公式：每股股票配股权价值 = 配股前的市价 – 配股除权参考价 =15–14.5=0.5（元 / 股）

假设有 25% 的股东未参与配股：

配股除权参考价

$$=\frac{5000\times15+15\times80\%\times5000\times75\%\times20\%}{5000+5000\times75\%\times20\%}$$

=14.61（元 / 股）

每股股票配股权价值 =（14.61–15 × 80%）/5=0.52（元 / 股）。

8.【答案】AB

【解析】按照我国《优先股试点管理办法》的有关规定，未向优先股股东足额派发股息的差额部分应当累积到下一个会计年度，选项 C 错误。优先股股东按照约定的股息率分配股息后，不再同普通股股东一起参加剩余利润分配，选项 D 错误。

9.【答案】ACD

【解析】从筹资者来看，优先股筹资的风险比债券小。

10.【答案】BCD

【解析】附认股权证债券筹资的主要目的是可以降低相应债券的利率，而不是为了发行股票。可转换债券筹资的主要目的是可以以高于债券发行日股价的执行价格给公司带来新的权益资本。

11.【答案】BCD

【解析】看涨期权执行时，其股票来自二级市场，不存在稀释每股收益问题，当认股权证执行时，股票是新发股票，会引起股份数的增加，从而稀释每股收益和股价，选项B错误；认股权证期限长，可以长达10年，甚至更长，不能用布莱克—斯科尔斯模型定价，选项C错误；认股权证与公司债券同时发行，用来吸引投资者购买票面利率低于市场要求的长期债券，具有筹资工具的作用，但是看涨期权没有筹资工具的作用，选项D错误。

12.【答案】ABC

【解析】回售条款可以降低投资者持有债券的风险，而不是赎回条款，选项D错误。

13.【答案】AC

【解析】选项A、C有利于保护发行者利益。选项B有利于保护投资人利益。

14.【答案】ABD

【解析】站在债券持有人的角度看，降低认股权证的执行价格，会增加未来行权的价差收入，会提高债券投资的内含报酬率。内含报酬率提高，相当于筹资人付出了较大的代价，筹资成本也相应提高，因此会提高公司发行附认股权证债券的筹资成本，选项C错误。

15.【答案】ACD

【解析】可转换债券的类型繁多，千姿百态。它允许发行者规定可赎回条款、强制性转换条款等，而附认股权证债券的灵活性较差。选项B错误。

16.【答案】AD

【解析】超过转换期的可转换债券，不再具有转换权，自动成为不可转换债券。

17.【答案】CD

【解析】当公司股票价格在一段时间内连续高于转股价格达到某一幅度时，选择赎回是对发债公司有利的，选项A错误；当公司股票价格在一段时间内连续低于转股价格达到某一幅度时，选择回售是对债券持有人有利的，选项B错误。

18.【答案】AD

【解析】等风险普通债券的税后利率=5%×（1-20%）=4%，因此可转换债券的税后资本成本的区间是4%~7%。股东权益的税前资本成本=7%/（1-20%）=8.75%，可转换债券的税前资本成本的区间为5%~8.75%。

19.【答案】BCD

【解析】租赁费的折现率应为税后有担保借款利率，租赁期末设备余值的折现率应为加权平均资本成本。因此，本题只有选项A的说法正确。

三、计算分析题

1.【答案】

（1）每份纯债券价值=1000×7%×（P/A，8%，10）+1000×（P/F，8%，10）=70×6.7101+1000×0.4632=932.91（元）

（2）每张认股权证的价值=（1000-932.91）/20=3.35（元）

（3）股票价格=24.06×（1+8%）^{5}=35.35（元）

（4）净现值=70×（P/A，9%，10）+20×（35.35-25）×（P/F，9%，5）+1000×（P/

F，9%，10）-1000=70×6.4177+20×（35.35-25）×0.6499+1000×0.4224-1000=6.17（元）

因为净现值大于0，所以筹资方案可行。

2.【答案】

（1）每月折旧额=300000×（1-5%）/60=4750（元）

每月折旧抵税额=4750×25%=1187.5(元)

每月税后付现费用=（5500+12000+1500）×（1-25%）=14250（元）

10个月后大客车的账面净值=300000-4750×10=252500（元）

10个月后大客车的变现损失=252500-210000=42500（元）

10个月后大客车的变现净流入=210000+42500×25%=220625（元）

（2）购买方案的税后平均月成本=[300000+（14250-1187.5）×（P/A，1%，10）-220625×（P/F，1%，10）]/（P/A，1%，10）=[300000+（14250-1187.5）×9.4713-220625×0.9053]/9.4713=23649.03（元）

因为租赁期小于12个月，所以该租赁属于短期租赁，租赁费可在税前扣除。税后租金=25000×（1-25%）=18750（元）

因为租赁成本低，所以应选择租赁。

3.【答案】

（1）配股除权参考价=

$$\frac{8\times1000000+100000\times6.8}{1000000+100000}=7.8909（元/股）$$

（2）每股股票配股权价值=（7.8909-6.8）/10=0.1091（元）

或，由于所有股东均参与配股，可采用简化公式：每股股票配股权价值=8-7.8909=0.1091（元）

（3）配股前该股东拥有股票总价值=8×10000=80000（元）

行使了配股权参与配股，该股东配股后拥有股票总价值=7.8909×11000=86800（元）

也就是说，该股东花费6.8×1000=6800（元）参与配股，持有的股票价值增加了86800-80000=6800（元），股东财富没有变化。

如果该股东没有参与配股：

配股除权参考价=(8×1000000+99000×6.8)/(1000000+99000)=7.8919(元/股)。

该股东配股后仍持有10000股A公司股票，则股票价值为7.8919×10000=78919（元），股东财富损失了80000-78919=1081（元）。

4.【答案】

（1）①自行购置方案：

单位：万元

	T=0	T=1	T=2	T=3	T=4	T=5	T=6
设备购置成本	-800						
税后维护费用		-30×（1-25%）=-22.5	-22.5	-22.5	-22.5	-22.5	-22.5
折旧抵税		95×25%=23.75	23.75	23.75	23.75	23.75	23.75
资产余值变现现金流量							267.5
各年现金净流量	-800	1.25	1.25	1.25	1.25	1.25	268.75
折现系数（6%）	1	0.9434	0.8900	0.8396	0.7921	0.7473	0.7050
各年现金净流量现值	-800	1.18	1.11	1.05	0.99	0.93	189.47
购买方案总现值	-605.27						

【解析】设备购置成本 =760+10+30=800（万元）

自行购置方案年折旧额 =800×（1-5%）/8=95（万元）

第6年年末变现价值 =280万元

第6年年末账面净值 =800-6×95=230（万元）

第6年年末变现收益 =280-230=50（万元）

第6年年末回收余值现金流量 =280-50×25%=267.5（万元）

折现率 =8%×（1-25%）=6%

②租赁方案：

单位：万元

	T=0	T=1	T=2	T=3	T=4	T=5	T=6
租金支付		-160	-160	-160	-160	-160	-160
手续费支付	-60						
折旧抵税		121.13×25%=30.28	30.28	30.28	30.28	30.28	30.28
残值变现损失减税							73.31
各年现金净流量	-60	-129.72	-129.72	-129.72	-129.72	-129.72	-56.41
折现系数(6%)	1	0.9434	0.8900	0.8396	0.7921	0.7473	0.7050
各年现金净流量现值	-60	-122.38	-115.45	-108.91	-102.75	-96.94	-39.77
租赁方案总现值	-646.2						

【解析】租赁资产的计税基础 =60+6×160=1020（万元）

每年折旧额 =1020×（1-5%）/8=121.13（万元）

第6年年末账面净值 =1020-6×121.13=293.22（万元）

因租赁期满所有权不转移，租赁方案获得的变现价值为0。

租赁期满资产变现的税后现金流量 = 变现损失抵税 =293.22×25%=73.31（万元）

③租赁净现值 =-646.2-（-605.27）=-40.93（万元），因为租赁净现值小于0，所以应选择自行购置方案。

（2）①该租赁方案不属于采用简化处理的短期租赁或低价值资产租赁，符合融资租赁的认定标准。

T_0：现金净流量 =-60万元

T_{1-5}：现金净流量 =-160+32.66=-127.34（万元）

T_6：现金净流量 =-127.34-80+289.06=81.72（万元）

【解析】租赁资产的计税基础 =60+6×160+80=1100（万元）

每年折旧额 =1100×（1-5%）/8=130.63（万元）

折旧抵税 =130.63×25%=32.66（万元）

第6年支付设备转让款流出80万元

第6年末账面净值 =1100-6×130.63=316.22（万元）

第6年年末变现损失 =316.22-280=36.22（万元）

第6年末回收余值现金流量 =280+36.22×

25%=289.06（万元）

②自行购置方案各年的现金净流量：

T_0：现金净流量 =-800 万元

$T_{1\sim5}$：现金净流量 =1.25 万元

T_6：现金净流量 =268.75 万元

【解析】同第（1）问中①自行购置方案各年的现金净流量的处理。

③租赁方案的平均年成本 =[60+127.34×（P/A，6%，5）-81.72×（P/F，6%，6）] /（P/A，6%，6）=（60+127.34×4.2124-81.72×0.7050）/4.9173=109.57（万元）

自行购置方案的平均年成本 = [800-1.25×（P/A，6%，5）-268.75×（P/F，6%，6）] /（P/A，6%，6）=（800-1.25×4.2124-268.75×0.7050）/4.9173=123.09（万元）

租赁方案的平均年成本较低，所以 F 公司应当选择租赁方案。

四、综合题

1.【答案】

（1）发行日每份纯债券的价值 =1000×5%×（P/A，10%，5）+1000×（P/F，10%，5）=50×3.7908+1000×0.6209=810.44（元）

（2）第 4 年年末纯债券价值 =1000×5%×（P/F，10%，1）+1000×（P/F，10%，1）=50×0.9091+1000×0.9091=954.56（元）

第 4 年年末股票价格 =22×（1+8%）^{4}=29.93（元）

转换比率 =1000/25=40

第 4 年年末转换价值 = 股价 × 转换比率 =29.93×40=1197.20（元）

可转换债券的底线价值是纯债券价值和转换价值两者之中较高者，即 1197.20 元。

（3）第 4 年年末的转换价值为 1197.20 元，赎回价格为 1050 元，投资人应当选择在第 4 年年末转股。

设可转换债券的税前资本成本为 K，则有：

1000=1000×5%×（P/A，K，4）+1197.20×（P/F，K，4）

当 K=10% 时，未来现金流入现值 =50×3.1699+1197.20×0.6830=976.18（元）

当 K=9% 时，未来现金流入现值 =50×3.2397+1197.20×0.7084=1010.08（元）

（K-9%）/（10%-9%）=（1000-1010.08）/（976.18-1010.08）

K=9.30%

由于可转换债券的税前资本成本 9.30% 小于等风险普通债券的市场利率 10%，对投资人没有吸引力，筹资方案不可行。

（4）股票的资本成本 =0.715/22+8%=11.25%

股票的税前资本成本 =11.25%/（1-25%）=15%

可转换债券的税前资本成本应处于 10%~15% 之间

设票面利率为 R：

当税前资本成本为 10% 时：

1000=1000×R×（P/A，10%，4）+1197.20×（P/F，10%，4）

1000=1000×R×3.1699+1197.20×0.6830

R=5.75% ≈ 6%

筹资方案可行的最低票面利率为 6%。

当税前资本成本为 15% 时：

1000=1000×R×（P/A，15%，4）+1197.20×（P/F，15%，4）

1000=1000×R×2.855+1197.20×0.5718

R=11.05% ≈ 11%

筹资方案可行的最高票面利率为 11%。

所以使筹资方案可行的票面利率区间为 6%~11%。

（5）设转换价格为 Z，当税前资本成本为 10% 时：

1000=1000×5%×（P/A，10%，4）+29.93×（1000/Z）×（P/F，10%，4）

1000=1000×5%×3.1699+29.93×（1000/Z）×0.6830

转换价格 Z=24.29（元）

筹资方案可行的最高转换价格为24.29元

当税前资本成本为15%时：

1000=1000×5%×（P/A，15%，4）+29.93×（1000/Z）×（P/F，15%，4）

1000=1000×5%×2.855+29.93×（1000/Z）×0.5718

转换价格Z=19.96（元）

筹资方案可行的最低转换价格为19.96元。

所以使筹资方案可行的转换价格区间为19.96~24.29元。

2.【答案】

（1）每张纯债券价值=1000×4%×（P/A，7%，10）+1000×（P/F，7%，10）=40×7.0236+1000×0.5083=789.24（元）

每张认股权证价值=（1000−789.24）/30=7.03（元）

（2）第5年末股票的价值=0.3×（1+5%）/（8.5%−5%）=9（元）

（3）第1年年初：流出现金1000元，购买债券和认股权证

第1~10年：每年利息流入1000×4%=40（元）

第5年年末：行权现金净流入=（9−5）×30=120（元）

第10年年末：取得归还本金1000元

设内含报酬率为i：

1000=40×（P/A，i，10）+120×（P/F，i，5）+1000×（P/F，i，10）

当i=6%时，40×（P/A，6%，10）+120×（P/F，6%，5）+1000×（P/F，6%，10）=942.48（元）

当i=5%时，40×（P/A，5%，10）+120×（P/F，5%，5）+1000×（P/F，5%，10）=1016.79（元）

利用内插法，可得：

$$\frac{i-5\%}{6\%-5\%}=\frac{1000-1016.79}{942.48-1016.79}$$

解得：i=5.23%

（4）因为附认股权证债券的内含报酬率5.23%小于普通债券市场利率7%，对投资人没有吸引力，所以方案不可行。

（5）设票面利率最低为i：1000=1000×i×（P/A，7%，10）+120×（P/F，7%，5）+1000×（P/F，7%，10）

1000=1000×i×7.0236+120×0.7130+1000×0.5083

解得：i=5.78%

因此，债券票面利率至少达到5.78%时，附认股权证债券才可以成功发行。

【提示】附认股权证债券税前资本成本区间应该介于债务的市场利率和普通股税前资本成本之间，此处计算票面利率的下限，所以使用长期公司债券的市场利率7%作为折现率。

第十一章　股利分配、股票分割与股票回购

CHAPTER-11

本章学习指南

一、考情分析

本章是财务成本管理中的非重点章节，从考试来看本章的分数不多，题型主要是客观题，但也有主观题的考核点，近三年的平均分数 5 分左右。

最近 3 年题型、题量分析表

题型	2019 年		2020 年		2021 年	
	试卷 Ⅰ	试卷 Ⅱ	试卷 Ⅰ	试卷 Ⅱ	试卷 Ⅰ	试卷 Ⅱ
单项选择题	—	—	1 题 1.5 分	1 题 1.5 分	1 题 2 分	—
多项选择题	—	—	2 题 4 分	1 题 2 分	1 题 2 分	1 题 2 分
计算分析题	1 题 8 分	1 题 8 分	—	—	—	—
综合题	—	—	—	—	—	—
合计	1 题 8 分	1 题 8 分	3 题 5.5 分	2 题 3.5 分	2 题 4 分	1 题 2 分

二、教材变化

本章与 2021 年的教材相比没有实质性变化。

三、考点框架

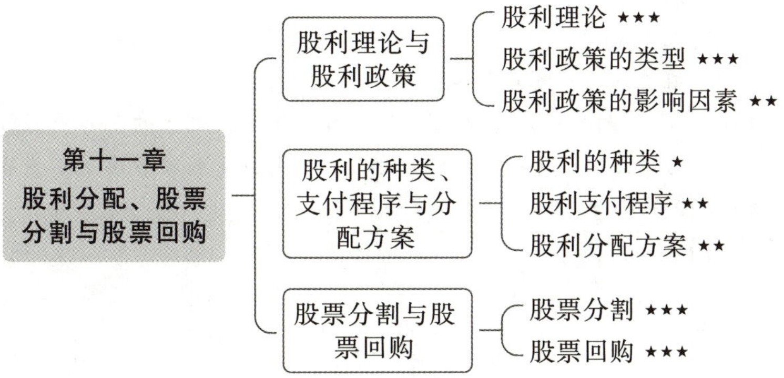

核心考点精讲

第一节　股利理论与股利政策

使用“会计云课堂”App 或“微信”扫码查看本节视频，快速 GET 知识点。

一、股利理论★★★

（一）股利无关论（完全市场理论、无税 MM 理论）

主要观点	（1）投资者并不关心公司股利的分配 （2）股利的支付比率不影响公司的价值
理论假设	（1）公司的投资政策已确定并且已经为投资者所理解 （2）不存在股票的发行和交易费用（即不存在股票筹资费用） （3）不存在个人或公司所得税 （4）不存在信息不对称 （5）经理与外部投资者之间不存在代理成本

【提示】该理论描述的是一种完美资本市场，又被称为完全市场理论。该理论是米勒（Merton Miller）与莫迪格利安尼（Franco Modigliani）提出，也称为股利的无税 MM 理论。

经典题解

【例题 1·单选题】股利无关论认为股利分配对公司市场价值不产生影响，下列关于股利无关论的假设，表述错误的是（　　）。

A. 投资决策不受股利分配的影响

B. 不存在股票筹资费用

C. 不存在资本增值

D. 不存在个人或公司所得税

【解析】股利无关论是建立在完全资本市场理论之上的，其中假设“公司的投资政策已确定并且已经为投资者所理解”，即指公司的投资决策不受股利分配的影响，因此存在资本增值，所以选项 C 错误。

【答案】C

（二）股利相关论

> 要点小贴士
>
> 股利无关论是建立在一系列假设前提上的理论，打破不同的假设，引申出不同的股利相关论。只有“一鸟在手”理论的结论是唯一的，其他的股利相关理论的结论均不唯一，要看前提。

1. 税差理论

税差	现金股利税和资本利得税有差异
税差的表现	（1）税率差：一般出于保护和鼓励资本市场投资的目的，会采用股利收益税率高于资本利得税率的差异税率制度 （2）时间差：股东在支付税金时间上有差异（继续持有股票可以延迟资本利得的纳税时间，可以体现递延纳税的时间价值）
税差理论的主要观点	（1）如果不考虑股票交易成本，企业应采取低现金股利支付率的分配政策 （2）如果存在股票的交易成本，且资本利得税与交易成本之和大于股利收益税时，企业应采用高现金股利支付率政策

2. 客户效应理论

主要观点	（1）边际税率较高的投资者（如富有的投资者）偏好低现金股利支付率的股票 （2）边际税率较低的投资者（如养老基金投资者）喜欢高现金股利支付率的股票

【解读】客户效应理论是对税差理论的进一步扩展，研究处于不同税收等级的投资者对待股利分配态度的差异。

3. “一鸟在手”理论

> 要点小贴士
>
> 在手之鸟：当期股利收益；在林之鸟：未来的资本利得。一鸟在手，强于二鸟在林。

主要观点	股东更偏好于现金股利而非资本利得，倾向于选择股利支付率高的股票。随着公司股利支付率的提高，权益价值因此而上升

4. 代理理论

常见的代理冲突及相关观点	（1）股东与债权人之间的代理冲突：债权人为保护自身利益，希望企业采取低股利支付率政策 （2）经理人员与股东之间的代理冲突：实施多分少留（高股利支付率）的政策，既有利于抑制经理人员随意支配自由现金流的代理成本，也有利于满足股东取得股利收益的愿望 （3）控股股东与中小股东之间的代理冲突：处于对外部投资者保护程度较弱环境的中小股东希望企业采用高股利支付率政策，以防控股股东的利益侵害

5. 信号理论

<table>
<tr><td>主要观点</td><td>在信息不对称的情况下，公司可以通过股利政策向市场传递有关公司未来盈利能力的信息。股利政策所产生的信息效应会影响股票的价格</td></tr>
<tr><td>不同的判断</td><td>鉴于投资者对股利信号信息的理解不同，对企业价值所作出的判断也不同

<table><tr><th>可能的信号</th><th>好信号</th><th>差信号</th></tr><tr><td>高股利支付率</td><td>企业未来业绩大幅度增长</td><td>企业没有前景好的投资项目</td></tr><tr><td>低股利支付率</td><td>企业有前景看好的投资项目</td><td>企业未来出现衰退</td></tr></table>
【提示】如果考虑处于成熟期的企业，其盈利能力相对稳定，此时企业宣布发放高额股利，可能预示着企业成长性趋缓甚至下降，因此，随着股利支付率提高，股票价格应该是下降的</td></tr>
</table>

名师点拨

考试时要注意前提，没有前提，信号理论的观点不一定，但是在特定前提下，教材针对处于成熟期企业给出了信号理论的确定结论，即：股利支付率高，股票价格会下降。

经典题解

【真题2·单选题】根据“一鸟在手”股利理论，公司的股利政策应采用（　　）。（2020年卷Ⅰ）

A. 低股利支付率

B. 不分配股利

C. 用股票股利代替现金股利

D. 高股利支付率

【解析】根据“一鸟在手”理论所体现的收益与风险的选择偏好，股东更偏好于现金股利而非资本利得，倾向于选择股利支付率高的股票。

【答案】D

【真题3·单选题】下列各项股利理论中，认为股利政策不影响公司市场价值的是（　　）。（2020年卷Ⅱ）

A. 信号理论　　　　B. 客户效应理论

C. 一鸟在手理论　　D. 无税MM理论

【解析】股利无关论认为股利分配对公司的市场价值不会产生影响，股利无关论又被称为完全市场理论，也就是无税MM理论。

【答案】D

【例题4·单选题】下列关于股利分配理论的说法中，错误的是（　　）。

A. 税差理论认为，当股票资本利得税与股票交易成本之和大于股利收益税时，应采用高现金股利支付率政策

B. 客户效应理论认为，对于高收入阶层和风险偏好投资者，应采用高现金股利支付率政策

C.“一鸟在手”理论认为，由于股东偏好当期股利收益胜过未来预期资本利得，应采用高现金股利支付率政策

D. 代理理论认为，为解决控股股东和中小股东之间的代理冲突，应采用高现金股利支付率政策

【解析】客户效应理论认为，边际税率较高的投资者（如富有的投资者）偏好低现金股利支付率的股票，偏好少分现金股利、多留存。边际税率较低的投资者（如养老基金投资者）喜欢高现金股利支付率的股票。

【答案】B

二、股利政策的类型★★★

（一）剩余股利政策

要点小贴士

股利＝净利润－投资需要的资金×目标权益比重。

含义	决策程序	优缺点
指在公司有着良好的投资机会时，根据一定的目标资本结构，测算出投资所需的权益资本，先从盈余当中留用，然后将剩余的盈余作为股利予以分配	（1）设定目标资本结构 （2）确定目标资本结构下投资所需的股东权益数额 （3）最大限度地使用保留盈余满足投资所需的权益资本 （4）盈余剩余部分发放股利	优点：保持理想的资本结构，使加权平均资本成本最低 缺点：股利发放额每年随投资机会和盈利水平的波动而波动，不利于投资者安排收入与支出

【解读】分析剩余股利政策要注意以下几点：

第一，关于财务限制

（1）目标资本结构是指长期有息负债和所有者权益的比率，不是资产负债率。

（2）分配股利的现金问题，是营运资金管理问题，如果现金存量不足，可以通过短期借款解决，与筹集长期资本无直接关系。

第二，关于法律限制

法律有关计提10%法定盈余公积金的规定，实际上只是对本年利润“留存”数额的限制，而不是对股利分配的限制。

第三，在剩余股利政策下，限制动用以前年度未分配利润分配股利。如果动用，企业为保持目标资本结构，还需要按照目标资本结构去增发新股和借款，不符合经济原则。

要点小贴士

剩余股利政策是假设公司一直处于目标资本结构状态，因此各年分配股利时，只需分配当年实现的净利润，以前的未分配利润是以前按照目标资本结构需要留存下来满足投资需要的。如果动用以前年度未分配利润会打破基期的目标资本结构。

【易错易混点】

考虑的因素	不考虑的因素
投资机会（指的是长期资本需求）	货币资金存量（属于营运资金管理问题，现金不足可以借钱分红）
目标资本结构（指的是长期资本结构，不是资产负债率）	期初未分配利润（不用往年未分配利润分红，只用当年净利润分红）

考虑的因素	不考虑的因素
当年净利润（只用当年净利润分红）	计提盈余公积（盈余公积属于留存收益，不会在实质上妨碍分红）
—	短期 / 无息借款（属于营运资金管理问题，不属于资本结构问题）

经典题解

【真题 5 · 单选题】目前，甲公司有累计未分配利润 1000 万元，其中上年实现的净利润 500 万元。公司正在确定上年利润的具体分配方案。按法律规定，净利润要提取 10% 的盈余公积金。预计今年需增加长期资本 800 万元。公司的目标资本结构是债务资本占 40%、权益资本占 60%。公司采用剩余股利政策，应分配的股利是（　　）万元。（2018 年卷Ⅰ）

A. 20　　B. 0

C. 540　　D. 480

【解析】应分配的股利 =500−800×60%=20（万元）。

【答案】A

> **真题点拨**
>
> 按照法律的限制必须累计的净利润为正才能分配股利。设累计未分配利润（年初未分配利润 + 本年实现的净利润）为 a；设“本年净利润 − 投资需求 × 目标权益比重”为 b
>
> 若 a ≤ 0，分配的股利 =0；
>
> 若 a ＞ 0，分配的股利 =min（a，b）。

【真题 6 · 单选题】甲公司 2016 年年初未分配利润 −100 万元，2016 年实现净利润 1200 万元。公司计划 2017 年新增资本支出 1000 万元，目标资本结构（债务：权益）为 3 ∶ 7。法律规定，公司须按净利润 10% 提取公积金。若该公司采取剩余股利政策，应发放现金股利（　　）万元。（2017 年卷Ⅰ、卷Ⅱ）

A. 310　　B. 400

C. 380　　D. 500

【解析】利润留存 =1000×7/10=700（万元），应发放现金股利 =1200−700=500（万元）。在剩余股利政策下，不需要考虑以前年度未分配利润的问题，因此年初未分配利润 −100 万元不影响 2016 年的利润分配。按净利润 10% 提取的公积金含在留存收益中了，不需要单独考虑。本题的“年初未分配利润 + 本年实现的净利润”=1100 万元，足以满足 500 万元的股利分配，不需要考虑年初未分配利润，本年分配的股利就是 500 万元。

【答案】D

【例题 7 · 多选题】公司基于不同的考虑会采用不同的股利分配政策。采用剩余股利政策的公司更多地关注（　　）。

A. 盈余的稳定性　　B. 公司的流动性

C. 投资机会　　D. 资本成本

【解析】剩余股利政策就是在公司有着良好投资机会时，根据一定的目标资本结构（最佳资本结构），推算出投资所需的权益资本，先从盈余当中留用，然后将剩余的盈余作为股利予以分配。可见，更多关注的是投资机会和资本成本。

【答案】CD

（二）固定股利或稳定增长股利政策

含义	企业将每年派发的股利固定在某一特定水平或是在此基础上维持某一固定增长率从而逐年稳定增长
优缺点	优点： （1）固定或稳定增长的现金股利向市场传递着公司经营业绩正常或稳定增长的信息，有利于树立公司良好的形象，增强投资者对公司的信心，从而使公司股票价格保持稳定或上升 （2）固定或稳定增长的股利有利于投资者安排股利收入和支出 缺点： （1）股利的支付与盈余相脱节。当盈余较低时仍要支付固定或稳定增长的股利，这可能导致资金短缺，财务状况恶化 （2）不能像剩余股利政策那样保持较低的资本成本
适用范围	固定股利或稳定增长股利政策适用于成熟的、盈利充分且获利能力比较稳定的、扩张需求减少的公司。从公司发展的生命周期考虑，稳定增长期的企业可采用稳定增长股利政策，成熟期的企业可采用固定股利政策

要点小贴士

（1）固定：预计股利 = 基期股利。

（2）稳定增长：预计股利 = 基期股利 ×（1+ 股利增长率）。

经典题解

【例题 8 · 单选题】公司采用固定股利或稳定增长股利政策发放股利的好处主要表现为（　　）。

A. 降低资本成本　　　　B. 维持或提升股价

C. 提高支付能力　　　　D. 实现资本保全

【解析】本题的关键点是理解固定股利或稳定增长股利政策的优缺点。注意资本保全是指不能用资本（包括股本和资本公积）发放股利，这是法律限制，所有的股利政策都要满足这个要求，所以不能说是某种政策的主要好处。

【答案】B

（三）固定股利支付率政策

含义	优缺点
是公司确定一个股利占盈余的比率，并长期按此比率支付股利的政策	优点：使股利与公司盈余紧密地配合，以体现多盈多分、少盈少分、无盈不分的原则 缺点：各年的股利变动较大，极易造成公司不稳定的感觉，对于稳定股票价格不利

要点小贴士

一般按基期的数据确定固定的股利支付率。预计股利 = 预计净利润 × 固定股利支付率。

经典题解

【真题 9 · 单选题】公司采用固定股利支付率政策时，考虑的理由通常是（　　）。（2017 年卷 Ⅱ）

A. 稳定股票市场价格　　　　B. 维持目标资本结构

C. 保持较低资本成本　　　　D. 使股利与公司盈余紧密配合

【解析】主张实行固定股利支付率的人认为，这样做能使股利与公司盈余紧密地配合，以体现多盈多分、少盈少分、无盈不分的原则。

【答案】D

要点小贴士

(1)每年支付固定数额的低股利。

(2)高盈余年份增发股利。

(四)低正常股利加额外股利政策

含义	优点
该股利政策是公司一般情况下每年只支付固定的、数额较低的股利，在盈余多的年份，再根据实际情况向股东发放额外股利	具有较大灵活性；使那些依靠股利度日的股东每年至少可以得到虽然较低但比较稳定的股利收入，从而吸引住这部分股东

【总结】

	剩余股利政策	固定股利支付率政策	固定股利或稳定增长股利政策	低正常股利加额外股利政策
股利理论	无关理论	相关理论	相关理论	相关理论
保持目标资本结构(降低资本成本)	有利于	不利于	不利于	不利于
股利与盈余紧密配合	不利于	有利于	不利于	低正常部分：不利于 额外部分：有利于
树立公司良好形象、稳定股价	不利于	不利于	有利于	低正常部分：有利于 额外部分：不利于
股利确定方法	股利＝净利润－投资总需求×目标权益比重	股利 D_1= 净利润 $_1$× 股利支付率 其中： 股利支付率＝基期股利/基期净利润	固定股利：$D_1=D_0$ 稳定增长股利：$D_1=D_0\times(1+g)$	低正常＋额外

名师点拨

在实务工作中当年实现的净利润在下一年分配股利。教材为了简便，例题均默认当年的利润在当年分配。

(1)考试时不特指均按简化处理方式：

t年的股利支付率=t年分配的股利/t年净利润；

(2)考试如果特指当年净利润在下年分配：

t年的股利支付率=(t+1)年分配的股利/t年净利润。

经典题解

【例题10·单选题】甲公司是一家制造企业，当年取得的利润在下年分配。2021年公司净利润50000万元。2022年分配现金股利15000万元，预计2022年净利润60000万元，如果甲公司采用固定股利支付率政策，则2022年净利润的股利支付率为(　　)。

A. 25%　　　　B. 30%

C. 35%　　　　D. 40%

【解析】题目有特指当年取得的利润在下年分配，所以2022年分配的股利是针对2021年净利润的分配，固定股利支付率=15000/50000=30%。

【答案】B

【例题11·计算分析题】某公司成立于2020年1月1日，2020年度实现的净利润为1000万元，分配现金股利550万元，提取盈余公积450万元（所提盈余公积均已指定用途）。2021年实现的净利润为900万元（不考虑计提法定盈余公积的因素）。2022年计划增加投资，所需资金为700万元。假定公司目标资本结构为自有资金占60%，债务资金占40%。

要求：

（1）在保持目标资本结构的前提下，计算2022年投资方案所需的自有资金额和需要从外部借入的债务资金额。

（2）在保持目标资本结构的前提下，如果公司执行剩余股利政策。计算2021年度应分配的现金股利。

（3）在不考虑目标资本结构的前提下，如果公司执行固定股利政策（假设流通在外普通股股数不变），计算2021年度应分配的现金股利、可用于2022年投资的利润留存和需要额外筹集的资金额。

（4）不考虑目标资本结构的前提下，如果公司执行固定股利支付率政策，计算该公司的股利支付率和2021年度应分配的现金股利。

（5）假定公司2022年面临着从外部筹资的困难，只能从内部筹资，不考虑目标资本结构，计算在此情况下2021年度应分配的现金股利。

【答案】

（1）2022年投资方案所需的自有资金额=700×60%=420（万元）

2022年投资方案所需从外部借入的债务资金额=700×40%=280（万元）

或者：2022年投资方案所需从外部借入的债务资金额=700-420=280（万元）

（2）2021年度应分配的现金股利=2021年净利润-2022年投资方案所需的自有资金额=900-420=480（万元）

（3）2021年度应分配的现金股利=上年分配的现金股利=550万元

可用于2022年投资的利润留存=900-550=350（万元）

2022年投资需要额外筹集的资金额=700-350=350（万元）

（4）该公司的股利支付率=550/1000×100%=55%

2021年度应分配的现金股利=55%×900=495（万元）

（5）因为公司只能从内部筹资且不考虑目标资本结构，所以2022年的投资需要从2021年的净利润中留存700万元，所以2021年度应分配的现金股利=900-700=200（万元）。

三、股利政策的影响因素★★

（一）法律限制

限制因素	说明
资本保全的限制	公司不能用资本（包括股本和资本公积）发放股利
企业积累的限制	按照法律规定，公司税后利润必须先提取法定公积金。此外还鼓励公司提取任意公积金，只有当提取的法定公积金达到注册资本的50%时，才可以不再提取
净利润的限制	规定公司年度累计净利润必须为正数时才可发放股利，以前年度亏损必须足额弥补
超额累积利润的限制	许多国家规定公司不得超额累积利润，一旦公司的保留盈余超过法律认可的水平，将被加征额外税额
无力偿付的限制	基于对债权人的利益保护，如果一个公司已经无力偿付负债，或股利支付会导致公司失去偿债能力，则不能支付股利

（二）股东因素

限制因素	说明
稳定的收入	依靠股利维持生活的股东往往要求支付稳定的现金股利
避税	边际税率高的股东出于避税考虑，往往反对发放较多的现金股利
控制权的稀释	为防止控制权的稀释，持有控股权的股东希望少分配股利，少募集权益资金

（三）公司因素

限制因素	说明
盈余的稳定性	盈余相对稳定的公司有可能支付较高的股利，盈余不稳定的公司一般采取低股利政策
公司的流动性	资产流动性较低的公司有可能支付较低的股利
举债能力	具有较强举债能力的公司有可能采取高股利政策，而举债能力弱的公司往往采取低股利政策
投资机会	有良好投资机会的公司往往少发现金股利，缺乏良好投资机会的公司，倾向于支付较高的现金股利
资本成本	保留盈余（不存在筹资费用）的资本成本低于发行新股。从资本成本考虑，如果公司有扩大资金的需要，也应当采取低股利政策
债务需要	具有较高债务偿还需要的公司一般采取低股利政策

（四）其他限制

限制因素	说明
债务合同约束	如果债务合同限制现金股利支付，公司只能采取低股利政策
通货膨胀	通货膨胀时期，由于货币购买力下降，公司计提的折旧不能满足重置固定资产的需要，需动用盈余补足重置固定资产的需要，因此在通货膨胀时期公司股利政策往往偏紧

经典题解

【真题 12·多选题】在其他条件相同的情况下，下列关于公司股利政策的说法中，正确的有（　　）。（2018 年卷Ⅱ）

A. 成长中的公司倾向于采取高股利支付率政策

B. 盈余稳定的公司倾向于采取高股利支付率政策

C. 举债能力强的公司倾向于采取高股利支付率政策

D. 股东边际税率较高的公司倾向于采取高股利支付率政策

【解析】成长中的公司需要较多的资金，应多利润留存，因此应采取低股利支付率政策，选项 A 错误。

盈余稳定的公司，经营风险小，因此可以少利润留存，采取高股利支付率政策，选项 B 正确。

举债能力强的公司，缺少资金的时候可以进行债务筹资，因此可以少利润留存，采取高股利支付率政策，选项 C 正确。

股东边际税率较高的公司倾向于采取低股利支付率政策，少支付税款，选项 D 错误。

【答案】BC

【例题 13·多选题】下列关于股利分配政策的表述中，错误的有（　　）。

A. 处于衰退期的企业在制定收益分配政策时，应当优先考虑企业积累

B. 金融市场利率走势下降时，公司一般不应采用高现金股利政策

C. 基于控制权的考虑，股东会倾向于较高的股利支付水平

D. 债权人不会影响公司的股利分配政策

【解析】处于衰退期的企业在制定收益分配政策时，应当优先考虑将利润发放给股东，而不是企业积累，选项 A 错误；金融市场利率下降时，外部资金来源的资本成本降低，企业可以采取高股利支付率政策，选项 B 错误；基于控制权的考虑，股东会倾向于较低的股利支付水平，选项 C 错误；债权人会影响公司的股利分配政策，选项 D 错误。

【答案】ABCD

第二节　股利的种类、支付程序与分配方案

使用“会计云课堂”App 或“微信”扫码查看本节视频，快速 GET 知识点。

要点小贴士

公司以自己的股票发股利是股票股利，公司以持有的其他公司的股票发股利是财产股利；公司以自己的债券发股利是负债股利，公司以持有的其他公司的债券发股利是财产股利。

一、股利的种类★

股利支付方式	特点
现金股利	现金股利是以现金支付的股利，它是股利支付的主要方式。公司支付现金股利除了要有累计盈余（特殊情况下可用弥补亏损后的盈余公积金支付）外，还要有足够的现金
股票股利	股票股利是公司以增发的股票作为股利的支付方式
财产股利	财产股利是以现金以外的资产支付的股利，主要是以公司所拥有的其他公司的有价证券作为股利支付给股东
负债股利	负债股利是公司以负债支付的股利，通常以公司的应付票据支付给股东，在不得已的情况下也有发行公司债券抵付股利的

经典题解

【真题 14·单选题】甲公司以持有的乙公司股票作为股利支付给股东，这种股利属于（　　）。（2016 年卷Ⅰ、卷Ⅱ）

A. 现金股利　　B. 负债股利　　C. 股票股利　　D. 财产股利

【解析】以持有的其他公司的有价证券支付的股利，属于财产股利。

【答案】D

二、股利支付程序★★

股利支付过程中的重要日期	股利宣告日	公司董事会将股东大会通过本年度利润分配方案的情况以及股利支付情况予以公告的日期
	股权登记日	有权领取本期股利的股东其资格登记截止日期。只有在股权登记日这一天登记在册的股东（即在此日及之前持有或买入股票的股东）才有资格领取本期股利
	除息日（除权日）	指股利所有权与股票本身分离的日期，将股票中含有的股利分配权利予以解除，即在除息日当日及以后买入的股票不再享有本次股利分配的权利
	股利支付日	是公司确定的向股东正式发放股利的日期

要点小贴士

股权登记日的股票价格（$P_{\text{登}}$）包含本期的股利，除息日的股票价格（$P_{\text{除}}$）不含本期股利。即，$P_{\text{登}}>P_{\text{除}}$。

经典题解

【例题 15·单选题】甲上市公司 2021 年度的利润分配方案是每 10 股派发现金

股利 12 元，预计公司股利以 10% 的速度稳定增长，股东要求的收益率为 12%。于股权登记日，甲公司股票的预期价格为（　　）元。

A. 60　　B. 61.2　　C. 66　　D. 67.2

【解析】股权登记日的在册股东有权分取本次股利。其股票价格包含本次股利，会高于除息日的股票价格，股权登记日的股票价格 = 除息日的股票价格 + 本次股利 = $\frac{1.2\times(1+10\%)}{12\%-10\%}+1.2=67.2$（元）。

【答案】D

解题攻略

公式 $D_1/(r_s-g)$ 是将未来的股利折现到 0 时点的价值，考虑的是未来的股利，不包括本期派发的股利 D_0，所以可以视同为除息日的价格；而股权登记日的股价是包括本次股利的，即股权登记日的股价 = $D_1/(r_s-g)+D_0$。

三、股利分配方案★★

（一）分配方案的内容

股利支付形式	决定是以现金股利、股票股利还是其他某种形式支付股利
股利支付率	决定股利支付率的政策
股利政策的类型	决定采取固定股利政策，还是稳定增长股利政策，或是剩余股利政策等
股利支付程序	确定股利宣告日、股权登记日、除息日和股利支付日等具体事宜

【提示】按年度计算的股利支付率非常不可靠。由于累计的以前年度盈余也可以用于股利分配，有时股利支付率甚至会大于 100%。作为一种财务政策，股利支付率应当是若干年度的平均值。

（二）股票股利的影响

有影响的项目	无影响的项目
（1）所有者权益的内部结构 （2）股数（增加） （3）每股收益（下降） （4）每股市价（下降）	（1）资本结构（资产总额、负债总额、所有者权益总额均不变） （2）股东持股比例 （3）若盈利总额和市盈率不变，股票股利发放不会改变股东持股的市场价值总额 （4）每股面值

【扩展】在我国股票股利按面值确定，“未分配利润”按面值减少（增加的股数 × 每股面值），“股本”按面值增加（增加的股数 × 每股面值），“资本公积”不变。若考试特指股票股利按市价确定，则“未分配利润”按市价减少（增加的股数 × 每股市价），“股本”按面值增加（增加的股数 × 每股面值），“资本公积”按差额确定［增加的股数 ×（每股市价 − 每股面值）］。

经典题解

【例题 16 · 多选题】某公司发放股利前的股东权益如下：股本 3000 万元（每股面值 1 元），资本公积 2000 万元，盈余公积 2000 万元，未分配利润 5000 万元。若每 10 股发放 1 股普通股作为股利，股利按面值计算，则公司发放股利后，下列说法正确的有（　　）。

A. 未分配利润的金额为 2000 万元

B. 股东权益的金额为 12000 万元

C. 股本的金额为 3300 万元

D. 盈余公积的金额为 4700 万元

【解析】发放股票股利后，未分配利润 =5000-3000/10×1=4700（万元），股本 =3000+3000/10×1=3300(万元)，股票股利按面值确定不影响资本公积，发放股票股利不影响盈余公积，选项 C 正确，选项 A、D 错误。

发放股票股利前后股东权益金额不变，仍为 3000+2000+2000+5000=12000（万元），选项 B 正确。

【答案】BC

（三）股票股利与资本公积转增股本的比较

相同点	（1）会使股东具有相同的股份增持效果，但并未增加股东持有股份的价值 （2）由于股票股利与转增都会增加股本数量，但每个股东持有股份的比例并未改变，结果导致每股价值被稀释，从而使股票交易价格下降
区别点	对所有者权益内部具体项目的影响不同。若股票股利按面值确定，股票股利发放会使股本增加、未分配利润减少；资本公积转增股本会使股本增加、资本公积减少

要点小贴士

这个除权参考价是指股利分配及转增后股东财富不变的理论价格。

要点小贴士

（1）若除息日股票价格＝股票的除权参考价，股利分配及转增不影响股东财富；

（2）若除息日股票价格＞股票的除权参考价，股利分配及转增会使股东财富增加；

（3）若除息日股票价格＜股票的除权参考价，股利分配及转增会使股东财富减少。

（四）除权参考价的计算

在除息日，上市公司发放现金股利、股票股利以及资本公积转增资本后：

$$股票的除权参考价=\frac{股权登记日收盘价-每股现金股利}{1+送股率+转增率}$$

【公式推导】

（1）股权登记日的股东财富 = 持有的股票价值 = 股权登记日的收盘价 × 原有股数。

（2）除息日的股东财富 = 持有的股票价值 + 分得的现金股利 = 股票除息日的价格 × 原有股数 ×（1+ 送股率 + 转增率）+ 原有股数 × 每股现金股利。

（3）假设股东财富不变，将这个不改变股东财富的股票除息日的价格，称为股票除息日的参考价格，则有：

股票除息日的参考价格 × 原有股数 ×（1+ 送股率 + 转增率）+ 原有股数 × 每股现金股利 = 股权登记日的收盘价 × 原有股数

$$解出：股票除息日的参考价格=\frac{股权登记日收盘价-每股现金股利}{1+送股率+转增率}$$

经典题解

【真题 17·单选题】甲公司 2020 年度利润分配方案：向全体股东每 10 股送 2 股转增 4 股并派发现金股利 2 元。2021 年 5 月 12 日是股利宣告日，当日收盘价 108 元；5 月 18 日是股权登记日，当日收盘价 107 元。甲公司股票的除权参考价（　　）元 / 股。（2021 年卷Ⅰ）

A. 66.75　　B. 67.38　　C. 76.29　　D. 77

【解析】股票的除权参考价 $=\frac{\text{股权登记日收盘价}-\text{每股现金股利}}{1+\text{送股率}+\text{转增率}}$ =（107-0.2）/（1+0.2+0.4）=66.75（元/股）。

【答案】A

【真题 18·多选题】甲持有乙公司股票，乙公司 2020 年利润分配方案是每 10 股派发现金股利 2 元，同时以资本公积金向全体股东每 10 股转增 10 股。假设利润分配及资本公积金转增股本后股价等于除权参考价，下列关于利润分配结果的说法中，正确的有（　　）。（2020 年卷Ⅰ）

A. 甲财富不变　　B. 乙股价不变

C. 甲持有乙的股份比例不变　　D. 甲持有乙的股数不变

【解析】因为题目假设利润分配及资本公积金转增股本后股价等于除权参考价，所以股东财富不变，选项 A 正确。

股票的除权参考价 $=\frac{\text{股权登记日收盘价}-\text{每股现金股利}}{1+\text{送股率}+\text{转增率}}$，由公式可知，派发现金股利并转增股本会使乙股价下降，选项 B 错误。

甲持有乙公司股票的股数变多，但持股比例不变，选项 C 正确，选项 D 错误。

【答案】AC

【例题 19·单选题】甲公司是一家上市公司，2021 年的利润分配方案如下：每 10 股送 2 股并派发现金红利 10 元（含税），资本公积每 10 股转增 3 股。如果除权（息）日的股票参考价格为 25 元/股，则股权登记日的股票收盘价为（　　）元/股。

A. 10　　B. 16　　C. 36.5　　D. 38.5

【解析】25=（股权登记日的股票收盘价 -10/10）/（1+2/10+3/10），股权登记日的股票收盘价 =38.5（元/股）。

【答案】D

第三节　股票分割与股票回购

使用“会计云课堂”App 或“微信”扫码查看本节视频，快速 GET 知识点。

一、股票分割★★★

（一）股票分割的含义与目的

含义	目的
股票分割是指将面额较高的股票交换成面额较低的股票的行为	（1）主要目的在于通过增加股票股数降低每股市价，从而吸引更多的投资者 （2）股票分割往往是成长中公司的行为，所以宣布股票分割后容易给人一种“公司正处于发展之中”的印象，这种利好信息会在短时间内提高股价

考点妙记

股票分割不影响的事项，股票反分割也不影响；股票分割影响的事项，股票反分割反向影响。

【易错易混点】股票分割与反分割的区别与联系。

反分割是股票分割的相反行为，即将数股面额较低的股票合并为一股面额较高的股票。

内容	股票分割	股票反分割
不同点	（1）面值变小 （2）普通股股数增加 （3）每股收益降低、每股净资产降低 （4）每股市价下降	（1）面值变大 （2）普通股股数减少 （3）每股收益提高、每股净资产提高 （4）每股市价提高
相同点	（1）股东权益内部结构不变 （2）资本结构不变（资产总额、负债总额、股东权益总额不变） （3）股东持股比例不变 （4）若盈利总额和市盈率不变，不会改变股东持股的市场价值总额	

经典题解

【真题20·多选题】下列关于股票分割的说法中，正确的有（　　）。（2021年卷Ⅲ）

A. 增加股数，减少未分配利润

B. 增加股数，降低每股收益

C. 将面值大的股票换成面值小的股票

D. 降低每股价格，吸引投资者

【解析】股票分割是指将面额较高的股票交换成面额较低的股票的行为。股票分割时，流通在外的股数增加，每股面额下降。而盈利总额和市盈率不变，则每股收益和每股市价下降，但公司价值不变，股东权益总额以及股东权益内部各项目相互间的比例也不会改变。选项A错误，选项B、C正确。

对于公司来讲，实行股票分割的主要目的在于通过增加股票股数降低每股市价，从而吸引更多的投资者。选项D正确。

【答案】BCD

【真题21·多选题】甲公司拟按1股换2股的比例进行股票分割，分割前后其下列项目中保持不变的有（　　）。（2018年卷Ⅰ）

A. 每股收益　　B. 净资产

C. 资本结构　　D. 股权结构

【解析】股票分割会导致股数增加，因此每股收益会下降，选项A错误。

股票分割会导致每股面值下降，但是股本总额不变，因此净资产不变，资本结构和股权结构也是不变的，选项B、C、D正确。

【答案】BCD

真题点拨

反分割是数股合并一股，所以每股面值增大，股数变小，但是股本和股东权益不会变。

【真题22·单选题】甲公司目前普通股400万股，每股面值1元，股东权益总额1400万元。如果按2股换成1股的比例进行股票反分割，下列各项中，正确的是（　　）。（2017年卷Ⅱ）

A. 甲公司股数 200 万股

B. 甲公司每股面值 0.5 元

C. 甲公司股本 200 万元

D. 甲公司股东权益总额 700 万元

【解析】股票反分割后每股面值 =1×2=2（元），股数 =400/2=200（万股），股本 =200×2=400（万元），股东权益总额不变，仍为 1400 万元。因此选项 A 正确。

【答案】A

【真题 23·单选题】在净利润和市盈率不变的情况下，公司实行股票反分割导致的结果是（　　）。（2015 年卷Ⅰ、卷Ⅱ）

A. 每股收益上升　　B. 每股面额下降

C. 每股市价下降　　D. 每股净资产不变

【解析】股票反分割也称股票合并，是股票分割的相反行为，即将数股面额较低的股票合并为一股面额较高的股票，将会导致每股面额上升、每股市价上升、每股收益上升，股东权益总额不变，由于股数减少，因此每股净资产上升，选项 A 正确。

【答案】A

（二）股票分割与股票股利的比较

内容	股票股利	股票分割
不同点	（1）每股面值不变 （2）股东权益内部结构变化 （3）属于股利支付方式	（1）每股面值变小 （2）股东权益内部结构不变 （3）不属于股利支付方式
相同点	（1）普通股股数增加 （2）每股收益和每股市价下降 （3）资本结构不变（资产总额、负债总额、股东权益总额不变） （4）股东持股比例不变 （5）若盈利总额和市盈率不变，不会改变股东持股的市场价值总额	

经典题解

【真题 24·单选题】实施股票分割和股票股利产生的效果相似，他们都会（　　）。（2017 年卷Ⅰ、卷Ⅱ）

A. 降低股票每股面值　　B. 减少股东权益总额

C. 降低股票每股价格　　D. 改变股东权益结构

【解析】股票分割会降低股票每股面值，股票股利不会改变股票每股面值，选项 A 错误。

股票分割和股票股利都不会改变股东权益总额，但是股票股利会改变股东权益结构，股票分割不会改变股东权益结构，选项 B、D 错误。

股票分割和股票股利都会导致股数增加，因此都会降低股票每股价格，选项 C 正确。

【答案】C

二、股票回购★★★

（一）股票回购的含义

股票回购是指公司出资购回自身发行在外的股票。

（二）股票回购与股票分割、股票反分割及股票股利的比较

要点小贴士

（1）股票股利和股票分割都会使股数增加，所以使“每股某某”指标均下降；

（2）股票反分割和股票回购都会使股数减少，所以使“每股某某”指标均上升；

（3）只有股票回购会影响资本结构和持股比例。

内容	股票分割及股票股利	股票反分割	股票回购
股数	增加	减少	减少
每股市价	降低	提高	提高
每股收益	降低	提高	提高
资本结构	不影响	不影响	改变，提高财务杠杆水平
控制权	不影响	不影响	改变，巩固既定控制权或转移公司控制权

（三）股票回购与现金股利的比较

内容	股票回购	现金股利
不同点	（1）股东得到的资本利得，需缴纳资本利得税，税赋低 （2）股票回购对股东利益具有不稳定的影响 （3）不属于股利支付方式 （4）可配合公司资本运作需要	（1）发放现金股利后股东需缴纳股利收益税，税赋高 （2）稳定到手的收益 （3）属于股利支付方式
相同点	（1）所有者权益减少 （2）现金减少	

【理解】

现金股利、股票股利、股票回购、股票分割对报表结构的影响如下图所示：

现金股利

货币资金↓	×
×	×
×	未分配利润↓

特点：所有者权益减少，货币资金减少

股票股利1
（按面值发放股票股利）

×	×
×	股本↑
×	资本公积→
×	未分配利润↓

特点：股东权益内部结构变化，资本结构不变

股票股利2
（按市价发放股票股利）

×	×
×	股本↑
×	资本公积↑
×	未分配利润↓

特点：股东权益内部结构变化，资本结构不变

股票回购
（用货币资金回购股票）

货币资金↓	×
×	股本↓
×	资本公积↓

特点：所有者权益减少，货币资金减少

股票分割

×	×
×	股本→
×	未分配利润→

特点：股东权益内部结构不变，资本结构不变

（四）股票回购对公司的作用

（1）向市场传达积极信号（“股价被低估”），提升股价。

（2）避免股利波动的负面影响，稳定股价。

（3）减少自由现金流，降低管理层代理成本。

（4）反收购策略，减少流通股，抬高股价。

（5）改变资本结构，提高财务杠杆。

（6）调节所有权结构，用于认股权证行权、可转换债券行权、股权激励、交换被收购或被兼并公司的股票。

经典题解

【真题 25 · 多选题】下列关于股票回购的说法中，正确的有（　　）。（2021 年卷Ⅰ）

A. 股票回购可以降低财务杠杆

B. 股票回购可以调节所有权结构

C. 股票回购能向市场传递股价被低估的信号

D. 股票回购可以避免股利波动带来的负面影响

【解析】股票回购会导致公司所有者权益比重减少，改变资本结构、提高财务杠杆。选项 A 错误。

【答案】BCD

【真题 26 · 多选题】下列关于股票回购的说法中，正确的有（　　）。（2021 年卷Ⅱ）

A. 股票回购会影响每股收益

B. 股票回购会影响股东权益的内部结构

C. 股票回购会提高公司的资产负债率

D. 股票回购会向市场传递出股价被高估的信号

【解析】股票回购具有与股票发行相反的作用。股票发行被认为是公司股票被高估的信号，如果公司管理层认为公司目前的股价被低估，通过股票回购，向市场传递了积极信息。选项 D 错误。

【答案】ABC

【真题 27 · 多选题】下列关于股票回购和现金股利影响的说法中，属于二者共同点的有（　　）。（2020 年卷Ⅰ）

A. 均减少所有者权益　　B. 均减少公司现金

C. 均改变所有者权益结构　　D. 均降低股票市场价格

【解析】通过股票回购，可以减少外部流通股的数量，提高股票价格。现金股利会降低股票市场价格。

【答案】ABC

【真题 28 · 多选题】甲公司盈利稳定，有多余现金，拟进行股票回购用于将来奖励本公司职工，在其他条件不变的情况下，股票回购产生的影响有（　　）。（2015 年卷Ⅰ、卷Ⅱ）

A. 每股收益提高　　B. 每股面额下降

C. 资本结构变化　　D. 自由现金流减少

【解析】股票回购使流通在外的普通股股数减少，则每股收益提高，选项 A 正确。股票回购不会改变每股面额，选项 B 不正确。股票回购会使权益比例降低，选项 C 正确。因一部分现金流用于股票回购，因此自由现金流量减少，选项 D 正确。

【答案】ACD

（五）股票回购的方式

分类标准	分类
回购的地点	场内公开收购、场外协议收购
回购的对象	在资本市场上进行随机回购（集中竞价回购）、向全体股东招标回购（要约回购）、向个别股东协商回购（定向回购）
筹资方式	举债回购、现金回购、混合回购（举债 + 现金）
回购价格的确定方式	固定价格要约回购、荷兰式拍卖回购 【提示】荷兰式拍卖回购在回购价格确定方面给予公司更大的灵活性

本章小结

下载“会计云课堂”App 学习

您已成功完成“第十一章”的学习，本章共 8 个考点，您都学会了吗？

为了让您对章节有更清晰的理解，加倍巩固。本书作者闫华红老师将通过“视频导图课”的方式，带您回顾重要考点。

名师点拨，视听结合，高效提分。

※ 欢迎您扫码，免费观看学习。

历年经典主观题回顾

使用“会计云课堂”App 或“微信”扫码快速做题、对答案、看解析、掌握解题思路，开启轻松过关之旅。

计算分析题

1. 甲公司是一家高科技上市公司，流通在外普通股加权平均股数 2000 万股，2018 年净利润 5000 万元。为回馈投资者，甲公司董事会正在讨论相关分配方案，资料如下：

方案一：每 10 股发放现金股利 6 元。

方案二：每 10 股发放股票股利 10 股。

预计股权登记日：2019 年 10 月 20 日；

除权（除息）日：2019 年 10 月 21 日；

现金红利到账日：2019 年 10 月 21 日；

新增无限售条件流通股份上市日：2019 年 10 月 22 日。

假设甲公司股票 2019 年 10 月 20 日收盘价为 30 元。

要求：

（1）如果采用方案一，计算甲公司每股收益、每股股利。如果通过股票回购等额现金支付给股东，回购价格每股 50 元。设计股票回购方案，并简述现金股利与股票回购的异同。

（2）如果采用方案二，计算发放股票股利后甲公司每股收益、每股除权参考价。如果通过股票分割达到同样的每股收益稀释效果，设计股票分割方案，并简述股票股利与股票分割的异同。（2019 年卷 Ⅰ）

2. 甲公司是一家能源类上市公司，当年取得的利润在下年分配。2018 年公司净利润 10000 万元。2019 年分配现金股利 3000 万元，预计 2019 年净利润 12000 万元。2020 年只投资一个新项目，总投资额 8000 万元。

要求：

（1）如果甲公司采用固定股利政策，计算 2019 年净利润的股利支付率。

（2）如果甲公司采用固定股利支付率政策，计算 2019 年净利润的股利支付率。

（3）如果甲公司采用剩余股利政策，目标资本结构是负债 / 权益等于 2/3，计算 2019 年净利润的股利支付率。

（4）如果甲公司采用低正常股利加额外股利政策，低正常股利为 2000 万元，额外股利为 2019 年净利润扣除低正常股利后余额的 16%，计算 2019 年净利润的股利支付率。

（5）比较上述各种股利政策的优点和缺点。（2019 年卷 Ⅱ）

历年经典主观题参考答案及解析

使用“会计云课堂”App 或“微信”扫码对答案、看解析、
掌握解题思路，开启轻松过关之旅。

计算分析题

1.【答案】

（1）每股收益 =5000/2000=2.5（元）

每股股利 =6/10=0.6（元）

股利总额 =0.6×2000=1200（万元）

股票回购股数 =1200/50=24（万股）

股票回购方案：按照回购价格每股 50 元回购 24 万股股票。

相同点：股东都会得到现金收入 1200 万元，公司所有者权益都会减少 1200 万元。

不同点：股票回购有着与发放现金股利不同的意义。

①对股东而言，股票回购后股东得到的资本利得需要缴纳资本利得税，发放现金股利后股东则需缴纳股利收益税。

②对公司而言，股票回购有利于增加公司价值：

第一，公司进行股票回购的目的之一是向市场传递股价被低估的信号。

第二，当公司可支配的现金流明显超过投资项目所需的现金流时，可以用自由现金流进行股票回购，有助于提高每股收益。

第三，避免股利波动带来的负面影响。

第四，发挥财务杠杆的作用。

第五，通过股票回购，可以减少外部流通股的数量，提高股票价格，在一定程度上降低公司被收购的风险。

第六，调节所有权结构。

（2）每股收益 =5000/（2000+2000/10×10）=1.25（元）

每股除权参考价 =30/（1+1）=15（元）

股票分割方案：按 1 股换成 2 股的比例进行股票分割。

相同点：普通股股数增加；每股收益和每股市价下降；资本结构不变。

不同点：股票分割会降低每股面值，股票股利不会降低每股面值；股票分割不会导致股东权益内部结构变化，股票股利会导致股东权益内部结构变化；股票分割不属于股利支付方式，股票股利属于股利支付方式。

【提示】发放股票股利属于所有者权益内部的变动，不会影响所有者权益总额，所以增加的股数不需要考虑时间权重，直接加上增加的股数就可以。

2.【答案】

（1）2019 年净利润的股利支付率 =3000/12000=25%

（2）2019 年净利润的股利支付率 =3000/10000=30%

（3）2019 年净利润的股利支付率 =（12000−8000 × 3/5）/12000=60%

（4）2020 年分配股利 =2000+（12000−2000）× 16%=3600（万元）

2019 年净利润的股利支付率 =3600/12000=30%

（5）固定股利政策有利于树立公司良好形象，增强投资者对公司的信心，稳定股票的价格；稳定的股利有利于投资者安排股利收入和支出。缺点在于股利的支付与盈余相脱节，当盈余较低时仍要支付固定的股利，这可能导致资金短缺，财务状况恶化；同时不能像剩余股利政策那样保持较低的资本成本。

固定股利支付率政策能使股利与公司盈余紧密地配合，以体现多盈多分、少盈少分、无盈不分的原则，才算真正公平地对待了每一位股东。但是在这种政策下各年的股利变动较大，极易造成公司不稳定的感觉，对于稳定股票价格不利。

剩余股利政策可以保持理想的资本结构，使加权平均资本成本最低。缺点是各年股利变动大，对于稳定股价不利。

低正常股利加额外股利政策使公司具有较大的灵活性；这种股利政策可使那些依靠股利度日的股东每年至少可以得到虽然低但比较稳定的股利收入，从而吸引住这部分股东。

同步强化练习题

使用“会计云课堂”App 或“微信”扫码快速做题、对答案、看解析、掌握解题思路，开启轻松过关之旅。

一、单项选择题

1. 股东宁愿现在取得确定的股利收益，而不愿将同等的资金放在未来价值不确定的投资上，因此公司采用高现金股利政策有利于提升股东价值，这种观点的理论依据是（　　）。

A. 代理理论

B. 税差理论

C. 信号理论

D.“一鸟在手”理论

2. 按照税差理论，下列表述正确的是（　　）。

A. 不考虑股票交易成本时，采用高股利政策对股东有利

B. 考虑股票交易成本时，采用高股利政策对股东有利

C. 若不考虑股票交易成本且现金股利税与资本利得税没有差异时，采用低股利政策对股东有利

D. 现金股利税与资本利得税有差异时，采用低股利政策对股东有利

3. 下列关于客户效应理论的表述中，正确的是（　　）。
   A. 边际税率较高的投资者偏好多分现金股利、少留存
   B. 持有养老基金的投资者喜欢高股利支付率的股票
   C. 较高的现金股利会引起低边际税率阶层的不满
   D. 较少的现金股利会引起高边际税率阶层的不满

4. 某公司采用剩余股利政策分配股利，董事会正在制订2021年度的股利分配方案。在计算股利分配额时，不需要考虑的因素是（　　）。
   A. 公司的目标资本结构
   B. 2021年年末的货币资金
   C. 2021年实现的净利润
   D. 2022年需要的投资资本

5. 在以下股利政策中，有利于稳定股票价格，从而树立公司良好形象，但股利的支付与公司盈余相脱节的股利政策是（　　）。
   A. 剩余股利政策
   B. 固定股利政策
   C. 固定股利支付率政策
   D. 低正常股利加额外股利政策

6. 下列关于股利分配政策的说法中，错误的是（　　）。
   A. 采用剩余股利分配政策，可以保持理想的资本结构，使加权平均资本成本最低
   B. 采用固定股利支付率分配政策，可以使股利和公司盈余紧密配合，但不利于稳定股票价格
   C. 采用固定股利或稳定增长股利政策，当盈余较低时，容易导致公司资金短缺，增加公司风险
   D. 采用低正常股利加额外股利政策，股利和盈余不匹配，不利于增强股东对公司的信心

7. 当公司的盈余和现金流量都不稳定时，对股东和企业都有利的股利分配政策是（　　）。
   A. 剩余股利政策
   B. 固定股利或稳定增长股利政策
   C. 固定股利支付率政策
   D. 低正常股利加额外股利政策

8. 主要依靠股利维持生活的股东和养老基金管理人最不赞成的公司股利政策是（　　）。
   A. 剩余股利政策
   B. 固定股利或稳定增长股利政策
   C. 固定股利支付率政策
   D. 低正常股利加额外股利政策

9. 按照剩余股利政策，假定某公司目标资本结构是产权比率为2/3，明年计划投资600万元，公司年初有未分配利润100万元，进行股利分配时，应从税后净利中保留的用于投资需要的资金为（　　）万元。
   A. 400　　B. 200
   C. 360　　D. 260

10. 我国上市公司不得用于支付股利的权益资金是（　　）。
    A. 资本公积
    B. 任意盈余公积
    C. 法定盈余公积
    D. 上年未分配利润

11. 有权领取本期股利的股东其资格登记截止日期是（　　）。
    A. 股利宣告日
    B. 股权登记日
    C. 除息日
    D. 股利支付日

12. 如果上市公司以其应付票据作为股利支付给股东，则这种股利的支付方式称为（　　）。
    A. 现金股利
    B. 股票股利

C. 财产股利
D. 负债股利

13. A公司用其持有的B公司的股票作为股利发放给股东的股利支付方式属于（　　）。
A. 现金股利
B. 财产股利
C. 负债股利
D. 股票股利

14. 某公司实施的股利分配方案如下：每10股送5股并派发现金股利0.5元(含税)，同时每10股转增2股。假设实施前股权登记日的收盘价为28元，则除权（除息）日的参考价为（　　）元。
A. 14　　B. 14.5
C. 15.32　　D. 16.44

15. 某公司原发行普通股300000股，拟发放15%的股票股利，已知发放股票股利前的每股收益为3.68元，若盈余总额不变，发放股票股利后的每股收益将为（　　）元。
A. 3.2　　B. 4.3
C. 0.4　　D. 1.1

16. 下列股票回购方式在回购价格确定方面给予了公司更大灵活性的是（　　）。
A. 场内公开收购
B. 举债回购
C. 固定价格要约回购
D. 荷兰式拍卖回购

17. 下列关于股票回购的说法中，不正确的是（　　）。
A. 股票回购能够向市场传递股价被低估的信号
B. 股票回购减少了公司的自由现金流，能够降低管理层的代理成本
C. 股票回购和支付现金股利都能够增加财务杠杆效应，但对每股收益的影响不同
D. 股票回购为股东增加的现金流与支付现金股利是相同的

二、多项选择题

1. 下列属于客户效应理论观点的有（　　）。
A. 如果不考虑股票交易成本，企业应采取低现金股利支付率的分配政策
B. 当资本利得税与交易成本之和大于股利收益税时，股东自然会倾向于企业采用高现金股利支付率政策
C. 收入低的投资者表现出偏好高股利支付率的股票，希望支付较高且稳定的现金股利
D. 收入高的投资者因其边际税率高表现出偏好低股利支付率的股票，希望少分现金股利或不分现金股利

2. 基于股利理论中代理理论的观点，下列各项中，企业应采取多分股利的股利分配政策的有（　　）。
A. 协调股东与债权人之间的代理冲突，保护债权人利益
B. 抑制经理人员随意支配自由现金流的代理成本
C. 保护处于对外部投资者保护程度较弱环境的中小股东
D. 保护控股股东的利益

3. 公司实施剩余股利政策，意味着（　　）。
A. 公司接受了股利无关论
B. 公司可以保持理想的资本结构
C. 公司统筹考虑了资本预算、资本结构和股利政策等财务基本问题
D. 兼顾了各类股东、债权人的利益

4. 以下关于剩余股利政策的表述中，正确的有（　　）。
A. 采用剩余股利政策的根本理由是为了保持理想的资本结构，使加权平均资本成本最低
B. 采用剩余股利政策时，要保持公司的

目标资产负债率

C. 采用剩余股利政策时，分配股利要考虑公司的现金是否充足

D. 采用剩余股利政策时，公司不能动用以前年度的未分配利润

5. 确定企业股利分配政策时需要考虑的法律限制因素主要包括（　　）。

A. 资本保全的限制

B. 企业积累的限制

C. 无力偿付的限制

D. 稳定股价的限制

6. 下列因素中，股东往往希望公司提高股利支付率的原因有（　　）。

A. 规避风险

B. 稳定股利收入

C. 防止公司控制权稀释

D. 避税

7. 下列情形中会使企业降低股利分配的有（　　）。

A. 市场竞争加剧，企业收益的稳定性减弱

B. 市场销售不畅，企业库存量持续增加

C. 经济增长速度减慢，企业缺乏良好的投资机会

D. 为保证企业的发展，需要扩大筹资规模

8. 下列有关表述中正确的有（　　）。

A. 在除息日之前，股利权从属于股票

B. 从除息日开始，新购入股票的人不能分享本次已宣告发放的股利

C. 在股权登记日之前持有或买入股票的股东才有资格领取本期股利，在当天买入股票的股东没有资格领取本期股利

D. 自除息日起的股票价格中不包含本次派发的股利

9. 下列有关股票股利的表述正确的有（　　）。

A. 使股东权益内部结构发生了变化

B. 使每股净资产下降

C. 使资本结构发生改变

D. 是一种股利支付方式

10. 下列关于股票分割与股票反分割表述正确的有（　　）。

A. 都不改变资本结构

B. 都会降低股票每股价格

C. 都会增加普通股股数

D. 都不改变股东权益结构

11. 下列关于股票股利、股票分割和股票回购的表述中，正确的有（　　）。

A. 若市盈率不变，发放股票股利导致股价下降，因此股票股利会使股票总市场价值下降

B. 如果发放股票股利后股票的市盈率增加，则原股东所持股票的市场价值增加

C. 发放股票股利和进行股票分割对企业的所有者权益各项目的影响是相同的

D. 股票回购本质上是现金股利的一种替代选择，但是两者带给股东的净财富效应不同

12. 现金股利与股票回购产生的共同影响有（　　）。

A. 每股面值下降

B. 每股收益上升

C. 财务杠杆提高

D. 自由现金流减少

13. 在下列各项中，能够增加普通股股票发行在外的股数，但不改变公司资本结构的行为有（　　）。

A. 股票股利

B. 增发普通股

C. 股票分割

D. 股票回购

14. 下列有关表述中不正确的有（　　）。

A. 按年度确定的股利支付率不可靠，有

可能会高于 100%

B. 从理论上说，债权人不得干预企业的资金投向和股利分配方案

C. 股票分割和股票股利，会降低股票市盈率

D. 所谓剩余股利政策，就是在公司有着良好的投资机会时，公司的盈余首先应满足投资方案的需要

15. 下列关于公司股票回购的表述正确的有（　　）。

A. 会改变公司的资本结构

B. 避免股利波动的负面影响，稳定股价

C. 可能巩固控股股东的控制权

D. 传递公司股价被高估的信息

三、计算分析题

1. 某公司今年年底的所有者权益总额为 9000 万元，普通股股数为 6000 万股。目前的资本结构为长期负债占 55%，所有者权益占 45%，没有需要付息的流动负债。该公司的所得税税率为 25%。预计继续增加长期债务不会改变目前 11% 的平均利息率水平。董事会在讨论明年资金安排时提出：

（1）计划年度分配现金股利 0.05 元/股；

（2）为新的投资项目筹集 4000 万元的资金；

（3）计划年度维持目前的资本结构，并且不增发新股，不举借短期借款。

要求：测算实现董事会上述要求所需要在计划年度实现的息税前利润。

2. M 公司是一家商业企业，当年取得的净利润在下年分配。2021 年 M 公司获得 1500 万元净利润，2022 年分配 300 万元股利。在过去 5 年中，净利润增长率一直保持在 10%。预计 2022 年净利润将达到 1800 万元，2022 年公司预期将有 1200 万元的投资机会。预计 M 公司未来无法维持 2022 年的净利润增长水平（2022 年的高水平净利润归因于当年引进的盈余水平超常的新生产线），此后公司仍将恢复到 10% 的增长率。M 公司的负债率为 40%，未来将维持在此水平。

要求：分别计算在以下各种情况下 M 公司 2023 年预期分配的股利：

（1）公司采取稳定增长的股利政策，2023 年分配的股利水平设定旨在使股利能够按长期盈余增长率增长；

（2）公司保持 2021 年的股利支付率；

（3）公司采用剩余股利政策；

（4）公司采用低正常股利加额外股利政策，低正常股利基于长期增长率，超额股利基于剩余股利政策（分别指明固定股利和超额股利）。

3. E 公司 2021 年实现的净利润为 7200 万元，目前发行在外的普通股股数为 20000 万股，目前的资产总额为 60000 万元，权益资本占资产总额的 60%。

2022 年 5 月，公司董事会正在讨论针对 2021 年的利润分配及股份运作方案，资料如下：

方案一：按照 2 ∶ 1 的比例进行股票反分割；

方案二：按照股利支付率 50% 发放现金股利；

方案三：用股票回购替代现金股利分配，将方案二发放股利所需要的现金用于股票回购，按每股 10 元回购股票。

预计股权登记日：2022 年 5 月 31 日；

除权（除息）日：2022 年 6 月 1 日；

现金红利到账日：2022 年 6 月 1 日；

股票回购日：2022 年 6 月 1 日；

假设公司股票 2022 年 5 月 31 日发行在外的普通股股数为 20000 万股，收盘价为 9 元，预计 2022 年实现的净利润与 2021 年一致。

要求：假设其他因素不变，分别计算 E

公司采用上述方案后的除权日每股净资产、每股除权参考价（假设分配方案不改变股东财富）、2022 年预计每股收益。

四、综合题

甲公司为在上海证券交易所上市的 A 股公司，在 2022 年 1 月发布的 2021 年度利润分配及资本公积转增股本实施公告中披露的分配方案主要信息：

每 10 股送 2 股（按面值发放），按未转股送股前股数每 10 股派发现金红利 0.5 元（含税），每 10 股转增 4 股。

股权登记日：2022 年 3 月 1 日（注：该日收盘价为 49 元）；除权（除息）日：2022 年 3 月 2 日（注：该日的开盘价为 32 元）；新增可流通股份上市流通日：2022 年 3 月 3 日；现金红利到账日：2022 年 3 月 15 日。

甲公司在实施利润分配前，所有者权益情况如下表所示：

单位：万元

项目	金额
股本（面额 1 元，已发行普通股 50000 万股）	50000
资本公积	50000
盈余公积	20000
未分配利润	100000
所有者权益合计	220000

要求：

（1）从甲公司的利润分配及资本公积转增股本实施公告披露的信息分析该公司的股利分配形式包括哪些？

（2）计算确定甲公司的利润分配及资本公积转增股本后的所有者权益各项目的数额。

（3）计算甲公司在 2022 年 3 月 2 日除权（除息）日的参考价。

（4）分析甲公司 2021 年度利润分配及资本公积转增股本方案对股东的影响。

同步强化练习题参考答案及解析

使用“会计云课堂”App 或“微信”扫码对答案、看解析、掌握解题思路，开启轻松过关之旅。

一、单项选择题

1.【答案】D

【解析】“一鸟在手”理论认为，企业在经营过程中存在着诸多的不确定性因素，股东会认为现实的现金股利要比未来的资本利得更为可靠，会更偏好于确定的股利收益。选项 D 正确。

2.【答案】C

【解析】根据税差理论，如果不考虑股票交易成本，应采用低股利政策，选项 A 错误；考虑股票交易成本时，应将资本利得税与交易成本之和与现金股利收益税进行对比，当资本利得税与交易成本之和大于现金股利收益税时，采用高股利政策，但是如果资本利得税与交易成本之和小于现金股利收益税，仍应采用低股利政策，选项 B 错误；不考虑股票交易成本，虽然现金股利税率与资本利得税率没差异，但投资者在支付税金的时间上也存在差异，资本利得可以递延纳税，这时仍然应该选低股利政策，选项 C 正确；选项 D 没有给出前提，错误。

3.【答案】B

【解析】边际税率高的投资者（如富有的投资者）会选择实施低股利支付率的股票，偏好少分现金股利、多留存。选项 A 错误。选项 C、D 表述反了，较高的现金股利满足不了高边际税率阶层的需要，而较少的现金股利又会引起低边际税率阶层的不满。

4.【答案】B

【解析】分配股利的现金问题，是营运资金管理问题，如果现金存量不足，可以通过短期借款解决，与股利分配政策无直接关系。

5.【答案】B

【解析】固定股利政策有其利好的一面，也有不利的一面，其主要缺点是股利支付与公司盈余相脱节。

6.【答案】D

【解析】采用低正常股利加额外股利政策，当公司盈余较少或投资需用较多资金时，可维持设定的较低但正常的股利，股东不会有股利跌落感；而当盈余有较大幅度增加时，则可适度增发股利，把经济繁荣的部分利益分配给股东，使他们增强对公司的信心，这有利于稳定股票的价格，因此选项 D 错误。

7.【答案】D

【解析】本题的关键点是对股东和企业都有利，在低正常股利加额外股利政策下，对股东来说每年至少可以得到虽然较低但比较稳定的股利收入，而且在盈余较多的年份，可获得额外股利；对企业来说，每年支付较低的股利，不会造成资金短缺。因此应该选择选项 D。

8.【答案】A

【解析】在剩余股利政策下，最大限度地使用保留盈余来满足投资方案所需的权益资本数额，若有剩余盈余，再将其作为股利发放给股东，投资人无法确定股利收入多少，因此是依靠股利维持生活的股东和养老基金管理人最不赞成的股利政策。

9.【答案】C

【解析】明年投资所需权益资金 $=600\times3/5=360$（万元）。

10.【答案】A

【解析】按照资本保全的限制，规定公司不能用股本和资本公积发放股利。

11.【答案】B

【解析】股权登记日，即有权领取本期股利的股东其资格登记截止日期。只有在股权登记日这一天登记在册的股东（即在此日及之前持有或买入股票的股东）才有资格领取本期股利。

12.【答案】D

【解析】负债股利是公司以负债方式支付的股利，通常以公司的应付票据支付给股东，在不得已的情况下也有发行公司债券的方式支付股利。

13.【答案】B

【解析】财产股利是以现金以外的资产支付的股利，主要是以公司所拥有的其他公司的有价证券作为股利发放。

14.【答案】D

【解析】除权参考价 $=\dfrac{28-0.5/10}{1+50\%+20\%}=$ 16.44（元）。

15.【答案】A

【解析】根据题意可知股票股利发放比例为15%,发放股票股利后的每股收益=3.68/（1+15%）=3.2（元）。

16.【答案】D

【解析】荷兰式拍卖回购方式下，公司汇总所有股东提交的价格和数量，确定此次股票回购的“价格—数量”曲线，并根据实际回购数量确定最终的回购价格，因此此种方式的股票回购在回购价格确定方面给予公司更大的灵活性。

17.【答案】D

【解析】股票回购股东得到的是资本利得，需缴纳资本利得税，税赋低；发放现金股利后股东则需缴纳股利收益税，税赋高，因此股票回购和现金股利为股东增加的现金流是不相同的。选项D错误。

二、多项选择题

1.【答案】CD

【解析】选项A、B属于税差理论的观点。

2.【答案】BC

【解析】选项A、D偏向少分股利的股利分配政策。

3.【答案】ABC

【解析】公司采用剩余股利政策意味着它认为股利分配对公司的市场价值（股票价格）不会产生影响，而这正是股利无关论的观点，因此选项A正确。采用剩余股利政策的根本理由在于保持理想的资本结构，使加权平均资本成本最低，因此选项B正确。剩余股利政策是指在公司有着良好的投资机会时，根据一定的目标资本结构，测算出投资所需的权益资本，先从盈余当中留用，然后将剩余的盈余作为股利予以分配，因此选项C正确。

4.【答案】AD

【解析】本题的主要考查点是剩余股利分配政策需注意的问题。采用剩余股利政策的根本理由是为了保持理想的资本结构，使加权平均资本成本最低，选项A表述正确。保持目标资本结构，是指保持长期有息负债和所有者权益的比率，不是指保持全部资产的负债比率，无息负债和短期借款不可能也不需要保持某种固定比率，选项B表述错误。分配股利的现金问题是营运资金管理问题，如果现金存量不足，可以通过短期借款解决，与股利分配政策无直接关系，选项C表述错误。只有在资金有剩余的情况下，才会超本年盈余进行分配，超量分配，然后再去借款或向股东筹资，不符合经济原则，因此在剩余股利政策下，公司不会动用以前年度未分配利润，只能分配本年利润的剩余部分，选项D表述正确。

5.【答案】ABC

【解析】法律限制因素包括资本保全的限制、企业积累的限制、净利润的限制、超额累积利润的限制、无力偿付的限制。

6.【答案】AB

【解析】采用低股利政策，多利润留存满足投资，减少外部股权筹集，可以防止控制权稀释，选项C错误。基于避税的考虑，应该多利润留存少发放股利，选项D错误。

7.【答案】ABD

【解析】本题考查股利政策的影响因素。盈余不稳定的公司一般采用低股利政策，所以选项A正确；市场销售不畅，企业库存量持续增加，资产的流动性降低，公司往往支付较低的股利，所以选项B正确；经济增长速度减慢，企业缺乏良好投资机会时，应增加股利的发放，所以选项C不正确；如果企业要扩大筹资规模，则对资金的需求增大，所以会采用低股利政策，所以选项 D 正确。

8.【答案】ABD

【解析】凡是在股权登记日这一天登记在册的股东（即在此日及之前持有或买入股票的股东）都有资格领取本期股利。

9.【答案】ABD

【解析】发放股票股利会引起股东权益内部的此增彼减，但并不改变资本结构。

10.【答案】AD

【解析】股票分割不影响的事项，股票反分割也不影响；股票分割影响的事项，股票反分割反向影响。股票分割降低股票每股价格，但是股票反分割会提高每股价格。股票分割增加普通股股数，但是股票反分割会减少普通股股数。

11.【答案】BD

【解析】市盈率 = 每股市价 / 每股收益，分子、分母同乘以股数，市盈率 = 股票总市场价值 / 盈利总额，发放股票股利不影响盈利总额，而市盈率是不变的，因此分子股票总市场价值是不变的，同理如果市盈率增加，分子股票总市场价值会增加，选项 A 错误、选项 B 正确；发放股票股利会使所有者权益内部结构改变，股票分割不改变所有者权益的内部结构，选项 C 错误；净财富效应指增加的股东财富。股票回购和发放现金股利，都是企业现金流入股东手中，因此股票回购本质上是现金股利的一种替代选择。但是股东收到股利需要缴纳的所得税大于获得资本利得缴纳的所得税，因此股东税后现金流入金额不同，即两者带给股东的净财富效应不同，选项 D 正确。

12.【答案】CD

【解析】

项目	自由现金流	资本结构	每股面值	每股收益
现金股利	减少	改变（所有者权益减少）	不变	不变
股票回购	减少	改变（所有者权益减少）	不变	上升

13.【答案】AC

【解析】股票分割和股票股利会增加流通在外的普通股股数，而且不会改变公司资本结构；增发普通股会增加普通股股数，同时也会改变资本结构；股票回购会减少普通股股数，也会改变资本结构。因此选项 A、C 正确。

14.【答案】BCD

【解析】股利支付率是指股利与净利润的比率。按年度计算的股利支付率非常不可靠。由于累计的以前年度盈余也可以用于股利分配，有时股利支付率甚至会大于 100%，选项 A 正确。股利分配政策的影响因素，其他限制中有一个是债务合同约束。债权人可以通过在债务合同中预先加入限制性条款来干预企业的资金投向和股利分配方案，因此选项 B 错误。股票分割和股票股利一般会使每股市价降低，每股收益降低，但不一定会降低股票市盈率，选项 C 错误。选项 D 的错误在于没有强调满足目标资本结构下的权益资金需要。

15.【答案】ABC

【解析】一般情况下，股票回购意味着公司认为其股票价值被低估而采取的应对措施。选项 D 错误。

三、计算分析题

1.【答案】

（1）发放现金股利所需税后利润=0.05×6000=300（万元）

（2）投资项目所需税后利润=4000×45%=1800（万元）

（3）计划年度的税后利润=300+1800=2100（万元）

（4）税前利润=2100/（1-25%）=2800（万元）

（5）计划年度借款利息=（原长期借款+新增借款）×利率=（9000/45%×55%+4000×55%）×11%=1452（万元）

（6）息税前利润=2800+1452=4252（万元）。

2.【答案】

（1）稳定增长的股利政策下，公司2023年预期分配股利=300×（1+10%）=330（万元）

（2）固定股利支付率的股利政策下，公司2023年预期分配股利=1800×（300/1500）=360（万元）

（3）剩余股利政策下，公司2023年预期分配股利=1800-1200×（1-40%）=1800-720=1080（万元）

（4）低正常股利加额外股利政策下，公司2023年预期分配股利如下：

低正常股利=330万元

超额股利=1800-1200×（1-40%）-330=750（万元）

预计2023年分配的股利=330+750=1080（万元）。

3.【答案】

方案一：除权日每股净资产=60000×60%/（20000/2）=3.6（元/股）

每股除权参考价=9×2=18（元）

2022年预期每股收益=7200/（20000/2）=0.72（元/股）

方案二：

每股净资产=（60000×60%-7200×50%）/20000=1.62（元/股）

每股除权参考价=9-7200×50%/20000=8.82（元/股）

2022年预计每股收益=7200/20000=0.36（元/股）

方案三：

回购金额=7200×50%=3600（万元）

回购股数=3600/10=360（万股）

每股净资产=（60000×60%-3600）/（20000-360）=1.65（元/股）

每股除权参考价×（20000-360）+3600=9×20000

解得：每股除权参考价=8.98元

2022年预计每股收益=7200/（20000-360×7/12）=0.36（元/股）。

四、综合题

【答案】

（1）从甲公司的利润分配及资本公积转增股本实施公告披露的信息得知，该公司的股利分配形式包括现金股利和股票股利。

（2）甲公司2021年度利润分配方案实施后的所有者权益各项目如下表所示：

单位：万元

项目	利润分配前	利润分配后
股本（每股面额1元，均为发行的普通股）	50000	原股本+发放股票股利增加的股本+资本公积转增股本=50000+50000×20%+50000×40%=80000
资本公积	50000	原资本公积-资本公积转增股本=50000-50000×40%=30000

项目	利润分配前	利润分配后
盈余公积	20000	20000（不变）
未分配利润	100000	原未分配利润 - 现金股利分配 - 股票股利分配 =100000-50000×0.05-50000×20%=87500
所有者权益合计	220000	217500

（3）除权参考价 =（股权登记日收盘价 - 每股现金股利）/（1+ 送股率 + 转增率）=（49-0.05）/（1+20%+40%）=30.59（元）

（4）由于该公司除权（除息）日股票的开盘价为 32 元，相对于股权登记日（2022 年 3 月 1 日）的股价（该日收盘价为 49 元）有较大幅度的下降，有利于使股价保持在合理的范围之内，而且由于除权（除息）日股票的开盘价 32 元高于除权参考价 30.59 元，会使股东获得股价相对上升的好处。

第十二章　营运资本管理

CHAPTER-12

本章学习指南

一、考情分析

本章是财务管理中比较重要的章节，从考试来看客观题与计算分析题均有考点，最近 3 年的平均分值为 6 分左右。

最近 3 年题型、题量分析表

题型	2019 年		2020 年		2021 年	
	试卷Ⅰ	试卷Ⅱ	试卷Ⅰ	试卷Ⅱ	试卷Ⅰ	试卷Ⅱ
单项选择题	1 题 1.5 分	1 题 1.5 分	1 题 1.5 分	1 题 1.5 分	1 题 2 分	1 题 2 分
多项选择题	1 题 2 分	1 题 2 分	—	1 题 2 分	—	1 题 2 分
计算分析题	—	—	1 题 8 分	1 题 8 分	—	—
综合题	—	—	—	—	—	—
合计	2 题 3.5 分	2 题 3.5 分	2 题 9.5 分	3 题 11.5 分	1 题 2 分	2 题 4 分

二、教材变化

本章与 2021 年的教材相比没有实质性变化。

三、考点框架

- 第十二章 营运资本管理（一）
  - 营运资本管理策略
    - 营运资本投资策略 ★★
    - 营运资本筹资策略 ★★★
  - 现金管理
    - 现金管理的目标及方法 ★
    - 最佳现金持有量分析 ★★★
  - 应收款项管理
    - 应收账款的功能与成本 ★
    - 信用政策分析 ★★★

第十二章 营运资本管理（二）

- 存货管理
  - 储备存货的成本 ★★
  - 存货经济批量分析 ★★★
- 短期债务管理
  - 短期债务筹资的特点 ★★
  - 商业信用筹资 ★★
  - 短期借款筹资 ★★★

核心考点精讲

第一节　营运资本管理策略

使用“会计云课堂”App 或“微信”扫码查看本节视频，快速 GET 知识点。

一、营运资本投资策略 ★★

种类	流动资产占收入的比	成本特点	
		持有成本	短缺成本
激进型投资策略	低	低	高
保守型投资策略	高	高	低
适中型投资策略	适中（按照预期的流动资产周转天数、销售额及其增长、成本水平和通货膨胀等因素确定的最优投资规模，安排流动资产投资）	（1）持有成本 + 短缺成本的总计最小化 （2）短缺成本 = 持有成本	

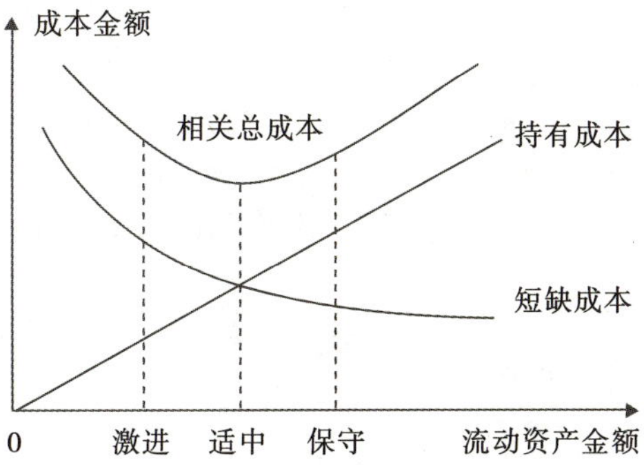

要点小贴士

（1）相关总成本：适中策略最低。

（2）持有成本：激进＜适中＜保守。

（3）短缺成本：保守＜适中＜激进。

经典题解

【真题1·单选题】与激进型营运资本投资策略相比，适中型营运资本投资策略的（　　）。（2017年卷Ⅰ、卷Ⅱ）

A. 持有成本和短缺成本均较低

B. 持有成本较高，短缺成本较低

C. 持有成本和短缺成本均较高

D. 持有成本较低，短缺成本较高

【解析】激进型营运资本投资策略，表现为较低的流动资产与收入比，因此持有成本最低，短缺成本最高；相比而言，适中型营运资本投资策略，持有成本较高，短缺成本较低，选项B正确。

【答案】B

二、营运资本筹资策略★★★

（一）营运资本筹资策略的衡量指标——易变现率

含义	经营性流动资产中长期筹资来源的比重
计算公式	教材公式： $易变现率=\frac{股东权益+长期债务+经营性流动负债-长期资产}{经营性流动资产}$ $=\frac{长期资金来源-长期资产}{经营性流动资产}$ 简化公式： 易变现率=1-净金融性流动负债/经营性流动资产
图析	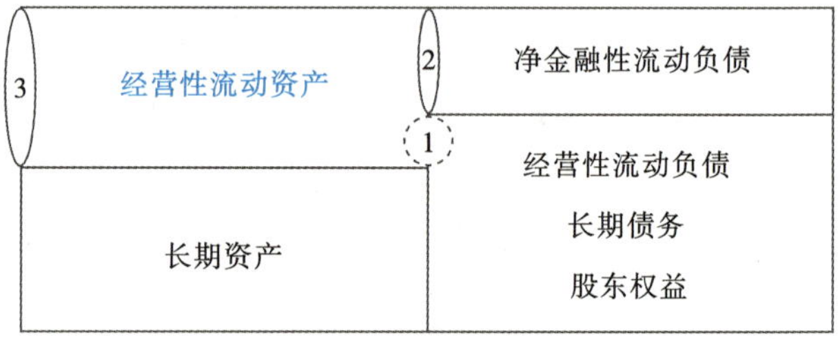 易变现率=①/③=1-②/③
结论	（1）易变现率高，资金来源的持续性强，偿债压力小，管理起来比较容易，称为保守型筹资策略 （2）易变现率低，资金来源的持续性弱，偿债压力大，称为激进型筹资策略

要点小贴士

易变现率和1的关系：

（1）易变现率＞1，净金融性流动负债为负数，即存在金融流动资产。

（2）易变现率=1，净金融性流动负债为0。

（3）易变现率＜1，净金融性流动负债为正数，即存在金融流动负债。

经典题解

【例题2·多选题】某企业在生产经营淡季流动资产（经营）为500万元，长期资产为500万元。在生产经营旺季流动资产为700万元，长期资产为500万元。企业的长期负债、自发性流动负债和股东权益资本可提供的资金为 900 万元。则下列表述正确的有（ ）。

A. 在经营旺季的易变现率为 57.14%

B. 在经营旺季的易变现率为 77.77%

C. 在经营淡季的易变现率为 100%

D. 在经营淡季的易变现率为 80%

【解析】方法一：在生产经营旺季的易变现率 =（900−500）/700=57.14%，在生产经营淡季的易变现率 =（900−500）/500=80%。

方法二：旺季：短期来源 =700+500−900=300（万元），易变现率 =1−300/700=57.14%。

淡季：短期来源 =500+500−900=100（万元），易变现率 =1−100/500=80%。

【答案】AD

（二）营运资本筹资策略的种类

1. 流动资产和流动负债的特殊分类

分类		含义
流动资产	波动性流动资产	受季节性、周期性影响的流动资产需要的资金
	稳定性流动资产	经营淡季也仍然需要保留的、用于满足企业长期、稳定运行的流动资产所需资金
流动负债	短期金融负债（临时性负债）	金融性流动负债
	自发性流动负债	经营性流动负债

要点小贴士

无论采取哪种营运资本筹资策略，波动性流动资产只有在生产经营旺季时才存在。如果企业经营没有季节性，说明该企业波动性流动资产为 0。

2. 营运资本筹资策略

种类	适中型	激进型	保守型
匹配关系	（1）波动性流动资产 = 短期金融负债（临时性负债） （2）长期资产 + 稳定性流动资产 = 股东权益 + 长期债务 + 自发性流动负债	（1）波动性流动资产＜短期金融负债 （2）长期资产 + 稳定性流动资产＞股东权益 + 长期债务 + 自发性流动负债	（1）波动性流动资产＞短期金融负债 （2）长期资产 + 稳定性流动资产＜股东权益 + 长期债务 + 自发性流动负债
易变现率	居中（营业低谷等于 1，营业高峰小于 1）	最小（小于 1）	最大（营业低谷大于 1，营业高峰小于 1）
临时性负债比重	居中	最大	最小
资本成本	居中	最低	最高
风险收益特征	适中	均高	均低

要点小贴士

判断企业筹资策略的方法：

方法 1：利用短期金融负债和波动性流动资产间的关系（适中是相等；激进短债大；保守短债小）。

方法 2：利用长期资金来源与长期性资产间的关系（适中是相等；保守长源大；激进长源小）。

方法 3：利用淡季时易变现率和 1 的关系（适中 =1，保守＞1，激进＜1）。

方法 4：利用淡季时净金融性流动负债和 0 的关系（适中 =0，激进＞0，保守＜0）。

经典题解

【真题3·单选题】甲公司实行激进型营运资本筹资政策，下列有关甲公司的说法中正确的是（　　）。（2021年卷Ⅱ）

A. 波动性流动资产大于短期金融负债

B. 稳定性流动资产小于短期金融负债

C. 营业高峰时，易变现率大于1

D. 营业低谷时，易变现率小于1

【解析】激进型筹资策略的特点是：短期金融负债不但融通临时性（波动性）流动资产的资金需要，还解决部分长期性资产的资金需要，因此短期金融负债大于波动性流动资产，选项A错误。

稳定性流动资产和短期金融负债之间的关系是不确定的，选项B错误。

该策略下，营业低谷期易变现率小于1，营业高峰期易变现率则会更小。选项C错误，选项D正确。

【答案】D

【真题4·单选题】甲公司是一家啤酒生产企业，淡季需占用300万元货币资金、200万元应收账款、500万元存货、1000万元固定资产以及200万元无形资产（除此以外无其他资产），旺季需额外增加300万元季节性存货。经营性流动负债、长期负债和股东权益总额始终保持在2000万元，其余靠短期借款提供资金。甲公司的营运资本筹资策略是（　　）。（2019年卷Ⅱ）

A. 适中型策略　　B. 激进型策略

C. 无法确定　　D. 保守型策略

【解析】长期性资产 =300+200+500+1000+200=2200（万元），大于长期性资金来源2000万元，所以甲公司的营运资本筹资策略是激进型策略。或：淡季短期金融负债 =（300+200+500+1000+200）−2000=200（万元），由于淡季存在短期金融负债，所以甲公司的营运资本筹资策略为激进型策略。

【答案】B

【真题5·多选题】甲公司是季节性生产企业，波动性流动资产等于经营性流动负债和短期金融负债之和。下列关于甲公司营运资本筹资政策的说法中正确的有（　　）。（2018年卷Ⅱ）

A. 甲公司采用的是保守型营运资本筹资政策

B. 甲公司在营业低谷时的易变现率小于1

C. 甲公司在营业高峰时的易变现率等于1

D. 甲公司在生产经营淡季有闲置资金

【解析】波动性流动资产大于短期金融负债，甲公司采用的是保守型营运资本筹资政策，选项A正确。

保守型营运资本筹资政策，在营业低谷时的易变现率大于1，在营业高峰时的易变现率小于1，选项B、C错误。

保守型营运资本筹资政策下，长期资金来源满足部分波动性流动资产，而淡季的时候，不存在波动性流动资产，因此这部分资金就会闲置下来，形成闲置资金，选项 D 正确。

【答案】AD

【真题 6 · 单选题】甲公司是一家生产和销售电暖气的企业，夏季是其生产经营淡季，应收账款、存货和应付账款处于正常状态。根据如下甲公司资产负债表，该企业的营运资本筹资策略是（　　）。（2015 年卷 Ⅰ 、卷 Ⅱ ）

甲公司资产负债表

2015 年 6 月 30 日　　单位：万元

资产	金额	负债及股东权益	金额
货币资金（经营）	30	应付账款	100
交易性金融资产	50	长期借款	200
应收账款	120	股东权益	300
存货	150		
固定资产	250		
资产总计	600	负债及股东权益总计	600

真题点拨

淡季存在金融流动资产，说明净金融性流动负债为负数，是保守型筹资策略。

A. 保守型筹资策略　　B. 适中型筹资策略

C. 激进型筹资策略　　D. 无法判断

【解析】稳定性流动资产和长期资产 =600-50=550（万元），自发性负债、长期负债和股东权益 =600 万元，稳定性流动资产与长期资产之和小于自发性负债、长期负债与股东权益之和，属于保守型筹资策略，选项 A 正确。

【答案】A

第二节　现金管理

使用“会计云课堂”App 或“微信”扫码查看本节视频，快速 GET 知识点。

一、现金管理的目标及方法★

（一）企业置存现金的原因

种类	含义	影响因素
交易性需要	置存现金以用于日常业务的支付	—
预防性需要	置存现金以防发生意外支付	（1）企业现金流量的不确定性 （2）企业的借款能力
投机性需要	置存现金用于不寻常的购买机会	—

经典题解

【例题7·单选题】 企业置存现金的原因，主要是为了满足（　　）。

A. 交易性、预防性、收益性需要

B. 交易性、投机性、收益性需要

C. 交易性、预防性、投机性需要

D. 预防性、收益性、投机性需要

【解析】 企业置存现金的原因主要有三个：交易性、预防性、投机性需要。现金属于流动性最强，盈利性最差的资产，所以企业置存现金的原因不可能出于收益性需要。

【答案】 C

（二）现金管理的方法

管理方法	内容
力争现金流量同步	使现金流入与现金流出发生的时间趋于一致，就可以使其所持有的交易性现金余额降到最低水平
使用现金浮游量	企业账户上的现金余额和银行账户上的企业存款余额之间的差额称为现金浮游量。在使用现金浮游量时，一定要控制好使用的时间，否则会发生银行存款的透支
加速收款	主要指缩短应收账款的时间
推迟应付账款的支付	指企业在不影响自己信誉的前提下，尽可能地推迟应付款的支付期

二、最佳现金持有量分析★★★

（一）成本分析模式

成本	机会成本	管理成本	短缺成本
与现金持有量的关系	正比例变动	无明显的比例关系（固定成本）	反向变动
决策原则	最佳现金持有量是使上述三项成本之和最小的现金持有量		
图析法的结论	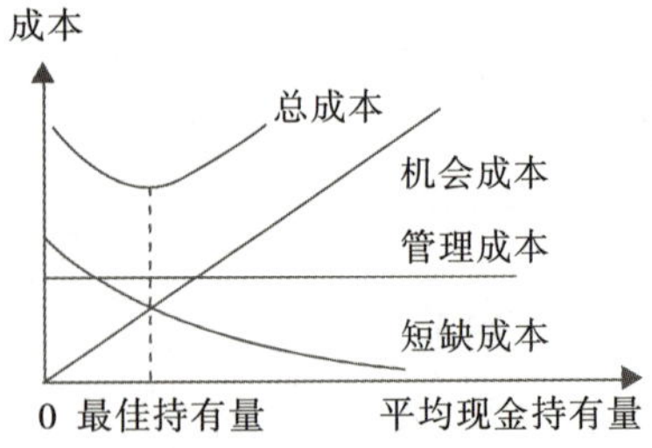 （1）总成本线的最低点对应的现金持有量正好是机会成本线和短缺成本线的交点对应的现金持有量 （2）由于管理成本固定，所以当机会成本与短缺成本之和最小时，总成本最小 （3）当机会成本＝短缺成本时，总成本最小		

经典题解

【真题 8·多选题】甲公司采用成本分析模式确定最佳现金持有量。下列说法中，正确的有（ ）。（2019 年卷Ⅰ、卷Ⅱ）

A. 现金机会成本和短缺成本相等时的现金持有量是最佳现金持有量

B. 现金机会成本和管理成本相等时的现金持有量是最佳现金持有量

C. 现金机会成本最小时的现金持有量是最佳现金持有量

D. 现金机会成本、管理成本和短缺成本之和最小时的现金持有量是最佳现金持有量

【解析】成本分析模式下，管理成本是固定成本，和现金持有量之间无明显的比例关系，因此机会成本和短缺成本相等时的现金持有量即为最佳现金持有量，此时现金机会成本、管理成本和短缺成本之和最小。

【答案】AD

【真题 9·多选题】企业采用成本分析模式管理现金，在最佳现金持有量下，下列各项中正确的有（ ）。（2016 年卷Ⅰ、卷Ⅱ）

A. 机会成本等于短缺成本

B. 机会成本与管理成本之和最小

C. 机会成本等于管理成本

D. 机会成本与短缺成本之和最小

【解析】本题是考查利用图形把握成本分析模式下最佳现金持有量的特点。管理成本是固定成本，选项 B、C 不正确。

【答案】AD

（二）存货模式

考点妙记

现金存货模式与第四节存货经济订货量的基本模型公式基本原理一致，可以按同样的规律记忆。

相关成本	机会成本	交易成本（转换成本）
与现金持有量关系	正比例变动	反向变动
图析法的结论	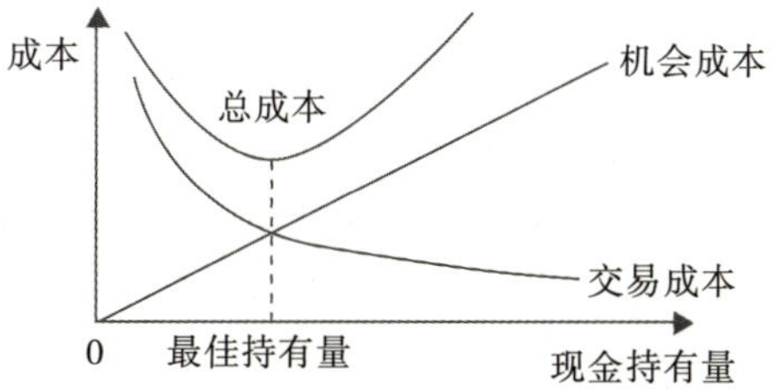 总成本线的最低点所对应的现金持有量正好是机会成本线和交易成本线的交点所对应的现金持有量 【提示】现金管理的机会成本与证券变现的交易成本相等时，现金管理的相关总成本最低	

基本计算公式	（1）机会成本 = 平均现金持有量 × 持有现金的机会成本率 = $\frac{C}{2}\times K$ （2）交易成本 = 交易次数 × 每次交易成本 = $\frac{T}{C}\times F$ （3）最佳现金持有量：$C^*=\sqrt{\frac{2\times T\times F}{K}}$ （4）最小相关总成本：$TC(C^*)=\sqrt{2\times T\times F\times K}$ 式中： T——一定期间内的现金需求量 C——现金持有量 K——持有现金的机会成本率 F——每次出售有价证券以补充现金所需的交易成本 C^*——最佳现金持有量

经典题解

【真题 10 · 单选题】甲公司采用存货模式确定最佳现金持有量，在现金需求量保持不变的情况下，当有价证券转换为现金的交易费用从每次 100 元下降至 50 元、有价证券投资报酬率从 4% 上涨至 8% 时，甲公司现金管理应采取的措施是（　　）。（2017 年卷Ⅰ、卷Ⅱ）

A. 最佳现金持有量保持不变　　B. 将最佳现金持有量降低 50%

C. 将最佳现金持有量提高 50%　D. 将最佳现金持有量提高 100%

【解析】$C^*_{原}=\sqrt{\frac{2T\times 100}{4\%}}=\sqrt{5000T}$，$C^*_{新}=\sqrt{\frac{2T\times 50}{8\%}}=\sqrt{1250T}$，最佳现金持有量变动百分比 =$(\sqrt{1250T}-\sqrt{5000T})/\sqrt{5000T}=(1/2\times\sqrt{5000T}-\sqrt{5000T})/\sqrt{5000T}$=-50%，选项 B 正确。

【答案】B

（三）随机模式

相关成本	机会成本	交易成本（转换成本）
与现金持有量关系	正向变动	反向变动
基本原理	企业根据历史经验和现实需要，测算出一个现金持有量的控制范围，即制定出现金持有量的上限和下限，将现金量控制在上下限之内 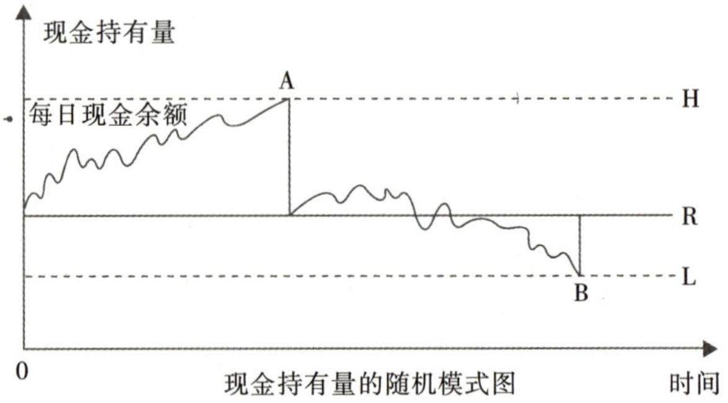 现金持有量的随机模式图	

要点小贴士

三条线之间的关系：H-R=2（R-L）。

基本计算公式（三条线的确定）	（1）现金存量的上限（H）的计算公式：H=3R-2L （2）下限（L）确定的影响因素：每日最低现金需要（同向）；管理人员的风险承受倾向（反向）等 （3）现金返回线（R）的计算公式：$R=\sqrt[3]{\frac{3b\delta^2}{4i}}+L$ 式中： b——每次有价证券的固定转换成本 i——有价证券的日利息率 δ——预期每日现金余额波动的标准差	
控制特点	现金持有量≤L	出售有价证券（补充现金），使现金升至返回线
	L＜现金持有量＜H	不需要控制
	现金持有量≥H	购买有价证券（减少现金），使现金降至返回线
适用范围	随机模式建立在企业的现金未来需求总量和收支不可预测的前提下	
特点	计算出来的现金持有量比较保守	

要点小贴士

（1）注意联动的影响，L的影响因素也会影响R；

（2）利息率和管理人员风险承受倾向和R是反向变动，其他是同向变动。

经典题解

【真题11·单选题】甲公司采用随机模式进行现金管理，现金余额最低为1000万元，现金返回线为5000万元，现金余额控制的上限应该是（　　）万元。（2021年卷Ⅰ）

A.10000　　B.11000　　C.12000　　D.13000

【解析】现金余额控制的上限 H=3R−2L=3×5000−2×1000=13000（万元）。

【答案】D

【真题12·多选题】甲公司采用随机模式进行现金管理，下列说法中正确的有（　　）。（2021年卷Ⅱ）

A. 影响现金返回线的因素包括机会成本与转换成本

B. 当现金余额在上下限之间时，不需要进行现金与有价证券的转换

C. 当现金量达到控制上限时，买入有价证券，使现金持有量回落到控制下限

D. 当现金量达到控制下限时，卖出有价证券，使现金持有量上升到现金返回线

【解析】当现金量达到控制上限时，买入有价证券，使现金持有量回落到现金返回线，选项C错误。

【答案】ABD

【真题13·单选题】甲公司采用随机模式进行现金管理。最低现金持有量100万元，现金返回线150万元。假设某日甲公司的现金余额是280万元，下列操作中正确的是（　　）。（2018年卷Ⅱ）

A. 不操作　　B. 买入有价证券30万元

C. 买入有价证券130万元　　D. 买入有价证券180万元

【解析】H=3R-2L=3×150-2×100=250（万元），现金余额 280 万元，超过现金持有量上限 250 万元，因此应买入有价证券 130（280-150）万元。

【答案】C

【真题 14 · 多选题】甲公司采用随机模式进行现金管理，确定的最低现金持有量是 10 万元，现金返回线是 40 万元，下列操作中正确的有（　　）。（2018 年卷Ⅰ）

A. 当现金余额为 50 万元时，应用现金 10 万元买入有价证券

B. 当现金余额为 8 万元时，应转让有价证券换回现金 2 万元

C. 当现金余额为 110 万元时，应用现金 70 万元买入有价证券

D. 当现金余额为 80 万元时，不用进行有价证券与现金之间的转换操作

【解析】H=3R-2L=3×40-2×10=100（万元），当现金余额为 50 万元时，在上下限之内，不用进行有价证券与现金之间的转换操作，选项 A 错误。

当现金余额为 8 万元时，小于最低现金持有量 10 万元，应转让有价证券换回现金 32（40-8）万元，选项 B 错误。

当现金余额为 110 万元时，大于现金持有量上限 100 万元，应用现金 70（110-40）万元买入有价证券，选项 C 正确。

当现金余额为 80 万元时，在上下限之内，不用进行有价证券与现金之间的转换操作，选项 D 正确。

【答案】CD

【例题 15 · 多选题】某企业采用随机模式控制现金持有量，下列事项中，能够使最优现金返回线上升的有（　　）。

A. 有价证券的收益率提高

B. 管理人员对风险的偏好程度提高

C. 企业每日的最低现金需要量提高

D. 企业每日现金余额变化的标准差增加

【解析】现金返回线（R）的计算公式：$R=\sqrt[3]{\frac{3b\delta^2}{4i}}+L$，有价证券的收益率 i 提高会使现金返回线下降，选项 A 错误。管理人员对风险的偏好程度提高，L 会下降，则最优现金返回线也会下降，选项 B 错误。

【答案】CD

第三节　应收款项管理

使用“会计云课堂”App 或“微信”扫码查看本节视频，快速 GET 知识点。

一、应收账款的功能与成本★

功能	扩大销售规模和盈利
成本	机会成本、坏账成本、折扣成本、收账费用

二、信用政策分析★★★

（一）信用政策的构成

内容	含义
信用期间	指企业允许顾客从购货到付款之间的时间，或者说是企业给予顾客的付款期间
信用标准	指顾客获得企业的交易信用所应具备的条件。如果顾客达不到信用标准，便不能享受企业的信用或只能享受较低的信用优惠
现金折扣政策	为了吸引顾客提前付款，企业对顾客在商品价格上所做的扣减

经典题解

【真题16·多选题】甲公司准备变更信用政策，拟选用缩短信用期或提供现金折扣两项措施之一。下列关于两项措施相同影响的说法中，正确的有（　　）。（2020年卷Ⅱ）

A．均增加销售收入　　B．均增加应收账款

C．均减少收账费用　　D．均减少坏账损失

【解析】缩短信用期，会降低对顾客的吸引力，可能减少销售收入和应收账款。而提供现金折扣，会提高对顾客的吸引力，可能增加销售收入。也可能导致客户提前付款，减少应收账款。选项A、B错误。

【答案】CD

【真题17·多选题】下列各项措施中，可降低应收账款周转天数的有（　　）。（2018年卷Ⅰ）

A．提高信用标准　　B．延长信用期限

C．提高坏账准备计提比率　　D．提高现金折扣率

【解析】提高信用标准可以减少信用品质差的客户，从而增加应收账款周转效率，降低应收账款周转天数，选项A正确。

延长信用期限，会增加应收账款周转天数，选项B错误。

提高坏账准备计提比率，不影响应收账款周转天数，因为应收账款周转天数是根据未扣除坏账准备的应收账款的余额计算的，选项C错误。

提高现金折扣率，会吸引客户提前付款，从而降低应收账款周转天数，选项D正确。

【答案】AD

（二）确定信用标准应考虑的因素

企业在设定某一顾客的信用标准时，往往先要评估其赖账的可能性。这可以通过“5C”系统来进行。

评价顾客信用品质的五个方面	含义
品质（character）	指顾客的信誉，即履行偿债义务的可能性

评价顾客信用品质的五个方面	含义
能力（capacity）	指顾客的偿债能力，即其流动资产的数量和质量以及与流动负债的比例
资本（capital）	指顾客的财务实力和财务状况
抵押（collateral）	指顾客拒付款项或无力支付款项时能被用作抵押的资产
条件（conditions）	指可能影响顾客付款能力的经济环境（外部条件）

经典题解

【真题18·单选题】应用“5C”系统评估顾客信用标准时，客户“能力”是指（　　）。（2017年卷Ⅰ、卷Ⅱ）

A. 偿债能力　B. 盈利能力　C. 营运能力　D. 发展能力

【解析】能力指顾客的偿债能力，即其流动资产的数量和质量以及与流动负债的比例。

【答案】A

（三）改变信用政策的决策

总额分析法	差量分析法
（1）计算各个方案的收益： 收益＝营业收入－变动成本－固定成本 ＝边际贡献－固定成本 ＝销售量×单位边际贡献－固定成本	（1）计算收益的增加： 收益的增加＝增加的营业收入－增加的变动成本－增加的固定成本＝增加的边际贡献－增加的固定成本
（2）计算各个方案实施信用政策的成本费用： 第一，计算占用资金的应计利息 ①应收账款占用资金的应计利息＝应收账款占用资金×资本成本 其中：应收账款占用资金＝应收账款平均余额×变动成本率＝日赊销额×平均收现期×变动成本率 ②存货占用资金的应计利息＝存货占用资金×资本成本 其中：存货占用资金＝存货平均余额 ③应付账款占用资金抵减的应计利息＝应付账款占用资金×资本成本 其中：应付账款占用资金＝应付账款平均余额 第二，计算收账费用和坏账损失 第三，计算折扣成本（若提供现金折扣时） 折扣成本＝Σ（赊销额×折扣率×享受折扣的客户比率）	（2）计算实施信用政策成本费用的增加： 第一，计算占用资金的应计利息增加 第二，计算收账费用和坏账损失增加 第三，计算折扣成本的增加（若提供现金折扣时）

要点小贴士

若突破相关范围，增加的固定成本也是相关成本，需要扣除。

要点小贴士

（1）应收账款账户按售价登记，而真正占用的资金是变动成本部分，所以要将应收账款平均余额乘以变动成本率来确定应收账款占用资金；

（2）存货账户是按成本入账，所以存货平均余额即为存货平均占用资金，不用乘以变动成本率；

（3）应付账款账户登记的是我们占用别人的全部资金，也不用乘以变动成本率。

总额分析法	差量分析法
（3）计算各方案税前损益： 税前损益 = 收益 − 成本费用	（3）计算改变信用政策增加的税前损益：增加的税前损益 = 收益的增加 − 成本费用的增加
决策原则：选择税前损益最大的方案	决策原则：如果改变信用政策增加的税前损益大于0，则可以改变信用政策

【提示】

（1）应收账款平均收现期（即应收账款周转天数）的确定：

①只有信用期、没有折扣期、没有逾期客户：

平均收现期 = 信用期

②既有信用期、又有折扣期、没有逾期客户：

平均收现期 = Σ（折扣期 × 享受折扣客户比率）+ 信用期 × 放弃折扣客户比率

③既有信用期、又有折扣期、还有逾期客户：

平均收现期 = Σ（折扣期 × 享受折扣客户比率）+ 信用期 × 放弃折扣但未逾期客户比率 + 逾期付款期 × 逾期客户比率

（2）存货占用资金 = 存货平均余额

①当已知平均库存量时：存货占用资金 = 平均库存量 × 单位变动生产成本。

②当已知存货周转率时：存货占用资金 = 营业成本 / 存货周转率（或，= 营业收入 / 存货周转率）。

经典题解

【例题 19 · 计算分析题】 A 公司是一个商业企业。由于目前的信用政策过于严格，不利于扩大销售，该公司正在研究修改现行的政策。现有一个放宽信用政策的备选方案，有关数据如下：

项目	现行政策	新方案
信用政策	n/45	2/10，n/120
年销售额（万元 / 年）	2400	2700
收账费用（万元 / 年）	40	10
收账期（天）	45	30% 的客户 10 天付款；其余客户 120 天付款
坏账损失率	2%	3%

已知 A 公司的销售成本率为 80%，存货周转天数始终保持 60 天不变（按营业成本确定），若投资要求的最低报酬率为 15%。坏账损失率是指预计年度坏账损失和销售额的百分比。假设不考虑所得税的影响，一年按 360 天计算。

要求：

（1）计算与现行政策相比新方案增加的税前收益。

（2）根据上述结果，判断是否应该修改现行的信用政策？

解题攻略

商业企业销售成本大部分是变动成本，在考试时如果只给出销售成本率，就默认为变动成本率。边际贡献率 =1−80% =20%。

【答案】

（1）存货周转率 =360/60=6（次）

存货平均余额 = 营业成本 / 存货周转率

则：现行政策存货平均余额 =（2400 × 80%）/6=320（万元）

新方案存货平均余额 =（2700 × 80%）/6=360（万元）

新方案平均收账天数 =10 × 30%+120 × 70%=87（天）

单位：万元

项目	现行政策	新方案	增加额
销售额	2400	2700	300
边际贡献	2400 × 20%=480	2700 × 20%=540	60
应收账款占用资金应计利息	（2400/360）× 45 × 80% × 15%=36	（2700/360）× 87 × 80% × 15%=78.3	42.3
存货占用资金应计利息	320 × 15%=48	360 × 15%=54	6
坏账损失	2400 × 2%=48	2700 × 3%=81	33
收账费用	40	10	–30
折扣成本	0	2700 × 30% × 2%=16.2	16.2
税前收益	308	300.5	–7.5

（2）由于改变现行政策后的税前收益低于现行政策，因此不应该改变现行政策。

第四节　存货管理

使用“会计云课堂”App 或“微信”扫码查看本节视频，快速 GET 知识点。

一、储备存货的成本 ★★

- 取得成本
  - 购置成本 → 年需要量 × 单价
  - 订货成本
    - 订货固定成本 → 与订货次数无关
    - 订货变动成本 → 与订货次数相关：年订货次数 × 每次订货变动成本
- 储存成本
  - 储存固定成本 → 与存货占用量无关
  - 储存变动成本 → 与存货占用量相关：年平均库存量 × 单位存货的年储存变动成本
- 缺货成本

【提示】储存变动成本主要包括存货占用资金的应计利息、存货的破损和变质损失、存货的保险费用等。

二、存货经济批量分析★★★

（一）经济订货量的基本模型

概念	使存货总成本最低的进货批量，叫做最佳采购批量，也叫做经济订货量或经济批量
假设条件	（1）瞬时补充存货，需要货物即刻送达 （2）集中到货，而不是陆续入库 （3）不允许缺货，即无缺货成本 （4）货物的年需求量稳定，并且能够预测，即存货全年需要量 D 为已知常量 （5）存货单价恒定 （6）企业现金充足，不存在现金短缺无法进货的问题 （7）存货市场供应充足，不存在买不到货物的问题
决策相关成本	（1）订货变动成本 = 年订货次数 × 每次订货变动成本 = $\frac{D}{Q} \times K$ （2）储存变动成本 = 年平均库存量 × 单位存货的年储存变动成本 = $\frac{Q}{2} \times K_c$
图析法的结论	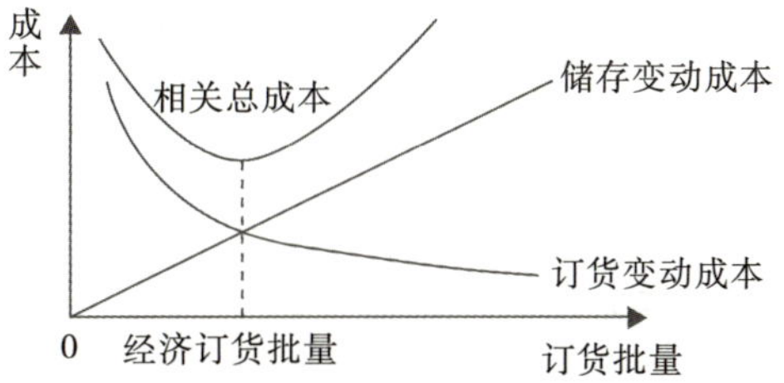 总成本线的最低点所对应的订货批量正好是储存变动成本线和订货变动成本线的交点所对应的订货批量 【提示】当变动订货成本与变动储存成本相等时所对应的订货量是经济订货批量
基本公式	（1）经济订货量 $Q^*=\sqrt{\frac{2KD}{K_c}}$ （2）与批量有关的存货总成本 $TC(Q^*)=\sqrt{2KDK_c}$ （3）最佳订货次数 $N^*=\frac{D}{Q^*}$ （4）最佳订货周期 $t^*=\frac{1}{N^*}$ （5）经济订货量占用资金 $I^*=\frac{Q^*}{2} \times U$ 式中： Q^*——经济订货量 K——每次订货的变动成本 D——存货年需要量 K_c——单位储存变动成本

名师点拨

K_c的单位是从量计算的单位成本，比如元/件。有时考试会给出从价计算的单位储存成本率，这时需要将成本率乘以单位购置成本得到K_c，例如资金成本率为8%，单位购置成本为100元/件，则单件存货年占用资金的应计利息=单位购置成本×资金成本率=100×8%=8（元/件）。除此之外，再加上其余单位变动储存成本作为K_c。

经典题解

【真题20·多选题】根据存货经济批量模型，下列各项中，导致存货经济订货批量增加的情况有（　　）。（2017年卷Ⅰ、卷Ⅱ）

A. 单位储存成本增加　　B. 存货年需求量增加

C. 订货固定成本增加　　D. 单位订货变动成本增加

【解析】存货经济订货批量 = $\sqrt{\frac{2KD}{K_c}}$，单位储存成本与存货经济订货批量反向变动，选项A错误。

存货年需求量、单位订货变动成本与存货经济订货批量同向变动，选项B、D正确。

订货固定成本与存货经济订货批量无关，选项C错误。

【答案】BD

【例题21·单选题】下列各项中，会引起经济订货量占用资金反向变动的是（　　）。

A. 存货年需要量的变动　　B. 单位存货年储存变动成本的变动

C. 单价的变动　　D. 每次订货的变动成本的变动

【解析】根据公式，经济订货量占用资金 = $\frac{Q^*}{2}\times U$，且 $Q^*=\sqrt{\frac{2KD}{K_c}}$，所以可以推出存货年需要量、每次订货的变动成本和单价的变动会引起经济订货量占用资金同向变动；单位存货年储存变动成本的变动会引起经济订货量占用资金反向变动。

【答案】B

（二）经济订货量基本模型的扩展

1. 存在数量折扣——买价要变化

决策相关总成本	（1）购置成本 = 年需要量 × 单价 =D × U （2）订货变动成本 = 年订货次数 × 每次订货变动成本 = $\frac{D}{Q}\times K$ （3）储存变动成本 = 年平均库存量 × 单位存货的年储存变动成本 $=\frac{Q}{2}\times K_c$
经济订货批量	使三项成本之和最小的订货量

要点小贴士：再订货点相当于一个提醒：当库存降到多少时要发出订单了。

2. 存在订货提前期

再订货点的含义	指企业再次发出订货单时，尚有存货的库存量
再订货点（R）的确定	在不存在保险储备的情况下： R= 平均交货时间 × 每日平均需求量 =L × d
经济订货量的确定	相关公式与基本模型完全一致：$Q^*=\sqrt{\frac{2KD}{K_c}}$

要点小贴士：提前订货对经济订货量并无影响。

3. 存货陆续供应和使用

相关成本	（1）订货变动成本 = 年订货次数 × 每次订货变动成本 = $\frac{D}{Q}\times K$ （2）储存变动成本 = 年平均库存量 × 单位存货的年储存变动成本 = $\frac{Q}{2}\times(1-\frac{d}{P})\times K_c$ 式中： P——每日送货量 d——每日耗用量
基本公式	（1）经济订货量 $Q^*=\sqrt{\frac{P}{P-d}\times\frac{2KD}{K_c}}=\sqrt{\frac{2KD}{K_c\times(1-\frac{d}{P})}}$ （2）与批量有关的存货总成本 $TC(Q^*)=\sqrt{2KDK_c\times(1-\frac{d}{P})}$ （3）最佳订货次数 $N^*=D/Q^*$ （4）最佳订货周期 $t^*=1/N^*$ （5）经济订货量占用资金 = $\frac{Q^*}{2}\times(1-\frac{d}{P})\times U$

【提示】

（1）自制存货的经济生产批量确定，要利用陆续供应和使用模型的经济订货量公式，只不过 P 代表每天的生产量，K 代表每次生产准备成本，U 代表单位变动制造成本。

（2）自制与外购存货的决策：决策相关成本 TC= 与订货量 Q^* 相关的总成本 + 购置成本 + 专属相关成本 =TC（Q^*）+DU+ 专属相关成本。

【总结】基本模型与陆续供应和使用模型的比较

项目	基本模型	陆续供应和使用模型
最高库存	Q	$Q\times(1-\frac{d}{P})$
平均库存	$\frac{Q}{2}$	$\frac{Q}{2}\times(1-\frac{d}{P})$
经济订货量	$Q^*=\sqrt{\frac{2KD}{K_c}}$	$Q^*=\sqrt{\frac{2KD}{K_c\times(1-\frac{d}{P})}}$
相关成本（订货变动成本、储存变动成本）	$TC(Q^*)=\sqrt{2KDK_c}$	$TC(Q^*)=\sqrt{2KDK_c\times(1-\frac{d}{P})}$
经济订货量的占用资金	$\frac{Q^*}{2}\times U$	$\frac{Q^*}{2}\times(1-\frac{d}{P})\times U$

要点小贴士

陆续供应和使用模型与基本模型相比，订货成本不会改变，但是凡是与存货量有关的指标都会改变，即要多乘以一个系数 $(1-\frac{d}{P})$。

经典题解

【例题22·单选题】某零件年需要量16200件，日供应量60件，一次订货成本25元，单位储存成本1元/年。假设一年按360天计算。需求是均匀的，不设置保险储备并且按照经济订货量进货，则下列各项计算结果中错误的是（　　）。

A. 经济订货量为1800件

B. 最高库存量为450件

C. 平均库存量为225件

D. 与进货批量有关的总成本为600元

【解析】本题适用的是存货陆续供应和使用模型，日耗用量=16200/360=45（件），$Q^*=\sqrt{\frac{2\times16200\times25}{1\times(1-45/60)}}$=1800（件），选项A正确；最高库存量=1800×（$1-\frac{45}{60}$）=450（件），选项B正确；平均库存量=$\frac{1800}{2}$×（$1-\frac{45}{60}$）=225（件），选项C正确；TC（Q^*）=$\sqrt{2\times16200\times25\times1\times(1-45/60)}$=450（元），选项D不正确。

【答案】D

（三）保险储备

保险储备的含义	按照某一订货批量和再订货点发出订单后，如果需求增大或送货延迟，就会发生缺货或供货中断。为防止由此造成的损失，就需要多储备一些存货以备应急之需，称为保险储备（安全存量）
考虑保险储备的再订货点	再订货点（R）=平均交货时间×平均日需求量+保险储备=L×d+B
合理保险储备的确定原则	使得保险储备的储存成本与缺货成本之和最小
相关成本的确定	设与保险储备相关的储存成本及缺货成本为TC（S、B）： TC（S、B）=K_U×S×N+B×K_c 式中：K_U——单位缺货成本；N——年订货次数；B——保险储备量；S——一次订货缺货量；K_c——单位储存变动成本
合理保险储备的确定方法	逐步测试法：首先计算不同保险储备量下的总成本TC（S、B），然后再对比总成本，选定其中最低的

要点小贴士

B的确定只能采用逐步测试法：从0开始测，按照需要量的间隔累加，一直测到没有缺货为止；

S的确定受B的影响，按照概率求期望值确定。

【易错易混点1】关于交货期内平均需求量“L×d”的计算。

（1）如果给出交货时间和年需求量以及年的工作天数，交货期内平均需求量=平均交货时间×平均日需求量=L×d，例如：从发出订单到货物到达需要3天时间，企业年需求量为3600千克，一年的工作天数为300天，则交货期内平均需求量=3×（3600/300）=36（千克）。

（2）如果没有给出交货时间，或无法计算得到平均每天交货量，但是给出交货期内需求量的概率分布时，交货期内平均需求量=∑（交货期内需求量×概率），例如：

交货期内需求量（千克）	概率
50	0.4
60	0.3
70	0.2
80	0.1

则交货期内平均需求量 =50×0.4+60×0.3+70×0.2+80×0.1=60（千克）。

（3）当题中告知延迟交货时，通常按照没有延迟的天数作为正常交货期。

不设保险储备的交货期内需求量 = 正常交货时间 × 平均日需求量。

【易错易混点 2】考虑保险储备时与储备存货相关的总成本的变化：

①储存成本要多考虑保险储备的储存成本

基本模型：储存成本 =（Q/2）$\times K_c+B\times K_c$

陆续模型：储存成本 =（Q/2）×（1−d/P）$\times K_c+B\times K_c$

②要考虑缺货成本：$K_U\times S\times N$

要点小贴士

考虑保险储备时，与储备存货相关的总成本要多考虑一块，即 TC（S，B）。

经典题解

【真题 23 · 单选题】甲公司生产产品所需某种原料的需求量不稳定，为保障产品生产的原料供应，需要设置保险储备，确定合理保险储备量的判断依据是（　　）。（2015 年卷Ⅰ、卷Ⅱ）

A. 缺货成本与保险储备成本之和最小

B. 缺货成本与保险储备成本之和最大

C. 边际保险储备成本大于边际缺货成本

D. 边际保险储备成本小于边际缺货成本

【解析】研究保险储备的目的，就是要找出合理的保险储备量，使缺货或供应中断损失和储备成本之和最小。选项 A 正确。

【答案】A

【例题 24 · 计算分析题】上海东方公司是亚洲地区的玻璃套装门分销商，套装门在香港生产然后运至上海。管理当局预计年度需求量为 10000 套。套装门购进单价为 395 元（包括运费，单位是人民币，下同）。与订购和储存这些套装门相关的资料如下：

（1）去年订单共 22 份，总处理成本 13400 元，其中固定成本 10760 元，预计未来成本性态不变。

（2）虽然对于香港原产地商品进入大陆已经免除关税，但是对于每一张订单都要经双方海关检查，其费用为 280 元。

（3）套装门从香港运抵上海后，接收部门要进行检查。为此雇佣一名检验人员，每月支付工资 3000 元，此外每个订单检验工作需要 8 小时，发生变动费用每小时 2.50 元。

（4）公司租借仓库来储存套装门，估计成本为每年 2500 元，另外加上每套门 4 元。

（5）在储存过程中会出现破损，估计破损成本平均每套门 9 元。

解题攻略

由于给出的是从价的储存成本率，所以需要转换成从量的单位存货的年储存成本，即K_c=U×10%。

（6）占用资金利息等其他储存成本的成本率为10%。

（7）从发出订单到货物运到上海需要6个工作日。

（8）为防止供货中断，东方公司设置了100套的保险储备。

（9）东方公司每年营业50周，每周营业6天。

要求：

（1）计算经济订货量模型中“每次订货的变动成本”。

（2）计算经济订货量模型中“单位储存变动成本”。

（3）计算经济订货量。

（4）计算每年与经济订货量相关的存货总成本。

（5）计算再订货点。

（6）计算每年与储备存货相关的总成本。

【答案】

（1）每次订货的变动成本 $=\dfrac{13400-10760}{22}+280+8\times2.50=420$（元）

（2）单位储存变动成本 $=4+9+395\times10\%=52.5$（元）

（3）经济订货量 $=\sqrt{\dfrac{2\times10000\times420}{52.5}}=400$（套）

（4）每年与经济订货量相关的存货总成本 $=\sqrt{2\times10000\times420\times52.5}=21000$（元）

或：每年与经济订货量相关的存货总成本 $=\dfrac{10000}{400}\times420+\dfrac{400}{2}\times52.5=21000$（元）

（5）再订货点 $=6\times\dfrac{10000}{50\times6}+100=300$（套）

（6）方法一：

每年与储备存货相关的总成本＝总购置成本＋总订货成本＋总储存成本＝ $10000\times395+(\dfrac{10000}{400}\times420+10760+3000\times12)+[52.5\times(\dfrac{400}{2}+100)+2500]=4025510$（元）

方法二：

每年与储备存货相关的总成本＝总购置成本＋与批量有关的存货总成本＋固定订货和储存成本 $=10000\times395+21000+(10760+3000\times12+52.5\times100+2500)=4025510$（元）。

第五节　短期债务管理

使用“会计云课堂”App或“微信”扫码查看本节视频，快速GET知识点。

一、短期债务筹资的特点★★

（1）筹资速度快，容易取得。

（2）筹资富有弹性。

（3）筹资成本较低。
（4）筹资风险高。

二、商业信用筹资★★

概念	在商品交易中由于延期付款或预收货款所形成的企业间的借贷关系
具体形式	应付账款、应付票据、预收账款等
优点	容易取得；不存在现金折扣或使用不带息票据时，不负担成本 （但如果有现金折扣，放弃现金折扣时所付出的成本较高）
放弃现金折扣成本的计算	放弃现金折扣成本 $=\frac{\text{折扣百分比}}{1-\text{折扣百分比}}\times\frac{360}{\text{信用期}-\text{折扣期}}$ 【提示】如果特指按复利计算，公式为： 放弃现金折扣成本 $=\left(1+\frac{\text{折扣百分比}}{1-\text{折扣百分比}}\right)^{\frac{360}{\text{信用期}-\text{折扣期}}}-1$
决策原则	（1）放弃现金折扣的成本大于短期借款利率（或短期投资报酬率），应选择享受折扣，即折扣期付款 （2）放弃现金折扣的成本小于短期借款利率（或短期投资报酬率），应选择放弃折扣，即信用期付款 （3）若展延付款降低的放弃折扣成本大于展延付款带来的损失，则应展延付款 【提示】展延付款，是超过信用期付款。计算放弃现金折扣成本时公式中信用期被付款期取代，付款期大于信用期，因此是降低放弃现金折扣成本的。成本降低属于收益，因此属于展延付款带来的收益，与展延付款带来的损失（例如失去信用带来的损失）相比，选择是否展延付款 （4）如果面对两家以上提供不同信用条件的卖方，应通过衡量放弃折扣成本的大小，选择信用成本最小（或所获利益最大）的一家

要点小贴士

（1）期利率＝折扣百分比/（1－折扣百分比）
（2）一年计息次数＝360/（信用期－折扣期）
（3）一般算法教材指按单利计算，实质是求年报价的放弃折扣成本率；而教材所指按复利计算，实质是求年有效放弃折扣成本率。

经典题解

【真题25·单选题】供应商向甲公司提供的信用条件是“2/30，N/90”。一年按360天计算，不考虑复利，甲公司放弃的现金折扣成本是（　　）。（2020年卷Ⅰ、卷Ⅱ）

A. 12.24%　　B. 12%　　C. 12.88%　　D. 12.62%

【解析】放弃现金折扣成本 =2%/（1-2%）×［360/（90-30）］=12.24%。

【答案】A

真题点拨

考试中只要是不特指按复利计算，均按单利的方法确定放弃折扣成本率。

三、短期借款筹资★★★

（一）短期借款的信用条件

条件	内容	需注意的问题
信贷限额	银行规定无担保贷款的最高额	无法律效应，银行并不承担必须提供全部信贷限额的义务

条件	内容	需注意的问题
周转信贷协定	银行具有法律义务的、承诺提供不超过某一最高限额的贷款协定	有法律效应，银行必须满足企业不超过最高限额的借款；贷款限额未使用的部分，企业通常需要支付承诺费
补偿性余额	银行要求借款企业在银行中保持按贷款限额或实际借用额一定百分比（一般为 10%~20%）的最低存款余额	会提高借款的有效年利率
借款抵押	银行发放贷款时要求企业有抵押品担保	银行向信誉好的客户提供非抵押贷款，而抵押贷款对银行来说是一种风险投资，贷款利率较非抵押贷款高
偿还条件	到期一次偿还和在贷款期内定期（每月、季）等额偿还两种方式	贷款期内定期等额偿还会提高借款的有效年利率
其他承诺	如及时提供财务报表、保持适当的财务水平（如特定的流动比率）等	如果企业违背所作出的承诺，银行可要求企业立即偿还全部贷款

经典题解

【真题 26 · 单选题】甲公司与某银行签订周转信贷协议，银行承诺一年内随时满足甲公司最高 8000 万元的贷款，承诺费按承诺贷款额度的 0.5% 于签订协议时交付，公司取得贷款部分已支付的承诺费用在一年后返还。甲公司在签订协议同时申请一年期贷款 5000 万元，年利率 8%，按年单利计息，到期一次还本付息，在此期间未使用承诺贷款额度的其他贷款，该笔贷款的实际成本最接近于（　　）。（2016 年卷 Ⅰ）

A. 8.06%　　B. 8.8%　　C. 8.3%　　D. 8.37%

【解析】该笔贷款的利息 =5000×8%=400（万元），未使用借款部分的承诺费 =（8000−5000）×0.5%=15（万元），实际支付的用资费用 = 利息 + 承诺费 =400+15=415（万元），实际可用的贷款额（即真正到手的钱）=5000−8000×0.5%=4960（万元），所以该笔贷款的实际成本 =415/4960=8.37%。

【注意】企业对未使用部分需要支付承诺费，但是因为本题有特殊要求，承诺费按承诺贷款额度的 0.5% 于签订协议时交付，所以需要根据全部贷款额度 8000 万元计算承诺费，是在 0 时点一次性支付的，会减少实际可用贷款额，因此分母需要减去 8000×0.5%。

【答案】D

> 考点妙记
>
> 按通用公式掌握，不用单独记忆公式。通用公式：有效年利率 = 实际支付的年利息 / 实际可用贷款额。

（二）短期借款有效年利率的计算

项目	有效年利率	有效年利率与报价利率的关系
补偿性余额	$=\dfrac{贷款额\times报价利率}{贷款额\times（1-补偿性余额比率）}$ = 报价利率 /（1− 补偿性余额比率）	有效年利率＞报价利率

项目	有效年利率	有效年利率与报价利率的关系
收款法付息（到期一次还本付息）	$=\frac{\text{贷款额}\times\text{报价利率}}{\text{贷款额}}=$报价利率	有效年利率＝报价利率
贴现法付息（预扣利息）	$=\frac{\text{贷款额}\times\text{报价利率}}{\text{贷款额}-\text{贷款额}\times\text{报价利率}}$ ＝报价利率/（1－报价利率）	有效年利率＞报价利率
加息法付息（分期等额偿还本息）	$\approx\frac{\text{贷款额}\times\text{报价利率}}{\text{贷款额}/2}\approx 2\times$报价利率	有效年利率＞报价利率

经典题解

【例题 27·单选题】某企业按年利率 10% 从银行借入款项 800 万元，银行要求企业按贷款限额的 15% 保持补偿性余额，存款利率为 2%，该借款的有效年利率为（　　）。

A. 11.41%　　B. 11.76%

C. 12%　　D. 12.11%

【解析】有效年利率＝（800×10%－800×15%×2%）/［800×（1－15%）］＝11.41%。

【答案】A

【例题 28·单选题】某公司向银行申请短期贷款，贷款利率 10%，贴现法付息，银行规定补偿性余额为 15%，则该笔借款的有效年利率为（　　）。

A. 11.76%　　B. 13.33%

C. 11.11%　　D. 12.13%

【解析】借款的有效年利率＝10%/（1－15%－10%）＝13.33%。

【答案】B

【例题 29·单选题】某企业年初从银行贷款 1000 万元，期限 1 年，年利率为 10%，按照贴现法付息，则年末应偿还的金额为（　　）万元。

A. 700　　B. 900

C. 1000　　D. 1100

【解析】贴现法是银行向企业发放贷款时，先从本金中扣除利息部分，在贷款到期时借款企业要偿还全部本金的一种计息方法。

【答案】C

本章小结

下载“会计云课堂”App 学习

您已成功完成“第十二章”的学习，本章共 11 个考点，您都学会了吗？

为了让您对章节有更清晰的理解，加倍巩固。本书作者闫华红老师将通过**“视频导图课”**的方式，带您回顾重要考点。

名师点拨，视听结合，高效提分。

※ 欢迎您扫码，免费观看学习。

历年经典主观题回顾

使用“会计云课堂”App 或“微信”扫码快速做题、对答案、看解析、掌握解题思路，开启轻松过关之旅。

计算分析题

1. 甲公司是一家化工生产企业，生产需要 X 材料。该材料价格 2300 元 / 吨，年需求量 3600 吨（一年按 360 天计算）。一次订货成本 600 元，单位储存成本 300 元 / 年，缺货成本每吨 1000 元，运费每吨 200 元。

   材料集中到货，正常到货概率为 80%，延迟 1 天到货概率为 10%，延迟 2 天到货概率为 10%。假设交货期内材料总需求量根据每天平均需求量计算。如果设置保险储备，则以每天平均需求量为最小单位。

   要求：

   （1）计算 X 材料的经济订货量、年订货次数、与批量相关的年存货总成本。

   （2）计算 X 材料不同保险储备量的年相关总成本，并确定最佳保险储备量。（2020 年卷 I ）

2. 甲公司是一家设备制造企业，常年大量使用某种零部件。该零部件既可以外购，也可以自制。如果外购，零部件单价为 100 元 / 件，每次订货的变动成本为 20 元，订货的固定成本较小，可以忽略不计。如果自制，有关资料如下：

   （1）需要购买一套价值为 100000 元的加工设备，该设备可以使用 5 年，使用期满无残值。

（2）需要额外聘用 4 名操作设备的工人，工人采用固定年薪制，每个工人的年薪为 25000 元。
（3）每次生产准备成本为 400 元，每日产量为 15 件。
（4）生产该零部件需要使用加工其他产品剩下的一种边角料，每个零部件耗用边角料 0.1 千克。公司每年生产该种边角料 1000 千克，如果对外销售，单价为 100 元 / 千克。
（5）除上述成本外，自制零部件还需发生单位变动成本 50 元。
该零部件的全年需求量为 3600 件，每年按 360 天计算。公司的资金成本为 10%，除资金成本外，不考虑其他储存成本。

要求：
（1）计算甲公司外购零部件的经济订货量、与批量有关的总成本、外购零部件的全年总成本。
（2）计算甲公司自制零部件的经济生产批量、与批量有关的总成本、自制零部件的全年总成本（加工设备在设备使用期内按平均年成本法分摊设备成本）。
（3）判断甲公司应该选择外购方案还是自制方案，并说明原因。（2014 年）

3. 甲公司生产并销售某种产品，目前采用现金销售政策，年销售量 180000 件，产品单价 10 元，单位变动成本 6 元，年平均存货周转次数（按销售成本计算）为 3 次，为了扩大销售量，甲公司拟将目前的现销政策改为赊销并提供一定的现金折扣，信用政策为“2/10，n/30”，改变信用政策后，年销售量预计提高 12%，预计 50% 的客户（按销售量计算，下同）会享受现金折扣优惠，40% 的客户在 30 天内付款，10% 的客户平均在信用期满后 20 天付款，收回逾期应收账款发生的收账费用为逾期金额的 3%，存货周转次数保持不变，应付账款年平均余额将由目前的 90000 元增加至 110000 元。
等风险投资的必要报酬率为 15%，一年按 360 天计算。

要求：
（1）计算改变信用政策引起的以下项目的变动额：边际贡献、现金折扣成本、应收账款占用资金的应计利息、收账费用、存货占用资金的应计利息、应付账款占用资金的应计利息。
（2）计算改变信用政策引起的税前损益变化，并说明该信用政策改变是否可行。（2013 年）

历年经典主观题参考答案及解析

使用“会计云课堂”App 或“微信”扫码对答案、看解析、
掌握解题思路，开启轻松过关之旅。

计算分析题

1.【答案】

（1）经济订货量= $\sqrt{2\times600\times3600/300}$ =120（吨）

年订货次数 =3600/120=30（次）

与批量相关的年存货总成本= $\sqrt{2\times600\times3600\times300}$ =36000（元）

（2）日需求量 =3600/360=10（吨）

因为题目说明“交货期内材料总需求量根据每天平均需求量计算”，因此，为简化处理，假设正常到货天数为 1 天，则：

	正常	延迟 1 天	延迟 2 天
交货期内的需要量（吨）	10	10+1 × 10=20	10+2 × 10=30
概率	80%	10%	10%

当保险储备 =0 时

S=（20−10）× 10%+（30−10）× 10%=3（吨）

TC（S、B）=3 × 30 × 1000=90000（元）

当保险储备 =10 吨时

S=（30−20）× 10%=1（吨）

TC（S、B）=1 × 30 × 1000+10 × 300=33000（元）

当保险储备 =20 吨时

TC（S、B）=20 × 300=6000（元）

当保险储备为 20 吨时，相关总成本最低，所以最佳保险储备量为 20 吨。

【备注】2020 年卷Ⅱ与卷Ⅰ考点一致，只是个别条件不同。

2.【答案】

（1）外购零部件的单位储存变动成本 =100 × 10%=10（元）

外购零部件的经济订货批量= $\sqrt{2\times3600\times20/10}$ =120（件）

外购零部件与批量有关的总成本= $\sqrt{2\times3600\times20\times10}$ =1200（元）

外购零部件的全年总成本 =100 × 3600+1200=361200（元）

（2）自制零部件的单位成本 =50+100×0.1=60（元）

自制零部件的单位储存变动成本 =60×10%=6（元）

每日耗用量 =3600/360=10（件）

自制零部件的经济生产批量= $\sqrt{\frac{2\times3600\times400}{6\times(1-10/15)}}$ =1200（件）

自制零部件与批量有关的总成本= $\sqrt{2\times3600\times400\times6\times(1-10/15)}$ =2400（元）

设备使用期内的平均年成本 =100000/（P/A，10%，5）=100000/3.7908=26379.66（元）

自制零部件的全年总成本 =60×3600+2400+25000×4+26379.66=344779.66（元）

（3）由于自制零部件的全年总成本比外购零部件的全年总成本低，甲公司应该选择自制方案。

3.【答案】

（1）边际贡献变动额 =180000×12%×（10−6）=86400（元）

现金折扣成本变动额 =180000×（1+12%）×10×2%×50%=20160（元）

平均收账天数 =10×50%+30×40%+50×10%=22（天）

应收账款占用资金的应计利息变动额 =［180000×（1+12%）×10/360］×22×6/10×15%=11088（元）

增加的收账费用 =180000×（1+12%）×10×10%×3%=6048（元）

增加的存货余额 = $\frac{180000\times6}{3}$ ×12%=43200（元）

增加的存货占用资金应计利息 =43200×15%=6480（元）

节约的应付账款占用资金应计利息 =（110000−90000）×15%=3000（元）

（2）改变信用政策引起的税前损益变化 =86400−20160−11088−6048−6480+3000=45624（元）

因为增加的税前损益大于 0，所以该信用政策改变是可行的。

同步强化练习题

使用“会计云课堂”App 或“微信”扫码快速做题、对答案、看解析、掌握解题思路，开启轻松过关之旅。

一、单项选择题

1. 企业采用保守型流动资产投资策略时，流动资产的（　　）。

A. 短缺成本较高　　B. 管理成本较低

C. 机会成本较低　　D. 持有成本较高

2. 某企业长期资产为 800 万元，稳定性流动资产为 200 万元，波动性流动资产为 200 万元。已知长期负债、经营性流动负债和权益资本可提供的资金为 900 万元，则该企业采取的营运资本筹资策略是（　　）。

A. 适中型筹资策略
B. 激进型筹资策略
C. 保守型筹资策略
D. 无法判断

3. 如果一个企业为了能够正常运转，不论在生产经营的旺季或淡季，都需要保持一定的临时性借款时，则有理由推测该企业所采用的营运资本筹资策略是(　　)。
A. 保守型筹资策略
B. 适中型筹资策略
C. 激进型筹资策略
D. 适中型或保守型筹资策略

4. 制定营运资本筹资策略，就是确定(　　)。
A. 经营营运资本中短期来源和长期来源的比例
B. 流动资产所需资金中短期来源和长期来源的比例
C. 营运资本中短期来源和长期来源的比例
D. 流动资产与流动负债的比率关系

5. 某企业因供应商收回了信用政策，导致资金支付需求增加，需要补充持有大量现金，这种持有现金的动机属于(　　)。
A. 交易性需求
B. 投机性需求
C. 预防性需求
D. 调整性需求

6. 各种持有现金的原因中，属于应付未来现金流入和流出随机波动的需要是(　　)。
A. 交易性需要
B. 预防性需要
C. 投机性需要
D. 长期投资需要

7. 企业为了使其持有的交易性现金余额降到最低水平，可采取(　　)。
A. 力争现金流量同步
B. 使用现金浮游量
C. 加速收款
D. 推迟应付账款的支付

8. 使用成本分析模式确定现金持有规模时，在最佳现金持有量下，现金的(　　)。
A. 机会成本与管理成本相等
B. 机会成本与短缺成本相等
C. 机会成本等于管理成本与短缺成本之和
D. 短缺成本等于机会成本与管理成本之和

9. 某公司根据存货模式确定的最佳现金持有量为100000元，有价证券的年利率为10%。在最佳现金持有量下，该公司与现金持有量相关的现金持有总成本为(　　)元。
A. 5000　　B. 10000
C. 15000　　D. 20000

10. 公司持有有价证券的年利率为6%，公司的现金最低持有量为2500元，现金返回线为9000元，如果公司现有现金21200元，则根据随机模式应投资有价证券(　　)元。
A. 0　　B. 2500
C. 9000　　D. 12200

11. 在依据“5C”系统原理确定信用标准时，应掌握客户“能力”方面的信息，下列各项指标中最能反映客户“能力”的是(　　)。
A. 净经营资产净利率
B. 杠杆贡献率
C. 现金流量比率
D. 长期资本负债率

12. 利用“5C”系统评估顾客信誉时，其中“条件(conditions)”是指(　　)。
A. 顾客的财务实力和财务状况
B. 顾客的信誉，即履行偿债义务的可能性
C. 顾客的偿债能力
D. 可能影响顾客付款能力的经济环境

13. 甲公司全年销售额为 30000 万元（一年按 300 天计算），信用政策是“1/20，n/30”，平均有 40% 的顾客（按销售额计算）享受现金折扣优惠，没有顾客逾期付款。甲公司应收账款的年平均余额是（　　）万元。

A. 2000　　B. 2400

C. 2600　　D. 3000

14. 应收账款赊销效果的好坏，依赖于企业的信用政策。公司在对是否改变信用政策进行决策时，不考虑的因素是（　　）。

A. 等风险投资的最低报酬率

B. 产品变动成本率

C. 应收账款坏账损失率

D. 公司的所得税税率

15. 甲公司 2022 年度预计全年营业收入为 4500 万元（全部为赊销收入），一年按 360 天计算，应收账款平均收现期为 60 天。公司产品销售单价为 500 元 / 件，单位变动成本为 250 元 / 件，若将应收账款所占用的资金用于其他风险投资，可获得的收益率为 10%，则应收账款占用资金的机会成本为（　　）万元。

A. 750　　B. 375

C. 75　　D. 37.5

16. 在下列各项中，属于应收账款机会成本的是（　　）。

A. 收账费用

B. 坏账损失

C. 应收账款占用资金的应计利息

D. 对客户信用进行调查的费用

17. 某企业预计下年度销售额为 3000 万元，销售成本率为 60%，以销售成本为周转额确定的存货周转天数为 60 天（一年按 360 天计算），资本成本为 10%，则存货占用资金的应计利息是（　　）万元。

A. 27　　B. 30

C. 50　　D. 60

18. 下列不属于存货的储存变动成本的是（　　）。

A. 存货占用资金的应计利息

B. 紧急额外购入成本

C. 存货的破损和变质损失

D. 存货的保险费用

19. 某公司存货年需求量为 36000 千克，经济订货批量为 600 千克，一年按 360 天计算，则最佳订货周期为（　　）天。

A. 100　　B. 1.67

C. 60　　D. 6

20. 根据存货陆续供应和使用模型，下列情形中能够导致经济订货量降低的是（　　）。

A. 存货需求量增加

B. 一次订货成本增加

C. 单位储存变动成本增加

D. 每日消耗量增加

21. 某公司全年（按 360 天计算）材料采购量预计为 7200 吨，假定材料日耗均匀，从订货到送达正常需要 3 天，鉴于延迟交货会产生较大损失，公司按照延误天数 2 天建立保险储备。不考虑其他因素，材料再订货点为（　　）吨。

A. 80　　B. 40

C. 60　　D. 100

22. 建立存货合理保险储备的目的是（　　）。

A. 在过量使用存货时保证供应

B. 在进货延迟时保证供应

C. 使存货的缺货成本和储备成本之和最小

D. 降低存货的储备成本

23. 甲公司按“2/10、N/40”的信用条件购入货物，该公司放弃现金折扣的年成本（一年按 360 天且按单利计算）是（　　）。

A. 18.37%　　B. 24%

C. 24.49%　　D. 18%

24. 甲公司与乙银行签订了一份周转信贷协定，周转信贷限额为1000万元，借款利率为6%，承诺费率为0.5%，甲公司需按照实际借款额维持10%的补偿性余额。甲公司年度内使用借款600万元，则该笔借款的实际税前资本成本是（ ）。

A. 6%　B. 6.33%
C. 6.67%　D. 7.04%

25. 某企业需借入资金600000元。由于贷款银行要求将贷款数额的20%作为补偿性余额，故企业需向银行申请的贷款数额为（ ）元。

A. 600000　B. 720000
C. 750000　D. 672000

26. M公司拟从某银行获得贷款，该银行要求的补偿性余额为10%，贷款的年利率为12%，且银行要求采用贴现法付息，计算贷款的有效年利率为（ ）。

A. 15.38%　B. 14.29%
C. 12%　D. 10.8%

27. 某企业向银行取得一年期贷款4000万元，按6%计算全年利息，银行要求贷款本息分12个月等额偿还，则该项借款的实际利率大约为（ ）。

A. 6%　B. 10%
C. 12%　D. 18%

二、多项选择题

1. 下列关于流动资产投资策略的说法中，正确的有（ ）。

A. 与其他投资策略相比，激进型投资策略下公司流动资产周转率较低
B. 与其他投资策略相比，保守型投资策略下公司承担的风险较低
C. 与其他投资策略相比，激进型投资策略下公司的短缺成本和持有成本之和最低
D. 在适中型投资策略下，公司的短缺成本和持有成本大体相等

2. 与采用激进型营运资本筹资策略相比，企业采用保守型营运资本筹资策略时，（ ）。

A. 资金成本较高
B. 易变现率较高
C. 举债和还债的频率较高
D. 蒙受短期利率变动损失的风险较高

3. 甲公司的生产经营存在季节性，公司的稳定性流动资产为300万元，营业低谷时的易变现率为120%。下列各项说法中，正确的有（ ）。

A. 波动性流动资产全部来源于短期资金
B. 稳定性流动资产全部来源于长期资金
C. 营业低谷时，公司有60万元的闲置资金
D. 公司采用的激进型筹资策略

4. 某企业的波动性流动资产为300万元，经营性流动负债为30万元，短期金融负债为270万元。下列关于该企业营运资本筹资策略的说法中，正确的有（ ）。

A. 该企业采用的是激进型营运资本筹资策略
B. 该企业在营业低谷时的易变现率小于1
C. 该企业在营业高峰时的易变现率小于1
D. 该企业在生产经营淡季，可将30万元闲置资金投资于短期有价证券

5. 在保守型筹资策略下，下列结论正确的有（ ）。

A. 蒙受短期利率变动损失的风险较低
B. 长期负债、自发性负债和股东权益资本三者之和小于长期性资产
C. 经营旺季时，易变现率会小于1
D. 不会有金融流动资产存在

6. 以下关于营运资本筹资策略的说法中，正确的有（ ）。

A. 在保守型筹资策略下，波动性流动资产的资金来源既可以是临时性流动负

债，也可以是长期负债、自发性负债和权益资本

B. 在激进型筹资策略和适中型筹资策略下，波动性流动资产的资金来源都只能是临时性负债

C. 适中型筹资策略下企业筹资弹性大

D. 适中型营运资本筹资策略下，长期资产 + 稳定性流动资产 = 所有者权益 + 长期债务

7. 下列属于波动性流动资产的有（　　）。

A. 季节性存货

B. 最佳现金余额

C. 保险储备存货量

D. 销售旺季的应收账款

8. 企业预防性现金需求的大小（　　）。

A. 与企业现金流量的可预测性呈反向变动关系

B. 与企业借款能力呈反向变动关系

C. 与企业业务交易量呈反向变动关系

D. 与企业偿债能力呈正向变动关系

9. 利用成本分析模式控制现金持有量时，现金相关总成本随着持有量的变化而变化，如下图所示：

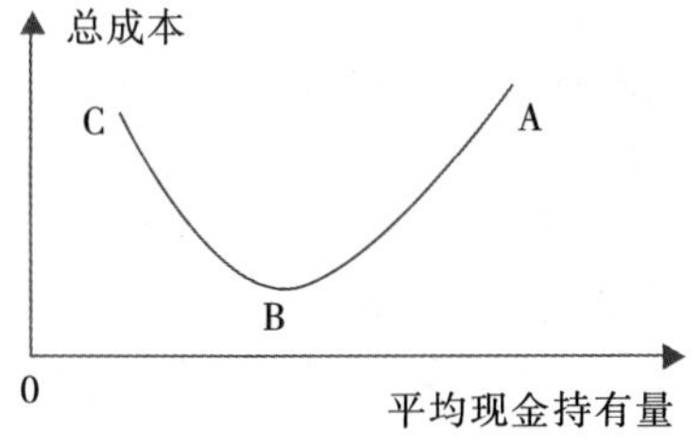

下列表述中正确的有（　　）。

A. 图中 A 点的机会成本上升的代价大于短缺成本下降的好处

B. 图中 A 点的机会成本上升的代价小于短缺成本下降的好处

C. 图中 B 点的机会成本等于短缺成本

D. 图中 C 点的机会成本上升的代价大于转换成本下降的好处

10. 甲公司采用随机模式确定最佳现金持有量，现金返回线水平为 7000 元，现金存量下限为 2000 元。公司财务人员的下列做法中，正确的有（　　）。

A. 当持有的现金余额为 1500 元时，转让 5500 元的有价证券

B. 当持有的现金余额为 5000 元时，转让 2000 元的有价证券

C. 当持有的现金余额为 12000 元时，购买 5000 元的有价证券

D. 当持有的现金余额为 20000 元时，购买 13000 元的有价证券

11. 当企业采用随机模式对现金持有量进行控制时，下列有关表述不正确的有（　　）。

A. 管理人员对风险的偏好程度提高，则现金返回线会上升

B. 计算出来的现金持有量比较保守，往往比运用存货模式的计算结果大

C. 当有价证券利息率下降时，企业应降低现金存量的上限

D. 现金余额波动越大的企业，最优返回线越高

12. 存货模式和随机模式是确定最佳现金持有量的两种方法。对这两种方法的以下表述中，正确的有（　　）。

A. 两种方法都考虑了现金的交易成本和机会成本

B. 存货模式简单、直观，比随机模式有更广泛的适用性

C. 随机模式可以在企业现金未来需要总量和收支不可预测的情况下使用

D. 随机模式确定的现金持有量，更易受到管理人员主观判断的影响

13. 按照随机模式，确定现金存量的下限时，应考虑的因素有（　　）。

A. 有价证券的日利息率

B. 有价证券的每次转换成本

C. 管理人员对风险的态度

D. 企业每日最低现金需要

14. 为了提高现金使用效率，企业应当(　　)。
A. 加速收款
B. 在不影响信誉的前提下推迟应付账款的支付
C. 使用现金浮游量
D. 力争现金流入与现金流出同步

15. 在应收账款商业信用管理中，信用期间、现金折扣的决策应考虑的因素有(　　)。
A. 货款结算需要的时间差
B. 公司所得税税率
C. 销售增加引起的存货占用资金应计利息的变化
D. 应收账款占用资金的应计利息

16. 下列各项中，与企业储备存货有关的成本有（　　）。
A. 取得成本　　B. 管理成本
C. 储存成本　　D. 缺货成本

17. 下列有关存货经济批量分析的表述中，正确的有（　　）。
A. 根据存货经济订货量模型，经济订货量是能使订货总成本与储存总成本相等的订货批量
B. 在计算经济订货量时，如果考虑订货提前期，则应在按经济订货量基本模型计算出订货批量的基础上，再加上订货提前期天数与每日存货消耗量的乘积，才能求出符合实际的经济订货量
C. 在年需要量确定的条件下，经济订货量越大，进货间隔期越长
D. 如果现金供应不充足，即使满足有关的基本假设条件，也不能利用经济订货量基本模型计算

18. 下列各项因素中，对存货的经济订货量没有影响的有（　　）。
A. 订货提前期　　B. 每日送货量
C. 每日耗用量　　D. 保险储备量

19. 确定建立保险储备量时的再订货点，需要考虑的因素有（　　）。
A. 平均交货时间
B. 平均日需求量
C. 保险储备量
D. 平均库存量

20. 在存货订货量决策中，下列关于保险储备的表述正确的有（　　）。
A. 保险储备增加，存货的缺货损失减小
B. 保险储备增加，存货中断的概率变小
C. 保险储备增加，存货的再订货点降低
D. 保险储备增加，存货的储存成本提高

21. 引起缺货问题的原因主要有（　　）。
A. 年总需求量增大
B. 交货期内需求量增大
C. 延迟交货
D. 存货过量使用

22. A公司生产中使用的甲标准件，全年共需耗用9000件，该标准件通过自制方式取得。其日产量为50件，单位生产成本50元；每次生产准备成本200元，固定生产准备成本每年10000元；储存变动成本每件5元，固定储存成本每年20000元。假设一年按360天计算，下列各项中，正确的有（　　）。
A. 经济生产批量为1200件
B. 经济生产批次为每年12次
C. 经济生产批量占用资金为30000元
D. 与经济生产批量相关的总成本是3000元

23. 某公司生产所需的零件全部通过外购取得，公司根据扩展的经济订货量模型确定进货批量。下列情形中，能够导致零件经济订货量降低的有（　　）。
A. 该公司需要的订货提前期延长
B. 每次订货的变动成本降低
C. 供货单位每天的送货量增加
D. 供货单位延迟交货的概率增加

24. 按单利计算的放弃现金折扣的成本受折扣百分比、折扣期和信用期的影响。下列各项中，使放弃现金折扣成本提高的情况有（　　）。
A. 信用期、折扣期不变，折扣百分比提高
B. 折扣期、折扣百分比不变，信用期延长
C. 折扣百分比不变，信用期和折扣期等量延长
D. 折扣百分比、信用期不变，折扣期延长

25. 下列关于短期借款信用条件的说法中，正确的有（　　）。
A. 信贷限额是银行对借款人规定的无担保贷款的最高额
B. 在周转信贷协定的有效期内，只要企业的借款总额未超过最高限额，银行必须满足企业任何时候提出的借款要求
C. 补偿性余额导致借款的有效年利率高于其报价利率
D. 抵押借款的成本通常低于非抵押借款的成本

26. 某公司拟使用短期借款进行筹资。下列借款条件中，会导致有效年利率（利息与可用贷款额的比率）高于报价利率（借款合同规定的利率）的有（　　）。
A. 按贷款一定比例在银行保持补偿性余额
B. 按贴现法支付银行利息
C. 按收款法支付银行利息
D. 按加息法支付银行利息

三、计算分析题

1. A 公司有关资料如下：
（1）目前 A 公司的现金余额为 150 万元。
（2）未来 1 年，预计公司的每月现金流出比现金流入多 80 万元。
（3）A 公司的证券买卖都是通过一个代理员进行的，每一笔业务将需要 A 公司支付 1000 元。
（4）货币市场上的年证券收益率为 12%。
公司采用存货模式确定最佳现金持有量。

要求：
（1）计算该公司每年应保留多少元的现金余额？
（2）计算公司目前应该将多少现金投资于货币市场的有价证券？
（3）假设该公司保持最佳现金持有量，计算公司在未来 12 个月内将进行多少次证券销售？若一年按 360 天计算，有价证券的交易间隔期为多少天？

2. 某公司的年赊销收入为 720 万元，平均收账期为 60 天，坏账损失为赊销额的 10%，年收账费用为 5 万元。该公司认为通过增加收账人员等措施，可以使平均收账期降为 50 天，坏账损失降为赊销额的 7%。假设公司的资本成本为 6%，变动成本率为 50%。

要求：计算为使上述变更经济上合理的新增收账费用的上限（全年按 360 天计算）。

3. E 公司生产、销售一种产品，该产品的单位变动成本是 60 元，单位售价是 80 元。公司目前采用 30 天按发票金额付款的信用政策，80% 的顾客（按销售量计算，下同）能在信用期内付款，另外 20% 的顾客平均在信用期满后 20 天付款，逾期应收账款的收回需要支出占逾期账款 5% 的收账费用。公司每年的销售量为 36000 件，平均存货水平为 2000 件。为扩大销售量、缩短平均收现期，公司拟推出“5/10、2/20、n/30”的现金折扣政策。采用该政策后，预计销售量会增加 15%，40% 的顾客会在 10 天内付款，30% 的顾客会在 20 天内付款，20% 的顾客会在 30 天内付款，另外 10% 的顾客平均在信用期满后 20 天付款，逾期应收账款的收回需要支出占逾期账款 5% 的收账费用。为了保证及时供货，平均存货水平需提

高到 2400 件，其他条件不变。假设等风险投资的最低报酬率为 12%，一年按 360 天计算。

要求：

（1）计算改变信用政策后的边际贡献、收账费用、应收账款应计利息、存货应计利息、现金折扣成本的变化。

（2）计算改变信用政策增加的税前损益，并回答 E 公司是否应推出该现金折扣政策。

4. 假设某公司每年需外购零件 3600 千克，该零件单价为 10 元，单位储存变动成本 20 元，一次订货成本 25 元，单位缺货成本 100 元，一年按 360 天计算。企业目前建立的保险储备量是 30 千克。在交货期内的需要量及其概率如下：

需要量（千克）	概率
50	0.1
60	0.2
70	0.4
80	0.2
90	0.1

要求：

（1）计算经济订货量、年最优订货次数（计算结果均保留整数）；

（2）按企业目前的保险储备标准，计算存货水平为多少时应补充订货；

（3）判断企业目前的保险储备标准是否恰当，如不恰当，请确定合理的保险储备（以一天的材料消耗量为最小单位）；

（4）按合理保险储备标准，计算存货平均占用多少资金。

5. 甲公司是一个汽车挡风玻璃批发商，为 5 家汽车制造商提供挡风玻璃。该公司总经理为了降低与存货有关的总成本，请你帮助他确定最佳的采购批量。有关资料如下：

（1）挡风玻璃的单位进货成本为 1300 元。

（2）全年需求预计为 9900 块。

（3）每次订货发出与处理订单的成本为 38.2 元。

（4）每次订货需要支付运费 68 元。

（5）每次收到挡风玻璃后需要验货，验货时外聘一名检验员，验货需要 6 小时，每小时支付工资 12 元。

（6）为存储挡风玻璃需要租用公共仓库。仓库租金每年 2800 元，另外按平均存量加收每块挡风玻璃 12 元 / 年。

（7）挡风玻璃为易碎品，损坏成本为年平均存货价值的 1%。

（8）公司的年资金成本为 5%。

（9）从订货至挡风玻璃到货，需要 6 个工作日。

（10）在进行有关计算时，每年按 300 个工作日计算。

要求：

（1）计算每次订货的变动成本。

（2）计算每块挡风玻璃的变动储存成本。

（3）计算经济订货量。

（4）计算与经济订货量有关的存货总成本。

（5）计算再订货点。

6. 某企业生产中使用的 A 标准件既可自制也可外购。若自制，单位产品材料成本为 30 元，单位产品人工成本为 20 元，单位变动制造费用为 10 元。生产零件需要购置专用加工设备一台，价值 50 万元，使用期 5 年，加工设备在使用期内按平均年成本法分摊设备成本。此外生产零件时，每次生产准备成本 500 元，年固定生产准备成本为 50000 元，每日产量 30 件；若外购，购入价格是 90 元，一次订货运输费 2600 元，每次订货的检验费 400 元，从发出订单到货物到达的时间如下表所示：

交货时间（天）	1	2	3	4	5
概率	0.15	0.2	0.3	0.2	0.15

A 标准件全年共需耗用 4500 件，企业的资本成本率为 10%，单件存货保险费为 1 元，存货残损变质损失为每件 2 元，假设一年工作天数为 300 天，单位缺货成本为 10 元。

要求：
（1）计算自制存货的单位储存成本；
（2）计算外购存货的单位储存成本；
（3）若不考虑缺货的影响，分别计算自制的经济生产批量和外购的经济订货量，并通过计算分析企业应自制还是外购 A 标准件；
（4）若考虑缺货的影响，判断企业应自制还是外购 A 标准件。

7. 甲公司目前有一个好的投资机会，急需资金，该公司财务经理通过与几家银行进行洽谈，初步拟定了三个备选借款方案。三个方案的借款本金均为 1000 万元，借款期限均为五年，具体还款方式如下：
方案一：采取定期支付利息，到期一次性偿还本金的还款方式，每半年支付一次利息，每次支付利息 40 万元。
方案二：采取等额偿还本息的还款方式，每年年末偿还本息一次，每次还款额为 250 万元。
方案三：采取定期支付利息，到期一次性偿还本金的还款方式，每年年末支付一次利息，每次支付利息 80 万元。此外，银行要求甲公司按照借款本金的 10% 保持补偿性余额，对该部分补偿性余额，银行按照 3% 的银行存款利率每年年末支付企业存款利息。

要求：计算三种借款方案的有效年利率。如果仅从资本成本的角度分析，甲公司应当选择哪个借款方案？

四、综合题

1. 甲公司是一家化工原料生产企业，生产经营无季节性。股东使用管理用财务报表分析体系对公司 2021 年度业绩进行评价，主要的管理用财务报表数据如下：

单位：万元

项目	2021 年	2020 年
资产负债表项目（年末）：		
经营性流动资产	7500	6000
减：经营性流动负债	2500	2000
经营性长期资产	20000	16000
净经营资产合计	25000	20000
短期借款	2500	0
长期借款	10000	8000
净负债合计	12500	8000
股本	10000	10000

项目	2021年	2020年
留存收益	2500	2000
股东权益合计	12500	12000
利润表项目（年度）：		
销售收入	25000	20000
税后经营净利润	3300	2640
减：税后利息费用	1075	720
净利润	2225	1920

股东正在考虑采用如下业绩评价指标对甲公司进行业绩评价：

使用权益净利率作为业绩评价指标，2021年的权益净利率超过2020年的权益净利率即视为完成业绩目标。

甲公司的企业所得税税率为25%。为简化计算，计算相关财务指标时，涉及的资产负债表数据均使用其各年年末数据。

要求：

（1）如果采用权益净利率作为评价指标，计算甲公司2020年、2021年的权益净利率，评价甲公司2021年是否完成业绩目标。

（2）使用改进的杜邦分析体系，计算影响甲公司2020年、2021年权益净利率高低的三个驱动因素，定性分析甲公司2021年的经营管理业绩和理财业绩是否得到提高。

（3）计算甲公司2020年年末、2021年年末的易变现率，分析甲公司2020年、2021年采用了哪种营运资本筹资策略。如果营运资本筹资策略发生变化，给公司带来什么影响？

2. 甲公司是一家机械加工企业，产品生产需要某种材料，年需求量为720吨（一年按360天计算）。该公司材料采购实行供应商招标制度，年初选定供应商并确定材料价格，供应商根据甲公司指令发货，运输费由甲公司承担。目前有两个供应商方案可供选择，相关资料如下：

方案一：选择A供应商，材料价格为每吨3000元，每吨运费100元，每次订货还需支付返空、路桥等固定运费500元。材料集中到货，正常情况下从订货至到货需要10天，正常到货的概率为50%，延迟1天到货的概率为30%，延迟2天到货的概率为20%。当材料缺货时，每吨缺货成本为50元。如果设置保险储备，以一天的材料消耗量为最小单位。材料单位储存成本为200元/年。

方案二：选择当地B供应商，材料价格为每吨3300元，每吨运费20元，每次订货还需支付固定运费100元。材料在甲公司指令发出当天即可送达，但每日最大送货量为10吨。材料单位储存成本为200元/年。

要求：

（1）计算方案一的经济订货量；分别计算不同保险储备量的相关总成本，并确定最合理的保险储备量；计算方案一的总成本。

（2）计算方案二的经济订货量和总成本。

（3）从成本角度分析，甲公司应选择哪个方案？

同步强化练习题参考答案及解析

使用“会计云课堂”App 或“微信”扫码对答案、看解析、掌握解题思路，开启轻松过关之旅。

一、单项选择题

1.【答案】D

【解析】保守型流动资产投资策略，表现为安排较高的流动资产与收入比，承担较高的持有成本，但短缺成本较低。

2.【答案】B

【解析】营运资本筹资策略包括适中型、激进型和保守型三种。在激进型筹资策略下，临时性负债大于波动性流动资产，它不仅解决全部波动性流动资产的资金需求，还要解决部分永久性资产的资金需求，本题临时性负债 =（800+200+200）−900=300（万元），波动性流动资产 200 万元，因此临时性负债大于波动性流动资产，为激进型筹资策略。

3.【答案】C

【解析】在生产经营的淡季，波动性流动资产为 0，因此采取适中型或保守型筹资策略都没有临时性借款，可以推定只能是激进型筹资策略。

4.【答案】B

【解析】营运资本筹资策略，是指在总体上如何为流动资产筹资，采用短期资金来源还是长期资金来源，或者兼而有之。制定营运资本筹资策略，就是确定流动资产所需资金中短期来源和长期来源的比例。

5.【答案】A

【解析】企业的交易性需求是指企业为了维持日常周转及正常商业活动所需持有的现金额。企业支付给供应商的现金是由于维持日常经营导致的，选项 A 正确。

6.【答案】B

【解析】预防性需要是指置存现金以防发生意外支付。

7.【答案】A

【解析】力争现金流量同步可使其持有的交易性现金余额降到最低水平。

8.【答案】B

【解析】成本分析模式下，管理成本是固定成本，和现金持有量之间无明显的比例关系。因此机会成本和短缺成本相等时的现金持有量即为总成本最低时的持有量，即为最佳现金持有量。

9.【答案】B

【解析】本题的主要考查点是最佳现金持有量确定的存货模式。在存货模式下，达到最佳现金持有量时，机会成本等于交易成本，即与现金持有量相关的现金持有总成本应为机会成本的 2 倍，机会成本 $=\frac{C}{2}\times K=\frac{100000}{2}\times 10\%=5000$（元），因此，与现金持有量相关的现金总成本 = $2\times 5000=10000$（元）。

10.【答案】A

【解析】现金最高持有量=3×9000-2×2500=22000（元），因此，目前的现金持有量未达到现金最高持有量，不需要投资。

11.【答案】C

【解析】所谓“5C”系统是指评估顾客信用品质的五个方面，即品质、能力、资本、抵押和条件。其中“能力”指顾客的偿债能力，主要指企业流动资产的数量和质量以及与流动负债的比例，因此主要指短期偿债能力，只有选项C属于短期偿债能力的指标。

12.【答案】D

【解析】利用“5C”系统评估顾客信誉时，其中“条件（conditions）”是指可能影响顾客付款能力的经济环境。

13.【答案】C

【解析】平均收现期=20×40%+30×60%=26（天）

应收账款年平均余额=日销售额×平均收现期=30000/300×26=2600（万元）。

14.【答案】D

【解析】在进行应收账款信用政策决策时，按照差量分析法，只要改变信用政策所增加的税前损益大于0，信用政策的改变就可行，因此不用考虑所得税税率，本题答案为选项D。

15.【答案】D

【解析】应收账款平均余额=（4500/360）×60=750（万元）

变动成本率=250/500=50%

应收账款占用资金的机会成本=750×50%×10%=37.5（万元）。

16.【答案】C

【解析】应收账款占用的资金，将失去投资于其他项目的机会，也就丧失投资于其他项目的收益，因此应收账款占用资金的应计利息是应收账款的机会成本。

17.【答案】B

【解析】存货周转率=360/60=6（次），存货占用资金=存货平均余额=销售成本/存货周转率=3000×60%/6=300（万元），存货占用资金的应计利息=300×10%=30（万元）。

18.【答案】B

【解析】存货的储存变动成本是指与存货数量相关的成本，包括存货占用资金的应计利息、存货的破损和变质损失、存货的保险费用等。而紧急额外购入成本属于缺货成本。

19.【答案】D

【解析】最佳订货周期=360/（36000/600）=6（天）。

20.【答案】C

【解析】根据存货陆续供应和使用模型的经济订货量公式 $Q^*=\sqrt{\frac{2KD}{K_c}\times\frac{P}{P-d}}$ [即 $Q^*=\sqrt{\frac{2KD}{K_c\times(1-d/P)}}$]可以看出，存货需求量增加、一次订货成本增加、每日消耗量增加都会使经济订货量增加，而单位储存变动成本和每日送货量增加会使经济订货量降低。

21.【答案】D

【解析】每日平均需用量d=全年采购量/全年天数=7200/360=20（吨）；公司按照延误天数2天建立保险储备，所以保险储备量=2×20=40（吨）；再订货点=平均交货时间L×每日平均需用量d+保险储备量=3×20+40=100（吨）。

22.【答案】C

【解析】研究保险储备的目的，就是要

找出合理的保险储备量，使缺货或供应中断损失和储备成本之和最小。

23.【答案】C

【解析】放弃现金折扣的年成本 =［2%/（1−2%）］×［360/（40−10）］=24.49%。

24.【答案】D

【解析】该笔借款的实际税前资本成本 = $\frac{6\% \times 600+(1000-600) \times 0.5\%}{600-600 \times 10\%}$ =7.04%。

25.【答案】C

【解析】申请的贷款数额 =600000/（1−20%）=750000（元）。

26.【答案】A

【解析】有效年利率 =12%/（1−10%−12%）=15.38%。

27.【答案】C

【解析】本题为加息法付息，这种付息方式下，实际利率大约相当于名义利率的2倍。

二、多项选择题

1.【答案】BD

【解析】在激进型投资策略下，公司安排较低的流动资产 / 收入比率，所以流动资产周转率高，选项 A 错误；保守型投资策略下，公司需要较多的流动资产投资，充足的现金、存货和宽松的信用条件，使公司中断经营的风险很小，选项 B 的说法正确；适中型投资策略下，公司的短缺成本和持有成本之和最低，选项 C 的说法错误；在适中型投资策略下，确定其最佳投资需要量，也就是短缺成本和持有成本之和最小的投资额，此时短缺成本和持有成本大体相等，选项 D 的说法正确。

2.【答案】AB

【解析】与激进型筹资策略相比，保守型筹资策略下易变现率高，资金成本高，选项 A、B 正确；保守型筹资策略下短期金融负债占企业全部资金来源的比例较小，因此举债和还债频率较低，蒙受短期利率变动损失的风险也较低，选项 C、D 错误。

3.【答案】BC

【解析】营业低谷时的易变现率为 120%，说明公司采取的是保守型筹资策略，选项 A、D 错误。营业低谷时的易变现率为 120%，说明：长期资金来源 − 长期资产 =300×120%=360（万元），在营业低谷时，波动性流动资产为 0，公司的稳定性流动资产为 300 万元，则会有 60 万元的闲置资金。

4.【答案】CD

【解析】由于短期金融负债小于波动性流动资产，该企业采用的是保守型营运资本筹资策略，选项 A 错误。在营业低谷时，保守型营运资本筹资策略的易变现率大于 1，适中型营运资本筹资策略的易变现率等于 1，激进型营运资本筹资策略的易变现率小于 1，选项 B 错误。在营业高峰时易变现率均小于 1，选项 C 正确。由于存在经营季节性需要，企业波动性流动资产 300 万元，短期金融负债 270 万元，所以在经营淡季，企业会有闲置资金 30 万元，可投资于短期有价证券，选项 D 正确。

5.【答案】AC

【解析】与激进型筹资策略相比，保守型筹资策略下短期金融负债占企业全部资金来源的比例较小，所以举债和还债频率较低，蒙受短期利率变动损失的风险也较低，选项 A 正确；在保守型筹资策略下，在经营旺季时存在净金融性流动负债，所以易变现率小于 1，选项 C 正确；而在经营低谷时，存在金融流动资产，易变现率大于 1，选项 D 错误；选项 B 是激进型筹资策略的特点。

6.【答案】AB

【解析】适中型筹资策略要求企业的短期金融负债筹资计划严密，实现现金流与预期安排相一致，所以灵活性小，因而筹资弹性小，选项C错误。适中型营运资本筹资策略的公式表示为："长期资产+稳定性流动资产=所有者权益+长期债务+经营性流动负债"，或"波动性流动资产=短期金融负债"，选项D错误。

7.【答案】AD

【解析】波动性流动资产是指那些受季节性、周期性影响的流动资产。

8.【答案】AB

【解析】预防性需要是指置存现金以防发生意外支付。现金流量的不确定性越大，预防性现金的数额也越大。此外预防性现金数额还与企业的借款能力有关，借款能力越强，预防性现金的数额就越小。

9.【答案】AC

【解析】持有现金的机会成本、短缺成本、管理成本三者之和，即总成本，构成一条抛物线型的总成本线，其最低点（B点）即为最佳现金持有量。若现金持有量超过这一最低点时（如A点），机会成本上升的代价会大于短缺成本下降的好处；若现金持有量低于这一最低点时（如C点），短缺成本上升的代价会大于机会成本下降的好处，如下图所示：

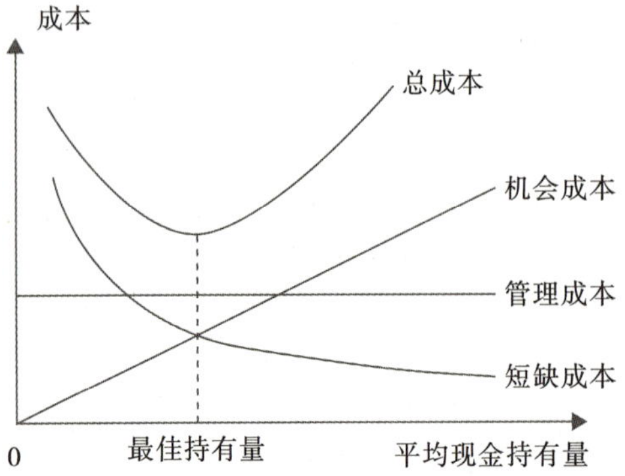

10.【答案】AD

【解析】当现金余额为1500元时，低于现金持有量下限，应转让有价证券7000−1500=5500（元），使现金持有量回升为7000元，选项A正确；H=3R−2L=3×7000−2×2000=17000（元），现金余额为5000元和12000元时，均介于2000~17000元之内，不必采取任何措施，选项B、C不正确；当现金余额为20000元时，超过现金持有量上限，应购买有价证券20000−7000=13000（元），使现金持有量回落为7000元，选项D正确。

11.【答案】AC

【解析】管理人员对风险的偏好程度提高，L会下降，则最优现金返回线也会下降，所以选项A错误；现金存量上限和有价证券利息率之间的变动关系是反向的，当有价证券利息率上升时，才会引起现金存量上限下降，所以选项C错误。

12.【答案】ACD

【解析】根据计算公式可知，确定最佳现金持有量的存货模式考虑了机会成本和交易成本，随机模式考虑了每次有价证券的固定转换成本（由此可知，考虑了交易成本）以及有价证券的日利息率（由此可知，考虑了机会成本），选项A的说法正确。现金持有量的存货模式是一种简单、直观的确定最佳现金持有量的方法，但是，由于其假定现金的流出量稳定不变，而实际上这种情况是很少出现的，因此其普遍应用性较差，选项B的说法错误。随机模式建立在企业的现金未来需求总量和收支不可预测的前提下，选项C的说法正确。随机模式下现金存量下限的确定要受到企业每日的最低现金需要、管理人员的风险承受倾向等因素的影响，选项D的说法是正确的。

13.【答案】CD

【解析】企业确定现金存量的下限时，要受企业每日最低现金需要、管理人员的风险承受倾向等因素的影响。

14.【答案】ABCD

【解析】现金收支管理的目的在于提高现金使用效率，选项A、B、C、D都是为达到这一目的的可运用的方法。

15.【答案】CD

【解析】由于销售和收款的时间差而造成的应收账款不属于商业信用，选项A错误。信用政策决策比较的是税前损益，不考虑所得税的影响，选项B错误。在信用期间、现金折扣的决策中，主要考虑改变信用政策增加的收益与改变信用政策增加的成本之间的权衡，增加成本中最重要的是应收账款占用资金应计利息，如果再进一步分析，则要考虑存货增减变动引起的存货占用资金的应计利息的变化。

16.【答案】ACD

【解析】与储备存货有关的成本包括取得成本（包括订货成本和购置成本）、储存成本和缺货成本。存货发生的是储存成本，而不是管理成本，企业拥有现金会发生管理成本。

17.【答案】CD

【解析】根据存货经济订货量模型，经济订货量是能使变动订货成本与变动储存成本相等的订货批量。在基本模型下，确定经济订货量不考虑与订货批量无关的成本，即不考虑固定性订货成本与固定性储存成本，选项A错误。订货提前期对经济订货量没有影响，选项B错误。在年需要量确定的条件下，经济订货量越大，$N^*=D/Q^*$，进货次数（N^*）越少，$t^*=1/N^*$，每次进货间隔期t^*就越长，选项C正确。现金供应充足是建立存货经济订货量基本模型的前提条件之一，选项D正确。

18.【答案】AD

【解析】本题的主要考查点是存货经济订货量的影响因素分析。根据存货陆续供应和使用模型下的经济订货量计算公式$Q^*=\sqrt{\frac{2KD}{K_c}\times\frac{P}{P-d}}$可知，影响存货经济订货量的因素有五个，即：存货全年总的需求量、一次订货成本、单位存货年变动储存成本、每日耗用量和每日送货量。订货提前期和保险储备量均对经济订货量没有影响。

19.【答案】ABC

【解析】建立保险储备后的再订货点公式为：再订货点=平均交货时间×平均日需求量+保险储备量。

20.【答案】ABD

【解析】较高的保险储备可降低存货中断的概率和存货中断的损失，即降低缺货损失，但也增加了存货的储存成本。因此，最佳的保险储备应该是使缺货损失和保险储备的储存成本之和达到最低。所以选项A、B、D正确。再订货点=预计交货期内的需求+保险储备，保险储备增加，存货的再订货点提高，所以选项C错误。

21.【答案】ABCD

【解析】本题的考查点是存货管理中的缺货问题。

22.【答案】AD

【解析】本题属于“存货陆续供应和使用模型”，每日产量P为50件，每日使用量d=9000/360=25（件），代入公式可知：经济生产批量

$=\sqrt{(2\times9000\times\frac{200}{5})\times\frac{50}{50-25}}=1200$

（件），经济生产批次=9000/1200=7.5

（次/年），平均库存量=1200/2×（1−25/50）=300（件），经济生产批量占用资金=300×50=15000（元），与经济生产批量相关的总成本=$\sqrt{2\times9000\times200\times5\times(1-25/50)}$=3000（元）。

23.【答案】BC

【解析】该公司需要的订货提前期延长不会影响经济订货量，选项A错误；供货单位延迟交货的概率增加会增加保险储备，但并不会影响经济订货量，选项D错误。

24.【答案】AD

【解析】放弃现金折扣的成本=$\frac{\text{折扣百分比}}{1-\text{折扣百分比}}\times\frac{360}{\text{信用期}-\text{折扣期}}$。信用期延长，公式的分母增大，公式的计算结果减少，选项B不正确。信用期和折扣期等量延长，公式的分母不变，公式的计算结果不变，选项C不正确。

25.【答案】ABC

【解析】银行向信誉好的客户提供非抵押贷款，而抵押贷款对银行来说是一种风险投资，贷款利率较非抵押贷款高，选项D错误。

26.【答案】ABD

【解析】按贷款一定比例在银行保持补偿性余额、按贴现法支付银行利息和按加息法支付银行利息均会使企业实际可用贷款金额降低，从而会使有效年利率高于报价利率。按收款法支付银行利息是在借款到期时向银行支付利息的方法，有效年利率和报价利率相等。

三、计算分析题

1.【答案】

（1）年现金需求量=12×80=960（万元）

最佳现金持有量=$\sqrt{\frac{2\times9600000\times1000}{12\%}}$=400000（元）=40（万元）

（2）因为目前的现金余额为150万元，所以公司需要投资于有价证券的现金=150−40=110（万元）。

（3）未来12个月销售证券的次数=960/40=24（次）

有价证券的交易间隔期=360/24=15(天)。

【提示】第（1）问，年现金需求量计算的是企业每年现金流出与现金流入的差额。每月现金流出比现金流入多80万元，是说明每个月需要有现金需求量80万元，一年现金需求量就是12×80=960（万元）。

2.【答案】

原方案总成本=原应收账款平均余额×变动成本率×资本成本+赊销额×原坏账损失率+原收账费用=$\frac{720}{360}$×60×50%×6%+720×10%+5=80.6（万元）

新方案总成本=新应收账款平均余额×变动成本率×资本成本+赊销额×新坏账损失率+新收账费用=$\frac{720}{360}$×50×50%×6%+720×7%+新收账费用=53.4+新收账费用

为了使政策变更合理，新方案总成本不应超过原方案总成本：

新收账费用上限=80.6−53.4=27.2（万元）

新增收账费用上限=27.2−5=22.2（万元）

故采取新收账措施而增加的收账费用，不应超过22.2万元。

3.【答案】

（1）原方案平均收现期=30×80%+（30+20）×20%=34（天）

新方案平均收现期=10×40%+20×30%+30×20%+（30+20）×10%=21（天）

单位：元

项目	原方案	新方案	变化
边际贡献	36000×（80-60）=720000	36000×（1+15%）×（80-60）=828000	108000
收账费用	36000×80×20%×5%=28800	36000×（1+15%）×80×10%×5%=16560	-12240
应收账款占用资金应计利息	$\frac{80\times36000}{360}\times34\times\frac{60}{80}\times12\%$ =24480	$\frac{80\times36000\times(1+15\%)}{360}\times21\times\frac{60}{80}\times$ 12%=17388	-7092
存货占用资金应计利息	2000×60×12%=14400	2400×60×12%=17280	2880
现金折扣成本	0	80×36000×（1+15%）×（5%×40%+2%×30%）=86112	86112

（2）改变信用政策增加的税前损益=108000+12240+7092-2880-86112=38340（元）

因为改变信用政策后增加的税前损益大于0，所以E公司应推出该现金折扣政策。

4.【答案】

（1）经济订货量= $\sqrt{\frac{2\times3600\times25}{20}}$ =95（千克）

年订货次数=3600/95=38（次）

（2）交货期内平均需求=50×0.1+60×0.2+70×0.4+80×0.2+90×0.1=70（千克）

含有保险储备的再订货点=70+30=100（千克）

按目前的保险储备标准，存货水平为100千克时应补充订货。

（3）TC（B=0）=[（80-70）×0.2+（90-70）×0.1]×100×38+0×20=15200（元）

TC（B=10）=（90-80）×0.1×100×38+10×20=4000（元）

TC（B=20）=0×100×38+20×20=400（元）

企业目前的保险储备标准不恰当（过高），会加大储存成本，合理保险储备为20千克。

（4）存货平均占用资金=（95/2）×10+20×10=675（元）。

5.【答案】

（1）每次订货的变动成本=每次处理订单成本+每次运费+每次验货费=38.2+68+6×12=178.2（元）

（2）每块玻璃的变动储存成本=单件仓储成本+单件损毁成本+单件存货占用资金成本=12+1300×1%+1300×5%=90（元）

（3）经济订货量= $\sqrt{\frac{2\times9900\times178.2}{90}}$ =198（块）

（4）与经济订货量有关的存货总成本= $\sqrt{2\times9900\times178.2\times90}$ =17820（元）

（5）再订货点=6×（9900/300）=198（块）。

6.【答案】

（1）自制单位存货占用资金=30+20+10=60（元）

自制存货单位储存成本=单位存货占用资金的应计利息+单位存货保险费+单位存货残损变质损失=60×10%+1+2=9（元）

（2）外购存货单位储存成本=90×10%+1+2=12（元）

（3）每日需要量=4500/300=15（件）

自制：

$Q^*=\sqrt{\frac{2\times4500\times500}{9\times(1-15/30)}}$ =1000（件）

TC（Q^*）

$=\sqrt{2\times4500\times500\times9\times(1-15/30)}$

=4500（元）

加工设备的平均年成本 =500000/（P/A，10%，5）=500000/3.7908=131898.28（元）

TC=4500×60+4500+50000+131898.28=456398.28（元）

外购：

每次订货成本 =2600+400=3000（元）

$Q^*=\sqrt{\dfrac{2\times4500\times3000}{12}}$=1500（件）

TC（Q^*）$=\sqrt{2\times4500\times3000\times12}$=18000（元）

TC=4500×90+18000=423000（元）

因为自制总成本大于外购总成本，所以企业应外购 A 标准件。

（4）外购：

订货期内存货需要量（L×d）（件）	15	30	45	60	75
概率	0.15	0.2	0.3	0.2	0.15

年订货次数 =4500/1500=3（次）

设 B=0 件，R=15×0.15+30×0.2+45×0.3+60×0.2+75×0.15=45（件）

S=（60−45）×0.2+（75−45）×0.15=7.5（件）

TC（S，B）=7.5×10×3=225（元）

设 B=15 件，R=45+15=60（件）

S=（75−60）×0.15=2.25（件）

TC（S，B）=10×2.25×3+15×12=247.5（元）

设 B=30 件，R=45+30=75（件）

S=0

TC（S，B）=30×12=360（元）

再订货点为 45 件时，相关成本最小。

考虑缺货影响的外购总成本 =423000+225=423225（元）<自制总成本 456398.28 元

所以选择外购 A 标准件。

7.【答案】

方案一：

半年的利率 =40/1000=4%，有效年利率 =（1+4%）^{2}−1=8.16%

因为平价发行，年有效到期收益率等于年有效票面利率 8.16%。

方案二：

1000=250×（P/A，r_d，5）

（P/A，r_d，5）=4

当 r_d=7%，（P/A，7%，5）=4.1002

当 r_d=8%，（P/A，8%，5）=3.9927

利用内插法可得：

$$\frac{r_d-7\%}{8\%-7\%}=\frac{4-4.1002}{3.9927-4.1002}$$

有效年利率 r_d=7.93%

方案三：

补偿性余额 =1000×10%=100（万元）

实际借款本金 =1000−100=900（万元）

每年净利息支出 =80−100×3%=77（万元）

年利率 =77/900=8.56%

或：900=77×（P/A，r_d，5）+900×（P/F，r_d，5）

因为平价发行，所以到期收益率等于票面利率。

有效年利率 r_d=8.56%

因为方案二的有效年利率最低，所以甲公司应当选择方案二。

四、综合题

1.【答案】

（1）2020 年的权益净利率 =1920/12000=16%

2021 年的权益净利率 =2225/12500=17.8%

2021 年的权益净利率高于 2020 年，甲公司 2021 年完成业绩目标。

（2）

驱动因素	2021 年	2020 年
净经营资产净利率	3300/25000=13.2%	2640/20000=13.2%
税后利息率	1075/12500=8.6%	720/8000=9%
净财务杠杆	12500/12500=1	8000/12000=0.67

2021 年的净经营资产净利率与 2020 年相同，公司的经营管理业绩没有提高。

2021 年的税后利息率低于 2020 年，净财务杠杆高于 2020 年，公司的理财业绩得到提高。

（3）2020 年年末的易变现率 =（12000+8000+2000-16000）/6000=1

2021 年年末的易变现率 =（12500+10000+2500-20000）/7500=0.67

甲公司生产经营无季节性，年末易变现率可以视为营业低谷时的易变现率。

2020 年采用的是适中型营运资本筹资策略

2021 年采用的是激进型营运资本筹资策略

营运资本筹资策略由适中型改为激进型，短期借款在全部资金来源中的比重加大，税后利息率下降，公司报酬提高，风险相应加大。

2.【答案】

（1）经济订货量=$\sqrt{\dfrac{2\times720\times500}{200}}$=60（吨）

平均每天耗用量 =720/360=2（吨）

交货期	不延迟	延迟 1 天	延迟 2 天
交货期内的总需要量（吨）	10×2=20	11×2=22	12×2=24
概率	50%	30%	20%

不设保险储备，B=0 吨，再订货点 R=10×2=20（吨）

缺货量 S=（22-20）×30%+（24-20）×20%=1.4（吨）

年订货次数 =720/60=12（次）

相关总成本 =1.4×12×50+0×200=840（元）

设保险储备，B=2 吨，再订货点 R=10×2+2=22（吨）

缺货量 S=（24-22）×20%=0.4（吨）

相关总成本 =0.4×12×50+2×200=640（元）

设保险储备，B=4 吨，再订货点 R=10×2+4=24（吨）

缺货量 S=0（吨）

相关总成本 =0×12×50+4×200=800（元）

最合理的保险储备量为 2 吨

方案一的总成本 =720×（3000+100）+$\sqrt{2\times720\times500\times200}$+640=2244640（元）

（2）经济订货量=$\sqrt{\dfrac{2\times720\times100}{200\times(1-2/10)}}$=30（吨）

方案二的总成本 =720×（3300+20）+$\sqrt{2\times720\times100\times200\times(1-2/10)}$=2395200（元）

（3）因为方案一的总成本低，所以应选择方案一。

【提示】变动订货成本是与订货次数有关的成本，每吨运费 100 元，与订货次数无关，因此不属于单位订货成本，是材料成本的直接构成，计入购置成本。

第十三章　产品成本计算

CHAPTER-13

名师点拨

本章主要介绍我国现行财务制度规定的成本计算方法，相比较第14章标准成本法，本章介绍的是实际成本计算；相比较第15章作业成本法，本章介绍的是基于产量基础的成本计算方法；相比较第16章介绍的变动成本计算方法，本章介绍的是制造成本法也称为完全成本法。

本章学习指南

一、考情分析

本章属于成本管理中比较重要的章节。从近三年的考试来看，除客观题外，还有可能出计算分析题。近三年的平均分值为8分左右。

最近3年题型、题量分析表

题型	2019年		2020年		2021年	
	试卷Ⅰ	试卷Ⅱ	试卷Ⅰ	试卷Ⅱ	试卷Ⅰ	试卷Ⅱ
单项选择题	1题1.5分	1题 1.5分	1题1.5分	1题 1.5分	1题2分	1题2分
多项选择题	—	—	1题2分	1题2分	—	—
计算分析题	0.5题4分	—	0.75题6分	1题8分	1题9分	1题9分
综合题	—	—	—	—	—	—
合计	1.5题 5.5分	1题 1.5分	2.75题 9.5分	3题 11.5分	2题 11分	2题 11分

二、教材变化

本章与2021年的教材相比没有实质性变化，只是增加了比例分配法和扣除分配法的称谓。

三、考点框架

第十三章 产品成本计算
- 成本的分类
  - 制造成本与非制造成本 ★
  - 产品成本与期间成本 ★
  - 直接成本与间接成本 ★
- 产品成本的归集和分配
  - 间接费用的归集和分配 ★★★
  - 完工产品和在产品的成本分配 ★★★
  - 联产品和副产品的成本分配 ★★
- 产品成本计算的基本方法
  - 三种基本方法的特点与适用条件比较 ★★
  - 分步法 ★★★

核心考点精讲

第一节　成本的分类

使用“会计云课堂”App 或“微信”扫码查看本节视频，快速 GET 知识点。

一、制造成本与非制造成本 ★

制造成本	包括直接材料成本、直接人工成本和制造费用 （1）直接材料成本是指能够直接追溯到每个产品，并构成产品实体的材料成本 （2）直接人工成本是指能够直接追溯到每个产品上的人工成本，包括直接参与生产产品的生产线上员工的薪酬和福利费 （3）制造费用是指企业各生产单位为组织和管理生产而发生的各项间接费用，包括间接材料成本、间接人工成本和其他制造费用
非制造成本	非制造成本即期间费用（成本），包括销售费用、管理费用和财务费用

经典题解

【真题 1 · 单选题】企业在生产中为生产工人发放安全头盔所产生的费用，应计入（　　）。（2016 年卷Ⅰ、卷Ⅱ）

A. 直接材料

B. 管理费用

C. 直接人工

D. 制造费用

【解析】生产工人发生的间接费用应该计入制造费用，因此选项 D 正确。

【答案】D

二、产品成本与期间成本 ★

种类	含义	内容	
		制造成本法	变动成本法
产品成本	与产品生产直接相关的成本	直接材料成本、直接人工成本和制造费用	直接材料成本、直接人工成本和变动制造费用

要点小贴士

两种成本计算方法的主要不同是对固定制造费用的处理。

种类	含义	内容	
		制造成本法	变动成本法
期间成本	企业经营活动中所发生的与该会计期间的销售、管理和筹资等活动相关的成本	销售费用、管理费用、财务费用等	固定制造费用、销售费用、管理费用、财务费用等

经典题解

【例题2·单选题】在制造成本法下，以下各项支出中，可以计入产品成本的是（　　）。

A. 生产车间管理人员的工资

B. 因操作不当造成的废品净损失

C. 存货跌价损失

D. 行政管理部门使用的固定资产计提的折旧

【解析】本题主要考查的是制造成本法下产品成本的构成内容。在制造成本法下，因操作不当造成的废品净损失不可以计入产品成本，存货跌价损失计入资产减值损失，行政管理部门使用的固定资产计提的折旧应计入管理费用。

【答案】A

三、直接成本与间接成本★

直接成本	与成本对象直接相关的、可以用经济合理的方式直接追溯到成本对象的那一部分成本（可以直接计入成本对象）
间接成本	与成本对象相关联的成本中不能用一种经济合理的方式追溯到成本对象，不适宜直接计入的那一部分成本（只能分配计入成本对象）

经典题解

【例题3·单选题】间接成本是指与成本对象相关联的成本中（　　）。

A. 不能追溯到成本对象的那一部分产品成本

B. 不能用一种经济合理的方式追溯到成本对象的那一部分产品成本

C. 可以直接追溯到成本对象的那一部分成本

D. 可以用经济合理的方式追溯到成本对象的那一部分成本

【解析】间接成本是指与成本对象相关联的成本中不能用一种经济合理的方式追溯到成本对象的那一部分产品成本。这里的关键词是“不能用经济合理的方式追溯”。

【答案】B

第二节　产品成本的归集和分配

使用“会计云课堂”App 或“微信”扫码查看本节视频，快速 GET 知识点。

一、间接费用的归集和分配 ★★★

分配方法	比例分配法
通用分配公式	间接费用分配率 = 待分配的间接费用 / 分配标准合计 某产品应分配的间接费用 = 间接费用分配率 × 某产品的分配标准

（一）辅助生产费用的分配

辅助生产费用的主要分配方法：直接分配法和交互分配法。

1. 直接分配法

特点	不考虑辅助生产内部相互提供的劳务量，直接将各辅助生产车间发生的费用分配给辅助生产车间以外的各个受益单位或产品
计算公式	辅助生产的单位成本 = 辅助生产费用总额 / [辅助生产的产品（劳务）总量 - 对其他辅助部门提供的产品（劳务）量] 各受益车间、产品或各部门应分配的费用 = 辅助生产的单位成本 × 该车间、产品或部门的耗用量
图示	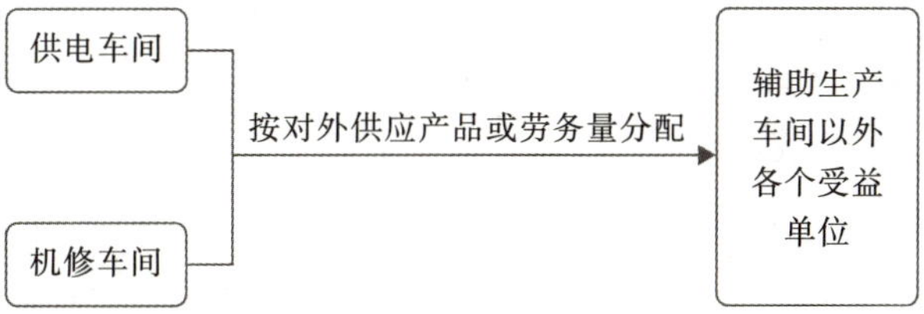
优缺点	由于各辅助生产费用只是对外分配，所以计算工作简便。当辅助生产车间相互提供产品或劳务量差异较大时，分配结果往往与实际不符
适用范围	只适宜在辅助生产内部相互提供产品或劳务不多，不进行费用的交互分配，对辅助生产成本和产品制造成本影响不大的情况下采用

考点妙记

辅助生产的单位成本就是辅助生产费用的分配率，直接分配法下的分配率的计算按照通用公式记忆即可，分配标准就是辅助生产车间以外各受益部门的产品（劳务）总量。

经典题解

【真题 4 · 单选题】甲公司生产 X 产品，设有供电和锅炉两个辅助生产车间。2021 年 7 月，供电车间发生生产费用 315000 元，供电 450000 度，其中锅炉车间 30000 度、X 产品 320000 度、基本生产车间 60000 度、行政管理部门 40000 度；锅炉车间发生生产费用 119000 元，提供热力蒸汽 150000 吨，其中供电车间 10000 吨、X 产品 100000 吨、基本生产车间 25000 吨、行政管理部门 15000 吨。甲公司

采用直接分配法分配辅助生产成本，供电车间的分配率是（ ）元 / 度。（2021 年卷Ⅰ）

A. 0.70　　B. 0.72

C. 0.75　　D. 0.85

【解析】供电车间的分配率 = 辅助生产费用总额 /[辅助生产的产品（劳务）总量 - 对其他辅助部门提供的产品（劳务）量]=315000/（450000-30000）=0.75（元 / 度）。

【答案】C

【真题 5 · 单选题】甲公司有机修和运输两个辅助生产车间，2021 年 7 月，机修车间发生生产费用 350000 元，提供机修服务 3800 小时，其中，运输车间 300 小时，基本生产车间 2500 小时，在建工程 600 小时，行政管理部门 400 小时。甲公司采用直接分配法分配辅助生产成本，机修车间分配率是（ ）元 / 小时。（2021 年卷Ⅱ）

A. 92　　B. 140

C. 100　　D. 85.37

【解析】机修车间分配率 =350000/（3800-300）=100（元 / 小时）。

【答案】C

【真题 6 · 单选题】甲公司基本生产车间生产 X 和 Y 两种产品，供电和锅炉两个辅助生产车间分别为 X 产品、Y 产品、行政管理部门提供动力和蒸汽，同时也相互提供服务。若采用直接分配法分配辅助生产费用，供电车间的生产费用不应分配给（ ）。（2020 年卷Ⅱ）

A. X 产品　　B. Y 产品

C. 行政管理部门　　D. 锅炉辅助生产车间

【解析】直接分配法是直接将各辅助生产车间发生的费用分配给辅助生产车间以外的各个受益单位或产品，即不考虑辅助生产内部相互提供的劳务量，不经过辅助生产费用的交互分配。

【答案】D

要点小贴士

（1）第一次交互分配的分配率采取的是简化方法，总费用 / 总劳务计算出单位劳务的成本；

（2）第二次对外分配率采取的还是间接费用分配率的通用公式，只不过分子的待分配费用是交互分配后的结果（加上转入减去转出）。

2. 交互分配法

特点	进行两次分配：首先，在各辅助生产车间之间进行交互分配；然后，将各辅助生产车间交互分配后的实际费用，对辅助生产车间以外的各受益单位进行分配
计算公式	对内交互分配率 = 辅助生产费用总额 / 辅助生产提供的总产品或劳务总量 对外分配率 =（交互分配前的成本费用 + 交互分配转入的成本费用 - 交互分配转出的成本费用）/ 对辅助生产车间以外的其他部门提供的产品或劳务总量
图示	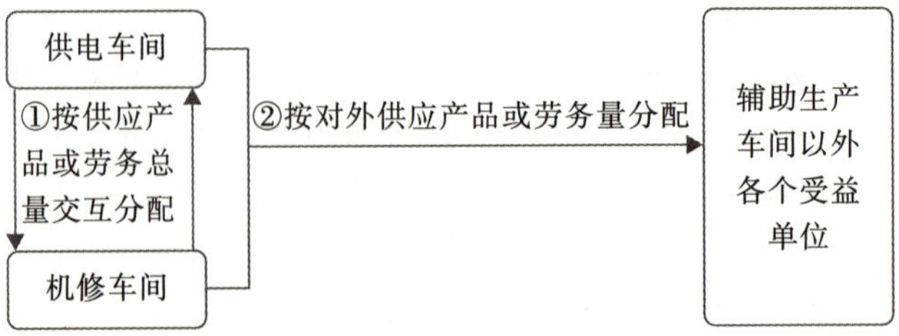

优缺点	辅助生产内部相互提供产品或劳务全都进行了交互分配，从而提高了分配结果的准确性。但各辅助生产费用要计算两个单位成本（费用分配率），进行两次分配，因而增加了计算工作量

经典题解

【例题 7·多选题】甲公司有供电、燃气两个辅助生产车间，公司采用交互分配法分配辅助生产成本。本月供电车间供电 20 万度，成本费用为 10 万元，其中燃气车间耗用 1 万度电；燃气车间供气 10 万吨，成本费用为 20 万元，其中供电车间耗用 0.5 万吨燃气。下列计算中，正确的有（　　）。

A. 供电车间分配给燃气车间的成本费用为 0.5 万元

B. 燃气车间分配给供电车间的成本费用为 1 万元

C. 供电车间对外分配的成本费用为 9.5 万元

D. 燃气车间对外分配的成本费用为 19.5 万元

【解析】供电车间分配给燃气车间的成本 =10/20×1=0.5（万元），选项 A 正确；

燃气车间分配给供电车间的成本 =20/10×0.5=1（万元），选项 B 正确；

供电车间对外分配的成本 =10−0.5+1=10.5（万元），选项 C 不正确；

燃气车间对外分配的成本 =20−1+0.5=19.5（万元），选项 D 正确。

【答案】ABD

（二）制造费用的归集和分配

归集	企业各生产单位为组织和管理生产而发生的各项间接费用，包括工资和福利费、折旧费、修理费、办公费、水电费、机物料消耗、劳动保护费、租赁费、保险费、排污费等
分配公式	制造费用分配率 = $\frac{\text{制造费用总额}}{\text{各种产品生产实用（定额）人工工时（机器加工工时）之和}}$ 某产品应分配的制造费用 = 该种产品工时数 × 制造费用分配率

名师点拨

（1）考试有时故意给一些干扰项，比如给出行政管理部门的有关费用，注意不能计入制造费用；

（2）制造费用分配率的确定也是按间接费用分配率的通用公式记忆。

【提示】制造费用账户借方反映实际发生的制造费用，贷方反映按照一定标准（计划或定额，人工工时、人工工资或机器工时）分配转入生产成本的制造费用，期末借贷方可能不相等，存在差异，需进行调整。如差额较小，可一次转入销货成本账户；如差额较大，可按期末在产品、产成品、销货成本账户金额比例分配结转。

经典题解

【例题 8·单选题】某企业本月生产甲产品耗用机器工时 300 小时，生产乙产品耗用机器工时 200 小时。本月发生车间管理人员工资 120 万元，福利费 80 万元，产品生产人员工资 400 万元，福利费 100 万元。该企业按机器工时比例分配制造费用。假设不考虑其他因素，本月乙产品应分配的制造费用为（　　）万元。

A. 48　　B. 208　　C. 80　　D. 240

【解析】本月乙产品应分配的制造费用 =（120+80）/（300+200）×200=80（万元）。

【答案】C

二、完工产品和在产品的成本分配 ★★★

（一）分配原理

基本公式：月初在产品成本 + 本月发生生产费用 = 本月完工产品成本 + 月末在产品成本

【提示】公式前两项之和为待分配费用，待分配费用在完工产品与月末在产品之间分配有两类方法：一是“扣除分配法”，即先确定月末在产品成本，再用待分配费用减月末在产品成本得出完工产品成本；二是“比例分配法”，即将待分配费用按一定比例在完工产品与月末在产品之间进行分配。

（二）分配方法（六种）

名师点拨

扣除分配法可以理解为倒挤法。

1. 扣除分配法（本月完工产品成本 = 月初在产品成本 + 本月发生生产费用 − 月末在产品成本）

方法	适用范围	完工、在产划分
不计算在产品成本	月末在产品数量很少，价值很低，并且各月在产品数量比较稳定的情况	月末在产品成本 =0 本月完工产品成本 = 本月发生的生产费用
在产品成本按年初数固定计算	月末在产品数量很少，或者在产品数量虽多但各月之间在产品数量变动不大，月初、月末在产品成本的差额对完工产品成本影响不大的情况	月末在产品成本 = 年初固定数 【提示】年终时，根据实地盘点的在产品数量，重新调整计算在产品成本，以避免在产品成本与实际出入过大，影响成本计算的正确性 本月完工产品成本 = 本月发生的生产费用
在产品成本按定额成本计算	在产品数量稳定或者数量较少，并且制定了比较准确的定额成本	月末在产品成本 = 月末在产品数量 × 在产品定额单位成本 本月完工产品成本 =（月初在产品成本 + 本月发生的生产费用）− 月末在产品成本 【提示】根据财政部《企业产品成本核算制度（试行）》，企业采用定额成本进行日常核算的，期末应当将定额成本调整为实际成本

要点小贴士

此法下实际脱离定额的差异完全由完工产品承担。

经典题解

【例题9·单选题】某企业在产品成本按定额成本计算，A产品本月发生的直接材料成本为70000元，本月发生的直接人工成本为11000元，本月发生的制造费用为22000元，本月完工产品数量为800件，月初在产品100件，月末在产品数量为200件，在产品的定额资料为：直接材料费用定额每件产品100元，工时定额每件产品2小时，直接人工定额为40元/小时，制造费用定额50元/小时，则本月单件完工产品成本为（　　）元。

A. 87.25　　B. 93.75　　C. 102.26　　D. 113.18

【解析】单件在产品定额成本 =100+2×（40+50）=280（元）
月初在产品定额成本 =100×280=28000（元）
月末在产品定额成本 =200×280=56000（元）
完工产品成本 =28000+（70000+11000+22000）-56000=75000（元）
单件完工产品成本 =75000/800=93.75（元）。
【答案】B

2. 比例分配法

统一公式：
- 分配率 = 待分配的费用 / （完工产品分配标准 + 月末在产品分配标准）
- 本月完工产品成本 = 分配率 × 完工产品分配标准
- 月末在产品成本 = 分配率 × 月末在产品分配标准

要点小贴士

分配率公式和间接费用分配率的通用公式原理一致。只不过分配对象定位于完工产品和在产品。

（1）约当产量法。
①计算公式。

加权平均法	分配率 = （月初在产品成本 + 本月发生生产费用）/（完工产品产量 + 月末在产品约当产量） 其中： 月末在产品约当产量 = 月末在产品数量 × 月末在产品完工程度
	完工产品成本 = 分配率 × 完工产品产量
	月末在产品成本 = 分配率 × 月末在产品约当产量
先进先出法	分配率 = 本月发生生产费用 /（月初在产品本月加工约当产量 + 本月投入本月完工产量 + 月末在产品约当产量） 其中： a. 月初在产品本月加工约当产量 = 月初在产品数量 ×（1- 月初在产品完工程度） b. 本月投入本月完工产量 = 完工产品产量 - 月初在产品数量 c. 月末在产品约当产量 = 月末在产品数量 × 月末在产品完工程度
	月末在产品成本 = 分配率 × 月末在产品约当产量
	完工产品成本 = 月初在产品成本 + 分配率 ×（月初在产品本月加工约当产量 + 本月投入本月完工产量） 或采用扣除分配法（倒挤法）： 完工产品成本 =（月初在产品成本 + 本月发生生产费用）- 月末在产品成本

要点小贴士

先进先出法下认为月初在产品应在本月完工，所以月初在产品的费用应全部进入完工产品成本，需要分配的只是本月发生的生产费用。

经典题解

【例题 10·计算分析题】甲公司是一家制造业企业，只生产和销售一种新型保温容器产品。公司在分配当月完工产品与月末在产品的成本时，采用约当产量法，8 月有关成本核算资料如下：

（1）本月生产数量。（单位：只）

月初在产品数量	本月投产数量	本月完工产品数量	月末在产品数量
300	3700	3500	500

（2）原材料在生产开始时一次全部投入，加工成本陆续发生，月初、月末在产品平均完工程度60%。

（3）本月月初在产品成本和本月发生生产费用。（单位：元）

	直接材料	加工成本	合计
月初在产品成本	32000	31600	63600
本月发生生产费用	508000	348400	856400
合计	540000	380000	920000

要求：

（1）假设在产品存货发出采用加权平均法，计算确定本月完工产品成本和月末在产品成本。

（2）假设在产品存货发出采用先进先出法，计算确定本月完工产品成本和月末在产品成本。

【答案】

（1）直接材料费用分配率=540000/（3500+500）=135（元/只）

完工产品的直接材料费用=135×3500=472500（元）

月末在产品的直接材料费用=135×500=67500（元）

分配加工成本时，月末在产品约当产量=500×60%=300（只）

加工成本分配率=380000/（3500+300）=100（元/只）

解题攻略

加权平均法下，分子的待分配费用是月初加本月生产费用合计。

完工产品的加工成本=100×3500=350000（元）

月末在产品的加工成本=100×300=30000（元）

完工产品总成本=472500+350000=822500（元）

月末在产品总成本=67500+30000=97500（元）

（2）直接材料费用分配率=508000/［300×（1−100%）+3200+500×100%］=508000/3700（元/只）

月末在产品直接材料成本=（508000/3700）×500=68648.65（元）

完工产品直接材料成本=540000−68648.65=471351.35（元）

或：=32000+（508000/3700）×3200=471351.35（元）

加工成本分配率=348400/［300×（1−60%）+3200+500×60%］=348400/3620（元/只）

解题攻略

先进先出法下，分子的待分配费用只有本月生产费用。

月末在产品加工成本=（348400/3620）×（500×60%）=28872.93（元）

完工产品加工成本=380000−28872.93=351127.07（元）

或：=31600+（348400/3620）×［300×（1−60%）+3200］=351127.07（元）

完工产品总成本=471351.35+351127.07=822478.42（元）

月末在产品总成本=68648.65+28872.93=97521.58（元）。

②完工程度的计算。

分配工资、福利费和制造费用完工程度（累计工时法）	a. 通常假定处于某工序的在产品只完成本工序的一半，则： 某道工序完工程度 =（前面各道工序工时定额之和 + 本道工序工时定额 ×50%）/ 产品工时定额 ×100% b. 如果考试特指了在产品所处工序的完工程度，则： 某道工序完工程度 =（前面各道工序工时定额之和 + 本道工序工时定额 × 本道工序平均完工程度）/ 产品工时定额 ×100%
分配原材料完工程度	a. 若原材料在生产开始时一次投入： 在产品无论完工程度如何，都应和完工产品负担同样材料费用，即在产品原材料完工程度为 100% b. 若原材料陆续投入： 分工序投入，但在每一道工序开始时一次投入： 某工序在产品完工程度 = 本工序累计材料消耗定额 / 产品材料消耗定额 ×100% 分工序投入，但每一道工序随加工进度陆续投入： 某工序在产品完工程度 =（前面各道工序累计材料消耗定额 + 本工序材料消耗定额 ×50%）/ 产品材料消耗定额 ×100%

要点小贴士

完工、在产的划分按完工和在产的产量比重分配即可。

经典题解

【真题 11·单选题】甲企业基本生产车间生产乙产品，依次经过三道工序，工时定额分别为：40 小时、35 小时和 25 小时，月末完工产品和在产品采用约当产量法分配成本。假设制造费用随加工进度在每道工序陆续均匀发生，各工序月末在产品平均完工程度 60%，第三道工序月末在产品数量 6000 件。分配制造费用时，第三道工序在产品约当产量是（　　）件。（2018 年卷Ⅰ）

A. 3660　　B. 3450　　C. 6000　　D. 5400

【解析】第三道工序在产品约当产量 =6000×（40+35+25×60%）/（40+35+25）=5400（件）。

【答案】D

（2）定额比例法。

计算公式	分配率 =（月初在产品实际成本 + 本月发生实际生产费用）/（完工产品定额 + 月末在产品定额） 完工产品应分配的成本 = 完工产品定额 × 分配率 月末在产品应分配的成本 = 月末在产品定额 × 分配率
适用条件	月末在产品数量变动较大，且有比较准确的定额资料

经典题解

【例题 12·计算分析题】某企业采用定额比例法将产品生产成本在完工产品与月末在产品之间进行分配。甲产成品的直接材料成本定额 315 元 / 件、直接人工成本定额 196 元 / 件、制造费用成本定额 168 元 / 件；在产品直接材料成本定额 225

元/件、直接人工成本定额140元/件、制造费用成本定额120元/件。2021年12月完工产品100万件，在产品20万件，有关甲产品实际成本资料见“产品成本明细账”。

产品成本明细账

产品名称：甲产品　　2021年12月　　单位：万元

月	日	项目	直接材料	直接人工	制造费用	合计
12	1	月初在产品成本	6000	3800	2900	12700
12	31	本月生产费用	30000	20840	20140	70980
12	31	生产费用合计	36000	24640	23040	83680

要求：

（1）计算完工产品和月末在产品的直接材料成本；

（2）计算完工产品和月末在产品的直接人工成本；

（3）计算完工产品和月末在产品的制造费用。

【答案】

（1）直接材料定额成本分配率=36000/（315×100+225×20）=1

完工产品的直接材料成本=315×100×1=31500（万元）

月末在产品的直接材料成本=225×20×1=4500（万元）

（2）直接人工定额成本分配率=24640/（196×100+140×20）=1.1

完工产品的直接人工成本=196×100×1.1=21560（万元）

月末在产品的直接人工成本=140×20×1.1=3080（万元）

（3）制造费用定额成本分配率=23040/（168×100+120×20）=1.2

完工产品的制造费用=168×100×1.2=20160（万元）

月末在产品的制造费用=120×20×1.2=2880（万元）。

要点小贴士：实质属于混合法。原材料采用比例分配法，其他费用采用扣除分配法。

（3）在产品成本按其所耗用的原材料费用计算。

<table>
<tr><td rowspan="3">分配原理</td><td colspan="2">月末在产品只分配原材料费用，其他费用全部由完工产品负担</td></tr>
<tr><td>原材料</td><td>其他费用</td></tr>
<tr><td>材料费用分配率=（月初在产品实际成本+本月投入的实际材料成本）/（完工产品产量+月末在产品产量）
完工产品应分配的材料成本=完工产品产量×材料费用分配率
月末在产品应分配的材料成本=月末在产品产量×材料费用分配率</td><td>完工产品成本=本月发生生产费用
月末在产品成本=0</td></tr>
<tr><td>适用条件</td><td colspan="2">原材料费用在产品成本中所占比重较大，而且原材料是在生产开始时一次全部投入的情况下</td></tr>
</table>

经典题解

【例题 13 · 多选题】 企业生产成本在完工产品与在产品之间进行分配，方法的选择是根据（　　）。

A. 在产品数量的多少　　B. 各月在产品数量变化的大小

C. 各项费用比重的大小　　D. 定额管理基础的好坏

【解析】 生产成本在完工产品与在产品之间的分配，在成本计算工作中是一个重要而又比较复杂的问题。企业应当根据在产品数量的多少、各月在产品数量变化的大小、各项费用比重的大小以及定额管理基础的好坏等具体条件，选择既合理又简便的分配方法。

【答案】 ABCD

三、联产品和副产品的成本分配 ★★

（一）联产品加工成本的分配

1. 联产品的含义

联产品是指使用同种原料，经过同一生产过程同时生产出来的两种或两种以上的主要产品。

2. 联产品成本计算过程

第一阶段（分离前）：联合产品明细账。

第二阶段（分离后）：各产品分设明细账。

3. 联产品加工成本的分配

<table>
<tr><td>统一分配公式</td><td colspan="3">$联合成本分配率 = \frac{待分配联合成本}{各联产品分配标准合计}$
某联产品应分配联合成本 = 分配率 × 该产品分配标准</td></tr>
<tr><td rowspan="3">具体分配方法</td><td rowspan="2">分离点售价法</td><td>公式</td><td>$联合成本分配率 = \frac{待分配联合成本}{A产品分离点的总售价 + B产品分离点的总售价}$
A 产品应分配联合成本 = 联合成本分配率 × A 产品分离点的总售价
B 产品应分配联合成本 = 联合成本分配率 × B 产品分离点的总售价</td></tr>
<tr><td>适用条件</td><td>采用这种方法，要求每种产品在分离点时的销售价格能够可靠地计量</td></tr>
<tr><td>可变现净值法</td><td>公式</td><td>$联合成本分配率 = \frac{待分配联合成本}{A产品可变现净值 + B产品可变现净值}$
A 产品应分配联合成本 = 联合成本分配率 × A 产品可变现净值
B 产品应分配联合成本 = 联合成本分配率 × B 产品可变现净值
其中：某产品的可变现净值 = 分离点产量 × 该产品的单位售价 − 分离后的该产品的后续加工成本</td></tr>
</table>

考点妙记

可以按照比例分配法的通用公式记忆。

要点小贴士

通常针对该产品需进一步加工后才可供出售的情形。

具体分配方法	可变现净值法	适用条件	适用于某产品在分离点时的销售价格不能够可靠地计量
	实物数量法	联合成本分配率 = $\frac{\text{待分配联合成本}}{\text{A 产品实物数量（重量）+B 产品实物数量（重量）}}$ A 产品应分配联合成本 = 联合成本分配率 ×A 产品实物数量（重量） B 产品应分配联合成本 = 联合成本分配率 ×B 产品实物数量（重量）	

经典题解

【真题14·单选题】甲工厂生产联产品X和Y，9月份产量分别为690件和1000件。分离点前发生联合成本40000元，分离点后分别发生深加工成本10000元和18000元，X和Y的最终销售总价分别为970000元和1458000元。按照可变现净值法，X和Y的总加工成本分别是（　　）。（2019年卷Ⅰ）

A. 16000元和24000元

B. 12000元和28000元

C. 22000元和46000元

D. 26000元和42000元

【解析】X产品的可变现净值=970000-10000=960000（元）

Y产品的可变现净值=1458000-18000=1440000（元）

X产品总加工成本=40000/（960000+1440000）×960000+10000=26000（元）

Y产品总加工成本=40000/(960000+1440000)×1440000+18000=42000(元)。

【答案】D

【真题15·单选题】甲公司生产甲、乙两种联产品。2018年9月，甲、乙产品在分离前发生联合成本32万元。甲产品在分离后无须继续加工，直接出售，销售总价30万元，乙产品需继续加工，尚需发生加工成本10万元，完工后销售总价20万元。采用可变现净值法分配联合成本，甲产品应分摊的联合成本是(　　)万元。（2018年卷Ⅱ）

A. 8　　　　B. 12.8

C. 19.2　　　　D. 24

【解析】甲产品应分摊的联合成本=32/（30+20-10）×30=24（万元）。

【答案】D

（二）副产品加工成本的分配

1. 副产品的含义

副产品是指在同一生产过程中，使用同种原料，在生产主要产品的同时附带生产出来的非主要产品。

2. 分配方法

副产品首先采用简化方法确定其成本（如按预先规定的固定单价确定成本），然后从总成本中扣除，其余额就是主产品的成本。

主产品成本 = 总成本 − 副产品成本

第三节～第五节　产品成本计算的基本方法

使用“会计云课堂”App或“微信”扫码查看本节视频，快速GET知识点。

一、三种基本方法的特点与适用条件比较★★

基本方法	适用范围	成本计算对象	成本计算期	完工、在产划分
品种法	大量大批的单步骤生产以及管理上不要求按照生产步骤计算产品成本的多步骤生产	产品品种	一般定期计算产品成本，成本计算期与会计核算报告期一致	如果月末有在产品，要将生产费用在完工产品和在产品之间进行分配
分批法	单件小批类型的生产，也可适用于一般企业中的新产品试制或试验的生产、在建工程以及设备修理作业等	产品批别	成本计算期与产品生产周期基本一致，而与会计核算报告期不一致	一般不存在完工产品与在产品之间分配费用的问题
分步法	大量大批的，管理上既要求按照产品品种计算成本，又要求按照生产步骤计算产品成本的多步骤生产	产品生产步骤	一般定期计算产品成本，成本计算期与会计核算报告期一致	月末需将生产费用在完工产品和在产品之间进行分配；除了按产品品种计算和结转产品成本外，还需要按生产步骤计算和结转产品的成本

要点小贴士

品种法和分批法下的产品成本计算的考查实质是考查第二节间接费用分配和完工、在产划分的知识点。

经典题解

【例题16·单选题】甲制药厂正在试制生产某种疫苗。为了核算此疫苗的试制生产成本，该企业最适合选择的成本计算方法是（　　）。

A. 品种法

B. 分步法

C. 分批法

D. 品种法与分步法相结合

【解析】分批法适合于单件小批生产的情况，也可用于一般企业中的新产品试制或试验的生产、在建工程以及设备修理作业等。

【答案】C

二、分步法 ★★★

（一）分步法的分类［根据成本管理对各生产步骤成本资料的不同要求（即是否要求计算半成品成本）和简化核算的要求进行分类］

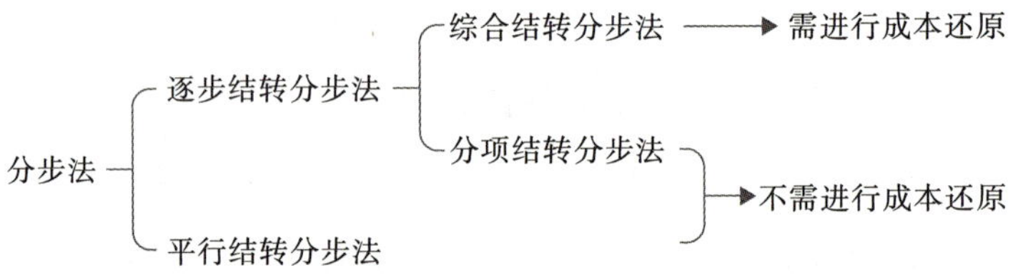

（二）逐步结转分步法（计算半成品成本分步法）

1. 含义

逐步结转分步法是按照产品加工的顺序，逐步计算并结转半成品成本，直到最后加工步骤才能计算产成品成本的一种方法。

2. 逐步综合结转分步法的计算程序

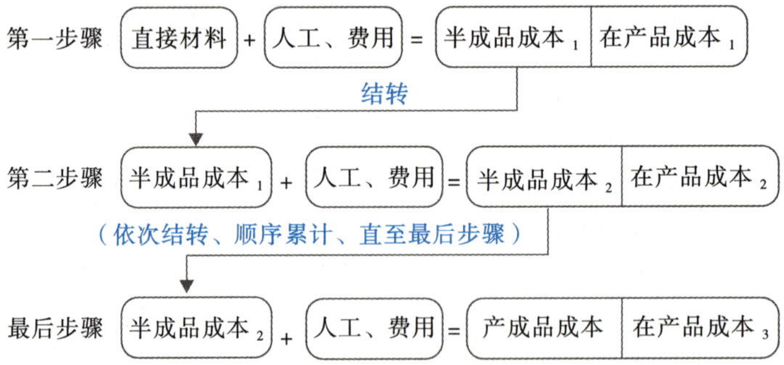

【提示】综合结转分步法，是指上一步骤转入下一步骤的半成品成本，以“直接材料”或专设的“半成品”项目综合列入下一步骤的成本计算单中。

3. 分项结转分步法的计算程序

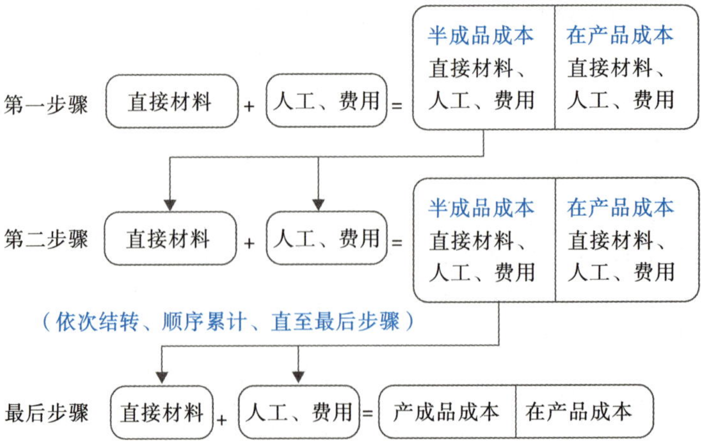

【提示】分项结转分步法是指上一步骤转入下一步骤的半成品成本，以“直接材料”“直接人工”“制造费用”等成本项目分别列入下一步骤的成本计算单中。

4. 逐步综合结转分步法下成本的还原

一般是按本月所产半成品的成本结构进行还原。即从最后一个步骤起，把各步骤所耗上一步骤半成品的综合成本按照上一步骤所产半成品成本的结构，逐步分解，还原出按原始成本项目反映的产成品成本。成本还原的次数较正常生产步骤少一步。

成本还原计算步骤如下图所示：

名师点拨

还原分配率法的本质也属于比例分配法。构成比重法可能更好理解和掌握。考试一般不会特指采用哪种方法，只要最后结果对即可。

方法一：还原分配率法

- 成本还原分配率＝产品耗用上步骤半成品成本合计／上步骤生产该种半成品成本合计 ×100%
  - 半成品成本还原＝成本还原分配率 × 本月所产半成品成本项目金额
  - 还原后产品成本＝还原前产品成本＋半成品成本还原

方法二：构成比重法

- 各项目比重＝本月所产半成品成本项目金额／本月所产半成品成本合计金额 ×100%
  - 半成品成本还原＝各项目比重 × 产成品耗用上步骤半成品成本合计
  - 还原后产品成本＝还原前产品成本＋半成品成本还原

5. 优缺点

优点	（1）能提供各个生产步骤的半成品成本资料 （2）能够为各生产步骤的在产品实物管理及资金管理提供资料 （3）能够全面地反映各生产步骤的生产耗费水平，更好地满足各生产步骤成本管理的要求
缺点	（1）综合结转需要进行成本还原；分项结转工作量大 （2）各生产步骤不能同时计算产品成本，需要逐步结转半成品成本

经典题解

【真题 17 · 多选题】下列关于产品成本计算逐步结转分步法的说法中，正确的有（　　）。（2020 年卷Ⅱ）

A. 应进行成本还原

B. 半成品对外销售的企业一般适宜采用逐步结转分步法

C. 能够全面反映各步骤的生产耗费水平

D. 半成品成本随半成品实物在各步骤间转移

【解析】逐步结转分步法分为综合结转分步法和分项结转分步法，其中综合结转分步法需进行成本还原，分项结转分步法不需进行成本还原。

【答案】BCD

（三）平行结转分步法（不计算半成品成本分步法）

1. 含义

在计算各步骤成本时，不计算各步骤所产半成品成本，也不计算各步骤所耗上一步骤的半成品成本，而只计算本步骤发生的各项其他费用，以及这些费用中应计入产成品成本的份额。

2. 平行结转分步法的计算程序

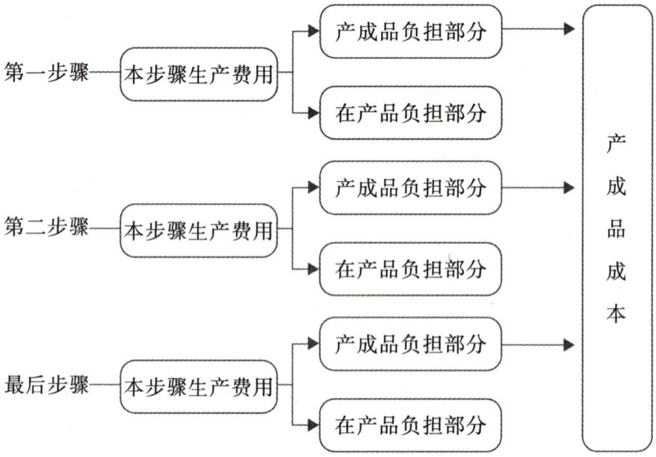

3. 平行结转分步法下的完工、在产划分

采用平行结转分步法，每一生产步骤的生产费用都要在其完工产品与月末在产品之间进行分配。但这里的完工产品是指企业最终完工的产成品；这里的某步骤在产品是指该步骤尚未加工完成的在产品和该步骤已完工但尚未最终完成的产品。

经典题解

真题点拨

按约当产量法计算成本所占份额，实质就是把待分配的费用按照完工产量和在产品的约当产量的比重划分。

【真题 18·单选题】甲公司生产 X 产品，需要经过三个步骤，第一步骤半成品直接转入第二步骤，第二步骤半成品直接转入第三步骤，第三步骤生产出产成品。各步骤加工费用随加工进度陆续发生。该公司采用平行结转分步法计算产品成本。月末盘点：第一步骤月末在产品 100 件，完工程度 60%；第二步骤月末在产品 150 件，完工程度 40%；第三步骤完工产品 540 件，在产品 200 件，完工程度 20%。按照约当产量法（加权平均法），第二步骤加工费用应计入完工产品成本的份额占比是（　　）。（2020 年卷Ⅰ）

A. 60%　　　　B. 40%

C. 80%　　　　D. 67.5%

【解析】第二步骤广义在产品约当产量 = 本步骤在产品产量 × 完工程度 + 后续在产品的产量 =150×40%+200=260（件），设第二步骤待分配的加工费用为 A，完工、在产的分配率 =A/（540+260）；应分配给完工产品的成本 =［A/（540+260）］×540，应分配给在产品的成本 =［A/（540+260）］×260；所以第二步骤加工费用应计入完工产品成本的份额占比 = 应分配给完工产品的成本 / 第二步骤待分配的加工费用 =［A/（540+260）］×540/A=540/（540+260）=67.5%。

【答案】D

4. 优缺点

优点	（1）各步骤可以同时计算产品成本，平行汇总计入产成品成本，不必逐步结转半成品成本 （2）能够直接提供按原始成本项目反映的产成品成本资料，不必进行成本还原，因而能够简化和加速成本计算工作
缺点	（1）不能提供各个步骤的半成品成本资料；在产品的费用在产品最后完成以前，不随实物转出而转出，即不按其所在的地点登记，而按其发生的地点登记，因而不能为各个生产步骤在产品的实物管理提供资料 （2）各生产步骤的产品成本不包括所耗半成品费用，因而不能全面地反映各步骤产品的生产耗费水平（第一步骤除外），不能更好地满足这些步骤成本管理的要求

经典题解

【真题19·单选题】下列关于平行结转分步法的说法中，正确的是(　　)。(2019年卷Ⅱ)

A. 平行结转分步法适用于经常对外销售半成品的企业

B. 平行结转分步法有利于考查在产品存货资金占用情况

C. 平行结转分步法有利于各步骤在产品的实物管理和成本管理

D. 平行结转分步法在产品是尚未最终完成的产品

【解析】平行结转分步法不计算半成品成本和各步骤在产品成本，所以选项A、B、C错误。

【答案】D

【易错易混点】逐步结转分步法与平行结转分步法的比较。

区别点	逐步结转分步法（计算半成品成本的分步法）	平行结转分步法（不计算半成品成本的分步法）
是否计算半成品成本	计算	不计算
生产费用与半成品实物转移是否同步	同步（生产费用随半成品实物的转移而结转）	不同步（生产费用不随半成品实物的转移而结转）
完工产品的含义不同	各步骤的完工产品	最终完工的产成品
在产品的含义不同	狭义在产品（仅指本步骤尚未加工完成的在产品）	广义在产品（既包括本步骤尚未加工完成的在产品，也包括本步骤加工完毕、但尚未最终完工的产品）
是否需要进行成本还原	逐步综合结转分步法需要 逐步分项结转分步法不需要	不需要
各步骤能否同时计算产成品成本	不能，需要顺序转移逐步累计，直到最后一个步骤才能计算出产成品成本	各步骤能同时计算产品成本，平行汇总计算产成品成本

要点小贴士

平行结转分步法下除了最后一个步骤以外，其他各步骤的在产品都是广义在产品。

广义在产品的约当产量＝本步骤在产数量×本步骤完工率＋后续在产数量。

经典题解

真题点拨

逐步结转分步法也称为计算半成品成本的分步法；平行结转分步法也称为不计算半成品成本的分步法。记住这两个方法的别称，这两个方法的优缺点的比较自然就记住了。

【真题 20 · 多选题】企业采用分步法计算产品成本时，可根据生产特点和管理要求选择逐步结转分步法或平行结转分步法。下列关于这两种方法的说法中，正确的有（　　）。（2020 年卷Ⅰ）

A. 对外销售半成品的企业应采用逐步结转分步法

B. 逐步分项结转分步法需要进行成本还原

C. 逐步结转分步法能全面反映各生产步骤的生产耗费水平

D. 平行结转分步法能提供各步骤半成品存货资金占用信息

【解析】逐步分项结转分步法不需要进行成本还原，选项 B 错误；平行结转分步法不能提供各步骤半成品存货资金占用信息，选项 D 错误。

【答案】AC

本章小结

下载“会计云课堂”App 学习

您已成功完成“第十三章”的学习，本章共 8 个考点，您都学会了吗？

为了让您对章节有更清晰的理解，加倍巩固。本书作者闫华红老师将通过**“视频导图课”**的方式，带您回顾重要考点。

名师点拨，视听结合，高效提分。

※ 欢迎您扫码，免费观看学习。

历年经典主观题回顾

使用“会计云课堂”App 或“微信”扫码快速做题、对答案、看解析、掌握解题思路，开启轻松过关之旅。

计算分析题

1. 甲公司是一家制造业企业，下设一基本生产车间，生产 A、B 两种产品。A、B

产品分别由不同的班组加工，领用不同的材料。A 产品有 A-1、A-2 和 A-3 三种型号，加工工艺、耗用材料基本相同；B 产品有 B-1 和 B-2 两种型号，加工工艺、耗用材料基本相同。公司采用品种法计算产品成本，直接材料、直接人工直接计入 A、B 产品，制造费用按当月定额工时在 A、B 产品之间分配。原材料在开工时一次投入，直接人工、制造费用随加工进度陆续发生。公司先分配完工产品与月末在产品成本，再在同一产品不同型号之间分配完工产品成本，均采用定额比例法。

2021 年 7 月相关资料如下：

（1）单位完工产品定额。

产品	型号	材料定额（元 / 件）	工时定额（小时 / 件）
A 产品	A-1	1500	8
	A-2	800	6
	A-3	400	4
B 产品	B-1	500	8
	B-2	1000	10

（2）月初在产品实际成本。

产品	直接材料（元）	直接人工（元）	制造费用（元）
A 产品	684500	49200	30200
B 产品	428000	52000	50000

（3）本月直接材料、直接人工和定额工时。

产品	直接材料（元）	直接人工（元）	定额工时（小时）
A 产品	4030000	570000	23000
B 产品	2020000	620000	24100
合计	6050000	1190000	47100

（4）本月基本生产车间发生制造费用 942000 元。

（5）本月完工产品数量。

产品	型号	完工数量（件）
A 产品	A-1	1000
	A-2	2000
	A-3	400
B 产品	B-1	1600
	B-2	800

（6）月末在产品材料定额成本和定额工时。

产品	材料定额成本（元）	定额工时（小时）
A产品	1230000	4200
B产品	800000	5600

要求：

（1）编制制造费用分配表（结果填入下方表格中，不用列出计算过程）。

制造费用分配表

2021年7月　　单位：元

产品	定额工时（小时）	分配率	制造费用
A产品		—	
B产品		—	
合计			

（2）编制A产品成本计算单（结果填入下方表格中，不用列出计算过程）。

A产品成本计算单

2021年7月　　单位：元

项目	直接材料		定额工时（小时）	直接人工	制造费用	合计
	定额成本	实际成本				
月初在产品	—		—			
本月生产费用	—		—			
合计	—		—			
分配率	—		—			
完工产品						
月末在产品						

（3）编制A产品单位产品成本计算单（分型号）（结果填入下方表格中，不用列出计算过程）。（2021年卷Ⅰ）

A产品单位产品成本计算单（分型号）

2021年7月　　单位：元

型号	单位产品定额		单位实际成本			
	材料定额	工时定额（小时）	直接材料	直接人工	制造费用	合计
A-1						
A-2						
A-3						

2. 甲公司是一家制造业企业，下设一基本生产车间生产 X 产品。公司按品种法核算产品成本，直接材料、直接人工和制造费用在发生时直接计入产品成本，月末按约当产量法（加权平均法）在完工产品与在产品之间分配生产成本。原材料在开工时一次投入，直接人工、制造费用随加工进度陆续发生。

X 产品有两个型号 X-1 和 X-2，使用相同工艺切割同一材料，经过三个工序加工完成，材料和加工成本不易按型号分别核算。公司确定 X-1 为标准产品，经测算，X-2 的直接材料成本是标准产品的 1.2 倍，直接人工、制造费用是标准产品的 1.25 倍。在成本分配时，将 X-2 折算为标准产品。

2021 年 7 月相关资料如下：

（1）月初及本月生产费用。

单位：元

项目	直接材料	直接人工	制造费用	合计
月初在产品成本	552000	244000	477000	1273000
本月生产费用	3600000	1400000	2400000	7400000
合计	4152000	1644000	2877000	8673000

（2）本月完工产量。

单位：件

项目	X-1	X-2
完工产品数量	100000	80000

（3）月末在产品数量及累计完工程度。

工作	X-1		X-2	
	数量（件）	累计完工程度	数量（件）	累计完工程度
1	2000	20%	1000	20%
2	2500	40%	2000	40%
3	2000	80%	1250	80%
合计	6500	—	4250	—

要求：

（1）计算 X-1、X-2 月末在产品直接材料、直接人工、制造费用的约当产量。

（2）编制 X 产品成本计算单（结果填入下方表格中，不用列出计算过程）。

X 产品成本计算单

2021 年 7 月　　　　单位：元

项目	直接材料	直接人工	制造费用	合计
月初在产品成本				
本月生产费用				
合计				

续表

项目	直接材料	直接人工	制造费用	合计
分配率				—
完工产品成本				
月末在产品成本				

（3）编制 X 产品单位产品成本计算单（分型号）（结果填入下方表格中，不用列出计算过程）。（2021 年卷Ⅱ）

X 产品单位产品成本计算单（分型号）

2021 年 7 月　　单位：元

产品型号	单位产品成本			
	直接材料	直接人工	制造费用	合计
X-1				
X-2				

3. 甲公司基本生产车间生产 X、Y 产品，采用品种法核算成本。

原材料日常收发按计划成本核算，月末按材料成本差异率对发出材料计划成本进行调整。X、Y 产品分别领用直接材料并于开工时一次性投入。其他加工费用随加工进度陆续发生，按实际工时比例在 X、Y 产品之间分配。

月末，分配本月完工产品与月末在产品成本时，直接材料按照定额成本比例分配，直接人工和制造费用按定额工时比例分配。

X、Y 单位完工产品定额资料如下：

产品	材料单耗定额（元）	工时单耗定额（小时）
X	60	6
Y	40	4

2020 年 9 月，产品成本相关资料如下：

资料一：月初在产品成本。

单位：元

产品	直接材料	直接人工	制造费用	合计
X	25900	2850	5040	33790
Y	45000	5600	7000	57600

资料二：本月产量。

单位：件

产品	月初在产品	本月投入	本月完工	月末在产品
X	1800	4200	5000	1000
Y	100	900	1000	0

资料三：本月生产与管理费用。

（1）耗用材料的计划成本及材料成本差异。

单位：元

耗用材料计划成本	X	Y	基本车间一般耗用	行政管理部门
	340000	400000	40000	8000
本月材料计划价格差异率为 +2.5%				

（2）实际工时和工资。

实际工时	X	30000 小时
	Y	45000 小时
基本生产车间	生产工人工资	30000 元
	管理人员工资	5000 元

（3）本月基本车间折旧费用 10000 元，其他生产费用 4000 元。

资料四：月末在产品定额成本。

产品	产量	材料定额（元）		工时定额（小时）		
		材料单耗定额	材料定额成本	工时单耗定额	平均完工程度	工时定额总数
X	1000	60	60000	6	50%	3000
Y	0	40	0	4	0	0

要求：

（1）按照 X、Y 产品当月实际工时比例分配基本生产车间本月生产工人工资。

（2）计算本月基本生产车间的制造费用，按照 X、Y 产品当月实际工时比例分配。

（3）编制 X 产品的产品成本计算单（结果填入下方表格中，不用列出计算过程）。（2020 年卷Ⅱ）

产品成本计算单

产品：X 产品　　2020 年 9 月　　单位：元

	直接材料	直接人工	制造费用	合计
月初在产品成本				
本月生产费用				
合计				
分配率				—
完工产品总成本				
完工产品单位成本				
月末在产品成本				

4. 甲企业使用同种原料生产联产品 A 和 B，采用平行结转分步法计算产品成本。产品生产分为两个步骤，第一步骤对原料进行预处理后，直接转移到第二步骤进行深加工，生产出 A、B 两种产品，原料只在第一步骤生产开工时一次性投放，两个步骤的直接人工和制造费用随加工进度陆续发生，第一步骤和第二步骤均采用约当产量法（假设在产品存货发出采用加权平均法）在产成品和在产品之间分配成本，月末留存在本步骤的实物在产品的完工程度分别为 60% 和 50%。联产品成本按照可变现净值法进行分配，其中：A 产品可直接出售，售价为 8.58 元 / 千克；B 产品需继续加工，加工成本为 0.336 元 / 千克，售价为 7.2 元 / 千克。A、B 两种产品的产量比例为 6 ∶ 5。

2017 年 9 月相关成本核算资料如下：

（1）本月产量资料。（单位：千克）

	月初留存在本步骤的实物在产品	本月投产	合计	本月本步骤完成的产品	月末留存在本步骤的实物在产品
第一步骤	8000	92000	100000	90000	10000
第二步骤	7000	90000	97000	88000	9000

（2）月初在产品成本。（单位：元）

	直接材料	直接人工	制造费用	合计
第一步骤	50000	8250	5000	63250
第二步骤		3350	3600	6950

（3）本月发生成本。（单位：元）

	直接材料	直接人工	制造费用	合计
第一步骤	313800	69000	41350	424150
第二步骤		79900	88900	168800

要求：

（1）编制各步骤产品成本计算单以及产品成本汇总计算单（结果填入下方表格中，不用列出计算过程）。

第一步骤成本计算单

2017 年 9 月 单位：元

	直接材料	直接人工	制造费用	合计
月初在产品成本				
本月生产成本				
合计				
分配率				
产成品成本中本步骤份额				
月末在产品				

第二步骤成本计算单

2017 年 9 月 单位：元

	直接材料	直接人工	制造费用	合计
月初在产品成本				
本月生产成本				
合计				
分配率				
产成品成本中本步骤份额				
月末在产品				

产品成本汇总计算单

2017 年 9 月　　单位：元

	直接材料	直接人工	制造费用	合计
第一步骤				
第二步骤				
合计				

（2）计算 A、B 产品的单位成本。（2017 年卷 Ⅰ）

5. 甲企业生产产品 A，采用逐步综合结转分步法计算产品成本，产品生产分为两个步骤，第一步骤对原料进行预处理，随后直接转移到第二步骤进行深加工，原料在第一步骤生产开工时一次性投放，第二步骤领用第一步骤产成品（即半成品）继续加工，不再投入新的原料，两个步骤的直接人工和制造费用随加工进度陆续发生。第一步骤和第二步骤均采用约当产量法（假设在产品存货发出采用加权平均法）在产成品和在产品之间分配成本。月末在产品的完工程度分别为 60% 和 50%。第二步骤所耗第一步骤半成品的单位成本按加权平均法计算分配率（即月初在产品和本月发生成本中半成品的合计金额除以合计约当产量）。2017 年 9 月成本核算相关资料如下：

（1）本月产量资料。（单位：千克）

	月初在产品	本月投产	合计	产成品	月末在产品
第一步骤	8000	92000	100000	90000	10000
第二步骤	6000	90000	96000	88000	8000

（2）月初在产品成本。（单位：元）

	直接材料	半成品	直接人工	制造费用	合计
第一步骤	40000		8000	5000	53000
第二步骤		84000	29000	31000	144000

（3）本月发生成本。（单位：元）

	直接材料	直接人工	制造费用	合计
第一步骤	290000	55360	37240	382600
第二步骤		799000	889000	1688000

要求：

（1）编制各步骤产品成本计算单（结果填入下方表格中，不用列出计算过程）。

第一步骤成本计算单

2017 年 9 月　　单位：元

	直接材料	直接人工	制造费用	合计
月初在产品成本				
本月生产成本				
合计				
分配率				
完工半成品转出				
月末在产品				

第二步骤成本计算单

2017 年 9 月　　单位：元

	半成品	直接人工	制造费用	合计
月初在产品成本				
本月生产成本				
合计				
分配率				
产成品				
月末在产品				

（2）计算 A 产品单位成本，并进行成本还原（结果填入下方表格中，不用列出计算过程）。（2017 年卷Ⅱ）

产成品成本还原计算表

产品名称：A 产品　　单位：元

	半成品	直接材料	直接人工	制造费用	成本合计
还原前产成品成本					
本月所产半成品单位成本					
成本还原					
还原后产成品成本					
还原后产成品单位成本					

历年经典主观题参考答案及解析

使用“会计云课堂”App 或“微信”扫码对答案、看解析、
掌握解题思路，开启轻松过关之旅。

计算分析题

1.【答案】

（1）

制造费用分配表

2021 年 7 月　　　　单位：元

产品	定额工时（小时）	分配率	制造费用
A 产品	23000	—	23000 × 20=460000
B 产品	24100	—	24100 × 20=482000
合计	47100	942000/47100=20	942000

（2）

A 产品成本计算单

2021 年 7 月　　　　单位：元

项目	直接材料		定额工时（小时）	直接人工	制造费用	合计
	定额成本	实际成本				
月初在产品	—	684500	—	49200	30200	763900
本月生产费用	—	4030000	—	570000	460000	5060000
合计	—	4714500	—	619200	490200	5823900
分配率	—	1.05	—	24	19	—
完工产品	3260000	3423000	21600	518400	410400	4351800
月末在产品	1230000	1291500	4200	100800	79800	1472100

【解析】

完工产品直接材料定额成本 =1000×1500+2000×800+400×400=3260000（元）

直接材料成本分配率 =4714500/（3260000+1230000）=1.05

完工产品直接材料成本 =3260000×1.05=3423000（元）

月末在产品直接材料成本 =1230000×1.05=1291500（元）

完工产品定额工时 =1000×8+2000×6+400×4=21600（小时）

直接人工成本分配率 =619200/（21600+4200）=24

完工产品直接人工成本 =21600×24=518400（元）

月末在产品直接人工成本 =4200×24=100800（元）

制造费用分配率 =490200/（21600+4200）=19

完工产品制造费用 =21600×19=410400（元）

月末在产品制造费用 =4200×19=79800（元）

（3）

A 产品单位产品成本计算单（分型号）

2021 年 7 月　　单位：元

型号	单位产品定额		单位实际成本			
	材料定额	工时定额（小时）	直接材料	直接人工	制造费用	合计
A-1	1500	8	1500×1.05=1575	8×24=192	8×19=152	1919
A-2	800	6	800×1.05=840	6×24=144	6×19=114	1098
A-3	400	4	400×1.05=420	4×24=96	4×19=76	592

2.【答案】

（1）X-1 月末在产品直接材料的约当产量 =6500 件

X-1 月末在产品直接人工、制造费用的约当产量 =2000×20%+2500×40%+2000×80%=3000（件）

X-2 月末在产品直接材料的约当产量 =4250 件

X-2 月末在产品直接人工、制造费用的约当产量 =1000×20%+2000×40%+1250×80%=2000（件）

（2）

X 产品成本计算单

2021 年 7 月　　单位：元

项目	直接材料	直接人工	制造费用	合计
月初在产品成本	552000	244000	477000	1273000
本月生产费用	3600000	1400000	2400000	7400000
合计	4152000	1644000	2877000	8673000

续表

项目	直接材料	直接人工	制造费用	合计
分配率	4152000/（100000+80000×1.2+6500+4250×1.2）=20	1644000/（100000+80000×1.25+3000+2000×1.25）=8	2877000/（100000+80000×1.25+3000+2000×1.25）=14	—
完工产品成本	（100000+80000×1.2）×20=3920000	（100000+80000×1.25）×8=1600000	（100000+80000×1.25）×14=2800000	8320000
月末在产品成本	（6500+4250×1.2）×20=232000	（3000+2000×1.25）×8=44000	（3000+2000×1.25）×14=77000	353000

（3）

X产品单位产品成本计算单（分型号）

2021年7月　　单位：元

产品型号	单位产品成本			
	直接材料	直接人工	制造费用	合计
X-1	20	8	14	42
X-2	20×1.2=24	8×1.25=10	14×1.25=17.5	51.5

3.【答案】

（1）生产工人工资的分配率=30000/（30000+45000）=0.4

X产品分配基本生产车间本月生产工人工资=30000×0.4=12000（元）

Y产品分配基本生产车间本月生产工人工资=45000×0.4=18000（元）

（2）本月基本生产车间制造费用=40000×（1+2.5%）+5000+10000+4000=60000（元）

制造费用分配率=60000/（30000+45000）=0.8

X产品分配制造费用=30000×0.8=24000（元）

Y产品分配制造费用=45000×0.8=36000（元）

（3）

产品成本计算单

产品：X产品　　2020年9月　　单位：元

	直接材料	直接人工	制造费用	合计
月初在产品成本	25900	2850	5040	33790
本月生产费用	340000×（1+2.5%）=348500	12000	24000	384500
合计	374400	14850	29040	418290

续表

	直接材料	直接人工	制造费用	合计
分配率	374400/（5000×60+60000）=1.04	14850/（5000×6+3000）=0.45	29040/（5000×6+3000）=0.88	—
完工产品总成本	1.04×5000×60=312000	0.45×5000×6=13500	0.88×5000×6=26400	351900
完工产品单位成本	312000/5000=62.4	13500/5000=2.7	26400/5000=5.28	70.38
月末在产品成本	1.04×60000=62400	0.45×3000=1350	0.88×3000=2640	66390

4.【答案】

（1）

第一步骤成本计算单

2017 年 9 月　　　　单位：元

	直接材料	直接人工	制造费用	合计
月初在产品成本	50000	8250	5000	63250
本月生产成本	313800	69000	41350	424150
合计	363800	77250	46350	487400
分配率	363800/（88000+10000+9000）=3.4	77250/（88000+10000×60%+9000）=0.75	46350/（88000+10000×60%+9000）=0.45	4.6
产成品成本中本步骤份额	88000×3.4=299200	88000×0.75=66000	88000×0.45=39600	404800
月末在产品	（10000+9000）×3.4=64600	（10000×60%+9000）×0.75=11250	（10000×60%+9000）×0.45=6750	82600

第二步骤成本计算单

2017 年 9 月　　　　单位：元

	直接材料	直接人工	制造费用	合计
月初在产品成本		3350	3600	6950
本月生产成本		79900	88900	168800
合计		83250	92500	175750
分配率		83250/（88000+9000×50%）=0.9	92500/（88000+9000×50%）=1	1.9

续表

	直接材料	直接人工	制造费用	合计
产成品成本中本步骤份额		88000×0.9=79200	88000×1=88000	167200
月末在产品		9000×50%×0.9=4050	9000×50%×1=4500	8550

产品成本汇总计算单

2017 年 9 月　　单位：元

	直接材料	直接人工	制造费用	合计
第一步骤	299200	66000	39600	404800
第二步骤		79200	88000	167200
合计	299200	145200	127600	572000

（2）A、B 两种产品的产量比例为 6 ∶ 5，所以 A 产品产量 =88000×6/（6+5）=48000（千克），B 产品产量 =88000×5/（6+5）=40000（千克）

A 产品可变现净值 =48000×8.58=411840（元）

B 产品可变现净值 =40000×（7.2−0.336）=274560（元）

A 产品应分配的成本 =572000×411840/（411840+274560）=343200（元）

A 产品单位成本 =343200/48000=7.15（元 / 千克）

B 产品应分配的成本 =572000×274560/（411840+274560）=228800（元）

B 产品单位成本 =228800/40000+0.336=6.056（元 / 千克）。

5.【答案】

（1）

第一步骤成本计算单

2017 年 9 月　　单位：元

	直接材料	直接人工	制造费用	合计
月初在产品成本	40000	8000	5000	53000
本月生产成本	290000	55360	37240	382600
合计	330000	63360	42240	435600
分配率	330000/（90000+10000）=3.3	63360/（90000+10000×60%）=0.66	42240/（90000+10000×60%）=0.44	4.4
完工半成品转出	90000×3.3=297000	90000×0.66=59400	90000×0.44=39600	396000
月末在产品	10000×3.3=33000	10000×60%×0.66=3960	10000×60%×0.44=2640	39600

第二步骤成本计算单

2017年9月　　　　单位：元

	半成品	直接人工	制造费用	合计
月初在产品成本	84000	29000	31000	144000
本月生产成本	396000	799000	889000	2084000
合计	480000	828000	920000	2228000
分配率	480000/（88000+8000）=5	828000/（88000+8000×50%）=9	920000/（88000+8000×50%）=10	24
产成品	88000×5=440000	88000×9=792000	88000×10=880000	2112000
月末在产品	8000×5=40000	8000×50%×9=36000	8000×50%×10=40000	116000

（2）

产成品成本还原计算表

产品名称：A产品　　　　单位：元

	半成品	直接材料	直接人工	制造费用	成本合计
还原前产成品成本	440000		792000	880000	2112000
本月所产半成品单位成本		3.3	0.66	0.44	4.4
成本还原	-440000	440000×3.3/4.4=330000 或：440000×（297000/396000）=330000	440000×0.66/4.4=66000 或：440000×（59400/396000）=66000	440000×0.44/4.4=44000 或：440000×（39600/396000）=44000	0
还原后产成品成本		330000	858000	924000	2112000
还原后产成品单位成本		3.75	9.75	10.5	24

【提示】产成品成本还原仍然是按本月所产半成品的构成比重还原，只不过本题是按单位半成品的构成比重计算的，结果和按总的半成品构成比重还原一致。

同步强化练习题

使用“会计云课堂”App 或“微信”扫码快速做题、对答案、
看解析、掌握解题思路，开启轻松过关之旅。

一、单项选择题

1. 某企业生产甲、乙两种产品，2021 年 12 月共发生生产工人工资 70000 元，福利费 10000 元。上述人工费按生产工时比例在甲、乙产品间分配，其中甲产品的生产工时为 1200 小时，乙产品的生产工时为 800 小时。该企业生产甲产品应分配的人工费为（　　）元。

   A. 28000　　B. 32000

   C. 42000　　D. 48000

2. 下列各项中不属于应计入制造成本中的直接人工成本的是（　　）。

   A. 在生产中为生产工人发放的工资所产生的费用

   B. 在生产中为生产工人发放的福利费所产生的费用

   C. 在生产中为生产工人发放的奖金所产生的费用

   D. 在生产中为生产工人发放维修防护工具所产生的费用

3. 制造成本法下，与产品成本无关的方法是（　　）。

   A. 生产车间机器设备的计价方法

   B. 行政管理部门设备的计价方法

   C. 车间低值易耗品的摊销方法

   D. 发出材料实际成本的计算方法

4. 采用交互分配法，辅助生产费用交互分配后的实际费用要在（　　）分配。

   A. 各基本生产车间之间

   B. 在各受益单位之间

   C. 各辅助生产车间之间

   D. 辅助生产车间以外的各受益单位之间

5. 某企业只生产和销售甲产品，2022 年 5 月初在产品成本 3.5 万元。5 月份发生如下费用：领用直接材料 6 万元，生产工人工资 2 万元，制造费用 1 万元，行政管理部门物料消耗 1.5 万元，专设销售机构固定资产折旧费 0.8 万元。月末在产品成本 3 万元。该企业 5 月份完工甲产品的生产成本为（　　）万元。

   A. 9　　B. 9.5

   C. 8.3　　D. 11.8

6. 如果月末在产品成本按定额成本计算，则实际成本脱离定额的差异会（　　）。

   A. 完全由完工产品负担

   B. 完全由在产品负担

   C. 由完工产品和在产品共同承担

   D. 由当期损益承担

7. 产品生产费用在完工产品与在产品之间分配，采用在产品成本按其所耗用的原材料费用计算，必须具备的条件是（　　）。

   A. 原材料费用在产品成本中所占比重较大，而且原材料在生产开始时一次全部投入

B. 月末在产品数量较少
C. 原材料消耗定额比较准确、稳定，在产品数量稳定
D. 各月末在产品数量变化不大

8. 某企业生产的产品需要经过若干加工工序才能形成产成品，月末在产品数量较多且变动较大，产品成本中原材料所占比重较小。该企业在完工产品和在产品之间分配生产费用时，宜采用（　　）。
A. 不计算在产品成本的方法
B. 在产品成本按年初数固定计算的方法
C. 在产品成本按其所耗用的原材料费用计算的方法
D. 约当产量法

9. 某厂的甲产品单位工时定额为 80 小时，经过两道工序加工完成，第一道工序的工时定额为 20 小时，第二道工序的工时定额为 60 小时。假设本月末第一道工序有在产品 30 件，平均完工程度为 60%；第二道工序有在产品 50 件，平均完工程度为 40%，则分配人工费用时月末在产品的约当产量为（　　）件。
A. 32　　B. 38
C. 40　　D. 42

10. 甲产品经过两道工序加工完成，采用约当产量法将直接人工成本在完工产品和月末在产品之间进行分配。甲产品月初在产品和本月发生的直接人工成本总计 23200 元。本月完工产品 200 件；月末第一工序在产品 20 件，完成全部工序的 40%；第二工序在产品 40 件，完成全部工序的 60%。月末在产品的直接人工成本为（　　）元。
A. 2400　　B. 3200
C. 6000　　D. 20000

11. 下列有关副产品的表述正确的是（　　）。
A. 是指使用同种原料，经过同一生产过程同时加工出来的两种或两种以上的主要产品和非主要产品
B. 在分配加工成本时，通常先确定副产品的加工成本，将其与总成本的差额确定为主要产品的加工成本
C. 在分配加工成本时，通常先确定主要产品的加工成本，将其与总成本的差额确定为副产品的加工成本
D. 在分配加工成本时，通常可以采用分离点售价法或实物数量法

12. 生产工艺特点、生产经营组织类型和成本管理要求对产品成本计算方法的影响主要体现在（　　）上。
A. 产品成本计算对象
B. 产品成本计算期
C. 完工产品和月末在产品的费用分配
D. 要素费用的归集和分配

13. 下列成本核算方法中，不利于考查企业各类存货资金占用情况的是（　　）。
A. 品种法
B. 分批法
C. 逐步结转分步法
D. 平行结转分步法

14. 下列关于成本计算分步法的表述中，正确的是（　　）。
A. 逐步结转分步法不利于各步骤在产品的实物管理和成本管理
B. 当企业经常对外销售半成品时，应采用平行结转分步法
C. 采用逐步分项结转分步法时，无须进行成本还原
D. 采用平行结转分步法时，无须将产品生产费用在完工产品和在产品之间进行分配

15. 各步骤的产品生产费用并不随半成品实物的转移而结转的分步法是（　　）。
A. 按计划成本综合结转分步法
B. 逐步综合结转分步法

C. 逐步分项结转分步法
D. 平行结转分步法

二、多项选择题

1. 下列有关成本计算方法表述中正确的有（　　）。
A. 制造成本包括直接材料成本、直接人工成本和制造费用三项
B. 采用变动成本法计算产品成本时，产品成本与制造成本内容不一致
C. 直接成本是与成本对象直接相关的成本，间接成本是与成本对象非相关的成本
D. 完全成本法下非制造成本包括销售费用、管理费用和财务费用

2. 某工业企业某月生产甲、乙两种产品共同耗用 A 原材料 1440 千克，耗用量按材料消耗定额划分。甲产品投产 100 件，原材料消耗定额为 10 千克 / 件；乙产品投产 150 件，原材料消耗定额为 4 千克 / 件。A 原材料的计划单价为 5 元 / 千克，材料成本差异率为节约 2%，则下列表述中正确的有（　　）。
A. 甲产品应负担的 A 原材料实际费用为 4410 元
B. 乙产品应负担的 A 原材料实际费用为 2646 元
C. 甲产品应负担的 A 原材料实际费用为 3325 元
D. 乙产品应负担的 A 原材料实际费用为 3731 元

3. 采用定额成本法计算在产品成本时，应具备的条件有（　　）。
A. 制定了比较准确的定额成本
B. 在产品数量较少
C. 在产品数量变化不大
D. 在产品数量变化较大

4. 甲公司设有运输和修理两个辅助生产车间，运输车间的成本按运输公里比例分配，修理车间的成本按修理工时比例分配。该公司 2021 年 2 月运输车间共发生成本 22500 元，提供运输劳务 5000 公里，其中修理车间耗用运输车间劳务 500 公里；修理车间本月共发生成本 240000 元，提供修理劳务 640 小时，其中运输车间耗用修理车间劳务 40 小时，则下列表述正确的有（　　）。
A. 直接分配法下修理车间对外分配的修理费用为 35250 元
B. 直接分配法下修理车间对外分配的修理费用为 240000 元
C. 交互分配法下修理车间的对内分配率为 375 元 / 小时
D. 交互分配法下修理车间的对外分配率为 378.75 元 / 小时

5. 下列分配完工产品成本与在产品成本的方法中，能使某种产品本月发生的生产费用就是本月完工产品成本的有（　　）。
A. 不计算在产品成本的方法
B. 在产品成本按年初数固定计算的方法
C. 在产品成本按其所耗用的原材料费用计算的方法
D. 在产品成本按定额成本计算的方法

6. 下列有关联产品和副产品的表述，正确的有（　　）。
A. 联产品是指使用同种原料，经过同一生产过程同时生产出来的两种或两种以上的主要产品
B. 联产品是指使用同种原料，经过同一生产过程同时生产出来的两种或两种以上的主要产品和非主要产品
C. 副产品是指使用同种原料，在同一生产过程中，在生产主要产品的同时附带生产出来的非主要产品
D. 副产品是指使用同种原料，在同一生产过程中，在生产主要产品的同时附带生产出来的主要和非主要产品

7. 采用分批法计算产品成本，作为某一成本计算对象的批别，可以按以下方法确定的有（　　）。
A. 同一订单中的多种产品
B. 不同订单中的同种产品
C. 同一订单中同种产品的组成部分
D. 不同订单中的不同产品

8. 逐步结转分步法与平行结转分步法相比，优点有（　　）。
A. 能够提供各生产步骤的半成品成本资料
B. 能够加速成本计算工作
C. 能够简化成本计算工作
D. 能够为在产品的实物管理和资金管理提供数据

9. 下列分步法中，不需进行成本还原的有（　　）。
A. 逐步综合结转分步法
B. 逐步分项结转分步法
C. 平行结转分步法
D. 按计划成本综合结转分步法

10. F 公司是一家家具制造企业。该公司按生产步骤的顺序，分别设置加工、装配和油漆三个生产车间。公司的产品成本计算采用平行结转分步法，按车间分别设置成本计算单。装配车间成本计算单中的“月末在产品成本”项目的“月末在产品”范围应包括（　　）。
A.“加工车间”正在加工的在产品
B.“装配车间”正在加工的在产品
C.“装配车间”已经完工的半成品
D.“油漆车间”正在加工的在产品

11. 下列有关表述中正确的有（　　）。
A. 在产品成本按年初数固定计算的方法不适用于月末在产品数量很大的情况
B. 采用各种产品成本计算方法计算产品成本，各月末都必须在完工产品与月末在产品之间分配费用
C. 采用分批法计算产品成本，在单件生产的情况下，不必将生产费用在完工产品与在产品之间进行分配
D. 采用平行结转分步法，各步骤可以同时计算产品成本，但各步骤间不会结转半成品成本

12. 某企业只生产一种产品，生产分三个步骤在三个车间进行，第一车间为第二车间提供半成品，第二车间为第三车间提供半成品，第三车间将第二车间的半成品加工成产成品。月初三个车间均没有在产品。本月第一车间投产 100 件，有 80 件完工并转入第二车间，月末第一车间尚未加工完成的在产品相对于本步骤的完工程度为 60%；第二车间有 50 件完工并转入第三车间，月末第二车间尚未加工完成的在产品相对于本步骤的完工程度为 50%；第三车间最终完工 30 件产成品，月末第三车间尚未加工完成的在产品相对于本步骤的完工程度为 40%。该企业按照平行结转分步法计算产品成本，各生产车间按约当产量法（假设在产品存货发出采用加权平均法）在完工产品和在产品之间分配生产费用。下列表述正确的有（　　）。
A. 月末第一车间的在产品约当产量为 43 件
B. 月末第二车间的在产品约当产量为 35 件
C. 月末第三车间的在产品约当产量为 8 件
D. 各步骤的产成品产量均为 30 件

三、计算分析题

1. 甲公司有锅炉和供电两个辅助生产车间，分别为基本生产车间和行政管理部门提供蒸汽和电力，两个辅助生产车间之间也相互提供产品，2022 年 5 月份的辅助生产及耗用情况如下：

（1）辅助生产情况。

项目	锅炉车间	供电车间
生产费用	60000 元	100000 元
生产数量	15000 吨	200000 度

（2）各部门耗用辅助生产产品情况。

耗用部门	锅炉车间	供电车间
辅助生产车间：		
锅炉车间		75000 度
供电车间	2500 吨	
基本生产车间	12000 吨	100000 度
行政管理部门	500 吨	25000 度

要求：

（1）分别采用直接分配法、交互分配法对辅助生产费用进行分配（结果填入下方表格中，不用列出计算过程）。

辅助生产费用分配表（直接分配法）

单位：元

<table>
<tr><th colspan="2">项目</th><th>锅炉车间</th><th>供电车间</th><th>合计</th></tr>
<tr><td colspan="2">待分配费用</td><td></td><td></td><td></td></tr>
<tr><td rowspan="2">分配</td><td>基本生产成本</td><td></td><td></td><td></td></tr>
<tr><td>管理费用</td><td></td><td></td><td></td></tr>
</table>

辅助生产费用分配表（交互分配法）

单位：元

<table>
<tr><th colspan="2">项目</th><th>锅炉车间</th><th>供电车间</th><th>合计</th></tr>
<tr><td colspan="2">待分配费用</td><td></td><td></td><td></td></tr>
<tr><td rowspan="2">交互分配</td><td>锅炉车间</td><td></td><td></td><td></td></tr>
<tr><td>供电车间</td><td></td><td></td><td></td></tr>
<tr><td colspan="2">对外分配辅助生产费用</td><td></td><td></td><td></td></tr>
<tr><td rowspan="2">对外分配</td><td>基本生产成本</td><td></td><td></td><td></td></tr>
<tr><td>管理费用</td><td></td><td></td><td></td></tr>
</table>

（2）说明直接分配法、交互分配法各自的优缺点，并指出甲公司适合采用哪种方法对辅助生产费用进行分配。

2. A公司是一家化工生产企业，生产甲、乙、丙三种产品。这三种产品是联产品，本月发生联合生产成本748500元。该公司采用可变现净值法分配联合生产成本。由于在产品主要是生产装置和管线中的液态原料，数量稳定并且数量不大，在成本计算时不计算月末在产品成本。产成品存货采用先进先出法计价。

本月的其他有关数据如下：

项目	甲产品	乙产品	丙产品
月初产成品成本（元）	39600	161200	5100
月初产成品存货数量（千克）	18000	52000	3000
销售量（千克）	650000	325000	150000
生产量（千克）	700000	350000	170000
单独加工成本（元）	1050000	787500	170000
产成品单位售价（元）	4	6	5

要求：

（1）分配本月联合生产成本；

（2）确定月末产成品存货成本。

3. 装配车间采用品种法计算产品成本，2021年7月的甲产品数据资料如下：月初在产品数量100件，月初在产品完工程度40%，本月投入生产400件，本月完工产品480件，月末在产品20件，月末在产品完工程度50%。原材料均在开始生产时一次投入。月初在产品的直接材料成本2000元，转换成本（直接人工和制造费用）3000元，本月发生直接材料成本10000元，发生转换成本12680元。

要求：

（1）假设在产品存货发出采用加权平均法，用约当产量法计算确定甲产品本月完工产品成本和月末在产品成本。

（2）假设在产品存货发出采用先进先出法，用约当产量法计算确定甲产品本月完工产品成本和月末在产品成本。

4. 某工业企业生产甲、乙两种产品，生产组织属于小批生产，采用分批法计算成本。4月份和5月份的生产情况和生产费用资料如下：

（1）4月份生产的产品批号有：

401批号甲产品12台，本月投产，完工8台，未完工4台。

402批号乙产品10台，本月投产，计划下月完工，月末提前完工2台。

（2）4月份的成本资料如下表所示：

单位：元

批号	原材料	燃料及动力	工资及福利	制造费用
401	6720	1392	4704	2592
402	9200	1900	8100	5200

401批号甲产品完工数量较大，生产费用在完工产品与月末在产品之间分配采用约当产量法（加权平均法）。在产品的完工程度为40%。原材料在生产开始时一次投入。

402批号乙产品完工数量少，按计划成本结转，每台计划成本为：原材料900元，燃料及动力费180元，工资及福利费820元，制造费用530元，合计2430元。

（3）5月份生产的产品批号有：

401批号甲产品完工4台。

402批号乙产品完工8台。

5月份的成本资料如下表所示：

单位：元

批号	原材料	燃料及动力	工资及福利	制造费用
401		400	1200	560
402		100	300	220

要求：

（1）登记4月份和5月份各批产品成本明细账。

产品成本明细账

产品批号：401　　开工日期：4月份

产品名称：甲　　批量：12台　　单位：元

月	日	摘要	原材料	燃料及动力	工资及福利	制造费用	合计
4	30	本月生产费用					
		分配率					
4	30	完工产品成本					
4	30	完工产品单位成本					
4	30	月末在产品成本					
5	31	本月生产费用					
5	31	完工产品成本					
5	31	完工产品单位成本					

产品成本明细账

产品批号：402　　开工日期：4月份

产品名称：乙　　批量：10台　　单位：元

月	日	摘要	原材料	燃料及动力	工资及福利	制造费用	合计
4	30	本月生产费用					

续表

月	日	摘要	原材料	燃料及动力	工资及福利	制造费用	合计
4	30	完工产品成本					
4	30	完工产品单位成本					
4	30	月末在产品成本					
5	31	本月生产费用					
5	31	完工产品成本					
5	31	完工产品单位成本					

（2）计算402批号乙产品完工产品实际单位成本。

5. 某工业企业生产主产品甲的同时生产出副产品A，相关资料如下：

（1）月末本月甲产品完工产品产量为7200公斤，月末在产品产量为2000公斤，A产品产量为850公斤。

（2）假设A产品由于成本较小，不计算在产品成本，主产品的在产品成本按定额原材料成本计算。

（3）甲产品的月末在产品材料定额成本为27.3元/公斤。A产品所耗原材料、工资及福利费、制造费用的计划单位成本如下：原材料4.02元/公斤，工资及福利费0.9元/公斤，制造费用1.82元/公斤，合计6.74元/公斤。

（4）原材料在生产开始时一次投入，本月月初在产品成本及本月生产费用如下表所示：

单位：元

摘要	产量（公斤）	原材料	工资及福利费	制造费用	成本合计
月初在产品成本（定额成本）		63400			63400
本月生产费用		181200	12175	24350	217725

要求：填写甲主产品的产品成本计算单。

产品成本计算单

名称：甲主产品　　单位：元

摘要	产量（公斤）	原材料	工资及福利费	制造费用	成本合计

续表

摘要	产量（公斤）	原材料	工资及福利费	制造费用	成本合计
本月产成品成本					
产成品单位成本					
月末在产品成本					

6. 甲公司是一家机械制造企业，只生产销售一种产品，生产过程分为两个步骤，第一步骤产出的半成品直接转入第二步骤继续加工，每件半成品加工成一件产成品，产品成本计算采用逐步综合结转分步法，月末完工产品和在产品之间采用约当产量法（假设在产品存货发出采用加权平均法）分配生产成本。第一步骤耗用的原材料在生产开工时一次投入，其他成本费用陆续发生；第二步骤除耗用第一步骤半成品外，还需要追加其他材料，追加材料及其他成本费用陆续发生，第一步骤和第二步骤月末在产品完工程度均为本步骤的50%。

2022年6月的成本核算资料如下：

（1）月初在产品成本。（单位：元）

	半成品	直接材料	直接人工	制造费用	合计
第一步骤		3750	2800	4550	11100
第二步骤	6000	1800	780	2300	10880

（2）本月生产量。（单位：件）

	月初在产品数量	本月投产数量	本月完工数量	月末在产品数量
第一步骤	60	270	280	50
第二步骤	20	280	270	30

（3）本月发生的生产费用。（单位：元）

	直接材料	直接人工	制造费用	合计
第一步骤	16050	24650	41200	81900
第二步骤	40950	20595	61825	123370

要求：

（1）编制第一、二步骤成本计算单（结果填入下方表格中，不用列出计算过程）。

第一步骤成本计算单

2022年6月　　单位：元

	直接材料	直接人工	制造费用	合计
月初在产品成本				

续表

	直接材料	直接人工	制造费用	合计
本月生产费用				
合计				
分配率				
完工半成品转出				
月末在产品				

第二步骤成本计算单

2022 年 6 月　　单位：元

	半成品	直接材料	直接人工	制造费用	合计
月初在产品成本					
本月生产费用					
合计					
分配率					
完工产成品转出					
月末在产品					

（2）编制产成品成本还原计算表（结果填入下方表格中，不用列出计算过程）。

产成品成本还原计算表

2022 年 6 月　　单位：元

	半成品	直接材料	直接人工	制造费用	合计
还原前产成品成本					
本月所产半成品成本					
成本还原					
还原后产成品成本					
还原后产成品单位成本					

7. F 公司采用平行结转分步法计算产品成本。实际发生生产费用在各种产品之间的分配方法是：材料费用按定额材料费用比例分配；生产工人薪酬和制造费用按实际生产工时分配。月末完工产品与在产品之间生产费用的分配方法是：材料费用按定额材料费用比例分配；生产工人薪酬和制造费用按定额工时比例分配。F 公司 8 月份有关成本计算资料如下：

（1）甲、乙两种产品定额资料：

甲产品定额资料

生产车间	单位产成品定额		本月（8月份）投入	
	材料费用（元）	工时（小时）	材料费用（元）	工时（小时）
裁剪车间	60	1.0	150000	1500
缝纫车间		2.0		4000
合计	60	3.0	150000	5500

乙产品定额资料

生产车间	单位产成品定额		本月（8月份）投入	
	材料费用（元）	工时（小时）	材料费用（元）	工时（小时）
裁剪车间	80	0.5	100000	500
缝纫车间		1.5		2500
合计	80	2.0	100000	3000

（2）8月份甲产品实际完工入库产成品2000套。

（3）8月份裁剪车间、缝纫车间实际发生的原材料费用、生产工时数量以及生产工人薪酬、制造费用如下：

8月份裁剪车间实际耗用生产工时和生产费用

产品名称	材料费用（元）	生产工时（小时）	生产工人薪酬（元）	制造费用（元）
甲产品		1600		
乙产品		800		
合计	280000	2400	30000	120000

8月份缝纫车间实际耗用生产工时和生产费用

产品名称	材料费用（元）	生产工时（小时）	生产工人薪酬（元）	制造费用（元）
甲产品		4200		
乙产品		2800		
合计		7000	140000	350000

（4）裁剪车间和缝纫车间甲产品的月初在产品成本如下：

项目	车间	直接材料（元）		定额工时（小时）	直接人工（元）	制造费用（元）	合计（元）
		定额	实际				
月初在产品成本	裁剪车间	30000	30000	2000	18500	60000	108500
	缝纫车间			800	7200	15600	22800

要求：

（1）将裁剪车间和缝纫车间8月份实际发生的材料费用、生产工人薪酬和制造费用在甲、乙两种产品之间分配。

（2）编制裁剪车间和缝纫车间的甲产品成本计算单，结果填入给定的“甲产品成本计算单”中。

甲产品成本计算单

裁剪车间

项目	产品产量（套）	直接材料（元）		定额工时（小时）	直接人工（元）	制造费用（元）	合计（元）
		定额	实际				
月初在产品成本	—	30000	30000	2000	18500	60000	108500
本月生产费用	—						
生产费用合计	—						
分配率	—	—		—			—
计入产成品份额							
月末在产品成本	—						

甲产品成本计算单

缝纫车间

项目	产品产量（套）	直接材料（元）		定额工时（小时）	直接人工（元）	制造费用（元）	合计（元）
		定额	实际				
月初在产品成本	—	—	—	800	7200	15600	22800
本月生产费用	—	—	—				
生产费用合计	—	—	—				
分配率	—	—	—	—			—
计入产成品份额		—	—				
月末在产品成本	—	—	—				

（3）编制甲产品的成本汇总计算表，结果填入给定的“甲产品成本汇总计算表”中。

甲产品成本汇总计算表

生产车间	产成品数量(套)	直接材料费用(元)	直接人工费用(元)	制造费用(元)	合计(元)
裁剪车间	—				
缝纫车间	—	—			
合计					
单位成本	—				

四、综合题

甲公司是一家模具生产企业，只生产一种产品。产品分两个生产步骤在两个基本生产车间进行，第一车间为第二车间提供半成品，第二车间将半成品加工成产成品，每件产成品耗用2件半成品。甲公司采用平行结转分步法计算产品成本，月末对在产品进行盘点，并按约当产量法（假设在产品存货发出采用加权平均法）在完工产品和在产品之间分配生产费用。

第一车间耗用的原材料在生产过程中逐渐投入，其他成本费用陆续发生。第二车间除耗用第一车间生产的半成品外，还需耗用其他材料，耗用的半成品和其他材料均在生产开始时一次投入，其他成本费用陆续发生，第一车间和第二车间的在产品相对于本车间的完工程度均为50%。

甲公司还有机修和供电两个辅助生产车间，分别为第一车间、第二车间和行政管理部门提供维修和电力，两个辅助生产车间之间也相互提供产品或服务。甲公司按照交互分配法分配辅助生产费用。

甲公司2022年5月份的成本核算资料如下：

（1）月初在产品成本。（单位：元）

生产车间	直接材料	直接人工	制造费用	合计
第一车间	8125	3500	11250	22875
第二车间	5500	3500	3700	12700

（2）本月生产量。（单位：件）

生产车间	月初在产品	本月投入	本月完工	月末在产品
第一车间	5	75	70	10
第二车间	5	35	30	10

（3）机修车间本月发生生产费用8250元，提供维修服务150小时；供电车间本月发生生产费用10500元，提供电力21000度。各部门耗用辅助生产车间产品或服务情况如下：

耗用部门		机修车间（小时）	供电车间（度）
辅助生产车间	机修车间		1000
	供电车间	50	
基本生产车间	第一车间	45	9800
	第二车间	45	9700
行政管理部门		10	500
合计		150	21000

（4）基本生产车间本月发生的生产费用。（单位：元）

生产车间	直接材料	直接人工	制造费用
第一车间	42875	22000	56302.50
第二车间	34500	38500	39916.25

注：制造费用中尚未包括本月应分配的辅助生产费用。

要求：

（1）编制辅助生产费用分配表（结果填入下方表格中，不用列出计算过程。单位成本要求保留四位小数）。

辅助生产费用分配表（交互分配法）

单位：元

项目		机修车间			供电车间		
		耗用量（小时）	单位成本	分配金额	耗用量（度）	单位成本	分配金额
待分配项目							
交互分配	机修车间						
	供电车间						
对外分配辅助生产费用							
对外分配	第一车间						
	第二车间						
	行政管理部门						
	合计						

（2）编制第一车间的成本计算单（结果填入下方表格中，不用列出计算过程）。

第一车间成本计算单

2022年5月　　单位：元

项目	产量（件）	直接材料	直接人工	制造费用	合计
月初在产品	—				
本月生产费用	—				
合计	—				
分配率	—				
产成品中本步骤份额					
月末在产品					

（3）编制第二车间的成本计算单（结果填入下方表格中，不用列出计算过程）。

第二车间成本计算单

2022年5月　　单位：元

项目	产量（件）	直接材料	直接人工	制造费用	合计
月初在产品	—				
本月生产费用	—				
合计	—				
分配率	—				
产成品中本步骤份额					
月末在产品					

（4）编制产品成本汇总计算表（结果填入下方表格中，不用列出计算过程）。

产品成本汇总计算表

2022年5月　　单位：元

生产车间	产成品数量(件)	直接材料	直接人工	制造费用	合计
第一车间	—				
第二车间	—				
合计					
单位成本	—				

同步强化练习题参考答案及解析

使用“会计云课堂”App 或“微信”扫码对答案、看解析、掌握解题思路，开启轻松过关之旅。

一、单项选择题

1.【答案】D

【解析】该企业生产甲产品应分配的人工费 = [（70000+10000）/（1200+800）] × 1200=48000（元）。

2.【答案】D

【解析】在生产中为生产工人发放维修防护工具所产生的费用计入制造费用。

3.【答案】B

【解析】行政管理部门设备的计价方法影响的是期间成本，与产品成本无关。

4.【答案】D

【解析】采用交互分配法，需进行两次分配，第一次分配是辅助生产车间之间的交互分配，第二次分配是对辅助生产车间以外的各受益单位的分配。

5.【答案】B

【解析】完工甲产品的生产成本 =3.5+（6+2+1）−3=9.5（万元）。

6.【答案】A

【解析】在产品成本按定额成本计算时，将月初在产品成本加上本月发生生产费用，减去月末在产品的定额成本，就可以算出完工产品的总成本。由此可知，实际成本脱离定额的差异会完全由完工产品负担。

7.【答案】A

【解析】选项 B 适用于不计算在产品成本的方法或在产品成本按年初数固定计算的方法；选项 D 也适用于在产品成本按年初数固定计算的方法；选项 C 适用于在产品成本按定额成本计算的方法。

8.【答案】D

【解析】本题的考点是各种完工产品和在产品成本分配方法的适用范围。选项 A，只适用于各月月末在产品数量很少，价值很低，并且各月在产品数量比较稳定的情况；选项 B，这种方法适用于各月末在产品数量较少，或者在产品数量虽多，但各月之间变化不大，月初、月末在产品成本的差额对完工产品成本影响不大的情况；选项 C，这种方法适用于原材料费用在产品成本中所占比重较大，而且原材料是在生产开始时一次全部投入的情况；只有选项 D 才符合题意，约当产量法适用于月末在产品数量较多，各月在产品数量变化也较大，产品成本中原材料费用和工资及福利费等加工费用的比重相差不多的情况。

9.【答案】A

【解析】第一道工序在产品的完工程度 =（20 × 60%）/80=15%；第二道工序在产品的完工程度 =（20+60 × 40%）/80=55%；月末在产品的约当产量 =30 × 15%+50 × 55%=32（件）。

10.【答案】B

【解析】月末在产品的约当产量=20×40%+40×60%=32（件）；单位成本=23200/（200+32）=100（元/件）；月末在产品的直接人工成本=32×100=3200（元）。

11.【答案】B

【解析】副产品是指在同一生产过程中，使用同种原料，在生产主要产品的同时附带生产出来的非主要产品。在分配主要产品和副产品的加工成本时，通常先确定副产品的加工成本，将其与总成本的差额确定为主要产品的加工成本。

12.【答案】A

【解析】由于生产工艺特点、生产经营组织类型和成本管理要求的不同，产品成本计算对象可以选择产品品种、产品批别或产品生产步骤，从而产品成本计算方法分为品种法、分批法和分步法。

13.【答案】D

【解析】平行结转分步法不计算各步骤半成品和在产品的成本，因此不利于考查企业各类存货资金占用情况。

14.【答案】C

【解析】逐步结转分步法要计算各步骤半成品和在产品成本，因此有利于各步骤在产品的实物管理和成本管理，选项A错误；平行结转分步法不计算各步骤半成品成本，当企业经常对外销售半成品时，应采用逐步结转分步法，选项B错误；采用平行结转分步法，每一生产步骤的生产费用也要在其完工产品与月末在产品之间进行分配，但这里的完工产品是指企业最终完工的产成品，这里的某步骤在产品是指该步骤尚未加工完成的在产品和该步骤已完工但尚未最终完成的产品，选项D错误。

15.【答案】D

【解析】平行结转分步法是指在计算各步骤成本时，不计算各步骤所产半成品成本，也不计算各步骤所耗上一步骤的半成品成本，而只计算本步骤发生的各项其他费用，以及这些费用中应计入产成品成本的份额，将相同产品的各步骤成本明细账中的这些份额平行结转、汇总，即可计算出该种产品的产成品成本。

二、多项选择题

1.【答案】ABD

【解析】直接成本是与成本对象直接相关的，可以用经济合理的方式直接追溯到成本对象的那一部分成本。间接成本是指与成本对象相关联的成本中不能用一种经济合理的方式追溯到成本对象、不适宜直接计入的那一部分成本，选项C错误。

2.【答案】AB

【解析】甲产品的原材料定额消耗量=100×10=1000（千克），乙产品的原材料定额消耗量=150×4=600（千克），A原材料消耗量分配率=1440/（1000+600）=0.9，甲产品应负担的A原材料数量=1000×0.9=900（千克），乙产品应负担的A原材料数量=600×0.9=540（千克），甲产品应负担的A原材料实际费用=900×5×（1-2%）=4410（元），乙产品应负担的A原材料实际费用=540×5×（1-2%）=2646（元）。

3.【答案】ABC

【解析】若在产品数量变化较大，则不能采用在产品成本按定额成本计算的方法计算在产品成本。

4.【答案】BCD

【解析】直接分配法下不考虑辅助生产车间内部相互提供的劳务量，直接将各辅助生产车间发生的费用对外分配，所以选项A错误、选项B正确。交互分配法下：修理车间对内分配率=240000/640=375（元/小时），运输车间对内分配率=22500/5000=4.5（元/公里），修理车间对外分配率=（240000+4.5×500−375×40）/（640−40）=378.75（元/小时）。所以选项C、D正确。

5.【答案】AB

【解析】在不计算在产品成本的方法和在产品成本按年初数固定计算的方法下，月初在产品成本等于月末在产品成本，因为月初在产品成本+本月发生的生产费用=本月完工产品成本+月末在产品成本，因此能使某种产品本月发生的生产费用就是本月完工产品的成本。

6.【答案】AC

【解析】本题的考点是联产品和副产品的定义。

7.【答案】BC

【解析】本题是考查考生对批别与订单间关系的掌握。分批法具体执行时是比较广义的，不限定于是同一订单，但是必须限定于是同一产品，因此选项A、D错误。对于多种产品的情况下，采用品种法计算产品成本。

8.【答案】AD

【解析】逐步结转分步法要分步骤计算半成品成本，因此具有选项A、D两种优点；选项B、C是平行结转分步法的优点。

9.【答案】BC

【解析】逐步综合结转分步法需进行成本还原，按计划成本综合结转分步法结转同样也需进行成本还原。

10.【答案】BCD

【解析】采用平行结转分步法，每一生产步骤的生产费用也要在其完工产品与月末在产品之间进行分配。但这里的完工产品是指企业最终完工的产成品；这里的某步骤在产品是指该步骤尚未加工完成的在产品和该步骤已完工但后续步骤尚未最终完成的产品。由于加工车间在装配车间之前，因此选项A不正确，选项B属于本步骤（装配车间）在产品，选项C、D属于该步骤（装配车间）已完工但后续步骤尚未最终完成的产品。

【提示】平行结转分步法的完工产品是指企业最后完工的产成品，选项C“装配车间”已完工的半成品即上述解析中提到的该步骤已完工但后续步骤尚未最终完成的产品，装配车间还未完成最后油漆车间的加工，因此是在产品。

11.【答案】CD

【解析】在产品成本按年初数固定计算的方法适用于月末在产品数量很少，或者在产品数量虽多，但各月之间的在产品数量变动不大，月初、月末在产品成本的差额对完工产品成本影响不大的情况，因此选项A错误；分批法下，由于成本计算期与产品的生产周期基本一致，因而在计算月末在产品成本时，一般不存在完工产品与月末在产品之间分配费用问题，因此选项B错误。

12.【答案】BCD

【解析】月末第一车间的广义在产品包括本步骤在产品20件，完工程度60%，和本步骤完工但后续在产50件，后续步骤相对第一车间的完工程度为100%，因此第一车间在产品约当产量=20×60%+50×100%=62（件）；月末第二车间的广义在产品包括本步骤在产品30件，完工程度50%，和本步骤完工但后续在产20件，后续步骤相对第二车间的完工程度为100%，因此第二车间在产品约当产量=30×50%+20×100%=35（件）；第三车间在产品约当产量=20×40%=8（件）。

三、计算分析题

1.【答案】

（1）

辅助生产费用分配表（直接分配法）

单位：元

项目		锅炉车间	供电车间	合计
待分配费用		60000	100000	160000
分配	基本生产成本	57600	80000	137600
	管理费用	2400	20000	22400

【解析】锅炉车间蒸汽分配率 =60000/（15000–2500）=4.8（元 / 吨）

基本生产成本分配蒸汽成本 =4.8 × 12000=57600（元）

管理费用分配蒸汽成本 =4.8 × 500=2400（元）

供电车间电力分配率 =100000/（200000–75000）=0.8（元 / 度）

基本生产成本分配电力成本 =0.8 × 100000=80000（元）

管理费用分配电力成本 =0.8 × 25000=20000（元）

辅助生产费用分配表（交互分配法）

单位：元

项目		锅炉车间	供电车间	合计
待分配费用		60000	100000	160000
交互分配	锅炉车间	37500	–37500	
	供电车间	–10000	10000	
对外分配辅助生产费用		60000+37500–10000=87500	100000+10000–37500=72500	160000
对外分配	基本生产成本	84000	58000	142000
	管理费用	3500	14500	18000

【解析】

第一次分配：

锅炉车间蒸汽分配率 =60000/15000=4（元 / 吨）

供电车间电力分配率 =100000/200000=0.5（元 / 度）

锅炉车间分配给供电车间的蒸汽成本 =4 × 2500=10000（元）

供电车间分配给锅炉车间的电力成本 =0.5 × 75000=37500（元）

第二次分配：

锅炉车间蒸汽分配率 =（60000+37500–10000）/（15000–2500）=7（元 / 吨）

基本生产成本分配蒸汽成本 =7 × 12000=84000（元）

管理费用分配蒸汽成本 =7×500=3500（元）

供电车间电力分配率 =（100000+10000–37500）/（200000–75000）=0.58（元 / 度）

基本生产成本分配电力成本 =0.58×100000=58000（元）

管理费用分配电力成本 =0.58×25000=14500（元）

（2）直接分配法的优点：各辅助生产费用只对外分配，计算工作简便。

直接分配法的缺点：当辅助生产车间相互提供产品或劳务量差异较大时，分配结果往往与实际不符。

交互分配法的优点：由于进行了辅助生产内部的交互分配，提高了分配结果的准确性。

交互分配法的缺点：由于各辅助生产费用要计算两个单位成本（费用分配率），进行两次分配，因而增加了计算工作量。

甲公司适合采用交互分配法进行辅助生产费用分配。

2.【答案】

（1）用可变现净值法分配联合生产成本。

单位：元

项目	甲产品	乙产品	丙产品	合计
产量（千克）	700000	350000	170000	1220000
单价	4	6	5	—
本月产量售价总额	2800000	2100000	850000	5750000
单独加工成本	1050000	787500	170000	2007500
可变现净值	1750000	1312500	680000	3742500
分配率	0.2	0.2	0.2	0.2
分配联合生产成本	350000	262500	136000	748500

【解析】甲产品可变现净值 =4×700000-1050000=1750000（元）

乙产品可变现净值 =6×350000-787500=1312500（元）

丙产品可变现净值 =5×170000-170000=680000（元）

甲、乙、丙产品可变现净值合计 =1750000+1312500+680000=3742500（元）

联合生产成本分配率 = 联合生产成本 / 可变现净值合计 =748500/3742500=0.2

甲产品应分配的联合成本 =0.2×1750000=350000（元）

乙产品应分配的联合成本 =0.2×1312500=262500（元）

丙产品应分配的联合成本 =0.2×680000=136000（元）

（2）月末产成品存货成本。

项目	甲产品	乙产品	丙产品
期初存量（千克）	18000	52000	3000
本期产量（千克）	700000	350000	170000
本期销量（千克）	650000	325000	150000

项目	甲产品	乙产品	丙产品
期末存量（千克）	68000	77000	23000
单独加工成本（元）	1050000	787500	170000
分配联合生产成本（元）	350000	262500	136000
总成本（元）	1400000	1050000	306000
单位成本（元）	2	3	1.8
期末存货成本（元）	136000	231000	41400

3.【答案】

（1）

单位：元

项目	直接材料	转换成本	合计
月初在产品成本	2000	3000	5000
本月发生生产费用	10000	12680	22680
小计	12000	15680	27680
分配率	12000/（480+20）=24	15680/（480+20×50%）=32	
完工产品成本（480件）	480×24=11520	480×32=15360	26880
月末在产品成本（20件，完工程度50%）	20×24=480	20×50%×32=320	800

（2）

单位：件

项目	实物数量	直接材料约当产量	转换成本约当产量
月初在产品数量（完工程度40%）	100		
本月投入生产数量	400		
本月完工产品数量：	480		
来自月初在产品	100	0	100×（1−40%）=60
来自本月投产并完工数量	380	380	380
月末在产品数量（完工程度50%）	20	20	20×50%=10
属于本月所完成的工作量		380+20=400	60+380+10=450

月末在产品直接材料成本=20×（10000/400）=500（元）

月末在产品转换成本=10×（12680/450）=281.78（元）

月末在产品成本合计=500+281.78=781.78（元）

完工产品直接材料成本=2000+380×（10000/400）=11500（元）

完工产品转换成本=3000+60×（12680/450）+380×（12680/450）=15398.22（元）

完工产品成本=11500+15398.22=26898.22（元）

或者可采用扣除分配法（倒挤的方法）：完工产品直接材料成本 = 月初在产品直接材料成本 + 直接材料本月发生生产费用 − 月末在产品直接材料成本 =2000+10000−500=11500（元）

同理，完工产品转换成本 =3000+12680−281.78=15398.22（元）

完工产品成本 =11500+15398.22=26898.22（元）。

4.【答案】

（1）

产品成本明细账

产品批号：401　　开工日期：4 月份

产品名称：甲　　批量：12 台　　单位：元

月	日	摘要	原材料	燃料及动力	工资及福利	制造费用	合计
4	30	本月生产费用	6720	1392	4704	2592	15408
		分配率	560	145	490	270	1465
4	30	完工产品成本（8 台）	4480	1160	3920	2160	11720
4	30	完工产品单位成本	560	145	490	270	1465
4	30	月末在产品成本（约当产量 1.6 台）	2240	232	784	432	3688
5	31	本月生产费用		400	1200	560	2160
5	31	完工产品成本	2240	632	1984	992	5848
5	31	完工产品单位成本	560	158	496	248	1462

产品成本明细账

产品批号：402　　开工日期：4 月份

产品名称：乙　　批量：10 台　　单位：元

月	日	摘要	原材料	燃料及动力	工资及福利	制造费用	合计
4	30	本月生产费用	9200	1900	8100	5200	24400
4	30	完工产品成本	1800	360	1640	1060	4860
4	30	完工产品单位成本	900	180	820	530	2430
4	30	月末在产品成本	7400	1540	6460	4140	19540
5	31	本月生产费用		100	300	220	620
5	31	完工产品成本	7400	1640	6760	4360	20160
5	31	完工产品单位成本	925	205	845	545	2520

（2）402 批号乙产品完工产品实际单位成本 =（4860+20160）/（2+8）=2502（元）。

5.【答案】

产品成本计算单

名称：甲主产品　　　　单位：元

摘要	产量（公斤）	原材料	工资及福利费	制造费用	成本合计
月初在产品成本（定额成本）		63400			63400
本月生产费用		181200	12175	24350	217725
生产费用合计		244600	12175	24350	281125
减：A 副产品成本	850	3417	765	1547	5729
甲主产品生产费用合计		241183	11410	22803	275396
本月产成品成本	7200	241183−54600=186583	11410	22803	220796
产成品单位成本		25.91	1.58	3.17	30.66
月末在产品成本（定额成本）		27.3 × 2000=54600			54600

6.【答案】

（1）

第一步骤成本计算单

2022 年 6 月　　　　单位：元

	直接材料	直接人工	制造费用	合计
月初在产品成本	3750	2800	4550	11100
本月生产费用	16050	24650	41200	81900
合计	19800	27450	45750	93000
分配率	19800/（280+50）=60	27450/（280+50 × 50%）=90	45750/（280+50 × 50%）=150	
完工半成品转出	280 × 60=16800	280 × 90=25200	280 × 150=42000	84000
月末在产品	50 × 60=3000	50 × 50% × 90=2250	50 × 50% × 150=3750	9000

第二步骤成本计算单

2022 年 6 月　　　　单位：元

	半成品	直接材料	直接人工	制造费用	合计
月初在产品成本	6000	1800	780	2300	10880

续表

	半成品	直接材料	直接人工	制造费用	合计
本月生产费用	84000	40950	20595	61825	207370
合计	90000	42750	21375	64125	218250
分配率	90000/（270+30）=300	42750/（270+30×50%）=150	21375/（270+30×50%）=75	64125/（270+30×50%）=225	
完工产成品转出	270×300=81000	270×150=40500	270×75=20250	270×225=60750	202500
月末在产品	30×300=9000	30×50%×150=2250	30×50%×75=1125	30×50%×225=3375	15750

（2）

产成品成本还原计算表

2022 年 6 月　　单位：元

	半成品	直接材料	直接人工	制造费用	合计
还原前产成品成本	81000	40500	20250	60750	202500
本月所产半成品成本		16800	25200	42000	84000
成本还原	−81000	16800/84000×81000=16200	25200/84000×81000=24300	42000/84000×81000=40500	0
还原后产成品成本		40500+16200=56700	20250+24300=44550	60750+40500=101250	202500
还原后产成品单位成本		56700/270=210	44550/270=165	101250/270=375	750

7.【答案】

（1）裁剪车间费用分配：

①材料分配率 = $\frac{280000}{150000+100000}$ =1.12

甲分配材料费用 =1.12×150000=168000（元）

乙分配材料费用 =1.12×100000=112000（元）

②人工分配率 = $\frac{30000}{2400}$ =12.5

甲分配人工费用 =12.5×1600=20000（元）

乙分配人工费用 =12.5×800=10000（元）

③制造费用分配率 = $\frac{120000}{2400}$ =50

甲分配制造费用 =50×1600=80000（元）

乙分配制造费用 =50×800=40000（元）

缝纫车间费用分配：

①人工分配率 = $\frac{140000}{7000}$ =20

甲分配人工费用 =20×4200=84000（元）

乙分配人工费用 =20×2800=56000（元）

②制造费用分配率 = $\frac{350000}{7000}$ =50

甲分配制造费用 =50×4200=210000（元）
乙分配制造费用 =50×2800=140000（元）

【提示】分配本月发生的费用应该按本月投入的定额比例在各个产品之间分配。

（2）

甲产品成本计算单

裁剪车间

项目	产品产量（套）	直接材料（元）		定额工时（小时）	直接人工（元）	制造费用（元）	合计（元）
		定额	实际				
月初在产品成本	—	30000	30000	2000	18500	60000	108500
本月生产费用	—	150000	168000	1500	20000	80000	268000
生产费用合计	—	180000	198000	3500	38500	140000	376500
分配率	—	—	198000/（120000+60000）=1.1	—	11	40	—
计入产成品份额	2000	60×2000=120000	1.1×120000=132000	2000×1=2000	11×2000=22000	40×2000=80000	234000
月末在产品成本	—	180000−120000=60000	66000	1500	16500	60000	142500

【提示】采用定额比例分配法划分完工、在产的关键是确定完工产品的定额和月末在产品的定额。由于题目中已知本月完工产品2000套，裁剪车间甲产品单位产成品材料定额60元，单位工时定额为1小时。所以产成品材料定额 =2000×60=120000（元），由于没有直接给出在产品单位定额，默认没有盘亏盘盈，所以采用扣除分配法（倒挤方法）计算月末在产品定额，即月末在产品定额 = 月初在产品定额 + 本月投入定额 − 产成品定额 =30000+150000−120000=60000（元）；产成品工时定额 =2000×1=2000（小时），月末在产品定额 = 月初在产品定额 + 本月投入定额 − 产成品定额 =2000+1500−2000=1500（小时）。同理缝纫车间的完工、在产定额也是这样确定。

甲产品成本计算单

缝纫车间

项目	产品产量（套）	直接材料（元）		定额工时（小时）	直接人工（元）	制造费用（元）	合计（元）
		定额	实际				
月初在产品成本	—	—	—	800	7200	15600	22800

续表

项目	产品产量（套）	直接材料（元）		定额工时（小时）	直接人工（元）	制造费用（元）	合计（元）
		定额	实际				
本月生产费用	—	—	—	4000	84000	210000	294000
生产费用合计	—	—	—	4800	91200	225600	316800
分配率	—	—	—	—	91200/（4000+800）=19	225600/（4000+800）=47	—
计入产成品份额	2000	—	—	2000×2=4000	4000×19=76000	4000×47=188000	264000
月末在产品成本	—	—	—	4800−4000=800	15200	37600	52800

（3）

甲产品成本汇总计算表

生产车间	产成品数量（套）	直接材料费用（元）	直接人工费用（元）	制造费用（元）	合计（元）
裁剪车间	—	132000	22000	80000	234000
缝纫车间	—	—	76000	188000	264000
合计	2000	132000	98000	268000	498000
单位成本	—	66	49	134	249

四、综合题

【答案】

（1）

辅助生产费用分配表（交互分配法）

单位：元

项目		机修车间			供电车间		
		耗用量（小时）	单位成本	分配金额	耗用量（度）	单位成本	分配金额
待分配项目		150	55	8250	21000	0.5	10500
交互分配	机修车间			500	−1000		−500
	供电车间	−50		−2750			2750
对外分配辅助生产费用		100	60	6000	20000	0.6375	12750

续表

项目		机修车间			供电车间		
		耗用量（小时）	单位成本	分配金额	耗用量（度）	单位成本	分配金额
对外分配	第一车间	45		2700	9800		6247.5
	第二车间	45		2700	9700		6183.75
	行政管理部门	10		600	500		318.75
	合计	100		6000	20000		12750

（2）

第一车间成本计算单

2022年5月　　单位：元

项目	产量（件）	直接材料	直接人工	制造费用	合计
月初在产品	—	8125	3500	11250	22875
本月生产费用	—	42875	22000	65250	130125
合计	—	51000	25500	76500	153000
分配率	—	600	300	900	1800
产成品中本步骤份额	2×30=60	36000	18000	54000	108000
月末在产品	30	15000	7500	22500	45000

【解析】月末在产品产量=30件，约当产量=10×50%+10×2=25（件）

直接材料分配率=51000/（60+25）=600（元/件）

直接人工分配率=25500/（60+25）=300（元/件）

制造费用分配率=76500/（60+25）=900（元/件）

【提示】本题采用平行结转分步法，即只有最终的产成品才是完工产品，因此第一车间的产成品是第二车间的最终产成品30件，而第二车间将半成品加工成产成品，每件产成品耗用2件半成品，因此第一车间实际参与到第二车间并完工的数量是30×2=60（件）。

（3）

第二车间成本计算单

2022年5月　　单位：元

项目	产量（件）	直接材料	直接人工	制造费用	合计
月初在产品	—	5500	3500	3700	12700
本月生产费用	—	34500	38500	48800	121800
合计	—	40000	42000	52500	134500

续表

项目	产量（件）	直接材料	直接人工	制造费用	合计
分配率	—	1000	1200	1500	3700
产成品中本步骤份额	30	30000	36000	45000	111000
月末在产品	10	10000	6000	7500	23500

【解析】月末在产品产量 =10 件，约当产量 =10×50%=5（件）

直接材料分配率 =40000/（30+10）=1000（元 / 件）

直接人工分配率 =42000/（30+5）=1200（元 / 件）

制造费用分配率 =52500/（30+5）=1500（元 / 件）

（4）

产品成本汇总计算表

2022 年 5 月　　单位：元

生产车间	产成品数量(件)	直接材料	直接人工	制造费用	合计
第一车间	—	36000	18000	54000	108000
第二车间	—	30000	36000	45000	111000
合计	30	66000	54000	99000	219000
单位成本	—	2200	1800	3300	7300

第十四章　标准成本法

CHAPTER-14

本章学习指南

一、考情分析

本章主要介绍标准成本的分类及特点、标准成本的差异分析。从近几年的考试来看，题型主要是客观题，但也会出计算分析题，计算分析题的出题点主要是标准成本的差异分析。

最近 3 年题型、题量分析表

题型	2019 年		2020 年		2021 年	
	试卷Ⅰ	试卷Ⅱ	试卷Ⅰ	试卷Ⅱ	试卷Ⅰ	试卷Ⅱ
单项选择题	1 题 1.5 分	1 题 1.5 分	1 题 1.5 分	1 题 1.5 分	1 题 2 分	—
多项选择题	—	—	1 题 2 分	1 题 2 分	1 题 2 分	1 题 2 分
计算分析题	—	0.75 题 6 分	—	—	—	—
综合题	—	—	—	—	—	—
合计	1 题 1.5 分	1.75 题 7.5 分	2 题 3.5 分	2 题 3.5 分	2 题 4 分	1 题 2 分

二、教材变化

本章与 2021 年的教材相比没有实质性变化，只是将“能量”改为“能力”（如，“能量差异”改为“能力差异”）。

三、考点框架

- 第十四章 标准成本法
  - 标准成本及其制定
    - 标准成本的概念及其分类 ★★
    - 标准成本的制定 ★★
  - 标准成本的差异分析
    - 标准成本差异的确定 ★★
    - 变动成本差异的分析 ★★★
    - 固定制造费用差异分析 ★★★

核心考点精讲

第一节　标准成本及其制定

使用“会计云课堂”App 或“微信”扫码查看本节视频，快速 GET 知识点。

一、标准成本的概念及其分类★★

（一）标准成本的概念

基本概念	标准成本是通过精确的调查、分析与技术测定而制定的，用来评价实际成本、衡量工作效率的一种目标成本
两种含义	它有两种含义： 一种是“成本标准”：成本标准 = 单位产品标准成本 = 单位产品标准消耗量 × 标准单价 另一种是“标准成本”：标准成本（总额）= 实际产量 × 单位产品标准成本

要点小贴士

讨论标准成本制定时，“标准成本”是指单位产品标准成本；讨论成本差异分析时，“标准成本”是指实际产量下的标准成本。

（二）标准成本的种类

1. 按其制定所依据的生产技术和经营管理水平分类

分类		理想标准成本	正常标准成本
含义		指在最优的生产条件下，利用现有的规模和设备能够达到的最低成本	指在效率良好的条件下，根据下期一般应该发生的生产要素消耗量、预计价格和预计生产经营能力利用程度制定出来的标准成本
特点	条件	最优生产条件	效率良好的条件
	损耗	理论上的业绩标准（没有任何低效率和损耗）	根据下期一般应该发生的生产要素消耗量（考虑了生产经营活动过程中一般难以避免的损耗和低效率）
	价格	生产要素的理想价格	生产要素的预计价格
	产能	可能实现的最高生产经营能力利用水平	预计生产经营能力利用程度
用途		提供一个完美无缺的目标，揭示实际成本下降的潜力，不宜作为考核的依据	实际工作中广泛使用正常标准成本

【提示】正常标准成本的特点。

科学性	用科学方法制定出来的
客观性	根据客观实验和过去实践制定出来的
现实性	排除：偶然性和意外情况 保留：难以避免的损失 代表：正常情况下消耗水平
激励性	是要经过努力才能达到的，可以作为评价业绩的尺度，因而可以调动职工的积极性
稳定性	可以在工艺技术水平和管理有效性水平变化不大时持续使用，不需要经常修订

要点小贴士

正常标准成本考虑了难以避免的损耗，所以大于理想标准成本，正常标准成本应低于历史平均水平以体现激励性。

经典题解

【例题1·单选题】以资源无浪费、设备无故障、产出无废品、工时都有效为假设前提而制定的标准成本是（　　）。

A. 基本标准成本　　B. 理想标准成本

C. 正常标准成本　　D. 现行标准成本

【解析】理想标准成本是指在最优的生产条件下，利用现有的规模和设备能够达到的最低成本。

【答案】B

2. 按适用期分类

分类	现行标准成本	基本标准成本
含义	指根据其适用期间应该发生的价格、效率和生产经营能力利用程度等预计的标准成本	指一经制定，只要生产的基本条件无重大变化，就不予变动的一种标准成本
用途	可以成为评价实际成本的依据，也可以用来对存货和销货成本计价	与各期实际成本对比，可以反映成本变动的趋势；但不宜用来直接评价工作效率和成本控制的有效性

【提示】因素变化对现行标准成本和基本标准成本的影响。

变化性质	变化内容	现行标准成本	基本标准成本
属于生产基本条件重大变化	产品的物理结构变化	需要修订	需要修订
	重要原材料和劳动力价格的重要变化	需要修订	需要修订
	生产技术和工艺的根本变化	需要修订	需要修订

变化性质	变化内容	现行标准成本	基本标准成本
不属于生产基本条件重大变化	市场供求变化导致的售价变化	需要修订	不需要修订
	市场供求变化导致的生产经营能力利用程度的变化	需要修订	不需要修订
	工作方法改变导致的效率变化	需要修订	不需要修订

经典题解

【真题2·多选题】下列各项情形中，需要对基本标准成本进行修订的有（　　）。（2018年卷Ⅱ）

A. 产品的物理结构发生变化

B. 重要原材料价格发生重大变化

C. 生产技术和工艺发生根本变化

D. 市场供求变化导致售价发生变化

【解析】基本标准成本是指一经制定，只要生产的基本条件无重大变化，就不予变动的一种标准成本。所谓生产的基本条件的重大变化是指产品的物理结构变化，重要原材料和劳动力价格的重要变化，生产技术和工艺的根本变化等。只有这些条件发生变化，基本标准成本才需要修订。由于市场供求变化导致的售价变化和生产经营能力利用程度的变化，由于工作方法改变而引起的效率变化等，不属于生产的基本条件变化，对此不需要修订基本标准成本。

【答案】ABC

【真题3·多选题】下列各项中，需要修订产品基本标准成本的情况有（　　）。（2016年卷Ⅰ）

A. 产品生产能力利用程度显著提升

B. 生产工人技术操作水平明显改进

C. 产品物理结构设计出现重大改变

D. 产品主要材料价格发生重要变化

【解析】选项C、D属于生产的基本条件的重大变化，对此需要修订基本标准成本。选项A、B不属于生产的基本条件变化，对此不需要修订基本标准成本。

【答案】CD

【真题4·多选题】甲公司制定产品标准成本时采用现行标准成本。下列情况中，需要修订现行标准成本的有（　　）。（2014年卷Ⅰ）

A. 季节原因导致材料价格上升

B. 订单增加导致设备利用率提高

C. 采用新工艺导致生产效率提高

D. 工资调整导致人工成本上升

【解析】现行标准成本指根据其适用期间应该发生的价格、效率和生产经营能力利用程度等预计的标准成本。在这些决定因素变化时，现行标准成本需要按照改变了的情况加以修订，所以选项A、B、C、D正确。

【答案】ABCD

【提示】2014年卷Ⅱ提问的是针对这四个选项，需要修订基本标准成本的有，那就只能选择选项C、D。

二、标准成本的制定★★

制定标准成本，通常首先确定直接材料和直接人工的标准成本，其次确定制造费用的标准成本，最后汇总确定单位产品的标准成本。在制定时，无论是哪一个成本项目，都需要分别确定其用量标准和价格标准，两者相乘后得出单位产品的标准成本。

成本项目	用量标准	价格标准
直接材料	单位产品材料消耗量	原材料单价
直接人工	单位产品直接人工工时	小时工资率
制造费用	单位产品直接人工工时（台时等）	小时制造费用分配率

名师点拨

（1）无论是价格标准还是用量标准，都可以是理想状态的或是正常状态的，据此得出理想的标准成本或正常的标准成本。

（2）考试经常考查正常标准成本的内容。

【提示】正常标准成本的内容：

	价格标准	用量标准
直接材料	是预计下一年度实际需要支付的进料单位成本，包括发票价格、运费、检验和正常损耗等成本，是取得材料的完全成本	是现有技术条件下生产单位产品所需的材料数量，包括必不可少的消耗以及各种难以避免的损失
直接人工	是指标准工资率。它可能是预定的工资率，也可能是正常的工资率	包括直接加工操作必不可少的时间、必要的间歇和停工（如工间休息、调整设备时间）、不可避免的废品耗用工时等
制造费用	指标准制造费用分配率，通常是预计的 制造费用预算数/预计产能标准工时（台时）	固定制造费用的用量标准与变动制造费用的用量标准相同，包括直接人工工时、机器工时、其他用量标准等，并且两者要保持一致，以便进行差异分析

要点小贴士

只包括取得成本，注意储存成本是不包含在材料价格标准中的。

要点小贴士

难以避免的正常的损耗计入标准成本；非正常的损耗不计入标准成本。

经典题解

真题点拨

（1）若考试给出的是正常损耗（废品）量，可以直接加；

（2）若考试给出的是正常损耗率（废品率）：

标准成本＝不考虑损耗的标准成本/（1-正常损耗率或废品率）。

【真题5·单选题】甲公司是制造业企业，生产W产品，生产工人每月工作22天，每天工作8小时，平均月薪13200元，该产品的直接加工必要时间每件3小时，正常工间休息和设备调整等非生产时间每件0.2小时，正常的废品率8%，单位产品直接人工标准成本是（　　）元。（2015年卷Ⅰ、卷Ⅱ）

A. 244.57　　B. 240　　C. 259.2　　D. 260.87

【解析】价格标准＝13200/（22×8）

用量标准＝（3+0.2）/（1-8%）

单位产品直接人工标准成本＝[13200/（22×8）]×[（3+0.2）/（1-8%）]＝260.87（元）。

【答案】D

【例题 6 · 单选题】甲公司是一家化工生产企业，生产单一产品，按正常标准成本进行成本控制。公司预计下一年度的原材料采购价格为 13 元 / 公斤，运输费为 2 元 / 公斤，运输过程中的正常损耗为 5%，原材料入库后的储存成本为 1 元 / 公斤。该产品的直接材料价格标准为（　　）元。

A. 15　　B. 15.75　　C. 15.79　　D. 16.79

【解析】直接材料的价格标准包含发票价格、运费、检验和正常损耗等成本。因此该产品的直接材料价格标准 =（13+2）/（1−5%）=15.79（元）。

【答案】C

第二节　标准成本的差异分析

使用“会计云课堂”App 或“微信”扫码查看本节视频，快速 GET 知识点。

一、标准成本差异的确定 ★★

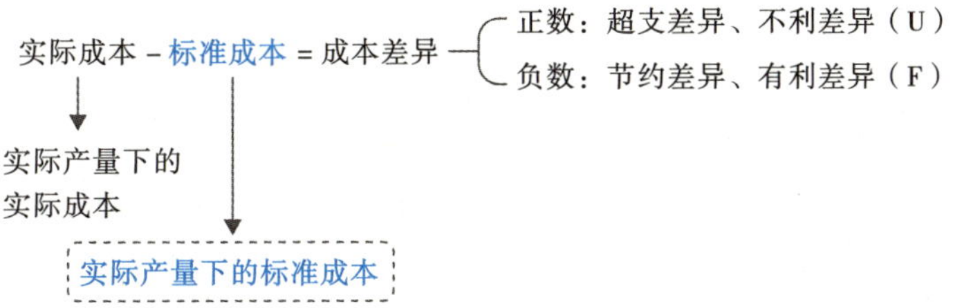

二、变动成本差异的分析 ★★★

（一）变动成本差异计算的通用公式

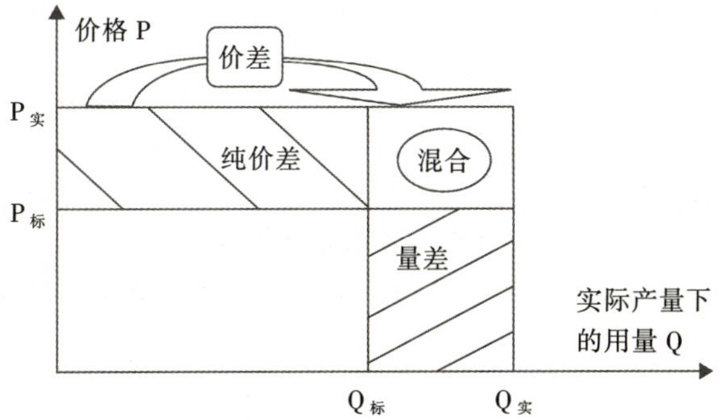

要点小贴士

总差异是大面积减小面积。量差是纯粹的，价差是混合的。

价差 =（实际价格 − 标准价格）× 实际数量 =（$P_{实}-P_{标}$）× $Q_{实}$

量差 =（实际数量 − 标准数量）× 标准价格 =（$Q_{实}-Q_{标}$）× $P_{标}$

经典题解

【例题 7 · 单选题】在成本差异分析中，数量差异的大小是（　　）。

A. 由用量脱离标准的程度以及实际价格高低所决定的

B. 由用量脱离标准的程度以及标准价格高低所决定的

C. 由价格脱离标准的程度以及实际数量高低所决定的

D. 由价格脱离标准的程度以及标准数量高低所决定的

【解析】在成本差异分析中，数量差异的大小是由用量脱离标准的程度以及标准价格高低所决定的。

【答案】B

名师点拨

（1）按照通用公式掌握，记住不同成本项目的量和价分别是什么；

（2）$Q_{标}$是自己计算出来的，$Q_{标}$=实际产量×用量标准。

（二）不同变动成本项目成本差异计算的具体公式

项目	价差（混合差异）：$(P_{实}-P_{标})\times Q_{实}$	量差（纯差异）：$(Q_{实}-Q_{标})\times P_{标}$
直接材料成本差异	直接材料价格差异 =（实际价格 - 标准价格）× 实际数量	直接材料数量差异 =（实际数量 - 标准数量）× 标准价格
直接人工成本差异	直接人工工资率差异 =（实际工资率 - 标准工资率）× 实际工时	直接人工效率差异 =（实际工时 - 标准工时）× 标准工资率
变动制造费用成本差异	变动制造费用耗费差异 =（变动制造费用实际分配率 - 变动制造费用标准分配率）× 实际工时	变动制造费用效率差异 =(实际工时 - 标准工时）× 变动制造费用标准分配率

经典题解

【真题8·单选题】甲公司生产销售乙产品，当月预算产量1200件，材料标准用量5千克/件，材料标准单价2元/千克，当月实际产量1100件，购买并耗用材料5050千克。实际采购价格比标准价格低10%。则当月直接材料成本数量差异是（ ）元。（2017年卷Ⅱ）

A. -900　　B. -1100

C. -1060　　D. -1900

【解析】直接材料成本数量差异 = $(Q_{实}-Q_{标})\times P_{标}$ =（5050-1100×5）×2=-900（元）（F）。

【答案】A

解题攻略

注意不要把单位产品标准成本与制造费用的价格标准混淆。单位产品标准成本的单位一般是“元/件”；制造费用的价格标准是每小时费用分配率，单位是“元/小时”。

【例题9·单选题】甲公司采用标准成本法进行成本控制。某种产品的变动制造费用成本标准为6元/件，每件产品的标准工时为2小时。2022年6月，该产品的实际产量为100件，实际工时为250小时，实际发生变动制造费用1000元，则变动制造费用耗费差异为（ ）。

A. 150元　　B. 200元

C. 250元　　D. 400元

【解析】变动制造费用的标准小时费用分配率=6/2=3（元/小时），变动制造费用的耗费差异是价差，因此变动制造费用的耗费差异 = $(P_{实}-P_{标})\times Q_{实}$ =（1000/250-3）×250=250（元）（U）。

【答案】C

（三）变动成本差异形成的原因分析

差异	差异形成的原因举例
直接材料数量差异	工人操作疏忽、操作技术改进、新工人上岗、机器或工具不适等
直接材料价格差异	供应厂家调整售价、本企业未批量进货、未能及时订货造成的紧急订货、采购时舍近求远使运费和途耗增加、使用不必要的快速运输方式、违反合同被罚款、承接紧急订货造成额外采购等
直接人工工资率差异	直接生产工人升级或降级使用、奖励制度未产生实效、工资率调整、加班或使用临时工、出勤率变化等
直接人工及变动制造费用效率差异	工作环境不良、工人经验不足、劳动情绪不佳、新工人上岗太多、机器或工具选用不当、设备故障较多、生产计划安排不当、产量规模太少而无法发挥经济批量优势等

名师点拨

差异形成原因和差异影响因素是两个不同的概念，影响因素可以理解为是影响差异金额大小的因素，例如由于数量差异＝用量差距×标准价格，所以标准价格的高低也会影响数量差异的大小。但是差异的形成原因是指针对差距形成的原因，比如对于数量差异的形成原因只是针对实际用量偏离标准用量这个差距的原因。数量差异的形成原因是不选价格差异的形成原因的。

【易错易混点】变动成本差异的责任归属。

差异	用量差异			价格差异		
	直接材料数量差异	直接人工效率差异	变动制造费用效率差异	直接材料价格差异	直接人工工资率差异	变动制造费用耗费差异
主要责任部门	主要是生产部门的责任 【提示】但也不是绝对的（如采购材料质量差导致材料数量差异，也可能是由于工艺变更、检验过严使数量差异加大。材料质量差导致工作效率慢是采购部门的责任）			由采购部门负责	一般由人力资源部门负责	由部门经理负责 【提示】部门经理是生产部门的，因此也就是由生产部门承担责任

经典题解

【真题10·多选题】下列各项材料数量差异中，应由生产部门负责的有（　　）。（2021年卷Ⅰ）

A. 工人操作疏忽导致废料增加

B. 工艺流程管理不善造成用料增多

C. 购入材料质量不稳定造成使用量超标

D. 机器设备没有正常操作导致多耗材料

【解析】材料数量差异是在材料耗用过程中形成的，反映生产部门的成本控制业绩。材料数量差异形成的具体原因有许多，例如，工人操作疏忽造成废品或废料增加、操作技术改进而节省材料、新工人上岗造成用料增多、机器或工具不适造成用料增加等。有时材料数量差异并非生产部门的责任，可能是由于购入材料质量低劣、规格不符使用量超过标准；也可能是由于工艺变更、检验过严使数量差异加大。

【答案】ABD

【真题11·多选题】甲企业2021年7月末基于实际产量编制弹性预算后，进行标准成本差异分析，发现该月直接材料成本不利差异为100000元。该不利差异形成的原因可能有（　　）。（2021年卷Ⅱ）

A. 实际产量超过预算产量　　B. 直接材料价格上涨

C. 实际销量超过预算销量　　D. 直接材料单耗增加

【解析】直接材料成本差异不涉及预算产销量，所以选项A、C错误。

【答案】BD

【真题12·多选题】下列关于直接人工标准成本制定及其差异分析的说法中，正确的有（　　）。（2020年卷Ⅰ）

A. 直接人工标准工时包括调整设备时间

B. 直接人工效率差异受工人经验影响

C. 直接人工效率差异=（实际工时－标准工时）×实际工资率

D. 直接人工工资率差异受使用临时工影响

【解析】标准工时是指在现有生产技术条件下，生产单位产品所需要的时间，包括直接加工操作必不可少的时间、必要的间歇和停工（如工间休息、设备调整准备时间）、不可避免的废品耗用工时等。选项A正确。直接人工效率差异的形成原因有很多，包括工作环境不良、工人经验不足、劳动情绪不佳、新工人上岗太多、机器或工具选用不当、设备故障较多、生产计划安排不当、产量规模太少而无法发挥经济批量优势等。选项B正确。直接人工效率差异是量差，是纯粹的，应该是用量差距乘以标准价格，即效率差异=（实际工时－标准工时）×标准工资率。选项C不正确。直接人工工资率差异的形成原因，包括直接生产工人升级或降级使用、奖励制度未产生实效、工资率调整、加班或使用临时工、出勤率变化等。选项D正确。

【答案】ABD

【真题13·多选题】下列关于直接材料标准成本制定及其差异分析的说法中，正确的有（　　）。（2020年卷Ⅱ）

A. 材料价格差异会受进货批量的影响

B. 材料数量差异全部应由生产部门负责

C. 直接材料价格标准应考虑运输中的正常损耗

D. 直接材料用量标准应考虑生产中的正常废品损耗

【解析】有时材料数量差异并非生产部门的责任，可能是由于购入材料质量低劣、规格不符使用量超过标准；也可能是由于工艺变更、检验过严使数量差异加大。对此，需要进行具体的调查研究才能明确责任归属。

【答案】ACD

【真题14·多选题】下列各项中，易造成材料数量差异的情况有（　　）。（2018年卷Ⅰ）

A. 优化操作技术节约材料　　B. 材料运输保险费提高

C. 工人操作疏忽导致废品增加　　D. 机器或工具不合适多耗材料

【解析】材料数量差异是在材料耗用过程中形成的，反映生产部门的成本控制业绩。材料数量差异形成的具体原因也有许多，例如，工人操作疏忽造成废品和废料增加、操作技术改进而节省材料、新工人上岗造成用料增多、机器或工具不适造成用料增加等。材料运输保险费提高影响的是价格差异。

【答案】ACD

三、固定制造费用差异分析★★★

（一）固定制造费用的总差异

固定制造费用总差异 = 实际固定制造费用 – 标准固定制造费用

（标准固定制造费用：实际产量下的标准固定制造费用）

要点小贴士

无论是固定成本项目还是变动成本项目，总差异的基本公式是一致的，都是实际成本与实际产量下的标准成本对比。

（二）二因素分析法

含义	二因素分析法是将固定制造费用差异分为耗费差异和能力差异
基本公式	（1）固定制造费用耗费差异 = 固定制造费用实际数 – 固定制造费用预算数 （2）固定制造费用能力差异 = 固定制造费用预算数 – 固定制造费用标准成本 =（生产能力 – 实际产量下标准工时）× 固定制造费用标准分配率

（三）三因素分析法

含义	三因素分析法是将固定制造费用差异分为耗费差异、闲置能力差异和效率差异
与二因素分析法的联系	耗费差异的计算与二因素分析法相同。不同的是将二因素分析法中的“能力差异”进一步分为两部分：一部分是实际工时未达到生产能力而形成的闲置能力差异；另一部分是实际工时脱离标准工时而形成的效率差异
基本公式	（1）固定制造费用耗费差异 = 固定制造费用实际数 – 固定制造费用预算数 = 固定制造费用实际数 – 固定制造费用标准分配率 × 生产能力 （2）固定制造费用闲置能力差异 = 固定制造费用预算数 – 实际工时 × 固定制造费用标准分配率 =（生产能力 – 实际工时）× 固定制造费用标准分配率 （3）固定制造费用效率差异 =（实际工时 – 实际产量标准工时）× 固定制造费用标准分配率

要点小贴士

所有的效率差异都是量差，计算公式都是一样的，效率差异 =（$Q_{实}$−$Q_{标}$）× $P_{标}$。

【总结】

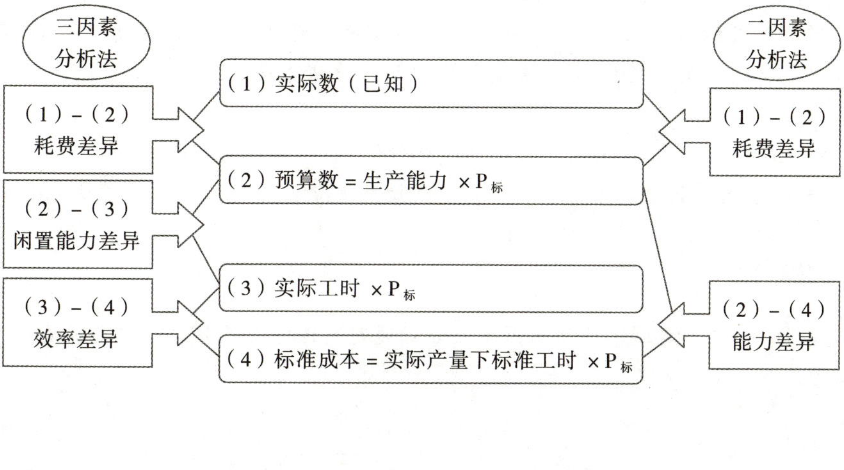

经典题解

【真题15·单选题】甲公司本月发生固定制造费用15800元，实际产量1000件，实际工时1200小时。企业生产能力为1500小时；每件产品标准工时1小时，标准分配率10元/小时，即每件产品固定制造费用标准成本10元。固定制造费用闲置能力差异是（ ）。（2021年卷Ⅰ）

A. 800元不利差异　　B. 2000元不利差异

C. 3000元不利差异　　D. 5000元不利差异

【解析】固定制造费用闲置能力差异=（生产能力－实际工时）×固定制造费用标准分配率=（1500－1200）×10=3000（元）（U）。

【答案】C

【真题16·单选题】甲企业生产X产品，固定制造费用预算125000元。全年产能25000工时，单位产品标准工时10小时。2019年实际产量2000件，实际耗用工时24000小时。固定制造费用闲置能力差异是（ ）。（2020年卷Ⅰ）

A. 有利差异5000元　　B. 不利差异5000元

C. 有利差异20000元　　D. 不利差异20000元

【解析】固定制造费用标准分配率=125000/25000=5（元/小时）

固定制造费用闲置能力差异=固定制造费用预算数－实际工时×固定制造费用标准分配率=125000－24000×5=5000（元）（U）。

【答案】B

【真题17·单选题】甲公司生产乙产品，产能3000件，每件产品标准工时2小时，固定制造费用标准分配率10元/小时。本月实际产量2900件，实际工时5858小时，实际发生固定制造费用66000元，采用三因素分析法分析固定制造费用差异，闲置能力差异是（ ）。（2020年卷Ⅱ）

A. 不利差异580元　　B. 不利差异8000元

C. 不利差异1420元　　D. 不利差异6000元

【解析】固定制造费用闲置能力差异=（生产能力－实际工时）×固定制造费用标准分配率=（3000×2－5858）×10=1420（元）（U）。

【答案】C

> **真题点拨**
>
> 考试只会给出单位产品的标准成本，计算产品的标准成本则是指实际产量下的标准成本$P_{标}\times Q_{标}$。注意$Q_{标}$是指实际产量下的标准用量。

【真题18·单选题】甲企业生产能力1100件，每件产品标准工时1.1小时，固定制造费用标准分配率8元/小时。本月实际产量1200件，实际工时1000小时，固定制造费用12000元。固定制造费用标准成本是（ ）元。（2019年卷Ⅰ、卷Ⅱ）

A. 9680　　B. 8000　　C. 10560　　D. 14520

【解析】固定制造费用标准成本=实际产量标准工时×固定制造费用标准分配率=1200×1.1×8=10560（元）（U）。

【答案】C

【真题19·单选题】使用三因素法分析固定制造费用差异时，固定制造费用闲置能力差异是（ ）。（2018年卷Ⅰ）

A. 实际工时偏离生产能力而形成的差异

B. 实际费用与预算费用之间的差异

C. 实际工时脱离实际产量标准工时形成的差异

D. 实际产量标准工时偏离生产能力形成的差异

【解析】固定制造费用闲置能力差异=(生产能力－实际工时)×固定制造费用标准分配率，因此选项A正确；选项B是固定制造费用耗费差异；选项C是固定制造费用效率差异；选项D是固定制造费用能力差异。

【答案】A

【真题20·单选题】甲企业采用标准成本法进行成本控制。当月产品实际产量大于预算产量。导致的成本差异是（　　）。（2017年卷Ⅰ）

A. 直接材料数量差异　　B. 变动制造费用效率差异

C. 直接人工效率差异　　D. 固定制造费用能力差异

【解析】变动成本差异分析均在实际产量下进行，只有固定制造费用差异分析涉及预算产量，选项D正确。

【答案】D

【真题21·单选题】甲公司本月发生固定制造费用35800元，实际产量2000件，实际工时2400小时。企业生产能力3000小时，每件产品标准工时1小时，固定制造费用标准分配率10元/小时，固定制造费用耗费差异是（　　）。（2015年卷Ⅰ、卷Ⅱ）

A. 不利差异5800元　　B. 不利差异4000元

C. 不利差异6000元　　D. 不利差异10000元

【解析】固定制造费用耗费差异=固定制造费用实际数－固定制造费用预算数=35800-3000×10=5800（元）（U）。

【答案】A

本章小结

下载“会计云课堂”App学习

您已成功完成“第十四章”的学习，本章共5个考点，您都学会了吗？

为了让您对章节有更清晰的理解，加倍巩固。本书作者闫华红老师将通过**“视频导图课”**的方式，带您回顾重要考点。

名师点拨，视听结合，高效提分。

※ 欢迎您扫码，免费观看学习。

历年经典主观题回顾

使用“会计云课堂”App或“微信”扫码快速做题、对答案、
看解析、掌握解题思路，开启轻松过关之旅。

1035758

计算分析题

1. 甲公司下属乙部门生产A产品，全年生产能力1200000机器工时，单位产品标准机器工时120小时，2018年实际产量11000件，实际耗用机器工时1331000小时。

2018年标准成本资料如下：

（1）直接材料标准消耗10千克/件，标准价格22元/千克；

（2）变动制造费用预算3600000元；

（3）固定制造费用预算2160000元。

2018年完全成本法下的实际成本资料如下：

（1）直接材料实际耗用121000千克，实际价格24元/千克；

（2）变动制造费用实际4126100元；

（3）固定制造费用实际2528900元。

该部门作为成本中心，一直采用标准成本法控制成本和考核业绩。最近，新任部门经理提出，按完全成本法下的标准成本考核业绩不合理，建议公司调整组织结构，将销售部门和生产部门合并为事业部，采用部门可控边际贡献考核经理业绩。目前，该产品年销售10000件，每件售价1000元。经分析，40%的固定制造费用为部门可控成本，60%的固定制造费用为部门不可控成本。

要求：

（1）计算A产品的单位标准成本和单位实际成本。

（2）分别计算A产品总成本的直接材料的价格差异和数量差异、变动制造费用的价格差异和数量差异，用三因素分析法计算固定制造费用的耗费差异、闲置能力差异和效率差异，并指出各项差异是有利差异还是不利差异。

（3）计算乙部门实际的部门可控边际贡献。（2019年卷Ⅱ）

2. 甲公司是一家制造业企业，只生产和销售防滑瓷砖一种产品。产品生产工艺流程比较成熟，生产工人技术操作比较熟练，生产组织管理水平较高，公司实行标准成本制度，定期进行标准成本差异分析。

甲公司生产能力6000平方米，2016年9月实际生产5000平方米。其他相关资料如下：

（1）实际消耗量。

项目	直接材料	直接人工	变动制造费用	固定制造费用
实际使用量	24000 千克	5000 人工小时	8000 机器小时	8000 机器小时
实际单价	1.5 元 / 千克	20 元 / 小时	15 元 / 小时	10 元 / 小时

（2）标准成本资料。

项目	用量标准	价格标准
直接材料	5 千克 / 平方米	1.6 元 / 千克
直接人工	1.2 人工小时 / 平方米	19 元 / 小时
变动制造费用	1.6 机器小时 / 平方米	12.5 元 / 小时
固定制造费用	1.5 机器小时 / 平方米	8 元 / 小时

要求：

（1）计算直接材料的价格差异、数量差异和成本差异。

（2）计算直接人工的工资率差异、人工效率差异和成本差异。

（3）计算变动制造费用的耗费差异、效率差异和成本差异。

（4）计算固定制造费用的耗费差异、闲置能力差异、效率差异和成本差异。

（5）计算产品成本差异总额和单位成本差异。（2016 年卷Ⅱ）

历年经典主观题参考答案及解析

使用“会计云课堂”App 或“微信”扫码对答案、看解析、
掌握解题思路，开启轻松过关之旅。

计算分析题

1.【答案】

（1）变动制造费用的标准分配率 =3600000/1200000=3（元）

固定制造费用的标准分配率 =2160000/1200000=1.8（元）

A 产品的单位标准成本 =10 × 22+3 × 120+1.8 × 120=796（元）

A 产品的单位实际成本 =121000/11000 × 24+4126100/11000+2528900/11000=869（元）

（2）直接材料的价格差异 =（24−22）× 121000=242000（元）（U）

直接材料的数量差异 =（121000−11000 × 10）× 22=242000（元）（U）

变动制造费用的实际分配率 =4126100/1331000=3.1（元）

实际工时 =1331000 小时

实际产量下的标准工时 =11000 × 120=1320000（小时）

变动制造费用的价格差异 =（3.1−3）×1331000=133100（元）（U）

变动制造费用的数量差异 =（1331000−1320000）×3=33000（元）（U）

固定制造费用的耗费差异 =2528900−2160000=368900（元）（U）

固定制造费用的闲置能力差异 =2160000−1331000×1.8=−235800（元）（F）

固定制造费用的效率差异 =（1331000−11000×120）×1.8=19800（元）（U）

（3）单位变动成本 =（121000×24+4126100）/11000=639.1（元）

部门可控边际贡献 =（1000−639.1）×10000−2528900×40%=2597440（元）。

2.【答案】

（1）①直接材料的价格差异 =（1.5−1.6）×24000=−2400（元）（F）

②直接材料的数量差异 =（24000−5000×5）×1.6=−1600（元）（F）

③直接材料的成本差异 =24000×1.5−5000×5×1.6=−4000（元）（F）

（2）①直接人工的工资率差异 =（20−19）×5000=5000（元）（U）

②直接人工的效率差异 =（5000−5000×1.2）×19=−19000（元）（F）

③直接人工的成本差异 =5000×20−5000×1.2×19=−14000（元）（F）

（3）①变动制造费用的耗费差异 =（15−12.5）×8000=20000（元）（U）

②变动制造费用的效率差异 =（8000−5000×1.6）×12.5=0（元）

③变动制造费用的成本差异 =8000×15−5000×1.6×12.5=20000（元）（U）

（4）①固定制造费用的耗费差异 =8000×10−6000×1.5×8=8000（元）（U）

②固定制造费用的闲置能力差异 =（6000×1.5−8000）×8=8000（元）（U）

③固定制造费用的效率差异 =（8000−5000×1.5）×8=4000（元）（U）

④固定制造费用的成本差异 =8000×10−5000×1.5×8=20000（元）（U）

（5）①成本差异总额 =−4000−14000+20000+20000=22000（元）（U）

②单位成本差异 =22000/5000=4.4（元 / 平方米）（U）。

同步强化练习题

使用“会计云课堂”App 或“微信”扫码快速做题、对答案、看解析、掌握解题思路，开启轻松过关之旅。

1035760

一、单项选择题

1. 下列各项中属于根据其适用期间应该发生的价格、效率和生产经营能力利用程度等预计的，既可以成为评价实际成本的依据，也可以用来对存货和销货成本计价的是（　　）。

A. 现行标准成本

B. 基本标准成本

C. 正常标准成本
D. 理想标准成本

2. 下列各项情形中，不需要对基本标准成本进行修订的是（　　）。
A. 产品的物理结构发生变化
B. 重要原材料价格发生重大变化
C. 生产技术和工艺发生根本变化
D. 市场供求变化导致售价发生变化

3. 下列关于制定正常标准成本的表述中，正确的是（　　）。
A. 直接材料的价格标准不包括购进材料发生的检验成本
B. 直接人工标准工时包括直接加工操作必不可少的时间，不包括各种原因引起的停工工时
C. 直接人工的价格标准是指标准工资率，它可以是预定的工资率，也可以是正常的工资率
D. 固定制造费用和变动制造费用的用量标准可以相同，也可以不同。例如，以直接人工工时作为变动制造费用的用量标准，同时以机器工时作为固定制造费用的用量标准

4. 甲公司是一家模具制造企业，正在制定某模具的标准成本。加工一件该模具需要的必不可少的加工操作时间为90小时，设备调整时间为1小时，必要的工间休息为5小时。正常的废品率为4%。该模具的直接人工标准工时是（　　）小时。
A. 93.6　　B. 96
C. 99.84　　D. 100

5. 下列各项中，属于“直接人工标准工时”组成内容的是（　　）。
A. 由于设备意外故障产生的停工工时
B. 由于更换产品产生的设备调整准备工时
C. 由于生产作业计划安排不当产生的停工工时
D. 由于外部供电系统故障产生的停工工时

6. 在标准成本管理中，成本总差异是成本控制的重要内容。其计算公式是（　　）。
A. 实际产量下实际成本－实际产量下标准成本
B. 实际产量下标准成本－预算产量下实际成本
C. 实际产量下实际成本－预算产量下标准成本
D. 实际产量下标准成本－预算产量下标准成本

7. 某企业本月生产甲产品8000件，实际耗用A材料32000千克，其实际价格为每千克40元。该产品A材料的用量标准为3千克/件，标准价格为45元/千克，其直接材料用量差异为（　　）元。
A. 360000　　B. 320000
C. 200000　　D. −160000

8. 实际变动制造费用支出与按实际工时和变动制造费用标准分配率相乘得到的数额之间的差额是（　　）。
A. 变动制造费用耗费差异
B. 变动制造费用效率差异
C. 变动制造费用总差异
D. 变动制造费用能力差异

9. 下列因素中，一般不会导致直接人工工资率差异的是（　　）。
A. 工资奖励制度的变动
B. 工作环境的好坏
C. 工资级别的升降
D. 加班或临时工的增减

10. 甲公司是一家制造业企业，采用标准成本法进行成本控制。生产甲产品，每月预计工作21天，每天设备预计运行8小时，变动制造费用预算额为504万元，该产品的直接加工必要时间每件1.6小时，正常工间休息和设备调整等非生产时间每件0.3小时，正常的废品率5%。2021年9月，该产品的实际产量为100

件，实际工时为250小时，实际发生变动制造费用1000万元，变动制造费用耗费差异为（　　）万元。

A. 150　　B. 200

C. 250　　D. 400

11. 下列变动成本差异中，无法从生产过程的分析中找出形成原因的是（　　）。

A. 变动制造费用效率差异

B. 变动制造费用耗费差异

C. 直接材料价格差异

D. 直接人工效率差异

12. 企业进行固定制造费用差异分析时可以使用三因素分析法。下列关于三因素分析法的说法中，正确的是（　　）。

A. 固定制造费用耗费差异＝固定制造费用实际成本－固定制造费用标准成本

B. 固定制造费用闲置能力差异＝（生产能力－实际工时）×固定制造费用标准分配率

C. 固定制造费用效率差异＝(实际工时－标准产量标准工时）×固定制造费用标准分配率

D. 固定制造费用能力差异＝（实际产量下标准工时－实际工时）×固定制造费用标准分配率

13. 某公司生产单一产品，实行标准成本管理。每件产品的标准工时为3小时，固定制造费用标准分配率为2元/小时，企业生产能力为每月生产产品400件。7月份公司实际生产产品350件，发生固定制造费用2250元，实际工时为1100小时。根据上述数据计算，7月份公司固定制造费用效率差异为（　　）元。

A. 100　　B. 150

C. 200　　D. 300

14. 某产品的预算产量为10000件，实际产量为9000件，实际发生固定制造费用180000元，固定制造费用标准分配率为8元/小时，工时标准为1.5小时/件，则固定制造费用成本差异为（　　）。

A. 超支72000元　　B. 节约60000元

C. 超支60000元　　D. 节约72000元

二、多项选择题

1. 下列关于标准成本的表述中，正确的有（　　）。

A. 正常标准成本低于理想标准成本

B. 正常标准成本的主要用途是揭示实际成本下降的潜力

C. 基本标准成本与各期实际成本进行对比，可以反映成本变动的趋势

D. 现行标准成本可以作为评价实际成本的依据，也可以用来对存货和销货成本进行计价

2. 制定正常标准成本时，直接材料价格标准应包括（　　）。

A. 运输费

B. 入库后仓储费

C. 入库前检验费

D. 运输途中的合理损耗

3. 在确定直接人工正常标准成本时，标准工时包括（　　）。

A. 直接加工操作必不可少的时间

B. 必要的工间休息

C. 设备调整准备时间

D. 不可避免的废品耗用工时

4. 在直接材料成本差异分析中，（　　）。

A. 价格差异的大小是由价格脱离标准的程度以及实际用量高低所决定的

B. 价格差异的大小是由价格脱离标准的程度以及标准用量高低所决定的

C. 数量差异的大小是由用量脱离标准的程度以及标准价格高低所决定的

D. 数量差异的大小是由用量脱离标准的程度以及实际价格高低所决定的

5. 下列有关表述中，正确的有（ ）。
   A. 变动制造费用效率差异形成原因与直接人工效率差异相似
   B. 正常标准成本从数额上看，它应当大于理想标准成本，但又小于历史平均水平
   C. 标准成本制度对服务类企业通常不适用
   D. 在标准成本系统中，直接材料的价格标准是指预计下年度实际需要支付的材料市价

6. 下列各项原因中，属于直接材料价格差异形成原因的有（ ）。
   A. 材料运输保险费率提高
   B. 运输过程中的损耗增加
   C. 加工过程中的损耗增加
   D. 储存过程中的损耗增加

7. 在进行标准成本差异分析时，通常把变动成本差异分为价格脱离标准造成的价格差异和用量脱离标准造成的数量差异两种类型。下列标准成本差异中，通常应由生产部门负责的有（ ）。
   A. 直接材料的价格差异
   B. 直接人工的数量差异
   C. 变动制造费用的价格差异
   D. 变动制造费用的数量差异

8. 下列关于固定制造费用差异的表述中，正确的有（ ）。
   A. 在考核固定制造费用的耗费水平时以预算数作为标准，不管业务量增加或减少，只要实际数额超过预算即视为耗费过多
   B. 固定制造费用闲置能力差异是生产能力与实际产量的标准工时之差与固定制造费用标准分配率的乘积
   C. 固定制造费用能力差异的高低取决于生产能力是否被充分利用以及已利用生产能力的工作效率两个因素
   D. 固定制造费用的实际金额与预算金额的差额为耗费差异

9. 在进行成本差异分析时，固定制造费用的差异可以分为（ ）。
   A. 耗费差异和闲置能力差异
   B. 耗费差异、能力差异和效率差异
   C. 耗费差异、闲置能力差异和效率差异
   D. 耗费差异和能力差异

三、计算分析题

1. 某企业5月份计划投产并完工A、B两种产品，预计A、B两种产品的数量分别为160件和180件，耗用甲材料的标准分别为8千克/件和4千克/件，甲材料标准单位成本为17元/千克，5月份实际生产A、B两种产品的数量分别为150件和200件，实际耗用材料分别为2100千克和840千克，其实际成本总共为33600元。

要求：

（1）根据产品实际产量下标准材料耗用量分配A、B产品应分摊的实际材料费用。

（2）根据（1）的结果计算A产品材料费用的标准单位成本和实际单位成本。

（3）根据（1）的结果计算分析A产品材料费用的成本差异：

① A产品直接材料费用总差异；

② A产品所耗用的直接材料价格差异；

③ A产品所耗用的直接材料数量差异。

2. 甲公司是一家生产经营比较稳定的制造企业，假定只生产一种产品，并采用标准成本法进行成本计算分析。单位产品用料标准为6千克/件，材料标准单价为1.5元/千克。2022年1月份实际产量为500件，实际用料2500千克，直接材料实际成本为5000元。另外，直接人工实际成本为9000元，实际耗用工时为2100小时，经计算，直接人工效率差异为500元，直接人工工资率差异为-1500元。

要求：

（1）计算单位产品直接材料标准成本。

（2）计算直接材料成本差异、直接材料

数量差异和直接材料价格差异。

（3）计算该产品的直接人工单位标准成本。

3. 某企业甲产品单件产品必不可少的加工操作时间为108分钟，加工设备所需调整时间单件平均为1.2分钟，必要的工间休息单件平均为6分钟，正常的废品率为4%。变动制造费用标准分配率为5元/小时，固定制造费用标准分配率为8元/小时。本月预算产量为10000件，实际产量为12000件，实际工时为21600小时，实际变动制造费用与固定制造费用分别为110160元和250000元。企业按照正常标准成本进行成本控制。

要求：

（1）计算单位产品的变动制造费用标准成本。

（2）计算单位产品的固定制造费用标准成本。

（3）计算变动制造费用效率差异。

（4）计算变动制造费用耗费差异。

（5）计算二因素分析法下的固定制造费用耗费差异。

（6）计算二因素分析法下的固定制造费用能力差异。

4. 某产品本月成本资料如下：

（1）

单位产品标准成本

成本项目	用量标准	价格标准	标准成本
直接材料	50千克/件	9元/千克	450元/件
直接人工	A	4元/小时	B
变动制造费用	C	D	135元/件
固定制造费用	E	F	90元/件
合计	—	—	855元/件

本企业该产品预算产量的工时为1000小时，制造费用均按人工工时分配。

（2）本月实际产量20件，实际耗用材料900千克，实际人工工时950小时，实际成本如下：

直接材料	9000元
直接人工	3325元
变动制造费用	2375元
固定制造费用	2850元
合计	17550元

要求：

（1）填写单位产品标准成本表格中用字母表示的数据；

（2）计算本月产品成本差异总额；

（3）计算直接材料价格差异和用量差异；

（4）计算直接人工工资率差异和效率差异；

（5）计算变动制造费用耗费差异和效率差异；

（6）采用三因素分析法计算固定制造费用差异。

同步强化练习题参考答案及解析

使用“会计云课堂”App 或“微信”扫码对答案、看解析、
掌握解题思路，开启轻松过关之旅。

一、单项选择题

1.【答案】A

【解析】现行标准成本指根据其适用期间应该发生的价格、效率和生产经营能力利用程度等预计的标准成本。这种标准成本可以成为评价实际成本的依据，也可以用来对存货和销货成本计价。

2.【答案】D

【解析】基本标准成本是指一经制定，只要生产的基本条件无重大变化，就不予变动的一种标准成本。选项 A、B、C 属于生产的基本条件的重大变化，选项 D 不属于生产的基本条件变化，对此不需要修订基本标准成本。

3.【答案】C

【解析】直接材料的价格标准，是预计下一年度实际需要支付的进料单位成本，包括发票价格、运费、检验和正常损耗等成本，是取得材料的完全成本，因此选项 A 错误；标准工时是指在现有生产技术条件下，生产单位产品所需要的时间，包括直接加工操作必不可少的时间、必要的间歇和停工（如工间休息、设备调整准备时间）、不可避免的废品耗用工时等，因此选项 B 错误；直接人工的价格标准是指标准工资率，它可能是预定的工资率，也可能是正常的工资率，选项 C 正确；固定制造费用的用量标准与变动制造费用的用量标准相同，包括直接人工工时、机器工时、其他用量标准等，并且两者要保持一致，以便进行差异分析，选项 D 错误。

4.【答案】D

【解析】标准工时是指在现有生产技术条件下，生产单位产品所需要的时间，包括直接加工操作必不可少的时间、必要的间歇和停工（如工间休息、设备调整准备时间）、不可避免的废品耗用工时等。因此该模具的直接人工标准工时 =（90+1+5）/（1−4%）=100（小时）。

5.【答案】B

【解析】标准工时包含现有生产技术条件下生产单位产品所需的必要的时间，而不包含偶然或意外发生的时间，选项 A、C、D 均不正确。

6.【答案】A

【解析】成本总差异 = 实际产量下实际成本 − 实际产量下标准成本，选项 A 正确。

7.【答案】A

【解析】直接材料用量差异 =（32000−8000 × 3）× 45=360000（元）(U)。

8.【答案】A

【解析】根据变动制造费用耗费差异的基本计算公式，可知选项 A 正确。

9.【答案】B

【解析】直接人工工资率差异形成的原因，包括直接生产工人升级或降级使用、奖励制度未产生实效、工资率调整、加班或使用临时工、出勤率变化等，因此，选项 B 不会导致直接人工工资率差异，会导致直接人工效率差异。

10.【答案】C

【解析】变动制造费用标准分配率 =504/（21×8）=3（万元 / 小时），变动制造费用耗费差异 =（变动制造费用实际分配率 – 变动制造费用标准分配率）× 实际工时 =（1000/250–3）×250=250（万元）（U）。

11.【答案】C

【解析】本题考点是变动成本差异的分析。直接材料价格差异是在采购过程中形成的，而本题目中的其他差异都可以从生产过程中找出形成原因。

12.【答案】B

【解析】固定制造费用耗费差异 = 固定制造费用实际成本 – 固定制造费用预算成本，选项 A 错误；固定制造费用效率差异 =（实际工时 – 实际产量下标准工时）× 固定制造费用标准分配率，选项 C 错误；固定制造费用能力差异 =（生产能力 – 实际产量下标准工时）× 固定制造费用标准分配率，是二因素分析法下的公式，选项 D 错误。

13.【答案】A

【解析】固定制造费用效率差异 =（实际工时 – 实际产量下标准工时）× 固定制造费用标准分配率 =（1100–350×3）×2=100（元）（U）。

14.【答案】A

【解析】固定制造费用成本差异 =180000–9000×8×1.5=72000（元）（U）。

二、多项选择题

1.【答案】CD

【解析】从具体数量上看，正常标准成本大于理想标准成本，但又小于历史平均水平；理想标准成本的主要用途是揭示实际成本下降的潜力。

2.【答案】ACD

【解析】直接材料的价格标准是预计下一年度实际需要支付的进料单位成本，包括发票价格、运费、检验和正常损耗等成本。选项 B 是属于储存环节的成本，不属于进料环节的成本。

3.【答案】ABCD

【解析】标准工时是指在现有生产技术条件下，生产单位产品所需要的时间。包括直接加工操作必不可少的时间、必要的间歇和停工（如工间休息、设备调整准备时间）、不可避免的废品耗用工时等。

4.【答案】AC

【解析】直接材料价格差异 =（实际价格 – 标准价格）× 实际数量

直接材料数量差异 =（实际数量 – 标准数量）× 标准价格。

5.【答案】AB

【解析】变动制造费用效率差异形成原因与直接人工效率差异相似，都是由于工时利用方面的有关原因形成的，选项 A 正确；正常标准成本考虑了难以避免的损耗等，因此大于理想标准成本，正常标准成本应低于历史平均水平以体现激励性，选项 B 正确；标准成本制度不仅可以用于制造类企业，也可以用于服务类企业，选项 C 错误；直接材料的价格标准，是预计下一年度实际需要支付的进料单位成本，包括发票价格、运费、检验和正常损耗等成本，是取得材料的完全成本，选项 D 错误。

6.【答案】AB

【解析】直接材料价格差异是在采购过程中形成的，采购部门未能按标准价格进货的原因有许多，如供应厂家调整售价、本企业未批量进货、未能及时订货造成的紧急订货、采购时舍近求远使运费和途耗增加、使用不必要的快速运输方式、违反合同被罚款、承接紧急订货造成额外采购等。

7.【答案】BCD

【解析】直接材料价格差异是在采购过程中形成的，不应由耗用材料的生产部门负责，而应由采购部门对其负责，选项 A 错误。

8.【答案】ACD

【解析】生产能力与实际产量的标准工时之差与固定制造费用标准分配率的乘积是能力差异，生产能力与实际工时之差与固定制造费用标准分配率的乘积是闲置能力差异。选项 B 错误。

9.【答案】CD

【解析】本题的主要考查点是固定制造费用的差异分析法。固定制造费用的差异分析法包括二因素分析法和三因素分析法。按照二因素分析法，可以将固定制造费用的差异分解为两个差异：耗费差异和能力差异。按照三因素分析法，可以将固定制造费用的差异分解为三个差异：耗费差异、闲置能力差异和效率差异。

三、计算分析题

1.【答案】

（1）材料费用分配率 =33600/（200×4+150×8）=16.8（元 / 千克）

A 产品分担的实际材料费用为：

150×8×16.8=20160（元）

B 产品分担的实际材料费用为：

200×4×16.8=13440（元）

（2）A 产品材料费用标准单位成本为：8×17=136（元）

实际单位成本为：20160/150=134.4（元）

【提示】第（1）小问计算出来的 20160 元就是实际成本，可以直接用于实际单位成本的计算，这里是不需要考虑实际成本的分配标准的，因此不需要按照实际耗用材料重新分配实际成本。

（3）① A 产品直接材料费用总差异为：

20160−150×136=−240（元）（F）

②原材料实际单价 =20160/2100=9.6（元 / 千克）

直接材料价格差异 =2100×（9.6−17）=−15540（元）（F）

③直接材料数量差异 =（2100−150×8）×17=15300（元）（U）。

2.【答案】

（1）单位产品直接材料标准成本 =6×1.5=9（元 / 件）

（2）直接材料成本差异 =5000−500×6×1.5=500（元）（U）

直接材料数量差异 =（2500−500×6）×1.5=−750（元）（F）

直接材料价格差异 =2500×（5000/2500−1.5）=1250（元）（U）

（3）（9000/2100− 标准工资率）×2100=−1500

直接人工标准工资率 =5（元 / 小时）

（2100−500× 用量标准）×5=500

直接人工用量标准 =4（小时 / 件）

该产品的直接人工单位标准成本 =5×4=20（元 / 件）。

3.【答案】

（1）单位产品标准工时 =（108+1.2+6）/（1−4%）=120（分钟）=2（小时）

单位产品的变动制造费用标准成本 =2×5=10（元）

（2）单位产品的固定制造费用标准成本 =2×8=16（元）

（3）变动制造费用效率差异＝（21600－12000×2）×5=－12000（元）（F）

（4）变动制造费用耗费差异＝（110160/21600－5）×21600=2160（元）（U）

（5）固定制造费用耗费差异=250000－10000×16=90000（元）（U）

（6）固定制造费用能力差异＝（10000×2－12000×2）×8=－32000（元）（F）。

4.【答案】

（1）B=855－450－135－90=180（元/件）

A=180/4=45（小时/件）

C=E=A=45小时/件

D=135/45=3（元/小时）

F=90/45=2（元/小时）

【提示】因为题目中给出条件“制造费用均按人工工时分配”，所以直接人工、变动制造费用、固定制造费用用量标准相等。

（2）本月产品成本差异总额=17550－855×20=450（元）（U）

（3）直接材料价格差异=（实际价格－标准价格）×实际用量=（9000/900－9）×900=900（元）（U）

直接材料用量差异＝（实际用量－实际产量下标准用量）×标准价格＝（900－50×20）×9=－900（元）（F）

（4）直接人工工资率差异＝（实际工资率－标准工资率）×实际工时＝（3325/950－4）×950=－475（元）（F）

直接人工效率差异＝（实际工时－实际产量下标准工时）×标准工资率＝（950－45×20）×4=200（元）（U）

（5）变动制造费用耗费差异＝（变动制造费用实际分配率－变动制造费用标准分配率）×实际工时＝（2375/950－3）×950=－475（元）（F）

变动制造费用效率差异＝（实际工时－实际产量下标准工时）×变动制造费用标准分配率＝（950－45×20）×3=150（元）（U）

（6）固定制造费用耗费差异＝实际固定制造费用－预算产量下的标准工时×固定制造费用标准分配率=2850－2×1000=850（元）（U）

固定制造费用闲置能力差异＝（预算产量下的标准工时－实际工时）×固定制造费用标准分配率＝（1000－950）×2=100（元）（U）

固定制造费用效率差异＝（实际工时－实际产量下的标准工时）×固定制造费用标准分配率=（950－20×45）×2=100（元）（U）。

附 录

考点清单

◇唐山市润丰印务有限公司

加赠“全真模拟测试题”3套

—— 轻1名师亲编 ——

考前点押

名师融汇政策及行业最新变化，亲撰好题，考点覆盖全面，难度贴近真实考题。

机考模拟

3套全真模拟测试题，同步上传至东奥“机考系统”，100%还原真实机考场景；客观题、主观题系统自动判分，帮您精准查缺补漏，做到心中有数。

三步实现「机考模拟」

STEP 1

扫码下载“会计云课堂”App

STEP 2

扫描轻1上册封面防伪码，即可激活领取正版服务

STEP 3

激活后，请用电脑登录 www.dongao.com

“学员中心”—“机考系统”即可轻松机考模拟

目录
CONTENTS

2022 年注册会计师考试
全真模拟测试题（一）

使用“会计云课堂”App 或“微信”扫码快速做题、对答案、看解析、掌握解题思路，开启轻松过关之旅。

- 建议答卷时长 150分钟
- 答卷开始时间 ________
- 答卷结束时间 ________

扫码做题

一、单项选择题

本题型共 13 小题，每小题 2 分，共 26 分。每小题只有一个正确答案，请从每小题的备选答案中选出一个你认为最正确的答案。

1. 如果资本市场半强式有效，下列有关说法正确的是（　　）。
A. 投资者通过技术分析可以获得超额收益
B. 投资者运用估值模型可以获得超额收益
C. 投资者通过基本面分析可以获得超额收益
D. 投资者利用非公开信息可以获得超额收益

2. 甲公司处于可持续增长状态。预计 2022 年初净经营资产 2500 万元，净负债 850 万元，2022 年营业收入 2750 万元，净利润 250 万元，股利支付率 40%。甲公司 2022 年可持续增长率是（　　）。
A. 6.5%　　B. 6.1%
C. 9.1%　　D. 10%

3. 认为债券期限越长，利率变动可能性越大，利率风险越高的理论是（　　）。
A. 无偏预期理论
B. 到期收益理论
C. 市场分割理论
D. 流动性溢价理论

4. 某公司的主营业务是生产和销售制冷设备，目前准备继续生产和销售制冷设备，并相应扩大投资规模。在确定新投资项目系统风险时，目前公司的资产负债率为 50%，β 值为 1.02，公司准备提高财务杠杆，新的资产负债率为 60%，所得税税率为 25%。本项目含有负债的股东权益 β 值是（　　）。
A. 1.23　　B. 1.5
C. 1.02　　D. 1.31

5. 在等风险投资的市场报价利率不变的情况下，对于分期付息的债券，市场报价利率小于票面利率时，随着债券到期日的接近，支付期无限小，债券价值将相应（　　）。
A. 增加　　B. 减少
C. 不变　　D. 不确定

6. 某股票的现行价格为 20 元，以该股票为标的资产的欧式看涨期权和欧式看跌期权的执行价格均为 24.96 元，都在 6 个月后到期。年无风险报价利率为 8%，如果看涨期权的价格为10元，看跌期权的价格为（　　）元。

A. 6.89　　B. 13.11
C. 14　　D. 6

7. 企业按照完全成本法计算的本期税前经营利润为1500万元，期末存货成本为500万元，期初存货成本为300万元。假设存货成本中变动生产成本占60%，则按照变动成本法计算的税前经营利润为（　　）万元。

A. 1300　　B. 1380
C. 1420　　D. 1580

8. 目前，甲公司年初累计未分配利润 -900万元，本年实现的净利润为2500万元。按法律规定，净利润要提取10%的盈余公积金。预计未来需增加长期资本4000万元。公司的目标资本结构是债务资本占60%、权益资本占40%。公司采用剩余股利政策，应分配的股利是（　　）万元。

A. 900　　B. 750
C. 100　　D. 0

9. 某厂的甲产品单位工时定额为100小时，经过两道工序加工完成，第一道工序的工时定额为30小时，第二道工序的工时定额为70小时。假设本月末第一道工序有在产品50件，平均完工程度为60%；第二道工序有在产品100件，平均完工程度为40%。则在分配人工费用时月末在产品的约当产量为（　　）件。

A. 150　　B. 100
C. 67　　D. 51

10. 甲公司采用标准成本法进行成本控制。某种产品的固定制造费用标准成本为6元/件，每件产品的标准工时为2小时。2022年3月，该产品的预算产量为110件，实际产量为100件，实际工时为250小时，实际发生固定制造费用1000元，固定制造费用能力差异为（　　）元。

A. -60　　B. -90
C. 60　　D. 150

11. 公司生产和销售单一产品，该产品单位边际贡献为2元，2021年销售量为40万件，息税前利润为50万元。假设单价、成本性态保持不变，则息税前利润对销售量的敏感系数是（　　）。

A. 0.6　　B. 0.8
C. 1.25　　D. 1.6

12. 甲公司正在编制下一年度的生产预算，期末产成品存货量按照下季度销量的10%安排。预计一季度和二季度的销售量分别为150件和200件，则一季度的预计生产量是（　　）件。

A. 145　　B. 150
C. 155　　D. 170

13. 某企业生产多种产品，除了甲产品外，其余产品均为盈利产品。甲产品销量为1000台，单价为100元，单位变动成本为60元，该企业的固定成本为50000元，则下列表述正确的是（　　）。

A. 甲产品停产后会使企业息税前利润增加40000元，应停产
B. 甲产品停产后会使企业息税前利润减少10000元，不应停产
C. 甲产品停产后会使企业息税前利润减少40000元，不应停产
D. 甲产品停产后会使企业息税前利润增加10000元，应停产

二、多项选择题

本题型共12小题，每小题2分，共24分。每小题均有多个正确答案，请从每小题的备选答案中选出你认为正确的答案。每小题所有答案选择正确的得分，不答、错答、漏答均不得分。

1. 甲公司2021年经营资产销售百分比70%，经营负债销售百分比15%，营业净利率8%，股利支付率37.5%。假设公司2022年上述比率保持不变，没有可动用的金融资产，不打算进行股票发行或回购，则下列表述正确的有（　　）。
A. 公司可以采用内含增长的方式实现10%的销售增长目标
B. 若采用可持续增长方式实现10%的销售增长目标，说明2021年净财务杠杆为0
C. 公司的可持续增长率为12%
D. 公司的可持续增长率会高于内含增长率

2. 企业在进行资本预算时需要对债务成本进行估计。如果不考虑所得税、交易费用等其他因素的影响，下列关于债务成本的说法中，正确的有（　　）。
A. 债务真实成本等于债权人的期望收益率
B. 当不存在违约风险时，债务成本等于债务的承诺收益
C. 估计债务成本时，应使用现有债务的加权平均债务成本
D. 计算加权平均债务成本时，通常不需要考虑短期债务

3. 下列各项中，会导致折价发行的平息债券价值提高的有（　　）。
A. 假设有效年折现率不变，加快付息频率
B. 缩短到期时间
C. 提高票面利率
D. 等风险债券的市场利率上升

4. 在对企业价值进行评估时，下列说法中正确的有（　　）。
A. 实体现金流量是企业可提供给全部投资人的税后现金流量之和
B. 实体现金流量 = 营业现金净流量 – 资本支出
C. 实体现金流量 = 税后经营净利润 + 折旧与摊销 – 经营营运资本增加 – 资本支出
D. 实体现金流量 = 股权现金流量 + 税后利息支出

5. 下列关于附认股权证债券的说法中，错误的有（　　）。
A. 附认股权证债券的筹资成本略高于公司直接增发普通股的筹资成本
B. 每张认股权证的价值等于附认股权证债券的发行价格减去纯债券价值
C. 附认股权证债券可以吸引投资者购买票面利率低于市场利率的长期债券
D. 认股权证行权时会给公司带来新的权益资本，行权后股价不会被稀释

6. 甲公司是一家制造业企业，淡季需占用300万元货币资金、200万元应收账款、500万元存货、1000万元固定资产以及200万元无形资产（除此以外无其他资产），旺季需额外增加300万元季节性存货。经营性流动负债、长期负债和股东权益总额始终保持在2000万元，其余靠短期借款提供资金，则下列表述正确的有（　　）。
A. 甲公司采用的是保守型营运资本筹资策略
B. 甲公司在营业低谷时的易变现率为1.2
C. 甲公司在营业高峰时的易变现率为0.62
D. 甲公司在生产经营淡季有短期借款

7. 采用平行结转分步法，每一步骤的生产费用要在其完工产品与月末在产品之间进行分配。这里的在产品通常包括（　　）。
A. 本步骤已完工转入半成品库但未转入下一步骤的半成品
B. 尚在本步骤加工中的在产品
C. 从半成品库转入下一步骤继续加工形成的在产品
D. 上步骤正在加工的在产品

8. 甲公司采用作业成本法，下列选项中，属于生产维持级作业成本库的有（　　）。
A. 工厂维修费
B. 财产税
C. 保险费
D. 产品工艺改造

9. 企业的关键绩效指标一般可分为结果类和动因类两类指标，下列属于动因类指标的有（　　）。
A. 权益净利率
B. 单位生产成本
C. 销量
D. 客户满意度

10. 关于互斥项目的选择问题，下列表述正确的有（　　）。
A. 如果项目的寿命期相同，应当以净现值法优先
B. 如果项目的寿命期不同，可以通过共同年限法或等额年金法解决
C. 共同年限法的原理是，假设项目可以在终止时进行重置，通过重置达到相同的年限，然后比较净现值的大小
D. 等额年金法与共同年限法均考虑了竞争因素对于项目净利润的影响

11. 下列关于资本结构理论的说法中，正确的有（　　）。
A. 根据MM理论，在考虑所得税的情况下，企业负债比例越高，企业价值越大
B. 根据权衡理论，平衡债务利息的抵税收益与财务困境成本是确定最优资本结构的基础
C. 根据代理理论，当负债程度较低时，往往会出现投资不足的情况
D. 根据优序融资理论，当存在外部融资需求时，企业倾向于债务融资而不是股权融资

12. 下列各项中，属于平衡计分卡学习和成长维度的业绩评价指标的有（　　）。
A. 员工生产率
B. 客户保持率
C. 新产品开发周期
D. 培训计划完成率

三、计算分析题

本题型共4小题36分。涉及计算的，要求列出计算步骤，否则不得分，除非题目特别说明不需要列出计算过程。

1. ABC公司是一家商业企业。现行的信用政策是40天内全额付款，赊销额平均占销售额的75%，其余部分为立即付现购买。目前的应收账款周转天数为45天（假设一年为360天，根据赊销额和应收账款期末余额计算，下同）。总经理今年1月初提出，将信用政策改为50天内全额付款，改变信用政策后，预期总销售额可增长20%，赊销比例增加到90%，其余部分为立即付现购买。预计应收账款周转天数延长到60天。
假设改变信用政策预计不会影响存货周转

率（按营业成本和存货期末金额计算）和营业成本率（目前营业成本占销售额的 70%），工资由目前的每年 200 万元增加到 380 万元。假设除工资以外不存在其他固定费用。

上年年末的资产负债表如下：

资产负债表

20×0 年 12 月 31 日　　单位：万元

资产	金额	负债及所有者权益	金额
现金	200	应付账款	100
应收账款	450	银行借款	600
存货	560	实收资本	1500
固定资产	1000	未分配利润	10
资产总计	2210	负债及所有者权益总计	2210

假设该投资要求的必要报酬率为 10%。

要求：

（1）计算改变信用政策后增加的盈利；

（2）计算改变信用政策后增加的应收账款占用资金的应计利息；

（3）计算改变信用政策后增加的存货占用资金的应计利息；

（4）通过计算判断公司应否改变信用政策。

2. 甲公司是一家制造公司，其每股收益为 0.5 元，每股股票价格为 25 元。甲公司预期增长率为 10%，甲公司选择了同行业的 6 家上市公司作为可比公司，它们的本期市盈率和预期增长率如下表所示。

公司名称	可比企业本期市盈率	可比企业预期增长率
A	40	10%
B	44.8	8%
C	37.9	12%
D	28	15%
E	45	6%
F	25	15%

要求：

（1）确定修正平均市盈率。

（2）利用修正平均市价比率法确定甲公司的每股股票价值。

（3）利用股价平均法确定甲公司的每股股票价值。

（4）请问甲公司的股价被市场高估了还是低估了？

（5）分析利用市盈率模型估算企业价值的优缺点及适用范围。

3. D 股票当前市价为 25.00 元 / 股，市场上有以该股票为标的资产的期权交易，有关资料如下：
（1）以 D 股票为标的资产的到期时间为半年的看涨期权和看跌期权的执行价格均为 25.30 元；
（2）根据 D 股票历史数据测算的连续复利报酬率的标准差为 0.4；
（3）无风险年报价利率 4%；
（4）1 元的连续复利终值如下：

$\sigma\sqrt{t}$	0.1	0.2	0.3	0.4	0.5
$e^{\sigma\sqrt{t}}$	1.1052	1.2214	1.3499	1.4918	1.6487

要求：
（1）若年收益的标准差不变，利用两期二叉树模型计算股价上行乘数与下行乘数，并确定以该股票为标的资产的看涨期权的价格，直接将结果填入表格内。

看涨期权价格

单位：元

期数	0	1	2
时间（年）			
股票价格			
买入期权价格			

（2）利用看涨期权—看跌期权平价定理确定看跌期权价格。
（3）投资者希望将净损益限定在有限区间内，应选择哪种投资组合？该投资组合应该如何构建？假设 6 个月后该股票价格上涨 10%，该投资组合的净损益是多少？假设 6 个月后该股票价格下跌 10%，该投资组合的净损益是多少？
（4）若投资者预期未来股价会有较大变化，但难以判断是上涨还是下跌，判断应采取哪种期权投资策略；计算确保该组合策略不亏损的股票价格变动范围；如果 6 个月后，标的股票价格实际上涨 30%，计算该组合的净损益。（注：计算股票价格区间和组合净损益时，均不考虑期权价格的货币时间价值）

4. 甲公司是一家生产经营比较稳定的制造企业，假定只生产一种产品，2021 年实际产量为 1050 件，公司采用标准成本法进行成本计算分析。
资料一：单位产品用料标准为 6 千克 / 件，材料标准单价为 1.5 元 / 千克，实际用料 6000 千克，直接材料实际成本为 12000 元。

资料二：直接人工实际成本为 90000 元，实际耗用人工工时为 21000 小时，经计算，直接人工效率差异为 5000 元，直接人工工资率差异为 –15000 元。

资料三：公司加工一件产品需要的必不可少的机器加工操作时间为 30 小时，设备调整时间为 8 小时，正常废品率为 5%。公司的年预算产量为 1000 件，年固定制造费用预算总额为 360000 元，年变动制造费用的预算总额为 200000 元。

资料四：若该年度公司实际耗用的机器工时为 40000 小时，实际发生的固定制造费用为 400000 元，实际发生的变动制造费用为 210000 元。

要求：

（1）根据资料一，计算直接材料成本差异、直接材料数量差异和直接材料价格差异。

（2）根据资料二，计算该产品的直接人工单位标准成本。

（3）根据资料三和资料四，计算该年变动制造费用耗费差异和变动制造费用效率差异，以及固定制造费用的耗费差异和能力差异。

四、综合题

本题共 14 分。涉及计算的，要求列出计算步骤，否则不得分，除非题目特别说明不需要列出计算过程。

E 公司是一家医药集团企业的下属子公司，专门从事药品的研发、生产和销售。公司自主研发并申请发明专利的 BJ 注射液自上市后销量快速增长，目前生产已达到满负荷状态。假设 E 公司只生产一种产品，E 公司正在研究是否扩充 BJ 注射液的生产能力，E 公司适用的所得税税率为 25%，有关资料如下：

资料一：BJ 注射液目前的生产能力为 400 万支 / 年。BJ 注射液目前的年销售量为 400 万支，销售价格为每支 10 元，单位变动成本为每支 6 元，每年的固定付现营业费用为 100 万元。当前的 BJ 注射液生产线于 2020 年年初投产使用，现已使用 2 年，目前的变现价值为 1298 万元。生产线的原值为 1800 万元，税法规定的折旧年限为 10 年，残值率为 5%，按照直线法计提折旧。公司建造该条生产线时计划使用 10 年，项目结束时的变现价值预计为 115 万元。

资料二：E 公司经过市场分析认为，BJ 注射液具有广阔的市场空间，拟将其生产能力提高到 1200 万支 / 年。由于公司目前没有可用的厂房和土地用来增加新的生产线，只能拆除当前生产线，新建一条生产能力为 1200 万支 / 年的生产线。新建生产线的预计支出为 5000 万元，税法规定的折旧年限为 10 年，残值率为 5%，按照直线法计提折旧。新生产线计划使用 7 年，项目结束时的变现价值预计为 1200 万元。

扩建完成后每年的销量预计为 1200 万支。由于产品质量稳定、市场需求巨大，扩产不会对产品的销售价格、单位变动成本产生影响。扩产后，每年的付现固定成本将增加到 220 万元。

项目扩建需用 1 年时间，停产期间预计减少 400 万支 BJ 注射液的生产和销售，付现固定成本照常发生，不考虑停产期间垫支营运资本的变动。

生产 BJ 注射液需要的营运资本随销售额的变化而变化，预计为销售额的 10%。

扩建项目预计能在 2022 年年末完成并投入使用。为简化计算，假设扩建项目的初始现金流量均发生在 2021 年年末（零时点），营业现金毛流量均发生在以后各年年末，垫支的营运资本在各年年初投入，在项目结束时全部收回。

资料三：E公司目前的资本结构（负债/权益）为2/3，税前债务成本为7.65%，β权益为1.5，当前市场的无风险报酬率为3.75%，权益市场的平均风险溢价为6%。扩建后预计公司的目标资本结构(负债/权益）为1/1，税前债务成本仍维持7.65%不变。

资料四：针对上述购置新生产线所产生5000万元的资本支出预算所产生的融资需求，公司为保持合理的资本结构，决定调整股利分配政策。公司当前的净利润为4500万元，过去长期以来一直采用固定股利支付率政策进行股利分配，股利支付率为20%。如果改用剩余股利政策，所需权益资本应占资本支出预算金额的50%。

资料五：针对营运资本所需增加的资金，公司采用以下两种筹资方式：①利用商业信用：供应商提供的付款条件为"1/10，N/30"；②向银行借款：借款年利率为7.65%。一年按360天计算。

要求：

（1）根据资料一，计算如果不扩产，BJ注射液年盈亏临界点的销售量为多少，经营杠杆系数为多少？

（2）根据资料三，计算扩建项目的折现率（百分号前取整数）。并说明公司不能使用当前的加权平均资本成本作为扩建项目的折现率的原因。

（3）根据资料一和资料二，计算下列指标：

①如果不扩建，计算继续使用原生产线的各年净现金流量。

②计算采用新生产线的各年净现金流量。

③计算采用扩建项目的各年增量净现金流量。

④计算扩建项目的净现值（增量净现金流量现值），判断扩建项目是否可行并说明原因。

⑤利用敏感分析法判断使扩建项目可行的最小销量。

（4）根据资料四，如果继续执行固定股利支付率政策，计算公司的利润留存。

（5）根据资料四，如果改用剩余股利政策，计算公司的利润留存与可发放股利额。

（6）根据资料五，计算并回答如下问题：①计算放弃现金折扣的信用成本率；②判断E公司是否应该放弃现金折扣，并说明理由。

客观题答案速查

我做对了 ________ 题　我得了 ________ 分

一、单项选择题

序号	1	2	3	4	5	6	7	8	9	10
答案	D	C	D	A	B	C	C	A	C	C
序号	11	12	13							
答案	D	C	C							

二、多项选择题

序号	1	2	3	4	5	6	7	8	9	10
答案	AB	ABD	ABC	ABC	ABD	CD	ABC	ABC	BCD	ABC
序号	11	12								
答案	ABD	ACD								

参考答案及解析

使用“会计云课堂”App 或“微信”扫码对答案、看解析、掌握解题思路，开启轻松过关之旅。

扫码看解析

一、单项选择题

1.【答案】D

【解析】如果资本市场半强式有效，技术分析、基本面分析和各种估值模型都是无效的，各种投资基金就不可能取得超额收益。但是半强式有效资本市场没有反映内部信息，因此投资者可以利用非公开信息获取超额收益。

2.【答案】C

【解析】本题考查管理用报表根据期初权益数计算可持续增长率。可持续增长率 =250/（2500−850）×（1−40%）=9.1%。

3.【答案】D

【解析】流动性溢价理论认为，短期债券的流动性比长期债券高，因为债券到期期限越长，利率变动的可能性越大，利率风险就越高。投资者为了减少风险，偏好于流动性好的短期债券，因此，长期债券要给予投资者一定的流动性溢价，即长期即期利率是未来短期预期利率平均值加上一定的流动性风险溢价。

4.【答案】A

【解析】旧产权比率 =50%/50%=1，$\beta_{资产}$ = 1.02/（1+0.75×1）=0.58；新产权比率 = 60%/40%=1.5，本项目含有负债的股东权益 β 值 =0.58×（1+0.75×1.5）=1.23。

5.【答案】B

【解析】对于支付期无限小的分期付息的折价债券，随着到期日的接近，债券价值将相应增加；对于支付期无限小的分期付息的溢价债券，随着到期日的接近，债券价值将相应减少，本题等风险投资的市场报价利率小于票面利率，属于溢价发行债券。因此选项 B 正确。

6.【答案】C

【解析】根据看涨期权—看跌期权平价定理可得：20+ 看跌期权价格 =10+24.96/（1+4%），因此看跌期权价格 =14（元）。

7.【答案】C

【解析】按照变动成本法计算的税前经营利润 =1500−（500−300）×（1−60%）=1420（万元）。

8.【答案】A

【解析】按照剩余股利政策，应分配的股利 =2500−4000×40%=900（万元）。由于累计的净利润为正（−900+2500=1600 万元）且超过 900 万元，因此无须考虑年初未分配利润；法律有关计提法定盈余公积金的规定，实际上只是对本年利润“留存”数额的限制，而不是对股利分配的限制，盈余公积已经包含在利润留存中，不需单独考虑提取法定盈余公积的数额。

9.【答案】C

【解析】第一道工序在产品的完工率 =（30×60%）/100=18%；第二道工序在产品的完工率 =（30+70×40%）/100=58%；月末在产品的约当产量 =50×18%+100×58%=67（件）。

10.【答案】C

【解析】固定制造费用能力差异 =（生产能力 − 实际产量下标准工时）× 固定制造费用标准分配率 =（110×2−100×2）×（6/2）=60（元）（U）。

11.【答案】D

【解析】息税前利润 =（单价 − 单位变动成本）× 销售量 − 固定成本 = 单位边际贡献 × 销售量 − 固定成本，固定成本 = 单位边际贡献 × 销售量 − 息税前利润 =40×2−50=30（万元）。假设销售量上升 10%，变化后的销售量 =40×（1+10%）=44（万件），变化后的息税前利润 =44×2−30=58（万元），息税前利润变化的百分比 =（58−50）/50=16%，息税前利润对销售量的敏感系数 =16%/10%=1.6，所以，选项 D 正确。

12.【答案】C

【解析】一季度期末产成品存货量 = 二季度销售量 ×10%=200×10%=20（件）

一季度期初产成品存货量 = 上年期末产成品存货量 = 一季度销售量 ×10%=150×10%=15（件）

因此：一季度预计生产量 = 一季度预计销售量 + 一季度期末产成品存货量 − 一季度期初产成品存货量 =150+20−15=155（件）。

13.【答案】C

【解析】甲产品的边际贡献 =1000×（100−60）=40000（元），甲产品不应停产，应继续生产，其边际贡献能够抵减固定成本 40000 元；但如果停产，则连 40000 元的固定成本也无法抵减，因此会造成息税前利润下降 40000 元。

二、多项选择题

1.【答案】AB

【解析】内含增长率 =［预计营业净利率 × 净经营资产周转率 ×（1− 预计股利支付率）］/［1− 预计营业净利率 × 净经营资产周转率 ×（1− 预计股利支付率）］

净经营资产周转率 =1/（70%−15%）=100/55

内含增长率 =［8%×100/55×（1−37.5%）］/［1−8%×100/55×（1−37.5%）］=10%

选项 A 正确。

可持续增长率 =［预计营业净利率 × 净经营资产周转率 × 净经营资产权益乘数 ×（1− 预计股利支付率）］/［1− 预计营业净利率 × 净经营资产周转率 × 净经营资产权益乘数 ×（1− 预计股利支付率）］

10%=［8%×100/55× 净经营资产权益乘数 ×（1−37.5%）］/［1−8%×100/55× 净经营资产权益乘数 ×（1−37.5%）］

净经营资产权益乘数 =1，净财务杠杆 =0，选项 B 正确。

题中没有给出净经营资产权益乘数具体为多少，因此无法计算出可持续增长率，选项 C 错误。

因为该公司的营业净利率、净经营资产周转率和利润留存率不变，因此，当净经营资产权益乘数大于 1 时，可持续增长率大于内含增长率；当净经营资产权益乘数等于 1 时，可持续增长率等于内含增长率；当净经营资产权益乘数小于 1 时，可持续增长率小于内含增长率。选项 D 错误。

2.【答案】ABD

【解析】对于筹资人来说，在不考虑筹资费用的情况下，债权人的期望收益率是其债务的真实成本，选项 A 正确。区分债务的承诺收益与期望收益是因为存在违约风险，因此如果企业不存在违约风险，债务的承诺收益等于债务的期望收益，即企业债务成本与债务的承诺收益相等，选项B正确。现有债务的历史成本，对于未来的决策来说是不相关的沉没成本，选项C错误。由于加权平均资本成本主要用于资本预算，涉及的债务是长期债务，因此，通常的做法是只考虑长期债务，选项D正确。

3.【答案】ABC

【解析】投资人要求的有效年必要报酬率不变，加快付息频率会使债券价值上升，选项A正确；对于折价发行的债券，到期时间越短，表明未来获得的低于市场利率的利息越少，则债券价值越高，选项B正确；提高票面利率会使债券价值提高，选项C正确；等风险债券的市场利率上升，债券价值下降，选项D错误。

4.【答案】ABC

【解析】实体现金流量=股权现金流量+债务现金流量=股权现金流量+税后利息支出-净负债增加，选项D错误。

5.【答案】ABD

【解析】附认股权证债券的筹资成本应低于公司直接增发普通股的筹资成本，否则无法对筹资人有利，选项A表述错误；每张认股权证的价值=（附认股权证债券的发行价格-纯债券价值）/每张债券附带的认股权证数，选项B表述错误；认股权证行权时，由于行权价格低于市价，因此行权后股价会被稀释，选项D表述错误。

6.【答案】CD

【解析】长期性资产=300+200+500+1000+200=2200（万元），大于长期资金来源2000万元，所以甲公司的营运资本筹资策略是激进型筹资策略。淡季时短期借款=2200-2000=200（万元）；旺季时短期借款=（2200+300）-2000=500（万元）；淡季时经营性流动资产=300+200+500=1000（万元）；旺季时经营性流动资产=1000+300=1300（万元）；所以营业低谷时的易变现率=1-200/1000=0.8；营业高峰时的易变现率=1-500/1300=0.62。

7.【答案】ABC

【解析】采用平行结转分步法，每一步骤的生产费用要在其完工产品与月末在产品之间进行分配。这里的在产品是指广义的在产品，指本步骤在产品和本步骤已完工但未最终完工的所有后续仍需继续加工的在产品、半产品，上步骤正在加工的在产品不属于本步骤的广义在产品。

8.【答案】ABC

【解析】生产维持级作业，是指服务于整个工厂的作业，例如，工厂保安、维修、行政管理、保险、财产税等，选项A、B、C正确；选项D属于品种级作业成本库。

9.【答案】BCD

【解析】结果类指标是反映企业绩效的价值指标，主要包括投资报酬率、权益净利率、经济增加值、息税前利润、自由现金流量等综合指标；动因类指标是反映企业价值关键驱动因素的指标，主要包括资本性支出、单位生产成本、产量、销量、客户满意度、员工满意度等。

10.【答案】ABC

【解析】等额年金法与共同年限法的共同缺陷之一是没有考虑竞争因素对于项目净利润的影响。

11.【答案】ABD

【解析】根据代理理论，当负债程度较高的企业陷入财务困境时，更容易出现投资不足或过度投资问题。

12.【答案】ACD

【解析】选项 B 属于顾客维度的业绩评价指标。学习和成长维度的业绩评价指标包括新产品开发周期、员工满意度、员工保持率、员工生产率、培训计划完成率等。

三、计算分析题

1.【答案】

（1）现应收账款周转天数为 45 天：

现应收账款周转率 =360/45=8（次）

现赊销收入 = 应收账款周转率 × 应收账款余额 =8 × 450=3600（万元）

现信用政策年营业收入 = 赊销收入 / 赊销百分比 =3600/75%=4800（万元）

现信用政策毛利 =4800 ×（1−70%）=1440（万元）

改变信用政策后年营业收入 =4800 ×（1+20%）=5760（万元）

改变信用政策后毛利 =5760 ×（1−70%）=1728（万元）

毛利增加 =1728−1440=288（万元）

固定成本增加 =380−200=180（万元）

增加的盈利 =288−180=108（万元）

（2）改变信用政策后应收账款余额 = 日赊销额 × 平均收现期 =（5760 × 90%）/360 × 60=864（万元）

应收账款余额增加 =864−450=414（万元）

应收账款占用资金应计利息增加 =414 × 70% × 10%=28.98（万元）

（3）存货周转率 = 营业成本 / 存货余额 =4800 × 70%/560=6（次）

改变信用政策后存货余额 = 改变信用政策后营业成本 / 存货周转率 =5760 × 70%/6=672（万元）

存货增加 =672−560=112（万元）

存货占用资金应计利息增加 =112 × 10%=11.2（万元）

（4）税前损益增加额 =108−28.98−11.2=67.82（万元）

税前损益增加额大于 0，因此，应当改变信用政策。

2.【答案】

（1）修正市盈率 = 可比企业市盈率 /（可比企业预期增长率 × 100）

公司名称	可比企业本期市盈率	可比企业预期增长率
A	40	10%
B	44.8	8%
C	37.9	12%
D	28	15%
E	45	6%
F	25	15%
平均数	36.78	11%

修正平均市盈率 =36.78/（11% × 100）=3.34

（2）目标企业每股股票价值 = 修正平均市盈率 × 目标企业预期增长率 ×100× 目标企业每股收益 =3.34×10%×100×0.5=16.7（元）

（3）

公司名称	可比企业本期市盈率	可比企业预期增长率	修正的市盈率	甲公司的每股股票价值（元）
A	40	10%	4	20
B	44.8	8%	5.6	28
C	37.9	12%	3.16	15.8
D	28	15%	1.87	9.35
E	45	6%	7.5	37.5
F	25	15%	1.67	8.35
平均数				19.83

（4）实际股票价格是25元，高于每股股票价值，因此甲公司的股价被市场高估了。

（5）市盈率模型的优点：首先，计算市盈率的数据容易取得，并且计算简单；其次，市盈率把价格和收益联系起来，直观地反映投入和产出的关系；最后，市盈率涵盖了风险、增长率、股利支付率的影响，具有很高的综合性。

市盈率模型的局限性：如果收益是0或负值，市盈率就失去了意义。

市盈率模型的适用范围：市盈率模型最适合连续盈利的企业。

3.【答案】

（1）$u=e^{\sigma\sqrt{t}}=e^{0.4\sqrt{0.25}}=e^{0.2}=1.2214$

$d=1/1.2214=0.8187$

上行概率 $P=(1+\frac{4\%}{4}-0.8187)/(1.2214-0.8187)=0.4750$

下行概率 $1-P=1-0.4750=0.5250$

看涨期权价格

单位：元

期数	0	1	2
时间（年）	0	0.25	0.5
股票价格	25.00	30.54	37.30
		20.47	25.00
			16.76
买入期权价格	2.65	5.64	12.00
		0	0
			0

表中数据计算过程如下：
25.00×1.2214=30.54（元）
25.00×0.8187=20.47（元）
30.54×1.2214=37.30（元）
20.47×1.2214=25.00（元）
20.47×0.8187=16.76（元）
C_u=（12.00×0.4750+0×0.5250）/（1+4%/4）=5.64（元）
C_0=（5.64×0.4750+0×0.5250）/（1+4%/4）=2.65（元）
（2）看跌期权价格 P= 看涨期权价格 – 标的资产现行价格 + 执行价格现值
=2.65–25.00+25.30/(1+4%/2)=2.45(元)
（3）应该选择抛补性看涨期权，可将净损益限定在（$-S_0$+C 到 X$-S_0$+C）之间。
购买 1 股股票，同时出售一份以该股票为标的的看涨期权。
若股票价格上涨 10%，到期股价高于执行价格，该组合的净损益 =X$-S_0$+C=25.3–25+2.65=2.95（元）
若股票价格下降 10%，到期股价低于执行价格，该组合的净损益 =S_T-S_0+C=25×（1–10%）–25+2.65=0.15（元）
（4）应采用多头对敲策略。
股价 –25.3 ≥（2.65+2.45）或 25.3- 股价≥（2.65+2.45）
股价不低于 30.4 元，或股价不高于 20.2 元时不会发生亏损。
组合净损益 =［25×（1+30%）–25.3］–（2.65+2.45）=2.1（元）。

4.【答案】
（1）直接材料成本差异 =12000–1050×6×1.5=2550（元）（U）
直接材料数量差异 =（6000–1050×6）×1.5=–450（元）（F）
直接材料价格差异 =6000×（12000/6000–1.5）=3000（元）（U）
（2）直接人工成本差异 =5000+(–15000)=–10000（元）（F）
90000– 直接人工标准成本 =–10000
直接人工标准成本 =100000（元）
该产品的直接人工单位标准成本 =100000/1050=95.24（元 / 件）
（3）单件产品的标准工时 =（30+8）/（1–5%）=40（小时）
标准的变动制造费用分配率 =200000/（40×1000）=5（元 / 小时）
标准的固定制造费用分配率 =360000/（40×1000）=9（元 / 小时）
实际的变动制造费用分配率 =210000/40000=5.25（元 / 小时）
变动制造费用耗费差异 =（5.25–5）×40000=10000（元）（U）
变动制造费用效率差异 =（40000–1050×40）×5=–10000（元）（F）
固定制造费用耗费差异 =400000–360000=40000（元）（U）
固定制造费用能力差异 =360000–1050×40×9=–18000（元）（F）。

四、综合题

【答案】
（1）当前生产线每年计提折旧额 =1800×（1–5%）/10=171（万元）
固定成本总额 =100+171=271（万元）
盈亏临界点的销售量 =271/(10–6)=67.75（万支）
经营杠杆系数 =400×（10–6）/［400×（10–6）–271］=1.2
（2）$\beta_{资产}$=1.5/［1+（1–25%）×2/3］=1
新 $\beta_{权益}$=1×［1+（1–25%）×1/1］=1.75
权益资本成本 = 无风险报酬率 +$\beta_{权益}$× 市场风险溢价 =3.75%+1.75×6%= 14.25%
扩建项目的折现率 =7.65%×（1–25%）×50%+14.25%×50%=10%
使用公司当前的加权平均资本成本作为项目的资本成本，应同时具备两个条件：一是项目的经营风险与企业当前资产的平均经营风险相同；二是公司继续采用相同的资本结构为新项目筹资。由于扩建项目是现有产品生产规模的扩张，项目的经营风险与当前资产的平均经营风险相同，等经营风险假设成立。由于公司资本结构改变，资本结构不变假设不成立，因此不可以使用当前的加权平均资本成本作为扩建项目的折现率。

（3）①继续使用原生产线的各年净现金流量：

当前生产线的账面价值 =1800−171×2=1458（万元）

当前生产线变现损失抵税 =（1458−1298）×25%=40（万元）

垫支营运资本 =400×10×10%=400（万元）

第8年末旧生产线的变现价值 =115万元

第8年末旧生产线处置时的账面价值 =1800−171×10=90（万元）

旧生产线变现收益纳税 =（115−90）×25%=6.25（万元）

处置旧生产线的净现金流量 =115−6.25=108.75（万元）

0时点净现金流量 =−（1298+40）−400=−1738（万元）

第1~7年的营业现金毛流量 =400×（10−6）×（1−25%）−100×（1−25%）+171×25%=1167.75（万元）

第8年净现金流量 =1167.75+108.75+400=1676.5（万元）

②采用新生产线的各年净现金流量：

新生产线每年计提折旧额 =5000×（1−5%）/10=475（万元）

第8年末新生产线的变现价值 =1200万元

新生产线处置时的账面价值 =5000−475×7=1675（万元）

处置变现损失抵税 =（1675−1200）×25%=118.75（万元）

处置新生产线的净现金流量 =1200+118.75=1318.75（万元）

0时点净现金流量 =−5000万元

第1年的现金净流量 =−100×（1−25%）−1200×10×10%=−1275（万元）

第2~7年的营业现金毛流量 =1200×（10−6）×（1−25%）−220×（1−25%）+475×25%=3553.75（万元）

第8年现金净流量 =3553.75+1318.75+1200×10×10%=6072.5（万元）

③0时点增量净现金流量 =−5000+1738=−3262（万元）

第1年的增量净现金流量 =−1275−1167.75=−2442.75（万元）

第2~7年的增量净现金流量 =3553.75−1167.75=2386（万元）

第8年的增量净现金流量 =6072.5−1676.5=4396（万元）

④扩建项目的净现值 =−3262−2442.75×（P/F，10%，1）+2386×（P/A，10%，6）×（P/F，10%，1）+4396×（P/F，10%，8）=−3262−2442.75×0.9091+2386×4.3553×0.9091+4396×0.4665=6015.17（万元）

因为扩建项目的净现值大于0，所以扩建项目可行。

⑤设销量变动为Q万支

第1年末差量营运资本 =Q×10×10%=Q

第2~8年每年差量净现金流量 =Q×（10−6）×（1−25%）=3Q

第8年末回收的差量营运资本 =Q

差量净现值 =−Q×（P/F，10%，1）+3Q×（P/A，10%，7）×（P/F，10%，1）+Q×（P/F，10%，8）=−Q×0.9091+3Q×4.8684×0.9091+Q×0.4665=12.835Q

令12.835Q=−6015.17

解得：Q=−468.65（万支）

使扩建项目可行的最小销量 =1200−468.65=731.35（万支）

（4）继续执行固定股利支付率政策，该公司的利润留存 =4500−4500×20%=3600（万元）。

（5）改用剩余股利政策，公司的利润留存 =5000×50%=2500（万元），可发放股利额 =4500-2500=2000（万元）。

（6）①放弃现金折扣的信用成本率 =1%/（1-1%）×360/（30-10）=18.18%

②E公司不应该放弃现金折扣。理由：因为放弃现金折扣的信用成本率 18.18% > 银行借款利息率 7.65%，所以不应该放弃现金折扣。

2022年注册会计师考试

全真模拟测试题（二）

"使用"会计云课堂"App或"微信"扫码快速做题、对答案、看解析、掌握解题思路，开启轻松过关之旅。

扫码做题

● 建议答卷时长 150分钟　● 答卷开始时间 ________　● 答卷结束时间 ________

一、单项选择题

本题型共13小题，每小题2分，共26分。每小题只有一个正确答案，请从每小题的备选答案中选出一个你认为最正确的答案。

1. 甲公司是一家制造业企业，生产W产品。生产工人每月工作21天，每天工作8小时，平均月薪4200元，该产品的直接加工必要时间每件5小时，正常工间休息和设备调整等非生产时间每件0.3小时，正常的废品率5%，单位产品直接人工标准成本是（　　）元。

A. 144.57

B. 140

C. 159.2

D. 139.5

2. 已知某风险组合的期望报酬率和标准差分别为10%和20%，无风险报酬率为5%。假设某投资者可以按无风险报酬率取得资金，将其自有资金100万元和借入资金50万元均投资于风险组合，则该投资人总期望报酬率和总标准差分别为（　　）。

A. 12.75%和25%

B. 13.65%和16.24%

C. 12.5%和30%

D. 13.65%和25%

3. 如果某投资项目在建设起点一次性投入资金，随后每年都有正的现金净流量，在采用内含报酬率对该项目进行财务可行性评价时，下列说法正确的是（　　）。

A. 如果内含报酬率大于折现率，则项目动态回收期小于项目寿命期

B. 如果内含报酬率小于折现率，则项目现值指数小于0

C. 如果内含报酬率小于折现率，则项目会计报酬率小于折现率

D. 如果内含报酬率等于折现率，则项目静态回收期等于项目寿命期

4. 对于欧式期权，下列表述中不正确的是（　　）。

A. 股票价格上升，看涨期权的价值增加

B. 执行价格越大，看跌期权的价值越大

C. 股价波动率增加，看涨期权的价值增加，看跌期权的价值减少

D. 期权有效期内预计发放的红利越多，看跌期权价值越大

5. 某企业经营杠杆系数为4，每年的固定经营成本为9万元，利息费用为1万元，则下列表述不正确的是（　　）。
A. 利息保障倍数为3
B. 盈亏临界点作业率为75%
C. 销量增长10%，每股收益增长60%
D. 销量下降幅度超过20%，企业会由盈利（息税前利润）转为亏损

6. 甲公司采用配股方式进行融资，每10股配2股，配股前股价为6.2元，配股价为5元。如果除权日股价为5.85元，所有股东都参加了配股，除权日股价下跌（　　）。
A. 2.42%　　B. 2.50%
C. 2.56%　　D. 5.65%

7. 有种观点认为，企业支付高现金股利可以减少管理者对于自由现金流量的支配，从而在一定程度上抑制管理者的在职消费，也有利于满足股东取得股利收益的愿望，持这种观点的股利理论是（　　）。
A. 税差理论
B. 代理理论
C. 信号传递理论
D. "手中鸟"理论

8. 在下列作业成本动因中，精确度最高同时执行成本也最高的是（　　）。
A. 业务动因
B. 强度动因
C. 持续动因
D. 资源动因

9. 下列成本中属于投资决策的相关成本的是（　　）。
A. 专属成本
B. 共同成本
C. 不可避免成本
D. 不可延缓成本

10. 平衡计分卡中，目标是解决"我们是否能继续提高并创造价值"的问题的维度是（　　）。
A. 财务维度
B. 顾客维度
C. 内部业务流程维度
D. 学习和成长维度

11. 甲公司全年销售额为30000元（一年按300天计算），信用政策是"1/20，n/30"，平均有40%的顾客（按销售额计算）享受现金折扣优惠，没有顾客逾期付款。甲公司应收账款的年平均余额是（　　）元。
A. 2000　　B. 2400
C. 2600　　D. 3000

12. 下列业务中，会提高企业短期偿债能力的是（　　）。
A. 企业采用银行转账方式购置一台大型机械设备
B. 企业从银行取得3年期到期一次还本贷款500万元
C. 为其他企业借款提供担保
D. 企业利用资本公积转增股本

13. 某公司适用的所得税税率为25%，公司发行面值为1000元，票面利率为6%，每半年付息一次的永续债券，发行价格为1100元，发行费用为发行价格的5%。按照金融工具准则判定该永续债为权益工具，则该永续债券的资本成本为（　　）。
A. 4.37%　　B. 5.82%
C. 5.74%　　D. 6%

二、多项选择题

本题型共12小题，每小题2分，共24分。每小题均有多个正确答案，请从每小题的备选答案中选出你认为正确的答案。每小题所有答案选择正确的得分，不答、错答、漏答均不得分。

1. 甲公司2021年初流通在外普通股8000万股，优先股500万股；2021年4月30日发放50%的股票股利。2021年末股东权益合计为35000万元，2021年实现的净利润为2000万元，支付的普通股现金股利为0.15元/股，支付的优先股股利为0.1元/股。优先股每股清算价值10元，无拖欠的累积优先股股息，2021年末甲公司普通股每股市价12元，则下列表述正确的有（　　）。

A. 普通股的每股净资产为2.5元

B. 普通股的每股收益为0.1625元

C. 市净率为4.8倍

D. 市盈率为73.85倍

2. 甲公司是一家上市公司，使用“债券收益率风险调整模型”估计甲公司的权益资本成本时，下列表述不正确的有（　　）。

A. 风险调整是指针对信用风险补偿率的调整

B. 风险溢价是指目标公司普通股相对可比公司长期债券的风险溢价

C. 债券收益率风险调整模型估计出的是甲公司的税前权益资本成本

D. 债券收益率是指甲公司发行的长期债券的税后债务成本

3. 假设折现率保持不变，若债券发行时市场利率高于票面利率，下列关于发行后平息债券价值的表述中，正确的有（　　）。

A. 逐渐上升，至到期日等于债券面值

B. 波动上升，到期日之前一直低于债券面值

C. 波动上升，到期日之前可能高于债券面值

D. 波动上升，到期日之前可能低于债券面值

4. 企业实体现金流量是企业价值评估中最重要的概念之一，下列有关表述正确的有（　　）。

A. 它是一定期间企业提供给所有投资人（包括债权人和股东）的全部税前现金流量

B. 它是企业全部现金流入扣除成本费用和必要的投资后的剩余部分

C. 它是一定期间企业分配给股权投资人的现金流量

D. 它通常不受企业资本结构的影响

5. 企业持有现金，主要出于交易性、预防性和投机性三大需求，下列各项中体现了交易性需求的有（　　）。

A. 为满足季节性库存的需求而持有现金

B. 为避免因客户违约导致的资金链意外断裂而持有现金

C. 为提供更长的商业信用期而持有现金

D. 为在证券价格下跌时买入证券而持有现金

6. 下列有关预算的表述中正确的有（　　）。

A. 利润表预算属于财务预算

B. 制造费用预算的编制要以生产预算为基础

C. 滚动预算法预算期始终保持在一定时期跨度

D. 管理费用预算一般是以销售预算为基础编制

7. 根据责任成本管理基本原理，成本中心只对可控成本负责。可控成本应具备的条件有（　　）。
A. 该成本是成本中心可计量的
B. 该成本的发生是成本中心可预见的
C. 该成本是成本中心可调节和控制的
D. 该成本是为成本中心取得收入而发生的

8. 下列有关半强式有效资本市场的表述中正确的有（　　）。
A. 当前的股票价格完全地反映“全部”公开的有用信息的市场
B. 超额收益率只与当天披露的事件相关
C. 技术分析、基本面分析和各种估值模型都是无效的，各种投资基金不能取得超额收益
D.“内幕信息获得者”参与交易时不能获得超额收益

9. 下列有关期权投资策略的说法中，正确的有（　　）。
A. 保护性看跌期权锁定了最高的组合净收入和组合净损益
B. 抛补性看涨期权锁定了最低的组合净收入和组合净损益
C. 空头对敲策略锁定了最高的组合净收入和组合净损益
D. 当预计标的股票市场价格将发生剧烈变动，但无法判断是上升还是下降时，最适合的投资组合是同时购进一只股票的看跌期权与看涨期权的组合

10. 甲公司因扩大经营规模需要筹集长期资本，有发行长期债券、发行优先股、发行普通股三种筹资方式可供选择。经过测算，发行长期债券与发行普通股的每股收益无差别点息税前利润为200万元，发行优先股与发行普通股的每股收益无差别点息税前利润为300万元。如果采用每股收益无差别点法进行筹资方式决策，下列说法中，表述不正确的有（　　）。
A. 当预期的息税前利润为150万元时，甲公司应当选择发行长期债券
B. 当预期的息税前利润为250万元时，甲公司应当选择发行优先股
C. 当预期的息税前利润为350万元时，甲公司应当选择发行长期债券
D. 当预期的息税前利润为300万元时，甲公司应当选择发行优先股或普通股

11. 某企业年初从银行贷款500万元，期限1年，贷款年利率为10%，按照贴现法付息，下列表述正确的有（　　）。
A. 年有效利率为11.11%
B. 年末应偿还的金额为450万元
C. 年末应偿还的金额为500万元
D. 年报价利率为10%

12. 甲公司有运输、维修两个辅助生产车间，甲公司采用交互分配法分配辅助生产成本。本月运输车间提供1000公里运输服务，成本费用为50万元，其中维修车间耗用100公里；维修车间提供维修服务2000工时，成本费用为20万元，其中运输车间耗用200工时。下列计算中正确的有（　　）。
A. 运输车间分配给维修车间的成本费用为5万元
B. 维修车间分配给运输车间的成本费用为2万元
C. 运输车间对外分配的成本费用为53万元
D. 维修车间对外分配的成本费用为23万元

三、计算分析题

本题型共4小题36分。涉及计算的，要求列出计算步骤，否则不得分，除非题目特别说明不需要列出计算过程。

1. 为扩大生产规模，F公司拟添置一台主要生产设备，经分析该项投资的净现值大于0。该设备预计使用6年，公司正在研究是自行购置还是通过租赁取得。相关资料如下：

如果自行购置该设备，需要支付买价1700万元，并需支付运输费25万元和安装调试费75万元。税法规定的设备折旧年限为6年，按直线法计提折旧，残值率为0。

为了保证设备的正常运转，每年需支付维护费用30万元。6年后设备的变现价值预计为0。

如果以租赁方式取得该设备，租赁公司要求初始支付租赁手续费120万元，每年年末支付租金405万元，租期6年，租赁期内不得退租。租赁公司负责设备的运输和安装调试，并负责租赁期内设备的维护。租赁期满设备所有权不转让。

F公司适用的所得税税率为25%，税前借款（有担保）利率为8%。

要求：

（1）计算租赁方案各年的现金净流量；

（2）计算自行购置方案各年的现金净流量；

（3）计算租赁方案和自行购置方案的平均年成本，并判断F公司应当选择自行购置方案还是租赁方案。

2. 某公司有关A材料的相关资料如下：

资料一：A材料年需用量3600件，每日送货量为40件，每日耗用量为10件，单价20元。一次订货成本30元，单位变动储存成本为2元。

资料二：假定A材料单位缺货成本为5元，每日耗用量、订货批数及全年需要量同上，交货天数及其概率分布如下：

交货天数（天）	13	14	15	16	17
概率	10%	20%	40%	20%	10%

如果设置保险储备，以一天的材料消耗量为最小单位。

要求：

（1）根据资料一，计算经济订货量（不足1件的按1件计算）和在此批量下的相关总成本。

（2）根据资料二，确定企业最合理的保险储备量。

3. A公司是一家高速成长的公司，目前股价15元/股，每股股利为1.43元，假设预期股价增长率5%。

现在急需筹集债务资金5000万元，准备发行10年期的公司债券。投资银行认为，目前公司长期债券的市场利率为7%，A公司风险较大，按此利率发行债券并无售出的把握。经投资银行与专业投资机构联系后，投资银行建议按面值发行可转换债券筹资，债券面值为每份 1000 元，每年末付息一次，期限 10 年，票面利率设定为 4%，转换价格为 20 元，不可赎回期为 9 年，第 9 年年末可转换债券的赎回价格为 1060 元。

要求：

（1）确定发行日每份纯债券的价值和每份可转换债券的转换权的价格。

（2）计算第 9 年年末该可转换债券的底线价值。

（3）计算该可转换债券的税前筹资成本。

（4）判断目前的可转换债券的发行方案是否可行，若不可行，确定此债券的票面利率最低应设为多高，才会对投资人有吸引力。

4. C 公司是 2021 年 1 月 1 日成立的高新技术企业。为了进行以价值为基础的管理，该公司采用实体现金流量模型对企业价值进行评估。评估所需的相关数据如下：

（1）C 公司 2021 年的销售收入为 1000 万元。根据目前市场行情预测，其 2022 年、2023 年的增长率分别为 10%、8%；2024 年及以后年度进入永续增长阶段，增长率为 5%。

（2）C 公司 2021 年的净经营资产周转率为 2，销售成本率为 50%，销售及管理费用占收入的比为 10%，净负债的利息率为 8%，所得税税率为 25%，净负债 / 股东权益 =1/1。公司当前的加权平均资本成本为 12%，2024 年及以后加权平均资本成本降为 10%，评估时假设以后年度上述指标均保持不变。

（3）公司未来不打算增发或回购股票。为保持当前资本结构，公司采用剩余股利政策分配股利。

要求：

（1）填写下表，并计算 C 公司 2022 年至 2024 年的实体现金流量和股权现金流量；

单位：万元

年份	2021 年（基期）	2022 年	2023 年	2024 年
一、销售收入				
二、税前经营利润				
减：经营利润所得税				
三、税后经营净利润				
净经营资产				
净负债				
所有者权益				
	—			

年份	2021 年（基期）	2022 年	2023 年	2024 年
四、实体现金流量	—			
	—			
	—			
五、股权现金流量	—			

（2）计算 C 公司 2021 年 12 月 31 日的企业实体价值；
（3）若净负债的市场价值与账面价值一致，计算 C 公司 2021 年 12 月 31 日的股权价值。

四、综合题

本题共 14 分。涉及计算的，要求列出计算步骤，否则不得分，除非题目特别说明不需要列出计算过程。

甲公司是一家生产商，公司适用的所得税税率为 25%，相关资料如下。
资料一：甲公司 2021 年相关财务数据如下表所示，假设甲公司成本性态不变，现有债务利息水平不变。

甲公司 2021 年相关财务数据

单位：万元

资产负债类项目（2021 年 12 月 31 日）	金额
流动资产	8000
非流动资产	12000
流动负债	6000
长期负债	6000
所有者权益	8000
收入成本类项目（2021 年度）	**金额**
营业收入	16000
固定成本	5000
变动成本	6000
财务费用（利息费用）	400

资料二：甲公司计划 2022 年推出一款新型产品，产品生产所需要的设备可以使用原有的旧设备，也可以购置新设备。新旧设备相关资料如下表所示。

单位：万元

项目	使用旧设备	购置新设备
原值	5000	6000
预计使用年限（年）	8	8
已用年限（年）	4	0
尚可使用年限（年）	4	8
税法残值	500	600
最终报废残值	450	750
目前变现价值	2000	6000
年折旧	562.5	675
年付现成本	2500	1800

假设甲公司要求的最低报酬率为 10%。

资料三：若购置新设备，为了满足购置新设备的资金需求，甲公司设计了两个筹资方案，方案一是向银行借款筹集资金 3000 万元，年利率为 8%，同时发行优先股 3000 万元，股息率 9%；方案二是发行普通股 1000 万股，每股发行价 6 元，甲公司 2022 年年初普通股股数为 3000 万股。

资料四：若生产该新产品需要利用一种零件，每年生产新产品需要零件 20000 件，外购成本每件 120 元，企业已有的生产车间有能力制造这种零件，自制零件的单位相关成本资料如下表所示：

单位相关成本资料

单位：元

直接材料	60
直接人工	25
变动制造费用	15
固定制造费用	20

如果公司现在具备足够的剩余生产能力，但剩余生产能力可以转移用于加工其他产品，每年可以节省外购成本 40000 元。

要求：

（1）根据资料一，计算甲公司的下列指标：①营运资本；②产权比率；③边际贡献率；④保本销售额。

（2）根据资料一，计算经营杠杆系数和财务杠杆系数。

（3）根据资料二，计算继续使用旧设备和购置新设备的平均年成本，并替公司进行决策。

（4）根据资料三，计算两个筹资方案的每股收益无差别点息税前利润。

（5）根据资料三，若公司选择方案一筹资，计算当息税前利润达到每股收益无差别点息税前利润时的财务杠杆系数。

（6）根据资料四，判断公司应选择外购零部件还是自制零部件。

客观题答案速查

我做对了 ________ 题　我得了 ________ 分

一、单项选择题

序号	1	2	3	4	5	6	7	8	9	10
答案	D	C	A	C	D	B	B	B	A	D
序号	11	12	13							
答案	C	B	B							

二、多项选择题

序号	1	2	3	4	5	6	7	8	9	10
答案	ABCD	ABC	CD	BD	AC	AC	ABC	ABC	CD	ABD
序号	11	12								
答案	ACD	ABD								

参考答案及解析

“使用“会计云课堂”App或“微信”扫码对答案、看解析、掌握解题思路，开启轻松过关之旅。

扫码看解析

一、单项选择题

1.【答案】D

【解析】价格标准=4200/(21×8)=25(元/小时)，用量标准=(5+0.3)/(1−5%)=5.58(小时/件)，单位产品直接人工标准成本=25×5.58=139.5(元)。

2.【答案】C

【解析】总期望报酬率=(150/100)×10%+(1−150/100)×5%=12.5%，总标准差=(150/100)×20%=30%。

3.【答案】A

【解析】内含报酬率是使净现值等于零的折现率。内含报酬率大于项目折现率时，项目净现值大于0，项目动态回收期小于项目寿命期，选项A正确。内含报酬率小于项目折现率时，项目净现值小于0，现值指数小于1，但不一定小于0，选项B错误。内含报酬率小于项目折现率时，会计报酬率不一定小于折现率，选项C错误。内含报酬率等于项目折现率时，项目动态回收期等于项目寿命期，静态回收期应小于项目寿命期，选项D错误。

4.【答案】C

【解析】无论是看涨期权还是看跌期权，股价波动率增加，都会使期权的价值增加，选项C错误。

5.【答案】D

【解析】经营杠杆系数=(息税前利润+固定经营成本)/息税前利润=1+9/息税前利润=4，解得：息税前利润=3(万元)，故利息保障倍数=3/1=3，选项A正确；经营杠杆系数=1/安全边际率，所以安全边际率=1/4=25%，因此盈亏临界点作业率为75%，所以选项B正确；财务杠杆系数=EBIT/(EBIT−I)=3/(3−1)=1.5，联合杠杆系数=4×1.5=6，所以选项C正确；销量下降幅度超过25%，企业会由盈利(息税前利润)转为亏损，选项D错误。

6.【答案】B

【解析】配股除权参考价=(配股前每股价格+配股价格×股份变动比例)/(1+股份变动比例)=(6.2+5×0.2)/(1+0.2)=6(元)，除权日股价下跌=(6−5.85)/6×100%=2.50%。

7.【答案】B

【解析】代理理论认为，为了解决经理人员与股东之间的代理冲突，可以实施多分少留(高股利支付率)的政策，既有利于抑制经理人员随意支配自由现金流的代理成本，也有利于满足股东取得股利收益的愿望。

8.【答案】B

【解析】作业成本动因分为三类：业务动因、持续动因和强度动因。在这三类作业成本动因中，业务动因的精确度最差，但其执行成本最低；强度动因的精确度最高，但其执行成本最昂贵；持续动因的精确度和成本则居中。

9.【答案】A

【解析】不可避免成本、不可延缓成本和共同成本为投资决策的不相关成本。

10.【答案】D

【解析】财务维度的目标是解决“股东如何看待我们”这一类问题；顾客维度回答“顾客如何看待我们”的问题；内部业务流程维度着眼于企业的核心竞争力，解决“我们的优势是什么”的问题；学习和成长维度的目标是解决“我们是否能继续提高并创造价值”的问题。

11.【答案】C

【解析】平均收现期=20×40%+30×60%=26（天）

应收账款年平均余额=日销售额×平均收现期=30000/300×26=2600（元）。

12.【答案】B

【解析】选项A、C会降低企业短期偿债能力，选项D是所有者权益内部的此增彼减，不影响短期偿债能力。

13.【答案】B

【解析】永续债每期资本成本=1000×3%/［1100×（1-5%）］=2.87%

永续债年资本成本=（1+2.87%）^{2}-1=5.82%。

二、多项选择题

1.【答案】ABCD

【解析】普通股股东权益=35000-500×10=30000（万元）

普通股每股净资产=30000/（8000+8000×50%）=2.5（元）

市净率=12/2.5=4.8（倍）

归属于普通股股东的收益=2000-500×0.1=1950（万元）

普通股加权平均股数=8000+8000×50%=12000（万股）

普通股每股收益=1950/12000=0.1625（元）

市盈率=12/0.1625=73.85（倍）。

2.【答案】ABC

【解析】按照债券收益率风险调整模型$r_s=r_{dt}+RP_c$，式中：r_{dt}表示的是税后债务成本；RP_c表示的是股东比债权人承担更大风险所要求的风险溢价，正确表述只有选项D。

3.【答案】CD

【解析】对于折价发行的流通债券，随着到期日的接近，债券价值波动上升（先上升，割息后下降，有可能高于、等于或小于面值）。

4.【答案】BD

【解析】实体现金流量是企业全部现金流入扣除成本费用和必要的投资后的剩余部分，它是企业一定期间可以提供给所有投资人（包括股权投资人和债权投资人）的税后现金流量。选项A错误、选项B正确。选项C是股利现金流量的含义。实体现金流量通常不受企业资本结构的影响，尽管资本结构可能影响企业的加权平均资本成本并进而影响企业价值，但是这种影响主要反映在折现率上，而不改变实体现金流量，选项D正确。

5.【答案】AC

【解析】企业的交易性需求是指企业为了维持日常周转及正常商业活动所需持有

的现金额。预防性需求是指企业需要持有一定量的现金，以应付突发事件。投机性需求是企业需要持有一定量的现金以抓住突然出现的获利机会。选项B属于预防性需求，选项D属于投机性需求。

6.【答案】AC

【解析】财务预算是关于利润、现金和财务状况的预算，包括利润表预算、现金预算和资产负债表预算等，所以选项A正确。制造费用通常分为变动制造费用和固定制造费用。变动制造费用与生产量直接相关，所以变动制造费用预算以生产预算为基础来编制。固定制造费用通常与本期产量无关，需要按每期实际需要的支付额预计，所以选项B错误。滚动预算法是不受会计年度制约，预算期始终保持在一定时期跨度的预算方法，选项C正确。管理费用预算一般是以过去的实际开支为基础，按预算期的可预见变化予以调整，与销售预算没有必然联系，选项D错误。

7.【答案】ABC

【解析】可控成本是指成本中心可以控制的各种耗费，它应具备三个条件：第一，该成本的发生是成本中心可以预见的；第二，该成本是成本中心可以计量的；第三，该成本是成本中心可以调节和控制的。因此本题选项A、B、C正确。

8.【答案】ABC

【解析】对强式有效资本市场的检验，主要考查“内幕信息获得者”参与交易时能否获得超额收益，对于半强式有效资本市场来说，“内幕信息获得者”是可以获得超额收益的，所以选项D错误。

9.【答案】CD

【解析】保护性看跌期权锁定了最低的组合净收入和组合净损益，选项A错误；抛补性看涨期权锁定了最高的组合净收入和组合净损益，选项B错误。

10.【答案】ABD

【解析】由于发行优先股与发行普通股的每股收益无差别点高于发行长期债券与发行普通股的每股收益无差别点，可以肯定发行长期债券的每股收益线在发行优先股的每股收益线上方，即本题按每股收益判断长期债券筹资始终优于优先股筹资，因此选项B、D表述错误。综上所述，当预期的息税前利润高于200万元时，甲公司应当选择发行长期债券。当预期的息税前利润低于200万元时，甲公司应当选择发行普通股，选项A表述错误、选项C表述正确。

11.【答案】ACD

【解析】贴现法是银行向企业发放贷款时，先从本金中扣除利息部分，在贷款到期时借款企业再偿还全部本金的一种计息方法。年有效利率=10%/（1-10%）=11.11%。选项B错误。

12.【答案】ABD

【解析】运输车间分配给维修车间的成本=50/1000×100=5（万元），选项A正确；维修车间分配给运输车间的成本费用=20/2000×200=2（万元），选项B正确；运输车间对外分配的成本=50+2-5=47（万元），选项C不正确；维修车间对外分配的成本=20-2+5=23（万元），选项D正确。

三、计算分析题

1.【答案】

（1）该租赁方案不属于采用简化处理的短期租赁或低价值资产租赁，符合融资租赁的认定标准。

租赁资产的计税基础 =120+405×6=2550（万元）

租赁资产的年折旧额 =2550/6=425(万元)

租赁资产的每年折旧抵税 =425×25%=106.25（万元）

NCF_0=-120万元

$NCF_{1\sim6}$=-405+106.25=-298.75（万元）

（2）自行购置方案的年折旧额 =（1700+25+75）/6=300（万元）

自行购置方案的每年折旧抵税 =300×25%=75（万元）

NCF_0=-（1700+25+75）=-1800（万元）

$NCF_{1\sim6}$=75-30×（1-25%）=52.5（万元）

（3）折现率 =8%×（1-25%）=6%

租赁方案的平均年成本 =120/（P/A，6%，6）+298.75=120/4.9173+298.75=323.15（万元）

自行购置方案的平均年成本 =1800/（P/A,6%,6）-52.5=1800/4.9173-52.5=313.55（万元）

自行购置方案的平均年成本低，F公司应当选择自行购置方案。

2.【答案】

（1）$Q^*=\sqrt{\dfrac{2KD}{K_c}\times\dfrac{P}{P-d}}$

$=\sqrt{\dfrac{2\times30\times3600}{2}\times\dfrac{40}{40-10}}$ =380（件）

$TC（Q^*）=\sqrt{2KDK_c（1-\dfrac{d}{P}）}$

$=\sqrt{2\times30\times3600\times2\times（1-\dfrac{10}{40}）}$

=569.21（元）

（2）交货时间、材料需用量及概率的对应关系，可以列成下表：

交货天数（天）	13	14	15	16	17
材料需用量（件）	13×10=130	14×10=140	15×10=150	16×10=160	17×10=170
概率	10%	20%	40%	20%	10%

不设保险储备，即保险储备B=0时：

再订货点 =130×10%+140×20%+150×40%+160×20%+170×10%=150（件）

缺货的期望值 S_0=（160-150）×20%+（170-150）×10%=4（件）

TC（S、B）=$K_U\times S_0\times N+B\times K_c$=5×4×（3600/380）+0×2=189.47（元）

保险储备B=10件时：

再订货点 =150+10=160（件）

缺货的期望值 S_{10}=（170-160）×10%=1（件）

TC（S、B）=$K_U\times S_{10}\times N+B\times K_c$=5×1×（3600/380）+10×2=67.37（元）

保险储备B=20件时：

再订货点 =150+20=170（件）

缺货的期望值 S_{20}=0

TC（S、B）=$K_U\times S_{20}\times N+B\times K_c$=5×0×（3600/380）+20×2=40（元）

由上面的计算可知，保险储备为20件时，与缺货相关的总成本最低，所以合理的保险储备量应为20件。

3.【答案】

（1）发行日每份纯债券的价值 =1000×4%×（P/A，7%，10）+1000×（P/F，7%，10）=40×7.0236+1000×0.5083=789.24（元）

每份可转换债券的转换权的价格 =1000-789.24=210.76（元）

（2）转换比率 = 面值 / 转换价格 =1000/20=50（股）

第9年年末转换价值 = 股价 × 转换比率 =

$15\times(1+5\%)^{9}\times50=1163.50$（元）

第9年年末纯债券价值=未来各期利息现值+到期本金现值=（1000+1000×4%）/（1+7%）=971.96（元）

第9年年末底线价值=1163.50元

（3）设税前筹资成本为K，则有：1000=1000×4%×（P/A,K,9）+1163.50×（P/F，K，9）

设K=5%，40×（P/A，5%，9）+1163.50×（P/F，5%，9）=1034.30（元）

设K=6%，40×（P/A，6%，9）+1163.50×（P/F，6%，9）=960.74（元）

利用内插法，可得：

$$\frac{K-5\%}{6\%-5\%}=\frac{1000-1034.30}{960.74-1034.30}$$

税前筹资成本K=5.47%

（4）它的税前资本成本低于普通债券的市场利率（7%），对投资人没有吸引力。该方案不可行，需要修改。

若票面利率为i，则：

1000=1000×i×（P/A，7%，9）+1163.50×（P/F，7%，9）

1000=1000×i×6.5152+1163.50×0.5439

解得：i=5.64%

票面利率至少调整为5.64%，对投资人才会有吸引力。

4.【答案】

（1）

单位：万元

年份	2021年（基期）	2022年	2023年	2024年
一、销售收入	1000	1100	1188	1247.4
销售成本	500	550	594	623.7
销售和管理费用	100	110	118.8	124.74
二、税前经营利润	400	440	475.2	498.96
减：经营利润所得税	100	110	118.8	124.74
三、税后经营净利润	300	330	356.4	374.22
净经营资产	500	550	594	623.7
净负债	250	275	297	311.85
所有者权益	250	275	297	311.85
减：净经营资产增加	—	50	44	29.7
四、实体现金流量	—	280	312.4	344.52
减：税后利息费用	—	16.5	17.82	18.71
加：净负债增加	—	25	22	14.85
五、股权现金流量	—	288.5	316.58	340.66

（2）详细预测期实体现金流量现值 =280×（P/F，12%，1）+312.4×（P/F，12%，2）=280×0.8929+312.4×0.7972=499.06（万元）

后续期实体现金流量在 2023 年末的价值 = 后续期第一年实体现金流量 /（加权平均资本成本 – 永续增长率）=344.52/（10%–5%）=6890.4（万元）

后续期实体现金流量现值 =6890.4×（P/F，12%，2）=6890.4×0.7972=5493.03（万元）

实体价值 = 详细预测期实体现金流量现值 + 后续期实体现金流量现值 =499.06+5493.03=5992.09（万元）

（3）股权价值 =5992.09–250=5742.09（万元）。

四、综合题

【答案】

（1）①营运资本 =8000–6000=2000（万元）

②产权比率 =（6000+6000）/8000=1.5

③边际贡献率 =（16000–6000）/16000=62.5%

④保本销售额 =5000/62.5%=8000（万元）

（2）DOL=（16000–6000）/（16000–6000–5000）=2

DFL=（16000–6000–5000）/（16000–6000–5000–400）=1.09

（3）购置新设备：

①税后年付现成本 =1800×（1–25%）=1350（万元）

②每年折旧抵税 =675×25%=168.75（万元）

③残值变价收入 =750 万元

④残值净收益纳税 =（750–600）×25%=37.5（万元）

⑤ $NCF_{1\sim7}$=–1350+168.75=–1181.25（万元）

NCF_8=–1181.25+750–37.5=–468.75（万元）

⑥ NPV=–6000–1181.25×（P/A，10%，7）–468.75×（P/F，10%，8）=–6000–1181.25×4.8684–468.75×0.4665=–11969.47（万元）

平均年成本 =11969.47/（P/A，10%，8）=11969.47/5.3349=2243.62（万元）

继续使用旧设备：

①目前账面价值 =5000–562.5×4=2750（万元）

②目前资产报废损失 =2750–2000=750（万元）

③目前资产报废损失抵税 =750×25%=187.5（万元）

④残值报废损失抵税 =（500–450）×25%=12.5（万元）

⑤ NCF_0=–2000–187.5=–2187.5（万元）

$NCF_{1\sim3}$=–2500×（1–25%）+562.5×25%=–1734.38（万元）

NCF_4=–1734.38+450+12.5=–1271.88（万元）

⑥ NPV=–2187.5–1734.38×（P/A，10%，3）–1271.88×（P/F，10%，4）=–2187.5–1734.38×2.4869–1271.88×0.6830=–7369.42（万元）

平均年成本 =7369.42/（P/A，10%，4）=7369.42/3.1699=2324.81（万元）

由于购置新设备的平均年成本较低，应选择购置新设备。

（4）[（$\overline{EBIT}$ –400–3000×8%）×（1–25%）–3000×9%]/3000=[（$\overline{EBIT}$ –400）×（1–25%）]/（3000+1000）

解得：$\overline{EBIT}$ =2800（万元）

（5）财务杠杆系数 =2800/[2800–400–3000×8%–3000×9%/（1–25%）]=1.56

（6）

差额成本分析表

单位：元

	自制成本	外购成本	差额
变动成本	（60+25+15）×20000=2000000	120×20000=2400000	-400000
机会成本	40000		40000
相关成本合计	2040000	2400000	-360000

从表可知，自制成本2040000元低于外购成本2400000元，公司应该自制零部件。

2022 年注册会计师考试
全真模拟测试题（三）

使用“会计云课堂”App 或“微信”扫码快速做题、对答案、看解析、掌握解题思路，开启轻松过关之旅。

- 建议答卷时长 150 分钟
- 答卷开始时间 ________
- 答卷结束时间 ________

扫码做题

一、单项选择题

本题型共 13 小题，每小题 2 分，共 26 分。每小题只有一个正确答案，请从每小题的备选答案中选出一个你认为最正确的答案。

1. 资本资产定价模型是确定普通股资本成本的方法之一，下列说法中正确的是（　　）。
   A. 确定贝塔值的历史期间时，如果公司风险特征无重大变化，可以采用近 1 ~ 2年的历史期长度
   B. 确定贝塔值的历史期间时，如果公司风险特征有重大变化，应当使用变化后的年份作为历史期长度
   C. 应当选择上市交易的政府长期债券的票面利率作为无风险利率的代表
   D. 在计算贝塔值，选择收益计量的时间间隔时，通常使用年度的收益率

2. 与个人独资企业相比，下列各项中属于公司制企业特点的是（　　）。
   A. 企业所有者承担无限责任
   B. 企业可以无限存续
   C. 企业筹集资金困难
   D. 企业股权转移困难

3. 如果 A 公司本年的可持续增长率公式中的期末总资产权益乘数比上年提高，在不增发新股或回购股票且股利支付率、经营效率不变的条件下，则下列表述正确的是（　　）。
   A. 本年可持续增长率＞上年可持续增长率
   B. 本年实际增长率 = 上年可持续增长率
   C. 本年实际增长率 = 本年可持续增长率
   D. 本年实际增长率＜本年可持续增长率

4. 甲公司 2021 年的营业收入为 1500 万元；可比公司乙 2021 年的营业收入为 2000 万元，净利润为 250 万元，利润留存率为 50%，预计年度的增长率为 3%。乙公司的 β 为 1.5，国库券利率为 4%，市场平均风险股票的报酬率为 10%，则按相对价值评估模型中的市销率模型，甲公司 2021 年的股权价值为（　　）万元。
   A. 960　　B. 937.5
   C. 1875　　D. 1695

5. 下列关于企业实体现金流量的表述中，不正确的是（　　）。
   A. 它是营业活动所产生的现金流量，不反映资本支出或经营营运资本增加等变动

B. 实体现金流量是营业现金毛流量扣除必要的资本支出和经营营运资本增加后，能够支付给所有的求偿权者（债权人和股东）的税后现金流量

C. 实体现金流量是营业现金净流量扣除资本支出后的剩余部分

D. 实体现金流量是税后经营净利润扣除净经营资产增加后的剩余部分

6. 下列关于股利分配政策的说法中，正确的是（　　）。

A. 采用剩余股利政策，要保持资产负债率不变

B. 采用固定股利支付率政策，可以使股利和公司盈余紧密配合，有利于稳定股票价格

C. 采用固定股利或稳定增长股利政策，当盈余较低时，容易导致公司资金短缺，增加公司风险

D. 采用低正常股利加额外股利政策，股利和盈余不匹配，不利于增强股东对公司的信心

7. 在使用同种原料生产主产品的同时附带生产副产品的情况下，由于副产品价值相对较低，而且在全部产品生产中所占的比重较小，因此，在分配主产品和副产品的加工成本时，（　　）。

A. 通常先确定主产品的加工成本，然后再确定副产品的加工成本

B. 通常先确定副产品的加工成本，然后再确定主产品的加工成本

C. 通常利用分离点售价法分配主产品和副产品的加工成本

D. 通常利用可变现净值法分配主产品和副产品的加工成本

8. 甲公司制定成本标准时采用基本标准成本。下列情形中，不需要修订基本标准成本的是（　　）。

A. 主要原材料的价格大幅度上涨

B. 生产技术改进，单位产品的材料消耗大幅度减少

C. 市场需求增加，机器设备的利用程度大幅度提高

D. 技术研发改善了产品性能，产品售价大幅度提高

9. 一般情况下，单一产品中可以降低经营风险但又不改变盈亏临界点的措施是（　　）。

A. 增加销售量

B. 提高产品售价

C. 降低单位变动成本

D. 降低固定成本

10. 某公司生产A、B、C三种产品都需要通过一台关键设备加工，该设备是公司的约束资源，年加工能力5000小时。预计2022年A、B、C三种产品的市场正常销量及相关资料如下：

	A产品	B产品	C产品
市场正常销量（件）	600	1000	1500
单位售价（万元）	5	10	15
单位变动成本（万元）	3	5	9
单位约束资源消耗（小时）	1	2	4
固定成本总额（万元）	2000		

该公司最多可实现的利润为（　　）万元。

A. 13200　　B. 7800

C. 6200　　D. 9000

11. 下列有关投资中心业绩考核指标的表述中，不正确的是（　　）。

A. 利用部门剩余收益评价部门业绩时，为改善评价指标的可比性，各部门应该使用相同的资本成本率

B. 某项会导致个别投资中心的部门剩余收益增加的投资，则一定会使整个企业的剩余收益增加

C. 使用部门投资报酬率考核投资中心的业绩，便于不同部门之间的比较，但可能会引起部门经理投资决策的次优化

D. 在其他因素不变的条件下，一个投资中心的部门剩余收益的大小与要求的税前投资报酬率的高低呈反向变动

12. 下列有关利用变动成本法和完全成本法确定成本和损益的表述正确的是（　　）。

A. 在完全成本法下如果期末存货的固定制造费用高于期初存货的固定制造费用，完全成本法下的息税前利润会小于变动成本法下的息税前利润

B. 通常按完全成本法确定的期间费用会高于按变动成本法确定的期间费用

C. 通常按完全成本法计算的产成品和在产品的成本会高于按变动成本法计算的产成品和在产品的成本

D. 通常按完全成本法计算的息税前利润较高

13. 甲公司股票目前市价为50元，最近刚支付的股利为每股1元，预期的股利增长率为5%，公司拟发行可转换债券，当前等风险普通债券的市场利率为5%，甲公司的企业所得税税率为15%，要使发行方案可行，可转换债券的税前资本成本的区间为（　　）。

A. 5%～7.1%

B. 5.88%～7.1%

C. 5.88%～8.35%

D. 5%～8.35%

二、多项选择题

本题型共12小题，每小题2分，共24分。每小题均有多个正确答案，请从每小题的备选答案中选出你认为正确的答案。每小题所有答案选择正确的得分，不答、错答、漏答均不得分。

1. 有一份看涨期权，标的股票的当前市价为19元，执行价格为20元，到期日为1年后的同一天，期权价格为2元。若到期日股票市价为23元，则下列计算正确的有（　　）。

A. 期权空头到期日价值为-3元

B. 期权的内在价值为3元

C. 期权的时间溢价为2元

D. 卖方期权到期净损失为2元

2. 下列有关可持续增长率的表述中，正确的有（　　）。

A. 在经营效率和财务政策不变的前提下，股东权益增长率等于净利润增长率

B. 销售按可持续增长率增长时，负债与股东权益的增长比例相同

C. 如果经营效率和财务政策与上年相同，则本年的实际增长率等于上年的可持续增长率

D. 可持续增长率等于权益净利率乘以利润留存率

3. 下列表述中正确的有（　　）。
A. 年度内的复利次数越多，则有效年利率高于报价利率的差额越大
B. 连续复利的有效年利率 $=e^{报价利率}-1$
C. 按照资本资产定价模型，某股票的β系数与该股票的必要报酬率正相关
D. 两种证券的组合中，证券报酬率之间的相关系数越大，风险分散化效应就越弱，机会集是一条直线

4. 若有两个投资方案，原始投资额不同、项目寿命期不同，彼此相互排斥，下列方法中可以用于选优的有（　　）。
A. 内含报酬率法　　B. 净现值法
C. 等额年金法　　D. 共同年限法

5. 下列关于杠杆系数的说法中，正确的有（　　）。
A. 在固定成本不变的情况下，经营杠杆系数说明销售额增长（减少）所引起的息税前利润增长（减少）的幅度
B. 当销售额达到盈亏临界点时，经营杠杆系数趋近于无穷大
C. 财务杠杆系数表明息税前利润变动所引起的每股收益的变动幅度
D. 经营杠杆系数较高的公司不宜在较低的程度上使用财务杠杆

6. 下列关于固定制造费用差异分析的表述中，正确的有（　　）。
A. 利用预算产量下标准工时与实际产量下实际工时的差额，乘以固定制造费用标准分配率可以计算得出固定制造费用能力差异
B. 利用预算产量下标准工时与实际产量下标准工时的差额，乘以固定制造费用标准分配率可以计算得出固定制造费用闲置能力差异
C. 利用实际产量下实际工时与实际产量下标准工时的差额，乘以固定制造费用标准分配率可以计算得出固定制造费用效率差异
D. 利用实际固定制造费用减去预算产量下标准工时和固定制造费用标准分配率的乘积，可以计算得出固定制造费用耗费差异

7. 某企业常年大批量生产甲、乙两种产品，下列作业中，应使用强度动因作为作业量计量单位的有（　　）。
A. 甲、乙产品的加工和组装
B. 新产品丙的试制
C. 某一特殊订单的定制生产
D. 甲、乙产品的分批质检

8. 下列有关预算编制的表述中，不正确的有（　　）。
A. 生产预算是在销售预算的基础上编制的。按照"以销定产"的原则，生产预算中各季度的预计生产量应该等于各季度的预计销售量
B. 管理费用多属于固定成本，因此管理费用预算一般是以过去的实际开支为基础，按预算期的可预见变化来调整
C. 变动制造费用和固定制造费用均以生产预算为基础来编制
D. "预计利润表"中的"所得税费用"项目的金额是根据预算的"利润总额"和预计所得税税率计算出来的

9. 下列有关标准成本中心的说法中，正确的有（　　）。
A. 标准成本中心不对生产能力的利用程度负责
B. 标准成本中心不进行设备购置决策
C. 标准成本中心不对固定成本负责
D. 标准成本中心应严格执行产量计划，不应超产或减产

10. 某出版社与一畅销书作者正在洽谈新作出版的事宜，预计出版该书的固定成本总额为70万元，单位变动成本为10元/册；同时与作者约定，一次性支付稿酬100万元，另按销售量给予售价10%的提成，

若该书的售价定为20元/册，预计销售量为40万册，企业适用的所得税税率为25%，则下列表述正确的有（　　）。

A. 保本量为21.25万册

B. 营业净利率为14.06%

C. 安全边际率为53.12%

D. 单价的敏感系数为4

11. 下列有关可控成本的表述中，正确的有（　　）。

A. 成本的可控与否是相对的，而不是绝对的

B. 在对成本进行分类，以便归集责任中心的成本时，所确定的不可控成本都是固定成本

C. 不直接决定某项成本的管理人员，若对该项成本的支出施加了重要影响，也应对该项成本承担责任

D. 某责任中心有权决定是否使用某种资产，该责任中心就应对这种资产的成本负责

12. 下列关于安全边际和边际贡献的表述中，正确的有（　　）。

A. 边际贡献的大小，与固定成本支出的多少无关

B. 边际贡献率反映产品给企业作出贡献的能力

C. 提高安全边际或提高边际贡献率，可以提高息税前利润

D. 降低安全边际率或提高边际贡献率，可以提高销售息税前利润率

三、计算分析题

本题型共4小题36分。涉及计算的，要求列出计算步骤，否则不得分，除非题目特别说明不需要列出计算过程。

1. 甲公司是一家国有控股上市公司，其股票在上海证券交易所A股挂牌交易。公司目前处于生产经营的稳定增长期，可持续增长率5%，普通股每股市价9元，公司适用的企业所得税税率为25%。

公司拟投资新项目A，所需资金30000万元全部从外部筹措。甲公司计划通过发行债券等方式筹集。2022年6月，甲公司管理层提出了筹集A项目所需资金的方案：

方案1：于2022年7月1日发行5年期的公司债券，面值每份1000元，票面利率6%，每半年支付一次利息。

由于甲公司目前没有已上市债券，也找不到合适的可比公司，故采用风险调整法估计债务成本。根据调查，2022年6月新发行的5年期政府债券的到期收益率为5%。甲公司的信用级别为AA级，2022年6月上市交易的AA级公司债券有3种。这3种公司债券及与其到期日接近的政府债券的到期收益率如下表所示：

债券发行公司	上市公司债券到期日	上市公司债券到期收益率	政府债券到期日	政府债券到期收益率
乙	2027年4月1日	6.2%	2027年3月31日	5%
丙	2026年12月31日	5.6%	2027年1月1日	4.7%
丁	2025年9月1日	5.8%	2025年9月1日	4.63%

方案 2：平价发行分离型附认股权证债券进行筹资。方案如下：债券每份面值 1000 元，期限 5 年，票面利率 4%，每半年付息一次；同时附送 20 张认股权证，认股权证在债券发行 3 年后到期，到期时每张认股权证可按 10 元的价格购买 1 股甲公司普通股股票。

要求：

（1）若甲公司按方案 1 发行 5 年期公司债券，计算该债券的税前资本成本，并计算甲公司需要发行多少万份该债券，所筹集资金才能满足 A 项目建设的需要。

（2）甲公司股东比债权人承担更大风险所要求的风险溢价率为 3.12%，计算股权资本成本。

（3）①若甲公司按方案 2 筹资，计算该分离型附认股权证债券的税前资本成本。②判断筹资方案是否可行。③若筹资方案不可行，计算使该分离型附认股权证债券筹资可行的票面利率范围。

2. 资料：

（1）某工业企业大量生产 A、B 两种产品。生产分为两个步骤，分别由第一、第二两个车间进行。第一车间是机加工（包括设备调整作业、加工作业、检验作业、车间管理作业）车间，第一车间为第二车间提供半成品，第二车间为组装（包括组装作业、检验作业、包装作业、车间管理作业）车间，第二车间将半成品组装成为产成品。该厂为了加强成本管理，采用逐步结转分步法按照生产步骤（车间）计算产品成本，各步骤在产品的完工程度为本步骤的 50%，材料在生产开始时一次投入，其他成本费用陆续发生。该企业不设半成品库，一车间完工半成品直接交由二车间组装。完工产品和在产品之间按约当产量法（假设在产品存货发出采用加权平均法）分配成本。各车间 2022 年 5 月份有关产品产量的资料如下表所示：

单位：件

产品	月初在产品	本月完工	月末在产品
一车间 –A	300	600	200
一车间 –B	200	400	200
二车间 –A	100	600	100
二车间 –B	150	350	200

（2）该企业目前试行作业成本法，企业只生产 A 和 B 两种产品。

（3）一车间（机加工车间）采用作业成本法计算产品成本。公司管理会计师划分了下列作业及作业动因：

作业	作业成本分配标准
设备调整作业	调整次数
加工作业	机器工时
检验作业	检验次数
车间管理作业	分摊的办法，以各种产品生产所占用面积为分配基础

根据一车间材料分配表，2022 年 5 月一车间 A 产品领用的直接材料成本为 172000 元，B 产品领用的直接材料成本为 138000 元；由于一车间实行的是计时工资，人工成本属于间接成本，并已将人工成本全部分配到各有关作业中，所以没有直接人工成本发生。

根据一车间工薪分配表、固定资产折旧计算表、燃料和动力分配表、材料分配表及其他间接费用的原始凭证等将当期发生的费用登记到“作业成本”账户及其所属明细账户，如下表所示：

单位：元

项目	根据有关凭证记录的费用发生额					
	职工薪酬	折旧	动力费	水电费	机物料消耗	合计
设备调整作业	5000	20000	4500	6400	8000	43900
加工作业	25720	68000	96000	48000	32000	269720
检验作业	6000	24000	5400	7650	9600	52650
车间管理作业	7174	30000	6750	9600	12652	66176
合计	43894	142000	112650	71650	62252	432446

一车间生产 A 和 B 两种产品的实际耗用量如下：

作业成本分配标准	A	B	合计
调整次数（次）	6	10	16
机器工时（小时）	16000	6000	22000
检验次数（次）	56	34	90
生产占用面积（平方米）	16000	12160	28160

（4）二车间实行作业成本法的相关资料略。

（5）2022 年 5 月份有关成本计算账户资料如下表：

2022 年 5 月份有关成本计算账户的期初余额

第一车间　　　　单位：元

项目	直接材料成本	作业成本	合计
一车间 -A	7800	25400	33200
一车间 -B	72000	18600	90600

2022年5月份有关成本计算账户资料

第二车间　　单位：元

项目		直接材料成本	直接人工成本	作业成本
月初余额	A产品	15600	8900	7600
	B产品	24300	12600	21540
本月发生额	A产品		35000	64000
	B产品		64360	56340

要求：

（1）按实际作业成本分配率分配作业成本，计算填列一车间产品A的成本计算单（单位产品成本保留两位小数，误差计入月末在产品成本）。

成本计算单

产品名称：A半成品　　2022年5月　　单位：元

项目	产量（件）	直接材料成本	作业成本	合计
月初在产品成本				
本月发生成本				
合计				
单位产品成本				
完工半成品成本				
月末在产品成本				

（2）按照逐步综合结转分步法计算填列二车间产品A的成本计算单（单位产品成本保留两位小数，误差计入月末在产品成本）。

成本计算单

产品名称：A产品　　2022年5月　　单位：元

项目	产量（件）	直接材料成本	直接人工成本	作业成本	合计
月初在产品成本					
本月发生额					
合计					
单位产品成本					

续表

项目	产量（件）	直接材料成本	直接人工成本	作业成本	合计
完工产品成本					
月末在产品成本					

（3）对二车间A产品的完工产品进行成本还原，还原时按一车间本月完工半成品成本项目的构成比率进行还原。

A产品成本还原表

单位：元

项目	半成品成本	直接材料成本	直接人工成本	作业成本	合计
还原前					
上步骤完工半成品成本					
还原率					
半成品还原					
还原后					

3. 甲公司是一个生产A产品的公司。该公司每年都要在12月份编制下一年度的分季度现金预算。有关资料如下：

（1）每季度的销售量预计如下：2022年第一季度75万桶，第二季度180万桶，第三季度75万桶，第四季度75万桶，2023年第一季度75万桶。每桶销售单价20元。

（2）所有销售均为赊销。应收账款期初余额为250万元，预计可以在第一季度收回。每个季度的销售有2/3在本季度内收到现金，另外1/3于下一个季度收回。

（3）每季末产成品存货为下季度销量的10%。

（4）每桶产品材料消耗量0.5千克，单价4元/千克，当季所购材料当季全部耗用，季初、季末无材料存货，每季度材料采购货款在下季付现。2022年初应付账款余额150万元，在第一季度偿付。

（5）单位产品人工工时0.2小时，人工成本30元/小时；制造费用按人工工时分配，分配率40元/小时。假设人工成本、制造费用全部当季付现。

（6）每季度发生并支付销售和管理费用300万元。

（7）全年预计所得税160万元，分4个季度预交，每季度支付40万元。

（8）公司计划在下半年安装一条新的生产线，第三季度支付设备款25万元。

（9）期初现金余额为15万元，没有银行借款和其他负债。公司需要保留的最低现金余额为10万元。现金不足最低现金余额时需向银行借款，超过最低现金余额时需偿还借款，借款和还款数额均为5万元的整数倍。借款年利率为8%，每季度支付一次利息，计算借款利息时，假定借款均在季度初发生，还款均在季度末发生。

要求：

请根据上述资料，为甲公司编制现金预算。编制结果填入下方给定的表格中，不必列出计算过程。

现金预算

单位：万元

项目	第一季度	第二季度	第三季度	第四季度	合计
期初现金余额					
现金收入：					
本期销售本期收款					
上期销售本期收款					
现金收入合计					
现金支出：					
直接材料					
直接人工					
制造费用					
销售与管理费用					
所得税费用					
购买设备支出					
现金支出合计					
现金多余或不足					
向银行借款					
归还银行借款					
支付借款利息					
期末现金余额					

4. 甲公司研发出两种新产品X和Y，新产品投资项目已进行可行性分析，厂房建造和设备购置安装工作也已完成，产品将于2022年开始生产并销售，目前，公司正对该项目进行盈亏平衡分析，相关资料如下：

（1）专利研发支出资本化金额300万元，专利有效期10年，预计无残值；建造厂房使用的土地使用权，取得成本1000万元，使用年限50年，预计无残值，两种资产均采用直线法计提摊销。厂房建造成本800万元，折旧年限30年，预计净残值率10%；设备购置成本400万元，折旧年限10年，预计净残值率5%，两种资产均采用直线法计提折旧。

（2）X产品销售价格每瓶160元，预计每年销售可达12万瓶，每瓶材料成本50元，变动制造费用30元，包装成本10元。Y产品销售价格每瓶200元，预计每年销售可达 11 万瓶，每瓶材料成本 80 元，变动制造费用 50 元，包装成本 10 元。

（3）公司管理人员实行固定工资制，生产工人和销售人员实行基本工资加提成制。预计新增管理人员 2 人，每人每年固定工资 15 万元；新增生产工人 25 人，人均月基本工资 3000 元，生产计件工资每瓶 6 元；新增销售人员 5 人，人均月基本工资 3000 元，销售提成每瓶 4 元。

（4）每年新增其他费用：财产保险费 108 万元，广告费 135 万元，职工培训费 20 万元，其他固定费用 122 万元。

（5）假设年生产量等于年销售量，产品销售品种结构不变。

要求：

（1）计算新产品投产后新增的年固定成本总额、X 和 Y 产品的单位变动成本。

（2）计算各产品的保本点年销售量、安全边际率。

（3）计算该项目的息税前利润和经营杠杆系数。

四、综合题

本题共 14 分。涉及计算的，要求列出计算步骤，否则不得分，除非题目特别说明不需要列出计算过程。

DBX 公司是一家中央电力企业，该公司有关资料如下：

（1）DBX 公司的管理用资产负债表与管理用利润表如下：

管理用资产负债表

编制单位：DBX 公司　　2021 年 12 月 31 日　　单位：万元

净经营资产	年末余额	年初余额	净负债及股东权益	年末余额	年初余额
经营性流动资产合计	12316	13081	金融负债合计	13041	10000
经营性流动负债合计	3150	2346	金融资产合计	701	1838
经营营运资本	9166	10735	净负债	12340	8162
经营性长期资产合计	20476	16144			
经营性长期负债合计	788	1182			
净经营性长期资产	19688	14962	股东权益合计	16514	17535
净经营资产合计	28854	25697	净负债及股东权益合计	28854	25697

管理用利润表

编制单位：DBX 公司　　2021 年度　　单位：万元

项目	本年金额	上年金额
经营损益：		
一、营业收入	47250	44887.5

续表

项目	本年金额	上年金额
减：营业成本	41643	39422.25
二、毛利	5607	5465.25
减：税金及附加	441	441
销售费用	346.5	315
管理费用	724.5	630
其中：研发费用	102	88
加：营业外收入	693	1134
减：营业外支出	0	0
三、税前经营利润	4788	5213.25
减：经营利润所得税	1532.16	1668.24
四、税后经营净利润	3255.84	3545.01
金融损益：		
五、利息费用	468	432
减：利息费用抵税	149.76	138.24
六、税后利息费用	318.24	293.76
七、净利润	2937.6	3251.25

（2）2021年的折旧与摊销为1606万元。

（3）DBX公司适用的企业所得税税率为25%。

（4）2021年确认为无形资产的开发支出为450万元。

（5）假设公司的金融负债均为带息负债；年末在建工程为81万元，年初在建工程为157.5万元。

（6）财务报表中“财务费用”项下的利息支出为495万元，资本化利息支出为175万元。

要求：

（1）计算该公司2021年的营业现金毛流量、营业现金净流量、资本支出和实体现金流量；

（2）计算DBX公司的有关财务比率，并填入下表（“净财务杠杆”保留5位小数，其余指标保留百分号前3位小数，取资产负债表期末数）；

主要财务比率	2021 年	2020 年
净经营资产净利率		
税后利息率		
经营差异率		
净财务杠杆		
杠杆贡献率		
权益净利率		

（3）对 2021 年权益净利率较上年的差异进行因素分解，依次计算净经营资产净利率、税后利息率和净财务杠杆的变动对 2021 年权益净利率变动的影响；

（4）已知净负债成本（税后）为 5%，股权资本成本为 7%，计算 2021 年的披露经济增加值（投资资本取平均数，计算结果出现小数的，均保留小数点后两位小数，百分比指标保留百分号前两位小数，下同）；

（5）DBX 公司作为电力企业，其主业处于关系国家安全、国民经济命脉的重要行业和关键领域，且电力行业资产通用性较差，股权资本成本定为 5%，根据国资委关于经济增加值计算的相关规定，计算 2021 年的简化的经济增加值。

客观题答案速查

我做对了 ________ 题　我得了 ________ 分

一、单项选择题

序号	1	2	3	4	5	6	7	8	9	10
答案	B	B	A	A	A	C	B	C	A	B
序号	11	12	13							
答案	A	C	D							

二、多项选择题

序号	1	2	3	4	5	6	7	8	9	10
答案	AC	AB	ABC	CD	ABC	CD	BC	ACD	ABD	AB
序号	11	12								
答案	ACD	ABC								

参考答案及解析

使用“会计云课堂”App 或“微信”扫码对答案、看解析、掌握解题思路，开启轻松过关之旅。

扫码看解析

一、单项选择题

1.【答案】B

【解析】在确定贝塔值的历史期间时，如果公司风险特征无重大变化，可以采用 5 年或更长的历史期长度，如果公司风险特征发生重大变化，应当使用变化后的年份作为历史期长度，所以选项 A 错误、选项 B 正确；在确定无风险利率时，应当选择上市交易的政府长期债券的到期收益率作为无风险利率的代表，所以选项 C 错误；在计算贝塔值，选择收益计量的时间间隔时，广泛采用的是每周或每月的报酬率，年度报酬率较少采用，所以选项 D 错误。

2.【答案】B

【解析】公司制企业的优点：（1）股权可以转让。（2）有限责任。（3）无限存续，一个公司在最初的所有者和经营者退出后仍然可以继续存在。（4）更容易筹集所需资金。公司制企业的缺点：（1）组建公司的成本高。（2）存在代理问题。（3）双重课税。

3.【答案】A

【解析】选项 B 只有在满足可持续增长率的全部假设条件时才成立。选项 C 当满足不增发新股或回购股票、总资产周转率不变、权益乘数不变时才成立。选项 D 应是本年实际增长率＞本年可持续增长率。

4.【答案】A

【解析】可比公司营业净利率 =250/2000=12.5%

股利支付率 =1−50%=50%

股权成本 =4%+1.5 ×（10%−4%）=13%

可比公司本期市销率 = 营业净利率 × 股利支付率 ×（1+ 增长率）/（股权成本 − 增长率）=12.5% × 50% ×（1+3%）/（13%−3%）=0.64。

甲公司的股权价值 =1500 × 0.64=960（万元）。

5.【答案】A

【解析】实体现金流量是营业现金净流量扣除资本支出后的剩余部分。它是企业在满足经营活动所需投资后，可以支付给债权人和股东的税后现金流量。而营业现金净流量是指营业现金毛流量扣除经营营运资本增加后的剩余现金流量，因此选项 B、C 均正确。选项 A 是营业现金毛流量的概念，而不是实体现金流量的含义，因此错误。实体现金流量等于税后经营净利润减去净经营资产增加，因此选项 D 正确。

6.【答案】C

【解析】剩余股利政策下保持目标资本结构不变是指长期有息负债和所有者权益的比率不变，并不是资产负债率不变，选项 A 错误；采用固定股利支付率政策，可以使股利和公司盈余紧密配合，但是不利于稳定股票价格，选项 B 错误；采用低正常股利加额外股利政策，使得一些依靠股利度日的股东每年至少可以得到虽然较低但比较稳定的股利收入，从而吸引住这部分股东，选项 D 错误。

7.【答案】B

【解析】副产品是指在同一生产过程中，使用同种原料，在生产主要产品的同时附带生产出来的非主要产品。由于副产品价值相对较低，而且在全部产品生产中所占的比重较小，因而先采用简化的方法确定其成本，然后从总成本中扣除，其余额就是主产品的成本。

8.【答案】C

【解析】选项 A 属于重要原材料的重要变化，选项 B、D 属于生产技术和工艺的根本变化，均属于生产的基本条件的重大变化，需要修订基本标准成本。选项 C 不属于生产的基本条件的重大变化，对此不需要修订基本标准成本。

9.【答案】A

【解析】一般情况下，增加销量、提高产品售价、降低单位变动成本、降低固定成本都可以达到降低经营风险的目的，但盈亏临界点销售量 = 固定成本 /（单价 - 单位变动成本），可以看出只有销量对盈亏临界点没有影响，因此选项 A 正确。

10.【答案】B

【解析】A 产品单位约束资源边际贡献 =（5-3）/1=2（万元 / 小时）

B 产品单位约束资源边际贡献 =（10-5）/2=2.5（万元 / 小时）

C 产品单位约束资源边际贡献 =（15-9）/4=1.5（万元 / 小时）

优先安排 B 产品生产 1000 件，A 产品生产 600 件，C 产品产量 =（5000-1000×2-600×1）/4=600（件）

利　润 =600×（5-3）+1000×（10-5）+600×（15-9）-2000=7800（万元）。

11.【答案】A

【解析】在使用剩余收益指标时，应考虑不同部门或者不同资产的风险，规定不同的资本成本率，选项 A 错误。部门投资报酬率的决策结果与总公司的目标不一定一致，但部门剩余收益可以保持部门获利目标与公司整体目标一致，选项 B 正确。部门投资报酬率是相对数指标，因此，便于不同部门之间的比较。部门投资报酬率指标的不足在于部门经理会产生“次优化”行为，会使部门决策和企业整体目标不一致，选项 C 正确。由于部门剩余收益 = 部门税前经营利润 - 部门平均净经营资产 × 部门要求的税前投资报酬率，可见，部门剩余收益的大小与部门要求的税前投资报酬率的高低呈反向变动，选项 D 正确。

12.【答案】C

【解析】在完全成本法下如果期末存货的固定制造费用高于期初存货的固定制造费用，完全成本法下的息税前利润会高于变动成本法下的息税前利润，选项 A 错误。变动成本法下期间费用除了包括销售与管理费用，还包括固定制造费用，所以变动成本法下的期间费用较高，选项 B 错误。完全成本法下在产品和产成品存货中既有变动生产成本也含有固定制造费用，而变动成本法下只包括变动生产成本，选项 C 正确。完全成本法下的当期息税前利润 = 变动成本法下的当期息税前利润 +（期末存货的固定制造费用 - 期初存货的固定制造费用），二者利润间的关系取决于期初、期末存货中含的固定制造费用的多少，选项D错误。

13.【答案】D

【解析】股权资本成本=1×（1+5%）/50+5%=7.1%

税前股权资本成本=7.1%/（1–15%）=8.35%，可转换债券的税前资本成本应在普通债券市场利率与税前股权资本成本之间，因此选项D正确。

二、多项选择题

1.【答案】AC

【解析】买方（多头）期权到期日价值=股票市价–执行价格=23–20=3（元），买方净收益=期权到期日价值–期权价格=3–2=1（元）。卖方（空头）期权到期日价值=–（23–20）=–3（元），卖方净损失=1(元)。该看涨期权为虚值期权，期权的内在价值为0，所以时间溢价=期权价值–内在价值=2–0=2（元）。

2.【答案】AB

【解析】选项C的错误在于没有“不发行股票和不回购股票”的前提；可持续增长率等于期初权益净利率乘以利润留存率，因此选项D错误。

3.【答案】ABC

【解析】两种证券的组合中，证券报酬率之间的相关系数越大，即相关系数越接近于1，风险分散化效应就越弱，机会集曲线弯曲程度越弱，但并不一定是一条直线，只有当相关系数为1的时候，机会集才是一条直线，选项D错误。

4.【答案】CD

【解析】由于项目寿命期不同，因此不能用净现值法进行选优。内含报酬率法不适用于对互斥项目进行评价。

5.【答案】ABC

【解析】若经营杠杆系数较大，表明企业经营风险较大，此时若财务杠杆系数较高，则企业的财务风险也会较高，企业的总体风险会较大，企业应使总风险控制在一定程度上，选项D错误。

6.【答案】CD

【解析】利用预算产量下标准工时与实际产量下实际工时的差额，乘以固定制造费用标准分配率可以计算得出固定制造费用闲置能力差异，选项A错误；利用预算产量下标准工时与实际产量下标准工时的差额，乘以固定制造费用标准分配率可以计算得出固定制造费用能力差异，选项B错误。

7.【答案】BC

【解析】强度动因是在某些特殊情况下，将作业执行中实际耗用的全部资源单独归集，并将该项单独归集的作业成本直接计入某一特定产品。强度动因一般适用于某一特殊订单或某种新产品试制等，选项B、C正确。

8.【答案】ACD

【解析】预计生产量=预计销售量+预计期末产成品存货–预计期初产成品存货，选项A表述错误；变动制造费用预算以生产预算为基础来编制，固定制造费用预算需要逐项进行预计，通常与本期产量无关，选项C表述错误；“所得税费用”项目是在利润预测时估计的，通常不是根据“利润总额”和所得税税率计算出来的，以免陷入数据的循环修改，选项D表述错误。

9.【答案】ABD

【解析】成本中心只对可控成本负责，固定成本也可能是可控成本，所以对可控的固定成本也是要负责的。

10.【答案】AB

【解析】选项A：单价=20元/册

总单位变动成本=10+10%×20=12（元/册）

总固定成本=70+100=170（万元）

保本量=170/（20−12）=21.25（万册）

选项B：目前息税前利润=20×40−12×40−170=150（万元）

净利润=150×（1−25%）=112.5（万元）

营业净利率=112.5/（20×40）=14.06%

选项C：安全边际率=（40−21.25）/40=46.88%

选项D：设单价上涨10%，

息税前利润=20×1.1×40−（10+10%×20×1.1）×40−170=222（万元）

单价敏感系数=[（222−150）/150]/10%=4.8。

11.【答案】ACD

【解析】变动成本大多是可控的，固定成本大多是不可控的，但也不是绝对的，因此选项B错误。

12.【答案】ABC

【解析】销售息税前利润率=安全边际率×边际贡献率，安全边际率或边际贡献率与销售息税前利润率同方向变动，故选项D不正确。

三、计算分析题

1.【答案】

（1）债券税前资本成本=5%+[（6.2%−5%）+（5.6%−4.7%）+（5.8%−4.63%）]/3=6.09%

由于债券票面年有效利率=$(1+3\%)^2-1$=6.09%，等于债券税前资本成本6.09%

所以债券发行价格=债券面值=1000元

发行份数=30000/1000=30（万份）

（2）股权资本成本=6.09%×（1−25%）+3.12%=7.69%

（3）①3年后公司普通股每股市价=9×$(1+5\%)^3$=10.42（元）

假设该分离型附认股权证债券的半年税前资本成本为i，则：

1000=1000×2%×（P/A，i，10）+（10.42−10）×20×（P/F，i，6）+1000×（P/F，i，10）

当i=3%时，1000×2%×（P/A，3%，10）+（10.42−10）×20×（P/F，3%，6）+1000×（P/F，3%，10）=20×8.5302+0.42×20×0.8375+1000×0.7441=921.74（元）

当i=2%时，1000×2%×（P/A，2%，10）+（10.42−10）×20×（P/F，2%，6）+1000×（P/F，2%，10）=20×8.9826+0.42×20×0.8880+1000×0.8203=1007.41（元）

（i−2%）/（3%−2%）=（1000−1007.41）/（921.74−1007.41）

解得：半年税前资本成本i=2.09%

税前资本成本=$(1+2.09\%)^2-1$=4.22%

②因为该分离型附认股权证债券的税前资本成本4.22%小于公司普通债券的税前资本成本6.09%，所以该筹资方案不可行。

③设半年票面利率为i

半年普通债券税前资本成本=$\sqrt{1+6.09\%}-1$=3%

当半年税前资本成本为3%时：

1000×i×（P/A，3%，10）+（10.42−10）×20×（P/F，3%，6）+1000×（P/F，3%，10）=1000

1000×i×8.5302+0.42×20×0.8375+1000×0.7441=1000

i=2.92%

使筹资方案可行的最低票面利率=2×2.92%=5.84%

股票税前资本成本=7.69%/（1−25%）=10.25%

半年股票税前资本成本=$\sqrt{1+10.25\%}-1$=5%

当半年税前资本成本为 5% 时：

1000 × i ×（P/A，5%，10）+（10.42−10）× 20 ×（P/F，5%，6）+1000 ×（P/F，5%，10）=1000

1000 × i × 7.7217+0.42 × 20 × 0.7462+ 1000 × 0.6139=1000

i=4.92%

使筹资方案可行的最高票面利率 =2 × 4.92%=9.84%

综上，使该分离型附认股权证债券筹资可行的票面利率范围在 5.84%~9.84% 之间。

2.【答案】

（1）

成本计算单

产品名称：A 半成品　　2022 年 5 月　　单位：元

项目	产量（件）	直接材料成本	作业成本	合计
月初在产品成本		7800	25400	33200
本月发生成本		172000	282982.5	454982.5
合计		179800	308382.5	488182.5
单位产品成本		179800/（600+200）=224.75	308382.5/（600+200 × 50%）=440.55	665.3
完工半成品成本	600	134850	264330	399180
月末在产品成本	200	44950	44052.5	89002.5

【解析】

作业成本分配率与作业成本的分配

项目	分配率	产品 A 分配成本（元）	产品 B 分配成本（元）
①	设备调整作业分配率 =43900/16=2743.75（元 / 次）	2743.75 × 6=16462.5	2743.75 × 10=27437.5
②	加工作业分配率 =269720/22000=12.26（元 / 小时）	12.26 × 16000=196160	12.26 × 6000=73560
③	检验作业分配率 =52650/90=585（元 / 次）	585 × 56=32760	585 × 34=19890
④	车间管理作业分配率 =66176/28160=2.35（元 / 平方米）	2.35 × 16000=37600	2.35 × 12160=28576
合计	—	282982.5	149463.5

（2）

成本计算单

产品名称：A 产品　　2022 年 5 月　　单位：元

项目	产量（件）	直接材料成本	直接人工成本	作业成本	合计
月初在产品成本		15600	8900	7600	32100
本月发生额		399180	35000	64000	498180
合计		414780	43900	71600	530280
单位产品成本		414780/（600+100）=592.54	43900/（600+100×50%）=67.54	71600/（600+100×50%）=110.15	770.23
完工产品成本	600	355524	40524	66090	462138
月末在产品成本	100	59256	3376	5510	68142

（3）

A 产品成本还原表

单位：元

项目	半成品成本	直接材料成本	直接人工成本	作业成本	合计
还原前	355524		40524	66090	462138
上步骤完工半成品成本		134850		264330	399180
还原率	355524/399180				
半成品还原	-355524	120102.24		235421.76	0
还原后		120102.24	40524	301511.76	462138

3.【答案】

现金预算

单位：万元

项目	第一季度	第二季度	第三季度	第四季度	合计
期初现金余额	15	14.1	11.2	13.5	15
现金收入：					
本期销售本期收款	1000	2400	1000	1000	5400
上期销售本期收款	250	500	1200	500	2450
现金收入合计	1250	2900	2200	1500	7850
现金支出：					
直接材料	150	171	339	150	810
直接人工	513	1017	450	450	2430
制造费用	684	1356	600	600	3240
销售与管理费用	300	300	300	300	1200
所得税费用	40	40	40	40	160
购买设备支出	0	0	25	0	25
现金支出合计	1687	2884	1754	1540	7865
现金多余或不足	-422	30.1	457.2	-26.5	0
向银行借款	445			40	485
归还银行借款		10	435		445
支付借款利息	8.9	8.9	8.7	0.8	27.3
期末现金余额	14.1	11.2	13.5	12.7	12.7

【解析】

生产预算

单位：万桶

项目	第一季度	第二季度	第三季度	第四季度	下年一季度
销量	75	180	75	75	75
期末产成品存货	18	7.5	7.5	7.5	
期初产成品存货	7.5	18	7.5	7.5	
生产量	85.5	169.5	75	75	

材料采购预算

项目	第一季度	第二季度	第三季度	第四季度
生产量（万桶）	85.5	169.5	75	75
材料单耗（千克 / 桶）	0.5	0.5	0.5	0.5
生产需用量（万千克）	42.75	84.75	37.5	37.5
期末材料存量（万千克）	0	0	0	0
期初材料存量（万千克）	0	0	0	0
材料采购量（万千克）	42.75	84.75	37.5	37.5
单价（元 / 千克）	4	4	4	4
采购金额（万元）	171	339	150	150
年初应付账款（万元）	150			
材料采购付现支出（万元）	150	171	339	150

人工和制造费用预算

项目	第一季度	第二季度	第三季度	第四季度
生产量（万桶）	85.5	169.5	75	75
单位产品人工工时（小时 / 桶）	0.2	0.2	0.2	0.2
人工总工时（万小时）	17.1	33.9	15	15
每小时人工成本（元）	30	30	30	30

续表

项目	第一季度	第二季度	第三季度	第四季度
人工总成本（万元）	513	1017	450	450
制造费用分配率（元 / 小时）	40	40	40	40
制造费用（万元）	684	1356	600	600

第一季度：现金余缺额 + 借款 – 借款利息≥ 10

–422+ 借款 – 借款 ×8%/4 ≥ 10，解得：借款≥ 440.82（万元）

借款取 5 万元整数倍，借款额为 445 万元

借款利息 =445×8%/4=8.9（万元）

第二季度：现金余缺额 – 还款 – 借款利息≥ 10

30.1– 还款 –445×8%/4 ≥ 10，解得：还款≤ 11.2（万元）

还款取 5 万元整数倍，还款额为 10 万元

第三季度：借款利息 =（445–10）×8%/4=8.7（万元）

457.2– 还款 –8.7 ≥ 10，解得：还款≤ 438.5（万元）

还款取 5 万元整数倍,还款额为 435 万元,剩余银行借款可以全部偿还

第四季度：现金余缺额 + 借款 – 借款利息≥ 10

–26.5+ 借款 – 借款 ×8%/4 ≥ 10，解得：借款≥ 37.24（万元）

借款取 5 万元整数倍，借款额为 40 万元

全年现金多余或不足 = 期初现金余额 + 本年现金收入合计 – 本年现金支出合计 =15+7850–7865=0（万元）。

【提示】计算现金多余或不足的全年合计数时，不能各期相加计算。因为期初现金余额会在本季度使用，下季度初会形成新的期初现金余额，而不是累计存在的，所以现金多余或不足的全年合计数就不能各期相加计算。

4.【答案】

（1）专利每年摊销金额 =300/10=30（万元）

土地使用权每年摊销金额 =1000/50=20（万元）

厂房每年折旧金额 =800×（1–10%）/30=24（万元）

设备每年折旧金额 =400×（1–5%）/10=38（万元）

新增人员固定工资 =15×2+3000×12/10000×（25+5）=138（万元）

年固定成本总额 =30+20+24+38+138+108+135+20+122=635（万元）

X 产品单位变动成本 =50+30+10+6+4=100（元）

Y 产品单位变动成本 =80+50+10+6+4=150（元）

（2）加权平均边际贡献率 =［（160–100）×12+（200–150）×11］/（160×12+200×11）=30.83%

保本销售总额 =635/30.83%=2059.68（万元）

X 产品保本额 =2059.68×160×12/（160×12+200×11）=959.85（万元）

X 产品保本量 =959.85/160=6（万瓶）

X 产品的安全边际率 =（12–6）/12=50%

Y 产品保本额 =2059.68×200×11/（160×12+200×11）=1099.83（万元）

Y 产品保本量 =1099.83/200=5.5（万瓶）

Y 产品的安全边际率 =（11–5.5）/11=50%

（3）息税前利润 =（160–100）×12+（200–150）×11–635=635（万元）

经营杠杆系数=边际贡献/息税前利润=[(160-100)×12+(200-150)×11]/635=2。

四、综合题

【答案】

(1)营业现金毛流量=税后经营净利润+折旧与摊销=3255.84+1606=4861.84(万元)

营业现金净流量=营业现金毛流量-经营营运资本增加=4861.84-(9166-10735)=6430.84(万元)

资本支出=净经营性长期资产增加+折旧与摊销=(19688-14962)+1606=6332(万元)

实体现金流量=6430.84-6332=98.84(万元)

(2)

主要财务比率	2021年	2020年
净经营资产净利率	11.284%	13.795%
税后利息率	2.579%	3.599%
经营差异率	8.705%	10.196%
净财务杠杆	0.74724	0.46547
杠杆贡献率	6.505%	4.746%
权益净利率	17.789%	18.541%

(3)权益净利率=净经营资产净利率+(净经营资产净利率-税后利息率)×净财务杠杆

2020年权益净利率:13.795%+(13.795%-3.599%)×0.46547=18.541% ①

第一次替代:11.284%+(11.284%-3.599%)×0.46547=14.861% ②

第二次替代:11.284%+(11.284%-2.579%)×0.46547=15.336% ③

第三次替代:11.284%+(11.284%-2.579%)×0.74724=17.789% ④

净经营资产净利率变动的影响:②-①=14.861%-18.541%=-3.68%

税后利息率变动的影响:③-②=15.336%-14.861%=0.475%

净财务杠杆变动的影响:④-③=17.789%-15.336%=2.453%

(4)平均净投资资本=(28854+25697)/2=27275.5(万元)

平均净负债=(12340+8162)/2=10251(万元)

平均所有者权益=(16514+17535)/2=17024.5(万元)

加权平均资本成本=(10251/27275.5)×5%+(17024.5/27275.5)×7%=6.25%

披露经济增加值=3255.84+102×(1-25%)-[27275.5+102×(1-25%)]×6.25%=1622.84(万元)

(5)研究开发费用调整项=研发费用+当期确认为无形资产的开发支出=102+450=552(万元)

税后净营业利润=净利润+(利息支出+研究开发费用调整项)×(1-25%)=2937.6+(495+552)×(1-25%)=3722.85(万元)

平均所有者权益=(16514+17535)/2=17024.5(万元)

平均带息负债=(13041+10000)/2=

11520.5（万元）

调整后资本 = 平均所有者权益 + 平均带息负债 – 平均在建工程 =17024.5+11520.5–（81+157.5）/2=28425.75（万元）

债权（税前）资本成本 =（495+175）/11520.5=5.82%

平均资本成本率 =5.82%×（1–25%）×11520.5/（17024.5+11520.5）+5%×17024.5/（17024.5+11520.5）=4.74%

年末资产负债率 =（13041+3150+788）/（13041+3150+788+16514）=50.69%

年初资产负债率 =（10000+2346+1182）/（10000+2346+1182+17535）=43.55%

所以加权平均资本成本不属于需要调整的情况

简化的经济增加值 = 税后净营业利润 – 调整后资本 × 平均资本成本率 =3722.85–28425.75×4.74%=2375.47（万元）。

◇唐山市润丰印务有限公司

0104070120227872

东奥教育集团
www.dongao.com

24年丰碑屹立，成就千万学员

轻松过关® 1

FINANCIAL

MANAGEMENT AND COST MANAGEMENT

2022年注册会计师考试
应试指导及全真模拟测试
财务成本管理

（下册）

● 闫华红　主编
● 东奥会计在线　编

北京科学技术出版社

编著名师：闫华红

拥有二十几年财会教学经验，编著“轻松过关®”系列图书二十余年，管理学博士、会计学教授。治学严谨、重点突出，擅长公式推导，总结考点关联，化繁为简、化难为易。

正版《轻一》，独享3大「超能力」

1 免费听 → 轻1名师亲授，书课同步 ——*高效学*

- 本章小结“导图课”：重点复盘，精妙点拨
- 前两章“名师网课”：凝结考点，精致解读

2 畅快享 → 全程辅导，解决学习烦恼 ——*省心学*

- 24小时内专业答疑服务（30次/科）
- App同步题库，边学边练

3 随心拍 → 伴读小程序，一键智能解惑 ——*轻松学*

- 拍考点：看视频，做习题
- 拍题目：看答案，听讲解

轻松两步，解锁「超能力」

STEP1

扫码下载“会计云课堂”App

STEP2

刮开封面的防伪码，
用App扫描二维码激活领取

轻松过关® 1

2022年注册会计师考试

应试指导及全真模拟测试

财务成本管理

（下册）

闫华红 主编

东奥会计在线 编

北京科学技术出版社

目录

CONTENTS

第二部分　考点精讲及同步训练

第三部分 跨章节主观题演练

第十五章　作业成本法

CHAPTER-15

本章学习指南

一、考情分析

本章近几年涉及分数不多，考试的题型主要是客观题，但也可以与第十三章产品成本计算结合以主观题的形式考查。

最近 3 年题型、题量分析表

题型	2019 年		2020 年		2021 年	
	试卷Ⅰ	试卷Ⅱ	试卷Ⅰ	试卷Ⅱ	试卷Ⅰ	试卷Ⅱ
单项选择题	—	—	—	—	—	—
多项选择题	1 题 2 分	1 题 2 分	1 题 2 分	1 题 2 分	1 题 2 分	2 题 4 分
计算分析题	0.5 题 4 分	—	—	—	—	—
综合题	—	—	—	—	—	—
合计	1.5 题 6 分	1 题 2 分	1 题 2 分	1 题 2 分	1 题 2 分	2 题 4 分

二、教材变化

本章与 2021 年的教材相比只是个别文字的调整，没有实质性变化。

三、考点框架

- 第十五章 作业成本法
  - 作业成本法的概念与特点
    - 作业成本法的产生背景及含义 ★
    - 作业成本法的核心概念 ★★
    - 作业成本法与传统成本法的异同 ★★
  - 作业成本计算
    - 作业成本的计算原理 ★★★
    - 作业成本的计算方法 ★★
    - 作业成本法的优点、局限性与适用条件 ★★
  - 作业成本管理
    - 增值作业与非增值作业的划分 ★★
    - 基于作业进行成本管理 ★

核心考点精讲

第一节　作业成本法的概念与特点

使用“会计云课堂”App 或“微信”扫码查看本节视频，快速 GET 知识点。

一、作业成本法的产生背景及含义★

产生背景	随着“机器取代人”的自动化制造时代来临，直接人工成本比重大大下降，制造费用（主要是折旧费用等固定成本）比重大大增加，因此制造费用的分配科学与否将很大程度上决定产品成本计算的准确性和成本控制的有效性
含义	作业成本法是将间接成本和辅助费用更准确地分配到产品和服务中的一种成本计算方法

二、作业成本法的核心概念★★

（一）核心概念

相关概念	要点
作业	作业是指企业中特定组织（成本中心、部门或产品线）重复执行的任务或活动
资源	资源是指作业耗费的人工、能源和实物资产（车床和厂房等）
成本动因	成本动因是指作业成本或产品成本的驱动因素

要点小贴士

成本动因
- 资源成本动因
- 作业成本动因
  - 业务动因
  - 持续动因
  - 强度动因

（二）成本动因的分类

种类	含义	作用
资源成本动因	是引起作业成本增加的驱动因素	依据资源成本动因可以将资源成本分配给各有关作业
作业成本动因	是引起产品成本增加的驱动因素	依据作业成本动因可以将作业成本分配给各产品

经典题解

【**例题1·多选题**】下列有关“资源成本动因”的表述中，正确的有（　　）。

A. 是引起作业成本变动的因素

B. 是引起产品成本变动的因素

C. 用来衡量一项作业对资源的消耗量，运用它可以将资源成本分配给各有关作业

D. 用来计量各种产品对作业耗用的情况，并被用来作为作业成本的分配基础

【**解析**】成本动因分为资源成本动因和作业成本动因。选项B、D是作业成本动因的含义和作用。

【**答案**】AC

三、作业成本法与传统成本法的异同★★

计算方法		传统成本计算法	作业成本法
区别	间接成本分配	间接成本的分配路径：“资源→部门→产品” 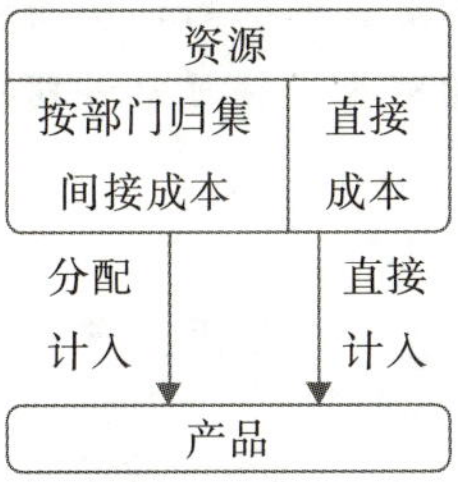 	间接成本的分配路径：“资源→作业→产品” 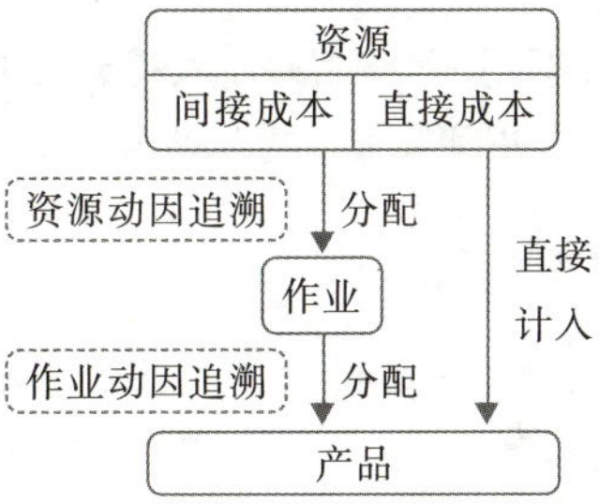
		仅有少数间接成本集合（如制造费用），成本集合内部是由多种不同性质的间接费用组成的集合（缺乏同质性）	建立多个间接成本集合（作业成本集合），成本集合内部的间接费用具有同质性
		间接成本通常按直接人工等产量基础（产量，或与产量相关的业务量，如人工工时、机器工时、人工工资等）分配	间接成本的分配基础采用多维（不同层面的、众多的）成本动因进行成本分配
		成本分配基础和间接成本集合之间缺乏因果联系	成本分配基础和间接成本集合之间具有因果联系。分配主要使用追溯和动因分配，尽可能减少不准确的分摊

要点小贴士

作业成本法下也有可能会存在按产量基础分配的成本。有些成本既不能追溯，也不能合理、方便地找到成本动因，只好使用产量作为分配基础，将其强制分摊给成本对象。

计算方法		传统成本计算法	作业成本法
区别	直接成本	通常仅限于直接人工和直接材料，其他成本都归集于制造费用进行统一分配	直接成本的范围比传统成本法的要大，凡是易于追溯到产品的材料、人工和其他成本都可以直接归属于特定产品，尽量减少不准确的分配（作业成本法认为有些“制造费用”的项目可以直接归属于成本对象）
	适用范围	适用于传统加工业	适用于新兴的高科技领域
		产量是成本的主要驱动因素的企业	直接材料与直接人工占成本比重很小，且与间接成本没有直接因果关系的企业
	成本信息	产生误导性的成本信息：夸大高产量产品的成本，缩小低产量产品的成本	成本信息更准确
相同点	都是完全成本法（不是变动成本法），对全部生产成本进行分配计算		
	直接成本都是直接计入产品成本		

【提示】使用追溯方式得到的产品成本是最准确的；动因分配不像追溯那样准确，但只要因果关系建立恰当，成本分配的结果同样可以达到较高的准确程度。

经典题解

【真题 2 · 多选题】与作业基础成本计算制度相比，产量基础成本计算制度存在的局限性有（　　）。（2015 年卷 Ⅱ）

A. 整个工厂仅有一个或几个间接成本集合，间接成本集合缺乏同质性

B. 成本计算过于复杂

C. 容易夸大高产量产品的成本

D. 成本分配基础与间接成本集合之间缺乏因果联系

【解析】相比较作业成本法，传统成本法计算比较简单，选项 B 错误。

【答案】ACD

【例题 3 · 多选题】下列关于作业成本法的说法中，正确的有（　　）。

A. 作业成本法强调使用多维（不同层面和数量众多）的资源成本动因将作业成本追溯到产品

B. 作业成本法是将间接成本和辅助费用更准确地分配到产品和服务中的一种成本计算方法

C. 作业成本法的基本思想是“产品消耗作业，作业消耗资源”

D. 作业成本法强调使用直接追溯和动因分配方式来分配成本

【解析】作业成本法是把资源的消耗按资源成本动因首先追溯到作业，然后使用多维（不同层面和数量众多）的作业成本动因将作业成本追溯到产品。选项 A 错在把作业成本动因说成是资源成本动因。

【答案】BCD

第二节　作业成本计算

使用“会计云课堂”App或“微信”扫码查看本节视频，快速GET知识点。

一、作业成本的计算原理★★★

（一）作业的认定

作业认定需要对每项消耗资源的作业进行定义，识别每项作业在生产活动中的作用、与其他作业的区别，以及每项作业与耗用资源的联系。

（二）作业成本库的设计

种类	含义	特点	举例
单位级作业成本库	指每一单位产品至少要执行一次的作业	单位级作业成本是直接成本，可以追溯到每个单位产品上，即直接计入成本对象的成本计算单	机器加工、组装。这类作业的成本包括直接材料、直接人工工时、机器成本和直接能源消耗等
批次级作业成本库	指同时服务于每批产品或许多产品的作业	它们的成本取决于批次，而不是每批中单位产品的数量	成批采购、成批搬运、生产前机器调试、生产准备、产品检验等
品种级（产品级）作业成本库	指服务于某种型号或样式产品的作业	品种级作业成本仅仅因为某个特定的产品品种存在而发生	产品设计、产品更新、产品生产工艺规程制定、工艺改造等
生产维持级作业成本库	指服务于整个工厂的作业	它们是为了维护生产能力而进行的作业，不依赖于产品的数量、批次和种类	工厂保安、维修、行政管理、保险、财产税等

要点小贴士

（1）单位级作业的成本与产量成比例变动；

（2）批次级作业的成本与产品批次成比例变动；

（3）品种级作业的成本与产品品种数成比例变动；

（4）生产维持级作业的成本多是固定成本，没有必然的比例关系。

【提示】产品比品种更综合，一种产品可能包括多种规格型号的品种，但产品级作业与品种级作业具有相似特征。

经典题解

【真题4·多选题】甲公司是一家电子产品生产企业，从事电子产品的设计、生产和销售，按照客户订单分批组织生产，间接加工费按照作业成本法分配。下列关于作业成本库设计的说法中，正确的有（　　）。（2021年卷Ⅰ）

A. 产品设计作业属于品种级作业

B. 产品订单处理属于批次级作业

C. 产品组装作业属于单位级作业

D. 产品包装作业属于维持级作业

【解析】产品包装作业属于单位级作业，选项D错误。

【答案】ABC

真题点拨

考试的出题模式一般为给出举例，判断是哪种作业。因此教材中的举例要熟练掌握。

【真题5·多选题】在作业成本法中，下列各项属于生产维持级作业的有（　　）。（2021年卷Ⅱ）

A. 工艺改造　　B. 工厂保安

C. 行政管理　　D. 订单处理

【解析】选项A属于品种级作业；选项D一般属于批次级作业。

【答案】BC

【真题6·多选题】甲公司是一家空调生产企业，采用作业成本法核算产品成本，现正进行作业库设计，下列说法正确的有（　　）。（2020年卷Ⅰ、卷Ⅱ）

A. 空调加工属于单位级作业

B. 空调设计属于品种级作业

C. 空调工艺流程改进属于生产维持级作业

D. 空调成品抽检属于批次级作业

【解析】单位级作业是指每一单位产品至少要执行一次的作业。例如，机器加工、组装。选项A正确。品种级作业是指服务于某种型号或样式产品的作业。例如，产品设计、产品生产工艺规程制定、工艺改造、产品更新等。选项B正确、选项C错误。批次级作业是指同时服务于每批产品或许多产品的作业。例如，生产前机器调试、成批产品转移至下一工序的运输、成批采购和检验等。选项D正确。

【答案】ABD

【真题7·多选题】甲公司采用作业成本法，下列选项中，属于生产维持级作业库的有（　　）。（2019年卷Ⅰ、卷Ⅱ）

A. 工厂安保　　B. 机器加工

C. 行政管理　　D. 半成品检验

【解析】生产维持级作业，是指服务于整个工厂的作业，例如，工厂保安、维修、行政管理、保险、财产税等，选项A、C正确；选项B属于单位级作业；选项D属于批次级作业。

【答案】AC

【真题8·单选题】甲企业采用作业成本法计算产品成本，每批产品生产前需要进行机器调试，在对调试作业中心进行成本分配时，最适合采用的作业成本动因是（　　）。（2017年卷Ⅰ、卷Ⅱ）

A. 产品品种　　B. 产品数量

C. 产品批次　　D. 每批产品数量

【解析】生产前机器调试属于批次级作业，它们的成本取决于批次，因此作业成本动因应采用产品批次，选项C正确。

【答案】C

【真题9·多选题】下列各项作业中，属于品种级作业的有（　　）。（2017年卷Ⅰ、卷Ⅱ）

A. 产品组装　　B. 产品生产工艺改造

C. 产品检验　　D. 产品推广方案制定

【解析】品种级作业是指服务于某种型号或样式产品的作业。例如，产品设计、产品生产工艺规程制定、工艺改造、产品更新等。选项 A 属于单位级作业，选项 C 属于批次级作业。

【答案】BD

（三）资源成本分配到作业

资源成本借助于资源成本动因分配到各项作业。

名师点拨

考试中资源分配到作业的结果通常是已知的，关键考查作业成本如何分配到最终的产品（服务）。

（四）作业成本分配到成本对象

1. 单位作业成本的确定

单位作业成本（分配率）= 本期作业成本库归集总成本 / 各个分配对象耗用的作业动因量合计

相关链接

与第 13 章间接费用分配率的通用公式一致。

2. 作业成本动因的种类

种类	主要内容	假定	特点	教材举例
业务动因	通常以执行的次数作为作业动因	单位时间耗用资源相等 每次作业耗用时间相等	精确度最差，但其执行成本最低	质量检验（若每次耗时相等）
持续动因	指执行一项作业所需的时间标准	单位时间耗用资源相等 每次作业耗用时间不等	精确度和执行成本居中	质量检验（若每次耗时不等）
强度动因	在某些特殊情况下，将作业执行中实际耗用的全部资源单独归集，并将该项单独归集的作业成本直接计入某一特定的产品	单位时间耗用资源不等 每次作业耗用时间不等	精确度最高，但其执行成本最昂贵	特殊订单、新产品试制

名师点拨

教材中的举例是以往考试的重点。

经典题解

【真题 10 · 单选题】下列各项中，应使用强度动因作为作业量计量单位的是（　　）。（2016 年卷Ⅰ、卷Ⅱ）

A. 产品的生产准备

B. 产品的研究开发

C. 产品的机器加工

D. 产品的分批质检

【解析】强度动因是在某些特殊情况下，将作业执行中实际耗用的全部资源单独归集，并将该项单独归集的作业成本直接计入某一特定的产品。强度动因一般适用于某一特殊订单或某种新产品试制等，选项 B 正确。

【答案】B

二、作业成本的计算方法★★

1. 计算作业成本分配率

$$实际作业成本分配率=\frac{当期实际发生的作业成本}{当期实际作业动因量}$$

名师点拨

教材没有这个分类，不需要记忆这个概念。主观题有时会出现次要作业，这时要先分配次要作业，再分配主要作业。

【扩展】主要作业与次要作业（辅助作业）

项目	次要作业	主要作业
含义	被原材料、主要作业等介于中间地位的成本对象消耗的作业	被产品、服务或顾客等最终成本对象消耗的作业
公式	次要作业分配率＝次要作业总成本/该作业动因总量	主要作业分配率＝（原有的待分配作业成本＋次要作业分配转入的作业成本）/各个产品耗用的作业动因量合计

2. 某产品耗用的作业成本

某产品耗用的作业成本＝Σ（该产品耗用的作业动因量×实际作业成本分配率）

3. 某产品当期发生总成本

某产品当期发生总成本＝当期投入该产品的直接成本＋该产品当期耗用的各项作业成本

【提示】如同传统成本计算一样，作业成本分配时可以采用实际分配率或者预算分配率。

【扩展】按预算（正常）作业成本分配率分配作业成本的计算步骤及公式：

（1）确定预算（正常）作业成本分配率＝$\frac{预计作业成本}{预计（正常）作业动因量产出}$

（2）按预算（正常）作业成本分配率分配作业成本：

某产品应分配作业成本＝Σ［预算（正常）作业成本分配率×该产品实际耗用的作业动因量］

（3）计算当期投入的总成本：

某产品当期发生总成本＝该产品当期发生的实际直接成本＋该产品应分配作业成本

（4）计算、结转作业成本差异：

作业成本差异＝当期实际作业成本－应分配的作业成本

（5）会计期末进行作业成本差异调整：

要点小贴士

说明差异直接计入当期损益，无须在各个产品之间分配。

①发生的差异可以全部直接结转本期营业成本；

②发生的差异也可以计算作业成本差异率并据以分配给有关产品。

经典题解

【例题11·计算分析题】甲公司是一家服装生产企业，按订单组织生产，2022年5月接受订单加工200件夹克和100件西服。西服和夹克均需先后经过裁剪和缝纫两道作业工序方可完成。原材料均在开工时一次性投入，公司采用作业成本计算法计算成本。公司财务部门和生产技术部门对生产过程进行了分析，识别出三项作业，分别是生产准备作业、裁剪作业和缝纫作业。生产准备作业负责对裁剪作业、缝纫作业进行生产准备，作业动因是生产准备次数；裁剪作业的作业动因是裁剪人工工时；缝纫作业的作业动因是缝纫机器工时。假设直接人工成本不单列成本项目，被归入相应作业库。2022 年 5 月生产成本相关资料如下：

（1）本月生产量。（单位：件）

项目	月初在产品	本月投产	本月完工	月末在产品
夹克	0	200	100	100
西服	0	100	50	50

（2）月末在产品。

夹克在产品 100 件，全部处于裁剪阶段，尚未进入缝纫阶段，平均完成裁剪作业的 50%；西服在产品 50 件，裁剪作业全部完成，缝纫作业平均完成 40%。

解题攻略

作业成本法下，对每一项作业的完工率要分别确定。尚未进入的作业，说明在产品这项作业的完工率为 0；全部完成的作业，说明在产品这项作业的完工率为 100%。

（3）本月直接材料费用。

夹克领用 X 材料的成本为 10000 元、西服领用 Y 材料的成本为 30000 元；共同耗用 Z 材料 3000 尺，单价 5 元 / 尺，本月西服、夹克的 Z 材料单耗相同，按产品产量进行分配。

（4）本月制造费用。

作业成本库	作业成本（元）	作业动因	作业量		
			裁剪作业	缝纫作业	合计
生产准备作业	72000	生产准备次数（次）	10	2	12
			夹克	西服	合计
裁剪作业	75000	人工工时（小时）	700	300	1000
缝纫作业	220000	机器工时（小时）	100	700	800
合计	367000		—	—	—

要求：

（1）编制作业成本分配表（结果填入下方表格中，不用列出计算过程）。

作业名称	分配率	作业成本（元）	
		裁剪作业	缝纫作业
生产准备作业			
—	—	夹克	西服
裁剪作业			
缝纫作业			

（2）编制产品成本计算单（结果填入下方表格中，不用列出计算过程）。

夹克成本计算单

2022年5月　　单位：元

项目	直接材料	作业成本		合计
		裁剪作业	缝纫作业	
月初在产品成本				
本月生产费用				
合计				
单位成本				
完工产品成本				
月末在产品成本				

西服成本计算单

2022年5月　　单位：元

项目	直接材料	作业成本		合计
		裁剪作业	缝纫作业	
月初在产品成本				
本月生产费用				
合计				
单位成本				
完工产品成本				
月末在产品成本				

【答案】

（1）

作业名称	分配率	作业成本（元）	
		裁剪作业	缝纫作业
生产准备作业	72000/12=6000	6000×10=60000	6000×2=12000
—	—	夹克	西服
裁剪作业	（75000+60000）/1000=135	135×700=94500	135×300=40500
缝纫作业	（220000+12000）/800=290	290×100=29000	290×700=203000

解题攻略

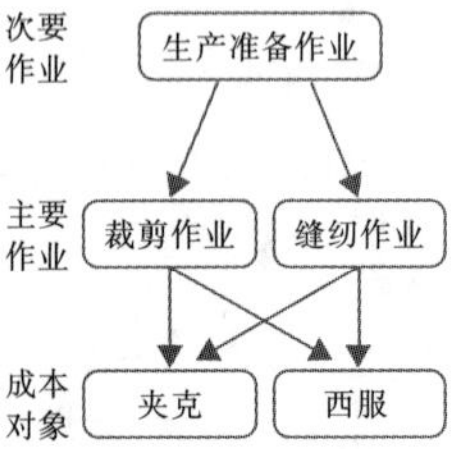

裁剪（缝纫）作业分配率=[原有的裁剪（缝纫）作业成本+生产准备作业分配转入的作业成本]/各个产品耗用的作业动因量合计

（2）

夹克成本计算单

2022 年 5 月　　　　单位：元

项目	直接材料	作业成本		合计
		裁剪作业	缝纫作业	
月初在产品成本	0	0	0	0
本月生产费用	10000+（3000×5/300）×200=20000	94500	29000	143500
合计	20000	94500	29000	143500
单位成本	20000/（100+100）=100	94500/（100+100×50%）=630	29000/（100+0）=290	1020
完工产品成本	10000	63000	29000	102000
月末在产品成本	10000	31500	0	41500

解题攻略

由于已知月初在产品的数量是 0，因此月初在产品成本这一行都为 0。

西服成本计算单

2022 年 5 月　　　　单位：元

项目	直接材料	作业成本		合计
		裁剪作业	缝纫作业	
月初在产品成本	0	0	0	0
本月生产费用	30000+（3000×5/300）×100=35000	40500	203000	278500
合计	35000	40500	203000	278500
单位成本	35000/（50+50×100%）=350	40500/（50+50×100%）=405	203000/（50+50×40%）=2900	3655
完工产品成本	17500	20250	145000	182750
月末在产品成本	17500	20250	58000	95750

【例题12·计算分析题】某公司生产甲产品，相关资料如下：

资料一：2022年年初制定的全年的间接费用的成本动因预算资料如下：

作业成本集合	成本动因	预算分配率
质量控制	检查次数	50元/次
机器设置	设置次数	100元/次
账款登记	发票数	26元/张
车间管理	管理工时	10元/小时

资料二：公司按分批法计算产品成本，2022年2月5日，该公司接下A客户一个500台甲产品的订单，其订单生产标准要求为：

检查次数（次）	设置次数（次）	发票数（张）	管理工时（小时）
25	200	5	1000

2022年2月25日，为A客户加工的甲产品全部完工，本月根据材料分配表，该批产品所耗费的直接材料的实际成本为125000元。

资料三：该公司2022年2月底归集的实际发生的作业成本数据如下：

作业成本集合	成本动因	间接成本实际发生额（元）	成本动因作业水平
质量控制	检查次数	511500	10000次
机器设置	设置次数	1052000	10000次
账款登记	发票数	6700	250张
车间管理	管理工时	329334.75	30000小时
合计	—	1899534.75	—

公司按预算作业成本分配率分配作业成本。

要求：

（1）A客户500台甲产品应分配的作业成本是多少？

（2）若发生的差异可以直接结转本期营业成本，则在作业成本法下，500台甲产品成本是多少？

（3）根据资料三计算总作业成本差异率，发生的差异按照总预算作业成本比例进行分配，则在作业成本法下，为A客户加工的500台甲产品的实际成本是多少？

【答案】

（1）500台甲产品应分配的作业成本 $=50\times25+100\times200+26\times5+10\times1000=31380$（元）

（2）A客户的500台甲产品的产品成本＝直接成本＋已分配作业成本 $=125000+31380=156380$（元）

（3）2月份的预算作业成本 $=50\times10000+100\times10000+26\times250+10\times30000=1806500$（元）

差异率 =（1899534.75-1806500）/1806500=5.15%

A 客户的 500 台甲产品的产品成本 =125000+31380×（1+5.15%）=157996.07（元）。

三、作业成本法的优点、局限性与适用条件 ★★

优点	成本计算更准确	扩大直接追溯比例，减少成本分配的扭曲；采用多种成本动因作为间接成本的分配基础，改善分配基础与被分配成本的相关性
	成本控制与成本管理更有效	使管理人员知道成本是如何发生的，能够从成本动因上改进成本控制，消除非增值作业、提高增值作业的效率，有助于持续降低成本和不断消除浪费
	为战略管理提供信息支持	战略管理需要相应的信息支持： ①作业成本法与价值链分析概念一致，企业的价值链也就是其作业链 ②对成本领先战略提供信息支持
局限性	开发和维护费用较高	成本动因数量越大，开发和维护费用越高
	不符合对外财务报告的需要	因为作业成本法计算出的产品成本既包含制造成本、也可能包含部分非制造成本
	确定成本动因比较困难	间接成本并非都与特定的成本动因相关联。可能：①找不到成本动因；②取得数据成本高；③成本与成本动因相关程度都很低
	不利于通过组织控制进行管理控制	作业成本法的成本库与企业组织结构不一致，不利于提供管理控制的信息（传统完全成本计算法按部门建立成本中心，为实施责任会计和业绩评价提供方便）
适用条件	成本结构	制造费用在产品成本中占有较大比重
	产品品种	产品多样性程度高（包括产品产量的多样性、规模的多样性、产品制造或服务复杂程度的多样性、原材料的多样性和产品组装的多样性）
	外部环境	面临的竞争激烈
	公司规模	比较大

要点小贴士

产品多样性高意味着会有间接费用分配到各种对象上，因此需要提高分配的准确性。

经典题解

【真题 13 · 多选题】某企业生产经营的产品品种繁多，间接成本比重较高，成本会计人员试图推动该企业采用作业成本法计算产品成本，下列理由中适合用于说服管理层的有（　　）。（2015 年卷Ⅰ、卷Ⅱ）

A. 通过作业管理可以提高成本控制水平

B. 使用作业成本信息有利于价值链分析

C. 使用作业成本法可提高成本分配准确性

D. 使用作业成本信息可提高经营决策质量

【解析】本题的考点是作业成本法的优点。

【答案】ABCD

第三节　作业成本管理

使用“会计云课堂”App或“微信”扫码查看本节视频，快速GET知识点。

一、增值作业与非增值作业的划分★★

含义	是站在顾客角度划分的。最终增加顾客价值的作业是增值作业，否则就是非增值作业
区分标准	就是看这个作业的发生是否有利于增加顾客的价值，或者说增加顾客的效用
非增值作业举例	等待作业、材料或者在产品堆积作业、产品或者在产品在企业内部迂回运送作业、废品清理作业、次品处理作业、返工作业、无效率重复某工序作业、由于订单信息不准确造成没有准确送达需要再次送达的无效率作业等

名师点拨

考试容易考查非增值作业的举例。

经典题解

【真题14·多选题】对于制造业企业，下列各项属于非增值作业的有（　　）。（2021年卷Ⅱ）

A. 迂回运送作业　　　　B. 次品处理作业

C. 返工作业　　　　　　D. 废品清理作业

【解析】最终增加顾客价值的作业是增值作业，否则就是非增值作业。选项A、B、C、D都不会增加顾客价值。

【答案】ABCD

二、基于作业进行成本管理★

目标	要努力找到非增值作业成本并努力消除它、转化它或将之降到最低
内容	（1）确认和分析作业 （2）作业链—价值链分析 （3）成本动因分析 （4）业绩评价以及报告非增值作业成本

本章小结

下载“会计云课堂”App 学习

您已成功完成“第十五章”的学习，本章共 8 个考点，您都学会了吗？

为了让您对章节有更清晰的理解，加倍巩固。本书作者闫华红老师将通过**“视频导图课”**的方式，带您回顾重要考点。

名师点拨，视听结合，高效提分。

※ 欢迎您扫码，免费观看学习。

历年经典主观题回顾

使用“会计云课堂”App 或“微信”扫码快速做题、对答案、看解析、掌握解题思路，开启轻松过关之旅。

计算分析题

1. 甲公司是一家制造业企业，生产 A、B 两种产品。生产车间有两台设备，其中，一台属于高端智能制造设备，另一台属于手工加工设备。A、B 产品均需先后经过智能制造和手工加工两道作业工序方可完成。A 产品主要由智能制造设备完成，B 产品主要由手工加工设备完成。原材料均在开工时一次性投入。公司现采用传统成本计算法计算成本，直接材料、直接人工直接计入产品成本，制造费用先按车间归集，再按直接人工工资比例分配计入产品成本。2019 年 9 月生产成本相关资料如下：

（1）本月生产量（单位：件）。

项目	月初在产品	本月投产	本月完工	月末在产品
A 产品	0	120	80	40
B 产品	0	100	50	50

（2）传统成本计算法下A、B产品成本计算单。

A产品成本计算单

2019年9月　　单位：元

项目	直接材料	直接人工	制造费用	合计
月初在产品成本	0	0	0	0
本月生产费用	15000	12500	62500	90000
合计	15000	12500	62500	90000
完工产品成本（80件）	10000	10000	50000	70000
单位成本	125	125	625	875
月末在产品成本（40件）	5000	2500	12500	20000

B产品成本计算单

2019年9月　　单位：元

项目	直接材料	直接人工	制造费用	合计
月初在产品成本	0	0	0	0
本月生产费用	40000	45000	225000	310000
合计	40000	45000	225000	310000
完工产品成本（50件）	20000	30000	150000	200000
单位成本	400	600	3000	4000
月末在产品成本（50件）	20000	15000	75000	110000

（3）产品毛利。

单位：元

项目	单位成本	单位售价	单位毛利
A产品	875	1000	125
B产品	4000	3600	-400

目前，A产品供不应求，B产品滞销。公司销售经理建议A产品提价，B产品降价，以提高公司获利能力。生产经理认为制造费用大部分由智能制造设备引起，按直接人工工资比例分配导致A、B产品成本计算不准确，应采用作业成本法对制造费用分配进行优化，从而为调价提供可靠的成本数据。公司财务部门和生产技术部门对生产过程进行了分析，识别出三项作业，分别是设备检修作业、智能制造作业和手工加工作业。设备检修作业负责对智能制造设备、手工加工设备进行检修，作业动因是检修次数；智能制造作业的作业动因是机器工时；手工加工作业的作业动因是人工工时。直接人工成本不再单列成本项目，被归入相应作业库。相关资料如下：

（1）月末在产品。

A在产品40件，全部处于智能制造阶段，尚未进入手工加工阶段，平均完成智能制造作业的50%；B在产品50件，智能制造作业全部完成，手工加工作业平均完成60%。

（2）作业成本。

作业成本库	作业成本（元）	作业动因	作业量		
			智能制造作业	手工加工作业	合计
设备检修作业	72000	检修次数（次）	5	1	6
			A 产品	B 产品	合计
智能制造作业	53000	机器工时（小时）	350	150	500
手工加工作业	220000	人工工时（小时）	20	230	250
合计	345000		—	—	—

要求：

（1）编制作业成本分配表（结果填入下方表格中，不用列出计算过程）。

作业名称	分配率	作业成本（元）	
		智能制造作业	手工加工作业
设备检修作业			
—	—	A 产品	B 产品
智能制造作业			
手工加工作业			

（2）编制产品成本计算单（结果填入下方表格中，不用列出计算过程）。

A 产品成本计算单

2019 年 9 月　　　　单位：元

项目	直接材料	作业成本		合计
		智能制造作业	手工加工作业	
月初在产品成本				
本月生产费用				
合计				
完工产品成本				
单位成本				
月末在产品成本				

B 产品成本计算单

2019 年 9 月　　　　单位：元

项目	直接材料	作业成本		合计
		智能制造作业	手工加工作业	
月初在产品成本				
本月生产费用				

续表

项目	直接材料	作业成本		合计
		智能制造作业	手工加工作业	
合计				
完工产品成本				
单位成本				
月末在产品成本				

（3）根据作业成本法计算的单位产品成本，判断 A、B 产品目前定价是否合理，并简要说明理由。（2019 年卷Ⅰ）

2. 甲公司是一家制造企业，生产 A、B 两种产品，按照客户订单分批组织生产，采用分批法核算产品成本。由于产品生产工艺稳定，机械化程度较高，制造费用在总成本中比重较大，公司采用作业成本法按实际分配率分配制造费用。公司设有三个作业成本库：材料切割作业库，以切割次数作为成本动因；机器加工作业库，以机器工时作为成本动因；产品组装作业库，以人工工时作为成本动因。

2018 年 9 月，公司将客户本月订购 A 产品的 18 个订单合并成 901A 批，合计生产 2000 件产品；本月订购 B 产品的 6 个订单合并成 902B 批，合计生产 8000 件产品。A、B 产品各自领用 X 材料，共同耗用 Y 材料。X、Y 材料在各批次开工时一次领用，依次经材料切割、机器加工、产品组装三个作业完成生产。其中，材料切割在各批次开工时一次完成，机器加工和产品组装随完工进度陆续均匀发生。

9 月末，901A 批产品全部完工；902B 批产品有 4000 件完工，4000 件尚未完工。902B 未完工产品机器加工完工进度 50%，产品组装尚未开始。902B 生产成本采用约当产量法在完工产品和月末在产品之间进行分配。

其他相关成本资料如下：

（1）本月直接材料费用。

901A、902B 分别领用 X 材料的成本为 160000 元、100000 元；共同耗用 Y 材料 20000 千克，单价 5 元 / 千克，本月 901A、902B 的 Y 材料单耗相同，按产品产量进行分配。

（2）本月制造费用。

作业成本库	作业成本（元）	成本动因	作业量		
			901A	902B	合计
材料切割	240000	切割次数（次）	12000	12000	24000
机器加工	900000	机器工时（小时）	2000	1000	3000
产品组装	435000	人工工时（小时）	1700	1200	2900
合计	1575000	—	—	—	—

要求：

（1）编制直接材料费用分配表、作业成本分配表（结果填入下方表格中，不用列出计算过程）。

直接材料费用分配表

单位：元

产品批次	共同耗用 Y 材料的分配			X 材料费用	直接材料费用总额
	产量（件）	分配率	应分配材料费用		
901A					
902B					
小计					

作业成本分配表

单位：元

作业成本库	作业成本	成本分配率	901A		902B	
			作业量	分配金额	作业量	分配金额
材料切割						
机器加工						
产品组装						
合计		—	—		—	

（2）编制 901A、902B 的产品成本计算单（结果填入下方表格中，不用列出计算过程）。（2018 年卷 I）

产品成本计算单

产品批次：901A　　单位：元

项目	月初在产品成本	本月生产成本	合计	完工产品成本	完工产品单位成本	月末在产品成本
直接材料						
制造费用						
其中：材料切割						
机器加工						
产品组装						
制造费用小计						
合计						

产品成本计算单

产品批次：902B　　单位：元

项目	月初在产品成本	本月生产成本	合计	完工产品成本	完工产品单位成本	月末在产品成本
直接材料						
制造费用						

续表

项目	月初在产品成本	本月生产成本	合计	完工产品成本	完工产品单位成本	月末在产品成本
其中：材料切割						
机器加工						
产品组装						
制造费用小计						
合计						

历年经典主观题参考答案及解析

使用“会计云课堂”App 或“微信”扫码对答案、看解析、
掌握解题思路，开启轻松过关之旅。

计算分析题

1.【答案】

（1）

作业名称	分配率	作业成本（元）	
		智能制造作业	手工加工作业
设备检修作业	72000/6=12000	12000×5=60000	12000
—	—	A 产品	B 产品
智能制造作业	（53000+60000）/500=226	226×350=79100	226×150=33900
手工加工作业	（220000+12000）/250=928	928×20=18560	928×230=213440

（2）

A 产品成本计算单

2019 年 9 月　　单位：元

项目	直接材料	作业成本		合计
		智能制造作业	手工加工作业	
月初在产品成本	0	0	0	0

续表

项目	直接材料	作业成本		合计
		智能制造作业	手工加工作业	
本月生产费用	15000	79100	18560	112660
合计	15000	79100	18560	112660
完工产品成本	10000	63280	18560	91840
单位成本	15000/（80+40）=125	79100/（80+40×50%）=791	18560/（80+40×0%）=232	1148
月末在产品成本	5000	15820	0	20820

B 产品成本计算单

2019 年 9 月　　单位：元

项目	直接材料	作业成本		合计
		智能制造作业	手工加工作业	
月初在产品成本	0	0	0	0
本月生产费用	40000	33900	213440	287340
合计	40000	33900	213440	287340
完工产品成本	20000	16950	133400	170350
单位成本	40000/（50+50）=400	33900/（50+50×100%）=339	213440/（50+50×60%）=2668	3407
月末在产品成本	20000	16950	80040	116990

（3）因为 A 产品单位成本 1148 元大于目前的单位售价 1000 元，所以 A 产品定价不合理。B 产品单位成本 3407 元低于目前的单位售价 3600 元，所以 B 产品定价合理。

2.【答案】

（1）

直接材料费用分配表

单位：元

产品批次	共同耗用 Y 材料的分配			X 材料费用	直接材料费用总额
	产量（件）	分配率	应分配材料费用		
901A	2000	2000/10000=20%	20000×5×20%=20000	160000	180000
902B	8000	8000/10000=80%	20000×5×80%=80000	100000	180000
小计	10000	100%	100000	260000	360000

作业成本分配表

单位：元

作业成本库	作业成本	成本分配率	901A		902B	
			作业量	分配金额	作业量	分配金额
材料切割	240000	240000/24000=10	12000	120000	12000	120000
机器加工	900000	900000/3000=300	2000	600000	1000	300000
产品组装	435000	435000/2900=150	1700	255000	1200	180000
合计	1575000	—	—	975000	—	600000

（2）

产品成本计算单

产品批次：901A　　单位：元

项目	月初在产品成本	本月生产成本	合计	完工产品成本	完工产品单位成本	月末在产品成本
直接材料	0	180000	180000	180000	90	0
制造费用						
其中：材料切割	0	120000	120000	120000	60	0
机器加工	0	600000	600000	600000	300	0
产品组装	0	255000	255000	255000	127.5	0
制造费用小计	0	975000	975000	975000	487.5	0
合计	0	1155000	1155000	1155000	577.5	0

产品成本计算单

产品批次：902B　　单位：元

项目	月初在产品成本	本月生产成本	合计	完工产品成本	完工产品单位成本	月末在产品成本
直接材料	0	180000	180000	22.5×4000=90000	180000/（4000+4000）=22.5	22.5×4000=90000
制造费用						
其中：材料切割	0	120000	120000	15×4000=60000	120000/（4000+4000）=15	15×4000=60000
机器加工	0	300000	300000	50×4000=200000	300000/（4000+4000×50%）=50	50×4000×50%=100000
产品组装	0	180000	180000	45×4000=180000	180000/（4000+4000×0%）=45	0
制造费用小计	0	600000	600000	440000	110	160000
合计	0	780000	780000	530000	132.5	250000

【提示】2018年卷Ⅱ考点与2018年卷Ⅰ考点基本一致，只是数据不同。

同步强化练习题

使用“会计云课堂”App 或“微信”扫码快速做题、对答案、看解析、掌握解题思路，开启轻松过关之旅。

一、单项选择题

1. 下列有关作业成本法基本理论的观点中，不正确的是（ ）。
   A. 企业的全部经营活动是由一系列相互关联的作业组成的
   B. 企业每进行一项作业都要耗用一定的资源
   C. 作业成本法下间接成本的分配分两步进行，分配路径是“资源→作业→产品”
   D. 作业成本计算法下产品成本只包括制造成本

2. 下列有关作业成本动因表述正确的是（ ）。
   A. 作业成本动因是引起作业成本增加的驱动因素
   B. 作业成本动因通常被用来计量各项作业对资源的耗用
   C. 依据作业成本动因可以将资源成本分配给各有关作业
   D. 作业成本动因被用来计量各成本对象耗用作业的情况

3. 按产出方式的不同，企业的作业可以分为四类。其中，随产量变动而成正比例变动的作业是（ ）。
   A. 单位级作业
   B. 批次级作业
   C. 品种级作业
   D. 生产维持级作业

4. 下列作业所归集的成本可直接计入成本对象的成本计算单的作业是（ ）。
   A. 单位级作业
   B. 批次级作业
   C. 品种级作业
   D. 生产维持级作业

5. 使用业务动因作为作业量计量单位是基于（ ）。
   A. 每次作业耗用时间相等，同时单位时间耗用资源也相等
   B. 每次作业耗用时间相等，但是单位时间耗用资源不等
   C. 每次作业耗用时间不等，但是单位时间耗用资源相等
   D. 每次作业耗用时间不等，同时单位时间耗用资源也不相等

6. 在某些特殊情况下，将作业执行中实际耗用的全部资源单独归集，并将该项单独归集的作业成本直接计入某一特定产品的动因是（ ）。
   A. 业务动因　　B. 持续动因
   C. 强度动因　　D. 资源成本动因

7. 某车间只生产两种产品，其裁剪作业成本按预算分配率分配，本月按照预算分配率分配的裁剪成本西服为 45000 元，夹克为 25000 元，若本月车间实际发生的裁剪成本为 68600 元，以预算裁剪成本为分配差异的标准，则夹克的实际裁剪成本应为（ ）元。

A. 44100　　B. 24500
C. 27150　　D. 23500

8. 作业成本管理需要区分增值和非增值作业，下列表述正确的是（　　）。
A. 最终增加企业价值的作业是增值作业，否则就是非增值作业
B. 最终增加顾客价值的作业是增值作业，否则就是非增值作业
C. 最终增加股东财富的作业是增值作业，否则就是非增值作业
D. 最终增加企业利润的作业是增值作业，否则就是非增值作业

9. 作业成本法的一个突出特点，就是对生产活动中发生的各项费用，（　　）。
A. 强调以追溯的方式计入产品成本，而尽量避免动因分配的方式
B. 强调以动因分配的方式计入产品成本，而尽量避免追溯的方式
C. 强调以追溯或动因分配的方式计入产品成本，而尽量避免分摊的方式
D. 强调以分摊的方式或动因分配的方式计入产品成本，而尽量避免追溯的方式

二、多项选择题

1. 下列成本动因中，属于作业成本动因的有（　　）。
A. 设备的额定功率
B. 厂房的占地面积
C. 产品加工批次
D. 产品质量检验次数

2. 下列成本中属于品种级作业成本的有（　　）。
A. 产品的直接材料成本
B. 产品生产前机器调试成本
C. 产品设计成本
D. 产品工艺改造成本

3. 下列各项中，适合作为单位级作业的作业动因有（　　）。
A. 生产准备次数　　B. 零部件产量
C. 采购次数　　D. 耗电千瓦时数

4. 下列有关批次级作业表述正确的有（　　）。
A. 批次级作业指同时服务于每批产品或许多产品的作业
B. 批次级作业的成本取决于每批中单位产品的数量
C. 批次级作业成本需要单独进行归集，计算每一批的成本，然后分配给不同批次（如某订单）
D. 分配给不同批次的批次级作业成本不需要根据产品的数量在单个产品之间进行分配

5. 在下列作业成本动因中，有关精确度与执行成本间关系表述不正确的有（　　）。
A. 相比持续动因，业务动因的精确度低、执行成本低
B. 相比业务动因，强度动因的精确度高、执行成本低
C. 相比强度动因，持续动因的精确度低、执行成本低
D. 相比强度动因，业务动因的精确度低、执行成本高

6. 根据作业成本管理原理，某制造企业的下列作业中，属于非增值作业的有（　　）。
A. 废品清理作业　　B. 材料堆积作业
C. 零件组装作业　　D. 次品返工作业

7. 下列关于成本分配方式的表述中，正确的有（　　）。
A. 使用追溯方式最能真实地反映产品成本
B. 使用动因分配方式最能真实地反映产品成本

C. 追溯是指将成本直接确认分配到某一成本对象的过程
D. 追溯这一过程是可以实地观察的

8. 下列关于作业成本法与传统的成本计算方法（以产量为基础的完全成本计算方法）比较的说法中，正确的有（ ）。
A. 传统的成本计算方法对全部生产成本进行分配，作业成本法只对变动成本进行分配
B. 传统的成本计算方法按部门归集间接费用，作业成本法按作业归集间接费用
C. 作业成本法的直接成本计算范围要比传统的成本计算方法的计算范围小
D. 与传统的成本计算方法相比，作业成本法不便于实施责任会计和业绩评价

9. 相对于作业成本法，传统成本法的缺点有（ ）。
A. 将固定成本分摊给不同产品
B. 全部按产量基础分配制造费用，会产生误导决策的成本信息
C. 增加生产量可以使部分固定成本被存货吸收，减少当期销货成本，增加当期利润，从而刺激经理人员过度生产
D. 夸大高产量产品成本

10. 下列有关作业成本法的表述不正确的有（ ）。
A. 作业成本法提高了会计数据对管理控制的有用性
B. 规模小的公司因为作业环节简便，比规模大的公司更愿意采用作业成本法
C. 竞争环境越激烈，相对于传统成本计算法，作业成本法减少了决策失误引起的成本
D. 作业成本法为实施责任会计和业绩评价提供了方便

三、计算分析题

1. 北方高科技有限公司生产和销售两种产品，假设该公司两种产品的财务和成本数据如下：

项目	A 产品	B 产品
产量（台）	5000	15000
售价（元）	4000	2000
单位直接材料和人工成本（元）	2000	800
直接人工（小时）	25000	75000

公司管理会计师划分了下列作业、间接成本集合及成本动因：

单位：万元

作业	间接成本集合	作业动因
调整	300	调整次数
机器运行	1625	机器工时
包装	75	包装单数量
合计	2000	—

两种产品的实际作业量如下：

作业动因	A 产品作业消耗	B 产品作业消耗	合计
调整次数（次）	200	100	300
机器工时（小时）	55000	107500	162500
包装单数量（个）	5000	10000	15000

要求：

（1）采用传统（以产量为基础）成本计算方法，以直接人工工时为分配标准，确定两种产品的单位盈利能力。

（2）采用作业成本计算方法，确定两种产品的单位盈利能力。

2. E 公司是一家制造业企业，生产甲、乙两种产品。生产车间有两条流水线用来加工产品，甲、乙产品均需先后经过机加工和装配作业两道工序方可完成。原材料均在开工时一次性投入，本月甲产品领用直接材料成本为 375000 元，乙产品领用直接材料成本为 112500 元。

公司财务部门和生产技术部门对生产过程进行了分析，识别出三项作业，分别是设备维护作业、机加工作业和装配作业。设备维护作业负责对机加工设备、装配设备进行维护，作业动因是维护次数；机加工作业的作业动因是机加工工时；装配作业的作业动因是装配工时。相关资料如下：

（1）本月生产量（单位：件）。

项目	月初在产品	本月投产	本月完工	月末在产品
甲产品	50	300	250	100
乙产品	25	225	200	50

（2）月初在产品成本（单位：元）。

项目	直接材料	作业成本		合计
		机加工作业	装配作业	
甲产品	62500	216825	10875	290200
乙产品	12500	55300	25300	93100

（3）在产品完工程度。

假设甲产品月初在产品和月末在产品均处于机加工阶段，尚未进入装配阶段，平均完成机加工作业的 50%；乙产品月初在产品和月末在产品机加工作业全部完成，装配作业平均完成 40%。企业采用约当产量法（在产品存货发出采用先进先出法计价）分配完工产品和在产品成本。

（4）本月发生作业成本

作业成本库	作业成本（元）	作业动因	作业量		
			机加工作业	装配作业	合计
设备维护作业	180000	维护次数（次）	10	2	12

作业成本库	作业成本（元）	作业动因	作业量		
			机加工作业	装配作业	合计
			甲产品	乙产品	合计
机加工作业	1266000	机加工工时（小时）	825	375	1200
装配作业	550000	装配工时（小时）	50	575	625
合计	1996000	—	—	—	—

要求：

（1）分别计算设备维护应分配给机加工作业和装配作业的设备维护成本。

（2）分别计算应分配给甲产品和乙产品的机加工作业成本。

（3）分别计算应分配给甲产品和乙产品的装配作业成本。

（4）编制产品成本计算单（结果填入下方表格中，不用列出计算过程，如有误差倒挤入完工产品成本）。

甲产品成本计算单

2022 年 6 月　　单位：元

项目	直接材料	作业成本		合计
		机加工作业	装配作业	
月初在产品成本				
本月生产费用				
合计				
分配率				—
完工产品成本				
月末在产品成本				

乙产品成本计算单

2022 年 6 月　　单位：元

项目	直接材料	作业成本		合计
		机加工作业	装配作业	
月初在产品成本				
本月生产费用				
合计				
分配率				—
完工产品成本				
月末在产品成本				

四、综合题

甲公司是一家制造企业，生产A、B两种产品，产品分两个步骤在两个基本生产车间进行，第一车间将原材料手工加工成同一规格型号的毛坯，转入半成品库，第二车间领用毛坯后，利用程控设备继续加工，生产出A、B两种产品，每件产品耗用一件毛坯，公司根据客户订单分批组织生产，不同批次转换时，需要调整机器设备。

甲公司分车间采用不同的成本核算方法：

第一车间采用品种法，原材料在开工时一次投入，其他费用陆续均匀发生，生产成本采用约当产量法（假设在产品存货发出采用加权平均法）在完工半成品和月末在产品之间进行分配，在产品的完工程度为60%，完工半成品按实际成本转入半成品库，发出计价采用加权平均法。

第二车间采用分批法和作业成本法相结合的方法，第二车间分批组织生产，除耗用第一车间生产的半成品外，不再耗用其他材料，耗用的半成品在生产开始时一次投入，直接人工费用陆续均匀发生，由于第二车间是自动化机器加工车间，制造费用在总成本中比重较高，公司采用作业成本法按实际分配率分配制造费用，设备调整成本在各批次开工时一次完成，机器加工随完工进度陆续均匀发生，在加工完成后进行产品检验。B在产品的机器加工完工进度50%，产品检验尚未开始。B产品生产成本采用约当产量法在完工产品和月末在产品之间进行分配。

2021年9月，相关成本资料如下：

（1）本月半成品、A产品、B产品的产量。

单位：件

项目	月初在产品	本月投产	本月完工	月末在产品
第一车间半成品	200	2600	1800	1000（完工程度60%）
第二车间A产品	0	1000	1000	0
第二车间B产品	0	500	300	200（完工程度50%）

（2）月初半成品库存400件，单位平均成本127.5元。

（3）第一车间月初在产品成本和本月生产费用。

单位：元

项目	直接材料	直接人工	制造费用	合计
月初在产品成本	7000	8000	1200	16200
本月生产费用	77000	136000	22800	235800
合计	84000	144000	24000	252000

（4）第二车间本月直接人工成本。

单位：元

产品品种	A产品	B产品	合计
直接人工总成本	17200	7800	25000

（5）第二车间本月制造费用。

作业成本库	作业成本（元）	成本动因	作业量		
			A 产品	B 产品	合计
设备调整	30000	批次（批）	10	5	15
机器加工	2400000	工时（小时）	1000	500	1500
产品检验	14000	批次（批）	10	4	14
合计	2444000	—	—	—	—

要求：

（1）编制第一车间成本计算单（结果填入下方表格中，不用列出计算过程）。

第一车间成本计算单

产品名称：半成品　　　　单位：元

项目	直接材料	直接人工	制造费用	合计
月初在产品成本				
本月生产费用				
合计				
约当产量				
单位成本				
完工半成品转出				
月末在产品成本				

（2）计算半成品发出的加权平均单位成本。

（3）编制第二车间的作业成本分配表（结果填入下方表格中，不用列出计算过程）。

作业成本分配表

单位：元

作业成本库	作业成本	成本分配率	A 产品		B 产品	
			作业量	分配金额	作业量	分配金额
设备调整						
机器加工						
产品检验						
合计		—	—		—	

（4）编制第二车间A、B产品成本计算单（结果填入下方表格中，不用列出计算过程）。

第二车间产品成本计算单

产品名称：A产品　　单位：元

项目	月初在产品成本	本月生产成本	合计	完工产品成本（1000件）	完工产品单位成本（分配率）	月末在产品成本（0件）
半成品						
直接人工						
制造费用						
其中：设备调整						
机器加工						
产品检验						
制造费用小计						
合计						

第二车间产品成本计算单

产品名称：B产品　　单位：元

项目	月初在产品成本	本月生产成本	合计	完工产品成本（300件）	完工产品单位成本（分配率）	月末在产品成本（200件）
半成品						
直接人工						
制造费用						
其中：设备调整						
机器加工						
产品检验						
制造费用小计						
合计						

同步强化练习题参考答案及解析

使用“会计云课堂”App或“微信”扫码对答案、看解析、掌握解题思路，开启轻松过关之旅。

一、单项选择题

1.【答案】D

【解析】作业成本法下产品成本的内容可能会和会计准则规定的产品成本内容不一致，选项D的观点是错误的。

2.【答案】D

【解析】成本动因分为资源成本动因和作业成本动因，作业成本动因是引起产品成本增加的驱动因素，作业成本动因计量各成本对象耗用作业的情况，并被用来作为作业成本的分配基础；资源成本动因是引起作业成本变动的因素，资源成本动因被用来计量各项作业对资源的耗用，依据资源成本动因可以将资源成本分配给各有关作业。选项A、B、C是资源成本动因的特点。

3.【答案】A

【解析】单位级作业是随着产量变动而成正比例变动的，因此，选项A正确；批次级作业（即与产品的批次数量相关的作业）是随着产品的批次数的变动而成正比例变动的；品种级作业是与产品品种相关的作业；生产维持级作业是指为维持企业的生产能力而产生的作业，它们有益于整个企业，而不是具体产品。

4.【答案】A

【解析】单位级作业成本是直接成本，可以追溯到每个单位产品上，即直接计入成本对象的成本计算单。

5.【答案】A

【解析】选项C是持续动因的假定。选项D是强度动因的假定。

6.【答案】C

【解析】持续动因是指执行一项作业所需的时间标准。业务动因通常以执行的次数作为作业动因。强度动因是指在某些特殊情况下，将作业执行中实际耗用的全部资源单独归集，并将该项单独归集的作业成本直接计入某一特定的产品。

7.【答案】B

【解析】实际成本=68600元

预算成本=45000+25000=70000（元）

差异=68600−70000=−1400（元）

差异率=差异/预算成本=−1400/70000=−2%

则夹克应分配差异额=−2%×25000=−500（元）

则夹克应承担的实际成本=25000−500=24500（元）。

8.【答案】B

【解析】增值作业与非增值作业是站在顾客角度划分的。最终增加顾客价值的作业是增值作业；否则就是非增值作业。

9.【答案】C

【解析】动因分配虽然不像追溯那样准

确，但只要因果关系建立恰当，成本分配的结果同样可以达到较高的准确程度。作业成本法的一个突出特点，就是对生产活动中发生的各项费用，强调以追溯或动因分配的方式计入产品成本，而尽量避免分摊的方式。

二、多项选择题

1.【答案】CD

【解析】设备的额定功率、厂房的占地面积是把资源分配到特定作业的依据，所以选项 A、B 属于资源成本动因。

2.【答案】CD

【解析】选项 A 属于单位级作业成本；选项 B 属于批次级作业成本。品种级作业是指服务于某种型号或样式产品的作业。选项 C、D 属于品种级作业成本。

3.【答案】BD

【解析】单位级作业指每一单位产品至少要执行一次的作业，因此其成本与产量成比例变动，选项 B、D 属于单位级作业的作业动因。批次级作业的成本取决于批次，选项 A、C 属于批次级作业的作业动因。

4.【答案】AC

【解析】批次级作业指同时服务于每批产品或许多产品的作业。例如生产前机器调试、成批产品转移至下一工序的运输、成批采购和检验等。它们的成本取决于批次，而不是每批中单位产品的数量。批次级作业成本需要单独进行归集，计算每一批的成本，然后分配给不同批次（如某订单），最后根据产品的数量在单个产品之间进行分配。

5.【答案】BD

【解析】作业成本动因分为三类：即业务动因、持续动因和强度动因。在这三类作业成本动因中，业务动因的精确度最差，但其执行成本最低；强度动因的精确度最高，但其执行成本最昂贵；而持续动因的精确度和成本则居中。

6.【答案】ABD

【解析】最终增加顾客价值的作业是增值作业，选项 C 能够增加顾客价值，属于增值作业，选项 A、B、D 不能增加顾客价值，属于非增值作业。

7.【答案】ACD

【解析】动因分配是指根据成本动因将成本分配到各成本对象的过程，动因分配不像追溯那样准确。

8.【答案】BD

【解析】作业成本法和完全成本法都是对全部生产成本进行分配，不区分固定成本和变动成本，这与变动成本法不同。从长远看，所有成本都是变动成本，都应当分配给产品，选项 A 错误。作业成本法强调尽可能扩大追溯到个别产品的成本比例，因此其直接成本计算范围通常要比传统的成本计算方法的计算范围大，选项 C 错误。

9.【答案】BD

【解析】选项 A、C 是相对于变动成本法而言，传统成本法的缺点。

10.【答案】ABD

【解析】作业成本法倾向于以牺牲管理控制信息为代价，换取经营决策信息的改善，减少了会计数据对管理控制的有用性，选项 A 错误；因为大公司拥有更为强大的信息沟通渠道和完善的信息管理基础设施，并对信息的需求更为强烈，所以比小公司对作业成本法更感兴趣，选项 B 错误；完全成本法按部门建立成本中心，为实施责任会计和业绩评价提供了方便，而作业成本法的成本库与企业的组织结构不一致，不利于提供管理控制的信息，选项 D 错误。

三、计算分析题

1.【答案】

（1）直接人工工时合计 =25000+75000=100000（小时）

间接成本分配率 =20000000/100000=200（元 / 小时）

分配给 A 产品的间接成本 =200 × 25000=5000000（元）

单位 A 产品的间接成本 =5000000/5000=1000（元 / 台）

分配给 B 产品的间接成本 =200 × 75000=15000000（元）

单位 B 产品的间接成本 =15000000/15000=1000（元 / 台）

单位盈利能力分析：

单位：元

项目	A 产品	B 产品
单位售价	4000	2000
单位产品成本：		
单位直接材料和人工成本	2000	800
间接成本	1000	1000
单位产品成本合计	3000	1800
单位产品利润	1000	200

（2）每一作业成本动因的分配率。

作业动因	成本	作业消耗	分配率
调整次数	3000000 元	300 次	10000 元 / 次
机器工时	16250000 元	162500 小时	100 元 / 小时
包装单数量	750000 元	15000 个	50 元 / 个

A 产品（5000 台）

作业动因	分配率	作业量	间接成本合计（元）	单位间接成本（元）
调整次数	10000 元 / 次	200 次	2000000	400
机器工时	100 元 / 小时	55000 小时	5500000	1100
包装单数量	50 元 / 个	5000 个	250000	50
合计	—	—	7750000	1550

B 产品（15000 台）

作业动因	分配率	作业量	间接成本合计（元）	单位间接成本（元）
调整次数	10000 元 / 次	100 次	1000000	66.67
机器工时	100 元 / 小时	107500 小时	10750000	716.67
包装单数量	50 元 / 个	10000 个	500000	33.33
合计	—	—	12250000	816.67

单位盈利能力分析：

单位：元

项目	A产品	B产品
单位售价	4000	2000
单位产品成本：		
单位直接材料和人工成本	2000	800
间接成本	1550	816.67
单位产品成本合计	3550	1616.67
单位产品利润	450	383.33

2.【答案】

（1）设备维护作业分配率=180000/12=15000（元/次）

机加工作业应分配的设备维护成本=15000×10=150000（元）

装配作业应分配的设备维护成本=15000×2=30000（元）

（2）机加工作业成本分配率=（1266000+150000）/1200=1180（元/小时）

甲产品应分配的作业成本=1180×825=973500（元）

乙产品应分配的作业成本=1180×375=442500（元）

（3）装配作业成本分配率=（550000+30000）/625=928（元/小时）

甲产品应分配的作业成本=928×50=46400（元）

乙产品应分配的作业成本=928×575=533600（元）

（4）

甲产品成本计算单

2022年6月　　单位：元

项目	直接材料	作业成本		合计
		机加工作业	装配作业	
月初在产品成本	62500	216825	10875	290200
本月生产费用	375000	973500	46400	1394900
合计	437500	1190325	57275	1685100
分配率	375000/300=1250	973500/275=3540	46400/250=185.6	—
完工产品成本	437500-125000=312500	1190325-177000=1013325	57275	1383100
月末在产品成本	1250×100×100%=125000	3540×100×50%=177000	185.6×100×0%=0	302000

【提示】直接材料约当总产量 =50×（1-100%）+（250-50）+100×100%=300（件）
机加工作业约当总产量 =50×（1-50%）+（250-50）+100×50%=275（件）
装配作业约当总产量 =50×（1-0%）+（250-50）+100×0%=250（件）

乙产品成本计算单

2022 年 6 月　　单位：元

项目	直接材料	作业成本		合计
		机加工作业	装配作业	
月初在产品成本	12500	55300	25300	93100
本月生产费用	112500	442500	533600	1088600
合计	125000	497800	558900	1181700
分配率	112500/225=500	442500/225=1966.67	533600/210=2540.95	—
完工产品成本	125000-25000 =100000	497800-98333.5 =399466.5	558900-50819 =508081	1007547.5
月末在产品成本	500×50×100% =25000	1966.67×50×100% =98333.5	2540.95×50×40% =50819	174152.5

【提示】直接材料约当总产量 =25×（1-100%）+（200-25）+50×100%=225（件）
机加工作业约当总产量 =25×（1-100%）+（200-25）+50×100%=225（件）
装配作业约当总产量 =25×（1-40%）+（200-25）+50×40%=210（件）。

四、综合题

【答案】

（1）

第一车间成本计算单

产品名称：半成品　　单位：元

项目	直接材料	直接人工	制造费用	合计
月初在产品成本	7000	8000	1200	16200
本月生产费用	77000	136000	22800	235800
合计	84000	144000	24000	252000
约当产量	1800+1000=2800	1800+1000×60%=2400	1800+1000×60%=2400	—
单位成本	30	60	10	100
完工半成品转出	30×1800=54000	60×1800=108000	10×1800=18000	180000
月末在产品成本	30×1000=30000	60×1000×60%=36000	10×1000×60%=6000	72000

（2）加权平均单位成本 =（400×127.5+180000）/（400+1800）=105（元）

（3）

作业成本分配表

单位：元

作业成本库	作业成本	成本分配率	A产品		B产品	
			作业量	分配金额	作业量	分配金额
设备调整	30000	30000/15=2000	10	20000	5	10000
机器加工	2400000	2400000/1500=1600	1000	1600000	500	800000
产品检验	14000	14000/14=1000	10	10000	4	4000
合计	2444000	—	—	1630000	—	814000

（4）

第二车间产品成本计算单

产品名称：A产品　　单位：元

项目	月初在产品成本	本月生产成本	合计	完工产品成本（1000件）	完工产品单位成本（分配率）	月末在产品成本（0件）
半成品	0	1000×105=105000	105000	105000	105	0
直接人工	0	17200	17200	17200	17.2	0
制造费用						
其中：设备调整	0	20000	20000	20000	20	0
机器加工	0	1600000	1600000	1600000	1600	0
产品检验	0	10000	10000	10000	10	0
制造费用小计	0	1630000	1630000	1630000	1630	0
合计	0	1752200	1752200	1752200	1752.2	0

第二车间产品成本计算单

产品名称：B产品　　单位：元

项目	月初在产品成本	本月生产成本	合计	完工产品成本（300件）	完工产品单位成本（分配率）	月末在产品成本（200件）
半成品	0	500×105=52500	52500	31500	52500/(300+200)=105	21000

续表

项目	月初在产品成本	本月生产成本	合计	完工产品成本（300件）	完工产品单位成本（分配率）	月末在产品成本（200件）
直接人工	0	7800	7800	5850	7800/（300+200×50%）=19.5	1950
制造费用						
其中：设备调整	0	10000	10000	6000	10000/(300+200）=20	4000
机器加工	0	800000	800000	600000	800000/（300+200×50%）=2000	200000
产品检验	0	4000	4000	4000	4000/（300+200×0%）=13.33	0
制造费用小计	0	814000	814000	610000	2033.33	204000
合计	0	874300	874300	647350	2157.83	226950

第十六章 本量利分析

CHAPTER-16

本章学习指南

一、考情分析

本章主要是作为相关章节的基础，从近几年考试题型来看既有客观题也有主观题。近3年平均分值为7分左右。

名师点拨

本量利模型的分析相对简单，但是也不可掉以轻心，属于考试中的“常客”。本章经常会和第9章的杠杆系数、每股收益无差别点以及第17章短期经营决策结合。

最近3年题型、题量分析表

题型	2019年		2020年		2021年	
	试卷Ⅰ	试卷Ⅱ	试卷Ⅰ	试卷Ⅱ	试卷Ⅰ	试卷Ⅱ
单项选择题	2题3分	2题3分	1题1.5分	1题1.5分	1题2分	1题2分
多项选择题	—	—	—	—	2题4分	2题4分
计算分析题	0.67题 5.33分	—	1题8分	—	—	0.67题6分
综合题	—	—	—	—	—	—
合计	2.67题 8.33分	2题3分	2题9.5分	1题1.5分	3题6分	3.67题 12分

二、教材变化

本章与2021年的教材相比主要变化是增加了变动成本计算法与完全成本计算法下损益计算的相关例题与特点的比较。

三、考点框架

- 第十六章 本量利分析（一）
  - 本量利的一般关系
    - 成本性态分析★★★
    - 变动成本法★★
    - 本量利分析基本模型的相关假设★
    - 本量利分析基本模型★★★
  - 保本分析
    - 保本点的含义★★
    - 保本点与安全边际的确定★★★
    - 安全边际与利润的关系★★★
    - 多品种情况下的保本分析★★

第十六章 本量利分析（二）
- 保利分析★★★
- 利润敏感分析
  - 利润敏感分析的含义★
  - 各参数的敏感系数计算★★★

核心考点精讲

第一节 本量利的一般关系

使用“会计云课堂”App 或“微信”扫码查看本节视频，快速 GET 知识点。

一、成本性态分析 ★★★

（一）成本性态（成本习性）

成本总额与业务量之间的内在关系。

要点小贴士

业务量可以是产量或销量，本量利分析假设产销平衡。

（二）成本分类

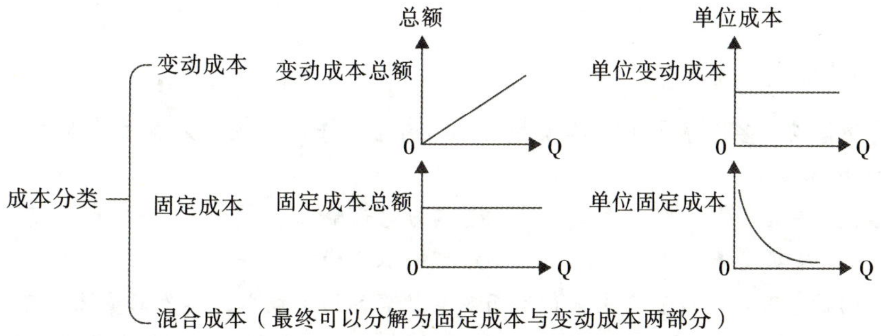

分类	特点
变动成本	相关范围内（特定业务量、特定时期）变动成本总额随业务量增加而成正比例增加，单位变动成本不变
固定成本	相关范围内（特定业务量、特定时期）固定成本总额不变，单位固定成本随业务量增加而降低
混合成本	成本总额随业务量变动而变动，但不成正比例关系

经典题解

【例题 1 · 多选题】 在一定期间及特定的业务量范围内，关于成本与业务量之间的关系，下列说法正确的有（　　）。

A. 固定成本总额随业务量的增加而增加

B. 单位固定成本随业务量的增加而降低

C. 变动成本总额随业务量的增加而增加

D. 单位变动成本随业务量的增加而降低

【解析】固定成本的基本特征是：固定成本总额不因业务量的变动而变动，但单位固定成本（单位业务量负担的固定成本）会与业务量的增减呈反向变动。变动成本的基本特征是：变动成本总额因业务量的变动而成正比例变动，但单位变动成本（单位业务量负担的变动成本）不变。

【答案】BC

（三）成本的进一步分类

1. 固定成本的分类

名师点拨

考试喜欢考教材中的举例。可以重点记住酌量性固定成本的举例，按照排除法，其他固定成本通常就是约束性固定成本。

要点小贴士

以前决策的结果，当前决策无法改变。

分类	特点	举例
约束性固定成本	提供和维持生产经营所需设施、机构而发生的成本，它是不能通过当前的管理决策行动加以改变的固定成本 若降低约束性固定成本，只能合理利用经营能力、增加生产规模、进而降低单位固定成本	固定资产折旧费、财产保险、管理人员工资、取暖费、照明费等
酌量性固定成本	可以通过管理决策行动而改变数额的固定成本	科研开发费、广告费、职工培训费等

经典题解

【真题 2·多选题】下列各项费用中，通常属于酌量性固定成本的有（　　）。（2021 年卷Ⅰ）

A. 广告宣传费　　　　B. 实习培训费

C. 新品研发费　　　　D. 照明取暖费

【解析】可以通过管理决策行动而改变数额的固定成本，称为酌量性固定成本。例如，科研开发费、广告费、职工培训费等，其发生额是由经理人员根据企业的经营方针决定的。选项 A、B、C 正确。选项 D 属于约束性固定成本。

【答案】ABC

【真题 3·多选题】下列各项费用中，通常属于约束性固定成本的有（　　）。（2021 年卷Ⅱ）

A. 广告费　　　　B. 折旧费

C. 培训费　　　　D. 取暖费

【解析】约束性固定成本是指不能通过当前的管理决策行动加以改变的固定成本，是提供和维持生产经营所需设施、机构而发生的成本。选项 A、C 属于酌量性固定成本。

【答案】BD

【真题 4·单选题】下列各项成本费用中，属于酌量性固定成本的是（　　）。（2015 年卷Ⅰ、卷Ⅱ）

A. 运输车辆保险费　　B. 广告费

C. 生产部门管理人员工资　　D. 行政部门耗用的水电费

【解析】酌量性固定成本是可以通过管理决策行动而改变数额的固定成本，例如，科研开发费、广告费、职工培训费等。选项 B 正确。

【答案】B

2. 变动成本的分类

分类	特点	举例
技术性变动成本（约束性变动成本）	与产量有明确的生产技术或产品结构设计关系的变动成本	直接材料
酌量性变动成本	可以通过管理决策行动改变的变动成本	按销售额一定百分比开支的销售佣金、新产品研制费、技术转让费以及可按人的意愿投入的辅料等

经典题解

【例题 5·单选题】下列各项中，属于酌量性变动成本的是（　　）。

A. 直接材料成本

B. 产品销售税金及附加

C. 按销售额一定比例支付的销售代理费

D. 直接人工成本

【解析】酌量性变动成本的发生额是由经理人员决定的，例如，按销售额一定的百分比开支的销售佣金、新产品研制费、技术转让费以及可按人的意愿投入的辅料等，所以选项 C 正确。

【答案】C

3. 混合成本的分类

分类	特点	图示
半变动成本	指在初始成本的基础上随业务量正比例增长的成本	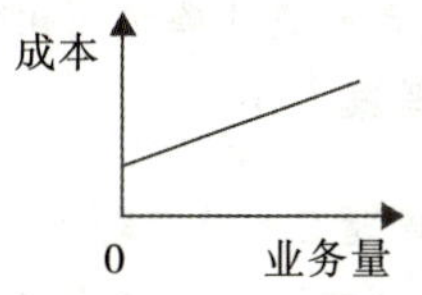
阶梯式成本	指总额随业务量呈阶梯式增长的成本，也称为步增成本或半固定成本	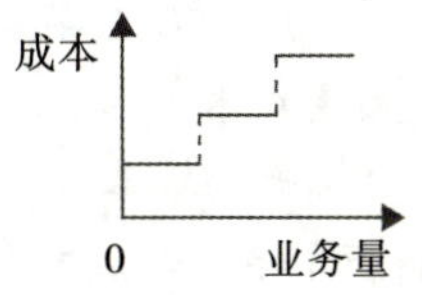

要点小贴士

注意延期变动成本和半变动成本的区别：

半变动成本：总成本分为两部分，固定成本 + 变动成本；

延期变动成本：总成本分两阶段，第一阶段是固定成本，第二阶段是固定成本 + 变动成本。

<table>
<tr><th>分类</th><th>特点</th><th>图示</th></tr>
<tr><td>延期变动成本</td><td>指在一定业务量范围内总额保持稳定，超过特定业务量则开始随业务量同比例增长的成本</td><td>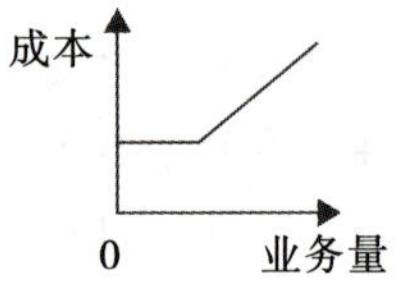</td></tr>
<tr><td>非线性成本</td><td>包括变化率递减的成本和变化率递增的成本</td><td>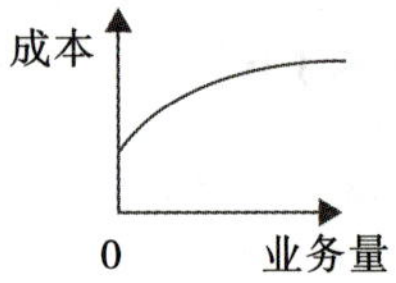
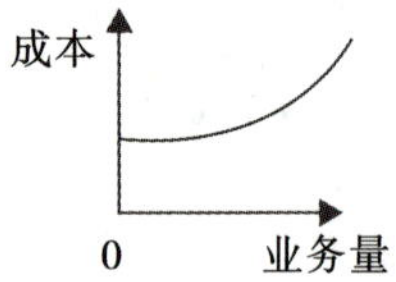</td></tr>
</table>

经典题解

【真题6·单选题】甲公司销售员月固定工资5000元，在此基础上，每月完成销售额10万元后，还可按销售额的5%提成。根据成本性态分析，销售员的月工资是（　　）。（2021年卷Ⅰ）

A. 半变动成本　　B. 阶梯式成本

C. 半固定成本　　D. 延期变动成本

【解析】延期变动成本，是指在一定业务量范围内总额保持稳定，超出特定业务量则开始随业务量同比例增长的成本。

【答案】D

【真题7·单选题】电信运营商推出“手机29元不限流量，可免费通话1000分钟，超出部分主叫国内通话每分钟0.1元”套餐业务，选用该套餐的消费者每月手机费属于（　　）。（2019年卷Ⅰ）

A. 固定成本　　B. 半变动成本

C. 阶梯式成本　　D. 延期变动成本

【解析】延期变动成本，是指在一定业务量范围内总额保持稳定，超过特定业务量则开始随业务量同比例增长的成本。

【答案】D

【真题8·单选题】电信运营商推出“手机10元保号，可免费接听电话和接收短信，主叫国内通话每分钟0.2元”的套餐业务，选用该套餐的消费者每月手机费属于（　　）。（2019年卷Ⅱ）

A. 固定成本　　B. 阶梯式成本

C. 延期变动成本　　D. 半变动成本

【解析】半变动成本是指在初始成本的基础上随业务量正比例增长的成本。

【答案】D

（四）混合成本的分解

1. 分解原理

如果特定的成本是一项混合成本，就需要运用一定的方法估计成本与业务量之间的关系，并建立相应的成本函数模型。

总成本直线方程：y=a+bx

要点小贴士

混合成本分解实质就是确定固定成本总额a和单位变动成本b。

经典题解

【真题9·单选题】甲公司生产X产品，产量处于100000~120000件范围内时，固定成本总额220000元，单位变动成本不变。目前，X产品产量110000件，总成本440000元。预计下年总量115000件，总成本是（　　）元。（2020年卷Ⅰ）

A. 450000　　　　B. 440000

C. 不能确定　　　　D. 460000

【解析】单位变动成本=（440000-220000）/110000=2（元）

总成本=220000+2×115000=450000（元）。

【答案】A

2. 分解方法

（1）直线回归法。

名师点拨

考试很少在主观题考查直线回归法的复杂公式。

含义	根据一系列历史成本资料，用数学上的最小平方法原理，计算能代表平均成本水平的直线截距和斜率，以其作为固定成本和单位变动成本的一种成本估计方法
计算公式	固定成本a $=\dfrac{\Sigma X_i^2\ \Sigma Y_i-\Sigma X_i\ \Sigma X_iY_i}{n\Sigma X_i^2-(\Sigma X_i)^2}$ 单位变动成本b $=\dfrac{n\Sigma X_iY_i-\Sigma X_i\Sigma Y_i}{n\Sigma X_i^2-(\Sigma X_i)^2}$
优缺点	优点：计算精确 缺点：计算过程比较烦琐
适用范围	适用于具备历史数据的情况下

（2）工业工程法。

含义	是指运用工业工程的研究方法，逐项研究确定成本高低的每个因素，在此基础上直接估算固定成本和单位变动成本的一种成本估计方法
适用范围	可以在没有历史成本数据、历史成本数据不可靠，或者需要对历史成本分析结论进行验证的情况下使用。建立标准成本和制定预算时，使用工业工程法比历史成本分析更加科学

二、变动成本法 ★★

含义	产品成本只包括直接材料、直接人工和变动制造费用，即变动生产成本 固定制造费用和销售与管理费用全部作为制造边际贡献（销售额与变动生产成本的差额）的扣除项目 【提示】变动成本法与完全成本法（吸收成本法）的核心差别在于固定制造费用处理不同，在完全成本法下，固定制造费用计入了产品成本；而在变动成本法下，固定制造费用不计入产品成本，全部与销售与管理费用一起一次计入当期损益	
优点	特点	作用
	（1）消除了在完全成本法下，销售不变但可通过增加生产、调节库存来调节利润的问题	使管理者更加注重销售和市场，为企业预测前景、规划未来和作出正确决策服务
	（2）能够揭示利润和业务量之间的正常关系	—
	（3）为企业内部管理提供有用的管理信息	便于分清各部门经济责任，有利于进行成本控制和业绩评价
	（4）可以简化成本计算	便于加强日常管理，进行成本控制
缺点	不利于进行财务会计报告（财务会计要求存货成本按全部制造成本报告）	

要点小贴士

（1）制造边际贡献=销售收入-变动制造成本。

（2）息税前利润=制造边际贡献-固定制造费用-非生产成本。

要点小贴士

完全成本法下确定的利润受产成品存货变动的影响，往往出现每年销售量相同，但利润却明显不同（如例题 10 所示）。甚至出现销售多而利润少，或者销售少反而利润多的现象。

【理解】完全成本法与变动成本法的比较

	完全成本法	变动成本法
成本基本区分	制造成本与非制造成本	变动成本与固定成本
产品成本内容	直接材料、直接人工、变动制造费用、固定制造费用	直接材料、直接人工、变动制造费用
期间费用的内容	管理费用、销售费用、财务费用	固定制造费用、管理费用、销售费用、财务费用
存货估价	在产品和产成品存货中既有变动制造成本，也含有固定生产成本	在产品和产成品存货中只有变动制造成本，存货计价低于完全成本法
当期息税前利润	完全成本法下的当期息税前利润-变动成本法下的当期息税前利润=（期末存货中固定制造费用-期初存货中固定制造费用）	

要点小贴士

（1）期末存货中固定制造费用>期初存货中固定制造费用，完全成本法下的当期息税前利润高；

（2）期末存货中固定制造费用<期初存货中固定制造费用，变动成本法下的当期息税前利润高；

（3）期末存货中固定制造费用=期初存货中固定制造费用，两种方法下的当期息税前利润一致。

经典题解

【例题 10·计算分析题】某企业最近 3 年新生产一种产品，销售单价为 10 万元，单位变动生产成本为 4 万元，固定制造费用为 24000 万元/年。最近 3 年的销售量均为 6000 件，产量分别为 6000 件、8000 件和 4000 件。销售和管理费用为 5000 万元 / 年。

要求：

（1）采用完全成本法计算：

①各年的单位产品成本；

②存货采用先进先出法计价，计算各年的期初、期末存货成本及各年的息税前利润（结果填入下方表格中）。

单位：万元

项目	第 1 年	第 2 年	第 3 年	合计
息税前利润				
期末存货成本				—
其中：期末存货中的固定制造费用				—
期初存货成本				—
其中：期初存货中的固定制造费用				—

（2）采用变动成本法计算：

①各年的单位产品成本；

②存货采用先进先出法计价，计算各年的期初、期末存货成本及各年的息税前利润（结果填入下方表格中）。

单位：万元

项目	第 1 年	第 2 年	第 3 年	合计
息税前利润				
期末存货成本				—
期初存货成本				—

（3）说明两种方法下各年息税前利润存在差异的原因。

【答案】

（1）完全成本法下：

①单位产品成本＝单位变动生产成本＋固定制造费用/产品产量

第1年单位产品成本=4+（24000/6000）=4+4=8（万元）

第2年单位产品成本=4+（24000/8000）=4+3=7（万元）

第3年单位产品成本=4+（24000/4000）=4+6=10（万元）

②各年的期初、期末存货成本及各年的息税前利润

单位：万元

项目	第1年	第2年	第3年	合计
销售收入	60000	60000	60000	180000
销售成本	48000	42000	2000×7+4000×10=54000	144000
期间费用（销售和管理费用）	5000	5000	5000	15000
息税前利润	7000	13000	1000	21000
期末存货成本	0	14000	0	—
其中：期末存货中的固定制造费用	0	6000	0	—
期初存货成本	0	0	14000	—
其中：期初存货中的固定制造费用	0	0	6000	—

（2）变动成本法：

①单位产品成本＝单位变动生产成本

第1~3年的单位产品成本=4（万元）

②各年的期初、期末存货成本及各年的息税前利润

单位：万元

项目	第1年	第2年	第3年	合计
销售收入	60000	60000	60000	180000
销售成本	24000	24000	24000	72000
期间费用（固定制造费用、销售和管理费用）	24000+5000=29000	29000	29000	87000
息税前利润	7000	7000	7000	21000
期末存货成本	0	8000	0	—
期初存货成本	0	0	8000	—

（3）由于第1年完全成本法下期初、期末存货中固定制造费用相等（均为0），所以第1年变动成本法下的息税前利润＝完全成本法下的息税前利润；第2年完全成本法下期末存货中固定制造费用－期初存货中固定制造费用=6000万元，所以第

2年完全成本法下的息税前利润比变动成本法下的息税前利润高6000万元；第3年完全成本法下期末存货中固定制造费用－期初存货中固定制造费用=-6000万元，所以第3年完全成本法下的息税前利润比变动成本法下的息税前利润低6000万元。

三、本量利分析基本模型的相关假设★

要点小贴士

诸条假设的背后都有一条共同的假设，即企业的全部成本可以合理地或者比较准确地分解为固定成本与变动成本。

相关范围假设	（1）期间假设 【提示】固定成本和变动成本，是在特定期间范围内分析和计量的结果 （2）业务量假设 【提示】固定成本和变动成本，是在一定业务量范围内分析和计量的结果
线性假设	（1）固定成本不变假设 （2）变动成本与业务量呈完全线性关系假设 【提示】即表明当销售量在相关范围内变化时，产品的单位变动成本不变 （3）销售收入与销售数量呈完全线性关系假设 【提示】即表明当销售量在相关范围内变化时，产品的单价不变
产销平衡假设	本量利分析中的“量”指的是销售数量而非生产数量，在销售价格不变的条件下，这个量有时指销售收入 【提示】站在销售数量的角度进行本量利分析时，就必须假设产销关系是平衡的
品种结构不变假设	假设各种产品的销售收入在总收入中所占的比重不会发生变化

经典题解

【真题11·多选题】下列关于本量利分析基本模型假设的说法中，正确的有（　　）。（2021年卷Ⅰ）

A. 企业的总成本按其性态可以近似地描述为线性模型

B. 本量利分析的“量”指的是销售数量，并假设产销平衡

C. 在多品种生产和销售的企业中，各产品销售收入在总收入中占比不变

D. 区分一项成本是变动成本还是固定成本，需限定在一定的相关范围内

【解析】本量利分析基本模型的相关假设包括：（1）相关范围假设。①期间假设：固定成本和变动成本，是在特定期间范围内分析和计量的结果；②业务量假设：固定成本和变动成本，是在一定业务量范围内分析和计量的结果。（2）线性假设。企业的总成本按性态可以或者可以近似地描述为y=a+bx。（3）产销平衡假设。本量利分析中的“量”指的是销售数量而非生产数量，站在销售数量的角度进行本量利分析时，就必须假设产销关系是平衡的。（4）品种结构不变假设。假设各种产品的销售收入在总收入中所占的比重不变。因此选项A、B、C、D均正确。

【答案】ABCD

【例题12·多选题】下列关于本量利分析基本假设的表述中，正确的有（　　）。

A. 产销平衡

B. 产品品种结构不变

C. 营业收入与业务量呈完全线性关系

D. 总成本由营业成本和期间费用两部分组成

【解析】本量利分析下总成本最终分解为固定成本和变动成本，选项D不正确。

【答案】ABC

四、本量利分析基本模型★★★

（一）损益方程式

基本损益方程式	息税前利润＝单价×销量－单位变动成本×销量－固定成本 $=P\times Q-V\times Q-F=(P-V)\times Q-F$
包含期间成本的损益方程式	息税前利润＝单价×销量－（单位变动生产成本＋单位变动销售和管理费用）×销量－（固定生产成本＋固定销售和管理费用）
应注意的问题	（1）基本损益方程式是最基本，也是最重要的方程式，给定其中4个变量，能够求出另一个变量的值 （2）公式中的成本是广义的：既包括付现成本也包括非付现成本，既包括生产成本也包括期间费用

要点小贴士

本量利分析的基本模型应用最关键的就是找到固定成本总额F和单位变动成本V。

（1）F要统一到题目要求的预计期间长度（元/期间）。

（2）V统一到某一产品或服务上，与单位售价一致（元/单位）。

【提示】如果没有特别说明，本章的利润指的是息税前利润或税前经营利润。

经典题解

【例题13·单选题】某公司5月份甲产品的销量为20000件，单位售价500元，单件产品的材料成本为100元。生产工人工资采用计件制，5月份的生产工人工资总额为250000元，技术转让费为收入的5%。每月固定付现成本费用为20万元，此外公司每年发生固定资产折旧费120万元，预计6月份的销量为20000件，则6月份的预计息税前利润为（ ）元。

A. 8950000　　B. 7950000

C. 6950000　　D. 5950000

【解析】单位变动成本 V=100+250000/20000+500×5%=137.5（元/件）

固定成本总额 F=200000+1200000/12=300000（元）

息税前利润＝（500－137.5）×20000－300000=6950000（元）。

【答案】C

解题攻略

（1）V的确定考试常见有三种情况：

①从量确定（元/单位）=V

②从价确定（%）×P=V

③变动成本总额/销量=V。

（2）F=固定付现成本＋非付现折旧、摊销。

【例题14·单选题】某产品单价8元，单位变动成本5元，固定成本3000元，计划产销量1000件，欲实现目标利润1000元，单价应（ ）。

A. 提高0.5元　　B. 提高1元

C. 提高1.5元　　D. 提高2元

【解析】息税前利润＝（单价－单位变动成本）×销量－固定成本，（P－5）×1000－3000=1000，解得：P=9（元），选项B正确。

【答案】B

（二）边际贡献方程式

<table>
<tr><td>计算公式</td><td colspan="2">息税前利润 = 边际贡献 – 固定成本 = 单位边际贡献 × 销量 – 固定成本 = 边际贡献率 × 销售收入 – 固定成本</td></tr>
<tr><td rowspan="3">两个基本概念</td><td>边际贡献</td><td>边际贡献 = 销售收入 – 变动成本 =（单价 – 单位变动成本）× 销量</td></tr>
<tr><td>单位边际贡献</td><td>单位边际贡献 = 单价 – 单位变动成本</td></tr>
<tr><td>应注意的问题</td><td>制造边际贡献 = 销售收入 – 变动生产成本
产品边际贡献 = 制造边际贡献 – 变动销售和管理费用
【提示】通常，如果在“边际贡献”前未加任何定语，则是指“产品边际贡献”</td></tr>
<tr><td rowspan="3">两个率</td><td>边际贡献率</td><td>边际贡献率 = 边际贡献 / 销售收入</td></tr>
<tr><td>变动成本率</td><td>变动成本率 = 变动成本 / 销售收入</td></tr>
<tr><td>应注意的问题</td><td>（1）关系公式：变动成本率 + 边际贡献率 =1
（2）多种产品的边际贡献率要用加权平均数计算，其公式为：
$加权平均边际贡献率=\frac{\Sigma 各产品边际贡献}{\Sigma 各产品销售收入}\times 100\%$
或：= Σ（各产品边际贡献率 × 各产品销售收入占总销售收入比重）× 100%</td></tr>
</table>

要点小贴士

两种方法计算结果是一样的，因此通常我们根据简便的方法，即“总边际贡献 / 总销售收入”计算。

经典题解

【真题 15 · 单选题】 甲公司销售收入 50 万元，边际贡献率 40%。该公司仅设 M 和 N 两个部门，其中 M 部门的变动成本 26 万元，边际贡献率 35%。下列说法中，错误的是（　　）。（2019 年卷Ⅰ）

A. M 部门边际贡献 14 万元　　B. M 部门销售收入 40 万元

C. N 部门销售收入 10 万元　　D. N 部门变动成本 6 万元

真题点拨

只要出现多个价格，就按照多品种本量利思路处理，有几个价格就视同有几个品种。

【解析】 M 部门销售收入 =26/（1–35%）=40（万元），选项 B 正确；M 部门边际贡献 =40–26=14（万元），选项 A 正确；N 部门销售收入 =50–40=10（万元），选项 C 正确；N 部门变动成本 =50×（1–40%）–26=4（万元），选项 D 错误。

单位：万元

项目	M 部门	N 部门	甲公司
销售收入	26/65%=40	倒挤：50–40=10	50
边际贡献率	35%	6/10=60%	40%
变动成本率	1–35%=65%	4/10=40%	30/50=60%
变动成本	26	10–6=4	50–20=30
边际贡献	40–26=14	倒挤：20–14=6	50×40%=20

【答案】 D

【真题16·单选题】甲公司销售收入50万元，边际贡献率30%。该公司仅设K和W两个部门，其中K部门的变动成本30万元，边际贡献率25%。下列说法中，错误的是（　　）。（2019年卷Ⅱ）

A. K部门边际贡献为10万元

B. W部门边际贡献率为50%

C. W部门销售收入为10万元

D. K部门变动成本率为70%

【解析】K部门销售收入=30/（1-25%）=40（万元），K部门边际贡献=40-30=10（万元），选项A正确；W部门边际贡献率=（50×30%-10）/10=50%，选项B正确；W部门销售收入=50-40=10（万元），选项C正确；K部门变动成本率=1-25%=75%，选项D错误。

单位：万元

项目	K部门	W部门	甲公司
销售收入	30/75%=40	倒挤：50-40=10	50
边际贡献率	25%	5/10=50%	30%
变动成本率	1-25%=75%	5/10=50%	1-30%=70%
变动成本	30	倒挤：35-30=5	50-15=35
边际贡献	40-30=10	倒挤：15-10=5	50×30%=15

【答案】D

【例题17·单选题】某企业生产甲、乙、丙三种产品，已知三种产品的单价分别为25元、18元和16元，单位变动成本分别为15元、10元和8元，销售量分别为1000件、5000件和300件。固定成本总额为20000元，则加权平均边际贡献率为（　　）。

A. 43.74%　　B. 40%　　C. 44.44%　　D. 50%

【解析】加权平均边际贡献率=［1000×（25-15）+5000×（18-10）+300×（16-8）］/（25×1000+18×5000+16×300）×100%=43.74%。

【答案】A

（三）本量利关系图

基本的本量利关系图与正方形本量利关系图的比较。

种类	横轴	销售收入线	变动成本线
基本的本量利关系图	销售量（实物量Q）	斜率为单价P	斜率为单位变动成本V
		注：销售收入=P×Q	注：变动成本=V×Q
正方形本量利关系图	销售收入（金额S）	斜率为1	斜率为变动成本率
		注：销售收入=1×S	注：变动成本=变动成本率×S

【提示】边际贡献式本量利关系图的特点：图中能表示出边际贡献的大小。

经典题解

【例题 18·多选题】某企业只生产一种产品，单价 20 元，单位变动成本 12 元，固定成本为 2400 元，满负荷运转下的正常销售量为 400 件。以下说法中，正确的有（ ）。

A. 在“销售”以金额表示的边际贡献式本量利图中，该企业的变动成本线斜率为 12

B. 在“销售”以销售量表示的边际贡献式本量利图中，该企业的变动成本线斜率为 12

C. 在“销售”以金额表示的边际贡献式本量利图中，该企业的销售收入线斜率为 20

D. 在“销售”以销售量表示的边际贡献式本量利图中，该企业的销售收入线斜率为 20

【解析】在“销售”以金额表示的边际贡献式本量利图中，变动成本 = 变动成本率 × 销售收入，所以该企业的变动成本线斜率为变动成本率，即 12/20=60%，销售收入线斜率为 1。

【答案】BD

第二节 保本分析

使用“会计云课堂”App 或“微信”扫码查看本节视频，快速 GET 知识点。

一、保本点的含义★★

保本点，亦称盈亏临界点，是企业收入和成本相等的经营状态，即边际贡献等于固定成本时企业所处的既不盈利又不亏损的状态。通常用一定的业务量（保本量或保本额）来表示。

二、保本点与安全边际的确定★★★

表示方法		保本点	安全边际
实物量	指标	保本量（Q_0）	安全边际量
	计算公式	$Q_0=\frac{固定成本}{单价-单位变动成本}=\frac{F}{P-V}$	安全边际量 = 正常销售量 - 盈亏临界点销售量 $=Q-Q_0$
金额	指标	保本额（S_0）	安全边际（额）
	计算公式	$S_0=\frac{固定成本}{边际贡献率}$	安全边际（额）= 正常销售额 - 盈亏临界点销售额 $=S-S_0$

要点小贴士

销售量（额）处于保本点意味着：EBIT=0；总成本 = 总收入；边际贡献 =F；DOL= ∞；安全边际量（额）=0。

<table>
<tr><th colspan="2">表示方法</th><th>保本点</th><th>安全边际</th></tr>
<tr><td rowspan="3">相对数（率）</td><td>指标</td><td>盈亏临界点作业率</td><td>安全边际率</td></tr>
<tr><td>计算公式</td><td>盈亏临界点作业率 = $\frac{Q_0}{Q}$ 或 $\frac{S_0}{S}$</td><td>安全边际率 = $\frac{Q-Q_0}{Q}$ 或 $\frac{S-S_0}{S}$</td></tr>
<tr><td>关系公式</td><td colspan="2">盈亏临界点作业率 + 安全边际率 =1</td></tr>
</table>

【提示】考试不特指的情况下，安全边际即指安全边际额。一般而言，安全边际或安全边际率的数值越大，企业发生亏损的可能性就越小，企业也就越安全。

经典题解

【真题 19·多选题】在本量利分析中，假设其他因素不变，单位产品变动成本上升时，下列说法正确的有（　　）。（2021 年卷Ⅱ）

A. 息税前利润率下降　　B. 盈亏临界点作业率下降

C. 安全边际下降　　D. 单位边际贡献下降

【解析】息税前利润率 = 息税前利润 / 营业收入，单位产品变动成本上升，息税前利润下降，进而导致息税前利润率下降，选项 A 正确。单位边际贡献 = 单价 − 单位变动成本，单位产品变动成本上升，单位边际贡献下降，盈亏临界点销售量 = 固定成本 / 单位边际贡献，安全边际量 = 实际销售量 − 盈亏临界点销售量，所以盈亏临界点销售量上升，进而导致盈亏临界点作业率上升，安全边际下降，选项 B 错误，选项 C、D 正确。

【答案】ACD

【真题 20·单选题】甲公司产销一种产品，相关信息如下：

单位售价	30 元
单位变动制造成本	7 元
固定制造费用	950000 元
固定管理费用	650000 元
销售佣金	售价的 10%

该产品的盈亏临界点销售量是（　　）件。（2020 年卷Ⅱ）

A. 32500　　B. 40000　　C. 47500　　D. 80000

【解析】盈亏临界点销售量 =（950000+650000）/（30−7−30 × 10%）=80000（件）。

【答案】D

【真题 21·单选题】甲公司只生产一种产品，目前处于盈利状态，单位变动成本 10 元，息税前利润对变动成本敏感系数为 −4。假定其他条件不变，甲公司盈亏平衡点时的单位变动成本为（　　）元。（2018 年卷Ⅱ）

A. 7.5　　B. 9.6　　C. 10.4　　D. 12.5

【解析】甲公司盈亏平衡点时，意味着利润降到 0，息税前利润变动率 =（0−原来息税前利润）/ 原来息税前利润 =−100%，变动成本变动率 =（−100%）/（−4）=25%，单位变动成本 =10×（1+25%）=12.5（元）。

【答案】D

【真题 22·多选题】甲公司的经营处于盈亏临界点，下列表述正确的有（　　）。（2018 年卷Ⅰ、卷Ⅱ）

A. 经营杠杆系数等于零

B. 安全边际等于零

C. 销售额等于销售收入线与总成本线交点处销售额

D. 边际贡献等于固定成本

【解析】甲公司的经营处于盈亏临界点，即息税前利润为 0，经营杠杆系数 = 边际贡献 / 息税前利润，分母为 0，经营杠杆系数趋于无穷大，选项 A 错误。甲公司的经营处于盈亏临界点，因此实际销售额 = 盈亏临界点销售额，安全边际等于零，此时息税前利润 = 销售收入 − 总成本 = 销售收入 − 变动成本 − 固定成本 = 边际贡献 − 固定成本 =0，选项 B、C、D 正确。

【答案】BCD

三、安全边际与利润的关系 ★★★

指标	公式
计算利润	息税前利润 = 安全边际额 × 边际贡献率 = 安全边际率 × 边际贡献 【提示】对于单一产品：息税前利润 = 安全边际量 × 单位边际贡献
计算销售息税前利润率	销售息税前利润率 = 安全边际率 × 边际贡献率

【提示】只有安全边际才能为企业提供利润，盈亏临界点所提供的边际贡献等于固定成本，安全边际所提供的边际贡献等于企业利润。

要点小贴士

安全边际量（额）> 0，则：EBIT > 0；安全边际量（额）= 0，则：EBIT=0；安全边际量（额）< 0，则：EBIT < 0。

经典题解

【真题 23·单选题】已知甲公司本年变动成本率 30%，盈亏临界点作业率 80%，则甲公司本年的销售息税前利润率为（　　）。（2021 年卷Ⅲ）

A. 14%　　B. 24%　　C. 56%　　D. 6%

【解析】销售息税前利润率 =（1−30%）×（1−80%）=14%。

【答案】A

【提示】2018 年卷Ⅰ试题与此题的考查角度一致。

四、多品种情况下的保本分析 ★★

（1）加权平均边际贡献率= $\frac{\Sigma\ 各产品边际贡献}{\Sigma\ 各产品销售收入}\times 100\%$

或：= Σ（各产品边际贡献率 × 各产品销售收入占总销售收入比重）

（2）保本销售总额 = 固定成本总额 / 加权平均边际贡献率

（3）某种产品的销售百分比 = 该产品的销售额 / 所有产品的销售额 ×100%

某种产品的保本销售额 = 保本销售总额 × 某种产品的销售百分比

某种产品的保本销售量 = 该产品的保本销售额 / 该产品的销售单价

第三节 保利分析 ★★★

使用"会计云课堂"App或"微信"扫码查看本节视频，快速GET知识点。

要点小贴士

利用本量利的基本模型，已知目标利润，倒求销量或销售额即可。

指标	计算公式
保利量	$保利量=\frac{固定成本+目标利润}{单价-单位变动成本}$
保利额	$保利额=\frac{固定成本+目标利润}{边际贡献率}$

【提示】目标利润一般是指税前利润，若已知税后目标利润：

保利量 =［固定成本 + 税后目标利润 /（1– 所得税税率）］/ 单位边际贡献

保利额 =［固定成本 + 税后目标利润 /（1– 所得税税率）］/ 边际贡献率

经典题解

【真题24·单选题】甲便利店销售一种新产品，销售单价10元，单位变动成本2元，年固定成本总额1000万元，企业所得税税率25%，全年税后目标利润5250万元。该产品全年的保利额是（　　）万元。（2021年卷Ⅱ）

A. 10000　　B. 7812.5

C. 6250　　D. 5375

【解析】边际贡献率 =（10–2）/10×100%=80%，设保利额为X万元，则：（X×80%–1000）×（1–25%）=5250，解得：X=10000（万元）。

【答案】A

【例题25·计算分析题】某公司生产销售A、B、C三种产品，销售单价分别为100元、200元、250元；预计销售量分别为120000件、80000件、40000件；预计各产品的单位变动成本分别为60元、140元、140元；预计固定成本总额为1000000元。（销售量结果四舍五入保留整数）

要求：

（1）计算各产品的保本销售量及保本销售额。

（2）若企业的目标利润为500000元，计算各产品的保利销售量及保利销售额。

【答案】

（1）保本分析：

加权平均边际贡献率 =［120000×（100−60）+80000×（200−140）+40000×（250−140）］/（120000×100+80000×200+40000×250）×100%=36.84%

保本销售总额 =1000000/36.84%=2714440.83（元）

销售收入合计 =120000×100+80000×200+40000×250=38000000（元）

A 产品保本销售额 =2714440.83×120000×100/38000000=857191.84（元）

B 产品保本销售额 =2714440.83×80000×200/38000000=1142922.46（元）

C 产品保本销售额 =2714440.83×40000×250/38000000=714326.53（元）

A 产品保本销售量 =857191.84/100=8572（件）

B 产品保本销售量 =1142922.46/200=5715（件）

C 产品保本销售量 =714326.53/250=2857（件）

（2）保利分析：

保利销售总额 =（1000000+500000）/36.84%=4071661.24（元）

A 产品保利销售额 =4071661.24×120000×100/38000000=1285787.76（元）

B 产品保利销售额 =4071661.24×80000×200/38000000=1714383.68（元）

C 产品保利销售额 =4071661.24×40000×250/38000000=1071489.8（元）

A 产品保利销售量 =1285787.76/100=12858（件）

B 产品保利销售量 =1714383.68/200=8572（件）

C 产品保利销售量 =1071489.8/250=4286（件）。

第四节　利润敏感分析

使用“会计云课堂”App 或“微信”扫码查看本节视频，快速 GET 知识点。

一、利润敏感分析的含义★

分析的问题	问题的实质	计算方法
盈亏转折分析（最大最小分析）	主要研究分析有关参数发生多大变化会使盈利转为亏损	利用本量利的基本公式，令其他因素不变，只变一个特定因素，得到使得利润为 0 的该特定因素的临界值

二、各参数的敏感系数计算★★★

含义	敏感系数提供了各因素变动百分比和利润变动百分比之间的比例，即当各因素升降 1% 时，利润将会随之上升或下降百分之几（正号为同向变动，负号为反向变动）

计算	利润对某因素的敏感系数 = $\frac{目标值变动百分比}{某因素变动百分比}$ 【扩展】简化公式:（P、V、Q、F 中只变一个因素） 利润对某因素的敏感系数 = $\frac{基期某因素对 EBIT 的影响额}{基期 EBIT}$ 单价的敏感系数 = 基期营业收入 / 基期息税前利润 =P×Q/［（P–V）×Q–F］ 单位变动成本的敏感系数 =– 基期变动成本 / 基期息税前利润 =–V×Q/［（P–V）×Q–F］ 销量的敏感系数 = 基期边际贡献 / 基期息税前利润 =（P–V）×Q/［（P–V）×Q–F］ 固定成本的敏感系数 =– 基期固定成本 / 基期息税前利润 =–F/［（P–V）×Q–F］
结论	敏感系数为正值的，表明它与利润为同向变化；敏感系数为负值的，表明它与利润为反向变化
	敏感系数绝对值越大，越敏感
	敏感系数绝对值大于 1，则属于敏感因素；敏感系数绝对值小于 1，则属于非敏感因素

名师点拨

敏感系数计算是假设只变一个因素，其他因素不变。分母某因素变动百分比可以自己随意假设，不影响计算结果，考试一般不特指我们均设变动 10%。

名师点拨

注意是否有联动影响：

（1）若考试给出 V 不变，P 只影响收入，则分子是“基期营业收入”。

（2）若考试给出的是变动成本率不变，则 P 变动，V 会有联动变化，则分子是“基期营业收入 ×（1– 变动成本率）”。

相关链接

经营杠杆系数 = 息税前利润变动百分比 / 销售量变动百分比，因此利润对销量的敏感系数亦称经营杠杆系数。

经典题解

【例题 26 · 计算分析题】甲公司 2021 年 A 产品产销量为 3 万件，单价为 90 元 / 件，单位变动制造成本为 31 元 / 件，变动销售及管理费用总额为 27 万元，固定成本总额为 100 万元。

要求：

（1）若 A 产品单价、单位变动成本和固定成本保持不变，计算利润对产销量的敏感系数。

（2）若 A 产品单位变动成本、固定成本和产销量保持不变，计算利润对单价的敏感系数。

（3）若 A 产品单位变动制造成本、变动销售及管理费用占收入比、固定成本和产销量保持不变，计算利润对单价的敏感系数。

【答案】

（1）2021 年单位变动成本 =31+27/3=40（元 / 件）

2021 年的利润 =3×（90–40）–100=50（万元）

设销量增长 10%，利润 =3×（1+10%）×（90–40）–100=65（万元）

利润增长百分比 =（65–50）/50=30%

利润对产销量的敏感系数 =30%/10%=3

或：利润对产销量的敏感系数 = 基期边际贡献 / 基期息税前利润 =3×（90–40）/［3×（90–40）–100］=3

（2）设单价增长 10%，利润 =3×［90×（1+10%）–40］–100=77（万元）

利润增长百分比 =（77–50）/50=54%

利润对单价的敏感系数 =54%/10%=5.4

或：利润对单价的敏感系数 = 基期销售收入 / 基期息税前利润 =3×90/［3×（90–40）–100］=5.4

（3）变动销售及管理费用占收入比 =27/（3×90）=10%

由于单位变动制造成本、变动销售及管理费用占收入比不变，当单价提高 10% 时，单位变动成本 =31+90×（1+10%）×10%=40.9（元）

设单价增长 10%，利润 =3×［90×（1+10%）-40.9］-100=74.3（万元）

利润增长百分比 =（74.3-50）/50=48.6%

利润对单价的敏感系数 =48.6%/10%=4.86

或：利润对单价的敏感系数 =3×90×（1-10%）/50=4.86。

解题攻略

由于存在联动因素，单价变化会带动单位变动销售及管理费用改变，此时利润对单价的敏感系数的分子是销售收入 ×（1-变动销售及管理费用占收入比）。

本章小结

下载“会计云课堂”App 学习

您已成功完成“第十六章”的学习，本章共 11 个考点，您都学会了吗？

为了让您对章节有更清晰的理解，加倍巩固。本书作者闫华红老师将通过**“视频导图课”**的方式，带您回顾重要考点。

名师点拨，视听结合，高效提分。

※ 欢迎您扫码，免费观看学习。

历年经典主观题回顾

使用“会计云课堂”App 或“微信”扫码快速做题、对答案、看解析、掌握解题思路，开启轻松过关之旅。

计算分析题

1. 甲公司拟承包乙集团投资开发的主题公园中的游乐场，承包期限 5 年，承包时一次性支付经营权使用费 25000 万元，按承包年限平均分摊，承包期内每年上交 5000 万元承包费，并且每年按其年收入的 10% 向乙集团支付管理费。甲公司目前正在进行 2021 年盈亏平衡分析。相关资料如下：

（1）游乐场售卖两种门票，均当日当次有效。票价如下：

单位：元

	游乐场门票	公园观光和游乐场联票（联票）
成人普通票（普通票）	60	80
儿童及60岁以上老人优惠票(优惠票）	30	40

(2)2021年预计门票售卖情况：游乐场门票500万张，联票400万张。假设各类已售门票中，普通票和优惠票的比例均为40%∶60%。

（3）联票收入甲、乙分享，各占50%。

（4）物业费为固定费用，2021年甲公司支付游乐场物业费10286万元。

（5）假设不考虑企业所得税。

要求：

（1）分别计算游乐场2021年边际贡献总额、固定成本总额、营业利润。

（2）分别计算游乐场2021年平均每人次边际贡献、盈亏临界点游客人次、安全边际率。

（3）如果甲公司计划2021年实现营业利润10000万元，拟将游乐场普通票提价至70元，其他票价不变，联票销售预计增长50%。假设其他条件不变，计算至少需要售卖多少万张游乐场门票才能实现目标利润。（2020年卷Ⅰ）

2. 甲公司拟加盟乙快餐集团，乙集团对加盟企业采取不从零开始的加盟政策，将已运营2年以上、达到盈亏平衡条件的自营门店整体转让给符合条件的加盟商，加盟经营协议期限15年，加盟时一次性支付450万元加盟费，加盟期内，每年按年营业额的10%向乙集团支付特许经营权使用费和广告费，甲公司预计将于2016年12月31日正式加盟，目前正进行加盟店2017年度的盈亏平衡分析。

其他相关资料如下：

（1）餐厅面积400平方米，仓库面积100平方米，每平方米年租金2400元。

（2）为扩大营业规模，新增一项固定资产，该资产原值300万元，按直线法计提折旧，折旧年限10年（不考虑残值）。

（3）快餐每份售价40元，变动制造成本率50%，每年正常销售量15万份。

假设固定成本、变动成本率保持不变。

要求：

（1）计算加盟店年固定成本总额、单位变动成本、盈亏临界点销售额及正常销售量时的安全边际率。

（2）如果计划目标税前利润达到100万元，计算快餐销售量；假设其他因素不变，如果快餐销售价格上浮5%，以目标税前利润100万元为基数，计算目标税前利润变动的百分比及目标税前利润对单价的敏感系数。

（3）如果计划目标税前利润达到100万元且快餐销售量达到20万份，计算加盟店可接受的快餐最低销售价格。（2016年卷Ⅰ）

3. 甲公司是一家生物制药企业，研发出一种专利产品，该产品投资项目已进行可行性分析，厂房建造和设备购置安装工作也已完成，新产品将于2016年开始生产并销售，目前，公司正对该项目进行盈亏平衡分析，相关资料如下：

（1）专利研发支出资本化金额150万元，专利有效期10年，预计无残值；建造厂房使用的土地使用权，取得成本500万元，使用年限50年，预计无残值，两种资产均采用直线法计提摊销。厂房建造成本400万元，折旧年限30年，预计净残值率10%，设备购置成本200万元，折旧年限10年，预计净残值率5%，两种资产均采用直线法计提折旧。

（2）新产品销售价格每瓶80元，销售每年可达10万瓶，每瓶材料成本20元，变动制造费用10元，包装成本3元。

公司管理人员实行固定工资制，生产工人和销售人员实行基本工资加提成制，预计新增管理人员2人，每人每年固定工资7.5万元，新增生产工人25人，人均月基本工资1500元，生产计件工资每瓶2元；新增销售人员5人，人均月基本工资1500元，销售提成每瓶5元。每年新增其他费用，财产保险费4万元，广告费50万元，职工培训费10万元，其他固定费用11万元。

（3）假设年生产量等于年销售量。

要求：

（1）计算新产品的年固定成本总额和单位变动成本。

（2）计算新产品的盈亏平衡点年销售量、安全边际率和年息税前利润。

（3）计算该项目的经营杠杆系数。（2015年卷Ⅰ、卷Ⅱ）

历年经典主观题参考答案及解析

使用“会计云课堂”App或“微信”扫码对答案、看解析、掌握解题思路，开启轻松过关之旅。

计算分析题

1.【答案】

（1）2021年边际贡献总额=（500×40%×60+500×60%×30+400×40%×80×50%+400×60%×40×50%）×（1−10%）=28980（万元）

种类	游乐场普通门票	游乐场优惠门票	联票普通门票	联票优惠门票
单价（元）	P_1=60	P_2=30	P_3=80×50%	P_4=40×50%
销量（万张）	Q_1=500×40%	Q_2=500×60%	Q_3=400×40%	Q_4=400×60%

2021年固定成本总额=25000/5+5000+10286=20286（万元）

2021年营业利润=28980−20286=8694（万元）

（2）2021年平均每人次边际贡献＝总边际贡献/总销量＝M/（Q_1+Q_2+Q_3+Q_4）=28980/（500×40%+500×60%+400×40%+400×60%）=28980/（500+400）=32.2（元）

2021年盈亏临界点游客人次=20286/32.2=630（万人次）

2021年安全边际率=1-630/（500+400）=30%

（3）设游乐场门票售卖X万张：

种类	游乐场普通门票	游乐场优惠门票	联票普通门票	联票优惠门票
单价（元）	P_1=70	P_2=30	P_3=80×50%	P_4=40×50%
销量（万张）	Q_1=X×40%	Q_2=X×60%	Q_3=400×（1+50%）×40%	Q_4=400×（1+50%）×60%

[X×40%×70+X×60%×30+400×（1+50%）×40%×80×50%+400×（1+50%）×60%×40×50%]×（1-10%）-20286=10000

解得：X=366.33（万张）。

2.【答案】

（1）①年固定成本总额=450/15+（400+100）×2400/10000+300/10=180（万元）

②单位变动成本=40×50%+40×10%=24（元）

③盈亏临界点的销售额＝固定成本/边际贡献率，边际贡献率＝（40-24）/40=40%，所以盈亏临界点的销售额=180/40%=450（万元）

④正常销售量时的安全边际率=1-盈亏临界点的销售额/正常销售额=1-450/（40×15）=25%

（2）

①（单价－单位变动成本）×销售量－固定成本＝利润，则（40-24）×销售量-180=100，销售量=17.5（万份）。

②单价上升5%，利润=40×（1+5%）×（1-50%-10%）×17.5-180=114（万元），利润变化率＝（114-100）/100=14%，利润对单价的敏感系数=14%/5%=2.8。

（3）单价×（1-50%-10%）×20-180=100，可以接受的最低单价=35（元）。

3.【答案】

（1）专利每年摊销金额=150/10=15（万元）

土地使用权每年摊销金额=500/50=10（万元）

厂房每年折旧金额=400×（1-10%）/30=12（万元）

设备每年折旧金额=200×（1-5%）/10=19（万元）

新增人员固定工资=7.5×2+1500×12/10000×（25+5）=69（万元）

新产品的年固定成本总额=15+10+12+19+69+4+50+10+11=200（万元）

单位变动成本=20+10+3+2+5=40（元）

（2）盈亏平衡点全年销售量=200/（80-40）=5（万瓶）

安全边际率＝（10-5）/10=50%

年息税前利润=10×（80-40）-200=200（万元）

（3）经营杠杆系数＝边际贡献/息税前利润=10×（80-40）/200=2。

同步强化练习题

使用“会计云课堂”App 或“微信”扫码快速做题、对答案、看解析、掌握解题思路，开启轻松过关之旅。

一、单项选择题

1. 可以在没有历史成本数据、历史成本数据不可靠，或者需要对历史成本分析结论进行验证的情况下使用的成本估计方法是（　　）。
   A. 线性回归分析法
   B. 工业工程法
   C. 契约检查法
   D. 账户分析法

2. 下列各项成本费用中，属于约束性固定成本的是（　　）。
   A. 科研开发费
   B. 职工培训费
   C. 生产部门管理人员工资
   D. 广告费

3. 企业生产产品所耗用的直接材料成本属于（　　）。
   A. 技术性变动成本
   B. 酌量性变动成本
   C. 酌量性固定成本
   D. 约束性固定成本

4. 某质量检测公司向甲公司收取产品质量检测费用，收费标准为每一批产品（5 万个）质检费用为 1000 元，则对于甲公司此项费用属于（　　）。
   A. 半变动成本　　B. 半固定成本
   C. 延期变动成本　　D. 曲线变动成本

5. 如果企业采用变动成本法核算产品成本，产品成本的计算范围是（　　）。
   A. 直接材料、直接人工
   B. 直接材料、直接人工、间接制造费用
   C. 直接材料、直接人工、变动制造费用
   D. 直接材料、直接人工、变动制造费用、变动管理及销售费用

6. 公司采用完全成本法计算产品成本，2022年5月份税前经营利润为2000万元，5月份的存货成本如下表所示：

单位：万元

项目	直接材料	直接人工	变动制造费用	固定制造费用	存货成本合计
5 月初	4400	3500	2300	2500	12700
5 月末	4100	4200	2100	2800	13200

则若采用变动成本法计算产品成本，2022 年 5 月份的税前经营利润为（　　）万元。

A. 1500　　B. 1700　　C. 2300　　D. 2500

7. 已知某企业总成本y是销售额x的函数，二者的函数关系为：y=5000+0.3x，则该企业的边际贡献率为（　　）。
A. 30%　　B. 50%
C. 70%　　D. 80%

8. 根据本量利分析原理，只能提高安全边际量而不会降低保本点销售量的措施是（　　）。
A. 提高单价　　B. 增加产销量
C. 降低单位变动成本　　D. 压缩固定成本

9. 在销售量水平一定的条件下，盈亏临界点的销售量越小，说明企业的（　　）。
A. 经营风险越小　　B. 经营风险越大
C. 财务风险越小　　D. 财务风险越大

10. 若安全边际率为20%，正常销售量为1000件，则盈亏临界点销售量为（　　）件。
A. 200　　B. 800
C. 600　　D. 400

11. 甲公司只生产一种产品，变动成本率为40%，安全边际率为30%。甲公司的销售息税前利润率是（　　）。
A. 12%　　B. 18%
C. 28%　　D. 42%

12. 下列关于多种产品加权平均边际贡献率的计算公式中，错误的是（　　）。
A. 加权平均边际贡献率
$$=\frac{\Sigma\ \text{各产品边际贡献}}{\Sigma\ \text{各产品销售收入}}\times 100\%$$
B. 加权平均边际贡献率 = Σ（各产品安全边际率 × 各产品销售息税前利润率）
C. 加权平均边际贡献率
$$=\frac{\text{利润}+\text{固定成本}}{\Sigma\ \text{各产品销售收入}}\times 100\%$$
D. 加权平均边际贡献率 = Σ（各产品边际贡献率 × 各产品销售收入占总销售收入比重）

13. 甲公司只生产一种产品，每件产品的单价为5元，单价敏感系数为5。假定其他条件不变，甲公司盈亏平衡时的产品单价是（　　）元。
A. 3　　B. 3.5
C. 4　　D. 4.5

14. 假设某企业只生产销售一种产品，单价50元，边际贡献率40%，每年固定成本300万元，预计下一年产销量20万件。假设单价变动不影响单位变动成本，则利润对单价的敏感系数为（　　）。
A. 10　　B. 8
C. 4　　D. 0.4%

15. 已知息税前利润对单位变动成本的敏感系数为 −2，假设不考虑其他因素，为了确保下年度企业不亏损，单位变动成本上升的最大幅度为（　　）。
A. 50%　　B. 100%
C. 25%　　D. 40%

16. 已知销售收入增长5%，可使每股收益增长12%，又已知利润对销量的敏感系数为1.2，则该公司的财务杠杆系数为（　　）。
A. 2.4　　B. 2
C. 1.2　　D. 1.58

17. 在各因素对利润的敏感分析图中，若利润变动率为纵轴，各因素变动率为横轴，各因素形成的直线与利润线的夹角越小，对利润的敏感程度（　　）。
A. 越小　　B. 越大
C. 不影响　　D. 难以确定

二、多项选择题

1. 采用变动成本法计算产品成本相比较完全成本法的特点有（　　）。
A. 使管理者更加注重销售和市场
B. 能够揭示利润和业务量之间的正常关系
C. 能够正确反映存货成本的构成内容
D. 能够降低当期损益的数额

2. 下列有关成本按性态分类的表述中正确的有（　　）。
A. 某公司对营销人员薪金支付采取每月支付固定月工资，此外每推销一件提成10元，这种人工成本属于半变动成本
B. 与产量有明确的生产技术或产品结构设计关系的变动成本是技术性变动成本
C. 某公司对营销人员薪金支付采取在正常销量以内支付固定月工资，当销量超过正常水平后则支付每件10元的奖励，这种人工成本属于半变动成本
D. 约束性固定成本属于企业“经营能力”成本，是企业为了维持一定的业务量所必须负担的最低成本

3. 下列各项中，属于变动成本的有（　　）。
A. 新产品的研究开发费用
B. 按产量法计提的固定资产折旧
C. 按销售收入一定百分比支付的技术转让费
D. 随产品销售的包装物成本

4. 下列关于变动成本法和完全成本法的说法中，正确的有（　　）。
A. 按照变动成本法计算的单位成本总是低于按照完全成本法计算的单位成本
B. 按照变动成本法计算的利润总是低于按照完全成本法计算的利润
C. 按照变动成本法计算的利润与销量同向变化
D. 按照变动成本法计算便于分清各部门经济责任，有利于进行成本控制和业绩评价

5. 下列各项可以视为盈亏临界状态的有（　　）。
A. 销售收入总额与成本总额相等
B. 销售收入线与总成本线相交的交点
C. 边际贡献与固定成本相等
D. 变动成本与固定成本相等

6. 依据边际贡献方程式，提高产品边际贡献的途径有（　　）。
A. 提高销售单价
B. 降低单位产品变动成本
C. 降低单位变动销售费用
D. 减少固定成本负担

7. 下列关于本量利关系式的表述中，正确的有（　　）。
A. 销售息税前利润率 / 变动成本率 = 盈亏临界点作业率
B. 盈亏临界点作业率 × 安全边际率 =1
C. 销售息税前利润率 / 边际贡献率 = 安全边际率
D. 边际贡献率 + 变动成本率 =1

8. 下列有关安全边际的表述中正确的有（　　）。
A. 安全边际额是正常销售额超过盈亏临界点销售额的差额
B. 安全边际额表明销售额下降多少企业仍不至亏损
C. 安全边际部分的销售额也就是企业的利润
D. 安全边际率大于1，则表明企业经营安全

9. 某产品的单位变动成本因耗用的原材料涨价而提高了1元，企业为抵消该变动的不利影响，决定提高产品售价1元，假设其他因素不变，则（　　）。
A. 该产品的变动成本率降低
B. 该产品的单位边际贡献不变
C. 该产品的安全边际率不变
D. 该产品的盈亏临界点销售额增加

10. 关于本量利分析模式，下列各项中能够提高销售利润额的有（　　）。
A. 提高边际贡献率
B. 提高盈亏平衡点作业率
C. 提高变动成本率
D. 提高安全边际率

11. 如果采用加权平均法计算保本销售总额，下列各项中，将会影响保本销售总额大小的有（　　）。
A. 固定成本总额
B. 销售量
C. 单价
D. 单位变动成本

12. 某企业只生产一种产品，当年的税前利润为20000元。运用本量利关系对影响税前利润的各因素进行敏感分析后得出，单价的敏感系数为4，单位变动成本的敏感系数为-2.5，销售量的敏感系数为1.5，固定成本的敏感系数为-0.5。下列说法中，正确的有（　　）。
A. 上述影响税前利润的因素中，单价是最敏感的因素，固定成本是非敏感因素
B. 当单价提高10%时，税前利润将增长8000元
C. 当单位变动成本的上升幅度超过40%时，企业将转为亏损
D. 企业的安全边际率为66.67%

13. 在其他条件不变时，若使利润上升50%，单位变动成本需下降20%；若使利润上升40%，销售量需上升15%，那么下列表述不正确的有（　　）。
A. 销售量对利润的影响比单位变动成本对利润的影响更为敏感
B. 单位变动成本对利润的影响比销售量对利润的影响更为敏感
C. 销售量的敏感系数小于1，所以销售量为非敏感因素
D. 单位变动成本的敏感系数小于0，所以单位变动成本为非敏感因素

14. 某企业生产甲、乙两种产品，甲产品销量为500件，单价80元，单位变动成本40元；乙产品销量400件，单价150元，单位变动成本50元，企业固定成本总额为12000元，以下说法中正确的有（　　）。
A. 在“销售量”以金额表示的边际贡献式本量利关系图中，该企业的变动成本线斜率为60%
B. 企业的安全边际率为50%
C. 企业安全边际额中的边际贡献等于48000元
D. 企业利润对销量的敏感系数为1.25

三、计算分析题

1. D物业公司在住宅区内开设了一家家政服务中心，为住宅区内住户提供钟点家政服务。家政服务中心将物业公司现有办公用房作为办公场所，每月固定分摊物业公司折旧费、水电费、电话费等共计4000元。此外，家政服务中心每月发生其他固定费用900元。

家政服务中心现有2名管理人员，负责接听顾客电话、安排调度家政工人以及其他管理工作，每人每月固定工资2000元；招聘家政工人50名，家政工人工资采取底薪加计时工资制，每人除每月固定工资350元外，每提供1小时家政服务还可获得6元。

家政服务中心按提供家政服务小时数向顾客收取费用，目前每小时收费10元，每天平均有250小时的家政服务需求，每月按30天计算。

根据目前家政工人的数量，家政服务中心每天可提供360小时的家政服务。为了充分利用现有服务能力，家政服务中心拟采取降价10%的促销措施。预计降价后每天的家政服务需求小时数将大幅提高。

要求：

（1）计算采取降价措施前家政服务中心每月的边际贡献和税前利润。

（2）计算采取降价措施前家政服务中心每月的保本量和安全边际率。

（3）降价后每月家政服务需求至少应达到多少小时，降价措施才是可行的？此时的安全边际额是多少？经营杠杆系数是多少？

2. 某企业生产和销售甲、乙两种产品，产品的单位售价分别为5元和10元，边际贡献率分别为40%和20%，全年固定成本为50000元。

要求：

（1）假设全年甲、乙两种产品分别销售了20000件和40000件，试计算下列指标：

①盈亏临界点销售总额。

②用实物单位表示的甲、乙两种产品的盈亏临界点。

③安全边际总额。

④预计利润。

（2）如果增加促销费10000元，可使甲产品销售量增至40000件，而乙产品的销售量会减少到20000件。试计算此时的盈亏临界点的销售总额和安全边际总额，并说明采取这一促销措施是否合算。（计算结果保留整数）

3. 甲公司2021年度为其第一个营业年度，企业只生产一种产品，其制造成本的成本习性方程为：y=3000+1500x，2021年实际生产的产量为100万件，此外固定销售与管理费用为200万元，变动销售费用为每件100元。该公司2021年销量为80万件，每件售价为2000元，假设企业年末没有在产品。

要求：

（1）计算2021年采用完全成本法下的期末产成品存货的成本和税前经营利润；

（2）计算2021年采用变动成本法下的期末产成品存货的成本和税前经营利润；

（3）解释差异产生的原因；

（4）计算两种方法下假设2021年税前经营利润为0的销量。

四、综合题

甲公司研发出一种新产品X，新产品投资项目已进行可行性分析，厂房建造和设备购置安装工作也已完成，产品将于2022年开始生产并销售，目前，公司正对该项目进行盈亏平衡分析，相关资料如下：

（1）专利研发支出资本化金额300万元，专利有效期10年，预计无残值；建造厂房使用的土地使用权，取得成本1000万元，使用年限50年，预计无残值，两种资产均采用直线法计提摊销。

厂房建造成本800万元，折旧年限30年，预计净残值率10%；设备购置成本400万元，折旧年限10年，预计净残值率5%，两种资产均采用直线法计提折旧。

（2）X产品销售价格每瓶160元，预计销售量每年可达20万瓶，每瓶材料成本50元，变动制造费用30元，包装成本10元。

公司管理人员实行固定工资制，生产工人和销售人员实行基本工资加提成制。预计新增管理人员2人，每人每年固定工资15万元；新增生产工人25人，人均月基本工资3000元，生产计件工资每瓶6元；新增销售人员5人，人均月基本工资3000元，销售提成为营业收入的5%。

每年新增其他费用：每年按年营业额的10%支付广告费，财产保险费108万元，职工培训费20万元，其他固定费用122万元。

（3）假设年生产量等于年销售量。

要求：

（1）计算X产品投产后新增的年固定成本总额和X产品的单位变动成本。

（2）计算X产品的保本点销售量、安全边际率。

（3）计算该项目的息税前利润和经营杠杆系数。

（4）如果计划目标息税前利润达到400万元，计算X产品销售量。

（5）假设其他因素不变，计算息税前利润对单价的敏感系数。

同步强化练习题参考答案及解析

使用“会计云课堂”App 或“微信”扫码对答案、看解析、掌握解题思路，开启轻松过关之旅。

一、单项选择题

1.【答案】B

【解析】工业工程法，可以在没有历史成本数据、历史成本数据不可靠，或者需要对历史成本分析结论进行验证的情况下使用。尤其是在建立标准成本和制定预算时，使用工业工程法比历史成本分析更加科学。

2.【答案】C

【解析】选项 A、B、D 属于酌量性固定成本。

3.【答案】A

【解析】技术性变动成本是指由技术或设计关系所决定的变动成本。直接材料成本由于是与生产产品相关的，属于技术性变动成本，故选项 A 正确。

4.【答案】B

【解析】阶梯成本也称为半固定成本，是指在一定业务量范围内的发生额是固定的，但当业务量增长到一定限度，其发生额就突然跳跃到一个新的水平，然后在业务量增长的一定限度内，发生额又保持不变，直到另一个新跳跃。

5.【答案】C

【解析】变动成本法核算产品成本，产品成本的计算范围只包括直接材料、直接人工和变动制造费用，即变动生产成本。

6.【答案】B

【解析】因为完全成本法下的当期税前经营利润 = 变动成本法下的当期税前经营利润 +(期末存货中固定制造费用 – 期初存货中固定制造费用)，所以变动成本法下的当期税前经营利润 =2000–（2800–2500）=1700（万元）。

7.【答案】C

【解析】根据题中给出的总成本与销售额的函数关系，可以得出变动成本率为 30%，根据边际贡献率 + 变动成本率 =1，得出边际贡献率为 70%。

8.【答案】B

【解析】保本量 = $\frac{\text{固定成本}}{\text{单价}-\text{单位变动成本}}$，安全边际量 = 正常销售量 – 保本量，由公式可以看出，只有选项 B 符合题意。

9.【答案】A

【解析】安全边际量是指正常销量与盈亏临界点销量之差，在正常销量一定的条件下，盈亏临界点销量越小，安全边际量越大，而安全边际量越大，说明企业经营活动越安全，经营风险越小。

10.【答案】B

【解析】因为安全边际率与盈亏临界点作业率二者之和为 1，所以盈亏临界点作业率为 80%，而盈亏临界点作业率 =

盈亏临界点销售量/正常销售量，故盈亏临界点销售量=1000×80%=800（件）。

11.【答案】B

【解析】销售息税前利润率=安全边际率×边际贡献率=30%×（1-40%）=18%。

12.【答案】B

【解析】选项A、D是教材中的表述，因此是正确的；边际贡献率=销售息税前利润率/安全边际率，因此选项B是错误的；因为：边际贡献=利润+固定成本，因此，选项C也是正确的。

13.【答案】C

【解析】甲公司盈亏平衡时，说明利润的变动率为-100%，单价敏感系数=利润变动百分比/单价变动百分比=[（0-EBIT）/EBIT]/[（单价-5）/5]=-100%/[（单价-5）/5]=5,解得：单价=4（元）。

14.【答案】A

【解析】下一年预计利润=销售收入-变动成本-固定成本=20×50-20×50×（1-40%）-300=100（万元）；假设价格增长10%，达到50×（1+10%）=55（元），单位变动成本不变还是50×（1-40%）=30（元），因为单价变动，所以不能用原来的边际贡献率来计算。预计利润=20×55-20×30-300=200（万元），利润变动率=（200-100）/100=100%，单价的敏感系数=100%/10%=10。或：单价的敏感系数=20×50/[20×50-20×50×（1-40%）-300]=10。

【提示】本量利分析是假设单位变动成本是不变的。只有当在题目中明确说明边际贡献率不变或者是变动成本率不变的情况下，才能认为边际贡献率或变动成本率是不变的。

15.【答案】A

【解析】单位变动成本的敏感系数=息税前利润变动率/单位变动成本变动率=-2，设企业原息税前利润为A，为了确保下年度企业不亏损，企业息税前利润最小变为0，此时，息税前利润变动率=（0-A）/A=-100%，则：单位变动成本的变动率=（-100%）/（-2）=50%。

16.【答案】B

【解析】联合杠杆系数=每股收益增长率/销售收入增长率=12%/5%=2.4。利润对销量的敏感系数为1.2，即经营杠杆系数为1.2，财务杠杆系数=2.4/1.2=2。

17.【答案】B

【解析】在各因素对利润的敏感分析图中，各因素形成的直线与利润线的夹角越小，对利润的敏感程度越大。

二、多项选择题

1.【答案】AB

【解析】变动成本法下存货成本没有反映固定制造成本的内容，不符合财务会计对外报告的要求，选项C错误；变动成本法下固定制造费用计入当期损益，所以比完全成本法下的当期损益大，选项D错误。

2.【答案】ABD

【解析】半变动成本，是指在初始成本的基础上随业务量正比例增长的成本，选项A正确。与产量有明确的生产技术或产品结构设计关系的变动成本，称为技术性变动成本。可以通过管理决策行动改变的变动成本，称为酌量性变动成本，选项B正确。延期变动成本，是指在一定业务量范围内总额保持稳定，超过特定业务量则开始随业务量同比例增长的成本，选项C的表述中营销人员薪金应属于延期变动成本，选项C错误。不能通过当前的管理决策行动加以改变的固定成本，称为约束性固定成本。约束性固定成本给企业带来的是一定时期的持续生产能力,属于企业“经营能力”成本，是企业为了维持一定的业务量所必须负担的最低成本，选项D正确。

3.【答案】BCD

【解析】新产品的研究开发费用属于固定成本，选项A不正确；按产量法计提的固定资产折旧，说明折旧与产量成正比例变动，选项B正确；按销售收入一定百分比支付的技术转让费，说明技术转让费与销售收入成正比例变动，选项C正确；随产品销售的包装物成本其数额会与销量成正比例变动，选项D正确。

4.【答案】ACD

【解析】变动成本法下，产品成本 = 直接材料 + 直接人工 + 变动制造费用；完全成本法下，产品成本 = 直接材料 + 直接人工 + 变动制造费用 + 固定制造费用，选项A正确。当销量大于产量的情况下，销量中包含以前的存货，但是计算的时候，在变动成本法下，是按照变动成本处理的，以前的存货的固定成本就没有考虑，但是在完全成本法下就需要考虑以前存货的固定成本，因此导致完全成本法下的成本比较高，利润比较低，选项B错误。利润 =（P−V）×Q−F，P表示单价，V表示单位变动成本，Q表示销量，F表示固定成本，在这个公式下，在其他条件不变时，销售量增加，利润也是增加的，因此是同向变化的，故选项C正确。按照变动成本法计算成本，即业务量 × 单位变动成本，因此每个部门发生多少业务量就发生多少变动成本，可以查找到成本的负责部门。如果按照完全成本法，是需要考虑固定成本的，因为固定成本是一起发生的，不容易分清楚责任部门，所以按照变动成本法计算便于分清各部门的经济责任，有利于进行成本控制和业绩评价，选项D正确。

5.【答案】ABC

【解析】保本状态是指能使企业不盈不亏、利润为零的状态，当销售总收入与成本总额相等，销售收入线与总成本线相交的点，边际贡献与固定成本相等时，都能使利润为零。

6.【答案】ABC

【解析】边际贡献分为制造边际贡献和产品边际贡献，其中制造边际贡献是销售收入减去产品变动成本以后的差额，而产品边际贡献是销售收入减去产品变动成本再减去变动销售和管理费用以后的差额。因此，提高单价、降低单位产品变动成本、降低单位变动销售费用均可以提高产品边际贡献。

7.【答案】CD

【解析】因为销售息税前利润率 = 安全边际率 × 边际贡献率，所以安全边际率 = 销售息税前利润率 / 边际贡献率，选项C正确、选项A错误；盈亏临界点作业率 + 安全边际率 =1，选项B错误；边际贡献率 + 变动成本率 =1，选项D正确。

8.【答案】AB

【解析】安全边际部分的销售额减去其自身变动成本后才是企业的利润，选项C错误；安全边际率不可能大于1，选项D错误。

9.【答案】BCD

【解析】变动成本率 = 单位变动成本 / 单价，分子分母同时增加1元，在分式小于1的情况下，分子分母等额增加会使分式变大，故变动成本率上升，选项A不正确；单位边际贡献 = 单价 − 单位变动成本，变化相互抵消，单位边际贡献不变，选项B正确；盈亏临界点销售量 = 固定成本 /（单价 − 单位变动成本），盈亏临界点销售量不变，但因为单价上升，盈亏临界点销售额 = 盈亏临界点销售量 × 单价，所以盈亏临界点销售额增加，选项 D 正确；正常销售量与盈亏临界点销售量不变，则安全边际量不变，所以安全边际率不变，选项 C 正确。

10.【答案】AD

【解析】销售利润额 = 安全边际额 × 边际贡献率 = 边际贡献 × 安全边际率，提高边际贡献率、降低变动成本率会提高销售利润额，选项 A 正确、选项 C 错误；提高安全边际率，降低盈亏平衡点作业率会提高销售利润额，选项 B 错误、选项 D 正确。

11.【答案】ABCD

【解析】保本销售总额 = 固定成本总额 / 加权平均边际贡献率。采用加权平均法计算多种产品保本点销售额的关键，是根据各种产品的销售单价、单位变动成本和销售数量计算出一个加权平均的边际贡献率，然后根据固定成本总额和加权平均的边际贡献率计算出保本点销售总额。所以选项 A、B、C、D 均正确。

12.【答案】ABCD

【解析】某变量的敏感系数的绝对值越大，表明该变量对利润的影响越敏感，且绝对值大于 1 是敏感因素，绝对值小于 1 是非敏感因素，选项 A 正确；由于单价敏感系数为 4，因此当单价提高 10% 时，利润提高 40%，税前利润增长额 =20000 × 40%=8000（元），选项 B 正确；单位变动成本上升 40%，则利润变动率 =-2.5 × 40%=-100%，选项 C 正确；经营杠杆系数 = 销售量的敏感系数 =1.5，经营杠杆系数 =（P-V）Q/［（P-V）Q-F］=Q/［Q-F/（P-V）］=Q/（$Q-Q_0$）=1/ 安全边际率，所以，安全边际率 =1/ 销售量敏感系数 =1/1.5=66.67%，选项 D 正确。

13.【答案】BCD

【解析】敏感系数 = 目标值变动百分比 / 参数值变动百分比，计算可知，利润对销量的敏感系数 =40%/15%=2.67，利润对单位变动成本的敏感系数 =50%/（-20%）=-2.5，敏感系数绝对值越大，说明该参数对目标值（利润）的影响越敏感，选项 A 正确、选项 B 错误；因为单位变动成本、销售量的敏感系数的绝对值均大于 1，所以均为敏感因素，选项 C、D 错误。

14.【答案】CD

【解析】总边际贡献 =500 ×（80-40）+400 ×（150-50）=60000（元），总销售收入 =500 × 80+400 × 150=100000（元），加权平均边际贡献率 =60000/100000=60%，变动成本率 =1-60%=40%，选项 A 的说法不正确；保本销售总额 =12000/60%=20000（元），安全边际率 =（100000-20000）/100000=80%，选项 B 的说法不正确；企业安全边际额中的边际贡献等于企业息税前利润，所以息税前利润 =（100000-20000）× 60%=48000（元），选项 C 的说法正确；利润对销量的敏感系数为经营杠杆系数，经营杠杆系数 =1/ 安全边际率 =1/80%=1.25，选项 D 的说法正确。

三、计算分析题

1.【答案】

（1）边际贡献 =10 × 250 × 30-6 × 250 × 30=30000（元）

税前利润 =30000-4000-900-2000 × 2-50 × 350=3600（元）

（2）固定成本 =4000+900+2000 × 2+50 × 350=26400（元）

保本量 =26400/（10-6）=6600（小时）

$$安全边际率=\frac{250 \times 30-6600}{250 \times 30}=12\%$$

（3）假设降价后每月家政服务需求量至

少为X小时：3600=［10×（1-10%）-6］×X-26400

解得：$X=\frac{3600+26400}{9-6}=10000$（小时）

降价后每月家政服务需求至少达到10000小时，降价措施才是可行的。

安全边际额 $=10000\times9-\frac{26400}{9-6}\times9=$ 10800（元）

安全边际率=10800/（10000×9）=12%

经营杠杆系数=1/12%=8.33。

【提示】

①一定注意统一单位。

固定成本统一到某一期间（元/月）。

单位变动成本统一到某一产品或服务上（元/小时），与单位售价一致。

②要使得降价措施可行，不是利润为0时，而是保持原有利润不变。

③360小时是每天最大可以提供的小时数，但是实际没有达到这个小时服务数。250小时是每日平均需求，也就是基本每天的工作小时数，因此用250小时进行计算。

2.【答案】

（1）甲、乙两种产品的加权平均边际贡献率=（5×20000×40%+10×40000×20%）/（20000×5+40000×10）=24%

①盈亏临界点销售总额 $=\frac{50000}{24\%}=208333$（元）

②甲产品占销售额比重=20000×5/（20000×5+40000×10）=20%

乙产品占销售额比重=40000×10/（20000×5+40000×10）=80%

所以：甲产品的盈亏临界点销售量=208333×20%/5=8333（件）

乙产品的盈亏临界点销售量=208333×80%/10=16667（件）

③安全边际总额=正常销售额-盈亏临界点销售总额=20000×5+40000×10-208333=291667（元）

④预计利润=销售收入×边际贡献率-固定成本=（20000×5+40000×10）×24%-50000=70000（元）

（2）增加促销费后的加权平均边际贡献率=（40000×5×40%+20000×10×20%）/（40000×5+20000×10）=30%

所以：盈亏临界点销售总额 $=\frac{50000+10000}{30\%}=200000$（元）

安全边际总额=40000×5+20000×10-200000=200000（元）

利润=（40000×5+20000×10）×30%-50000-10000=60000（元）

增加促销费后虽然盈亏临界点销售总额下降，但固定成本上升幅度大于盈亏临界点销售总额下降幅度，导致企业利润降低，采取这一措施是不合算的。

3.【答案】

（1）完全成本法：

产品总成本=1500×100+3000=153000（万元）

单位产品成本=153000/100=1530（元/件）

期末产成品存货的成本=1530×（100-80）=30600（万元）

税前经营利润=销售收入-销售成本-销售与管理费用=80×2000-80×1530-（200+100×80）=29400（万元）

（2）变动成本法：

单位产品成本=1500元

期末产成品存货的成本=1500×（100-80）=30000（万元）

税前经营利润=销售收入-销售成本-期间成本=80×2000-80×1500-（3000+200+100×80）=28800（万元）

（3）完全成本法比变动成本法当期税前经营利润多600万元，原因是在完全成本法下，期末存货吸收了固定制造费用600万元。

【提示】单位固定制造成本=3000/100=30（元），在完全成本法下，期末存货吸收的固定制造成本=30×20=600（万元）。

（4）变动成本法下盈亏临界点的销量=（3000+200）/（2000-1500-100）=8（万件）=80000（件）

完全成本法下盈亏临界点的销量=200/（2000-1530-100）=0.5405（万件）=5405（件）。

四、综合题

【答案】

（1）专利每年摊销金额=300/10=30（万元）

土地使用权每年摊销金额=1000/50=20（万元）

厂房每年折旧金额=800×（1-10%）/30=24（万元）

设备每年折旧金额=400×（1-5%）/10=38（万元）

新增人员固定工资=15×2+3000×12/10000×（25+5）=138（万元）

年固定成本总额=30+20+24+38+138+108+20+122=500（万元）

产品的单位变动成本=160×10%+50+30+10+6+160×5%=120（元）

（2）X产品保本点销售量=500/（160-120）=12.5（万瓶）

X产品的安全边际率=（20-12.5）/20=37.5%

（3）息税前利润=（160-120）×20-500=300（万元）

经营杠杆系数=边际贡献/息税前利润=（160-120）×20/300=2.67

（4）当息税前利润为400万元时，设销售量为Q万瓶，则（160-120）×Q-500=400

解得：Q=22.5（万瓶）

（5）若单价上涨10%，则：单价=160×（1+10%）=176（元）

单位变动成本=120+（160×5%+160×10%）×10%=122.4（元）

变化后的息税前利润=（176-122.4）×20-500=572（万元）

单价的敏感系数=[（572-300）/300]/10%=9.07

或：=160×20×（1-5%-10%）/300=9.07。

第十七章　短期经营决策

CHAPTER-17

本章学习指南

一、考情分析

从考试来看本章的题型除客观题外，通常还会考查计算分析题。

名师点拨

近几年每年都有主观题的考查，主要是结合第16章本量利分析的应用综合考查。

最近3年题型、题量分析表

题型	2019年		2020年		2021年	
	试卷Ⅰ	试卷Ⅱ	试卷Ⅰ	试卷Ⅱ	试卷Ⅰ	试卷Ⅱ
单项选择题	1题1.5分	1题1.5分	1题1.5分	—	1题2分	1题2分
多项选择题	—	—	1题2分	1题2分	—	—
计算分析题	0.33题 2.67分	—	0.25题 2分	0.33题 2.64分	1题9分	0.33题 3分
综合题	—	—	—	—	—	—
合计	1.33题 4.17分	1题1.5分	2.25题 5.5分	1.33题 4.64分	2题11分	1.33题 5分

二、教材变化

本章与2021年的教材相比只是个别文字的调整，没有实质性变化。

三、考点框架

- 第十七章 短期经营决策
  - 短期经营决策概述
    - 短期经营决策的含义、特点与成本分类★
    - 相关成本与不相关成本★★
  - 生产决策
    - 生产决策的主要方法★★
    - 亏损产品是否停产的决策★★
    - 零部件自制与外购的决策★★★
    - 特殊订单是否接受的决策★★★
    - 约束资源最优利用决策★★★
    - 产品是否进一步深加工的决策★★★
  - 定价决策
    - 产品销售定价决策原理★
    - 产品销售定价的方法★★★

核心考点精讲

第一节　短期经营决策概述

使用“会计云课堂”App 或“微信”扫码查看本节视频，快速 GET 知识点。

一、短期经营决策的含义、特点与成本分类★

含义	短期经营决策是指对企业一年以内或者维持当前的经营规模的条件下，有效地进行资源配置的决策
特点	（1）通常不涉及固定资产投资和经营规模的改变 （2）通常在成本性态分析的相关范围内决策 （3）通常不需要考虑货币时间价值
成本分类	从与企业决策是否相关划分，成本可分为两大类：相关成本和不相关成本（无关成本）

二、相关成本与不相关成本★★

（一）相关信息的特点

第一，相关信息是面向未来的；
第二，相关信息在各个备选方案之间应该有所差异。

【提示】决策的相关信息应该同时具备上述两个特点。

（二）相关成本

含义		是指与决策方案相关的、有差别的未来成本，在分析评价时必须加以考虑，它随着决策的改变而改变
表现形式	边际成本	业务量增减一个单位所引起的成本变动
	机会成本	采用一个方案而放弃另一个方案时，所放弃方案的潜在收益是所采用方案的机会成本
	重置成本	指目前从市场上购置一项原有资产所需支付的成本，亦称现时成本或现行成本
	付现成本	指需要在未来支付现金的成本

相关链接

第16章介绍的酌量性固定成本就属此类。

表现形式	可避免成本	决策改变时，可以避免发生或其数额会变化的成本
	可延缓成本	可以延期实施而不会影响大局的成本
	专属成本	可以明确归属于某个特定方案的固定成本
	差量成本	备选方案之间有差异的成本数，亦称差别成本或差额成本

（三）不相关成本

相关链接

第16章介绍的约束性固定成本就属此类。

含义		相关成本的反义，它是指与决策没有关联的成本
表现形式	沉没成本	过去已经发生、现在和未来的决策无法改变的成本。从狭义上说，与“历史成本”同义
	不可避免成本	指不能通过管理决策行动改变其数额的成本
	不可延缓成本	是相对于可延缓成本而言的，必须在企业计划期间发生，否则就会影响企业大局的、已选定方案的成本
	共同成本	指那些需由几种、几批或者有关部门共同分担的固定成本
	无差别成本	是指两个或两个以上方案之间没有差别的成本

经典题解

【真题1·多选题】因大米的市场需求增长，南方某农场在决定是否生产双季稻时，下列各项需考虑的有（ ）。（2020年卷Ⅱ）

A. 生产双季稻增加的种子购买成本

B. 生产双季稻增加的农场人工支出

C. 生产双季稻放弃的其他经济作物的收益

D. 生产双季稻使用现有耕地的年固定租金成本

【解析】无论是否生产双季稻，现有耕地的年固定租金成本都是需要支付的，因此属于不相关成本。

【答案】ABC

【真题2·多选题】零部件自制或外购决策中，如果有剩余产能，需要考虑的因素有（ ）。（2018年卷Ⅰ、卷Ⅱ）

A. 专属成本　B. 变动成本　C. 沉没成本　D. 机会成本

【解析】选项A、B、D属于决策的相关成本；选项C属于不相关成本，不属于零部件自制与外购的决策需要考虑的因素。

【答案】ABD

【例题3·多选题】下列成本中属于相关成本的有（ ）。

A. 专属成本　B. 共同成本　C. 可延缓成本　D. 不可延缓成本

【解析】从与企业决策是否相关的角度，成本可分为相关成本和不相关成本。

相关成本主要有边际成本、机会成本、重置成本、付现成本、可避免成本、可延缓成本、专属成本、差量成本等；不相关成本主要有沉没成本、不可避免成本、不可延缓成本、无差别成本和共同成本等。选项 B、D 属于不相关成本。

【答案】AC

第二节 生产决策

使用“会计云课堂”App 或“微信”扫码查看本节视频，快速 GET 知识点。

一、生产决策的主要方法★★

（一）差量分析法

项目	方案一	方案二	差量
相关收入 A	A_1	A_2	A_1-A_2= 差额收入
相关成本 B	B_1	B_2	B_1-B_2= 差额成本
决策指标	差额利润 = 差额收入 − 差额成本		
决策原则	差额利润＞0，选方案一；差额利润＜0，选方案二；差额利润 =0，方案一和方案二无差别		

（二）边际贡献分析法

含义	就是在相关成本全部表现为变动成本时，即可通过对比各个备选方案的边际贡献额的大小来确定最优方案的决策方法
决策原则	选择边际贡献总额最大的方案
适用条件	生产能力不变、固定成本总额稳定不变 【提示】若有专属成本发生，需要使用相关损益分析法（剩余边际贡献分析法），即从边际贡献额中扣除专属成本得到相关损益，选择相关损益最大的方案 相关损益 = 相关收入 − 相关成本 = 相关收入 −（变动成本 + 专属成本）

（三）本量利分析法

决策指标	息税前利润
计算公式	息税前利润 = 销售收入 − 变动成本 − 固定成本 =（单价 − 单位变动成本）× 销量 − 固定成本
决策原则	选择息税前利润高的方案
适用条件	采用该方法进行决策时，要求变动成本与固定成本均为相关成本

要点小贴士

差额法适合两种方案间的比较，对于三个及以上方案利用总额法进行优选更方便。

【总结】短期经营决策的实质就是两类方法：差额法和总额法。

	总额法	差额法
基本公式	相关收入 - 相关成本 = 相关利润	差量的相关收入 - 差量的相关成本 = 差量利润
决策原则	选择相关利润最大的方案	若差量利润大于0，选择前一个方案

二、亏损产品是否停产的决策★★

决策指标	边际贡献
决策原则	如果企业剩余生产能力无法转移，亏损产品能够提供正的边际贡献，就不应该立即停产 如果企业剩余生产能力可以转移，亏损产品提供正的边际贡献>剩余生产能力转移带来的相关利润，就不应该立即停产

经典题解

【真题4·单选题】甲公司生产和销售多种产品，其中X产品单价300元，单位变动成本220元，专属固定成本总额950000元。预计2021年可销售X产品1万台，若X产品停产，甲公司息税前利润的变化是（　　）。（2021年卷Ⅰ）

A. 上升15万元

B. 下降15万元

C. 上升80万元

D. 下降80万元

【解析】生产和销售X产品给甲公司带来的息税前利润 =（300-220）×1-95=-15（万元），若X产品停产，则甲公司息税前利润上升15万元。

【答案】A

【真题5·单选题】甲公司生产销售乙、丙、丁三种产品，固定成本50000元。除乙产品外，其余两种产品均盈利。乙产品销量2000件，单价105元，单位成本110元（其中，单位直接材料费用20元，单位直接人工费用35元，单位变动制造费用45元，单位固定制造费用10元）。假定生产能力无法转移，在短期经营决策时，决定继续生产乙产品的理由是（　　）。（2018年卷Ⅰ）

A. 乙产品单价大于55元

B. 乙产品单价大于20元

C. 乙产品单价大于100元

D. 乙产品单价大于80元

【解析】在短期内，如果企业的亏损产品能够提供正的边际贡献，就应该继续生产乙产品。乙产品的单位变动成本 = 单位直接材料费用 + 单位直接人工费用 + 单位变动制造费用 =20+35+45=100（元），且生产能力无法转移，因此乙产品单价大于100元，就应该继续生产乙产品。

【答案】C

三、零部件自制与外购的决策 ★★★

决策指标		相关成本
相关成本	外购	外购成本
	自制	需要分情况分析，相关成本包括自制的变动成本、转产的机会成本、专属成本以及租金等
决策原则		因相关收入为零，故选择相关成本小的方案即可

经典题解

【真题6·单选题】甲公司是一家制造业企业，预计2022年因生产需要X零件10000个。甲公司有制造X零件的设备一台，年生产能力5000个，生产能力无法转移，单位变动生产成本为：直接材料46元，直接人工24元，变动制造费用10元；固定制造费用总额200000元。X零件如果全部自制，需租入一台设备，年租金400000元。甲公司5000个自制，5000个外购的前提是：外购单价大于80元且小于（　　）元。（2021年卷Ⅱ）

真题点拨

短期内，维持生产能力的固定制造费用是非相关成本，不需要考虑。但是新增的固定租金成本是增量成本，需要考虑为相关成本。

A. 160　　B. 100　　C. 120　　D. 140

【解析】2022年需要10000个零件，企业可以有三种选择，全部外购、全部自制、5000个零件自制和5000个零件外购。

自制单位变动生产成本=46+24+10=80（元），设外购单价为P元：

项目	方案1：5000个自制和5000个外购	方案2：10000个全部自制	方案3：10000个全部外购
相关成本内容	5000个变动生产成本+5000个外购成本	10000个变动生产成本+新增设备租金	10000个外购成本
相关成本计算（元）	5000×80+5000×P=400000+5000P	10000×80+400000=1200000	10000P

若选择5000个自制和5000个外购，需使得方案1的成本最小。

方案1和方案2比较：400000+5000P＜1200000

得出：P＜160（元）

方案1和方案3比较：400000+5000P＜10000P

得出：P＞80（元）

所以选项A正确。

【答案】A

【真题7·多选题】甲公司是一家电子计算器制造商，计算器外壳可以自制或外购。如果自制，需为此购置一台专用设备，购价7500元（使用1年，无残值），单位变动成本2元。如果外购，采购量10000件以内，单位报价3.2元；采购量10000件及以上，单位报价可优惠至2.6元。下列关于自制或外购决策的说法中，正确的有（　　）。（2020年卷Ⅰ）

A. 预计采购量为 8000 件时应自制

B. 预计采购量为 4000 件时应外购

C. 预计采购量为 16000 件时应外购

D. 预计采购量为 12000 件时应外购

【解析】当采购量为 8000 件时：外购相关总成本 =3.2×8000=25600（元），自制相关总成本 =7500+2×8000=23500（元），选自制；

当采购量为 4000 件时：外购相关总成本 =3.2×4000=12800（元），自制相关总成本 =7500+2×4000=15500（元），选外购；

当采购量为 16000 件时：外购相关总成本 =2.6×16000=41600（元），自制相关总成本 =7500+2×16000=39500（元），选自制；

当采购量为 12000 件时：外购相关总成本 =2.6×12000=31200（元），自制相关总成本 =7500+2×12000=31500（元），选外购。

【答案】ABD

【真题 8 · 单选题】甲公司是一家汽车制造企业，每年需要 M 零部件 20000 个，可以自制或外购。自制时直接材料 400 元 / 个，直接人工 100 元 / 个，变动制造费用 200 元 / 个，固定制造费用 150 元 / 个。甲公司有足够的生产能力，如不自制，设备出租可获得年租金 400000 元。甲公司选择外购的条件是单价小于（　　）元。（2019 年卷Ⅰ、卷Ⅱ）

A. 720　　B. 680　　C. 830　　D. 870

【解析】自制的相关成本 =（400+100+200）×20000+400000=14400000（元），如果选择外购，单价＜ 14400000/20000=720（元）。

【答案】A

四、特殊订单是否接受的决策★★★

决策指标	相关损益 = 订单所提供的边际贡献 – 该订单所增加的相关成本
决策原则	相关损益大于 0，才可接受订单
机会成本	（1）若追加订货妨碍正常订货的完成，则由于接受追加订货而使正常产量减少的边际贡献应视为追加订单方案的机会成本 （2）如果相关的剩余生产能力可以转移，则应将转移剩余生产能力的可能收益作为追加订货方案的机会成本考虑

经典题解

【真题 9 · 单选题】甲公司生产乙产品，最大产能 90000 小时，单位产品加工工时 6 小时。目前订货量 13000 件，剩余生产能力无法转移。乙产品销售单价 150 元，单位成本 100 元，单位变动成本 70 元。现有客户追加订货 2000 件，单件报价 90 元，接受这笔订单，公司营业利润（　　）。（2020 年卷Ⅰ）

A. 增加 100000 元　　B. 增加 40000 元

C. 增加 180000 元　　D. 增加 160000 元

【解析】甲公司最大产能 =90000/6=15000（件），剩余生产能力为 2000 件（15000–13000），故不影响正常销售量。且剩余生产能力无法转移，无需考虑机会成本，公司增加的营业利润 =2000×（90–70）=40000（元）。

【答案】B

【真题 10 · 单选题】甲公司生产乙产品，生产能力为 500 件，目前正常订货量为 400 件，剩余生产能力无法转移。正常销售单价 80 元，单位产品成本 50 元，其中变动成本 40 元。现有客户追加订货 100 件，报价 70 元，甲公司如果接受这笔订货，需要追加专属成本 1200 元。甲公司若接受这笔订货，将增加利润（　　）元。（2017 年卷Ⅱ）

A. 800　　B. 2000　　C. 1800　　D. 3000

【解析】增加利润 =100×（70–40）–1200=1800（元）。

【答案】C

五、约束资源最优利用决策★★★

决策方法	单位约束资源边际贡献分析法 【提示】本质上是一种边际贡献分析法
决策指标	单位约束资源的边际贡献 = 单位产品边际贡献 / 该单位产品耗用的约束资源量
决策原则	优先安排“单位约束资源的边际贡献”最大的方案

要点小贴士

在资源有限的前提下，选择单位约束资源边际贡献最大的方案，即边际贡献总额最大的方案。

经典题解

【例题 11 · 单选题】甲公司生产各种广泛使用的民用和商用发动机。该公司在南方某地的分厂，组装两种型号的发动机，雪橇发动机和船尾发动机，有关产品资料如下：

项目	雪橇发动机	船尾发动机
单位售价（元）	8000	9500
单位变动成本（元）	6000	7000
单位边际贡献（元）	2000	2500
边际贡献率	25%	26.32%
生产 1 台发动机所需要的工时（小时）	2	5

假设该分厂组装发动机的剩余生产能力只有 600 小时。短期内不能获得额外的生产能力。甲公司产品目前销售很好，能够销售出其全部产品，如果不考虑其他因素，下列安排剩余生产能力措施中可使公司的边际贡献最大的方案是（　　）。

A. 生产 300 台雪橇发动机

B. 生产 120 台船尾发动机

C. 生产 150 台雪橇发动机和 60 台船尾发动机

D. 生产 200 台雪橇发动机和 20 台船尾发动机

【解析】雪橇发动机的单位小时边际贡献 =2000/2=1000（元 / 小时）

船尾发动机的单位小时边际贡献 =2500/5=500（元 / 小时）

应该优先安排单位小时边际贡献最大的方案，故应生产雪橇发动机 =600/2=300（台）。

【答案】A

六、产品是否进一步深加工的决策★★★

决策指标	差额利润 = 深加工的相关收入 − 深加工的相关成本 其中，相关收入 = 加工后出售的收入 − 直接出售的收入 相关成本 = 进一步深加工追加的成本
决策原则	差额利润＞0，才可选择深加工

要点小贴士

深加工前发生的成本是非相关成本，无须考虑。

第三节　定价决策

使用“会计云课堂”App 或“微信”扫码查看本节视频，快速 GET 知识点。

一、产品销售定价决策原理★

市场类型	企业对价格的控制力
完全竞争市场	单个厂商无法左右价格，是均衡价格的被动接受者
垄断竞争市场	厂商可以对价格有一定的影响力
寡头垄断市场	厂商可以对价格有一定的影响力
完全垄断市场	企业可自主决定产品的价格

【提示】产品定价决策通常是针对后三种市场的产品。

二、产品销售定价的方法★★★

（一）成本加成定价法

<table>
<tr><td colspan="2" rowspan="2">基本思路</td><td colspan="2">目标价格 = 成本 ×（1+ 加成率）</td></tr>
<tr><td>成本</td><td>加成的内容</td></tr>
<tr><td rowspan="2">种类</td><td>完全成本加成法</td><td>单位产品的制造成本</td><td>非制造成本及合理利润</td></tr>
<tr><td>变动成本加成法</td><td>单位变动成本</td><td>固定成本和预期利润</td></tr>
</table>

经典题解

【例题 12 · 单选题】以完全成本加成法定价时，有关成本加成的相关表述正确的是（ ）。

A. 以完全成本加成法定价时，其成本包括单位产品的直接材料、直接人工与变动制造费用

B. 以完全成本加成法定价时，其成本包括单位产品的直接材料、直接人工与制造费用

C. 以完全成本加成法定价时，其加成数为目标利润

D. 以完全成本加成法定价时，其加成数为单位产品的销售费用、管理费用

【解析】以完全成本加成法定价时，其成本是单位产品的制造成本，在确定“加成率”时，应该考虑是否涵盖了全部的非制造成本及合理利润。

【答案】B

（二）市场定价法

含义	根据市场价格来定价，或者根据市场上同类或者相似产品的价格来定价
特点	有利于时刻保持对市场的敏感性，对同行的敏锐性

（三）新产品的销售定价策略

种类	含义	特征
撇脂性定价	在新产品试销初期先定出较高的价格，以后随着市场的逐步扩大，再逐步把价格降低	这是一种短期性的策略，往往适用于产品的生命周期较短的产品
渗透性定价	在新产品试销初期以较低的价格进入市场，以期迅速获得市场份额，等到市场地位已经较为稳固的时候，再逐步提高销售价格	这是一种长期的市场定价策略

（四）有闲置能力条件下的定价方法

定价原则	企业产品的价格应该在变动成本与目标价格之间进行选择，只要价格高于变动成本企业就可以接受
基本公式	变动成本 = 直接材料 + 直接人工 + 变动制造费用 + 变动销售和管理费用
	成本加成 = 固定成本 + 预期利润
	目标价格 = 变动成本 + 成本加成

经典题解

【真题 13 · 单选题】下列各项经营活动中，通常不使用资本成本的是（ ）。（2017 年卷 Ⅱ）

A. 产品定价决策　　B. 营运资本管理

C. 存货采购决策　　D. 企业价值评估

【解析】产品定价决策属于短期经营决策，不使用资本成本，选项 A 正确；营运资本管理中应收账款占用资金应计利息等计算会使用资本成本，选项 B 错误；存货采购决策中存货占用资金应计利息等计算会使用资本成本，选项 C 错误；企业价值评估中企业价值等计算会使用资本成本，选项 D 错误。

【答案】A

本章小结

下载“会计云课堂”App 学习

您已成功完成“第十七章”的学习，本章共 10 个考点，您都学会了吗？

为了让您对章节有更清晰的理解，加倍巩固。本书作者闫华红老师将通过**“视频导图课”**的方式，带您回顾重要考点。

名师点拨，视听结合，高效提分。

※ 欢迎您扫码，免费观看学习。

历年经典主观题回顾

使用“会计云课堂”App 或“微信”扫码快速做题、对答案、看解析、掌握解题思路，开启轻松过关之旅。

一、计算分析题

1. 甲公司目前生产 A、B 两种产品，需要使用同一台机器设备，该设备每月提供的最大加工时间 10000 分钟，固定制造费用总额 140000 元。相关资料如下：

项目	A 产品	B 产品
售价（元 / 件）	3000	2500
直接材料（元 / 件）	1000	600
直接人工（元 / 件）	500	300
变动制造费用（元 / 件）	500	100
机器工时（分钟 / 件）	10	12

2021 年 8 月末，甲公司预计未来每月正常市场需求可达 A 产品 900 件、B 产品 350 件。

要求：

（1）为最优利用该机器设备获得最大利润，甲公司每月应生产 A、B 产品各多少件？

（2）为满足正常市场需求，在充分利用现有机器设备产能基础上，甲公司追加一台机器设备，每月可增加机器工时 7000 分钟。若追加设备的相关成本 120000 元，剩余生产能力无法转移，计算追加设备对公司税前经营利润的影响。

（3）在甲公司追加产能的前提下，如果在正常市场需求外客户乙提出新增 A 产品订单 400 件，不可拆单（即若接受该订单，则必须全部接受，不可部分接受），1 个月内交货，每件 2100 元。若机器设备剩余生产能力无法转移，原正常市场需求可以部分放弃，计算接受该订单对公司税前经营利润的影响，并判断是否应接受该订单。

（4）在甲公司追加产能的前提下，如果在正常市场需求外甲公司拟参加客户丙的一项招标：丙订购 A 产品 360 件，1 个月交货。甲公司使用成本加成定价法制定投标价格，在成本基础上的总加成额 72000 元。若机器设备剩余生产能力无法转移，计算甲公司投标的最低单价。（2021 年卷Ⅰ）

2. 甲公司是一家无人机研发制造企业，主要生产农业植保无人机。三款主力机型分别是 X、Y 和 Z，这三种机型的制造都需要使用同一台生产设备，该设备是关键限制资源，年加工能力 8000 小时，年固定成本总额 304000 千元。假设 X、Y 和 Z 三种机型均当年生产、当年销售，年初、年末没有存货。2021 年相关资料如下：

项目	X	Y	Z
销量（台）	20000	10000	16000
单位售价（千元）	30	39	20
单位变动成本（千元）	18	27	13
单位限制资源消耗（小时）	0.2	0.3	0.1

要求：

（1）按照最有效利用关键设备实现最大利润的原则，确定生产安排优先顺序。在该优先顺序下，X、Y 和 Z 三种机型各应生产多少台？税前经营利润总额为多少？

（2）假设市场只需要 X 机型，预计 2022 年 X 机型销量达到 40000 台，单位变动成本保持不变，固定成本总额保持不变。如果需要维持要求（1）的税前经营利润总额，X 机型的最低售价是多少？

（3）基于要求（2）的结果，计算税前经营利润总额对单位售价的敏感系数。（2021 年卷Ⅱ）

3. 甲公司有一基本生产车间，对外承接工业性加工服务，按照客户订单组织生产并核算成本。各订单分别领料，直接人工、制造费用分别按实际人工工时、实际机器工时在订单之间分配。原材料在各订单开工时一次投入，加工费用随加工进度陆续发生。2020 年 9 月，产品成本相关资料如下：

（1）9 月初公司承接一新订单，订单编号 901，客户订购 M 产品 10000 公斤，立即开工，月底交付。在加工 M 产品时，同时产出 N 副产品。

（2）本月生产费用及工时资料：901 号订单开工时实际耗用直接材料 178000 元。801 号订单和 901 号订单生产工人工资 154000 元，车间制造费用 113000 元。实际人工工时 12320

小时，其中：801 号订单 7040 小时，901 号订单 5280 小时。实际机器工时 14125 小时，其中：801 号订单 8125 小时，901 号订单 6000 小时。

（3）本月订单完成情况：截至 9 月 30 日，801 号订单全部未完工；901 号订单全部完工，加工完成 M 产品 10000 公斤，同时产出 N 副产品 500 公斤。M 产品市场售价 45 元 / 公斤。N 副产品进一步简装需每公斤支付 2 元，简装后市场售价 10.8 元 / 公斤。由于副产品价值相对较低，在计算 M 产品成本时，可将 N 副产品价值从 M 产品直接材料中扣除。

要求：

（1）什么是副产品？副产品成本分配通常采用何种方法？

（2）编制 901 号订单产品成本计算单（结果填入下方表格中，不用列出计算过程）。

产品成本计算单

订单：901 号　　2020 年 9 月　　单位：元

项目	直接材料	直接人工	制造费用	合计
月初在产品成本				
本月生产费用				
合计				
扣除副产品价值				
完工产品总成本				
完工产品单位成本				

（3）在产品是否进一步深加工的决策中，公司管理者通常需要考虑哪些因素，用何种方法决策？假如公司对 N 副产品进一步深加工并简装后出售，简装成本仍为每公斤 2 元，市场售价可提高至 15 元 / 公斤，公司可接受的最高加工成本是多少？（2020 年卷 Ⅰ）

4. 甲公司生产 A、B 两种产品。A 产品是传统产品，造价高、定价低、多年亏损，但市场仍有少量需求，公司一直坚持生产。B 产品是最近几年新开发的产品，由于技术性能好，质量高，颇受用户欢迎，目前市场供不应求。2019 年末，公司计划、销售和财务部门一起编制下一年的生产计划，在该计划基础上，财务部门预测收入、成本和利润。相关信息如下：

预计利润表

2020 年度　　单位：万元

项目	A 产品	B 产品	合计
营业收入	1220	560	1780
营业成本	1260	440	1700
税前营业利润	-40	120	80

经财务部门测算，A、B 产品的变动成本率分别为 70% 和 40%。

公司领导根据财务部门预测，提出如下几个问题：

（1）2020 年公司税前营业利润能否达到 100 万元？

（2）A 产品亏损 40 万元，可否考虑停产？

（3）若能添置设备，扩大生产能力，增产能否增利？

根据公司领导提出的问题，财务部门和相关部门共同研究，提出如下三个方案：

方案一：停止生产 A 产品，按原计划生产 B 产品。

方案二：停止生产 A 产品，调整生产计划，平衡生产能力，使 B 产品增产 80%。

方案三：在 2020 年原生产计划基础上，投资 50 万元购置一台设备，用于生产 B 产品，B 产品增产 10%。预计该设备使用年限 5 年，按直线法计提折旧，无残值。

要求：

（1）分别计算 A、B 产品的变动成本和边际贡献。

（2）分别计算三个方案的税前营业利润，并据以选择最优方案。

（3）基于要求（2）的结果，依次回答公司领导提出的三个问题，并简要说明理由。（2019 年卷Ⅰ）

二、综合题

1. 甲公司是一家制造业上市公司，生产 A、B、C 三种产品。最近几年，市场需求旺盛，公司正在考虑通过筹资扩大产能。2018 年，公司长期债务 10000 万元，年利率 6%；流通在外普通股 1000 万股，每股面值 1 元；无优先股。

资料一：A、B、C 三种产品都需要通过一台关键设备加工，该设备是公司的约束资源，年加工能力 2500 小时。假设 A、B、C 三种产品当年生产当年销售，年初、年末无存货。预计 2019 年 A、B、C 三种产品的市场正常销量及相关资料如下：

项目	A 产品	B 产品	C 产品
市场正常销量（件）	400	600	1000
单位售价（万元）	2	4	6
单位变动成本（万元）	1.2	1.6	3.5
单位约束资源消耗（小时）	1	2	2.5
固定成本总额（万元）	1000		

资料二：为满足市场需求，公司 2019 年初拟新增一台与约束资源相同的设备，需要筹集 10000 万元。该设备新增年固定成本 600 万元，原固定成本总额 1000 万元照常发生。现有两种筹资方案可供选择：

方案 1：平价发行优先股筹资 6000 万元，面值 100 元，票面股息率 10%；按每份市价 1250 元发行债券筹资 4000 万元，期限 10 年，面值 1000 元，票面利率 9%。

方案 2：平价发行优先股筹资 6000 万元，面值 100 元，票面股息率 10%；按每份市价 10 元发行普通股筹资 4000 万元。

资料三：新增关键设备到位后，假设 A 产品尚有市场空间。如果其他条件不变，且剩余产能不能转移，公司拟花费 200 万元进行广告宣传，通过扩大 A 产品的销量实现剩余产能的充分利用。

公司的企业所得税税率为 25%。

要求：

（1）根据资料一，为有效利用现有的一台关键设备，计算公司 A、B、C 三种产品的生产安排优先顺序和产量。在该生产安排下，公司的经营杠杆和财务杠杆各是多少？

（2）根据资料二，采用每股收益无差别点法，计算两种筹资方案每股收益无差别点的息税前利润，并判断公司应选择哪一种筹资方案。在该筹资方案下，公司的经营杠杆、财务杠杆、每股收益各是多少？

（3）结合要求（1）、（2）的结果，简要说明经营杠杆、财务杠杆发生变化的主要原因。

（4）根据资料三，计算并判断公司是否应利用该剩余产能。（2018 年卷Ⅰ）

2. 甲公司是一家汽车制造企业，主营业务是制造和销售 X、Y、Z 三种型号乘用汽车。相关资料如下：

资料一：X、Y、Z 三种型号汽车的制造都需要通过一台生产设备，该设备是公司约束资源，年加工能力 4000 小时，公司年固定成本总额 3000 万元。假设 X、Y、Z 三种型号汽车当年生产当年销售，年初年末没有存货。预计 2019 年 X、Y、Z 三种型号汽车的市场正常销量及相关资料如下：

项目	X 型号	Y 型号	Z 型号
市场正常销量（辆）	1500	600	1000
单位售价（万元）	15	12	8
单位变动成本（万元）	12	8	5
单位约束资源消耗（小时）	3	2	1

资料二：为满足市场需求，公司 2019 年初拟新增一台与约束资源相同的设备，以解决约束资源问题。现有两种筹资方案可供选择。

方案 1：自行购置。借款 5000 万元购买设备，年利率 8%，预计设备使用 4 年，每年年末支付维护费用 50 万元，4 年后变现价值 1200 万元。税法规定，该设备按直线法计提折旧，折旧年限 5 年，5 年后净残值率 10%。

方案 2：租赁。合同约定，租期 4 年，租赁费 4400 万元，分 4 年偿付，每年年初支付 1100 万元，在租赁开始日首付。租赁手续费 400 万元，在租赁开始日一次性付清，租赁期满时设备所有权不转让，租赁公司承担设备维护修理费。税前有担保借款利率 8%。

甲公司的企业所得税税率 25%。

资料三：新增关键设备后，X 型号汽车年生产能力增至 1800 辆。现有乙汽车销售公司向甲公司追加订购 X 型号汽车，报价为每辆车 13 万元。相关情况如下：

情景 1：假设剩余生产能力无法转移，如果追加订货 300 辆，为满足生产需要，甲公司需另外支付年专属成本 200 万元。

情景 2：假设剩余生产能力可以对外出租，年租金 250 万元，如果追加订货 350 辆，将冲减甲公司原正常销量 50 辆。

要求：

（1）根据资料一，为有效利用现有的一台关键设备，计算公司X、Y、Z三种型号汽车的生产安排优先顺序和产量。在该生产安排下，税前营业利润总额是多少？

（2）根据资料二，分别计算两种方案考虑货币时间价值的平均年成本，并判断甲公司应选择自行购置方案，还是租赁方案。

（3）根据资料三，分别计算并分析两种情景下甲公司是否应接受追加订单，并简要说明有闲置能力时产品定价的区间范围。（2018年卷Ⅱ）

历年经典主观题参考答案及解析

使用“会计云课堂”App或“微信”扫码对答案、看解析、掌握解题思路，开启轻松过关之旅。

一、计算分析题

1.【答案】

（1）A产品单位机器工时边际贡献 =（3000−1000−500−500）/10=100（元）

B产品单位机器工时边际贡献 =（2500−600−300−100）/12=125（元）

B产品单位机器工时边际贡献高，优先安排生产B产品350件。

再安排生产A产品，A产品产量 =（10000−12×350）/10=580（件）。

（2）A产品剩余市场需求的生产时间 =（900−580）×10=3200（分钟）< 7000（分钟）

或，追加设备可生产A产品数量 =7000/10=700（件）> 320（件）

追加设备对公司税前经营利润的影响 =3200×100−120000=200000（元）

或：追加设备对公司税前经营利润的影响 =（900−580）×（3000−1000−500−500）−120000=200000（元）

（3）剩余机器工时 =7000−3200=3800（分钟）

接受客户乙新订单需机器工时 =400×10=4000（分钟）> 3800（分钟）

追加的设备生产能力不够满足该订单。

剩余生产数量 =7000/10−320=380（件），缺口数量 =400−380=20（件）

接受该订单的机会成本 =（3000−1000−500−500）×20=20000（元）

对甲公司税前经营利润的影响 =400×（2100−1000−500−500）−20000=20000（元）

因此应该接受该订单。

（4）投标丙所需机器工时 =360×10=3600（分钟）< 3800（分钟）

甲公司投标最低单价 =1000+500+500+72000/360=2200（元/件）

2.【答案】

（1）X机型无人机的单位限制资源边际贡献 =（30–18）/0.2=60（千元 / 小时）

Y机型无人机的单位限制资源边际贡献 =（39–27）/0.3=40（千元 / 小时）

Z机型无人机的单位限制资源边际贡献 =（20–13）/0.1=70（千元 / 小时）

因为Z机型无人机的单位限制资源边际贡献＞X机型无人机的单位限制资源边际贡献＞Y机型无人机的单位限制资源边际贡献

所以优先安排生产Z机型无人机16000台、其次是生产X机型无人机20000台，最后生产Y机型无人机，生产量 =（8000–16000×0.1–20000×0.2）/0.3=8000（台）

税前经营利润总额 =（30–18）×20000+（39–27）×8000+（20–13）×16000–304000=144000（千元）

（2）设X机型的最低单位售价是P千元

（P–18）×40000–304000=144000

解得：P=29.2（千元）

（3）假设单位售价增长10%

增长后的单位售价 =29.2×（1+10%）=32.12（千元）

增长后的税前经营利润 =（32.12–18）×40000–304000=260800（千元）

税前经营利润增长率 =（260800–144000）/144000=81.11%

税前经营利润总额对单位售价的敏感系数 =81.11%/10%=8.11

或：税前经营利润总额对单位售价的敏感系数 =29.2×40000/144000=8.11。

3.【答案】

（1）①副产品是指在同一生产过程中，使用同种原料，在生产主要产品的同时附带生产出来的非主要产品。

②副产品可以采用简化的方法确定其成本，比如可以按预先规定的固定单价确定成本。

（2）

产品成本计算单

订单：901号　　2020年9月　　单位：元

项目	直接材料	直接人工	制造费用	合计
月初在产品成本	0	0	0	0
本月生产费用	178000	154000/12320×5280=66000	113000/14125×6000=48000	292000
合计	178000	66000	48000	292000
扣除副产品价值	（10.8–2）×500=4400	0	0	4400
完工产品总成本	173600	66000	48000	287600
完工产品单位成本	17.36	6.6	4.8	28.76

（3）①产品是否进一步深加工的决策中，相关成本只应该包括进一步深加工所需的追加成本，相关收入则是加工后出售和直接出售的收入之差。对这类决策通常采用差量分析的方法。
②（15−10.8）×500−加工成本=0
总加工成本=2100（元）
单位加工成本=2100/500=4.2（元）。

4.【答案】
（1）A产品的变动成本=1220×70%=854（万元）
A产品的边际贡献=1220−854=366（万元）
B产品的变动成本=560×40%=224（万元）
B产品的边际贡献=560−224=336（万元）
（2）企业固定成本总额=（1260−854）+（440−224）=622（万元）
方案一的税前营业利润=336−622=−286（万元）
方案二的税前营业利润=560×（1+80%）×（1−40%）−622=−17.2（万元）
方案三的税前营业利润=80+560×10%×（1−40%）−50/5=103.6（万元）
方案三的税前营业利润最大，应选择方案三。
（3）①方案三的税前营业利润103.6万元，大于100万元，2020年公司税前营业利润能达到100万元。
②A产品能提供正的边际贡献，考虑停产A产品后的税前营业利润为负数，所以不能考虑停产A产品。
③添置设备，扩大生产能力，增加的边际贡献大于增加的固定成本，所以增产能增利。

二、综合题

1.【答案】
（1）A、B、C三种产品对关键设备加工能力的总需求［400×1+600×2+1000×2.5=4100（小时）］＞加工能力的总供给（2500小时），需要根据单位约束资源边际贡献进行生产安排。
①A产品单位约束资源边际贡献=（2−1.2）/1=0.8（万元）
B产品单位约束资源边际贡献=（4−1.6）/2=1.2（万元）
C产品单位约束资源边际贡献=（6−3.5）/2.5=1（万元）
B产品单位约束资源边际贡献＞C产品单位约束资源边际贡献＞A产品单位约束资源边际贡献，因此应先安排生产B产品，其次是C产品，最后生产A产品。
因为假设A、B、C三种产品当年生产当年销售，年初、年末无存货，所以B产品的产量=销售量=600件，C产品的产量=（2500−600×2）/2.5=520（件），没有剩余加工能力，因此不生产A产品。
②边际贡献=（4−1.6）×600+（6−3.5）×520=2740（万元）
息税前利润=2740−1000=1740（万元）
税前利润=1740−10000×6%=1140（万元）
经营杠杆系数=2740/1740=1.57
财务杠杆系数=1740/1140=1.53
（2）①［（EBIT−10000×6%−4000/1250×1000×9%）×（1−25%）−6000×10%］/1000=

[（EBIT−10000×6%）×（1−25%）−6000×10%]/（1000+4000/10）

解得：EBIT=2408（万元）

预计息税前利润 =（2−1.2）×400+（4−1.6）×600+（6−3.5）×1000−1000−600=2660（万元）

因为预计息税前利润 2660 万元大于每股收益无差别点的息税前利润 2408 万元，所以应该选择财务杠杆大的方案 1 进行筹资。

②边际贡献 = 预计息税前利润 + 固定成本 =2660+1000+600=4260（万元）

归属于普通股的税前利润 =2660−10000×6%−4000/1250×1000×9%−6000×10%/（1−25%）=972（万元）

经营杠杆系数 =4260/2660=1.6

财务杠杆系数 =2660/972=2.74

每股收益 =[（2660−10000×6%−4000/1250×1000×9%）×（1−25%）−6000×10%]/1000=0.73（元）

（3）固定成本是引发经营杠杆效应的根源（或，企业销售量水平与盈亏平衡点的相对位置决定了经营杠杆的大小；或，经营杠杆的大小是由固定经营成本和息税前利润共同决定的），本题中主要是因为固定成本增加，导致经营杠杆变大。

固定融资成本是引发财务杠杆效应的根源（或，息税前利润与固定融资成本的相对水平决定了财务杠杆的大小；或，财务杠杆的大小是由固定融资成本和息税前利润共同决定的），本题中主要是因为财务费用（或，利息费用、优先股股息）增加，导致财务杠杆变大。

（4）因为公司 2019 年年初拟新增一台与约束资源相同的设备，所以年加工能力 5000 小时，按照市场正常销量生产后剩余的产能 =5000−400×1−600×2−1000×2.5=900（小时）

该剩余产能可以生产的 A 产品产量 =900/1=900（件）

息税前利润 =900×（2−1.2）−200=520（万元）

息税前利润大于 0，因此应利用该剩余产能。

2.【答案】

（1）① X 型号单位约束资源边际贡献 =（15−12）/3=1（万元）

Y 型号单位约束资源边际贡献 =（12−8）/2=2（万元）

Z 型号单位约束资源边际贡献 =（8−5）/1=3（万元）

Z 型号单位约束资源边际贡献＞ Y 型号单位约束资源边际贡献＞ X 型号单位约束资源边际贡献，因此应先安排生产 Z 型号、其次是 Y 型号，最后是 X 型号。

因为假设 X、Y、Z 三种型号汽车当年生产当年销售，年初、年末没有存货。所以 Z 型号产量 = 销售量 =1000 辆，Y 型号产量 = 销售量 =600 辆，X 型号产量 =（4000−1000×1−600×2）/3=600（辆）

②税前营业利润总额 =（15−12）×600+（12−8）×600+（8−5）×1000−3000=4200（万元）

（2）税后有担保借款利率 =8%×（1−25%）=6%

方案 1：年折旧额 =5000×（1−10%）/5=900（万元）

4 年后账面价值 =5000−900×4=1400（万元）

变现损失抵税 =（1400−1200）×25%=50（万元）

现金流出总现值 =5000+50×（1−25%）×（P/A，6%，4）−900×25%×（P/A，6%，4）−（1200+50）×（P/F，6%，4）=3360.17（万元）

平均年成本 =3360.17/（P/A，6%，4）=969.72（万元）

【提示】方案 1 不考虑本金和税后利息费用的原因：
财务管理确定现金流量有两种方法：

方法	现金流量的特点
实体现金流量法	以企业实体为背景，确定项目对实体现金流量的影响。确定现金流出量时不考虑利息和偿还本金
股权现金流量法	以股东为背景，确定项目对股权现金流量的影响。利息和偿还本金为相关的现金流出量

方案 1 有两种处理方法，一种方法是实体现金流量法，站在全部投资人角度，0 时点流出 5000 万元，税后利息费用和归还本金是给债权人的回报，不能将税后利息费用和归还本金作为现金流出处理。
另一种方法是股权现金流量法，站在股东的角度，0 时点股权现金流量是 0，以后期间的税后利息费用 5000×8%×（1–25%）万元和归还本金 5000 万元作为现金流出。
折现后的结果是：–5000×8%×（1–25%）×（P/A，6%，4）–5000×（P/F，6%，4）=–5000（万元）
所以两种处理方法实质是一样的。考试只要不特指，项目投资的现金流量均按实体现金流量法考虑。
方案 2：该合同不属于选择简化处理的短期租赁和低价值资产租赁，符合融资租赁的认定标准。
年折旧额 =（4400+400）×（1–10%）/5=864（万元）
4 年后账面价值 =（4400+400）–864×4=1344（万元）
变现损失抵税 =1344×25%=336（万元）
现金流出总现值 =1100×（P/A，6%，4）×（1+6%）–864×25%×（P/A，6%，4）–336×（P/F，6%，4）+400=3425.70（万元）
平均年成本 =3425.70/（P/A，6%，4）=988.63（万元）
方案 1 的平均年成本小于方案 2 的平均年成本，因此应该选择方案 1 即自行购置方案。
（3）①情景 1：增加利润 =300×（13–12）–200=100（万元）
增加利润大于 0，甲公司应接受追加订单。
设定价为 X 万元：
300×（X–12）–200＞0，解得：X＞12.67（万元）
因此有闲置能力时产品定价的区间范围为 12.67~15 万元
②情景 2：增加利润 =350×（13–12）–50×（15–12）–250=–50（万元）
增加利润小于 0，甲公司不应接受追加订单。
设定价为 Y 万元：
350×（Y–12）–50×（15–12）–250＞0，解得：Y＞13.14（万元）
因此有闲置能力时产品定价的区间范围为 13.14~15 万元。

同步强化练习题

使用“会计云课堂”App或“微信”扫码快速做题、对答案、看解析、掌握解题思路，开启轻松过关之旅。

一、单项选择题

1. 下列成本中属于相关成本的是（　　）。
   A. 可避免成本
   B. 共同成本
   C. 沉没成本
   D. 不可延缓成本

2. 在特殊订货的定价决策中，若企业有剩余生产能力来接受低于正常价格的特殊订货，而且剩余生产能力无法转移，其决策的原则是（　　）。
   A. 订货数量多
   B. 不增加专属设备
   C. 定价大于单位成本
   D. 提供正的边际贡献

3. 企业同时生产甲、乙两种产品，其中甲产品是亏损产品，且甲产品的生产能力无法转移，则下列表述正确的是（　　）。
   A. 若乙产品的利润超过甲产品的亏损，甲就不应停产
   B. 若甲产品能够提供正的边际贡献，甲就不应停产
   C. 若甲产品提供的销售收入大于乙产品，甲就不应停产
   D. 若甲产品能够提供销售收入，甲就不应停产

4. 可以明确归属于某种、某批或某个部门的固定成本是（　　）。
   A. 边际成本
   B. 专属成本
   C. 不可避免成本
   D. 不可延缓成本

5. 目前从市场上购置一项原有资产所需支付的成本，也可以称之为现时成本或现行成本的是（　　）。
   A. 付现成本
   B. 机会成本
   C. 重置成本
   D. 差量成本

6. 甲公司生产乙产品，生产能力为1000件，目前正常订货量为800件，剩余生产能力无法转移。正常销售单价100元，单位产品成本80元，其中变动成本40元。现有客户追加订货300件，报价70元，甲公司如果接受这笔订货，需要追加专属成本1500元，并且会引起正常订单销量减少100件。分析甲公司若接受这笔订货，将增加利润（　　）元。
   A. 1500　　B. 2000
   C. 1800　　D. 3000

7. 下列市场中通常不是产品定价决策针对的市场是（　　）。
   A. 完全竞争市场
   B. 垄断竞争市场
   C. 寡头垄断市场
   D. 完全垄断市场

二、多项选择题

1. 下列有关可避免成本的表述正确的有（　　）。
   A. 约束性固定成本属于可避免成本
   B. 酌量性固定成本属于可避免成本
   C. 可避免成本是指通过管理决策行动可以避免或改变其数额的成本
   D. 可避免成本指可以明确归属于某种、某批或某个部门的固定成本

2. 以变动成本为基础的成本加成定价法，其成本基数包括（　　）。
   A. 单位直接材料与直接人工
   B. 单位变动制造费用
   C. 单位变动销售费用
   D. 单位变动管理费用

3. 某企业目前同时生产两种产品，甲产品销量为1000台，单价为100元，单位变动制造成本为60元，固定制造费用为50000元，乙产品销量为1500台，单价150元，单位变动制造成本为80元，固定制造费用为75000元，则下列表述正确的有（　　）。
   A. 甲产品应停产
   B. 甲产品不应停产
   C. 乙产品应停产
   D. 乙产品不应停产

4. 零部件自制与外购的决策中，应选择相关成本小的方案，下列属于自制的相关成本的有（　　）。
   A. 零件外购成本
   B. 零件自制的变动成本
   C. 转产的机会成本
   D. 零件生产的专属成本

5. 以下有关新产品定价的表述中正确的有（　　）。
   A. 撇脂性定价法在新产品试销初期通常价格较高
   B. 渗透性定价法在新产品试销初期通常价格较低
   C. 撇脂性定价法适用于产品的生命周期较长的产品
   D. 渗透性定价法是一种短期的市场定价策略

6. 某企业只有两名掌握专门雕刻技艺的高级技师，目前企业的产品供不应求，甲产品的单价200元，单位变动成本150元，单位产品雕刻工时10小时；乙产品的单位售价500元，单位变动成本300元，单位产品雕刻工时50小时，则下列表述正确的有（　　）。
   A. 甲产品的单位边际贡献为50元
   B. 乙产品的单位边际贡献为200元
   C. 应优先安排生产甲产品
   D. 应优先安排生产乙产品

7. 某企业生产所需要的甲零件可以自制也可以外购。如果自制，企业目前有足够的生产能力，且剩余生产能力无法转移；如果外购，外购成本每件70元，则下列表述正确的有（　　）。
   A. 如果自制的单位成本为80元，应选择外购
   B. 如果自制的单位变动成本小于70元，则选择自制
   C. 如果选择自制的边际贡献大于外购的边际贡献，则选择自制
   D. 只要自制的边际贡献大于0就应选择自制

8. 下列关于成本加成定价法的说法中，正确的有（　　）。
   A. 变动成本加成法下，“加成”的内容包括固定成本和预期利润
   B. 变动成本加成法下，成本基数是单位产品的变动制造成本
   C. 完全成本加成法下，“加成”的内容包括制造成本及合理利润
   D. 完全成本加成法下，成本基数是单位产品的制造成本

三、计算分析题

1. 甲公司目前生产产品需要利用一种零件，预计2022年制造产品需要该零件20000件，企业已有的生产车间有能力制造这种零件，自制零件的单位相关成本资料如下表所示：

相关成本资料

单位：元

直接材料	60
直接人工	25
变动制造费用	15
固定制造费用	20

要求：

根据下列各种互不相干的情况，分别计算：

（1）如果公司现在具有足够的剩余生产能力，且剩余生产能力无法转移，若选择自制，外购单价范围为多少？

（2）如果公司现在具有足够的剩余生产能力，但剩余生产能力可以转移用于加工其他产品，每年可以节省外购成本40000元，若选择自制，外购单价范围为多少？

（3）如果公司目前只有生产零件10000件的生产能力，且无法转移。若自制20000件，则还需租入设备一台，月租金50000元，这样使零件的生产能力达到25000件；公司也可以采用自制和外购两种方式的结合，既可自制一部分，又可外购一部分，若选择外购10000件和自制10000件相结合，外购的单价范围为多少？

2. 丙公司目前只生产L产品，计划投产一种新产品，现有M、N两个品种可供选择，相关资料如下：

资料一：L产品单位售价为600元，单位变动成本为450元，预计年产销量为2万件。

资料二：M产品的预计单价为1000元，边际贡献率为30%，年产销量为2.2万件，开发M产品需增加一台设备，将导致固定成本增加100万元。

资料三：N产品的年边际贡献总额为630万元，生产N产品需要占用原有L产品的生产设备，将导致L产品的年产销量减少10%。

丙公司采用本量利分析法进行生产产品的决策，不考虑增值税及其他因素的影响。

要求：

（1）根据资料二，计算M产品边际贡献总额。

（2）根据（1）的计算结果和资料二，计算开发M产品对丙公司息税前利润的增加额。

（3）根据资料一和资料三，计算开发N产品导致原有L产品的边际贡献减少额。

（4）根据（3）的计算结果和资料三，计算开发N产品对丙公司息税前利润的增加额。

（5）在投产M产品或N产品之间做出选择并说明理由。

3. 丙公司只生产一种C产品，相关资料如下：

资料一：C产品年设计生产能力为60000件。2021年C产品销售量为50000件，销售单价为15万元。公司全年固定成本总额为67500万元，单位变动制造成本为8万元，单位变动销售及管理费用为3万元，税金及附加费占收入的比为5%。2022年该公司将继续维持原有产能规模，且保持成本性态不变。

资料二：预计2022年C产品的销售量为50000件，公司目标息税前利润比2021年增长9%。

资料三：2022年某跨国公司来国内拓展汽车租赁业务，向丙公司提出以每件12.5万元价格购买500件C产品。假设接受该订单不冲击原有市场。

要求：

（1）计算2022年目标税前利润。

（2）若成本性态不变，预计2022年C产品的目标销售单价。

（3）计算C产品单价的敏感系数。

（4）判断公司是否应该接受这个特殊订单，并说明理由。

四、综合题

甲公司生产A、B、C三种产品，三种产品共用一条生产线，该生产线每月生产能力为12800机器小时，目前已经满负荷运转。为使公司利润最大，年初公司制定如何调整三种产品生产结构的方案，相关资料如下：

（1）公司每月固定制造费用预算额为400000元，每月固定管理费用预算额为247500元，每月固定销售费用预算额为300000元。

（2）三种产品预计单价及单件产品变动成本的标准数据如下表所示，假设没有其他的变动成本费用：

项目	产品A	产品B	产品C
预计单价（元）	900	600	800
单位直接材料（元）	350	200	240
单位直接人工（元）	150	80	120
单位变动制造费用（元）	100	120	90
生产单位产品所需机器工时（小时）	4	2	5

（3）公司销售部门预测，各产品还有一定的市场空间，按照目前的市场情况，产品A每月销售量可以达到1800件，产品B每月销售量可以达到2000件，产品C每月销售量可以达到2500件。生产部门提出，受技术工人数量的约束，产品A每月最多可以生产1500件，产品B每月最多可以生产2500件，产品C每月最多可以生产1000件。

要求：

（1）公司为了使利润最大，A、B、C三种产品每月预算的产量各为多少件？

（2）根据第（1）问的计算结果，预测该企业的安全边际率以及A、B、C三种产品保本额。

（3）假定公司2022年5月实际安排生产A产品1400件，实际耗用总工时5400小时，实际发生变动制造费用145800元，据此计算下列指标：①A产品变动制造费用成本差异；②A产品变动制造费用效率差异；③A产品变动制造费用耗费差异。

同步强化练习题参考答案及解析

使用"会计云课堂"App或"微信"扫码对答案、看解析、掌握解题思路，开启轻松过关之旅。

一、单项选择题

1.【答案】A

【解析】沉没成本、不可避免成本、不可延缓成本、无差别成本和共同成本为不相关成本。

2.【答案】D

【解析】由于追加订单不影响正常订货的完成，且不要求追加专属成本，剩余生产能力无法转移，因此只要追加订货的边际贡献大于零即接受追加订货。

3.【答案】B

【解析】如果企业的亏损产品能够提供正的边际贡献，就不应该立即停产。

4.【答案】B

【解析】边际成本是指业务量每增减一个单位所引起的成本变动，选项A错误。不可避免成本是指不能通过管理决策行动而改变其数额的成本，选项C错误。不可延缓成本是指必须在企业计划期间发生，否则就会影响企业大局的已选定方案的成本，选项D错误。

5.【答案】C

【解析】付现成本是指需要在将来或最近期间支付现金的成本，是一种未来成本，选项A错误。机会成本是指放弃另一个方案提供收益的机会，选项B错误。差量成本通常指两个备选方案的预期成本之间的差异数，选项D错误。

6.【答案】A

【解析】增加利润=300×(70-40)-1500-100×（100-40）=1500（元）。

7.【答案】A

【解析】完全竞争市场下企业无法左右产品价格，是均衡价格的被动接受者，因此产品定价决策通常针对的是垄断竞争市场、寡头垄断市场和完全垄断市场。

二、多项选择题

1.【答案】BC

【解析】约束性固定成本属于不可避免成本，选项A错误；明确归属于某种、某批或某个部门的固定成本是专属成本，不一定是可避免成本，选项D错误。

2.【答案】ABCD

【解析】以变动成本为基础的成本加成定价法，其成本基数为单位变动成本，单位变动成本=单位直接材料+单位直接人工+单位变动制造费用+单位变动销售和管理费用。

3.【答案】BD

【解析】固定制造费用是约束性固定成本，短期决策无法改变，所以是非相关成本，甲产品的边际贡献=1000×（100-60）=40000（元）＞0，甲产品不应停产，其边际贡献能够抵减固定制造费用40000元；但如果停产，则连40000元的固定制造费用也无法抵减，因此会造成息税前利润的下降。乙产品本身是盈利产品不应停产。

4.【答案】BCD

【解析】选项A为外购的相关成本。

5.【答案】AB

【解析】撇脂性定价法在新产品试销初期先定出较高的价格，以后随着市场的逐步扩大，再逐步把价格降低，是一种短期性的策略，往往适用于生命周期较短的产品，因此选项A正确、选项C错误；渗透性定价法是在新产品试销初期以较低的价格进入市场，等到市场地位已经较为稳固的时候，再逐步提高销售价格，这是一种长期的市场定价策略，因此选项B正确、选项D错误。

6.【答案】ABC

【解析】甲产品的单位边际贡献=200-150=50（元），选项A正确；乙产品的单位边际贡献=500-300=200（元），选项B正确；甲产品的单位约束资源边际贡献=50/10=5（元/小时），乙产品的单位约束资源边际贡献=200/50=4（元/小时），对于约束资源最优利用的决策原则是优先安排单位约束资源边际贡献最大的产品。选项C正确、选项D不正确。

7.【答案】BC

【解析】企业目前有足够的生产能力自制，且剩余生产能力无法转移，因此固定成本是非相关成本，只有变动成本是决策相关成本，而单位成本包括单位固定成本，选项A错误。自制方案的边际贡献大于0，但无法确定自制方案的边际贡献和外购方案的边际贡献的大小，所以无法确定是否选择自制方案，选项D错误。

8.【答案】AD

【解析】变动成本加成法下，成本基数是单位变动成本，在确定“加成率”时，应考虑是否涵盖了全部的固定成本和预期利润，选项A正确，选项B错误。以完全成本加成法定价时，其成本基数是单位产品的制造成本，“加成”的内容应该包括非制造成本及合理利润，选项D正确，选项C错误。

三、计算分析题

1.【答案】

（1）自制的单位变动成本=60+25+15=100（元）

若选择自制，外购单价>100元

（2）自制方案的相关成本=变动制造成本+机会成本=100×20000+40000=2040000（元）

外购成本=外购单价×20000

若选择自制，外购单价×20000>2040000，即外购单价>102（元）

【提示】要求（2）中剩余生产能力可以转移用于加工其他产品，每年可以节省外购成本40000元，即如果不自制，就可以节省成本，属于收益。但是如果自制，则不能节省成本，相当于丧失了收益，因此节省的外购成本40000元就属于自制方案的机会成本。

（3）设外购单价为P元

相关成本分析表

单位：元

项目	自制方案	外购方案	自制加外购方案
变动成本	2000000	20000×P	100×10000+P×10000=1000000+10000P

续表

项目	自制方案	外购方案	自制加外购方案
专属成本	50000×12=600000	—	—
相关成本合计	2600000	20000P	1000000+10000P

令：1000000+10000P < 2600000，解得：P < 160（元）

令：1000000+10000P < 20000P，解得：P > 100（元）

所以若选择外购 10000 件和自制 10000 件相结合，外购的单价范围为：100 元< P < 160 元。

2.【答案】

（1）M 产品边际贡献总额 =1000×2.2×30%=660（万元）

（2）开发 M 产品对息税前利润的增加额 =660−100=560（万元）

（3）边际贡献减少额 =（600−450）×2×10%=30（万元）

（4）开发 N 产品对息税前利润的增加额 =630−30=600（万元）

（5）开发 M 产品对丙公司息税前利润的增加额 560 万元小于开发 N 产品对丙公司息税前利润的增加额 600 万元，因此，应该投产 N 产品。

3.【答案】

C 产品单位变动成本 =8+3=11（万元）

（1）2021 年税前利润 =50000×15×（1−5%）−50000×11−67500=95000（万元）

2022 年目标税前利润 =95000×（1+9%）=103550（万元）

（2）设 2022 年 C 产品的目标销售单价为 P 万元，则：

50000×P×（1−5%）−50000×11−67500=103550

解得：P=（103550+67500+50000×11）/［50000×（1−5%）］=15.18（万元）

（3）2022 年目标销售单价与 2021 年单价相比的增长率 =（15.18−15）/15×100%=1.2%

C 产品单价的敏感系数 =9%/1.2%=7.5

或：C 产品单价的敏感系数 =［50000×15×（1−5%）］/95000=7.5

【提示】税金及附加属于变动性的成本费用。

（4）因为目前丙企业还有剩余生产能力，且接受特殊订单不影响固定成本，所以特殊订单的单位边际贡献 =12.5−12.5×5%−11=0.875（万元）

因为边际贡献大于 0，所以应该接受这个特殊订单。

四、综合题

【答案】

（1）A 产品单位变动成本 =350+150+100=600（元）

B 产品单位变动成本 =200+80+120=400（元）

C 产品单位变动成本 =240+120+90=450（元）

产品 A 的单位工时边际贡献 =（900−600）/4=75（元）

产品 B 的单位工时边际贡献 =（600−400）/2=100（元）

产品 C 的单位工时边际贡献 =（800−450）/5=70（元）

按单位工时边际贡献大小顺序安排生产，产品 B 的产量为 2000 件，产品 A 的产量为 1500 件，剩余的生产能力安排产品 C 的生产。产品 C 的产量 =（12800−2000×2−1500×4）/5=560（件）。

（2）产品 A 的边际贡献 =（900-600）× 1500=450000（元）

产品 B 的边际贡献 =（600-400）× 2000= 400000（元）

产品 C 的边际贡献 =（800-450）× 560= 196000（元）

边际贡献总额 =400000+450000+196000= 1046000（元）

产品 A 的销售收入 =900 × 1500=1350000（元）

产品 B 的销售收入 =600 × 2000=1200000（元）

产品 C 的销售收入 =800 × 560=448000（元）

销售收入总额 =1350000+1200000+448000= 2998000（元）

加权平均边际贡献率 =1046000/2998000× 100%=34.89%

固定成本 =400000+247500+300000=947500（元）

保本销售总额 =947500/34.89%=2715677.85（元）

安全边际率 =1-2715677.85/2998000= 9.42%

A 产品的保本额 =2715677.85 ×（1350000/ 2998000）=1222870.28（元）

B 产品的保本额 =2715677.85 ×（1200000/ 2998000）=1086995.80（元）

C 产品的保本额 =2715677.85 ×（448000/ 2998000）=405811. 77（元）

（3）A 产品变动制造费用标准分配率 = 100/4=25（元 / 小时）

A 产品变动制造费用实际分配率 = 145800/5400=27（元 / 小时）

A 产品变动制造费用成本差异 =145800- 100 × 1400=5800（元）（U）

A 产品变动制造费用效率差异 =（5400- 4 × 1400）× 25=-5000（元）（F）

A 产品变动制造费用耗费差异 =（27-25）× 5400=10800（元）（U）。

第十八章　全面预算

CHAPTER-18

本章学习指南

一、考情分析

从以往考试题型来看本章主要考查客观题，有时也会考查计算分析题，涉及计算分析题的考点主要是现金预算的编制。

最近3年题型、题量分析表

题型	2019年		2020年		2021年	
	试卷Ⅰ	试卷Ⅱ	试卷Ⅰ	试卷Ⅱ	试卷Ⅰ	试卷Ⅱ
单项选择题	1题1.5分	1题1.5分	—	1题1.5分	1题2分	1题2分
多项选择题	1题2分	1题2分	1题2分	—	1题2分	1题2分
计算分析题	—	—	—	—	—	—
综合题	—	—	—	—	—	—
合计	2题3.5分	2题3.5分	1题2分	1题1.5分	2题4分	2题4分

二、教材变化

本章与2021年的教材相比只是个别文字的调整，没有实质性变化。

三、考点框架

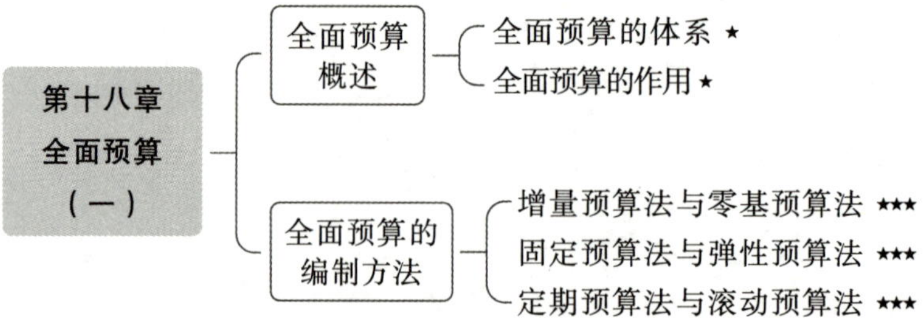

- 第十八章 全面预算（二）
  - 营业预算的编制
    - 销售预算 ★
    - 生产预算 ★★★
    - 直接材料预算 ★★
    - 直接人工预算 ★
    - 制造费用预算 ★★
    - 产品成本预算 ★
    - 销售费用和管理费用预算 ★
  - 财务预算的编制
    - 现金预算的编制 ★★★
    - 财务报表预算的编制 ★★★

核心考点精讲

第一节　全面预算概述

使用“会计云课堂”App 或“微信”扫码查看本节视频，快速 GET 知识点。

一、全面预算的体系 ★

（一）全面预算的含义及特征

含义	全面预算是通过企业内外部环境的分析，在预测与决策基础上，调配相应的资源，对企业未来一定时期的经营和财务等作出一系列具体计划。预算是计划的数字化、表格化、明细化的表达
特征	全员、全过程、全部门

（二）全面预算的分类

分类标准	种类
按其涉及的预算期	（1）长期预算：包括长期销售预算和资本预算，有时还包括长期资本筹措预算和研究与开发预算 （2）短期预算：指年度预算，或者时间更短的季度或月度预算
按其涉及的内容	（1）专门预算：是指反映企业某一方面经济活动的预算 （2）综合预算：是指利润表预算和资产负债表预算，它反映企业的总体状况，是各种专门预算的综合
按其涉及的业务活动领域	（1）投资预算：如资本预算 （2）营业预算：是关于采购、生产、销售业务的预算，包括销售预算、生产预算、成本预算等 （3）财务预算：是关于利润、现金和财务状况的预算，包括利润表预算、现金预算和资产负债表预算等

要点小贴士

（1）营业预算和财务预算一般属于短期预算，资本预算属于长期预算；

（2）营业预算、资本预算一般属于专项预算，财务预算多为综合预算。

经典题解

【例题 1 · 多选题】下列预算中，通常属于短期预算的有（　　）。

A. 资产负债表预算　　B. 直接材料预算

C. 资本预算　　D. 现金预算

【解析】资本预算主要为预算期在一年以上的长期预算。

【答案】ABD

【例题 2 · 多选题】下列各项中，属于财务预算的有（　　）。

A. 资本预算　　B. 销售预算

C. 现金预算　　D. 利润表预算

【解析】选项 A 属于投资预算，选项 B 属于营业预算。

【答案】CD

二、全面预算的作用 ★

企业预算是各级各部门工作的具体奋斗目标、协调工具、控制标准、考核依据。

第二节　全面预算的编制方法

使用“会计云课堂”App 或“微信”扫码查看本节视频，快速 GET 知识点。

名师点拨

零基预算法是为了克服增量预算法的缺点而设计的一种预算编制方法，因此二者的优缺点要对比记忆。

一、增量预算法与零基预算法 ★★★

（一）含义及特点

分类标准	方法	含义	特点
按出发点的特征不同	增量预算法（调整预算法）	指以历史期实际经济活动及其预算为基础，结合预算期经济活动及相关影响因素的变动情况，通过调整历史期经济活动项目及金额形成预算的预算编制方法	缺点：当预算期的情况发生变化时，预算数额可能会受到基期不合理因素的干扰，可能导致预算的不准确，不利于调动各部门达成预算目标的积极性
	零基预算法	指企业不以历史期经济活动及其预算为基础，以零为起点，从实际需要出发分析预算期经济活动的合理性，经综合平衡，形成预算的预算编制方法	优点：不受前期费用项目和费用水平的制约，能够调动各部门降低费用的积极性 缺点：编制工作量大

【提示】零基预算法适用于企业各项预算的编制，特别是不经常发生的预算项目或预算编制基础变化较大的预算项目。

（二）增量预算法的假设前提

第一，现有业务活动是企业所必需的；

第二，企业现有各项业务的开支水平是合理的，在预算期予以保持。

经典题解

【真题3·多选题】下列关于零基预算法的说法中，正确的有（　　）。（2021年卷Ⅰ）

A. 零基预算法的主要缺点是编制工作量大

B. 零基预算法假设原有各项业务及金额都合理

C. 不经常发生的预算项目适合用零基预算法编制

D. 不受前期费用项目和费用水平的制约是零基预算法的优点之一

【解析】零基预算法，是指企业不以历史期经济活动及其预算为基础，以零为起点，从实际需要出发分析预算期经济活动的合理性，经综合平衡形成预算的预算编制方法。因此选项B错误。

【答案】ACD

【例题4·单选题】下列各项费用预算项目中，最适宜采用零基预算编制方法的是（　　）。

A. 人工费　　B. 培训费　　C. 材料费　　D. 折旧费

【解析】零基预算法适用于企业各项预算的编制，特别是不经常发生的预算项目或预算编制基础变化较大的预算项目。相比人工费、材料费和折旧费，培训费发生频率低，不同的培训内容预算编制基础变化较大，适宜采用零基预算编制方法。

【答案】B

二、固定预算法与弹性预算法★★★

名师点拨

弹性预算法克服了固定预算法的缺点，两种预算编制方法的优缺点正好相反，要对比记忆。

（一）含义、特点及适用范围的比较

分类标准	方法	含义	特点	适用范围
按业务量基础的数量特征的不同	固定预算法（静态预算法）	在编制预算时，只根据预算期内正常、可实现的某一固定的业务量（如生产量、销售量等）水平作为唯一基础来编制预算的方法	（1）适应性差 （2）可比性差	（1）业务稳定，产销量稳定，能准确预测产品需求及成本 （2）编制固定费用预算
	弹性预算法（动态预算法）	在成本性态分析的基础上，依据业务量、成本和利润之间的联动关系，按照预算期内相关的业务量（如生产量、销售量、工时等）水平计算其相应预算项目所消耗资源的预算编制方法	（1）预算范围宽 （2）可比性强	理论上适用于所有与业务量有关的预算；实务中主要用于编制成本费用预算和利润预算，尤其是成本费用预算

【提示】弹性预算业务量的选择：

（1）选用一个最能代表生产经营活动水平的业务量计量单位。

教材举例	业务量的计量单位
以手工操作为主的车间	人工工时
制造单一产品或零件的部门	实物数量
修理部门	直接修理工时

（2）务必使实际业务量不至于超出相关的业务量范围。

方法	范围
方法1：依据正常生产能力水平	正常生产能力的70%~110%
方法2：依据历史业务量水平	历史上最高业务量和最低业务量为其上下限

（二）弹性预算法的编制

方法	编制要点	优点	缺点
公式法	某项成本预算总额=固定成本预算总额+单位变动成本预算额×预计业务量（$y=a+bx$）	便于计算任何业务量的预算成本	（1）成本分解工作量大（需要进行成本分解，对每个费用子项目甚至细目逐一进行成本分解，比较麻烦） （2）需要用数学方法将阶梯成本和曲线成本修正为直线 （3）成本中的固定基数以及与业务量相关的弹性定额可能仅适用于一定业务量范围
列表法	用列表的方式，在相关范围内每隔一定业务量范围计算相关预算数值	（1）较直观（不必经过计算即可找到与实际业务量相近的预算成本） （2）不必用数学方法修正为近似的直线成本（混合成本中的阶梯成本和曲线成本，可按总成本性态模型计算填列）	在评价和考核实际成本时，“实际业务量的预算成本”往往需要使用插值法来计算，比较麻烦

要点小贴士

实际业务量的预算成本的确定：
变动成本=预算单位变动成本×实际业务量。
固定成本=不变的预算数。
混合成本：利用内插法确定。

经典题解

【例题5·单选题】某公司按弹性预算法编制销售费用预算。已知预计业务量为5万小时，单位变动销售费用为1.5元/小时，固定销售费用总额为30万元。则按预计业务量的80%编制的销售费用预算总额为（　　）万元。

A. 30　　B. 7.5　　C. 36　　D. 37.5

【解析】销售费用预算总额=30+1.5×5×80%=36（万元）。

【答案】C

【例题 6 · 单选题】某公司的修理费用为混合成本，公司按弹性预算法编制混合成本预算，当业务量为 100% 时，修理费用是 15200 万元，当业务量为 60% 时，修理费用是 11600 万元，则当业务量为 85% 时，预计修理费用为（　　）万元。

A. 13850　　B. 12350　　C. 14326　　D. 15010

【解析】利用内插法，(85%-60%)/(100%-60%)=(X-11600)/(15200-11600)，解得：X=13850（万元）。

【答案】A

三、定期预算法与滚动预算法 ★★★

名师点拨

滚动预算法克服了定期预算法的缺点，两种预算编制方法的优缺点正好相反，要对比记忆。

（一）含义及特点

分类标准	方法	含义	特点
按预算期的时间特征不同	定期预算法	是以固定不变的会计期间（如年度、季度、月份）作为预算期间编制预算的方法	优点：保证预算期间与会计期间在时期上配比，便于依据会计报告的数据与预算的比较，考核和评价预算的执行结果 缺点：不利于前后各个期间的预算衔接，不能适应连续不断的业务活动过程的预算管理
	滚动预算法（连续预算法、永续预算法）	是在上期预算完成情况的基础上，调整和编制下期预算，并将预算期间逐期连续向后滚动推移，使预算期间保持一定的时期跨度。滚动预算法体现了持续改善的思想	优点：能够保持预算的持续性，有利于结合企业近期目标和长期目标考虑未来业务活动；使预算随时间的推进不断加以调整和修订，能使预算与实际情况更相适应，有利于充分发挥预算的指导和控制作用 缺点：编制工作量大

（二）滚动预算法的分类

逐月滚动	在预算编制过程中，以月份为预算的编制和滚动单位，每个月调整一次预算的方法	编制的预算比较精确，但工作量比较大
逐季滚动	在预算编制过程中，以季度为预算的编制和滚动单位，每个季度调整一次预算的方法	比逐月滚动的工作量小，但精确度较差
混合滚动	在预算编制过程中，同时以月份和季度作为预算的编制和滚动单位的方法	这种预算方法的理论依据是：人们对未来的了解程度具有对近期的预计把握较大，对远期的预计把握较小的特征

要点小贴士

零基预算法、弹性预算法和滚动预算法的共同缺点是编制工作量大。

【总结】

预算的编制方法
- 增量预算法 → 以历史期实际经济活动及其预算为基础
- 零基预算法 → 以零为起点
- 固定预算法 → 以某一业务量水平为固定基础
- 弹性预算法 → 以分析业务量与预算项目之间的数量依存关系为基础
- 定期预算法 → 预算期间 = 会计期间
- 滚动预算法 → 预算期间≠会计期间

经典题解

【真题7·多选题】下列关于全面预算编制的说法中，正确的有（　　）。（2021年卷Ⅱ）

A. 弹性预算法是在成本性态分析的基础上，按照预算期内相关业务量水平编制

B. 滚动预算法将预算期间逐期连续向后滚动推移，使预算期间保持一定的时期跨度

C. 零基预算法编制预算时，不受前期费用水平的制约

D. 在定期预算法下，预算期间与会计期间在时间上一致

【解析】本题考查全面预算编制方法的相关表述，以上四个选项均正确。

【答案】ABCD

第三节　营业预算的编制

使用“会计云课堂”App或“微信”扫码查看本节视频，快速GET知识点。

一、销售预算★

含义及内容	销售预算是关于预算期销售数量、销售单价和销售收入的预算。销售预算中通常还包括预计现金收入的计算，以便为编制现金预算提供必要的资料
特点	销售预算是整个预算的编制起点，也是编制其他有关预算的基础
基本公式	销售收入 = 预计销量 × 预计单价
提供现金预算的数据	预计现金收入 = 当期销售收入 × 当期销售当期收现百分比 + 前期销售收入 × 前期销售收入在本期收现百分比

要点小贴士

现金预算是按收付实现制为原则编制的，所以要根据收现政策确定销售现金收入。

经典题解

【例题 8·计算分析题】某企业只生产一种产品，产品售价 8 元 / 件。7 月销售 20000 件，8 月预计销售 30000 件，9 月预计销售 40000 件。根据经验，商品售出后当月可收回货款的 60%，次月收回 30%，再次月收回 10%。

要求：

（1）计算 9 月预计现金收入为多少元。

（2）计算 9 月末应收账款为多少元。

【答案】

（1）9 月预计现金收入 =40000×8×60%+30000×8×30%+20000×8×10%=280000（元）

（2）9 月末应收账款 =40000×8×40%+30000×8×10%=152000（元）。

二、生产预算 ★★★

要点小贴士

生产预算是全面预算体系中唯一只有实物量没有价值量的预算，所以无法直接给现金预算提供现金支出的数据。

含义	生产预算是关于预算期产品销售量、期初和期末产成品存货和生产量的预算
编制基础	生产预算是在销售预算的基础上，结合预算期期初存量、预算期期末存量编制的
计算公式	（1）预计期末产成品存货 = 下期销售量 × 预计百分比 （2）预计期初产成品存货 = 上期期末产成品存货 （3）预计生产量 =（预计销售量 + 预计期末产成品存货）– 预计期初产成品存货

经典题解

【例题 9·单选题】某企业每季度预计期末产成品存货为下一季度预计销售量的 10%，已知第二季度预计销售量为 2000 件，第三季度预计销售量为 2200 件，则第二季度产成品预计产量为（　　）件。

A. 2020　　B. 2000

C. 2200　　D. 2220

【解析】第二季度期初产成品存货 = 第一季度期末产成品存货 = 第二季度销售量 ×10%=2000×10%=200（件），第二季度期末产成品存货 = 第三季度销售量 ×10%=2200×10%=220（件），第二季度产成品预计产量 = 预计第二季度销售量 + 预计第二季度期末产成品存货 – 预计第二季度期初产成品存货 =2000+220–200=2020（件）。

【答案】A

三、直接材料预算 ★★

含义	直接材料预算是关于预算期产品生产直接耗用原材料及原材料采购的预算
编制基础	以生产预算为基础编制，同时要考虑原材料存货水平

基本公式	生产需用量＝预计生产量×单位产品材料用量 期末材料存量＝下季度生产需用量×预计百分比 期初材料存量＝上期期末材料存量 预计材料采购量＝生产需用量＋期末材料存量－期初材料存量 预计采购金额＝预计采购量×材料单价
提供现金预算的数据	预计材料采购现金支出＝当期采购当期付现支出＋前期采购本期付现支出

要点小贴士

按收付实现制的原则为现金预算提供材料采购支出的数据。

【提示】注意商业企业没有制造环节，存货采购量的确定公式：本期采购＝本期销售＋期末存货－期初存货

要点小贴士

存货增加量的确定都可以按照通用公式来记忆。

通用公式：期初存量＋本期增加－本期减少＝期末存量

（1）制造企业

生产预算：产品生产量是本期增加，产品销售量是本期减少；直接材料预算：材料采购量是本期增加，材料的生产需用量是本期减少。

（2）商业企业没有存货制造环节。存货增加就是采购量，存货减少就是销售量。

经典题解

【真题10·单选题】甲公司正在编制2022年度预算。在直接材料预算中，第三、第四季度直接材料的预计生产需用量分别为1.5吨和2吨，价格100万元/吨，每季度末材料存量为下季度生产需用量的10%，年末材料留存0.5吨，则2022年第四季度采购金额为（　　）万元。（2021年卷Ⅰ）

A. 170　　B. 180　　C. 230　　D. 250

【解析】本题的主要考查点是直接材料采购预算。

直接材料采购预算

单位：吨

项目	第三季度	第四季度
预计生产需用量	1.5	2
加：预计季末材料存量（下季度生产需用量的10%）	2×10%=0.2	0.5
减：预计季初材料存量（上季季末）	1.5×10%=0.15	0.2
预计材料采购量	1.55	2.3

第四季度采购金额=2.3×100=230（万元）。

【答案】C

【真题11·单选题】甲企业生产和销售X产品，当月投产、当月完工。单位产品材料用量8千克。预计9月份销量19000件，月初产品存货4000件，月末产品存货3000件，月初材料库存50000千克，月末材料库存53000千克。预计9月份材料采购量是（　　）千克。（2021年卷Ⅱ）

A. 157000　　B. 141000　　C. 163000　　D. 147000

【解析】9月份预计生产量＝预计销售量＋预计期末产成品存货－预计期初产成品存货=19000+3000−4000=18000（件），9月份材料采购量＝预计生产需用量＋预计期末材料存量－预计期初材料存量=18000×8+53000−50000=147000（千克）。

【答案】D

【真题 12·多选题】企业在编制直接材料预算时，需预计各季度材料采购的现金支出额，影响该金额的因素有（　　）。（2020 年卷Ⅰ）

A. 材料采购单价　　B. 预计产量

C. 供货商提供的信用政策　　D. 预计材料库存量

【解析】预计材料采购量 = 预计生产需用量 + 预计期末材料存量 − 预计期初材料存量，预计材料采购金额 = 预计材料采购量 × 材料采购单价，供货商提供的信用政策会影响企业赊购、现购比率，而现金支出金额还需要看付现政策，所以选项 A、B、C、D 均正确。

【答案】ABCD

真题点拨

考查影响因素时可以根据公式判断，特别注意联动的影响因素，但是注意不能混淆“因”和“果”。

【真题 13·单选题】甲公司正在编制直接材料预算。预计单位产成品材料消耗量 10 千克。材料价格 40 元 / 千克，第一季度期初、期末材料存货分别为 600 千克和 550 千克；第一季度、第二季度产成品销量分别为 300 件和 250 件；期末产成品存货按下季度销量 10% 安排。预计第一季度材料采购金额是（　　）元。（2019 年卷Ⅰ）

A. 116000　B. 120000　C. 118000　D. 140000

【解析】第一季度生产量 =250×10%+300−300×10%=295（件）

第一季度材料采购量 =295×10+550−600=2900（千克）

预计第一季度材料采购金额 =2900×40=116000（元）。

【答案】A

四、直接人工预算 ★

含义	直接人工预算是关于预算期产品生产直接耗用人工工时及费用的预算
编制基础	以生产预算为基础编制
基本公式	预计产量 × 单位产品直接人工工时 = 人工总工时 人工总工时 × 每小时直接人工成本（工资率）= 人工总成本
提供现金预算的数据	直接人工不需另外预计现金支出，可直接参加现金预算的汇总

经典题解

【真题 14·多选题】编制直接人工预算时，影响直接人工总成本的因素有（　　）。（2019 年卷Ⅰ、卷Ⅱ）

A. 预计直接人工工资率

B. 预计产量

C. 预计车间辅助人员工资

D. 预计单位产品直接人工工时

【解析】直接人工预算是以生产预算为基础编制的。其主要内容有预计产量、单位产品工时、人工总工时、每小时人工成本和人工总成本。车间辅助人员工资计入制造费用，不影响直接人工总成本。

【答案】ABD

真题点拨

要有会计的基本常识，会区分直接人工成本和制造费用。

五、制造费用预算★★

通常分为变动制造费用预算和固定制造费用预算两部分。

含义	制造费用预算是关于预算期产品生产所需制造费用的预算
编制基础	（1）变动制造费用预算以生产预算为基础来编制 （2）固定制造费用，需要逐项进行预计，通常不是以生产预算为基础，与本期产量无关
提供现金预算的数据	现金支出的制造费用＝制造费用－折旧摊销费

【提示】为便于以后编制产品成本预算，需要计算制造费用分配率，制造费用分配率＝制造费用预算额/预算人工总工时。

经典题解

【真题15·多选题】甲公司正在编制全面预算，下列各项中，以生产预算为编制基础的有（　　）。（2017年卷Ⅱ）

A．直接人工预算　　B．销售预算

C．变动制造费用预算　　D．直接材料预算

【解析】生产预算是在销售预算的基础上编制的，因此销售预算不以生产预算为编制基础，选项B错误。

【答案】ACD

要点小贴士

由于是汇总预算，所以不再为现金预算提供现金支出的数据。

六、产品成本预算★

含义	产品成本预算是关于预算期产品生产成本的预算。其主要内容是产品的单位成本和总成本
编制基础	是销售预算、生产预算、直接材料预算、直接人工预算和制造费用预算的汇总

七、销售费用和管理费用预算★

种类	销售费用预算	管理费用预算
含义	指为了实现销售预算所需安排的费用预算	是企业管理业务所必需的费用
编制基础	以销售预算为基础	多属于固定成本，一般是以过去的实际开支为基础，按预算期的可预见变化予以调整
提供现金预算的数据	现金支出的销售费用和管理费用＝销售费用和管理费用－折旧摊销费	

第四节　财务预算的编制

使用“会计云课堂”App 或“微信”扫码查看本节视频，快速 GET 知识点。

一、现金预算的编制★★★

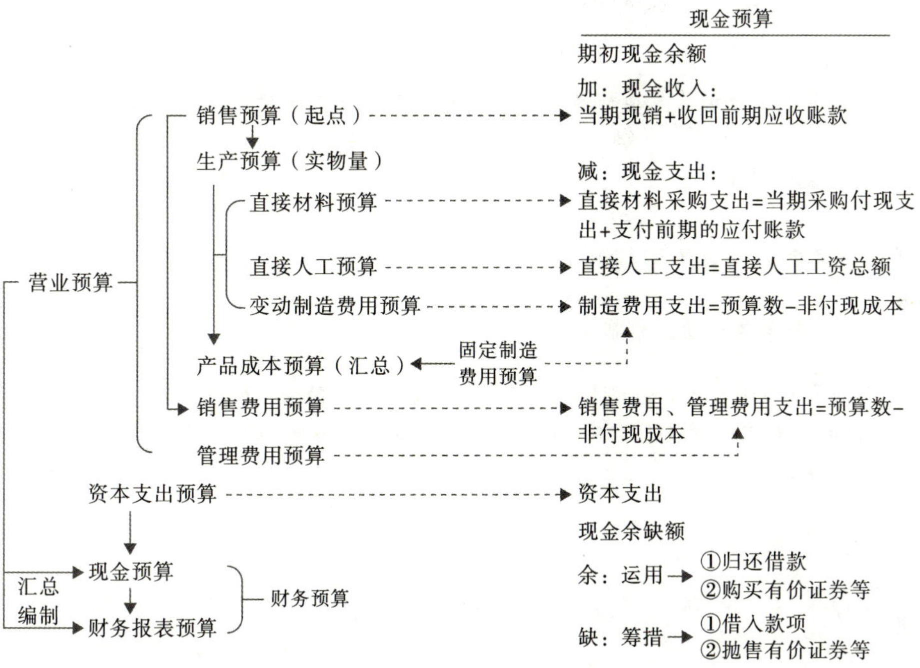

要点小贴士

现金预算以营业预算和资本支出预算为编制基础。

【易错易混点】

不直接涉及现金支出的营业预算	（1）生产预算 （2）产品成本预算
现金预算的两个公式	（1）期初余额＋现金收入－现金支出＝现金余缺额 （2）现金余缺额＋现金筹措－现金运用＝现金期末余额
短期借款利息的确定	（1）若规定还款时支付利息：利息＝还款额 × 期利息率 × 借款期限 （2）若规定每期定期支付利息：利息＝（上期期末借款余额＋本期期初新借款额）× 期利息率

要点小贴士

本期期末的借款或还款均不会影响**本期**利息。

经典题解

【真题 16·单选题】甲公司正在编制现金预算，预计采购货款第一季度 5000 元，第二季度 8000 元，第三季度 9000 元，第四季度 10000 元。采购货款的 60% 在本季度内付清，另外 40% 在下季度付清。假设年初应付账款 2000 元，预计全年现金支出是（　　）元。（2020 年卷Ⅱ）

真题点拨

本年采购只有第四季度采购货款的 40% 是需要在下年支付，属于本年末的应付账款。

A. 28000　　B. 30000

C. 32000　　D. 34000

【解析】预计全年现金支出 = 当年的现购支出 + 支付前期的应付账款 =5000+8000+9000+10000×60%+2000=30000（元）。

【答案】B

【真题17·多选题】下列营业预算中，通常需要预计现金支出的预算有（　　）。（2016年卷Ⅰ、卷Ⅱ）

A. 生产预算　　B. 销售费用预算

C. 直接材料预算　　D. 制造费用预算

【解析】生产预算是唯一只反映实物量，不涉及价值量的预算，因此不涉及到现金收支。

【答案】BCD

二、财务报表预算的编制★★★

（一）利润表预算的编制

【提示】按照权责发生制来编制；"销售成本"项目的金额取自产品成本预算；"所得税费用"项目的金额通常不是根据"利润总额"乘以所得税税率计算出来的，而是预先在利润预测时估计的数据。

经典题解

【例题18·多选题】下列关于全面预算中的利润表预算编制的说法中，正确的有（　　）。

A. "销售收入"项目的数据，来自销售预算

B. "销售成本"项目的数据，来自生产预算

C. "销售及管理费用"项目的数据，来自销售及管理费用预算

D. "所得税费用"项目的数据，通常是根据利润表预算中的"利润总额"项目金额和本企业适用的法定所得税税率计算出来的

解题攻略

产品成本预算可以提供生产成本、销售成本、期末存货成本的数据。

【解析】"销售成本"项目的数据，来自产品成本预算，选项B错误；"所得税费用"项目是在利润规划时估计的，并已经列入现金预算。它通常不是根据"利润总额"和"所得税税率"计算出来的，因为有诸多的纳税调整事项存在，此外如果根据"利润总额"和"所得税税率"重新计算所得税，会陷入数据循环，所以选项D错误。

【答案】AC

（二）资产负债表预算的编制

要点小贴士

编制全面预算的终点。

特点	资产负债表预算与会计的资产负债表内容、格式相同，只不过数据是反映预算期末的财务状况
编制基础	利用本期期初会计的资产负债表，根据营业和财务等预算的有关数据加以调整编制的

本章小结

您已成功完成"第十八章"的学习，本章共 14 个考点，您都学会了吗？

为了让您对章节有更清晰的理解，加倍巩固。本书作者闫华红老师将通过"视频导图课"的方式，带您回顾重要考点。

名师点拨，视听结合，高效提分。

※ 欢迎您扫码，免费观看学习。

下载"会计云课堂"App 学习

历年经典主观题回顾

使用"会计云课堂"App 或"微信"扫码快速做题、对答案、看解析、掌握解题思路，开启轻松过关之旅。

计算分析题

1. 甲公司是一家制造企业，正在编制 2019 年第一、二季度现金预算，年初现金余额 52 万元。相关资料如下：

（1）预计第一季度销量 30 万件，单位售价 100 元；第二季度销量 40 万件，单位售价 90 元；第三季度销量 50 万件，单位售价 85 元，每季度销售收入 60% 当季收现，40% 下季收现，2019 年初应收账款余额 800 万元，第一季度收回。

（2）2019 年初产成品存货 3 万件，每季末产成品存货为下季销量的 10%。

（3）单位产品材料消耗量 10 千克，单价 4 元 / 千克，当季所购材料当季全部耗用，季初、季末无材料存货，每季度材料采购货款 50% 当季付现，50% 下季付现。2019 年初应付账款余额 420 万元，第一季度偿付。

（4）单位产品人工工时 2 小时，人工成本 10 元 / 小时；制造费用按人工工时分配，分配率 7.5 元 / 小时。销售和管理费用全年 400 万元，每季度 100 万元。假设人工成本、制造费用、销售和管理费用全部当季付现。全年所得税费用 100 万元，每季度预缴 25 万元。

（5）公司计划在上半年安装一条生产线，第一、二季度分别支付设备购置款 450 万元、250 万元。

（6）每季末现金余额不能低于 50 万元。低于 50 万元时，向银行借入短期借款，借款金额为 10 万元的整数倍。借款季初取得，每季末支付当季利息，季度利率 2%。高于 50 万元时，高出部分按 10 万元的整数倍偿还借款，季末偿还。
第一、二季度无其他融资和投资计划。

要求：
根据上述资料，编制公司 2019 年第一、二季度现金预算（结果填入下方表格中，不用列出计算过程）。（2018 年卷Ⅰ）

现金预算

单位：万元

项目	第一季度	第二季度
期初现金余额		
加：销货现金收入		
可供使用的现金合计		
减：各项支出		
材料采购		
人工成本		
制造费用		
销售和管理费用		
所得税费用		
购买设备		
现金支出合计		
现金多余或不足		
加：短期借款		
减：偿还短期借款		
支付短期借款利息		
期末现金余额		

2. 甲公司是一家蔗糖生产企业，每年 12 月份编制下一年的分季度现金预算。2017 年年末，预算 2018 年的相关资料如下：
（1）该公司只生产一种 1 千克装的白砂糖。由于作为原料的甘蔗供货有季节性，采购、生产只在第一、四季度进行，但销售全年发生。
（2）销售收入预计：第一季度 1500 万元，第二季度 750 万元，第三季度 750 万元，第四季度 1500 万元。所有销售均为赊销。每季度赊销款的 2/3 当季收回，另外 1/3 下一季度收回，应收账款年初余额 500 万元，预计可在第一季度收回。
（3）原料采购预计：甘蔗全年原料采购预计支出 800 万元；第一季度预付原料采购款的 50%，第四季度收储原料并支付剩余的 50% 尾款。
（4）付现费用预计：直接人工费用第一、四季度均为 700 万元；制造费用第一、四季度均为 500 万元；第二、三季度不进行生产，不发生直接人工和制造费用；销售和管理费用第一季度 100 万元、第二季度 50 万元、第三季度 50 万元、第四季度 100 万元。直接人工费用、制造费用、销售和管理费用，均于当季支付。全年所得税费用 200 万元，分 4 个季度预交，每季度支付 50 万元。

（5）公司计划在下半年安装两条新生产线，第三、四季度分别支付设备及安装款 400 万元、200 万元。

（6）2017 年年末，公司有现金 12 万元，没有短期投资。为应对季节生产所需的大量资金，2017 年年末公司从银行借入短期借款 255 万元。除该短期借款外，公司没有其他负债。公司根据下季度现金净需求额外加 10 万元浮动额确定季末最低现金余额，如下季度现金净需求额为负，则最低现金余额为 10 万元。实有现金低于最低现金余额时，如果有短期投资，先变卖短期投资，仍不足时，再向银行借入短期借款；超过最低现金余额时，如果有短期借款，先偿还短期借款，仍有剩余时，再进行短期投资。借款、偿还借款、投资和收回投资，数额均为 5 万元的倍数，均在季度末发生。短期借款年利率为 8%，每季度末付息一次；短期投资年报酬率为 4%，每季度末结算一次。假设不考虑借款和投资的交易费用。

（7）为简化计算，假设 2019 年第一季度的预计营业收入、原料采购及付现费用与 2018 年第一季度相同。

要求：

根据上述资料，编制公司现金预算（结果填入下方表格中，不用列出计算过程）。（2017 年卷 I ）

现金预算

单位：万元

季度	一	二	三	四	合计
期初现金余额					
现金收入：					
本期销售本期收款					
上期销售本期收款					
现金收入合计					
现金支出：					
原料采购					
直接人工					
制造费用					
销售与管理费用					
所得税费用					
设备购置及安装					
现金支出合计					
向银行借款					
归还银行借款					

续表

季度	一	二	三	四	合计
支付借款利息					
短期投资					
收回短期投资					
获取投资报酬					
期末现金余额					

历年经典主观题参考答案及解析

使用“会计云课堂”App 或“微信”扫码对答案、看解析、掌握解题思路，开启轻松过关之旅。

计算分析题

1.【答案】

现金预算

单位：万元

项目	第一季度	第二季度
期初现金余额	52	50
加：销货现金收入	30×100×60%+800=2600	30×100×40%+40×90×60%=3360
可供使用的现金合计	2652	3410
减：各项支出		
材料采购	（30+40×10%−30×10%）×10×4×50%+420=1040	（30+40×10%−30×10%）×10×4×50%+（40+50×10%−40×10%）×10×4×50%=1440
人工成本	（30+40×10%−30×10%）×2×10=620	（40+50×10%−40×10%）×2×10=820
制造费用	7.5×（30+40×10%−30×10%）×2=465	7.5×（40+50×10%−40×10%）×2=615
销售和管理费用	100	100

续表

项目	第一季度	第二季度
所得税费用	25	25
购买设备	450	250
现金支出合计	2700	3250
现金多余或不足	-48	160
加：短期借款	100	0
减：偿还短期借款	0	100
支付短期借款利息	100 × 2%=2	2
期末现金余额	50	58

【解析】
设第一季度短期借款为 X 万元：-48+X-X × 2% ≥ 50，解得：X ≥ 100（万元），借款金额为 10 万元的整数倍，因此借款 100 万元。
设第二季度归还短期借款为 Y 万元：160-Y-2 ≥ 50，解得：Y ≤ 108（万元），高出部分按 10 万元的整数倍偿还借款，因此归还短期借款 100 万元。

2.【答案】

现金预算

单位：万元

季度	一	二	三	四	合计
期初现金余额	267	11.9	11.8	713.2	267
现金收入：					
本期销售本期收款	1500 × 2/3 =1000	750 × 2/3=500	750 × 2/3=500	1500 × 2/3=1000	3000
上期销售本期收款	500	1500 × 1/3=500	750 × 1/3=250	750 × 1/3=250	1500
现金收入合计	1500	1000	750	1250	4500
现金支出：					
原料采购	800 × 50%=400	0	0	800 × 50%=400	800
直接人工	700	0	0	700	1400
制造费用	500	0	0	500	1000
销售与管理费用	100	50	50	100	300
所得税费用	50	50	50	50	200
设备购置及安装	0	0	400	200	600

续表

季度	一	二	三	四	合计
现金支出合计	1750	100	500	1950	4300
向银行借款	0	0	0	55	55
归还银行借款	0	255	0	0	255
支付借款利息	255×8%/4=5.1	255×8%/4=5.1	0	0	10.2
短期投资	0	640	0	0	640
收回短期投资	0	0	445	195	640
获取投资报酬	0	0	640×4%/4=6.4	195×4%/4=1.95	8.35
期末现金余额	11.9	11.8	713.2	265.15	265.15

【解析】

2018年第一季度现金净需求额=1750−1500=250（万元），为正数，即2017年第四季度期末现金余额（年末余额）大于等于250+10=260（万元）。

2018年第二季度现金净需求额=100−1000=−900（万元），为负数，即2018年第一季度期末现金余额大于等于10万元即可。

2018年第三季度现金净需求额=500−750=−250（万元），为负数，即2018年第二季度期末现金余额大于等于10万元即可。

2018年第四季度现金净需求额=1950−1250=700（万元），为正数，即2018年第三季度期末现金余额大于等于700+10=710（万元）。

2019年第一季度现金净需求额=1750−1500=250（万元），为正数，即2018年第四季度期末现金余额大于等于250+10=260（万元）。

设2018年第二季度的短期投资为X万元，则11.9+1000−100−255−5.1−X≥10，解得：X≤641.8（万元），题中给出“借款、偿还借款、投资和收回投资，数额均为5万元的倍数”，因此X取640万元。

设2018年第三季度的收回短期投资为Y万元，则11.8+750−500+Y+640×4%/4≥710，解得：Y≥441.8（万元），题中给出“借款、偿还借款、投资和收回投资，数额均为5万元的倍数”，因此Y取445万元。

由于题中给出2017年年末公司从银行借入短期借款255万元，这里的条件其实是暗示每季度借款时，要将下季度需要偿还的借款利息考虑在内。因为如果借款250万元，那么2017年年末现金余额=12+250=262（万元），是大于260万元的。但是，此时借款是255万元，因此是将2018年第一季度支付的短期借款利息考虑在内的。同理2018年第四季度银行借款也应该将2019年第一季度支付的借款利息考虑在内。

设2018年第四季度向银行借款为Z万元，则713.2+1250−1950+Z−Z×8%/4+195+1.95≥260，解得：Z≥50.87（万元），题中给出“借款、偿还借款、投资和收回投资，数额均为5万元的倍数”，因此Z取55万元。

【提示】解答本题的关键点在于：①理解“下季度现金净需求额”的含义，下季度现金净需求额=下季度现金支出合计−下季度现金收入合计。②“公司根据下季度现金净需求额外加10万元浮动额确定季末最低现金余额”，因为2018年第一季度现金净需求额为250万元，初步确定2017年第四季度期末现金余额（年末余额）应大于等于260万元，综合考虑借款利息之后，2017 年年末现金余额为 267 万元（12 万元 +255 万元）。③注意现金筹措或运用的顺序：现金不足时，如果有短期投资，先变卖短期投资，仍不足时，再向银行借入短期借款。现金多余时，如果有短期借款，先偿还短期借款，仍有剩余时，再进行短期投资。④“借款、偿还借款、投资和收回投资，数额均为 5 万元的倍数，均在季度末发生。短期借款年利率为 8%，每季度末付息一次；短期投资年报酬率为 4%，每季度末结算一次”。

同步强化练习题

使用“会计云课堂”App 或“微信”扫码快速做题、对答案、看解析、掌握解题思路，开启轻松过关之旅。

一、单项选择题

1. 由于人们对未来的了解程度具有对近期的预计把握较大，对远期的预计把握较小，为此在编制滚动预算的时候，可以采取（　　）。
A. 逐月滚动　　B. 逐季滚动
C. 逐年滚动　　D. 混合滚动

2. 以历史期实际经济活动及其预算为基础，结合预算期经济活动及相关影响因素的变动情况，通过调整历史期经济活动项目及金额形成预算的预算编制方法，称为（　　）。
A. 弹性预算法　　B. 零基预算法
C. 增量预算法　　D. 滚动预算法

3. 企业当年实际销售费用为 6000 万元，占销售额的 30%，企业预计下年销售额增加 5000 万元，于是就将下年销售费用预算简单地确定为 7500（6000+5000×30%）万元。从中可以看出，该企业采用的预算编制方法为（　　）。
A. 弹性预算法　　B. 零基预算法
C. 滚动预算法　　D. 增量预算法

4. 某企业利用弹性预算的公式法编制制造费用预算，企业固定制造费用预算额为 1000 元。业务量为基准量的 100% 时，变动制造费用为 3000 元，预计业务量为基准量的 120% 时，总制造费用为（　　）元。
A. 3000　　B. 4000
C. 4600　　D. 3600

5. 下列预算中，属于财务预算的是（　　）。
A. 销售预算　　B. 生产预算
C. 产品成本预算　　D. 利润表预算

6. 根据上期预算执行情况和新的预测结果，调整和补充原有预算方案的预算编制方法是（　　）。
A. 滚动预算法　　B. 弹性预算法
C. 零基预算法　　D. 定期预算法

7. 采用弹性预算法编制成本费用预算时，业务量计量单位的选择非常关键，适合选用实物数量作为业务量计量单位的是（　　）。
A. 修理部门
B. 自动化生产车间
C. 以手工操作为主的车间
D. 制造单一产品或零件的部门

8. 需要按成本性态分析的方法将企业成本分为固定成本和变动成本的预算编制方法是（　　）。
A. 静态预算法　B. 零基预算法
C. 弹性预算法　D. 滚动预算法

9. 下列各项中，不受会计年度制约，预算期始终保持在一定时间跨度的预算方法是（　　）。
A. 固定预算法　B. 弹性预算法
C. 定期预算法　D. 滚动预算法

10. 下列有关财务预算编制方法的表述中，正确的是（　　）。
A. 根据预算期内正常的、可实现的某一固定的业务量水平作为唯一基础来编制预算的方法称为定期预算法
B. 能够适应多种业务量水平并能克服固定预算方法缺点的预算编制方法是增量预算法
C. 能够保持预算的持续性，有利于考虑未来业务活动，并能克服传统定期预算法缺点的预算编制方法是滚动预算法
D. 以历史期实际经济活动及其预算为基础，结合预算期经济活动及相关影响因素的变动情况，通过调整历史期经济活动项目及金额形成预算的预算编制方法是零基预算法

11. 某企业每季度销售收入中，本季度收到现金60%，另外的40%要到下季度才能收回。若预算年度的第四季度销售收入为40000元，则预计资产负债表中年末“应收账款”项目金额为（　　）元。
A. 16000　B. 24000
C. 40000　D. 20000

12. 某企业年初应收账款为100万元，1月份销售收入为200万元，2月份销售收入为300万元，3月份销售收入为400万元，每月销售收入中当月收现40%，次月收现60%，则第一季度销售现金收入为（　　）万元。
A. 260　B. 460
C. 660　D. 760

13. 在根据销售预算编制生产预算时，生产预算编制的关键是准确地确定（　　）。
A. 销售价格　B. 销售数量
C. 期初存货量　D. 期末存货量

14. 甲公司正在编制下一年度的生产预算，期末产成品存货按照下季度销售量的20%安排。预计一季度和二季度的销售量分别为500件和800件，一季度的预计生产量是（　　）件。
A. 240　B. 420
C. 380　D. 560

15. 某公司生产甲产品，一季度～四季度的预计销售量分别为1000件、800件、900件、850件，生产每件甲产品需要2千克A材料。公司的生产政策是每一季度末的产成品存货数量等于下一季度销售量的10%，每一季度末的材料存量等于下一季度生产需要量的20%。该公司二季度的预计材料采购量为（　　）千克。
A. 1600　B. 1620
C. 1654　D. 1668

16. 某企业编制第四季度的直接材料消耗与采购预算，预计季初材料存量为500千克，季度生产需用量为2500千克，预计期末材料存量为300千克，材料采购单价为10元。若材料采购货款有40%当季付清，另外60%在下季度付清，则该企业预计资产负债表年末“应付账款”项目为（　　）元。
A. 10800　B. 13800
C. 23000　D. 16200

17. 某公司2022年第四季度预计生产量为100万件，单位变动制造费用为3元/件，

固定制造费用总额为 10 万元（含折旧费 2 万元），除折旧费外，其余均为付现费用。则 2022 年第四季度制造费用的现金支出预算为（　　）万元。

A. 292　　B. 308

C. 312　　D. 288

18. 不需另外预计现金支出和收入，直接参加现金预算汇总的预算是（　　）。

A. 直接材料预算

B. 销售预算

C. 直接人工预算

D. 期间费用预算

19. 在下列各项中，能够同时以实物量指标和价值量指标分别反映企业经营收入和相关现金收支的预算是（　　）。

A. 现金预算　　B. 销售预算

C. 生产预算　　D. 直接材料预算

20. 制造业企业在编制利润表预算时，“销售成本”项目数据的来源是（　　）。

A. 产品成本预算　　B. 生产预算

C. 销售预算　　D. 直接材料预算

二、多项选择题

1. 下列关于全面预算的表述中，正确的有（　　）。

A. 财务预算多为长期预算

B. 利润表预算和资产负债表预算为综合预算

C. 营业预算是关于采购、生产、销售业务的预算

D. 财务预算主要包括利润表预算、现金预算和资产负债表预算

2. 下列关于全面预算的表述中，正确的有（　　）。

A. 全面预算包括经营预算、资本预算和财务预算三部分

B. 销售预算是整个预算管理体系的前提

C. 财务预算和资本预算是经营预算的基础

D. 财务预算依赖于经营预算和资本预算

3. 下列各项预算中，属于营业预算的有（　　）。

A. 销售预算

B. 直接材料预算

C. 资本支出预算

D. 现金预算

4. 与增量预算编制方法相比，零基预算编制方法的优点有（　　）。

A. 编制工作量小

B. 可以重新审视现有业务的合理性

C. 可以避免前期不合理费用项目的干扰

D. 可以调动各部门降低费用的积极性

5. 用列表法编制的弹性预算，主要特点有（　　）。

A. 不管实际业务量多少，不必经过计算即可找到与实际业务量相近的预算成本，控制成本比较方便

B. 混合成本中的阶梯成本和曲线成本可按其性态直接在预算中反映

C. 评价和考核实际成本时往往需要使用内插法计算实际业务量的预算成本

D. 不以成本性态分析为前提

6. 短期预算可采用定期预算法编制，该方法（　　）。

A. 有利于前后各个期间的预算衔接

B. 可以适应连续不断的业务活动过程的预算管理

C. 有利于按财务报告数据考核和评价预算的执行结果

D. 使预算期间与会计期间在时期上配比

7. 滚动预算的编制按其滚动的时间单位不同可分为（　　）。

A. 逐月滚动　　B. 逐季滚动

C. 混合滚动　　D. 逐年滚动

8. 下列各项中，属于销售预算编制内容的有（　　）。

A. 销售收入　　B. 单价

C. 销售费用　　D. 销售量

9. 编制生产预算中的“预计生产量”项目时，需要考虑的因素有（　　）。
A. 预计材料采购量
B. 预计销售量
C. 预计期初产成品存货
D. 预计期末产成品存货

10. 某批发企业销售甲商品，第三季度各月预计的销售量分别为1000件、1200件和1100件，企业计划每月月末商品存货量为下月预计销售量的20%。下列各项预计中，正确的有（　　）。
A. 8月份期初存货为240件
B. 8月份采购量为1180件
C. 8月份期末存货为220件
D. 第三季度采购量为3300件

11. 下列各项预算中，以生产预算为基础编制的有（　　）。
A. 直接人工预算
B. 销售费用预算
C. 固定制造费用预算
D. 直接材料预算

12. 在全面预算体系中，编制产品成本预算的依据有（　　）。
A. 制造费用预算　　B. 生产预算
C. 直接人工预算　　D. 直接材料预算

13. 在编制现金预算的过程中，可作为其编制依据的有（　　）。
A. 营业预算
B. 利润表预算
C. 资产负债表预算
D. 资本预算

14. 下列预算中，能直接涉及现金收支的有（　　）。
A. 销售与管理费用预算
B. 销售预算
C. 产品成本预算
D. 直接材料预算

三、计算分析题

1. 资料一：A公司根据销售预测，对某产品2022年度的销售量作如下预计：第一季度为5000件，第二季度为6000件，第三季度为8000件，第四季度为7000件。若每个季度的产成品期末结存量为下一季度预计销售量的10%，年初产成品结存量为750件，年末结存量为600件，单位产品材料消耗定额为2千克/件，单位产品工时定额为5小时/件，单位工时的工资额为0.6元。
资料二：若A公司每季度材料的期末结存量为下一季度预计生产需用量的10%，年初结存量为900千克，年末结存量为1000千克，计划单价为10元/千克。材料采购款当季付70%，下季度付30%，期初应付账款为40000元。

要求：
（1）根据资料一，编制该公司的生产预算和直接人工预算。

A公司2022年度生产预算

单位：件

项目	一季度	二季度	三季度	四季度	全年
预计销售量					
加：预计期末结存量					
合计					
减：预计期初结存量					
预计生产量					

A 公司 2022 年度直接人工预算

项目	一季度	二季度	三季度	四季度	全年
预计生产量（件）					
单位产品工时（小时 / 件）					
人工总工时（小时）					
每小时人工成本（元 / 小时）					
预计直接人工成本（元）					

（2）根据资料一和资料二的有关资料，编制直接材料预算。

A 公司 2022 年度直接材料预算

单位：元

项目	一季度	二季度	三季度	四季度	全年
预计生产量（件）					
材料定额单耗（千克 / 件）					
预计生产需用量（千克）					
加：预计期末结存量（千克）					
减：预计期初结存量（千克）					
预计材料采购量（千克）					
材料计划单价（元 / 千克）					
预计购料金额					
预计现金支出：					
应付账款年初余额					
一季度购料付现					
二季度购料付现					
三季度购料付现					
四季度购料付现					
现金支出合计					

2. 某公司甲车间采用滚动预算方法编制制造费用预算。已知 2022 年分季度的制造费用预算如下（其中间接材料费用忽略不计）。

2022年分季度制造费用预算金额

单位：元

项目	2022年度				合计
	第一季度	第二季度	第三季度	第四季度	
直接人工预算总工时（小时）	11400	12060	12360	12600	48420
变动制造费用：					
间接人工费用	50160	53064	54384	55440	213048
水电与维修费用	41040	43416	44496	45360	174312
小计	91200	96480	98880	100800	387360
固定制造费用：					
设备租金	38600	38600	38600	38600	154400
管理人员工资	17400	17400	17400	17400	69600
小计	56000	56000	56000	56000	224000
制造费用合计	147200	152480	154880	156800	611360

2022年3月31日公司在编制2022年第二季度~2023年第一季度滚动预算时，发现未来的四个季度中将出现以下情况：

（1）间接人工费用预算工时分配率将上涨50%。

（2）原设备租赁合同到期，公司新签订的租赁合同中设备年租金将降低20%。

（3）预计直接人工总工时见“2022年第二季度~2023年第一季度制造费用预算”表。假定水电与维修费用预算工时分配率等其他条件不变。

要求：

（1）以直接人工工时为分配标准，计算下一滚动期间的如下指标：

①间接人工费用预算工时分配率；

②水电与维修费用预算工时分配率。

（2）根据有关资料计算下一滚动期间的如下指标：

①间接人工费用总预算额；

②每季度设备租金预算额。

（3）计算填列下表中用字母表示的项目（业务量为正常生产能力100%时）（可不写计算过程）。

2022年第二季度~2023年第一季度制造费用预算

单位：元

项目	2022年度			2023年度	合计
	第二季度	第三季度	第四季度	第一季度	
直接人工预算总工时（小时）	12100	（略）	（略）	11720	48420
变动制造费用：					
间接人工费用	A	（略）	（略）	B	（略）

续表

项目	2022 年度			2023 年度	合计
	第二季度	第三季度	第四季度	第一季度	
水电与维修费用	C	（略）	（略）	D	（略）
小计	（略）	（略）	（略）	（略）	493884
固定制造费用：					
设备租金	E	（略）	（略）	（略）	（略）
管理人员工资	F	（略）	（略）	（略）	（略）
小计	（略）	（略）	（略）	（略）	（略）
制造费用合计	171700	（略）	（略）	（略）	687004

（4）按照弹性预算法确定当业务量为生产能力 80% 时，预计 2022 年第二季度到 2023 年第一季度这一滚动期间总制造费用为多少？

3. 甲公司是一家生产番茄酱的公司。该公司每年都要在 12 月份编制下一年度的分季度现金预算。有关资料如下：

（1）该公司只生产一种 50 千克桶装番茄酱。由于原料采购的季节性，只在第二季度进行生产，而销售全年都会发生。

（2）每季度的销售收入预计如下：第一季度 750 万元，第二季度 1800 万元，第三季度 750 万元，第四季度 750 万元。

（3）所有销售均为赊销。应收账款期初余额为 250 万元，预计可以在第一季度收回。每个季度的销售有 2/3 在本季度内收到现金，另外 1/3 于下一个季度收回。

（4）采购番茄原料预计支出 912 万元，第一季度需要预付 50%，第二季度支付剩余款项。

（5）直接人工费用预计发生 880 万元，于第二季度支付。

（6）付现制造费用第二季度发生 850 万元，其他季度均发生 150 万元。付现制造费用均在发生的季度支付。

（7）每季度发生并支付销售和管理费用 100 万元。

（8）全年预计所得税 160 万元，分 4 个季度预交，每季度支付 40 万元。

（9）公司计划在下半年安装一条新的生产线，第三季度、第四季度各支付设备款 200 万元。

（10）期初现金余额为 15 万元，没有银行借款和其他负债。公司各季度需要保留的最低现金余额为 10 万元。现金不足最低现金余额时需向银行借款，超过最低现金余额时需偿还借款，借款和还款数额均为 5 万元的整数倍。借款年利率为 8%，每季度支付一次利息，计算借款利息时，假定借款均在季度初发生，还款均在季度末发生。

要求：

请根据上述资料，为甲公司编制现金预算。编制结果填入下方给定的表格中，不必列出计算过程。

现金预算

单位：万元

季度	一	二	三	四	合计
期初现金余额					
现金收入：					
本期销售本期收款					
上期销售本期收款					
现金收入合计					
现金支出：					
直接材料					
直接人工					
付现制造费用					
销售与管理费用					
所得税费用					
购买设备支出					
现金支出合计					
现金多余或不足					
向银行借款					
归还银行借款					
支付借款利息					
期末现金余额					

四、综合题

A公司是一家零售商，正在编制12月份的预算，有关资料如下：

（1）预计的11月30日资产负债表如下：

单位：万元

资产	金额	负债及所有者权益	金额
现金	22	银行借款	120
应收账款	76	应付账款	162
存货	132	其他应付款	11
固定资产	770	实收资本	700
		未分配利润	7
资产总计	1000	负债及所有者权益总计	1000

（2）营业收入预计：11 月 200 万元，12 月 220 万元，下年 1 月 230 万元。

（3）销售收现预计：销售当月收回 60%，次月收回 38%，其余 2% 无法收回（坏账）。

（4）采购付现预计：销售商品的 80% 在前一个月购入，销售商品的 20% 在当月购入；所购商品的进货款项，在购买的次月支付。

（5）预计 12 月份购置固定资产需支付 60 万元；全年折旧费 216 万元；除折旧外的其他管理费用均须用现金支付，预计 12 月份付现管理费用为 26.5 万元；12 月月末归还一年前借入的到期借款 120 万元。

（6）预计销售成本率 75%。

（7）预计银行借款年利率 10%，还款时支付利息。

（8）企业最低现金余额 5 万元；预计现金余额不足 5 万元时，在每月月初从银行借入，借款金额是 1 万元的整数倍。

（9）假设公司按月计提应计利息和坏账准备。

要求：计算下列各项的 12 月份预算金额。

（1）销售收回的现金、进货支付的现金、本月新借入的银行借款。

（2）预计资产负债表中现金、应收账款、应付账款、存货项目的金额。

（3）税前利润。

同步强化练习题参考答案及解析

使用“会计云课堂”App 或“微信”扫码对答案、看解析、掌握解题思路，开启轻松过关之旅。

一、单项选择题

1.【答案】D

【解析】混合滚动是指在预算编制过程中，同时以月份和季度作为预算的编制和滚动单位的方法，这种预算方法的理论依据是：人们对未来的了解程度具有对近期的预计把握较大，对远期的预计把握较小的特征。

2.【答案】C

【解析】本题考查的是增量预算法的含义。

3.【答案】D

【解析】增量预算法，是指以历史期实际经济活动及其预算为基础，结合预算期经济活动及相关影响因素的变动情况，通过调整历史期经济活动项目及金额形成预算的预算编制方法。

4.【答案】C

【解析】总制造费用 =120% × 3000+1000=4600（元）。

5.【答案】D

【解析】财务预算是关于利润、现金和财务状况的预算，包括利润表预算、现金预算和资产负债表预算等。

6.【答案】A

【解析】本题考查的是滚动预算法的含义。

7.【答案】D

【解析】修理部门可以选用直接修理工时，选项A错误；自动化生产车间适用机器工时，选项B错误；以手工操作为主的车间，应选用人工工时，选项C错误；制造单一产品或零件的部门，可以选用实物数量，选项D正确。

8.【答案】C

【解析】弹性预算法的编制前提是将成本按性态分析，划分为固定成本和变动成本。

9.【答案】D

【解析】滚动预算法的预算期间始终保持一定的时期跨度，选项D正确。

10.【答案】C

【解析】固定预算法，又称静态预算法，是指在编制预算时，只根据预算期内正常、可实现的某一固定的业务量（如生产量、销售量等）水平作为唯一基础来编制预算的方法，选项A错误；能够适应多种业务量水平并能克服固定预算方法缺点的预算编制方法是弹性预算法，选项B错误；与传统的定期预算方法相比，滚动预算法能够保持预算的持续性，有利于考虑未来业务活动，选项C正确；以历史期实际经济活动及其预算为基础，结合预算期经济活动及相关影响因素的变动情况，通过调整历史期经济活动项目及金额形成预算的预算编制方法是增量预算法，选项D错误。

11.【答案】A

【解析】第四季度销售收入有16000（40000×40%）元在预算年度末未收回，即年末“应收账款”金额，填入预计资产负债表中。

12.【答案】D

【解析】第一季度现金收入=100+200+300+400×40%=760（万元）。

13.【答案】D

【解析】由于销售价格、销售数量因素可以从销售预算中找到，预计期初存货量等于上期期末存货量，因此编制生产预算时，关键是准确地确定期末存货量。

14.【答案】D

【解析】一季度期末存货量=二季度销售量×20%=800×20%=160（件），一季度期初存货量=上年期末存货量=一季度销售量×20%=500×20%=100（件），所以：一季度预计生产量=一季度预计销售量+一季度期末存货量-一季度期初存货量=500+160-100=560（件）。

15.【答案】C

【解析】本题的主要考查点是生产预算与直接材料采购预算。

生产预算

单位：件

项目	一季度	二季度	三季度	四季度
预计销售量	1000	800	900	850
加：预计期末存货数量（下一季度销售量的10%）	80	90	85	—
减：预计期初存货数量（上期期末）	—	80	90	85
预计生产量	—	810	895	—

直接材料采购预算

单位：千克

项目	一季度	二季度	三季度	四季度
预计生产需要量	—	810×2=1620	895×2=1790	—
加：预计期末材料存量（下一季度生产需要量的 20%）	324	358	—	—
减：预计期初材料存量（上期期末）	—	324	358	—
预计材料采购量	—	1654	—	—

16.【答案】B

【解析】预计材料采购量 = 预计生产需用量 + 预计期末材料存量 − 预计期初材料存量 =2500+300−500=2300（千克），采购金额 =2300×10=23000（元），期末应付账款 =23000×60%=13800（元）。

17.【答案】B

【解析】折旧费用属于非付现成本，不引起当期现金的流出，所以在计算 2022 年第四季度制造费用的现金支出时要扣除 2 万元的折旧费用。2022 年第四季度制造费用的现金支出 =（10−2）+100×3=308（万元）。

18.【答案】C

【解析】现金预算是根据其他预算来编制的。其他预算为了满足现金预算的编制要求，在编制自身预算的同时，还需单独反映有关现金收入和现金支出的内容，唯独直接人工预算不必单独预计现金支出，可直接参加现金预算的汇总，因为人工工资都应在当期用现金支付。

19.【答案】B

【解析】现金预算只能以价值量指标反映企业经营收入和相关现金收支，不能以实物量指标反映企业经营收入和相关现金收支；生产预算只反映实物量指标，不反映价值量指标；直接材料预算不能反映经营现金收入；只有销售预算能够同时以实物量指标和价值量指标分别反映企业经营收入和相关现金收支。

20.【答案】A

【解析】在利润表预算的编制中，“销售成本”项目的数据来自产品成本预算。

二、多项选择题

1.【答案】BCD

【解析】一般情况下，企业的营业预算和财务预算多为 1 年期的短期预算，选项 A 错误。

2.【答案】ABD

【解析】企业全面预算通常包括经营预算、资本预算和财务预算三个部分，选项 A 正确；财务预算的各项指标依赖于经营预算和资本预算，因此，经营预算和资本预算是财务预算的编制基础，销售预算是整个预算管理体系的前提，选项 B、D 正确，选项 C 不正确。

3.【答案】AB

【解析】营业预算是指与企业日常业务直接相关的一系列预算，包括销售预算、生产预算、成本预算等。选项 C 属于投资预算，选项 D 属于财务预算。

4.【答案】BCD

【解析】运用零基预算法编制费用预算的优点是不受前期费用项目和费用水平的制约，能够调动各部门降低费用的积极性，但其缺点是编制工作量大。

5.【答案】ABC

【解析】弹性预算的编制应以成本性态分析为前提，无论是公式法还是列表法，都应以成本性态分析为前提。

6.【答案】CD

【解析】选项A、B是滚动预算法的优点，选项C、D是定期预算法的特点。

7.【答案】ABC

【解析】本题的考点是滚动预算法的滚动方式。逐年滚动与定期预算就一致了。

8.【答案】ABD

【解析】销售预算的主要内容是销量、单价和销售收入。

9.【答案】BCD

【解析】预计生产量＝预计销售量＋预计期末产成品存货－预计期初产成品存货。选项B、C、D正确。

10.【答案】ABC

【解析】第三季度采购量不仅取决于销量，还要取决于期初、期末商品存量，因此选项D错误。

单位：件

月份	7	8	9
销量	1000	1200	1100
期末存货	1200×20%=240	1100×20%=220	—
期初存货	—	240	220
采购量	—	1200+220−240=1180	—

11.【答案】AD

【解析】固定制造费用需要逐项进行预计，通常与本期产量无关；销售费用预算是以销售预算为基础编制的。

12.【答案】ABCD

【解析】产品成本预算，是销售预算、生产预算、直接材料预算、直接人工预算、制造费用预算的汇总。

13.【答案】AD

【解析】现金预算，它是以各项营业预算和资本预算为基础编制的。

14.【答案】ABD

【解析】产品成本预算主要内容是产品的单位成本和总成本，不直接涉及现金收支，选项C错误。选项A、B、D都要给现金预算提供现金支出的数据。

三、计算分析题

1.【答案】

（1）

A公司2022年度生产预算

单位：件

项目	一季度	二季度	三季度	四季度	全年
预计销售量	5000	6000	8000	7000	26000
加：预计期末结存量	600	800	700	600	600
合计	5600	6800	8700	7600	26600
减：预计期初结存量	750	600	800	700	750
预计生产量	4850	6200	7900	6900	25850

A 公司 2022 年度直接人工预算

项目	一季度	二季度	三季度	四季度	全年
预计生产量（件）	4850	6200	7900	6900	25850
单位产品工时（小时 / 件）	5	5	5	5	5
人工总工时（小时）	24250	31000	39500	34500	129250
每小时人工成本（元 / 小时）	0.6	0.6	0.6	0.6	0.6
预计直接人工成本（元）	14550	18600	23700	20700	77550

（2）

A 公司 2022 年度直接材料预算

单位：元

项目	一季度	二季度	三季度	四季度	全年
预计生产量（件）	4850	6200	7900	6900	25850
材料定额单耗（千克 / 件）	2	2	2	2	2
预计生产需用量（千克）	9700	12400	15800	13800	51700
加：预计期末结存量（千克）	1240	1580	1380	1000	1000
减：预计期初结存量（千克）	900	1240	1580	1380	900
预计材料采购量（千克）	10040	12740	15600	13420	51800
材料计划单价（元 / 千克）	10	10	10	10	10
预计购料金额	100400	127400	156000	134200	518000
预计现金支出：					
应付账款年初余额	40000				40000
一季度购料付现	70280	30120			100400
二季度购料付现		89180	38220		127400
三季度购料付现			109200	46800	156000
四季度购料付现				93940	93940
现金支出合计	110280	119300	147420	140740	517740

2.【答案】

（1）①间接人工费用预算工时分配率 =（213048/48420）×（1+50%）=6.6（元 / 小时）

②水电与维修费用预算工时分配率 = 174312/48420=3.6（元 / 小时）

（2）①间接人工费用总预算额 =48420×6.6=319572（元）

②每季度设备租金预算额 =38600×（1−20%）=30880（元）

（3）

2022年第二季度~2023年第一季度制造费用预算

单位：元

项目	2022年度			2023年度	合计
	第二季度	第三季度	第四季度	第一季度	
直接人工预算总工时（小时）	12100	（略）	（略）	11720	48420
变动制造费用：					
间接人工费用	A=79860	（略）	（略）	B=77352	（略）
水电与维修费用	C=43560	（略）	（略）	D=42192	（略）
小计	（略）	（略）	（略）	（略）	493884
固定制造费用：					
设备租金	E=30880	（略）	（略）	（略）	（略）
管理人员工资	F=17400	（略）	（略）	（略）	（略）
小计	（略）	（略）	（略）	（略）	（略）
制造费用合计	171700	（略）	（略）	（略）	687004

（4）总制造费用=493884×80%+30880×4+17400×4=588227.2（元）。

3.【答案】

现金预算

单位：万元

季度	一	二	三	四	合计
期初现金余额	15	19	10.3	12.6	15
现金收入：					
本期销售本期收款	750×2/3=500	1800×2/3=1200	750×2/3=500	750×2/3=500	2700
上期销售本期收款	250	750×1/3=250	1800×1/3=600	750×1/3=250	1350
现金收入合计	750	1450	1100	750	4050
现金支出：					
直接材料	912×50%=456	456	0	0	912
直接人工	0	880	0	0	880
付现制造费用	150	850	150	150	1300
销售与管理费用	100	100	100	100	400
所得税费用	40	40	40	40	160
购买设备支出	0	0	200	200	400

续表

季度	一	二	三	四	合计
现金支出合计	746	2326	490	490	4052
现金多余或不足	19	-857	620.3	272.6	13
向银行借款		885			885
归还银行借款			590	255	845
支付借款利息		17.7	17.7	5.9	41.3
期末现金余额	19	10.3	12.6	11.7	11.7

【解析】

二季度：现金余缺额 + 借款 – 借款利息 = 期末余额

–857+ 借款 – 借款 ×8%/4 ≥ 10

借款≥ 884.69（万元），取 5 万元整数倍：885 万元

三季度：现金余缺额 – 还款 – 借款利息≥10

620.3– 还款 –885×2% ≥ 10

还款≤ 592.6（万元），取 5 万元整数倍：590 万元

四季度：现金余缺额 – 还款 – 借款利息≥10

272.6– 还款 –（885–590）×2% ≥ 10

还款≤ 256.7（万元），取 5 万元整数倍：255 万元

全年现金多余或不足 = 期初现金余额 + 本年现金收入合计 – 本年现金支出合计 = 15+4050–4052=13（万元）。

【提示】计算现金多余或不足的全年合计数时，不能各期相加计算。因为期初现金余额会在本季度使用，下季度初会形成新的期初现金余额，而不是累计存在的，所以现金多余或不足的全年合计数就不能各期相加计算。

四、综合题

【答案】

（1）①销售收回的现金 =220×60%+200×38%=208（万元）

②11 月进货金额 =12 月销售成本 ×80%+11 月销售成本 ×20%=(220×75%)×80%+(200×75%)×20%=162（万元）

进货支付的现金 =162 万元

由于所购商品的进货款项在购买的次月支付，因此 12 月支付的进货金额为 11 月的采购金额即 162 万元。

③期初：22 万元

+ 现金收入：208 万元

– 现金支出：

购货 162 万元

资本支出 60 万元

付现管理费用 26.5 万元

现金余缺 –18.5 万元

支付银行借款利息 =120×10%=12(万元)

归还银行借款 120 万元

因为最低现金余额 5 万元，且借款金额是 1 万元的整数倍，所以新增借款：

–18.5+ 借款额 –12–120 ≥ 5

借款额 ≥ 5+18.5+12+120=155.5（万元）

借款额 =156（万元）

（2）①现金金额 =–18.5–12–120+156=5.5（万元）

②应收账款金额 =220×38%=83.6(万元)

③应付账款金额 =12 月购货金额 =1 月销售成本 ×80%+12 月销售成本 ×20%=230×75%×80%+220×75%×20%=171（万元）

④存货金额 = 期初存货（取自上个月资产负债表）+ 本月购入 – 本月销售 =132+

171−220×75%=138（万元）

（3）12月税前利润=12月销售收入−12月销售成本−12月折旧费−12月付现管理费用−12月坏账损失费用−12月应计借款利息=220−220×75%−（$\frac{216}{12}$+26.5）−220×2%−（120×10%/12+156×10%/12）=3.8（万元）。

【提示】①

单位：万元

	计算原理	11月	12月	1月
营业收入	已知	200	220	230
销售成本	营业收入×销售成本率	200×75%=150	220×75%=165	230×75%=172.5
采购成本	本月销售成本×20%+次月销售成本×80%	150×20%+165×80%=162	165×20%+172.5×80%=171	—
采购支出	购买的次月支付	—	162	—
月末应付账款	当月采购成本	162	171	—

②第（3）问：本问计算12月份的税前利润，需要注意编制的是12月份的预算，因此折旧费和借款的利息费用都是只考虑全年分摊到本月的部分。

第十九章　责任会计

CHAPTER-19

本章学习指南

一、考情分析

本章考试题型主要是客观题，个别年份也会考查计算分析题。计算分析题的考点主要集中在责任中心业绩考核指标的计算上。

最近 3 年题型、题量分析表

题型	2019 年		2020 年		2021 年	
	试卷Ⅰ	试卷Ⅱ	试卷Ⅰ	试卷Ⅱ	试卷Ⅰ	试卷Ⅱ
单项选择题	—	—	1 题 1.5 分	—	—	1 题 2 分
多项选择题	—	—	—	1 题 2 分	1 题 2 分	—
计算分析题	—	0.25 题 2 分	—	0.67 题 5.36 分	—	—
综合题	—	—	—	—	—	—
合计	—	0.25 题 2 分	1 题 1.5 分	1.67 题 7.36 分	1 题 2 分	1 题 2 分

二、教材变化

本章与 2021 年的教材相比只是个别文字的调整，没有实质性变化。

三、考点框架

- 第十九章 责任会计（一）
  - 企业组织结构与责任中心划分
    - 企业的集权与分权 ★
    - 科层组织结构 ★
    - 事业部制组织结构 ★
    - 网络组织结构 ★
  - 成本中心
    - 成本中心的划分 ★
    - 成本中心的类型和考核指标 ★★★
    - 责任成本 ★★

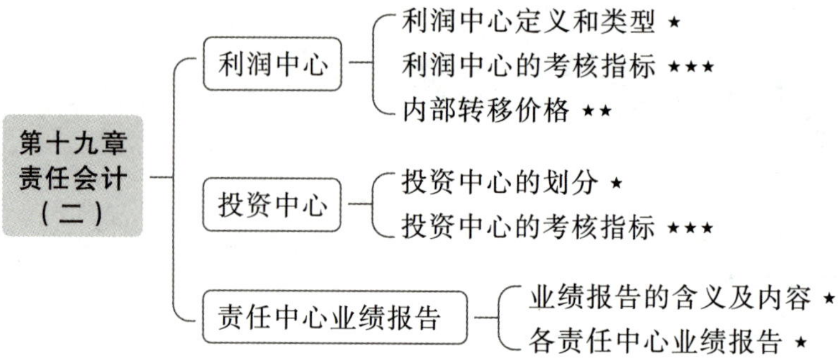

核心考点精讲

第一节　企业组织结构与责任中心划分

使用“会计云课堂”App 或“微信”扫码查看本节视频，快速 GET 知识点。

责任会计的含义	责任会计是指为适应企业内部经济责任制的要求，对企业内部各责任中心的经济业务进行规划与控制，以实现业绩考核与评价的一种内部会计控制制度
责任中心的划分	根据内部单位职责范围和权限大小，可以将其分为成本中心、收入中心、利润中心和投资中心

一、企业的集权与分权 ★

种类	集权型	分权型
管理权限特点	经营管理权限较多集中在企业上层	经营管理权适当的分散在企业中下层
优势	（1）有利于在整个企业内部优化配置资源，避免重复和资源浪费 （2）有利于提高决策效率，对市场作出迅速反应 （3）实现目标的一致性	（1）可以减少不必要的上下沟通，有利于针对本单位存在的问题及时作出有效决策 （2）有利于调动下属的积极性和主动性，便于发现和培养人才 （3）可以让高层管理者将主要精力集中于重要事务
劣势	使各所属单位缺乏主动性、积极性，丧失活力；容易导致将来企业高管更替困难，影响长远发展	缺乏全局观念和整体意识，从而可能导致资金管理分散、资金成本增大、费用失控、利润分配无序，发生委托——代理问题

经典题解

【例题1·多选题】分权型组织结构可能导致的问题有（　　）。

A. 利润分配无序

B. 削弱所属单位主动性

C. 资金成本增大

D. 资金管理分散

【解析】分权型的组织结构的优点是有利于调动下属的积极性和主动性，便于发现和培养人才，选项B错误。

【答案】ACD

二、科层组织结构★

要点小贴士

集权的组织结构，企业生产经营的决策权力主要集中在最高层的直线领导手中。

（一）科层组织结构的管理机构

管理机构	对应的管理人员	地位
直线指挥机构（如总部、分部、车间、工段和班组等）	直线人员（如总经理、分部经理、车间主任、工段长和班组长等）	主体
参谋职能机构（如研究开发部、人力资源部、财务部、营销部及售后服务部等）	参谋人员（如人力资源部部长、财务部部长、营销部部长等）	辅助

（二）科层组织结构的优缺点

优点	（1）目标明确，容易控制和规划 （2）同类专业的员工一起共事，便于相互学习，提高技能 （3）内部资源较为集中，可减少重复和浪费
缺点	（1）整个企业对外在环境的反应会比较迟钝 （2）员工缺乏整体意识和创新精神

三、事业部制组织结构★

要点小贴士

是一种分权的组织结构。

管理原则	集中决策、分散经营、协调控制
总公司	在重大问题上集中决策
	以事业部为单位，制定利润预算，下达利润目标
事业部	（1）可以按照产品类别、地区类别或者顾客类别设置生产经营事业部 （2）每个事业部设置各自的执行总经理，有供、产、销等独立的生产经营决策权 （3）各个事业部是一个利润中心，独立经营、独立核算、自负盈亏

要点小贴士

是一种分权的组织结构。

四、网络组织结构 ★

含义	独立的小规模创新经营单位组成的彼此有紧密联系的网络
主要特点	（1）分散性。由为数众多的、具有很大独立性的小规模经营单位构成的企业联合体 （2）创新性。高层权力集中于驱动创新，基层的重要职责在于创新活动 （3）高效性。精简行政管理和辅助职能部门，基层企业可以快速对市场作出反应 （4）协作性。单位自身资源有限，需要与其他单位广泛合作

【提示】网络组织结构以减少企业管理层次（扁平化）、强化分权管理为主要内容。

经典题解

【例题2·多选题】下列有关事业部制组织结构与网络组织结构的相关表述中，正确的有（　　）。

A. 网络组织结构是由几个或几十个大的战略经营单位结合成的彼此有紧密联系的网络

B. 事业部制组织结构下各个事业部是一个利润中心

C. 网络组织结构是一种分权的组织结构

D. 事业部制组织结构是一种分权的组织结构

【解析】网络组织结构是强化分权管理的一种组织模式，它不是几个或几十个大的战略经营单位的结合，而是由为数众多的小规模经营单位构成的企业联合体，这些经营单位具有很大的独立性。选项A错误。

【答案】BCD

第二节　成本中心

使用"会计云课堂"App或"微信"扫码查看本节视频，快速GET知识点。

要点小贴士

只要有成本发生的中心就可以成为成本中心。

一、成本中心的划分 ★

定义	成本中心是指只对其成本或费用承担经济责任并负责控制和报告成本或费用的责任中心
特点	（1）成本中心往往没有收入，或者有少量收入，但不成为主要的考核内容 （2）任何发生成本的责任领域，都可以确定为成本中心，甚至一个个人都可以成为一个成本中心

二、成本中心的类型和考核指标★★★

项目	标准成本中心	费用中心
产出物的特点	所生产的产品稳定而明确，产出物能用财务指标来衡量	产出不能用财务指标来衡量
投入和产出之间的关系	投入和产出之间有密切关系	投入和产出之间没有密切关系
适用情况	各行业都可能建立标准成本中心。只要所生产的产品稳定而明确，并且已经知道单位产品所需要的投入量	费用中心包括财务、会计、人事、劳资、计划等行政管理部门，研究开发部门，销售部门等 【提示】销售部门只是负责销售的部门，投入和产出之间没有密切的联系，因此是属于费用中心的
考核指标	是既定产品质量和数量条件下可控的标准成本 【提示】不对生产能力的利用程度负责，而只对既定产量的投入量承担责任，即不对固定制造费用的闲置能力差异承担责任	通常使用可控费用预算来评价 【提示】要结合费用中心的工作质量和服务水平作出有根据的判断

要点小贴士

（1）对固定制造费用的耗费差异、效率差异承担责任；

（2）对固定制造费用的闲置能力差异不承担责任。

【提示】标准成本中心不需要作出定价决策、产量决策或产品结构决策，这些决策由上级管理部门作出，或授权给销售部门。标准成本中心的设备和技术决策，通常由职能管理部门作出，而不是由成本中心的管理人员自己决定。

经典题解

【真题3·多选题】甲生产车间是一个标准成本中心，下列考核指标中应由甲车间负责的有（　　）。（2021年卷Ⅰ）

A. 设备利用程度

B. 计划产量完成情况

C. 生产工艺标准的执行情况

D. 产品工时标准的执行情况

【解析】标准成本中心不对生产能力的利用程度负责，而只对既定产量的投入量承担责任。因此选项A不正确。

【答案】BCD

【例题4·多选题】甲车间为标准成本中心，按完全成本法进行产品成本计算，乙部门为费用中心，下列表述正确的有（　　）。

A. 甲车间超产或提前产出，要受到批评甚至惩罚

B. 甲车间不对固定制造费用耗费差异负责

C. 甲车间不对固定制造费用闲置能力差异负责

D. 乙部门的支出没有超过预算，说明该中心业绩良好

【解析】甲车间超产或提前产出会造成积压，给企业造成损失，选项A正确。如果采用完全成本法，成本中心不对固定制造费用的闲置能力差异负责，对于固定制造费用的其他差异要承担责任，选项B错误、选项C正确。一个费用中心的支出没有超过预算，也不能说明该中心业绩良好，因为该中心的工作质量和服务水平可能低于计划的要求，选项D错误。

【答案】AC

【例题5·多选题】下列选项中，适合于建立费用中心进行成本控制的单位有（　　）。

A. 生产企业的车间

B. 医院的放射治疗室

C. 行政管理部门

D. 研究开发部门

【解析】本题的考点是成本中心的类型。费用中心适用于那些产出不能用财务指标来衡量，或者投入和产出之间没有密切关系的部门或单位。这些部门或单位包括财务、会计、人事、劳资、计划等行政管理部门，研究开发部门，销售部门等。

【答案】CD

三、责任成本★★

（一）责任成本的定义及特点

（1）责任成本的定义：特定责任中心的全部可控成本。

（2）责任成本计算与变动成本计算、制造成本计算的主要区别：

项目	责任成本计算	制造成本计算	变动成本计算
核算目的	评价成本控制业绩	确定产品存货成本和销货成本	进行经营决策
成本计算对象	责任中心	产品	产品
成本的范围	各责任中心的可控成本	直接材料、直接人工和全部制造费用	直接材料、直接人工和变动制造费用，还包括变动的管理费用和销售费用
共同费用的分摊原则	按可控原则分摊，谁控制谁负责，将可控的变动间接费用和可控的固定间接费用都分配给责任中心	按受益原则分摊，谁受益谁负担，分摊全部制造费用（既分摊变动制造费用，也分摊固定制造费用）	按受益原则分摊，谁受益谁负担，只分摊变动制造费用，不分摊固定制造费用

经典题解

【例题 6 · 单选题】以下表述中不属于责任成本所具备特点的是（ ）。

A. 计算责任成本的目的是为了评价成本控制业绩

B. 责任成本的计算范围是各责任中心的可控成本

C. 责任成本的计算对象是各责任中心

D. 共同费用的分摊原则是谁受益谁承担

【解析】责任成本法按可控原则把成本归属于不同责任中心，谁控制谁负责，不仅可控的变动间接费用要分配给责任中心，可控的固定间接费用也要分配给责任中心，因此，选项 D 不是责任成本的特点。

【答案】D

（二）可控成本及其确定

含义	可控成本是指在特定时期内、特定责任中心能够直接控制其发生的成本
确定的条件	（1）成本中心有办法知道将发生什么样性质的耗费（可预知） （2）成本中心有办法计量它的耗费（可计量） （3）成本中心有办法控制并调节它的耗费（可控制、可调节）

【提示】从整个企业的空间范围和很长的时间范围来观察，所有成本都是人的某种决策或行为的结果，都是可控的。

经典题解

【真题 7 · 单选题】下列选项中，不属于责任中心判断成本是否可控的条件是（ ）。（2020 年卷Ⅰ、卷Ⅱ）

A. 可计量性

B. 可预知性

C. 可追溯性

D. 可调控性

【解析】可控成本是指在特定时期内、特定责任中心能够直接控制其发生的成本。所谓可控成本通常应符合以下三个条件：①成本中心有办法知道将发生什么样性质的耗费；②成本中心有办法计量它的耗费；③成本中心有办法控制并调节它的耗费。

【答案】C

（三）确定成本费用支出责任归属的三原则

考点妙记

实质就是看是否有权决定、是否影响。

有效影响原则	责任中心能通过自己的行动有效地影响成本数额
有权决定原则	责任中心是否有权决定使用某种资产或劳务，它就应对这些资产或劳务的成本负责
参与影响原则	某管理人员虽然不直接决定，但是上级要求他参与决策，从而对该项成本的支出施加了重要影响

经典题解

【例题8·单选题】 下列各项中不属于判别一项成本是否归属责任中心的原则的是（　　）。

A. 责任中心是否使用了引起该项成本发生的资产或劳务

B. 责任中心能否通过行动有效影响该项成本的数额

C. 责任中心是否有权决定使用引起该项成本发生的资产或劳务

D. 责任中心能否参与决策并对该项成本的发生施加重大影响

【解析】 选项B、C、D属于确定成本费用支出责任归属的三个原则。如果只是使用，但是没有施加影响，或没有权利决定是否使用，这个成本并不能归属该责任中心，如车间生产所使用的厂房计提的折旧，不应该计入生产车间的责任成本，所以选项A错误。

【答案】 A

（四）制造费用的归属和分摊方法

步骤	处理范围	举例
（1）直接计入责任中心	可直接判定责任归属的	机物料的消耗、低值易耗品的领用
（2）按责任基础分配（优先）	不满足第一步骤，优先按责任基础分配（看起因）	动力费、维修费
（3）按受益基础分配	前两步不满足，则按受益多少分配（看结果）	按装机功率分配的电费
（4）归入某个专门设立的特定责任中心	前三个步骤均不满足时采用	车间运输费、试验检验费
（5）不进行分摊	不可控成本	车间厂房折旧、分配的公司管理费用

经典题解

【例题9·多选题】 甲公司将某生产车间设为成本责任中心，该车间领用型号为GB007的材料，另外还发生机器维修费、试验检验费以及车间折旧费。下列关于成本费用责任归属的表述中，正确的有（　　）。

A. 型号为GB007的材料费用直接计入该成本责任中心

B. 车间折旧费按照受益基础分配计入该成本责任中心

C. 机器维修费按照责任基础分配计入该成本责任中心

D. 试验检验费归入另一个特定的成本中心

【解析】 车间折旧费是不可控成本，不进行分配。

【答案】 ACD

第三节　利润中心

使用“会计云课堂”App 或“微信”扫码查看本节视频，快速 GET 知识点。

一、利润中心定义和类型 ★

要点小贴士

对企业外部销售取得利润的中心不一定就是利润中心；不对外销售产品的中心也有可能是利润中心。关键看其是否具有生产经营决策权。

定义		利润中心是指对利润负责的责任中心。由于利润等于收入减去成本或费用，所以利润中心是对收入、成本和费用都要承担责任的责任中心 【提示】并不是可以计量利润的组织单位都是真正意义上的利润中心。从根本目的上看，利润中心是指管理人员有权对其供货的来源和市场的选择进行决策的单位
类型	自然的利润中心	可以直接向企业外部出售产品，在市场上进行购销业务
	人为的利润中心	在企业内部按内部转移价格出售产品

经典题解

【例题 10·单选题】真正意义上的利润中心是指（　　）。

A. 可以计算其利润的组织单位

B. 有收入的中心

C. 对企业外部销售取得利润的中心

D. 管理人员有权对其供货的来源和市场的选择进行决策的单位

【解析】有些中心虽然有收入或可以计量利润，但是它没有生产经营决策权，不能作为利润中心，选项 A、B 错误；利润中心还包括人为的利润中心，不一定必须对企业外部取得利润，选项 C 错误。

【答案】D

二、利润中心的考核指标 ★★★

指标及计算	特点
部门边际贡献 = 部门销售收入 - 部门变动成本总额	以部门边际贡献作为利润中心的业绩评价依据不够全面
部门可控边际贡献 = 部门边际贡献 - 部门可控固定成本	以部门可控边际贡献作为业绩评价依据可能是最佳选择，它体现了可控原则，反映了部门经理在其权限和控制范围内有效使用资源的能力
部门税前经营利润 = 部门可控边际贡献 - 部门不可控固定成本	以部门税前经营利润作为业绩评价依据，可能更适合评价该部门对公司利润和管理费用的贡献，而不适合于部门经理的评价

【提示】对利润中心进行考核的指标主要是利润，但仍然需要一些非货币的衡量方法作为补充，包括生产率、市场地位、产品质量、职工态度、社会责任、短期目标和长期目标的平衡等。

经典题解

【真题11·单选题】甲公司是一家家电制造企业，下设M事业部为利润中心，7月份销售收入2500万元，变动成本1200万元，部门可控固定成本400万元，不可控固定成本200万元，甲公司分配给M事业部的管理费用100万元。评价M事业部经理业绩的部门可控边际贡献的金额是（　　）万元。（2021年卷Ⅱ）

A. 1200　　B. 1300　　C. 800　　D. 900

【解析】部门可控边际贡献＝部门销售收入－部门变动成本总额－部门可控固定成本=2500-1200-400=900（万元）。

【答案】D

【真题12·单选题】在下列业绩评价指标中，最适合评价利润中心部门经理的是（　　）。（2018年卷Ⅰ）

A. 部门可控边际贡献　　B. 部门边际贡献

C. 部门税后经营利润　　D. 部门税前经营利润

【解析】部门可控边际贡献体现了可控原则，反映了部门经理在其权限和控制范围内有效使用资源的能力，因此部门可控边际贡献是最适合评价利润中心部门经理的业绩评价指标。

【答案】A

解题攻略：部门不可控固定成本，包括本部门发生的不可控的固定制造费用、不可控的销售及管理费用。但是不包括公司分配的管理费用500元，因为考核业绩要避免责任转嫁，只能扣除本部门发生的费用。

【例题13·单选题】企业某部门本月营业收入10000元，已销商品的变动成本6000元，部门可控固定间接费用500元，部门不可控固定间接费用800元，分配给该部门的公司管理费用500元，最能反映该部门真实贡献的金额是（　　）元。

A. 2200　　B. 2700

C. 3500　　D. 4000

【解析】最能反映该部门真实贡献的指标是部门税前经营利润，本题中部门税前经营利润=10000-6000-500-800=2700（元）。

【答案】B

三、内部转移价格★★

1. 含义

内部转移价格，是指企业内部分公司、分厂、车间、分部等责任中心之间相互提供产品（服务）、资金等内部交易时所采用的计价标准。

2. 目的

一是防止成本转移带来的部门间责任转嫁，使每个人为的利润中心都能作为单独的组织单位进行业绩评价；二是作为一种价格机制引导下级部门采取明智的决策。

3. 种类

种类	含义	适用范围
市场型内部转移价格	指以市场价格为基础、由成本和毛利构成的内部转移价格	一般适用于利润中心
成本型内部转移价格	指以企业制造产品的完全成本或变动成本等相对稳定的成本数据为基础制定的内部转移价格	一般适用于成本中心
协商型内部转移价格	指企业内部供求双方通过协商机制制定的内部转移价格 【提示】协商价格的取值范围通常较宽，一般不高于市场价，不低于单位变动成本	主要适用于分权程度较高的企业

【提示】市场型内部转移价格的具体应用。

应用情况	价格选择
（1）提供的产品（服务）经常外销且外销比例较大的，或提供的产品（服务）有外部活跃市场可靠报价的	可以外销价格或活跃市场报价作为内部转移价格
（2）一般不对外销售且外部市场没有可靠报价的产品（服务），或企业管理层和有关各方认为不需要频繁变动价格的	可参照外部市场或预测价格制定模拟市场价作为内部转移价格
（3）没有外部市场但企业出于管理需要设置为模拟（人为）利润中心的	可在生产成本基础上加一定比例毛利作为内部转移价格

经典题解

【例题 14·多选题】以下关于内部转移价格的表述中，正确的有（　　）。

A. 协商型内部转移价格一般不高于市场价，不低于单位变动成本

B. 协商型内部转移价格主要适用于分权程度较高的企业

C. 成本型内部转移价格是指以企业制造产品的固定成本为基础加以调整计算的内部转移价格

D. 市场型内部转移价格不适用于人为利润中心

【解析】成本型内部转移价格是指以企业制造产品的完全成本或变动成本等相对稳定的成本数据为基础制定的内部转移价格，选项 C 错误；市场型内部转移价格一般适用于利润中心，无论人为利润中心还是自然利润中心都适用，选项 D 错误。

【答案】AB

第四节　投资中心

使用“会计云课堂”App或“微信”扫码查看本节视频，快速GET知识点。

一、投资中心的划分★

投资中心是指既能控制成本、收入和利润，又能对投入的资金进行控制的责任中心，如某些分散经营的单位或部门，其经理所拥有的自主权不仅包括制定价格、确定产品和生产方法等经营决策权，而且还包括投资规模和投资类型等长期投资决策权。投资中心是最高层次的责任中心，它拥有最大的决策权，也承担最大的责任。

二、投资中心的考核指标★★★

指标	部门投资报酬率	部门剩余收益
计算公式	部门投资报酬率＝部门税前经营利润/部门平均净经营资产	部门剩余收益＝部门税前经营利润－部门平均净经营资产应计报酬＝部门税前经营利润－部门平均净经营资产×要求的税前投资报酬率
优点	（1）便于计算：它根据现有的责任会计资料计算，比较客观 （2）便于比较：相对数指标，可用于部门之间，以及不同行业之间的比较 （3）便于分解：可分解为投资周转率和部门经营利润率的乘积，进一步分解为资产的明细项目和收支的明细项目，对整个部门的经营状况作出评价	（1）与增加股东财富的目标一致；可以使业绩评价与企业的目标协调一致，引导部门经理采纳高于企业要求的税前投资报酬率的决策 （2）允许使用不同的风险调整资本成本
缺点	追求局部利益最大化而损害整体利益最大化目标（放弃高于公司要求的报酬率而低于目前部门投资报酬率的机会，或者减少现有的投资报酬率较低但高于公司要求的报酬率的某些资产）	（1）剩余收益指标是一个绝对数指标，难以在不同规模的公司和部门间进行比较 （2）依赖于会计数据的质量

要点小贴士（计算公式）：考虑到部门不单独纳税，所以用税前经营利润（息税前利润）进行计算。

要点小贴士（便于分解）：便于利用杜邦分析体系进行分解。

经典题解

【真题15·单选题】甲公司下属投资中心本期部门税前经营利润15万元，部门平均资产100万元（其中平均非经营资产20万元），部门平均经营负债30万元，该部门要求的税前投资报酬率为10%，该中心的剩余收益是（　　）万元。（2018年卷Ⅱ）

A. 5　　　　B. 7

C. 8　　　　D. 10

【解析】剩余收益 =15-（100-20-30）×10%=10（万元）。

【答案】D

【真题 16·多选题】作为评价投资中心的业绩指标，部门投资报酬率的优点有（　　）。（2018 年卷Ⅱ）

A. 可用于比较不同规模部门的业绩

B. 根据现有的责任会计资料计算，比较方便

C. 可以使业绩评价与公司目标协调一致

D. 有利于从投资周转率以及部门经营利润率角度进行经营分析

【解析】选项 A、B、D 是用部门投资报酬率来评价投资中心业绩的优点。部门投资报酬率的缺点是可能会导致为了部门利益伤害整体利益的问题，所以选项 C 错误。

【答案】ABD

【例题 17·计算分析题】英达公司下设 A、B 两个投资中心。A 投资中心的平均经营资产为 500 万元，平均经营负债为 300 万元，投资报酬率为 15%；B 投资中心的投资报酬率为 17%，剩余收益为 20 万元；英达公司要求的平均最低投资报酬率为 12%。英达公司决定追加投资 100 万元，若投向 A 投资中心，每年预计增加营业收入 42 万元，变动成本 10 万元，固定制造费用 7 万元，固定销售管理费用 5 万元；若投向 B 投资中心，每年预计增加营业收入 35 万元，变动成本 12 万元，固定制造费用 5 万元，固定销售管理费用 3 万元。

解题攻略

不要认为管理费用就一定是总公司分配的，各部门自身也会发生销售及管理费用，考试只要不特指是总公司分配的费用，就均指本部门发生的费用。

要求：

（1）计算追加投资前 A 投资中心的剩余收益。

（2）计算追加投资前 B 投资中心的平均净经营资产。

（3）计算追加投资前英达公司的投资报酬率。

（4）若 A 投资中心接受追加投资，计算其剩余收益。

（5）若 B 投资中心接受追加投资，计算其投资报酬率。

【答案】

（1）A 投资中心的平均净经营资产 =500-300=200（万元）

A 投资中心的税前经营利润 =200×15%=30（万元）

A 投资中心的剩余收益 =30-200×12%=6（万元）

（2）B 投资中心的剩余收益 20= 平均净经营资产 ×17%- 平均净经营资产 ×12%

平均净经营资产 =20/（17%-12%）=400（万元）

（3）投资报酬率 =（200×15%+400×17%）/（200+400）=16.33%

（4）增加的部门税前经营利润 =42-10-7-5=20（万元）

剩余收益 =（200×15%+20）-（200+100）×12%=14（万元）

（5）增加的部门税前经营利润 =35-12-5-3=15（万元）

投资报酬率 =（400×17%+15）/（400+100）=16.6%。

【总结】三大责任中心特征对比表

项目	应用范围	权利	考核范围	考核指标
成本中心	最广	可控成本的控制权	可控的成本、费用	标准成本中心：既定产品质量和数量条件下可控的标准成本 费用中心：可控费用预算
利润中心	较窄	有权对其供货的来源和市场选择进行决策（经营决策权）	成本（费用）、收入、利润	部门边际贡献 部门可控边际贡献 部门税前经营利润
投资中心	最小	经营决策权、投资决策权	成本（费用）、收入、利润、投资效果（率）	部门投资报酬率 部门剩余收益

第五节　责任中心业绩报告

使用“会计云课堂”App或“微信”扫码查看本节视频，快速GET知识点。

一、业绩报告的含义及内容★

含义	业绩报告也称责任报告、绩效报告，它是反映责任预算实际执行情况，揭示责任预算与实际结果之间差异的内部管理会计报告
反映的信息	（1）实际数：关于实际业绩的信息 （2）预算数：关于预期业绩的信息 （3）差异数：关于实际业绩与预期业绩之间差异的信息

二、各责任中心业绩报告★

（一）成本中心业绩报告

业绩考核指标	成本中心的所有可控成本，即责任成本 【提示】每一级的业绩报告，除最基层只有本身的可控成本外，都应包括本身的可控成本和下属部门转来的责任成本
业绩报告格式	通常是按成本中心可控成本的各明细项目列示其预算数、实际数和成本差异数的三栏式表格
编报形式	业绩报告应自下而上，从最基层的成本中心逐级向上汇编，直至最高层次的成本中心

（二）利润中心业绩报告

业绩考核指标	利润中心的部门边际贡献、部门可控边际贡献和部门税前经营利润
业绩报告格式	业绩报告通常包含上述评价指标的预算数、实际数及实际与预算对比的差异数的三栏式表格
编报形式	自下而上逐级汇编的，直至整个企业的息税前利润

（三）投资中心业绩报告

业绩考核指标	主要考核指标是投资报酬率和剩余收益，补充的指标是现金回收率和剩余现金流量
业绩报告格式	业绩报告通常包含上述评价指标的预算数、实际数及实际与预算对比的差异数的三栏式表格

本章小结

下载“会计云课堂”App 学习

您已成功完成“第十九章”的学习，本章共 14 个考点，您都学会了吗？

为了让您对章节有更清晰的理解，加倍巩固。本书作者闫华红老师将通过**“视频导图课”**的方式，带您回顾重要考点。

名师点拨，视听结合，高效提分。

※ 欢迎您扫码，免费观看学习。

历年经典主观题回顾

使用“会计云课堂”App 或“微信”扫码快速做题、对答案、看解析、掌握解题思路，开启轻松过关之旅。

计算分析题

1. 甲公司有两个分部：M 分部是利润中心，生产 X 产品，N 分部也是利润中心，生产 Y 产品。两种产品期初期末均无库存。

（1）M分部的产品可以对外销售，也可以内部转移，对内销售和对外销售的单价均为40元。M分部的剩余产能不能转移。N分部可以使用M分部的产品，也可以从乙公司采购。其他资料如下所示。

	X产品	Y产品
销售价格（元/件）	40	96
材料成本：半成品（元/件） 其他（元/件）	 12	40 17
人工成本（元/件）	6	9
变动费用（元/件）	2	3
运输费用（元/件）	4	1
固定费用（元）	500000	200000
外部市场需求（件）	160000	120000
产能（件）	300000	130000

（2）内部转移没有运输费，外部采购有运输费。
（3）甲公司收到乙公司产品报价37元。

要求：
（1）计算内部转移情况下M分部、N分部和甲公司的营业利润。
（2）如果X产品全部从外部采购，计算M分部、N分部和甲公司的营业利润。
（3）M分部销售给N分部的价格存在什么问题？合理的定价区间是多少？（2021年卷Ⅲ）

2. 甲公司是一家保健品代工企业，公司乙部门主要负责国内市场生产销售。乙部门生产X、Y两种产品，其中：X产品有品牌和非品牌系列，Y产品只有品牌系列。目前甲公司正在对乙部门进行业绩考核。2020年相关资料如下：

项目		X产品	Y产品
销量（万盒）	品牌系列	500	1500
	非品牌系列	1500	—
售价（元/盒）	品牌系列	2.40	8.00
	非品牌系列	1.20	—
变动制造成本（元/盒）	品牌系列	0.85	2.80
	非品牌系列	0.85	—
包装成本（元/盒）	品牌系列	0.15	0.40
	非品牌系列	0.05	—

其他资料：
（1）所有产品按盒售卖，每盒 12 粒；乙部门目前最大年产能 48000 万粒。
（2）乙部门年固定制造费用 3700 万元，年固定销售及管理费用 1650 万元。
（3）乙部门年均净经营资产 12000 万元，公司要求的最低投资报酬率 10%。

要求：
（1）计算乙部门的投资报酬率和剩余收益。
（2）乙部门现有一个新的投资机会，投资额 1800 万元，每年税前营业利润 270 万元。假设甲公司按投资报酬率考核，乙部门是否愿意接受该项投资？假设甲公司按剩余收益考核，乙部门是否愿意接受该项投资？哪种考核指标更符合公司利益？简要说明理由。
（3）预测 2021 年各产品国内市场需求均增长 16%，假设乙部门可以在最大产能范围内灵活安排生产。为有效利用产能，确定 2021 年产品生产的优先顺序、计算各产品产量及总税前营业利润。（2020 年卷Ⅱ）

3. 甲公司是一家上市公司，正对内部 A、B 投资中心进行业绩考核。2016 年相关资料如下：

2016 年相关资料

单位：元

投资中心	税前经营利润	平均经营资产	平均经营负债	要求的税前投资报酬率
A 投资中心	153000	1350000	75000	10%
B 投资中心	134400	900000	60000	12%

要求：
（1）分别计算 A、B 两个投资中心的部门投资报酬率和部门剩余收益（结果填入下方表格中，不用列出计算过程）。

单位：元

指标		A 投资中心	B 投资中心
目前状态	部门投资报酬率		
	部门剩余收益		

（2）假定公司现有一投资机会，投资额 20 万元，每年可创造税前经营利润 26000 元，如果 A、B 投资中心都可进行该投资，且投资前后各自要求的税前投资报酬率保持不变，计算 A、B 投资中心分别投资后的部门投资报酬率和部门剩余收益；分析如果公司分别采用部门投资报酬率和部门剩余收益对 A、B 投资中心进行业绩考核，A、B 投资中心是否愿意进行该投资（结果填入下方表格中，不用列出计算过程）。

单位：元

指标			A 投资中心	B 投资中心
投资后	部门投资报酬率	计算结果		
		是否投资		
	部门剩余收益	计算结果		
		是否投资		

（3）综合上述计算，分析部门投资报酬率和部门剩余收益作为投资中心业绩评价指标的优缺点。（2017 年卷Ⅱ）

历年经典主观题参考答案及解析

使用“会计云课堂”App 或“微信”扫码对答案、看解析、掌握解题思路，开启轻松过关之旅。

计算分析题

1.【答案】

（1）M 分部的营业利润 = 对外销售 160000 件的利润 + 对 N 分部按内部转移价格销售 120000 件的利润 =（40−12−6−2−4）×160000+（40−12−6−2）×120000−500000=4460000（元）

N 分部的营业利润 = 对外销售 120000 件的利润 =（96−40−17−9−3−1）×120000−200000=2920000（元）

甲公司的营业利润 =4460000+2920000=7380000（元）

（2）M 分部的营业利润 =（40−12−6−2−4）×160000−500000=2060000（元）

N 分部的营业利润 =（96−37−17−9−3−1）×120000−200000=3280000（元）

甲公司的营业利润 =2060000+3280000=5340000（元）

（3）M 分部销售给 N 分部的价格过高，从 N 分部来说，会选择从乙公司采购，但是从甲公司整体来说，会降低甲公司营业利润，不利于公司整体利益。

协商价格的范围不应超过市场价格，不应低于变动成本，所以合理的定价区间是不高于乙公司报价，不低于单位变动成本［12+6+2=20（元）］，即合理的价格区间是 20 元 ~37 元。

2.【答案】

（1）税前营业利润 =500×（2.4−0.85−0.15）+1500×（1.2−0.85−0.05）+1500×（8−2.8−0.4）−3700−1650=3000（万元）

投资报酬率 =3000/12000=25%

剩余收益 =3000-12000×10%=1800（万元）

（2）①投资后的投资报酬率 =（3000+270）/（12000+1800）=23.70%

投资后的投资报酬率小于原来的投资报酬率，乙部门不愿意接受该投资。

②投资后的剩余收益 =（3000+270）-（12000+1800）×10%=1890（万元）

投资后的剩余收益大于原来的剩余收益，乙部门愿意接受该投资。

③采用剩余收益指标，乙部门的目标与公司整体利益一致，所以剩余收益指标更符合公司利益。

（3）X 产品品牌系列的单位边际贡献 =2.4-0.85-0.15=1.4（元）

X 产品非品牌系列的单位边际贡献 =1.2-0.85-0.05=0.3（元）

Y 产品品牌系列的单位边际贡献 =8-2.8-0.4=4.8（元）

因为所有产品按盒售卖，每盒 12 粒。

X 产品品牌系列的单位约束资源边际贡献 =1.4/12=0.12（元 / 粒）

X 产品非品牌系列的单位约束资源边际贡献 =0.3/12=0.03（元 / 粒）

Y 产品品牌系列的单位约束资源边际贡献 =4.8/12=0.4（元 / 粒）

【提示】因为本题三种产品使用的约束资源是相同的，直接按照单位边际贡献也可以判断。

所以优先安排生产 Y 产品品牌系列，其次是 X 产品品牌系列，最后是 X 产品非品牌系列。

Y 产品品牌系列的产量 =1500×（1+16%）=1740（万盒）

X 产品品牌系列的产量 =500×（1+16%）=580（万盒）

X 产品非品牌系列的产量 =（48000-1740×12-580×12）/12=1680（万盒）

总税前营业利润 =1740×4.8+580×1.4+1680×0.3-3700-1650=4318（万元）。

3.【答案】

（1）

单位：元

指标		A 投资中心	B 投资中心
目前状态	部门投资报酬率	153000/（1350000-75000）=12%	134400/（900000-60000）=16%
	部门剩余收益	153000-（1350000-75000）×10%=25500	134400-（900000-60000）×12%=33600

（2）

单位：元

指标			A 投资中心	B 投资中心
投资后	部门投资报酬率	计算结果	（153000+26000）/（1350000-75000+200000）=12.14%	（134400+26000）/（900000-60000+200000）=15.42%
		是否投资	投资	不投资
	部门剩余收益	计算结果	（153000+26000）-（1350000-75000+200000）×10%=31500	（134400+26000）-（900000-60000+200000）×12%=35600
		是否投资	投资	投资

（3）①用部门投资报酬率来评价投资中心业绩的优点：它是根据现有的责任会计资料计算的，比较客观，可用于部门之间以及不同行业之间的比较。部门投资报酬率可以分解为投资周转率和部门经营利润率两者的乘积，并可进一步分解为资产的明细项目和收支的明细项目，从而对整个部门的经营状况作出评价。

部门投资报酬率指标的不足也是十分明显的：部门经理会产生“次优化”行为，具体来讲，部门会放弃高于公司要求的报酬率而低于目前部门投资报酬率的机会，或者减少现有的投资报酬率较低但高于公司要求的报酬率的某些资产，使部门的业绩获得较好评价，但却伤害了公司整体利益。

②用部门剩余收益来评价投资中心业绩的优点：与增加股东财富的目标一致；可以使业绩评价与公司的目标协调一致，引导部门经理采纳高于公司要求的税前投资报酬率的决策；允许使用不同的风险调整资本成本。

剩余收益指标的不足：剩余收益指标是一个绝对数指标，不便于不同规模的公司和部门的比较，由此使其有用性下降。较大规模的公司即使运行效率较低，也能比规模较小的公司获得较大的剩余收益。规模大的部门容易获得较大的剩余收益，而它们的投资报酬率并不一定很高。另一个不足在于它依赖于会计数据的质量。剩余收益的计算要使用会计数据，包括净利润、投资的账面价值等。如果会计信息的质量低劣，也会导致低质量的剩余收益和业绩评价。

同步强化练习题

使用“会计云课堂”App或“微信”扫码快速做题、对答案、看解析、掌握解题思路，开启轻松过关之旅。

1035780

一、单项选择题

1. 科层组织结构下企业生产经营的决策权力主要集中在（　　）。
   A. 总部的直线领导手中
   B. 分部的直线领导手中
   C. 财务部的直线领导手中
   D. 营销部的直线领导手中

2. 某生产车间是一个标准成本中心。为了对该车间进行业绩评价，需要计算的责任成本范围是（　　）。
   A. 该车间的直接材料、直接人工和全部制造费用
   B. 该车间的直接材料、直接人工和变动制造费用
   C. 该车间的直接材料、直接人工和可控制造费用
   D. 该车间的全部可控成本

3. 需要利用有经验的专业人员对某中心的工作质量和服务水平作出有根据的判断之后，才能对该中心的控制业绩作出客观评价，这样的责任中心是（　　）。

A. 标准成本中心
B. 费用中心
C. 目标成本中心
D. 变动成本中心

4. 成本中心业绩报告所揭示的业绩考核指标是（　　）。
A. 责任成本　　B. 制造成本
C. 完全成本　　D. 变动成本

5. 某利润中心本期营业收入为7000万元，变动成本总额为3800万元，中心负责人可控的固定成本为1300万元，其不可控但由该中心负担的固定成本为600万元，那么评价该部门经理业绩的利润额为（　　）万元。
A. 1900　　B. 3200
C. 5100　　D. 1300

6. 下列关于利润中心的说法中，错误的是（　　）。
A. 拥有供货来源和市场选择决策权的责任中心，才能成为利润中心
B. 考核利润中心的业绩，除了使用利润指标外，还需使用一些非财务指标
C. 为了便于不同规模的利润中心业绩比较，应以利润中心实现的利润与所占用资产相联系的相对指标作为其业绩考核的依据
D. 为防止责任转嫁，正确考核利润中心业绩，需要制定合理的内部转移价格

7. 企业内部责任中心之间相互转移产品，若采用协商价格作为内部转移价格时，协商价格的下限一般为（　　）。
A. 单位产品固定成本
B. 单位产品市场价格
C. 单位产品制造成本
D. 单位产品变动成本

8. 制定成本型内部转移价格时，下列各项中，不适合作为转移定价基础的是（　　）。
A. 变动成本
B. 变动成本加固定制造费用
C. 固定成本
D. 完全成本

9. 在采用市场型内部转移价格时，责任中心没有外部市场但企业出于管理需要设置为模拟（人为）利润中心的，其内部转移价格应该采用（　　）。
A. 以企业制造产品的完全成本或变动成本等相对稳定的成本数据为基础制定的内部转移价格
B. 在生产成本基础上加一定比例毛利作为内部转移价格
C. 以外销价格或活跃市场报价作为内部转移价格
D. 可参照外部市场或预测价格制定模拟市场价作为内部转移价格

10. 以下考核指标中，使投资中心项目评估与业绩紧密相连，又可考虑管理要求以及部门个别风险高低的指标是（　　）。
A. 部门剩余收益
B. 部门边际贡献
C. 部门投资报酬率
D. 部门税前经营利润

11. 投资中心的部门平均净经营资产为100000元，规定的必要税前投资报酬率为20%，剩余收益为10000元，则该中心的部门投资报酬率为（　　）。
A. 10%　　B. 20%
C. 30%　　D. 60%

12. 下列关于投资中心业绩评价指标的说法中，错误的是（　　）。
A. 使用投资收益率和剩余收益指标分别进行决策可能导致结果冲突
B. 利用剩余收益评价部门业绩时，为改善评价指标的可比性，各部门应该使用相同的资本成本率

C. 在不同规模的投资中心之间进行比较时不适合采用剩余收益指标

D. 采用投资收益率指标可能因追求局部利益最大化而损害整体利益

二、多项选择题

1. 下列有关科层组织结构的表述正确的有（　　）。
   A. 科层组织结构是一种分权的组织结构
   B. 直线指挥机构是科层组织结构的主体
   C. 财务部门是科层组织结构的辅助
   D. 科层组织结构下各个部门整体意识和创新精神强

2. 在责任成本管理中，关于成本中心的表述正确的有（　　）。
   A. 责任成本是成本中心考核和控制的主要内容
   B. 成本中心是指有权发生并控制成本的单位
   C. 成本中心不考核收入，只考核成本
   D. 成本中心需要对本中心的全部成本负责

3. 判别一项成本是否是可控成本，应该满足的条件有（　　）。
   A. 成本中心是否使用了引起该项成本发生的资产或劳务
   B. 成本中心有办法知道将发生什么样性质的耗费
   C. 成本中心有办法计量它的耗费
   D. 成本中心有办法控制并调节它的耗费

4. 下列成本中，属于生产车间可控成本的有（　　）。
   A. 由于疏于管理导致的废品损失
   B. 车间发生的间接材料成本
   C. 按照资产比例分配给生产车间的管理费用
   D. 按直线法提取的生产设备折旧费用

5. 下列有关考核费用中心业绩的表述正确的有（　　）。
   A. 通过可控费用预算来考核，预算数额的确定适合采用零基预算法
   B. 通过可控费用预算来考核，预算数额的确定适合采用弹性预算法
   C. 可以利用投入量和产出量的对比分析其业绩
   D. 费用中心通常只计算耗费差异，不计算能力差异

6. 下列有关成本中心业绩考核的表述中，不正确的有（　　）。
   A. 标准成本中心不承担固定制造费用能力差异的责任
   B. 标准成本中心除了要对既定产量的投入量承担责任外，还要对生产能力的利用程度负责
   C. 按可控费用预算对费用中心进行考核时，如果出现了预算的有利差异说明成本控制取得了应有的效果，达到了应有的节约程度
   D. 企业职工个人不能构成责任实体，因而不能成为责任控制体系中的成本中心

7. 甲部门是一个标准成本中心，下列成本差异中，属于甲部门责任的有（　　）。
   A. 作业计划不当造成的人工效率差异
   B. 操作失误造成的材料数量差异
   C. 生产设备闲置造成的固定制造费用闲置能力差异
   D. 由于采购材料质量缺陷导致工人多用工时造成的变动制造费用效率差异

8. 下列各项中，不适合建立标准成本中心的单位或部门有（　　）。
   A. 行政管理部门
   B. 医院放射科
   C. 企业研究开发部门
   D. 企业广告宣传部门

9. 下列属于利润中心业绩报告所应披露的业绩考核指标的有（　　）。
   A. 投资报酬率

B. 部门税前经营利润
C. 部门可控边际贡献
D. 剩余收益

10. 企业内部分公司、分厂、车间、分部等责任中心之间相互提供产品（服务）、资金等内部交易时需确定内部转移价格，合理确定内部转移价格的目的有（ ）。
A. 合理确定各部门的利润，以便汇总反映企业实际创造的利润
B. 合理确定各部门产出的产品或劳务的成本，便于同竞争对手的产品或劳务的成本进行比较
C. 防止成本转移带来的部门间责任转嫁，使每个利润中心都能作为单独的组织单位进行业绩评价
D. 作为一种价格机制引导下级部门采取明智的决策

11. 责任中心业绩报告内容应包括（ ）。
A. 关于实际业绩的信息
B. 关于预期业绩的信息
C. 关于实际业绩与预期业绩之间差异的信息
D. 关于责任中心权利大小的信息

12. 某企业制造部是一个成本中心，下设甲、乙两个分厂，甲分厂又下设甲 1 车间和甲 2 车间，乙分厂下设乙 1 车间和乙 2 车间，下列关于业绩报告中的可控成本的表述正确的有（ ）。
A. 制造部的可控成本 = 甲分厂的责任成本 + 乙分厂的责任成本 + 制造部本身的可控成本
B. 甲分厂的可控成本 = 甲 1 车间的责任成本 + 甲 2 车间的责任成本 + 甲分厂本身的可控成本 + 制造部本身的可控成本
C. 乙分厂的可控成本 = 乙 1 车间的责任成本 + 乙 2 车间的责任成本 + 乙分厂本身的可控成本
D. 甲 1 车间的可控成本 = 甲分厂分配来的管理费用 + 甲 1 车间本身的可控成本

13. 投资中心的业绩报告中披露的考核指标有（ ）。
A. 投资报酬率
B. 剩余收益
C. 现金回收率
D. 剩余现金流量

三、计算分析题

1. ABC 公司下设 A、B 两个投资中心，没有金融资产，A 投资中心的部门平均经营资产为 700 万元，部门平均经营负债为 350 万元，部门投资报酬率为 20%；B 投资中心的部门投资报酬率为 22%，部门剩余收益为 105 万元，部门平均经营负债为 320 万元；ABC 公司对 A 投资中心要求的平均最低部门税前投资报酬率为 15%，对 B 投资中心要求的平均最低部门税前投资报酬率为 20%，ABC 公司的税前加权资本成本为 10%。ABC 公司决定追加净投资 400 万元，若投向 A 投资中心，每年可增加部门税前经营利润 80 万元；若投向 B 投资中心，每年可增加部门税前经营利润 60 万元。

要求：
（1）计算追加投资前 A 投资中心的部门剩余收益。
（2）计算追加投资前 B 投资中心的部门平均经营资产。
（3）若 A 投资中心接受追加投资，计算其部门剩余收益。
（4）若 B 投资中心接受追加投资，计算其部门投资报酬率。

2. 已知某集团公司下设多个责任中心，有关资料如下：

资料 1：

指标	A 投资中心	B 投资中心	C 投资中心
部门税前经营利润（万元）	10400	15800	8450
部门平均净经营资产（万元）	94500	145000	75500
要求的部门税前投资报酬率	10%	9%	11%

资料 2：D 利润中心营业收入为 52000 元，变动成本总额为 25000 元，利润中心负责人可控的固定成本为 15000 元，利润中心负责人不可控但应由该中心负担的固定成本为 6000 元。

资料 3：E 利润中心的部门边际贡献为 80000 元，部门可控边际贡献为 60000 元，部门税前经营利润为 45000 元。

要求：

（1）根据资料 1 计算各个投资中心的下列指标：

①部门投资报酬率，并据此评价各投资中心的业绩；

②部门剩余收益，并据此评价各投资中心的业绩。

（2）根据资料 2 计算 D 利润中心部门边际贡献总额、部门可控边际贡献和部门税前经营利润。

（3）根据资料 3 计算 E 利润中心负责人的可控固定成本以及不可控但应由该利润中心负担的固定成本。

四、综合题

甲公司是一家生产企业，下设两个利润中心，A 中心生产 a 产品，a 产品目前的市场售价为 5000 元 / 件，B 中心生产 b 产品，b 产品目前的市场售价为 10000 元 / 件。各中心采用约当产量法在完工产品和在产品之间分配生产费用，在产品存货的发出计价采用加权平均法。a 产品耗用的原材料在生产过程中逐渐投入，其他成本费用陆续发生。B 中心生产 1 件 b 产品需要耗用 1 件 a 产品，此外还需耗用其他材料，耗用的 a 产品和其他材料均在生产开始时一次投入，其他成本费用陆续发生，月末各产品在产品完工程度均为 50%。甲公司所生产的 a 产品和 b 产品目前市场销售旺盛，供不应求，各中心可以自行决定供销市场是外部还是内部，A 中心对外部和对内部的转移价格均按市场售价 5000 元 / 件确定。

甲公司 8 月份的成本核算资料如下：

（1）月初在产品成本。（单位：元）

利润中心	a 产品	直接材料	直接人工	制造费用	合计
A		2750	2625	3625	9000
B	145000	1900	2800	3600	153300

（2）本月生产量。（单位：件）

利润中心	月初在产品数量	本月完工数量	月末在产品数量
A	5	140	16
B	10	85	10

（3）本月发生的生产经营费用。（单位：元）

利润中心	直接材料	直接人工	制造费用	销售管理费用
A	86050	71375	107375	50500
B	93100	51200	86400	60500

要求：

（1）采用完全成本法计算产品成本，分别编制 a 产品和 b 产品的成本计算单（结果填入下方表格中，不用列出计算过程）。

a 产品成本计算单

2022 年 8 月　　单位：元

项目	产量（件）	直接材料	直接人工	制造费用	合计
月初在产品	—				
本月生产费用	—				
合计	—				
分配率	—				
完工半成品转出					
月末在产品					

b 产品成本计算单

2022 年 8 月　　单位：元

项目	产量（件）	a 产品	直接材料	直接人工	制造费用	合计
月初在产品	—					
本月生产费用	—					
合计	—					
分配率	—					
完工产品转出						
月末在产品						

（2）计算 A 中心的税前经营利润。

（3）计算 B 中心的税前经营利润。

（4）计算甲公司的税前经营利润。

同步强化练习题参考答案及解析

使用“会计云课堂”App或“微信”扫码对答案、看解析、掌握解题思路，开启轻松过关之旅。

一、单项选择题

1.【答案】A

【解析】企业生产经营的决策权力主要集中在最高层的直线领导手中。

2.【答案】D

【解析】责任成本是特定责任中心的全部可控成本。

3.【答案】B

【解析】对于费用中心，不能只看它是否完成预算，还需要利用有经验的专业人员对该费用中心的工作质量和服务水平作出有根据的判断，才能对费用中心的控制业绩作出客观评价。

4.【答案】A

【解析】成本中心业绩报告所揭示的业绩考核指标通常是成本中心的所有可控成本，即责任成本。

5.【答案】A

【解析】该利润中心的部门可控边际贡献=营业收入总额-变动成本总额-该中心负责人可控的固定成本=7000-3800-1300=1900（万元）。

6.【答案】C

【解析】利润中心没有权力决定该中心资产的投资水平，不能控制占用的资产，选项C的表述不正确。

7.【答案】D

【解析】协商价格的上限是市场价格，下限则是单位变动成本。

8.【答案】C

【解析】成本型内部转移价格是指以企业制造产品的完全成本或变动成本等相对稳定的成本数据为基础制定的内部转移价格。价格不能只弥补固定成本，最基本的要弥补变动成本，选项C错误。

9.【答案】B

【解析】选项A是成本型内部转移价格；选项C适用于责任中心提供的产品（服务）经常外销且外销比例较大的，或提供的产品（服务）有外部活跃市场可靠报价的责任中心；选项D适用于一般不对外销售且外部市场没有可靠报价的产品（服务），或企业管理层和有关各方认为不需要频繁变动价格的责任中心。

10.【答案】A

【解析】计算部门剩余收益使用的部门要求的税前投资报酬率，主要考虑管理要求以及部门个别风险的高低。

11.【答案】C

【解析】10000=部门税前经营利润-100000×20%

部门税前经营利润=30000（元）

部门投资报酬率 =30000/100000 × 100%= 30%。

12.【答案】B

【解析】在使用剩余收益指标时，应考虑不同部门或者不同资产的风险，规定不同的资本成本率，选项 B 表述错误。

二、多项选择题

1.【答案】BC

【解析】科层组织结构一般是一种相对集权的组织结构，选项 A 错误。科层组织结构下各个部门只关注本部门的目标和利益，缺乏整体意识和创新精神，选项 D 错误。

2.【答案】ABC

【解析】成本中心只对可控成本负责，不负责不可控成本。选项 D 表述错误。

3.【答案】BCD

【解析】所谓可控成本通常应符合以下三个条件：①成本中心有办法知道将发生什么样性质的耗费（可预测）；②成本中心有办法计量它的耗费（可计量）；③成本中心有办法控制并调节它的耗费（可控制、可调节）。所以选项 B、C、D 均属于可控成本确定的条件。

4.【答案】AB

【解析】可控成本是指在特定时期内、特定责任中心能够直接控制其发生的成本。

5.【答案】AD

【解析】费用中心的业绩评价主要通过可控费用预算来考核，预算数额的确定可以采用零基预算法，选项 A 正确。由于费用中心投入产出没有必然的联系，不便于做成本性态分析，不适合弹性预算法，选项 B、C 错误。费用中心的业绩评价主要通过可控费用预算来考核，即看其费用实际数和预算数的差异，即耗费差异，选项 D 正确。

6.【答案】ABCD

【解析】标准成本中心不对生产能力的利用程度负责，而只对既定产量的投入量承担责任，固定制造费用能力差异包括闲置能力差异和效率差异，标准成本中心不对闲置能力差异负责，对效率差异负责，因此选项 A、B 错误。通常，使用可控费用预算来评价费用中心的成本控制业绩。在考核预算完成情况时，要利用有经验的专业人员对该费用中心的工作质量和服务水平作出有根据的判断，才能对费用中心的控制业绩作出客观评价，因此选项 C 错误。任何发生成本的责任领域，都可以确定为成本中心。成本中心的应用范围非常广，甚至个人也能成为成本中心，因此选项 D 错误。

7.【答案】AB

【解析】本题是第 14 章和第 19 章知识点的综合考查。选项 A 属于直接人工的量差，选项 B 属于直接材料的量差，量差通常是生产部门的责任，选项 A、B 正确。标准成本中心不对生产能力的利用程度负责，而只对既定产量的投入量承担责任。因此，固定制造费用闲置能力差异不应由标准成本中心承担责任，选项 C 不正确。选项 D 的效率差异是由于采购材料质量导致的，因此应由采购部门负责，而不是生产部门负责，选项 D 不正确。

8.【答案】ACD

【解析】标准成本中心，必须是所生产的产品稳定而明确，并且已经知道单位产品所需要的投入量的责任中心，医院根据接受检查或放射治疗的人数可建立标准成本中心。费用中心，适用于那些产出不能用财务指标来衡量或者投入和产出之间没有密切关系的部门或单位。选项 A、C、D 为费用中心。

9.【答案】BC

【解析】选项A、D属于投资中心的业绩考核指标。

10.【答案】CD

【解析】企业内部责任中心之间确定的内部转移价格，供应方是收入，使用方是成本，汇总后会抵销，因此内部转移价格的高低不会影响企业实现的利润，选项A错误；内部转移价格确定是为了便于进行业绩评价，不一定反映中间产品或劳务的真实成本，所以不便于与竞争对手的成本进行比较，选项B错误。

11.【答案】ABC

【解析】责任中心业绩报告是反映责任预算实际执行情况，揭示责任预算与实际结果之间差异的内部管理会计报告，无法揭示权利大小。

12.【答案】AC

【解析】本题各车间是最基层，最基层只有本身的可控成本，制造部和分厂的可控成本都应包括本身的可控成本和下属部门转来的责任成本，因此选项A、C正确，选项B、D错误。

13.【答案】ABCD

【解析】投资中心的主要考核指标是投资报酬率和剩余收益，补充的指标是现金回收率和剩余现金流量。

三、计算分析题

1.【答案】

（1）A投资中心的部门税前经营利润 =（700－350）×20%=70（万元）

A投资中心的部门剩余收益 =70－（700－350）×15%=17.5（万元）

（2）B投资中心的部门剩余收益 = 部门平均净经营资产 ×（22%－20%）=105

部门平均净经营资产 =105/（22%－20%）= 5250（万元）

部门平均经营资产 = 部门平均净经营资产 + 部门平均经营负债 =5250+320=5570（万元）

（3）A投资中心接受追加投资后的部门剩余收益 =（70+80）－（700－350+400）× 15%=37.5（万元）

（4）B投资中心部门投资报酬率 =（5250×22%+60）/（5250+400）=21.50%。

2.【答案】

（1）① A投资中心的部门投资报酬率 = $\frac{10400}{94500}\times100\%=11.01\%$

B投资中心的部门投资报酬率 = $\frac{15800}{145000}\times100\%=10.90\%$

C投资中心的部门投资报酬率 = $\frac{8450}{75500}\times100\%=11.19\%$

评价：C投资中心业绩最优，A投资中心次之，B投资中心业绩最差。

②部门剩余收益：

A投资中心的部门剩余收益 =10400－94500×10%=950（万元）

B投资中心的部门剩余收益 =15800－145000×9%=2750（万元）

C投资中心的部门剩余收益 =8450－75500×11%=145（万元）

评价：B投资中心业绩最优，A投资中心次之，C投资中心业绩最差。

（2）① D利润中心部门边际贡献总额 = 52000－25000=27000（元）

② D利润中心部门可控边际贡献 = 27000－15000=12000（元）

③ D利润中心部门税前经营利润 = 12000－6000=6000（元）

（3）E利润中心负责人可控固定成本 = 80000－60000=20000（元）

E利润中心负责人不可控但应由该利润中心负担的固定成本 =60000－45000=15000（元）。

四、综合题

【答案】

（1）

a 产品成本计算单

2022 年 8 月　　　　单位：元

项目	产量（件）	直接材料	直接人工	制造费用	合计
月初在产品	—	2750	2625	3625	9000
本月生产费用	—	86050	71375	107375	264800
合计	—	88800	74000	111000	273800
分配率	—	88800/(140+16×50%)=600	74000/(140+16×50%)=500	111000/(140+16×50%)=750	1850
完工半成品转出	140	84000	70000	105000	259000
月末在产品	16	4800	4000	6000	14800

b 产品成本计算单

2022 年 8 月　　　　单位：元

项目	产量（件）	a 产品	直接材料	直接人工	制造费用	合计
月初在产品	—	145000	1900	2800	3600	153300
本月生产费用	—	（85+10−10）×5000=425000	93100	51200	86400	655700
合计	—	570000	95000	54000	90000	809000
分配率	—	570000/（85+10）=6000	95000/(85+10)=1000	54000/(85+10×50%)=600	90000/(85+10×50%)=1000	8600
完工产品转出	85	510000	85000	51000	85000	731000
月末在产品	10	60000	10000	3000	5000	78000

（2）A 中心的税前经营利润 =140×5000−140×1850−50500=390500（元）

（3）B 中心的税前经营利润 =85×10000−85×8600−60500=58500（元）

（4）甲公司的税前经营利润 =390500+58500=449000（元）。

第二十章　业绩评价

CHAPTER-20

本章学习指南

一、考情分析

本章考试题型主要是客观题，近3年的平均分值为3分左右。有时也会出小的计算分析题或与其他章节综合出题，考点主要集中在经济增加值指标的考核上。

最近3年题型、题量分析表

题型	2019年		2020年		2021年	
	试卷Ⅰ	试卷Ⅱ	试卷Ⅰ	试卷Ⅱ	试卷Ⅰ	试卷Ⅱ
单项选择题	—	—	—	1题1.5分	1题2分	1题2分
多项选择题	1题2分	1题2分	1题2分	—	—	—
计算分析题	—	—	—	—	—	—
综合题	—	—	—	—	—	0.29题4分
合计	1题2分	1题2分	1题2分	1题1.5分	1题2分	1.29题6分

二、教材变化

本章与2021年的教材相比，主要变化是删除了特殊的经济增加值和真实的经济增加值的有关表述。

三、考点框架

- 第二十章 业绩评价（一）
  - 财务业绩评价与非财务业绩评价
    - 财务业绩评价的优点与缺点 ★
    - 非财务业绩评价的优点与缺点 ★
  - 关键绩效指标法
    - 关键绩效指标法的含义 ★
    - 关键绩效指标法的应用 ★★
    - 关键绩效指标法的优点和缺点 ★★
  - 经济增加值
    - 经济增加值的概念 ★★★
    - 简化的经济增加值的计算 ★★★
    - 经济增加值评价的优点和缺点 ★★

第二十章 业绩评价（二）— 平衡计分卡

- 平衡计分卡框架 ★★
- 平衡计分卡与企业战略管理 ★
- 战略地图架构 ★
- 平衡计分卡与传统业绩评价系统的区别 ★
- 平衡计分卡的优点和缺点 ★★

核心考点精讲

第一节　财务业绩评价与非财务业绩评价

使用“会计云课堂”App 或“微信”扫码查看本节视频，快速 GET 知识点。

一、财务业绩评价的优点与缺点 ★

优点	（1）可以反映综合经营成果 （2）容易从会计系统中获得数据，操作简便，易于理解
缺点	（1）短期业绩衡量：只反映当期的财务成果，不反映长期业绩改善方面所作的努力 （2）结果导向：只注重最终的财务结果，而对达成该结果的改善过程则欠考虑 （3）可能不公允：受到会计准则稳健性原则有偏估计的影响，可能无法公允地反映真正业绩

二、非财务业绩评价的优点与缺点 ★

优点	（1）可以避免财务业绩评价只侧重过去、比较短视的不足 （2）体现长远业绩，体现外部对企业的整体评价
缺点	（1）指标计算主观（如客户满意度） （2）数据收集困难（如市场占有率） （3）数据可靠性难以保证（未经审计）

【易错易混点】财务业绩评价与非财务业绩评价的比较。

项目	反映面	评价结果	评价方法	数据来源	评价可靠性
财务业绩评价	综合性	侧重过去、短期业绩	结果导向	数据容易取得	受到稳健性原则有偏估计的影响
非财务业绩评价	专业性	体现未来、长期业绩	关注过程	数据的收集比较困难	比较主观，可靠性难以保证

经典题解

【例题1·多选题】非财务业绩指标与财务业绩指标相比的特点在于（　　）。

A. 非财务业绩指标可以对实现股东财富最大化目标的改善过程进行衡量

B. 非财务业绩指标可以衡量公司的长期业绩

C. 非财务业绩指标可比性强

D. 非财务业绩指标综合性强

【解析】非财务业绩指标，包括市场份额、质量和服务、创新和生产力等，都可以对达成股东财富最大化的改善过程进行衡量，选项A正确；财务业绩指标衡量的是短期的业绩，具有诱使经理人员为追逐短期利润而伤害公司长期发展的弊端，非财务业绩指标衡量的是关系到公司的长期盈利能力，可以引导经理人员关注公司的长远发展，选项B正确；非财务业绩指标比较主观，可靠性难以保证，综合性、可计量性和可比性等都不如财务业绩指标，因此选项C、D错误。

【答案】AB

第二节　关键绩效指标法

使用“会计云课堂”App或“微信”扫码查看本节视频，快速GET知识点。

一、关键绩效指标法的含义★

含义	指基于企业战略目标，通过建立关键绩效指标体系，将价值创造活动与战略规划目标有效联系，并据此进行绩效管理的方法
关键绩效指标的选择	通过对企业战略目标、关键成果领域的绩效特征分析，识别和提炼出的最能有效驱动企业价值创造的指标
应用方式	可以单独使用，也可以与经济增加值法、平衡计分卡等其他方法结合使用
应用对象	可以是企业，也可以是企业所属的单位（部门）和员工

二、关键绩效指标法的应用★★

（一）关键绩效指标法的应用程序

（1）制定以关键绩效指标为核心的绩效计划

（2）制定激励计划

（3）执行绩效计划与激励计划

（4）实施绩效评价与激励

（5）编制绩效评价报告与激励管理报告等

内容：构建关键绩效指标体系；分配指标权重；确定绩效目标值

【提示】与其他业绩评价方法的关键不同是制定和实施以关键绩效指标为核心的绩效计划。

（二）构建关键绩效指标体系

1. 体系的构成

构成		指标设定依据
第一层次	企业级关键绩效指标	根据战略目标，结合价值创造模式，综合考虑企业内外部经营环境等因素设定
第二层次	所属单位（部门）级关键绩效指标	根据企业级关键绩效指标，结合所属单位（部门）关键业务流程，按照上下结合、分级编制、逐级分解的程序，在沟通反馈的基础上设定
第三层次	岗位（员工）级关键绩效指标	根据所属单位（部门）级关键绩效指标，结合员工岗位职责和关键工作价值贡献来设定

要点小贴士

从上而下逐级分解的指标体系。

2. 关键绩效指标的分类

类别	内涵	常见指标
结果类	反映企业绩效的价值指标	投资报酬率、权益净利率、经济增加值、息税前利润、自由现金流量等综合指标
动因类	反映企业价值关键驱动因素的指标	资本性支出、单位生产成本、产量、销量、客户满意度、员工满意度等

名师点拨

不能单以名称认为"关键绩效"指标只包括反映绩效的结果指标，还要包括反映驱动因素的动因指标。

经典题解

【真题2·单选题】企业的关键绩效指标一般可分为结果类指标和动因类指标。下列各项中，属于结果类指标的是（　　）。（2021年卷Ⅱ）

A. 客户满意度　　　　B. 单位生产成本

C. 自由现金流　　　　D. 资本性支出

【解析】企业的关键绩效指标中，结果类指标是反映企业绩效的价值指标，主要包括投资报酬率、权益净利率、经济增加值、息税前利润、自由现金流量等综合指标；动因类指标是反映企业价值关键驱动因素的指标，主要包括资本性支出、单位生产成本、产量、销量、客户满意度、员工满意度等。

【答案】C

3. 关键绩效指标设置的要求

基本要求	含义明确、可度量、与战略目标高度相关
数量要求	指标的数量不宜过多，每一层级关键绩效指标一般不超过10个

（三）设定关键绩效指标权重

基本原则	关键绩效指标的权重分配应以企业战略目标为导向，反映被评价对象对企业价值贡献或支持的程度，以及各指标之间的重要性水平

具体原则	（1）单项关键绩效指标权重一般设定在5%~30%之间 （2）对特别重要的指标可适当提高权重 （3）对特别关键、影响企业整体价值的指标可设立"一票否决"制度，即如果某项关键绩效指标未完成，无论其他指标是否完成，均视为未完成绩效目标

（四）设定关键绩效指标目标值

目标值确定可参考的标准	解释
（1）行业标准或竞争对手标准	参考国家有关部门或权威机构发布的行业标准或参考竞争对手标准
（2）企业内部标准	包括企业战略目标、年度生产经营计划目标、年度预算目标、历年指标水平等
（3）企业历史经验值	如果不能按照前面两种方法确定的，可以根据企业历史经验值确定

经典题解

【例题3·多选题】下列有关企业的关键绩效指标表述正确的有（　　）。

A. 企业的关键绩效指标主要是由反映企业绩效的价值指标构成

B. 企业确定关键绩效指标目标值既可以采用行业标准，也可以参照企业内部标准，但不应该根据企业历史经验值确定

C. 关键指标的数量不宜过多，每一层级关键绩效指标一般不超过10个

D. 对特别关键、影响企业整体价值的指标可设立"一票否决"制度

【解析】企业的关键绩效指标一般可分为结果类和动因类两类指标，结果类指标是反映企业绩效的价值指标。动因类指标是反映企业价值关键驱动因素的指标，选项A错误。

企业确定关键绩效指标目标值可以是参考国家有关部门或权威机构发布的行业标准或参考竞争对手标准，也可以是参照企业内部标准，如果不能按照前面两种方法确定的，还可以根据企业历史经验值确定，选项B错误。

【答案】CD

三、关键绩效指标法的优点和缺点★★

优点	（1）使企业业绩评价与企业战略目标密切相关，有利于企业战略目标的实现 （2）通过识别价值创造模式把握关键价值驱动因素，能够更有效地实现企业价值增值目标 （3）评价指标数量相对较少，易于理解和使用，实施成本相对较低，有利于推广实施
缺点	（1）指标的选取需要透彻理解企业价值创造模式和战略目标，有效识别企业核心业务流程和关键价值驱动因素（指标选取要求高） （2）指标体系设计不当将导致错误的价值导向和管理缺失（体系设计不当后果很严重）

第三节 经济增加值

使用“会计云课堂”App 或“微信”扫码查看本节视频，快速 GET 知识点。

一、经济增加值的概念 ★★★

（一）基本公式及特点

<table>
<tr><td>基本公式</td><td colspan="3">经济增加值 = 调整后税后净营业利润 − 加权平均资本成本 × 调整后平均资本占用
【提示】
（1）平均资本占用反映的是企业持续投入的各种债务资本和股权资本
（2）加权平均资本成本反映的是企业各种资本的平均成本率</td></tr>
<tr><td rowspan="5">与剩余收益的区别</td><td>项目</td><td>经济增加值</td><td>剩余收益</td></tr>
<tr><td>数据</td><td>需要对会计数据（包括税后净营业利润和资本占用）进行一系列调整</td><td>不需要调整会计数据</td></tr>
<tr><td>资本成本</td><td>根据资本市场的机会成本计算资本成本（客观）</td><td>根据投资要求的报酬率计算，可以根据管理的要求作出不同选择（主观）</td></tr>
<tr><td>所得税的影响</td><td>（1）利润：税后净营业利润
（2）资本成本：加权平均资本成本</td><td>（1）利润：税前经营利润
（2）资本成本：要求的税前投资报酬率</td></tr>
<tr><td>评价目的</td><td>促使经理人员赚取超过资本成本的报酬，促进股东财富最大化</td><td>设定部门投资的最低报酬率，防止部门利益伤害整体利益</td></tr>
</table>

名师点拨

（1）税后净营业利润衡量的是企业的经营盈利情况，考试较多考查披露的经济增加值和简化的经济增加值的计算。

（2）披露的经济增加值中“税后净营业利润”的含义与第 2 章介绍的管理用财务报表体系中的“税后经营净利润”相同。

（3）简化的经济增加值中的税后净营业利润是按照国资委规定的固定公式计算的，后面有详细介绍。

（二）不同含义的经济增加值

<table>
<tr><th>种类</th><th>基本公式</th><th colspan="2">经营利润和资本占用的调整范围</th></tr>
<tr><td>基本的经济增加值</td><td>基本的经济增加值 = 税后净营业利润 − 加权平均资本成本 × 报表平均总资产</td><td>根据未经调整的会计数据计算</td><td>不做调整</td></tr>
<tr><td>披露的经济增加值</td><td>披露的经济增加值 = 调整后税后净营业利润 − 加权平均资本成本 × 调整后的平均资本占用</td><td>利用公开会计数据（公布的财务报表及其附注中的数据）进行调整</td><td>需要调整</td></tr>
</table>

要点小贴士

对于基本的经济增加值和披露的经济增加值，公司外部人员均可以计算。

【提示】

（1）由于基本的经济增加值的“税后净营业利润”和“报表平均总资产”是按照会计准则计算的，它们歪曲了公司的真实业绩，但相对于会计利润来说是个进步，它承认了股权资金的成本。

（2）披露的经济增加值的调整。

①将会计上费用化、经济增加值认为应该资本化的项目进行调整。

调整的项目	会计的处理	经济增加值的要求
研究与开发费用	作为费用立即将其从利润中扣除	将其作为投资并在一个合理的期限内摊销
战略性投资	将投资的利息（部分利息）计入当期财务费用	将其在一个专门账户中资本化并在开始生产时逐步摊销
为建立品牌、进入新市场或扩大市场份额发生的费用	作为费用立即从利润中扣除	把争取客户的营销费用资本化并在适当的期限内摊销

要点小贴士

（1）披露的经济增加值只调整费用化研究与开发费用。

（2）简化的经济增加值既调整费用化研究与开发费用，也调整资本化研究与开发费用。

②折旧费用的处理。

名师点拨

客观题中，折旧费用属于调整项目。

主观题中，需要调整的项目考试会有提示，如果没有提示要调整就不调整，例如题中没有明确说明要改变折旧方法，无需调整折旧费用。

调整项目	会计的处理	经济增加值的要求
折旧费用	大多使用直线折旧法处理	按照更接近经济现实的“沉淀资金折旧法”处理，即前期折旧少，后期折旧多

③上述调整，不仅涉及利润表而且涉及资产负债表的有关项目，需要按照复式记账原理同时调整。例如，将研发费用从当期费用中扣除，必须相应增加平均资本占用。

要点小贴士

（1）调整后的税后净营业利润＝税后净营业利润＋需调整的费用×（1-T）。

（2）调整后的平均资本占用＝平均净经营资产＋需调整的费用×（1-T）。

经典题解

【真题4·多选题】在计算披露的经济增加值时，下列各项中，需要进行调整的项目有（　　）。（2016年卷Ⅰ、卷Ⅱ改编）

A. 研究费用

B. 争取客户的营销费用

C. 资本化利息支出

D. 折旧费用

【解析】选项A研究费用、选项B争取客户的营销费用属于会计准则要求作为费用从利润中扣除，而经济增加值要求将费用资本化并在适当的期限内摊销，属于调整项目。选项D折旧费用在会计上一般采用直线折旧法，而经济增加值要求用沉淀资金折旧法，因此需要调整。选项C的资本化利息支出计入长期资产，不需要调整。

【答案】ABD

二、简化的经济增加值的计算 ★★★

（一）经济增加值的含义及计算公式

含义	是指经核定的企业税后净营业利润减去资本成本后的余额
计算公式	经济增加值 = 税后净营业利润 - 资本成本 = 税后净营业利润 - 调整后资本 × 平均资本成本率 【提示】 （1）税后净营业利润 = 净利润 +（利息支出 + 研究开发费用调整项）×（1-25%） （2）调整后资本 = 平均所有者权益 + 平均带息负债 - 平均在建工程 （3）平均资本成本率 = 债权（税前）资本成本率 × 平均带息负债 /（平均带息负债 + 平均所有者权益）×（1-25%）+ 股权资本成本率 × 平均所有者权益 /（平均带息负债 + 平均所有者权益）

要点小贴士

计算税后净营业利润时，只调整费用化的利息；计算债权资本成本率时，利息还要考虑资本化利息，即用全部利息除以平均带息负债。

经典题解

【真题 5 · 单选题】甲公司是一家中央企业，采用国资委经济增加值考核办法进行业绩评价。2020 年公司净利润 9.5 亿元；利息支出 5 亿元，其中资本化利息支出 2 亿元；研发支出 3 亿元，全部费用化；调整后资本 120 亿元，资本成本率 6%；企业所得税税率 25%。2020 年甲公司经济增加值是（　　）亿元。（2021 年卷Ⅰ）

A. 6.05　　B. 6.8

C. 7.55　　D. 8.3

【解析】根据题意可知，采用国资委经济增加值考核办法进行业绩评价，要求计算的是简化经济增加值。

税后净营业利润 = 净利润 +（利息支出 + 研究开发费用调整项）×（1-25%）= 9.5+（5-2+3）×（1-25%）=14（亿元），简化经济增加值 = 税后净营业利润 - 调整后资本 × 平均资本成本率 =14-120×6%=6.8（亿元）。

【答案】B

【真题 6 · 单选题】甲公司是一家中央企业上市公司，依据国资委《中央企业负责人经营业绩考核办法》采用经济增加值进行业绩考核。2020 年公司净利润 10 亿元，利息支出 3 亿元、研发支出 2 亿元全部计入损益；调整后资本 100 亿元，资本成本率 6%。企业所得税税率 25%。公司 2020 年简化经济增加值是（　　）亿元。（2020 年卷Ⅱ）

A. 7　　B. 7.75

C. 9　　D. 9.5

【解析】税后净营业利润 = 净利润 +（利息支出 + 研究开发费用调整项）×（1-25%）=10+（3+2）×（1-25%）=13.75（亿元），简化经济增加值 = 税后净营业利润 - 调整后资本 × 平均资本成本率 =13.75-100×6%=7.75（亿元）。

【答案】B

（二）会计调整项目说明

项目	说明
利息支出	指企业财务报表中“财务费用”项下的“利息支出”
研究开发费用调整项	（1）研究开发费用调整项是指企业财务报表中“期间费用”项下的“研发费用”和当期确认为无形资产的开发支出 （2）对于承担关键核心技术攻关任务而影响当期损益的研发投入，可以按照100%的比例，在计算税后净营业利润时予以加回 （3）对于勘探投入费用较大的企业，经国资委认定后，可将其成本费用情况表中的“勘探费用”视同研究开发费用调整项予以加回
调整后资本	（1）在建工程是指企业财务报表中的符合主业规定的“在建工程” （2）带息负债是指企业带息负债情况表中带息负债合计 （3）对从事银行、保险和证券业务且纳入合并报表的企业，将负债中金融企业专用科目从资本占用中予以扣除 （4）基金、融资租赁等金融业务纳入国资委核定主业范围的企业，可约定将相关带息负债从资本占用中予以扣除
所得税税率	企业经营业务主要在国（境）外的，25%的企业所得税税率可予以调整

（三）差异化资本成本率的确定

要点小贴士：经营风险越大，股权资本成本率越高。

1. 股权资本成本率的确定

企业类型	确定
主业处于充分竞争行业和领域的商业类企业	原则上定为6.5%
主业处于关系国家安全、国民经济命脉的重要行业和关键领域、主要承担重大专项任务的商业类企业	原则上定为5.5%
公益类企业	原则上定为4.5%
军工、电力、农业等资产通用性较差的企业	下浮0.5个百分点

2. 债权（税前）资本成本率的确定

确定方法	债权（税前）资本成本率 = 利息支出总额 / 平均带息负债
利息支出总额的内容	指带息负债情况表中“利息支出总额”，包括费用化利息和资本化利息

要点小贴士：同一企业下，资产负债率越高，财务风险越大，资本成本越高。

3. 平均资本成本率的调整

企业类型	资产负债率范围	平均资本成本率上浮
科研技术企业	高于上年且在65%（含）至70%	0.2个百分点
	高于上年且在70%（含）以上	0.5个百分点

企业类型	资产负债率范围	平均资本成本率上浮
工业企业	高于上年且在 70%（含）至 75%	0.2 个百分点
	高于上年且在 75%（含）以上	0.5 个百分点
非工业企业	高于上年且在 75%（含）至 80%	0.2 个百分点
	高于上年且在 80%（含）以上	0.5 个百分点

（四）其他重大调整事项

发生下列情形之一，对于企业经济增加值考核产生重大影响的，国资委酌情予以调整：

（1）重大政策变化；

（2）严重自然灾害等不可抗力因素；

（3）企业重组、上市及会计准则调整等不可比因素；

（4）国资委认可的企业结构调整等其他事项。

三、经济增加值评价的优点和缺点 ★★

优点	（1）经济增加值考虑了所有资本的成本，更真实地反映了企业的价值创造能力；实现了企业利益、经营者利益和员工利益的统一，激励经营者和所有员工为企业创造更多价值 （2）能有效遏制企业盲目扩张规模以追求利润总量和增长率的倾向，引导企业注重价值创造 （3）经济增加值不仅仅是一种业绩评价指标，它还是一种全面财务管理和薪酬激励框架。经济增加值的吸引力主要在于它把资本预算、业绩评价和激励报酬结合起来了 （4）在经济增加值的框架下，公司可以向投资人宣传他们的目标和成就，投资人也可以用经济增加值选择最有前景的公司。经济增加值还是股票分析家手中的一个强有力的工具（便于投资人、公司和股票分析师之间的价值沟通）
缺点	（1）仅对企业当期或未来 1~3 年价值创造情况进行衡量和预判，无法衡量企业长远发展战略的价值创造情况 （2）经济增加值计算主要基于财务指标，无法对企业的营运效率与效果进行综合评价 （3）不同行业、不同发展阶段、不同规模等的企业，其会计调整项和加权平均资本成本各不相同，计算比较复杂，影响指标的可比性（例如，处于成长阶段的公司经济增加值较少，而处于衰退阶段的公司经济增加值可能较高） （4）经济增加值是绝对数指标，不便于比较不同规模公司的业绩 （5）如何计算经济增加值尚存许多争议（净收益的调整、资本成本的确定等），这些争议不利于建立一个统一的规范

要点小贴士

要扣除投入资本所要求的必要报酬。

要点小贴士

资本预算和经济增加值都要考虑所有投入资本的成本。对经营者激励是希望他们能站在股东的角度参与企业决策、分享利润、承担风险，从而勤勉尽责地为公司的发展服务。传统业绩评价指标以“净利润”为基础的指标，只是扣除了利息，但没有考虑股权资金的成本，但是经济增加值要扣除利息也要扣除股权资本的成本，因此利用经济增加值考核经营者能够反映企业为股东创造的价值。

经典题解

【真题 7·多选题】下列各项关于经济增加值的说法中，正确的有(　　)。(2019 年卷Ⅰ、卷Ⅱ)

A. 经济增加值为正表明经营者为股东创造了价值

B. 经济增加值便于不同规模公司的业绩比较

C. 计算经济增加值使用的资本成本应随资本市场变化而调整

D. 经济增加值是税后净营业利润扣除全部投入资本的成本后的剩余收益

【解析】由于经济增加值是绝对数指标，不便于比较不同规模公司的业绩，选项 B 错误。

【答案】ACD

第四节　平衡计分卡

使用“会计云课堂”App 或“微信”扫码查看本节视频，快速 GET 知识点。

一、平衡计分卡框架 ★★

平衡计分卡是指基于企业战略，从财务、客户、内部业务流程、学习与成长四个维度，将战略目标逐层分解转化为具体的、相互平衡的绩效指标体系，并据此进行绩效管理的方法。

（一）平衡计分卡的四个维度

维度	目标	常用指标
财务维度	解决“股东如何看待我们”这一类问题	投资报酬率、权益净利率、经济增加值、息税前利润、自由现金流量、资产负债率、总资产周转率等
顾客维度	回答“顾客如何看待我们”的问题	市场份额、客户满意度、客户获得率、客户保持率、客户获利率、战略客户数量等
内部业务流程维度	着眼于企业的核心竞争力，解决“我们的优势是什么”的问题	交货及时率、生产负荷率、产品合格率等
学习与成长维度	解决“我们是否能继续提高并创造价值”的问题	新产品开发周期、员工满意度、员工保持率、员工生产率、培训计划完成率等

要点小贴士

既有绩效产出指标，也有偿债能力、营运能力指标。

经典题解

【真题 8·多选题】下列各项中，属于平衡计分卡框架中常用的内部业务流程维度指标的有(　　)。(2021 年卷Ⅲ)

A. 客户获得率　　B. 交货及时率

C. 产品合格率　　D. 员工生产率

【解析】反映内部业务流程维度的常用指标有交货及时率、生产负荷率、产品合格率等。选项 A 属于反映顾客维度的指标。选项 D 属于反映学习与成长维度的指标。

【答案】BC

【真题 9 · 多选题】下列各项中，属于平衡计分卡内部业务流程维度业绩评价指标的有（　　）。（2018 年卷Ⅰ改编）

A. 息税前利润　　B. 资产负债率

C. 生产负荷率　　D. 交货及时率

【解析】反映内部业务流程维度常用指标有交货及时率、生产负荷率、产品合格率等。选项 A、B 属于财务维度的评价指标。

【答案】CD

【真题 10 · 多选题】甲公司用平衡计分卡进行业绩考评，下列各种维度中，平衡计分卡需要考虑的有（　　）。（2017 年卷Ⅰ、卷Ⅱ）

A. 顾客维度　　B. 债权人维度

C. 股东维度　　D. 学习与成长维度

【解析】平衡计分卡的目标和指标来源于企业的愿景和战略，这些目标和指标从四个维度来考查企业的业绩，即财务维度、顾客维度、内部业务流程维度、学习与成长维度，因此选项 A、D 正确。

【答案】AD

（二）平衡计分卡的四个平衡

考点妙记

内外、因果、财非、长短。

四个平衡	内容
外部和内部的平衡	外部评价指标（如股东和客户对企业的评价）和内部评价指标（如内部经营过程、新技术学习等）的平衡
成果和导致成果出现的驱动因素的平衡	成果评价指标（如利润、市场占有率等）和导致成果出现的驱动因素评价指标（如新产品投资开发等）的平衡
财务和非财务的平衡	财务评价指标（如利润等）和非财务评价指标（如员工忠诚度、客户满意程度等）的平衡
短期和长期的平衡	短期评价指标（如利润指标等）和长期评价指标（如员工培训成本、研发费用等）的平衡

经典题解

【真题 11 · 多选题】在使用平衡计分卡进行企业业绩评价时，需要处理几个平衡，下列各项中，正确的有（　　）。（2015 年卷Ⅰ、卷Ⅱ）

A. 财务评价指标与非财务评价指标的平衡

B. 外部评价指标与内部评价指标的平衡

C. 定期评价指标与非定期评价指标的平衡

D. 成果评价指标与驱动因素评价指标的平衡

【解析】平衡计分卡中的“平衡”包括外部评价指标（如股东和客户对企业的评价）和内部评价指标（如内部经营过程、新技术学习等）的平衡；成果评价指标（如利润、市场占有率等）和导致成果出现的驱动因素评价指标（如新产品投资开发等）的平衡；财务评价指标（如利润等）和非财务评价指标（如员工忠诚度、客户满意程度等）的平衡；短期评价指标（如利润指标等）和长期评价指标（如员工培训成本、研发费用等）的平衡。因此，选项 C 不正确。

【答案】ABD

二、平衡计分卡与企业战略管理 ★

（一）平衡计分卡和战略管理的关系

一方面，平衡计分卡考核的基准包括战略规划中所制定的目标；另一方面，平衡计分卡又是一个有效的战略执行系统，它通过引入四个程序，使得管理者能够把长、短期行为联系在一起。

四个程序	说明
说明愿景	阐述并诠释愿景和战略，愿景可以简单理解为企业所要达到的远期目标
沟通与联系	使管理人员在企业中对战略上下沟通，并将它与部门及个人目标联系起来
业务规划	计划与制定目标值，实现业务计划与财务计划一体化
反馈与学习	战略反馈与学习

（二）平衡计分卡的要求

（1）平衡计分卡的四个方面互为因果，最终目的是实现企业战略。

相关链接：与关键绩效指标的构成一致，也包括结果类和动因类指标。

（2）平衡计分卡中既要有业绩衡量指标，也要有具体衡量指标的驱动因素。

（3）平衡计分卡应该最终和财务指标联系起来，因为企业的最终目标是实现良好的经济利润。

三、战略地图架构 ★

四个层面	战略要点
财务维度	长短期对立力量的战略平衡
顾客维度	战略是基于差异化的价值主张
内部业务流程维度	价值是由内部业务流程创造的
学习与成长维度	无形资产的战略性整合 【提示】无形资产包括：人力资本、信息资本和组织资本

四、平衡计分卡与传统业绩评价系统的区别 ★

项目	传统的业绩考核	平衡计分卡
考核重点	注重对员工执行过程的控制	强调目标制订的环节
与战略的关系	与企业的战略执行脱节	把企业战略和业绩管理系统联系起来，是企业战略执行的基础架构
		①在平衡计分卡的四个方面建立公司的战略目标，表达必须达到的、多样的、相互联系的目标 ②平衡计分卡帮助公司及时考评战略执行的情况，适时（每月或每季度）调整战略、目标和考核指标 ③平衡计分卡能帮助公司有效建立跨部门团队合作，促进内部管理过程的顺利进行

五、平衡计分卡的优点和缺点 ★★

优点	（1）战略目标逐层分解并转化为评价对象的绩效指标和行动方案，使整个组织行动协调一致 （2）从财务、客户、内部业务流程、学习与成长四个维度确定绩效指标，使绩效评价更为全面、完整 （3）将学习与成长作为一个维度，注重员工的发展要求和组织资本、信息资本等无形资产的开发利用，有利于增强企业可持续发展的动力
缺点	（1）专业技术要求高，工作量比较大，操作难度也较大，需要持续的沟通和反馈，实施比较复杂，实施成本高 （2）各指标权重在不同层级及各层级不同指标之间的分配比较困难，且部分非财务指标的量化工作难以落实 （3）系统性强，涉及面广，需要专业人员的指导、企业全员的参与和长期持续的修正完善，对信息系统、管理能力的要求较高

本章小结

历年经典主观题回顾

使用“会计云课堂”App 或“微信”扫码快速做题、对答案、看解析、掌握解题思路，开启轻松过关之旅。

计算分析题

甲公司是一家国有控股上市公司，采用经济增加值作为业绩评价指标，目前，控股股东正对甲公司 2014 年度的经营业绩进行评价，相关资料如下。

（1）甲公司 2013 年年末和 2014 年年末资产负债表如下：

单位：万元

项目	2014 年年末	2013 年年末	项目	2014 年年末	2013 年年末
货币资金	405	420	应付账款	1350	1165
应收账款	2150	2135	应付职工薪酬	35	30
其他应收款	330	325	应交税费	100	140
存货	2300	2550	其他应付款	140	95
固定资产	4600	4250	长期借款	2500	2500
在建工程	2240	1350	优先股	1200	1200
			普通股	5000	5000
			留存收益	1700	900
合计	12025	11030	合计	12025	11030

（2）甲公司 2014 年度利润相关资料如下：

单位：万元

项目	2014 年度
管理费用	1950
其中：研发费用	360
财务费用	220
其中：利息支出	200
营业外收入	400
净利润	1155

（3）甲公司长期借款还有3年到期，年利率8%，优先股（分类为权益工具）12万股，每股面额100元，票面股息率10%，普通股β系数1.2。
（4）无风险报酬率3%，市场组合的必要报酬率13%，公司所得税税率25%。

要求：
（1）以账面价值平均值为权数计算甲公司的加权平均资本成本（假设各项长期资本的市场价值等于账面价值）。
（2）计算2014年甲公司调整后税后净营业利润、调整后资本和简化经济增加值［注：除平均资本成本率按要求（1）计算的加权平均资本成本外，其余按国务院国有资产监督管理委员会于2019年4月1日开始施行《中央企业负责人经营业绩考核办法》的相关规定计算］。
（3）回答经济增加值作为业绩评价指标的优点和缺点。（2015年卷Ⅰ改编）

历年经典主观题参考答案及解析

使用“会计云课堂”App或“微信”扫码对答案、看解析、
掌握解题思路，开启轻松过关之旅。

计算分析题

【答案】
（1）债务资本成本=8%×（1−25%）=6%
普通股资本成本=3%+1.2×（13%−3%）=15%
长期借款所占比重=［（2500+2500）/2］/［（2500+2500）/2+（1200+1200）/2+（5000+5000）/2+（1700+900）/2］=25%
优先股所占比重=［（1200+1200）/2］/［（2500+2500）/2+（1200+1200）/2+（5000+5000）/2+（1700+900）/2］=12%
普通股及留存收益所占比重=［（5000+5000）/2+（1700+900）/2］/［（2500+2500）/2+（1200+1200）/2+（5000+5000）/2+（1700+900）/2］=63%
加权平均资本成本=6%×25%+10%×12%+15%×63%=12.15%
【提示1】税前债务资本成本用8%，是因为没有其他的条件，只有长期借款有利息，而借款额是等于最后的还款额的，就是按照平价进行理解，因此到期收益率=利息率=税前债务资本成本=8%。
【提示2】本题中的短期负债都不存在利息等资本成本，因此不考虑短期负债。权重是按照长期负债、优先股、普通股、留存收益确定的。
（2）调整后税后净营业利润=1155+（200+360）×（1−25%）=1575（万元）
平均所有者权益=（1200+1200）/2+（5000+5000）/2+（1700+900）/2=7500（万元）

平均带息负债=2500万元

平均在建工程=（2240+1350）/2=1795（万元）

调整后资本=7500+2500-1795=8205（万元）

经济增加值=1575-8205×12.15%=578.09（万元）

（3）优点：

①经济增加值考虑了所有资本的成本，更真实地反映了企业的价值创造能力。

②实现了企业利益、经营者利益和员工利益的统一，激励经营者和所有员工为企业创造更多价值。

③能有效遏制企业盲目扩张规模以追求利润总量和增长率的倾向，引导企业注重价值创造。

④经济增加值不仅仅是一种业绩评价指标，它还是一种全面财务管理和薪酬激励框架。经济增加值的吸引力主要在于它把资本预算、业绩评价和激励报酬结合起来了。

⑤在经济增加值的框架下，公司可以向投资人宣传他们的目标和成就，投资人也可以用经济增加值选择最有前景的公司。经济增加值还是股票分析家手中的一个强有力的工具（便于投资人、公司和股票分析师之间的价值沟通）。

缺点：

①仅对企业当期或未来1~3年价值创造情况进行衡量和预判，无法衡量企业长远发展战略的价值创造情况。

②经济增加值计算主要基于财务指标，无法对企业的营运效率与效果进行综合评价。

③不同行业、不同发展阶段、不同规模等的企业，其会计调整项和加权平均资本成本各不相同，计算比较复杂，影响指标的可比性。

④不便于比较不同规模公司的业绩（经济增加值是绝对数指标）。

⑤不便于对处于不同阶段的公司进行业绩比较（例如，处于成长阶段的公司经济增加值较少，而处于衰退阶段的公司经济增加值可能较高）。

⑥如何计算经济增加值尚存在许多争议，这些争议不利于建立一个统一的规范。

同步强化练习题

使用“会计云课堂”App或“微信”扫码快速做题、对答案、看解析、掌握解题思路，开启轻松过关之旅。

一、单项选择题

1. 企业应用关键绩效指标法的程序中与其他业绩评价方法的关键不同点是（　　）。

A. 制定激励计划

B. 制定以关键绩效指标为核心的绩效计划

C. 实施绩效评价与激励

D. 编制绩效评价报告与激励管理报告

2. 企业的关键绩效指标一般可分为结果类和动因类两类指标，下列属于动因类指标的是（　　）。

A. 自由现金流量　　B. 资本性支出
C. 经济增加值　　D. 投资报酬率

3. 下列关于关键绩效指标法表述正确的是（　　）。
A. 关键绩效指标法的指标体系是基于企业战略目标建立的
B. 关键绩效指标法与平衡计分卡相比，不能够将价值创造活动与战略规划目标有效联系
C. 关键绩效指标法不能单独使用，应与经济增加值法、平衡计分卡等其他方法结合使用
D. 关键绩效指标法是企业绩效评价方法，其缺陷在于难以用于企业内部的部门业绩评价

4. 下列有关非财务业绩评价与财务业绩评价相比的特点表述错误的是（　　）。
A. 财务业绩评价不能直接计量财务结果的改善过程，非财务业绩评价可以计量财务结果的改善过程
B. 财务业绩评价可以计量公司的短期业绩，非财务业绩评价可以计量公司的长期业绩
C. 财务业绩评价相比非财务业绩评价综合性强
D. 财务业绩评价相比非财务业绩评价数据不好获得

5. 按照《考核办法》的规定计算简化经济增加值时，税后净营业利润 = 净利润 +（利息支出 + 研究开发费用调整项）×（1-25%），这个利息支出是指（　　）。
A. 企业财务报表中"财务费用"项下的"利息支出"
B. 报表附注中的资本化利息
C. 企业财务报表中"财务费用"项下的"利息支出"与报表附注中的资本化利息之和
D. 企业财务报表中"财务费用"项下的"利息支出"扣除报表附注中的资本化利息后的差额

6. 在计算披露的经济增加值时，涉及的会计调整很多，其中经济增加值要求对某些大量使用长期设备的公司，按照更接近经济现实的（　　）计提折旧。
A. 偿债基金折旧法
B. 年数总和折旧法
C. 双倍余额折旧法
D. 沉淀资金折旧法

7. A 公司的平均投资资本为 2000 万元，其中平均净负债为 1000 万元，税后利息费用 90 万元，税后净利润 120 万元；所得税税率为 25%，净负债的税后必要报酬率为 8%，股权必要报酬率为 10%，基于资本市场净负债的税后资本成本为 8%，股权资本成本为 9%，假设没有需要调整的项目，则披露的经济增加值为（　　）万元。
A. 20　　B. 30
C. 10　　D. 40

8. 下列属于利用平衡计分卡衡量财务维度的指标是（　　）。
A. 客户保持率　　B. 资产负债率
C. 交货及时率　　D. 员工保持率

9. 根据《考核办法》计算简化经济增加值，确定债权（税前）资本成本率时，下列说法正确的是（　　）。
A. 债权（税前）资本成本率 = 费用化利息支出总额 / 平均带息负债
B. 债权（税前）资本成本率 =（费用化利息支出总额 + 资本化利息支出总额）/ 平均带息负债
C. 债权（税前）资本成本率 = 长期负债费用化利息支出总额 / 平均长期负债
D. 债权（税前）资本成本率 =（长期负债费用化利息支出总额 + 长期负债资本化利息支出总额）/ 平均长期负债

二、多项选择题

1. 按照平衡计分卡，解决"我们是否能继续提高并创造价值"的问题时可以利用

的考核指标有（　　）。

A. 员工满意度

B. 市场份额

C. 交货及时率

D. 新产品开发周期

2. 下列有关表述中属于关键绩效指标法优点的有（　　）。

A. 使企业业绩评价与企业战略目标密切相关，有利于企业战略目标的实现

B. 通过识别价值创造模式把握关键价值驱动因素，能够更有效地实现企业价值增值目标

C. 指标体系分层级确定，不会导致错误的价值导向

D. 评价指标数量相对较少，易于理解和使用，实施成本相对较低，有利于推广实施

3. 下列有关经济增加值特点表述正确的有（　　）。

A. 经济增加值更真实地反映了企业的价值创造能力

B. 经济增加值的吸引力主要在于它把资本预算、业绩评价和激励报酬结合起来

C. 经济增加值克服了投资报酬率处于成长阶段较低，而处于衰退阶段可能较高的缺点

D. 经济增加值便于比较不同企业对股东财富创造力的大小

4. 根据公司公开的财务报表计算披露的经济增加值时，需纳入调整的事项有（　　）。

A. 计入当期财务费用的战略性投资利息

B. 计入当期损益的为争取客户发生的营销费用

C. 计入当期损益的研究与开发费用

D. 按照加速折旧法计提的折旧费用

5. 经济增加值与剩余收益的联系和区别体现在（　　）。

A. 部门剩余收益通常使用部门税前经营利润和要求的税前投资报酬率计算，而部门经济增加值使用部门税后净营业利润和税后加权平均资本成本计算

B. 资本市场上权益成本和债务成本变动时，计算经济增加值和剩余收益时均需调整加权平均资本成本

C. 剩余收益业绩评价旨在防止部门利益伤害整体利益，而经济增加值旨在促进股东财富最大化

D. 当税金是重要因素时，经济增加值比剩余收益可以更好地反映部门盈利能力

6. 根据《考核办法》的规定确定简化的经济增加值时，可以在计算税后净营业利润时予以加回的有（　　）。

A. 企业财务报表中“期间费用”项下的“研发费用”和当期确认为无形资产的开发支出

B. 对于承担关键核心技术攻关任务而影响当期损益的研发投入

C. 经国资委认定后勘探投入费用较大的企业的“勘探费用”

D. 经国资委认定后环保费用较大的企业的“环境保护费”

7. 根据《考核办法》计算简化经济增加值，确定股权资本成本率时，下列说法正确的有（　　）。

A. 对主业处于充分竞争行业和领域的商业类企业，股权资本成本率原则上定为6.5%

B. 对主业处于关系国家安全、国民经济命脉的重要行业和关键领域、主要承担重大专项任务的商业类企业，股权资本成本率原则上定为5.5%

C. 对公益类企业，股权资本成本率原则上定为4.5%

D. 对军工、电力、农业等资产通用性较差的企业，股权资本成本率上浮0.5个百分点

8. 平衡计分卡的目标和指标来源于企业的愿景和战略，用这些目标和指标考查企业的业绩需要考虑的维度有（　　）。

A. 财务维度
B. 顾客维度
C. 内部业务流程维度
D. 学习与成长维度

9. 在使用平衡计分卡进行企业业绩评价时，需要处理几个平衡，下列各项中，正确的有（ ）。
A. 财务评价指标与非财务评价指标的平衡
B. 外部评价指标与内部评价指标的平衡
C. 长期评价指标与短期评价指标的平衡
D. 数量评价指标与质量评价指标的平衡

10. 战略地图的学习与成长层面，主要说明组织的无形资产及它们在战略中扮演的角色，其中无形资产归纳为（ ）。
A. 无形资本　　B. 人力资本
C. 信息资本　　D. 组织资本

11. 平衡计分卡与传统业绩评价系统的区别体现在（ ）。
A. 传统的业绩考核注重对员工执行过程的控制，平衡计分卡则强调采取纠正措施
B. 传统的业绩评价只是企业战略执行的基础架构，而平衡计分卡把企业战略和业绩管理系统联系起来
C. 平衡计分卡在财务、客户、内部业务流程以及学习与成长四个方面建立公司的战略目标
D. 平衡计分卡能够帮助公司有效地建立跨部门团队合作，促进内部管理过程的顺利进行

三、计算分析题

1. A 公司是一家处于成长阶段的上市公司，正在对 2021 年的业绩进行计量和评价，有关资料如下：
（1）A 公司 2021 年的营业收入为 2500 万元，营业成本为 1340 万元，销售及管理费用为 500 万元，利息费用为 236 万元。
（2）A 公司 2021 年的平均总资产为 5200 万元，平均金融资产为 100 万元，平均经营负债为 100 万元，平均股东权益为 2000 万元。
（3）目前资本市场上等风险投资的权益成本为 12%，税前净负债成本为 8%；2021 年 A 公司董事会对 A 公司要求的目标权益资本成本为 15%，要求的目标税前净负债成本为 8%。
（4）A 公司采用关键绩效指标法考核管理层的投资行为，考核的指标包括净经营资产净利率、权益净利率和披露的经济增加值三个指标。
（5）A 公司适用的企业所得税税率为 25%。

要求：
（1）计算 A 公司的净经营资产净利率、权益净利率。
（2）计算 A 公司的披露的经济增加值。计算时需要调整的事项如下：为扩大市场份额，A 公司 2021 年年末发生营销支出 200 万元，全部计入销售及管理费用，计算披露的经济增加值时要求将该营销费用资本化（调整时按照复式记账原理，同时调整税后净营业利润和平均资本占用）。
（3）判断 A 公司的关键绩效指标体系设置是否恰当，并说明理由。如果认为不恰当，举例说明应如何改进。

2. 甲公司为主业处于充分竞争行业和领域的商业类企业，采用经济增加值业绩考核办法进行业绩计量和评价，有关资料如下：
（1）2021 年甲公司的净利润为 30 亿元；费用化利息支出为 9 亿元，资本化利息支出为 12 亿元；研发费用为 15 亿元，当期确认为无形资产的开发支出为 2 亿元。
（2）2021 年甲公司的年末无息负债为 150 亿元，年初无息负债为 120 亿元；年末带息负债为 600 亿元，年初带息负债为 450 亿元；年末所有者权益为 700 亿元，年初所有者权益为 600 亿元；年末在建工

程为 150 亿元，年初在建工程为 200 亿元。

（3）甲公司适用的所得税税率为 25%。

要求：根据国资委关于经济增加值的相关规定计算下列指标：

（1）税后净营业利润。

（2）调整后资本。

（3）平均资本成本率。

（4）简化经济增加值。

同步强化练习题参考答案及解析

使用“会计云课堂”App 或“微信”扫码对答案、看解析、掌握解题思路，开启轻松过关之旅。

一、单项选择题

1.【答案】B

【解析】应用关键绩效指标法与其他业绩评价方法的关键不同是制定和实施以关键绩效指标为核心的绩效计划。

2.【答案】B

【解析】结果类指标是反映企业绩效的价值指标，主要包括投资报酬率、权益净利率、经济增加值、息税前利润、自由现金流量等综合指标；动因类指标是反映企业价值关键驱动因素的指标，主要包括资本性支出、单位生产成本、产量、销量、客户满意度、员工满意度等。

3.【答案】A

【解析】关键绩效指标法与平衡计分卡都能够将价值创造活动与战略规划目标有效联系，选项 B 错误；关键绩效指标法可以单独使用，也可以与经济增加值法、平衡计分卡等其他方法结合使用，选项 C 错误；关键绩效指标法的应用对象可以是企业，也可以是企业所属的单位（部门）和员工，选项 D 错误。

4.【答案】D

【解析】财务业绩评价相比非财务业绩评价数据好获得，选项 D 错误。

5.【答案】A

【解析】按照《考核办法》的规定，利息支出是指企业财务报表中“财务费用”项下的“利息支出”。

6.【答案】D

【解析】“沉淀资金折旧法”是指在前几年折旧较少，而后几年折旧较多的方法，这种折旧方法更接近经济现实。

7.【答案】D

【解析】披露的经济增加值 =（120+90）－2000×（9%×50%+8%×50%）=40（万元）。

【提示】①这里用的不是该企业的必要报酬率，而是基于资本市场的资本成本，因为经济增加值是从资本市场角度出发的，所以加权平均资本成本的计算也是基于资本市场的。同时这也是经济增加值和剩余收益的一个区别，剩余收益用的是投资人要求的必要报酬率。②计算经济增加值时，用的是税后经营净利润，但是这里告诉的是净利润，所以要计算税后经营净利润，即税后经营净利润 = 净利润 + 税后利息费用。

8.【答案】B

【解析】财务维度的指标包括投资报酬率、权益净利率、经济增加值、息税前利润、自由现金流量、资产负债率、总资产周转率等。选项 A 属于顾客维度的指标。选项 C 属于内部业务流程维度的指标。选项 D 属于学习和成长维度的指标。

9.【答案】B

【解析】债权（税前）资本成本率 = 利息支出总额 / 平均带息负债，其中，利息支出总额是指带息负债情况表中“利息支出总额”，包括费用化利息和资本化利息。

二、多项选择题

1.【答案】AD

【解析】学习和成长维度解决“我们是否能继续提高并创造价值”的问题，可用的指标有新产品开发周期、员工满意度、员工保持率、员工生产率、培训计划完成率等。

2.【答案】ABD

【解析】关键绩效指标法的主要缺点是关键绩效指标的选取需要透彻理解企业价值创造模式和战略目标，有效识别企业核心业务流程和关键价值驱动因素，指标体系设计不当将导致错误的价值导向和管理缺失，选项 C 错误。

3.【答案】AB

【解析】经济增加值的计算要在税后净营业利润中扣除投资成本要求的必要报酬，由于成长阶段的公司投资较多，扣除的投资要求的必要报酬多，因而经济增加值较少，而在衰退阶段投入少，随着资产累计折旧、摊销的增加，资产净值逐渐下降，资本占用逐渐减少，经济增加值会虚增，所以不便于对处于不同阶段的公司进行业绩比较，因此选项 C 错误。由于经济增加值是绝对数指标，不便于比较不同规模公司的业绩，因此选项 D 错误。

4.【答案】ABCD

【解析】本题的考点是披露经济增加值的调整项目。

5.【答案】ACD

【解析】计算剩余收益使用的是部门要求的报酬率，主要考虑管理要求及部门个别风险的高低，资本市场上权益成本和债务成本变动时，不需要调整部门要求的报酬率，因此选项 B 不正确。

6.【答案】ABC

【解析】研究开发费用调整项是指企业财务报表中“期间费用”项下的“研发费用”和当期确认为无形资产的开发支出。对于承担关键核心技术攻关任务而影响当期损益的研发投入，可以按照 100% 的比例，在计算税后净营业利润时予以加回。对于勘探投入费用较大的企业，经国资委认定后，将其成本费用情况表中的“勘探费用”视同研究开发费用调整项予以加回。

7.【答案】ABC

【解析】对军工、电力、农业等资产通用性较差的企业，股权资本成本率下浮 0.5 个百分点。

8.【答案】ABCD

【解析】平衡计分卡的目标和指标来源于企业的愿景和战略，这些目标和指标从四个维度来考查企业的业绩，即财务、顾客、内部业务流程、学习与成长，这四个维度组成了平衡计分卡的框架。

9.【答案】ABC

【解析】平衡计分卡中的“平衡”包括外部评价指标（如股东和客户对企业的评价）和内部评价指标（如内部经营过程、新技术学习等）的平衡；成果评价指标（如利润、市场占有率等）和导致成果出现的驱动因素评价指标（如新产品投资开发等）的平衡；财务评价指标（如利润等）和非财务评价指标（如员工忠诚度、客户满意程度等）的平衡；短期评价指标（如利润指标等）和长期评价指标（如员工培训成本、研发费用等）的平衡。因此，选项D不正确。

10.【答案】BCD

【解析】战略地图中的无形资产可以归纳为人力资本、信息资本和组织资本三类。

11.【答案】CD

【解析】平衡计分卡强调目标制订的环节，选项A错误；传统的业绩评价与企业的战略执行脱节，平衡计分卡是企业战略执行的基础架构，选项B错误。

三、计算分析题

1.【答案】

（1）税后净营业利润 =（2500−1340−500）×（1−25%）=495（万元）

税后利息费用 =236×（1−25%）=177（万元）

净利润 =495−177=318（万元）

平均净经营资产 =5200−100−100=5000（万元）

净经营资产净利率 =495/5000=9.9%

权益净利率 =318/2000=15.9%

（2）市场基础的加权平均资本成本 = 12%×2000/5000+8%×（1−25%）×3000/5000=8.4%

调整后的税后净营业利润 =495+200×（1−25%）=495+150=645（万元）

调整后的平均资本占用 =5000+150=5150（万元）

披露的经济增加值 =645−5150×8.4%=212.4（万元）

（3）不恰当。关键绩效指标体系的构成应该既包括结果类指标也包括动因类指标，而A公司的指标只包括反映企业绩效的价值指标（即结果类指标），没有包括反映企业价值关键驱动因素的指标（即动因类指标）。

应该增加动因类的指标，例如资本性支出、单位生产成本、产量、销量、客户满意度、员工满意度等。另外在结果类指标里可以增加有关自由现金流量的指标。

2.【答案】

（1）税后净营业利润 = 净利润 +（利息支出 + 研究开发费用调整项）×（1−25%）

研究开发费用调整项 = 研发费用 + 当期确认为无形资产的开发支出 =15+2=17（亿元）

税后净营业利润 =30+（9+17）×（1−25%）= 49.5（亿元）

（2）调整后资本 = 平均所有者权益 + 平均带息负债 − 平均在建工程

平均所有者权益 =（700+600）/2=650（亿元）

平均带息负债 =（600+450）/2=525（亿元）

平均在建工程 =（150+200）/2=175（亿元）

调整后资本 =650+525−175=1000（亿元）

（3）利息支出总额 = 费用化利息支出 + 资本化利息支出 =9+12=21（亿元）

债权（税前）资本成本率 = 利息支出总额 / 平均带息负债 =21/525=4%

因为甲公司为主业处于充分竞争行业和领域的商业类企业，所以股权资本成本率 =6.5%

平均资本成本率 =4%×525/（650+525）×（1−25%）+6.5%×650/（650+525）=4.94%

年末资产负债率 =（150+600）/（150+600+700）=51.72%

年初资产负债率 =（120+450）/（120+450+600）=48.72%

资产负债率虽然高于上年但低于75%，故不属于需要调整的情况。

（4）简化经济增加值 = 税后净营业利润 − 调整后资本 × 平均资本成本率 =49.5−1000×4.94%=0.1（亿元）。

03

第三部分

跨章节主观题演练

跨章节主观题演练

主观题备考攻略

一、近几年综合题的出题情况

从 2012 年开始，实行机考测试，通常情况下均为两套题，每套题的综合题只有一道。题目覆盖章节减少，体现了考试制度改革的思路，难度降低，但计算量还是较大。因此要求考生要熟悉教材，平时多练习机考模式下的答题方法，习惯计算机输入方法和技巧，提高解题的速度和准确率。各年综合题涉及的考点如下表所示：

年份		综合题考点
2012 年	卷Ⅰ	考查第 5 章现金流量确定、投资决策指标计算、可比公司法确定折现率以及敏感分析
	卷Ⅱ	考查第 2 章管理用财务报表分析、可持续增长率的确定
2013 年	卷Ⅰ	考查第 2 章实体现金流量、股权现金流量、债务现金流量的计算和第 8 章实体价值、股权价值的计算
	卷Ⅱ	考查第 13 章间接成本费用的分配、辅助生产费用的分配、完工产品和在产品的划分、逐步结转分步法下产品成本的计算和产品成本的还原
2014 年	卷Ⅰ	考查第 2 章管理用财务报表分析体系、第 12 章易变现率的确定、第 20 章业绩评价以及第 5 章可比公司法确定资本成本
	卷Ⅱ	考查第 5 章投资项目资本预算与第 4 章资本成本的确定
2015 年卷Ⅰ、卷Ⅱ		考查第 5 章投资项目资本预算中现金流量确定、投资决策指标以及敏感分析等
2016 年卷Ⅰ、卷Ⅱ		
2017 年	卷Ⅰ	考查第 17 章约束资源最优利用决策与第 16 章多品种情况下的保本分析、利润敏感分析
	卷Ⅱ	考查第 19 章利润中心的考核指标和第 16 章多品种情况下的保本分析、利润敏感分析
2018 年	卷Ⅰ	考查第 9 章每股收益无差别点决策、经营杠杆系数的衡量、财务杠杆系数的衡量和第 16 章本量利分析及第 17 章约束资源最优利用决策
	卷Ⅱ	考查第 5 章平均年成本、第 10 章租赁决策、第 16 章本量利分析及第 17 章特殊订单是否接受的决策、约束资源最优利用决策

年份		综合题考点
2019年	卷Ⅰ	考查第2章财务比率分析、第4章运用风险调整法估计债务资本成本以及普通股资本成本的估计和第10章可转换债券筹资
	卷Ⅱ	考查第2章财务比率分析、第4章运用风险调整法估计债务资本成本以及普通股资本成本的估计和第10章附认股权证债券筹资
2020年	卷Ⅰ	考查第2章管理用财务报表的编制和改进分析体系相关指标的计算、第4章资本成本的计算、第8章实体现金流量模型计算企业价值和第10章非公开增发新股的发行价格和发行数量的确定
	卷Ⅱ	考查第2章管理用财务分析体系的相关指标计算、第4章资本成本的计算、第5章运用可比公司法估计目标企业的β系数、第8章实体现金流量模型和相对价值模型计算企业价值
2021年正常考试	卷Ⅰ	考查第2章管理用财务报表的编制、第8章市盈率模型和现金流量折现模型估算股权价值
	卷Ⅱ	考查第4章资本成本的计算、第5章新建项目投资决策与第20章关键绩效指标的考核
2021年延期考试	卷Ⅰ	考查第2章财务指标计算、因素分析法运用、内含增长率的确定以及第12章易变现率的确定和第20章经济增加值的确定
	卷Ⅱ	考查第18章全面预算中弹性预算的编制、第14章标准成本差异分析与第16章保利分析

二、综合题的特点与解题重点

综合题主要考查考生对知识点全面综合理解和熟练运用的能力。这类试题的特点是题量大、实务操作性强，通常涉及几章的内容，往往带有案例分析的性质。综合题由于涉及的内容多，一般要分成若干个步骤，因此，必须认真审题，仔细阅读题目中给出的资料、数据和具体要求，通过分析找出解题的思路。综合题一般分成几问，这往往是一种提示，因此，一定要按照题目所问的顺序答题。这类试题一般不是只考查某一个问题，往往要把几个知识点联系起来考查，因此，思路要开阔，将各知识点联系起来归纳和分析，要注意答题的系统性。

因此建议考生在复习中，除了掌握教材讲述的内容，还应适当地参阅一些必要的辅导材料，自学完成其他的一些相关知识。在选择辅导材料的时候要注意，财务成本管理中有一部分知识点与其他考试（例如中级会计职称考试）辅导教材的观点可能略有不同，当出现此种情况时，考生应以CPA考试指定辅导教材中的观点为应试时采用的观点。

三、计算分析题解题技巧

（1）针对计算分析题，先整体浏览一遍题目要求，对题目考查的知识点有个大概了解。然后带着问题来看题目，寻找与解题相关的题干条件，逐个击破所有要求。考生一定要注意，遇到某一问不会或不确定时，不要直接放弃后面的题目，而是接着看题，如果后问以前问的答案为基础，则可暂时放弃，否则，不影响后面答题。

（2）近些年来，CPA财务成本管理考试的计算分析题不再局限于计算，还会考查一些概念性的问题，因此，考生平时学习要注意掌握知识点的相关含义及关键词，比如题目涉及的相关知识点的优缺点、适用条件等。

（3）在回答判断性的题目时，考生一定要先给出结论，再说明理由，这样才算回答全面。

四、综合题解题技巧

CPA 财务成本管理考试的时间非常紧张，答不完题的现象很常见，因此，考生在考试过程中要懂得取舍，如果将大量时间用在难度较高的题目上，风险很大，建议选答部分小问，其他小问战略性放弃，用更多的时间去解答容易做对的问题，这样可以最大程度地保证得分率，以便通过考试。

跨章节主观题

使用“会计云课堂”App 或“微信”扫码快速做题、对答案、看解析、掌握解题思路，开启轻松过关之旅。

专题一　财务报表分析

财务报表分析和财务预测这一章最容易出综合题的知识点是管理用报表分析体系，以往不仅单独在综合题中出现，更多的情形下是与相关章节综合出题。

【综合题 1】管理用报表分析体系与企业业绩评价的综合

DBX 公司是一家处于充分竞争领域的商业企业，该公司为了进行分析编制的管理用报表的有关资料如下：

（1）DBX 公司的管理用资产负债表与管理用利润表：

管理用资产负债表

编制单位：DBX 公司　　　　2021 年 12 月 31 日　　　　单位：万元

净经营资产	年末余额	年初余额	净负债及股东权益	年末余额	年初余额
经营性流动资产合计	3123	2691	金融负债合计	3555	2592
经营性流动负债合计	900	670.5	金融资产合计	27	256.5
经营营运资本	2223	2020.5	净负债	3528	2335.5
经营性长期资产合计	5850	4612.5			
经营性长期负债合计	225	337.5			

续表

净经营资产	年末余额	年初余额	净负债及股东权益	年末余额	年初余额
净经营性长期资产	5625	4275	股东权益合计	4320	3960
净经营资产合计	7848	6295.5	净负债及股东权益合计	7848	6295.5

管理用利润表

编制单位：DBX公司　　2021年度　　单位：万元

项目	本年金额	上年金额
经营损益：		
一、营业收入	13500	12825
减：营业成本	11898	11263.5
二、毛利	1602	1561.5
减：税金及附加	126	126
销售费用	99	90
管理费用	207	180
其中：研发费用	125	100
加：营业外收入	198	324
减：营业外支出	0	0
三、税前经营利润	1368	1489.5
减：经营利润所得税	437.76	475.37
四、税后经营净利润	930.24	1014.13
金融损益：		
五、利息费用	468	432
减：利息费用抵税	149.76	137.87
六、税后利息费用	318.24	294.13
七、净利润合计	612	720

（2）2021年的折旧与摊销为459万元。

（3）DBX公司适用的企业所得税税率为25%。

（4）公司金融负债均为带息负债；本年末在建工程为81万元，上年末在建工程为157.5万元，资本化利息支出100万元，当期确认为无形资产的开发支出为200万元。

（5）管理用利润表中的2021年利息费用中包含“财务费用”项下的利息费用84.41万元，其余为金融资产公允价值变动损失。

（6）公司采取固定股利支付率政策，股利支付率为60%。

要求：

（1）计算该公司 2021 年的营业现金毛流量、营业现金净流量、资本支出和实体现金流量。

（2）计算 DBX 公司的有关财务比率，并填入下表（净财务杠杆保留 5 位小数，其余指标保留百分号前 3 位小数，资产负债表取期末数）：

主要财务比率	2021 年	2020 年
净经营资产净利率		
税后利息率		
经营差异率		
净财务杠杆		
杠杆贡献率		
权益净利率		

（3）对 2021 年权益净利率较上年的差异进行因素分解，依次计算净经营资产净利率、税后利息率和净财务杠杆的变动对 2021 年权益净利率变动的影响。

（4）若 DBX 公司为一家大型非工业企业，基准股权资本成本率为 6.5%，债权资本成本率按《暂行办法》的规定计算，确定其 2021 年的简化的经济增加值。

（5）若公司 2022 年不增发股票且不回购股票，且保持 2021 年的经营效率和财务政策不变，2022 年的销售增长率预计可以达到多高？

（6）如果公司希望 2022 年的销售增长率为 10%，净经营资产周转率、股利支付率和营业净利率不变，假设基期金融资产可以动用，计算 DBX 公司 2022 年的融资总需求与外部筹资额。

专题二　财务预测

财务预测中的可持续增长率可用于估计股利增长率，因此可与第 4 章资本成本综合出题。

【综合题 2】可持续增长率指标与股权资本成本计算的综合

ABC 公司 20×2 年 12 月 31 日有关资料如下：

资产负债表简表

20×2 年 12 月 31 日　　　　单位：万元

项目	金额	项目	金额
流动资产（经营）	240	短期借款	46
长期资产（经营）	80	应付职工薪酬	18
		应付账款	32
		长期借款	32

续表

项目	金额	项目	金额
		股本	100
		资本公积	57
		留存收益	35
合计	320	合计	320

20×2年度公司营业收入为4000万元，所得税税率为25%，实现净利润100万元，分配股利60万元。

要求：

（1）若公司不打算增发股票（或回购股票），维持20×2年营业净利率、股利支付率、资产周转率和资产负债率不变，则：

① 20×3年预期销售增长率为多少？

② 20×3年预期股利增长率为多少？

③若公司目前发行在外的股数为100万股，股票市价为每股10元，计算公司股票的资本成本。

（2）假设20×3年计划销售增长率为30%，回答下列互不相关的问题：

①若不打算外部筹集权益资金，并保持20×2年财务政策和资产周转率不变，则营业净利率应达到多少？

②若不打算外部筹集权益资金，并保持20×2年经营效率和资产负债率不变，则股利支付率应达到多少？

③若不打算外部筹集权益资金，并保持20×2年财务政策和营业净利率不变，则资产周转率应达到多少？

④若不打算外部筹集权益资金，并保持20×2年经营效率和股利支付率不变，则资产负债率应达到多少？

⑤若想保持20×2年经营效率和财务政策不变，需从外部筹集多少股权资金？

专题三　投资项目资本预算

投资项目资本预算决策指标中最容易出题的是净现值指标，净现值指标的确定除了需要正确确定现金流量，还需要正确确定折现率。折现率的确定通常可以与第4章资本成本综合，加权平均资本成本的确定又可以和第9章资本结构综合。

【综合题3】投资项目资本预算与资本成本的综合

甲公司是一家建设投资公司，业务涵盖市政工程绿化、旅游景点开发等领域。近年来，夏日纳凉休闲项目受到青睐，甲公司计划在位于市郊的A公园开发W峡谷漂流项目（简称“W项目”），目前正在进行项目评价，有关资料如下：

（1）甲公司与A公园进行洽谈并初步约定，甲公司一次性支付给A公园经营许可费700万元（税法规定在5年内摊销，期满无残值），取得W项目5年的开发与经营权；此外，甲公司还需每年按营业收入的5%向A公园支付景区管理费。

（2）W项目前期投资包括：修建一座蓄水池，预计支出100万元；漂流景区场地、设施等固定资产投资200万元；购入橡皮艇200艘，每艘市价5000元。按税法规定，以上固定资产可在10年内按直线法计提折旧，期满无残值。5年后，A公园以600万元买断W项目，甲公司退出W项目的经营。

（3）为宣传推广W项目，前期需投入广告费50万元。按税法规定，广告费在项目运营后第1年年末税前扣除。甲公司经调研预计W项目的游客服务价格为200元/人次，预计第1年可接待游客30000人次；第2年及以后年度项目将满负荷运营，预计每年可接待游客40000人次。

（4）预计W项目第1年的人工成本支出为60万元，第2年增加12万元，以后各年人工成本保持不变。

（5）漂流河道、橡皮艇等设施的年维护成本及其他营业开支预计为100万元。

（6）为维持W项目正常运营，预计需按照营业收入的20%垫支营运资本。

（7）甲公司计划以2/3（负债/权益）的资本结构为W项目筹资。如果决定投资该项目，甲公司将于2022年10月发行5年期债券。由于甲公司目前没有已上市债券，拟采用风险调整法确定债务资本成本。W项目的权益资本相对其税后债务资本成本的风险溢价为5%。

甲公司的信用级别为BB级，目前国内上市交易的BB级公司债券有3种，这3种债券及与其到期日接近的政府债券的到期收益率如下：

发债公司	上市债券到期日	上市债券到期收益率	政府债券到期日	政府债券到期收益率
H	2023年1月28日	6.5%	2023年2月1日	3.4%
M	2024年9月26日	7.6%	2024年10月1日	3.6%
L	2027年10月15日	8.3%	2027年10月10日	4.3%

（8）预计W项目短时间可建成，可以假设没有建设期。为简化计算，假设经营许可费、项目初始投资、广告费均发生在第1年年初（零时点），项目营业收入、付现营业费用等均发生在以后各年年末，垫支的营运资本于各年年初投入，在项目结束时全部收回。

（9）甲公司适用的企业所得税税率为25%。

要求：

（1）根据所给资料，估计无风险报酬率，计算W项目的加权平均资本成本，其中债务资本成本采用风险调整法计算，权益资本成本采用债券收益率风险调整模型计算。

（2）计算W项目的初始（零时点）现金流量、每年的现金净流量及项目的净现值（计算过程及结果填入下方表格中），判断项目是否可行并说明原因。

单位：万元

项目	零时点	第1年	第2年	第3年	第4年	第5年

项目	零时点	第1年	第2年	第3年	第4年	第5年
现金净流量						
折现系数						
现金净流量的现值						
净现值						

（3）以项目目前净现值为基准，假设W项目各年接待游客人次下降10%，用敏感程度法计算净现值对接待游客人次的敏感系数。

专题四　企业价值评估

企业价值评估的方法主要有现金流量折现模型和相对价值评估模型。现金流量折现模型确定价值时通常要根据预计管理用财务报表或管理用财务分析比率确定现金流量，折现率的确定通常要结合资本成本。相对价值评估模型需要利用到第2章财务报表有关财务比率的相关知识。

【综合题4】现金流量折现模型与管理用财务报表的综合

请你对H公司的股权价值进行评估。有关资料如下。

（1）以2021年为预测基期，该年经修正的利润表和资产负债表如下。

单位：万元

年份	2021年
利润表项目（年度）：	
营业收入	10000
税后经营净利润	1500
减：税后利息费用	275
净利润	1225

年份	2021 年
减：应付股利	725
本期利润留存	500
加：年初未分配利润	4000
年末未分配利润	4500
资产负债表项目（年末）:	
经营营运资本	1000
净经营性长期资产	10000
净经营资产总计	11000
净金融负债	5500
股本（股数 1000 万股）	1000
年末未分配利润	4500
股东权益合计	5500
净金融负债及股东权益总计	11000

（2）以 2022 年和 2023 年为详细预测期，2022 年的预计销售增长率为 10%，2023 年的预计销售增长率为 5%，以后各年的预计销售增长率稳定在 5% 的水平。

（3）假设 H 公司未来的"税后经营净利润 / 营业收入""经营营运资本 / 营业收入"和"净经营性长期资产 / 营业收入"可以维持基期的水平。

（4）假设 H 公司未来将维持基期的资本结构（净金融负债 / 净经营资产）不变，并持续采用剩余股利政策。

（5）假设 H 公司未来的"净金融负债平均利息率（税后）"为 5%，各年的"利息费用"按年初"净金融负债"的数额预计。

要求：

（1）编制价值评估所需的预计利润表和资产负债表（结果填入下面表格中，不必列出计算过程）。

预计利润表和资产负债表

单位：万元

年份	2021 年	2022 年	2023 年
利润表项目（年度）:			
营业收入			
税后经营净利润			
减：税后利息费用			

续表

年份	2021 年	2022 年	2023 年
净利润			
资产负债表项目（年末）:			
经营营运资本			
净经营性长期资产			
净经营资产总计			
净金融负债			
股东权益合计			
净金融负债及股东权益总计			

（2）计算 2022 年和 2023 年的“实体现金流量”和“股权现金流量”。

（3）假设 H 公司未来的加权平均资本成本为 10%，利用实体现金流量法计算公司的每股股权价值，假设净债务价值按账面价值确定。

（4）假设 H 公司未来的股权资本成本为 12%，利用股权现金流量法计算公司的每股股权价值。

【综合题 5】相对价值评估模型与基本财务比率、可持续增长率的综合

A 公司属于制造业企业，本年度财务报表的有关数据如下：

单位：万元

营业收入	10000
长期资产折旧与摊销费用	600
利息支出	1250
税前利润	625
所得税费用（税率 20%）	125
净利润	500
发放股利（股利支付率 50%）	250
利润留存	250
期末股东权益（100 万股）	12500
期末负债	12500
期末总资产	25000

要求：

（1）假设 A 公司在今后可以维持本年的经营效率和财务政策不变，且不增发新股或回购股票，请依次回答下列问题：

①下年的预期销售增长率是多少?

②今后的预期股利增长率是多少?

③假设 A 公司本年年末的股价是 20 元 / 股，证券市场处于均衡状态，则股权资本成本是多少?

（2）假设制造业上市公司中，增长潜力、股利支付率和风险与 A 公司类似的有 6 家，它们的市盈率如下表所示，请依次回答下列问题：

公司名称	市盈率	预期增长率
B	15	5%
C	14	4%
D	10	6%
E	14	7.5%
F	20	3%
G	12	12.5%

①确定修正平均市盈率。（保留 4 位小数）

②利用修正平均市盈率法确定 A 公司的每股股票价值。

③假设本年年末 A 公司股价为 20 元 / 股，判断 A 公司的股价被市场高估了还是低估了。

专题五　租赁决策

租赁决策是关于自行购买设备还是租入设备的决策，对于购买设备是否可行的决策，是有关第 5 章投资项目资本预算中现金流量确定方法和决策指标计算方法的内容。在第 5 章需要考虑未来的营业收入和付现营业费用等现金流量，所以折现率应该用投资人要求的必要报酬率。而租赁决策要考虑租赁相比购置的相关现金流量，主要是现金流出量，折现率教材采用的是简化方法，采用有担保的税后借款利率。

【综合题 6】租赁决策与投资项目资本预算的综合

ABC 公司拟投产一个新产品。有关资料如下：

（1）该种产品批发价格为每件 5 元，变动成本为每件 4.1 元。市场预测显示未来 4 年每年销量可以达到 200 万件。

（2）投资预测：为了增加一条年产 200 万件的生产线，需要设备投资 600 万元；预计第 4 年年末设备的变现价值为 100 万元；生产部门估计需要增加的营运资本为新增销售额的 16%，在项目开始时投入，在项目结束时收回；该设备能够很快安装并运行，假设没有建设期。

（3）设备开始使用前需要支出培训费 8 万元；该设备每年需要支付运行维护费 8 万元。

（4）该设备也可以通过租赁方式取得。租赁公司要求每年租金 123 万元，租期 4 年，租金在每年年初支付，租赁期内不得退租，租赁期满设备所有权不转移。设备每年的运行维护费 8 万元由 ABC 公司承担。租赁设备开始使用前所需的培训费 8 万元由 ABC 公司承担。

（5）税法规定该类设备使用年限 5 年，直线法计提折旧，残值率 5%。

（6）公司目前的 $\beta_{权益}$ 为 1.8，产权比率为 1，预计公司未来会调整资本结构，产权比率降为 2/3。

（7）目前无风险报酬率为5%，市场风险溢价率为6.32%，税前债务资本成本为10%（债务均为有担保借款），企业所得税税率为20%。

要求：

（1）计算该项目投资的折现率（保留百分位整数）。

（2）计算该项目常规净现值，并判断自行购置方案是否可行。

单位：万元

时间（年末）	0	1	2	3	4
营业现金毛流量					
各年现金净流量					
折现系数					
各年现金净流量现值					
净现值					

（3）确定租赁相比自行购买方案的相关现金流量，并计算租赁净现值，为简便起见按税后有担保借款利率作为折现率。

单位：万元

时间（年末）	0	1	2	3	4
租赁方案：					
租赁相关现金流量					
折现系数					

时间（年末）	0	1	2	3	4
租赁相关现金流量现值					
租赁相关现金流量现值合计					
自行购买方案：					
自行购买相关现金流量					
折现系数					
自行购买相关现金流量现值					
自行购买相关现金流量现值合计					
租赁净现值					

（4）判断利用租赁设备投产新产品的方案是否可行，并说明理由。

（5）若使利用租赁设备投产新产品的方案可行，租赁方案的最高租金是多少？

专题六　混合筹资

可转换债券与附认股权证债券筹资的考点涉及债券价值与资本成本的确定，因此容易和第 4 章资本成本、第 6 章债券价值评估综合考查。

【综合题 7】可转换债券筹资与资本成本、股票价值的综合

H 公司是一家高成长的公司，目前每股股利为 1 元，股利预期增长率为 6%，股票的资本成本为 11.3%。

2022 年 7 月公司急需筹集资金 4000 万元，有以下两个备选方案：

方案 1：平价发行 10 年期的长期债券。H 公司的信用级别为 AAA 级，目前上市交易的 AAA 级公司债券有 3 种。这 3 种公司债券及与其到期日接近的政府债券的到期收益率如下表所示：

债券发行公司	上市债券到期日	上市债券到期收益率	政府债券到期日	政府债券到期收益率
甲	2028 年 7 月 1 日	6.5%	2028 年 6 月 30 日	3.4%
乙	2030 年 9 月 1 日	6.25%	2030 年 8 月 1 日	3.05%
丙	2032 年 6 月 1 日	7.5%	2032 年 7 月 1 日	3.6%

方案 2：平价发行 10 年期的可转换债券，债券面值为每份 1000 元，票面利率为 5%，每年年末付息一次。转换价格为 25 元；不可赎回期为 5 年，5 年后可转换债券的赎回价格为 1050 元，此后每年递减 10 元。假设等风险普通债券的市场利率为 7%。

要求：

（1）利用风险调整法，计算方案1发行债券的税前资本成本。

（2）预计第5年末股票的价值。

（3）根据方案2，计算第5年年末可转换债券的底线价值，并计算发行可转换债券的税前资本成本。

（4）判断方案2是否可行并解释原因。如方案2不可行，请提出三种可行的具体修改建议（例如：票面利率至少提高到多少，方案才是可行的，假定修改后的票面利率需为整数。修改发行方案时，债券的面值、期限、付息方式均不能改变，不可赎回期的改变以年为最小单位，赎回价格的确定方式不变）。

【综合题8】附认股权证债券筹资与债券价值、股权再融资的综合

F公司是一家经营电子产品的上市公司。公司目前发行在外的普通股为10000万股，每股价格为10元，预计未来可持续增长率为13.43%。公司现在急需筹集资金16000万元，用于投资液晶显示屏项目，有如下四个备选筹资方案：

方案一：以目前股本10000万股为基数，每10股配2股，配股价格为8元/股。

方案二：按照目前市价公开增发股票1600万股。

方案三：发行10年期的公司债券，债券面值为每份1000元，票面利率为9%，每年年末付息一次，到期还本，发行价格拟定为950元/份。

方案四：按面值发行10年期的附认股权证债券，债券面值为每份1000元，票面利率为9%，每年年末付息一次，到期还本。每份债券附送20张认股权证，认股权证只能在第5年年末行权，行权时每张认股权证可按15元的价格购买1股普通股。

目前等风险普通债券的市场利率为10%。假设上述各方案的发行费用均可忽略不计。

要求：

（1）如果要使方案一可行，企业应在盈利持续性、现金股利分配水平和拟配售股份数量方面满足什么条件？假设该方案可行并且所有股东均参与配股，计算配股除权参考价及每股股票配股权价值。

（2）如果要使方案二可行，企业应在净资产收益率方面满足什么条件？应遵循的公开增发新股的定价原则是什么？

（3）根据方案三，计算每份债券价值，判断拟定的债券发行价格是否合理并说明原因。

（4）根据方案四，计算该附认股权证债券的税前资本成本，判断方案四是否可行并说明原因。

专题七 股利分配

股利分配政策是本专题的主要考点，可以和股票股利、现金股利的计算进行结合，也可与其他章节综合考查。

【综合题9】股利分配政策与财务比率、投资中心业绩评价的综合

戊公司是一家以软件研发为主要业务的上市公司，其股票于2016年在我国深圳证券交易所创业板上市交易。戊公司有关资料如下：

资料一：X是戊公司下设的一个利润中心，2021年X利润中心的营业收入为600万元，

变动成本为 400 万元，该利润中心负责人可控的固定成本为 50 万元。由该利润中心承担的但其负责人无法控制的固定成本为 30 万元。

资料二：Y 是戊公司下设的一个投资中心，2021 年占用的平均投资额为 2000 万元，部门投资报酬率为 15%。2022 年年初有一个投资额为 1000 万元的投资机会，预计每年增加税前经营利润 90 万元，假设戊公司要求的税前投资报酬率为 10%。

资料三：2021 年戊公司实现的净利润为 500 万元，2021 年 12 月 31 日戊公司股票每股市价为 10 元。戊公司 2021 年年末管理用资产负债表相关数据如下表所示：

戊公司管理用资产负债表相关数据

单位：万元

项目	金额
净经营资产总计	10000
净负债总计	6000
股本（面值 1 元，发行在外 1000 万股）	1000
资本公积	500
盈余公积	1000
未分配利润	1500
所有者权益合计	4000

资料四：戊公司 2022 年拟筹资 1000 万元以满足投资的需要，戊公司 2021 年年末的资本结构即目标资本结构。

资料五：2022 年 3 月，戊公司制定的 2021 年度利润分配方案如下：（1）每 10 股发放现金股利 1 元；（2）每 10 股发放股票股利 1 股。发放股利时戊公司的股价为 10 元 / 股。

要求：

（1）根据资料一，计算 X 利润中心的部门边际贡献、部门可控边际贡献和部门税前经营利润，并指出以上哪个指标可以更好地评价 X 利润中心负责人的管理业绩。

（2）根据资料二计算：

①计算接受新投资机会前 Y 投资中心的剩余收益；

②计算接受新投资机会后 Y 投资中心的剩余收益；

③判断 Y 投资中心是否应接受新投资机会，并说明理由。

（3）根据资料三，计算戊公司市盈率和市净率。

（4）根据资料三和资料四，在剩余股利政策下，计算下列数据：

①权益筹资数额；

②每股现金股利。

（5）根据资料三和资料五，计算发放股利后下列指标：

①未分配利润；

②股本；

③资本公积。

专题八　营运资本管理

营运资本管理的主要考点是营运资本筹资策略、应收账款信用政策决策和存货管理。

【综合题 10】营运资本筹资策略、财务比率分析与改进的杜邦分析体系的综合

甲公司是一家化工原料生产企业，生产经营无季节性。股东使用管理用财务报表分析体系对公司 2021 年度业绩进行评价，主要的管理用财务报表数据如下：

单位：万元

项目	2021 年	2020 年
资产负债表项目（年末）：		
经营性流动资产	7500	6000
减：经营性流动负债	2500	2000
经营性长期资产	20000	16000
净经营资产合计	25000	20000
短期借款	2500	0
长期借款	10000	8000
净负债合计	12500	8000
股本	10000	10000
留存收益	2500	2000
股东权益合计	12500	12000
利润表项目（年度）：		
销售收入	25000	20000
税后经营净利润	3300	2640
减：税后利息费用	1075	720
净利润	2225	1920

股东正在考虑采用如下业绩评价指标对甲公司进行业绩评价：

使用权益净利率作为业绩评价指标，2021 年的权益净利率超过 2020 年的权益净利率即视为完成业绩目标。

甲公司的企业所得税税率为 25%。为简化计算，计算相关财务指标时，涉及的资产负债表数据均使用其各年年末数据。

要求：

（1）计算甲公司 2020 年、2021 年的权益净利率，评价甲公司 2021 年是否完成业绩目标。

（2）使用改进的杜邦分析体系，计算影响甲公司 2020 年、2021 年权益净利率高低的三个驱动因素，定性分析甲公司 2021 年的经营管理业绩和理财业绩是否得到提高。

（3）计算甲公司2020年年末、2021年年末的易变现率，分析甲公司2020年、2021年采用了哪种营运资本筹资策略。并指出如果营运资本筹资策略发生变化,会给公司带来什么影响?

【综合题11】应收账款信用政策决策与短期经营决策的综合

C公司只生产和销售甲、乙两种产品。目前的信用政策为“2/15，n/30”，有占销售额60%的客户在折扣期内付款并享受公司提供的折扣；不享受折扣的销售额中，有80%可以在信用期内收回，另外20%在信用期满后10天（平均数）收回。逾期账款的收回，需要支出占逾期账款额10%的收账费用。如果明年继续保持目前的信用政策，预计甲产品销售量为4万件，单价100元，单位变动成本60元；乙产品销售量2万件，单价300元，单位变动成本240元，公司目前的固定成本总额为140万元。该公司明年有以下两个方案可供选择：

方案1：如果明年将信用政策改为“5/10，n/20”，预计不会影响产品的单价、单位变动成本，甲、乙两种产品的销量均可上涨20%。但该企业生产这两种产品时都需要用同一台机器设备进行加工，该机器设备属于企业的最紧缺资源。该设备最大生产能力为41.2万分钟。每件甲产品需要该设备加工4分钟；每件乙产品需要该设备加工10分钟。与此同时，享受折扣的比例将上升至销售额的70%；不享受折扣的销售额中，有50%可以在信用期内收回，另外50%可以在信用期满后20天（平均数）收回。这些逾期账款的收回，需要支出占逾期账款额10%的收账费用。

方案2：C公司发现新的商机，明年决定不改变信用政策，而是利用剩余生产能力，并添置少量辅助生产设备，生产一种新产品Y。预计Y产品的年销售量为3万件，销售单价为200元，单位变动成本为100元，固定成本每年增加50万元，与此同时，甲产品的销售会受到一定冲击，其年销售量将在原来基础上减少0.5万件。

该公司的资本成本为12%。

要求：

（1）计算公司目前各产品的保本销售量及保本销售额。

（2）假设公司继续保持目前的信用政策，计算其平均收现期和应收账款应计利息（一年按360天计算，计算结果以万元为单位，保留小数点后两位，下同）。

（3）假设公司采用方案1：

①确定甲、乙两产品的产销量，计算加权平均边际贡献率。

②确定平均收现期和应收账款应计利息。

③计算改变信用政策引起的税前损益变动净额，并据此说明公司应否改变信用政策。

（4）假设公司采用方案2，计算公司新增的息税前利润，并据此作出是否投产新产品Y的经营决策（假设不考虑应收账款占用资金应计利息、收账费用、折扣费用的变化）。

专题九　成本计算

这几年产品成本计算的综合题主要是在成本计算本身综合考查，包括间接费用的分配、辅助生产成本的分配、完工产品和在产品的划分、联产品和副产品的成本分配与各种成本计算方法，特别是与分步法的综合。同时还要注意产品成本计算方法与作业成本计算方法的综合，或产品成本计算方法与第16章当期息税前利润计算的综合。

【综合题 12】交互分配法、平行结转分步法和完全成本法与变动成本法下当期息税前利润差异分析的综合

甲公司是一家模具生产企业，只生产一种产品。产品分两个生产步骤在两个基本生产车间进行，第一车间为第二车间提供半成品，第二车间将半成品加工成产成品，每件产成品耗用 2 件半成品。甲公司采用平行结转分步法计算产品成本，月末对在产品进行盘点，并按约当产量法（假设在产品存货发出采用加权平均法）在完工产品和在产品之间分配生产费用。

第一车间耗用的原材料在生产过程中逐渐投入，其他成本费用陆续发生。第二车间除耗用第一车间生产的半成品外，还需耗用其他材料，耗用的半成品和其他材料均在生产开始时一次投入，其他成本费用陆续发生，第一车间和第二车间的在产品相对于本车间的完工程度均为 50%。

甲公司还有机修和供电两个辅助生产车间，分别为第一车间、第二车间和行政管理部门提供维修和电力，两个辅助生产车间之间也相互提供产品或服务。甲公司按照交互分配法分配辅助生产费用。

甲公司 2022 年 3 月份的成本核算资料如下：

（1）月初在产品成本。（单位：元）

生产车间	直接材料	直接人工	制造费用	合计
第一车间	8125	3500	11250	22875
第二车间	5500	3500	3700	12700

（2）本月生产量。（单位：件）

生产车间	月初在产品	本月投入	本月完工	月末在产品
第一车间	5	75	70	10
第二车间	5	35	30	10

（3）机修车间本月发生生产费用 8250 元，提供维修服务 150 小时；供电车间本月发生生产费用 10500 元，提供电力 21000 度。各部门耗用辅助生产车间产品或服务情况如下：

耗用部门		机修车间（小时）	供电车间（度）
辅助生产车间	机修车间		1000
	供电车间	50	
基本生产车间	第一车间	45	9800
	第二车间	45	9700
行政管理部门		10	500
合计		150	21000

（4）基本生产车间本月发生的生产费用。（单位：元）

生产车间	直接材料	直接人工	制造费用
第一车间	42875	22000	56302.50
第二车间	34500	38500	39916.25

注：制造费用中尚未包括本月应分配的辅助生产费用。

（5）甲公司3月份的月初产成品5件，成本资料如下。

成本项目	直接材料	直接人工	制造费用	合计
金额（元）	11000	9000	16500	36500

要求：

（1）编制辅助生产费用分配表（结果填入下方表格中，不用列出计算过程。单位成本要求保留四位小数）。

辅助生产费用分配表（交互分配法）

单位：元

项目		机修车间			供电车间		
		耗用量（小时）	单位成本	分配金额	耗用量（度）	单位成本	分配金额
待分配项目							
交互分配	机修车间						
	供电车间						
对外分配辅助生产费用							
对外分配	第一车间						
	第二车间						
	行政管理部门						
	合计						

（2）编制第一车间的成本计算单（结果填入下方表格中，不用列出计算过程）。

第一车间成本计算单

2022年3月

单位：元

项目	产量（件）	直接材料	直接人工	制造费用	合计
月初在产品	—				
本月生产费用	—				
合计	—				
分配率	—				
产成品中本步骤份额					
月末在产品					

（3）编制第二车间的成本计算单（结果填入下方表格中，不用列出计算过程）。

第二车间成本计算单

2022年3月　　　　单位：元

项目	产量（件）	直接材料	直接人工	制造费用	合计
月初在产品	—				
本月生产费用	—				
合计	—				
分配率	—				
产成品中本步骤份额					
月末在产品					

（4）编制产品成本汇总计算表（结果填入下方表格中，不必列出计算过程）。

产品成本汇总计算表

2022年3月　　　　单位：元

生产车间	产成品数量（件）	直接材料	直接人工	制造费用	合计
第一车间	—				
第二车间	—				
合计					
单位成本	—				

（5）若甲公司3月份销售20件产成品，该企业产成品存货发出采用先进先出法计价，若企业产品成本中的制造费用中60%为固定制造费用，计算甲公司3月在完全成本法与变动成本法下当期息税前利润的差异。

【综合题13】作业成本计算、产品成本计算与短期经营决策的综合

G公司是一家生产保健器材的公司，只生产传统产品和新型产品两种产品。传统产品单位售价为100元，新型产品单位售价为140元。公司只有一条生产线，按照客户订单要求分批组织生产。公司实行作业成本管理，有关资料如下：

（1）作业：

G公司建立了四个作业，生产准备作业发生在生产加工开始时，机器加工作业完成后方可进入产品组装作业，最后进入质量检验作业，有关说明如下：

①生产准备作业：以产品投产的批次数作为作业动因。

②机器加工作业：公司使用机器工时作为作业动因。

③产品组装作业：公司使用人工工时作为作业动因。

④质量检验作业：公司以检验时间作为作业动因。

（2）G公司2月份实际生产情况：

G公司2月份生产完工传统产品450件，新型产品100件，月初无在产品。传统产品发生直接材料成本16050元，新型产品发生直接材料成本4820元。直接材料成本和生产准备成本在生产开始时一次投入，机器加工和产品组装随着加工进度陆续投入。月末传统产品有 50 件在产品，均处于机器加工阶段，完工率 50%。新型产品有 20 件在产品，均处于产品组装阶段，完工率 60%。

（3）2 月份实际作业量和作业成本发生额如下：

作业名称	生产准备	机器加工	产品组装	质量检验	合计
作业成本（元）	558	8415	5566	868	15407
作业动因数量	18 次	550 小时	1100 小时	140 小时	
其中：传统产品耗用	10 次	400 小时	800 小时	40 小时	
新型产品耗用	8 次	150 小时	300 小时	100 小时	

（4）G 公司受限制的资源是与机器加工作业相关的机器设备和厂房。机器加工作业每月可提供的加工工时为 650 小时。

（5）G 公司 3 月份预测销售情况：

公司根据长期合同和临时订单预计 3 月份的最低销售量为 500 件，其中传统产品 390 件，新型产品 110 件；最高销售量为 752 件，其中传统产品 452 件，新型产品 300 件。

要求：

（1）编制作业成本分配表。

作业成本分配表

单位：元

产品名称	作业成本				
	生产准备	机器加工	产品组装	质量检验	合计
传统产品					
新型产品					

（2）采用实际作业成本分配率分配作业成本，计算填列 G 公司传统产品和新型产品的产品成本计算单（计算结果填入下面给定的表格内）。

传统产品成本计算单（按实际作业成本分配率计算）

单位：元

项目	直接材料	直接人工	作业成本				成本合计
			生产准备	机器加工	产品组装	质量检验	
月初在产品		—					
本月发生费用		—					
合计		—					
完工产品							
月末在产品							
单位产品成本							

新型产品成本计算单（按实际作业成本分配率计算）

单位：元

项目	直接材料	直接人工	作业成本				成本合计
			生产准备	机器加工	产品组装	质量检验	
月初在产品		—					
本月发生费用		—					
合计		—					
完工产品							
月末在产品							
单位产品成本							

（3）假设除与机器加工作业相关的机器设备和厂房外，其他资源都可按需随时取得。单件传统产品的加工工时0.84小时，单件新型产品的加工工时1.25小时，并且G公司可与客户协商部分临时订单的供应数量。计算为使G公司利润最大化，G公司可接受的传统产品和新型产品的临时订货数量，以及公司最大制造边际贡献为多少。

专题十　本量利分析与短期经营决策

短期经营决策涉及价格、产量等问题，因此可以与第16章本量利分析综合出题。

【综合题14】本量利分析、短期经营决策和标准成本差异的综合

戊公司生产和销售E、F两种产品，每年产销平衡。为了加强产品成本管理，合理确定下年度经营计划和产品销售价格，该公司专门召开总经理办公会进行讨论。相关资料如下：

资料一：2021年E产品实际产销量为3680件，实际工时为7000小时，实际人工成本为16元/小时。标准成本资料如下表所示：

E产品单位标准成本

项目	直接材料	直接人工	制造费用
价格标准	35元/千克	15元/小时	10元/小时
用量标准	2千克/件	2小时/件	2小时/件

资料二：F产品2022年计划产销量为12000件，预计单位变动制造成本为150元，单位变动销售及管理费用50元，计划期的固定制造费用420000元，固定销售及管理费用为300000元。

资料三：戊公司接到F产品的一个额外订单，意向订购量为2800件，订单价格为250元/件，要求2022年内完工。

要求：

（1）根据资料一，计算2021年E产品的下列指标：①单位标准成本；②直接人工成本差异；③直接人工效率差异；④直接人工工资率差异。

（2）根据资料二，若成本加成率为完全成本的50%，运用完全成本加成定价法测算F产品的单价。

（3）根据资料二，若成本加成率为变动成本的40%，运用变动成本加成定价法测算F产品的单价。

（4）若企业的生产能力是15000件，根据资料二和资料三，作出是否接受F产品额外订单的决策，并说明理由。

（5）根据资料二，如果2022年F产品的目标利润为150000元，销售单价为350元，计算F产品保本销售量和保利销售量。

【综合题15】本量利分析、利润敏感分析与短期经营决策的综合

甲公司是一家空气净化器制造企业，共设三个生产部门，分别生产X、Y、Z三种空气净化器，最近几年该行业市场需求变化较大，公司正进行生产经营的调整和决策。

公司预计2022年X净化器销量3万台，单位售价10000元，单位变动成本6000元，固定成本3375万元；Y净化器销量3万台，单位售价6000元，单位变动成本3000元，固定成本2025万元；Z净化器销量4万台，单位售价3000元，单位变动成本2625元，固定成本1350万元。总部管理费用4500万元，按预测的营业收入比例分摊给X、Y、Z三种净化器的生产部门。假设单位变动成本、固定成本保持不变。

要求：

（1）分别计算X、Y、Z三种净化器的边际贡献、营业利润，分别判断是应继续生产还是停产，并说明理由。

（2）基于要求（1）的结果，计算该企业2022年的加权平均边际贡献率、盈亏平衡销售总额及X净化器的盈亏平衡销售额、盈亏平衡销售量、盈亏临界点作业率。

（3）假设该公司根据市场需求变化，调整产品结构，计划2023年只生产X净化器。预计2023年X净化器销量达到6万台，总部管理费用增加到5250万元。若想达到要求（1）的营业利润总额，2023年该企业X净化器可接受的最低销售单价是多少？

（4）基于要求（3）的单位售价、单位变动成本、固定成本和销量，分别计算在这些参数增长10%时营业利润对各参数的敏感系数，然后按营业利润对这些参数的敏感程度进行排序，并指出对营业利润而言哪些参数是敏感因素。

专题十一　全面预算

全面预算中营业预算编制可以与成本管理综合，其中营业预算的编制关键是注意预算表中数据之间的勾稽关系，而成本管理中本量利分析以及标准成本差异分析可以综合考查，另外较复杂的现金预算也曾单独作为综合题考查。

【综合题16】营业预算编制、财务预算编制与标准成本法的综合

乙公司是一家制造企业，长期以来只生产A产品。2022年有关资料如下：

资料一：3月份A产品月初存货量为180件，3月份和4月份的预计销售量分别为2000件和2500件。A产品的预计月末存货量为下月销售量的12%。

资料二：生产A产品需要耗用X、Y、Z三种材料，其价格标准和用量标准如下表所示。

A产品直接材料成本标准

项目	标准		
	X材料	Y材料	Z材料
价格标准	10元/千克	15元/千克	20元/千克
用量标准	3千克/件	2千克/件	2千克/件

资料三：公司利用标准成本信息编制直接人工预算。生产A产品的工时标准为3小时/件，标准工资率为20元/小时。3月份A产品的实际产量为2200件，实际工时为7700小时，实际发生直接人工成本146300元。

资料四：公司利用标准成本信息，并采用弹性预算法编制制造费用预算，A产品的单位变动制造费用标准成本为18元，每月的固定制造费用预算总额为31800元。

资料五：A产品的预计销售单价为200元/件，每月销售收入中，有40%在当月收取现金，另外的60%在下月收取现金。

资料六：4月份月初现金余额预计为60500元，本月预计现金支出为487500元。公司理想的月末现金余额为60000元且不低于该水平，现金余额不足时向银行借款，多余时归还银行借款，借入和归还金额均要求为1000元的整数倍，借款的利息率为8%，利息在还本时支付。不考虑增值税及其他因素的影响。

要求：

（1）根据资料一，计算3月份A产品的预计生产量。

（2）根据资料二，计算A产品的单位直接材料标准成本。

（3）根据要求（1）的计算结果和资料三，计算3月份的直接人工预算金额。

（4）根据资料三，计算下列成本差异：①直接人工成本差异；②直接人工效率差异；③直接人工工资率差异。

（5）根据要求（1）的计算结果和资料四，计算3月份制造费用预算总额。

（6）根据要求（1）、（2）的计算结果和资料三、四，计算A产品的单位标准成本。

（7）根据资料一和资料五，计算公司4月份的预计现金收入。

（8）根据要求（7）的计算结果和资料六，计算4月份的预计现金余缺，并判断为保持所需现金余额，是否需要向银行借款，如果需要，指出应借入多少款项。

跨章节主观题参考答案及解析

使用“会计云课堂”App 或“微信”扫码对答案、看解析、
掌握解题思路，开启轻松过关之旅。

【综合题 1 答案】

（1）营业现金毛流量 = 税后经营净利润 + 折旧与摊销 =930.24+459=1389.24（万元）

营业现金净流量 = 营业现金毛流量 - 经营营运资本增加 =1389.24-（2223-2020.5）= 1186.74（万元）

资本支出 = 净经营性长期资产增加 + 折旧与摊销 =（5625-4275）+459=1809（万元）

实体现金流量 =1186.74-1809=-622.26（万元）

（2）

主要财务比率	2021 年	2020 年
净经营资产净利率	11.853%	16.109%
税后利息率	9.020%	12.594%
经营差异率	2.833%	3.515%
净财务杠杆	0.81667	0.58977
杠杆贡献率	2.314%	2.073%
权益净利率	14.167%	18.182%

（3）权益净利率 = 净经营资产净利率 +（净经营资产净利率 - 税后利息率）× 净财务杠杆

2020 年权益净利率：16.109%+（16.109%-12.594%）×0.58977=18.182%　①

第一次替代：11.853%+（11.853%-12.594%）×0.58977=11.416%　②

第二次替代：11.853%+（11.853%-9.020%）×0.58977=13.524%　③

第三次替代：11.853%+（11.853%-9.020%）×0.81667=14.167%　④

净经营资产净利率的影响：② - ① =11.416%-18.182%=-6.766%

税后利息率的影响：③ - ② =13.524%-11.416%=2.108%

净财务杠杆的影响：④ - ③ =14.167%-13.524%=0.643%

（4）税后净营业利润 = 净利润 +（利息支出 + 研究开发费用调整项）×（1-25%）

=612+（84.41+125+200）×（1-25%）=919.06（万元）

调整后资本 = 平均所有者权益 + 平均带息负债 - 平均在建工程

=（4320+3960）/2+（3555+2592）/2-（81+157.5）/2=7094.25（万元）

税前债权资本成本 =（84.41+100）/［（3555+2592）/2］=6%

加权平均资本成本 =6%×（1−25%）×［（3555+2592）/2］/［（4320+3960）/2+（3555+2592）/2］+6.5%×［（4320+3960）/2］/［（4320+3960）/2+（3555+2592）/2］=5.65%

2021 年资产负债率 =（3555+900+225）/（3123+5850+27）=52%

2020 年资产负债率 =（2592+670.5+337.5）/（2691+4612.5+256.5）=47.62%

资产负债率虽然高于上年，但低于 75%，故不属于需要调整的情况。

简化的经济增加值 = 税后净营业利润 − 调整后资本 × 平均资本成本率

=919.06−7094.25×5.65%=518.23（万元）

（5）销售增长率 =（612/4320）×（1−60%）/［1−（612/4320）×（1−60%）］=6.01%

（6）融资总需求 = 净经营资产的增加 =7848×10%=784.8（万元）

外部筹资额 =784.8−27−612×（1+10%）×（1−60%）=488.52（万元）。

【综合题 2 答案】

（1）①营业净利率 =100/4000=2.5%

资产周转率 =4000/320=12.5（次）

所有者权益 =100+57+35=192（万元）

权益乘数 =320/192=1.6667

利润留存率 =（100−60）/100=40%

由于满足可持续增长的五个假设条件，20×3 年销售增长率 =20×2 年可持续增长率 =（2.5%×12.5×1.6667×40%）/（1−2.5%×12.5×1.6667×40%）=26.32%

②由于满足可持续增长的五个假设条件，因此预期股利增长率 = 可持续增长率 =26.32%

③股票资本成本 =60/100×（1+26.32%）/10+26.32%=33.90%

（2）①设营业净利率为 y：

30%=（y×12.5×1.6667×40%）/（1−y×12.5×1.6667×40%）

解得：y=2.77%

②设利润留存率为 z：

30%=（2.5%×12.5×1.6667×z）/（1−2.5%×12.5×1.6667×z）

解得：z=44.31%

股利支付率 =1−44.31%=55.69%

③ 20×3 年营业收入 =4000×（1+30%）=5200（万元）

由于不增发股票或回购股票，因此预计股东权益 = 期初股东权益 + 增加的留存收益

=192+5200×2.5%×40%=244（万元）

由于权益乘数不变，因此预计资产 =244×1.6667=406.67（万元）

因此资产周转率 =5200/406.67=12.79（次）

④由于资产周转率不变，因此资产增长率 = 营业收入增长率 =30%

预计资产 = 基期资产 ×（1+30%）=320×（1+30%）=416（万元）

由于不增发股票或回购股票，因此预计股东权益 = 期初股东权益 + 增加的留存收益

=192+5200×2.5%×40%=244（万元）

则：预计负债 = 资产 − 所有者权益 =416−244=172（万元）

资产负债率 =172/416=41.35%

⑤由于保持资产周转率不变，因此总资产增长率 = 销售增长率 =30%

由于保持权益乘数不变，因此所有者权益增长率 = 总资产增长率 =30%

则：预计增加股东权益 =192 × 30%=57.6（万元）

增加的留存收益 =5200 × 2.5% × 40%=52（万元）

外部筹集权益资金 =57.6-52=5.6（万元）。

【提示 1】资产负债表中的留存收益 35 万元是累计数，而利润留存 40 万元是本期实现的，它等于留存收益增加，即留存收益 = 年初留存收益 + 利润留存，说明年初留存收益是负数。

【提示 2】第（2）问第⑤小问中，外部筹资额 = 外部筹集权益资金 + 外部筹集债务资金，即外部筹集权益资金 = 外部筹资额 − 外部筹集债务资金 =（320−18−32）× 30%−5200 × 2.5% × 40%−（46+32）× 30%=5.6（万元）。

【提示 3】①根据“资产周转率”不变，可以得到：本年销售增长率 = 本年总资产增长率。

根据“资本结构”不变，可以得到：本年总资产增长率 = 本年股东权益增长率。

根据“不增发新股（或回购股票）”，可以得到：本年可持续增长率 = 本年股东权益增长率。

综上可以得到：本年可持续增长率 = 本年销售增长率。

②只有在股本（不增发新股或回购股票）、资产周转率和资本结构均不变时才能得出“本年销售增长率 = 本年可持续增长率”，如果这三个条件任何一个发生变化就得不出这个结论，就不能运用可持续增长率的公式了。

③而“营业净利率”或“利润留存率”变化对上面的结论没有影响，所以其他条件不变时满足“本年销售增长率 = 本年可持续增长率”，因此计算“营业净利率”或“利润留存率”可以根据可持续增长率的公式计算。

【综合题 3 答案】

（1）无风险报酬率为 5 年后到期的政府债券到期收益率，即 4.3%。

企业信用风险补偿率 =［（6.5%−3.4%）+（7.6%−3.6%）+（8.3%−4.3%）］/3=3.7%

税前债务资本成本 =4.3%+3.7%=8%

股权资本成本 =8% ×（1−25%）+5%=11%

加权平均资本成本 =8% ×（1−25%）×（2/5）+11% ×（3/5）=9%

（2）

单位：万元

项目	零时点	第 1 年	第 2 年	第 3 年	第 4 年	第 5 年
经营许可费	−700					
固定资产投资	−（100+200+200 × 5000/10000）=−400					
广告费支出	−50					
许可费摊销抵税		（700/5）× 25%=35	35	35	35	35
固定资产折旧抵税		（400/10）× 25%=10	10	10	10	10

项目	零时点	第 1 年	第 2 年	第 3 年	第 4 年	第 5 年
广告费抵税		50 × 25%=12.5				
税后营业收入		200 × 30000/10000 × （1–25%）=450	200 × 40000/10000 × （1–25%）=600	600	600	600
税后人工成本		–60 ×（1–25%）=–45	–（60+12）×（1–25%）=–54	–54	–54	–54
税后营运及维护成本		–100 ×（1–25%）=–75	–75	–75	–75	–75
税后景区管理费		–450 × 5% =–22.5	–600 × 5%=–30	–30	–30	–30
项目残值收入						600
残值变现利得纳税						–[600–(400–40 × 5)] × 25%=–100
垫支营运资本	–600 × 20% =–120	–（800 × 20% –120）=–40				160
现金净流量	–1270	325	486	486	486	1146
折现系数（9%）	1	0.9174	0.8417	0.7722	0.7084	0.6499
现金净流量的现值	–1270	298.16	409.07	375.29	344.28	744.79
净现值	901.59					

W 项目净现值大于 0，项目可行。

【提示】广告费及其抵税发生的时点：

前期需投入广告费，即 0 时点流出广告费 50 万元。按税法规定，广告费在项目运营后第 1 年年末税前扣除，即广告费抵税发生在 1 时点。若没有税法规定的相关说明，应该是 0 时点流出税后广告费。

（3）接待游客人次下降 10%：

0 时点营运资本垫支会减少 10%：对现金流量的影响 =120 × 10%=12（万元）

1 时点营运资本垫支会减少 10%：对现金流量的影响 =40 × 10%=4（万元）

第 1 年税后营业收入会减少 10%：对现金流量的影响 =–450 × 10%=–45（万元）

第 1 年税后景区管理费会减少 10%：对现金流量的影响 =22.5 × 10%=2.25（万元）

第 2~5 年税后营业收入会减少 10%：对现金流量的影响 =–600 × 10%=–60（万元）

第 2~5 年税后景区管理费会减少 10%：对现金流量的影响 =30 × 10%=3（万元）

第 5 年年末回收营运资本会减少 10%：对现金流量的影响 =–160 × 10%=–16（万元）

游客人次下降 10% 时项目净现值变化 =12+4 ×（P/F，9%，1）–45 ×（P/F，9%，1）+

2.25×（P/F，9%，1）-60×（P/A，9%，4）×（P/F，9%，1）+3×（P/A，9%，4）×（P/F，9%，1）-16×（P/F，9%，5）=-203.36（万元）

净现值对游客人次的敏感系数 = 净现值变动率 / 游客人次变动率 =（-203.36/901.59）/（-10%）=2.26。

【综合题 4 答案】

（1）

预计利润表和资产负债表

单位：万元

年份	2021 年	2022 年	2023 年
利润表项目（年度）：			
营业收入	10000	11000	11550
税后经营净利润	1500	1650	1732.5
减：税后利息费用	275	275	302.5
净利润	1225	1375	1430
资产负债表项目（年末）：			
经营营运资本	1000	1100	1155
净经营性长期资产	10000	11000	11550
净经营资产总计	11000	12100	12705
净金融负债	5500	6050	6352.5
股东权益合计	5500	6050	6352.5
净金融负债及股东权益总计	11000	12100	12705

【解析】2022 年各项目的计算过程：

营业收入 = 基期营业收入 ×（1+ 增长率）=10000×（1+10%）=11000（万元）

经营营运资本 = 本期营业收入 × 经营营运资本占营业收入百分比 =11000×（1000/10000）=1100（万元）

净经营性长期资产 = 本期营业收入 × 净经营性长期资产占营业收入百分比 =11000×（10000/10000）=11000（万元）

净经营资产总计 =1100+11000=12100（万元）

净金融负债 = 净经营资产总计 × 基期净金融负债 / 基期净经营资产 =12100×（5500/11000）=6050（万元）

税后经营净利润 = 本期营业收入 × 税后经营净利润占营业收入百分比 =11000×（1500/10000）=1650（万元）

税后利息费用 = 年初净金融负债 × 税后利息率 =5500×5%=275（万元）

净利润 =1650-275=1375（万元）

2023 年的计算过程与 2022 年类似。

（2）2022 年实体现金流量 = 税后经营净利润 - 净经营资产增加 =1650-（12100-11000）=550（万元）

2023 年实体现金流量 =1732.5-（12705-12100）=1127.5（万元）

2022 年股权现金流量 =550-275+（6050-5500）=825（万元）

2023 年股权现金流量 =1127.5-302.5+（6352.5-6050）=1127.5（万元）

（3）详细预测期实体现金流量现值 =550×（P/F，10%，1）+1127.5×（P/F，10%，2）=550×0.9091+1127.5×0.8264=1431.77（万元）

后续期实体现金流量在 2023 年末的价值 =1127.5×（1+5%）/（10%-5%）=23677.50（万元）

后续期实体现金流量现值 =23677.5×（P/F，10%，2）=19567.09（万元）

实体价值 =1431.77+19567.09=20998.86（万元）

股权价值 =20998.86-5500=15498.86（万元）

每股股权价值 =15498.86/1000=15.50（元）

（4）详细预测期股权现金流量现值 =825×（P/F，12%，1）+1127.5×（P/F，12%，2）=825×0.8929+1127.5×0.7972=1635.49（万元）

后续期股权现金流量在 2023 年末的价值 =1127.5×（1+5%）/（12%-5%）=16912.50（万元）

后续期股权现金流量现值 =16912.50×（P/F，12%，2）=13482.65（万元）

股权价值 =1635.49+13482.65=15118.14（万元）

每股股权价值 =15118.14/1000=15.12（元）。

【综合题 5 答案】

（1）①预期销售增长率：

营业净利率	500/10000=5%
期末总资产周转率（次）	10000/25000=0.4
期末总资产权益乘数	25000/12500=2
利润留存率	50%

$$可持续增长率=\frac{营业净利率\times 期末总资产周转率\times 期末总资产权益乘数\times 利润留存率}{1-营业净利率\times 期末总资产周转率\times 期末总资产权益乘数\times 利润留存率}$$

$$=\frac{5\%\times 0.4\times 2\times 50\%}{1-5\%\times 0.4\times 2\times 50\%}=2.04\%$$

②预期股利增长率 =2.04%

③目前股利 =250/100=2.5（元 / 股）

$$股权资本成本=下期股利/当前股价+股利增长率=\frac{2.5\times(1+2.04\%)}{20}+2.04\%=14.80\%$$

（2）①

公司名称	市盈率	预期增长率
B	15	5%
C	14	4%
D	10	6%
E	14	7.5%
F	20	3%
G	12	12.5%
平均	14.1667	6.33%

修正平均市盈率 = 可比公司平均市盈率 /（可比公司平均预期增长率 ×100）=14.1667/（6.33%×100）=2.2380

②目标公司每股股票价值 = 修正平均市盈率 × 目标公司预期增长率 ×100× 目标公司每股收益 =2.2380×2.04%×100×（500/100）=22.83（元 / 股）

③实际股票价格 20 元 / 股低于 A 公司每股股票价值 22.83 元 / 股，因此 A 公司的股票价格被市场低估了。

【综合题 6 答案】

（1）$\beta_{资产}$=1.8/［1+（1−20%）×1］=1

该项目的 $\beta_{权益}$=1×［1+（1−20%）×（2/3）］=1.53

权益资本成本 = 无风险报酬率 +$\beta_{权益}$× 市场风险溢价 =5%+1.53×6.32%=14.67%

项目投资的折现率 = 加权平均资本成本 =10%×（1−20%）×40%+14.67%×60%=12%

（2）

单位：万元

时间（年末）	0	1	2	3	4
设备投资	−600				
营运资本投资	−5×200×16%=−160				
税后营业收入		5×200×（1−20%）=800	800	800	800
税后变动成本		−4.1×200×（1−20%）=−656	−656	−656	−656
税后维护费		−8×（1−20%）=−6.4	−6.4	−6.4	−6.4
税后培训费	−8×（1−20%）=−6.4				
折旧抵税		114×20%=22.8	22.8	22.8	22.8
营业现金毛流量	−6.4	160.4	160.4	160.4	160.4

时间（年末）	0	1	2	3	4
回收残值流量					108.8
回收营运资本					160
各年现金净流量	-766.4	160.4	160.4	160.4	429.2
折现系数（12%）	1	0.8929	0.7972	0.7118	0.6355
各年现金净流量现值	-766.4	143.22	127.87	114.17	272.76
净现值	-108.38				

其中：

年折旧额=600×（1-5%）/5=114（万元）

第4年年末账面净值=600-4×114=144（万元）

变现损失=144-100=44（万元）

回收残值流量=100+44×20%=108.8（万元）

由于自行购置方案的净现值小于0，因此自行购置方案不可行。

（3）该租赁不属于选择简化处理的短期租赁和低价值资产租赁，符合融资租赁的认定标准。

单位：万元

时间（年末）	0	1	2	3	4
租赁方案：					
租金	-123	-123	-123	-123	
折旧抵税		18.70	18.70	18.70	18.70
残值净损失抵税					23.62
租赁相关现金流量	-123	-104.3	-104.3	-104.3	42.32
折现系数（8%）	1	0.9259	0.8573	0.7938	0.7350
租赁相关现金流量现值	-123	-96.57	-89.42	-82.79	31.11
租赁相关现金流量现值合计	-360.67				
自行购买方案：					
购置成本	-600				
折旧抵税		22.8	22.8	22.8	22.8
回收残值流量					108.8
自行购买相关现金流量	-600	22.8	22.8	22.8	131.6

时间（年末）	0	1	2	3	4
折现系数（8%）	1	0.9259	0.8573	0.7938	0.7350
自行购买相关现金流量现值	-600	21.11	19.55	18.10	96.73
自行购买相关现金流量现值合计	-444.51				
租赁净现值	83.84				

其中：

融资租赁计提设备折旧 =123×4×（1-5%）/5=93.48（万元）

折旧抵税 =93.48×20%=18.70（万元）

第 4 年年末账面净值 =123×4-93.48×4=118.08（万元）

第 4 年年末损失抵税 =118.08×20%=23.62（万元）

（4）调整净现值 =-108.38+83.84=-24.54（万元）

租赁相比较自行购置是合算的，但利用租赁设备进行生产的净现值小于 0，因此利用租赁设备来投产新产品的方案也是不可行的。

【提示】从原则上说，折现率应当体现现金流量的风险，对每一种现金流应使用不同的折现率，会提高分析的合理性，但也会增加其复杂性。所以计算调整净现值时涉及的折现率与计算常规净现值时不同是可以接受的，不需要调整折现率。

（5）设每年租金降低 X：

每年减少的折旧 =X×4×（1-5%）/5=0.76X

项目终结减少的账面净值 =4×X-4×0.76X=0.96X

对现金流量的影响：

每年年初少支付租金 X

每年减少的折旧抵税 =0.76X×20%=0.152X

项目终结减少清理损失抵税 =0.96X×20%=0.192X

则：X+X×（P/A，8%，3）-0.152X×（P/A，8%，4）-0.192X×（P/F，8%，4）=24.54

解得：X=8.37（万元）

每年租金 =123-8.37=114.63（万元）

即：若使利用租赁设备投产新产品的方案可行，租赁方案的最高租金为 114.63 万元。

【综合题 7 答案】

（1）与公司新发行债券到期日（2032 年 7 月）接近的政府债券到期收益率为 3.6%，所以无风险报酬率 =3.6%

信用风险补偿率 =［（6.5%-3.4%）+（6.25%-3.05%）+（7.5%-3.6%）］/3=3.4%

税前债务资本成本 =3.6%+3.4%=7%

（2）预计第 6 年的股利 =1×（1+6%）^{6}=1.4185（元）

第 5 年末的股票价值 =1.4185/（11.3%-6%）=26.76（元）

（3）第 5 年年末转换价值 =26.76×（1000/25）=1070.4（元）

第 5 年年末纯债券价值 =1000×5%×（P/A，7%，5）+1000×（P/F，7%，5）=50×4.1002+1000×0.7130=918.01（元）

底线价值 =max（底线价值，纯债券价值）=1070.4 元

设可转换债券的税前资本成本为 i，则：

1000=50×（P/A，i，5）+1070.4×（P/F，i，5）

当利率为 6%：

1000×5%×（P/A，6%，5）+1070.4×（P/F，6%，5）=50×4.2124+1070.4×0.7473=1010.53（元）

当利率为 7%：

1000×5%×（P/A，7%，5）+1070.4×（P/F，7%，5）=50×4.1002+1070.4×0.7130=968.21（元）

$$\frac{i-6\%}{7\%-6\%}=\frac{1000-1010.53}{968.21-1010.53}$$

解得：i=6.25%

（4）由于可转换债券的税前资本成本 6.25% 小于等风险普通债券市场利率 7%，因此投资人不接受，不可行。

修改方案 1：提高票面利率至 I。

1000=1000×I×（P/A，7%，5）+1070.4×（P/F，7%，5）

解得：I=5.78%

因票面利率需为整数，故票面利率至少提高到 6%，方案才可行。

修改方案 2：降低转换价格为 X 元。

1000=1000×5%×（P/A，7%，5）+26.76×（1000/X）×（P/F，7%，5）

解得：X=24（元）

转换价格至少降到 24 元，方案才可行。

修改方案 3：修改不可赎回期 n。

1000=1000×5%×（P/A，7%，n）+1×$(1+6\%)^{n+1}$/（11.3%−6%）×（1000/25）×（P/F，7%，n）

当期数为 6 年：

50×（P/A，7%，6）+$(1+6\%)^{7}$/（11.3%−6%）×40×（P/F，7%，6）=50×4.7665+28.3704×40×0.6663=994.45（元）

当期数为 7 年：

50×（P/A，7%，7）+$(1+6\%)^{8}$/（11.3%−6%）×40×（P/F，7%，7）=50×5.3893+30.0726×40×0.6227=1018.51（元）

因此不可赎回期应调为 7 年及以上。

【综合题 8 答案】

（1）配股：

①盈利持续性：最近 3 个会计年度连续盈利。扣除非经常性损益后的净利润与扣除前的净利润，以低者作为计算依据。

②现金股利分配水平：最近 3 年以现金方式累计分配的利润不少于最近 3 年实现的年均可分配利润的 30%。

③拟配售股份数量：不超过本次配售股份前股本总额的 30%。

④配股除权参考价 =(配股前股票价值 + 配股价格 × 配股数量)/(配股前股数 + 配股数量)=

（10×10000+8×10000×0.2）/（10000+10000×0.2）=9.67（元）

或者：配股除权参考价 =（配股前每股价格 + 配股价格 × 股份变动比例）/（1+ 股份变动比例）=（10+8×0.2）/（1+0.2）=9.67（元）

⑤每股股票配股权价值 =(配股除权参考价 – 配股价格)/ 购买 1 股新配股所需的原股数 =（9.67–8）/（10/2）=0.33（元）

（2）公开增发新股：

净资产收益率：最近 3 个会计年度加权平均净资产收益率平均不低于 6%。扣除非经常性损益后的净利润与扣除前的净利润相比，以低者作为加权平均净资产收益率的计算依据。

公开增发新股的定价原则：发行价格应不低于公告招股意向书前 20 个交易日公司股票均价或前 1 个交易日的均价。

（3）每份债券价值 =1000×9%×（P/A，10%，10）+1000×（P/F，10%，10）=90×6.1446+1000×0.3855=938.51（元）

由于每份债券拟定发行价格为 950 元，大于每份债券价值 938.51 元，拟定的发行价格不合理。

（4）发行附认股权证债券：

第 5 年年末股票价格 =10×（1+13.43%）^{5}=18.78（元 / 股）

假设该附认股权证债券的税前资本成本为 r，则有：

PV=1000×9%×（P/A，r，10）+（18.78–15）×20×（P/F，r，5）+1000×（P/F，r，10）=1000

90×（P/A，r，10）+75.6×（P/F，r，5）+1000×（P/F，r，10）=1000

使用内插法计算：

当 r=9% 时，PV=90×（P/A，9%，10）+75.6×（P/F，9%，5）+1000×（P/F，9%，10）=90×6.4177+75.6×0.6499+1000×0.4224=1049.13（元）

当 r=10% 时，PV=90×（P/A，10%，10）+75.6×（P/F，10%，5）+1000×（P/F，10%，10）=90×6.1446+75.6×0.6209+1000×0.3855=985.45（元）

r=9%+［（1049.13–1000）/（1049.13–985.45）］×（10%–9%）=9.77%

不可行。由于投资者税前内含报酬率（即附认股权证债券税前资本成本）9.77% 小于等风险普通债券的市场利率 10%，因此方案四不可行。

【综合题 9 答案】

（1）部门边际贡献 =600–400=200（万元）

部门可控边际贡献 =200–50=150（万元）

部门税前经营利润 =150–30=120（万元）

部门可控边际贡献可以更好地评价 X 利润中心负责人的管理业绩

（2）①接受新投资机会前剩余收益 =2000×15%–2000×10%=100（万元）

②接受新投资机会后剩余收益 =（2000×15%+90）–（2000+1000）×10%=90（万元）

③ Y 投资中心不应该接受该投资机会。

理由：因为接受后会导致剩余收益下降。

（3）戊公司每股收益 =500/1000=0.5（元）

市盈率 =10/0.5=20（倍）

每股净资产 =4000/1000=4（元）

市净率 =10/4=2.5（倍）

（4）①所需权益筹资数额 =1000×（4000/10000）=400（万元）

②应发放的现金股利总额 =500−400=100（万元）

每股现金股利 =100/1000=0.1（元）

（5）因为该公司是在我国上市交易的公司，所以要求按照我国的股票股利发放规定，即按照股票面值发放股票股利。

①未分配利润减少数 =1000/10×1+1000/10×1=200（万元）

发放股利后未分配利润 =1500−200=1300（万元）

②股本增加额 =1000/10×1=100（万元）

发放股利后股本 =1000+100=1100（万元）

③股票股利按面值发放，故不影响资本公积科目，因此发放股利后资本公积科目仍为500万元。

【综合题10答案】

（1）2020年的权益净利率 =1920/12000=16%

2021年的权益净利率 =2225/12500=17.8%

2021年的权益净利率17.8%高于2020年的权益净利率16%，甲公司2021年完成业绩目标。

（2）

驱动因素	2021年	2020年
净经营资产净利率	3300/25000=13.20%	2640/20000=13.20%
税后利息率	1075/12500=8.60%	720/8000=9.00%
净财务杠杆	12500/12500=1	8000/12000=0.67

2021年的净经营资产净利率与2020年相同，公司的经营管理业绩没有提高。

2021年的税后利息率低于2020年，净财务杠杆高于2020年，公司的理财业绩得到提高。

（3）2020年年末的易变现率 =（12000+8000+2000−16000）/6000=1

2021年年末的易变现率 =（12500+10000+2500−20000）/7500=0.67

甲公司生产经营无季节性，年末易变现率可以视为营业低谷时的易变现率。

因此，2020年采用的是适中型营运资本筹资策略，2021年采用的是激进型营运资本筹资策略。

营运资本筹资策略由适中型改为激进型，短期借款在全部资金来源中的比重加大，税后利息率下降，公司报酬提高，风险相应加大。

【综合题11答案】

（1）甲产品销售额 =4×100=400（万元）

乙产品销售额 =2×300=600（万元）

总销售额 =400+600=1000（万元）

甲产品销售比重 =400/1000=40%

乙产品销售比重 =600/1000=60%

甲产品边际贡献率 =（100−60）/100=40%

乙产品边际贡献率 =（300−240）/300=20%

加权平均边际贡献率 =40%×40%+20%×60%=28%

变动成本率 =1−28%=72%

保本销售总额 =140/28%=500（万元）

甲产品保本销售额 =500×40%=200（万元）

甲产品保本销售量 =200/100=2（万件）

乙产品保本销售额 =500×60%=300（万元）

乙产品保本销售量 =300/300=1（万件）

（2）平均收现期 =15×60%+30×40%×80%+40×40%×20%=21.8（天）

应收账款占用资金应计利息 = 平均日销售额 × 平均收现期 × 变动成本率 × 资本成本 =（1000/360）×21.8×72%×12%=5.23（万元）

（3）①甲产品单位约束资源边际贡献 =（100−60）/4=10（元 / 分钟）

乙产品单位约束资源边际贡献 =（300−240）/10=6（元 / 分钟）

因此，应优先安排甲产品的生产。

甲产品的最大产销量 =4×（1+20%）=4.8（万件）

甲产品生产耗用时间 =4.8×4=19.2（万分钟）

乙产品的最大产销量 =（41.2−19.2）/10=2.2（万件）

预计总销售收入 =4.8×100+2.2×300=1140（万元）

加权平均边际贡献率 =［（100−60）×4.8+（300−240）×2.2］/1140=28.42%

②平均收现期 =70%×10+30%×50%×20+30%×50%×40=16（天）

应收账款占用资金应计利息 =（1140/360）×16×（1−28.42%）×12%=4.35（万元）

③

单位：万元

项目	原政策	新政策	差额
边际贡献	（100−60）×4+（300−240）×2=280	（100−60）×4.8+（300−240）×2.2=324	44
应收账款占用资金应计利息	5.23	4.35	−0.88
收账费用	1000×40%×20%×10%=8	1140×30%×50%×10%=17.1	9.1
折扣费用	1000×60%×2%=12	1140×70%×5%=39.9	27.9
税前损益	254.77	262.65	7.88

税前损益变动额大于 0，所以，公司应该改变信用政策。

（4）投产新产品公司新增的息税前利润 =3×（200−100）−50−（100−60）×0.5=230（万元）新增息税前利润大于 0，所以应该投产新产品。

【综合题12答案】

（1）

辅助生产费用分配表（交互分配法）

单位：元

项目		机修车间			供电车间		
		耗用量（小时）	单位成本	分配金额	耗用量（度）	单位成本	分配金额
待分配项目		150	55	8250	21000	0.5	10500
交互分配	机修车间			500	-1000		-500
	供电车间	-50		-2750			2750
对外分配辅助生产费用		100	60	6000	20000	0.6375	12750
对外分配	第一车间	45		2700	9800		6247.5
	第二车间	45		2700	9700		6183.75
	行政管理部门	10		600	500		318.75
	合计	100		6000	20000		12750

（2）

第一车间成本计算单

2022年3月

单位：元

项目	产量（件）	直接材料	直接人工	制造费用	合计
月初在产品	—	8125	3500	11250	22875
本月生产费用	—	42875	22000	65250	130125
合计	—	51000	25500	76500	153000
分配率	—	600	300	900	1800
产成品中本步骤份额	2×30=60	36000	18000	54000	108000
月末在产品	30	15000	7500	22500	45000

【解析】月末在产品产量=10+10×2=30（件），约当产量=10×50%+10×2=25（件）

直接材料分配率=51000/（60+25）=600（元/件）

直接人工分配率=25500/（60+25）=300（元/件）

制造费用分配率=76500/（60+25）=900（元/件）

【提示】本题是采用平行结转分步法，即只有最终的产成品才是完工产品，因此第一车间的完工产品是第二车间的最终产成品30件，而第二车间将半成品加工成产成品，每件产成品耗用2件半成品，因此第一车间实际参与到第二车间并完工的数量是30×2=60（件）。

（3）

第二车间成本计算单

2022年3月　　单位：元

项目	产量（件）	直接材料	直接人工	制造费用	合计
月初在产品	—	5500	3500	3700	12700
本月生产费用	—	34500	38500	48800	121800
合计	—	40000	42000	52500	134500
分配率	—	1000	1200	1500	3700
产成品中本步骤份额	30	30000	36000	45000	111000
月末在产品	10	10000	6000	7500	23500

【解析】月末在产品产量 =10 件，约当产量 =10×50%=5（件）

直接材料分配率 =40000/（30+10）=1000（元/件）

直接人工分配率 =42000/（30+5）=1200（元/件）

制造费用分配率 =52500/（30+5）=1500（元/件）

（4）

产品成本汇总计算表

2022年3月　　单位：元

生产车间	产成品数量（件）	直接材料	直接人工	制造费用	合计
第一车间	—	36000	18000	54000	108000
第二车间	—	30000	36000	45000	111000
合计	30	66000	54000	99000	219000
单位成本	—	2200	1800	3300	7300

（5）月末产成品存货量 =5+30−20=15（件）

完全成本法与变动成本法下当期息税前利润的差异 =15×3300×60%+（22500+7500）×60%−[16500×60%+（11250+3700）×60%]=28830（元）。

【综合题 13 答案】

（1）

作业成本分配表

单位：元

产品名称	作业成本				
	生产准备	机器加工	产品组装	质量检验	合计
传统产品	558×10/18=310	8415×400/550=6120	5566×800/1100=4048	868×40/140=248	10726
新型产品	248	2295	1518	620	4681

（2）

传统产品成本计算单（按实际作业成本分配率计算）

单位：元

项目	直接材料	直接人工	作业成本				成本合计
			生产准备	机器加工	产品组装	质量检验	
月初在产品	0	—	0	0	0	0	0
本月发生费用	16050	—	310	6120	4048	248	26776
合计	16050	—	310	6120	4048	248	26776
完工产品（450 件）	14445		279	5797.89	4048	248	24817.89
月末在产品（50 件）	1605		31	322.11	0	0	1958.11
单位产品成本	32.1		0.62	12.88	9	0.55	55.15

新型产品成本计算单（按实际作业成本分配率计算）

单位：元

项目	直接材料	直接人工	作业成本				成本合计
			生产准备	机器加工	产品组装	质量检验	
月初在产品	0	—	0	0	0	0	0
本月发生费用	4820	—	248	2295	1518	620	9501
合计	4820	—	248	2295	1518	620	9501
完工产品（100 件）	4016.67		206.67	1912.5	1355.36	620	8111.2
月末在产品(20 件）	803.33		41.33	382.5	162.64	0	1389.8
单位产品成本	40.17		2.07	19.13	13.55	6.2	81.12

（3）传统产品单位约束资源边际贡献 =（100−55.15）/0.84=53.39（元）

新型产品单位约束资源边际贡献 =（140−81.12）/1.25=47.10（元）

最低销量所需工时 =390×0.84+110×1.25=465.1（小时）

满足最低销量后剩余工时 =650−465.1=184.9（小时）

由于传统产品单位约束资源边际贡献大，所以应优先安排生产传统产品。

多生产传统产品 =452−390=62（件）

多生产传统产品后剩余工时 =184.9−62×0.84=132.82（小时）

剩余工时可生产新型产品 =132.82/1.25=106（件）

G 公司可接受传统产品临时订货量 62 件，新型产品临时订货量 106 件。

最大制造边际贡献 =(100−55.15)×(390+62)+(140−81.12)×(110+106)=32990.28(元)。

【综合题 14 答案】

（1）①单位标准成本 =35×2+15×2+10×2=120（元）

②直接人工成本差异 = 实际工时 × 实际工资率 – 实际产量下标准工时 × 标准工资率 =7000×16–3680×2×15=1600（元）（U）

③直接人工效率差异 =（实际工时 – 实际产量下标准工时）× 标准工资率 =（7000–3680×2）×15=–5400（元）（F）

④直接人工工资率差异 =（实际工资率 – 标准工资率）× 实际工时 =（16–15）×7000=7000（元）（U）

（2）单位产品价格 = 单位制造成本 ×（1+ 加成率）=（150+420000/12000）×（1+50%）=277.5（元）

（3）单位产品价格 = 单位变动成本 ×（1+ 加成率）=（150+50）×（1+40%）=280（元）

（4）由于额外订单价格 250 元高于单位变动成本 200 元，且剩余生产能力足够生产额外订单，故应接受这一额外订单。

（5）保本销售量 =（420000+300000）/（350–200）=4800（件）

保利销售量 =（150000+420000+300000）/（350–200）=5800（件）。

【综合题 15 答案】

（1）X 净化器的边际贡献 =3×（10000–6000）=12000（万元）

Y 净化器的边际贡献 =3×（6000–3000）=9000（万元）

Z 净化器的边际贡献 =4×（3000–2625）=1500（万元）

X 净化器的销售收入 =3×10000=30000（万元）

Y 净化器的销售收入 =3×6000=18000（万元）

Z 净化器的销售收入 =4×3000=12000（万元）

销售收入总额 =30000+18000+12000=60000（万元）

X 净化器分配的总部管理费用 =4500×30000/60000=2250（万元）

Y 净化器分配的总部管理费用 =4500×18000/60000=1350（万元）

Z 净化器分配的总部管理费用 =4500×12000/60000=900（万元）

X 净化器的营业利润 =12000–3375–2250=6375（万元）

Y 净化器的营业利润 =9000–2025–1350=5625（万元）

Z 净化器的营业利润 =1500–1350–900=–750（万元）

因为 X、Y、Z 三种净化器都有正的边际贡献，所以都应该继续生产。

（2）加权平均边际贡献率 =（12000+9000+1500）/60000×100%=37.5%

盈亏平衡销售总额 =（3375+2025+1350+4500）/37.5%=30000（万元）

X 净化器的盈亏平衡销售额 =30000×30000/60000=15000（万元）

X 净化器的盈亏平衡销售量 =15000/10000=1.5（万台）

X 净化器的盈亏临界点作业率 =1.5/3=50%

（3）甲公司营业利润总额 =6375+5625–750=11250（万元）

假设 X 净化器可接受的最低销售单价为 P 元，则：

（P–6000）×6–（3375+2025+1350+5250）=11250

求得：P=9875（元）

（4）固定成本总额 =3375+2025+1350+5250=12000（万元）

①单价增长 10%：

新利润 =（9875×1.1–6000）×6–12000=17175（万元）

单价敏感系数 =［（17175-11250）/11250］/10%=5.27

或：=9875×6/11250=5.27

②单位变动成本增长 10%：

新利润 =（9875-6000×1.1）×6-12000=7650（万元）

单位变动成本敏感系数 =［（7650-11250）/11250］/10%=-3.2

或：=-6000×6/11250=-3.2

③固定成本增长 10%：

新利润 =（9875-6000）×6-12000×1.1=10050（万元）

固定成本敏感系数 =［（10050-11250）/11250］/10%=-1.07

或：=-12000/11250=-1.07

④销量增长 10%：

新利润 =（9875-6000）×6×1.1-12000=13575（万元）

销量敏感系数 =［（13575-11250）/11250］/10%=2.07

或：=（9875-6000）×6/11250=2.07

敏感程度由大到小的顺序是：单价、单位变动成本、销量、固定成本。

敏感因素是指敏感系数绝对值大于 1 的因素，因此单价、单位变动成本、销量和固定成本都属于敏感因素。

【综合题 16 答案】

（1）3 月份 A 产品的预计生产量 =2000+2500×12%-180=2120（件）

（2）A 产品的单位直接材料标准成本 =10×3+15×2+20×2=100（元 / 件）

（3）3 月份的直接人工预算金额 =2120×3×20=127200（元）

（4）①直接人工成本差异 =146300-2200×3×20=14300（元）（U）

②直接人工效率差异 =（7700-2200×3）×20=22000（元）（U）

③直接人工工资率差异 =（146300/7700-20）×7700=-7700（元）（F）

（5）制造费用预算总额 =31800+18×2120=69960（元）

（6）A 产品的单位标准成本 =100+3×20+69960/2120=193（元 / 件）

（7）4 月份的预计现金收入 =2500×200×40%+2000×200×60%=440000（元）

（8）4 月份的预计现金余缺 =60500+440000-487500=13000（元）

预计现金余缺 13000 元小于理想的月末现金余额 60000 元，所以需要向银行借款。

即 13000+ 借款≥ 60000，借款≥ 47000（元），借入和归还金额均要求为 1000 元的整数倍，所以应该借款 47000 元。

公式总结

本书附赠参加财务成本管理考试所必备的公式总结，使用“会计云课堂”App 或“微信”扫描右侧二维码，快速查看。

附　录

考点清单